U0574680

二十世纪华北农村调查记录

主编 魏宏运 三谷孝

第三卷

社会科学文献出版社
SSAP
SOCIAL SCIENCES ACADEMIC PRESS (CHINA)

南开大学“211 工程”重点建设项目
——“中国社会历史与文化”

“十一五”国家重点出版规划项目

总　序

魏宏运

这部前三卷本的《二十世纪华北农村调查记录》，是中日学者学术合作的结晶。

1990年8月，经原国家教育委员会国际合作司的认可和批准，由我牵头的南开大学历史系中国近现代史专业部分教师和日本一桥大学社会学部三谷孝教授牵头的数校教师共同组成的“华北农村调查团”，先后到北京市房山县吴村店、顺义县沙井村，天津市静海县冯家村，河北省栾城县寺北柴村及山东省平原县后夏家寨村考察访问，这一学术调查活动从1990年8月开始到1995年9月为止，持续长达5年。由于调查团成员均是高等学校的教师，平时有教学任务，不可能集中一段时间专门调查，因此调查活动多安排在每年学校寒暑假期间进行。

我们之所以选择上述几个村为调查访问的对象，并不是其在华北区域农村中具有特殊的典型性，而是因为此前1930~1940年代日本“满洲铁路株式会社”在上述村庄实施了旨在为侵华战争提供资料准备的调查。抛开这些调查的宗旨，其所保留下来的华北区域农村经济与社会的调查访问纪录，现在已成为蜚声中外学界的华北农村研究的重要资料。在此基础上进行追踪式的调查访问，接续这些村庄在1940－1990年代间的发展与变化状况，可以形成对这些村庄近百年历史变迁轮廓的个案认识。譬如“满铁”调查中关于村中保甲制度、人口数量、宗族状态、耕种面积、工具使用、生活习俗都有较为具体的记载。半个多世纪后的今天，其状况又是如何呢？1949年后当代中国社会变迁中，诸如“土改”、“大跃进”、“四清”、“文化大革命”及改革开放时期，这些乡村的变化是什么？透过这些村庄的资料，可以较完整地洞悉近百年来中国社会从传统向现代转变间的时代脉络，也可以看出历经数个朝代不同政治体制下华北乡村社会与国家层面间的关系，体认农民如何因应动荡时代的深刻影响，见证20世纪华北乡村社会的变与不变的发展特征。或许，这些想法可以称为我们进行华北农村调查活动的“问题意识”吧。

我们的调查活动取得了圆满的成果，日本学者先后出版了汇集吴店村调查访问记录的《农民口述的中国现代史》（三谷孝主编，日本内山书店1993年3月）；1999年2月，又以《中国农村变革和家族·村落·国家——华北农村调查记录》（第1卷，日本汲古书院版）为书名，出版了我们在寺北柴村及沙井村的调查访问记录；2000年2月，以同书名第2卷的形式，由汲古书院出版了后夏家寨和冯家村的访谈录。两卷调查记录都由三谷孝主编，我在每一册前写了序言。这三本调查记录的陆续问世，以口述资料的形式展现了中国近现代农村社会发展的历史画卷，在日本学界引起了巨大反响。有人称之为是继1930年代“满铁调查”资料编辑而成的《中国农村惯行调查》之后的又一项重大学术工程，通过中日学者的调查展现了1930年代以来华北农村的社会变动。1994年我在欧洲几个国家讲学时，丹麦哥本哈根大学和德国特立尔大学都主动让我讲华北农村调查的方法和结果。

日文版调查记录的出版，带动了日本对华北农村研究的热潮，也引起了中国学术界要求出版中文版的呼声。2005 年以后，我即带领几位博士生，着手整理调查记录中文版的编辑工作。内子王黎协助我，根据访问时的中文录音记录，参照日文版资料，对人名、时间和话语作了补充、核实和订正工作并完成了初稿。这一调查记录的编辑与出版工作，在南开大学历史学院刘泽华和张国刚、李治安教授的呼吁下，纳入了南开大学“211”工程项目，并商定由社会科学文献出版社出版。第 1 卷内容是当时在寺北柴村的调查访问纪录，第 2 卷是当时对沙井村和吴店村的调查记录，第 3 卷是当时在后夏家寨村和冯家村的调查访问记录，此外还有第 4 卷，侯家营村档案文献资料选辑及对其的初步解说。可以这样说，中文版比日文版内容更丰满，也更准确一些。

中日学者联合对华北农村进行调查访问的学术活动，是改革开放政策实施后的新鲜事物，也是中国学术走向国际化的标志性事件之一。有的部门对我们的学术考察不理解，他们说了不负责任的外行话。我则认为，农村调查是一件好事。20 世纪中国农村发生了巨大变革，在中国历史上是空前的，将其记录下来，具有重要的历史意义和现实价值。这种学术寻求和文化积累，是理解中国近现代历史的重要视角之一，也是中华民族的精神和思想财富。正是出于学者的使命感，我们是满腔热情地参与这一工作并和日本学者合作的。日本学者严谨的治学态度和细腻的工作方法，是我们应该学习的。人的知识总是有限的，向他人学习，吸收国外学者的长处，融合到自己的研究工作中，这是中国学术前进所必需的。

调查之初，左志远、张洪祥、王黎和我四处奔走，和有关方面多次联系，获得了各方面朋友不少的帮助，所调查地区的县、乡、村各级政府也给予了大力支持和帮助，使此次农村调查活动得以获准并顺利完成。

进村之前，我们预先熟悉各个地区乡村的情况，查看了相关地图及旧县志。日本学者还印刷了当年“满铁”人员调查上述村庄的概况，包括谱系、住宅方位等极具体的材料，准备工作十分周到细致。及至我们进入县境，各级政府有关人员介绍该县的历史和现状，给予我们很多帮助。这是我们认识上述村庄自然地理、民众生活和社会现实的前提。我们以小学生的态度认真听取和记录。调查资料的根据：一是县档案馆的档案文献；二是县、乡、村政府领导的情况介绍和历次运动积累的材料；三是社会各领域人物的谈话记录。

我们所作的是历史人类学的考察，寻找记忆，寻找过去，将村民的经历和见闻如实记录下来。从 1940 年代“满铁调查”结束的抗日战争时期开始到 1990 年代初农村联产承包责任制的实施，时间跨度达半个多世纪。这期间，华北人民经历了日本的血腥侵略和残暴统治，这一事实根深蒂固地印在我们民族的记忆中。日本投降后又经历了国共内战、土地改革、集体化道路、“大跃进”、人民公社、三年困难时期、“四清”运动、“文化大革命”，改革开放后的联产承包到包产到户，现在正在接近小康生活的标准。从土地所有制来讲，土地改革是一次重大变革，将土地分配给农民，消灭了几千年来存在的地主阶级；集体化是另一次重大变革，将农民的土地所有权收回，重新转变为集体所有制。现在农村的土地仍是集体所有制，是以家庭生产为主的集体所有制，这和以往是不同的。从经济制度发展来看，1950－1980 年代间，中国农村的经济生产被纳入了长期的计划经济体制，有成功之处，也有失败之处。现在则进入了市场经济体制，一切都发生了变化。我们观察的视点是，在这几次生产资料所有制的大变革中，政府政策是怎样影响基层农民的生产、生活的？农民的意识是怎样转变的？其生产和生活的起伏变化又是如何？在大量的访谈记录中，档案文件中无法看到的真实的农民心态，逐渐丰富和立体化起来了。

我们的调查内容极为广泛，包括各村的地理环境、人口政策的执行和人口状况、计划生育政策的执行、村政权理念，农业生产类包括种植面积、种植的品种、肥料、水利、农具、农产品的价格等，副业生产，销售渠道，家族延续和沉浮，婚姻状况，妇女在家庭和社会中的地位，中小学教育，人口流动，道德风俗习惯，以及村民生活等。用现在最普通的术语，是一种全方位的调查，而不是单一问题的调查，这样的调查可以构成一个村全面完整的历史画面。在采访中，如谈话投机，常常激起被调查者沉睡的回忆，他们的回答常常多于所提出的问题。我们多次发现农民手中保存着世代相传下来的地契、借贷契约之类，这是意想不到的收获。如在寺北柴村，我和滨口允子访问一位老农，他打开了床头陈旧的小匣子，取出一张用布包裹的乾隆时期的地契；其他调查成员也看到了不少地契，其中有雍正年代的地契。吴店村村民保存有1936年6月河北省财政厅颁发的土地税执照和中华人民共和国成立后兄弟分家的证书。这些契约文书，对研究农村各个时代的经济、社会状况而言，都是非常珍贵的资料。

在村庄里，调查是挨家串户的，面对面的问答，被访者的叙述意识至关重要。我们总是预先告诉我们的来意、采访目的和内容，让他们心中有数。日本学者每到一村访问时，总是先讲道歉的话："日本过去侵略过中国，真对不起。"这么一句饱含真诚的话，拉近了双方的距离，为访谈扫清了障碍。在顺义县，我们访问一位曾在战时做过中学教师的老人，他因战争而对日本人极有成见。得知访问者有日本学者后，他说："怎么日本人又来了"，并拒绝接待。后来经过左志远耐心解释，老人心里的坚冰被打破，他不仅热情接待，双方谈得还很融洽。

村民们是否说了真话、心里话，要由大家判断。根据我们的接触，他们对过去所发生的事有清醒的认识，并且能够用一条叙述线索将其连贯起来，论人论事，直言不讳，毫不掩饰自己的观点和看法，对重大的历史事件也有着深刻的反思。

村民在涉及自己生存和生活相关的问题上，从不躲躲闪闪。譬如谈到1950年代的集体化时期，村民们都认为开始时大家满腔热血，很积极，产量增加了，生活改善了，对前途抱着强烈的期望。但到了公社化时期，社会上弥漫着说谎话、说大话、搞浮夸，报刊整天宣传"人民公社是天堂"，"人有多大胆，地有多大产"，搅浑了人们的意识，人们都被强制性地去大炼钢铁，烧焦煤，挖水库。青壮劳力的精力消磨殆尽，只有老弱妇女留守村庄，成熟的粮食扔在地里，无力收割，只能任其腐烂，结果弄得物质极度短缺，出现了严重灾荒。人们以瓜菜充饥，尚且不足，各村都出现了饿死人的现象，精神上备受痛苦。当时又被迫三缄其口，没法说的话，只能在心里翻滚着。他们回忆这一段历史时，心情是很沉重的，应该说也是真实的。1979年后，中共中央推动改革开放政策。中央连续颁布了有关农村改革5个"一号文件"，农村的生产方式发生变化，农民的收入逐年提高，思想和心态也在逐步变化中。

我们如实记录了这些年各村的变化实态，有的发展得快，有的慢一些，但相继都冲破了旧的束缚。任何运动总是有一部分人先行动起来，有一部分人则在等待观望，等时机完全成熟时才开始行动。1984年人民公社解体后，以农业生产为主导，出现了经营各异的个体户。譬如1990年访问沙井村时，该村两户农民承包全部土地，农闲时搞运输，收入大幅度增加。村中出现了一家私人医院和药铺，还有个人经营的涂料厂，原来的供销社也由私人经营了，80%的妇女都到设在该村的服装加工厂工作，服装销售至欧美和日本等国，生意兴旺。村中还设有汽车修配厂，专为北京市的中央民政部门做汽修配件。1994 年重访该村时我们发现，村里耕地面积减少了，出现了由福建商人组成的“福建村”，全是经营木材的，出租土地成为村中的一大收入。村中盖起了村政府大楼和宽敞的幼儿园，开始实行养老保险金制度。

山东平原县后夏家寨村，距离大城市较远，原来村民生活较苦。几家农民做饭烧锅时所拉的风箱，还是几十年前我在农村见到的那样。农村新政策出台后，人们恢复了传统的手工业，用柳条编织筐笼之类和用麦秸秆编草帽，由天津外贸公司收购，运销海内外。贩运牲口特别是耕牛，也是该村的特长，不少农家又经营起这行业。我们还到附近的牲口市上去实地考察了一次。村中还种植茄子之类蔬菜远销日本，它是一种全新的植物种植技术，茄子大小均匀，全部采用人畜粪便施肥，减少了工业化肥的污染，农民们在掌握技术的同时，也对环保有了新认识。

栾城县寺北柴村的农业在河北省是很出名的，他们有一项稳定的收入，就是供应华北制药厂做原料用的玉米。1980 年代后，该村大部分农户除了耕种土地外，还开展多种经营，有的经商，有的搞副业，有的搞服装加工，出现了养殖、种植、养鸡等专业户。搞运输在“文化大革命”时被视为投机的“二道贩子”，现在成为人们向往的行业。该村部分农户由山西运煤，制作煤球或蜂窝煤出售。蛋品销路广，河南客户定期收购。乡政府为了发展养鸡业，还请北京的农业专家来讲养鸡技术，各村居民从四面八方涌向乡政府所在地去听课，我们亲眼看到了这种场面。

我们访问时，各村均有民办公助小学。发动社会力量办学，这是办学的一种方法。小学教育是国民教育的根基和基础，有的村小学面貌整洁，教师精干，从表面上看，文化气氛是很浓的。寺北柴村的教室则是危房，参加访问的日本学者捐赠了 2000 元人民币，希望能够帮助他们改变一下学校环境。

村民可以公开议论村干部，何人好，为村里办实事，就得到尊敬；何人私心重，作风不好，群众中微词就颇多。不敢说话的时代已成为过去。

在调查中，我们发现各村都在根据自己的地理、经济条件扩大生产，创造财富，改善生活。农民的生产积极性被调动起来了，人的活力被挖掘出来了，社会各行业也充满了活力。这就是华北农村社会与经济变动的生动情景。

当然，在追求财富及美好生活的同时，华北各农村也出现了一些值得思考的现象。

一些商人，直言他们卖东西时，短斤短两，他们认为这没有什么大惊小怪的，不知道诚信败坏的巨大恶果。

在一些村，农民开始出现贫富的差距，富户拥有运输汽车和拖拉机。1994 年寺北柴村就有各种拖拉机 100 多辆。富户还盖了新房，有的盖的是楼房。而穷户则仍然住在落败的旧房中。

人们的观念发生了变化。现在似乎一切都在以财富论英雄：看其农副产品在市场上销售量如何，拥有几台拖拉机。耕牛和骡马，不再作为财富的象征。现在人们都很注意信息，看哪一行能赚到钱，就趋向哪一行。

农村中重男轻女的现象还是比较普遍。他们愿意生男孩，一是传宗接代，二是增加家中劳力。计划生育政策的执行是很严格的，但有的农民宁愿接受罚款，也要多生一个孩子。妇女怀孕，生育儿女是重要的事情，生男孩受到家庭的尊重，否则就被看不起。从这一点上看，几千年的传统观念短期内很难转变。

一些不良风俗习惯又泛滥起来，如敬鬼神，迷信风水等。婚丧嫁娶也很铺张，村民讲，现在没有几万元给孩子是成不了亲的，必须盖新房，买电视机、洗衣机，家里还得有沙发之类摆设。

中国农村数十年来走过了曲折多艰的道路，农民贫穷痛苦的生活令人扼腕长叹，访谈中展现的种种场景，在每个调查者心中留下深深的烙印。农民讲出了实实在在的心声，反映了历史和时代的特点。这部书是记录性的，没有抽象的概括，没有理论的阐述，没有文学家的描写，没有华丽的辞藻，语言朴实无华，反映的正是普通村民的生活足迹，是华北地区农村历史沿革的缩影和农民生活与生产变化的实态，散发着浓重的乡村气息，也依稀可见乡村社会变革的历史脉络。

从社会发展的角度看，一切事件和人物都是历史的、暂时的，而历史的进程则是永恒的运动。我们的调查访问结束后的10年间，上述各村又有了许多新变化。如顺义县改为北京市属区，沙井村被纳入了市区，村中已无耕地，“福建村”面积扩大至200多亩，占该村土地1/6，村中的面貌已城市化。原在服装厂打工的村民已不再去了，现在工厂的六七百人多是外地和外村的。天津市静海县冯家村也和1993年我们访问时大不一样。那时村民除种地以外，还给天津市一个工厂做配件，现在大部分青壮年到附近一个日资企业打工，月薪1000多元。留在村中的农民则种蔬菜供应天津，如茄子、西红柿、芹菜之类，秋冬都是大棚菜，用机井灌溉，村里有信息员，时刻掌握着天津的市场行情。我们最后一次去山东省平原县后夏家寨是1994年8月，如今也发生了诸多变化。原有的编织副业基本上没有了，几个木匠在村中创办了家具作坊，年产量约2000多件，获利在2万元以上。恩城镇的牲畜市场，比过去大得多，牲畜上市量在千头左右。后夏家寨村民有几百户养牛，繁殖小牛，每头可卖千元。有的用300多元买个小牛或驴、骡、马，喂一年长大了再卖，可以得到1000~1200元。村中增加了十多眼机井，85%的农田得以灌溉，小麦、玉米亩产量约在800~1000斤间。30%农户有了拖拉机，村民盖新房的多了，都是砖石结构。约50%的青年男女外出，到北京、天津、青岛等城市打工，月收入在800~1200元之间。

由于机械化的使用导致对劳动力依赖的减轻，养育孩子的负担日重，加上城市文化的影响等因素，农村的出生率开始降低了，各村小学校的孩子少了，如今几个村合并办一个小学校，学校的教学质量也有了很大的提高。

值得深思的是，各村村民“向钱看”的倾向较以前更加严重了，数十年来培养和形成的集体观念淡薄了，公德意识没有大的提高，很少有人再讲为集体和他人的奉献精神，这对建设社会主义新农村是非常不利的。

历史是一面镜子，可以鉴古知今，也可以启示未来。关于研究华北农村的著作，市场上已有不少，这部书则有自己独特的学术价值与文化形态，是认识、了解华北农村最好的素材，也会成为研究者心目中有价值的资料，可引起更多的思考，推动华北农村社会研究向前发展。今日中国农村的进步是付出了巨大代价而取得的，应该珍惜今日，使新农村建设迅速完成。不管中国社会的现代化进程如何延伸，只有农村获得革命性变革和农民生活得到彻底的改善及提高，中国才配得上现代强国的地位。

2006年8月

本卷序

三谷 孝

调查研究是了解中国近代社会的一个重要手段。尽管诸多的历史文献、书籍和新闻杂志都记述了大量的近代史实，但不可能囊括历史上发生过的所有的事件。特别是有关基层组织和社会的资料显得格外缺乏。而通过调查研究却可以补充和充实这方面的知识。尤其是那些通过细致精密的调查获取的资料具有相当的学术价值。我们这十几名中日学者对此有深刻的体会。20世纪90年代初的几年间，我们利用寒暑假几次奔赴华北农村的一些地方进行考察，获益良多。通过这些调查，我们不仅对华北农村加深了感性上的认识，还取得了很多翔实的历史资料，挖掘出了大量被淹没于历史风尘中的事实。

本卷展示的正是这些调查访问的成果。调查对象主要是津浦铁路沿线的两个村庄：隶属天津静海县的冯家村和隶属山东平原县的后夏寨村，这两个村均属于华北地区。在当前的行政管辖上，平原县应归属华东地区，但它的地理位置、文化背景和风俗习惯则更多的与华北地区同类，因此我们把它作为华北的一个村落进行考察。

华北社会于近代史上可算历经风雨、饱尝战乱之苦。在经历了军阀混战、日本的侵略和蹂躏、国民党的统治后，在共产党的领导下迎来了解放。解放后，又经历了一连串的苦难折磨，现在终于能够大步踏上阳光大道。通过与当地老农的谈话，我们能够深切感受到他们经历的辛酸，而且，从他们的谈话中还能对中国近代史的大致轨迹有一个真实的认识。

1940年至今的半个多世纪里，华北农村一直处于变化之中。这个变化在某个时期趋于平缓，而某个时期又如狂风巨浪，绝少有静止状态出现。现在，虽然还残留有不少旧的风俗习惯，但人们的观念和信仰随着时代和社会的变化也发生了巨大的改变。过去，穷苦的农民把自己的苦难当做命运的安排，听从天命，靠天生存，一遇到天灾人祸，就向天神祈求帮助。后来的大锅饭政策又把每户农家绑在一块土地上进行集体耕种，农民的积极性和创造性受到了极大的限制，从而滋生培育了平均主义，农民不可能再有更多的需求和愿望。现在，由于农村体制改革和多种经济的发展，农村呈现崭新的面貌。各地的农村都在用科学振兴农业，艰苦创业，以各种形态迈向富裕。各家有各家的目标，经济充满活力，生活充满朝气。村与村之间、家与家之间的差异为人们带来了竞争，也带来了希望。

经济的发展是社会进步的杠杆，各个村都有自己的以经济建设为中心的发展计划。这种计划是在县乡镇各级政府的指导下制定的，相信会逐步实现。

各村庄不同的自然条件又使得各村的发展呈现不同的特色。例如冯家村和后夏寨村，过去非常贫困，几度发生村民因为饥荒外逃的事情，生活极不安定。现在，冯家村变成了半工半农的村子。村子里有机器加工厂，村民在工厂工作的同时，又在自家承包的责任田上种植粮食和蔬菜。家家有余粮，户户有积蓄。农民跟我们讲，他们现在储备的粮食可以吃上两三年。村子里的每户人家都通上了自来水，砖瓦房整齐漂亮，一派欣欣向荣的新农村气象。而后夏寨村在20世纪40年代土地改革之前，659人只有2180亩土地，其中中农占多数，占有64.22%的耕地，由于干旱和洪水的侵害，粮食生产量很低，小麦亩产量为80斤，棉花是30斤，花生还达不到三四斤。60%的村民外出乞讨。现在，耕地面积尽管减少了大约1800亩，但由于最近20年间实施了诸如农田的基本建设、水利灌溉的电气化、种子革命、农业科学化、精耕细作等措施，粮食亩产量达到500多斤。近年来又广植果树，开拓新的经济资源，收效显著。现在已有各类果树1万多棵。在这个村，柳条编织的家庭手工业由来已久，现在开展得红红火火。村子里有56户编织专业户，其产品种类繁多，样式新颖，远销京津和海外。一些农民还长途贩卖黄牛等家畜，从事运输、建筑、商业等行当。农民通过实行多种经营，充分发挥了主观能动性，创造了舒适的新生活。

在乡村建设中，这两个村都非常重视学龄前儿童教育和小学教育的规范化。虽然我们的访问只是管窥了这两个村一段时期的状况，但他们的改革在不断前进的情形，以及已经取得的丰硕成果却是实实在在地摆在我们的眼前。

感谢各级政府对我们的支持，感谢村民们对我们的热情招待和鼎力协助。正因为有了他们的帮助，我们才有可能获得如此积极的成果。而日本友人每到一个村庄便首先表明“日本过去侵略中国，使你们蒙受灾难……”的诚恳态度，也是我们这次的调查访问得以顺利完成的一个重要原因。

历史如长河没有尽头。立足于历史长河中间，能回顾过去，审视现在，还能更清晰地看到未来。

原载《中国农村变革と家庭·村落·国家——华北农村调查の记录》（第二卷），日本汲古书院，2000年版。

目　录

第二部　冯家村编

附　　录

访谈记录细目

一　后夏寨村访谈记录

（一）1993 年 3 ~ 4 月

（二）1994年8月

二　冯家村访谈记录

（一）1991 年 8 月

（二）1993年3月

·序　论　编·

一

后夏寨村、冯家村调查的来龙去脉

三谷 孝

本卷是中日两国学者对两个华北村庄进行联合访问调查的记录，这两个村分别是山东省平原县十里铺乡后夏寨村和天津市静海县府君庙乡冯家村。

正如相当于本书前编的《中国农村变革和家族·村落·国家》（1999，汲古书院，以下简称前编）的绪论中早已叙述过的那样，本调查计划的着眼点，主要是在时隔50年之后，通过对20世纪40年代前半期实施的《中国农村惯行调查》所调查过的村庄进行再次调查，从村民生活变化的视点出发，在村民们自己的证言的基础上，描绘出处在激荡变革中的村庄的50年变迁史，并同时考察华北农村社会和农村变革的特质。此次农村访问调查是从1990年夏到1995年秋进行的，前后大概经过了6年时间。其具体日程如下：

（一）1990年8月，调查北京市顺义县沙井村、北京市房山区吴店村。

（二）1991年8月，调查天津市静海县冯家村。

（三）1993年3～4月，调查冯家村、山东平原县后夏寨村。

（四）1994年8月，调查后夏寨村、沙井村。

（五）1994年12月、1995年2月，调查河北省栾城县寺北柴村。

（六）1995年9月，调查寺北柴村。

如上所述，在第一年度的访问调查中，中国方面的研究者已经作了预先交涉，在此基础上，我们在1990年8月亚洲大会召开时，到附近的隶属于北京市的沙井村和吴店村进行了调查。当初的计划是准备对每个村进行两次访问调查，第二次调查主要是为使内容更为充实而进行的补充调查，接着依次将调查地点推移到其他村庄。虽然我们对第二年在沙井村和吴店村进行补充调查进行了准备，但由于中国国内的情况，在1991年夏实施这项调查有非常多的困难，因而不得不紧急改变调查地点，将目标改为天津近郊的农村。为了决定在《中国农村惯行调查》中有资料记载的静海县的上口子村和冯家村两个村庄中选择哪一个作为调查地，8月12～13日，我们在两个村子各进行了一天的概况调查，结果选择了冯家村为调查地，进行听取调查。由于以上原因，虽然冯家村并不是《中国农村惯行调查》中作为主要调查对象的六个村子之一，但我们还是对它进行了再次调查。

接下来是第三年度，即1993年春，我们按计划对冯家村进行了补充调查，同时对后夏寨村（包含对其邻村前夏寨村的调查）进行了访问调查。之后一直到1995年秋，调查计划大致上都顺利进行了。

将第二年度对冯家村调查和第三年度对冯家村和后夏寨村的调查，以及第四年度即1994年夏对后夏寨村的补充调查合并起来，3年间对这两个村的调查成果构成了本书的主要内容。1991年8月13~16日、1993年3月25~29日，在冯家村进行调查活动，对90余名村民进行了调查；对后夏寨村和前夏寨村的调查于1993年3月31日至4月7日、1994年8月13~19日进行了两次，调查了村民140余名。并且，在平原县收集了以反映社会经济关系为主的档案资料。

寺北柴村和沙井村是前编的调查对象，在战前的调查记录中，有关寺北柴村的记载有533页（第三卷），关于沙井村的有802页（第一卷、第二卷），在《中国农村惯行调查》的全六卷中，两个村的资料约占一半。从1940年到1942年惯行调查班也对这两个村进行了反复多次的现场调查，对于沙井村更是到1944年8月仍在进行补充调查。而对于后夏寨村和冯家村，在当时的调查资料中，前者只有167页（收录在第四卷），后者则仅有5页（收录在第五卷），在实地调查时间上，前者也不过20天，而后者仅一天。这种差异，一方面说明当时后夏寨村和冯家村在战时状况下形势严峻，同时也是当时惯行调查班所处的政治环境的制约所造成的。

在沙井村、寺北柴村、冷水沟村的惯行调查告一段落之后，为了调查远离大城市的位于内陆的“真正的农村”的习俗，而选择了后夏寨村。据说是由于考虑了村庄的规模、当时的治安状况和交通条件等因素，而从天津和济南之间的德县和恩县周围的众多村庄中选择了后夏寨村。可是，实际上，1942年5月16日惯行调查班一开始着手进行实地调查，就发现附近有八路军游击队出没，“治安”状况的恶劣超出了预想，调查进行了20天左右被迫中断。先于后夏寨村进行调查的冯家村，是因为从静海县新民会的日本人那里得到了“治安没有问题”的保证，才和上口子村一起被选为调查对象的。可是，1942年5月13日赶赴现场的惯行调查班却感到“不知为何总有一种令人恐惧的感觉”、“农民态度冷淡”，因为担心继续调查下去会有危险，在14日中断了调查。

《中国农村惯行调查》显示了日本人所进行的战前中国农村调查的最高水平，拥有一大批优秀成员的调查研究组织，有周到致密的计划立案，有很充足的调查经费，无论从哪一点上说都是无与伦比的，正因为如此，当时丰富的调查研究成果现在仍在传播。可是，在处于日本侵略战争之下作为占领地的农村，以在日、伪控制之下确保“治安”的村庄为对象进行调查，有一定的局限性，这种局限性的影子在成果中以各种各样的形式表现出来。对后夏寨村和冯家村的调查不能按原计划进行而在短期内被迫中断，大概就是这种影响的表现之一吧。

这一次的再次调查，无论从调查计划、调查方法还是调查成员自身的研究水平来看都是不够成熟的。可是，这次调查是在日中两国国民互惠平等的基础上，为活跃两国在多方面的交流，在和平的环境下实施的，就这一点来说，就具有《中国农村惯行调查》所不具备的特征。

中国方面的合作研究者是南开大学的魏宏运、左志远、张洪祥三位教授，他们非常理解本调查计划的宗旨，提前走访了这些县和村庄进行预先交涉，并作了概况调查，在所有问题上不遗余力地予以协助。还有当地的县、乡人民政府以及各村的村民委员会，在正值农忙期的繁忙之中特意赶过来，并很快接受了我们提出的各种烦琐要求，在很多方面给我们以协助。在我们实施调查的90年代前半期，正值改革开放政策已经稳定下来，农民的生活从物质、精神两方面都开始变得充裕，村庄自身也处于向“富裕之路”迈进的时期。村干部和村民们也以这样的成绩和自信为背景，坦率地回答我们所提出的问题，这一点我想应该特别提一下。日本、中国、美国三国学者寝食与共，一起合作进行农村调查，这在《惯行调查》时期大概是想不到的吧。

我们以这种形式勉勉强强完成了当初的调查计划，这项成果之所以能够问世，承蒙中国的合作研究者、地方政府以及村民们在各种情况之下、在各方面给我们的协助。

这次日中合作调查的参加者，日本方面有 8 名，中国方面有 3 名，具体如下：

日本方面

三谷孝（一桥大学）

浜口允子（放送大学）

顾琳［リンダ・グローブ］（上智大学）

内山雅生（宇都宫大学）

末次铃子（中央大学人文科学研究所）

笠原十九司（宇都宫大学，现在都留文化大学）

中生胜美（和光大学）

佐藤宏（一桥大学）

中国方面

魏宏运（南开大学）

左志远（南开大学）

张洪祥（南开大学）

在这两个村进行现场调查期间，与我们同行并给予了帮助的有日本方面的合作研究者小田则子（名古屋大学研究生院研究生）和张思（东京大学研究生院修博士生），在现场的各种交涉方面，得到了江沛（南开大学历史系副教授）、张利民（天津社会科学院研究员）两名研究人员的帮助。

更应该感谢各位翻译人员所付出的辛劳，他们是俞辛焞（南开大学历史研究所教授）、祁建民（南开大学历史系教授）、吴爱莲（南开大学外文系教授）、刘桂敏（南开大学外文系副教授）、齐秀茹（天津大学外文系副教授）、吴弘乐（天津社会科学院研究员）、宋志勇（南开大学历史研究所讲师）、贾宝波（南开大学研究生）、白冰潮（南开大学研究生）、童晓薇（南开大学研究生）、孙雪梅（南开大学研究生）、王健娆（南开大学研究生，以上所说均是各位在调查之时的身份）。

对问答记录的翻译承蒙以下各位的帮助，他们是三桥秀彦（一桥大学研究生院博士生，现为亚细亚大学讲师）、前田比吕子（一桥大学研究生院博士生，现京都产业大学讲师）、田原史起（一桥大学研究生院博士生，现新潟产业大学讲师）、山本真一（一桥大学研究生院博士生，现明海大学讲师）、笠原阳子（御茶水女子大学研究生院博士生）、祖父江润、青柳良子（淑德大学研究生院博士生）。另外，在将问答记录的中文原稿和录音带相对照，将各种资料进行整理方面，承蒙李恩敏（一桥大学研究生院博士生，现宇都宫大学讲师）、王红艳（一桥大学研究生院博士生）、杨丽君（一桥大学研究生院博士生）、邢丽荃等各位的帮助。

在实施调查之际，平原县人民政府、恩城镇人民政府、十里铺乡人民政府以及后夏寨村和前下寨村村民委员会，天津市静海县人民政府、府君庙乡人民政府以及冯家村村民委员会等都在各个方面给予了我们很大的帮助。另外，就地方志史的研究成果，我们还从平原县的县志办公室主任焦力军、静海县地方志办公室主任王敬模、县党史办公室主任王振江那里受教颇多。

这次的调查之所以能够顺利地按计划进行，承蒙上述各机关诸位的协助以及南开大学历史系、国际学术交流处的诸位先生的鼎力相助，在此深表感谢。

历时6年的本调查计划得到以下机构的资助才得以实施，它们是文部省科学研究经费补助金（课题名称为“中国农村变革的历史研究”）、三菱财团人文科学研究补助金（课题名称为“中国农村变革的历史研究”，1992、1993年度）、丰田财团研究补助金（课题名称为“从民众的视点出发看到的中国农村的变革研究——华北村庄和家族的五十年史”，1993年度）、文部省科学研究经费补助金（国际学术研究、合作研究“中国农村变革的综合研究——最近五十年中华北家族、宗教、社会构造”）。

在这些实地采访调查的成果之中，1990年度的有关吴店村的部分，由于得到了一桥大学后援会的教官研究图书出版经费，而以“农民讲述的中国现代史——华北农村调查记录”为题名，于1993年3月由内山书店出版发行。另外，关于寺北柴村和沙井村的调查资料，得到了文部省科学研究经费补助金研究成果公开促进费的资助资金，于1999年2月，以“中国农村变革和家族·村落·国家——华北农村调查记录”为题名，由汲古书院出版发行。本书作为这两册的续编，收录了后夏寨村和冯家村的调查记录。

本书得以刊行，是因为得到了文部省科学研究经费补助金研究成果公开促进费的资助。另外，这次的调查记录的汇总以及成果的成形、整理的费用均仰赖丰田财团研究资助经费的交付使用。

在此对给予我们莫大援助的上述各机关、团体表示深深感谢。

1995年11月15日

研究人员代表　三谷 孝

二

被调查村落的概况

（一）后夏寨村调查资料解说

1. 政治

本书是山东省平原县十里铺乡后夏寨村的人们超过半个世纪的生活记录。通过回答我们的问题，村民们从各自的角度出发，讲述了自己在各个时期感受了些什么，做了些什么，如何生活，等等。确实，这些可能仅是个人体验的记录，但因为只有他们才是亲身体验了“激荡的半世纪”当事人，并且这半个世纪中的历史是以冲击到了底层的重大变革为特征的，正因如此，在描述这个村落的历史之时，他们的回答汇总才是在别处难以得到的珍贵资料。

在本节中，主要是以村民们的回答资料为基础，以政治侧面为中心粗略整理了后夏寨村50年的历史。这样一来，就可以明确知道在后面的问答记录中，村民们所讲述的一个个“事实”应该放在村史的哪一位置。

（1）抗日战争时期

抗日战争时期，由于后夏寨村一带属于山东省最靠近内陆的地区，日本的控制力量比较薄弱。同样的原因，后夏寨村虽然接近共产党方面在河北、山东境内开辟的冀鲁边区抗日根据地和包含平原县在内的鲁西北抗日根据地，可是并不包含在两个根据地之内，结果成为没有军事力量控制的“三不管”地带，经常受到周边的土匪、乱军的袭击，处境非常艰难。当地的农民为了自卫组织了团体“红枪会”，这可能就是当时状况的一种表现吧。从抗日战争时期开始，在实则是“乱军头目出身”的县长统治之下，治安状况非常恶劣。直到抗日战争结束后的1945年12月，八路军在县城建立了平原县人民政府，后夏寨村才归属到平原县，成为解放区。这些经历，显示了地理位置的因素给村落带来的影响，这一点有必要时常提起。

（2）解放和“土地改革”时期

1945年8月20日，恩县城被解放，解放军首先在恩县的各村派遣了工作队，建立村落的基层组织。后夏寨村也来了以乡长为首的6名成员组成的工作队，他们费时半年之久在村里建立了工会、农会、民兵组织等，雇农们参加了工会。

这一年秋天，国民党军占据了平原县城一小段时间，一夕之间村里的状态又回到了从前。很快，到了年末平原县又再度被解放。到1946年，再度开始了广泛的减租减息、赎地清债、增加雇工工资等运动。在恩县，由长工们发起的要求增加工资的运动开展得很火热，这对后来的土地改革运动有一定的影响。在后夏寨村，这些运动的开展也促进了村里的组织建设。

解放战争时期，1946年5月4日发布的“五四指示”，使运动的基轴从“减租减息”向

“耕者有其田”转化，后夏寨村的土地改革正是从这一时期开始的。工作队进驻到各村，调查每户的人数和土地，做成名簿。在初期阶段，各地仍有地主势力和土匪杂团组织的“还乡团”，攻击农会干部和土地改革的积极分子，因此，各个地方都忙于组织民兵对抗还乡团，这比土地改革还重要。平原县、恩县、武城县、故城县四县组成了联合剿匪指挥部，土地改革委员会也被改编成了武装工作组。到1947年春，还乡团基本上被镇压了下去。1946年，在工作队的指导之下，后夏寨村的土地改革也在不断进行，地主、富农被迫交出土地，按每个贫农4亩的标准进行了分配。但这一时期并不是最彻底的土地改革时期，对恩县南关的区政府秘书王义山的斗争被认为是土改运动最激烈的时期。因此，后夏寨村实行彻底的土地改革，是在1947年春天以后，特别是同年9月以废除一切封建土地所有制为目的的“中国土地法大纲”颁布以后，进行所谓的“土地复查”的时期。关于这一时期的运动的证言中，对展开以地主和富农为斗争对象的激烈运动的陈述很多。据说在这种斗争中，将被划为地主和富农的人关进土楼，召开全体村民都参加的大会，将他们每两个人一批揪出来，吊起来进行责打，是比较残酷的。在考察有关后夏寨村的土地改革之时，有必要将这种时代背景充分考虑进去。这一时期，在全县还开展了广泛的号召参加解放战争的参军运动，后夏寨村也有几名青年被派遣当了八路军，其中两个人在战斗中牺牲了，从当时担任领导者的人的叙述中可以得知这是当时最难做的工作，也可以看出在解放战争之际，即使在这个内陆小村中也难以避开上级权力的意向。从这时开始，由作为政权基础的中央下达要求，将完成这些要求的艰难工作交给村里的干部来完成。应该看到，正是通过这些运动，以及守护烈士家属的运动，逐渐强化了人们的国家意识。并且，从这些陈述中来看，在这一时期的新干部中有十来名是指定的。那么到底他们有什么资格能够成为干部呢？和“中国农村惯行调查”第四卷的记述相对照的话，就会在一定的程度上得出结论，即他们全部都是贫农出身。从这一点上可以说，他们是和以前的领导者不同的新的意义上的干部。可是，从大的范围来看，他们又是以过去一直就有的维持社会秩序的机构如乡社、碗社等为背景，在保持各方势力均衡的基础上被选任的，是在这种背景之下成为干部的。换言之，他们的基础仍是以前的吸纳了保甲制度的叫做“社”的集合结社，是传统的农村社会的关系网络的存在。从中能够看出土地改革前后干部的社会连续性。

（3）新中国成立和集体化的时代

1949年10月中华人民共和国建立后的10余年间，后夏寨村遵循国家政策、在上级的指导之下，经历了成立互助组、组建合作社、组成人民公社等一系列集体化的过程。在这些过程之中，后夏寨村在行政区划和隶属关系等方面也历经几度变更。为了更准确地把握后夏寨村的地区归属情况，我们进行一下整理。

后夏寨村的行政区划等的变迁情况如下：

1948年8月，冀南行政区废止，恩县、平原县划归河北省衡水专区。

1949年10月，平原县划归山东省渤海区滦北专区。

1950年10月，滦北专区废止，平原县划归山东省渤海区德州专区。

1952年10月，恩县也划归德州专区。

1956年2月，德州专区废止，成为聊城地区。

1956年3月，恩县被分割，含后夏寨村在内的东部地区并入平原县。后夏寨村归属于山东省聊城地区平原县恩城区。

1957年2月，区制被废除，改为乡镇制，恩城区改为恩城镇。

1957年9月，乡镇制被改为人民公社，全县成立了13个人民公社，后夏寨村属于平原县红专人民公社。

1957年12月，红专人民公社改称恩城人民公社。

1961年9月，德州专区恢复。

1965年3月，县里的13个公社（大社）细分为24个公社，恩城人民公社一分为二，分成恩城人民公社和徐庄人民公社，后夏寨村属于后者。

1971年，徐庄人民公社改称十里铺人民公社。

1974年3月，人民公社制度废除，全县划为4镇15乡。后夏寨成为山东省平原县十里铺乡后夏寨村，一直到现在。

新中国成立后，村子面临的主要课题，一是响应中央的号召，为提高仅拥有平均分配下来的零散土地的村民们的生产积极性，而推进农业集体化。二是选拔有能力实施村政的干部，即整顿人的基础，响应国家号召，不断整理完善作为新国家基层的村这一级单位。

第一个问题即关于后夏寨村的集体化，正如下面要谈到的，大致和全县的行动步调是一致的。

首先，1950年，村里诞生了最早的互助组，这是由10户左右的村民在自由自愿的基础上组成的。不久，区上的干部过来之后，积极组织各户，最终在村里成立了11个互助组。当时正值从1950年开始的“抗美援朝”运动和援助出征士兵家属活动、1951年的爱国种棉运动、1952年的打井运动等相互协作的运动相继展开之时，这些运动也是支撑组织化的要素。

接着，1954年村里成立了4个初级合作社，分别是光明合作社、五星合作社、幸福合作社、前进合作社。进而在第二年即1955年，恩县的合作化运动成果显著，俨然成为了德州地区的模范，后夏寨村作为其中一部分，通过合并初级社而推进了大社化运动，在这种运动中产生的是幸福大社和红旗大社。这一阶段的合作化，在提高人们的生产积极性这一点上取得了一定的成果，在有关这一段的回顾中也可以听到“初级社的时候不错”的说法。

可是现实却是“可惜很快就成立了高级社”。并且，这种激进的集体化运动，就像今天也屡屡被指出的那样，是在上级的强行指导之下进行的，很难说是自发的，正因为如此，县里从初级社向高级社迈进时，也伴随产生了一些紧急状况，在各地发生了一些动摇和混乱。可是，另一方面，在同一时期，伴随集体化运动，在全县的范围内进行了农田水利的基本建设，后夏寨村也修成了从黄河引水的工程，并修整了田间道路。结果是，虽然耕地被认为是减少了，但用拖拉机进行翻地、耕耘等成为可能，合作耕种的态势形成了。从1956年冬天到1957年春天，进一步成立了由12个村子组成的一个大社，后夏寨村成为这个大社中的第十七、十八、十九大队。不久，在社会主义建设总路线之下提出了“大跃进”运动，到秋天开始“大兵团”作战，实施组织的军事化，组成了“军营”组织。据说村民们分属于“黄忠队”、“五虎队”、“花木兰队”、“敢死队”、“穆桂英队”等，进行可以说是不眠不休的劳动。并且，大炼钢铁运动也组织起来，人们交出了甚至包括日常生活用品在内的所有铁质物品。在这些运动进行期间，9月份，全县成立了人民公社，后夏寨村属于平原县红专人民公社。

这一时期的另一个特征就是，在饮食方面，村里专门设置了两个公共食堂。食堂的饭票由乡里统一发放，十来个村不管哪个在饮食方面都是采取了这种制度。即使在村子里面，也有去晚了的话就没有食物的状况。这造成了大量的人力和物资的浪费，人们对此的不满也很多，只是不能公开批评。因此，到 1959 年食堂制度以失败告终。

再有一点作为这个时期的重大问题应该指出的是“虚报”问题。所谓“虚报”，就是在和其他地区、其他大队相互竞争的压力之下，申报更高的单位生产量的估计数值，在此数值的基础上决定上缴定额的做法。后夏寨村也和其他村一样，村民们不得不共同负担这些赋税，生活很贫苦。如果要举一个表现这种风潮的强度的例子的话，那就是 1960 年 2 月 21 日全县召开五级干部大会时，号召人们“统一思想、鼓足干劲、继续以农业生产为中心的‘大跃进’运动，热烈开展‘六红竞争运动’（思想红、生产红、文体红、全民皆兵红、技术革新红、领导红）”。对这种狂热的竞争运动的奖励，催生了村干部们的“被迫虚报”，村民们的生活更加贫困了。这些运动使人们十分疲劳，失去了干劲，田地里的杂草触目皆是。像后夏寨村这样典型的展开运动的村子，因为过于忠诚于运动，没有想到会产生这样的结果，因此劳动热情迅速低落下去。不仅如此，当时正赶上连年自然灾害的肆虐（平原县 1960 年遭遇大风、冰雹、蝗灾而减产三成，1961 年遭遇了 19 次大雨、暴风而减产，1962 年夏天遭遇了洪灾，1963 年继续受洪水和暴风之害），村子遭受了严重的饥荒。结果，据说当时后夏寨村有一半多的村民死亡，村民们现在回想起来，也认为那是最困难的时期。这种扎根于生活之中的讲述，对于了解当时的时代风貌，是非常珍贵的资料。

如上所述，以 1950 年代为主进行的从新中国成立到人民公社这一阶段的历史中，村里的政事是由什么样的人负责的呢？如果以 1956 年为中心来考察一下当时村里的干部的话就会发现，第一，他们明显是替换了解放时期的干部，即 40 年代后半期的干部大多引退了，继续留下来的只有几个人。这几名干部留下来，也只是由于他们是 40 年代那批干部中比较年轻的，其他的人恐怕是由于年龄的关系自然引退的，或者不适应时代而被淘汰的。第二，可能就是由于村里党组织的成立（1952 年），在此基础上确立了村支书的领导权。后夏寨村最早的支书是退伍军人，50 年代的村支书有很多是从军队转业的退伍军人。这可能是由于他们在军队中，全心接受有关国家和社会的系统的政治、思想上的训练，能够得到入党的机会的缘故。这样一来，党就从村这个基层组织的领导者中，找出了位于中心位置的自己的代言人。这个时期的干部们，在之后的“四清”运动时期以及“文化大革命”时期虽几经沉浮，但基本上一直掌控着村政。

（4）“四清”运动和“文化大革命”时期

后夏寨村的 20 世纪 60 年代，是从与自然灾害抗争和复兴的努力中开始的。首先，从 1961 年开始，确定了以生产队为核算的基本单位的大方向，采取了三包一奖励（包工、包产、包成本、超产奖励）的制度，1962 年彻底地实行了三级所有制，以此来推动生产力的发展。

可是，一到 1964 年，“四清”运动就开始了，村政进入了动摇时期。所谓的“四清”运动，就是批判 60 年代前半期的政策调整中所萌生的修正主义，为了实现农村的“清政治、清经济、清组织、清思想”，而在全国农村展开的运动。平原县的“四清”运动是从 1964 年开始的，这一时期被称为“小‘四清’”，是小规模的运动。只是干部们在公社召开几天会议，从乡里来几个工作队而已。可是，到了 1965 年，从省里来的“四清”工作团来到县里，就开始了所谓的“大‘四清’”运动。后夏寨村也来了由庆云县组织部部长、公社书记、海军连长等组成的工作队，组织成立了贫协委员会（贫农协会）。贫协委员会专门清查以前村里的干部们的工作，有问题的话就进行批判，一旦发现有贪污或浪费等，不管是多么小的东西都要求其赔偿，这是运动的主要形式。在此之前干部们的餐饮费问题被指出来，这些干部们必须用房屋、现金、布票、手推车等进行赔偿。在严厉的追究之下，受到批判的保管员自杀了。另外，贫协委员会还致力于“阶级再议”，修正土地改革以来的阶级划分。除此之外，在 1977 ~ 1978 年的整风运动时期，贫协开展了“学大寨运动”，力图再次使大众的意见在村政中反映出来。可是，总体来看，他们除了“四清”运动时期以外，基本上被排除在村子的行政事务之外，和过去被批判的干部之间的芥蒂至今仍存在。从这个例子来看，各个时期村里所产生的组织，对村里到底产生了哪种程度的影响，这是一个有必要好好思考的问题。

接着是“文化大革命”时期，这个村子显现出了“四清”运动也无法相比的“虽然是短时期却是非常混乱的一个村庄”的样态。现在的村长是当时“红卫兵”的组织者，在村子里批判旧地主“黑恶分子”，破坏旧事物，接着成为了青年团的领导，据说，在其背后有县里的副县长的支持。由于在那个时期行政机构遭到破坏，不能管理这种混乱状况，所以从 1967 年 3 月开始的两三年间，武装部（公社武装部）对这一带实行全面管理。在后夏寨村大队也是以民兵连长为中心进行管理的。到 1970 年，党的活动被中止了，只有会计、治保、民兵、生产等业务及活动仍大致由以前的干部担任。但是，总的来说，在村里没有出现像城市里所见到的那种激烈的运动，进入 70 年代之后的“批林批孔”运动也只是走走形式而已。可是，到“文化大革命”末期 1975 年进行的“学大寨运动”，在县里则开展得很广泛，重视农业生产的技术改良，严厉纠正干部的作风等，也给了后夏寨村以很大的影响。特别是水利灌溉工程就是在这一时期完成的。

70 年代的后夏寨村，总体来看，在其所属的徐庄人民公社中属于落后的大队。当时在徐庄人民公社中，为了便于全体的联络和调整，而将全公社分成了王庄片、徐庄片、五里铺片、门吴片等四个“片”，后夏寨大队属于其中的王庄片。从当时的公社书记的讲述中可以知道，当时的后夏寨村自然条件并不优越，再加上领导层不十分有力，总体上来说是贫穷的。因此，这一时期的干部的状况，包括同族意识的问题在内是应该充分考察的。

（5）改革开放时代

进入 70 年代后，随着国家体制的变革，后夏寨村在农业生产方面全面实施了家庭承包制，1974 年 3 月，人民公社制度解体了。大队成为了村，在行政区划上被定位为山东省平原县十里铺乡后夏寨村，村里也成立了村民委员会，在此基础上大队长成为村民委员会主任（村长）。其他的干部名称没有特别大的改变，只是小队变成了小组，其领导称为小组长。他们的主要工作仍是生产管理、选择优良品种、推进技术革新、购买农药和化肥、照顾烈士家属等，虽说变成了以每户独立经营为中心，可是各组的组员间的关系还很好地维持着。并且，整个村子直到今天，以书记为中心的村委会除了总揽上述的生产管理外，还负责缴纳公粮、计划生育、组织修建河川工事的义务劳动等工作，自 70 年代后半期以来，作为一个村子的一体感色彩开始变浓，村里的政治工作也稳定地开展起来。如何看待造成这种状况的主要原因，是我们应该考虑的问题，在这里笔者想将由于后夏寨村的特殊的地理位置而造成的水的问题和干部们的状况一起探讨。

这个村子的土壤碱分非常强，水利灌溉具有非常重要的意义。因此，后夏寨村在 80 年代从黄河引水灌溉，之后，在每年初冬的时候，在严酷的环境中，干部们都要率领村民进行义务劳动，疏浚引水渠，维持其畅通。可是现在如果在其他地区号召进行义务劳动已经不可能了，据说交钱代工是非常普遍的。确实，在举国发展经济的情况下，实行城乡分离的政策已经解体，村落也开始向外开放，以脱离农业为首的人口流动也开始了。在这种情况之下，村里如何筹措农业发展必需的水利所需的劳动力，这成为村政的一大关键。这个问题在今后的后夏寨村也是值得关注的。

现在这个村子的另一个特征，也是和公社时代截然不同的，就是作为中心的干部层比较稳定、合作良好地开展村政。如果探究其原因的话，大概是因为村民们接受了共同的价值观念，即重视经济吧。就像村长王维宝那样，为实现富裕，1979 年迅速分配了生产队的土地，引入了家庭承包制，从黄河引水，引导使用农药，进行种子的改良等。村里的干部是在这些实实在在的成绩的基础上，才得以掌握了村政的实权的。另一个特征是在选拔干部时，在人员的构成上要大致保持各宗族（马姓、王姓、李姓、朱姓等）间的平衡。在领导层中，“族”的要素说到底只是条件之一，或许不必过度重视。选拔领导者，不管哪个时代都是看一个人的资质、思想和能力等进行任用，这自不待言。可是，和其他村比较起来，这个村的宗族这一要素的重要性是难以否定的。今后，随着改革开放政策急速发展，这方面会如何变化？这是我们应该重视的问题。

浜口允子

2. 经济

(1) 宏观经济的变迁

看一下 1949 年以来的后夏寨村的经济变化的话，对于我们所理解的中国革命后的一般的经济变化会产生诸多疑问。对中国农村一般意义上的理解就是，依据土地所有形态的变迁就可以将战后的经济变化划分为几个时期：40 年代末到 50 年代初的实行“土地改革”可以看做是第一个时期，接着是合作社时期，再接下来是人民公社时期。在中国绝大部分地区，每当土地所有权和使用形态改变的时候，都会带来生产的提高。将土地分配给贫农耕作的土地改革，促使他们更勤奋地劳动，起到了提高生产的刺激剂的作用。50 年代末实行集体化后，为切实地提高产量而修建了大规模的水利工程，并投资进行农业其他方面的科学改良。在 1958 年到 1978 年的集体管理体制之下，国家和人民公社对农业的投资，促进了品种的改良，推动了化肥的使用，推广了灌溉设备，不论哪一方面，都促进了生产的发展。到 70 年代末，中国版的“绿色革命”也表现出了它的局限性，农村经济以家庭承包制为基础，引入了农业改革的程序。

后夏寨村是和中国革命后一般的经济变化完全相反的一个例子。这一点，从两个图表中所收集的村子的统计记录来看就非常明了了。图 1 显示的是后夏寨村从 1949 年到 1979 年的人口的变化情况。在这 30 年间，中国农村人口暴增，可是在后夏寨村，用了约 10 年时间才从“大跃进”时期严重的人口损失中恢复过来，人口的增加非常的缓慢。图 2 显示了在同一时期人均的粮食生产量，从这个图上可以看出，从 1959 年到 1979 年间，仅有两年的生产量超过了 1949 年的水平。

首先产生的疑问是，这个村子何以如此贫穷。在回答这个疑问之时，有一点是非常重要的，就是后夏寨村的变迁充分地表现了它所属的这个行政区域的特色。70 年代末，平原县是全国两千个县中最贫穷的县之一。

美国学者彭慕兰（Kenneth Pomeranz）的著作《腹地的构建：华北内地的国家、社会和经济，1853～1937》（*The Making of a Hinterland*：*State*，*Society and Economy in Inland North China*，1853－1937）一书中指出，山东省的西北部地区的经济衰退是从19世纪中期开始的。自然环境问题是造成这种经济落后的因素之一。山东省西北部位于黄河泛滥流域的平原地区。由于对黄河的治理并不十分得力，所以下游频繁遭到洪水肆虐。第二个重要因素是，横穿这一地区的十分重要的大运河枯竭了。

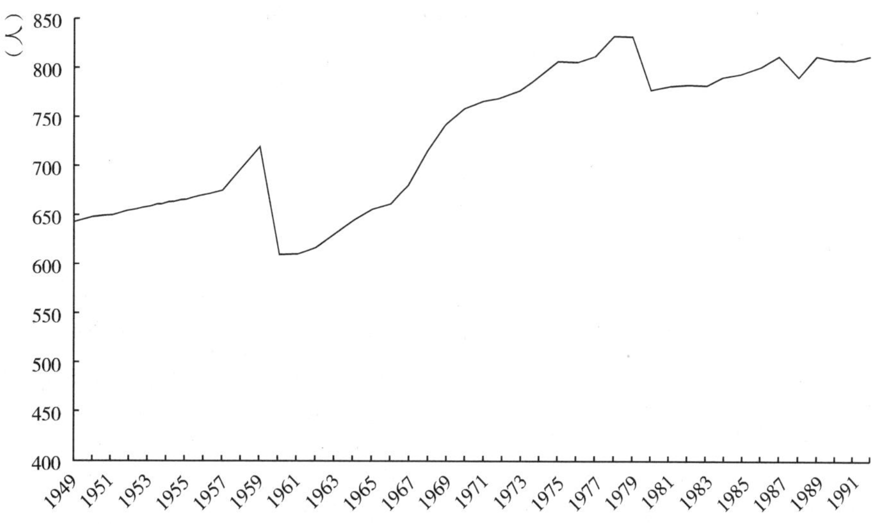

图1　后夏寨人口的变化

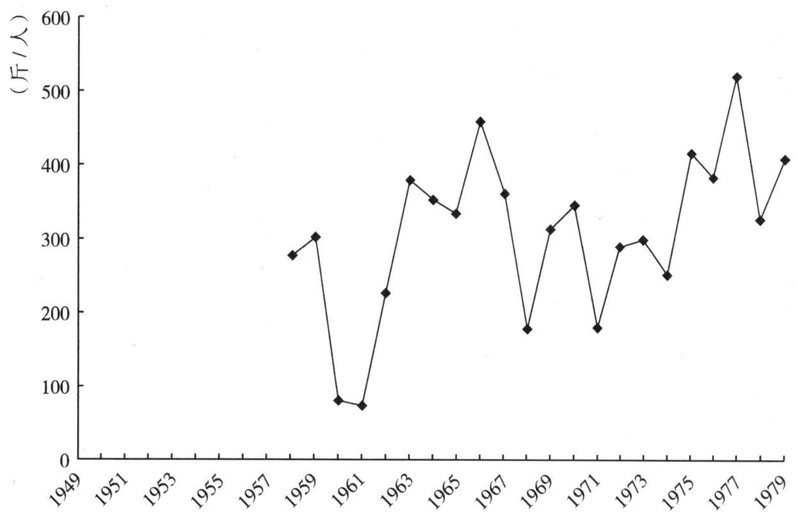

图2　人均粮食生产

自然环境恶劣再加上经济衰退，就是40年代初期进行的“惯行调查”中所记载的后夏寨村的状况。据《中国农村惯行调查》的记载，当时的后夏寨村非常贫穷，在农业方面基本上完全是靠天吃饭。雨量充沛的年份，产量就高一些。可是，遭遇旱灾或洪水的年份，产量就低落下来。村子里清楚地分为少数的地主阶层和多数的贫农阶层两部分。为了救济在生存线上挣扎的极贫困阶层，人们利用相互扶助的组织常年进行各种各样的活动，并且拾荒作为一种惯习延续了下来。从这些活动中可以窥见造成社会不安定的导火线，例如组织起来轮流看守田地，就是为防范社会的极贫困阶层偷盗谷物而开始的。

土地改革给后夏寨村带来了什么样的影响呢？就如县里的统计数字所显示的那样，土地改革给了农民重新出发的机会。从农民们的讲述中可以得知，到1958年、1959年强制实行集体化政策之前，村里的情况是向着相当好的方向发展的。“大跃进”给后夏寨村带来了极为不利的影响。从1960年到1961年饥荒席卷了整个村子，病弱者（大部分是老人和儿童）因为营养失调或疾病等大都死亡了，村里的人口大幅下降。从农民有关这一时期的讲述中可以得知，因为当时的情况非常恶劣，即使是家里有人死亡，也不能马上表现出悲伤，而是在领取了死者这一天的口粮之后，再将家人的死亡情况报告上去。

“大跃进”及其余波，给地方社会带来了难以恢复的混乱。后夏寨村从1960年到1979年每年都接受国家的救济粮。这种恶劣的情况也导致了教育水平的低下。绝大多数的村民，连供孩子上到小学低年级的能力都没有。在后夏寨村，60年代时，一些人到了上小学的年龄却没有去上，因此很多人都成了文盲。

后夏寨村到底哪里不行？“大跃进”的“后遗症”到底持续到了什么时候？对这些问题进行分析，就会发现自然环境、政策、领导能力这三个因素起了非常重要的作用。

发展和自然环境因素

50年代末，中国国内的农业专家首次致力于研究山东省西北部地区的环境问题。1958年，国家决定修建从黄河水系引水的运河，动员农民参加义务劳动。可是，由于第一次做这种工程，并且是在“大跃进”的狂热之下进行的动员，因此对技术层面的问题并没有十分在意。灌溉被置于重要地位，但没有考虑到排水设施的修建。1961年以及1964年天降大雨，土地都被水浸泡了，更加剧了土壤的碱化，情况比以前更加恶劣。在这个时候，中央的领导者放弃了利用黄河水系进行灌溉的计划。

这次失败，使本来就贫穷的农村更加贫困，形成了贫困的循环。因为生产状况的低下，在集体化时期没有对农业进行投资的资金。如果增加化学肥料的使用的话，产量应该会提高。可是像后夏寨村这样的村子，由于太过贫穷，根本无法进行这方面的投资。为了使问题更加明确，我们将1966年和1977年两个丰年的状况进行比较（作为有关这个问题的详细论证，请参照对马会祥的采访，第293页）。在这两年中，工作队都来到了后夏寨村。以村子之外的人为骨干的这支工作队，为了提高农业生产，和村子里的人一起生活，一起劳动。

发展和政策因素

1958年到1979年间，政策因素在后夏寨村的贫困化方面，也起了一定的作用。从有关40年代的后夏寨村的报告来看，可以知道农民们赖以为生的并不是只有农业。有很多农民从事一些手工业或小商业活动，要不然就做整工或零工同时兼顾农业劳动。这种形式的劳动，是贫困的农村家庭现金收入的主要来源。可是1958年初设立了人民公社以后，这种收入途径就断绝了。

1959～1961年间饥荒席卷全村，国家的政策要求农村的所有人民公社都专心生产谷物。这个要求完全没有考虑到这些土地所具有的生产的适应性。因为放弃了多样的收获体制，农民几乎没有了能够拿到市场上出卖的作物。造成贫困的循环的集体化时期，后夏寨村资金不足，并且缺乏探索农业以外的工作的进取精神。生产水平低下，结果也造成了生活水准低下。因为几乎没有对于发展的展望，村民们对集体劳动没有积极性，整个村子也就不能向前发展。

经济改革、灌溉、增产

后夏寨村在1980年开始了显著的发展。1980年这一地区引入了经济改革政策，从这个时候开始，后夏寨村也开始引入了家庭承包制和市场经济，村里的经济开始向好的方向迈进。要想说清楚这件事并不那么简单，但有三个重要因素导致了村里情况的变化。第一是灌溉体系的完善，第二是政策的变更，第三是家庭承包制的引入。

想要利用黄河水系灌溉山东西北部地区的初次尝试，在60年代以失败告终。可是，地方的水利专家们坚信，只要对原来的体系进行修正就能有效地加以利用，因此他们在六七十年代进行了反复的试验。经过长年的努力，水利系统在1980年终于改造成功，引入的水能够灌溉村里的绝大部分耕地。水的问题一解决，生产率也随之提高了。随着收入的增加，对农民来说购买化学肥料也不再困难了，由于能够有效利用水和肥料，单位面积产量显著提高。

在经济改革纲要中，国家的农业计划有很大的通融性。国家废除了对农民的只准许栽培谷物的要求，承认存在多种多样的农业形式。后夏寨村最引人注目的变化，当属开始进行果树栽培。现在可以看到村里的农田大部分都种植了果树。

由于国家对商业活动的限制也放松了，农村大市场的复活也刺激了地区经济的发展。农民从被束缚的集体经济中解放出来，开始进行适应市场的活动。在后夏寨村最重要的产业有养牛、经商等，以及年轻妇女们所做的以编织为主的各种副业。

对于后夏寨村的经济变化，作为第三个要素的领导力起了特别重要的作用。就像采访中所显示的那样，现在村子里主要的负责人是王维宝，在他领导自己的小组实行家庭承包制以后，村里的政策急剧转换，这是1979年的事，比县里公开承认承包制早了一年的时间。从生产组形态转换为承包制，可以说是使单位面积产量提高的又一因素。

经济发展和社会阶层

虽然水利控制、政策的变更、向承包制转化这一系列变化都是在两年的时间内完成的，可是要说这三个因素各自给村子的发展造成了多大程度的影响，也并不是件容易事。但可以肯定的是，由于这三个因素同时起作用，山东省西北部的农村经济才开始发生变化。这一地区虽然相对来说依然贫穷，与省内的半岛地区相比还是有很大差距，可是这种贫穷状况已经开始发生变化。村里已经不再仰赖省政府的救济，人们吃得饱、穿得暖，已经能够多少买一些大件物品了。

在我们调查的村之中，从收入等级来看，后夏寨村好像也属于最低水准的。即使村里有一些“新有钱人”，但依据住宅样式和使用物品等经济指标，还不能清楚地分辨出来。在我们第二次访问的时候，后夏寨村的农业以外的雇佣劳动依然处于很低的水平，在村子里可以称为企业家的人还一个都没有。位于附近的恩城集市，给养牛和经商的人们提供了增加收入的机会，也成为买卖编筐用的材料的主要市场。可是，集市这种东西在农村产业中并不是雇佣劳动的圣地。后夏寨村不仅几乎没有在平原县工作的农民，就是与村子最接近的城市德州之间的关系好像也很淡薄。这样一来，至少在90年代中期，还是主要依靠农业的改善来提高村子里的生活水平。

顾琳，笠原阳子译

(2) 农业、共同关系的历史

①关于“看青”

后夏寨村的“看青”在解放后被称为“护秋”，每年秋天，都由生产队的干部和民兵等几个人看护农作物。“看青”是从8月末到10月中旬，而“护秋”则是从8月末到9月末，比“看青”缩短了一个月。从村民的讲述中可以得知，这是由于生产队人数多，到9月末农作物就能收割完毕的缘故。

为什么新中国成立之后还有必要实行看护农作物收获的“看青”呢？针对这一问题，马会祥告诉我们，在解放后的社会变化之中，“看青”制度虽然变成了村里的干部们的任务，但这种制度存续了下来。

后夏寨村在民国时期存在着被称为“公看义坡”的联合行动。旗田巍认为尽管“所谓的义坡，就是全体村民直接具有看视的责任，同心协力共同守护农作物”，可是在后夏寨关于“义坡”没有规约，他断定“虽说是义坡，并没有体现全体村民的协作活动”。[①] 可是依据马会祥（1993年）和王伟章（1993年）的回答，不仅有旗田所介绍的在墙上用大大的白色字写着“公看义坡”的字样，而且还用鹤嘴锄掘出“公”的字样，并竖着写有“公看义坡”的告示牌。民国时期的“看青”和解放后的“护秋”到底是怎样运作的呢？这还有待进一步探讨。如果推断后夏寨村是一个村民们合作意识很强的地区的话，那么旗田所说的“在义坡中没有表现出协作活动”的推断，就有必要再探讨了。

“共同化”的要素达到了哪种程度，这个问题姑且搁置，至少在农业集体化的过程中，“看青”被看做生产队的任务，这是事实。

从以上的回答中可以看出，“看青”这一体制，在新中国虽然名称改变了，但事实上还是存在的。如果从社会主义平等的观点来看的话很容易理解，即集体的构成成员均等地分担义务。可是实际上，这并不是单纯的轮流值班的制度，应该注意到，这种制度是在既考虑了解放前的经验，又明确了干部任务的基础上实施的。就像竹内实所说的那样，能够解释为，在存在于农民意识之中，但只是一种无意识认知的“共同体范围”内，农民们接受了社会主义建设，他们试图将在农村社会中显现出的各种矛盾限制在最小范围之内，圆滑地参与到体制转换之中。

②关于打更

关于民国时代“打更”的情况，马会祥作了以下的说明。“解放前的打更，是根据村民们的土地面积来确定出勤次数，村长在打更册的基础上督促村民轮番值勤。一到冬天，村长就叫打更的即打更夫去通知日落后担当值勤任务的各家。每天晚上有10个人左右，分成两组每两个小

① 旗田巍：《中国村落和共同体理论》，岩波书店，1973，第181页。

时巡视村内一次。我也曾当过打更夫。”（1993 年）

同村的李春华就中华人民共和国成立后的“打更”的情况，作了以下的说明：

“我们这个村在秋收之后到年关（旧历的春节前后）这段时间要打更。从生产大队中选两三个人出来巡视，他们大多是基干民兵。我自己年轻的时候作为一名民兵打过更。”（1993 年）

村里的民兵负责人李绪民是这样讲述的：

“我们村的基干民兵有 50 个左右，分 4 个班，从每个班中各选出两三个人，平时有 14 个人开展活动，春天在乡里接受军事训练，春天和秋天进行道路修整，秋天担任保卫。冬季的保卫就和从前的打更一样，打更的时间通常是从 9 月末或 10 月初开始到第二年的春节后结束。每晚 5 个人出勤，分成两个班，第一班负责从夜里 8 点到 12 点，第二班负责这之后到第二天早上 5 点的警备工作。这项工作只是民兵的任务，并没有额外的报酬。”（1993 年）

从这些讲述可以看出，民国时代的“打更”，在解放后改称“保卫”，包含出勤方法在内基本沿袭了同一组织形态，被民兵组织继承了下来。但对于全体农民来说，他们难以说清“护秋”和“保卫”的区别，以及“看青”和“打更”之间包含着怎样的关系。或许这只是随着解放后基层组织的建立，这些和民国时期相比被更稳固地置于村落的构造之中了。这一点也是今后应该探讨的课题之一。

③“共同性的两面性”

从上文我们可以很清楚地知道，在后夏寨村的调查中，解放前的“看青”，在解放后更名为“护秋”，由村子里的共产党干部担任（在前卷已经介绍过的沙井村的调查中，在集体化的进展过程中，“护秋”是给工分的），进而解放前的“打更”，到解放后变为由民兵承担的“保卫”。在实行“改革开放”体制的现在，“看青”仅止于由个别农户自己进行，已没有了新的有关这方面的组织。另一方面，“保卫”工作依然是作为民兵的任务在进行着。总之“看青”“护秋”这些惯习，在新中国成立后也一直在进行，这是事实。可是在这些惯习继续维持的表象之下却包含着深层次的东西，社会关系的延续和变动复杂地交织在一起。因此，有必要将其与探讨农村社会的结合理论的研究课题联系起来，划分为解放前期、集体化时期、“改革开放”三个时期，从“中国农村社会的传统与变革”的角度出发来探讨这个问题。

在这里简单提一下有关作为共同的特征的“共同性的两面性”这个问题。就像在笔者的文章“近代中国的‘共同性’的光和影”① 中曾经提到过的那样，在“共同体”中存在称为“体制维持机能”和“体制批判机能”的“共同体的两面性”。因此，在所谓的农村社会的共同性中，对构成成员的“相互辅助机能”和“相互监督机能”同时存在。在这个限度之内笔者认为，即使将“看青”“打更”等“共同关系”划分为前面所说的三个时期，“扶助机能”和“监督机能”也都复杂地交织在一起，该时期的“共同关系”才得以成立。

例如，在解放前，就像“公看义坡”中所表现的那样，保持着“共同性”的“看青”是通过轮流值班在村民中被组织起来的，看守生产作物以防止村子外的人的掠夺。可是，与此同时，这种行动也能解释为为了防止村民中有违反纪律者出现而组成的组织。总之，笔者认

① 《金泽大学经济论集》，第 21 号，1984。

为即使在解放前阶段虽然微弱但也存在“共同性”的两面性的看法是比较妥当的。可是，包含笔者在内的许多学者一直以来对“看青”的看法都过于强调“共同性”，更侧重于描绘其“扶助机能”的一面。解放后村里的共产党干部通过将“看青”组织化而使其转变为“护秋”，从运用以前的惯习这一点来看的话，应该说在解放后的希望克服农业生产力低下的村民间，起到了“扶助机能”。可是另一方面也能够看到，虽然是在村民们希望能更有效地利用旧有习俗的基础上进行的“护秋”，但其“监视机能”被强化了。对村民来说，他们信赖干部，干部看护农作物的“护秋”使他们安心。

在生产率提高的阶段，以苹果园为主的“看青”中，就像我们所看到的李志祥的例子一样，虽然连“看青狗”都用上了，但也只是个别农家自己的行为，好像并没有组织起来的意向。当然也存在这样的现象，即为了看守发动机和水泵等，个别农家联合起来在同族、亲戚、朋友等的范围内，组织“看青”。

④水利灌溉、土壤改良运动

1966年后夏寨村在工作队的指导之下修建了很多眼水井，据马会祥的讲述，当时的水井是用土坯砖砌起来的。在1973年和1974年，挖掘了使用真空泵的水井。不久就开始用带发动机的水泵抽取黄河水来灌溉了。从马会祥来看，效果并没有达到他所期待的程度。之所以这么说是因为，他讲述的虽然是农业生产条件提高的事，可还是主要侧重于农民的劳动积极性方面。

关于土壤改良运动，他说为了改良碱性土壤而建造了台田。在山东省平原县县志编撰委员会编的《平原县志》（齐鲁书社，1993年）中也记载，因为从1961年开始的4年间连续遭遇了洪水，所以从1965年春开始在低地建造台田，在倾斜地建造条田。

⑤关于用土坯作肥料

在使用化学肥料之前，将在火炕中使用的土坯打碎了以后作为土地的肥料，以马会祥为代表的很多农民都讲述了这样的事。虽然这种用土坯做的肥料解放前就有，但仅用于玉米田，后来在来村里的工作组的指导之下，也开始在麦田中使用。一到春天就用泥做成土坯，在小麦收割完毕后，将火炕拆掉，将所用的土坯打碎，撒在靠近苗的根部的地方，等到下一场雨降临的时候，养料就会渗入土壤中，从而起到了肥料的作用。只是做火炕非常麻烦，不久随着化学肥料的普及，人们不再使用土坯作为肥料了。

⑥“共同”的范围和互助组

关于解放前的“搭套”（畜力等交换），在很多的回答中得到了确认，并介绍了它的别称，如“借用”或“使具”等。在农家中，大多是邻居或者是脾气相投的组合起来。“重要的是看关系好不好，可以不考虑成分（阶级）”，在回答希望和谁结成“互助组”这一问题时，我们得到很多这样的回答。只有马长祥指出，共同出资购买的家畜在使用和饲养方面都有很多麻烦的问题。虽然不知道实际状况到底是怎样的，可是笔者认为这应该是对“在低下的生产力阶段的共同化”的农民们的心声。

虽然是回顾人民公社时期的集体化，可是还是涉及了现在的承包制，当我们问到对相互辅助共同劳动的“共同化”多大规模适当时，得到的回答大多是“三四户”或“三到五户”。在这个限度之内的互助组等农业集体化可以理解为，与提高以贫农为主的劳动生产积极性的愿望，以及确保包含通过政治教育而决定参加的中农阶层在内的农民劳动力相关，这种适当的规模，在现在的联产承包责任制所出现的“共同化”中实际反映了出来。

⑦“改革开放”经济体制下的农业生产和“共同关系”

后夏寨位于山东省的内陆地区，原来是生产力低下的区域，可是以村支书和村长为中心的干部们，在接到县里等上级机关的指示之前，就凭借他们自己的经验，在农业生产中转换为以生产责任制为主的生产方式。当然由于地理条件的影响，乡镇企业的发展也大多与农业生产或副业生产相关，特别是干部们带头进行的养鱼、养鸡以及作为龙头产业的苹果等果树栽培支撑着村里的经济。作为这种经济发展的背景，以同族为中心结成的“共同劳动”的存在是不容忽视的。即使在现在的农业生产关系中，农家间的合作关系也具有重大的意义。例如，在这个村子中，因为靠近黄河，利用河水所进行的农业生产非常繁盛，在利用带电动机的水泵抽取河水这一点上就实施了“共同利用”。

在后夏寨村由于实行承包制所带来的社会变动，虽然不像沙井村的那么明显，但也在慢慢显现出来。例如在使用发动机带动的水泵的时候，发动机的所有者和水泵的所有者虽然组合起来，但屡屡有这样的事发生，即因为金钱的纠纷而使原来是本家或邻居的两家人关系搞僵。曾经有过这样的事，在村里发生这种纠纷之后，虽然村干部和本家都进行了调停可是都没能解决问题，以至于到乡法院提起了诉讼。

⑧近年来后夏寨村的社会变动和“共同关系”

笔者于1999年9月得到了访问后夏寨村的机会。访问时间虽然只有半天，可还是发现时隔4年后夏寨村的经济状况发生了很大的变化。以下简单介绍一下它的社会经济状况的变化情况，试着探讨一下“共同关系”的意义。

在干部的引领之下笔者参观了一下村子，令笔者非常吃惊的是，在4年前作为村子的主要经济来源的果树栽培和养鱼等副业生产都大为减少，甚至于完全消失了。在村里推广苹果栽培的李志祥，他的两个儿子现在在公路边经营饭馆和蜂窝煤工厂，在蜂窝煤工厂的工人中，有村里的和邻村前夏寨村的人，他们在酷热的阳光下默默地搅拌着作为蜂窝煤原料的煤粉。

现在村里的主要收入来源，主要是为家具制造厂提供劳动力了。从邻近地区收购作为原料的木材的话不合算，因此木材都是从遥远的东北地区运来。大多数村民都从事制造家具的工作，男人们主要是进行裁割和组装，年轻的女性们则主要是做给家具上涂料等工作。据说制成的家具成品都被送到县城的家具中心。

另一方面，农业劳动则引入了机械作业。过去共同使用的农具，也由于租赁制而变为了付钱租用的形态。党支部书记告诉我们现在所有的农家都拥有运输用的三轮车拖拉机。支书的说明中包含着接近于使命感的感情，就是必须在作为干部的这些人的领导下度过经济变动期。

因为想看一下县里的果树栽培情况，因此笔者又参观了4年前就去过的花园村的苹果园和梨园。收获的苹果依据大小被筛选开来。据说给我们做向导的副乡长是修完了理科研究生的课程，听他说，因为已经通过熟人联系好了销路，所以将来销售问题是不必担心的，他自豪地说有销路是这个样板村繁荣的主要原因。

从花园村扩大果树生产的背景中，可以看到人际关系网络确保了生产，与此相比，一心一意地埋头于果树生产的后夏寨村的人们，在所谓的市场化的波涛之中不得不改变了生产的体系。

事实上，4年前还很明显可以看到的“共同关系”也在市场经济中消失了吧。可是，村外就业并没有扩大，从很多的村民被吸纳到以家具制造为中心的经济体制之中的情况来看，作为“共同关系”表现出来的社会关系，或许已经潜移默化地渗透到了村民们的生活之中。换言之，我们看到的以直接相互借用劳动力和劳动工具的形式表现出来的“共同关系”，已经被无形的共存关系取代了。在这种“共同关系”的现象形态发生巨大改变的背景中，应该考虑到必须在变动的经济状况之中生活的村民们的状况，以及他们在支书和村长等村里领导层的指导之下对“共同性”的适应。

内山雅生

3. 社会

其他在《中国农村惯行调查》中记载的村子，像沙井村、吴店村、冷水沟庄等位于城市的近郊，像侯家营则位于铁路沿线，而后夏寨村却与它们不同，它是位于山东省西北部的内陆农村，也远离铁道线路（津浦线）。在《中国农村惯行调查》的时候它属于恩县（现在的恩城镇），距恩县县城2.5公里，可是现在距其所属的平原县县城有20公里之遥，是一个经济地理条件并不优越的村子。

在这个地区，民国时期各村组织了村落的自卫结社“红枪会”，在后夏寨村也有三家比较有实力的农家修筑瞭望楼。抗日战争时期，“红枪会”在日军领导下被改编为保甲自卫团，只是沿循原来的乡村自卫的目的而进行活动，并没有表现出抗日的态度。因此，从日军的立场来看，后夏寨村是能够确保“治安”的村子，因此才被选出来作为调查对象的。可是，就在调查班实施调查的当天，就有自称是“八路军”的武装团体包围了村子，调查被迫中断。可是和其他地区相比较的话，这里并没有受多少战乱之苦。从村民的讲述中，也没有发现很明显的对当时日本占领统治的反感情绪。

由于是内陆的贫困农村，所以在解放前由这个村去东北（当时的满洲）谋生存的人很多，并且为加深贫困的农民之间的互亲互助而成立的相互扶助的组织也很发达。村里大部分农家都加入的乡社是“祭祀泰山老母以保合家平安的集会”，需要钱的社友可以以每个月三分利息从基金中借钱用。并且，每逢婚丧嫁娶、祭祀等场合需要大量的食具的时候，可以向碗社借用，在碗社发起时出资购买食具的社友，在新年还可以分到一些馒头。在馍馍社，用社友们每个月积攒的资金在价格便宜时购买小麦，这样在新年的时候就能领取到馍馍这种食品，馍馍是馒头的一种。社友们每到正月就汇集到社头的家中日夜赌博玩乐。这样一来，从各种各样的需求出发的结社就纵横交织地组织起来，这使村民间的想法很容易沟通，也能够加强村民间的团结，提高相互扶助的意识。

解放后，作为新政权领导者的共产党组织了党支部和各种大众团体，以推进集体化，在这种情况下，村民们自发组织的各种团体都解体了。1958年人民公社成立后的几年间，这个村连年遭遇自然灾害，在1960年前后的粮食危机期间有很多人饿死了。笔者认为，以前作为对自然灾害的冲击起缓冲作用的结社的消失，也是造成这种结果的重要原因之一。

以前村里的各家都小心保留着“家堂”，代代相传。“家堂”是在画有祖庙形状的图上写上历代先祖的名字，是家谱的一种，“文化大革命”时期在党的指导之下都烧掉了。可是，改革开放以后，村里的人又从市场上买来了新的“家堂”，凭记忆重新记入先祖的名字。并且，在正月里为了迎接祖灵而将其挂在家中的风俗习惯又复活了。

长期担任村里的会计工作，对村里的情况记忆深刻的马会祥老人，也是一个精通传统武术的能人，他的儿子现在担任村里的书记，非常活跃。村里的人给人的印象都是率直、木讷，村民委员会的组成虽然看起来中规中矩，但按规定村委会成员之中应该有女性委员，可是这个村却没有。

对这个村的调查，将1988年的调查和这两次加起来已经是三次了。就像在《中国农村惯行调查》中这个村子被认为是最“典型的农村”一样，在1994年时村里的人们几乎还过着以农业为中心的生活，在其他被调查的村庄已经很少见到的饲养牛、驴等，在这里仍是很重要的一项工作。可是从1999年9月访问这个村的内山雅生和李恩民的报告来看，村里已经新建了餐馆和工厂，市场经济已经慢慢地波及这个地方，并不断地改变着村里的面貌。

本书以下的人口、宗教、家族关系等由中生胜美执笔，女性史由末次铃子执笔，教育史由笠原十九司执笔。

(1) 人口、家族

①人口构成

后夏寨村约195户，844人，在这一带属于中等规模的村落。村子的建立是在明代的永乐年间，最初起名为九垄庙。后来村名变更为压虎寨。[①]

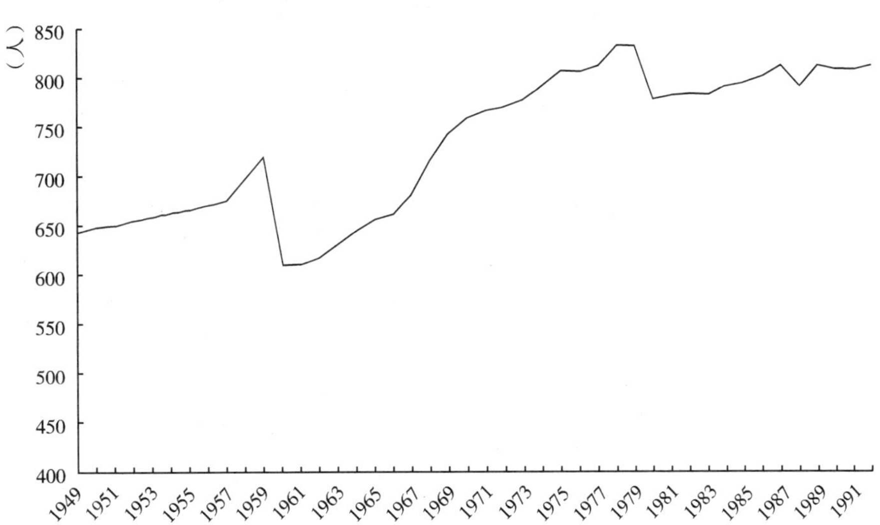

图1　后夏寨人口的变化

---

① 山东省平原县志编纂委员会编《平原县志》，齐鲁书社，1993，第79页。

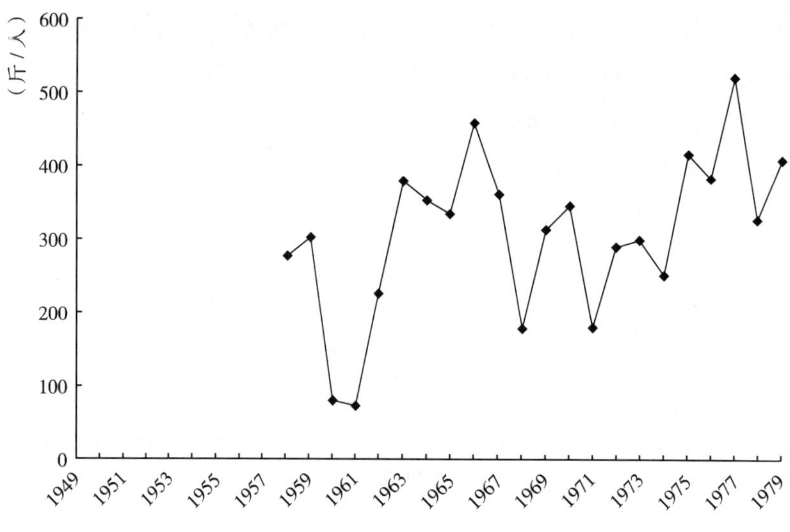

图 2　人均粮食生产

表 1　后夏寨人口构成的变迁

年　度	世带数	人　口			出生男女	死亡男女
		男	女	合　计		
1949	170	320	322	642		
1980	195	330	345	775	45	22
1981	197	385	394	779	45	2（?）
1982	197	380	401	781	46	51
1983	195	385	395	780	54	34
1984	199	400	389	789	46	31
1985	200	396	397	793	46	63
1986	207	399	400	799	46	62
1987	203	400	410	810	55	34
1988	202	410	370	780	46	4（?）
1989	119（?）	405	405	810	55	2（?）

出处：依据村里的布告。（?）标记处为原文只有一行记载，和其他年度相比较，推断所记载的数字应该有遗漏。

表 2　年龄构成比较

年　龄	1942 年		1993 年	
	男	女	男	女
0～9	44	43	6	10
10～19	41	41	81	89
20～29	39	37	91	83
30～39	34	39	48	55
40～49	41	29	72	65
50～59	34	39	35	42
60～69	13	16	31	37
70～	12	11	17	25

出处：《中国惯行调查》第 4 卷，保甲簿；出处：1993 年家庭成员调查。

②宗族

在后夏寨村，将宗族称为“一家人”“大家庭”。惯行调查所采录的1942年保甲簿上所能见到的姓氏构成如下（单位为户）：王（47）、马（30）、吴（16）、李（9）、张（4）、魏（4）、刘（4）、田（4）、孟（1）、徐（1）、赵（1）。

1993年调查时的每个姓氏的户数情况如下：王（70）、马（57）、吴（29）、李（21）、魏（10）、刘（6）、田（5）、赵（1）、曾（1）、孟（1）、徐（1）。

通过再次调查，我们查明了即使是同姓也未必是同一宗族这件事。这被称为“同姓不同宗”。在村里人中，同姓的人之间认为彼此是不是“同宗”，主要通过拜谒相同的“祖坟”（祖先的墓）、在婚丧嫁娶等重大事件中的来往、服丧等明确地区分出来。

后夏寨村最大的宗族是马姓，他们全部都是“同宗”。李姓是“同姓不同宗”，即虽然是同一姓但没有血缘关系，李姓分成3个宗族。王姓也是“同姓不同宗”，有5个宗族。其中有数代以前本来姓“汪”，后来去掉了三点水而变更为“王”的。也有老人回答说“后夏寨是十大姓”。将李姓分成3个、王姓分成5个来一一计数的话，再加上吴姓和马姓，合计共有10个同族，所以老人们曾经说过的“十大姓”的回答是正确的。

③家庭、婚姻

关于家庭形态，虽然现在以一对夫妻为主的小家庭增加了，可是过去父亲或母亲健在的情况下，弟兄们结婚以后也不分家而是在一起生活的复合家庭很多。虽然也有“解放前即使是到了五服也不分家”的回答，但好像并不像所说的那么极端。并且在革命以前，这个地方很多人“闯关东”到满洲谋生，用两三周的时间，徒步就可以到哈尔滨等地去干农活挣钱。通过这样的劳动积攒下钱财以后回到乡里，买地结婚的人很多，好像土地所有权的变更比较频繁。

从1953年的农业集体化开始，土地开始不归个人所有，以此为契机分家的习惯也变化了，变成了在结婚的同时就分家的习惯。有回答说，特别是三中全会以后的经济开放以来，因为在经济上能够独立，所以分家的事变得非常多了。

在婚姻习惯上，直到1950年代还是传统的由父母来决定子女的结婚对象。这种习惯随着家庭形态的变化也改变了，现在基本上是本人决定结婚对象。

（2）女性史

1942年，在实施第一次调查时的后夏寨村，几乎完全看不到30年代由南京国民政府推行的儒教家庭制度改革（取消祭祀祖先的规定，在遗产继承上实现男女平等）等近代化的影响。

一方面这与儒教的父权家长主义的理念相去甚远。佛教、道教等信仰盛行，尤其是女性的信仰活动更值得瞩目。入赘的婚姻并不少见，财产权方面，在土地文书上签有已婚女性的名字的也相当多。即使有男性子嗣，也被看做“奉母命不书，以母亲名义卖出”，在典当、租佃契约中女性也可以是当事者。在旧历正月里，到十五日之前女性也热衷于玩双六或纸牌等来赌钱。这可能就是远离大城市的内陆农村的形态吧。

这个村子也并不是和现代化全无关系，虽然在1942年的调查中还没有女孩子就学的事，可是在这次调查中，有一名1922年生的女性讲述，她的姐姐上过两年学，她自己上了一年学。由此看来，在30年代初这个村子里虽然只有几名，但还是有女孩上学的，只是之后又退步了。

中国共产党领导的女性运动，是和1946年的土地革命同时展开的。曾是童养媳的马凤英说，当时和恩城地主的斗争、支援红军的活动以及后来的宣传《婚姻法》等活动，都是促使她想参加村子里的活跃的妇女运动的原因。但奇怪的是，在其他女性和干部们的话中，女性的积极活动中并没有出现马凤英的名字。可能是她的主要活动没有能够得到村民们的支持吧。在这个村子里，花轿到1958年还都在使用，婚姻、家庭问题的改革完全是消极的。

在1958年的“大跃进”中，女性们在这之前一直在做的副业如织布以及做一些小买卖补贴家用等都停止了，她们也参加了农业集体劳动。没有孩子的女性和未婚女性组织了花木兰队，晚上也不回家住而是不停地工作。大食堂被建成了，还建了两个托儿所。怀孕的女性被集中起来为社员们做布鞋等。这样一来，后夏寨村进行了标准的“大跃进”运动，可是不到一年，1959年大食堂和托儿所就都废止了。妇女们又开始兼作农业劳动、家务、育儿等。

“四清”运动时，曾发言指出干部的浪费情况的邢佩菊，就是在革命前讨饭来到了这个村子，嫁给了这个村一个比她大20多岁的贫农。从“四清”运动到“文化大革命”期间，女性接受了革命后的教育而有了男女平等意识，在上级支持之下，担任了领导者的村子也有，可是在后夏寨村，一直是由男性掌握着村政。

关于“文化大革命”时期的女性运动，没有具体的证言。只是马凤英和她的朋友们口口声声地说“正是这个时候我们翻身了”，给我们以这个时期的女性地位有所提高的印象。对于很多人的生命和人权被践踏的“文化大革命”，我们也听到了很多和马凤英她们同样的评价。在“破四旧、立四新”的全国的潮流之中，农村根深蒂固的男性统治在这个时期确实被动摇了。

改革开放政策实施以来，在农村全国范围内都能看到这样一种倾向，即根据性别形成一定的分工，男子出去工作，女子则从事农耕、做家务、育儿等。可是在后夏寨村，是男女一起从事农业和副业。近年来，开办了编织地毯的个人企业，一些村里的女性去了工厂做工。在家里进行的供自家用的纺车基本上没有了，到了80年代已经能够买布了，家务劳动也大大减轻。

现在对年轻男女交往的抵触感以及“男性做饭的话会被人笑话的”这种性别分工意识都还很强。村民委员会中也没有设妇女主任，只是实现了村政的民主化和父子间的民主化。在地毯工厂工作的女工，夏天要进行长达12个小时的劳动。现在村子里的女性运动实际上是消失了，可是问题还很多。

(3) 教育史

后夏寨村的小学校，就像日本山村的分校。一进入刻着校名的气派的正门，就是一个能够召开小型运动会的操场。在我们所采访的中国农村小学校中，这个操场是最大的。进入正门以后马上向右转，就是夹在操场两边的是校舍和对面的村委会的建筑，最边上的是一间教员室。在教员室的门口挂着一个用来通知上下课的小钟。校舍是砖砌的平房，其中四间狭长的教室并排在一起，从操场可以直接进入各个教室，没有走廊。教室的地面是用砖铺设的（其他村的小学校很多就是土地面），因为和外面的地面一样高，所以从外面可以全部看见教室里的情形，教室是狭长的南向的房屋，很明亮，可以听到站在操场上的和从教室里传出的正在上课的孩子们充满朝气的声音。

后夏寨村小学的历史，作为农村小学校算是古老的了，一进入民国时期，这个小学校就取代村里的私塾而创设了。和其他小学利用庙宇等作为校舍不同，后夏寨村小学的校舍是由村里出资兴建的。学校没有学田，经费由村里的摊派款负担，县里没有补助。从村子里选拔学校的管理人，由村长和组长商量购买学校的必需品等。在录用教员方面，由村长和学校的管理人，从具有高级小学校或初级中学毕业以上学历的人中选拔任用。教员的工资，除了每年年末从县里领取相当于津贴的补助金之外，其余的几乎全部由学生缴纳的月谢（交纳粮食）来充当。可是，月谢往往是出得起的就出，没有的也可以不出。村里每到五月的端午节和八月的中秋节都送一些肉、面、点心等作为对村里的老师的谢礼。

1940 年满铁调查员访问后夏寨村的时候，和现在不同，当时只有位于村子的南端的一个很小的校舍。教师王贵三（《中国农村惯行调查》中有记录）一个人教着从一年级到四年级的约 40 名学生。那个时候也有七八个女学生。他是村里的唯一的文化人，书法也很好，每逢婚丧嫁娶的时候，村里的人都求他写字。这是在这次调查中，从王贵三的一个女儿王玉仙那里听到的（她说父亲的名字应该写作王桂三）。

在“大跃进”、人民公社、“文化大革命”等时期内，后夏寨村的小学校也不例外，被弄得很混乱。在“大跃进”运动中，后夏寨村小学的操场建造了炼瓦窑，学生们被集中起来熔化钉子及铁屑等。孩子们从各种途径收集可以作为燃料的木板、柴棒等，下课后一直烧窑到晚上。学生们连钢铁是什么都不知道，就想如果能将铁屑熔化的话就能制成钢铁，教师们认为这样做是使教育和生产劳动相结合，使教育为无产阶级服务的“革命教育的实践”，也停止了授课，而白白投入了大量劳力于大炼钢铁。

“文化大革命”期间，贫农、下层中农管理了学校，解放军毛泽东宣传队驻屯在学校之中。儿童们组织了“红小兵”，对教师们展开了“造反”活动。具体的表现就是不尊敬老师、不学习。不听老师的话、不尊敬老师等被认为是对中国传统的、封建的儒家文化的否定。

后夏寨村小学现在的校舍，是在改革开放政策实施后，村民们的生活开始提高的 1986 年新建的。由当时的党支部书记发起，决定将土质不好的苹果园的土地用来建设新校舍，建筑费用约两万元，从土地承包费里出，并向每户征收了 100 元左右。当时国务院虽然有改建校舍由国家援助的决定，可是并未涉及村这一级，所以当时没有上级的任何援助，完全是由村里建造的。

1994 年 8 月我们访问时的后夏寨村小学学生的情况是，幼儿班（学前班）28 名（男 14 名、女 14 名）、一年级学生 13 名（男 5 名、女 8 名）、二年级学生 12 名（男 8 名、女 4 名）、三年级学生 14 名（男 5 名、女 9 名）、四年级学生 16 名（男 7 名、女 9 名），共计有 83 名儿童就学。由此可以知道村里的每年培养出 10 名左右毕业生的计划还是贯彻得比较彻底的。到了五、六年级，孩子们就要到距后夏寨村两公里的王庄中心小学去上学。十里铺乡也划分了若干学区，每个学区有一所包括六年级在内设置了所有年级的中心小学校，这个学校的校长也管理着周围的初级小学校（只设到四年级的小学）的教师们，到了周末这一学区的所有老师都要出席在中心小学校召开的职员会议。在王庄中心小学校的五、六年级班里，有周边约 10 个村子的学生就学。

在后夏寨村小学的教师中，1993 年我们访问的时候，还有一名由国家支付工资的公办教师（男），可是到 1994 年访问时，5 名教师已经全部替换为由村里和乡里负担工资的民办教师了。其中有 4 个人是结婚以后住在后夏寨村的本村人。听说她们都具有高中学历，是嫁到这个村的，虽然她们的月工资很低，只有 64 元到 70 元，可是比起做纯粹的农妇来，这份工作还是不错的。

农村小学的建筑设施的维护、管理，在“分级管理”的制度之下，由各村的村委会来负责，因此村委会的行政状态给小学校以直接的影响。在我们的采访之中，后夏寨村的村委会还体现着集体指导体制时期村子的机能，在党支部书记的领导之下，对学校教育还是很重视的。支部书记马德昌也曾经担任过5年的中学民办教师，可是由于工资太低，在结婚后难以维持生活而辞掉了那个工作。民办教师的工资，是由十里铺乡政府将从县政府领取的一部分资金加上乡政府的教育集资金再加上按村里的人口征收的钱合并起来支付的，尽管如此，推迟发工资的事也是家常便饭。从另一方面说，学生们的学费包括教育经费32元、教科书的费用40余元、保健费5元等，一年大概要达到90元（超过了一个民办教师的月工资），再加上村里征收的教育集资金，学生家长的教育费负担还是很重的。这是国家的义务教育实行“受益者负担”的原则之下产生的问题。

村委会的文教卫生委员担当小学的管理、监督工作，因为村委会和学校的用地在一起，所以委员对学校的关注还是周到的，校舍的管理、修缮、教学用具的购买、修理等都还在进行，每年夏天还安装电扇，冬天发给300块蜂窝煤。

家长会也是定期召开，村委会派文教委员出席，教师和父母以及村委会共同努力关注孩子的教育。在后夏寨村作为尊敬教师的习惯，每年的年末村委会都要给教师送一些礼品或蜂窝煤，可以说这个村从解放前开始就重视教育，具有尊重教师的传统。

笔者在后夏寨村就教育的历史和现状进行了采访记录，其内容可以参照以下的人物的回答记录。因为那个时候对邻村前夏寨村小学有关的人也进行了采访录音，所以可以比较起来进行研究。

①从解放前以来的村里的教育——李令富、孟宪武、王玉仙、马会祥、巍清晨、王鸣銮。②1960年以后村里的学校教育的变迁——魏清晨、王鸣銮、孟宪武。③后夏寨村村委会和小学校——马长德、马德昌、柴绍利、贾士武。④后夏寨村小学校的现状——王金莲、马金菊、后夏寨村小学老师。⑤后夏寨村小学毕业生的升级、升学的学校——王庄中心小学的管理者，王金法、宋庆泽。⑥围绕后夏寨村小学的教育行政——姚慧森。

笠原 十九司

（二）冯家村调查资料解说

1. 政治

隶属于天津市静海县府君庙乡的冯家村，位于天津西南约40公里，村里有南运河通过，其东边距离约1公里有与村子平行的京沪线（旧津浦线）通过，并且它位于广阔的华北平原的中部，因为这些原因，这个村子具有容易接受外界的各种影响的条件。同时，这个村子在解放以前约有70户，人口约300人，是一个难以显示其自身强有力的动向的小规模村落。村子的主要农作物是高粱和谷子，主要的蔬菜作物是萝卜、白菜、葱、韭菜等，村民的土地总计约14公顷，大多数很零散，即使是最大的土地所有者也只有60～70亩左右，可以说没有能够称得上是大地主的人家。村民们的生活，据说粮食差不多能自给，要购买日常用品的时候就只有去县城或独流镇了。

解放前村里在行政方面，都是由村长和3个副村长事先商量之后，再和6个办事人进行合议来决定村里的各项事务。并且这其中还有牌头来处理事务。在这个机构之上，1941 年引入了保甲制度，冯家村全村分为一保七甲。在保长、甲长之中也有兼任办事人的，保甲制自身也是一种新的制度，除了调停纷争以及仲裁等活动以外，或许并没有在村内的行政事务上有多少地位。在抗日战争期间，村里既有一部分人和八路军有联系，也有人帮日本做事，村里的行政状况反映了那个时代的复杂状况。通过《中国农村惯行调查》第五卷的记载可以得知，当时（1942 年）这个村每个姓氏的户数情况是：刘姓五六户，张姓 7 户，孙姓 8 户，李姓 7 户，王姓 8 户，苟姓 4 户，冯姓 2 户，马姓 7 户，郑姓 8 户，郝姓 3 户。虽然姓氏很多，但并没有哪一姓氏具有很大的势力，村里的人总体来说是比较团结的。

本节主要是以政治方面为中心来简略回溯一下具有这种状况的这个村子，在 50 年间发生了怎样的变迁。这样做的话，就可以明确知道在之后的问答记录中，村民们所讲述的一个个“事实”应该放在村史的哪一位置。

在读以下的问答记录时所有应该注意的问题点，作为本书前卷的《中国农村变革和家族・村落・国家》（1999 年出版）一书有关寺北柴村调查资料解说的“政治”一节中已经叙述过，请予以参照。

（1）抗日战争和内战时期

1937 年 7 月，全面抗日战争一开始，日本军就直接攻陷了天津，接着在 8 月份与国民党 29 军作战进而占领了静海。就像前面所讲过的，这一带是有运河流过的要塞地区，在地理位置上也很容易成为战场。听说冯家村也有日军（山田驻屯军）乘两艘船驶来，并进驻了村子。村民们尤其是妇女，在这个时候及后来都非常害怕日本兵，只要来了军队就逃出村子藏起来。从好多老人的叙述中都可以听到，在战争期间，特别是战争初期，日军在这个地方的野蛮行径，如掠夺食物、家畜等。进入战争末期以后，以八路军为中心的抗日势力在这个地区得到了支持。并且听说在这一带，冯家村是最早和八路军取得联系的。村里发展了两名共产党的地下党员，到了 1944 年，这个村子白天处于日本的统治之下，而晚上则有八路军到来，成为了受双重统治的村子。

1945 年 8 月日本战败之后，国民党统治了这个地区，国民党的统治在村民们的记忆中是“残暴”的。国民党保二团驻屯在村子附近，杂牌军也活动猖獗。于是伴随着解放区的扩大，在国共两党的斗争中，村里的地下党员也组织了“抗联”，和八路军一起挖了一条从村里孟田玉家的锅台下到高粱地的约 20 米长的地道，借此展开斗争。其中有一个环节应该给予注意，就是 1944 年被称为土地改革前哨战的活动。在这个活动中，抗联成为指导者，从地主王玉亭那里没收了 60 亩土地，在所有权没有变更的情况下临时分给了村里没有土地的农民。据说王玉亭逃到了天津，在其后真正的土地改革时期，王玉亭被划成了逃亡地主。也是在这种斗争之中，村里的第一个党员孟田玉被捕并被杀害了。可是到了解放战争时期这个村子的地下党员增加到了 8 名，从这些党员中，产生了不少解放后成为领导的人。

（2）新中国成立和集体化时代

冯家村被解放是在 1948 年 12 月，村里的人们敲锣打鼓扭秧歌庆祝解放。解放后，村子里设置了村长、财粮主任、民兵队长、文教主任、治安主任、妇女主任、文书等干部职务，产生了以他们为中心的新政治体制。对于这一时期的干部们来说，放在第一位的课题就是如何使这个体制稳定下来，以及如何提高村里的生产。因此这个时期所作的工作，第一是土地改革，接着是为建设新社会而进行的各种运动。到50年代村里的党员的身份已经被公开了，党员人数增加到了13名。在这种情况下，1951年开展了“土地改革”。

冯家村的“土地改革”是以1950年6月公布的《土地改革法》为基础实施的，总的来说是平和而迅速的。因为是在新中国成立初期，为了维护秩序稳定而将维持统一战线作为最高命题，从而保留了富农经济。从县里派来的工作队也来到冯家村担任村民们的指导者，首先在村里成立了土地改革委员会。之后干部们到县里参加了约20天的研修，就阶级划分进行学习，以“三榜定案”（也叫三榜公布，在划定阶级成分的时候，为求谨慎而经过三个程序来审定的做法）的方式来进行阶级划分。因为土地的分配是依据“中间不动两头平”（中农等中间阶层的土地不动，只在地主富农阶层和贫民阶层间将土地平均分配的做法）的原则进行，所以在村里有变动的土地只有110亩。阶级成分划分后，村子里有地主2户、富农3户、中农35户、贫农20余户、雇农若干户，在这种被确定下来的阶级划分的基础之上，组织了以贫农和下层中农为中心的贫农协会。斗争大会在学校门口召开，虽然也有对以上结果不满的声音，但最后还是交出了土地证，整个过程结束了。

冯家村在各种运动之中还有一点值得关注，就是非常积极地展开扫盲运动。在解放军的帮助下，依据速成识字法，村民中100余名男女老幼每天晚上用两个小时的时间充满热情地学习。据说李金财就是通过这个学习脱离了文盲，有了文化，后来当上了乡长。并且这个学习活动一直持续了2~3年时间，给村子以后的发展也带来了一定的影响。此外，在1951年的“整党运动”中，村长遭到批判并被开除了党籍，这之后“整党运动”在这个村子每年都反复进行，从村民们的应答中可以知道，前后大概搞了将近20次。与此相关的应该注意的是，作为富农子弟的刘连德在1957年之前一直担任“文书”（担任记录的干部）工作，可是1957年之后由于阶级成分不好而被革职了，以“反右派斗争”为契机对阶级的看法严格了，这件事就是这个村子中的一个实例，可是在我们采访的时候，现任的支部书记张宝善的成分也是富农，由此可以知道由于时代的变迁人们对待阶级出身的看法已经改变了。另外在这个时期，以妇女会为中心展开了贯彻《婚姻法》的运动，主张反对包办婚姻。

就这样，土地改革结束了，1952年形成互助组以后，冯家村的集体化顺利进行。诞生了3个初期合作社（东风社、永久社、照耀社），其中照耀社的规模是一直最大的。在初级社，报酬的40%是针对土地，60%是针对劳动支付的，那个时候关于劳动所能挣的工分，男女之间是有差别的，男性一般是10分，女性是7分。接着在1956年成立的高级合作社，全村的农户都参加了，这是基于“不参加的话就没有饭吃”的现实，以及对这种现实的认识基础上加入的。接着1958年“大跃进”运动开始了，人民公社成立，在大队间进行的生产竞争中，提交的是脱离实际的“虚报”（过高估计产量的报告），并在上报数量的基础上确应上缴的粮食定额。在冯家村，有一个党员不接受这样过高的数值，并对此提出了抗议，结果他被剥夺了党籍。农民们回顾说当时在虚报的数字基础上将粮食大都卖给国家，负担非常的重。

并且在这个时期，建成了最初是4所，后来统一成1所的食堂。各户的锅都被回收了。据说在食堂里，虽然在小麦收获以后也能吃到馒头，但大多是只有玉米面的窝头加上菜汤，根本就吃不饱。并且在那个时候成立了4个生产队，4个生产队在产量上有相当大的差别，4个生产队的土地都是在考虑了土质好坏的基础上平等分配的，可是为什么会产生差别呢？当问到这个问题时，当时的干部的回答是，这或许和队长的领导能力和队员们的干劲有关，大家都不想劳动土地很快就荒了，所有问题的关键就在于农业管理。这一时期，冯家村所属的府君庙乡公社和其他的3个公社合并组成了大规模的独流大公社，在这样统一的大公社化之下，成绩的好坏在分配中不能体现出来，挫伤了人们的积极性。因此在1961年又再次调整区划，大队又成为核算的基本单位。

这一时期的另外一个问题就是禁止副业。一直以来这个村的副业就是编席子，可是在集体化之中要求专心进行农业生产，因此所有的副业都被禁止了。以前人们通过这些副业还能赚取一点微薄的现金收入，现在失去了这一途径，变得更加穷困了。在1960年开始的困难时期，人们甚至吃豆腐渣和酒糟等充饥。情况刚刚有所好转，1963年又发了大洪水，村子蒙受了很大的损失。用土建造的房屋被冲毁了，大部分人们都到了武清县避难。原本这个地区就是锅底形态的地形，水害就很多，原本在1958年通过大规模的修复取得了一定的成果，但是1963年为了守住天津而掘开了堤防，因此这个村才遭遇了最严重的灾害。现在整齐排列的住房，就留有当年重建时整体规划的痕迹。

（3）“四清”运动和“文化大革命”时期

在冯家村的“四清”运动时期，从农林局下来了干部作为工作队，在村里成立了贫农协会，将书记及大队长等所有干部完全隔离开，检查他们之前在工作中有无贪污或浪费行为，并进行批判和清算。据说有一位干部因在困难时期吃了救济粮而受到了批判，并让他交纳了100余元作为补偿。这是因为上中农是不能吃救济粮的。

接着开展了“文化大革命”，作为农村，这里的运动是相当激烈的。书记、旧地主、旧富农、原来的保长等被作为“反革命”受到了批判，对他们进行批判的是从“四清”运动延续下来的造反派和他们手下的红卫兵们。当时作为最大的被批判对象的是以前的书记，对这种伴随着暴力的过激性的批判，他回忆说“一旦成为干部就不能活了”。可是，和这种个别的过激行动不同，好像村民整体上还是与此相对立的，没有发生混乱。可能是由于这是一个小村，比较重情谊，不想将事态搞得太严重的缘故，当时负责村政的几乎还是以前的领导们。这种倾向在我们调查时也仍然没有改变。

（4）改革开放时代

迎来了改革开放时代以后，可以看到，虽然只是有一点，但村里的生活着实发生了变化。1980年自来水管接到了各家，从1981年开始用砖瓦建造房屋。利用作为大城市近郊的便利的地理条件，种植豆类、柿子椒、黄瓜等蔬菜，开始卖到天津市或出口到国外。并且在1984年挖了深水井，水的问题基本得到解决。1985年，和全国的动向相一致，这个村也实行了家庭承包制，农具和家畜等也被分到了各组、各户。

家庭承包制实行以后，村里的机构虽然由书记、村长、会计、治保主任、民兵队长、妇女主任等组成，但为了减轻开支，村长兼任民兵队长，会计兼任治保主任。所有的机构都是简略的，主要的事由书记和村长决定，在遇到更重大的事的时候，要和村民委员会的委员商量决定，但是村委会的成员除了书记、村长外只有老干部郝开顺一个人。据说现在虽然有共产主义青年团的组织，但负责人不在，也没有武装队长，现在的问题是如何培养年轻的后继者。

据书记说，因为现在村里的年轻人出去打工的话每个月能挣300元到400元，所以都不想当村干部。并且，村里的干部受众多目光的监督，很容易受到批判，工作也很难做。在所有的人都富裕起来的情况下，如果不改善干部待遇的话，要确保有能够担当村政的人才是困难的。这可能是对这个村的将来的一种预测。

浜口允子

2. 经济

（1）宏观经济的展望

冯家村苦于不利的自然环境，村子位于大运河西岸，距离独流镇的市镇约10公里。在沿大运河的天津南部地区中，这里长期以来也被认为是贫穷的、不便利的地区。明、清时期的统治者虽然拟订了各种各样的计划以促进这个地区的农业开发，但由于地势低，是水很容易集中的地方，所以土壤的碱性极强。结果是收获量很少，自然灾害频繁发生。村里的领导人之一吴金城估算了一下解放时的单位产量，一亩地约产小麦100斤，玉米300斤，黄豆150～160斤。除了最富裕的户以外，不管哪户都只拥有很狭小的土地，产量也很低，因此不得不寻求代替农业的其他谋生手段。最常见的是编席子和到村外打工以糊口。用芦苇等编席子是每个农户附带的工作，用小商人带来的材料进行编织，做出来的成品拿到独流镇等市场出卖。

另一个收入来源就是在天津做工。村里的年轻人大多都到了城市，从事搬运工作或拉人力车等重体力劳动。从事这样的工作，没有有力的门路是不行的——每天付少量的租金租借人力车，在人力车车主经营的小旅馆进行分配。村里的年轻人大多都到城市中做工了。尽管30年代天津的棉纺织工厂开始招收女性劳动者，可是这个村的女性中好像没有在城市做工的。

冯家村在抗日战争时期处于日本占领的治安地区和共产党领导的抗日活动活跃的游击区接壤的中间地带。在我们调查的村子之中，也只有冯家村解放以前地下党的活动很活跃。村里有地下组织，有地下活动成为推进“土地改革”的有利的前提条件，可是这个村很贫穷，只有两个地主和几个富农。因此，在土地改革的时候，几乎没有可分配的土地。据一个调查对象说，当时变更了所有者的土地数量只有60亩，如果估算的是正确的话，这些还不到村子土地的5%。

天灾和经济发展

村民们虽然满怀热情地致力于互助组、初级以及高级合作社的组建，可是60年代乃至到70年代初期，生产量几乎没有提高。阻碍发展的最大障碍就是水的不足，即灌溉问题。“大跃进”时期虽然几次试着修缮灌溉设施，可不巧的是当时正值自然灾害（有20～22名村民死亡）时期，接着是1963年的大洪水的侵袭，为了救天津而牺牲了静海县。所有的东西都被毁掉了——房屋倒塌了，农田浸泡在水中，所有物品都消失在了浊流之中。国家虽然在洪水之后发给了救济粮，但作为救济物资用于村子重建的建筑材料，只分给了村里很少的一点。住宅全部需要重建，因为几乎没有能够利用的资本，所以村里使用了最便宜的材料和没有经过煅烧的黏土直接做成的砖瓦。洪水和村子重建的体验培养了冯家村村民的平等精神，冯家村变成了一个在空间上有所扩展的新的村庄。如果说现在这个村子给人的第一印象的话，应该是井然有序。精心设计的道路比在中国的任何一个农村见到的都要笔直。道路都整齐的用砖瓦铺设，每个住宅用地的大小及形状都是统一的。

大洪水之后，经过几年时间，村里投资安装了从附近的大运河引水到田里的水泵，农业也渐渐地开始有了发展。由于灌溉设施的完善，产量也提高了。1978 年，小麦的亩产量达到 500～600 斤，玉米的亩产量是 700～800 斤，大豆亩产量提高到了 300 斤。1978 年经济改革开始之后，变化就更加显著了。灌溉很容易就能进行，运河附近也开辟了菜地，引入了多种多样的蔬菜种植，再加上合理使用化学肥料等，收获量达到了前所未有的高峰。谷物的总生产量在 80 年代、90 年代不断增加，1983 年是 24 万斤，到 1992 年已达到了 91 万斤。

非农业劳动

关于 80 年代及 90 年代冯家村的经济变化，只提农业是说明不了问题的。这个村的劳动力的大部分都是从事农业以外的工作。从村政府提供的统计资料来看，要想将非农业劳动包括在内对村里的经济进行总体把握是很难的。这份统计资料显示，劳动力确实在不断减少，村里的人口（从 1983 年的 639 人到 1992 年的 656 人）在这 10 年间有一点增加，另一方面劳动力却从 205 人减少到了 160 人。关于这一点，好像要做几个附加说明。劳动力的减少一方面是由于年轻人大多数到村外打工，职务上的居民登记也迁移到了村子以外的地方。另一方面是由于村里人口的老龄化。因此，只有不能算作劳动力的年龄的人和不得不继续从事农业劳动的人留在村子里。

留在村里的人虽然很多都在尝试从事农业以外的工作，可是在村营企业中工作的人很少。这个村的第二个特征就是在推进村办企业方面做得并不成功。村里经营的工厂只有一个，并且规模很小，是非常简陋的金属加工工厂，1993 年接下了订单，只生产简单的传动装置的部件。这个工厂是 60 年代末设立的，之后一直经营了下来。到 1993 年雇用劳动者 40 余人。这年春天我们访问的时候，正好赶上其经营权的变更。村里经营的工厂在 1983 年转换为承包制，经营权归到了刘润森的名下，但村里的领导对他的经营并不满意。1993 年我们访问的时候正赶上要更换契约的时间，刘希望能续签新的契约，可是在他不知情的情况下，村里的领导与招标的孙长喜签订了契约。从这个工厂中得到的基金，将用于村里的小学校的教育经费和其他各项支出。

静海县对村及镇办产业的扶植在国内得到了很高的评价，其中这个县的村子大邱庄成了全国的样板。与此相比较，我们对冯家村兴建企业的失败的印象就更加深刻了。这个村不仅村营企业的开发失败了，而且在村民中几乎看不到兴建企业的精神。在我们的采访记录中，不仅看不到有关个人进行企业投资的叙述，而且连在中国北部大部分农村经常能见到的，从事极小规模商业活动的人，在这个村也几乎看不到。或许大部分家庭都是依靠农业收入和到村外的工厂或公司工作而得到的工资维持生计的。实际上在我们所采访的村民中，几乎每个人都有一个以雇佣方式在工作的儿子或女儿，也有几个孩子都在外工作的村民。很多上了年纪的人都自豪地告诉我们，在孩子们的供养下他们能够享福了。

生活水准的提高

冯家村和附近一带比较起来，可能是属于比较落后的，但从居住条件就可以知道，这里的生活水平还是有所提高。大洪水后所建的村子的住宅已经换成了新的砖瓦建造的住宅了。很多家庭考虑到将来的问题，一分到宅基地，就给还在上学、结婚问题尚早的孩子盖上房子。

从有关消费项目的统计来看，也显示了冯家村剧烈的变化。例如，1983 年时村子里有人口 639 人，有自行车 22 辆。到 1992 年，人口是 656 人，但自行车的数量增加到了 600 辆。这个数字显示，不管男女老幼，大致一个村民有一辆自行车。1983 年，村里有 152 个家庭，电视机只有 6 台，可是到了 1992 年，有 170 个家庭，电视机已经达到了 150 台。

冯家村和沙井村一样都是接近中国大城市的村落。可是，和沙井村不同的一点是，冯家村距离县城很远。尽管县城有了急剧的发展，但是冯家村和其他沿大运河的村庄，至少现在还是被排斥在迅速发展的郊区开发之外的。这个村子因为接近发展着的城市中心地区，有热情的年轻人利用这一点到城市中寻找工作，离开了村子，结果，村里想继续从事农业的人和急剧增加的老年人一起被留了下来。

顾琳，笠原阳子译

(2) 农业、共同关系的历史

①解放后农业生产的变化

A. 土壤改良

冯家村由于地理条件的原因，农业上面临的主要问题是如何改良碱性土壤。很多村民为了去除土壤里的碱性，按十几亩作为一条的比例做成了条田，也有的为了提高土地的产量，而像郑宝明那样做成了坑田的。

B. 肥料

冯家村在刚解放的时候，还和解放前一样，大多是使用去天津购买的人粪、畜粪等粗粪以及炕坯、豆饼等作肥料。关于这些事，郝开顺和郑宝明的说明很详细。不久国家发放了以被称为磷黄铵的磷铵为主的化学肥料，可是刚开始农民们并不相信这些肥料的效能，而依旧使用人粪等肥料。可是一旦知道了化学肥料的效能以后，国家发放的低价化学肥料的数量就不能满足需要了，为此合作社批量购入并对外销售高价肥料。

C. 栽培方法

解放后，为了提高生产力，在大量使用化学肥料的同时，也开始推行密植的种植方法。可是开始集体化后，为了使用大型拖拉机，就不再进行密植，供水也减少了。

D. 供水网络

从苟怀喜的回答中可以知道的是，解放后建造了由干渠、支渠、毛渠组成的供水网络。可是从做条田及挖沟开始，到全部供水设施完成，用了将近 10 年的时间。

②近年来农业生产的变化

从 80 年代中期开始，村里的蔬菜栽培兴盛起来。特别是依据华北传统的农业方法建成的土壁温室以及修建塑料大棚来进行蔬菜栽培等方法，在蔬菜种植专业户中被推广开来。所谓的土壁温室，就是在北侧堆一座高度将近两米的土墙，在南侧堆一座不到一米的矮墙，在其侧面堆上倾斜的土墙，通过四座土墙将中间的土地围起来，并在围起来的区域内搭上竹子做的支架，上边用草帘及塑料等覆盖起来而做成的温室。在我们调查的时候，使用温室及塑料大棚进行蔬菜种植的专业户大概有 20 户。在静海县的指导之下，这些蔬菜种植起到了为大宗消费地天津供应蔬菜的作用。据说这是因为当地地处运河沿岸，从很早以前就有底流水涌出，生产条件很完备。所生产出来的蔬菜被前来收购的大卡车运到蔬菜集散地，改变了过去用小货车或脚踏车运到县城的市场上去卖的状况。从中可以看到县里等上级行政机关的生产指导的色彩。可是有关蔬菜生产的承包地的分配等，就要看村里干部层的领导力的强弱了。

在这种生产体制变化的背景之下，可以窥到使村民结合起来的社会集团的存在。在冯家村，农户们虽然从自己的承包地上从事农业生产获得食粮，可是每家都有到县城或附近的君庙镇的企业就业的人，这开始表现出了近郊农村从农业外劳动中获取现金收入的特征。以在村里的葬礼等场合进行表演为主的“老人会”等社会组织，为村民们提供了聚集的机会，也可以说从中我们可以看到在整个村子中农业生产仍起到了支柱作用。

③关于共同关系

A. 搭套

我们以郝开顺和郑宝明的回答作为参考：解放后为了弥补家畜及农具的不足，两户农家共同使用牛或马来拉犁锄。据苟怀喜说，因为拉犁需要两头驴，犁锄需要一头驴，虽然是“搭套”，可应该叫做“双套”。可是1993年及1994年，也可能是当时笔者的提问不准确，在其他村作调查的时候也没有找到能证明搭套的关系与互助组的结成之间有联系的回答。或许正像郑宝明所说的那样，观察在上级指导下的合作化的推进情况，在“搭套”中说到底有点过于强调构成成员间人际关系的好坏了。

B. “看青”和打更

据说在解放前的冯家村，经常有小偷出没。还曾经有一次将十亩八亩土地的收获物都摘了去。因此，村长和拜头就要求从立秋左右开始每家轮流“看青”。解放后拜头没有了，和后夏寨村一样，“看青”的名称也变为了“护秋”，大队长让民兵们负责看护。

解放前的打更，由拜头拿着小锤和铜锣，通知村民更次的同时，也起到了维护村里治安的作用。解放后，村民中大部分都有了钟表，也就没有必要再设通知更次的拜头了。看护居住地也作为治安的一环成了民兵们的工作。关于村子的治安，由公安员即后来被称为治安员的人担任，他和民兵连长一起，能够指挥民兵。现在实行承包制，已经没有共同看守的事了，只是由每家自己看守。也有修建看守小屋的人。刘锡岭作为亲身经历者，介绍了在我们调查时候的“看青”的情况，讲述了看护西瓜、桃、葡萄等果园的实际情况。刘锡岭对我们说，他有一次在看护的时候口渴了，就在回家的时候喝了点酒，结果睡过了头，就一会儿工夫，塑料大棚用的塑料就被偷走了。这作为讲述农民的实际情况的一个例子，也是值得关注的。

从苟怀喜的“在小屋里看守自家田里的蔬菜”的发言中，我们也可以体味出在从集体化向户别化的转换中，在村民间产生了新的不信任感。关于解放后集体化时代出现小偷的事，郑宝明指出其理由虽然可以断定并不一样，但其中有这样的人，就是因为自己什么都没有，所以即使是很少的一点东西也想得到。从郑宝明的说法中我们可以得到这样的启示，就是将作为天津这个大都市的近郊城市静海县所辖农村的急剧变动，与中国农村社会的“公与私”以及“公共关系”相关联进行考察。

④最近冯家村的社会经济变化和“共同关系”

笔者在时隔6年之后的1999年9月又访问了冯家村。村里的主要道路已经铺上了砖，过去的泥路不见了。位于住宅部分后面的田地，一眼望过去，前面已经提到过的用土墙将四周围起来的温室林立。据引导我们参观的前村长说，全村都已经使用温室种植蔬菜了，已经没有露天的蔬菜种植以及果树栽培了。当然个别农户进行的“看青”现在也没有了。

如果加上位于天津近郊的地理条件的话，冯家村和前卷介绍过的沙井村一样，可以说作为近郊农村已改变了面貌。并且，由于全都变成了利用温室栽培蔬菜，经过从县里来收购的这一环节，不像过去那样，村里的结合变弱了。可是，包括“老人会”在内，以及从干部们那里不能充分得到的对现在情况的说明，从这些现状来看，可以说以人的结合为存在前提的农村面貌改变，虽然缓慢，但确实在进行。

内山雅生

3. 社会

冯家村位于天津这个大都市的近郊，和近年由于乡镇企业的兴隆而富裕起来并被大力宣传的大邱庄同属于静海县。位于义和团运动中有名的独流镇和县城之间，距县城约 3 公里。在解放前，由于南运河流经村子的东边，交通很兴盛。依据村里人的证言，据说日本军也曾乘舟艇到过这里，现在运河水非常少，船只已经不能通航了。

因为这里土地的碱性极强，所以农业生产力非常低下，解放前村民们依靠到天津市做工等副业维持生计。

在抗日战争中，这个村子里已经有共产党的地下组织在秘密地进行活动。1942 年 5 月在冯家村进行调查的惯行调查班，感觉到“不知为何总有一种令人恐惧的气氛”，因此仅调查了一天就中断了，所以对这个村子的调查资料仅存有 5 页。1937 年 8 月，日军占领这个村子的时候，烧毁了民房并杀死了一名村民，因此在此次调查时，也遇到了对日本人表露出厌恶态度的事(我们成员中有一个人被村里的孩子称为“东洋鬼”)，可是，就像在问答记录中所看到的，村民们还是耐心地回答了我们的提问。

在 1963 年的大水灾中，因为村子的大部分都被水淹没、冲毁了，所以现在的住宅都是在那之后建成的，街区和道路都很整齐。

解放前，在这个村子里有两个有名的宗教团体。一个是白莲教，在村子里有 50 ~ 60 名信徒，可是它并不是具有政治性的反权力组织，而主要是召唤已死去的父母兄弟的灵魂或治疗疾病等，更像谋求自身利益的人们集中起来组成的修养团体。另一个是天主教（旧教），据说 30 年代闹饥荒的时候，天津教会进行了舍粥等救济活动，因此大多数的村民（据说是村民中的 80%）都成为了天主教徒，并在村里建了一座小教堂和小学校，可以想见当时的影响力是很大的。共产党政权刚成立时，村里有两名尼姑和 100 余名教徒，新政府以他们宣传“反共”为理由，为了对尼姑进行“思想改造”而将她们送到了县里的学习班，并给了教徒们一个月的“学习”义务，以扫除教会的影响。在“文化大革命”时期，虽然由于“红卫兵”的批判，《圣经》及圣画像等被烧掉了，可是也有悄悄地保存下来的，继续坚守信仰的家庭。在承认“信仰自由”的现在，也有三四户天主教家庭。

在 1991 年 8 月调查的时候，由 22 个人组成的老人会特意为我们进行了演奏。老人会的前身是三佛会，从清朝延续下来，恐怕在义和团运动时期也是很活跃的团体。可是现在只是“在葬礼上为使死者转世而吹笛敲鼓”，被认为是佛教系的结社。现在只是作为音乐团体、娱乐团体，在一年 3 次的节日里和村里人的葬礼上进行演奏。

在 1993 年 3 月调查之际，我们目睹了嫁妆搬入新居的情景。卡车上满载着缝纫机、彩电、洗衣机、音响等，在很多村民的注视之下，与这件事有关的人满带着自豪的表情将东西一件一件地搬进屋里。老人会的热闹的演奏和这个情景，成为了我们第二次到冯家村调查时最难忘的场面。

以下部分和后夏寨村的情况一样，关于社会的各项目，人口、宗教、家族关系等由中生胜美执笔，女性史由末次铃子执笔，教育史由笠原十九司执笔。

（1）人口、家族

①人口构成

依据 1991 年实施的家族成员调查表的统计，冯家村的总家庭数为 149 户，547 人。年龄构成如下表所示。24 岁以下的人口少，大概是由于没有进行户口登记的缘故。35 ~ 39 岁的人口少，可以看出是由于“大跃进”以后的饥荒的影响使人口减少。

冯家村年龄构成（1991 年 8 月家庭成员调查）

年　龄	人　数		年　龄	人　数	
	男	女		男	女
85 ~ 90	23	20	40 ~ 44	12	11
80 ~ 84	27	22	35 ~ 39	9	4
75 ~ 79	21	28	30 ~ 34	18	15
70 ~ 74	23	31	25 ~ 29	13	7
65 ~ 69	26	23	20 ~ 24	9	7
60 ~ 64	15	17	15 ~ 19	6	8
55 ~ 59	20	28	10 ~ 14	3	2
50 ~ 54	28	29	5 ~ 9	1	1
45 ~ 49	16	17	0 ~ 4	0	1

②宗族

在这个村几乎看不到统一的宗族，也没有家谱或家系图。以宗族为单位的墓地，或许过去曾经有过，可是现在基本上只是以家族为单位的小规模的墓地。虽然同姓未必是同一宗族，但我们也调查了每个姓氏的家庭数量。张（36 户）、孙（21 户）、苟（18 户）、王（16 户）、刘（12 户）、孟（10 户）、李（9 户）、吴（6 户）、贾（4 户）、郑（3 户）、冯（3 户）、杜（2 户）、陈（1 户）、霍（1 户）。

③家族

冯家村因为并不是都市近郊，和城市的男性结婚，只有户籍还留在娘家这一类型的家族只能看到极少数的几个。因为是从户籍观察家族形态，户籍中所表现出来的未必都和实际情况相符，例如有仅由老夫妇二人组成的独立家庭，也有上了年纪和儿子、孙子共同居住的。在冯家村的149个家庭中有97个家庭其成员数量在3～5人之间，占总户数的65%，在家庭形态中由一对夫妇及其子女组成的小家庭约占60%。在我们调查的时候，对孩子们一结婚就分家独立的回答，从这个统计数值中得到了印证。也有一定数量的家庭由6～8个人组成，孩子们虽然已结婚但仍和父母住在一起的家庭也有21个，可是，这种家庭形态并不是所有兄弟们结婚后都住在一起，而是兄弟中只有一个留下和父母同住，并不是传统的“大家族”（结合家族）。

在家庭调查中，一直未婚的老年男性有8个人。可以窥知由于这个地区非常贫穷，他们到了婚龄仍无法娶妻。并且就像后面要讲到的那样，村里也有虽然是50年代出生但没有上过学的人。特别是女性中没有上过学的人很多，从中也可以反映出冯家村恶劣的经济状况。

过去的习惯是结婚一般由父母决定，由媒人介绍，媒人大多是女性。以土地和财产为基准，介绍“门当户对”的对象，经济上贫困的家庭彼此结亲，富裕的家庭彼此结亲。在这个村里有教会，一般是督教教徒间彼此通婚。在当地有正月不能说媒的禁忌，这是因为据说正月说媒就会招致不幸。订婚仪式是由男方到女方家，定下吉日举行宴会。男方的母亲要给订婚的姑娘“见面礼”“彩礼”，其金额由双方商量决定。从订婚到结婚必须隔一年时间。过去十三四岁就结婚，现在因为计划生育政策鼓励晚婚，所以那男子不到24岁、女子不到23岁不能结婚。

（2）女性史

对于冯家村的女性，在《中国农村惯行调查》中没有记录。我们依据1991年和1993年进行的调查，首先从解放前的女性生活开始说起。

1912～1928年北洋政府时期，这一带的女性仍然都是缠足的，尽管如此，也都帮着做除草等农活，除此之外，无论老幼都还将全部精力用于编席子，以补贴家用。到南京国民政府时期，1930年左右，在县城里已经“可以不缠足了”。可是冯家村的女性们解开缠足，还是全面抗日战争爆发以后的事。

开战初期，日本兵屡次乘船沿运河侵入这个村子，掠夺粮食和金银等，施行各种暴行。当时女人们牵着孩子藏起来，也有逃晚了而遭到强奸的。冯家村的女性们解开缠足大概是为了躲避日本兵的强奸吧。

在抗日战争时期，这个村已经有很少的一些女孩子在上学了。村里旧教的教会学校是男女同校的（不同桌），虽然是少数，但女孩子也学了国文、修身、常识、算术等。在这里学习了5年的一位女性在“文化大革命”中和丈夫及孩子一起坚守了自己的信仰。

当时结婚当然是无视当事者意志的包办婚姻，婚礼是象征父系父权家长主义的各种仪式。例如新娘咬一口饺子，大家就齐声问“生的？熟的?”，新娘要回答“生的”。这种做法被赋予了一定要“生”继承香火的男孩子的意思。

这个村的女性们参加共产党领导下的运动是比较早的。从1944年到1945年春，共产党组建了村里的地下组织，两名女性入了党。其中的王英，直到1976年去世一直是村里的女性干部。

革命后，这个村子的女性运动是在王英的领导下开展的。女人们一边编着席子，一边看八路军男女战士扭秧歌，听他们宣传《婚姻法》。虽然是反封建的，可是并没有将男女间的矛盾当成什么很尖锐的问题。

随着集体化的推进，1958年组织了高级合作社，变成了只凭劳动挣工分进行分配的制度，女性们也停止了编席，参加了农业集体劳动。相对于男性劳动最高挣10分，女性则是7分。

“文化大革命”中，其他村的女性们要求同工同酬，并和男性农民展开了生产竞赛之类的，可是在冯家村并没有看到要求男女平等的运动。虽然“文化大革命”使很多人的生命和人权遭到了践踏，可是其他村的女性对这个时期这样评价的也不少，即“从这个时期开始大男子主义没有了”“正是这个时候我们翻身了”。可是，我们没有从冯家村的女性那里听到这样的说法。冯家村的妇女工作一直在老党员王英的指导之下，开展的是动员型运动，常常忽视女性的要求，对大男子主义也批评不多。

1978 年改革开放政策实施以来，在冯家村，男性从事非农业劳动，女性则从事农业、家务、育儿等，劳动的性别职业分工倾向非常明显。一方面生活变富裕了，另一方面也更需要钱了，很多女性希望到工厂做工或开始从事一些小买卖。但是，除了未婚女性外，还完全没有这样的机会。未婚女性在城市的工厂中就业的，因为是农村户口所以只能是临时工，和正式工在待遇方面有很大的差别。虽然也有人到村办工厂就业，但在村子里工作岗位是极少的。

通过采访我们知道，即使在近些年，由父母决定结婚对象的人也还很多。虽然出嫁时所乘坐的交通工具已经完成了从花轿到自行车再到高级轿车的转变，可是为祈求父系家族的安泰而让新娘回答“生的”的习俗还在继续，至今还具有实际的意义。

妇女主任的工作现在也变成了以计划生育为主。教化动员型的运动没有了，使村里女性的声音在政治中反映出来的积极的女性运动的诞生，还是有待日后发展了。

（3）教育史

冯家村小学校位于村子的西端，学校的周围用高高的坚固的砖墙遮蔽着，给学校带来了祥和宁静的氛围。从校门口到校舍有砖铺就的人行道相连，人行道两边种着树篱，途中有圆形的花坛和升国旗用的旗杆。人行道的左边是供孩子们奔跑玩耍的宽阔的操场，最里边是用红砖建造的平房校舍，位于四间教室中间的教员室，是狭长的，进深很大，里面备有广播设施，也有几件像盒式录音机等简单的教育器材。学校的建筑物及设施等，作为天津市特别是其近郊的农村小学校，与北京及上海的同类学校相比的话是很简陋的，但和普通的农村小学校相比，还是很不错的了。

解放前冯家村没有小学校，村里的孩子们都在私塾上学，私塾是在从村里比较富裕农家借来的房屋里开设的。在私塾中，常有四五名儿童就学，相当于现在村里适龄儿童的 50% ~60%，并且因为家庭条件的原因中途辍学的很多。塾生中没有女孩子。私塾先生是从外村郑重其事地聘请来的，如果是大家评价比较好的先生就续聘。村里没有援助资金，塾生们每半年或一年缴纳粮食（标准是玉米）当做学费。当时送孩子去私塾的理由，就是如果到以天津为首的村外的地方从事商业或手工业，必须能够“读、写、打算盘”。并且认为，如果从事农业的话，即使不识字、不会计算也没什么妨碍。

在冯家村，虽说是教会，但也和民房没什么不同，到现在还保留着相当于集会场所的教会建筑。当时以村里的信徒（约占村民的 50%）为中心开设了小规模的教会学校。教师并不是专职的，而是由其他村的人来教，因为不要学费，所以不能去私塾上学的贫困人家的孩子就在这里上学。可是，村里上了年纪的人们反对与中国传统教育思想相异的教育内容。因此也有反对村里的孩子到教会学校上学的事发生，教会学校的学生渐渐减少，不久就维持不下去了。

1948 年末冯家村解放，第二年（即 1949 年），就将教会的建筑物和以前作为私塾使用的民房改为了小学校。冯家村由于1939年的大水灾，村里传统的行政机构几乎都解体了，接下来直到1945年都处于日军的占领、统治之下，因此，就像我们所看到的其他华北农村一样，欠缺以村里的领导者为核心建设小学校和保证村里儿童教育的条件。冯家村解放前后，在本村人中都没有能够担当村里的教育工作的老教师，这是其他村所没有的特征。1952年、1953年后的两三年间，广泛开展扫盲运动之际，因外在本村的人中没有小学教师，所以像郑宝明等比较有文化的人，在参加了独流镇召开的扫盲运动指导者讲习会后，担任了识字学校老师的工作。

冯家村在1960年左右，“大跃进”的失败再加上遭遇了自然灾害和大饥荒，前后饿死了约20人，村民中很多人为了糊口而逃到了东北，也有的家庭自此以后一直没有回来。1963年再次遭遇了大洪水的袭击，村子整个被淹没了。洪水退了以后，仅有少数房子没有被冲毁。村民们在经过了两个月的逃难生活后，回到了村里，不得不倾注所有努力于现在所规划的村落建设中。蒙受了这样的人为和自然两方面灾害的冯家村，村民们的生活是颠沛不安的，在村子里没有一直以来就持续做教师的有名望的家族，也没有长期从事教师工作的人。因为没有能说出解放后冯家村小学校历史的老教师，所以在我们的调查中，不能了解小学校的详细历史，这是一个遗憾。

1968年，曾是独流镇公办老师的孟淑贞以下放的形式移居到冯家村，在冯家村小学从临时教员转为民办教师，在这里一直工作到1976年。她的儿子也成了这个学校的老师，并与1981年从静海县师范学院毕业到冯家村任教的张晓华结了婚，张晓华是现在学校的负责人。由于这个承担村里教育的教师家庭的出现，我们终于有了系统地讲述冯家村小学历史的可能了。

到1981年时，虽说是学校，但也只是在以前是教会的房屋里设了一个班（两个年级合在一起的复式班级），在曾是私塾的房子里设了一个班（同前），教师也是相继从其他村来这里教学的年轻老师，很快又转走。因为这些简陋的教室倒塌了，所以冯家村在1982年新建了现在的校舍，建筑费由国家出了一部分，其余的是用从个人经营的工厂中征收的承包金来付上的。当时，冯家村出身的企业家刘思奇捐赠了5000元钱。

随着改革开放政策的实施，冯家村村民的经济生活日趋稳定，村民们也开始重视教育，1987年在学校前面设立了学校经营的化学工厂（涂料工厂），这个工厂每年向学校上交3000元的教育经费。

1991年8月我们访问时，冯家村小学的学生情况大致如下：幼儿班因为新学期还没有开始，所以不能确定人数，据说往年都是二三十名。一年级学生16名，二年级学生13名，三年级学生12名，四年级学生17名。1993年3月访问的时候，幼儿班学生19名（男生9名，女生10名），二年级学生10名（男生3名，女生7名），四年级学生12名（男生4名，女生8名）（忘记确认一、三年级的学生情况了）。从村里计划培养的学生人数来看，可以知道各学年学生数量都稳定在十几名。五、六年级的学生大部分都去府君庙中心小学上学，还有一部分去了刘家营中心小学。

1991年调查的时候，冯家村小学包括含幼儿班在内共5名教师，每个人负责一个班。可是1993年却减成了只有3名教师，幼儿班由一个人负责，其余两个人每个人教两个班，分别教一、三年级和二、四年级，教学条件变差了。随着1992年开始实施的校长责任制，给予了校长包括教员人事在内的学校经营的权限很大，府君庙中心小学的校长制定了统一标准，即一个教师带35名学生，因此学生人数在50名左右的冯家村小学（幼儿班除外）的定额是不到两名教师。两名教师都是师范学校毕业的公办老师，教师素质比较高，可是每个人指导两个班其成果终究是有限的。

冯家村小学校的负责人张晓华（34 岁）是本村人，自从 1981 年毕业任教以来一直在这个学校工作，1991 年被选为府君庙乡的先进优秀教师，1993 年被选为第十二届府君庙乡人民代表大会代表。也是 1987 年创设的学校经营的化学工厂的法人代表。她的丈夫是北五里铺中心小学校教务主任，并且她和支部书记张宝善、副村长张宝森属于同一家族，这样一来她的地位很稳固。在调查中，我们感觉到冯家村村委会几乎不能对冯家村小学实施管理机能，这个学校的管理和运营几乎都由她来掌握。

我在冯家村听取的学校教育的历史和现状，其内容可以参照以下人物的回答记录。在问答记录的最后，将冯家村小学两个班级的上课的情景作为参考记录收录了下来。

①解放以前村里的教育——苟怀德、郑宝明、李金海。②60 年代以后村里的学校教育的变迁——张晓华、孟淑贞、孟继泉、刘润兰。③冯家村小学校的教师和现状——刘建梅、张晓华。④冯家村小学校毕业生的进级、升学学校——郑中强、阎建良、郑兆会。⑤围绕冯家村小学校的教育行政——高学胜、边福臣。

根据 1999 年 9 月再访冯家村的内山雅生、李恩民的报告，之后冯家村小学校被刘家营中心小学校吸收合并，已经成为了一座废校，本调查是对这所学校的最后记录。

笠原　十九司

第一部

·后夏寨村编·

一

平原县、十里铺乡、后夏寨村、前夏寨村概况

（一）平原县概况（平原县概况之一）

张化芹：平原县副县长

时　　间：1993年3月30日下午

场　　所：龙门宾馆会议室

【平原县地理位置及沿革】

地理位置　平原县地处山东省西北部，东邻临沂、禹城，西连武城、夏津，南与高唐交界，北与德州、陵县接壤。北距首都北京360公里，距省会济南90公里。

政区沿革　平原县历史悠久，初建制于西周时期，当时为齐国之邑，城址在现在的王庙乡张官店东，因地处平原而名平原邑，迄今已有2700多年的历史。秦以平原邑置平原县，据《三国志·蜀书》记载，汉先主刘备曾“试守平原令，后领平原相”，北齐天保二年（公元551年）县城由张官店东迁来今地（平属绎幕县）。隋初至唐朝中期，时属平原郡。唐中期至清初，属德州。清朝时期，属济南府。

中华民国初期，先后属山东济南府、济西道、东临道、德临道。1928年直属山东省政府，1936年属山东省第四专属。抗日战争和解放战争时期，铁路以西仍称平原县，大部分时间属晋冀鲁豫边区冀南区；铁路以东，先与禹城等县的一部分合组平原禹县，后建平北县，前期属冀鲁边区，后期属山东渤海区。1950年初，平北县并入平原县，属德州专区。1956年，原恩县东部划入平原，改属聊城专区。1961年复属德州专区。现属德州地区。

政区划分　全县辖平原、恩城、腰站、王凤楼4个镇；炉坊、寇坊、张华、王庙、苏集、林庄、前曹、尹屯、张士府、坊子、三唐、王打卦、十里铺、王杲铺14个乡，共888个自然村。全县总人口2.5万人，其中农业人口38.5万人，平均每平方公里400余人。全县有汉、回、蒙、藏、苗、满、白、壮、水、土、黎、羌、侗、佤、彝、朝鲜、土家、拉祜、纳西、布依、唔尼、高山、傈僳、布朗、鄂伦春等民族，其中回族人口5755人，另外其他民族共6039人。

全县东西最大横距47.25公里，南北最大纵距43.1公里，总面积1046平方公里，耕地78.1万亩，人均耕地2亩。

【自然条件】

平原县地处黄河下游的鲁西北平原，地势平坦，土地肥沃。地形自西南向东北缓慢倾斜，

海拔高度从27米降到18米。平原县属北温带大陆性季风气候区，四季分明，日照充足。平均气温12.7℃。降雨量年均582毫米，最多的年份是1961年，降雨1008毫米；最少的年份是1968年，降雨258.21毫米。全县有洪沟河、赵王河、相家河等骨干河流28条，总长度475公里，河网密度每平方公里0.43公里，形成了纵横交织、能蓄能泻的排灌网。全县农林牧可利用土地面积130.2万亩，地表水可利用量13849万立方米。

【经济发展状况】

解放后，在党和人民政府的领导下，平原县的经济得到了较快的发展。特别是党的十一届三中全会以来，生产力得到了充分的解放，全县经济建设进入了一个新的发展时期。全县城乡市场活跃，物价基本稳定，人民生活水平有了很大提高。1992年全县社会总产值17.51亿元，国民生产总值6.83亿元，国民收入6.26亿元，工农业总产值15亿元。

农业 平原县属黄河冲积平原的一部分，土地肥沃，气候适宜，发展农业生产有着较优越的条件。全县以生产玉米、小麦、棉花为主，同时生产瓜果、蔬菜。养殖业发达，六畜并举。新中国成立以后，全县兴修水利，大搞农田基本建设，实行科学种田，粮棉产量大幅度提高。尤其是党的十一届三中全会以来，全县人民认真贯彻党中央、国务院以农业为基础的思想，在不断完善生产承包责任制、大力增加对农业的投入、积极改善生产条件的同时，坚持走科技兴农的道路，先后与山东农业大学、山东农业科学院、中国棉花研究所等34个大专院校和科研单位建立了科技协作关系，共同承担了近30个农业科技开发项目，累计开发面积达到100多万亩。其中有一项获国家科技进步二等奖，山东省科技进步一等奖；两项获山东省科技进步二等奖；三项获德州地区科技进步一等奖。全县重视科技人才的开发，实行借才、用才、育才“三才并举”的方针，逐步健全了技术推广、技术服务、技术培训体系，农民的整体科技素质有了较大的提高，农业科技越来越多地被运用到生产中去，转化为生产力。目前，全县已拥有各类技术人员5000余人，其中农业技术干部364人，农业技术员4800人。全县有农业科技带头户7335户，达到了每20户有一名农业技术员，每10户有一个科技带头户。由于平原县坚持走科技兴农之路，1984年被国家科委、农牧渔业部、林业部授予全国“农业科技推广先进集体”光荣称号。1986年被省科委选定为全省首批科技工作重点县。1983年被省政府确定为“农业科技改革试验县”。1990年又被国家科委定为科技工作重点联系县。1992年在遭受严重干旱、病虫等自然灾害的情况下，仍然取得较好的成就。农业总产值实现4.95亿元，粮食总产达到6.45亿斤，其中夏粮单产854斤，总产3.7亿斤，小麦生产连续三年受到国务院表彰，秋粮单产892斤。秋粮单产最高年份是1991年，单产1002斤（1991年平原县被国家定为全国商品粮基地县），1992年棉花总产16万担（1984年为最高年份，81万担）。

工业 新中国成立初期，平原县工业寥寥无几，且设备简陋，技术落后。1949年，全县工业总产值仅为199万元，从业人员不到万人。此后至党的十一届三中全会前，尽管工业生产有一定的发展，但由于国民经济困难和十年动乱，工业发展步伐一直比较缓慢。党的十一届三中全会以后，平原县坚持立足当地资源优势，走内涵外延并举的路子，工业企业有了较快的发展。全县现有县属工业企业36个，固定资产2亿多元，职工8000多人。乡镇办企业118处，固定资产7000万元，职工8500多人，目前全县形成了机械、造纸、食品、五金、建材、电力、化工、纺织等20多个生产行业，主要产品有啤酒、白酒、化学医药、碳酸氢铵、铁锅、弹簧长头、水泥、日用陶瓷、电子仪器等50多个品种。其中有10种产品先后在国际国内评比中获奖。1992年全县工业总产值实现10亿元，是新中国成立初期的50倍，是1978年的20倍。全县较大的工业企业有平原啤酒厂、平原化肥厂、平原棉纺厂、平原制药厂、平原水泥厂、平原县第一油棉加工厂。其中平原啤酒厂生产的“发发发”牌啤酒被评为省优产品，1990年获全国行评十佳，并获布鲁塞尔国际博览会金奖。该厂被评为山东省先进企业。平原机械厂生产的弹簧长头，出口美国、日本、加拿大、澳大利亚、新加坡、中国台湾、中国香港等国家和地区。

商业外贸　全县共有商业服务网点4300个，从业人员1.6万人。全年社会商品零售总额3.8亿元，县中心市场连续三年被评为全国文明集贸市场，有6个集市达到地区级以上文明集市。市场建设成绩显著，近三年累计投资1400万元，兴建专业批发市场8处，综合集贸市场5处，个体私营经济为平原县经济的发展注入了新的生机和活力。1992年，在工商部门注册的个体工商户有6238户，从业人员1.2万人，注册资金2226万元；私营企业28户，从业人员711人，注册资金436万元。1992年全县个体商业完成销售额1.23亿元，占全县社会商品零售总额的32%。对外贸易出现了好的势头。1992年外贸出口商品收购总值完成7089万元。1992年成功地举办了第一届中国平原鸽子节，大大提高了平原的知名度，并取得了丰硕的经济成果。共有洽谈经济合作项目9个，项目总投资9222万元，其中外方投资3098万元，产品外销比重占70%的项目有7个，签订产品购销合同和意向金额8298万元。

交通、运输、邮电全县交通运输十分便利，京珠（北京一珠海）公路（国道105线）、济德西路、临武公路贯通全境。全县公路通车里程160公里。京沪铁路在平原境内呈西北至东南走向，境内里程160公里，县城城区内设有平原车站，为三等车站，年运送旅客90万人次，货运量60万吨。投资近千万元的一座2800平方米的邮电大楼已于1992年竣工并交付使用，2000部程控电话已经开通，通信条件大为改善。

【文化教育、卫生】

文化教育　全县有影剧院6处，共计7000余座位。有32个电影放映队，年放映量5000多场次，有文化馆一处，乡镇文化站18个。全县有图书馆一处，工厂、学校、乡村图书室321处，总藏书达300多万册。文化设施的齐备和发展，活跃了人民群众的业余生活，为人民群众文化娱乐提供了便利条件。

全县教育事业发展较快，被国家教委确定为“农村教育综合改革实验县”，成为全国首批实施“燎原计划”的百县之一。全县共有640所小学，47所中学（其中两所国办完中），教师进修学校、职业中专、职业高中各1所。各类学校共有在校生近8万人，教职工5400余人，省属中等师范1所，在校生1100人，教职工150人。全县学龄儿童入学率99%，普及率95%，15~40周岁人口中脱盲率97%，全县实现了六年制小学义务教育，部分乡镇实行了九年义务教育。

医疗卫生　县医疗卫生事业比较发达，建有卫生防疫站、妇幼保健站、医学科学研究所、制药厂等专业机构，还建立健全了县乡村三级医疗网络。全县有县人民医院两处，人民医院分院两处，乡镇卫生院16处，乡村卫生室798个，共有医务人员近3000人。1985年至1987年，引进世界银行农村卫生项目贷款55万美元，为县人民医院购置了68台件先进的医疗仪器设备。

广播电视 几年来，平原县广播电视事业有了迅速发展，1985年，县里建立了调频台，各乡镇普遍设置了无线调频接收机，实现了县城至乡镇的无线传输。1985年，建立了彩色电视差转台，覆盖半径7.5公里。县广播电台除按时转播中央和省台的重要节目外，每天还有一个半小时的自办节目。主要宣传县委、县政府的工作部署，以及上级党委政府的方针、政策，报道平原县工农业生产动态和先进模范人物的事迹，这些节目，深受全县人民群众的欢迎。

郭平波：县农委主任

时 间：1993年3月30日下午

场 所：龙门宾馆会议室

【农业发展状况】

过去粮食单产不足现在的1/3，人均占有368斤；棉花单产不足1/3，人均分配不足1/3。全县工农业总产值1.4亿元，其中农业产值8300万元。十一届三中全会以来，全县发生了巨大变化，特别是邓小平同志“南方谈话”以来，在发展高产、高效、优质农业技术中，平原县在这方面做了些文章。农业结构发生了很大变化，从以种植业为主，向大农业方向发展。林牧副渔产值从前几年的18.5%增加到33%。10年来，新增林网配套25万亩，1991年被林业部批为“林业大作县”。新增优质田8万亩，共计14万亩。新增中弓棚37000个，冬暖式大棚2300个，瓜菜面积扩大4万亩，新增鱼池2.7万亩。通过种植业改革，全县复种指数达100棚，粮棉达30多万亩。粮食产量稳定增长，总产由1978年的2.3亿斤提高到7.01亿斤，增加2倍多。多种经营收入提高，由1978年的3800万元，增加到360亿元，增长近9倍。农业生产有较大改善，抗御自然灾害能力进一步增强。10多年来，全县完成土石方工程11905方，改造中低产耕田30万亩，新增机井6000眼，简易井15000眼，修建各类水利建设物3800座。农机总动力增加25万千瓦，全县870万亩耕地基本能机耕机播。从1979年到1992年间，粮食产量平均每年递增14.5%，总产量平均递增6.5%，人均收入递增10%。棉花总产量保持在57万担，1984年达到83万担（最高年份）。人民生活水平有了显著提高，1990年人均占有粮食1596斤，人均纯收入550元，最高年份1991年人均纯收入710元。

邓占明：县乡镇企业局

【乡镇企业】

平原县乡镇企业从无到有，从小到大，不断壮大，有个比较长的过程。十届三中全会以来，依靠各级领导的鼓励，以及各项优惠政策，使乡镇企业有了长足的发展。到1991年底，全县企业由1978年545处增加到13255处；从业人员由1978年的10600余人发展到50574人，占全县劳力的25%；工业产值由1183万元，增长了近60倍；乡村两级工业销售收入由1978年的1873万元，发展到45803万元，增长了23倍。到1991年上缴国家税金近6万元，占全县财政收入的33%。利税完成4172万元（1991年），其中利润2943万元，比1978年增长近40倍。全县乡镇企业固定资产12000万元，比1986年增长4倍。在行业和产品上也有较大的发展。行业由过去单一的建材，发展到建材、化工、服装、造纸、食品等10种门类，花色品种达到500多个，其中绝大部分都有广阔的市场、平原镇的七色织锦缎获省科技三等奖，列入国家星火计划开发项目。另外，果脯、机枪枪头、草柳编工业品已打入7个国家和地区的市场。

李宗月：县水利局局长

时　　间：1993年3月30日下午

场　　所：龙门宾馆会议室

【水利建设】

地貌情况　平原县地处黄河下游，属黄河冲积平原，地势由西南向东北倾斜，海拔在27.7米到17米之间。由于历史上黄河多次改道，泥沙淤积严重，形成平原县较复杂的微地貌类型。全县有高地、平地、洼地三种。河流水系和水利工程情况：全县境内有28条骨干河道，干流河道有两条，即马夹河和德辉新河。大的支流河道4条，即东马河、相家河、洪沟河、赵王河。引黄灌溉情况：1972年引黄以来，共修建引黄总干渠11、12、13、14干渠，有27条沟渠相连通，形成灌能引、水能开的水利工程。十一届三中全会以来，平原县已治理骨干河道、引黄干渠5条，总长93.75公里。建筑物修了386座，修沟渠486条。目前全县干支都有渠，共2602条，总长3385公里。桥、涵、闸、提水站等建筑物4000余个，机井2450个，排灌机1.2万台，15.1万马力。几年来平原县连续干旱，年降雨量不足300毫米，我们充分发挥水利工程的作用，每年引入黄河水约在3亿立方米，使全县800万亩农田都能引水灌溉。在大旱之年，保证了农业丰收。三中全会以来，根据农村实行承包责任制的新情况，我们制订了平原县水利十年建设的新规划，提出因地制宜、综合治理、合理规划、逐步完善。10年来，坚持不懈搞好水利建设，疏浚水渠230多个，挖土方520万立方米，新建桥、涵、闸3200多个，提水站80个，新打机井2000多眼，田间配套工程2400多个，初步形成沟渠如林的配套水利工程，提高了防御自然灾害的能力。平原县水利建设达到遇旱能引黄灌溉，遇涝能够排水，保证了农业的丰收。

宗徐水：县外经委主任

时　　间：1993年3月30日下午

场　　所：龙门宾馆会议室

【对外贸易】

我简单介绍平原的贸易情况。十一届三中全会以前，工业发展缓慢，影响了对外贸易的发展，步子慢。年贸易额70万元左右。三中全会以后，尤其是邓小平“南方谈话”以后，平原县对外贸易发展有了新的起步。1992年一年完成出口贸易总额519万元，是三中全会以前的100倍左右。由农副产品的出口发展到工业产品的出口，由原来十几个品种增加到378个品种。在出口贸易产品上，我们抓质量，上花色品种，调整了产品结构，形成了骨干企业，建立了三大基地——抽纱基地、酒制品基地、草编基地。工业产品形成小型机械加工、弹簧加工等工业品的出口。我们的产品销往11个国家和地区，年创汇能力达到500万美元左右。在引进外资方面，抓住机遇，强化意识，加快步伐，制定了优惠政策。今年已批准的3个合资企业，总投资1570万元，合作利用外资额120万美元，实现产值3690万元，创汇480万美元。利用外国政府贷款项目一个，利用外资52万美元。总投资11360万元，其中外资750万美元。迈出了平原县对外开放的新步伐。

（二）十里铺乡概况

马长生：平原县十里铺乡乡长

时　　间：1993年3月31日上午

场　　所：乡政府会议室

【十里铺乡概况（原恩城公社）】

山东省平原县十里铺乡属于华北平原的范畴，在经济上同沿海地区相比，不是发达地区。但是同新中国成立前相比、同三中全会以前相比，十里铺乡在经济发展、文教卫生和精神文明等方面都有很大发展和进步。尽管取得了一些发展和进步，但十里铺乡与发达国家和地区相比，仍有很大差距。

十里铺乡共有47个自然村，6140户，21379人，其中男性公民12000多人，女性公民12000多人。总面积5533平方公里，耕地面积46000亩。十里铺乡以农业为主，生产小麦、玉米、棉花、绿豆、西瓜、苹果等农副产品。十里铺乡在1955年前属于恩县管辖，1958年前，是恩城公社管辖。1965年与恩城公社分开，定名为徐庄人民公社。1984年改为十里铺乡。

【农业发展】

新中国成立前生产条件落后，生产力得不到解放，人民吃不饱、穿不暖。遇上好年景小麦亩产不足80斤，即40公斤，棉花亩产子棉不足45公斤，花生不足75公斤。新中国成立后在各级政府的领导下，日子一天一天好起来。全乡人民通过自力更生、艰苦奋斗，取得了物质文明建设和精神文明建设的好成绩。特别是在中国共产党十一届三中全会以来，随着农村生产责任制的实行，生产力得到了解放，农业生产年年丰收，1991 年创造了粮棉生产的最高纪录。这年粮产达到 1600 万公斤，平均单产 950 多市斤。棉花总产 3.4 万担（每担 100 市斤），平均亩产皮棉 137 市斤，年人均纯收入 600 元，分别是新中国成立前的 24 倍和 13 倍。1992 年全乡个人存款 500 万元。近几年来，随着商品经济的不断发展，发挥自己的优势，形成独特的发展乡村经济的路子。在多种经营方面，主要有建材业、柳编业、建筑业、加工业和副业等。1992 年在遇到大旱的情况下，农业总收入仍达到 2654 万元，1992 年人均纯收入 560 元。

【柳编织业】

十里铺乡是全县闻名的“柳编织乡”，在柳编专业上有着几代人的发展历史，如前夏村的编造业、编花篮和后夏村的编织业，在他们的带动下，有三个编织村，从业人数达到 4600 余人。编织业年产值 850 万元，人均纯收入 110 元。产品美观大方，有 120 余种花色品种，远销欧美等 10 个国家。林果业是十里铺乡又一大经济支柱，全乡果园面积 3000 亩，年产值 400 万元。

【教育卫生事业】

随着人民生活水平的提高，教育事业也得到了发展。全乡共有 3 所中学，教学班 15 个，在校生 780 人；小学 43 所，教学班 122 个，在校学生 3047 人；中小学教职员工 240 人。学龄儿童入学率达到 96%，在校学生巩固率 97%。乡有一所卫生院，有 18 名医务人员，床位 20 张，下设医疗点 3 处，防保站一处，农村卫生室 37 个，实行医务、防疫保健、计划生育等服务。乡村治安、综合治理逐年加强。通过深入开展法制宣传教育，群众中公民法律意识逐年提高，普遍增强了遵纪守法和履行公民义务的自觉性。近几年来全乡没有发生一起大案要案，社会秩序安定，人民群众安居乐业。

【经济发展状况】

十里铺乡为了发展经济，适应改革开放的新形势，乡政府投资 43 万元人民币，建起了一个综合贸易市场，市场占地面积 23 亩，营业场地 1170 平方米，内设 75 个摊位。营业室 66 间，分别经营石油、五金、家电和服务行业。平均日交易额 3 万余元。新中国成立以来，我们取得了显著成绩，特别是十一届三中全会以来，农村经济得到了长足的发展，人民生活得到了明显的改善。尽管这样，我们面前还有很多困难，十里铺乡距经济发达地区还有很大差距。我们计划进一步解放思想，抓住当前改革开放的有利时机，大力发展乡村企业，争取在“八五”期间使全乡经济再上一个新的台阶。到 1995 年工业总产值要达到 6000 万元，农业总收入达到 4000 万元，人均总收入达到 1200 元。

顾琳：现在乡内劳力怎么用呢？编织人员 4000 多人，都是农业人员吗？

答：农闲时搞编织，农忙时搞农业劳动，一部分从事乡村企业劳动，大部分是农闲时搞编织。

佐藤宏：专门从事农业以外劳动的人数比较少，有没有到外地去打工的？

答：乡内有一个柳编公司，100 人左右。在县外打工的有千人左右，包括建筑业、运输业和服务行业。

问：乡办企业同村办企业的生产总值各占多少，请介绍一下。

答：乡办的3500万元，村办的1000多万元。

问：有没有个人的企业?

答：有。木材、食品加工、运输业等个人办的多。

问：我们准备访问的后夏寨村，经济处于什么水平?

答：中等水平。

（三）后夏寨村概况

王维宝：平原县后夏寨村村长

时　　间：1993年3月31日下午

场　　所：村委会会议室

介绍以下三个方面的情况：一是新中国成立以前的情况；二是1949年新中国成立以后的情况；三是党的十一届三中全会以后的情况。

后夏寨村位于铁路南北线西南3公里，恩津公路以北，黄河故道北侧，交通条件便利，环境优美。生产各种粮食、棉花和水果。现在全村共有189户，890人，1800亩土地。其中粮田800亩，棉田700亩，果园300亩。1943年，地还是这些地，人换了两代新人。人和事，发生了很大变化。50年来的战斗历史，主要是靠党的领导和政策，取得了胜利，发了家，致了富。

第一，新中国成立前的经济状况。

新中国成立前，以1943年为例，本村有580人，1800亩土地，140户人家。主要生产棉花、谷子、玉米、高粱、小麦和杂粮。产量较低，花生亩产300斤，谷子亩产300斤，玉米亩产120斤，棉花子棉70斤。村里有些沙丘。大雨季节，一片低洼，无法行车。因此1957年投资自助修公路。因黄河道的冲击，大丘遍地，群众中流传着歌谣："春天怕风沙，夏天积水洼，秋天收成少，冬天把滚打。"老婆孩子要饭，外出打短工。当时副业有轧棉花的，蒸馒头的，油坊三户，用原始落后的生产工具。全村有木轮大车35辆，牲口47头，其中大牲口6头，猪32头，黑暗磨房1座。全村有土房子560间，瓦房20间，自行车12辆，那时全村最富裕的5户人家：王廷喜，70亩土地，人均11.7亩；李兴成，80亩土地，人均20亩，雇长工1人；王文化，12口人，80亩土地，人均9.7亩，长工1人；李兴杜，54亩土地，人均9亩，雇长工1人；魏嘉无，60亩土地，人均15亩，油坊1处，雇长工1人。这5户，共32人，340亩土地，人均10亩有余，大车5辆，牲畜10头。全村贫雇农42户，190人，380亩地，人均2亩。其他93户，368人，1170亩地，人均3.1亩。文化较落后，一半是"瞎子"（即文盲），一半"跛子"（文化低），封建迷信严重，两座大山压在身上。1942年，先旱后涝，收成很少，冬天难熬，是历史上罕见的大灾年。人均收成不足200斤。那些不毛之地，"春天冒白碱，夏天蛤蟆湾，秋天畦拾散，冬天渡单寒"。60%以上的人逃荒要饭。

第二，1949年到1979年。

“一声春雷震天响，来了救星共产党。”贫雇农分到土地，人们有衣穿，有饭吃。成立了互助组、合作社，走上了集体化道路。农村发生了很大变化。搬走了北坡的沙丘，平整了土地，修了路，栽了树，预防了风沙。“地成了帮，河成了网”，道路两旁树成行。以 1949 年为例，全村 160 户人家，700 余人，1800 亩地。小麦单产 100 斤，玉米单产 150 斤，谷子单产 300 斤。棉花子棉 150 斤，地瓜单产 2000 斤，高粱单产百余斤。全村粮食 24 万斤，产值 4.9 万元，棉花 1 万斤，产值 3 万元，牧业收入 1 万元，压料厂 5000 元，轧棉花 5000 元，编织业 1 万元，生产资料有各种农机，生活水平有了一定的提高。各种柴油机，共有 84 个马力。机井 14 眼，切割机 3 台，粉碎机 5 台，磨米机 1 台，胶轮车 20 辆，小推车 30 辆，牲畜 80 头，大牲畜 3 头。家庭生活资料有了很大变化，全村自行车 100 辆，缝纫机 15 台，收割机 80 个，手表 30 块，挂钟 10 个，基本上实现了粮食自给。人均占有粮食 320 斤，人均纯收入 150 元，人民生活有了很大提高和改善，生产上逐步实现了机械化、半机械化。

第三，十一届三中全会以后，后夏寨村抓住了物质文明和精神文明建设，并取得了可喜的成果。

在坚持社会主义前提下，逐步完善生产责任制，三级所有制改为个人大包干，分田到户，收入除上缴国家、集体外，其余归自己。大干了 13 年，群众生活像“吃早餐上笼”一样（即热气腾腾）。群众生活大变化，饭菜多样化。人们出门机械化，照明电气化。现在全村 800 口人，1800 亩地，棉田 700 亩，果园 300 亩，新房 850 间，一般房 770 间。农作物：棉花单产 500 斤，小麦 950 斤，玉米 650 斤，杂粮 400 斤左右。粮食总产 107 万斤，产值 27800 元，人均 1300 元。棉田收入 900 元，产值 3 万元。生产资料方面：105 机器 120 台，144 马力；电动机 44 台，拖拉机 15 辆，180 马力；三轮机动车 18 辆，180 马力；播种机 17 台；收割机 8 台；脱粒机 25 台；牲畜 400 头，大牲口 4 头；小轮车 20 辆；手扶车 80 辆；高压喷雾器 30 架。生活用具方面：电视机 25 台，收音机 60 个，缝纫机 150 个，自行车 200 辆，摩托车 4 辆，挂钟、闹钟 270 台，手表 300 块，电钟 30 个。工副业收入者 59 户，产值 40 万元，纯收入 3 万元。从事副业 20 人，产值 5 万元，纯收入 1.2 万元。编织户 35 户，产值 1.2 万元，纯收入 5000 元。棉花加工，产值 8000 元，纯收入 3000 元。木业 9 人，纯收入 7000 元。饮食服务 2 人，纯收入 1.2 万元。磨房 6 户 12 人，纯收入 1.2 万元。建筑队纯收入 26000 元。外出 28 人，纯收入 2.8 万元。运销木材 2 人，纯收入 5000 元。牧业总收入 1.2 万元。以上工副业收入 58 万余元，农业总收入 48 万余元，合计收入 106.5 万元。人均收入 1314.8 元，纯收入 590 元。

1949 年前，粮食单产 200 斤，人均收入 50 元。

1979 年，粮食单产 340 斤，人均收入 150 元，占有粮比新中国成立前增长 6.7 倍，纯收入增加 2 倍。

1992 年，人均占有粮 1327 斤，比 1979 年增长 2.9 倍，人均纯收入 591 元。

发展第三产业情况：产量改变，物质文明发展了。

1986 年春，投资 10 万元修建高标准学校，为建设社会主义培养造就一代新人。新中国成立前后夏寨高中文化程度 3 人，现在后夏寨村有大专文化程度的 15 人，高中文化 38 人，初中 200 人，20 岁以下均补习至高中程度。现在后夏寨村的沙丘不见了，进了村，远看一字行，近看树两行，大风沙成为夏天树阴凉。果园生产各色各样的优质水果，远销欧美、日本。

（四）前夏寨村概况

柴绍利：前夏寨村党支部书记

时　　间：1993 年 4 月 4 日下午

场　　所：前夏寨村路上

我们村叫前夏寨村，有 730 多口人，210 多户，5 个小组，有土地 1750 亩，主要种植物是棉花和小麦。棉田有 500 亩，粮田 1250 亩。近几年棉花单产五六百斤，小麦 800 多斤，玉米 900 多斤。人均收入在 600 元左右，因为这几年歉收。亩产乘以土地面积就是总的产量。副业有柳编，村内 70% ~80% 的人参加柳编，有柳编的历史和传统。柳编原来是集体的，现在是各家各户自己搞，由大队收购供外贸出口，品种各色各样，有小花篮等。参加柳编的妇女多，小女孩多。本村有小学，有 6 个教师，从幼儿班到四年级。5 个民办教师，1 个专干教师。学生 100 多人，有 5 个班。村里还养猪、养牛和家禽等。

二

后夏寨村访谈记录

（一）1993 年 3～4 月

王会远（77 岁）

时　　间：1993 年 4 月 1 日下午

访 问 者：三谷 孝（日）

翻　　译：白冰潮

场　　所：王会远长子王鸣凤家

【家族】

问：你今年多大岁数？

答：77 岁，属蛇的。

问：你父亲叫什么名字？

答：王保堂。

问：你认字吗？

答：多少认点。

问：你的祖宗从什么时候住到这儿来的？

答：说不太清楚。据说是从山西省洪洞县来的。明朝建文皇帝时这里还没人，我们迁过来的。

问：你母亲的名字？

答：王门王氏。

问：你父亲什么时候过世的？

答：74 岁，我 40 多岁时，新中国成立以后去世的。

问：你母亲什么时候去世？

答：比我父亲晚。

问：你父亲是种田的？

答：是。当时家里 50 亩地。

问：除种田外，还干别的吗？

答：轧棉花。

问：你有兄弟几人？

答：3 个。没有姐妹。

问：你兄弟的名字？

答：大哥叫王道远，我三弟叫王泽远，我是老二。

问：他们身体都好吧？

答：我大哥已死，弟弟在西边住。

【学校】

问：你上过学吗？

答：上过学，书都没有了，运动中书都烧光啦。

问：上小学吗？

答：上过小学，共上 6 年。

问：记得你老师的名字？

答：好几个老师。有新乡一个老师，叫陈立堂。

问：你学的什么书？

答：小学课本，念了 2 年，后来念孔孟的书，《三字经》《百家姓》。学过算术。

【结婚】

问：你哪年结婚？

答：16 岁结的婚。

问：是介绍的？

答：媒人介绍。

问：你妻子是哪里人？

答：双庙人。

问：大娘叫什么名字？

答：王门朱氏。

问：大娘结婚时多大岁数？

答：比我大 4 岁。

问：你不上学后在村种田吗？

答：是。都种自己的地，不干别的事。

问：干编织吗？

答：干，很少。

【红枪会】

问：这个村有“红枪会”组织吗？

答：国民党时期有，我 20 岁左右。

问：敬的什么神？

答：有人称呼他刘老师（刘文新），有个叫宋氏老爷的，记不清了。

问：从书上看到，咒上写着英雄豪杰的名字，你知道吗？

答：符上不写名字，写的什么字咱不认识。

问：符咒是买的吗？

答：传师带来的。

问：“红枪会”会员现在村里还有吗？

答：没有啦。王立清他们没有参加过。

问：王立清住在前边吧？

答：是。

问：王键呢？

答：在夏津县，他侄子在夏津县。

问：你知道前夏寨村参加“红枪会”的人吗？

答：弄不清。

【联庄会】

问：前后夏寨村合在一起赶土匪的事有吗？

答：有这事，前后夏寨村都联合起来抗挡土匪，如垒墙头不让土匪进庄。

问：是附近的村合在一起吗？

答：是。如夏寨村、（郭杨庄）孙庄大会合的多。其他村没有。

问：有多少庄联合起来赶土匪？

答：不一定。四五个村合起来就算多了。

问：五里铺与咱联合吗？

答：很少。

问：与这个村合得最多的是哪些村？

答：前后夏寨、孙庄、卢关庄联合的最多。这些庄离得近。我记得只有一次村庄多，有十几个村联合起来，不是经常有。

问：附近几个村联合起来是因为都是一个传师领导吗？

答：不是。传师不是领导人。几个村联合起来是因为有威信高的人领导。有人领着到各村转悠，实际是示威，不一定与土匪打仗。

问：这个村谁是头？

答：没有，都听外村人指挥。只是烧香、叩头、念咒。

问：前夏寨村人领导吗？

答：是。这个人叫蔡夏莲，已死了。

问：蔡庆莲与蔡夏莲什么关系？这个人是前夏寨村的？

答：这个名字是从哪里查到的？

问：1942 年调查时查到的。

答：可能是蔡庆莲。

问：马万年你知道吗？

答：他是后井人。新中国成立后在村里工作，没有在“红枪会”。

【王姓家族关系】

问：新中国成立前农民的生活情况。

答：比现在差得多！

问：这个村姓王的有没有在一起聚会的？

答：腊月三十日晚上同宗同族在一起，喝酒吃菜，说说心里的话。

问：姓王的都在一起吧？

答：同姓不同宗的不行，同宗的可以。

问：同姓不同宗的不是从一个地方来的吧？

答：关系好的，虽然不同宗，也可以在一起喝酒、拉家常，这种情况少。

问：姓王的，但不是一个老祖宗，不是一个地方来的吧？

答：对。

问：这个村姓王的很多？

答：是。4 个“王”不同宗。

问：你爷爷的名字叫什么？

答：他兄弟 3 个，大爷王绶富，我爷王绶贵，三爷王绶荣。

【碗社】

问：你听说过碗社吗？

答：听说过。大家凑的碗，一个人保管，谁家有事可以借用。

问：从什么时候没有碗社了？

答：现在还有，谁家有红白喜事，借用，大队让一个人保管。户里没有那么多碗筷，大队里可以借给使用。

问：借碗要钱吗？

答：不要钱，只借碗。

问：新中国成立前村里有两个，现在是一个了？

答：是，只有大队有。

问：借碗给钱吗？向外村人借吗？

答：不给钱。各村都有，只供本村用。

问：本村人谁都能用？

答：是。

问：碗放在哪里？

答：保管人家里，由社员管，村长不管。

问：谁保管？

答：李令义。

问：50 年来一直都有碗社吗？

答：有。

【乡社】

问：馒头社有吗？

答：不知道。我小时候泰安有社，这个村请道士、搭棚，道士念经 3 天，最后到社里领饭去，领两个馒头，有菜。在社的可领，不在社的不给。

问：这是乡社吧？

答：对。

问：你家里在 50 年前进过乡社吗？

答：我不是社员，没有领过东西。

【家堂家谱】

问：正月给老祖宗坟上烧纸吧？

答：烧纸。并请祖宗们回家过年。

问：这叫什么？

答：嘴里念叨爷爷、老爷爷回家过年，手里拿着香，这叫“请家堂”。

问：家里有家谱吗？

答：没有家谱，有家堂。家谱是用文字按辈分写成的。

问：什么时候就不写家谱了？

答：这一家人，年头多了，分了若干家庭，每个家庭都占一章，接着往下传，人越多记的越多，如果成了绝户，就不写了。

问：现在还有家谱吗？

答：有家谱的到现在还写，从来没有的就不写。

问：你家有家谱吗？

答：失落了。从明朝开始写家谱，朱元璋死后，他孙子建文帝和燕王成为仇人，他俩一争，把人闹没了，后来从山西迁来后开始写家谱。

【村庙】

问：这个村过去有什么庙？

答：有真武庙、龙王庙。关帝庙在南大街。

问：这些庙还有吗？

答：没有了，都已建房。

问：有白衣庙吗？

答：没有白衣庙，有菩萨庙，与龙王庙对着，它在南边朝北，它在北边朝南。

问：龙王庙门朝那开？

答：门朝南。

【龙王庙求雨】

问：在庙里搞各式各样的活动吧？

答：烧香烧纸。天旱时把龙王搬出来，求雨，到马家河求雨。

问：你还记得到马家河求雨的事吗？

答：事情很简单，把龙王抬出来，烧香烧纸，嘴里还念叨一些词，如果三五天不下雨，就抬着庙到马家河去了，也是烧香烧纸。龙王是木头做的，不是泥做的，把龙王放在河水里，龙王身上就沾水了。

问：大家跪着叩头吗？

答：很少跪着。

问：日本也一样，不下雨农民很着急，把旧车轮抬出米，大家喝酒，最后把车轮烧了，把发出的火焰当成云了。

答：抬龙王到马家河求雨也只有这个村，因为其他村的龙王是泥做的，抬不动。

【土地庙、城隍庙】

问：土地庙是干什么的？

答：人死了一家人排着队到土地庙去，哭着去，哭着回来，说人的魂灵在土地庙里压着，让土地爷把他放回来，让死人再生。

问：去土地庙只是在人死之后吗？

答：人死之后 3 天到土地庙去求，求不来，就不去了。现在土地庙没有了，也没人求了。

问：土地庙有土地爷吗？

答：土地爷是泥做的，后来没有了，又用砖垒了个台，解放后台也没了。

问：你去过城隍庙吗？

答：去过。恩城有，地址在城关。

问：为什么恩城的城隍庙建在北边了？

答：传言是几个念书的学生把它踢出来的。

问：菩萨庙呢？

答：菩萨庙在南边门朝北，没有真武庙香火多，人们也信它，因为南移，不方便。农历三月三日真武庙搭桥，有道士念经、烧纸、搭桥的。

【道士、风水先生】

问：这个村有道士吗？

答：没有。原来八里庄和前夏寨村有，现在也没了。

问：前夏寨村的道士叫什么名字？

答：王维仙。

问：八里庄的道士叫什么名字？

答：张新志。

问：解放前村里有风水先生吗？

答：没有。

问：过去盖房要风水先生看看地，这个村没有是不是到别处请？

答：过去让人看看的是有，这比什么都重要，让风水先生看看，在吉利日子，才能盖房。看阴宅的也有，老人死了，请人看看埋在什么地方好，后代们才能过好日子。

问：风水先生的名字，你还记得吗？

答：前夏寨村有一个，叫孙乐朋，关庄有一个，叫王哲臣。

问：孙乐朋死了吗？

答：死了，儿子也死了，绝了。

问：日本盖房也贴东西，驱鬼辟邪。

答：是写上“姜太公在此”两副对联。还有八卦（示范写）。对联贴在两根梁上。

问：现在还写吗？

答：现在没有梁了，不贴了，“文化大革命”以后就不使梁了。

【道妈妈】

问：村里有跳大神的吗？

答：这里没有，关外有，这里有道妈妈，这个村没有，孙庄有一个，死了。给人看病。

问：会算命吗？

答：不会算命，小孩吓着了，她给叫叫魂。

【灶神】

问：过去家里供什么神？

答：神像不多，有灶王，家家户户有，现在也没有了。

问：贴着一张纸吧？

答：是，上面画着图，不知叫什么，好几个神像。

问：从哪里买来的？

答：过年时集上有的是，到处可买。

问：是恩城吧？

答：是。

【八路军】

问：八路军来过吗？

答：解放前这里有日本人，也有八路军，谁也碰不上谁，村里管事的人不让他们见面，见了面就打仗，还有 3 个团呢，向老百姓要东西。

问：50 年前日本人到村里调查，你知道吗？听说他们正调查时八路军来了，差点把他们抓走。

答：这事我不清楚。我是老百姓，不向前凑。

问：你知道当时的保长吴玉衡吗？听说他为这事费了不少心。

答：吴玉衡这个人有，没听说过他的事。

问：他儿子还在吗？

答：没有了。他有一个孙子，是要的。他孙子才 20 多岁，他不知道他爷爷的事。

问：你看的是这个符吗？

答：这个有，这个想不清。

问：是写在肚子上吗？

答：不写在肚子上，写在布上。

问：日本人投降的事你知道吗？

答：听说过，没见过。

问：这个村有参加八路军的吗？

答：最早参加的是秘密的，后来公开了。

问：谁是秘密参加的？

答：在东北关外，后来也不是啦。

问：这个人叫什么？

答：王维勤。他弟弟，叫王维庆。

问：他还活着吗？

答：活着，在东北，好几年不回来了。

问：王维勤是当八路军以后去东北的吗？

答：不是。他已复员在家，生活有困难，解放后去的。

问：他哥的小孩在东北吗？

答：在东北。

问：王维庆的孩子在东北吗？

答：王维庆的孩子没有去。他儿子叫王会兴。

问：王会兴种田吗？

答：是。

【共产党】

问：这个村最早加入共产党的是谁？

答：就是他，王维勤。

问：这个村哪年解放？

答：1946 年秋。

问：共产党和国民党在这个村打过仗吗？

答：没有。

问：这个村解放前有国民党员吗？

答：王义山当过兵，现在家里没人了。

问：他妻子是这个地方的人吗？

答：不是，是北京人。

问：这个村有汉奸吗？

答：不知道。

【土地改革】

问：“土改”时你的成分？

答：中农。

问：几口人？

答：12口人，分家过日子。

问：你家50亩地，12口人，地平分出去了吗？

答：没有。我不足50亩地，按人口平分还不够，按地划分为中农。

问：这个村有没有地主？

答：没有。有富农。

问：谁是？

答：不知道了。村里开会我不愿参加。

问：村里斗过地主、富农？

答：有这种事。开群众会让他们交代有没有剥削过人，有什么东西。

问：开大会批斗他一个人吗？

答：让他交代，什么时候说清了什么时候完，坦白从宽，抗拒从严。

【现在的生活】

问：你现在的日子怎么样？

答：现在的没有过去多，可生活提高了，开着饭店，做生意，还有汽车，生活水平提高了很多。

问：你日子过得最好的是什么时候？

答：就是现在生活好，过去吃玉米、地瓜干，现在吃的都是细粮。

【1961年困难时期】

问：最苦的是什么时候？

答：1961年最苦，雨水大，地里收成少。1942年生活也很苦。

问：1961年发大水地里没收成，吃的啥？

答：吃野菜，什么都吃，树皮、树叶能吃的都吃。

问：得病的人多吗？

答：生活不好得病的多。

问：有饿死的吗？

答：病死的多。

问：你现在还干农活吗？

答：我不干了。我会绑笤帚。

问：你与你儿子在一起过吗？

答：是。生活很幸福。

王会远（第二次访问）

时　　间：1993年4月6日上午

【村“红枪会”会员】

问：上次到你这儿打听了些事，录音机出了问题，所以今天又来打听一下。

你还记得你大哥的事吗？你大哥是“红枪会”管事吗？

答：他随着大家一起参加了“红枪会”，没有当领导。

问：请你介绍一下你大哥是怎样一个人？

答：一般人，比我高。他是老百姓，特别能干。

问：他上过学吗？

答：上过学。

问：会武术吗？

答：不会。

问：他知识很多吧？

答：他会做小买卖，也会种地、轧棉花。

问：你知道王华远吗？

答：知道。我们是远宗，是我的大哥。

问：王保衡呢？

答：他是我大爷，早死了。

问：听说王保衡当过庄长？

答：他村长、庄长、乡长都当过。

问：王保衡是“红枪会”管事吗？

答：跟现在的村支书一样，有事都得管。

问：你大爷是对人很热心的人？

答：是。谁请他管事他都管，是很有威望的人，村里的事他都管。

问：你知道马瑞园吗？

答：没有这个人，可能写错了，是马瑞图吧。

问：据书上说，“红枪会”有事都到马瑞图家商量？

答：是。在他家的后院烧纸、烧香。

问：都是晚上吧？

答：是，吃完晚饭后去。

问：都去吗？

答：信“红枪会”的人都去。

问：王廷喜、吴玉凤、王文庆、马万岭、李信廷、王金三这些人都有吗？

答：都有。

问：书上说这些人都到马瑞图家去过，你记得吗？

答：马万岭没有去过，王廷喜可能去过，记不清了。李信廷可能没有参加“红枪会”。

问：王金三死在东北了，是解放前还是解放后？

答：解放后去东北的。他当过兵，没有病死。后来干活时得病死了。

问：参加“红枪会”是“在道”吗？

答：是。道门可多了，迷信的都是。

问：“红枪会”的会员有没有称壮丁、徒弟的？

答：有“徒弟”的名字，身强力壮的也称壮丁。

【“红枪会”供神活动】

问：到马瑞图家去烧香有叫“打坐”吗？

答：去了烧香，向神仙跪着，不出声地念咒，念 3 遍，会其他的还可以念，不会也可以（做示范动作）。

问：“红枪会”画升符吗？画完了用火烧后喝掉，是吗？

答：喝，散场的时候才喝。

问：你去过传师那里吗？

答：没有去过。我是“红枪会”的会员。

问：传师是前街的人吧？

答：是。

问：咱这里有没有神坛？

答：供神的是块黑布，像镜子一样大，挂在墙上，老师叫刘文新，布上有他的名字，用黄纸盖上，在另一边还有一个人的名字，不知道是谁，也用黄纸盖着。

问：刘文新的名字写在黑布上吧？用黄纸盖上后看不到他的名字了吧？

答：是。

问：上香是你刚才做的那个样子吗？

答：上香不跪下，脚下踩一块布，把香点着，然后转转咽口气，向前走一步，向香吹 3 口气（做示范动作）。

问：你认识前夏寨村的贾学文吗？

答：认识。

问：他参加过“红枪会”吗？

答：可能参加过，不清楚，不是一个村的人，他已 80 多岁。

问：魏庆春的儿子我们也见到了，他小，不知道他父亲的事。“红枪会”穿什么衣服？

答：外边与一般衣服一样，里边的衣服一边是黑色一边是白色，里子是白的，符用朱砂写，缝在黑布里面，用个带子，绑在腰上。

问：“红枪会”除用枪以外，用棍子吗？

答：有用刀的，不用棍。刀的下边带红布。

问：红枪是缨子吗？

答：是。全是红缨子。

问：枪像立柜这么高吧？

答：比立柜高。

问：听贾学文讲河南的土匪到咱们这里来了，“红枪会”与土匪打了一仗，把他们赶走了。

答：有。我记不清是哪了。

问：当时这村的“红枪会”很盛？

答：是，力量强。

【国民党破除迷信】

问：贾学文说60年前国民党县党部来村破除迷信，把庙里的神坛拆了，有这事吗？

答：有。还有解放妇女，禁止妇女缠足，当时老年人想不通，认为小脚好看。

问：县党部也来过这个村吧？

答：是，来过，还有教师学生帮助，神是泥的，砸掉了，有的放在水坑了。

问：当时的庙当学校用了吗？

答：没有，只把神像拆了。

问：龙王庙的龙王是木头做的，是国民党拆的吗？

答：是木头做的，后来人们不信龙王能治水了，就拆了，不是国民党拆的。

问：真武庙中的8个神仙是国民党拆的吗？

答：老师们，新式老师带着学生拆的，不是国民党。

问：山东西南部国民党到村里拆神坛，老百姓一气之下把县党部砸了，是吗？

答：没听说过，谁敢砸国民党的县党部呀！

问：当时教员把神仙丢到水里时，有兵跟着吗？

答：没有。不是一次拆的，先是宣传，后来分几次弄倒了，原来花很多钱捏的泥神们，都拆了，也没有管了，谁还拿钱重修！

问：教员是咱们村的吗？

答：不是，国家派来的。

问：有学生吗？

答：有学生，老师让他们来。他们来玩。

问：多少人？

答：十来个人。先宣传，后拆。

问：日本路边有路神，有些年轻人不信，拿到自己家里去了，老年人批评他们说：将来神要罚你。咱们这儿老年人有没有说神仙惩罚的话？

答：老年人想不通，心想，这么灵的神你们拆了，可也不敢说出来。员工刚在庙里睡了很多年，里边还有泥菩萨。

问：谁住在庙里？

答：吴玉刚住在庙里，他家穷，只有一个人，没有房住。

【八路军】

问：听贾学文说，八路军来时还偷着在关帝庙住了几天，这个村有这种情况吗？

答：八路军来，住民宅，帮助人们打扫院子、打水、干零活，为老百姓帮忙，不添一点麻烦。

问：那时你们与八路军的关系特别好吧？

答：是，特别好。

【红枪会拍刀】

问：“红枪会”拍刀是怎么回事？

答：拍刀，刀刃很厚，看着用力很大，可落下来就没劲啦，在身上一转一道的白印。宣传出去就是刀枪不入，砍都砍不动。

问：拍砖是怎么回事？

答：马戏团有拍砖，头顶着砖，用砖去拍，拍下去砖破了，头没事。“红枪会”里没有拍砖。

问：有拍枪吗？

答：不知道。是气功吧，咱们村没有会气功的。

问：中国会气功的到日本表演过。气功师用头撞一摞砖，砖咔的一下全破了，还有平放在地上的刀，人躺在刀上，然后肚上放一块石头，再用锤子用劲敲，石头就都碎啦，人身上只有几个红印，人也没有伤着。日本人睁大眼睛看，不知道是怎么回事。

答：咱们这个地方也来过，人躺在铡刀上，用锤子砸，人也不受伤。这也是气功。还有的躺在刀刃上，上边还站着人，刀没事，人也没有事。

问：（学气功的动作）？

答：有个女的双脚站在刀刃上，手里拎着用布系的 3 桶水，嘴里叼着箱子，下来也没事。这也是气功。

王泽远（74 岁）

时　　间：1993 年 4 月 2 日下午

访 问 者：三谷 孝

翻　　译：白冰潮

场　　所：王泽远家

【少年时代】

问：你多大？

答：74 岁。属猴的，跟我哥哥差 3 岁。

问：你的父辈主要种田、轧棉花？

答：是，我也帮助弹棉花。

问：你上过学吗？

答：上过，在本村小学，上了 4 年学。学孙中山的革命。

问：学校有多少人？

答：40 多人。

问：有外村的学生吗？

答：没有。

问：当时有没有与你关系特别好的？

答：都一般，没有特别好的。

问：与你一起上学的现在还有吗？

答：有一个叫马振基。

问：不上学后就种地了吗？

答：是。

问：除种地外，出远门工作吗？

答：没有。

问：最远到过什么地方？

答：恩城。

问：你们兄弟 3 个都帮老人干活吗？

答：是。

【结婚】

问：你多大岁数结婚？

答：17 岁。

问：你老伴的名字？

答：朱芳志，她比我大 4 岁。

问：老一辈的一般都是女的比男的大？

答：是。生活好点的是这样，差的男比女大。

问：你老伴出生于什么地方？

答：恩城西关。

问：她家种田吗？

答：也是种田的。

问：你有几个孩子。

答：两个，一个叫王明山，一个叫王明之，王明之是女孩。

问：你的儿子多大啦？

答：44 岁。

问：你女儿多大？

答：39 岁。

问：你老伴身体好吗？

答：1954 年去世了。

问：你就住在这儿吗？

答：是。跟儿子一起住。

问：现在都是种地吗？

答：是。

【日本兵】

问：你小时候见过日本人吗？

答：见过。

问：你见他们干什么？

答：出来转悠。

问：这个村有日军住吗？

答：没有。

问：是恩城的兵吗？

答：高安店有炮楼。

问：在这个村有被杀的事吗？

答：没有。别的村的事没有听说过。

【土匪活动】

问：解放前这一带有土匪吗？

答：不太平。

问：土匪到这个村抢东西或杀过人吗？

答：有抢东西的，没有杀人。

问：是不是晚上来抢东西？

答：是。白天不敢来，都是晚上来。

问：村里有防土匪的组织吗？

答：村里有“红枪会”。为了抵挡土匪抢东西。

问：你年轻时与土匪打过仗吗？

答：我没有打过。

问：你大哥王道远的事你知道吗？

答：我小，不知道，他比我大八九岁。

问：你大哥哪年过世？

答：1959 年。

问：他多大去世？

答：不知道。

问：你大哥的孩子住这个村吗？

答：他只有一个孩子，叫王明皋。

问：你二哥家的孩子也叫王明什么？这个“明”字不一样。

答：音同字不同。

【红枪会】

问：你在“红枪会”做过什么？

答：没有参加过，我还小。

问：多大岁数才能进“红枪会”？

答：20 多岁。

问：有外村的参加这个村的“红枪会”吗？

答：没有。

问：谁是“红枪会”的头？

答：没有头，组织起来为的是看家护院，没有头，自愿参加。

问：“红枪会”哪年完了？

答：解放后就没有了。

问：为什么不存在了？

答：一解放村里有民兵，共产党管得严，土匪也不敢活动。

问：联庄会是什么组织？

答：没有听说过，这个村只有“红枪会”，没有其他会。

问：你听说过“红枪会”跟日本兵或国民党打过仗吗？

答：没有。

问：妇女能参加“红枪会”吗？

答：没有参加的。

问：“红枪会”的人有当民兵的吗？

答：“红枪会”是民会，有参加民兵的。

问：河南省也有“红枪会”，后来“红枪会”的人参加八路军了，这个村有吗？

答：没有。

问：这个村的“红枪会”与前夏寨村的“红枪会”关系如何？

答：关系好。互相帮助打土匪。

问：与其他村有这种关系吗？

答：没有，离得远，不好联系。

问：两村之间怎么联系？

答：鸣鼓。

问：“红枪会”的经费谁出？

答：谁练谁出。

问：这个村原来有望楼，你还记得吗？

答：有土楼，全村 3 个。为了防土匪，上到楼上攻不到。

问：是富裕户装的土楼吗？

答：是，穷的修不起。

问：你家有没有？

答：没有。

问：有土楼的人家名字还记得吗？

答：现在已没有了。

问：有枪吗？

答：没有。

问：解放后就没有土匪了？

答：是。

问：听说解放前这个村的关系不太好，双方成立的组织你还记得吗？

答：也没有嘛。

【碗社】

问：为什么成立碗社？

答：谁家都有事，为了便利。

问：有红白事用碗是不是给钱？

答：用一两天，给一两元钱，很少。

问：有多少家具？

答：记不住。

问：你家借过吗？

答：借，谁有事都借。

问：一年中吃的最好的是什么时候？

答：过年过节时吃得好。现在都一样。

【解放前饮食】

问：解放前吃什么？

答：平常吃玉米，过年吃小麦。

问：平时早、中、晚都吃玉米？

答：是。

问：从前什么时候吃馒头？

答：过年才吃。

【村庙和扫墓】

问：村里有庙的事你还记得吗？

答：记得。有龙王庙、真武庙、菩萨庙、土地庙、夫子庙。

问：什么时候就没有了？

答：解放时。

问：庙会你知道吗？

答：听说过，不记得。

问：日本人也有神社，人们去求神拜佛，咱们这里是不是三月三都到真武庙去拜佛？

答：都去上供。

问：供品都是从哪里买的？

答：自己家有，不是买的，如花卷、饺子等都是自己做的。

问：你小时候给祖宗上坟吗？

答：上坟，现在还得去，去扫墓。正月初二、清明节、七月十五、十月一日，一年好多次。

问：你老祖宗的坟在村子的地里吗？

答：是。我家的坟在村北。

【土葬与火葬】

问：你家的老人是土葬还是火葬？

答：过去是土葬，现在是火葬。

问：你父亲哪年过世？

答：1958 年。母亲是 1957 年。

问：祖宗死了把骨灰放在家里供着，这个村是这样吗？

答：不放在家，到坟上烧纸叩头。

问：过去家里供什么神？

答：现在没有，过去有，也记不清了。

问：解放前家里供灶王爷？

答：有灶王爷，现在不兴了。

问：河南现在有灶王爷、财神爷，这里没有？

答：没有。

问：家里有家神吗？

答：过去有，现在没有。

问：解放前你有没有生活最好的时候？

答：最好也跟不上当前。

【土地改革】

问：“土改”的事你知道吗？

答：斗地主、恶霸。

问：这个村有地主吗？

答：没有。

问：你是什么成分？

答：中农。当时5口人，14亩地。

问：都有谁？

答：父母，两个哥哥。

问：什么时候分的家？

答：解放以后。

问：分单还有吗？

答：没有了，地都没有了。

问：有家谱吗？

答：没有。有主子（祖先画像轴）。

问：主子是什么样的？

答：画的，有楼有祖宗的名字写在上面。

问：能给我们看吗？

答：过去在“文化大革命”时都取下来了。

问：地主没有，有恶霸吗？

答：没有地主，有富农，斗富农的事有。

【互助组、合作社】

问：互助组你知道？

答：没有成立社之前是互助组，地是个人的，劳动互助。

问：你与谁是一个组？

答：当院的人，劳动互助。

问：是亲戚还是家住得近的人互助？

答：附近的邻居，如远宗的人在一起，不是亲戚。

问：初级社的事你知道？

答：先成立小社，一年以后就是大社了。

问：小社是初级合作社吗？

答：是。小社有的户不入，一年以后都要求入高级社了。

【“大跃进”】

问：“大跃进”的事你知道吗？

答：“大跃进”夜里去挖地。没有炼钢铁。

问：吃大食堂吗？

答：有。大家在一起吃饭，办了一年。

问：为什么不办了？

答：没有粮食了。

【“四清”运动】

问：村里有“四清”吗？

答：有。整贪污的干部。

问：开过会吗？谁被批判？

答：开过。受批判的人死了。

问：是村干部们吧？

答：是。

【天灾与困难时期】

问：受灾的事你知道吗？

答：有天灾，也有人祸，土地入了社，食堂开不了伙，农民生活困难。

问：天灾指什么？

答：涝灾。一九五几年受灾。

问：生活困难的向外跑的人有吗？

答：有，现在都回来了。

问：外出投亲靠友吗？

答：为人家干活，挣钱吃饭。

问：当时外出已回来的有吗？

答：有。

问：不回来的有吗？

答：有在外安家的，有死的，情况不一样。

问：是一个人外出，还是全家都去？

答：情况不一样，什么样的都有。

问：村里有“红卫兵”吗？

答：有。“红卫兵”没有干什么。

问：村里来过知识青年吗？

答：没有。

问：毛主席死的时候，你怎么想的？

答：在学校开了追悼会。全村人都去了。

问：你怎么想的？

答：没什么想法。

【承包制】

问：你家分了几亩地？

答：4 亩地。

问：一个人分多少？

答：2 亩多。

问：除种田外还有副业吗？

答：没有。光种田。

问：你大哥呢？

答：也是种田。

问：有果园吗？

答：有。我没有。也不种菜。

问：一年收入多少？

答：没有仔细算过。过日子没有问题。

问：除吃以后，余粮放着吗？

答：愿卖的卖掉，不愿卖的放着。

问：你这房什么时候盖的？

答：才两年。

问：你的老房在哪儿？

答：在南边。

问：谁住着？

答：村统一规划了。

问：你盖房时请风水先生看吉利日子了吗？

答：没有！

【现在的生活】

问：你这多半生，生活最好是什么时候？

答：当前最好。

问：最苦是什么时候？

答：“大跃进”3 年间最苦。

问：你与兄弟 3 个聊天吗？

答：离着远，有时也聊天。

问：有与亲戚们在一起吃饭的时候吗？

答：没有。

问：你大哥结婚是在这个屋子吗？

答：不是。在老房子。

问：大哥有几个孩子？

答：3 个。

问：在哪儿上学？

答：十里铺。

王金兰（71 岁）

时　　间：1993 年 4 月 3 日上午

访 问 者：三谷 孝

翻　　译：白冰潮

场　　所：王金兰家

【农业户口与农转非】

问：你的女儿出嫁了吧？

答：一个女儿出嫁了。

问：都在家里住吗？

答：王维斌在聊城医院接我的班，我已退休了。

问：王维斌多大了？

答：30 岁。

问：你的小儿子多大？

答：19 岁。他已不上学，农业户口转成非农业户口，还没有正式工作。

问：是买的吗？

答：不是，我离休后他转的。

问：为什么农转非？

答：因为我们两个都离休，可以有两个转的名额。

问：这个村还有户口吗？

答：18 岁以上的不给转，王维娟没有转，在学校，她 25 岁了。

问：从哪年开始？

答：从 1980 年算，18 周岁以下的可以转。1980 年我离休，他们大约是 1988 年转的。

问：你大女儿也没有转？

答：是。二女儿也没有转。

问：王维斌接你的班以后找到的工作吧？

答：是。

问：王维斌的家都在聊城吧？

答：是。这个小孩在家，我们照顾。

问：你靠退休金生活？

答：我还有一个上技校的学生。

问：她住在哪儿？

答：在学校住。

问：你 1980 年才回来？

答：是。

问：你退休前村里的事你知道吗？

答：不大了解，我离开了 35 年。

问：你这一生经历了很多事，印象最深的是什么事？

答：工作中的事基本上都记得。在剧团的事记得清。

【生活变化】

问：50 年中中国变化大吗？

答：离休以后 10 多年的变化大。

问：毛主席过世时的想法？

答：没有毛主席也没我这家了！我这一家人都是毛主席救的，一家十几口人，不容易。

问：你的 3 个儿子都上大学吗？

答：当时生活困难，没有上学，都工作了。

问：你一生中日子最苦的是什么时候？

答：解放前比较苦，一亩地最多收 200 斤粮食，老人们常说：好过的年，难过的春。春天最苦、最困难，没有粮食吃，我们兄弟两个卖了 3 亩地上山去了。用谷或高粱面拌榆树叶吃，吃就吃，不吃就饿着。

【碗社】

问：50 年前日本来此调查，有一个碗社你知道吗？

答：娶媳妇或办丧事请碗社，我知道。

问：你家用过碗社的碗吗？

答：谁家都用。

【馍馍社】

问：馍馍社你知道吗？

答：馍馍社就是穷人没有办法了，会社，挣钱凑份子，明年再还给这些挣钱的人，实在困难，过不去年，过不去节用，也就是互助。

问：你现在每天看看孙子，跟大娘聊聊天，很幸福吧？

答：比过去强百倍。

问：你到德州儿子那儿去吗？

答：去。

【日本兵】

问：今天耽误了你这么多时间，谈的问题我们也很感兴趣。

答：你们这么远来到中国，我愿意接受你们的访问，这个机会难得。

问：当时日本人来中国干了那么多事，我们很对不起。我们回日本后，要好好宣传中国，希望以后再不发生这种事情。

答：那是过去的事了，既往不咎，应该向前看。

问：前事不忘，后事之师。用日本的话讲：过去的事让它过去吧。日本有些人写历史书，说日本人在中国没有干坏事，抹杀了这件事，我们到中国来为的是听一听老一辈人的经验，用以批判他们的错误说法。

谢谢大爷！

李福堂（74 岁）

时　　间：1993 年 4 月 3 日下午

访 问 者：三谷 孝

翻　　译：白冰潮

场　　所：李福堂家

【家族】

问：你的名字叫李福堂。

答：是。

问：你多大岁数？

答：74 岁。属猴的。

问：你父亲的名字？

答：已死了，叫李芳庭。

问：你母亲的名字？

答：她死得早，我不知道。

问：你兄弟几人？

答：我一个人。

问：解放前你家有多少地？

答：十几亩。

问：你上过学吗？

答：没有。

问：你自小就种田吧？

答：种地，给人家打短工。

问：给谁帮忙？

答：没有固定的人家，谁忙给谁帮。

问：给你多少钱？

答：5 斤粮食的。给钱不给粮食。

问：50 年前日本人来调查，当时你 21 岁，你叔叔 53 岁，你婶母 37 岁，全家 4 口人，这里还写着。

答：他们都死了。

问：你父亲什么时候死的？

答：3 个老人都是 1960 年去世的。

问：70 多年来你一直住在这个村吧？外出过吗？

答：没有外出过，一直在村里。

问：这是大娘吧？大娘的名字叫什么？

答：是。我叫张桂芝。

问：大娘多大啦？

答：63 岁。

问：你娘家在哪儿？

答：本村人。

问：你父母也是这个村的种田人吧？

答：是。

问：你父亲叫什么？

答：张振华。

问：你们什么时候结婚的？

答：1948 年。

问：你们几个孩子？

答：3 个。大孩叫李令雨，男孩；女儿叫李令英；小的叫李令山。

问：你女儿出嫁了吧？

答：已出嫁。

问：你的两个儿子住在这个村吧？

答：是。

问：这是你孙子吧？

答：是。

问：在北京吗？

答：在北京保卫部门，当兵。

问：你大儿子多大？小儿子多大？

答：44 岁（大），小儿子 31 岁。

问：你的小孩在北京成家了吧？

答：是。

问：你女儿多大？

答：41岁。

问：嫁到哪个村啦？

答：三唐。

【抗日战争】

问：日军到这儿来的事你记得吗？

答：记得些，记不清了。

问：见过抢东西打人的事吗？

答：没有。

问：给日本人干过活吗？

答：有人去过，有人没去。到恩县去的。

问：日本人给钱吗？

答：村长管。村长派人去，别的闹不清了。

【土匪】

问：过去这地方有土匪吗？

答：有。离城远的地方多。夜里活动，要钱。

问：这个村有没有被抢的？

答：有。被土匪带走了。

问：谁家？

答：已死了。马世中被带走了。家里已没有人。还有一个叫王汉成。

问：村里的土楼你记得吗？

答：早扒啦。富户才建土楼，穷人不用。

【红枪会】

问：村里成立的“红枪会”你参加了吗？

答：我没有参加。我穷，才不给地主干呢！

问：村里有多少人参加“红枪会”？

答：不清楚。

问：“红枪会”能打土匪吗？

答：能打。土匪捉住人就逃。

问：50年前日本人来村打听老人们的事，你还记得吗？

答：不记得。

问：你见过日本人吗？

答：见过，他们有时到村里转悠。

问：50年前5月份日本人骑自行车到这个村来过你知道吗？

答：不记得。

【八路军】

问：你知道八路军吗？

答：共产党来过这个村。

问：从材料上看，50年前这个村的村长叫吴玉衡是吗？

答：是他当村长。

问：他人怎么样？

答：可以。

问：吴玉衡什么时候死的？

答：20多年了。

问：日本投降后国民党军来过这个村吗？

答：没有。

问：是八路军解放的这个村吗？哪年？

答：日本投降的那年，当时我二十几岁，八路军解放这里的。

【土地改革】

问：“土改”时你家的成分？

答：新中农。

问：为什么叫新中农？

答：原来是贫农，“土改”后成为新中农了。

问：“土改”时你家几口人？多少地？

答：两口人。十几亩地。我叔叔也是十几亩地，共二十几亩。

问：跟你叔叔分家的分单还有吗？

答：闹不清。

问：你老祖宗住在这个村多年了？

答：好多辈了。老祖宗从北边大李庄

来的。

问：你有家谱吗？

答：没有。

问：家里的主子（祖先画像轴）能让我们看看吗？（看画像）

问：成立互助组的事你记得吗？

答：时间久了，记不清了。

【除四害】

问：除“四害”你知道吗？

答：知道。

问：怎么除“四害”？

答：我没有参加。老鼠祸害人，所以要灭它。

问：当时灭的什么？

答：记不清了。有老鼠、麻雀等。

【村庙】

问：解放前的庙你知道？

答：有真武庙、龙王庙、土地庙、菩萨庙。

问：还记得庙会的事吗？

答：搭上台子，围着转，上供拜佛。然后烧掉，农历三月三日赶庙会。

【农村赶集】

问：解放前有来村卖东西的吗？

答：有，卖油卖菜的都有。

问：卖东西的人都是种地的人吗？

答：是。

问：是附近村的人吗？

答：哪个村的人都有。

问：你卖过吗？

答：没有。

问：家里没油没醋时买他们的吗？

答：买他们的，也赶集买。

问：到哪里赶集？

答：八里庄和恩城。

问：你赶集卖过东西吗？

答：没有。只是买东西。

问：赶集除买东西外，喝酒或玩玩吗？

答：没有。

问：昨天我们也去恩城赶集去了，过去的集和现在一样吗？

答：差不多，过去没有现在东西全。

问：你现在赶集吗？

答：赶集。一年去几次，10 天、20 天的去一次，大约十几次。

问：今年年后去过吗？

答：去了两趟。

问：现在你还下地干活吗？

答：多少干点。

【人民公社】

问：人民公社的事你还记得吗？

答：记得。

问：都干了些什么？

答：下地劳动。

问：吃食堂的事你知道吗？

答：知道。这个村办了两年。

问：1960 年这个村有天灾，是怎么个情况？

答：有灾，人们不够吃，吃糠吃菜。

问：有外出的吗？

答：也有出去的，到好地方去。

问：谁？

答：记不清。

问：当时吃不饱得病的人多吗？

答：有一些。

问：你家的 3 个老人是不是因为减年过世的？

答：是。那年这个村死了一些人，没有粮食吃。

问：饿死病死的有吗？

答：（录音不清）

问："文化大革命"时的事你还记得吗？

答：记不清。

【"文化大革命"】

问：这个村"文化大革命"时发生了啥事？

答：平坟，反对迷信。

问：解放前每家都供财神爷之类的神，是不是"文化大革命"时取消的？

答：是。

问：当时收主子了吗？

答：也收。我们送去了，送到村办公室去了。

问：你这个是不是"文化大革命"后还给你的？

答：当时我没在家，没有送，也没有人来要，就没有管。

问：你到哪去了？

答：在地里拔草。

问：我们在河北时听说"文化大革命"时也收这类东西，有藏起来了，你这个是不是藏起来的？

答：不是！我没有藏。发动自己去送，我没有送。

问：毛主席死的时候，你心情怎样？

答：咱也不愿让他死，他岁数大了，死了，咱也没办法。

【土地承包责任制】

问：怎么实行土地责任？

答：邓小平实施的。

问：你家分了多少地？

答：十几亩地。

问：你们一直种着吧？

答：种，承包的土地没有变化。

问：调整吗？

答：没有变化。

问：你在地里种什么？

答：种麦、山芋、棉花、玉米。

问：你家有副业吗？

答：没有。孩子们也不搞副业。

问：地里产的作物够生活了吧？

答：够。

问：你家有电视机吗？

答：没有。

问：你老两口在这儿？

答：是。

问：你孩子常来吗？

答：常来。

问：你儿子用什么种地？

答：用拖拉机耕地，不好用拖拉机的用牲口。

【生活感受】

问：70年来你最享福的是什么时候？

答：现在最好。有吃有穿。

问：日子最苦的是什么时候？

答：1943年。

问：是收成不好吗？

答：收成不好。

问：1960年怎样？

答：也不好。

问：为什么点蜡烛？

答：停电时用。

问：你家全挂的毛主席像。是你儿子买的吗？

答：是我二儿子买的，也就是当兵的那个儿子。

李令义（61岁）

时　　间：1993年4月4日下午

访 问 者：三谷 孝
翻　　译：白冰潮
场　　所：李令义家

【惯行调查】

问：你叫李令义吧？

答：是。

问：我研究中国 50 年前的农村变化，所以我们来到中国，访问老人们过去的一些事情。

答：没关系，你们来到我们这里也很难得。

问：大爷今年多大？

答：61 岁，属鸡的。听说一个日本老大在这里待的时间不短。

问：他干什么来的？是 50 年前的事吗？

答：我当时很小，在这儿住了半个月，也是写中国农村情况的。

问：他们住在这个村吗？

答：是。

问：是兵吗？

答：不是兵，只他一个人。

问：他怎么来的？

答：自己走来的，恩城有日本人。

【家族、少年时代】

问：当时来中国的日本学者，有 5 个人，其中 1 个人还健在，其他 4 个人已去世。他们 5 个人写的就是这本书。有你父亲的名字？

答：父亲叫李进心。

问：你父亲哪年去世？

答：1975 年，离今已 18 年了。

问：你母亲的名字？

答：叫李刘氏。1972 年去世。

问：你兄弟几个？

答：3 个兄弟。我排行老二，我哥叫李令志。

问：你哥哥在这个村吗？

答：是，已不在了。

问：你弟弟叫什么？

答：李令德。他也住在这个村，已去世。

问：你上过学吗？

答：没有。

问：你一直在村种田？

答：是。一直干农活，没有做买卖。

问：解放前你家多少地？

答：三十几亩。

问：几个人种地？

答：我们共 6 口人，有大嫂，我和弟弟，他没有结婚。

问：种些什么作物？

答：主要是花生，玉米、麦子、棉花少。

问：你哪年结婚？

答：我 16 岁时。

问：大娘你叫什么名字？

答：孙香玉。

问：大娘多大？

答：64 岁。娘家在孙庄。

问：大爷有几个孩子？叫什么名字？

答：3 个儿子，没有女儿。大儿子叫李绪太，41 岁，在村务农；二儿子叫李绪安，39 岁，务农；老三李绪海，26 岁。

问：这都是你的孙子吧？

答：是，老大、老二、老三各一个。

问：你们跟谁住在一起？

答：北屋是老三，这个屋我们住。

问：都是种地吧？

答：对。

【馍馍社】

问：穷人之间互相帮助的馍馍社是怎么回事？

答：有困难的户有事情时入股参加社，也可以拿钱买馍馍，跟做小买卖的类似。

问：馍馍社除馍馍外，还有别的吗？

答：就是馍馍，没有其他的东西，家里发生了事情到社里拿馍馍，也可以买。

问：有多少人参加这个社？

答：人数不多。我没有参加。

【碗社】

问：碗社你知道吗？

答：知道。村里给置买一套用具，两个人照管，红白喜事的人家使用。

问：很多人参加碗社吧？

答：不。谁家有事请这两个人去，事完之后两个人回自己家了。

问：用人家的碗给钱吗？

答：一次只给两元钱。

问：碗很多吧？

答：多。我管这件事。

问：我们想看看。

答：就在这里。

问：现在几个人管？

答：也是两个人管。

问：还有谁？

答：马振吉。

问：他家也有这些东西吗？

答：都在这里，他家没有。

问：是不是只供给别人用？

答：是。别的事不管。

问：为大家办事，是义务性的吗？

答：代办做饭，为客人送饭到桌。

问：管碗社的人，定期换吗？

答：不换。我父亲死后我接着管。

问：马振吉的父亲也管过吗？

答：他没有管过，他大哥管过，他接他大哥管。

问：为什么让马振吉管？

答：马振吉管做菜、做饭，我管家具，有分工。

问：一年给你们多少钱？

答：100 元。

问：你也姓李吧？一次闹几天？

答：是。娶媳妇 3 天，发丧两天。

问：小孩满月用吗？

答：不用。

问：马振吉管炒菜吧？

答：是。他会炒。

问：你们的亲戚朋友常聚在一起吧？

答：有，很少。

问：一般借碗是发丧、结婚吧？还有别的事借碗吗？

答：有什么事都能借用，如待客的、盖房、小孩百岁过生日都能借，我们不去人，只借碗用。

问：盖房从什么时候借用？

答：今天盖房，昨天就借去了，不付钱，白用，盖完房为止。

问：盖房的前一天请吃吗？

答：从开始盖房那天起一天三顿饭，事前不请客。

问：盖房用碗什么时候用？

答：盖房的帮忙人早午晚三顿吃饭用。

问：日本盖房上梁的那天请客，并且贴上神像辟邪，帮忙的人坐在一起边唱、边吃边拍手。

答：咱们这里没有这种风俗。

问：解放前也是这样吗？

答：是。盖房时放点鞭炮，烧香。

问：抗日战争时日本人在这儿占了几天？

答：日本人少，占的面积大。

问：你见过日本人来村散步吗？

答：他们不来，在城里不出来。

问：日本人在河北抢人家的鸡、鸡蛋等东西，这边有吗？

答：这边也有，很少。他们先来几个人，不吃别的，只吃鸡蛋，他们来时村里有人陪着，到各家吃饭时只吃鸡蛋，因为鸡蛋有皮，干净。

问： 他们要鸡蛋？

答： 买。花中国用的钱买鸡蛋。

【吴玉衡村长】

问： 50 年前的村长是不是叫吴玉衡？

答： 是。他已死了。

问： 吴玉衡在村干什么？

答： 是乡长，看着这个村。

问： 是大家选他当的吗？

答： 是，推举的。

问： 他是不是会办事才选他？

答： 他会办事，有日本人，有汉奸，有八路军都来村，吴玉衡得几面应酬，防止他们闹事。

问： 50 年前日本人来村调查，遇到了八路便衣队，想把日本人抓走，吴玉衡求情，他向便衣队解释说，如果把日本人抓走了，村里就麻烦了，我也活不了了，所以八路军没有抓他们。

答： 这种事有。伪军也来，穿便衣，八路军不知道他们是伪军，伪军怕八路军。

【伪军、土匪】

问： 二狗子干的坏事多吧？

答： 是。他们经常来、胡乱抢。实际上日本人干的坏事并不多，他们是侵略咱们来的，伪军借日本人的名，烧杀抢淫，胡作非为，干了很多坏事。

问： 你的亲属有被伪军害的吗？

答： 我没有遇到，因为我人多、穷，伪军抢富户，穷人有什么抢的。我们缴完公粮就没有事了。

问： 土匪来抢过东西吗？

答： 有！他们比伪军来的次数还多。有时白天来，晚上来的多些。

问： 这个村有被土匪抢的吗？

答： 有。魏佳木就被抢过。王汉成也被抢过。

问： 杀人了吗？

答： 没有杀人。被抢的也拦挡不住，就不拦挡了，他们愿意抢什么就抢什么，没有出人命。

【红枪会】

问： 为防土匪村里成立了“红枪会”，你知道吗？

答： 我小，见过他们戴着红兜兜，没有参加，我只见过他们带着木枪，赶上了一个尾巴。

问： 距今多少年？

答： 我已 61 岁，50 多年前有“红枪会”。

问： 你认识的人中有红枪会会员吗？

答： 不认识。他们是秘密的组织：也挡不住土匪，只吓唬吓唬而已，木头枪能挡住土匪吗？

问： 八路军什么时候来的？

答： 我 15 岁时，已 40 多年啦。

【土地改革】

问： 这个村哪年解放？

答： 1947 年（大娘插话：解放那年什么也买不到）。

问： “土改”时你家的成分？

答： 贫农。

问： 不是 6 口人，30 亩地吗？

答： 是。有 3 亩当地，让人家赎回去了，我还有 20 多亩。

问： 分给你多少亩地？

答： 分给我 6 亩地。总数还是 30 多亩地。

问： 你与谁是一个互助组？

答： 我们附近的七八户，在一起种地。

问： 是亲戚们在一起吧？

答：不是亲戚，说得来的组织起来，人力、牲畜互助。

问：解放前关系好的也有借牲口的吗？

答：有交往，当时是互相借用。

问：有叫搭套的，这个村是叫这个吗？

答：不叫搭套，是借用。有空就可以借着用。

【人民公社】

问：你记得人民公社吗？

答：记得。土地归集体，人们在一起干活，待遇是记工分。

问：当时的生活怎样？

答：一般生活。

问：是不是不好。

答：1959 年、1960 年、1961 年这 3 年的生活很不好。

问：是因遭灾吗？

答：淹了一年，听说毛主席借了苏联的债，因关系不好了，要归还苏联的债，全国的农民生活低落，粮食缺少，有钱买不到。

【分田到户】

问：分田到户是哪年？

答：人民公社以后，最近几年的事。

问：承包时你分得多少地？

答：分家了，5 口人，十几亩地。

问：现在种的还是那些地吗？

答：是。人口多的地就多点。

问：新生的小孩增加地吗？

答：增加。

问：地里种的什么？

答：小麦、大豆、玉米、棉花。

问：用什么农具种田？

答：有的使牲口，有的使拖拉机，两种都用。

问：农机是借的吗？

答：有个人有的，也有没有的，没有的借别人的用，耕地，收割一天花几元钱。

问：借谁的？

答：借谁的都行，花钱呗。

问：得多少钱？

答：收小麦 6 元、耕种一天 4 元。

问：你这一生，生活最好、最高兴的是哪个时期？

答：近 10 年生活最好。

问：最苦的时候？

答：1960 年，粮食少，吃糠、野菜、树叶。

王金见（84 岁）

时　　间：1993 年 4 月 5 日上午

访 问 者：魏宏运　三谷 孝

翻　　译：白冰潮

场　　所：王金见家

（王金庚与王维顺与会）

【惯行调查】

问：这是三谷先生，是研究历史的，主要是研究中国农村几十年的变化。日本这方面的材料不多，所以他们来到中国，想通过老年人了解一些事。前天我们到王金兰大爷家，今天到你家打听一些事。50 年前日本来这个村打听一些事，你知道吗？

答：记得。当时我正做买卖。

问：他们把了解的情况制了一张表，这上边有你的名字。你父亲当时已去世，你是户主，共 13 口人。

答：是。我最小，共 13 口人。

问：你是老二的孩子吧？（问王维顺）

答：是。我父亲他们兄弟 3 个，他是老大

（指王金见），我父亲是老二，王金兰是老三。

问：你父亲叫什么？

答：王金庚。

问：你叫什么名字？

答：小名叫山，大名叫王维顺，最早是用“舜”字。

问：你记得日本人来时干了什么？（问王金见）

答：我知道，我当时做买卖，我觉得日本人应是朋友。

问：日本人到你家来过吗？

答：没有来过，日本人在学校，我去过。

问：你与日本人直接谈过话吗？

答：谈过话，有些日本话我也懂（讲日本话，不懂他讲的意思）。

【闯关东】

问：你去过东北吗？

答：去过山海关、长春、吉林、奉天、抚顺。

问：你为什么去关东？

答：生活困难，外出挣钱。

问：你与谁一起去的？

答：我一个人去的时候多，后来带去了一些年轻人，有姓马的、姓王的、姓李的，还有秦庄的人。

问：你第一次去时多大？

答：不到 30 岁。后来去的年轻人都留在那儿了。

问：你第一次是怎么去的？

答：与熟人联系的，穷帮穷，还算不上朋友。有些事记不清了。

问：在关外干什么活？

答：侍候砖瓦匠，当过伙会的头，修房。

问：你给人家干活，给多少钱？

答：一天 1.8 元。

问：每天都去干活吗？

答：自愿，干了加工钱，不白干。

问：你怎么吃饭？

答：搭伙，一天 4 角钱。

问：住在哪儿？

答：在哪儿干就住在哪儿。

问：是日本人管还是中国人管？

答：中国人管，日本人发工资。

问：有朝鲜人吗？

答：有。他们也是干活的，我们住在一起。

问：朝鲜人干什么活？

答：他们强壮，抬、扛。

问：你共去了几次关外？

答：4 次。

问：一年一次吗？

答：一次好几年。50 多岁时去了最后一次。

问：已解放了吧？

答：是。

问：解放前去东北待了几天？

答：50 多岁去的这次在那儿过了个年，以前几次都是当年去当年回。

问：一年挣的工钱能够回来过日子吧？

答：是。

问：听你弟弟说你在东北病了一次？

答：是，得了疟疾，就回来了。又去赶牛，做买卖。

问：赶牛就是卖牛吗？

答：是。

问：去东北比在家种地挣的钱多吧？

答：是。少了不去。

问：家里的地谁种？

答：我爸爸不干活，不断地请人。我三弟病弱，小弟金兰干不了活。

问：你为什么 50 岁还去东北？

答：也为了挣钱，为吃。

问：那里有认识的人吗？

答：没有。乱碰，自己蒙着去的。

问：50 岁那年去了多久？

答：一年。在东北过了个年。

问：你一个人去的吗？

答：是，我都是一个人去，后来带去的人都有长进，在外边混好了，我还是回来了。

问：你带去的人在外边安家了吧？

答：是。有开饭馆的，有做大买卖的，有当官的。

问：你 50 岁到东北干什么？

答：搬坯子，在砖窑，我当头。

【结婚】

问：从资料上看，50 年前你已成家了，大娘还在吗？

答：在。已 78 岁。

问：大娘叫什么？

答：齐秀荣，在识字班起的名。

问：你什么时候成的家？

答：11 岁取了妻，第一个妻子死后又娶了她。旧社会 8 岁就能结婚。地主的孩子结婚早。

【日本兵、赶牛】

问：你 30 岁左右时日本人来村里干过什么坏事？

答：日本人不是图财，我做买卖给他钱，他骂人，并把我伙计带去了，用皮带抽。

问：你当时做什么买卖？

答：赶牛。伙计带着钱，我赶牛，伙计让我给日本人钱，挨了骂，我着急了，伙计身上带着钱呀，怕钱丢了。日本人不要钱，把伙计带走了。后来放出来了。

问：在恩城附近做买卖吗？

答：南边的徐州、开封、漯河、滕县，去的地方多了。

问：你是不是赶着很多牛去卖？

答：从外边赶到家，又从家里赶到外边去卖，赚钱就行。

问：是几个人一起干吧？

答：是。从西北买，也就是从呼和浩特、张家口去赶，一个人赶不了，西北口我都转遍了。

问：你与美国牛仔一样，转了很多地方？

答：我瞎转。我是小本生意，一次买十头八头的。

【土匪】

问：你遇到过土匪抢牛吗？

答：有这种事。断道的断道，被穷人扒了衣服，都遇到过。

问：日本也有扒光人家衣服的事。路上有土匪，在路上一站，拔出刀来，要留下买路钱，没有钱就把衣服扒光，土匪抢牛，你们拿什么东西与他们打？

答：他们有家伙，一个人搜身，一个人拿着家伙威胁。

问：拿你们的钱了吗？是全部把钱抢走，还是剩点？

答：谁给剩！全部抢走！

问：你知道什么地方安全，什么地方有土匪？

答：不知道，什么地方都有，说不定从什么地方窜出来。

问：你们二三十人一起赶，哪个村的人多？

答：人多也没有用，土匪拿出枪来，谁也没有办法。也有一块去的，也有不一块的，有联合的。钱少那边能借账，就有人与你联合了。

问：你多大时赶牛？

答：30 多岁。

问：你外出赶牛做买卖挣钱养活一家人吧？

答：是。11 口人。他最大，旧社会最不容易啦（插话）。

问：在关外比种田挣钱多吧！

答：多。

【私塾】

问：你上过学吗？

答：上过学，也不怎么样，念的书不少，识字不多。念了 3 年书，没管事。念的《三字经》《百家姓》。

问：你做买卖用算盘吗？

答：卖牛不用算盘，自己卖没有账。有伙计时才有账。

问：从恩城买的牛吗？

答：这地方收成不好就在这儿买，到外地去卖，哪里赚钱就到哪里去卖。

问：日本人来时你卖没卖牛？

答：卖。

问：有没有被日本人牵走牛的事？

答：没有。日本人不图这个，中国人牵牛的，就是皇协军，还要钱。

问：你什么时候不干啦？

答：40 多岁不卖牛，以后就到东北等地胡窜啦。

【副业】

问：你除赶牛外，还做过什么买卖？

答：开过油房，轧过棉花，卖过树，开木厂。

问：是在这个村里干的吗？

答：赶集。赶会，拉木头，拉板。干了一辈子，受了一辈子穷。

问：你比别人经历的事多，算是有本事的人呀。

答：穷混！

问：你很累吧？

答：不累，比干活轻松。

问：榨花生油吧？

答：是，这里产花生。凡挣钱就干，不挣钱不干，财迷。

问：解放后除到东北以外，都种田吧？

答：我到处去，不闲着。

问：你与大娘分了多少地？

答：跟他们一样，什么也不拿，白吃。我是绝户，种了地，公家不让缴税，有几个侄子在外，也给我，沾了一辈光。人口不少都在外工作，我光白吃。

问：在日本，像你一样耳朵大的人，是有福的。

答：耳朵大跟猪一样。我的眼睛自小瞎，现在还能骑车。

问：你一辈子最享福的是什么时候？

答：过了 50 岁以后就享福了，最苦是 20 多岁时，老人不在了，人口多，数我大，管家。

问：你的祖辈是从哪里来的？

答：据传说是山西省洪洞县。

问：你家有家谱吗？

答：找不到了，听说到外国了，没有了。

问：毛主席去世时你的心情怎样？

答：毛主席不错。听说老蒋把毛主席赶走了，日本人来时才回来，毛主席死时我正挖树，有很多人哭，心痛。

贾学文（82 岁）

魏善德　50 岁（前夏寨村）

时　　间：1993 年 4 月 5 日下午

访 问 者：三谷 孝

翻　　译：白冰潮

场　　所：前夏寨村党支书记家

【抗战时期】

问：你叫贾学文？

答：是。

问：多大岁数？

答：82 岁，属牛的。

问：50 年前日本人来中国问过老人们一些事情，你记得吗？

答：日本人来过这个村一趟，在小庙里。

问：他们干什么来啦？

答：闹不清，不敢与他们见面，语言不通。

问：当时的村长叫王长明，是吗？

答：是。

问：他都干了些什么？

答：当村长，干什么闹不清。

问：这个人怎么样？

答：是个好人，说话直爽，没有贪污。

问：王长明已不在了吧？

答：是。

问：日军打仗时，他们到这个村里来干过什么坏事？

答：没有。

问：你见过日本人吗？

答：去恩城见过日本兵站岗。

问：你记得在恩城有多少日本兵？

答：不清楚。

问：你知道伪军吗？

答：知道。恩城有大队、小队的皇协军，经常出进城。

问：解放前有土匪吗？

答：有！离这儿二三十里的地方，有的是。

问：有被抢的吗？

答：没有。

【红枪会】

问：为了防土匪，村里成立了“红枪会”，你知道吗？

答：知道。

问：“红枪会”有多少人？

答：不清楚。为了保家护身，你抢我的牛，我就打，不抢我的牛也不管。

问：参加“红枪会”的是多大岁数的人？

答：17～40 岁的人。

问：当时村里有没有教师、传师，教使红枪棒的？

答：没有。

问：你参加“红枪会”了吗？

答：不参加“红枪会”的人少，参加“红枪会”为了看家。参加了什么也不会干。

问：当时 110 家，是不是十几户没有参加？

答：有吃的户不参加。在“红枪会”是为了保家护身，夜里打更。

【红枪会会员】

问：进“红枪会”举行什么仪式吗？

答：记不清了，已 70 多年啦。

问：从书上看有魏世法、蔡庆莲、王上林、魏庆春、蔡金庆，你知道这些人吗？

答：除蔡金庆外，都有。

问：王上林，还健在吗？

答：嗯。

问：蔡金庆是哪里的？

答：离这 3 里地，芦家关庄人。

问：这些人都是干什么的？

答：都是老实庄稼人。这个村除编篮子的以外，都是种地的。

问：蔡金庆会法术吧？

答：他在济南学校念书学的技术，是会武术。

问：听说“红枪会”晚上到一个地方烧香，是吗？

答：迷信。

问： 怎么烧香？

答： 烧香、磕头、烧纸。在香炉里烧香。

问： 敬的什么神？

答： 没有神像，一块黑布挂在墙上，黑布上贴块黄纸，向它磕头。

问： 有神仙附体，刀枪不入这回事吗？

答： 光说刀枪不入，谁试过?!

问： 蔡庆莲给人们念过咒吗？

答： 主要是表表心，念什么咒?! 不顶事!

问： 蔡庆莲有没有在屋里给你们说神又附体啦，代替神说话？

答： 没有那事! 甭说没有神，有神能跟人说话吗？当时各村都有鼓，有事时敲鼓，外村人就去了，就是各村联合。

问： 前夏寨后夏寨"红枪会"的关系怎么样？

答： 联合办事。

问： 除了前夏寨、后夏寨以外，还有别的村的人吗？

答： 附近10里地的人都有，人多势众，土匪怕吓唬。

【打土匪】

问： 与土匪打过仗吗？

答： 打过。70多年前腊月三十，河南的土匪到这里来，"红枪会"把他们赶到了金店。

问： 当时"红枪会"的实力还挺强，你们拿的什么家伙。

答： 用红缨枪、棍子等跟他们打。

问： 与正式军队打过仗吗？

答： 没有打过。

问： 你是魏德善？你父亲在的时候的事，你还记得吗？

答： 是魏善德。我父亲过世比较早，事情都记不得。

问： 你多大？

答： 50岁。

问： 抗日战争的事你记得吗？

答： 听说过，不记得。

问： 大爷，"红枪会"什么时候没有了？

答： 共产党来时就不兴了，已有四五十年了。

问： 日本投降时有"红枪会"吗？

答： 也有，不管事了。

问： 除"红枪会"外，村里还有其他会吗？

答： 没有。

【村庙宇】

问： 村里的庙都有哪些？

答： 蒋介石时就拆了神台，庙还有，解放后把庙也拆了。

问： 庙在哪里？

答： 村中间。

问： 这个是什么庙？

答： 关帝庙。

问： 这个村有关帝庙。有土地亩吗？

答： 有庙的名字，但已没人烧香了，不知道是什么庙。

问： 前街有龙王庙吗？

答： 龙王庙在后街。

问： 如不下雨，是不是到龙王庙求雨？

答： 只是人的愿望，能求来吗?! 磕烂了头，也求不下雨来呀!

问： 关帝庙蒋介石在时已被拉倒了，那是什么时候？

答： 蒋介石在的时候有个国民党县党部，他们来后，把庙里的神像拉倒了。

问： 是离今天六七十年前的事吧？村里人生气吗？

答： 差不多。村里的人生气也没有办法，管不了。

问： 据说山东禹城这个地方"红枪会"

与国民党打过仗。

答：不知道。

问：咱们这个地方“红枪会”与国民党打过仗吗？

答：没有。

问：禹城在什么地方？

答：今禹城县。

【八路军】

问：你第一次见八路军是哪年？

答：我当时10多岁，离今已60多年了。

问：关帝庙大吗？

答：不大，也就相当于这两间房。

问：你见到的八路军有多少人？

答：不清楚。走也没有见，住了一段时间就走了。

问：这个村有没有给八路军干事的？

答：没有。

【土地改革】

问：“土改”你记得吗？你什么成分？

答：记得，我是中农，不向外拿东西，也不分给我东西。让我做贫农，我不同意，当官的称我傻小子。

问：当时你家里有多少地，多少人？

答：5口人，二十几亩地。

问：魏大爷，你家多少地，多少人？

答：五十几亩地，十几口人。

问：当时你父亲在世吗？

答：在世。我家是中农。

【风水先生】

问：解放前有风水先生吗？

答：这个村没有。

问：盖房时你家请过风水先生吗？

答：我不请，该怎么盖怎么盖。娶媳妇也不看好日，看了的，也有好的，也有不好的。

问：日本城里盖大楼还看吉利日子呢。

答：日本人真信神。日本人到中国人的屋里，看到有小铜像摆着，他就向后退，不向前去。

问：是不是日本兵看到佛像了？

答：是。他们拜着向后退。

问：当时供铜佛的多吗？

答：不太多，富户才有，一个铜佛六七斤重，穷人供它干啥。

【灶神、门神】

问：家里有灶神吗？

答：过年时有灶王爷，共产党来后没有了，没来时户户有。

问：这个神在什么地方？

答：门神贴在门中上方，现在没有了。“文化大革命”时供的家神都烧了。

问：5年前我去河南省，每家都有灶王爷，有土地庙用砖做的，新的。这是河南林县的事。咱这个村是不是“文化大革命”时都没了？

答：是。没有省钱了。

【扫墓】

问：日本每家都把祖先的名字写在板子上，供在族堂里每天拜一拜。这里有吗？

答：每年过年都供祖宗。

问：今天是清明，都上坟吗？

答：上坟。寒食节、七月十五、十月一日都上坟。

问：全家人都去吗？

答：代表去，一个人去。

【分田到户】

问：现在你家有多少地？

答：我家6口人，每人2亩地，共十几亩地。

问：除种地外，还有柳编吗？

答：只种地，别无他事。

问：你是靠卖粮过日子吗？

答：卖粮买面。

问：你儿子到工厂干过活吗？

答：老大干过。我这家里没有。

问：你家多少地？（问魏）

答：十几亩地。每人 2 亩。

问：你也是光种地吗？

答：对。

问：大爷，你们生活很充足？

答：生活平安。

问：现在生活比过去好多了吧？

答：好几百倍。过去吃高粱面，现在高粱小米都没人吃了，都是白面，离了菜都不愿吃。

【困难时期】

问：最苦是哪年？

答：像我这岁数的人遇到过几次最苦的年头，民国九年一次，日本在时一次，1960 年一次。1960 年差点饿死。

问：民国九年也是遭水灾？

答：美国人修石德公路时。

问：你觉得哪年最苦？

答：1960 年。

问：你最远去过什么地方？

答：到过平原的旧城，济南的滑山，修黄河，1959 年 9 月到腊月。旧城离这儿 30 里。

问：你最远到什么地方？

答：抚顺。去矿务局林场工作了一段时间。

问：与很多人一起去的吗？

答：是所谓的“盲流”。1960 年生活最苦，所以到了辽宁的抚顺。

问：1960 年有饿死人的事吗？

答：有。我没在家（贾学文插话：死了很多人）。

马会祥（74 岁）

时　　间：1993 年 4 月 6 日下午

访 问 者：三谷 孝

翻　　译：白冰湖

场　　所：马会祥家

【红枪会烧香仪式】

问：两年前我访问了你，听你说“红枪会”组织必要的时候有，不必要的时候没有，时有时无，对吗？抗战时这个村有多少人参加过“红枪会”？

答：国民党时就有“红枪会”，不是日本来后才有的。

问：谁都可以参加“红枪会”组织吗？

答：农民全家都可参加，为了保家护院，没有什么组织。

问：是不是土匪来了，几个村子联合起来一块与他们斗？

答：没有。偷牛的小偷可以管，大事管不了。

问：加入“红枪会”有烧香拜佛的仪式吗？

答：有。参加的时候也念法。有坛塔，入“红枪会”的人每天在坛塔那儿烧一次香，叩头，用功，每晚都去护家，村里有事鸣鼓，就集合。日军来后有杂团，百十人一伙。人多的地方不会出现，他们也不敢干。也曾干过一回，被弄了个典型，杂团在这地方开会，把各村管事的招来像现在开会似的。离这七八公里杂团占了个村，到各村要粮食，人们不给。于是找了一个重点人进去给铡了，就是把活人捉住，用铡刀铡下脑袋。

【抗日活动】

问：是日本人来时干了一次吗？

答：是。日本在这里，干了一次，没有进来，一见阵势就没有敢的了。把这件事压下去了，团长姓李，外号叫胖娃娃。

问：是铡的他吗？

答：不是铡他，他是团的头。

问：是不是胖娃娃跟日本人打了一仗啊？

答：在马家河那边他跟日本人干过。他也不真跟日本人打，八路军西边40公里，来了4个连把胖娃娃收拾了一顿。

问：姓李的这个人是当地的土匪吗？

答：是。他很厉害，八路军在西边，听到信来啦，他对老百姓说八路军来了，八路军用一支盒子枪一嘟嘟就把他们打蒙了，他们没有见过机关枪，八路军4个连都有机枪。

问：这是抗日战争时候的事吧？

答：还没有抗日，但已接近抗日。八路军在河西40公里处，这边没有，还没有见过八路军。

问：你参加"红枪会"了吗？

答：参加了，青壮劳力的70%～80%的人都参加了。

【红枪会武术活动】

问：有传师吗？

答：有。不叫传师，叫老师。

问：老师是什么地方的人？

答：本村人，不正式拜师，只是一般教而已，武术是好者为乐，不请老师，是农村的娱乐，有武队、高跷、秧歌。

问：50年前前夏寨村来了教武术的老师，你记得吗？

答：我们不跟前夏寨村学，我们这儿孙庄、前夏寨村都有老师。有庙会时都请去了，有很多人，需要对打。

问：这个村的老师是谁？

答：后街的刘长富，已死了，还有魏金生。这个村就他俩会。现在会武术的也只有我一个人。

【伪军、杂团】

问："红枪会"什么时候不兴了？

答：解放后即没有了。维持会在时让我们表演过。"红枪会"是农民组织。伪军来抢东西我们对付他。伪军与杂团不一样。杂团白天来抢东西。伪军表面上给日本人帮忙，因为他们是中国人，也不完全为日本人帮忙。杂团是本地人。恩城有伪军五中队，崔吉武是队长。崔吉武的哥哥叫崔吉海，是杂团，管100多人。实际上伪军与杂团的关系也比较好，不怎么打仗。

问：日本人见到杂团打吗？

答：打呀。日军不经常出门。

问：50年前日本调查的人来到这里，八路军差点把他们抓走，你知道吗？

答：没有听说过。伪军和杂团不怎么打，跟八路军真打。

问：吴玉衡为了保卫村子不受侵犯，做了很多事，是吗？

答：当时杂团抢牛和包袱，说吴玉衡通八路军，把吴玉衡押到城里了，其中有特务。

王维章

时　　间：1993年3月31日下午

访 问 者：浜口允子

翻　　译：齐秀茹

场　　所：王维章家

【个人经历】

问：你父亲、母亲的名字叫什么？

答：父亲叫王廷祥，母亲是王齐氏。

问：你父亲是干什么的？

答：是做生意的，卖帽子的。

问：你兄妹几个？

答：我有一个妹妹。

问：解放前就住这村吗？

答：一直住这个村。

问：上过学吗？

答：上 3 年学。8～12 岁。

问：学些什么？

答：学的是《三字经》《百家姓》。

问：一个班有多少人？

答：有 30 多人。

问：有女学生吗？

答：女的不让上学。

问：毕业后干什么？

答：去城里，恩城县。

问：干什么？

答：政务警，当勤务，在县政府里，到各村征粮食。

问：能挣多少钱？

答：一个月 8～10 元。现在恩城医院地址就是老县政府。我一个人住在恩城县。

问：在那干几年？

答：干 4 年，回来后村里就解放了。

问：这个地方是解放区吗？

答：是解放区。我回村以后，就当民兵队长了。

问：为什么当民兵队长？

答：领导民兵搞运动，没有民兵组织村里地主、富农解决不了。

【解放时的村组织】

问：解放时有大队组织吗？

答：农会主任叫吴志端，那时他 50 多岁，还有马万年他俩是农会头。还有王焕芝，当时有 50 多岁。还有工会头，是给人家扛活的，头叫高登云。

问：这里有没有共产党员？

答：没有。那时党还没公开呢！我们民兵晚上也不敢在家睡觉。

问：为什么不敢回家睡？

答：因为禹城还没解放，地主、富农白天到禹城去，晚上回来。

问：当时这个村里有地主？

答：有地主，这是刚解放时，刚开始斗争。

问：地主有谁？

答：王道远、马瑞图、马万华、魏家木这 4 户地主。斗争后，把他们的东西分给贫农。

问：组织农会怎么组织的？

答：这个组织，是穷人参加，都是贫农和中农、雇农参加工会组织。

问：农会有多少户？

答：有 50 多户。工会是扛活的组织有 10 多个人，也有外村参加的。

【农会组织和土地改革运动】

问：农会组织有没有外乡的和县来的工作人员？

答：开始搞农会时，有八路军地下组织的工作队来搞的。

问：工作队来组织农会有多长时间？

答：有半年就组织起农会了。

问：那时白天干什么？

答：斗地主时，把他们压起来看管。家人来送饭，我负责看管，关在土楼。

问：土楼是干什么的？

答：过去地主建的，专门看家用。

问：关多长时间？

答：把他东西清完，白天给他开会，先

让他坦白，开大会时，把他带到会场，让他站在群众前边，我带他们到会场。

问：开多少次会？

答：头两户开 3 次会，后来两户开 3 次。

问：讲讲斗争情况？

答：叫地主在中间站着，群众坐着喊口号，“打倒恶霸地主！”

问：有多少人参加斗争会？

答：有 100 口人。全村男女、学生都去，有几百人。当时学生叫儿童团。

问：谁主持大会？

答：农会主任吴志端主持大会。

问：开会时你做什么？

答：我管维持会场秩序。

问：你当时干农活不？

答：那时单干，我父亲干活，我主要看管他们。

问：你家有多少亩地？

答：有 15 亩地。

问：分多少地？

答：那时，全村不管大人、小孩平均每人 4 亩地。每人不是 4 亩地的，就分地。以斗出地主的地，按 4 亩找齐。超过 4 亩地的，就不分了。

问：你家那时一共多少人？

答：5 口人，要 20 亩地，分了 5 亩。

问：斗争地主后怎么处理？

答：把地主的地和东西分光后，就放他回家了。有的把他房子，分出一部分，给他留住地方。

问：还有富农吗？

答：有 4 户富农，王汉城、王道远、王迁喜（地主）、马万同。

问：地主怎么生活？

答：给他留地。

问：他一直住留的房子？

答：大部分都住在老宅。他们的后代也住老宅。有的翻新了，很少要新宅。

问：原来是地主的受欺辱吗？

答：受欺辱，让他们扫大街，从 1989 年他们就解放了。

问：斗争地主多长时间？

答：咱村斗 3 个月，是 1946 年春天。

问：当时行政机构有村长吗？

答：斗争地主时，我是民兵队长，土地改革后，我当村长。

问：除村长外还有什么？

答：副村长王焕芝，村文书吴序爵。

【解放前的村长、保长】

问：1945 年解放前村长、保长是谁？

答：村长是吴玉衡，保长王正德、吴玉锋、王汉成。

问：“土改”以后你是村长怎么选的？

答：全村投票选举。全村男、女都来，一致都选我，我那时 20 多岁。

问：刚解放时，还有国民党吗？

答：国民党走了，以后有还乡团，就是地主、富家参加的土匪团，都逃到聊城。有时晚上回来，叫还乡团，都有武器，我们民兵也有武器，不如他的好，打五发子弹的步枪，还有鸟枪，有手榴弹。

问：从哪来的？

答：那时地主、富农家都有枪，从他那清出来，民兵就使用了。

问：你做村长最重要的工作是什么？

答：我按区里开会精神办，会议内容叫联合起来搞生产，号召群众搞好生产。

问：中华人民共和国成立的事记得吗？

答：新中国成立后，搞公私合营。淮海战役一战，打过去，共产党胜利了！以后搞公私合营，把所有买卖归集体。

问：你哪年当的村长？

答：我一直干到 1958 年，共干十几年村长。1958 年开始改成军事化，大队成了连队化，我是队长，副队长是王焕芝。会计是吴序爵，妇女主任马孙氏、马张氏。马孙氏先当，后来是郭王氏、马张氏。

问：还有其他干部？

答：有贫协主任马万年。

问：马会祥是什么干部？

答：他一直是农会会计。

问：那时财政是哪的收入？

答：村里没有什么收入。

问：村里开销怎么办？

答：和现在形式一样，从各队要，全村各户收，不是固定的，是灵活的。比方说买一盒烟，花一角钱，各户摊。

【庙宇、封建迷信】

问：村里公用的学校或者庙，要花钱怎么办？

答：各户摊派，按人口摊，每年一口人不超过 5 元钱。

问：还有其他方面？

答：比如村里修补学校，打井都需要钱。庙 1948 年拆了，拆下来的料，抗战去了。家里没房子住的，给他们盖房子了。

问：庙在什么地方？

答：有 4 个庙，土地庙在村东头，中间路南两个是菩萨庙，道北是龙王庙，村后真武庙。死人去土地庙烧纸，每年三月三去菩萨庙烧纸，天旱不下雨抬着龙王，带着两个罐子，到河里把罐子装上水去求雨，再把龙王和罐子抬回来，5 天以内下雨了。全村感谢龙王，村里唱戏 4 天，请道士念经。

问：为什么把庙拆了？

答：因为是迷信。

问：谁拆的？

答：八里庄有个姓杨的，在咱村小学当老师，他领学生拆的。

问：谁下的命令？

答：区里下的指示，我领回来的，不那么迷信了，这些房都没用了。把庙拆了，这些料，能救济一部分困难户，盖房子。土地庙的东西给马洪昌了，菩萨庙的料，给吴玉刚盖房子了，真武庙给马凤山了，和别的人两家分了。龙王庙记不清给谁了。

问：你在县里领的指示，除此以外还有哪些？

答：就是不教迷信，按土地收公粮，每亩地多少，按人、地计算。交公粮时，村长领会计，各户装上车，派上青年一起送到区里。

问：一年送多少车？

答：一年送 20 车公粮，过了秋天，就送。

【互助组】

问：互助组是个什么结构？

答：互助组时我是村长，村长管互助组，村里共有 10 个互助组，单干的有 10 户，富裕的不愿参加互助组。

王维章（第二次访问）

时　　间：1993 年 4 月 1 日上午

问：互助组多长时间？

答：有一年多，以后就是自愿结合改为小社，这就是初级社。

问：有多少社？

答：有 4 个社，我在的社有 12 户。

【初级社、高级社】

问：初级社的名称叫什么？

答：有五星社、光明社、幸福社、前进社。光明社长马会祥，五星社长刘玉田，最大的是前进社，社长李存功，30 户。

问：没参加初级社的有吗？

答：有，少。

问：那时有什么农具？

答：有牛、犁、耙、车。

问：收成怎么样？

答：记不清，后来就叫前进高级合作社，由支部书记兼社长，马凤山。这是51年以后的事。

问：初级社和高级社哪个地方不一样？

答：高级社规模大，是大集体性质。高级社是按劳动工分分配，初级社是按人口分配，土地都归集体，群众思想有不通的，就给讲集体好处，人多力量大。

问：高级社转人民公社是哪年？

答：1958年。

问：那时你不当村长了吧？

答：不当村长，当连长了。一切军事化。

问：人民公社有多少个村？

答：有40个村。这个村是一个大队，民兵是一个连，连长是我，副连长叫吴丙臣。还有4个排长：吴玉浜、李华坤、赵良臣、李全德。

问：按什么分的排？

答：住在一块的分排。

问：村里还有什么干部？

答：有会计吴丙元、副业组长马文祥、妇女主任马孙氏。

【“大跃进”】

问：什么时候搞“大跃进”？

答：1958年“大跃进”，我们是3个村联合一个组织，咱们村，前夏寨村，卢管村，这3个村组织5个队。中年妇女是“穆桂英队”，老年男的是“黄忠队”，小青年15岁左右的“五虎队”，青年妇女是“花木兰队”，能干青年男女是“敢死队”。这些人都组织起来是大兵团联合作战，搞生产、掘地、翻地、浇水、拉车、拉粪、拉肥料、拉庄稼。

问：这样干，生产上去了没有？

答：丰收了，叫大风刮坏了，粮食掉在地上无人管，全浪费了。

问：还有什么？

答：收集破锅炼钢铁。大食堂，一个村的人都在一起吃。一个村两个食堂，东头一个，西头一个，喝水也去食堂喝。家里没有锅。

问：谁在食堂做饭？

答：吴丙臣媳妇做饭，吃窝头，喝粥。

问：那时你们能吃饱吗？

答：能吃饱。

问：你现在看食堂怎么样？

答：那个形势跑得太快，和现在不能比。还是在家吃好，想吃啥就吃啥。

问：吃食堂太热闹吧？

答：热闹。吃了一年半食堂，看不行了就不搞了。

问：1962年发过大水吗？

答：那时不是洪水来了，是雨水太大，地被淹了。

问：那时你是连长吗？

答：是连长，1987年左右不当干部了，老了。一直是小队长，原来是连长，“文化大革命”以后我不当连长了，以后是王玉庆是支书，吴丙臣是大队长，他俩是干部。

问：什么时候不说连长了？

答：“文化大革命”以后。

问：你入党了吧？

答：没有。

问：为什么？

答：思想落后，其实我参加了党员会，落下来了。当时支部书记马凤山，他认为我的才能不行，不如他。认为我比他低。

【“四清”运动】

问：这里搞“四清”运动了吗？

答：从县里来两个工作队，他组织群众给干部算账，看干部贪不贪污，净组织些不三不四的人。

问：为什么找这些人？

答：因为村里一般人不敢说，这些人敢说，运动组织起来，就不用他们了。

问：受批判的有谁？

答：吓死一个，叫李敬唐。

问：为什么要上吊？

答：他这个人主要是胆子小，人老实。

问：他干什么工作？

答：保管员。

问：你受批判了吗？

答：我在大会上作检讨。凡大队、小队干部都得检讨。

问：谁主持大会？

答：农会代表马天祥主持会。

问：马天祥是什么样的人？

答：现在是共产党员，在“四清”后期发展的党员。

问：你受批判心情怎样？

答：我不在乎。因为“四清”工作队是共产党派来的，我干的是共产党的事，我不在乎。

问：“四清”搞多长时间？

答：有一年。

问：在什么地方开大会？

答：在原来的村公所，在南街上东头。

【“文化大革命”】

问：“四清”运动以后搞什么运动？

答：“文化大革命”，有“红卫兵”戴红袖章。

问：这时有造反派吗？

答：没有造反派，没搞什么。

问：“文化大革命”有多长时间？

答：1967年春天开始。

问：1966年“文化大革命”开始时北京很热闹，你们知道不？

答：听说学生串联，那时没有电视，就听广播。

问：这地方有“坏分子”戴帽子？

答：有个“坏分子”叫王一山戴帽游街，有10次。

问：上别的村集上游街吗？

答：村里开他的会，自己去游街，王一山过去在解放前区里当过秘书，给他扣个“坏分子”帽子。

问：解放后他在村里住？

答：一直在村里住。

问：你干这么长的工作，你觉得哪件事最难办？

答：我那时干的是参军工作，47年两次参军，这是难办的。那时参军都怕死，我们村有两家烈属。

问：最高兴的事是什么？

答：给党干工作，作出成绩时最高兴。我在人民公社工作干得出色，书记开会都让我去在大会上发言，这是1962~1963年。

马会祥（第二次访问）

时　　间：1993年4月1日下午

访 问 者：浜口允子

翻　　译：齐秀茹

场　　所：马德昌家

【“土地改革”】

问：我听说“土改”时你当会计是不是？

答：不当会计，叫“村先生”，和现在会计工作一样，名不一样。

问：想问问你“土地改革”的情况。

答：我那时是贫农组长，兼文教干事，管学校事。

问：那时你多大岁数？

答：我28岁。

问：谁和你一块干？

答：村干部都参加了，农会主任吴志端、贫农代表马万年，民兵连长王焕芝，自卫队长李敬堂，妇女主任马维芳，妇女副主任马孙氏，我是贫农组长。贫协有孟兆生、夏志忠、王金清、于敬新，我任组长。这些干部都是土改时新产生的，我们原来叫后夏寨庄，也叫村，那时叫庄，所以叫乡长，是马万锋。“村先生”先是吴序爵。

问：“土地改革”怎么进行的？

答：“土地改革”是1946年秋天开始。

问：从外边来工作队吗？

答：一个村，有一个人常住，他是区里来的，白天不常在这，晚上来给干部开会。

问：来了干什么工作？

答：他来了，有什么事和干部说，大伙都听他的。

【阶级划分和斗争】

问：“土改”从什么时候开始的？

答：他来了，把村里的地都摆出来，谁有多少地多少人，列出名单。

问：这村有地主吗？

答：有两个地主，叫李振都、王学礼的儿子王庭喜。

问：有富农吗？

答：有。是马振锋、马万化、魏家木、李洪唐、马瑞士。实际是3户。王道远家是富裕中农，他家东西分了。

问：谁斗王道远？

答：贫农协会。

问：村里被斗的都有谁？

答：有王道远、王汉成、王金堂、王崇喜、王义山。

问：为什么斗他们？

答：因为他们东西多，开始时，不管是谁，东西多就斗。（插话说，这也是那么个形势。）当时中农也有被斗错的。

问：当时斗争大会情况怎样？

答：雇长工的，有错误，自己坦白，坦白不好，群众围起来高呼口号。

问：当时你干什么？你主持会的吗？

答：我是贫协组长，我主持会，群众有什么意见说说。

问：都斗过谁？

答：光斗地主、富农这些人，斗争早。土改在后头，1945年雇工增资时，开始斗这些人，前后有一年。后来中农也开始斗了。

问：什么时候解放的？

答：1945年8月解放。

问：都是什么人去斗？

答：各村雇农，也就是扛长工的，这些人联合起来看哪村有地主、富农就去斗。有的贫农解放前把地卖给地主了，这时就把地赎回来。就在这年冬天建立了贫农协会，也就是农会，把全夏寨村的贫雇农组织起来，就开始斗地主。

问：贫协会主任是谁？

答：吴志端，贫农团代表马万年。秋天成立贫协会，冬天成立贫农团。在贫农协会中有贫农代表、贫农组长。这时贫农在村里说了算，民兵也是为贫农服务的。

问：斗地主是哪一年？

答：1946年开始斗了。贫农斗地主完了，有3个人参军了。在1946～1947年间，斗争完了分地主土地，前后二三年时间，中间经过一次复查，因为斗得不彻底，也就是斗出了50%。

问：参军和斗争地主是在一个时间吗？

答：是在一个时间，真正斗争约半年时间。

问：“土地改革”是在哪一年？

答：不是 1946 年，就是 1947 年。复查时，又斗了一次地主。不斗争怎么分地，“土改”还是在 1947 年。斗争有半年，“土地改革”是在斗争地主后期，也是 1946 年。

问：这时搞斗争复查没？

答：咱这没搞复查。

问：1947 年你们是怎么个领导机构？

答：有民兵连长、公安员。

问：1947 年谁是民兵队长？

答：贫农代表下台了，因为贪污下台了。

问：最高级领导是谁？

答：农会主任张洪烈，副主任李敬唐，动员干事马会祥，民政干事王化远，妇女干事孙玉荣，文教干事是我家里，民兵队长孟兆生，副队长王维章。

问：1947 年后搞的新班子，都搞些什么工作？新中国成立前有地下党没有？

答：开始斗争时，看干部哪个可靠就用他，那时都是李敬堂、吴锡光两个活动，不公开。

问：你是什么时候入党？

答：我不是党员。

【初级社、高级社】

问：新中国成立后你都干什么工作？

答：1955 年初级社开始到 1984 年，一直当会计。

问：初级社时的干部有谁？

答：社长、会计、生产股长。

问：几个初级社？

答：6 个社。有“前进社”、“光明社”10 户，“幸福社”、“五星社”。

问：这几个社哪个社最大？

答：前进社大，有 30 户。

问：根据什么划的？

答：按周围户划的社，光明社长叫马振生，幸福社长王维章，五星社长刘玉田，前进社长李存功。

问：初级社都有会计？

答：都有。

问：哪年成立高级社？

答：1956 年是高级社，1958 年是大社。大社有 8 个营，大社叫“红专社”。

问：高级社有什么干部？

答：支部书记兼社长马凤山，会计马会祥，生长股长王长庆，下有 3 个生产队，每队一个队长，一个记工员。

问：高级社时王维章干什么？

答：他是乡长，乡长相当于村长。他是村里干部，有这个名称不起什么作用。

问：大社的情况？

答：我那时是出纳，主管会计是魏振元，他是前夏寨村人，支部书记叫马礼，社长叫徐志海，支部委员马凤山。

问：为什么成立大社？

答：一步一步走，从初级社到高级社到大队。

问：哪年成立的人民公社？

答：1958 年成立人民公社。

问：“大跃进”是哪年？

答：也是 1958 年。

【看青、打更】

问：打更、看青的事知道吗？

答：看青的有，解放以后没有。打更到冬天有，是民兵保卫。

问：这是哪年的事？

答：每年冬天都有，民兵和打更不一样，保卫都是民兵，解放前打更。

马凤山（1925年生）

时　　间：1993年4月2日下午

访 问 者：浜口允子

翻　　译：齐秀茹

场　　所：马凤山家

【个人经历和家庭状况】

问：你今年多大岁数？

答：68岁，属兔。

问：你父亲、母亲都叫什么名字？

答：父亲叫马河，母亲马白氏，父亲务农，一直都在这个村。

问：你上过学吗？

答：没有。

问：你们几个兄妹？

答：两个姐姐，一个弟弟。

问：解放前你家有多少土地？

答：有5亩地。

问："土改"的事记得吗？

答：记得，咱这是1945年解放，1948年"土改"。

问：你那时做什么？

答："土改"时，我当民兵，管地主、富农。

问："土改"参军什么时候结束的？

答：我1947年就参军走了，在第四野战军，参加淮海战役，解放四川、云南、贵州，在那地方打仗。

问：你们的领导是谁？

答：总政委是刘伯承，刘邓大军。

问：真枪真刀打了吗？

答：我基本是打仗，我在第四军当警卫员，从四川又到朝鲜，1950年抗美援朝，在军队4年一直没回来。1955年从安东回来。

问：在朝鲜战场你都干什么？

答：我没参加打仗，我属于特务机关，具体的工作是一般侦察员。

问：工作危险吗？

答：我的工作是很危险的，碰到美国侦察兵谁也不管谁，个人干个人的，当时我在朝鲜把的是东线。

问：当时参军的还有谁？

答：有魏洪迅、马洪昌、马魁祥。

问：当时怎么就你去朝鲜了？

答：因为都不在一起。

问：为什么要参军？

答：为了打蒋介石。

问：为什么没回来？

答：因为我是特务机关，有120人被拨去朝鲜的。

问：你父亲母亲谁照顾？

答：由村里来照顾。

问："土改"后你家有多少土地？

答：全家有15亩地。

问：当时家里几口人？

答：我兄妹4个，两个妹出嫁了，家里两口人。

问："土改"时每人几亩地？

答：一个人5亩地，我参军了，没分成地。

【复员、村支部书记】

问：你1955年复员回家干什么活？

答：先到区里干民政工作，管老百姓救济、军烈属。

问：在区政府多长时间？

答：在区政府工作两年后又到乡里。1957年到的乡里，也是做民政工作。在乡里工作1年左右，1958年回村当支部书记。

问：你回村时都有什么干部？

答：我回村时是人民公社了。

问：什么时候入党？

答：1947年入党，为了打倒蒋介石。

问：谁介绍的？

答：梁玉臣，他也是通信员，我是在四川部队入党。

问：入党后有什么活动？

答：坚决完成上级任务。

问：你 1958 年回村后党有哪些活动？当时组织机构怎样？

答：有支部书记，委员 2 人，书记马凤山，委员有王玉庆、吴丙臣、张良臣。魏洪迅是副书记。

问：你当多长时间书记？

答：我当到 1964 年。

问：怎么选你的？

答：所有党员参加提出候选人，写在墙上然后全体党员选举。

问：当支部书记时都干什么？

答：上级给任务下达后，根据上级的意思开会研究，完成任务。

问：干几年书记？

答：干到 1964 年。

问：为什么不干了？

答：让年轻的干了，我那时 39 岁，脑子不行了。

【“四清”运动】

问：“四清”运动是怎么回事？

答：就是发动群众，看看哪些干部有贪污浪费，吃了喝了，有浪费了，上边来 5 个工作队。由他们组织发动群众，选出群众代表。

问：都提什么意见了？

答：有吃的，喝的，也有浪费的，群众提完后，工作队落实，哪个是真的哪个是假的。

问：开会吗？

答：有大会，开会时干部检讨，开四五次会。我受批判了，作检讨了，也就是上边来人，请吃饭浪费了，不应该。

问：都谁受批了？

答：受批的有两个大队长，正队长王维章、王玉庆；副队长吴丙臣，还有刚才在这那个会计马文祥，这些大队干部都受批了，还有支部委员张良臣也受批了。

问：这些人都受批了谁搞工作？

答：还是这些人干，叫边整边改。

问：白天开批评会还是晚上开？

答：晚上开会，白天工作。

问：在哪开会？

答：在学校里开会，学校现在没有了，修民房了。

问：你不干书记谁干了？

答：王玉庆当书记了，他虽然受批评了，认识了，就接着干。

问：你不干书记又干什么了？

答：还是扶植他干，后来王玉庆死了，吴丙臣当书记。

问：王玉庆哪年死的？

答：1985 年死的，53 岁。后来 1988 年，吴丙臣也死了，也是 53 岁。

问：是不是累的？

答：病死的。

【自然灾害】

问：1960 年自然灾害情况怎样？

答：主要是靠救济，生活能吃饱，饿不死。

问：发大水了吗？

答：水是从南边过来的，路过这淹了一些地。

问：持续多长时间？

答：旧历六月来的水。

问：小麦收了没有？

答：小麦收了。

问：口粮困难吗？

答：口粮不困难，大田淹了。

问：你当书记时，吃饭困难是哪年？

答：1960年干旱，一直到七八月才下雨，秋天抗旱又种上了。

问：有粮吃吗？

答：有。

【义务工】

问：你当支部书记，有义务劳动？

答：有，主要帮助军烈属劳动，搞水利工程都是义务劳动。

问：有多少个工？

答：没法计算，工程大，人就多；工程小，人就少。

问：一年能出多少义务工？

答：秋天军烈属粮食收不家来，青年帮助收到家来，春节帮助军烈属挑水打扫院子、包饺子，麦收帮助收到家来。

【军烈属】

问：有多少军烈属？

答：烈属有3户，军属有3户。

问：3户烈属，你儿子是地震执行任务死的，其他是怎么死的？

答：有两个是淮海战役死的。

问：有五保户吗？

答：有，都是没有孩子，孤寡老人，他的地不拿水钱，不交公粮。

问：他种不了怎么办？

答：小队给种、给收，包下来。

【土地承包】

问：土地承包到户怎么分的？

答：有好有坏，分三种，用纸作成号，谁抓着哪个号，那块地，就是谁的。地和纸号对上。分完一类地再分二类地。一户出一个人抓号，抓着不好的，是命运不好。分东西也是这样，有好有坏，就抓阄，谁抓到什么样子算什么样子。

问：你们觉得抓阄的方法公平吗？

答：公平倒不怎么公平，但群众都愿意这样做。

问：你认为怎么才能公平？

答：哥几个分东西，哥哥怎么也让弟弟，互相让好。

张良臣（1934年生）

时　　间：1993年4月3日上午

访 问 者：浜口允子

翻　　译：齐秀茹

场　　所：张良臣家

【个人经历和家庭状况】

问：你今年多大年纪？

答：58岁，1934年出生。

问：你父亲母亲的名字叫什么，家庭情况怎样？

答：我父亲叫张振华，母亲张王氏，父亲是农民，有29亩地，贫农。土改时，我家4口人。有母亲、我和两个姐姐，父亲已经去世了。那时我们家生活很困难，兄妹小，母亲是个小脚，种家里的地，村里不错的就帮帮忙。

问：你上过学吗？

答：那时我小，农忙了我在家做活，老师把学的字写在黑板上。我从8岁上学到13岁。

问：那时解放没？

答：没解放。我不上学时，回家后就是种地。解放后就参加团了，团员就在村里什么事都带头。

问：你哪年入的党？

答：我1958年入党，25岁前后。

【互助合作】

问：新中国成立后的事你还记得吗？

答：记得。成立互助组、初级社、高级社，1955 年以后有大队、小队，3 个村成立一个高级社，我在大社里当社委，整个青年成立一个“敢死队”。我是“敢死队”队长，学习农业技术。

问：当时村长是谁？

答：我记不清村长，我记得团支部书记是王维章。

问：党支部是谁？

答：刚解放时，有公安员，名字叫马东瑞，公安员以后才有党支部，书记叫马凤山，那时村里党员很少，1966 年我当书记时才 8 个党员。

【“四清”运动】

问：“四清”是怎么搞的？

答：从 1964 年开始搞了一个冬天，一个春天。

问：来工作队没有？

答：咱村来 5 个工作组，当时咱村分成两个大队，一个是东队，一个是西队。工作组也分成两边，一边管东队，一边管西队。

问：这 5 个人换没？

答：没换，一直住村里，也分两边住，西边住刘玉坤家，东边住王廷荣家。

问：“四清”是突然搞起来的？

答：上边有工作团，工作团住在公社里，下边有工作组住在村里，“四清”开始时工作组组织干部，亮思想。

问：“四清”干部参加“四清”还考虑工作不考虑？

答：那时是以运动促工作，促生产。

问：一般农民搞什么？

答：搞台田、条田、挖河。

问：在哪搞台田？

答：在学校里挖一次。

问：你什么时候结婚？

答：我是 1963 年结婚，妻子叫张瑞莲，是下云乡坑安集村的，当时我 24 岁，是这个村的她姨介绍的。

【水利建设和水牛】

问：搞条田、台田村里人都去吗？

答：那时搞水利建设，是个运动，有时是大型的，也有时是小型的，大型的联村搞。

问：那时挖水利工程人是怎么去的？

答：所有的劳力都去，冬天也没有别的活，所以都去挖井。

问：你参加吗？

答：我参加了。

问：有技术吗？

答：也没有什么技术，就是有个经验。挖多深，有 6 ~ 7 米深，井是圆的，上口小，越往下越大。

问：具体的有个图吗？

答：井的周长，2 米，这个村挖有 10 个井。

问：井都在什么地方？

答：在村西边。

问：井水能喝吗？

答：主要是用水井浇地，有的挑水。

问：挖一口井需多少人工？

答：需 20 个工，一天需要 20 个工，一天挖成。新井需 40 个工。

问：为什么要 40 个人挖一口井？挖那么多？

答：“四清”前，水利条件不好，现在集体了，条件好了，用电机浇水，井就不用了。“四清”时挖井，“四清”前打的井。

问：“四清”时怎么学习？

答："四清"时白天挖井，晚上学习。

问：怎么搞运动？

答：学习文件，当干部怎么带头等。

问：文件人手一份吗？

答：不是，工作组有文件。

问：你参加过学习会？

答：有大会，也有小会，大会在公社开会，小会在本村，都是大小队干部参加，有10多个人。群众代表也参加，我那时是生产队长，1960年当的队长，有会计、副队长。

【60年代的干部】

问：你们队干部都叫什么名字？

答：我们生产队分3个队，队长王喜山、王喜章、张良臣。会计王会行，西队生产队大队长王玉庆，副队长魏洪迅。全村一个妇女主任，邢培菊，群众代表王汉雨。

问："四清"时有受批判的吗？

答：就是互相批评，自我批评，在讨论时都自己讲。

问：群众代表怎么产生的？

答：群众选举的。

问："四清"后他们又做什么？

答：一直是群众代表，群众有什么意见，由他来反映。

问：现在还有代表吗？

答：没有了，王汉雨干到1967年。

问："四清"后，干部有停止工作的？

答：大小队长都是群众重新选的，"四清"后，两个大队没有了，都归一个大队领导了。

问：新的大队长是谁？

答：大队长叫吴丙臣。

问：有几个生产小队？

答：有5个小队：一队马振生；二队马德生；三队王西山；四队魏金玉；五队李令德。

【书记、队长、党员】

问：你是党支部书记，和生产大队长有什么关系？

答：我是支部书记，和他是同级关系，党和行政关系，有大事支部书记和大队商量，统一思想完成。

问：你在生产小队劳动时，你领导他们吗？

答：生产小队由他安排，我去干活和群众一样，听他的，他说干什么就干什么，只能比群众干得好，不能比群众干得差。

问：为什么把你选成支部书记呢？

答：因为原来我是队长，通过社教教育，思想认识提高了，本身是个党员，应该起带头作用，提高认识，在选举时咱村8个党员7票选我，我自己没选自己，就是这么选上来的。

问：8个党员是谁？

答：有魏洪迅、王玉清、马凤山、马金城、李秀云、马洪昌、吴丙臣、张良臣。

问：最早的老党员是谁？

答：叫李进堂，已去世，8个党员中老党员有马洪昌、马凤山，是在部队入党。

问：马凤山原来是书记，为什么落选了？

答：在那时，两个大队并一个队了，党员个人愿意选谁选谁？是无记名投票，当时我选的是马凤山。

【"文化大革命"】

问："四清"后就"文化大革命"了吧？

答："文化大革命"运动时间也不长，那时是进"革命委员会"，我是革委会副主任，主任是王玉庆，革委会也领导生产，那时以革委会为主体，实际上我还是书记，委员还是原来大队的几个人，名称改了，大队会计、妇女主任都有。

问：有没有造反派？

答：有少数几个人，我反对。

张良臣（第二次访问）

【“大跃进”】

问：上次已经访问过你，今天请说说“大跃进”情况？

答：1958 年“大跃进”时，是大兵团作战，一个公社分几个营。

问：这个村属于哪个营？

答：属于四营，是顺庄营。人民公社叫“红专公社”，那时候一个公社 8 个营。后来分成两个公社叫十里铺公社，以营为单位翻地。一个营有 10 个村，营的领导有营长、副营长、支部书记、秘书，以下有 4 个队：老年的叫“老黄忠队”，青年妇女叫“花木兰队”，男青年叫“敢死队”，中年妇女叫“穆桂英队”，全村人都包括了。

问：有“五虎队”吗？

答：1958 年后期青年组织一个“红专连”，划出一块地，搞个试验田，后来把十几岁的小孩组织起来叫“五虎队”，是在 1958 年“大跃进”后期，当时以村为单位搞生产。

问：各村间是什么关系？

答：各村有各村的领导，各村选拔一些青年，能说能干的，思想进步的尖子，在营里是一个样板地，组成一个突击队，处处打先锋。敢死队也叫突击队，这些人在地里打的棚子住。

问：有多少人住一起？

答：有 70 ~ 80 人，一般都不回家。

问：下雨怎么办？

答：有棚子。在以后，营里又统一组织劳力干，有 1 万亩地，早上起来都做操，一切军事化。

问：“大跃进”是哪年开始到哪年？

答：“大跃进”是从 1958 年秋天开始，一直干到冬天。

问：不去那儿睡行不行？

答：那时候一切行动军事化，必须到外边住，安排工作，是命令式的。

问：其他村也这样吗？

答：一个营 10 个村，任务下来，营里统一安排，哪个村完成得好，哪个队人干得好，进行评比、奖励。那时公社奖励我一条毛巾，上写着“红专人民公社赠”。任务完成后，解放了，各回各家。1959 年以后成立了“五虎队”，都是十几岁的男女青年，20 岁以内，在那住，有男女宿舍。

问：在哪村？

答：阎家庙村，有食堂。

问：其他人怎么搞生产？

答：回来以后，各回各队，搞农业生产，有的搞水利，有的搞肥料。

问：那时产量怎么样？

答：按当时说，是增产了，按现在说产量没上去。

问：为什么说不如现在？

答：水源解决不了，条件差，肥料也不行，条件都不如现在。

【水害和困难时期】

问：1960 年左右下大雨有水灾吗？

答：最苦是 1960 年，闹旱灾，粮食不够吃，1958 年有些浪费。

问：1960 年你们吃什么？

答：吃玉米面掺菜。

问：那时有大食堂吗？

答：没了。以户为单位，个人吃个人的。

问：有死人吗？

答：那年比往年死的多，都是老年人，因抵抗力差。

问：国家帮助你们吗？

答：帮助。给救济粮，少量小麦，主要是玉米，当时有救济粮，有统销粮，是两个安排方法。救济粮是白给的，统销粮交点钱。救济老年人、没有劳动能力的、五保户等。

问：你家有救济粮吗？

答：我家是吃统销粮。

问：当时干部怎么对待两种粮食的分配？

答：按着统销粮的统一安排，老人和小孩给多少定量，劳力给多少定量，加起来每户每人多少，发个购粮本，每月多少都写在本上。

问：那时谁当干部？

答：李金堂是村长。还有王万芝、王维章。

问：什么时候叫大队长？

答：从人民公社时叫大队长。

问：这村还有什么公粮吗？

答：不是一点不收，收粮还得向国家交余粮。

问：1961 年怎么样？

答：比 1960 年强点，生活一点一点好起来了。

问：怎么好起来的？

答：主要是从水上改变，旱、涝年景也可以搞丰收。那时我在连里负责挖大河。我带 10 个村的人，有片工程，这几年主要是搞水利工程，水源解决了，不旱了。拿出一份资金，买肥料，上级讲科学种田，粮食增产了。

【60 年代的运动和生产】

问：农业学大寨是哪年？

答：成立人民公社以后，农业学大寨，那时主要是学大寨精神，勤俭持家，科学种田。

问：有没有除“四害”任务？

答：有除四害，老鼠、蚊子……对生产不利的，所以就得除。

问：搞水利工程后，产量是不是就上去了？

答：产量很快就上去了。

问：有没有下降？

答：基本没有，就是 1960 年闹旱灾，产量下降，地有高有低，有时有减产现象。

问：1966 年你当支部书记后生活怎么样？有从国家要粮吗？

答：没有。

问：1970 年以后产量收成怎么样？

答：原来棉花每亩地收成 100 多斤，现在收成 500 多斤。原来麦秧两季收成 300 多斤，现在收 1000 多斤。1980 年产量最高。

问：你当书记时最低产量是哪年？

答：记不清。

问：1970 年以前为什么生活苦？

答：淹、涝造成的，不是哪年都涝，主要是 1970 年以后一年比一年好，1970 年以前还不如 1970 年。

【分配粮食标准】

问：生产队粮食按什么标准分配？

答：按劳分配加照顾。

问：按天分还是按月分？

答：一部分按劳力分，一部分照顾没有劳动力的，没有人照顾的就不要钱了，主要是照顾孤寡老人。

问：劳力是按天核算吗？

答：按一年挣多少工分，10 个工分为一个工日，粮食合多少钱，把所有粮食如棒子、花生还有棉花都合成钱，折成一个工，多少钱。工分挣的多，粮食分的就多。分东西时，按人工劳之分，把东西折成钱，再算劳动工分一分多少，以得的东西折成钱，多的钱给你，缺的用钱补上。

问：1970年你家分多少？

答：我家有劳力，那年都分到了钱，详细情况记不清。

问：粮食够吃吗？

答：够吃。

问：钱够用吗？

答：够用。

问：一个整劳力能养几口？

答：一个劳力能带2~3人。

问：你家几口人？

答：4口人两个劳力。一年能分200~300元，每年都能分200~300元，这是生产队时。

问：这个村"文化大革命"结束是哪年？

答：1968年结束。

【整党运动】

问："文化大革命"以后有哪些明显活动？

答：1977~1978年县里在咱村搞整党整风运动，叫集中"小整顿"，咱村是个典型，比其他地方整风早点。

问：怎么搞的？

答：进行党的教育，吸收群众意见，先党内，后党外，也有群众代表、学习文件。

问：整党时谁是支部书记？

答：王玉庆是书记，我是副书记，在整顿中，他不当书记了，因为思想落后，也有点错误，以后我就是正书记了。

问：你什么时候当的副书记？

答："四清"以后，我当的副书记。

问：王玉庆当几年书记？

答：在"反四旧"时，我下去了6个月，这期间是王玉庆当支部书记，"反四旧"就是老干部，旧机器，贴上新标签，落实"红十条"。当时是造反派让我下去的，以后我又当支部书记。干到1975年，我又下去了，王玉庆又上来了。

问：整风运动情况？

答：先在党内学习，听取群众意见，通过整风这段工作怎样？谁的错误大？谁的错误小？大家评论评论！干部自己做自我批评。

马天祥（1935年生）

时　　间：1993年4月3日下午

访 问 者：浜口允子

翻　　译：齐秀茹

场　　所：马天祥家

【家族】

问：你多大岁数？父母亲的名字叫什么？

答：我57岁，我父亲叫马士超，母亲马张氏。

问：你父亲哥几个？你兄妹几个？

答：父亲哥两个。我一共兄妹3个，两个姐姐。

问：你父亲是干什么活的？

答：父亲是务农的。在家种地，家有14亩土地。

问：你小时候上过学吗？

答：上过学，解放前上2年学，解放后念3年，解放前念的是《三字经》《百家姓》《国语》《算术》。我父亲去世时我才8岁，母亲于1948年去世了。

问：你们这哪年解放的？

答：1945年解放，1946~1947年搞斗争复查。解放时我才11岁。

问：你讲讲解放的事，解放那一天村内怎么样？

答：我那时小，就听说从王庄过来一批解放军，是19团的，有男有女，从北面也过来了解放军，包围了恩城。恩城是县，里面住着国民党，解放军打几炮，炸了国民政府的建筑。打开了城门。我们村也住上了解放军，穿便衣服。那时穿黄衣的是国民党军。

问：你家住解放军了吗？

答：有，都住上了。

【儿童团】

问：解放以后的事，请你讲讲。

答：我上小学，参加了儿童团，村内开始斗争地主恶霸，喊口号。

问：儿童是谁组织起来的？

答：解放了，共产党组织的儿童团，头是咱村的，记不清是谁。

问：儿童团有多少个人？

答：有40～50人，有男有女，都是14～15岁的小孩，儿童团的任务就是唱歌，歌词是嘿啦啦、嘿啦啦，这是大红花歌，还喊打倒地主的口号，拿着三角旗，参加斗争地主。

【土地改革】

问："土地改革"你都参加了吗？

答：我还记得当时斗争了咱村王廷喜、魏家宜，当时把王廷喜押在土楼上，派民兵看着，他家到时还给送饭去，开会时叫他说，家里都有什么东西。

问：为什么斗他？

答：因为他家有土楼，分他的粮食、衣服和家产。

问：你记得新中国成立的日子吗？

答：是1949年10月1日。

问：群众听到新中国成立了这个词，是怎么想的？

答："土地改革"穷人分到了土地、粮食、衣服，挺满意的。当时我是学生，后来母亲死了我就不念了。新中国是1949年成立的，母亲于1948年去世了。当时只有我一个人，我14岁。

问：你一个人怎么生活？

答：去我姐姐那，待了2年。姐姐在十里铺乡大枣庄，离这10多里地。

问：解放时你在村里吗？新中国成立时你在村吗？

答：解放时我在村里，新中国成立时，我在我姐姐家。

【结婚和《婚姻法》】

问：你结婚是怎么结的？

答：我姐姐托的媒人，女的是门五庄人。我媳妇那时是17岁，我也17岁，我现在住的房子，当时就在这结的婚。后来又重新盖的。

问：你结婚时是个什么样的屋子？

答：原来是土房，后来才盖的瓦房。

问：结婚时有多少亩地？

答：有7亩地。

问：生活够吗？

答：一般的够吃。结婚那年，地淹了，就不够吃了。

问：是哪年？

答：是1951年。

问：你们结婚时有《婚姻法》吗？

答：可能有了，我结婚时没有登记。

问：你们结婚时，举行什么样的婚礼？

答：我结婚时，还是旧风俗，女的穿个大褂子戴红花，我也穿个大袍子，戴个礼帽。披个彩带，我坐车，她坐轿。去女的家接亲当天，在祖先牌位（因老人去世了）前行礼。

问：早晨几点去接亲？

答：早晨6点多钟去，到她家，她也得在去世的老人（祖先）牌子前行礼、磕头，然后才能上轿，娶回家来。结婚前一天，女的家来送嫁妆，脸盆、壶、4床被子、4个褥子。

问：结婚花多少钱？

答：花 100 元钱，钱是我姐姐给我存的，我准备的房子，一铺一盖，给女方做身衣服，我做身衣服，那时还没有钱，就得借钱娶媳妇。

问：借钱怎么还？

答：就得一点一点地还。

问：那时村里有人管吗？

答：有。村长管请客人，也有的请别人管。当时管红白喜事的，叫李敬堂、刘长富、王爱芝。

【互助组】

问：你们结婚时，成立互助组没有？

答：没有。

问：什么时候成立的互助组？

答：我和马振平是一个互助组，组长是马振平，有 20 户，有几户穷的，也有几户富的。当时区干部来组织互助组，当时村长是李红堂，王维章也当过村长。

问：有不参加互助组的吗？

答：有不愿参加的，因为自己有车、有人。

问：不参加动员不？

答：动员他参加，不参加进行社会主义教育。

【初级社和高级社】

问：什么时候成立合作社？

答：1954 年成立初级合作社，我们社叫“光明社”。有 10 户。

问：互助 20 多户。社怎么比户少了？

答：因为成立社就分开了。穷户找穷户。

问：有几个初级社？

答：有“前进社”“五星社”“光明社”等，共有 5 个社。

问：互助组和初级社收成怎么样？

答：初级社比互助组时收入多点，多劳动，多得点。

问：哪年成立高级社？高级社时也有不参加的吗？

答：1956 年成立高级社，当时也有不参加的。1957 年“百花齐放”时，春天他们去北京上访，离开社，秋天就又都参加社了。

问：后来怎么又不离开社了？

答：形势逼迫，说他们“放毒”，不入不行，不入就打成“右”派。

【反“右”派运动】

问：村里也有“右”派活动吗？

答：没有，但形势是这个形势，有反“右”派的口号。

问：为什么要搞“右”派？你们是怎么知道的？

答：反“右”派是全国活动，上边的指示，传达文件。

【自然灾害】

问：1960 年有什么灾害？

答：1958 年“大跃进”，吃大锅饭，浪费了很多粮食，1960 年粮食就不够吃了。

问：1960 年左右有没有自然灾害？

答：1961～1962 年自然灾害是下大雨，闹水灾，房子也有倒的，庄稼都淹了。后来又开始旱得厉害，麦子也没收好。7 月份下大雨，玉米、大豆、花生、地瓜、棉花都被淹了。

问：那年吃什么？

答：政府救济，发给购粮本，从关外调来地瓜干、棒子。也有倒房子的，村里给钱盖房子的，也有自己找的。1952 年时闹水，我的房子倒了，住在马福祥家。我们大孩子在他家生的。

问：1952 年几月闹水？

答：1952 年秋天，1952 年村内倒房有十几户，40 多间房都塌了。

问：怎么盖起来？

答：村里大家帮忙盖起来的，那时还没成立互助组。

【“四清”运动】

问：“四清”时你还记得吗？是哪一年？

答：“四清”是1965年冬天至1966年夏天。上边派来的工作队，听说是从平原县各部门抽的干部组成的工作队。乡里是工作组，咱村有5个人，村里人都分成连队，我们这是3队，分一连、二连、三连。然后，工作组收集群众意见，搞村干部，谁贪污多少粮、钱，坦白从宽，有坦白的。头一清，是清经济，叫自己说，村里挂个意见箱，不说也有人知道，清经济承认后，就叫他们退赔；还清组织、支部、会计，好的就用你，不好就不用了；第三清政治，清政治面貌，现在叫精神文明；第四清思想，把旧的思想清改了，树新思想，叫社员享福。

问：你参加了吗？

答：我参加了，是全民性的。开大会，干部说自己贪污多少，多吃多少，多占多少，我那时是社员代表，收集群众意见。

咱村分两个组，我代表东组，有西边一个组。东组有我、马德堂、马月英、马瑞和吴玉瑞、吴景章、马连和等。

问：有妇女吗？

答：有，马月英是妇女。

【贫协委员会】

问：还有什么活动？

答：建立新党支部，支部选完后选小队。小队是大家投票，你看谁行就选谁，谁票多选谁，领导班子管生产。然后，再选群众组织，叫贫协委员会，贫下中农参加选举贫协委员会，也是投票方式选举。这时，在“四清”运动结束时，搞这项工作。选举的贫协委员会主任马天祥、王会民两个主任。

问：干什么工作？

答：监督干部有没有多吃多占的，县、乡都有头。这个委员会干到三中全会以后，贫协这个名字就取消了。

问：你一直当主任吗？

答：我一直当，王会民干4年就不干了。一年一选，贫下中农都参加选举，有选民证的都去。

问：除主任以外还有人吗？

答：有委员，9个人一个班子，这个班子监督那个干部去过饭馆吃饭的，有，就找找他，改了就好。贫协还协助干部搞好生产，贫协没有权，那时有个大队组织，有个党的组织，妇联会、民兵连、团支部。

马天祥（第二次访问）

时　　间：1993年4月5日下午

【“四清”运动】

问：“四清”什么时候结束的？

答：1964年冬天开始“四清”，1965年夏天结束的。“四清”运动主要是清政治、清经济、清思想、清组织。清理党、政领导班子，大队长、小队长、会计，经济一类的问题，思想方法这些事。清完以后，公社里一个乡一个大队，分3个小队，前、后寨子是一个分队，清完了搞阶级复议，乡里留一个人叫观察组，维护“四清”成果，换领导班子。

问：“四清”时被批评的干部怎样处理的？

答：对被批评的干部搞退赔，根据他自己交代的和实际情况，有什么退什么，有退东西的，也有退钱的。比方贪污多的人的家里没有钱也没有东西，退树木、退房子也可以。房子折成钱，也可以给多折点钱，退什么都可以。

问：都有谁退赔？

答：有王维章连长退一间半房，吴序爵会计、吴丙臣副连长退的钱和布票。

问：谁让他们退赔的？

答：工作队让退的。

问：价钱谁定的？

答：群众代表、干部一起定的价。

问：退赔的东西怎么处理？

答：东西都归连队。

问：干部以外有退赔没有？

答：干部以外没有退赔。当时不清群众。

问：退赔以后这些人还当干部？

答：选举时选上就当，选不上的就不当。

问：退赔完了就算完了？

答：没完，这是一个阶段，这是头年冬天清经济，过了年清思想，工作队组织学习，干部提高认识。

问：工作组有多少人？

答：全村有 6 人，组长叫赵华海，还有张善青、冯志华（冯是海军连长），这 3 个是村东头的；西头的也是 3 个人，姓于的、姓杨的、姓郭的。

问：群众代表是谁？

答：马天祥、马月英、李敬唐。以后选举时我是贫协主任，王会民是副主任。

问：委员几个人？

答：有 9 个委员，也有 7 个委员的，我们是 7 个委员。

问：清思想是怎么清法？

答：组织干部学习，代表参加。

问：别人参加不？

答：也有时吸收群众参加，有时不参加。

问：学习什么内容？

答：我文化不行记不清。以后又清政治，叫阶级复议，就是“土改”时定的成分，是中农或者富农，看看现在是不是中农或富农。过去定低了，现在再高点；过去定高了，现在再定低点，这主要是看原来定的成分合理不合理。

【“四清”运动中的成分变化】

问：村里成分有变化的没有？

答：有的中农变下中农的，也有中农变富裕中农的，有些变化。马振锋由富裕中农改为富农。

问：成分变化后对他们生活有没有影响？

答：没有影响，没动东西，就划个成分。

问：为什么要改成分？

答：因为有个界限，搞复查。

问：清政治完了，又干什么？

答：清组织。先开会，两个大队合并一个大队，又划小队，一个大队 5 个小队。大队名称叫“后夏大队”，然后开会先选支部，后选大队干部。全村人参加选举，每人写个条放盒里，从全村人找出几个代表，监票、唱票，谁票多，谁当选。

问：谁主持选举？

答：工作队组织选举。

问：工作队住哪？

答：村东头 3 个人住王庆龙家；西头 3 个人住刘希坤家。

问：工作队什么时候回去的？

答：大、小队干部都选完了，1965 年夏天走的。留下一个人叫“观察员”。

【本村“文化大革命”】

问：“文化大革命”情况怎样？

答：“文化大革命”比较稳定，因为“四清”也是搞干部，搞这些事，咱村已经搞完了，有些事，是听说的。

问：这村有没有“红卫兵”“造反派”？

答：没有“造反派”，就是学生戴个红袖章，喊口号，打倒走资派！

问： 有没有说干部是旧机器，新标签？

答： 群众有说的，没有人组织，开会时，支部组织。

“文化大革命”一开始，工作队就撤了。“四清”是分期分批搞的，不都是一样。

【救济粮、生产力提高】

问： 那时村有救济粮吗？

答： 到秋后，给你个统销粮，270～280斤。

问： 够吃吗？

答： 有自留地。救济粮是按户给，每年都有救济粮和钱。

问： 什么样算困难户？

答： 就是劳动力少，老幼多，不会过日子，小孩多，工分不够吃的。

问： 你们家得过救济粮吗？

答： 有时孩子们有。

问： 粮食怎么分配？

答： 按人五劳五分。

问： 你家一年能分多少粮？

答： 秋后每人能分200斤，麦收能分70～80斤，不一定，有余粮户，也有缺粮户。

问： 够吃吗？

答： 不够吃，自己想办法。

问： 没钱怎么办？

答： 卖个鸡蛋，卖个猪。

问： 1960年和1970年粮食还不够吗？

答： 壮劳力吃得多，不够吃的，占1/4。小孩多，劳力少的，够吃。

问： 那时每年产量怎样？

答： 1960年不行，受自然灾害。1961年生产力薄，不够吃的，出去到处换红薯干，换玉米，拿个衣服，去泰安换。

问： 还有其他年收成不好的吗？

答： 没有了。1970年以后，产量不高但够吃了。

问： 还有救济粮吗？

答： 年年有，困难什么时候都有，救济粮现在少了，1980年引黄河水，产量就好转了。

问： 1985年有没有救济粮？

答： 因为生活变好了，一个是引黄河水，再一个是科学种田，配种，棉花换种子，施肥一般“三个一”，一亩地给100斤底肥，100斤饼肥，100斤化肥。1980年开始这样用肥，每个乡有一个科学站。1980年以后，刚开始还不还，后来小麦亩产达500～600斤，1980年以后粮食细粮化了，从前都吃棒子面，掺菜。

问： 集体时劳动和过去比怎么样？

答： 这时候，干劲比那时高一倍。

【整顿干部作风】

问： 1977年“整风”情况怎样？

答： 1977～1978年从县来5个人工作队，有机关抽的，也有厂里派的，5个人有分工，一个队一个人，工作队给干部开会，从党内到党外，党内互相批评，党外开群众会，给干部提意见，主要还是指多吃多占的问题。

问： 主要是什么意见？

答： 当时就是清经济。

问： 受批评最厉害是谁？

答： 王玉庆最厉害，批判他多吃多占，也有贪污。

问： 批判完了就不当书记了？

答： 退赔完了不当的。

问： 都退赔什么？

答： 退了3间房子。

问： 你那时是贫协主任吗？

答： 是贫协主任，直干到1980年取消贫协委员会时我不干的。

问： 贫协这个组织1960～1980年一直存

在吧？

答：这个期间有。

问：都干什么工作？

答：主要是代表群众意见，群众有什么意见，向上边反映，大队有什么事商量商量合不合理，就干这些事。

王子绪（1950 年生）

时　　间：1993 年 4 月 4 日下午

访 问 者：浜口允子

翻　　译：齐秀茹

场　　所：村委会办公室

【个人简历】

问：你叫什么名字？年龄？哪年出生的？

答：我叫王子绪，42 岁，1950 年出生的。

问：你父亲叫什么名字？

答：父亲叫王汉成。

问：现在做什么工作？

答：现在已经去世了。在世时务农，一直是务农。

问：解放前你家有多少地？“土地改革”时什么成分？

答：有 30 亩地，下中农成分。

问：有多少口人？

答：有 10 口人。

问：你母亲叫什么名？

答：母亲叫王陈氏，是山东烟台人。

问：兄妹几个？

答：兄妹 6 个，男的 2 个，4 个女的。一个哥哥，3 个妹妹。

问：“土地改革”你还记得吗？

答：“土地改革”我不记得。

问：你什么时候上学？

答：我 8 岁上学，在本村小学。

问：谁是你的老师？

答：老师叫李令服。从 1958 年开始上学，1959 年、1960 年休学。因为闹水灾，家庭生活困难，就休学两年。1959 年 6 ~7 月雨季下大雨，五千河缺口从黄河来了大水，村里存水 20 多天。村里庄稼全都淹了。

问：就你一个人休学？

答：也有别人休学。

问：1960 年也闹水灾吗？

答：1960 年也有水灾，不大。1961 年、1962 年也闹水灾。

问：1960 年又开始上学了？

答：1960 年又接着上学，因为生活条件好了。还是李令服老师，五、六年级就到郭杨村上学了。

问：你喜欢学什么科？

答：我喜欢文科，语文。

问：你那时课文，都是什么内容？

答：有宣传英雄人物的，如董存瑞、黄继光，也有农业方面的内容，还有宣传解放军的内容，抗日战争和解放战争等。

问：当时有什么儿童组织？

答：有少年先锋队。

问：6 年毕业又上哪个学校？

答：上初中，是在恩城第二中学。

问：你上中学住家里还是住学校？

答：当时住在学校里。

问：村里有几个人跟你一起上学？

答：咱村有 13 个，有一个是我同属的。在郭杨村上学时有 30 多人，其中上中学的有 13 个人，其余的人多数务农，成绩好的有上平原县第二中学。

问：你上几年中学？

答：我上两年中学就休学了，因为我闹病就休学了。半年病才好，年龄大了，也不愿上学了。

问：休学是哪一年？

答：1966年休学回家了。

【“四清”和“文化大革命”】

问：1966年以后你都在村里干活吗？

答：1966年在第四生产队干活，当时村里有5个生产队。

问：“四清”是什么时候开始的？

答：咱村是1964年冬天开始搞“四清”，什么时候结束的我搞不清，我回来是1966年下半年，“四清”就已经结束了。

问：你在生产队工作是哪年开始的？

答：我是1967年开始参加农业生产的。

问：“文化大革命”是哪年开始的？

答：1966年“文化大革命”已经开始了，我没参加，因为我病刚好，再一个我年龄小。

问：你知道谁参加过“文化大革命”？

答：我闹不清，因为没有参加会，也不清楚，当时我们村很平静，没有什么组织也没有武斗，很稳定。

问：村里有没有“保皇派”？

答：咱村没有“保皇派”，也没有这一派那一派的。

问：有没有“红卫兵”？

答：“红卫兵”有。

问：你在家养病时，听广播里北京的消息吗？

答：听见过毛主席在天安门上几次接见“红卫兵”，也有一堆一堆的学生串联。

问：学生有来这村没？

答：咱没见过，听说晚上来，在学校里住一宿就走了，在咱村没有什么活动。

问：当时有毛主席小册子没有？

答：当时我也有，那时候队上组织学习毛主席语录，一般都是青年、团员。

问：你参加过学习没有？

答：我参加过学习，一个人念，大家听，从头到尾都念，每星期晚上学一次，在老学校里。

问：那时的团干部是谁？

答：那时的团干部叫王维宝，是现在的主任。

问：他怎么领导学习的？

答：那时候，有上级指示，叫学习毛主席语录。

问：那时候“文化大革命”在村子里什么时候结束的？

答：我闹不清，在“文化大革命”期间，咱村也没轰轰烈烈过。

【林彪事件、“批林批孔”】

问：1971年林彪死了，你当时听说过没有？

答：林彪死，我听说过，那时候我正在挖河。当时我们想，他是副主席，怎么还叛国投敌呢！怎么能那么办呢！当时很遗憾。

问：1972年9月中日两国建交，你怎么看？

答：我认为中日两国建交，表示形势安定，老百姓也就得好了，搞好生产，过好日子。

问：中日建交以前你知道日本一些事吗？那时你是怎么看的？

答：没有建交以前，从课本看到日本侵略中国，对日本军国主义很愤恨！建交后，形势变了，相信国家和党的政策，挺高兴。

问：“批林批孔”您还记得吗？

答：“批林批孔”这件事知道，都说过，村里也学过。“批林批孔”材料，在开会之前学习过，念过，那时基层干部关上门学习。

问：“批林批孔”以后，村里干部是谁？

答：“批林批孔”是1974年，那时支部书记是张义臣，大队长是王玉庆，副大队长魏立昌，会计是马会祥。

问：贫协委员会有吗？

答：有，马天祥是贫协主席。

问：贫协委员会现从事什么工作？

答：协助支部作日常工作。

问：你是贫协委员会成员吗？

答：不是，因为那时贫协是群众选举的，我没有被选上。

问：你什么时候入党的？

答：我是1985年入党的。

【毛主席追悼会】

问："批林批孔"以后，毛主席去世了，当时村里情况怎样？

答：毛主席是1976年9月9日去世的，当村里人都很害怕，毛主席死了以后，咱国家形势是不是还这么稳定？一个是害怕，一个是悲痛！

问：有没有什么活动？

答：9月15日开的追悼会，当时下雨，村里全体群众都到老学校收听中央追悼会的实况录音，群众都被雨淋了，谁也不走，80%的群众都哭了流泪，场面很动人。

问：1976年周总理去世时村里怎样？

答：周总理1月8日去世，全村群众部感到悲痛，也开了追悼会，场面没有追悼毛主席场面大。

问：别的国家干部去世时有这么大场面吗？

答：没有。

【村的追悼会】

问：村里死人，有没有开追悼会的？

答：有。老干部、老党员死了，村里开追悼会。比方说老党员、老复员军人马洪昌，1988年去世时，开追悼会，悼词是我写的，有200人参加。

问：悼词写的什么内容？

答：当时写他得了什么病，在哪个医院治疗无效等，还写他的生平事迹。

问：马洪昌以外还有谁？

答：有吴序爵，72岁去世，在村里一直是会计，不是党员，1988年去世时，也开的追悼会。悼词也是我写的，内容不一样，马洪昌是党员，是村里当治保主任。

问：开追悼会时，穿什么衣服，有要求吗？

答：对家属有要求，都穿白衣服，对别人，一般都穿制服。死后6天就埋了。开追悼会是死第6天，追悼会时间开了半个小时。不都是6天，按年龄，也有两三天的。马洪昌，老党员，1988年去世，当时全村人都参加。

问：老干部追悼会和五保户追悼会有什么区别？

答：形式上没有区别。

问：还给谁开过追悼会？

答：马洪昌，吴序爵，吴丙臣，王玉庆，五保户王芦氏，她不是干部，没儿女，1984年去世，支部书记、乡干部参加了。悼词是我写的，我是村文书。

【干部组织】

问：你当干部时，都有哪些干部？

答：我当干部时，有支部书记，现在叫村民委员会，过去叫大队，管委会妇女主任，有3个委员，还有民兵连长，团支部书记文书兼会计是村委会委员，有计划生育委员等。

问：大队管委会组织从什么时候开始的？

答：从人民公社时就这么叫。

问：支部委员会几个人？

答：不一样，根据村人口定，我们是中等村，支部委员会有5个人。

问：这是全村的机构吗？

答：是的。

问：大队管委会和支部委员会，以哪个为主？

答：搞生产以大队管委会为主，搞党的建设以支部为主。

问：有没有党的委员不参加会议的？

答：会议都参加，一般会议定下来的，下边执行，有些小型会议可以不参加。

问：谁工作最忙？谁工作重？

答：村委会主任和支部书记最忙。

问：毛主席去世以后，开过批判“四人帮”的会吗？

答：开过，全村人都参加，支部书记给开会，按报纸内容念。

问：你那时候参加没有？

答：我参加的不多，我那时不是大队干部。从1978年才当干部，1978～1985年当第四生产队队长，1985～1990年任大队支书，1990年至现在是支部委员，搞计划生育。主要是宣传计划生育政策，现在没有什么大事，都愿意生一个。

【计划生育】

问：这个工作有什么困难？

答：没有。头一个是女孩的30周岁以上的可以生二胎。

问：有没有第一胎是女孩，第二胎又是个女孩的？

答：支部委员李景春就是两个女孩。

问：有违反政策的没有？

答：一直没有。

问：你怎么宣传？

答：开会宣传计划生育政策，如有两个以上的，又怀胎的，就动员，讲清道理。对于招婿的，优先安排，给予奖励。

【道路建设】

问：你们村道路这么宽，从什么时候开始建的？

答：从1980年开始的，翻修房时，往后移加宽道路，这是村委员会的规定，也是党支部村委会13个干部一致同意的。

问：谁提的议案？

答：是村长提议，大家讨论通过的。

问：有不同意见吗？

答：遇到一些麻烦和困难。

问：你怎么说？

答：我同意村长意见，干工作不能怕麻烦。

问：讨论了多长时间？

答：开会有五六天，群众多数人同意了，就定下来了。现在拖拉机多了，路不宽，拖拉机也过不来。

问：原来路不宽时两边房子不都得动吗？

答：动得不大，原来路有点弯。

问：胡同加宽没有？

答：胡同原来就这么宽，没有动。

问：村里有专人负责规划吗？

答：有4个人负责，有我、马长祥，当时马长祥是组长，我是副组长。共搞了3年，从1988年开始搞的。

【义务劳动】

问：劳力是从哪出的（修理道路）？

答：18～46岁的本村劳力，义务劳动，春天和冬天搞。

问：还有义务劳动吗？

答：有挖河的，每年清理一次，从1964年毛主席提出根治海河开始，每年都修，每年一个劳力参加30天义务活动，每天8～12点和下午3～5点半，女的不参加修河，男的参加，女的参加植树，每年一人参加10天左右，女的义务劳动年龄18～25岁。

王维宝（1942 年生）

时　　间：1993 年 4 月 6 日上午

访 问 者：浜口允子

翻　　译：齐秀茹

场　　所：村委会办公室

【“大跃进”时的村政机构】

问： 请你说说人民公社时代的机构？

答： 1958 年成立恩城人民公社，咱村是两个连，东头 1 个连，西头 1 个连。东头是六连，西头是七连，东头两个排，西头 3 个排。有连长、副连长、治保主任、会计、事务长、保管员，两个支部。到 1959 年末，改为大队，还是原来的人，就是组织形式变化了。当时叫大队管理委员会，后夏东队有 2 个生产小队，后夏西队有 4 个生产小队。

问： 人民公社叫“红专大社”吗？

答： 叫人民公社，里面有个“红专大学”，从各村抽的男女青年学习。

问： 队里都有什么干部？

答： 有党支部，大队有大队长、副大队长、民兵连长、会计。东大队有妇女主任，叫孙玉荣，西大队妇女主任郭秀英。

问： 生产小队有什么干部？

答： 有队长、会计、保管员、现金保管员、事务保管员。

问： 决定事谁参加？

答： 大队干部都参加。小队会全体成员都参加。

问： 大队的形式到哪年？

答： 从 1959 年末到 1966 年。1966 年以后，两个大队合并为一个大队，叫后夏寨大队，当时的机构有：支部委员会、大队管委会，大队干部有队长、副队长、会计，3 个委员——治保、调解、文教。党支部委员会有书记，副书记，3 个委员，即组织委员、宣传委员、纪检委员，群众组织有青年团、妇女会、民兵连。1963 年时，两个公社，徐庄公社、恩城公社。

问： 什么时候徐庄改成十里铺公社的？

答： 1979 年至 1980 年改为十里铺公社。

【“文化大革命”时期的村政机构】

问：“文化大革命”时的情况怎样？

答： 1966 ~ 1970 年党支部停止党的活动，由贫协委员会主管一切，贫协成员没有党员。党支部机构存在，没有活动。1970 年党支部活动开始，有党支部委员会、贫协委员会、革命委员会 3 个机构。有一段时间是以党支部为首，有一段时间是以革命委员会为首，贫协是在革委会领导下工作。当时革委会组织有贫协、妇女、民兵、调解、红白理事。1972 年党支部选举时，王玉庆是书记，张良臣是副书记，吴丙臣大队长兼支部副书记。还有会计、5 个小队长。大队管委会 7 个人。到 1976 年又改了，党支部还是 5 个人，书记张良臣，副书记吴丙臣、马天祥、委员 2 人，王志古管民兵，李会春是组织委员和宣传委员。大队没变，这时贫协成为一般化组织，不起什么作用，起个监督干部的作用。研究事时，干部都参加。到 1978 年又改选了支部，书记王玉庆，组织委员李会春，宣传委员、王志古，大队长王维宝，副队长吴丙臣。有会计、4 个小队长，还有原来的群众组织。民兵是马长德，青年团马长春，妇女主任王会仙，这些群众组织属党支部领导。1982 年又改了书记吴丙臣，委员李会春王志古。1984 年正式选举，由乡里来人组织，全体党员有 20 多个参加选举，无记名投票，支部书记吴丙臣，副书记王维宝、马德昌，委员李会春、王志古。村委会主任王志远，副主任马长祥，文书王子绪，委员王志古、马长军，团支部书记王成重。民兵连长是马长德，妇女主任王会仙，后来吴丙臣死了，乡党委又任命马继昌为书记，1987 年又换届。人民公社改为乡政府，书记是马继昌，王维宝是副书记，李会东、王志古、王会青3个委员。村委会主任王维宝，文书王子绪，文教卫生马长德，调解治保王志古，妇女主任王会仙，民兵连长李雨民，团支部书记王成重，红白理事一直是马长祥。

【新中国成立后的村政机构】

问：新中国成立时的村机构？

答：主要是农会，农会有主任，民兵队长，妇女主任，团支部。当时村里没有党员，也没有党支部，由团员代替党的工作，团支部书记王维章，有40名团员。那时团员年龄在16~28岁。

问：党支部什么时候成立的？

答：初级社时，1952年成立的，书记马凤瑞，委员马冈明、吴序爵。马凤瑞和吴序爵不久就调走了，因为他俩违反了《婚姻法》。

问：互助组由谁来组织？

答：自愿组织。

问：村里有几个互助组？

答：有11个。

问：每个干部都有什么特点？

答：比方李会春，实干、忠厚，给群众办事，善于团结和自己意见不同的人，按时完成上级交给的任务，其他人也是这样。

问：去世的王玉庆是个什么样人？

答：王玉庆工作时在党内不够团结。

问：将来村有什么规划？

答：村内有远景规划（看规划图）。

王志远（1928年生）

时　　间：1993年4月6日下午

访 问 者：浜口允子

翻　　译：齐秀茹

场　　所：王志远家

【家庭成员】

问：您多大岁数？

答：我65岁。1928年出生的。

问：您父亲、母亲叫什么名字？

答：父亲叫王玉增，母亲叫王耿氏。

问：父亲过去是干什么的？

答：父亲1940年去煤窑一直没回来。母亲在家里纺线、织布。

问：您家有多少地？

答：有7亩地。

问：您上过学吗？

答：我13岁时上学，念了3年，家里没人干活就不念了。

【满铁调查、日本兵】

问：过去你们村来过日本人调查团吗？

答：来过，来了有40天。

问：同你说过话吗？

答：没有，一般的他都去小学。

问：你遇上过日军吗？

答：没有遇上过，那时日军在恩城住了七八年。

问：听到过日本军办什么坏事吗？

答：没有听到，在战争时期，一个县城仅有十几个日本人，多数是汉奸参加的，叫“二鬼子”。

问：哪年解放的？

答：1945年秋天解放恩城，先是关内解放，后是我们这解放，日本皇军走了，八路军来了。

问：抗战胜利时有什么活动？

答：组织工会、农会、妇救会、儿童团，搞庆祝活动，扭大秧歌，踩高跷。

问：是什么时间？

答：是刚解放时。农闲时，冬天村内有高跷，过年时有活动。

【“土地改革”】

问：“土地改革”时的情况怎样？

答：咱村没有很大的、很富的地主，就是把衣服、东西拿出一些。

问：有土楼吗？

答：有两个土楼，解放前扒一个，解放后还有一个。

问：当时地主、富农都关在哪儿？

答：都关在土楼院子里。

问：（指在座的人）你多大岁数了？

答：51岁。

问：这个土楼到什么时候？

答：新中国成立后扒的。还有一个土楼是乡长王文清组织民团盖的，是民团的土楼，建的三层楼。

问：土地改革时有多少地主、富农？

答：有10户。

问：你那时有多少地？

答：有7亩。没分着地主的地。当时村里人平均3亩地，我家只有我和母亲两人，我家开始定的中农成分，“文化大革命”时又定为下中农。

问：说说新中国成立的事。

答：新中国成立时，很热闹，有高跷、大秧歌。

问：那时村干部都有谁？

答：有吴志端、吴序爵、马万年、马万锋。

【结婚】

问：你哪年结的婚？

答：解放后24岁时结的婚，那时已颁布《婚姻法》，我们由村里开个介绍信，到恩城区政府进行登记。登记时，问年龄、愿意不愿意。

问：几个人去登记？

答：3个人，有介绍人和我们两个。

问：登记是在婚前还是在婚后？

答：在婚前，妻子是本村人，叫张桂荣，她父亲叫张瑞华，她父亲是我们的介绍人。

问：当时你们还是不是门当户对？

答：我不考虑，就考虑我们俩投脾气。

【互助组、合作社】

问：说说互助组时的事？

答：我们互助组有8户，是季节性的，我们这几户关系都不错，农忙时互相帮忙。

问：都有什么牲畜、农具？

答：有犁、耙、牛，每户都有1头牛，共有8头。

问：为什么要建立互助组？

答：一个是上级号召，另外一个，集体干活也有好处，单干劳力少。

问：互助组时谁是组长？

答：我是组长。

问：麦子同时成熟，先给谁干？

答：由组长安排，互相让，发扬风格。

问：男女一块干吗？

答：都是男劳力干活，互助组贫富都差不多。互助组是自愿结合。

问：都是亲戚吗？

答：不一定，我们的亲戚张良臣第二年参加我们互助组。

问：你们这个组后来有多少户？

答：有10户。

问：全村有几个互助组？

答：有七八个。

问：入互助组后产量怎么样？

答：产量没提高。

问：初级社是哪年成立的？

答：初级社是1954年成立的，我们叫“前进社”。

问：村里有几个社？

答：有4个社，“光明社”“幸福社”“五星社”“前进社”。前进社长叫李金成，副社长李志唐，会计王志远，计划股长魏洪迅，生产股长王长茂，村长王维章，副村长王焕志。初级社后，成立高级社，是前进和光明两个社合并的，参加前夏寨社，名字叫“红旗社”，社长是马礼；幸福社和五星社合并叫“幸福社”，社长可能是王维章。高级社成立半年后，1958年成立的大社，地点在恩城。建大队后，都划为连队，我们是七连，连长是马礼。六连连长叫王维章，一切行动军事化，吹哨子集合。下地干活都排成队，出了村就不管了。

【人民公社、公共食堂、“大跃进”】

问：公社时搞军事训练吗？

答：年轻的军事训练，后来就成立食堂了。六连一个食堂，七连一个食堂，食堂地址是李志祥家。当时做饭有10人，有两个男的刘玉挺。喝水也去食堂领，那时家的锅都被收去了。吃食堂从1958年秋天开始，到1960年春天解散的。

问：1958年“大跃进”的情况怎样？

答：“大跃进”时，全村老少都编成队，中年妇女叫“穆桂英”队，老年人叫“佘太君”队，小青年叫“五虎队”，队长李春华，青年妇女叫“花木兰”队，能干的青年男女叫“敢死队”。

问：都集中住吗？

答：就是“敢死队”“五虎队”青年和妇女集中住。

李海彬（1926年生）
王成和（1925年生）

时　　间：1993年4月7日上午
访 问 者：浜口允子
翻　　译：齐秀茹
场　　所：平原县龙门宾馆

【八路军和日本军】

问：您叫什么名字？

答：我们俩都是共产党员，过去的事，知道不多，我叫李海彬，他叫王成和。

问：你们谈谈在部队的情况。

答：我们开始在地方部队。我今年67岁，他68岁。我家是河北省衡水地区枣强人。44年以前我在天津学徒，我是纺织工人，工厂里有党的活动，后来我回老家，就和地下党组织联系上了。在武城西道河打游击。（看地图）我们是八路军，1945年已经宣布日本投降，日军不投降，也不交枪，想交给国民党，后来通过打仗解放的，那时恩城县里有十几个日军，有2000多个伪军，各村民兵把县城围了起来，大部队还没到，这时日军小队从恩城突围，由平原的日军把他们接出来。两个城的日军合在一起上铁路，去齐河交枪，想交给国民党。

问：这是什么时候？

答：1945年9月。在路过两城张庄途中，被咱们部队17团发现了，当时命令他们交枪，他们不交，就把他们打败了。被俘的日军被送回国。

问：当时为什么恩城有日军，平原也有日军？

答：这是两个县，平原的叫横山部队，有一个排，四五十人。日本人的家属都早走了，恩城地区我在那儿，张庄的事是我听说的。

【八路军的游击战】

问：你们都活动在哪儿？

答：我打游击时，是属晋冀鲁豫，我是在济南军区范围内，包括枣强、南宫、清河、故城、夏津、高唐、恩城。当时是农村包围城市。铁路东属渤海，西属晋冀鲁豫，是刘伯承、邓小平领导的。渤海是陈毅、粟裕、肖华领导的。

问：恩城八路军住在什么地方？

答：住在农村老百姓家，不固定。我那时在这个县的东南部。1949 年以前八路军是游击性质，没有被子，到哪儿村住，从老百姓那儿借被。我们有的有枪，有的没枪，手里只拿两个手榴弹，一个人背一把大刀，有的有枪也没用，也是钢枪，是河北造。日本军都拿三八式枪，那时打仗都是晚上打，日军晚上不出来，八路军全靠晚上打，日军一平方里（20 里）有 5 个据点。八路军晚上在日军据点活动。我们到村里，先把狗打没了，因为狗叫，日军据点就知道了。每天天黑了，我们就出去，早晨天亮就住下。

问：日军 5 个据点都在什么地方？

答：在村外边的鸡鸣寺、河家寺、马腰务、刘子昌、高庄，打到最后就集中在马腰务。这个地方是 1945 年 6 月最后解放的。

问：他们住村边，村里人知道不？

答：知道，日军不敢进村。真正的日军，不吃老百姓的饭，自己带饭盒。都是吃大米干饭。

问：谁给他们的饭？

答：1942 年以前都是上边供应给他们，1942 年以后日本兵通知村子里送饭。那时，中国人管日本兵叫鬼子兵。日本兵最疯狂时是 1942 年以前，我们坚持持久战，分三阶段，一是防御，敌人攻我退兵；二是“拉大锯”；三是反攻。这是八路军的策略。

问：后夏寨有没有据点？

答：没有据点，因为恩城有据点，后夏寨离恩城近。

问：哪儿还有据点？

答：夏津县苏流庄有。（看地图）这里没有日军，有汉奸，新桥、王果铺、武城、后王庄、北正庄有据点（看地图）。

问：据点规模有多大？

答：不一定，开始时日本军很凶，八路军不多，国民党不打。后来八路军慢慢发展起来，从外边来人，宣传组织老百姓参加抗日。民兵就是联防队、妇救会、儿童团、自卫队，把所有人都组织起来，晚上活动。儿童团拿着红缨枪站岗，自卫队护家，都有分工。正规部队很少，当地有正式游击队、县大队、野战军，后来就成为正式部队。原先叫地方兵，住在家里，配合打仗。武器装备也是日军和国民党（运输大队）运来的。

问：村里有甲长吗？

答：一个村为一个保，10 户为一个甲，保、甲组织是日本人的机构。这个机构后来性质也变了，名义上是日本人的，实际有些人为共产党办事。伪保长实在转不过来。就把他脑袋割下来。

问：日本人还有地下的吗？

答：这些人我们管他叫汉奸、狗腿子。伪军的据点都有咱们人，有什么行动都有人送信。就有一次没送出信来，是在 1942 年 12 月 12 日，日军搞铁壁合围，日军上头组织的。

问：铁壁合围是什么意思？

答：过去日军走哪个道都知道，这次走的路线不知道，我渤海 17 团都被围在平原县正东张士福村。游击队和 17 团 7 小队的人牺牲不少，上边还有日本飞机，日本军都穿马裤、皮靴，把抓住的穿黄衣服的人都用车带走了。穿黄衣服他以为就是八路军，穿便衣的就放了。

问：恩城搞铁壁合围没有？

答：没有。故城马庄搞了，死了不少学生，因为学生没有经验，死了有 100～200 人。

我村是王河村，被抓劳工有 10 人死了。

【八路军中的日本人】

问：八路军中有日本人吗？

答：咱们县大队一个小战士，是日本人，名叫西泽，他是被俘人员，被我们教育好了参加了日本“反战同盟”，很卖力气；他一个人能使用三种枪：一个是三八步枪，一个是轻机枪，一个是子弹筒。有十几个战士围他转，他打仗很机警，我见过这个战士，后来他牺牲了。地方给他开个追悼会，他们的团长叫马立朝的在追悼会上演说。

问：1945年以后八路军都干哪些工作？

答：日本军走以后，国民党打内战，平原县国民党的张宗诚团，外号叫张八师的杂牌部队，一直住在那儿。到1946年春天才解放平原县，天津、北京1949年解放，济南是旧历1948年八月十五解放的。日本投降后又打了3年内战。

【3年内战】

问：3年内战是怎么打的？

答：过去治安军又不是汉奸了，改为国民党兵。

问：汉奸多吗？

答：比日本人多得多。汉奸、还乡团、土匪，都挂上国民党的牌子，成为国民党杂牌军，共有800万人。1947～1948年中央发动向中小城市进攻后，老区没问题，中、小城市还是国民党的势力，用3年时间打败了国民党。淮海战役，是最大的战役，消灭国民党军60万人。打仗全靠老百姓，军民一条心，在战场上老百姓抬担架、送粮。

问：那时怎么动员参加八路军？

答：打日本军时，动员参军，保卫国家，不当亡国奴；打倒日本军，参加抗日，把日本兵打出去。后来的口号，打过长江去，消灭蒋介石。动员参军时，一个村10个、8个的去。这是1947年的游击区，有一小县十几万人口，要1500人参加，实际报名参军的有6000人。那时参军不分年龄大小，小的16岁，大的40～50岁，动员参军口号是：八路军独立营，谁参加谁光荣；全民族，齐抗战，联合起来和他战。

问：那时你多大年龄？

答：我17岁。

问：在部队危险吗？

答：很危险。头挂在腰里，说不定什么时候就掉了。我们是幸存者，和我们一起的死的人多了。

问：有的村说动员参军难？

答：各村情况不一样。

问：1946年解放你们参加“土地改革”没有？

答：1943年时，开始搞减租减息，雇工增资，先搞这个。这项工作以后，搞“土地改革”，这个事，不是八路军的事，是地方政府的事。抗日时，有救国会；“土改”时，有农会，以下中农为主，发动群众搞“土改”。

问：解放和没解放的地方有没有区别？

答：没解放的地区，不搞，淮海战役先解放济南。

问：八路军怎么改解放军？

答：开始时，是红军，后改为八路军、新四军，和国民党合作时改的八路军。内战时，1948年以后改为解放军，1954年以前，是自愿兵，1954年以后改为义务兵。限年龄，3年一次。

问：两位都是党员吧？

答：我是1944年入党，他是1945年。

问：党员和不是党员有什么区别？

答：党员吃苦在先，享受在后。

问：部队里都是党员吗？

答：不一定，党员人数不多。

问：你们在部队多长时间？（问王成和）

问：我 1948 年以前在部队，1948 年到 1958 年转业任平原区武装部长。1958 年任公社副书记，在王庙公社。后来又到十里铺公社当书记。

问：什么时候离开部队？

答：1948 年离开部队，当过班长、排长，离开部队后，在平原县干公安。后来划到阜城县，四明寺公社任书记。

问：公社书记和村里是什么关系？

答：公社党委有党委会有管委会，村里有村支部、村大队。

问：村里办事必须向公社请示吗？

答：不一定，比方有犯罪的人，村、乡都没权抓人，必须通过司法部门。

问：支部书记改选是不是通过党委？

答：处理支部书记，撤换支部书记都得报党委，选举时先提候选人，选举后就不能动了。

王维宝（51 岁、现任村长）

时　　间：1993 年 3 月 31 日下午
　　　　　4 月 1 日上午

访 问 者：顾琳、张利民

【简历】

问：你今年多大岁数？

答：51 岁，1942 年出生于本村。

问：你父亲的名字？

答：王金模。

问：你祖父叫什么？

答：王文德。

问：你小时候是抗战时期吗？

答：对。

问：你上过学吗？

答：上过，在本村和孙庄上的。

问：你学的什么？

答：与当前念的书一样。我是解放后上学的。

问：这个村什么时候解放？

答：1945 年。

问：“土改”前你家有多少土地？

答：31 亩地，共 5 口人，“土改”时是中农。

问：哪年“土改”？

答：全国解放后，大概 1950 年“土改”。我很小，不清楚。

【生产队长】

问：你多大参加工作？

答：1972 年，这之前在家务农。

问：1972 年做什么工作？

答：在生产队当队长。

问：村里有几个生产队？

答：5 个。一、二、三、四、五队。

问：一个队有多少户？

答：31 户。我是第三队队长。共 98 人。

问：怎么分的队？

答：从东向西。一、二队大，占了户数的一半，三、四、五队占另一半。地也是与队一样从东向西分，我们队共有耕地 180 亩。

问：地里种什么？

答：棉花、玉米、小麦、大豆。

问：哪时你是党员吗？

答：不是。现在是，1976 年入党。小时参加过青年团，当过团支部书记。

问：村的吗？

答：是。

问：你哪年当生产队长？到哪年？

答：1972～1982 年。

问：另外几个队长的名字？

答：一队马长祥，二队王庭章，三队我，四队王会星，五队李令春。大队长是王玉庆。

问：他们一直当队长吗？

答：二队队长换过，其余都在职。二队新队长是王会忠，1984 年换的。

问：哪年实行责任制？

答：1980 年，1979 年第三队分开了，1980 年全村部分了。1984 年大队改为村委会。

问：小队长直到 1984 年吗？

答：现在还有，只剩下一个队长。还有 5 个队。

问：小队还有什么事？

答：挖河、组工、计划生育小队长都管。

问：5 个小队长都是村的代表吗？

答：小队长是小队的代表。集体的事他都管。

问：你们怎么选的队长？

答：无记名投票选举产生的。谁票最多，谁当选。

问：是按户还是按人投票选举？

答：按选民投票，18 岁以上的人参加。

问：几年选一次？

答：3 年一届，可以连选连任，3 年选一次。

问：这个村王姓比较多吧？

答：姓王的多，但不是一个家族，5 个家族。

问：你怎么知道不是一个家族？

答：不是一个家谱。

问：你有家谱吗？

答：有，明天拿来给你们看看。这个村每个姓都有家谱。

问：从来就不是一个家族吗？

答：是。如大队长王玉庆，原来姓汪，后来也就是 100 年前也改为姓王了。

问：那个村最大的家族姓什么？

答：姓马的。

问：在改革前，当队长的主要工作是什么？

答：上级政府给指令性的指标，谁种什么。主要是安排生产和生活，一切事队长都管。

问：家庭有矛盾你管吗？

答：我是一队之长，也管，帮助处理。年轻人没有对象也可以当红娘。

问：小队长脱产吗？

答：不脱产，领着社员干活。大队干部半脱产。

问：有工资吗？

答：没有工资，有工分，一年给 360 分。普通社员挣的工分多，如上河工，最多的可挣到 4000 工分。

问：那时有副业吗？

答：有家庭柳编，不让搞，割资本主义尾巴，偷着干。集体有橡胶厂、轧胶垫、工业用品。

问：是加工吗？

答：是。给河北省和山东济南市加工。

问：有多少工人？

答：十几户人，多数是妇女，因为活很细，女同志做好。

问：也是挣工分吗？

答：给少量的现金，其余记工分。

问：工厂的效益好吗？

答：好。收入归大队所有。后来割资本主义尾巴，停产了。那是 1976 年秋停办了。说是农村企业与国营企业争原料，公社和县压着关闭了。当时在自己家种菜都不允许。

问：你是 1972 ~ 1982 年当队长吧？

答：是，正在“文化大革命”当中，1982 ~ 1984 年当大队长，1984 年当村委会主任。

问：1972 年谁替你当三队队长？

答：王会清接替。王玉庆推荐我当大队长，他任书记。

问：原来的书记？

答：张良臣。1965 年冬至 1984 年他当书记，1984 年他退休，现在他 60 多岁。

问：他退休后干什么？

答：大队每年给他 200 元钱，400 斤粮食。王玉庆死后换了马德昌当书记。

【家庭、生活】

问：你多大结婚？

答：40 岁结婚。父母在 1962 年困难时去世，有病，生活也不行，父亲死于菌痢。母亲死于心脏病。

问：困难时这村死的人多吗？

答：200 多人。当时生活困难，生病后治疗的也不行。

问：你爱人的名字？

答：张秀琴。她是恩城城东的。

问：她多大岁数结婚？

答：跟我差 7 岁，34 岁。她也是农民。

问：你结婚后生了几个孩子？

答：我俩没有生育，她带来了两个小孩。

问：他们长大了吧？还在这里吗？

答：都长大了，老大不念书了，在家干农活，大的是男孩，念到初中，19 岁，还没有结婚，已订婚，女儿 16 岁，在初中念书，现在全家 4 口人。

问：你承包多少亩地？

答：8 亩，每人 2 亩。另还有一亩半果园。每年种 5 亩棉花，3 亩粮食。种棉较好，棉价浮动大。

问：3 亩粮田够吃吗？

答：够吃，除吃之外，还养牲口、猪。缴公粮也够。

【交公粮、出河工】

问：还缴公粮？

答：缴。以粮代税。

问：全村多少公粮？

答：4 万斤左右小麦。按人缴，人变化了，公粮也变。

问：这个村的耕地没有变化？

答：解放前 2000 多亩地，解放后没有变化。因为修公路挖河占了部分，还剩下 1800 亩了。修公路是 1957 年，挖河是 1978 年。

问：占地国家给钱吗？

答：公路给了点钱，一亩地 30 元。挖河自己受益不给钱。

问：公粮几年一调整？

答：10 年。过去 5 年一调整。

问：1978 年挖河的劳力都是本村的吗？

答：不。全乡的劳力。

问：你们给部分钱吗？

答：挖河工，有义务工，也有不是的。本村的工是义务的，乡以上的工程给钱。

【“大跃进”、人民公社】

问：这张照片是你父亲和你姐姐的合影吗？

答：是。当时他 42 岁。

问：50 年前调查时，说 1900 年你家有 80 多亩地；后来分了家，这些你都不知道吧？

答：不知道。

问：1972 年你开始当生产队长，那你什么时候开始种田？

答：18 岁开始种田。

问：是高级社时吗？

答：1958 年成立人民公社的那年。

问：怎么成立人民公社的你知道吗？

答：当时我还上学，详细情况不清，只知道在恩城开大会，说人民公社成立了。

问：你是社员吧？

答：对。

问：怎么宣传的？

答：走向大集体，土地、农具归集体所有。大队折价后又分到生产队去了，当时是一平二调。

问：你们队有哪些牲口？

答：牛、马、驴、骡都有。当时有两个大队，一个大队有50头牲口。共4个小队。

问：什么时候变为5个小队了？

答：1966年“四清”后合并为一个大队，下辖5个小队。

问：1958年人民公社的头一年生产、生活怎么样？

答：第一年较好，一个大队一个食堂。

问：在哪儿办的？

答：盖的房，食堂到1960年上半年结束。刚开始大吃大喝，生活多样化，后来不行了。

问：大吃了几个月？

答：1958年秋到1959年麦收前随便吃，乡里统一发饭票，在哪里吃都行，也就是在十几个村都可以吃。到外村开会、干活就可以在那里吃了。

问：你们经常到外村干活吗？

答：是啊！那时一平二调，都是大兵团作战，四五个村的人在一起。

问：是搞农业还是搞水利工程？

答：深翻地。

问：有水利建设吗？

答：每家每户不论男女老少都动员出来干活，妇女叫“花木兰队”，男的有“敢死队”、“老黄忠队”、“小五虎队”。都集中在一起，3个村一个连，有前后夏寨、芦官庄。

问：干了几年？

答：1958年就完了。

问：干什么事？

答：挖河、种地。

问：大炼钢铁吗？

答：大队没有炼，老恩城炼，村里去送铁。公社还有烧白灰的，做煤油灯的罩。

问：村里有去的吗？

答：没有。

问：村里向公社送什么铁？

答：破锅烂铁、废铁等。

问：翻多深的地？

答：一尺的、二尺的不一样，还有一米的。

问：是人力吗？

答：人力。

问：收获的粮食好吗？

答：地瓜收的多，其他作物不行，熟土翻下去了。

问：1958年够吃吗？

答：1958年生活很好。因为收成好。

问：粮食年产多少？

答：以花生最好，亩产400斤。解放后到1958年收成都不错。1959年水涝，苏联又要账，生活就困难了。

问：生活困难时期村里有什么措施？

答：当时是瓜菜代，每天每人给半斤粮，都是粗粮。主要是谷子。

问：各队都一样的困难吗？

答：是。粮食由大队统一掌握，按人平均分配，没有差别。

问：1958年深翻地以后，地瓜的产量是多少？

答：每亩两三千斤。

问：有自留地？

答：“大跃进”时没有，1959年以后又有了。

问：在自留地种什么？

答：小麦、玉米、高粱等。

问：有多少自留地？

答：我们村一亩地给半分自留地。按大队的土地统一抽，再分给各小队，小队分给社员。

问：能随便搞副业吗？

答：搞“三自一包”时允许社员搞点副业，1959～1964年可以。

问：村里有什么副业？

答：轧棉花、油坊。

问：普通家庭可以自己纺线织布吗？

答：可以。每口人都有 2 斤（皮棉）自留棉。

问：从哪年开始没有纺线织布的了？

答：1980 年就没有，织布机基本没有了。1985 年以后就不穿土布了。

问：人民公社时你穿土布吗？

答：穿。

问：染布呢？

答：到恩城去染。

问：第一次不穿土布是哪年？

答：1972 年、1973 年年就开始穿“洋”布了。1958 年也穿买的市布。

问：你家有织布机吗？

答：没有。自己穿土布让别人加工，一个布 2 元钱手工费。

问：你们村从什么时候有赤脚医生的？

答：1958 年就有先生（郎中），后又改称医生。李洪唐是医生。他是祖传，一般的病都能看。现在已死了。他的儿子是村的保健员。1958 年叫赤脚医生。李洪唐的儿子叫李令材，在县第二医院实习 2 年后回村当保健员。

问：1958 年人民公社记工分吗？

答：刚开始不记工分。互助组、初级社、高级社时记工分。1958 年大兵团作战，就不记工分了。1959 年下半年又开始记工分了。

问：那时的村长是谁？

答：东边的大队队长叫王维章；西边是王玉庆。合成一个大队后大队长是王玉庆，大队书记张良臣。

【“四清运动”“文化大革命”】

问：这里搞过“四清”运动吗？

答：搞过，“四清”后这个村由两个大队合并成一个大队了。

问：除此“四清”中还搞过什么工作？

答：批评了王玉庆、张良臣，从庆云县调了一个组织部长，一个公社书记，一个海军的连长，参加工作组，在这里住了一年多，吃住都在户里。

问：你们常开会吗？

答：是。农忙就不开了，春冬季开会，由村贫下中农协会主持村的工作，干部都靠边站了。

问：是哪一年？

答：1965 年冬来的工作队，1966 年春建立了支部。

1966 年春组成新的领导班子，组成了大队管理委员会和新的党支部，以贫协协助工作。

问：工作组什么时候走的？

答：“文化大革命”一开始，下了“双十条”，工作组走了。

问：你们的工分是怎么定的？

答：整劳力 10 分，活重分多，活轻分少。有定额，超过的多，不够的少。老年人干的重活多，工分就多，年轻人干轻活，干得少挣工分就少。

问：每人都有工分本吗？

答：是，每天晚上让小队会计记工分。

问：农业学大寨吗？

答：义务劳动多，也多少给点工分。

问：这村有下放知识青年吗？

答：这个村没有。

问：“文化大革命”时怎样？

答：有“红卫兵”，有保守的，有造反的。“四清”刚完，“文化大革命”时没有什么运动。

问：保守的保谁？

答：当时的团支部成立了“红卫兵”，不成立不行，我是队长，因为我是团支部书记。

问：有打倒地主、富农的活动吗？

答：当时是阶级斗争，有批斗的。“红卫兵”主要是破旧立新，破除迷信，砸的砸，摔的摔。

问：“文化大革命”前村里有什么迷信？

答：有小庙，是观音菩萨庙，“文化大革命”时砸了。家堂也烧了，也有藏起来的。

问：你们开会吗？

答：开会学习毛主席语录，“以阶级斗争为纲”。

问：斗地主就是斗本村的吧？

答：是，本村的5户。批判他们，开大会他们站着，李令忠戴过高帽，他当过伪军队长，定他为历史反革命；还有一个是现实问题，说当前形势不好的怪话，也有历史问题，解放前日本时期是恩县的第一区秘书，名字叫王谊三。已死。

问：“文化大革命”对生产有什么影响？

答：很有影响！年轻人不干活，整天“破四旧，立四新”，各户都有家神牌，“文化大革命”时都用泥糊上，茶壶茶碗上印有老人头像的都摔掉，房上有龙头的都给拆掉。乡里有“红卫兵”指挥部，规定各村的“红卫兵”完成任务数，他们到各村去检查，村里向他们汇报破了多少“四旧”。

问：像这样的运动，搞了多长时间。

答：1967年一年。

【70年代的农业生产和土地调整】

问：1972年你当队长以后队里的生产怎样？

答：还是老样子。队里有十几头牲口，有些农具，几辆推车。

问：用拖拉机生产吗？

答：收麦时用拖拉机，平时耕地用双铧犁。

问：什么时候用拖拉机？

答：1958年公社有拖拉机站，1970年以后，这个村每年都使拖拉机，村里没有拖拉机，是公社的拖拉机，使用时交钱给公社。

问：1970年以前为什么不是每年都用拖拉机？

答：那时的地凌乱，不好使用，1970年大队调整后土地集中了，河渠也挖好了，机耕才经常了，不是没有钱。

问：1960～1970年两个大队的土地基本平等吗？

答：队与队之间的土地进行了调整，成了大片。从土改到高级社的土地基本没有变化，地形很复杂，为了耕地的方便进行了调整。

问：谁主持调整土地的工作？

答：张良臣、王玉庆和副大队长吴丙臣三人主持的。调整工作很复杂，不仅有地远近的矛盾，还有坟地迁移的矛盾。如一队和二队原是一个大队，一队长马长祥，二队长王庭章，为调整地边，至今还有矛盾，耕地时都向对方的土地侵食，后来大队想了个法——在两块地之间挖了一个沟。1958年大兵团作战，各户的矛盾也解决了，队长成了一家之主，矛盾表现为队与队之间了。“文化大革命”后把他们的土地换了，土地好坏搭配着，最后由大队出面调整好了。

【坟堂】

问：坟还有吗？

答：1958年都平了，现在都又建起来了。

问：还是在原来的地方吗？

答：大概差不多。现在的坟地也有变化，不一定是原来的地。保留三四代，最长的保留五代。

问：什么时候建起来的？

答：各户不一样。一个家族有一亩地的

坟地。

问：是自留地吗？

答：不是。承包的土地，有坟墓的地方多分给一点。

问：如果现在死了老人，还能往别人承包的土地里埋吗？

答：行。村里有规定，5 年调整一次土地，如果坟地增加了，耕地减少了，还可增加耕地。如果老人在秋收或麦收之前去世了，占用了承包人的庄稼地，村里负责赔偿承包费，一个坟坑 50 元钱，包损失费。

【1972 年到 1982 年的农副业】

问：1972 年你当队长时，有“批林批孔”吗？

答：村里念念文件。

问：1972 ~ 1982 年你们小队农业生产的情况怎样？

答：第三队比较好。一、三、五队都好，小麦亩产 100 斤，谷子、玉米 300 斤，当时水利不行，靠天吃饭。三、四两队差些。

问：社员们能分到现金吗？

答：分点，如过中秋节，一个人给 2 元钱，春节分 5 元，其他队也分过，没有我们多。

问：挖河谁管？

答：大队长统一管，小队组织。

问：小队长管哪些事？

答：经济收入都管，以小队为核算单位，粮食的收购、留存、入库都由小队管，大队是空架子。

问：你们队有副业吗？

答：有油坊和轧棉花。我当会计时就有。规模不大，人力，棉子一半归队，一半归个人。

问：几个人干？

答：一个轧棉机，三个人一起蹬，两班倒。

问：棉花归个人还是集体？

答：自留地里产的或从收获完的棉地里拾的归个人，队的地里种的归集体。

问：拾棉桃到各队都可以吗？

答：自己拾自己队的，不允许到各队去拾。队长有意识地多留在棉柴上一些棉，这样社员可多分些。

问：玉米、高粱秆也分吗？

答：分。按垄分给社员，社员自己收割。烧水用。

问：油坊怎样？

答：石磨用牲口拉。

问：做什么油？

答：芝麻油，三队负责。队里要下脚料做肥料，每天向小队交相当于 70 斤芝麻的酱（下脚料）。

问：本村吃的油都是油坊出的吗？

答：不是。村里吃的油是每年交给公社的棉花轧成皮棉后，子棉榨的油，叫棉子油，棉子饼归社员个人。

问：油坊收入不少吗？

答：不少。当时的芝麻酱很贵，三四角一斤，一天收入现金 15 元左右。

问：有季节性吗？

答：没有季节性，常年做油。

问：他们收入很高吧？

答：他们记工分，推一个磨——70 斤芝麻，队里给记 15 分。主要赚酱钱，其他不赚钱。

问：是咱们吃的芝麻酱吗？

答：是上地用的酱，不是吃的。

问：油坊赚的钱占小队收入的多少？

答：酱上地了，不卖。地里多打粮食，当时化肥很少，平原县化肥厂只出氨水。

问：其他小队有油坊吗？

答：没有，但有煤炉和粉坊。二队在 1978 年搞了橡胶厂，后因闹矛盾下马了，只干了一年多。也因为割资本主义尾巴，各队的副业都在地下干。四队没有副业，五队有磨坊，表面说不干了，在地下干。

【家庭承包责任制】

问：这是在什么时候？

答：毛主席死后，“四人帮”还未倒台，一切政策未变。十一届三中全会以后才变化了，大多数人还不敢分田到户，我们队先分了，公社在大会上点名批评了我。

问：你为什么敢先分地，是怎么想的？

答：我想自留地社员都能种好，分了地就能发挥各户的积极性，所以队委会——小队长、副队长、会计和保管畜收队长组成——讨论决定把土地分开，这是1979年，公社里都没有分。那一年收成明显提高，每户增100斤，共有粮田120亩，单产达300～400斤。棉花增加100斤，原来100多斤，现在200多斤，共增收7000斤。1980年春公社开会表扬了我。春节后公社贯彻分田，其他队也分田了。

问：村里没有分田的队对你们有意见吗？

答：大队有意见，大队长批评我是“出风头”，秋后看我的收成好了，乡里、大队又都表扬了。

问：你们分田之前看没看安徽的情况？

答：看了，不然谁敢分呀。当时有的社员不要地，包括很好的菜园地。他不要我承包了，那一年3亩地摘了1000多斤棉花，每亩缴给队里300斤，自己还剩下1000斤。

问：社员为什么不敢承包地？

答：他害怕。当时队委会意见不一致，乡里批评，说是胡闹。

问：好地不要，坏地他要吗？

答：强迫性地分给了他，那年谁包的地多，谁的收益大，所以1980年分地时他们一分一厘地争地，分给谁少了都不行，好坏地平均分配。当时队里还留下了30多亩，还不敢分彻底。

问：第二年都愿意分了吗？

答：第二年把地全部分了下去，一点也没有留，生产资料、牲畜、仓库全部分了，队里一点也没有了。

问：农具怎么分？

答：合成价，抓阄，谁抓到价值高的，谁拿出部分钱给价值低的，这就平均了，如你抓阄时抓到一头牛，价值200元，另一个人抓住一副套，价值10元，抓牛的户应该分100元，所以还得拿出100元，给别的户。

问：过去看到资料上一头驴4个人分，每个人分一条腿，这里是这样吗？

答：如果是一头驴4个人分，就共同使用，轮流喂养，不折成钱。机器也一样都是联户使用。

问：联户是本家吗？

答：不一定，一般是关系较好的在一起，我当时分了一个较大的机器，就是与姓刘的和姓王的联户，共3家。值人民币500元。

问：以后怎么办？

答：旧机器折合成钱归一家所有，这家再给那两家些钱，另两家又买了新机器。现在家家户户都有灌地的机器了。牲口也一样，现在家家都有，有的户有四五头牲口，主要是牛、驴。

问：养四五头牲口干什么？

答：养肥之后卖，副支书王子绪养了5头牛、1头驴。

问：他种田用吗？

答：种地他有机器，养牲口为了卖钱，很少用于生产。

问：这样的户还有吗？

答：还有。王文臣家也这样，养了4头牛。现在有很多户倒卖牲畜，有的买了小牲口，养一段时间后去集市上卖；有的这个集买了，下个集再去卖，从中赚 20 元。

问：到什么地方去买？

答：去的地方多了，有的到河北、河南去买卖，有的去内蒙古、东北买，再到附近的集市去卖，如恩城、夏津、武城等县去卖。

问：有几户？

答：有的瘦养肥再卖，有的生小牛养大点再卖，大概十几户做牲口买卖。

问：都有谁做这样的买卖？

答：王文臣。王金禄是我伯父，过去也卖牲口，我爷爷王文尧，我父亲下辈王会行，现在是王崇栋，我们几代人都做牲口头卖。

问：这个村有几户这样的？

答：马德利现在也做这种买卖，他父亲叫马振生。马建寅现在也做这种买卖，他父亲叫马春龙。吴丙廷、马德东现在也做这种买卖，马德东与马德利是兄弟。做牲口买卖是这个村的传统，得有经验才能做这种买卖。这些户在村里的生活水平属中上等。

【王氏宗族】

这是我家家堂，过春节时挂上家堂，老人叩头，年轻人不叩头。老人跟着谁，谁有家谱。一个姓的、一个家族的，都在一张纸上写名字。

这是我祖宗王崇光，在明朝期间从山西省洪洞具迁到这里来的，我是第 18 代。这是我爷爷王文德，老爷爷王毓东，这是我父亲王金模，这是他父亲（看照片）。

问：这个不是“文化大革命”时期烧了吗？

答：大部分烧了，有的户藏起来了，重抄写的。

问：这是你们王家的。

答：对。村里有 4 个王氏家族。

问：姓王的几个家族是从山西来后分的，还是来前就分了？

答：来前就不是一个族，另外的王不是从山西来的。我们的家谱已找不到了。

王维宝（第二次访问）

时　　间：1993 年 4 月 1 日

【党支部村委会、小组】

问：村的共产党支部负责什么？

答：支部书记负责全面工作，副书记协助支部书记，支委有组织、宣传、纪律检查委员。

村委会主任，农、林、水、民事纠纷都是主任的事，副主任协助主任工作，文书管会计、调解委员、治保委员、文教委员，副主任兼调解委员。

问：队长还有吗？

答：队长大部分都兼职，五队队长兼支部委员，有的村委会委员兼。

问：村还分 5 个队吗？

答：还有 5 个组，不叫队。规模相同。

问：组管什么事？

答：同小队时的任务差不多，如分配劳力，土地调整。大队和乡里的事都分配给组去做。

问：小组给群众开会吗？

答：一般不开会。

问：几年调整一次地？

答：5 年一小动，如添人减人都要动土地。

问：不开会怎么宣传？

答：村里开会。

问：去年村里开过几次会？

答：一年大队开会两三次。

问：办什么事开会？

答：研究河工、计划生育、集资等。

问：村里最大的是什么事？

答：前些日子开大会，为的是更新树木。

问：是每户去一个人吗？

答：一户来一名当家人。

问：什么时间开会？

答：大事白天开，小事小组晚上开，如计划生育问题，有计划生育的对象参加就行了。

问：他们常常开会吗？

答：常开。一般会男的参加，全体妇女参加。

问：日本农村也开村民会，女的不参加，男的参加，会后喝酒。这里有这种情况吗？

答：没有，开完会就回家了，一般的事广播。没有固定的时间广播。

问：在日本要通知大家事情，写成小字报，发给户里，不是发给每个人，这里有吗？

答：通知到家，一是广播，二是发通知，组长去通知各户。

问：现在的组长就是原来各队的队长，什么时候换？

答：与村委会同届换组长，先换村委会，后召集各组的社员选举组长，3 年一换届，连选可连任。

问：变化大吗？

答：不大。也有换的，如二队马建寅换成王维章队长，后来换了他的儿子王会忠。

问：为什么换？

答：一是群众不相信他，一是岁数大了。

问：组长有工资吗？

答：有。一年一、二队 400 元，西边的 3 个队 360 元。

问：钱从哪儿出？

答：群众拿，都集中在村里，由村里发。

问：谁定的这数？

答：乡政府规定个百分比，然后村长与支书再定每个人应给多少。

问：你一个月多少？

答：我一年 800 元。在乡里这个数是比较高的。乡里根据各村完成生产、征购、计划生育、集资的情况发给村长和支书的工资。任务完成好的，百分之百地发给工资，一项工作做不好，就降百分之多少。

问：你们得到百分之百吗？

答：是。

问：这钱从哪儿来的？

答：承包果园的钱和一部分土地承包费。

问：每户都承包果园了吗？

答：30 多亩果园一户承包了。

问：一年给多少钱？

答：1 万元。另外还有部分果园承包到 1999 年，每年交 90%。一亩地一年 20 元，共拿承包费 140 元。

问：大队小队干部的工资主要来源于承包费吗？

答：基本上是。

问：土地承包费是一次交清吗？

答：每年秋后交一次。乡里也要钱，像小学教师的工资，修桥建闸，挖河、修路、军烈属的照顾费都要大队交。

问：这个村有多少军烈属？

答：3 户烈属，都是解放战争时期牺牲的。有 7 户军属，其中有解放军干部，志愿兵，义务兵。

问：村里给他们什么照顾？

答：烈属 400 元、400 斤粮食，这是一年。按村里人均土地分给他们，但他们一切都不交，烈士的爱人和父母的土地不缴公粮，不向村交任何钱，其子女不出义务工。大队承包费为他们担负。

问：一亩好地一年的承包费是多少？

答：一个人三十几元。一亩地 15 元，每人 2 亩地，全村人的承包费统一交给村委会，村向乡里交一部分，其余作为村干部工资开支和其他费用。副业也是承包，承包费很少。

问：村里有副业吗?

答：大部分是户里的。

问：棉田承包费多少?

答：粮田和棉田都一样。

【村中组织】

问：村里有老人会、青年会吗?

答：有老人协会和青年协会。老年节和逢年过节都召集老年人开座谈会。青年有共青团，民兵、妇女都有组织。

问：妇女主任是村委会的吗?

答：应该是，但因为选举村委会时妇女主任结婚了，所以现在的妇女主任不是委员。共青团、民兵连长也都应该是委员。

问：民兵的工作是什么?

答：治安、征兵，民兵连长管。

【习俗、节日、家族】

问：村里过年过节有吹吹打打的事吗?

答：没有。“文化大革命”前有。

问：有庙会吗?

答：乡里有，咱村没有，老年人不参加了，年轻人也不参加，原来有高跷会、同光会，现在村里有鼓有锣，共青团民兵给军烈属贴对联、扫院子。

问：人死之后有吹打的吗?

答：没有。一律火化，火葬以后埋骨灰盒。

问：办喜事呢?

答：收音机里放上唱片，在喇叭里广播，其他没有。

问：乡里有吗?

答：没有。

问：一年有多少节?

答：春节、正月十五、端午节、八月十五、二月二日龙抬头。

问：国家的“五一”“七一”“八一”“十一”过吗?

答：农村不过这些节，只过元旦。国庆节、“五一”节正农忙，没有时间过。

问：我看到过节时放假，还有什么过法?

答：春节供祖先，辈份小的向辈份大的问好，初一这天一个家族的小辈们到大辈的家坐坐，看看，初二以后就是较远的村人相互问候了。

问：你们王姓怎么过?

答：腊月三十晚上请已去世的前辈回家过节，也就是供上他们，在世的人到家族中最长辈的人家去看看，叙叙家常，说说一年的收入，一是搞好团结，一是交流经验。

问：每个族都有族长吗?

答：没有。到辈最大又有威望的老辈人家团聚，我辈不算最大，我还有几个大伯。

问：初一在家吃饺子，就不出门了?初二才出庄是吗?

答：初一看电视，比较好的朋友们在一起打扑克，初二出庄拜年，探亲访友，这要到初六。

问：正月十五吃元宵吗?

答：有吃的，也有吃饺子的，不一样，出嫁的姑娘正月十五回嫁家。过了十五春节就过完了。

【村里的社团】

问：这个村有馍馍社吗?

答：有，也叫碗社。村里人有红白喜事时用它的碗，多少给点钱。现在没有了，村里置买了一套碗具。借用的人弄坏了，如数赔偿。大队由专人管理，给管理的人一点报酬。

问：什么时候没有碗了?

答：“文化大革命”前就没有，村里重新买的。

问：你知道馍馍社吗？

答：没听说过。是不是抬棺材的人到年终从架子社那里可以领取点馒头的事呀？有架子社没有馍馍社，架子社有一个头，年底给那些抬过棺材的人点馒头。

问：听说馍馍社每月给很少的钱，年底发给穷人馍馍？

答：没有听说过有馍馍社，架子社很隆重。还有孝义社。孝义社备有白色孝服，谁家老人死了，晚辈们到孝义社租衣服，用完了还给该社，这就是孝义社。

问：现在的孝服是买的吗？

答：现在不穿孝服了，有的戴黑纱，有的用三角白布缠头上。

【红白喜事理事会】

问：现在办丧事花钱不多了？

答：现在村里有红白喜事理事会，专为死人挖坟、埋，婚丧嫁娶他们都管，一般死了人花钱不多，有3个退休的老干部负责，如果花钱太多，理事会有权干预要求俭勤办事。

问：理事会怎么组织？

答：谁家有事他们都派人去管，家里富裕的不让其浪费，困难的帮助解决。从前不一样，从前有的家出了事倾家荡产。

问：一般家庭要求大办你们允许吗？

答：不允许，这叫大操大办，浪费。有红白喜事，摆上多少桌酒席，这叫浪费。

问：婚事，你们怎么办？

答：新人有骑自行车来的，有用自行车接来的，来后在院中举行仪式，向双方老人鞠躬，向介绍人鞠躬，不拜天地。

问：请很多人吃饭吗？

答：新娘子家的亲戚和村里的亲朋在一起吃饭。

问：随多少礼钱？

答：5～10元。亲戚们最少20元，多少的都有。请多少桌根据来往人多少，各家与各家不同。

问：娶媳妇需多少钱？

答：共四五千元，男方有5间房不在内，男方花1万多元。女方花的较少。

【房基地的管理】

问：房基地大队管吗？

答：村里统一管。

问：有具体规定什么地可以用，什么地不能用吗？

答：土地是两级管理，乡里有土地管理站，村里也管。有申请盖房的，大队就近安排，在乡的规定范围内使用，乡里最后来检查，合格的发给修建证，不允许滥用地。

问：多大岁数可以申请房基地？

答：小男孩15周岁以上，没有男孩的只有女孩，女孩14岁就给地。

问：这样的户多吗？

答：只有女孩的，这个村有30多户，有一个女孩的，有两个女孩的。

问：一户占多大地方？

答：有18米的，在19～25米间（这是原来没有住房的）。

问：能盖二层楼吗？

答：盖三层楼都可以，问题是农村还没有盖的，因为平房才方便。

【迷信、宗教】

问：村里办红白喜事是不是反对迷信？

答：村里不管迷信不迷信，谁要叩头谁就叩，反正村里没庙没神，没有人管，搞破坏的不行。

问：乡里有佛教或基督教、天主教、伊斯兰教民吗？

答：没有。

问：普通的百姓家供神、供灶王爷吗？

答： 有的户有，贴一张纸，年轻人、党员、团员都没有供神的，家庭妇女有用纸写灶王爷名号贴在灶前的，过去有像，现在没有了。

【副业】

问： 村里的副业是编织吗？

答： 都是各户自己搞，村里有两户收购，叫收购点，不是村的，收购点名义上是村的，实际也是个体户。

问： 他们卖给谁？

答： 卖给天津港口，直接出口，有的也卖给其他县的外贸部门。

问： 这两户的名字？

答： 一户叫张良友，一户叫孟庆凯。

问： 他们怎么与天津联系的？

答： 以村的名义与天津联系的，这个村的编织业历史悠久，有一定名气，农闲时60%~70%的编，男女都编。

问： 现在还编吗？

答： 有编的。初中毕业的女孩在家编织。

问： 村里收入最多的是编织吗？

答： 是。编织很方便，一把条子随地可编。收入最多的一年3000多元，从集市上买原条；其次属棉花收入多了。还有木材加工，半机械化的木材加工，李春和、王崇友办的最好。他们组织了一批人，成立了木材加工门市部，打完家具到外村去卖，或结婚者使用。在家打家具，李春和的爱人是妇女主任。

问： 牲口买卖赚钱多吗？

答： 有时一年挣1000元，有时一年挣几百元。农忙时不做买卖。

问： 做豆腐的几户？

答： 4户，他们在周围村卖，电磨豆腐，立秋到立夏，半年时间做豆腐。

问： 他们挣多少钱？

答： 一个豆腐赚五六元钱，豆渣喂猪，挣多少钱难估计。豆腐、猪、牛都赚钱，一年挣2000元。魏立昌、魏富昌、王金萍都做豆腐。

问： 谁家最富？

答： 承包果园的李志祥最富。今年一年盖了10间房，共10万元。果园和运输，做媒的经纪人都赚钱。王志华也较富，搞松胶油——油田里的落地油经他加工成松胶油，再卖出去，从中赚钱。

问： 外出干活的多吗？

答： 村里有建筑队，村里给他们买的工具，挣了钱是他们个人所有。

问： 他们的负责人是谁？

答： 王会民，常年在外盖瓦房。以盖本村房为主，也承包外村的。

问： 有办饭馆的吗？

答： 有两户，以乡的名义办的，实际是个人办的，每年向乡工业管理办公室交管理费，每年收入3000元。一户叫王俊祥，另一户叫什么名字记不清了，叫合成饭店。地是村的，资金不足村里给贷款。

【合会、借款】

问： 过去村里有合会吗？

答： 没有了。

问： 家里办喜事钱不够怎么办？

答： 向亲戚朋友们借。如我有一位远房兄弟结婚钱不够，我们发动院中每户借给他三五百元，他有钱了再还，不能有利息，也不能讨债。

问： 有合同吗？

答： 没有。他自己记着，向大队借的钱得打条，会计下账，有钱了就还。

问： 有没有借了钱不还的？

答： 没有。他困难时借了，哪有不还债的?! 借钱打条，还了以后销账。

问： 村民们经常向大队借钱吗？

答：特殊情况的才借，现在计划生育，只有一个孩子，借钱的人少了。从前生的孩子多，一个男孩结婚需要用1万多元，男孩多了花钱多，所以孩子们结婚有困难的，向大队借钱。

问：过去比现在借钱多吗？

答：社员欠账还有几千元的。

问：社员借钱是借亲戚朋友的多，还是借大队的钱多？

答：亲戚们的多，能借到亲戚的钱，一般不愿向大队借，村里的钱有限，尽量自己解决，实在困难的才借。

问：有利息吗？

答：没有利息。

王维臣 刘金莲 王会彬 孔令芝 孟庆凯 陈红静

时 间：1993年4月2日下午

访 问 者：顾琳 张利民

场 所：王维臣、王会彬、孟庆凯家

【家庭】

问：你叫什么名字？（问王维臣的母亲。）

答：王魏氏。68岁。

问：这是你的房？

答：对，我有两座房，还有一座在后边。我养着4头牛，养得很好。这是孙女，这是儿媳——王维臣的爱人。

问：你叫什么名字？（以下刘金莲、王会荣、王会霞分别回答）

答：刘金莲。

问：你多大？

答：46岁。

问：本村人吗？

答：不是。刘王庄人，离这里5里地。

问：你们叫什么名字？

答：叫王会荣，22岁；王会霞，19岁。

【家计】

问：你们两个从什么时候开始搞这项工作？

答：从1990年，初中毕业后就搞编织。

问：谁教你们的？

答：全家人都会，一看就会编。

问：你们家就你们两个编吗？

答：是。从集上买的原料。

问：一个月去几次集？

答：每个集都去，有时买，有时不买。

问：一般一个集买多少？

答：今年还没有买过，这还是去年买的，原料便宜时多买，贵了就不买或少买点。

问：一斤1元贵吗？

答：就这个价，便宜的时候几角钱——七八角钱。

问：好与坏的区别？

答：细又长，且没有疙瘩的就是好的。

问：哪儿产的？

答：有本地的，也有河北的。

问：集上都是本地人卖吗？

答：是。他们是贩来的。

问：你们认识他们吗？

答：不认识。本村没有人卖原料。

问：做什么样式由谁定？

答：订货人有样品，我们按着要求做。

问：收购站在哪儿？

答：我带你们去看。

问：上多高、下多高有要求吗？

答：按条子要求，这有个把。每种产品都有订数。

问：现在他们订了多少？

答：还没有具体数字。

问：你会编多少种？

答：记不住了。大体上 20 种。

问：一件卖多少钱？

答：2 元 5 角。赚一半的钱。

问：一套需要用多少时间编完？

答：快的一天编三四套。赚 5 元钱左右。

问：早晨几点开始编？

答：吃完早饭就编，晚上到 12 点钟，谈话、看电视都不受影响，一边编一边看。

问：是你俩一起编吗？还与其他人合作吗？

答：主要是我俩做伴，其他人也会编。

问：赚了钱给谁？

答：给我妈妈，归家里所有。

问：不是为了准备结婚吗？

答：没有。我自己买东西向我妈妈要钱。

问：是一个集卖一次吗？

答：5 天卖一次，一次卖 12 套，一个人做的。

问：是收购站规定卖一次吗？

答：逢集的前一天收购站收，大家在这一天卖。

问：外村人有来卖吗？

答：有。

问：你帮着干农活吗？

答：干。农忙的时候也不编了。

问：你 22 岁啦，明年结婚吧？

答：不忙。对象是前夏寨村人，已订婚。

问：她结婚准备给多少陪嫁？

答：有钱多给，没钱少给。

问：你打算何时结婚？

答：两三年之后。

问：你多大订婚？

答：19 岁。

问：你们怎么认识的？

答：经人介绍的。

问：你的两个女儿主要是编织，大娘养牛，他父母亲主要是农业？

答：对。（照相）

【王会彬的家庭】

问：这是谁？（问王维军）

答：也是我的大哥，叫王维军，75 岁，是我们族的大哥。

问：他最大了吧？

答：是。

问：跟你住在一起的几口人？（问王维军）

答：5 口人。

问：你是老几？（问王会彬）

答：我是二儿子，叫王会彬，我哥哥叫王会平，一个妹妹叫王会玲。

问：你多大？

答：43 岁。

问：你爱人呢？

答：40 岁。

问：你是本村人吗？（问王会彬妻）

答：不是，郭洋庄人。离这里 4 里地。

问：这是谁？（问王会彬）

答：我母亲，叫孙桂荣。（问孙桂荣）

问：你是本村人吗？

答：不是，是西台村人。

问：编织的就你一人吗？（问王会彬妻）

答：是。我家 5 口人，老的老，小的小，还养着牲口。

问：你每天编多少？

答：编 3 套，从小就编，我在郭洋村时就会编，我的闺女也会编。

问：原料从哪里来？

答：从集上买的。一个月赶 3 个集。

问：一天赚多少钱？

答：4 元。

问：你家承包了多少地？

答：5 口人，10 亩地。种小麦、玉米、棉花。

问：还有什么副业？

答：没有。养着一头母牛，每年生一头小牛，也就是每年卖一头。

问：冬天、夏天也编吗？

答：农活不忙时就编，一年编织收入七八百元。

问：你的大儿子不与你一起过？（问王维军）

答：他家也有六七口人，在东边住。大儿子 3 口人，我孙子 3 口人，我又有重孙子了。各过各的。我跟着老二。

问：你一直跟他们住一起吗？

答：是。我的孙子都成家了，也有了儿子。

问：王会平的儿子叫什么？

答：王崇友，王崇友的儿子叫王磊，上小学才起大名，这是乳名，我们已是四世同堂。

问：一般的老人跟着小儿子过吗？

答：这种情况很多，我们跟着老二。老大已 49 岁。

问：大儿子给你钱吗？

答：不给。他孩子多，他大儿子结婚了，还有一个小儿子、一个女儿，他大儿子王崇友结婚另过了，王崇友的弟弟和妹妹都没有结婚。

问：你二孙子叫什么？

答：王崇英。

【孟庆凯的家庭】

问：你叫什么名字？（问孟庆凯妻）

答：孟庆凯。1965 年生。

问：你叫什么名字？

答：陈红静。1962 年生。

问：你是本村人吗？

答：不是，东屯人，离这里 8 里地。

问：你祖父，父亲的名字？

答：祖父孟召生，父亲孟宪武，大姐孟玉荣，二姐孟玉芬，我叫孟庆凯，儿子叫孟繁童。

问：你们这个村儿家姓孟？

答：就我一家。

问：何时从何处迁来？

答：已四五代了。

问：你在本村上学吗？

答：小学在本村上，中学在十里铺中学。

问：毕业后干什么？

答：在家办工业负责柳编，任保管员。1984～1987 年在乡里。

问：结婚几年了？

答：6 年了。

【柳编收购站的业务】

问：你回家后就在收购站吗？

答：是。当时收 6% 的手续费，是公司的代收点。现在还给公司收，也给外贸收，主要是给天津外贸收。

问：你们怎么跟天津外贸认识的？

答：天津一位客户经常来，跟他联系上的。他们有收购单子，我给他收购好，包装好，报好价，外贸给的价钱比我们的报价高，我们收购站就要这个差价。比如我们收购一套篮 2 元 5 角，到天津能卖 3 元，我们就赚 5 角。客户收 3% 的手续费。又如套三的，他们给 4 元钱的收购价，我们收购时给编织的 2 元 5 角，再加上包装费和运费，合计 3 元 5 角，5 角的差价归我们，这就是所说的差价。

问：本村有几户给你们编？

答：20 来户是本村的，周围 30 里以内的村也到我们这里来交，如孙庄、前夏寨村、卢家庄、刘玄庄、管李庄、恩城、许庄、赵庄、夏津长安集等村的人都到这里来交，总之主要是平原县和夏津县来交。

问：刚开时他们怎么与你们联系的？

答：我到集上联系的，先拿着样品与他们商谈价格，合适了，就与编织户订货，5 天编织户交一次。

问：编织户的名字你们都记着吗？

答：订货的时候记着，交货也得记。集市的头一天收购，我们每个集都去。

问：一个集订多少货？

答：不一定，利润大的编得多，价格不合理订得少。编织是从我们村开始的。

问：像你这样的一个集上有多少户？

答：四五户。王庄 1 户、高庄 1 户、本村 2 户。

问：他们都与天津有联系吗？

答：不是，有与平原联系的，有与德州联系的，还有与河北有联系的。

问：4 户收购者有竞争吗？

答：有。品种之间的竞争。

问：你与天津联系吧？除此还干什么？

答：对。主要是种地。

问：一年到天津去几次？

答：活多了多去，少了少去，不一定，业务多了一个月到天津去四五次。少了也得去一两次。天津的商标。

问：你承包了多少土地？

答：4 亩地。为了减少劳动力，所以只承包了麦地，腾出更多的时间搞柳编业务。

问：一亩地收多少粮食？

答：一亩麦收六七百斤，丰收年可达 1000 斤。

问：你什么时间种地？

答：除了外出就种地，都是白天干。

问：你家主要依靠收购站的收入吗？

答：对。

问：一年收入多少钱？

答：最少四五千元。

问：你有车吗？

答：自己没有车，从恩城雇的，给人家钱，管吃饭。

问：你是坐火车去天津吗？

答：是。

问：谁看孩子？

答：他爷爷看孩子。

问：你们两个一块去吗？

答：对。

问：你们向村交费用吗？

答：村里很支持这项工作，不收取任何费用，集市上也不收。

问：天津的订货单你们怎么取？

答：有时来电报通知我们去取，有时他们送来。

问：样品是天津给的吗？

答：有的样品他们给，有的是我们创造的。这一套是我创造的。他们看着行，就订货。

问：你从几岁开始编？

答：很早就会了，初中毕业后就开始编织。

问：你初中毕业后干什么？

答：也干农活，还教过一年小学，在平原酒厂干过一年临时工。

问：教小学几年级？

答：小学三年级。我不喜欢教学，喜欢到外地跑。我是民办教师，收入低。临时工收入还好点。后来回家编篮子。

问：你结婚前编篮子一年赚多少钱？

答：1984 年时一年赚 1000 元。钱都给家里了，我一分钱也舍不得花，都作为家庭开支了，我父母岁数都大了，结婚时我也没要。

问：你们两个人怎么认识的？

答：通过介绍人介绍的。他当时在公司工作，介绍人是公司的同事。我爸爸在公司当办事员，我到公司去认识他了，公司的支部书记给我们介绍后进一步认识了。

问：那时结婚需要多少钱？

答：共花了2000多元，我家花了1000元，就办了这个和这个，电视是我们结婚后自己买的。

问：结婚前已有房了吗？

答：是。分家后我父亲住进了我们自己赚钱盖的新房，我们住旧房。我们还准备盖一处房，把全村的柳编户组织起来。房基也垫好了，今秋开始盖，春节就盖好，实际上是建立柳编基地。

问：原料你们自己买吗？

答：我们主要搞加工，收取加工费。

问：盖房要投资多少钱？

答：5000元，除木料之外。加上木料1万元左右，共盖4间。

问：有多少编工？

答：30人左右。

问：房基地谁给？

答：承包大队的土地，每亩15元左右。有一亩左右的地。

问：上税吗？

答：上税，现在也上税，缴县税务局，发票已有税。

问：一年上多少税？

答：5%或3%的营业税。如果村里与税务部门关系好就交3%，我们这个点名义上是村里的，实际上是我个人的，村里什么也不要，帮助缴税，以集体的名义上1%～2%的税，个人上3%～5%的税，现在实际上是大队帮助上税。

问：他们来查你们的账吗？

答：到村里来查，因为名义上是村里的收购点。

问：除你二人外，还有人帮忙吗？

答：没有其他人，我两个倒着干，特别忙时也找人帮着，如装车，我们付给他们一定的钱。帮完忙就付钱。

问：付多少钱？

答：计件，一般一次给四五元。

问：你们收购时查产品质量吗？

答：查，不合格的不收。不合格的只有2%。不合格的也不能拆。

问：他们编织时你们指导吗？

答：指导，与样品差一点都不行，用多少根条，编多宽，多高都有规定，技术要求非常严格。

问：一天收购多长时间？

答：有人来交就收，没有固定时间，昨天收到1000多套。

问：如何包装？

答：晒干后，用硫黄熏，然后包装。

王崇栋（1966年生）

时　　间：1993年4月3日上午

访 问 者：顾琳　张利民

场　　所：王崇栋家

【家庭】

问：你今年多大？

答：27岁，1966年生。

问：你父亲叫什么名字？

答：王会行。我爷爷叫王维尧，1977年已去世。

问：你爱人叫什么？

答：姚红珍，28岁，孙庄人。

问：你小孩叫什么？

答：王超，1989年生。

问：你有兄弟姐妹吗？

答：有一个妹妹，叫王秀青，未婚，跟我父母亲住一起，22岁。

问：你母亲叫什么？

答：赵国荣，赵庄人，我父母都60岁。

问：你在本村上学吗？

答：在本村上小学，在王庄上中学，初中毕业。

问：你毕业后干吗？

答：回村后在村团支部工作，我16岁初中毕业。

问：你是哪队？

答：五队，1983年毕业。

问：你家承包了多少土地？

答：当时6口人，13亩地。有我父母、妹妹，姐姐王秀荣已嫁。

问：她嫁到本村吗？

答：城西韩庄，不在本村，她今年43岁。我上边有几个姐姐，得病去世了。

问：是困难时候死的吗？

答：不是，生病死的，当时还没有我。我听说死了3个。

问：那时生病死的人多吗？

答：不多，当时医学不发达，生病后死的，他们很小就死了。我父母结婚早。

【结婚、分家】

问：你24岁结婚？

答：是，我爱人25岁，通过介绍人认识的，当时她编织我也编织，到收购站交活认识的，孙庄人介绍的，是我的老亲戚。

问：认识多长时间订婚的？

答：认识很早，我23岁时给我们介绍的。

问：现在结婚的方式？

答：我们经过半年就订婚了，其他人也差不多。订婚时请亲戚朋友们在一起喝酒玩玩，举行个仪式。送给女方一块手表和几件衣服，我共花了2000元钱就结婚了，他父母对我印象很好。房子已盖好了，当时买了电视、电扇、收录机。

问：房子是你父母给你盖的吗？

答：初中毕业后我当团支书，给部分奖金，自己也做点买卖，自己攒了些钱，我父亲也帮助些，我就把房盖起来了。

问：你做什么买卖？

答：养牛喂牛。

问：哪年盖的房子？

答：1986年盖的，大部分的钱是我父亲给的。

问：你当时还没结婚吧？

答：对。房盖好后我父亲和我住在这儿。

问：结婚后分家了吧？

答：分家了，地没有分，我父亲住进了养老宅，养老宅不同于养老院，养老宅是自己的老房子，他自己住。

问：结婚时你到他们村接她吗？

答：我骑自行车接的。自行车上放着录音机，录音机里放磁带，一边走一边放歌曲。贴着喜字，到村头后放鞭炮。有三四个人都骑自行车，都是我们院中的。去向我父母鞠躬，早晨去喝杯茶就回来了，她也骑自行车。到我们家后，父母坐在前面，向父母鞠躬、向介绍人鞠躬，晚上入洞房，早、中、晚亲戚朋友们吃饭。早晨是我们院中在一起吃，中午是娘家人吃，晚上是朋友吃。晚上闹洞房是比我辈数小的参加，辈大的不允许。

问：你叫什么名字？

答：李志祥，我也是他院中的，因为是招来的女婿。我是本村人，名字都知道，没有改，下边的儿女都姓王。

【买卖黄牛】

问：你什么时候贩卖牛？

答：原来我父亲贩卖牛，最早是我老爷爷、爷爷干这事，“四清”时我父亲任五小队的会计。我22岁那年跟着他们做买卖。

问：“文化大革命”结束后你父亲做买卖吗？

答：从1979年开始做，土地承包后需要的牛多了。我当时还上学。

问：你父亲一年干多久？

答：有半年时间，农闲时。我干地里的活，农忙时他也干农活。

问：你从哪时开始干？

答：1988 年。

问：你父亲是贩卖吗？

答：1979～1980 年开始买卖，刚开始到东北、山东泰安去买卖。

问：这么远怎么贩卖牲口？

答：有时候带着车胎，买了牛后用两根棍子架上车胎，用牛拉回来；也有时用汽车拉牲口，几个人合伙赶着黄牛。合伙人有马凤来、王维刚、吴丙廷、王会行。

问：不只是王姓一家人吧？

答：对，都是平时相处不错的户。

问：买多少头牛？

答：有十来头，买少了不够路途的花用。那时牛还贱，一头牛三四百元，这是大牛，小牛 100 元左右。

问：买牛的钱哪里来的？

答：集资的利润平均分。如吴丙廷带去 1000 元，我父亲带 2000 元，马凤来带了 5000 元，但赚的钱不按带钱的多少分，是按人平分。

问：从泰安买牛，到哪里去卖？

答：就在周围的村卖，刚分开地，需要很多牛，到恩城、平原县、苏留庄、董王庄集上去卖。恩城和平原都是一、六集，苏留庄是三、八，董王庄是五、十。二、七是武城县，四、九是津起店，三、八是腰站集。这些地方都去。

问：每天都赶集吗？

答：是。好牛很快就卖了，瘦牛在家养肥了再卖。

问：在东北买的多，还是在泰安多？

答：东北是山牛，颜色有黄、花、黑。鲁西的特产是黄牛，但也有其他颜色。到东北买的多。

问：一车装多少头？

答：五六十头，30 多头不等。买卖越做越大。都是现钱买卖。买牛的地方有朋友，钱不够了他可以当保人，就是经纪人，有专门做这工作的，我父亲也做过这工作。

买卖双方给 2 元。这是担风险的事，本来买方赊了账说好下个集给，但他没有去，经纪人就得去催交。

问：恩城集上有做这事的吗？

答：每个集都有。

问：当经纪人的条件是什么？

答：在市面上混得熟，有威信，市面上的人大部分都认识，做这项工作的有老的，也有年轻的。

问：在一起喝酒吗？

答：不经常喝，就是经济关系，朋友关系。

问：这个村有人干吗？

答：好像马德中干，专职的人很少。

问：赊钱买牲口的多吗？

答：不多，有时是因为带的钱不够，有时遇到了对自己合适的牛，但没有带钱，这时经纪人就担保了，到第二个集再付钱。或是买、卖、中间人三方商量好还钱的日子，买牲口也有不通过经纪人，双方自己商定的。

中国有规矩：卖牛不能卖净手，必须把拴牛的缰绳带回家，不能同牛一起卖掉，如果卖了，就意味着断根了，不吉祥，以新换旧都不行，买牛的必须把原来的缰绳还给卖方。

问：你父亲他们买来四五十头牛，怎么卖掉？

答：这个集卖 5 头，那个集卖 3 头，到家里来买的也有。40 头牛得卖 15～30 天。可得利润 500～1000 元，最高利 2000 元；4 个人平分。最不好的时候也有 100 元。

问：把牛放在哪里？

答：在院里。牛吃玉米秸、小麦秆。

问：你父亲干了几年？

答：1990 年得病后不干了。

问：你自己是 1988 年跟着干，你分钱吗？

答：不分钱。后来我们就不合伙干了，自己干。现在都不干了，干也是在百十里地之内活动，因为家家户户都有牛了。我们最近到过河北省桑园、连镇，离这里 200 里地。牛太多，东北价格上升，到远地方去不赚钱。我都是跟着他们，自己没有单独干过，在大队当团支书，也没有时间做买卖，到这里贩卖牛的事失传了。

问：1988 年后你自己没有干过？

答：也算干过，这事挺有意思，买卖牛的交易不用咱，是用手算，如 300 元就用这个（手势）。

问：这是什么原因？

答：不让别人看到，看到了经纪人要钱。有全国统一的行语，即手势。

问：向你父亲学的吗？

答：是。不好学。

问：你不让经纪人知道，是因为他们要的钱多？

答：不是，多少价钱与经纪人的手续费无关，每成交一次给他们两三元钱，这是固定的，自己成交就不给经纪人这份钱了。

问：不经过经纪人，如果买牛的没带钱怎么办？

答：从家里去拿。

问：在什么情况下通过经纪人？

答：买卖人双方不熟，而且买牛的人钱又不够，这时就需要经纪人担保了。

问：经纪人都认识双方吗？

答：不一定，牲口市场很讲信用，不会骗钱的。

问：不认识一方呢？

答：不认识卖牛的没关系，只认识买牛的就行。在这项买卖中没有错过账。

问：听说一个集卖 100 多头？

答：是。

问：一牛头赚多少钱？

答：六七十元。有时还赔钱，年轻人没有经验，一次卖一两头，不敢干。我父亲有经验。

问：你父亲是从你爷爷那儿学来的？

答：是。他们有时也杀牛卖牛肉。地里、队里没活了，我也干点，一年干几个月，有事就不去了，没事就去。我信息不灵，不常去，不了解市场，不是因为关系。

问：你以后想多干吗？

答：农业不忙了还想干。

问：主要贩卖牛吗？

答：是。也有驴。大牲畜不卖，他们不驯服。

问：你一年赚多少钱？能赚 2000 元吗？

答：赚不到。好的时候行。

【家庭收入】

问：你家柳编一天收入多少？

答：四五元，一天编五六套。我有时也干。

问：你干农活吗？

答：也干，什么都干。

问：也是送到孟家和张（良臣）家吗？

答：是。

问：你夫人很忙啊？

答：是。编的时候为了白，用硫黄熏。

问：地你种？

答：我和我妹妹。我们没有分，两边做饭，钱也放在一起，合着买菜，我们不在一起住，家没有分，我妹妹结婚后，还得合在一起，我父母只有我一个儿子。

问：一个月你当团支部书记补助多少钱？

答：年终结算，工作好了500元左右，一年的钱。现在节约开支，钱少了，减轻老百姓的负担。

【共青团活动】

问：团的工作是什么？

答：传达上级的指示精神，组织青年学习表业科学技术——治虫、打药、选择优良品种，办理板报、广播等。

问：这村有多少团员和青年？

答：21个团员，130个青年，15岁至35岁的属青年。

问：团员有条件吗？

答：学习先进，工作积极的才能入团。

问：是自愿参加的吗？

答：是。表现不好的，暂时不能参加，要经过教育。

问：男女各多少？

答：十六七个男的，四五个女的。农村妇女腼腆，要求参加的少。

问：每个月开团员会吗？

答：每月开，都是晚上开，还听歌曲、打扑克等。

问：现在从团员中入党的人多吗？

答：不少，我就是由团员入党的，现在又有两人要求参加党的。党员的主要来源是团员，还有部分是部队转业的复员军人。

问：村里的青年愿不愿意参军？

答：愿意。去年王东波（团员）就参军了，也有从部队回来的，如吴玉德、吴玉章，自愿报名参军，到乡卫生院体检，县武装部再进一步检查，合格的才能入伍。

问：有名额限制吗？

答：有。乡里有名额。

问：独生子女去吗？

答：现在独生子女多了，也参军，女的在村里招的很少，有从高中毕业生招的。

问：复员军人要求入团吗？

答：一般在部队就入团了，复员后岁数大了，就直接申请入党了。

问：现在青年愿意入党吗？

答：愿意，由于条件的限制，农村党员发展慢。

问：入党对个人有什么好处吗？

答：入党后学习，各方便都带头，不一定都当干部，在我们中的大队干部中有好几人不是党员，王会东、马德中、王会星都不是党员，但都是小队干部。

问：村长是党员吗？

答：是。党支部书记更是。民兵连长、团支部书记、文书、现金保管都是党员。

问：党支部每年都有发展计划吧？

答：有计划，但大都完不成计划，不是党支部的大门不敞开，而是发展对象不够条件，或有够条件的不申请。

问：担任团支部书记影响工作吗？

答：有点影响，不大，加加班就补上了，但影响我贩卖牲口的生意。

问：没有规定党支部书记和团干部不许做买卖吧？

答：没有。

问：你今年多大？

答：22岁。

问：订婚了吗？

答：订婚了。

问：这是你的亲妹妹，叫什么？

答：王青秀。

李志祥（1939年生，入赘王爱仙家）

时　间：1993年4月3日下午

访问者：顾琳　张利民

场　　所：李志祥家

【解放前迁居恩城、济南间】

问： 你是哪年出生的？

答： 今年 54 岁，1939 年生，属龙。

问： 你在哪里出生？

答： 济南。我父母当时在济南住，原籍是这个村。

问： 你父亲叫什么名字？

答： 李振都。

问： 你母亲呢？

答： 叫王学玲。

问： 你出生时你父在济南干什么？

答： 没有正式工作，生活困难、贫穷。

问： 他们哪年去的？

答： 还没有解放的时候去的。在恩城也住过，我父亲是日伪时期的中队副。

问： 日本没有来时也做这种工作吗？

答： 没有，原在济南混穷，后来回到家修车，日本人来后，他们组织了人民自卫团，国民党组织的，他在伪军五中队，是队副，队里有 100 多人。恩城解放时我 6 岁。

问： 你还记得当时的情形吗？

答： 记不清了。解放恩城那天，下小雨，八路军把伪军赶出城了，把我们保护起来了，原因是一位八路军游击队长是我舅，与我父亲关系好，我们一家人没有受到伤害。

问： 你舅舅叫什么名字？

答： 叫徐向荣。他是恩城北站村人。

问： 日本人走后，你父亲干什么？

答： 到六区当区长。我父亲穷，做共产党的地下工作，所以当了区长。因为当时敌我不明，双方都找他，因此他不干了，就又到了济南去做生意——豆芽菜买卖。

问： 你父亲怎么做地下工作？

答： 当时中国八路军的武器落后，我舅当游击队长，我父亲就从日伪那里偷着给我舅送武器，为此，中队长把我父亲看管起来。我父亲住在楼上，队长住在楼下，实行监督，后来很可能是共产党把我奶奶逮起来了，这样日伪军才不怀疑我父亲了。过了一段时间，放了我奶奶，我父亲也不带兵了，让他管军需，名义上升了，实际上是没有带兵权了，明升暗降。这是在恩城时。

问： 到济南后还干吗？

答： 当时济南没有解放，他什么都不干了，只做点小生意糊口，解放前夕，有人找他做事，他没有干。在济南待了两年，解放后才回到家种地。

问： 你母亲也在济南吗？

答： 在。我们 3 口人在一起。

【解放后家乡生活经历】

问： 你们回来后分到土地了吗？

答： 我们回来时村里正在分地。我们家人多，地不多，因为我父亲给日伪干过事，把土地都捐出来了。后来又给我们补了地。

问： 当时家里有人吗？

答： 有。我哥哥、祖母一直在村里。

问： 你们几口人？

答： 我祖母、哥、嫂、父亲、母亲和我。

问： 你哥哥叫什么名字？

答： 李志顺，今年 60 岁，还在。

问： 你们分了多少土地？

答： 共 18 亩地，每人平均 3 亩。

问： 你在本村上小学吗？

答： 我 9 岁时在本村上小学，后又上了完小，在郭阳镇完小。17 岁毕业后在家务农。

问： 你父亲还在吗？

答： 还在，已 87 岁，在本村住，因得了脑血栓，已不能走路，记忆力也不行了。1943 年日本人调查时他在。

问： 你务农时是互助组还是初级社？

答： 当时是互助组，后来参加了初级社和高级社。

问：你个人参加互助组了吗？

答：参加了。1960年困难时期，我考取了沈阳拖拉机制造学校，学习8个月后因我父亲摔伤，我回到老家，从此没有再回去。

问：沈阳你有亲戚吗？

答：我表兄在沈阳无轨电车公司，我投奔到他家，可他也顾不了我，我直接报考了沈阳技校。应两年毕业，可我只学了8个月。当时我父亲是公社供销社的售货员，是非农业户口，他病了，我回来了的。

【入赘、家族】

问：那时你结婚了吗？

答：我1958年结婚，爱人叫王爱仙，应该是王维仙。

问：你们结婚是怎么决定的？

答：她父亲兄弟3个，都没有男孩，只有她一个女孩。我是被招女婿招到他们家的，因为是本村人，很熟，也没有改姓，要不熟就得随女方家的姓了。他们姓王，所以我的下代都姓王。

问：你父亲的兄弟们叫什么名字？

答：我祖父叫王正德，伯父叫王金章，叔父叫王金星。

问：订婚前你们认识吗？

答：一个村的，认识。

问：在日本，老大不能外出做别人的儿子，中国也是这样吗？

答：这要根据具体情况，我们年龄相当。长子是不能过继的。

问：你们是怎么结婚的？

答：1958年吃大食堂，大兵团作战，我过去就算结婚了。介绍人是刘常富。

问：结婚时规定你们的孩子姓王吗？

答：是老习惯，不要规定，孩子们自然姓王。如果孩子多，在双方同意的情况下，有的孩子可随我姓李。

问：你们几个小孩？

答：6个孩子，2男4女。王会来（男）1962年生，王会强（男）1973年生，王会珍（女）1964年生，王会梅（女）1965年生，王会芹（女）1968年生，王会静（女）1970年生。

问：你的女儿结婚了吗？

答：两个已婚，都是嫁给本村人。

问：你有两个男孩，王家就有后代了！

答：是呀，我那时生孩子多，国家有奖励。

问：谁决定你们结婚？

答：父母不反对，我们家孩子多，我哥哥叫李志顺。另两个兄弟叫李志海、李志义。我还有两个妹妹，生活困难。

问：你的兄弟们都在本村吗？

答：是。

问：你们两家生活情况差不多吗？

答：不同。她这边父亲兄弟3个只有她一个女儿。我们兄弟多：我是爱才（财）到她家来了（笑）。

【“大跃进”时期的生活】

问：1958年你们结婚时，这边家里不困难吧？

答：人民公社时期差不多，大家都吃食堂，家里都没有东西。我现在住的房子就是大食堂所在地。“大跃进”时我经常搬家，我们的房子多，让搬就得搬，因为一切都是公有化了，“大跃进”时不管男女，岁数差不多的都住在一起。老的男姓组成了“老黄忠队”。

问：你们刚结婚也不住在一起吗？

答：不管那个！要你走，你就得走，不考虑家庭了。门鼻子和铁锅都没有了。拿去大炼钢铁，家里什么都没有，是共产主义了。

公安局失业了。“老黄忠队”是老年人组成的，年轻人组成“敢死队”，妇女组成“花木兰队”，小孩组成“小老虎队”。

问：有放假的时候吗？

答：不放假。生小孩的、结婚的放几天假。过年也不放假，当时的口号是：“大干干到年三十，初一吃完饺子接着干！”

问：春节放几天假？

答：放几天。过完年如果没事干就冻冰，把冰块拉到地里化水，没事也得找事。

问：1958 年以后好点吗？

答：1958 年以后接着是困难时期，过后好些了，不实行“大呼隆”，1963 年、1964 年刘少奇实行三自一包，开放了两年，人民生活好些了，“四大自由”，市场开放，允许人们到集上做买卖，我从沈阳回来去了上海。“五风”被刹住了。

问：又回到你们自己的家了吗？

答：是，以后就结束了。

【外出做买卖】

问：1960 年以后你外出做买卖吗？

答：我从沈阳回来看到家里的生活还是维持不住，就带着我们结婚时的被子到了济南，卖了 90 元钱，买吃的。还是不行，我到了上海做小买卖，维持生活。从上海买自行车、草纸、火柴、纽扣等杂物，到恩城等集市上去卖。

问：有多少本钱？

答：卖被子的 90 元钱，倒买卖。上海一辆半新自行车六七十元，回到家卖 300 多元。1961 年一冬天做买卖，当时不允许买卖，东西被扣了，我又回家开证明，才解决，所以大年初一都没在家过年，共去了 3 次。村里很多人到上海去。

问：从哪儿买东西？

答：委托商店。

问：都有谁到上海去做小买卖。

答：刘义廷不在了，王会平还在，没记忆力了，王龙庆、马会祥也去了，村里有 20 多人外出做买卖。到泰安、曲阜、邹县、天津的都有。春天农忙后就不能去了。

问：第二年又去了吗？

答：没有去，当时又紧张了，1963 年取消市场了。

问：一冬天你挣多少钱？

答：随挣随吃，东西很贵，活动着比不动的生活好点，我把房子都卖了，当时 6 口人，4 口人不能干活，卖了房买点吃的，还没人要，大家都困难。

问：“文化大革命”时你在几队？

答：五队。偷着编织点东西，上边不让干了，割资本主义尾巴，我是常年搞资本主义，因为孩子多，不偷着干不行，我给县土产门市部包活，编好了夜间偷着送去，我不占队里的劳动时间，业余时间自己干。

问：县土产公司收你的东西？

答：因为活好，他们相得中，愿意让我承包，我加工他们的料。都是编织。队里不让搞。我除了白天给队里干活外，晚上干到鸡叫，天亮了才不干呢，不搞编织我就拾粪积肥，挣工分养家糊口。

问：像你这样的多吗？

答：多，都是编织，白天不能外出，外出得请假，不请假的罚 10 分。

问：一直搞到哪年？

答：到 1979 年分田到户为止，不偷着干副业了。后来土产来找我，让我承包更多的活，我不敢，让他们找到大队，大队还得来找我，这我就名正言顺地干了，我干着也踏实。大队组织了以我为首的 20 多人专职编织。1975～1976 年这两年各队都有人参加。以大队的名义组织的编织队，为供销社加工。我做的是竹活，他们做的是白条活。

问：你干了多少年？

答：四五年。

问：你的收入呢？

答：还是记工分，不过加工资可以提成百分之几，作为我们的报酬。50%赢利归大队，50%归编织人员。

问：一个月分多少？

答：一个月六七十元，那时收入算很好了。

问：你孩子、爱人参加吗？

答：就我一个人参加，孩子小，爱人干家务。除此外，我每年养两头猪。

问：你自己家吃猪肉吗？

答：舍不得吃，有钱存起来搞基本建设或为孩子们准备办婚事，过年过节吃点肉。吃粗粮为主，很少有细粮。

问：你当时在村里属什么水平？

答：中等偏上的生活。我家人多，干活也多，不闲着。

【承包土地、果园】

问：五队1980年承包土地吗？

答：是。我承包了18亩地。我是长期8口人。老人在时是8口，老人死后又生了孩子，孩子大了有向外嫁的，也有向里娶的。

问：有果园吗？

答：土地承包后，刚开始因为果园基础很差，都不敢包，我管了5年，果园也治理好了，这时村里号召承包果园投标，我可以优先，因为我投标的标价高，就又管起来了。

问：种什么水果？

答：都是苹果树，有红香蕉和金帅、国光。

问：每年需要多少投资？

答：刚承包时收不到果实，果树间隔种的庄稼收成点，当时投资也不多，投资1450元，主要是化肥和农药，庄稼的收成变卖后买果树的化肥。我一个人长期管果园，其他土地由爱人和孩子们种。1985年以前果子不多，1985年以后才长多了。

问：当时投标是多少钱？

答：大队定一年5500元。谁投标价高由谁承包，我的标价最高，7500元，所以由我承包了。头两年赔钱，收不到7500元，第三年赢利，第四年因水灾又赔了，第五年收成又好了。因为第三年收成好，缴了8000元承包费，后又增加到9000元，最后连续几年，每年都缴11000元，平均9000元，第一期承包1980~1985年，5年。第二期1986~1996年，10年为一期。

问：一年收成多少斤？

答：去年纯收入7000元，即除了投资及缴承包费后的收入，收成多少没有记过。好年头4万斤左右。

问：到哪里去卖？

答：县里有果品公司收购站，还有很多个体户收。

问：秋天收吗？

答：阴历七月十五到八月十五收。

问：果子快熟的时候谁看守？

答：我们全家人都到果园去吃饭，大家看着，3个地方有人看，还有警犬。村里现在又种了些小果树，目的是提高大家的生活，我富了不忘别人，谁家需要技术指导我都去帮忙，看青的任务不大了，现在3条狗帮助看青，麦收后我全家都住进果园，有3间小房子。这里的房子没人住了。

问：一家人在那里吃住方便吗？

答：方便，有房住，3处有房：一处2间，一处有天棚，还有一处也有两间房。人分3处住，3条狗都在3处房的后面，用铁链拴着，一只狗管一段地方。人可以睡觉，狗发现情况大叫，人才起来察看。

问：偷的人多吗？

答：现在不多，刚开始几年，果树少，有人偷着吃是难免的事。现在这几年每家都种了，偷吃的更少了。我帮助大家种，我旁边的这家 30 棵，去年收入 1000 多元。

问：你的果园有多少棵？

答：300 多棵，全村 800 棵，这是大队集体种的，现在还有个人种的。

问：果子多了，价格是否低了？

答：价格比过去上升了，因为人民生活水平提高了，吃的人多了，在农业社时，很小的苹果 0.18 元一斤，人们还不买，现在二三元一斤也买，而且整筐整筐地买。

问：你以后怎么办？

答：改良品种，进化品种，我不管了，还有别人管，我想把果园的基础打好，集体富了，个人才能富。

问：有车运吗？

答：有拖拉机运苹果，除此还搞点运输，如运砖、收割麦子、压场打麦。

问：哪年买的？

答：1987 年。

问：运输收入占你全部收入的多少？

答：占三成。果树占三成，我还为运煤户当中间保护人，也得一部分报酬，一车给 10 元，家庭的零碎开支从这部分收入中出。

问：你家现在还是 8 口人吗？

答：还是 8 口。两个闺女已结婚，可又添了两个孙女。现在 9 口了，实际上 11 口人吃饭，朋友很多，每天如此，等于增加了吃饭的人口。

马会祥（1954 ~ 1988 年任大队会计）

时　　间：1993 年 4 月 4 日上午

访 问 者：顾琳　张利民

场　　所：马会祥家

【初级社、高级社的分配】

问：想了解解放后大队的管理和副业情况，听说你当过大队会计？

答：是当过大队会计，没有当过大队长。1954 年冬开始当会计，直至 1985 年，干了 30 年的会计。

问：本村有几个合作社？

答：刚开始是互助组，1954 年入社，1955 年正式执行分配制度。这是初级社。

问：那时的会计都是什么工作？

答：土地和人都参加分配。1956 年成立了高级社，土地参加分红，劳力参加分红。当时有“光明社”“五星社”“前进社”等 5 个初级社。我在“光明社”，共 11 户，比小队小，这是自愿结合的。

生产、收入、记工分、分配（人六、劳四）都是会计的事。

问：“光明社”有多少劳力、土地？

答：20 多个劳力，土地共一百六七十亩。

问：分钱还是分粮？

答：东西都合成钱，再分配。

问：第一年每人分多少粮食？

答：一年每个人分粮不超过 500 斤。头两年分点钱，一个工值 1 元钱。人、地多少钱都折合出来，应分多少，全年实际收入多少钱，扣除之后，剩余的部分就是社员应分的现金。当时户户都分钱。初级社时一户有分百十来元的。那时 100 元不少了，粮、柴已除外了。信用社入户存款。

问：初级社之后的高级社怎么样？

答：高级社土地归集体所有，按劳分配。1957 年冬到 1958 年春高级社。12 个自然村组成一个大社，也不是公社，社址在孙庄。

问：是你们自己这样做的，还是上边决定的？

答：上边指示。

问：12 个村合成一个大社，村里称什么？

答：村里成立了3个生产大队。我们叫十七、十八、十九生产队。

问：你是一个队的会计吗？

答：我不在村了，在大社里当现金出纳。

【“大跃进”、困难时期】

问：大社为什么不行了？

答：大社干部的做法不合理，他们说掘地一尺深，胡萝卜长一尺长，根本不是这样。小麦最多收100斤，可干部们说的多，大社有9个会计，种了试验田，搞得不符合实际。但还必须这样干，不干就拔白旗，挨批评。晚上了活，敲锣打鼓，成立了“老黄忠队”等英雄队名，实际不很好地掘地。上边问种多少麦子了？下边回答30%，上边又说××村已达50%了，我们也回答，这里也达50%了，搞浮夸，这是1958年，就这样搞坏了。

问：1958年一家能分多少？

答：成立食堂了。不分给个人。各队都有食堂。

问：就干了一年吧？

答：1959年更不行了。一平二调，大社下放了，村分成了两个大队，下边没有小队。我是两大队的会计。十七、十八、十九3个大队把十八队撤了，成立了两个大队。

问：有几个干部？

答：队长、会计、记工员。

问：不分土地？

答：按劳分配。实际上是人三劳七，没有完全按劳分配。也有四六分成的，也就是分粮时人分四成，劳力分六成。这是我们村。外村有的按劳分配加照顾，劳力少的也得让他生活。

问：1959年粮食生产怎样？

答：因为1958年乱了，1959年人们就不干活了，地里的草比棉花长得高，出工不出力。两大队总产16600斤，上报只报6000斤，上报多了，生活不能维持，1959年到1963年都这么样，两大队400人左右。

问：一个人才合40斤粮食怎么生活？

答：上边给返销粮，每人每年口粮不足200斤，1960年生活更不好了，死了几十个人。没有200多人。当时早晨死了人不哭，等领完早饭再哭，为了这顿饭。王村长说死了200口人不对，大概死了90口人。

问：生的小孩不多吗？

答：最多生了两个。有很多妇女没有月经了，生活不好。

问：当时是同吃同住吧？

答：有50%的青壮年劳力组成各种队同吃同住，这是1958年。当时一平二调，所有的东西、劳力，不分你我，随便使用调动。

问：我们听说1960年有到上海去做小买卖的，你去了吗？

答：我去了，到上海、镇江各去一次。从上海买的布、火柴，到济南去卖，之后又买成枣带到上海去卖，每人带去69斤枣，卖完又买草纸或自行车，从中赚点钱。

问：一冬天你赚了多少钱？

答：发不了大财，为了糊口。

问：干了几年？

答：我当时还当会计，只去了一次。

问：困难时期有外出讨饭的吗？

答：有。我们这儿的人到泰安以南做买卖，带去陶瓷，如瓶、碗之类的东西换红薯干和粮食。柳条、大门都可以去换，火车站设有专车去泰安。

问：有全家去讨饭的吗？

答：不是全家，个别人去讨饭，抓街的不少，在街上抢吃的。

问：非常困难的是哪年？

答：1960年。以后就好了。当时生产不行，人们没有力气去干活，也有家底厚的，生活好点。1960年不让干小买卖，公安局说做小买卖的是投机倒把。

问：1962 年总量还是 16000 斤吗？

答：每年都吃统销粮，产的粮食不够吃，每人 100 多斤粮食，加上统销粮 216 斤以下。年底国家再给点，补给十分困难的户，不让饿死，实际上每人的口粮比 216 斤多。1953 年是 360 斤，剩下的国家征购。困难时期达不到这个数。

问：1962～1963 年怎样？

答：从 1963 年以后村里不吃返销粮了，口粮 300 多斤，总人口 700 人，总产量 20 万斤。

问：1963 年还是两个大队吗？

答：还是两个大队，1966 年“四清”后合并成一个大队。

【“四清”“文化大革命”时期】

问：1965 年是“四清”吧？

答：1965 年冬至 1966 年春搞“四清”，7 月份开始“文化大革命”了。

问：“四清”对你们生产有什么影响？

答：“四清”时换了新的领导班子，新班子领导生产也行。

问：你挨批评了吗？

答：我退赔了 60 元钱，并不是贪污的钱，是多吃多占的钱，一顿饭 1 元钱，60 顿 60 元，我退赔的是这种钱。

问：怎么退的？家里有 60 元钱吗？

答：我有一辆车子，还有 20 斤棉花，另有 20 元现金，加在一起够 60 元了。

问：那时的干部都退赔吗？

答：都退赔。退赔的东西和钱全村人平均分配，我也得到了同样的一份。每人分多少没有统计。最多退赔是 300 斤麦子，100 多元钱，大队长退赔的多。会计有制度，家里生活也过得去。隔几年搞一次运动，多吃多占的事我尽量少参加，所以退赔的也不多。大队长就不同了，他们不管财务制度，管生产上的事，所以退赔的东西和钱多些。

问：你什么时候再当会计？

答：我一直当会计，退赔以后继续当会计，书记、大队长换了多次，我没有动过。

问：“文化大革命”的 1967 年、1968 年生产怎样？

答：生产不坏，比 1960 年强，不如现在。1963 年、1964 年不吃返销粮，1967 年又吃返销粮了，全村 1 万多斤，会计、大队长也不向公社报实产，报的少，产的多，公社来检查是“光棍大瞪眼”，检查不出问题来。一般一个人瞒产三四十斤。上级到秋季给村定盘子——定数量，村里瞒产他们知道，也查不出来。

问：从哪年开始缴公粮？

答：只有 1977 年一队缴过 1 万斤公粮，其他年其他队都没有缴过。不缴公粮也不吃返销粮。棉花年年送一个小队的，缴三四千斤棉花，棉花不能卖。

问：困难的时候也种棉花吗？

答：种，不过很少，1967 年棉花有定金。

问：1960 年代副业怎样？

答：没有什么副业。1957 年大队搞了一年副业，还有点编织柳条筐、竹筐，1958 年就停止了。小队没有搞副业的。1976 年大队开始全村柳编。小队有季节性的粉坊、油坊。

问：会计管统计义务工吗？

答：挖河是义务工，小队统计，我掌握全村劳力的人数。

问：大队是空架子吗？

答：以小队为核算单位，大队管全村的统计，统计局也要统计数。

问：你有向上报告的文件吗？

答：没有留，报的都是虚数。有一两年的报告，有年报，上面有全村的基本情况，人口、土地数字都是准确的。

查看后夏寨村历史经济情况表（略，没法整理）。

马会祥（第二次访问）

时　　间：1993年4月5日下午

【1979年后的土地承包】

问： 1979年村土地承包，土地怎么分的？

答： 土地承包，1980年开始。

问： 大队的土地，农具怎么办？

答： 大队不是核算单位，小队是核算单位，大队领导小队。一亩地承包如为100斤，可收获了150斤，这50斤是超产的，归本人。1981年大包干，土地按人分到户，1980年不是根据人口，而是按劳力承包，所以1981年以后按人要钱。

问： 1980年与1979年的土地分配一样吗？

答： 1979年不是平均，1980年是人均土地统一分配，以队为单位，不是全村统一。西边的队人均土地多，东边的队人均土地少，差5分地。

问： 这是土改时的差别吗？

答： 从“四清”后，全村由两个大队合并为一个大队，分5个小队，当时没有考虑到土地的多少。5个队分别属于原来的两个大队，原来两个大队的土地有差别，这就是目前东西队土地差别的由来。

问： 收入有差别吗？

答： 有点，但不大，收获有好队与差队之分。

问： 1980年以前大队有共同的财产吗？

答： 没有。小队是核算单位，大队只掌握总数，起领导作用。

问： 你是大队会计，管小队的报表吗？

答： 管，各小队报到大队，大队会计统计上报。粮食量情况得经过大队，承包也要经过大队。

【公粮】

问： 公粮怎么分配下去？

答： 春季有各队卖粮的计划，大队报到粮局去，公社给指标，大队分给小队。有几年不仅交不上公粮，反而吃返销粮。分地以后直接落实到户了，户里到粮站去送，大队限日期，排列好谁先交谁后交，那里有花名册。最后大队呈报上去。乡、县直接掌握到户，他们给大队一张表，表里有各户交粮的数字，户里按数去交。实际上大队不掌握粮食，户里掌握，大队只有统计数字。谁交粮就给谁回单，没有交的，粮站向其问不交的原因。

问： 改革前不上交的怎么办？

答： 以大队为主，实际上是小队交。交不上公粮是“歉收”，就不交，产量核实以后，该统销的统销，该购的购。口粮有规定，超过口粮的部分就缴给国家，不够的口粮数降低。比如每年人均口粮360斤，产量不足这个数的只能给260斤。这些都是上级的规定。

问： 超过口粮的都缴，不够的不缴吗？不是按春天的计划，而是看产量？

答： 是。

问： 是有的队缴有的队不缴吗？

答： 缴不上公粮找大队，他们也有小队的数。如卖棉花，一个队一个造棉册，写在上面应缴数，秋后能不能缴一看册就知道了。公粮没有册，没有缴够数得说明原因，能看出来后把360斤减去，连种子一起减出去，有产量要求，有计划，应收粮食多少，棉花多少已报上去了。最后按计划包购，如粮实亩产计划200斤，最后产250斤，也有产不够

200 斤的。公社把年初的计划与实际产量一对照，再定下来，该缴多少缴多少。

问：上边有人来检查吗?

答：上边来“定盘子”。

问：收获的时候有人来调查是多少吗?

答：没有。如玉米在场里打，队里留下了种子后，一部分已分给社员了，场里还剩下一部分。上边来人只能看这些，看也没有用，查也查不着。

【历年粮棉产量】

问：那时棉花产量怎样?

答：棉产不行，棉产是从分地以后才高上去的。

问：棉地是夏粮、秋粮以外的地。夏粮秋粮、棉花都包括在社会产量内。大队粮田的面积 1050 亩，单产 218 斤，总产 272400 斤，种棉 510 亩，单产 40 斤皮棉，1949～1952 年一样。1955 年以前都是 510 亩，单产 30 斤（参看资料编后夏寨村统计表）。

答：从 1973 年以后棉花越来越少，农民重视粮食，不重视棉花，有一年一个工分才 8 分钱，农民就不种棉花了，地里不产东西。人们出工不出力，一天实际干半小时活。干活的人摆成长蛇阵，先去的也干完活了，后边还有向地里走的。所以后来分了地。

问：社会产量的单产与夏粮秋粮的单产一样吗? 好像是社会单产是夏粮秋粮的平均数?

答：秋粮包括玉米、豆子和地瓜。

【自留地】

问：粮田面积是集体的。社会粮食包括集体和自留地产量，你们怎么知道自留地收获多少?

答：对每人产量多少都有数，实际是估计数。

问：你们说集体是出工不出力，那自留地办得好吗?

答：自留地收成好，单产比集体的产量高得多。

问：每人有多少自留地?

答：工分地，按人口分。这本来是给社员的菜地，可粮食紧张，社员就种粮食了。

问：种麦子可以吗?

答：可以。

问：你自己家是怎么使用自留地的?

答：我种粮食。没有算过单产多少，大概三四百斤，麦子 100 多斤。

问：自留地产的粮食占口粮的多少?

答：赶上集体分粮的二成。

问：你家有多少自留地?

答：4 口人，每人 2 分地，只有 3 口人的 6 分地。

问：当时院子也这么大吗?

答：院子里不长庄稼，有种菜的，小院子不种，大院子的还有井，种菜很好，还有卖菜的。

问：从分地到 1981 年麦子的产量占几成?

答：1979 年占二成，现在吃饭细粮化。

问：改革以前杂粮里也有地瓜吗?

答：有。秋粮就是玉米和地瓜。

问：地瓜按什么算?

答：合成粮食，5 斤地瓜算 1 斤粮食（玉米）。

问：最困难的时候吃地瓜多吗?

答：把地瓜切成片，晒成干，磨成面，再用它吃面条或做其他吃的。当时吃麦子很少。

问：那时分了麦子后，再用麦子换成杂粮吗?

答：从 6 月 30 日到 10 月 30 日这段时间吃麦子。

【大队农业生产管理和分配】

问：大队的总面积、单产、总产量情况怎么样？

答：1958 年粮田面积 1156 亩，单产 166 斤，总产 192720 斤；1960 年最低，1170 亩地，单产 43 斤，收粮 50500 斤；1961 年 1150 亩地，单产 41 斤，总产 45500 斤；1962 年 1110 亩，单产 125 斤，总产 139350 斤；1964 年较高，1977 年是历史最高产量，棉花产量下降，虫子很多（参见资料编统计表）。

问：那时农药少吗？

答：少。“605”是最好的了。最早使用“DDT”，最多是农业收入。1976 年的副业收入不足 1 万元，1977 年是 9636 元，1978 年 8915 元，其他年份很少。农业费用和管理费用等于大队的全部费用。

问：管理费用指什么？

答：上河工的费用、种子、农药等。外出开会费属于管理费。

问：公社的拖拉机来耕地，村里给钱吗？

答：1960 年前后公社有拖拉机站，机器经常坏，一修几千元，村里也拿钱，这些属于农业生产费用，也有副业支出。税金也算农业费。

问：年底大队不留什么，都分配了吗？

答：社员分配数中有合计和人均数，其中一项实物折价，实际上实物折价平均数就是社员人均数，社员分不到钱，实物折成价，再用工分除，这是每个工分应得的数，再去乘社员全部的劳动工分，就是每个社员全年所得。1976 年以前每年都一样，从 1976 年开始好转，这一年每个社员分得 1 元，1977 年、1978 年也是分 1 元。

【社员借贷方法】

问：那时生病吃药怎么办？

答：社员自己卖东西买药吃。

问：那时孩子结婚花钱怎么办？

答：当时结婚不花钱，最多花 300 元就娶媳妇了，自己不够就借。

问：借了钱得需要很长时间才还清吧？

答：整借零还。

问：当时向亲戚朋友借钱不要利息吧？

答：不要。

问：你自己借过吗？

答：我是老人给娶的媳妇，自己没有管。

问：你儿子哪年娶亲？

答：我儿子 25 岁结的婚，花用自己的钱，没有借。

【改革前的生活水平】

问：你哪年结婚？

答：我 24 岁时，已 50 年了。我们结婚时不兴请吃喝。我大儿子结婚也只花了 200 元，也没有盖新房，老二花了 200 元，老三花了 300 元。

问：那时生产队不分钱，是编织的钱吗？

答：有编织的，有做小买卖的。

问：你一年赚多少钱？

答：没有统计过。

问：那时每人有多少衣服？

答：富裕户串亲戚时有新衣服，一般户没有多余的，有两套衣服就不错了。有的中午洗了，干了就穿。

问：自己织布吗？

答：有织的，很少。不让纺线织布。编织和绑笤帚都是偷着干，说是割资本主义尾巴，把偷着编织户的原料抄了，归大队。

问：60、70 年代的鞋都是自己做的吗？

答：是。

【管理区、片】

问：你不当大队会计是因为身体不好吗？

答：老了，从 1985 年就不干了。我都六十七八了。建立人民公社时我当了几年管理区的会计长。管理区与现在的片一样，比村大，比乡小。当时管理区有脱产干部，吃国家粮食。我不脱产，有事就去，没事不去。平时开会，统计数字，到村里辅导村的会计，我就管这些事。

问：公社会多，还是管理区会多？

答：管理区会多。

【改革后的会计工作】

问：分田以后的会计与原来的会计一样吗？

答：不一样。现在每年有统计表，事情不多，过去的项目很多，现在村的会计只有几项，如收入、支出。

问：统计谁管？

答：文书管。现在有很多数字没办法统计，大部分是估计。多少亩地，总产、单产各多少，口粮、种子各多少就完了。按人口缴完公粮，其余的吃、卖自便，统计很简单。地和人口都是较固定的。

问：现在地减少了吧？

答：过去 2000 多亩，现在 1900 多亩，修路挖沟占了部分地。

问：国家给钱吗？

答：不给钱。公路给钱。

问：公路占了多少地？

答：有 10 亩地，挖沟渠占百十亩地。解放前 3000 多亩地。土改后离村远地不属这个村，归别的村了，所以现在地少了。亩的算法也不同了。

王维宝（村长）　张秀琴（村长妻）

时　　间：1993 年 4 月 6 日下午

访 问 者：顾琳　张利民

场　　所：王维宝家

【家庭、结婚】

问：你叫什么名字？

答：叫张秀琴。

问：你哪年出生？

答：属兔的，1951 年生。

问：什么地方的人？

答：恩城人。

问：你父母干什么？

答：弟弟一个，姐姐一个和我，我父亲在我 11 岁那年去世了。

问：你母亲 3 个孩子？

答：是。我母亲、姐姐、弟弟都在恩城镇。都是农业户口。

问：你小学在哪儿上的？

答：我没有念过书。

问：你上过识字班吗？

答：没有。

问：从小就帮家里干农活吗？

答：对。不会搞编织。

问：你与王村长原来认识吗？

答：不认识，经这个村的人介绍的，吴炳晨介绍的，吴与我是一个胡同的。我改嫁到王家了。原来的丈夫也是这个村的人，叫吴玉青，早死了。

问：你与原来的丈夫结婚多少年他死的？

答：14 年。他死后与王村长结婚了。

问：王村长当时多大岁数？

答：44 岁。1986 年结婚。

问：你们用什么方式结婚？

答：结婚时乡书记和乡长都来啦，请了十四五桌饭。

问：在这院子吃的吗？

答：在这屋和那个屋吃的，一个屋占不开，很热闹。

【农活、子女】

问：你一直干农活？家里的地基本是你承包的？

答：是。都我干，他没有时间。

问：有手工业吗？

答：大儿子在片里管林业有工资，还是农民，二的是女儿，还上学。

问：谁给发工资？

答：乡里。

问：她上什么学？

答：初中毕业。

问：你大孩子叫什么名字？

答：吴炳瑞。20 岁。

问：老二叫什么？

答：吴炳双。16 岁。

问：老大订婚了吧？

答：已订婚，是本村人。

问：本村的亲家很多？

答：70% 的人都嫁给本村。闺女不愿出村，不是一个姓，不一个家族的人。

问：对象叫什么名字？

答：王淑红。是王子寅的女儿。

问：什么时候结婚？

答：到年岁才能结婚，女的到 23 周岁，还有两年。订婚比较早，1990 年订的婚。到年龄才能结婚。

问：他们是上学时认识的吗？

答：不是，也是经人介绍的。

问：村里有人很喜欢当介绍人。

答：是。介绍人和男方、女方都不错才当呢。

问：有的年轻人自己已经认识了，还要找介绍人，是吗？

答：是。两个人很熟，关系都不错，再找介绍人介绍。

问：你老大每月拿多少钱？

答：60 元，星期一、星期五才去，一个月只去六七天，不是每天都去。其他时间在村当果树技术员。

问：在乡里学的吗？

答：是。每个小队都有一个技术员，队里不给钱。

问：女儿今年毕业吗？

答：明年麦季毕业。

问：毕业后怎么办？

答：考上学继续念，考不上在家干活。

问：你每天都到地里干活？

答：忙了就去，有气管炎。

问：家里有牲口吗？

答：有两头驴。

问：有猪吗？

答：去年刚卖了，每年一头猪，买来很小，养大就卖。

问：家务活你老大干？

答：他干地里的活。女儿每周回家一次，也刷锅洗碗。

问：他在哪个中学？

答：十里铺中学。

问：只有十里铺中学吗？

答：还有陈屯中学，共两个，也住校。

问：一个月花多少钱？

答：一年书费和学费共 80 元，平时有零花钱，住宿和伙食一个月 3 元，自带粮食。

问：有食堂吗？

答：有。粮食交食堂，每月交 3 元钱。吃菜自己买。

问：带面粉还是带小麦？

答：小麦，自己吃多少带多少。

问：一年花多少钱？

答：200 元钱。

问：星期天回家吗？

答：除轮流看校外，都回来。

问：你家的收入有王村长的工资，大儿子每月 60 元，一年卖一头猪，小驴长大后卖钱，是吗？

答：是。

问：你干买卖牛的事吗？

答：不干。

【承包】

问：你承包鱼塘吗？

答：不交承包费，1991 年承包的，还没有收入，社员们都不愿干，我承包了。共 12 亩。

问：几家承包？

答：3 家：有马会祥的儿子，张良晨、马德恩和我。

问：什么时候有收入？

答：今年秋后就有收入了，收入后 3 家平分，现在是 3 年的试验期。明年就交承包费了。

问：你估计明年有多少承包费？

答：估计 9000 斤鱼，每斤 1 元多，共 1 万元左右。

问：这不是纯收入？

答：不是。纯收入每户 2000 元。

问：你管鱼塘吗？

答：我不管，大儿子管。

问：种地收入，你们承包了多少土地？

答：10 亩地。其中 6 亩棉花、4 亩麦田、1.5 亩果树。

问：果树结果了吗？

答：收入很少。去年收入 110 元，前年收入 60 多元，今年可能好些。共 40 株苹果树，估计今年收入 1000 元。

问：棉花怎样？

答：去年有虫灾，收入少，前年收入 3000 斤子棉。去年收入 1000 斤。有棉铃虫。一般每亩收入 300 多斤子棉。

问：家里有摩托车和自行车吗？

答：没有摩托车，有自行车 3 辆。

问：你的收入在村里算中上等吧？

答：是。

【村长的工作】

问：你每月给家干多少活？（问村长王维宝）

答：秋季，麦季在家干活，每月干三五天。全年在家干活占 1/4 的时间，其余都在村里。每年阴历九月至元旦带民工去挖河。春节后有时也去干。带着片的民工去干活，每季乡里给工资 3000 元。

问：每年支出多少？

答：她吃药，买化肥，女儿的学费，没有其他开支。

问：你与支书的分工？

答：支书在家时，我不在家，他全管。我在家时他不在家，我全管。没有明确分工。个体户的副业他管。

【老党员、五保户】

问：老会计威信很高？

答：是，他比较老，还有老党员马凤山、张良晨、马炳城，他们说什么都管事。

问：吴炳晨也是这样的吗？

答：他死后，给他家两亩地，一切按五保户待遇。村里照顾他。

问：还有五保户吗？

答：还有一位女的。共十七八个人。不是五保户，都是孤寡老人。没有儿子，有侄子。这些人每人多给两亩地，照顾他们。

问：是村决定还是乡决定照顾他们？

答：村里决定的。

问：他们承包的地交承包费吗？

答：不交。什么都不交，他们所需承担的农业税由其他户分担，我们村每人多交两斤粮食，以弥补他们应交的部分。

【公粮、果树】

问：今年有公粮吗？

答：有。去年每人交 120 斤，包括防水粮、工程粮、议价粮、平价粮。

问：农业税不给钱，给粮食吗？

答：给粮食。公粮有农业税、防水费、河工费，这些费用都交上去，有个表，这是村的总数。

问：还缴公粮吗？

答：缴。公粮是义务性的。缴完公粮可以买平价化肥。今年征购公粮的数还没有下来。

问：不是很早就下达了吗？

答：麦收之前下达订购粮计划。

问：果木树如何？

答：1987 年 190 亩苹果树，1987 年以前只有 25 亩，334 棵，1987 年新栽果树 165 亩，一亩半地 49 棵，1991 年有新发展，增加了 30 亩。1987 年种的已结果。

问：一亩地果树收入多少？

答：平均亩纯收入 500 元左右。果树投资不高。

问：一个人承包 1.5 亩吗？

答：一户承包 1.5 亩，现在有的户承包五六亩的。1993 年增加 60 亩，种的特别多，一亩地 80 株，比原来行距小了。因为树的品种不一样。

问：今年种的能当年结果吗？

答：3 年才结果。投资逐年增加，收入也逐年增加，以后 5 年内每亩纯收入可有 2000 元。也就是说 1987 年种的树再有 5 年一亩地纯收入可达 2000 元。一棵树的最高收入在 10 年以后，亩产 2500 元。

问：有花生吗？

答：很少，花生产量低，土质不行。

问：西瓜也不种了？

答：土质不行，不种了。现在是苹果树和棉花最热门。

问：1990 年人口总数和户数？

答：797 人，202 户。

问：1991 年呢？

答：少一口人，户数不变。

问：口粮数有吗？

答：没有口粮数，因为自承包以后，就不估计了。年底有上报数，也不留底。队里不统一分粮，也不统一分钱，分散经营。

【副业、管理】

问：村里办副业吗？

答：村没有办，都是户办的。

问：孟广凯办的副业是以村的名义，实际是他个人办的。交税也是他自己交。

答：对。

问：现在有油坊吗？

答：过去有油坊，现在没有了。有个体豆腐坊，木器加工、编织、电器维修、饮食等方面的副业。

问：你如何管理？

答：他们需要厂房、资金时我们可以向其提供。

问：昨天的贷款是给他们吗？

答：对。大队给他们无息贷款，他们不向大队交任何钱，只向税务部门缴纳税金。因为他们都种着地，所以副业就不增加负担了。

问：果园也承包吗？

答：是。他们交承包费，都是一次性的交钱，为了加强管理。承包 10 年。一亩半地给 280 元。

问：每户都承包果树吗？

答：都有。

问：1987 年以前的果树地是耕地数以外的，1993 年的是耕地数以内的，是吗？

答：是。粮田数减少了。

问：国家限制吗？

答：县里提倡种果树，计划明年再扩大 20 亩，看看市场情况。

问：现在市场没问题吧？

答：没问题，过几年种的多了，价格可能下调。

问：到哪里去卖？

答：到集市上，也有冷库，也有外商来收。大部分到广州。他们到这里来收，按等论价。

问：本村有收购站吗？

答：没有。恩城有。

问：柳编的收入占普通家庭收入的多少？

答：一个编工一年创利润 800 元。农闲时编，不是常年编，年轻的和上岁数的妇女都会编。柳编在这个村有上百年的历史。

问：村里管牛、马买卖吗？

答：不管，随便买，随便卖。

问：木工呢？

答：村里基本不管。但他们进料资金不够可提供方便。最多时可提供 1 万元。最少 500 元。

问：什么时候还债？

答：东西卖出去就还了。时间很短，一两个月就还。

问：向做贩牛买卖的提供多少？

答：500、600、千儿八百的都有。

问：大队有部分资金？

答：是。

【存款与信用社贷款】

问：大队会计平时有多少钱？

答：不一样，最多时 1 万元，在保险柜保管。

问：每户存款多少？

答：普通家庭都有三五千元存款，高的有万儿八千的，不多。家庭条件差的没有存款。

问：村民贷款一年有几次？

答：平均一两次。

问：盖房借款吗？

答：不借。

问：谁批准？什么手续？

答：书记写申请，村长签字。农业贷款每年一次，由银行、信用社到村来统计，有多少户需要贷款，信用社一次办理。大队当担保人。一般春天贷款，10 月份还清。

问：利息是多少？

答：1 分 3 厘的，这是月息。1000 元月息 13.68 元。

问：春天贷款是为了买肥料、种子吗？

答：对。贷款数量很小，一般二三百元。全村贷款不到 1 万元。

问：现在还有贷款吗？

答：很少。

问：为什么贷款减少了？

答：家里有钱了，不用交利息。

王会青（1948 年生）

时　　间：1993 年 4 月 5 日上午

访 问 者：顾琳　张利民

场　　所：村委会

【家族、子女】

问：你多大岁数？

答：46 岁。1948 年出生，属鼠的。

问：你父亲的名字？

答：王维周。

问：你爷爷？

答：王金钟。

问：你老爷爷？

答：王发德。

问：你有兄弟姐妹吗？

答：没有，只我一个人。

问：母亲叫什么名字？哪儿的人？

答：耿志梅。恩城镇耿堂人。

问：你爱人的名字？

答：王淑琴。

问：你们哪年结婚？

答：1969年结婚。她是本村人。

问：她是谁的女儿？

答：马德成的女儿。

问：你们有几个孩子？叫什么名字？

答：两个孩子。大的叫王崇斌，二的叫王崇军。

问：是男孩吧？各多大岁数？

答：两个男孩，大的22岁，二的19岁，都未婚。

【回乡务农、生产队】

问：你几岁开始上学？

答：8岁在本村小学上学，后到恩城完小念书，1961年毕业。又在恩城二中上了一年初中。后回家干农活。

问：1962年开始干农活？

答：是的。

问：那时在第几小队？

答：第三小队。

问：三队队长是谁？

答：队长是王维宝。1961年队长是王希三。

问：王希三到什么时候不当队长了？

答：他是1968年不当队长，以后就是现在的村长。

问：那时会计是谁？

答：就是现在的王村长。

问：你干到哪一年？

答：干到1984年，当时已承包，当小队长。

问：当到什么时候？

答：从1984年当到1990年。

问：你当时参加工作，王希三和你是一家吗？

答：不是。

问：那时你刚干活的时候，你们队情况怎么样？

答：当时在集体，下地记工分，一天10个工分。

问：那时年轻，入了共青团吗？

答：没有。

问：可是以后入了党了。

答：我不是1985年就是1986年入党。

问：你们村有没有共青团？

答：有。

问：多大入团？

答：16岁。应该13岁入团。

【结婚】

问：你怎么认识你爱人的？

答：经介绍人介绍。原来我们就认识，没有谈过恋爱，王维章给介绍的。

问：用什么方式？

答：当时很朴素，亲戚来贺喜。

问：那时分家了吗？

答：没有分家，现在也没有分家，就我一个儿子。

问：那时你爱人带来什么东西？

答：被褥，家具。

问：新娘穿红衣服吗？

答：不穿，穿一般的新衣服。

问：给老人叩头、拜天地吧？

答：是。

问：是“文化大革命”后期？

答：对。“文化大革命”刚开始，农村有“红卫兵”。

问：你参加“红卫兵”了吗？

答：没有。

问：王村长是"红卫兵"队长？

答：是。

问：村里"红卫兵"多吗？

答：不太多，年轻人较多。当时我经常外出盖房不在家。

【建筑队】

问：你从什么时候开始外出盖房？

答：从1974年开始，跟外村人组成了建筑队。与大冬庄的人到沈阳干了8个月。1980年才不外出。

问：一年挣多少钱？

答：一天五六元，每天回家。

问：口粮怎么办？

答：家里分，我每月交15元记整劳力的工分。

问：你爱人干活？

答：是。老人也干。

问：外出比在本村生活好吗？

答：好点，能挣点现钱。一个月挣五六十元。我是瓦工。

问：挣的钱盖房了吗？

答：1984年盖了一所。1980年盖了一所。一所4间。

问：钱都是你在外边挣的？

答：1984年的房是承包土地以后盖的，那几年还编了几年篮子，1978年、1979年、1980年都编篮子。

问：编篮子一天能挣多少钱？

答：四五元。

问：孩子参加吗？

答：孩子小，不参加。

问：外出当瓦工的人多吗？

答：不多，好像没有其他人。

问：你怎么与大冬庄的人认识的？

答：我们是亲戚。

问：是你爱人的亲戚？

答：是她姐姐的爱人。

【承包土地】

问：你分承包土地了吗？

答：分了12.5亩。没有果树。

问：你分土地后亩产多少？

答：1979年亩产麦子500~600斤。比以前好得多，棉花400多斤子棉。

问：1979年分地时是怎么想的。

答：刚分的时候想不通，实际分了土地以后比以前强多了。

问：其他队批评你们了吗？

答：那时我还没有当队长。

问：第二年其他队也分土地了？

答：是。我们早分了一年。

问：1979年你回来了吗？

答：回来了。我感觉分地以后收入高。

问：是队长决定还是社员决定分土地？

答：王队长决定后，开了社员会，就分开了。

问：王村长是当时的小队长，有会计吗？

答：是，有会计。

问：第二年重分了吗？

答：重分了，第一年分的地零碎，第二年调成大块地了。地没有增减。

问：地里种什么？

答：小麦、棉花，棉花地4亩，1986年种了1亩多果树。

问：产果子吗？

答：去年才结果，共收300斤，共170元钱。

问：投入多少？

答：上了一点磷肥。树之间还种了瓜和菜。

问：棉花收入多少？

答：去年受灾。前年四五百斤。

问：粮食收入怎样？

答：麦子还行。口粮没有问题，只是收入少点。

问：棉花收入占家庭收入的多少？

答：去年占1/2，往年比重大，占3/4。

问：棉花受灾是旱还是虫？

答：虫灾，浇水这里方便。

问：用农药了吗？

答：用了药，效果不大，过去这样的灾很少见。

问：过去这里什么灾多？

答：旱灾多，1983年以后用水就方便了。

【水利工程】

问：什么时候开始修水利工程？

答：1979年开始挖沟、挖河。我也参加了。18～45岁的劳力都参加了。

问：是冬天吗？

答：一般是秋后，收完麦子，地里没事了。

问：都是义务工吗？

答：对。自己领任务后自己干，在自己家吃饭。

问：是你本村的？

答：是。

问：挖干渠呢？

答：出外地挖河有报酬，国家拨一部分钱，本村给一部分。

问：有什么标准？

答：我不清楚。上级给时有粮有钱。按段分工。

问：村里还分工吗？

答：几个人一段。那几年我去过，挖马家河。

问：原来没有马家河吗？

答：有。我记事时就有，现在是进一步挖圩。七几年挖的记得不太清了。

问：主干道何时挖的？

答：1979年挖的本村的沟。

问：什么时候用黄河的水？

答：1980年左右。

【灌溉·管理】

问：浇1亩地付多少水费？

答：1元左右。

问：麦地浇几次？

答：浇3次，有时浇2次麦子就熟了。

问：棉花呢？

答：1次。种前也浇水，旱年多浇1次，一般年景浇1次也就行了。

问：水果树浇几次？

答：2次。

问：1亩地浇多长时间？

答：一个来小时。

问：普通地什么时间放水？（指返青苗地）

答：到时候，乡里统一放水，成片地浇地，由乡里掌握。上边有扬水站，片里统一放水，不按村，按片浇水，有十几个村一起浇。

问：怎么与你们联系？

答：片里开支部书记会，通知浇水的时间。

问：村里怎么决定先给谁浇后给谁浇？

答：户里都有机器，有一户一机的，二户一机的，最多三户一台机器。各浇各的地。1980年承包土地以后各户都有。800元一台机器，集体没有机器。户里浇地不用组织。

【劳力、义务工】

问：你哪年当大队会计？

答：1991年。这之前是小队长。

问：过去集体的会计比较忙，现在怎么样？

答：现在不太忙。麦、秋组织河工劳动。比如一个小队 10 个劳力，要抽 5 个劳力去挖河，下次另 5 个人去，这些工作由大队组织。

问：全村多少劳力？

答：170 多个。

问：还分整劳力和半劳力吗？

答：不分了，半劳力没有义务工了。

问：义务工一年要负担多少？

答：义务工不多，如村里的河堤那儿低那儿高，修理修理。

问：每户一年出多少工？

答：四五天义务工。乡、县没有义务工，如有也分到村里来，一个村负责多少，由村组织人力，因为是本村受益。

【王庄片】

问：一片多少大队？

答：11 个村：良庄、陈庄、铁匠庄、孙庄、前夏寨、王庄、秦庄、高庄、郭阳、小屯、后夏寨。这叫王庄片。是乡的一部分，片有片长，片长陈英华，是原乡党委秘书。

问：什么时候分片的？

答：早就有，分田前后都有。片上边是公社，片下边是大队，现在公社是乡。

问：乡里开会多，还是片里开会多？

答：片开会多。

问：片的干部是谁任命的？

答：片是乡的派出机构，由乡派遣。

问：片的任务是什么？

答：主要是浇水。推广农业技术也管。一个片 3 个人：片长、主任、副主任，都是国家干部。有本地人，也有外地人。这个片的片长是大专毕业生，是本地人。

问：片长到农村来吗？

答：来，如浇水时来。片长在扬水站办公。扬水站在河边的良庄。片长在乡里也有住房，一般在乡里住的时间不多，在片里时间多。

问：一个月用多少时间出义务工？

答：一般没有活，除清理沟以外，都自己干自己的活。

【会计工作】

问：收支账谁管？

答：过去王子绪管，现在我管。

问：会计除组织劳力外，还有哪些工作？

答：麦季卖粮食的时候算算数，统计数字。

问：去年有多少公粮？

答：每人 80～90 斤。按地计算，多收了归自己，一亩地 40 斤。

问：上级给你们一个表吗？这个数字变吗？

答：一般不变。

问：去年棉花减产也上缴国家吗？

答：是。国家返还油、化肥、柴油。吃的油就不用花钱了。

问：有议价和平价的区别吗？

答：有。一般是 70% 的加价，这就与市面的价钱一样高了。粮食也是一样的，国家收购价与市场价一样，农民不吃亏。

问：肥料也有平价的吗？

答：返还的是平价。

问：如果把棉花全部卖给国家，国家给平价化肥吗？

答：给平价化肥、平价柴油。

问：有数量限制吗？

答：有。多卖多给。

问：还给现金吗？

答：给。给现票，然后拿着票再去买化肥等。

问：去年棉花生产不好，今年供平价化肥吗？

答：卖多少给多少，因为棉花遭虫灾了。

问：有照顾吗？如多卖多给你们化肥？

答：没有。

问：各户卖多少，你管吗？

答：不管。大队会计事情不多。

【村的收支】

问：村委会有钱吗？

答：有建桥、建房款，商店有钱。

问：桥是哪年建的？

答：1990年建的，地址在村后、村东村西都有。

问：投资多少？

答：投资一座桥3000元。国家拨款每座桥1000元，其余的由大队筹。

问：是各户摊吗？

答：社员投资，开大会动员：如每人拿1元，为了修桥，方便自己种地，大队没有其他钱。按人口根据地交钱。

问：一个队摊多少？

答：具体事记不清了。

问：1990年建的这座桥每人摊多少？

答：四五元，都是社员自愿的，走路方便。

问：学校也算吗？

答：1984～1985年建的学校，由社员投资。当时1000块砖40元，比较便宜，没有花多少钱。劳力是义务工。

问：是摊派吗？

答：叫投资，不用"摊派"二字，为了下一代建的学校。

问：村里有机耕吧？

答：现在是社员自己用牲畜耕地，也有用村里机耕的。集体时都用机耕。

问：村里有财产吗？

答：没有，就这么点东西，也没有库房。

问：村里有机动地吗？

答：没有。全部分给社员了。

问：承包费是村里的收入吗？

答：是。除此无其他收入。

问：计划生育罚款是大队的收入吗？

答：向乡里交一部分，村里留一部分，用于体检。第二胎罚1000多元，三胎3000元，到时候也罚不了那么多，因为农村收入少，农民也收入少。这两年第三胎也没有，因为一个月查一次身体，一般都是一胎，如第一胎是女儿，男方到30岁的可生第二胎。

问：技术推广村委会管？

答：是。老师是从乡、县来的，我们不拿钱。

问：教育基金村里拿吗？

答：村里也拿，是社员集资，一个人一两元。村里收入后交给乡里，乡里发给老师工资。大队是直收直交，没有什么收入。

问：电费怎么收？

答：电业所给清单，由电工到各户收费，再交给电业局。

问：大队给钱吗？

答：不给。

问：大队支出只有发给干部工资吗？

答：对。没有其他开支。

问：大队开会，有费用吗？

答：没有。

问：一年给大队干部多少工资？

答：支书、主任乡里直接定工资数，村里发。会计一年500元，其中小组长给360元，村会计100多元。去年书记、主任各500元。其他如妇女主任200元，小组长360元，支委一年200元。团支书200元，文书400元。王子绪是支委兼文教，所以他300元。治保主任300元，共计4000多元。

问：承包地年收入多少？

答：3万多元。

问：其余的钱怎么开支？

答：除村干部支出4000多元外，其余向乡交民办老师的工资，向乡里集资，如卫生院、养老院等。

问：老人有养老金吗？军烈属你们给多少钱？

答：老人没有养老金。烈属一年 400 元，军属 300 元，烈属 3 户，军属 5 户。共支出 2700 元。

问：民办老师一年交多少钱？

答：一年交 800 人的，按人口计算，这笔钱都包括在承包费中，不另外向户里收钱。实际上每人负担一两元。村里一切开支都包括在承包费中。

问：一年交多少钱？

答：1620 元，向乡里交。

问：计划生育开支多少？

答：村里主要负责药费、住院费，一年花千儿八百的。

问：老人生病补助吗？

答：没有补助。

问：一年村里能余多少？

答：余不下钱。去年才收入 3 万多元，秋季劳力挖河也得开支，去年开支 1.6 万元，一个民工一天 3～5 元，我去挖河 30 天，挣了 150 元，乡里给饭吃。

问：他们回来后才付钱吗？

答：去时就算出来啦。

问：一般是年轻人吗？

答：20～30 岁的多，到这种岁数就不愿去了。都是男的，妇女不挖河。

问：“大跃进”时妇女也不参加吧？

答：是。

问：村干部到片和乡开会给补助吗？

答：不。

【生产队长的工作】

问：你当小队长从哪年到哪年？

答：1984～1993 年。

问：分土地后你做什么工作？

答：小队长没有什么工作，丈量土地，调整地块，育果苗，村里安排一个小队去多少劳力挖河，小队排好先后次序，掌握安排谁先去，谁后去。

问：那时你们怎么决定？

答：开劳力会，大家通过，在家里开会，一户去一个人参加会议，说明挖河的任务，待遇等事项。

问：参加会的都是男的吗？

答：男的多，女的很少，这是本村的风俗。

问：小队有农具、财产吗？

答：没有。农具、牲畜都分给村民了。所以开会一般在人家里。

问：盖房给房基地准决定？

答：村里。

问：小队抓计划生育吗？

答：一般村里负责。如果家里有矛盾，村里有调解委员会调解。

问：儿子结婚谁帮忙？

答：村里有 4 个人管，村里的红白喜事都由他 4 个人管，1980 年以前，大小队干部都去，1980 年以后由 4 个人组成委员会，他们处理。小队派劳力去帮忙。

【生产队的组成】

问：小队与户的关系如何？

答：很密切，都是一个队的人，有事大家去帮忙，都是邻居，在一起很多年了。

问：本村有几个大姓？

答：姓王的、姓田的、姓刘的、姓孟的、姓李的。

问：最多的是姓王的吗？

答：对，但他们不是一个家族，是 4 个家族。

问：姓田的几家？

答：5 家。

问：我是三队的要搬到五队行吗？

答：没有这种情况。

问：如新的房子不在原来的队怎么办？

答：由大队安排，一般盖房都邻近原来的队。

【宅地所有权】

问：院子里的土地是村里的，还是个人的？

答：院子一般是个人的。老人死后，院子的土地归他孩子。

问：盖新房后老房归谁？

答：还归他个人。如果不要老房了，归村里。这种情况没有。有新房，旧房就拆了。基地可统一安排邻近的人盖房。

问：还不真正是私有。自己继续住老房村里允许？

答：允许。

问：院子的大小有统一规定吗？

答：一般长 23 米，宽 20 米。也有小点的。

问：老宅扩大行吗？

答：没有空地。

问：院子能卖吗？

答：可以卖房不能卖地。房子私有，土地公有，有使用权。

问：卖了房子是不是也卖了土地的使用权？

答：是。这种事基本没有。

王子绪（1950 年生）

时　　间：1993 年 4 月 6 日上午

访 问 者：顾琳　张利民

场　　所：王子绪家

【80 年代后村的经济状况】

问：我们想了解 1980 年以来本村的经济情况，如土地、产量、社员分配、口粮等。王主任作报告中说到的很多数字，1980 年、1979 年、1992 年一个数，这些数都是根据您的统计数字。这些统计数字，想在这里详细了解一下。

答：我写了一个表格，比较详细，这是 1979 ~ 1991 年的经济情况。这是粮食面积、单产量、棉花面积、单产、总产，1979 ~ 1991 年的。

问：过去的也有吗？了解下过去和现在的比较。

答：从去年才见收效。

【土地的承包、种植】

问：承包的土地种植什么？

答：种树，棉田。

问：除了每人一亩的粮田以外，还承包了一批果树，这果树怎么分配？

答：这一块整个承包了，别人承包也是原来的地，不是承包地之内的地。

问：这些地是哪些地？

答：也是大伙留下来的地。承包了果树，一家承包一行。

问：要看看这是 1984 年粮食 900 亩地，到 1985 年 700 亩地，200 亩地变成棉花。

答：所以以后种植棉花的面积大了。

问：果树又重新将土地划了一下，还是又割出一部分来？

答：不是，原先划开的。

问：这两个数是不是等于全村面积数？

答：不是，还包括果树，原先没种果树，而是种粮食地。

问：可是，看一看你们全部，每年都留 200 亩，其他是杂粮，这包括不包括？

答：不包括。

【开荒、耕地统计】

问： 又出来一个问题。你们全部耕地面积是多少？

答： 全部耕地面积 1800 多亩，这两年又开了一些荒地，都在这总数里面。过去荒地不在统计数内。

问： 就是这批地是原来的荒地。这有多少亩？

答： 开垦的果树地有 100 多亩，不是一片。这也不是以前的自留地。自留地在总的土地数内。

问： 这批土地就不上报？

答： 上报果园地，总面积是增加了，即 1600 加 200 等于 1800，这是耕地数，再加上果园数，就是土地的总和。

问： 果树的统计有吗？

答： 果树面积有 150 多亩，从 1987 年开始，以前 20 多亩，这没有在账上。上报果园数是单项报。

问： 那就是说，上报有粮食地、棉花地、果园地？

答： 是的。

问： 每年耕种面积和收成情况有吗？

答： 每年都有。面积不动，产量在变。种植的内容也在变。果树的面积没有变，一百年它也死不了。

问： 这也不是在那 100 亩地之内？

答： 在，20 多亩在内。

问： 有人说村规划种果树的，以前估计有 200 亩？

答： 今年又在粮食地里种了一批。

问： 咱们村 1980 年以后，粮食面积在减少，种棉花和果树的面积在增加。

答： 是的。再过一年，咱的粮田又要减少，因为又要扩大果园。

问： 比如说 1992 年的粮食数有多少，这是 1991 年数？

答： 1992 年大体上在 1600 多斤（单产），去年棉花单产 400 多斤。受虫灾最厉害。

【改革后的统计、计算方法】

问： 每年上报乡里的统计表有哪些内容？

答： 粮田面积、棉田面积如何安置的。

问： 人均口粮呢？

答： 口粮就在粮田内。人均占有口粮数有统计，由于我好几年不担任这事，每年上报表在乡里，咱这不留底。由于不是统一分配，而是抽样调查，抽 20 户，算出数字报上去。现在种好多得，种的不好就少得。抽 20 户内有好有差的也有中等。好几年都这样搞，尤其是三中全会以后。

【公粮】

问： 公粮征购每年大约有多少？

答： 每年每口 180 多斤。1980 年以后一直是这样，前几年要少。三中全会以前，还吃返销粮呢！按“人五地五”计算。810 人，征购粮食 14 万多斤。“地五”由乡里掌握。

问： 那时是大队算还是小队算？

答： 大队算，向小队要。

问： 你们村各个小队之间的土地不一样呀？

答： 分的地一样，只是人口不一样。一队最大，200 多人，二队 200 多人，三、四、五队都是 130 多人。小队土地数是按人分的。

有时上缴粮比 14 万斤多，因有的人家粮食多，自己保存不了，就卖给国家，价格要高，大约每斤高 1 角，如征粮每斤 2 角 5 分，卖粮则 3 角 5 分。征购粮价比市场价低。卖粮是卖议价粮。

问： 社员交公粮大家愿意吗？

答： 愿意。低他也愿意，这是他的任务嘛。任何朝代都得缴粮，不光共产党领导下，否则国家吃什么。

问：公粮只给钱？

答：不，还有平价化肥，100 斤麦给标准化肥 74 斤，给 5 斤柴油。给条子，平价柴油比市场价便宜 6 角。化肥 100 斤便宜 20 多元（平价 20 多元，议价 50 多元）。议价粮没有奖售物资。

问：棉花也是这样？

答：棉花同样，棉花全部卖给国家，但也有征购指标，有合同，每亩交棉 150 多斤子棉。

问：300 斤皮棉相当多少子棉？

答：300 斤子棉出 100 多斤皮棉。按合同数都超过。订的数也是随着生产力的发展而调整，前几年没有这么高。粮食不变。棉花有夏棉和春棉。棉花生长期 120 多天。500 多亩收了麦子种棉花。

这是一个混合的亩数，大体就是这么个情况。

【二季套种】

问：有时候种麦子后还种玉米，这个统计数字就反映不出这种情况？

答：是混合单产，麦子玉米是混合单产，统计数字反映了。玉米和麦子算二季。玉米单产加麦子单产就是混合单产，而不是将玉米折算成小麦相加。

问：有没有分开的？

答：没有分开的。

问：这个单产麦子占的比例？

答：小麦和玉米的比例为一半对一半。

问：是玉米产量提高还是小麦产量提高？

答：是玉米提高，小麦产量增长得慢。1980 年小麦 500 多斤，现在也就是 700 多斤，最好的 800 多斤；玉米现在好的达到 1000 多斤。当然，这是估计数，人家有的小麦一季就打 1000 多斤。

问：你种的玉米占几成？

答：我喂的牲口多，小麦和玉米都是二季。

问：玉米也卖给国家吗？

答：玉米不卖。国家不收，国家光要小麦。

问：玉米怎么办？

答：自己留下还不够用，喂牲口和猪。

问：你们村喂牲口和猪，是为了消费玉米吗？

答：去年我种了 6 亩玉米，打了 6000 多斤，我一粒也不卖，喂牛和猪，养肥了卖了，比卖粮食强。

问：现在你们不吃棒子吗？

答：不吃，光喝点粥，全是细粮。

【牲畜收入】

问：可以养几头牛和猪？

答：我 6000 斤玉米，长年喂 4 头猪，还有两头母猪，产小猪，还喂了 5 头牲口，其中 4 头牛、1 头驴。玉米给它们吃还不够，还差 3000 斤。咱自己养牲口，粪还可以壮地。肥猪每头可卖 300 多元，共 1200 元，母猪一年生 4 窝小猪，一窝能卖 500 多元共 2000 元，4 头牛一头每年赚 300 多元，共 1400 多元。这都是 1 万斤玉米换来的，1 万斤玉米 5000 多元。粮店收玉米，有的是为了出口。

问：粮店是个人办的吗？

答：有国家的，也有个体户的。他们收购价 3 角一斤。我自己用，可赚钱，也可积肥。

问：有牲口报表？

答：没有。

问：报表在什么地方？

答：在家里。

问：可以看一看吗？

答：可以。这个房子 1987 年盖的。

问：以后你儿子结婚是不是和你们住在一起？

答：有条件就在这儿住，我准备西面房翻翻，盖成和这一样的。

问：女儿就嫁出去？

答：是的。女儿已结婚。

【农业生产计划的制订】

问：各小队为什么有差别？

答：按人口计算。一小队人口比其他队多 1 倍。

第二是套种。间隔大，未收前就套种棉花。共 200 亩，其中高产地（好地）总数也是 200 亩。

问：这是 1987 年，是不是每年都有这样的计划？

答：每年都是这样，形式一样，数量不一样。

问：是上面交给你们，还是你们主动上报？

答：上面要这个数。不是他们给我们下计划，不是命令。

问：你们怎么决定这个计划？

答：根据实际情况，村里统一开会研究，定下来，留表一份，一份上报。

问：以后每个小队开会？

答：是的，落实到户（这是落实到户的表）。

其中包括人口、定购内皮棉数、定购外皮棉数、合计。

问：这是收获前的还是收获后的？

答：是收获前的，即指标。这个也上交。以队为单位。

问：你们做这个，是考虑到单产量有多少吧？

答：是有个估算，根据上一年的收获情况，如上一年是 100 斤，今年可定得高一点。

问：去年虫子比较厉害，不能反映实际情况？

答：去年是特殊情况，遇到了天灾。这是计划，而不是合同。

问：每年是小队会计做这个，还是你来做？

答：由村里做，小队没有会计。每年都做，变化不大。按照人口做，有一个平均数。4 口人都是 432 斤。每个人有交皮棉数，就可以计算。

问：粮食也有这样的吗？

答：粮食也有。

问：农业税村里统一交，按照收入的百分之几？

答：农业税是老的，从人民公社以来未变。

问：集体提成 72900 元是什么？

答：是承包费。

问：农业开支是估计数？

答：是估计数。1988 年人均收入 474 元（原来 400 元）。

问：去年棉花生产不好，保险公司补偿了吗？

答：去年不是一个地区，全是这样，如果下冰雹，将咱村打了，那要补偿。

问：非劳力是指什么？

答：还参加劳动，但不在这个数内的人，称非劳力。是 60 岁以上人，他们还有劳动能力。

问：提成是不是都留在农村？

答：都留在村里，村里一切费用由这个开支。

问：牲口数量有吗？

答：报总数，一年报一次。大体上每户平均两头半（指现在），1986 年四百五六十元，刚分土地时，人均收入也不超过 300 元。

问：王队长报告那么详细的数字怎么出

来的？

答：也是统计出来的。通过访问调查出来的。现在才换的会计，他不这么搞法了，没有这样详细。

【村财政、税收】

问：这也是税表？跟棉花一样吗？

答：这是税，按队按户列的明细表，农业税、国库券、防水费等的明细表。有棉花、粮食和税的明细表。

问：税是村里付还是各户付？

答：这是麦季买卖的时候交的钱。

问：这是每年交4000多元的年税的钱？

答：是。

问：是户里付吗？

答：先落在账上，实际是各户拿，从各户应交钱中扣这些费用。

问：是从承包费中扣吗？

答：是。如承包费1000元，税应该是200元，所以从1000元中减去200元。

问：是与上缴公粮同时交税吗？

答：是。农民个人交。

问：承包费是200元，税是100元，还应让他交多少？

答：交100元。除了农业税村里交外，其他钱自己交。

问：我还不懂。会计讲，一年大队的收入是3万，可是这个成本费是7.9万。

答：他说的是去年的。去年每人交40元，800口人，共3万多元。去年是歉年，正常年交不了那么多钱。

问：承包费不是固定的？

答：对。根据年景好坏确定。

问：去年有灾收的承包费少？

答：是。

问：承包费是先收，还是后收？

答：后收，每年底收，收成好多收，收成不好时少要部分。

问：农业税先收吗？

答：麦收后收税。税务所收，100斤麦子卖25元钱，6口人，1口人应交2.5元的农业税，从麦子钱里扣除6口人的税，剩余的钱给农民。

问：缴税后税务所给税单吗？

答：不给税单给村里一个纳税表。卖粮食时一家一个通知单，就是应该卖粮食的数目。(看通知单)。

问：缴税后留下来时给承包户？

答：对。承包部分减去农业税、水、电费，余下来的给承包户。所以承包费不是原来的数。

问：收入的都是承包费，可直接收入不那么多。

答：对。村里支出部分账上的数目很大，收入部分也很大。如摊派的部分是收入，但马上又支出，看起来村里钱很多，实际上村里本身的钱并不多。村里可能是这样；去年减产，年底每户交多少钱，钱总数额。(看卖粮通知单表。)

这是村里的总数，然后落实到户，这里写上名，比如我家，应卖小麦500斤，这里写上500斤。这个项目用不着，不写，下边还有水费、农业税、国库券，这几项款，煤油，不交油，要交钱，我6口人应交10元的油款，20元的农业税，30元的黄水费，合计多少钱。从总钱数中减去这些钱，余下来的给我本人。必须按表上所列各项款卖，不许少卖。这就是给各户的卖粮通知单。一户一张单。所有的项目都在这些单子上了，按着这张单结算。最后把各户的通知单交给村委会，村委会统一算。

问：基本明白了，很杂复。这是年底算出来的？

答：不到年底就算出来了。

【国库券、黄水费】

问：国库券是按各户计算？

答：对。一户 2 元钱。到期银行负责兑换。

问：这是 1989 年夏粮定购表，按片合计的？后夏寨村的，村下边有每个队。这是人口，按亩按人口定购；有征购合计。黄水费与黄水粮是一回事吗？

答：是一回事。

问：交粮不交钱？

答：对。

问：1989 年总数为 850 人，80 亩地，棉亩 1050 亩，定购任务按亩 40455 斤，按人 36480 斤，合计 76935 斤。自愿卖的也有表吗？

答：有。多卖了，粮库盛不了，限制着卖，你卖国家的多少，我卖国家的多少，卖多了，粮所地方小盛不了。

按每亩 222 斤，按人 2997 斤，合计 6319 斤。全部卖给国家的是这两项的合计 101825 斤；定购每亩 49.335 斤，每年 45045 斤。

问：三项款就是农业税、黄水费和国库吗？

答：对。1986 年交农业税 4696.60 元，黄灌费交 5800 元，国库券 5710 元。这三项每年都是固定的。用卖粮款交齐。

李令春（1941 年生）

时　　间：1993 年 4 月 1 日

访 问 者：内山雅生

翻　　译：祁建民

【“大跃进”、人民公社、公共食堂】

问：本村“大跃进”的情况您还记得吗？

答：“大跃进”是各村联合的。

问：村里“大跃进”，有哪些活动，干哪些事？

答：“大跃进”，就是大生产，男劳力都到寨庄，种小麦，离这 3 里地。

问：当时是县里统一规定去那儿种小麦吗？

答：在一个县里流动种庄稼。

问：当时咱这叫什么公社呢？

答：现在叫十里铺人民乡，当时叫徐庄公社。

问：徐庄人民公社是哪年建的？您记得吗？

答：1955 年建高级社，1956 年建立恩城人民公社。

问：建恩城公社时，徐庄公社有没有？

答：没有，后来恩城公社分成两半，一半归恩城，一半归徐庄。

问：当时公社建立时搞过什么水利工程没有？

答：“大跃进”时咱村劳动力去征山县，离咱这 200 里左右，参加水利工程，叫十洪或十三孔大闸建设。

问：本村当时办集体食堂没有？

答：1958 年办过大食堂。

问：在本村哪建的食堂？

答：当时在东街用队上的房子当食堂吃饭。

问：食堂房子是新盖的，还是以前就有呢？

答：当时食堂是新盖的房子，装不开，就用旧的。

问：当时盖房子是不是全村人义务劳动盖起来的？

答：是义务劳动。

问：本村搞土法炼钢没有？

答：没炼。

问：当时本县或公社还号召搞过什么别的活动没有？

答：没有。

【自然灾害】

问：“大跃进”后就自然灾害了，当时本村情况怎样？

答：当时咱这地旱了，又淹了，粮食减产了，经济收入少了，是1960年受的自然灾害。

问：本村有饿死人没有？

答：没有饿死的，生病的有。

问：本村那年病死多少人？

答：当时由于没粮吃，身体弱，病死有20多个人。

问：1961年、1962年本村病死的有没？

答：没有。

问：自然灾害3年以后，本村情况你还记得没有？

答：我种地，没当干部。

问：当时本村抓没抓过什么反对会道门？

答：没有反动会道门。

问：有教徒没有？

答：没有信教的。

【“四清”运动】

问：本村“四清”运动，您还记得吗？

答：这里就是开会。

问：当时除开会，还有什么批斗干部没有？

答：当时开会点点所有干部的名，态度不行的要挨批。

问：“四清”动员开会时，是不是全村人都参加了？

答：都参加了。

问：当时干部都是谁？点谁的名了？

答：点了王玉庆（支部书记），魏洪迅（副村长）。

问：公开受批判的都有哪些人？

答：从态度生硬，参加劳动少上，批判了他们两人。

问：当时您参加那样的会，是怎么想的？

答：批判他们就是让他们多劳动，态度好点。

问：王玉庆被批判后，后来谁当书记？

答：还是他当。

问：承认错误了吗？

答：承认了。

问：当时他是在大会上检查了，还是写个检查呢？

答：在大会上检查的。

问：魏洪迅是不是也在大会自我批评了，后来他还当不当村长？

答：也在大会检查了，后来还是他当村长。

【“文化大革命”】

问：我在吴店村访问时，听说“四清”时被批判的人，“文化大革命”中都是成了“造反派”，本村是怎么样？

答：“文化大革命”中咱村参加“红卫兵”和造反派的人，有年轻人，也有老的，都是社员。

问：本村主要造反派的名字，你还记得吗？

答：名字有，马洪昌，主要是他。

问：他为什么要造反呢？他那时多大？

答：他当时40多岁，贫农，他没当村干部。

问：马洪昌造反，是不是上边来人了，有人支持他，或者和别的地方造反派联合起来了？

答：没有别人动员他，他自己动员的。

问：马洪昌当造反派时，当时还有别的哪些人？

答：一起造反的有七八个人。

问：在造反派里马洪昌年龄是不是最大的？

答：他年龄大点。

问：年纪最小的叫什么名字？

答：记不清了。

问：“文化大革命”时本村是不是也有两派？

答：没有两派。

问：造反派造反有多长时间？

答：有八九个月时间。

问：当时造反派都搞些什么活动？

答：看干部谁不劳动就说说，也有贴大字报的。

问：这大字报是批判干部不劳动的，和“四清”时批判的内容一样不一样？

答：一样的。

问：“文化大革命”时本村农业有什么大的变化吗？

答：没有什么大的变化。

问：70 年代农业有什么变化没有？

答：主要是学大寨，建水库。

问：在哪建的水库？

答：在村西头，有百米长，50 米宽。

问：本村当时有人去大寨没有？

答：村里没有去的，公社有去的。

问：70 年代有知识青年插队到本村吗？

答：没有知青。

【生产责任制后经济变化】

问：本村经济大发展是在什么时候？

答：1976 年超产。

问：1976 年后你家变化情况介绍一下。

答：1976 年的小麦收得多了，是承包以前，数字听不清。

问：现在小麦能收多少斤？

答：现在我家能收 6000 多斤。

问：70 年代，“文化大革命”时，一年能收多少小麦？

答：一年能收 2000 多斤。

问：我看到您的房子很好，很富裕，其他方面收入怎么样？

答：有牛两头，猪 3 头，棉花一年能卖 2000 元。

问：您哪年当的生产队长？

答：从 1963 年到现在。

问：本村分几个生产队？

答：分 5 个生产队。

问：你们生产队有多少户？多少人？

答：有 28 户，130 人。

问：生产队是按什么划的？

答：按村划的，按住的远近来划。

问：你的同族姓李的是不是都在这村？

答：大部分都在这个村。

问：生产责任制以后您分多少土地？

答：分 10 亩土地。

问：您 10 亩土地打 6000 斤小麦是不是最好的？

答：除小麦还有棉花。

问：小麦收后还种什么？

答：种玉米、大豆。

问：棉花地和小麦地是不是分开？

答：分开种。

问：你 10 亩土地是分开的，还是都在一块？

答：分两块，远的离这有 2 里半，近的有半里。

问：你的房基地有多少？

答：这两块。

问：您新房子是哪年盖的？

答：1992 年盖的。

问：您以后是不是准备搬那边住？

答：对。

问：您这房子盖多少年了？

答：盖10年了。

问：盖好新房后这个房子怎么用呢？

答：放牲口、车子等破烂东西。

问：您现在主要使用什么农具？

答：马车、犁和各种农具。

问：现在使用的农具和你30年前使用的农具有什么变化？

答：从前是木车，运输原来是木头架的，现在是铁的。

问：你小学毕业后干农活，那时的农具是这些农具吗？

答：对。

【看青、公看义坡】

问：解放前看青您知道吗？

答：知道。

问：本村谁看过青？

答：解放前没有看青的，解放后有看青的，是民兵看青。

问：你知道“公看义坡”这个词吗？

答：“公看”就是村的土地就都得看。

问：“义坡”是甚么意思？

答：“义坡”就是庄稼。

问：以前日本人1942年来调查，就看到村里写着“公看义坡”，你知道吗？

答：那时的事，我不清楚，我只知道公看，就是你看我的，我看你的，大家都看，就是公看。

问：后来民兵看青怎么看呢？

答：解放后民兵看，是怕孩子祸害庄稼。

【打更】

问：打更你知道吗？

答：也听说过，也是民兵打更，有什么事民兵都一起出来了。

【帮忙】

问：本村除“公看义坡”外，像种地互相帮助，有这样传统吗？

答：有，解放前后都有，比方谁家有什么事，大家互相帮助，管饭不给钱。

问：当时管这个传统或者是制度，叫什么名字？

答：没有什么名字，就叫帮忙干活。

【满铁调查】

问：1942年日本人来过调查本村情况，你知道吗？

答：听说有这么回事，不知情况。

问：那时日本人来这干什么，你听说过没有？

答：听说来这写写谁家多少地、多少人、有多少户等。

问：这村来过八路军没有？

答：也来过。

问：这事你都是听老年人讲的？

答：对，听老年人说的。

问：本村对当时的事知道多的，在世的还有谁？

答：那时的人，都没有了，就是当时当干部的知道别人的事，也不多。

李春华（49岁）

时　　间：1993年4月1日下午

访 问 者：内山雅生

翻　　译：祁建民

场　　所：李春华宅

【家族】

问：你叫李春华对吧？

答：对。

问：您多大年纪？

答：今年 49 岁。

问：你属什么的？

答：我属猴的。

问：你干什么工作？

答：务农。

问：您父亲叫什么？

答：父亲叫李存公。母亲叫李谭氏。

问：有兄弟几个？

答：一个姐姐，一个弟弟，共 3 人。

问：姐姐叫什么名字？

答：叫李玉芝。

问：您弟弟叫什么名字？

答：叫李春山。

问：你姐姐多大年龄？

答：姐姐 62 岁，住恩城镇。

问：您弟弟多大年龄？

答：弟弟 45 岁。

问：您弟弟也是务农吗？

答：是务农。

问：您父亲当时有多少土地？

答：我是解放后生的，那时的事，我闹不清了，“土改”时是中农。

问：“土改”时的事，您知道不知道？

答：闹不清。

问：你家分多少地？

答：中农不分地，也不往里分，也不往外分。

【小学】

问：您念过小学吗？

答：念过。

问：你几岁上的学？

答：我 8 岁上的学，念到初小，先后上了 8 年，16 岁毕业。

问：您小学毕业后是不是马上务农了？

答：小学下来，就务农了。

问：当时你父亲在世吗？

答：过了几年，我十几岁，就没有父亲了。

问：你上了 8 年小学，在什么地方？

答：在本村。

问：你的老师名字还记得吗？

答：有耿荣和老师，张兴利老师。

问：老师多大年纪？

答：当时两个老师就有 70 多岁。

问：上小学，念的什么书？上学时有很好的同学们？

答：内容不记得了。有一个叫马振兴，就像盟兄弟一样。

问：他在村内吗？

答：他 1960 年左右去黑龙江省鹤岗市当粮食库主任。

问：他怎么去的？

答：他东北有亲戚，投亲去了。

问：1960 年本村闯关东的多吗？

答：有，不多，有的去了就回来了。

问：马振兴走时，是受灾原因吗？

答：不是受灾，主要是岁数小，东北有亲戚，找点事干干。

问：本村是什么时候发生自然灾害？

答：我当时岁数小，印象不深。

【互助组】

问：您知道您父亲当时参加没参加互助组？

答：参加过。

问：参加哪个社？

答：参加幸福社。

问：幸福小社当时有多少户人？

答：详细事，我也弄不清，因为那时我很小很小的。

问：你父亲参加社时，是自己要求参加的，还是别人组织参加的？

答：也是个人要求的，个人同意的。

问：当时你父亲为什么参加互助组？您知道吗？

答：当时中央有这个政策，详细情况我也闹不清。解放前的事我更不知道。

【结婚】

问：你什么时候结的婚？

答：我结婚两次了。第一次是19岁那年，这一次才两三年时间，介绍人是前夏寨村的。

问：是亲戚介绍的？

答：不是，是因为耕地靠在一起，认识的。他知道我没有老伴，就成了。

问：你老伴叫什么名字？家有几口人？

答：姚玉仙，46岁，有3个孩子，2个女儿，1个男孩。儿子叫王勇，是他母亲带来的，16岁。大女儿叫姚冬梅，17岁，二女儿叫李秀芳，16岁，前妻生的。

问：孩子都干什么？

答：3个孩子都在家跟我干活。

【“四清”“文化大革命”】

问：你小学毕业后参加什么公社？你知道“大跃进”吗？

答：恩城人民公社。“大跃进”时我太小，不太记事。

问：“四清”运动你知道？

答：我没有参加，不是劳力，村里开会不让我参加。

问：“文化大革命”时你知道吗？

答：那时记得，怎么搞详情不清楚。

问：“四清”工作组领导是谁？

答：不清楚。

问：“文化大革命”时村内有造反派吗？

答：有造反派，什么人参加我不知道。

【农业学大寨】

问：学大寨你知道吗？

答：知道，毛主席树的点，“学大寨，赶昔阳”。学习大寨革命精神。我参加了会议，主要是大修水利工程，引黄河水，把农业搞上去。

问：挖过什么渠？

答：挖过斗渠、毛渠、文渠，修过水库。都是县水利局统一设计由公社组织人施工。

问：当时公社叫什么名？

答：十里铺公社。

问：你挖河在本乡吗？

答：也到外地参加水利工程，最远到过外县魏县挖河去，上过林县，有90里。

【土地改良】

问：本地有盐碱地吗？怎么改造的？

答：有碱地，改造主要是用黄河水浇灌；另外使用土杂肥改土治碱，效果很好。

问：这种方法什么时候搞的？

答：有10多年了，主要引来黄河水才搞的。

【承包制】

问：你对毛主席的印象怎样？

答：对毛主席印象很好，都很尊重。

问：现在邓小平号召搞改革开放，你看农村有什么变化？

答：现在挺好，承包以后，产量提高，生活上变化也很大，比过去强。

问：现在邓小平政策同毛主席的政策有什么变化？

答：毛主席那时主要搞集体化，不搞个人单干；现在邓小平号召有多少劲使多少劲，搞土地承包，也挺好，都是为了把生产搞上去。

问：承包后，有没有生活水平下降的？

答：没有，生活水平都比以前提高了。有困难的极少极少。

【互相帮忙】

问：村内生活有互相帮助的习惯，现在还有吗？

答：现在还是互相帮忙，谁家农活忙，谁家盖新房，都是大家互相帮助。生产队时是队上派工帮忙；现在是主动帮忙，都一样，谁忙帮助谁。

问：社员关系怎样？

答：现在互助关系更好了，帮忙最多的是邻居，但有时也有别的队人来帮忙的。

问：帮忙是否找同姓的？

答：不一样，忙的时候，也找外姓帮忙。红白喜事，主要是找本姓同族的，忙不过来，也有找外姓的。

问：解放前互相帮忙是否以同姓为主？

答：解放前的事，我不清楚，按习惯来说，帮忙的也应是先找本家族人。

问：本村姓李的名字排法是统一的？

答：是统一大排行。

【地主、长工、短工】

问：解放时，本村有地主吗？

答：有一两户，有个叫王廷西的，还有一个早死了，家内没有人了。怎么定的，我一点也不清楚。

问：解放前本村有长工吗？

答：有长工，叫田玉敬，已经老了，脑子不好使了，有 70 多岁。

问：有打短工的吗？

答：不清楚。

【公看义坡、打更】

问：“公看义坡”你知道吗？

答：听说过，是看地的，过去是给点钱，也是义务看坡。合作化时还有，从大队给钱，主要是看树，我记得有两个人看守。有时晚上出去看看。

问：这两个人在哪个队？

答：在东头一队上。这些树都是大队的，当时队上有很多大树，有多少不清楚。实际上就护林的。

问：有发生偷砍树吗？

答：没有发生这类事。旧社会到年关时有打更的，保卫村子；解放后村里有民兵，到秋天收粮食，大队也派打更的，看场。现在还有。

问：大队派民兵打更有多少人？

答：不清楚。

问：你是否打过更？

答：没有，我家有孩子，没有条件。

问：村内有偷盗的吗？

答：没有，本村社会风气好。

【农民生活】

问：你每年收入有多少？

答：一年也就是 3000 多元钱，平均一人也就是五六百元钱。

问：种的什么庄稼？

答：小麦、棉花、玉米、豆子等。

问：有牲口吗？

答：有一头牛、一头驴。

问：现在用拖拉机了，养牛还有什么用？

答：有些地用不上拖拉机，就用牛耕地、耙地等。

问：耙地是什么？

答：耕地是用犁，耕完地后，用耙把地整平，耙地也叫整地。

问：今后你最大希望是什么？

答：种好地，多打粮食，养好猪和牛。农业上发展一下，多养几头猪、牛，孩子们搞些编织手工业。给外贸编点小篮。

问：现在年轻人都不愿务农，日本更是如此？你村青年还是愿意留在农村，你怎么看？

答：也是为了发展农业生产。

问：村内上岁数的人知道农业情况的有谁？

答：王会远知道的比较多。

马会祥

时　　间：1993 年 4 月 2 日下午

访 问 者：内山雅生

翻　　译：祁建民

场　　所：马会祥家

【看青】

问：看青这个词您知道吗？

答：知道，看青就是看地里农作物。地里农作物熟了时，看着就叫看青，主要是收割时看。

问：本村看青大概是几月到几月？

答：主要是麦季 5～6 月份，也就是 20 多天，秋季从 7 月开始，到 9 月中旬。

问：解放前本村看青，每年是不是固定有个人？

答：不固定，每年两三个人，咱这村每年两三个人，在这期间不换，一年一换。

问：看青的是什么条件？

答：主要是体格棒，忠诚可靠的人。

问：决定用这两个人，由谁决定的？

答：村长决定的。

问：您看过青吗？

答：我看过。

问：您把那时看青情况介绍一下，您什么时候看青的？是不是因为您具备身体好、忠诚这两个条件？

答：是。

问：当时和你一块看青的都叫什么名字？

答：有马凤义、马云祥。

问：您看青那年就和这两个人？

答：那时我，连看几年，我才 20 多岁，我看青时在解放前，有 20 多个兵住在这儿，以前没有。

【日军占领与看青】

问：日本投降后到解放那段你看青吗？

答：对。

问：日本占领时间您还记得吗？

答：有七八年，哪年开始我记不清。

问：是不是因为抗战开始了，日本人占领了？土匪和小偷特别多？

答：这个村，有不够吃的，有穷的，也有不会过日子的，有爱偷的毛病，光管这些人。

问：为什么日本人来以前没看青？怎么日本人来了才有看青的？

答：因为日本人来了以后，恩城西关那边看青了，咱这不看不行了，不看地里东西就没了，就看青了。以前也丢过，那时没人管。

问：看青是村长决定的？是看土地，还是看房子？

答：先看农作物，不看房子。

问：那时看青给工钱吗？

答：给粮食，一个月给 100 斤粮食。

问：您看青是白天看，还是晚上看？

答：白天看，晚上也看，白天 1 个人，晚上 3 个人。都出去，半夜两点才回来。

问：您看青盖小房子吗？

答：不盖房子。

【公看义坡】

问：“公看义坡”，你知道吗？

答：知道，就是地头上钉个木头板子，写个“公看义坡”，主要是宣传，大队的规定，偷多少，罚多少。

问：全村钉多少个“公看义坡”板子。

答：也就是在村头上写有十几个板子，地上光写一个“公”字，在地头上写，每个地头上都有。

问：“公看义坡”牌子，是横着钉的，还是竖看钉的？

答：是横着钉的。

问：“公看义坡”这 4 个字，是从左往右写，还是从右往左写？

答：从左往右写。

问：“公看义坡”和看青，这两个意思，是一样的吗？

答：是一样的。

【打更】

问：打更这个词您知道吗？

答：打更解放前就有。

问：打更是干什么的？

答：更有 10 多个人，主要是吓唬坏人的。

问：打更的条件，是不是和看青条件一样？

答：和看青不一样，打更是根据土地派使，是由村长写的派使册，全村轮流，不给钱。

问：派使册叫什么名字？

答：叫打更册。

问：除打更册以外还有什么？

答：村长派个人管，管打更人的名字，轮到谁打更，他每天去叫。

问：叫打更的，大伙是不是管他叫“地方”呢？

答：叫打更的，和“地方”不一样，“地方”也是地保，前村有个地主负责通知开会的，叫地保，也叫“地方”，是国民党时期有的“地方”，是政府定的。

问：看青和打更是上边政府乡里命令，还是村里自己搞的呢？

答：是乡长说的。

问：你打过更吗？

答：打过。

问：说说你打更是怎么打的？

答：每天晚上 10 个人打更，分两班，轮流休息，不分前半夜和后半夜，每晚上每人看 4 个小时。

问：打更是义务的了

答：打更是义务的，叫“打更的”不是义务的。

问：怎么给他钱？

答：和看青的一样给粮食。

问：你打更时记得叫“打更的”人叫什么名字？

答：叫马会祥，就是我。

问：打更册是不是在您手里拿着，现在还有吗？

答：在我手里拿着，现在没有了。

问：你是叫“打更的”，普通打更的有什么叫法？

答：打更的没别的叫法。

问：看青的人，也管他叫看青的？

答：叫看青的。

【解放后的看青】

问：看青的是不是解放就没有了？

答：解放没有了，后来合作社又都是集体了，由生产队派个劳力去看着。

问：合作社时，看青和解放前看青一样不一样？

答：不一样，合作社是由队长派，给工分，没有“公看义坡”了。

问：当时偷集体东西的，是不是因为他粮食少了？

答：不一样，也有生活行的，也有生活不行的，他是和队里两条心。

问：看青的，是大伙轮流，还是队长指定的？

答：这不轮流，队长叫谁去谁就去。

问：你解放后也当过干部吗？

答：我当过会计。

问：解放后打更的还有吧？

答：解放后打更的没有了，有时冬天有盲流，就找民兵去。那时我是民兵队长。

【“种分子”】

问：解放前本村地主叫“二分子”的情况，或叫“二八分子”是吗？

答：没有“二分子”的名称，“二八分子”也没有这个词。这个词是指种地收获物怎么分配，比方我没有地，种别人的地，别人种不过来，种他10亩，是对半分，还是二八分？这叫“种分子”。

问：“种分子”和租地一样不一样？

答：不一样，“种分子”，收割了，就打场粮食，打完了，当时按“三七”或者“二八”就分了，租地是先定好定租，不管你收成多少，都得按定租交粮。

问：“分子”是打多少，分多少，是固定的吗？

答：是固定的。

问：这里有“三七分子”没有？

答：这没有。

问：咱这村“种分子”的多，还是租地种的多？

答：我们这租地，有种瓜的，有养鸡的，“种分子”的有1家，租地的有5家。

问：您认为“种分子”和租地哪种好呢？

答：这两种方法都行，租地像做买卖一样，地洼种粮食，一亩地能打200斤，种西瓜能收500斤。租地今年说，他本身收200斤，租出去就能收300斤，因为养地了。“种分子”地的人，为了生活，必须种，“种分子”按当地说法，有点剥削。

问：“伙卖”你知道吗？

答：没听说过。

问：“搭伙卖”有这个词吗？

答：没听说。

问：帮忙有这个词吗？意思是什么？

答：有这个词，意思是谁家盖房子，去帮助不给钱。

问：帮忙是不是指盖房子说的？

答：不是，家庭有活了，自己做不了，大伙帮助，你帮他，他也帮助咱。现在还有帮忙的。

问：给地主“种分子”时，叫什么？

答：张三就叫张三，李四就叫李四，叫名字。

问：租地管被租地的人叫什么？

答：也叫名字。

【扛活】

问：扛活和打短这个词你知道吗？

答：扛活是长工，打短就是去市场上或者给本村人打短工，管饭，也有不给钱的，叫卖工。一般也有给粮的，给钱的多。

问：光拿两只手干活的，管几顿饭？晚饭喝酒吗？

答：管三顿饭，不喝酒。

【短工市】

问：去市场上找活干的，是不是有短工市场呢？

答：有，名字叫“上市”。

问：“上市”的人一般不给本村人打工吧？

答：不给本村打工。

问：短工市离这最近的在哪？

答：在恩城南关南门里。

问：南门里那儿是不是有个庙，叫什么庙？

答：南门里有个旧戏楼，门外边有个台子，找工的就在台子那儿，现在是剧院。

问：你去找过事没有？

答：没有。

【农作物、农具】

问：打短工一般的都带农具吗？

答：带点小农具的多，带锄、镰这类东西。

问：解放前农作物都有什么？种些什么？

答：主要是种花生、棉花。

问：从种植面积来说，什么东西种得最多？

答：就是花生多，小麦不很多。

问：解放后合作社时主要有什么作物？

答：合作社时棉花、粮田比较多。

问：你管花生叫什么？

答：叫长果。

问：建人民公社时和合作社时，农作物耕种面积是不是又有变化呢？

答：棉花增多，粮田还是那些。

问：解放前咱这都有什么农具呢？

答：犁、耙、耧、锄镰刀、木轮大车、红车（小推车）。

问：解放后，增加什么农具了？

答：解放后多了，双铧犁、播种机、马拉播种机、推车、胶轮车等。

问：今天您给介绍的内容特别多，收获特别大。

王维章

时　　间：1993年4月3日上午

访 问 者：内山雅生

翻　　译：祁建民

场　　所：王维章

【看青】

问：你叫王维章吗？前边有人已访过您的情况，是不是已经谈过了？

答：谈过了。

问：希望给介绍一下看青方面的情况。看青这个词你知道不？

答：看青就是村里怕有小偷，个人一家一户地去地里看一看，也有的派上老人或者不能干活的小孩，放学了，下去看看。

问：解放前本村有看青的人吗？有村长指定的人去看青吗？

答：解放前没有。解放前都是自己看自己的。

问：当时看青的人，别人的地，是不是也帮助看吗？

答：别人的不管，自己看自己的。

问：解放前本村看青什么时候有的？

答：解放前，就是自己勤到地里看一看。

问：这附近的村子是不是都这样看青呢？

答：附近村子也都是自己护理自己的。

【公看义坡】

问：“公看义坡”这个词你知道吗？

答：“公看义坡”就是号召大伙都在地头上“公看义坡”，都关心，都爱护，只是发动，没有专门组织人看。

问：这里看青每年几次？

答：一年麦子熟时看护，麦子收割时，再种上秋天庄稼，也要看护。

问：“公看义坡”是几月份？

答：旧历五月份收小麦时，秋天旧历七八月份。

问：看青时，“公看义坡”是不是轮流的，有组织没有？

答：没有，就是村长发动互相帮助，地距离近的互相看。

问：夜间看青，两家土地挨着，是两家一块去人，还是个人去个人的？

答：晚上是大人去，下地时，你去我也去，一块去，你不去，我也给你看着。比方今天晚上你有事，打个招呼，我给你看着，我有事你也给我看，两个人都去就在一起。

问：每年宣传“公看义坡”还钉个木头牌子吗？

答：咱这没有钉牌子的，就在路头上，或者是地头上，在走道上钉个牌子写个“公”字。

问：这个牌子的“公”字下雨刮风不掉吗？是每天写，还是就写一次呢？

答：不是每天写，就秋天写一次。

问：牌子有多深呢？

答：字有一尺见方，深有2寸，用砖头埋上。

问：别村有写“公看义坡”的吗？有牌子吗？

答：别的村也有写的，没见过牌子。

问：解放后还有“公看义坡”吗？

答：解放后，每家每户单干时，没有组织起来。也有公字，没有写过牌子。

问：写公字的做法到多会儿没有的？

答：到了初级社时地归集体，就没有了。

问：解放后看青，自己看自己的，还有没有集体看的？

答：到初级社地都归集体了，没有自己的地，就不看了。

问：解放后每家每户看青，是不是和解放前一样？

答：一样，一直到归集体就不看了。

【打更】

问：本村解放前，有打更的事没有？

答：有过打更的。

问：本村打更怎么打？

答：青年轮流，每晚上20个人，按年龄。

问：您知道打更册吗？

答：有个册子，村长、会计拿着。

问：册子上是不是有全村青年名字？

答：册子上有名字，每天晚上有人喊。

问：每天晚上多少人打更？

答：每天晚上20人，分两班，东边一班，西边一班，有个休息地方，是队上借的闲房，晚上就在那睡了。

问：每班多长时间？

答：一个班，每晚轮一次，每班转两个小时。晚上10～12时、12～2、3时。

问：打更时农民手里拿什么东西？

答：手里拿个棒子、棍子，没有武器。

问：大概有多长？

答：有5尺长，3公分圆。

问：抓住小偷，是不是拿棒子打？

答：他跑就拿棒子打他。

问：本村解放后抓住过外边来的小偷？

答：没有抓到过。

问：看青时本村抓住小偷的没有？

答：没有。

问：解放以后还有打更的吗？

答：解放以后到组织社这段有打更的。

问：和解放前一样吗？

答：一样，还是全村年轻的打更。解放后叫自卫队，不叫打更的。一般青年的叫自卫队，带武器的叫民兵，民兵查看自卫队，自卫队没有枪。

问：解放前打更的，还敲什么东西吗？

答：敲梆子，砰的声音。

问：梆子是什么样的？

答：用圆木头挖一个窝，中间掏空，头上有个把。

问：看青时带不带这个工具？

答：看青时没有。

【搭伙做买卖】

问：“伙卖”你知道这个词吗？

答：搭伙做买卖的，有叫搭伙做买卖的，这个词就是自己做买卖，又做不起，两个人搭伙，你拿一半钱，我拿一半钱，合伙做生意。

问：搭伙做买卖有什么规定没有？

答：有伙卖牲口的，也有搭伙轧棉花、弹棉花的。农具有的户有，有的户没有，没有的就自买。

问：伙用牲畜、农具，使用时有什么规定吗？

答：牲口是伙买的，农具是两家伙买的，应两家使用。

【地主】

问：解放前这里有“种分子”地的吗？比如“二八分子”、“三七分子”这个词您知道不？

答：咱村没有“种分子”的。

问：本村地主的地是租给农民还是雇长工？怎么让农民种呢？

答：咱村最大的户，就一个，有 60 ~ 70 亩地的地主。

【长工、短工】

问：您当过长工吗？

答：我没当过。

问：什么人干长工？

答：家里人多地少，生活不了，出去一个人给人家当长工。

问：做长工是别人介绍，是怎么去找呢？

答：也有介绍的。也有个人出去找的。

问：在本村是不是自己找，在别的村就是托人介绍的？

答：是这样的。

问：托人介绍是不是叫介绍人？

答：找本村在外村做长工的人介绍。

问：都是穷人吧？

答：都是穷人。

问：当时管做长工的人，是不是叫穷人？

答：咱村都叫穷人。

问：短工您知道不？

答：短工咱村没有，咱都是雇临时的，帮个忙。

问：您干过短工没有？

答：没有干过。

问：本村干短工的，是不是穷人？

答：也是穷人，家里活有人干，给别人帮忙干，家里活也不耽误，这样的人咱村有五六个人。

问：短工也得别人介绍？

答：短工是自己去找的。

问：短工工资一般怎么给？

答：看干多长时间，干一天能给 10 斤粮食。

问：长工工资怎么开？

答：长工一年给多少钱，还做一身衣服，夏季给买个草帽，买条毛巾，日本人在时，一年给 100 元钱。

【短工市】

问：招短工有短工市吗？

答：每年正月初八，在恩城南门是长工市。短工市，是季节性质，农忙时打短工的，就到南门外短工市去，雇主也到那去，谈好雇主就把被雇用者领去了。

问：短工到市上找工作，一天工资怎么给？

答：到那现说，定了活，比方锄一亩地多少钱。

问：短工管饭不？

答： 现说，管饭给多少钱，不管饭给多少钱。

问： 管晚饭，是不是给喝酒呢？

答： 不给酒，就是吃饱饭。

问： 一般去短工市找活带农具吗？

答： 一般都带锄头去。

【帮忙】

问： 本村解放前有没有帮忙的说法？

答： 帮忙就是一般不错的，他家收秧忙不过来，去帮两天忙，这没关系，这是互相帮忙。比方说，你家地多，牲畜家具多，我家人多，我可以给你帮忙，我也可以用你的牲畜、用你的车，这叫互相帮忙。

问： 除本村外，别的村子有互相帮忙的没有？

答： 有亲戚朋友关系不错的，可以请来帮忙。

问： 互相帮忙，是村里老住户互相帮忙，还是外来户互相帮忙，这有关系吗？

答： 这村外来户也是一样帮忙。

问： 本村有保人这一说法吗？

答： 没有。

【派书、地方、经纪人】

问：“派书”这个词你知道吗？

答： 解放前咱这不叫“派书”，叫粮米票通知单。全村一个通知单，是县里下的，米票每户一张，通知交多少粮食。

问：“地方”这个词您知道吗？

答：“地方”就是村里跑腿的，咱村就有。

问： 本村“地方”谁干过？

答： 想不起来。

问：“地方”一般选什么样人，是不是选和村长特别好的人？

答： 一般在村里和村长不错的穷人。

问： 前天去赶集看见有牛市，解放前有牛市吗？

答： 解放前有牛市，解放前牛市在南关西头。

问： 当时卖牛是不是给钱？

答： 有牲口“经纪人”，叫“经纪人”，通过“经纪人”买卖。

问： 你知道“牙纪”这个词吗？

答： 不知道。

问： 卖牛时，是不是还得给“经纪人”点钱？

答： 买卖交成后，他是两头吃，买主给他钱，卖主也得给他钱，市上有税金叫税更。

【农作物】

问： 解放前主要农作物，最多的种什么庄稼？

答： 最多的是花生、谷子、玉米、麦子、高粱、地瓜等。

问： 种花生占多少？

答： 有10亩地的，最低种4亩，花生也叫长果。

问： 种这么多花生是不是为了卖？

答： 是为了卖，咱村有油坊，大花生把皮剥去了，把仁搞碎了，榨油，花生饼喂猪、上地，油装桶里，送油厂卖。

问： 油坊卖油吗？油坊的名字叫什么？

答： 哪儿都卖油，油坊的人名叫魏加木、王青昌。

问： 这两位在世吗？

答： 不在了。

问： 了解油坊的人是谁？

答： 找王平贵，他是王青昌的侄子。

问： 这个人有多大了？

答： 记不清。

【棉花】

问：解放后咱村种的农作物有什么变化吗？

答：解放后花生减少了，棉花增加了。

问：当时政府号召种棉花是不是？

答：有区里干部告诉你，这个村需要种多少亩棉花，当时有技术员。

问：建社以后，种棉花是不是越来越多了？

答：种棉花多了。

问：棉花种好以后，是卖，还是交国家呢？

答：合作社收购。

问：当时咱村有国家收棉花的合作社吗？

答：有。

问：合作社时棉花价格是怎么定的？

答：合作社时，四五角钱一斤。

问：解放后到建社这段时间，棉花上哪卖去？

答：供销社收购，那时三四角钱一斤。

问：建社前和建社后棉花收购价也没什么变化吗？

答：没有。

问：建立人民公社棉花往哪交？

答：人民公社有棉厂收购。

问：价钱有变化没有？

答：比过去高点，我们说的，是子棉，不是皮棉。

问：后来棉花价钱没什么大的变化？

答：没有。

问：让您说了解放前的情况，非常感谢！

马德成（63 岁）

时　　间：1993 年 4 月 3 日下午

访 问 者：内山雅生

翻　　译：祁建民

场　　所：马德成家

【父亲马振方】

问：您的姓名？多大年龄？

答：马德成，63 岁，属羊的，父亲叫马振方，母亲叫马郭氏。

问：兄弟几个？

答：就我自己。

问：您父母还在世吗？

答：不在世了，父亲 1989 年 80 岁去世的，母亲 1990 年 82 岁去世的。

问：您父亲是干什么活的？

答：父亲在关外食品厂当保卫，是在黑龙江呼兰县。

问：您父亲什么时候回村的？

答：父亲是 1986 年从黑龙江呼兰县食品厂回来的，在家里 3 年就去世了。

问：你是跟父亲在关外吗？

答：我一直在家里。

问：你多大时，你父亲去东北的？

答：我 14 岁时父亲去东北。

问：是哪年？

答：我弄不清了。

问：你父亲是不是抗日战争日本人来时，去的东北？

答：日本人来以后，父亲去的东北。

问：您上过小学吗？几岁时上的？

答：上过 3 年小学，8 岁时上小学。

问：咱村姓马的有 3 支，您是哪支？

答：我是二支。

问：您小学毕业后，您父亲是不是在这务农呢？

答：我父亲没去东北之前，在村里务农。

问：您父亲那时有多少土地？

答：有 8 亩地。

问：你父亲给别人干过长工或短工没有？

答：父亲那时给人家帮忙，打过短工，给人家干过活，然后还干自己家的农活。

【闯关东】

问：您父亲为什么要去东北？

答：因家庭生活困难走的。

问：您父亲去东北是别人介绍还是自己找去的？

答：我的祖父在东北，那时祖父在东北当马贩子，父亲去东北时，祖父还在那工作呢！

问：您爷爷叫什么？

答：爷爷叫马万海。

问：您爷爷在东北时回来过没？

答：我很小很小时，爷爷就去东北了，听说一直没回来。

问：您爷爷去世时，多大岁数？

答：听说爷爷 57 岁就去世了。

问：您父亲去东北时谁种地？

答：我和我母亲种田地。

【满铁调查】

问：抗日战争时，日本人来村的情况您记得吗？

答：大体上记得，我记得我上小学时，我的书桌在进门第二个座位，日本人来，坐在我的书桌旁边，他看小孩很喜欢，拿的糖给同学分，当时同学不敢拿，是我给分的。

问：这个日本人从哪来的？

答：从恩城来到小学校看看，从表面上看，那个日本人好像是个“干部”，看样子现在能有 80 多岁了。

问：那日本人会说中国话吗？

答：日本人会说中国话，当时给我糖时说“你吃吧”。

问：那个人你估计是日本“干部”，来时穿军装不？

答：没穿军装，穿的西服。

问：那个人来咱村时，日本人的军队是不是一块来的？

答：就他一个人来的。

问：他来时怎么来？几月份来的？

答：骑自行车来的，估计那时是 3 月份。

问：他来多长时间就不来了？

答：也就有 20 多天就不来了，前后去小学校有四五次。

问：那时候八路军来不来？

答：没有来。

问：听说有“土匪”来本村把日本人抓住了？

答：没听说过。

问：日本人来后，当时村长是不是很反感？

答：他去学校，村长也不跟着，他来了，就直接去学校，坐在我那，我就站起来，去别人那里坐。

问：日本人到小学是不是和小朋友说说话？

答：他说话，能听懂，具体说的什么内容，我记不清。

问：日本投降的消息，当时您听到了吧？

答：那时的过程我记不清了。

【“土地改革”】

问：日本投降后，这是不是就“土地改革”了？

答：日本投降后，过了几年，才“土改”，具体时间弄不清。

问：日本投降后，当时本村是什么样？

答：那时的情况记不清了。

问：咱这“土改”是哪年？

答：解放后“土改”的，具体哪年我闹不清了，脑子不好。

问：“土改”时，本村村长是哪位？

答：当时村长是吴玉衡。

问：“土改”时您定的什么成分？

答：我定的下中农。

问：当时你分什么东西了吗？

答：咱村挺贫苦，什么也没分着。

问：本村建互助组的事，你记得吗？您怎么参加的？

答：当时不能单干，全都集体了，都参加互助组，我也参加了。（您的互助组叫什么名字？）叫“赤星”互助组，有个印檪在。

问：您当时是不是互助组的头？怎么有印檪呢？

答：互助组印檪原来在大队会迁那保管，后来不用了，就到我这了。

问：当时村里掌印是谁？

答：叫吴序爵，当时是村里会计，已经去世了。

问：当时“土改”有农会吗？

答：互助组以前叫农会。

问：当时村里农会组织怎样？

答：当时都是村里的贫农、中农参加农会，地主、富农不能参加。

问：你参加农会没有？

答：参加了。

问：当时农会是干什么的？

答：号召大伙搞生产。

问：当时“土改”是不是靠农会领导？

答：主要靠农会领导。

问：农会会长是谁？

答：叫吴志端。

问：建立合作社时你加入哪个社？

答：叫“赤星”合作社。

问：本村你小时候，有多少井？

答：那时井多了。全村有 5 口井。

【水井】

问：现在就剩两个井了，那 3 个呢？

答：那 3 个是苦水，有时拌泥土用，现在的两个井水，只有一个是甜水，那一个是苦水，饮牲口用。

【公看义坡】

问：本村以前有“公看义坡”这个词吗？

答：词我知道。

问：地头上都写“公”字你知道吗？

答：可能写过这个东西。

【看青】

问：解放前这村看青怎么看？

答：有几个人看青，来回走走。

问：每年看青是不是都是那几个人？

答：有的时候换，有时候就不换，听使用的就不换，不听使用的人就换。

问：你看过没有？

答：我没看过青。

【打更】

问：解放前打更的事您知道吗？

答：知道，打更主要出去转转，护护村子。

问：打更是不是轮班？是不是都参加？

答：转班，年轻的，每人两三个晚上。

问：是不是有的人家有钱，出点钱或者给别人钱代替打更，这种情况有没有？

答：没有。

问：有没有不愿去的？

答：这是任务，必须得去。

问：你父亲去东北了，你是不是就不参加打更了？

答：那时候轮到我，我也得去。

问：打更每天晚上一班几个人？

答：每班 10 个人，每天有专人通知，管通知这个人叫王富德，他是村长下边的人；那时打更的有打更册。

问：当时王富德多大岁数？

答：20 多岁，现在已没了。

问：当时马会祥干过这个活吗？

答：马会祥可能也干过。王富德、马会祥都是在村里穷跑腿的，家庭都比较困难。

问：你打更时，抓住过小偷没有？

答：没有。

问：建社后还有打更吗？

答：合作社以后也打几年更。

问：解放前打更和解放后打更一样不一样？

答：还是一样的。

问：是不是生产队社员轮流打更？

答：是。

【互助组】

问：建立互助组时，你组是谁组织起来的？

答：可能是吴序爵组织的。

问：参加互助组后劳动情况同解放前一样吗？

答：不一样。因为互助组以后，干活是统一组织，我母亲在家干点零活。

问：你母亲下地干活吗？

答：不能下地干活了，以前就不下地干活。

问：参加互助组后干活是否有意思？干活是否不累了？

答：谁爱干吗就干吗，没有限制。

问：在互助组前只有你和你母亲两人干活，农忙时怎么办？

答：村内互相帮忙，我有时也帮助别人干，我忙时大家也帮助我干活。

问：解放前互相帮忙，到你家帮忙的那个人名字是谁？关系怎样？

答：马凤起，是我们一家子。关系很好，年岁比我大，和我差 30 多岁，早已去世了。他和我同辈，是三支的。在同辈中年龄也不是最大的。

问：马凤起比你大 30 岁，帮助干活是不是像长辈身份？

答：一样干活，什么活都干。

问：互助组时，你们在一个组吗？有帮忙的吗？

答：在一个组。互助组时帮忙的人很多，不止马凤起一个人。一般活我都能干，很少要人帮忙，倒是我给别人帮助多了。

【合作社】

问：合作社时你干什么农活？

答：耩地、耕地，什么农活都千。合作社时花生少了，棉花多了。

问：那时种棉花是否担心产量？

答：那时棉花产量不高，来人指导产量的也上不去。种棉花的任务是跟上级要下来的。

问：光种棉花产量不高，群众是否有意见？

答：群众也是研究措施，想法搞上去，后来产量也上去了，一般亩产 200 多斤。

问：三年自然灾害情况还记得吗？

答：发大水淹了几年，特别是 1962 年水比较大，有多少生病、病死的不清楚。

【土地改良】

问：这一带有盐碱地？

答：有盐碱地。咱这也有台田、条田。

问：什么时候有的台田、条田？

答：大约 1963 年、1964 年有的台田和条田。

问：台田和条田是一块造的？

答：台田和条田不是一回事，台田是台田，条田是条田，有台田地方，就没有条田。

问：在什么地方造条田？

答：台田是为了排碱，条田不是为了排碱，有碱地方，种台田，没碱地方种条田。

问：你参加过造条田和台田吗？

答：参加过劳动，那时不是义务劳动，记工分。

问：参加过外村没有，外村有来咱村参加造条、台田的？

答：咱村也没有参加外村的，外村也没有参加咱村造田的。

【结婚】

问：你是哪年结的婚？

答：我 19 岁结的婚，老伴名叫石桂珍，今年 67 岁，比我年纪大。

问：这儿是不是讲究女的比男的大一点？

答：年龄没什么讲究，那时我因为需要劳力。

问：你几个孩子？

答：我 4 个孩子，两个男孩，两个女孩，大孩子是女孩，叫马淑琴，43 岁；二孩子是男孩，名字叫马长文，年龄 42 岁；三孩子是女孩，名字叫马淑云，年龄 33 岁；四孩子是男孩，名字叫马振武，年龄 28 岁。

李绪民（1960 年生、民兵连长）

时　　间：1993 年 4 月 4 日上午

访 问 者：内山雅生

翻　　译：祁建民

场　　所：后夏寨小学校

【家族】

问：您的名字叫什么？

答：李绪民，1960 年出生，今年 33 岁。

问：您多大结的婚？爱人名字？几个孩子？

答：1980 年结婚，爱人叫张秀芝，32 岁，2 个孩子，都是男孩。大孩子叫张文，今年 10 岁，二孩子叫张锋，才 2 岁。

问：您父亲叫什么名字？母亲都叫什么？都多大年纪？

答：父亲叫李令德，今年 58 岁；我母亲叫杨秀蓉，今年 55 岁。

问：您爱人的父亲、母亲都叫什么名字？多大年纪？

答：我爱人的父亲叫张良臣，58 岁；爱人的母亲叫郑瑞莲，55 岁。

【小学】

问：您几岁念的小学？念初中没有？

答：我 7 岁念小学，念 6 年小学后，念初中 3 年，没念高中。

问：念小学时老师是谁？

答：念小学时在南街，小学老师名字叫孟宪武，后来换老师名字叫王子青。

问：您上初中在哪？

答：离这五里地王庄中学。老师叫李宝珍、张秀英。

【参军】

问：您初中毕业后干什么？

答：参军。

问：参军在哪？

答：我参军在山东省周村后勤部。

问：参军几年？

答：5 年。

问：你在部队有军衔没有？

答：当班长。

问：刚当新兵时在哪？

答：也在周村，离周村 20 里地，一个新兵营。

问：在新兵营待多长时间？

答：时间不长，最多有半个月。

问：后来您在部队干什么？

答：头两年在部队正式训练后，就去后勤部队了。

问：后勤干什么？

答：有种菜的，有养猪的，我干一年炊事班，当炊事员。

【承包制】

问：你参军5年后，退伍是不是就回本村了？

答：回村干农业。

问：回来是哪一年？

答：1981年11月份回来。

问：你回村当时最大的变化是什么？

答：回来和我走时不一样，走时是生产队，回来就是包产到户，一切粮食都增产了，社员生活提高了，很高兴。

【结婚、招婿】

问：您1980年结的婚，结婚是在村里办的喜事吗？

答：我那时还没有复员，是回来结的婚，在村里办的喜事。那时我岳父是支部书记，队里有14个干部，参加的人不多，看热闹的人多，参加有200多人。

问：您在您家排行老几？兄弟几个？

答：我排行老大，我是去招婿的。因为我父亲1976年42岁去世了。我那年可能才17岁，我小弟弟才5岁，我母亲带我们5个过日子，很困难。我为了疼我母亲才出去招亲，我们这，老大出去招婿的也不多。

问：你母亲现在跟谁过呢？你五弟结婚没有？

答：跟我五弟过，我五弟还没结婚。

问：你二弟叫什么？

答：二弟叫李绪强，31岁，三弟叫李绪山，29岁，四弟叫李绪田，25岁，五弟叫李绪杰，22岁。

问：老五在本村，其他几个都在哪？

答：都在村，分家自己过。

问：您爱人兄弟几个？

答：她就姊妹一个。

问：您1980年结婚，1981年退伍，为什么提前一年？

答：因为我1980年已够结婚年龄，当时也不知道哪一年退伍。

问：日本人结婚以后都要旅行，您结婚旅行没有？

答：没旅行，当时在家待一个月，就回部队了。

【退伍】

问：您1981年退伍是自己要求的吗？

答：我那时退伍，当时情况是我老家就一个母亲带弟弟生活，我又是招婿的，当时两家老人都要我回来，是我要求回来的。

问：参军有长有短，一般的多长时间退伍？

答：一般的3年退伍。

【生产责任制】

问：你回村时是生产责任制，怎么承包的？

答：我回来时还不是联产到户，是包产到组，现在是包产到户，那时分4个组。

问：每组多少人？

答：每组7~8个人。

问：那时包产到组是不是还有生产队？

答：以前我没在家，回来以后就有这个组，我们5个组，一个角上一个组。

问：包产到组时当时都种什么？

答：种粮食，小麦、玉米和棉花。

问：包产到户本村是哪年实行的？

答：1982 年实行。

问：包产到组转到包产到户是怎么决定的，是上边命令还是村民委员会决定的？

答：开始是 4 个组，实际也和到户是一样的，到组，这个地也是在户里，当时地有好有坏，分成 5 等地，我 6 口人，13 块地（也是 13 亩），很分散，后来到户从分散到集中，这是村民委员会自己定的。

问：你从组到户，土地面积变没？

答：还是 13 亩地，面积没变，13 亩地分成两块了，地离家远了。

【民兵】

问：您回来以后是不是马上就当民兵队长了？

答：一年以后，1982 年当的民兵连长了？

问：民兵连长当时是不是咱村民兵最高组织？

答：是最高组织。

问：你们 5 个生产队是不是一个生产队一个排？

答：不是一个生产队一个排，民兵连实际也没有这么多人，编制由公社的武装部来定，按年龄，在年龄之内的人都在民兵组织。

问：小村是不是民兵排长？

答：都是民兵连长。

问：乡武装部统一规定的？

答：是县武装部规定的。

问：基干民兵有多少人？

答：基干民兵 50 多个人，编 4 个排，有 14 个经常活动。

问：4 个排和 5 个生产队有没有关系？

答：没有关系。

问：经常活动的 14 个人，是由 4 个排里抽出来的吗？

答：不是，是按农村情况，家里能解脱离得开的人，如果家里离不开，没有人就不能出来。

问：这 14 个人在您领导下都干什么？

答：春天秋天车辆比较多，修修路，冬季保卫，到乡里训练。

【冬季保卫】

问：本村里叫冬季保卫是不是？

答：是叫冬季保卫。

问：叫不叫打更？

答：不叫。

问：提打更老百姓知道这个词不？

答：知道。

问：本村冬季保卫之外，别的是不是有打更的？

答：没有。

问：冬季保卫多长时间？

答：从 9 月末 10 月初开始，到春节后。

问：民兵冬季保卫和过去打更时间，是不是一个样？

答：季节差不多。

问：冬季保卫每天分成几班？

答：每天 5 人，分成两班，一班晚上是 8 点到 12 点，二班是晚上 12 点到早晨 5 点，每天晚上他们集合时我去检查一下，晚上换班时我也去看看。

问：这 14 个人是不是都参过军的？

答：算上我有 4 人参过军。

问：让你当民兵连长是不是因为你参过军，在部队待过 5 年？

答：是这个原因。

问：您抓住过小偷没？

答：没抓住过，也没见过，听说别的村有头牛被偷了，咱村，在我以前的民兵连也没有抓着过小偷，因为咱村的群众好。

问：那个村丢头牛当时有没有民兵活动？

答：没有民兵活动，他村从去年有民兵活动了，就没丢。

问：民兵除参加冬季保卫以外，秋天还参加看青活动吗？

答：以前在生产队时有。

【看青】

问：您知道看青这个事吗？

答：我知道，这些事我还记得。

问：您自己有果园吗？

答：有果园，有30多棵果树，1亩半地。

问：什么树？

答：是苹果树。

问：秋天有小偷偷苹果吗？

答：我们果园是第6年，还不是大出果时候，去年没看，有偷的，也就是小孩摘点，大人没有，所以也没看。

问：您自己的地夏天看不看？

答：不看。

问：以后果多时得看吧？

答：到那时候，苹果要成熟时候看。

问：到时候是大家一起看，还是怎么？您作为队长有过考虑没有？

答：对这个问题，支部有个初步考虑意见，要是集中看，就拿到队里看，如果不集中看，就个人看个人的。

问：都倾向怎么看？

答：都倾向自己看自己的。

问：为什么自己想看自己的地？

答：集体用人看，大队还得派工，给奖励。自己看自己的，有个好处，自己的活，什么时候想看就看，不想看就不看，果成熟时，自己就多去看看。

问：民兵这14个人，管这么多的事，是不是队里给补助点钱？

答：都是义务劳动，党支部经常号召团员、民兵义务劳动，现在还少多了。

问：您一年收入大概有多少？

答：一般一年收入7000～8000元。

问：您在大队是不是算多的？

答：一般，占中间。

问：本村收入最高的有多少？

答：有果园的收入高，一年能收入3万多。

问：收入高的都靠什么？

答：一靠果树，还靠做买卖。

【党员】

问：本村干部都是党员吗？

答：不全是。

问：您是哪年入的党？

答：我是1949年在部队入党。

问：在部队那时入党的多吗？

答：不多。一年能发展几个吧。

问：本村年轻的党员不多吧？

答：不多，团员不少。

问：年轻的党员少是什么原因？

答：我的观点，年轻的要求不多，现在地里活多忙不过来，没有精力要求入党。

问：我们在天津静海时，看见那有个老书记对要求入党的年轻人，还帮助指导一些活动，这里有吗？

答：咱村也有这个情况，咱村要入党的10个人，我了解的，也不太多。我们这有个支部委员，一个团支部书记，对要求入党的人进行帮助指导。

【养鱼】

问：我们看到本村比天津静海有发展前途，因为本村有年轻干部，看到好多果林，干部都很热情接待，干部都集中起来，帮助干活，这是中国农村的传统，是好的典型。您最大的希望和想法是什么？

答：我还没梦想有什么，就是配合村里干部搞好工作，再一个搞好自己家庭经济收入。

问：您想经济收入提高后有什么打算？

答：一是主要搞好地里活；另外做点小买卖，我现在就在干。

问：现在你做什么小买卖？

答：除了果园，养鱼。

问：在哪儿养？

答：在村西头。养鱼池是我承包的。

问：几个人承包？

答：有 3 个人。

问：3 个人怎么承包的？

答：我们 3 个人集体养鱼，集体同时都喂，打鱼买时，一起打鱼，一起卖。

问：您养鱼是不是要鱼苗？

答：鱼苗是从河北省冀县买的。

问：鱼打上来到哪儿卖？

答：去恩城、苏留庄、平原县城去卖。

问：那天我们看鱼池没有人？

答：现在我们不管它，三天五天去一次，春天四月份开始喂，喂到九月份（阴历）就可以捞鱼了。

问：鱼池每年能弄多少？

答：每年出一次鱼，一个人弄 1000 元。

问：共同养鱼那两位叫什么名字？

答：叫王维宝、马德恩（40 岁），他是书记的二哥。原来这一片坑，闲着。头 3 年，大队不要东西，包两三年，没人包。我回家商量说，咱们包，又找他们两个人就一起承包了。

问：现在您和您岳父一起生活吗？

答：一起生活。

王廷贵（63 岁）

时　　间：1993 年 4 月 5 日上午

访 问 者：内山雅生

翻　　译：祁建民

【家族】

问：你的名字叫什么？多大岁数？属什么的？

答：我叫王廷贵，今年 63 岁，属羊的。

问：今天主要问一下油坊榨油的情况，先问您家庭情况，您的父亲和母亲的名字。

答：父亲叫王德昌，母亲王王氏，今年 83 岁。

问：您的父母还在世吗？

答：父亲不在，母亲还在。

问：您父亲哪年去世的？

答：1962 年去世的，当时 64 岁。

问：您兄弟几个？

答：我兄弟 2 个，4 个妹妹。

问：您哥哥叫什么？

答：哥哥叫王廷福，67 岁；大妹叫王玉，56 岁；二妹王贵（桂），54 岁；三妹王爱，52 岁；四妹王俊，50 岁。

问：哪个妹妹在本村住？

答：就一个哥哥在本村。

问：解放前你父亲那时家里有多少土地？

答：有 30 亩地。

问：“土改”时定什么成分？

答：“土改”时定中农。

问：您念过小学没？

答：没上过学。

问：您识字吗？

答：认识很少字。

问：您多大开始干活。

答：我 13 岁开始干活。

问：您干什么活？

答：去地里干农活、打水、拾柴、喂牲口、打扫牲口圈。

【父亲的油坊】

问：您 13 岁时，家里有油坊吗？

答：我 17 岁时，家里才有油坊。

问：建油坊时，是你父亲自己建的，还是和你大爷一起建的？

答：建油坊时我 17 岁，当时我父亲、大爷、叔叔，3 个人一起建的。

问：在以前有油坊吗？怎么建的油坊？

答：以前没有，我 17 岁那年建的，家贫，当时人口多，想做点买卖，干油坊是守家买卖，也不亏不挣，买花生拉家来，把皮扒掉就行。

问：当时本村花生是不是种得很多？

答：花生很多。

问：你家开油坊是解放前吗？

答：是解放前。

问：你父亲兄弟三人的名字是？

答：我大爷叫王洪昌，叔叔叫王清昌。

问：你建油坊时，本村还有别的油坊吗？

答：有一家比我们建的油坊早几年。

问：你的建油坊后，那家还有吗？

答：那家还有，那家油坊主的名字叫张振兴。

【榨花生油】

问：您的油坊干到哪年？油坊是怎样榨油的？

答：干到高级社，榨油刚一开始时，是买花生，后来是买主拿花生来换油。

问：买花生是在本村买吗？

答：也在本村买，也到外村买，还上集市买。

问：换油是怎样换的？

答：300 斤长果（花生）换 100 斤油，根据质量定价，按脱粒计算，100 斤花生能出 75 斤花生仁。

问：带皮花生叫什么？去皮的叫什么？

答：叫长果，去皮的长果叫花生米。

问：果皮有用吗？

答：用果皮烧火，炼油时烧火。

问：几月份大量买花生？

答：旧历十月份时大量买花生。

【短工】

问：买来花生，扒皮时雇人吗？

答：这个活一个人干不了，就得外包别人干。或雇用 4～5 个人在油坊大院里干，这叫雇短工，不管饭。

问：雇短工给什么？

答：给钱，大概打 1000 斤给多少钱，当时给多少钱，我记不清了。

问：你父亲兄弟三人轮流干活？房子有多大？

答：一起干。油坊的房子是两间，中间通着的，长 8 米、宽 6 米。

【榨油】

问：请讲讲造油的过程。

答：第一步先把花生加工好，第二步把一块大石头作成月牙形，然后往一起对，就成了圆形，中间有方块木头来回转，把花生仁压碎了，用牛拉。

问：这个磨直径有多大？

答：直径有 3.5 米，石头有 1.3 米高，用一头牛拉。

问：多长时间，能压好花生米？

答：一天能压 700～800 斤花生米。

问：粉碎以后怎么办？

答：原来在小屋压粉碎以后，就把它弄到大屋去，倒一个角上，过称；然后再放进笼子里蒸，蒸锅有 2 尺半大，一次蒸一块，一块有 3 寸高，蒸完后，再放进铁圈里，铁圈有 1 尺半大，有 5 公分厚。铁圈没有底，然后用草纸铺上，用脚上去踩平后，用两个竹批子把草纸压上。在压以前，在地上放一块方板，板底下，放一条绳子，将铁圈推成8层，上边再放一块方木板，用绳子捆起来。以后有一个大木头槽子，埋在地上。槽子是个大木头的。

问：榨一次油需要多长时间？出了油怎么卖？

答：3个钟点。一天能榨出240~250斤。8块算一个，一个能出24~25斤油，一天出10多个。由小贩来买，批发给小贩去卖。

【花生饼的用途】

问：出来的油质量怎样？花生饼有什么用？

答：榨出的油很香，也干净。花生饼也卖，有的买去喂猪的，本村和外村都来买。有时也拿到恩城集上去卖。有时也有换的，200斤饼换100斤花生仁。

问：刚榨出来的饼是否软的？

答：是软些，但一凉就硬了。

问：农户买了豆饼干什么用？有买了吃的吗？

答：喂猪，上地当肥料。没有买了吃的。吃是很好吃，很香。

【互助组后的油坊】

问：互助组以后，油坊还有吗？

答：互助组、初级社时，油坊还有，由我负责。高级社时就停了。大约在1957年，那时我也不干了。

问：互助组以后，油坊扩大了吗？增加人没有？

答：还是原来那么大，没有增加人。

问：合作社时油坊的收入怎么办？

答：我管生产、销售，卖的钱归队上。油坊干活的人很累，队上给工分，也给一些钱。

问：在油坊干活是否比在地里干活更好些？

答：油坊干活不同于农业活，要有技术，会干农活的，不一定会榨油。

问：油坊停了以后你是怎么想的？

答：都集体化了，种花生的也少了，所以停产，对我来说无所谓。生产工具都没有了。

问：现在你是否还想榨油？

答：现在技术要求高了，再干有些困难。

【结婚】

问：油坊情况清楚了，想问问你家里情况，您多大年纪结婚的？老伴叫什么名字？

答：23岁结婚，老伴叫徐明芳，今年61岁。

问：有多少小孩？在一起过吗？

答：有4个，大的是女孩，叫王秀清，38岁；二孩是男孩，王学芥，28岁；三孩是男孩，叫王学勇，26岁；小的是女孩，叫王秀芝，24岁。女孩都出嫁了，男孩也都成家另过了。男孩都在本村，两个女孩都不在本村。

孙安荣（1908年生于前夏寨村）

时　　间：1993年4月5日下午

访 问 者：内山雅生

翻　　译：祁建民

场　　所：前夏寨村孙安荣家

【看青】

问：您的名字叫什么？多大岁数？哪年出生的？

答：孙安荣，86岁，1908年出生。属猴的。

问：抗日战争时，您见过日本人吗？

答：不记得。

问：你记得本村有个叫王长明这个人吗？

答：王长明当过村长。

问：你知道“公看义坡”这个词吗？您知道看青吗？

答：看青我知道，就是看好庄稼。每年旧历春天四至五月，看小麦；秋天八至十月份，看大秋作物。

问：您看过青没有？

答：没看过青。

问：本村解放前看青让什么人来看？

答：村长决定几个人给公看。

问：几个人是多大年纪的？

答：身体好的人看青。

问：当时地头有什么标志吗？

答：地头上钉个木牌子，写个十字，一般地头都有。

问：是每块地头都写，还是在路边上写？

答：穷人的地不写字，因为他不给看青的钱，看青的人，也不给他看青。

问：地多的人，雇看青是他自己雇的，还是村里雇的？

答：是村里人几个富户一起雇的。

问：每年给看青的钱，还是给粮食？

答：有给钱的，也有给粮食的。两样都有。

问：富户雇看青的怎么雇的？

答：是几个人商量雇的，村里不管，因为他们庄稼丢了，才想雇人看青。

问：当时本村比较好的户，都是什么人家？

答：一般有了 70~80 亩地的户，才雇人看青的。

问：你当时家里有多少土地？

答：我家解放前有 12 亩土地，不用雇看青的。

问：你看过看青，抓住过小偷没有？

答：没见过。

问：当时偷庄稼的一般都是什么人？

答：都是些穷人偷庄稼。

问：过去本村有没有土匪抢庄稼？

答：没有。

【打更】

问：打更您知道吗？

答：打更的人，全村年轻人都去打更，轮流。我年轻时也打过更。

问：每天晚上有多少人？

答：全村有 60~70 人，有村西、村中、村东，分 3 组，每组有 20 人。

问：每晚多少人，从几点到几点？

答：每晚 20 个人，从晚上 8 点到早晨太阳出来时，两个人，一个班，分前半夜和后半夜。

问：统一在哪睡觉？

答：有打更的屋。

问：打更还敲什么东西？

答：有动静时，就敲锣。

问：有土匪来过村里吗？

答：来过，把咱哥哥吓疯了，哥哥比我大 7 岁。

问：土匪来了怎么把你哥哥吓疯的？

答：我哥哥值班打更，住地主家，土匪来抢东西，把我哥哥吓疯了。

问：当时你家离打更住地主家远吗？

答：从我家走到他家，有 100~200 米远。

问：土匪来了，打更的有没有枪？

答：“红枪会”有枪，是红缨枪。

【红枪会】

问：本村“红枪会”当时有多少人？

答：都是年轻人，多少人我想不起来了。

问：你参加“红枪会”没有？

答：参加了，当时不参加不行，有制度。

问：“红枪会”平时训练吗？

答：不训练，有个“道门”是学法的（学武功）。

问：道门是不是在庙里？

答：不是庙里，在经屋里学。

问：每晚打更 60～70 人，是不是都是“红枪会”会员？

答：不全是，也有不是的，有的穷人不愿参加。

【解放前的会道门】

问：当时村里有“道门”吗？

答：解放前有“行好”的道门，没有道师，有师人。

问：解放前道门里是不是供神？

答：就是念书。

问：您年轻时，本村有“太阳社”吗？

答：没有。

问：解放前，有“万社”吗？

答：有。很少。

问：解放前有个“三三社”吗？

答：没听说过。

问：解放后本村有看青吗？

答：看青没有了。

问：解放后有打更吗？

答：过年时有打更的。

问：解放后什么人打更？

答：由民兵打更。

问：解放时“土改”是哪年？

答：记不清。

问：解放前，“乡社”你知道吗？

答：没听说过。

【求雨】

问：解放前有关帝庙吗？有什么活动？

答：有关帝庙，没有什么活动。

问：解放前地里旱了，有求雨的吗？

答：那时抬个圆坛子，里面放上水，插上柳条，抬到关帝庙里烧纸，黄色纸，求龙王爷下雨，过几天下雨了，就请唱戏的，以此庆贺。

柴凤寅（64 岁）

时　　间：1993 年 4 月 5 日下午

访 问 者：内山雅生

翻　　译：祁建民

场　　所：前夏寨村柴凤寅家

【红专公社】

问：您叫什么名字？多大年纪？

答：柴凤寅，64 岁；妻柴凤仙，63 岁。

问：本村建初级社是哪年？

答：1953 年建初级社，高级社记不清。

问：互助组是哪年？

答：说不清。

问：红专公社你知道不？

答：红专人民公社，后改为恩城人民公社。没有红专大社，有红专大学。

问：当时红专公社有个姓马的您知道不？

答：当时公社书记叫高登言，村支部书记叫马礼。

【红专大学】

问：红专大学在哪建的？

答：红专大学在马庄建的，在恩城附近的马庄。

问：有位叫位振元的您知道吗？

答：咱村会计叫魏德元。

问：当时为什么在这里建大学呢？

答：是“大跃进”时期。

问：红专大学老师是谁？

答：校长叫李怀山，老师不清楚。

问：红专大学和红专大社发音差得远吗？

答：差得很远。

李志祥（54 岁）

时　　间：1993 年 4 月 6 日上午

访 问 者：内山雅生

翻　　译：祁建民

场　　所：李志祥家

【果树园概况】

问：你叫什么名字？多大年龄？

答：李志祥，今年 54 岁。

问：今天想请您谈谈看青这方面情况。你的果园什么时候建的？

答：有 19 年了。

问：刚建果园时，有多大？

答：有 20 亩地。

问：现在有多少亩？

答：现在又扩种了 5 年的果树，有 200 亩，全加起来总计有 220 亩地。

问：是村里的。都是果园吧？

答：都是。

问：都是什么品种？

答：都是苹果，品种不一样，多数是红香蕉 150 亩，金帅 30 亩，国光 20 亩，还有红玉、祝光等。

问：这么多苹果树，结成果怎么卖呢？

答：咱这有收购的，采购站、果品收购站，有国营的，也有个体的。采购站是恩城的，果品收购站是平原的，还有远方来的客人、个体户也收购。

问：哪儿收购的最多？

答：个体户占 50%，平原占 25%，恩城占 25%。

问：现在每年收成有多大？

答：总计全年收 25 万斤苹果。

问：25 万斤苹果，每年能卖多少钱？

答：品种、情况不一样。如红香蕉收购价 0.80 ~ 1 元，国光 0.50 元左右，其他的都是 0.50 元左右。

问：去年收入多少呢？

答：去年共收入 25 万斤苹果，卖了 20 万元。

问：苹果园是在这附近吗？

答：很近。

问：果园一共分多少块？

答：共分 5 块。

问：秋天看果园怎么看？

答：个体户是一家一块，个人管个人的。我的果园离家近，离小学也近，苹果是吃的东西，小孩吃点果子也是难免的。当初小树没长起来时，果园远点，看管比较困难，现在可以了。在那时看管不好看，有懂事的也有不懂事的，也有贪便宜的，弄点苹果给孩子带走。果子不是自己出产的，来了以礼相待，你拿多少，给点次的，有什么事好说话。

【看青犬】

问：当时看青是怎么看的？

答：饲养大狗，有 2 ~ 3 只，站成一定距离，叫它管那一片，狗身上带个铁链子锁住。南北 50 米。北面，东西埋上桩子 50 米，狗来回走动，哪边儿有动静它上哪边儿去，只要狗叫，就有情况。咱们在那搭的小屋中间有个大屋，咱们在那生活、做饭。

问：你讲讲小屋在哪建的？

答：大屋在中间，小屋在北头。我的果园 20 亩。

问：哪建的小屋？

答：小屋两个的角上，就在北头的东边，一个在西边，三角形的。

问：狗在哪儿？

答：狗在北头，埋两个桩子，铁链串在怀里，共 3 只狗。南头有一只狗，两边问题不大，周围都有槐树，很密。

问：人住哪儿？

答：晚上住小屋，有 4 个人。白天都在大屋，晚上 4 个人，一边一个人，中间两个人。

问：能做饭吗？

答：能做饭。

问：当时你有几个地方看青？

答：那 4 个果园郡是个体户的，个人看个人的。这 20 亩果园是我自己的，西边也有我的，我没去人，因为我看的是大队的果园，我承包了。

【果园的承包】

问：其他人的是给本人的，还是也承包了？

答：也算承包。

问：这块果园一直是你看吗？你以前有果园吗？

答：以前没有，今年才 5 年，算小树。

问：你包的果园是从哪儿包的？

答：生产队的地，分给大家的，为了好看管。

问：别的个人是不是也承包了一点儿？

答：那里还有两亩。

【果树收入】

问：你自己的果树每年能产多少？

答：以前在高级社时，我每年都把果枝剪好，多收入点。现在二次承包，第一年即 1987 年产量万把斤，第二年达 2 万斤，第三年 4 万斤，第四年不行了，因为第三年被水淹了，第五年 3 万斤。去年收入 2 万元，现在交队 8000 元，前期交 7500 元，平均每年交 9000 元。

问：你是怎么承包的？一年交多少是固定的吗？

答：是固定的，平均每年交 9000 元。根据情况头几年产量低，交的少一点儿，把少交的年移到后边来交。

问：你一开始订合同是几年？

答：一订就是 10 年。

问：第一次是从哪年订的？

答：第一次订是 1987～1997 年。

【果园管理】

问：你管理果园一年四季都干什么活？比如春天、夏天、秋天、冬天干什么活？

答：春天打农药、松土壤、灌地、施粪、施肥。夏天喷药、除草。秋天收获、挖坑，半圆形，半米深，半米宽，上农家肥（施肥）。

问：为什么要这样上肥？

答：根见松土往外出，容易露出来，枝到哪里根到哪里，这样施肥根不会露出来。

问：冬天主要干什么活？

答：冬天主要剪枝，把所有树叶扒到坑里，灌上水埋起来，一年的任务基本完了。

问：一年四季活最多的，是不是摘果子时？

答：摘果时活最多。

问：收果时光你家人够吗？

答：不够。亲戚、朋友不错的，都来帮忙。

问：需多少人帮忙？

答：每年需 20 多个人。

问：帮忙的是你雇的人？

答：帮忙的，不给工钱。

【帮忙】

问：在日本，收果开始，也有帮忙的，后来人手不够了，就雇人，咱这是不是也有这种情况？

答：人手不够了，也得雇人，一箱多少钱，有个标准。

问：你这 20 亩地的苹果 20 个人收，大概需要多长时间？

答：从旧历七月初开始，到八月二十日左右。

【收获】

问：本村别人是不是也是这段时间收果子？

答：都是这个时间，为什么这么长时间呢，因为收购分期，不是天天摘。苹果有大有小，先收的是大的，别看苹果大，后期摘的才是真正的 75、86 苹果，到旧历八月份或七月底这是 75、86。

问：你外面还有 2 亩，收成时还要雇人吗？

答：那不用雇人，产量不高，摘了打箱，运走了。

【果树品种】

问：你的 20 亩，都有什么品种？

答：红香蕉、金帅几亩，国光 10 亩。

问：你去年收 20 万斤，交 8000 元，包括 2 万以内吗？

答：一切都在内。

问：你自己就剩 12000 元了？

答：对。

问：国光苹果日本也有，咱这是不是和日本一样？

答：这我就不清楚了，咱这有小国光，有大国光，咱的国光管理得好，品种也好。

问：是不是从日本引进的品种？

答：这个品种，不是现在的，是以前的。按现在说，引进日本的是富士、新红星、金尔生的，都是比较先进的。咱村的苹果大部分都是原有的，不是引进的。

问：有红玉苹果吗？

答：有红玉苹果。

【自然灾害】

问：日本头两天刮一次大台风，影响果树产量，咱这有没有大风影响果树？

答：这个地区是平原地区，不出现台风，咱这有雹子，把苹果砸个眼，另外虫灾也比较厉害。

【买狗】

问：你这有 3 条狗，是什么时候买来的？

答：有一个已六七年了，比较听话，这两条都是去年买的。

问：你买一条狗，当时花多少钱？

答：有一条花 380 元，品种较好，是狼狗，六七十元的那个，没花钱，是从沈阳我表兄那拿来的，另外一条也没花钱，是亲戚给的。

问：你买的狗，当时是几年的狗？

答：他说是两年。

【果园看管】

问：你夏天是 4 个人看园子，都是家里人吗？

答：都是自己家人，白天留两个人，还得去地里看看，吃饭都在那里吃。

问：晚上 4 个人都谁在那？

答：有我和两个男孩，一个女婿。

问：你家里女孩都不用看了？

答：不用。

问：晚上有小偷去吗？

答：有时也有，到果熟时有，小偷来时先看看，没有动静也就敢偷了，其实也抓住过，送大队处理。

问：是本村的还是外村的？

答：多是本村的，合同上说，白天抓住小偷罚款 10 元，夜里抓住罚款 100 元。

问：晚上订得高，是不是白天都是小孩，晚上才是真偷？

答：为什么订得高，你来了，从正门进来，我就让你吃个够，捣乱也就少了，晚上来就是偷。

问：本村看青的其他情况怎么样？

答：看青的有，每队有一两个看青的，都是找年轻的民兵。

问：现在都有苹果园，是不是需统一组织民兵看青？

答：现在不必要，都有自尊心，都有了道德了，自己有了拿人家的，是从道德上拿人家的，是不应该的，也是不道德的。

【看青、公看义坡】

问：解放前看青的事，你知道吗？

答：解放前也有看青的。

问：以前在村口、路口钉个牌子叫“公看义坡”，你看过没有？

答：“公看义坡”是个名词，有个牌子，叫人们过来过去知道公看义坡这个事情，都是应当的，有专人管这个事。

问：在村头钉几个牌子？

答：在村头上钉一个，这是公看义坡，让大家遵守。

问：地头上都写个公字，你知道吗？

答：没见过。

问：村苹果多了，是不是要组织起来保卫？

答：在咱这问题不大，西瓜地也有小偷，一出来就是六七个人。

问：小偷离这多远？

答：有 10 里多地。咱村秩序比较好。

【家庭成员】

问：你老伴叫什么名字？

答：叫王爱仙，52 岁。

问：多少个孩子？

答：男、女共 6 个孩子。王会末，长男，30 岁；王会珍，长女，28 岁；王会美，次女，26 岁；王会芹，三女，23 岁；王会静，四女，21 岁；王会强，次子，20 岁。

问：4 个女孩都结婚了吧？

答：两个结婚的。

问：跟你一起看园子的是哪个？

答：是大的，大女婿叫王廷文，28 岁。

问：你爱人兄弟几个？

答：就一个。

王金兰

时　　间：1993 年 4 月 6 日下午

访 问 者：内山雅生

翻　　译：祁建民

场　　所：王金兰家

【日军侵略】

问：你叫什么名字？

答：王金兰，71 岁。

问：这次内山先生访问，主要是解放前后农业方面的情况。

答：解放前我那时年龄不大，才 16 岁，那时好像是吃糠咽菜，过年才能吃个菜团子。

问：我也是个日本人，对于当年日本对中国的侵略我感到很对不起！

答：我们这离城比较近一些，当时日本人上村来过，开始群众也没有什么认识。

【政务警】

问：当时有政务警，是干什么的？

答：政务警是管向各村催粮来的，到各村催钱粮。

问：田赋征收处是干什么的？

答：田赋征收处是管粮米，谁交多少。

问：田赋征收处和政务警是什么关系？

答：政务警是管催粮米，征收处是管收的。

问：政务警和征收处平时有什么联系？

答：是两个单位，一个管催的，一个管收的。

问：政务警上边是哪儿管？

答：有个警察长管，叫什么名我不知道。

问：地方上这个词你知道吗？

答：地方上是村里管鼓锣的，催交东西。

问：是村长下边？

答：是村长下边的。

问：“地方”上归政务警管吗？

答：是村里组织的“地方”，不归政务警管。

问：“派书”这个词你懂吗？

答：我听说过有“派书”这个词，不知道是干什么的。

【田赋征收】

问：田赋征收的过程，比方田赋征收处发现哪个村或哪个农民没交，是他通知政务警，还是他直接去收？

答：政务警到村里找村长，通过地方去跑腿。

问：农民来征收处交田赋，当时给什么条不？

答：交了钱，给个条子，条子叫什么不知道，交了钱就不催了。

问：当时条子叫什么？是不是叫领条？

答：米交了，钱也交了，给个条子，从现在来说，就叫收据。

问：传票你知道不知道？

答：咱这个村没有传票。

问：政务警当时主要工作有哪些？

答：主要是催粮。

问：有多少人？

答：一个棚 12 个人，5 个棚 60 人。

问：除此之外，村子别的事管不管？

答：不管。

问：田赋如果征不到怎么办？

答：没有征不到的，谁家没交，去找找，一般吓唬吓唬，就都害怕了，不敢不交。

问：有的农民没有钱交不上去会不会找别人借再交上去，有这样的吗？

答：借的钱、不是借的钱，谁也不知道，只要交上钱了就行，以钱为准。

问：征田赋的时候，村长向让各家各户派，有的时候田赋收不上来，是不是村长给垫上了，交上去？

答：不可能，谁不交，不行就带上去，把他关押起来，吓唬吓唬他，不知他从哪儿弄钱，得交上钱。

问：“过割”这活你知不知道？

答：这个名词不知道。

问：田赋一般是交钱还是交粮？

答：也有交钱的，也有交粮食的，都行。

问：有比例吗？

答：按说，应当交粮食，但折价交钱也可以，没有比例，交粮钱都行。

问：农民换钱时，是不是把粮食交给村长，从村长那里换钱，再交田赋？

答：田赋是以粮食为标准，比方应该交 20 斤粮食，就交 20 元钱；没钱就交 20 斤粮食。

问：如果粮食换不了钱，是不是交粮食？

答：有粮食就交粮食，没粮食就交钱。

【民兵指导员】

问：你从政务警那里不干了，是不是回村了？当时是不是日本已投降了？

答：投降了。

问：你回村后又干什么工作？

答：回来后开始当民兵指导员，后来还乡团来了，当民兵指导员不保险就参加工作了。

问：这是地下党组织，还是政府机关？

答：民兵组织是行政组织，在解放前，也是地下工作。

问：后来你上哪儿参加工作了？

答：在济南军分区政治部文工团工作，地址在夏津县。

问：还乡团来时，这里解放没有？

答：咱这解放了，济南没解放。

问：你是什么时候参加德州京剧团的？是先到文工团，还是先到京剧团？

答：京剧团和文工团是一个单位，原来文工团叫光明剧社。

问：什么时候改成京剧团的？

答：1951 年改成京剧团。

问：你回村后领导民兵，那时民兵干什么工作？

答：民兵防水、防盗，斗地主、富农。

【看青、打更】

问：解放前，你干农业时，本村看青和打更情况你知道不知道？

答：我知道打更的、看青的，就是看庄稼的。

问：你给我们讲一下打更的事。

答：打更每天晚饭后就得去打更，青年都去。

问：当时打更是一年四季打，还是冬天打？

答：主要是冬天粮食收成了，在旧历十月到转年二月这个时间打更。

问：每天晚上青年打更是轮班吗？有多少个人？

答：一般每晚 10 人，两人一组，每天晚上 9 点开始，到早晨 6 点结束。

问：每晚两人一组要转几圈？

答：没有规定也没有表。

问：有的地方打更敲梆子，一更敲几次，二更敲几次，这里也是一样吗？

答：咱这里也敲打，但不按钟点敲打。

问：两个人换班，如果真来土匪怎么办？

答：来了，就敲锣、敲鼓，村民就知道了。

问：土匪来得多的时候，是不是“红枪会”就组织起来了？

答：听了敲鼓声青年们都跑出来，哪儿有敲鼓声就往哪儿跑，自然集合起来。

问：本村有“红枪会”吗？

答：没有红枪会，家家都有枪头子。

问：你说的年轻人都参加，那你领导的民兵参加吗？

答：那时是解放以前，解放以后我就不知道了。我参加工作了，村里的事就不知道了。

问：你当民兵指导员时，民兵打更吗？

答：打更。那时候打更也是晚上打。各家都有枪头子，晚上也敲鼓。

问：解放前这里有红枪会吗？

答：没有。

【闯关东】

问：你在政务警以前，是不是去过东北？

答：去过，主要是去东北混饭吃。

问：有人介绍吗？

答：我哥哥头一年去的，我是第二年去的，是奔我亲哥哥去的。

问：你哥哥先到东北干什么活？

答：详细情况我弄不清，我去了以后，给人家修楼、运沙子，后来累了，就不干了，去窑地干活，管饭吃。

问：本村去东北的人多吗？

答：开始去时就我们 4 个人，有我哥哥，我，还有刘希义，王维勤。

问：4 个人去以后干什么活？

答： 给窑地干活，在窑地混饭吃，后来他俩因脱坯不合格，就去修房子、和泥，我哥哥没干活就病了。

问： 他俩是自己给人家修房子？还是参加什么公司？

答： 他俩是自己给人家干零活。

问： 你当时去东北，是听到人家传说还是怎么去的？

答： 山东人口稠密，人很多，没有饭吃，就去闯关东，去东北干活能混碗饭吃。

问： 你从东北回来后是不是就去政务警当杂工去了？

答： 回来以后，就病了，病了4个月，以后由马振祥介绍我到政务警当勤杂工。

问： 马振祥干什么活？

答： 他是政务警。

问： 本村在政务警干事的就你们俩吗？

答： 就我们俩，后来我又介绍王维章到那儿当勤务去了。

【日本兵、八路军】

问： 你在恩城时工作时，见过日本兵没有？

答： 见过，很少，当时日本人有12个人。

问： 后来国民党是不是来了？

答： 国民党兵没来，八路军来了，那时就解放了，知道了共产党和毛主席。

问： 这是哪一年？

答： 是1945年，这就解放了，我1946年参加工作，日本投降以后。

问： 当你在恩城时知不知道日本已经失败了？

答： 知道。都说日本投降了，这不是个小事，都知道。

问： 你在县城工作时，有没有国民党兵？

答： 没有。有八路军，全城都是八路军。

问： 当时八路军攻县城，知道不知道？

答： 攻县城，攻了两次，就打开县城了。第一次没攻开，第二次攻开的。日本投降前就包围县城了。

问： 日本投降后，到全国解放还有四五年时间，这个期间这一带是完全解放区吗？还是国民党势力也进来了？

答： 国民党没进来过，我们这儿完全是解放区。

问： 还乡团是从哪儿来的？

答： 还乡团是从济南来的，但很少，一般都晚上来。

问： 济南解放后，还乡团是不是没有了？

答： 没有了。济南是1948年解放的。

问： 还乡团是从济南怎么来的？是晚上走来的吗？

答： 详细情况不知道，咱村没来过。离这儿8里地有个碾庄来过还乡团。

【民兵指导员】

问： 你回来就当民兵指导员，还是待了一段儿？

答： 待了一段时间。

问： 你是大伙选举的，还是任命的？

答： 是群众选举的，农会主任也直接参加发表意见。

问： 当时选干部是扔豆子，还是写条子？

答： 我弄不清，是农会主任提名大伙选举的。

问： 你当民兵队长时，是不是也领导民兵斗地主？

答： 没斗过。

问： 当时咱村管地主，是不是叫“土楼”？

答： 咱村没有地主，最大的是富农。不是管人叫土楼，是一个三层的土楼房，叫土楼。

问： 当时本村有几家富农？

答：有 3 家。

问：有土楼的几家？

答：共有 5 家有土楼，不是富农也有有土楼的。富农有 2 家，有 3 家不是富农。

问：当时你领导多少民兵？

答：具体也弄不清了，够年龄就是民兵。

问：你训练的民兵，当时有当村干部的没有？

答：我走了以后，就不知道了。

问：选举你当民兵指导员时，农会主任根据什么条件提你的名字？

答：经过农会研究，谁够条件，同意谁就举手通过。

问：当时农会主任是谁？

答：当时农会主任叫张洪烈。

问：你知道马礼这个人吗？

答：他是前任的农会主任。

【“地方”】

问：你当政务警时，本村“地方”叫什么名字？

答：叫吴玉衡。

问：这个人是农民吗？有地吗？

答：是农民，很穷。他种的是庙地，他本人没有地，庙是关帝庙。

问：当时选“地方”是选个什么样的人？

答：当“地方”这样人，是跑腿儿的，由村长任命的。

问：是不是因为他家比较穷，才让他当“地方”给他点儿补助？

答：具体情况不知道，找个能办事的才行，给他点粮食，他捡点儿树叶可以生活。

马德昌（40 岁，村党支部书记）

时　　间：1993 年 3 月 31 日下午

　　　　　4 月 1 日上下午

访 问 者：佐藤宏、张洪祥

翻　　译：王键

场　　所：村委会办公室及马德昌家

【经历】

问：我想了解一下现在的村内情况，你叫什么名字？是本村人吗？

答：我是马德昌，本村人，1953 年生，今年 40 岁。

问：你什么时候当的支部书记？以前干什么工作？

答：1986 年任支部书记，以前当了 5 年村民办教师。在民办教师以前，在县内农业学大寨工作队干了 3 年。

问：你在什么地方上的学？

答：小学在本村，在旧校址；初中在恩城二中上的，一直上到高中，共上了 5 年中学，1974 年毕业，回到本村务农。1975 年抽调到县工作队工作。

问：70 年代你在本村当过小队长吗？

答：没有。

问：农村工作队的主要任务是什么？

答：一是帮助农村干部搞好生产；二是整顿干部作风。

问：是包村吗？在哪个村工作？

答：是包村。我在王果铺村工作，7 个人包了一个村。

问：农业学大寨工作队什么时候没有的？

答：1979 年没有了，十一届三中全会后就没有工作队了。

【家庭】

问：你父亲叫什么名字？母亲是什么地方人？

答：叫马会祥，75岁；母亲叫安兴芝，70岁。母亲老家在本乡魏庄。

问：你父亲做什么工作？

答：一直务农，土改前后是县里联络员，后来是大队会计。

问：土改前你家有多少地？家内有几口人？

答：有四五亩地。是贫农。有爷爷、奶奶、2个姑、2个叔叔，共7口人，我父亲是老大。

问：人口多土地少怎么生活？

答：我父亲打短工，在本村打短工，我爷爷在本村开了茶馆，以此为生。“土改”后就没有茶馆了。

问：你父亲编过柳编吗？

答：我父亲过去编过大筐，村内人都会编，合作社时，村内有四五十人组织起来编筐，原料是胡人条（即树村支）。

问：本村副业就是柳编条吗？

答：本村还有油坊。

问：你父亲当过联络员，主要是干什么事？

答：解放前，恩城是国民党，我父亲为本村做地下联络工作，也叫交通员。详情我也不知道。（是党员吗？）他不是党员。

问：你父亲什么时候当的会计？

答：人民公社时，先当两年小队会计，后来就当大队会计了。

问：人民公社时本村有几个小队？现在几个小组？

答：有5个小队。现在是5个村民小组，都一样，是搞生产的。

问：你父亲干大队会计以后，又做什么工作？

答：一直干到1984年，岁数大了不干了。

问：新上任的会计是谁？

答：是王子绪。现在又换上了王会清。

问：王会清是什么时候当会计的？

答：1990年。

问：你家现在有几口人？

答：现在都分家另过的，我家有爱人、两个小孩。大孩是男的，13岁，小的也是男孩，10岁。大孩五年级在王庄上学。

问：你爱人做什么工作？是哪个庄的人？

答：叫高素芹，本乡高庄，在家务农。

问：怎么认识的？

答：通过媒人介绍。

问：媒人是亲戚多，还是邻居多？

答：一般都是亲戚当媒人。

【村干部】

问：请介绍一下本村领导干部分工情况。

答：支部负责党的建设，党员和青年的思想工作，传达贯彻上级指示精神等。

问：有副书记吗？

答：村长是副书记。王会清也是支部的，没有当过兵。村长也是支部的。

问：你是哪个小组的？小组怎么编成的。

答：我是第二小组，村长是第三小组的。小组是在原有生产队的基础，分地到户还是生产队的基础。

问：本村有治保主任吗？

答：有，叫孟庆山，有病不能活动，现在又换上了王子固，57岁，1982年当的，是村委会成员。

问：有妇女主任吗？

答：有，叫朱爱香，44岁，高中文化，住在第五小组。治保主任住在三小组，也是高中文化。

问：本村有副主任吗？

答：有，叫马天祥，46岁，党员，初中，是一小组的。

问：村干部误工补贴每月多少？

答：没有实行工资，每年给干部一次补贴，给多少，我是由乡内定的。我和主任的待遇一年 800 元左右；文书 500 元，小组长 300 ~ 500 元。文书就是会计。我加上奖金，一年可达到 1400 元左右。

问：乡有财政，村内有财政吗？有什么收入？

答：我村副业分散，没有村办企业，所以没有什么集体收入。

【分田到户】

问：本村什么时候开始承包的？其方法怎样？

答：1979 年承包，土地、生产工具、牲畜都分到户。一直到现在没有变化。按人口平均分下去，在小组中进行。土地按一、二、三等分配。一般家分到 2 ~ 4 块地。一人一亩粮田。其他是棉田。大队有果园 240 亩，每户包一行。

问：1979 年以后土地有没有调整过？人口增减怎么办？

答：没有。各组有 30 亩左右机动田，解决人口增减问题。机动田权力在小组长手内，也承包下去了。

问：二小组有多少地？

答：440 亩，人口 220 人。棉田才 200 亩左右，个人平均 2 亩地。其他组最多是四小组，人均 2 亩半。

问：马长祥什么时候当副主任的？本村有民兵连长吗？

答：马长祥是同王会清一起上来的，1989 年当民兵连长的叫李希民，30 岁，初中毕业，当过兵，是党员。

问：哪年当民兵连长？

答：他是 70 年代当兵，1988 年当民兵连长。在部队当了 5 年兵，他在五小组。

问：在解放前，本村分 10 牌，是怎么回事？

答：这事我不清楚。

【土地承包合同】

问：土地承包合同和条件是什么？请介绍一下，如承包费和其他负担情况。

答：合同书是乡里统一办的，农民负担有农业税、国库券、黄水费（用黄河水）、村内福利事业费。这些在合同上都写清楚了。

【村财政】

问：乡内还有什么费用？

答：教育附加费、敬老院、卫生费（乡卫生院）、乡水利费等。另外农民负担还有村干部补贴。农业税占 10%，国库券每人每年 1 元，自愿购买。农业税用现钱上缴。3 年前是用粮食顶税的。

问：黄水费是什么标准？

答：按去年每亩 8 元左右，用于黄河开发上，由乡收齐，上缴国家财政。

问：村福利费多少标准？

答：每人每年 5 元。

问：教育附加费多少？

答：年年有，去年 9 元，前年 10 元，不等。敬老院每人每年 3 元，卫生院费去年 10 元，一次性的，修卫生院用的。

问：水利费怎样利用？

答：用来沟渠配套，统一建闸，修桥等开支。

问：去年干部的补贴，村民负担多少？

答：各村情况不一样，本村去年每人平均负担 40 元，不包括农业税和黄水费，其他都在内。干部补贴负担每人 6 元左右。

问：村小学费用也在内吗？

答：也在内。民办小学教师工资由乡内给，小学日常开支，烤火费、办公费、报纸等由村委会负责，去年共花 3000 元。村内补助困难费在 500 ~ 1000 元，主要用于比较困难户，主要是劳力少，年岁大，没有别的收入，只有3户、2户人家。

问：村内收水利费吗？

答：没有。收电费。

问：一度电收多少？

答：由乡内管。乡有农电站，村电工由乡内管。

问：小组机动田是怎么承包的？

答：由农户自愿承包，如二小组有20多亩地，有10多户承包（本组有54户）。

问：承包合同内容和大队一样吗？

答：不一样，土地较差每亩承包费仅20余元，承包费归小组所有，用于公共事业或出工挖河补助等。也有用于"以钱顶工"的。小组没有其他支出。

问：小组长补贴怎么解决？

答：由村委会解决。

问：村内有企业吗？

答：没有。过去有，现在下马了。

问：村内有多少集体、个体经商的？

答：没有集体，都是个体的。

问：村内收入少，但支出部分相当大，是怎么解决的？

答：一是村民负担些；再是大队有几十亩果园；每年承包费1万元左右。种的是苹果，承包人是李志祥。

问：承包条件怎样？

答：承包12年，共20余亩，每年交大队1万元，大包干。忙时他雇20多人，都是短工，一般都是亲戚、朋友。

问：果树什么时候栽的？

答：1976年开始栽的，在学校后面，原来是大洼，大队投资填平的，都结果了。

问：村内有鱼塘？

答：有，大队的鱼塘？有10亩左右，由村长王维宝承包。去年刚承包，还没有收入。规定3年免承包税。3年以后根据收入情况订合同。水源是黄河水。

问：鱼苗怎么解决的？

答：从衡水湖运来的。他放了2700尾，花了800余元。

问：还有大队管的企业吗？

答：有蜂窝煤厂，大队划出了20亩地建的，今后可收一部分利润，现在刚开始。

问：果园有什么品种？

答：有"红香蕉""青元帅""国光""青香蕉"等，都是老化品种。还有200多亩小果园，属于小组管理。这种承包费有限，一亩地平均每年才14元钱，收入归大队。小果园品种有红富士、新红星等。没有枣园。

问：承包合同中有无规定计划生育问题，罚款是否归大队？

答：本村计划生育比较好，是先进单位，没有罚款现象。

【麦田、棉田】

问：本村土质怎样？

答：本村没有黑土地，但碱地也不多。好地有1400余亩，种粮食和棉花。差的有200～300亩，有时也有收成，有时有碱，收成不好。

问：去年每亩地收成多少？

答：800余斤，我去年达1000余斤。3亩6分小麦，收了3960斤小麦。棉花、子棉400多斤，去年闹灾，但最高年达600斤左右，去年只收了200余斤。棉花价格可以，去年还有定购任务。规定每亩150斤皮棉，国家收购价格子棉1元至1元5角（1公斤）不等。皮棉是指脱子的棉，到了4元（1公斤）。

问：现在棉花什么品种？

答："中棉12"。从去年引进，过去种"鲁棉6"，还有"792"。"鲁棉6"是承包后，大面积丰收，后来退化了。承包前品种太杂。过去一个小队才卖出3000～4000斤棉花；没有选种，产量低，赶不上现在一户卖出的多。种棉好的，每亩达到 700 余斤，所以收入是可观的。从投资来说粮食大于棉田粮田施肥多；用工棉田大于粮田。国家现在奖励种棉花，供给平价化肥和平价柴油。卖 100 斤皮棉给 70 斤标准肥，7 斤柴油。（用于灌溉）平价化肥不够用，但用于棉田是够了。

【农业机械】

问：本村大队有拖拉机和灌溉设备吗？

答：大队没有。但很多户内有拖拉机，每户都有灌溉的机器，都有一套灌溉设备。

问：大队为农户怎样服务？怎样防止病虫害？

答：大队春天统一购买种子和化肥。农药由各户自己买。种子和化肥，种子 70% 由大队负责；化肥大部分由自己去买。防止病虫害，大队负责宣传，传授技术，然后由各户去打药叫技术服务。

问：本村运输工具怎么解决的？

答：大队没有汽车，运送粮食和化肥由农户负责。各户都有车辆，找拖拉机、小车、农用三轮车等。

问：请介绍农业技术人员情况。

答：农业技术员叫王崇河，27 岁，县农业学校毕业。他拿工资，乡和村各负责一半，每月工资 60 元，管果树的也有补助，负责嫁接、剪枝。1991 年以前没有农业技术员，由乡内技术站负责指导。村内管农业的是王子绪。

问：1992 年“中棉 12”号生产情况怎样？

答：去年虫灾严重，效果还看不出。

问：我想继续了解一下本村的农业情况，有没有转包土地的情况？

答：这种情况有，哪个小组都有，很少。这种转承包的，都是通过小组进行的，完全由个人承包的转给别人承包的没有。

问：那几户专业队的土地承包怎么办？

答：不存在这种情况，地少，都能完成农业的活，专业户也不耽误农业生产。我上面所说的转承包是指人口增减时的小组调剂的那部分土地。

问：农忙时，你组请人帮忙吗？

答：农忙时，各家都有请邻居、亲戚帮忙的，这种情况有，雇人帮忙的没有。以邻居为主。我忙时，就请一队的几个关系不错的帮忙，不一定是本队。

问：最忙时一般要帮忙几天？

答：最多 2 ~3 天，如喷药时，就需要集中时间，请人帮忙；割麦子忙时，也是 1 ~2 天；秋种也得忙 1 ~2 天，帮忙也在这个时间。

问：帮忙给报酬吗？

答：不给报酬，是互相帮忙，但是管吃。

问：有没有请外村人帮忙？

答：有，95% 以上是请来的亲戚帮忙，本村主要请的是邻居。

【农业机械】

问：家家有喷雾器吗？多少钱一个？

答：家家都有，有的一家有三四个的。一个喷雾器需 30 多元。

问：收割时用机器吗？

答：完全用机器收割，是用 12 马力的拖拉机带上收割机进行收割。

问：有多少户有拖拉机？

答：共 13 户有拖拉机。

问：用拖拉机收割给钱吗？

答：给钱，收一亩麦子 6 元钱。5 年前只有 2 元钱，现在因为汽油、工钱都贵了，商品意识很浓。给钱以后，不管吃饭。一台机器一天能收割 50 亩，收入很可观。

问：买一台拖拉机需多少钱？

答：需要 4400 多元，都是从莱阳买来的。

【农业机械分布】

问：各小组拖拉机分布情况？

答：一小组3个，二小组4个，三小组3个，四小组2个，五小组1个。

问：这个组有拖拉机的是谁？

答：二小组是马光福、马光新、王学文。

问：拖拉机农户需投多少资？

答：10多元就可以拿个驾驶证，培训费100多元，加上几十元的管理费，共需6000多元。好好干，一年就可以收回成本费。

问：买拖拉机经费怎么解决的？需贷款吗？

答：都是自己过去积蓄的钱，有些不足的向亲戚借几个钱，没有贷款的，因为利息太高。农业贷款比副业贷款低1/3，如果买拖拉机机，可以以农业贷款办理，但一般没有贷款的，买户都是有钱的。

问：有没有亲戚朋友合着买的？

答：这个情况有。有的兄弟俩合买一台，也有姊妹俩合买的。

问：二小组有合买的吗？

答：没有，都是自己买的。第四小组王子绪是兄弟合买的。

问：农忙时13台拖拉机够用吗？

答：够用。农忙时，机器一天一夜也不休息，农闲时跑运输。

问：跑运输收入怎样？

答：不好计算，但一天最少几十元，最多时达100元，这是纯利。

问：你是否也想买拖拉机？

答：我计划买个大的拖拉机，50马力的，需要3万多元。

问：为什么要买大马力的？是跑运输吗？

答：现在小马力的，耕地浅，农民科技意识增强，主张深翻，需要大马力的才行。大马力耕地，一亩地也是6元，耕1000亩地，就是6000元了。

问：大队是否有计划买大拖拉机呢？

答：没有计划，也没有资金，要买，就增加农户负担了。

问：在公社化时代？大队有拖拉机吗？

答：没有。有小型拖拉机才三四年时间。现在全是机耕地了。

问：农忙时拖拉机户怎样为农户安排活？

答：按登记先后顺序，一家一家地接着耕，排号进行。有时农户之间协商，谁重要先给谁耕，还要照顾地段在一起的，一起耕种方便。

问：拖拉机户收入上税吗？

答：不上税。

问：使用本村拖拉机同使外村的价格一样吗？

答：一样的。都有信息。

问：如果农户有钱再买拖拉机，是否会浪费，因为现有13台就够用？

答：农忙时不够用，平时可以跑运输。

【农村金融】

问：我去年在湖南了解，一般农户拿不到贷款，农行愿意给乡镇企业贷款，本地也是这样吗？

答：我们这里贷款，是优先安排农业，不要利息的棉花贷款，平均每人30元。叫“棉扶金”。统一由大队办。这部分贷款，有的农户不需要，有的急用，最后由大队统一调剂。主要用种棉花、购买化肥。农贷，每年从4月开始，11月30日以前还清。贷款户最高的不超过500元。专款专用，是通过农行发放的。

问：解放前，群众中有互相金融调剂、帮忙，现在还有吗？

答：很少了。过去供销社、信用社的资金，是社员集股的，现在也都还清了。信用社是自愿的，入股一人才两块钱。

问：你家参加吗？

答：我父亲那时参加了。信用社到春节时，发所谓分红，一人一包茶叶，几盒香烟，也就是股金利息。现在农民之间没有互相调剂的了。我父亲那时还有民间调剂，遇有红白喜事，有钱出钱，有料拿料。现在有困难的，大队就包起来了。

【义务工】

问：现在还有义务工吗？有无用钱顶义务工的？

答：按规定18岁至40岁，每年每个劳力需出30个义务工，用于挖河、修路。拿钱顶义务工的现在还没有发现。都能参加。小队有时派工参加红白喜事的，由小队给一部分报酬，这同大队派义务工不是一回事。

问：挖河、修路每年大队都组织吗？

答：每年组织2～3次，冬春两季进行，一次需10多天。今年春天每个劳力已用了10多个工了，这是纯义务工，用于挖沟填路，不付报酬，不管饭。

问：义务工是县乡统一安排的吗？

答：30个义务工主要用于本村，县、乡也有水利工程，是属于派工，参加劳力的一天5元，管吃。

问：人民公社时，用于乡、县的义务工也付报酬吗？

答：没有，1979年以后才开始付报酬。

【村民小组收入差别】

问：本村5个小组，经济情况最好的是哪个小组？较差的是哪个小组？

答：是五小组。

问：情况不同是什么原因？

答：土质条件好，水利条件也好。土地划分还是按“土改”时的土地情况定下来的，五小队基本上没有碱地，种棉花的多。较差的是一小组，地薄些，地少，人均才1亩8分地。第四小组也可以，第二小组同一组差不多，第三组好于一、二组，顺序是由西面向东面排。好的小组，社员收入要高些。

问：公社化时小队和小队有差别吗？

答：那时也有差别，好的仍然是五、四、三组。

问：现在与公社时相比？小队间差距是拉大了，还是缩小了？

答：缩小了。（为什么?）因为现在除了种地外，剩余劳力可以搞工副业，也可以做小买卖，家庭妇女可以搞柳编，一个妇女一年搞柳编，可收入千余元（纯收入）。

问：你爱人会编织？

答：也会编，我也会编。

问：柳编怎样销售？

答：乡内、村内都有收购点。

问：本村在全乡的经济水平处在怎样的地位？

答：一般情况下陈营村好些，有工副业，有砖瓦厂。

问：比较差的是哪几个村？

答：都差不多。

问：你们村是否也打算搞窑业呢？

答：也有这个打算。原来有的石灰窑，也是乡办的。现在停产了，主要原因是原料要从济南运来，加上燃料和运费，生产就要亏本。

问：这个工厂什么时候开办？

问：1984年开办的，1989年停产的。乡办工业，但劳力是本村的。现在运输费太贵，过去一年石头运费100元，现在就得300元。煤炭过去45元1吨，现在涨到150元，但生产石灰的价格上不去。现在石灰用得少了，都用水泥、沙子了。

【村发展规划】

问：今后村干部为发展本村经济有什么设想？

答：经过多次讨论，想上项目，但门路不好找，需要大批资金，只能从小处开始，搞好柳编。扩大苹果园，积累资金。

问：是否打算引进苹果新品种，扩大生产？

答：有这个想法，但门路还没有打通。

问：乡、县是否提供信息？

答：提供，但不及时。目前生产的品种，在国内销还可以，但达不到出口标准。主要销往长江以南。

问：棉花价格怎样？将来怎样？

答：价格可以，将来也只有往上提价，不会再落价了。村民认识到，经济来源主要靠棉花。现在还发展果园，大队又开了200多亩果园，栽了新树，大约需要5年就可以见到果实。

问：粮食没有定购任务，能否扩大棉田生产呢？

答：一是棉花，一是果树。只要粮食够吃，什么赚钱，就种什么。

问：为什么不种蔬菜呢？

答：投资太大，一个大棚需要2万多元，贷款怕担风险。我参观过本省蔬菜基地寿光县，那是种菜的，经济搞得活。

问：大队组织搞示范不行吗？

答：我们这儿小农意识比较浓，没有十分把握不愿冒风险，不敢去搞。如果大队搞示范，只有亏，不会赚，因为当地没有形成大的市场。希望你们回日本，和我们联系，通通信息。

问：本村外出打工的不多，什么原因？

答：现在本村青年结婚后，种上几亩地，有吃、有花，就满足了，不愿外出打工。因为家家有编织业，剩余劳力都用在编织上了，而且就能赚到钱。我村95%的人都会编织，参加到编织行业的也有70%。

问：分田到户是大队安排，还是小队安排？

答：由大队统一安排。当时中头精神是15年不变，所以一直没有变动。

问：本村有建筑队吗？在哪儿干活？

答：有建筑队，主要给村里盖房。没有大设备，不能到县内包活。

【农业学大寨】

问：学大寨是什么样的运动？核算单位变了吗？

答：学习大寨艰苦奋斗，自力更生的精神。核算单位还是小队。主要推广先进技术，如施肥等问题，还有土地深翻，深耕8寸以上。到冬天组织18～40岁的整劳力，深翻土地，深翻效果不错，不过地瓜产量达到亩产万斤的，现在很少了，卖不出价钱。那时深翻，主要是乡内的拖拉机，现在乡内拖拉机没有了，折价卖给各村了。

问：过去乡内买拖拉机经费从哪儿来？

答：国家财政补贴。

问：学大寨，总的效果怎样？

答：虽有好处，但不如现在。现在一搞联产承包，群众积极性调动起来了，自己想办法搞好生产。过去一个小队有5个干部，现在1个干部就行了。

问：过去是怎样记工分？

答：一天10个工分，一早晨2分，上午、下午各4分。好年景最贵时，10个工才拿到5角钱。最差的一个整劳力，一天才拿到7分钱（公社化时）。

问：你们搞过自报公议的记工办法吗？

答：没有，一直没有变化。生活水平低，玉米面当细粮，现在玉米面都不吃了。

问：合作化时兴修水利义务工有多少？

答：大约有四五十个。青年还要多，有时晚上青年加班挖河积肥。

问：你到哪个村包队时？动员义务工难吗？

答：王果铺村，动员义务工不困难。

问：为什么你不包本村？

答：这是县内统一组织的，机关干部占60%，农村青年占40%。农村青年20多岁，必须是高中文化，抽上去训练。学习完分到各村，不是各村都有工作队。全县19个乡，进驻工作队的只有7个公社。

问：学大寨的村子，都是挑好的典型吧！

答：都是比较困难的村子，群众意见大的。工作队一是帮助搞生产，一是帮助整顿干部作风。那时搞得有点过火，连园子里种些蔬菜都不行，“割资本主义尾巴”，学大寨，就是搞集体经济。

问：本村来过工作队吗？

答：也来了，是县组织部长带队的。

马长祥（46岁）

时　　间：1993年4月2日下午

访 问 者：佐藤宏　张洪祥

场　　所：村委会办公室

【家族】

问：您叫什么名字？多大年纪？

答：我叫马长祥，今年46岁。

问：您父亲叫什么名字？多大年纪？

答：马查明，68岁；母亲叫刘玉仙，71岁。

问：母亲老家在哪？

答：本村人。

问：什么时候结婚的？

答：不知道。我听说，我母亲18岁结的婚。

问：现在你家有几口人？

答：7口人。我爱人叫刘希山。

问：你爱人老家在哪？

答：也是本村人。我父亲1961年就去世了。现在家里还有老母亲，2个女儿，1个男孩。大女儿叫马秀芝，已出嫁了，在高庄，离本村3公里。二女儿在德州蛋糕厂工作，干临时工，割秋割麦、过年过节都回来。大女儿23岁，二女儿20岁。男孩叫马龙之，26岁。

问：做什么工作？

答：种地。现在在平原县棉花收购站工作，装棉花，运往德州。还有儿媳妇，叫孙爱珍，老家是姚觉寺人，离本村6公里。

问：她们怎么认识的？

答：是亲戚介绍的。

问：你上过学吗？后来干什么工作？

答：在本村上过小学，在完小念过几天。没有上过中学，完小在恩城。完小时已13岁，回村就种地了。后来就搞运输，自己挣钱，向小队交钱。开始是地板车，后来改毛驴车。拉了三四年车。

问：运什么物品？

答：拉粮食、建材等。

问：运输品怎么计算报酬？

答：按吨、里程计算，按1吨几公里计算，大约每吨每公里要3角钱，汽车每吨每公里是1角8分。

【运输】

问：当时本村跑运输的人有多少？

答：不少。我村有50%的人跑运输。后来货源少，就轮流跑运输，今天轮到你去拉货，干几天回生产队干活；过几天就轮别人去拉货。一般干5天，就回生产队干活，挣些零花钱，也不耽误生产队干活。

问：挣的钱是交大队，还是小队？标准多少？

答：交给小队，一天交1元钱。这是挣钱买工分，1元钱可以买10个工分。

问：后来为什么不干了？

答：1967年我在生产队当了副小队长，要带领群众搞生产，没有时间去跑运输了。

问：你干农业时，经济情况怎样？什么时候最困难？

答：不如现在。那时钱难挣。1961年、1962年本村最困难。

问：那时闹灾吗？是水灾，还是旱灾？

答：主要是1958年农社化以后，生产下降了。

问：为什么生产下降了？

答：主要是计划不周。

问：你原来在哪个小队？

答：在一队。

问：在困难时期，其他农村有到外地打工的，本村有这种情况吗？

答：也有。

问：干的人多吗？

答：不多。那时没有什么家庭副业，也不让搞。

【柳编业】

问：解放前本村有柳编的副业吗？

答：解放前就有。1953年以前还有，还有做买卖的、轧棉花的。合作化以后都是集体的，也有搞的，咱村没有搞。有些村是集体搞副业。但是合作化以后，本村有粉坊、油坊、磨坊，都是集体的。

问：柳编业，本村有基础，又能挣钱，为什么合作化后不搞呢？

答：当时以农业为主。但是户内还是有人搞的，编个小篮等。当时户内编了些，就拿到济南或恩城去卖，换几个零花钱。规模很小。

问：白天劳动，社员晚上干什么？

答：有时开会，大部分时间是休息，因为白天劳动很累，晚上就早早休息了。另外还有自留地里有些活干。合作化后，柳编业一直没有停止，但干的人少了，规模也小了。

【生产队长】

问：你当副小队长，什么时候当的正小队长？

答：具体时间记不清，反正干了几年副的，后来就当正队长了。

问：小队长是选的吗？

答：是投票选举的，有时两年一选，有时3年一选。

问：如果群众有意见，怎么办？

答：有时干一年就不干了。

问：小队长任期不是固定的吗？

答：一般情况下要年年选，到秋后没事就选举了。选举方法，有时就举手表决，也有时是投票选举的。但是投票的时候多。

问：选队长时有候选人吗？

答：有候选人，同意的画“○”；不同意的打“×”划掉，写上自己中意人的名字。

问：谁推荐候选人？

答：一般情况下是大队提名的。也有支部提名的。

问：合作化时有大的生产工具吗？有拖拉机吗？

答：没有拖拉机，有棉田里使用的机器。有磨米机器，有双铧犁。

问：这个犁效果怎样？

答：那时双犁是3个牲口拉着，效果不错。那时小队有十五六头牲口，主要是牛、驴。

问：小队有多少户？

答：有60多户。队内有车，集体的，有五六辆是小车，没有大车。

【农业机械化】

问：双铧犁什么时候用的？

答：人民公社时才用的。可能在 1956 年、1957 年，成立合作社时就使用了。后来有了拖拉机，双铧犁就淘汰了。

问：双铧犁怎样？有些地方群众反映不好，不如传统的犁？

答：在那个时候，双铧犁是好的，评价很高。过去单铧犁需要 2 个牲口，8 个人；如果两个单铧犁就需要 4 个牲口，2 个人。而双铧犁只需要 3 个牲口，1 个人就行了。但是有了拖拉机后，更先进了，双铧犁又落后了。

问：当时小队有几个双铧犁？

答：有 3 个。1986 年以后就没有了。土地包产到户后，有的换了单铧犁，有的改用拖拉机了。

问：有了双铧犁时，单铧犁还用吗？

答：还用，主要根据队上的牲口情况，如果牲口不足，就套单铧犁。

问：现在双铧犁还有吧？

答：基本上没有了。有的改装了，装在拖拉机后面。

问：双铧犁什么地方生产的？

答：是从生产门市部买来的，不知道哪儿生产的。

问：我在湖南农村听说小队长忙得要命，都不愿意当小队长？本村有这种情况吗？

答：也有的不愿干。但是，领导让干，群众又拥护，所以还是干的人多。

【生产队长条件】

问：当队长需要什么条件？

答：一是要有组织能力，如一小队有 200 多个劳力，得不让大家闲着，安排好活。要会计划。事前队委员开会，分工，第二天的活都安排好，由队长领着干。平常主要安排好送肥、整地、锄草等；农忙收割时，要开群众会，组织劳力抢收抢种。有些老弱的妇女就留在场上干些轻的活，如轧麦子、翻晒等。当队长要会计划，不能窝工。一个队就像一个家庭。一般是头里收割，后面就翻地耕种，什么地种麦子，什么地种玉米，队长心中要有数。

问：第一小队姓马的比较多吧！

答：是的，马家的比较多。

问：比例多少？

答：一队姓马的占一半，全村也是大户。200 多户，有 40 户姓马的。一队 30 多户、二队有 10 多户。除了姓马的，还有姓吴的也是大户，有 30 多户。这个村姓王的也很多，但不是一个家族。

【马姓家族】

问：姓马的分几支？

答：姓马的共分 3 支，支书马德昌是三支队的，我是二支队的。

问：红白喜事时，3 支是否都参加。

答：3 支人太多，所以都参加有困难。姓吴的办喜事，都参加，因为吴姓人没有马姓人多。一般情况，一个支的 70% ~80% 的人都能参加。

问：二支队的族人都在一队吗？

答：有 30 多户。

问：在其他村有氏姓按家族（如刘、张等）采取轮流当队长，本村有这种情况吗？

答：没有。这是闹派性，不利团结。主要看办事能力，不能靠派性。

问：小队长工作是否困难，有上级布置的任务，又有本队的工作，你是怎样看法？

答：只要是干工作，总会有困难。关键是做好群众思想工作。

问：队长主要任务是生产，还有生活？

答：都要管，主要是搞好生产。生活上，做好分配工作，按劳分一部分，还要按人分一部分。调动各方面的积极性。管这些事的有队长、副队长、会计、保管员。分配时，上级还有政策。

问：家庭纠纷小队长管不？

答：也管。现在是村委会了，我也管调解，村民有事就找我去。我下面还有两三个人搞调解，一般事情都能调解好。不需要队部、支部和乡内，就把问题解决了。

问：如果有家庭纠纷，本家庭的人出来调解是否好办些？

答：这种情况也有。虽然不是队长，也不是调解委员，但是在家族中有威信，办事又公正，往往他出面调解，也有好的效果。

问：什么样的人是有威信的？

答：一般是当过干部的，又是长辈。如现支书的父亲马会祥，有威信又会办事，所以处理一些问题比较好。

【小队干部演变】

问：你当副队长时，队长是谁？

答：吴玉彬，后来他病了。

问：你当队长时，谁当副队长？

答：副队长马洪昌。1967 年以后当会计的是吴序爵，保管员马振生。

我 1972 年当队长，会计仍是吴序爵。分田以后，我调到大队工作（1984 年或 1985 年）。本村分田到户是 80 年。现在队长（即组长）是马德东（42 岁）。

问：分田到户以前，队内干部有变化吗？

答：我当副队长时，还有一个副队长叫马德廷（1967 年当的），我当正队长时，马德廷就下去了。会计没有变。分田以后，精减人员。队长换上马长莱，会计、保管都换了。1978 年保管是马德忠，加上现金保管马世江。1980 年后，只有我和会计两人了。我到大队，又调马德忠当队长。小队长不用会计是 1987 年左右。吴序爵 78 岁去世了，是 1986 年。

问：现在村民小组还有什么干部？

答：一个队长（组长）。二队也是一个队长，三队队长兼大队文书，四队一个队长，五队队长兼大队保管和支委。吴序爵死前新换上他的孙子吴英亮当会计。吴英亮现在是建筑队的。

问：合作化时，你当队长时，工分怎么计算？一天 10 工分，上午、下午各 4 分，早晨 2 分。活重时，可加 1 分或 2 分。也有包工包分的。

问：干部有 2 分补贴吗？

答：有。

【小队拖拉机】

问：有拖拉机的农户大概有多少？都在本队干活？

答：有四五户，这是本小队的。本小队的土地耕种，有些是本队的拖拉机，也有的外村拖拉机到本队农户耕地，一般是亲戚。本队的拖拉机也有到外村干活的。

问：农户拖拉机搞运输吗？

答：主要是耕地、压场。也搞运输，不是主要的，有的占到一半。根据身体条件，年轻身体好，既耕地，又搞运输。

问：请本村和外村拖拉机耕地，一亩地多少钱？

答：本村的 3 元钱一亩，外村的一般 5 元一亩。

问：既然本村的便宜，为什么还请外村的来耕地？

答：主要是有时活忙，同时浇地，急需耕地，本村拖拉机又没有空，为了不误农时，只好雇外村拖拉机。也有这种情况，原来约定好时间耕地，但到时地里很湿，拖拉机下不了地，只好到外地跑运输；等地里干了，本村拖拉机又回不来，不得不向外村找拖拉机。

问：为什么有些户不买拖拉机？是经济困难吗？

答：也不是。有些家没有年轻劳力，开拖拉机的一般都是年轻人，又懂得技术，上年纪的不敢开。也有些家虽有年轻劳力，怕开拖拉机，所以不是家家都有拖拉机。

问：买一台拖拉机要多少钱？

答：光买拖拉机头，要 5000 元左右，买一个拖斗大约要 3000 元。买犁需二三百元，买个收割需 800 多元。

问：买拖拉机有几户合作买的吗？

答：没有，一般都是一家自己买的，个别的有兄弟两个买一台的（前村有）。

问：解放前后是否有合作买牲口的？

答：有，那时贫苦的户，也有合着买牲口的，是少数。一般的也是自己家买牲口，有的 1 头，有的 2 头、3 头，最多的还有 5 头的。合作买的，矛盾很多，使用不方便，喂养也有困难，另外涉及积肥问题，所以农民还是千方百计自己买牲口。现在浇地机器有两家合买的，因为使用时，一家没有办法，另外使用、保管都不会有什么矛盾。拖拉机就不一样了，如合着买的，你的亲戚借去使用了，我的亲戚也可借去使用，保养维修就成了问题，哪怕是兄弟俩，长久也会有矛盾，最好一家自己买、自己用。我们村有一家合买拖拉机的是王子绪家，他和哥哥合买的，他会开，侄子也会开。

【农村帮工】

问：农忙时找人帮忙吗？

答：找人帮忙。

问：找什么样的人帮忙？

答：一般找关系不错的和自己的亲戚。找邻居帮忙的多，管饭。因为邻居有活时，我也去帮忙。

问：找几个人帮，需要多长时间？

答：一般有 1 ~2 人就行，最多两三天。我家农忙时，外村两个女婿来帮忙就行。农村找人帮忙，主要是割麦和盖房，平常不需要帮忙。

问：盖房找什么人帮忙？

答：找邻居、亲戚、朋友等。一般盖 5 间房，需要找 10 人到 20 人帮忙，3 ~5 天时间。现在盖房有了包工队，不需要自己去找人了。只要把料准备好就行，有钱就行。

问：包工队盖房要钱，请人帮忙不付工钱，为什么要找包工队呢？

答：因为找包工队盖房省事。找人帮忙，虽不给工钱，但欠了人情，另外找到亲戚、朋友，有些人也不会瓦工、木工活，所以还是包工好。还有，我们找的人是会干活的，现在都是包工队的，找来帮忙，影响他的收入，我们也不好意思。合作化时找人帮忙盖房的多，只要给小队打个招呼，小队就派工来帮忙，干完活小队还给工分。

问：农忙时有雇短工的？

答：没有，也不需要。主要是地少，家内劳力就够了。

【农村机动田】

问：分田到户后，人口增减怎样调剂？

答：本村土地在分配时，按土质好坏，分成三类，好地、比较好的地、差地，按人口分的。以后人口有增减，由小队长负责调剂。调剂地，只调二等地，矛盾小。这种情况一年一搞，没有矛盾。

问：小队有机动田吗？

答：有，我队有 10 多亩。现在已包给人种。现在是去地的（指老人去世）多，增加的人口少。因为计划生育了，增加的人口少，还有女孩出嫁等，所以暂时没有什么矛盾。

问：机动田承包条件同一般地承包条件一样吗？

答：不一样。按人口承包地，是应该享受的权利，机动田是额外的，你多种的土地。机动田归小队管，但承包费归大队保管。小队也有开支，主要出义务工的补助。

问：小队干部补助由谁管？

答：由小队管。

问：一小队有多少人？土地有多少？

答：有60多户，具体人数不清楚。一人1亩8分地，大概200多人。今后土地会越来越少：一是挖沟占地，二是修公路占地，三是盖房占地，即第三产业，另外果园也占地。

问：土地好坏情况怎样？

答：好地80%，差的只有1%左右。

马长祥（第二次访谈）

时　　间：1993年4月3日上午

【机械调配】

问：本村土地不富裕，村里老房子地基是否准备改为园田呢？

答：老房地基今后还是用于盖房子，因为年轻人结婚后同老人住在一起，不方便。今后是老的也有房，年轻的也有房，不在一起住。

问：昨天我访问时关于一小队干部变动情况有些不清楚的，如吴玉彬是什么时候病的？

答：大约是1969年或1970年。从1969年到1979年我当队长后，一直没有换人。土地承包以后，队长换了，是马德东。我是1984年或1985年调大队工作。

问：拖拉机耕地现在普遍吗？现在牲口耕地的情况还有吗？

答：80%的地，是用拖拉机耕，零碎的、小块的地还是用牲口耕种。小块地用牲口耕方便。

问：大队、小队还有生产工具吗？

答：从1986年以后小队就没有生产工具了，都归农户使用，以后经济发达了，大队也会购置农业机器为农户做有偿服务，这是以后的事。

问：现在大队要买拖拉机，资金没有问题吧？

答：现在要筹集资金，就得各户拿出钱来，群众肯定不愿意，不如自己购置，自己使用。另外就是大队买了拖拉机，还有雇人使用、保养问题，需要报酬，群众也不愿意。总之，现在没有条件。

问：如果大队筹资购买拖拉机，肯定比各户购买资金要少，效益要好，你认为怎样？

答：按目前来说，还是自己有拖拉机好。

【组与组的比较】

问：大队共有5个小组，现在生产情况哪个小组最好？

答：基本情况一样。一队地少些，单产面积比其他队要高些。水利条件一队靠近水源，可以多浇几遍；其他队地多些，离水源远些，水利条件不如一队。人均收入基本一样。

问：农民的平均收入，一队比较高吗？

答：农业收入比较好些。在副业方面也比其他队强，一队靠公路，有蜂窝煤球厂（个体的）。果园承包刚见果，共有50亩小果园。

问：有养鱼的水面吗？

答：没有鱼塘，但有四五十亩水面养也是个体户养的。

【果树】

问：果园和水面的承包费归小队还是大队？

答：归大队管。

问：小队的收入有什么？

答：小队没有收入，各承包户结算是到大队结算。50 亩果园由 20 户承包，一户 2 亩多地。二队果园，平均一人 3 亩多地。

问：农户承包果园是否积极？为什么 60 户的队只有 20 户承包？

答：当时承包，没有竞争，谁先报名，承包给谁。现在看来，有些没承包的农户也想承包了。现在大队想了办法，在村子周围的二等地，每人再种半亩果园。

问：果园的品种是什么？销售渠道怎样？

答：全是苹果。

问：价格怎样？

答：价格很好，红香蕉，一斤 1 元；金元帅 6 角到 6 角 8 分；红富士等晚熟品种卖到 1 元 2 角。销售没有问题，有恩城收购点，也有外地来车拉的。

问：一亩地能收获多少？

答：不能按亩要按树算。有些老树，一棵树能收到 3000 斤果实。

问：这种树，我们村都没有。

答：我们是新树，见到果的，一棵树能收 40 ~50 斤，也就是四五十元了。一亩地能种 20 棵树，就收入千元以上了。老树大树产量高需要 20 多年才行。种新品种的，如果有三五年，每亩地收入可达 3000 元左右。今年 50 多亩果树能有一半见到果。

【果园承包】

问：果园投资大吗？每亩地投入资金多少？

答：投资较大，前三年投资少，种上树，地里仍可以种棉花。现在树大了，不能种棉花了，而且见到果后，需要的肥料要足。只能种些花生或菜。一亩地化肥不多，土杂肥较多。一棵树上 1 公斤化肥就够了。一小车土杂肥上 5 棵树。果树上化肥要特别小心，上不好就烧坏了树。农药一年打两遍，一瓶药 20 多元。一亩地药费百余元。肥料也是百余元。树大了以后，管理成本就高了。肥料是农户自已积肥，所以一亩地果园投资 100 多元即可，不超过 200 元。

问：去年果园农户纯收入有多少？

答：很稀松，因为才见果，收入不高。如果树小时想让它多结果，以后影响树的发展，就不结果了。当前以维树、长树为标准。有条件的树，才让它结果。

问：承包果园以后，影响口粮田和棉花田的农业吗？

答：不影响。

问：每亩果园承包费多少？

答：每亩每年 20 元。

问：合作化时有果园吗？

答：大队有果园，只有 20 亩。占的二队、三队的地。那时大队喂猪、磨豆腐都在果园，积下肥上果树。现在大队果园已承包出去，每年承包费八九千元，每棵树都产百斤以上。

问：种果园需要技术，怎么解决的？

答：以前大队从外地雇技术员，后来县内有教授，每月阴历二十七日来上课指导，培养了两个技术员。现在 50% 的农户能掌握剪枝技术、用什么药等。王崇和是农业技术员。

问：我去年在延安访问时，当地反映果树老化品种不好，影响了果树的发展，本地有这种情况吗？

答：没有，我村都是新的果树，树还小，没有出现这种问题。刚见果，还看不出是丰收还是歉收。

问：一年打几次药？

答：一年打四五次，有“××璜”、“虫敌”等。果树的规律是今年叶子保不住，明年果子也保不住。

问：苹果收购站是什么单位管理的？

答：是恩城管理的，现金收购。有采购站，有供销社，都是公家的。

问：公家采购同个人采购，价格一样吗？

答：基本上一样。个人来的，也是长期有联系的。农户愿意卖给采购站，因为付现钱、稳当。卖个人的，有时拿不到现钱。卖给国家能占80%。最近价格一直很稳定。

问：果园用水量大吗？

答：一年浇两次水，春天一次，挂果时再浇一次，用水量不大。

【生产队间比较】

问：大队土地占有哪个队比较多？

答：三队人均土地要多些，一队是1.8亩，三队超过两亩。但它的地离村远，浇水困难。其他队的地都差不多。

问：人均收入是哪个队差些？

答：基本上一样。各队都有农副业。如五队有木工，其他队也有木工。

问：大队是什么时候重新分的呢？

答：合作化时分的，但是仍照顾到各小队的农户原来的土地。现在包产到户的地，是按合作化小队的地分的，基本上没有打乱。过去合作化时，我队的地比较分散，有插花地。我当队长时，同其他队进行了交换，所以后来地比较集中了。

问：换地时好、坏地怎么换？

答：那时黄河水还没有过来，好坏地矛盾不大，大体好地10亩可换差地12亩，所以也就没有矛盾了。

问：你家承包了几块地？好坏田是怎么分配的？

答：4块地。麦田有6亩；北面棉田有3亩多，在村东；在村西北有2亩8分地，也种棉花和麦地；第四块是果园。公路以北和公路以东，是一等田，是粮田。靠村近，有些沙地是二等田。离村远，有沙地是三等地。我一队人平均1亩8分地，一等田9分，二等田半亩，三等田4分。

【麦田、棉田管理】

问：你去年小麦亩产多少？

答：去年麦子亩产600多斤，玉米700多斤，棉花一般年景四五百斤。

问：粮食卖出去吗？

答：麦子卖一部分，玉米不卖，养牲口用。

问：去年粮食产量是多少？

答：一亩地麦子、玉米加在一起800公斤左右。

问：去年粮食卖出多少？留下口粮多少？留作饲料多少？

答：不好估计。大体上卖给国家一人100斤。我养鸡、养猪、养牲口，所以没有卖粮食，养一批鸡需要五六千斤粮食。我认为卖粮食不如卖鸡、猪赚钱。

问：请介绍一下本村的农业活安排。

答：小麦，3月浇水、追肥；4月又浇水。

问：你家劳力多少？

答：7口人，4个劳力。

问：劳力怎么安排？

答：都下地干活。锄锄麦子，松松土，水来就浇水。两个女劳力主要在麦田干活；两个男劳力在果园干活。麦田追肥也是男劳力的活。3月份，棉田还不需要劳动。4月份棉田需浇水，然后耙一耙。这就是春耕。到4月20日，棉田基本上播种完毕。到阴历四五月时，棉田需要提苗，为麦收做准备。浇完水后，有一段空闲时间。到阴历六月份，农忙开始了。芒种（6月6日）麦子熟了，开始给棉花田管理一遍，喷上药，然后开始收割小麦。前后农忙半个月。

问：需找人帮忙吗？

答：有互相帮忙的，实行换工，不需要雇工。麦收完了，紧接着翻地，播种玉米和其他杂粮。棉花又需要喷药，阴历整个七月很忙，追肥、管理都需要劳力。到了雨季（阴历六月多）就没有活干了，玉米也长出来，除草问题也不大了，叫“挂锄把”了。有些妇女下棉田管理。阴历七月十五见棉花。

问：棉田收了，粮田怎么办？

答：有的放着不管，有的种上麦了。

问：玉米什么时候收割的？

答：芒种以后 100 天，收玉米，是在收棉花之后。也有 80 天的，也有 110 天的。大约在 10 月份。本村也有种白菜的，但不多，供自己吃。

问：养鸡时间怎么安排？

答：占早晚时间喂养。早起饮水、喂饲料，白天也要喂饲料，基本上占一个劳力。我最多养 1100 多只，是肉食鸡，75 天可卖。

问：苹果什么时候摘收？

答：在收玉米以前，阴历八月间。

问：什么时候请拖拉机耕种？

答：一般是秋种，玉米收割以后。

问：春耕需要拖拉机吗？

答：也需要，在浇水后，棉田需要翻耕。

问：去年各户用拖拉机需要多少天？

答：春天，一户用半天就行。夏天有两天就解决，连收麦子带压场。秋天有一天就解决了，一共三四天就够了。

问：你用谁的拖拉机？

答：我一般用小孩的舅舅的拖拉机。

问：各年棉花亩产量多少？

答：1985 年以前棉花产量高，将近 500 多斤。那是品种不一样，产量高，但纤维短，后来又改变品种。以前种的是“792”，后种鲁棉 6 号、12 号等，有两三种没有了。鲁棉 12 号，品种好，“792”产量高，不能出口。

问：去年棉花收效怎样？

答：全家 7 亩地，每亩 400 多斤，1 斤是 1 元多钱。

问：投入化肥多少？

答：一亩地投资百十斤。还投入饼肥，是卖棉花返还的。卖 100 斤棉子，退回来 40 个饼，10 多斤油。

问：农药多少？

答：一亩地就花农药费 50 元左右。

【棉花生产与销售】

问：按去年一亩棉田净收入是多少？

答：从来没有算过工钱，据估计一年一亩的净收入能到 200 余元。

问：和小麦相比怎样？

答：差不多。

问：近来国家棉花收购价格怎样，是高还是低？

答：一级子棉一斤 1.40 元；二级 1.20 元；三级 1.1 元钱。差的 1 斤只有 7 角～8 角，最差的 1 斤 5 角～6 角。平均为 1 元～1 元 1 角。

问：分田到户后，棉花产量最好的年景是哪一年？

答：1984 年最好。

问：为什么？

答：这一年没有灾，引来了黄河水，第一年浇透，效果较好，而且黄河水成本低，风险小，那一年棉花收成好。一样的黄河水，年年浇，后来的产量就不如第一年的高。

问：如果地里再加肥，地是否还有劲？

答：如果增加肥料，成本就高，就会影响收入。1984 年小麦收成也好，亩产达到 1000～1100 斤。

问：今后棉花生产如果能保持稳产高产，

有什么打算？

答：按上级布置的任务完成，1人1亩棉田，也不打算扩大面积了，因为上级定购任务很少了，达到了饱和的情况了。

问：如果棉花增产了，销路有问题吗？

答：现在棉花市场开放，销路没有问题。可以拿到外地卖；也有外地人来本村买的。乡内、恩城都有棉花收购点。

问：附近有棉花市场吗？

答：在夏津有。

问：农户主要到哪儿卖？

答：到恩城收购点，是国家的收购点；少数的也有骑车到夏津市场去卖的。

问：今后村里主要发展、主要方向？

答：一是向果园发展，上级也号召；一是继续抓好粮食生产，有了粮食可以发展家禽；二是利用靠公路的优势，发展第三产业。今年棉花不会有大的发展。公路旁的地，是一小组的，但允许各组来盖房经商。收入的钱归大队，占小队的地准备由大队出面补齐。

问：非农业的发展还有什么打算？

答：有渔场、藕池、编织、木工、运输、加工、经商等。

问：能见到效益的是哪些？

答：渔场去年撒的鱼苗，今年秋天可以看到效益。藕场可以有效益，有人承包，免5年承包费，有4亩多地，一户承包。编织有效益，来得最快。全是户内自己干，和大队没有关系。

问：原料怎么解决？

答：编织原料本地解决不了，主要靠外地的原料，在恩城就可以买到。

问：建筑队有多少人？

答：有20多人，同大队也不发生关系。大队是鼓励兴办各行各业，暂时还收不上钱，如果承包一开始要钱，群众就不想干了。

【土地承包后干部变化】

问：现在的干部同合作化时代的干部相比，有什么样的变化？

答：工作比以前好干，过去干部要领着群众干活。现在家家承包，自己种地，不用干部去管理了。

问：现在大队干部最头疼的问题是什么问题？

答：一是农田水利建设；二是计划生育，比较麻烦些。秋天交公粮，问题不大，粮食收割后，开个群众大会，一天就收上来了。

问：经济上还有什么问题吗？

答：当前大队没有额外收入，要发展，底子薄些。

问：大队干部需要有多少人？

答：支部5人，村委会5人，都身兼好几个职务。支部和大队干部有重复的，脱产干部连小队干部加在一起共13人。工资主要是靠果园来的钱，乡里不负担。

【有无剩余劳力】

问：本村地少人多，是否有剩余劳动力？

答：基本上农民以农业为主，余下时间搞副业。如有些户到外地弄来谷子，加工碾米，然后卖到禹城、齐河一带。有20余户，在农闲时进行。除了收加工费外，还可以赚点糠养猪。也有的搞蜂窝煤厂，送到户里，挣一部分运费。买卖不大，一天也能挣个10多元。如买来的煤是5分、卖出是7分，一天拉两趟，一趟七八百斤，冬天取暖时运煤更忙。春天生意差些。

问：本村外出打工少，是找活难，还是不愿意外出？

答：有外出的，有的投亲戚帮助干事，有的外出搞建筑，也有给外地饭馆帮忙去了。这里冬天也没有闲着的。建筑队没有在县里包过大活，有在旁的地方包活干的。去过天津、山西，都是跟外地建筑队搭伙的，也只有 5 ~6 人。

王会忠（37 岁，大队电工）

时　　间：1993 年 4 月 3 日下午

访 问 者：佐藤宏　张洪祥

场　　所：村委会办公室

【家族】

问：您今年多大年纪？家中有几口人？

答：37 岁。1956 年生。家中有 5 口人，我，我老父亲，还有 3 个小孩，我爱人已经不在了。两个男孩，一个女孩，老大男孩，今年 17 岁，在恩城中学上初中；老二男孩，在王庄上六年级；小的女孩，在家上四年级。我原来姊妹两个，有个姊姊在东北黑龙江绥芬河工作。我一直和老父亲在一起生活。我姊姊 1981 年回来过。1988 年又回来一次。

问：你去过黑龙江吗？

答：去过几次，太远，坐火车三天两夜。

【经历】

问：你上过学吧！后来干什么工作？

答：在本村上过小学，没上过中学，当时正是“文化大革命”期间，我 15 岁去德州，在建筑队干了一年，16 岁回农村老家干编织业，是大队组织的。在大队集体搞编织，我领着 5 个社员干。搞了一年编织，就去东北投奔姊姊，在绥芬河林业局工作，做临时工，在东北干了一年又回来了。18 岁在家务农一年，19 岁就去恩城供销社工作，搞维修电器工作，是自己边学边干的。

问：一月多少工资？

答：一个月 45 元，没有奖金，吃“大锅饭”。

问：这点工资在当时是高还是低的？

答：那时 45 元工资不低。干了两年维修，后来到韩庄供销社搞外勤，即采购。采购肥料、香烟、酒、糖、茶等。韩庄是恩城供销社一个点。

问：干了几年？

答：从 1982 年一直干到 1985 年。

问：采购很远吗？

答：一般在德州地区，不出山东。到过河北省衡水地区。

问：那时工资多少？

答：基本工资 80 元，出差有补助费，一天补助 2 元，出省 3 元。后来大队用柴油机发电，需要电线、安装就把我叫回来了。1985 年回大队当电工了，1986 年就有了高压电，柴油发电就停了。

【电工和农业、副业】

问：大队发电时，你工资怎么解决的？

答：大队发电为社员服务，不赚钱，每户两个灯头，按月收电费，电费用于买柴油。我的报酬大队负责，另外大队还补贴一部分。比过去当采购员工资低多了。

问：那你为什么同意呢？

答：我是后夏寨村的人，大队要我干，我不能不干。另外为社员服务也是应该的。干了一年，虽然柴油机不发电了，但大队的电工一直是我。

问：现在当电工有固定工资吗？归哪儿管？

答：有固定工资，是乡农电站管我们，并发给工资，这是 1986 年 10 月开始的。工资为 60 元，工资标准是根据本村用电量大小而定的。大队没有补助。最近要考核，如果考核通过，又要涨工资了。涨工资 3 年考一次。

问：你还有什么副业？小组给你补助吗？

答：我的副业，大队文书，全村的电是我管。干部奖金一年补助 300 元。我花销大，3 个孩子都上学。我当电工，但地里的活，我不耽误。

问：你承包多少土地？农忙时怎么办？

答：12 亩地，5 口人。今年种了 9 亩麦田，棉田只种了两亩多，因棉田需要时间，我没有太多时间，所以少种棉花。另外承包一部分新果园，有 70 多棵树。今年有可能结果。

问：老父亲还能干活吗？

答：基本上在家，给孩子们做做饭，再养点鸽子。老大、老二星期天帮助干农活。农忙时找亲戚帮忙。

问：找什么样的人帮忙？

答：找孩子的舅舅、表姊等帮忙。另外我堂哥、嫂子也能帮助。

问：用拖拉机时请谁帮忙？

答：我的叔伯弟弟有拖拉机，到时来帮忙。

问：去年你收了多少麦子？

答：4500 多斤。平均每亩 600 多斤。去年没有种玉米，种的大豆，收成不错。种大豆省事，一亩地产 400 多斤。

问：去年卖出多少粮食？

答：没有卖，等新粮食收下了，再卖陈的。现在不需要卖粮，我当电工有零花钱。

问：你家养牲口了吗？

答：去年养了 4 头猪，前几年我爱人在时，每年养 14 头猪。今年不养了，我老父亲老了，干不了。现在家里养了 10 只鸡，下蛋自己吃。养了一些鸽子，到恩城去卖，有收购点。我当时养了 50 多只。

问：鸽子生长期多长？

答：从下蛋到孵化 18 天，从孵化出小鸽到长大卖，只要 40 多天，一般一个月一窝。养鸽比养鸡赚钱，现在一对鸽子 12 ~ 13 元。一只鸽子 6 元。

问：用什么饲料？

答：高粱、麦子、玉米、谷子都行。我老父亲有养鸽子技术。

问：你还有什么技术？

答：电工、养鸽子、修理无线电，电视机也能修。

问：全村有多少彩电？到哪去买？

答：将近一半人家有彩电。黑白的也有一半。买泰山牌的多，到恩城就能买到。

问：你家有牲口吗？

答：没有，没人喂养。

问：你大孩子今后是学技术呢？还是回家帮助你种地？

答：他学习不错，是班内前三四名。如考上继续上学，上大学，他爱好外语。考不上就学点技术。

【小组长】

问：你什么时候当二组的组长？影响生产吗？

答：1986 年的春季。1989 年换届，又选的是我。当组长多少占一些时间，但不影响我生产。

问：小组长干什么活？

答：管生产、选优良品种、推新农业技术，不误农时耕地、追肥、打药等都要动员群众，让大家知道。尤其是来水时，马上组织群众浇地。对老弱者帮助。生活上一般没有困难，不用管。大队布置，如绿化工作。计划生育由妇女主任管。小队机动地有十四五亩，归我管。人口增减，年年搞一次。土地多少基本上平衡。机动地，也承包出去。大体上一亩地承包费 40 余元。这部分钱账在大队，使用权在小队。

问：喷药是否队上组织？

答：每个小队都有两台手摇把机，用机动地的钱，为大家义务喷药。

问： 农忙开始，是队上统一布置干活，还是各户愿怎么干就怎么干？

答： 到了耩麦子的时候，队上开会动员一下，干活还是各户自己安排。为什么要开会？通通信息，有些人有老眼光，往往容易误农时。如种棉花，老办法播种晚，到秋后收成差。现在是播种早，秋天还没有下霜，棉花就白了。

问： 队内统一安排的活是哪些？

答： 军烈属的活，家内没有劳力的，由队上安排。二队有 3 户，由队上义务工去帮忙。

【先进文明村】

问： 调解工作，由谁管？都有些什么纠纷？

答： 因为我工作忙，有需要调解的事归大队管。最近几年村内没有发生什么纠纷。本村是先进文明村，闹大街的、婆媳不和的等，基本上没有。土地承包后，在土地问题上、引水问题上都没有发生纠纷。

【土地条件、副业】

问： 全村哪个小组土地条件较好？副业怎样？

答： 二组土地较差，有些碱。四组的土地比较好。二组土地种棉花还可以。三组土地条件差不多。水利条件，一组最好，上游；四组、五组较远，下游，但也能浇上水。

问： 副业哪个小组比较好？

答： 一、二小组离公路近，建立了商业、服务业网点；三、四、五小组离公路远，也由大队统一安排在公路边建立副业网点。

问： 二组有什么副业？

答： 有建筑队、有编织、磨坊（我家的）、卖蜂窝煤、木匠做家具等。编织最普遍，家家都做。

问： 有没有编好的拿到恩城集上去卖？

答： 也有，不过村内就有收购站。编织供外贸，直接供天津外贸。

问： 5 个小组，按生活水平来说，哪个小组要好些？

答： 全村持平。家家吃细粮，油吃不了，地里都有蔬菜。

问： 你家有土地承包合同书吗？

答： 有，在大队保存，在文书那里。

【村发展规划】

问： 你对本村经济发展有什么打算？

答： 第一，发展果园，今年二小组又拿出靠公路边上 20 亩地，种上树苗，第一年不影响种棉花，管理好 3 年结果，地再不能种粮食了。粮食群众够吃，尽量用粮田的差地种果树，增加农户收入。棉花要选优良品种，提高亩产量，不发展不行。另外我队木匠多，组织起来，把木匠、瓦匠组织起来，搞建筑。

问： 队内有机井吗？

答： 有，小组的，有 3 眼井。大旱之年，黄河水来不到，就动用机井，保证旱年也能收到庄稼。

问： 其他组有没有机井？

答： 也有机井。一组 4 眼井，三组 4 眼，去年打了两眼。机井都是 30 多米。四组去年也添两眼井，原来也有。五组也有井。机井管理，在谁地里，由谁管理，顶 3 个义务工。有黄河水时，不用机井。

问： 机井维修费由谁负责？

答： 由小组负责。

问： 修一个机井，投资多少钱？

答： 500 多元。

问： 为什么这么少的钱？

答： 因为井小，用的塑料管，大队架子不算工钱，工钱也不管。

问： 在副业方面，小组有什么打算？

答：主要组织剩余劳动力，搞建筑队，或到窑地干活等，不搞大规模的工副业。现在剩余劳动不多。

问：发展果园后，剩余劳力是否多了？

答：没有剩余，因为既要搞好农业，又要管好果树，都有事干。

问：大队养鸽户多吗？

答：从去年才发展，大队养鸽的还不多，有几户，数量比我多。我现有 50 只，准备到 5 月份发展到 200 只。

问：占地方吗？

答：不占地方。二队有 3 户。

问：技术怎么学的？

答：买来书学习就会了。现在还动员养鸽。

问：小组种菜有兴趣吗？

答：种菜费劲不小，离城市远，不合算。

问：有养鱼的，离城市远卖不出去怎么办？

答：鱼和菜不同，鱼在池塘，什么时候卖，才把鱼打捞上来，不会浪费。而蔬菜下来后，卖不出，就浪费了。

问：养的什么鸽子？一对多少价钱。

答：肉用鸽。因为信鸽不好培养，养得少。信鸽一对，80 ~ 100 元；肉用鸽一对 10 ~ 12 元。大的肉食鸽，一对 5 斤多重，价格是 50 ~ 70 元。

【安全用电】

问：电工的主要职责是什么？

答：大忙季节要保证用电安全。雨季到各户检查。平时也要到各户检查。大忙季节，还要负责安装场上用灯、路灯等。

问：本村有几个电工？安全宣传谁负责？

答：两个电工，一个出车祸养病，现在就我一个。用电安全宣传支部有专人负责。

问：过去在供销社工作时，是否打算买车自己干？

答：有这个打算。但有困难，我家老的老，小的小，走不开，不如在村里干活。

问：你当组长以前，谁是二队队长？

答：是我父亲王维章，从“文化大革命”以前一直干到 1986 年，因为老了不干了。

王维臣（47 岁）

时　　间：1993 年 4 月 4 日上午

访 问 者：佐藤宏　张洪祥

场　　所：王维臣家

【家族】

问：您父亲、母亲叫什么名字？多大年纪？

答：父亲叫王金堂，今年 80 岁；母亲叫魏嫦娥，68 岁，原是前夏寨村人。前夏寨同后夏寨原是两村，是隔开的，前夏寨村有个围子，围子外面有后夏寨的地。后来后夏寨在这块地上盖房子，所以两村都连上了。

问：你家现在有几口人？

答：有 6 口人。我爱人、3 个小孩，2 个女孩，1 个男孩。大女 21 岁，在村内务农；二女 18 岁，不上学了，在村内务农；男孩 14 岁，在王庄念初中。老父亲去世了，还有个老母亲，共 6 口人。

问：你上过学吗？后来干什么？

答：上过小学，父亲去世后就不上了，在家种地。我是四队的。十四五岁就不上学了，大约在经济困难时期我就不上学了。我今年 47 岁。

问：本村闹水灾时还记得吗？

答：大约是 1960 年秋闹水灾，家庭困难，父亲累死了，母亲带着我们度荒。我是老大，有个弟弟叫王文奎，在一队。

【“土改”时成分】

问：解放前家有多少地？什么成分？

答：有 15 亩地，定为中农。喂了一头牛。家里生活一般，过得去。因为地里产量太低，一亩地有 10 斤是好的，现在一亩地可打六七百斤。

问：“土改”时家有几口人？后来父亲当干部吗？

答：有 3 口人。我父亲一直务农，没有当过干部。我也一直务农，什么干部也没有当过。

【干部】

问：四队队长是谁？合作化时干部是怎样选出来的？

答：王会兴。在这以前是王子绪，当了两年。王会兴已当了七八年。合作化时，队长换了很多人，时间长的是王志远。“土改”时干部是上级推荐的；到合作化后期，干部是选举产生的。以无记名投票方式选举。有时随便选，谁票多，谁当队长。有时也有候选人，从候选人中选出来。

问：一年一选吗？

答：不，有时两三年一选，搞得好，继续干；搞不好，就下来。

问：队长好坏以什么标准？

答：主要看队内生产是否搞好，是否能解决老百姓的吃饭问题。

【水井】

问：合作化时生产哪个队搞得好？

答：一队搞得好。

问：为什么？

答：一队土质好，有黑土。土地差些的是三队。那时没有黄河水，那个队的水利条件也不好，只有几眼井。天旱时，机井水也不解决问题，井水是阴水，不见庄稼长，不像黄河水，是“阳水”，一浇就长。

问：四队机井是什么时候打的？

答：是合作化时打的，现在一般不用了。旧社会完全是靠天吃饭。

【农业经营】

问：本村有些什么农作物？

答：小麦、玉米、棉花、谷子、花生、黄豆等，解放前就种棉花，产量低。公社化时棉花亩产也只有二三十斤。现在一般亩产平均 500 多斤。棉花要看品种。有“鲁棉 6”、“792”等，种得多的是“鲁棉 6”，在“792”以前就引进了，在 1979 年到 1986 年间。现在又换品种了。

问：你家种的什么品种？

答：种的“鲁棉 6”。

问：“鲁棉 6”是否淘汰了？

答：是的，现在很多种上“中棉 12”，我只有“鲁棉 6”种子，所以继续使用。“792”纤维长，棉好，但种子不够。

问：“792”种子为什么不够？

答：说不好。过去我也有这个种子，后来卖了，再想种，没有这个种子了。种子都是自己家留的。

问：去年你种的棉花收成怎样？

答：去年闹虫灾，棉花收成不好。

问：恩城集上有卖的好种子，你为什么不去买？

答：不敢买，有些是假的，不保险。种子公司又没有供应。

问：种棉国家有什么优惠？价格怎样？

答：主要是供应一些肥料。“792”白，能卖好价钱。子棉 1 元左右一斤。“鲁棉 6”只能卖到 7 角钱。如果加上油、饼，折合达到 1.4～1.5 元。卖给市场，也是 1.4～1.5 元，但没有油和饼，也不供化肥，所以差不多，不如卖给国家。

问：四队中种“792”和“鲁棉6”比例是多少？

答：种“鲁棉6”的多。看各家有什么种子，就种什么棉。种麦子和种棉花相比，种棉花费工，管理也费工。投肥差不多。

问：你家承包多少地？麦田有多少？有什么副业？

答：14亩地，麦田、棉田各占一半。果树小，还没有结果。我主要种地，没搞副业。家内搞些编织，两个女孩编织，供外贸出口。以前我参加过建筑队，现在盖房的少，不干了。养了几头牲口，有两头大的，两头小的。有时还养两头猪。一头猪养一年能卖到200元钱。

问：编织收入多少？

答：有限，农闲时才干，挣几个零花钱。

问：农忙时找人帮忙吗？

答：找亲戚帮忙。

问：你保存有土地承包合同书吗？

答：一张纸，多少年了，找不到了。

【棉田】

问：什么时候种棉花？

答：还得一个节气，大约阴历五月份。现在可以翻地、浇水了。种上去半个月出苗，接着间苗，很费工。等出来小叶时，就施化肥，底肥在翻地时就上了。夏天锄草，还得施肥。末期还得施一次化肥。打农药是在麦收以前，往叶子上打。一亩地药费是1元左右。过麦后，叶子大了还得打农药，农药用的也多。

问：去年虫灾面积大吗？投资多少？

答：虫灾面积比较大，周围有10里地。去年一亩地，打农药投资约200元钱。化肥每亩100元，水费每亩20多元。种棉花年景好，能挣些钱，年景不好，就赔钱了。越没有钱，地里越长虫子。

问：有什么样的虫子？

答：棉铃虫。第一代在麦子上，过麦后是第二代，这种虫子很厉害，棉蚜虫主要是吃叶子，打上药就死了，而棉铃虫较顽固，喷一次过后，很多又长出来了。

问：棉田上保险了吗？

答：队上上过保险，户内不懂得上保险，所以也没有拿过保险费。

【棉花生产】

问：棉花生产最好年景是哪年？

答：1980年最好，1984年也不错。那几年没有什么虫子。最近几年虫子多了，什么原因不知道。虫子到了第三、第四代，秋收完了一般情况过冬就冻死了。根治虫子，上面也没有办法，只好靠几家人家一起商量，总结治虫的经验。乡内有个技术站，到时也告诉大家“虫子下来了，赶紧喷药”，但是大家乱喷一气，还是解决不了问题。有的虫子钻到地里、根上，喷不到。

问：种棉花是否合算？去年棉花有指标吗？

答：灾年不合算，但不种也不行，还有指标，另外棉花还是可以卖出个好价钱。去年每人种一亩棉花。

【农业工具】

问：现在耕地用拖拉机，养牲口还有什么用？

答：往地里送肥，运点东西方便些。饲料家里不够，还需买点玉米秆、麦秆等。

问：现在有合着买拖拉机和牲口的吗？

答：没有，要买都是自己买。

问：你用过双铧犁吗？

答：用过，现在没有了。

问：什么时候进来的？

答：合作化时我就用过，效果很好，两个牲口拉不动。生产队时有好几台。个人承包后，双铧犁就没有了。我现在有单铧犁。

【未来经营】

问：你养鸽子吗？

答：没有养，我没有这方面爱好。

问：你今后想扩大什么种植面积？

答：如果麦田没有虫子，就扩大棉田，我留下一块地，看情况。种果园也要看形势，现在果树太多了，今后果子下来多了，销售也是问题，扩大不扩大，我还要考虑考虑。我胆小。种其他果树，不如苹果好。

问：你家生活水平在四队中怎样？

答：中等，一般。

问：你男孩长大了希望他干什么？

答：希望学门手艺，有个好奔头。考不好，就回来种地，他也不埋怨。考好了，出去工作更好。

问：我想看看生产工具，可以吗？

答：可以。

王鸣凤

时　　间：1993 年 4 月 5 日上午

访 问 者：佐藤宏　张洪祥

场　　所：王鸣凤经营的饭馆

【家族】

问：你家有几口人？都叫什么名字？

答：有 10 口人，老伴叫赵桂蓉，53 岁，老家在烟台，本乡的，离这儿 3 公里。

问：怎么认识的？

答：是亲戚介绍的。我父亲叫王会远，76 岁，一直务农。母亲已去世了。有两个男孩，3 个女孩。大儿王俊祥，26 岁；二儿王忠祥，23 岁，开车。大儿子承包饭店。大女儿王秀芝，嫁到陈营去了。二女嫁到恩城的赵庄。三女在家干活，21 岁，会编织。这个饭店是大儿子的，我是搞木材买卖。大儿 3 口人，二儿 3 口人，加上我们 4 口，共 10 人。

问：孩子们都分家过了吗？

答：大儿和二儿都分家另过了。

问：你承包的土地是几个人的？

答：承包的是 10 口人的地，三家地在一起，我们家比较团结，地靠地，耕种、收割、浇水都很方便。

【跑运输】

问：二儿开的什么车？

答：解放牌大卡车，在德州地区运输公司搞承包。

问：怎么承包的？

答：同运输公司一名职工共同承包的，车是运输公司的。活较多，承包费已挣出来了。

问：怎么认识的？亲戚吗？

答：不是亲戚，我这里是饭馆，他开车常来，就这样认识了。

问：你儿子怎么学的开车。

答：就跟这个师傅学的开车，现在也能开了。

【承包饭馆】

问：俊祥什么时候承包饭店的？

答：去年 5 月 25 日。

问：二儿子承包条件是哪些内容？

答：每月这辆车给公司 3800 元，维修、汽油自己负责。

问：承包费高吧？

答：一般的都是这样，不算高。还有向公司交了 16020 元押金，干满 6 年，这辆车归承包人。

问：这辆车质量怎样？6 年后还能用吗？

答：车子有七成新，保养好。6 年后还能用。

问：运输什么货物？公司有货场，什么货物都运，大部分是运木材。主要在德州地区跑运输，最远到过郑州拉的耐火砖。

问：每天回家吗？

答：不回家，住在公司。

问：上保险吗？

答：上保险，多少钱不知道。他是今年刚开车，原来念书种地，上过中学。

答：饭馆情况怎样？投资多少？

问：去年开的，投资只有几千元。房子是乡内的，由我家承包。买冰柜花了 2000 多元，其他是桌子、板凳、煤气罐。

问：承包条件是什么？

答：每年给乡内 2700 元钱，和大队没有关系。规定 3 年不变。另外一年要上缴 200 多元税金，开始有些照顾，少上税，现在按正常上税，以后按月上税，30～40 元税金。还要给工商管理费，有限。电费也有限，每月 1 元多钱。煤气今年才买来，有电没有用。用电比较便宜，用煤气不方便，一罐 25 元，到德州去换。灶上用无烟煤，一吨 200 元，每月用的也不多。现在修公路，营业受到一些影响。

问：卫生部门来检查吗？

答：有卫生管理，常来检查，乡内管。每次大约交 100 元，一年一次卫生工作，我们自己也很重视。

问：忙时雇人吗？

答：不雇人，炒菜由俊祥负责，其他活，家里人帮忙。俊祥原来是恩城供销社饭馆师傅，有炒菜手艺。

答：投资的经费是怎么解决的？

问：自己解决的，不用贷款，也没有借款。酒、饮料是赊来的，卖完返钱。

答：你儿子开店前做什么工作？

问：在恩城供销社炒菜，干了 10 年。他上过小学，没念中学，就到恩城学徒去了。在供销社的工资一月 100 多元，考上了二级厨师。是德州地区批准的。考上二级是 1989 年。

问：二级标准是什么？

答：主要看你会做多少菜，合格不合格，由著名师傅检查考核。

问：去年每月营业额有多少？

答：去年把本钱赚回来了，4000 多元。今年超过去年也不会太多，因为修公路有影响。

问：今后饭馆是否要扩大营业范围？

答：如果要扩大，可以增加旅馆部分，我后面地方可以盖房子，但要看今年秋天的营业情况而定，客源多，我申请扩大。如果要扩大，要得到乡内批准才行。

问：这块地方什么时候划给乡内的？

答：是 1985 年建白灰窑厂时，1987 年乡内盖了这个饭店，去年我们承包了。

问：乡内占有大队的地，大队是否有意见？

答：这块地最早是大队的，后来乡内决定要占地办工业。大队虽有意见，没有用。现在大队还在交涉，准备要收回，得慢慢交涉。

问：如果不是本村人来承包，可以吗？

答：可以，因为目前这块地皮还属乡内、所以只要是本乡人就可以。

问：你是怎么联系承包的呢？

答：我首先找大队主任说了，大队同意。然后我找乡内负责人申请，当时这里住着乡的负责人，一谈就同意了，签订了承包合同，这归乡内工交办公室管。每年到年底结账，整个院落在内，一年 2700 元，不贵。

问：这块地有多少地？

答：有 10 多亩地。

问：有多少人家在这里开店？

答：有 4 户。我们包了两片，我儿子包的饭店拿 1600 元，我包的后面两间房，搞大材买卖，拿 1100 元。北头有个蜂窝煤厂，那是大队的，收入归大队。还有一户开店的，是前夏寨村的，和乡内也没有关系。就我这两户是乡内的财产。

问：农忙时，农业受影响吗？

答：不影响，农忙时，店内留一人，其他人都下地干活。农忙时不需要雇工，自己自力更生就把活干了。棉田种 10 多亩，麦田 10 多亩，没有包果园。从产量来看，最近几年粮食亩产 800 多斤，差的 600 多斤。棉花好年景 500 斤，去年闹虫灾，没达到。我有工副业，可以支援农业，多上肥料和农药，所以粮食、棉花收入不少。

问：养牲口吗？地里活以你为主吗？

答：养了一头牛二头猪。地里活以家属为主。

【贩卖木材】

问：你办木材，都卖给谁？从哪儿运来的？

答：卖给盖房子的，有本村的，也有外村的。木材都是从内蒙古林业局运来的，从大兴安岭，我自己去采购。这些木材，从东北直接运到德州，然后我雇汽车运来。

问：你一年去几趟东北？

答：今年还没有去，去年去了一趟，在内蒙古雅克什过去，靠海拉尔、满洲里了。

问：那里有亲戚了吗？

答：因为那是林区，找当地销售科就办妥了。

问：你怎么想到做木材生意呢？

答：因为承包后，农民生活富余了，都盖新房，需要木材，所以我给大家办点事，去东北采购。我也是为了挣点钱。

问：过去有人去雅克什采购木材吗？

答：本村没有，外村有。这个地方叫乌尔旗罕，小地方，木材有的是。我带着介绍信，带着公章，到销售科订合同。订了合同，回来寄钱去，我就没有事了，车皮由人家负责，等木材一到德州，我就去拉。

问：去年给你批了多少？

答：去年不多，批了 150 多立方米。

问：在东北产地买一立方米木材多少钱？

答：我去年买的差些，一立方米 140 元，运费约 100 元，德州到本村再加 50 元运费，加税金 30 元，共 320 元。这是一立方米的成本。

问：卖价多少？

答：卖价只能卖到 355 元，平均价，最好的卖到 500 元。一年就销完了。木材很好销，采购辛苦点，我都是一个人去东北。

问：卖木材上什么税？

答：到乡内上税，卖价里已经有税。

问：采购木材，能否到就近的地方？

答：最近的就是内蒙古，别的地方没有。另外，那地方价格便宜。

问：你是怎么认识销售科的？

答：通过业务上往来认识的，我是 1988 年第一次去的，一般需要两三个月才能运来。因为报计划一月一次，过了报计划的日子，就得等到下个月。

问：几个人干这个事？

答：我一人采购，一人组织销售，卖完了，就到东北再采购。

问：你还想扩大营业吗？

答：不想扩大了，因为使用木材的少了，盖新房的已经少了，前几年都盖了；打家具用木材的也少了，现在都用三合板、胶合板等。买来卖不出去，就积压资金了。不管怎样，一年还得去一趟，搞上两车，百十立方米。挣几个钱，投到农业上。

问：合作化时你做过买卖吗？

答：没有，那时也不准做小买卖。

问：你父亲做过买卖？

答：也没有做过。我做生意是逼出来的，孩子多，花钱多，所以就想着做木材生意，去挣几个钱。

问：你会看木材质量吗？

答：在林业局加工厂，人家把好坏木头都分开了，分质论价，你去一看就明白了。一般盖房的大梁，都是从东北采购来的。好木材是红松，再则是樟松、椴杨。我去年买的是落叶松。

问：来买木材的都是本地人吗？

答：大部分是外村人。最远的有 40 ~ 50 里地来买的，我靠公路，运输方便。有外乡人来买，甚至有夏津的人来买。

问：有固定的客户吗？

答：没有固定的，有货就卖。

问：本乡有多少人做木材生意？

答：没有几户，周围几个村，就我搞木材。县内、乡内都没有木材市场，都是小规模的零售。

问：你今后有什么打算？

答：我还干我的木材生意，不想改行了。干别的行业也不容易，竞争厉害。但木材多了怕卖不了，一是盖房的少了，二是家具也不是年年换。但是一年卖 100 多立方米的木材也就够了。

问：在公路旁本村有蜂窝煤厂，还有什么企业？

答：还有一个买机器配件的商店，主要卖农具配件，承包人是徐秀芝，是一队的。她爱人是马德顺。蜂窝煤厂是马凤鸣承包的。

问：饭馆营业时间怎样？

答：没有准时间，早上 8 点就开门，晚上干到 10 点，中午最忙。

王子绪

时　　间：1993 年 4 月 5 日下午

访 问 者：佐藤宏　张洪祥

场　　所：王子绪家

【农业技术员】

问：你今年多大年纪？现在村内农业技术员是谁？

答：43 岁。现在农业技术员叫王崇河，当了 2 年了。

问：你管过农业技术吗？以前是谁管的？

答：我管过四五年。1985 年我管的，在这以前是李令春管的。他当了 10 多年。

问：过去村内有正式的技术员吗？

答：没有，我也不是正式的，王崇河是正式的农业技术员。乡内有科学技术站，小队没有。我兼技术员时，乡内环没有科技站，但有管技术的干部，有 3 个人，一个是国家干部，两个是兼职的。

问：合作化时有技术员吗？

答：没有。

问：农业技术员主要职责是什么？

答：推广先进技术，改革生产工具，如推广小麦播种的耧，技术员先到乡内学习，如何使用，然后回来推广。又如给棉花喷药，什么时候喷、喷多大浓度，都是技术员负责。

问：王崇河管果树吗？管农业效果如何？

答：也管，乡里每月开一次训练班，他去学习。农业上的事他都管，效果不错。

问：王崇河的工资谁负责？

答：由片里负责。片，就是乡下面的管区。本片管 11 个村。本乡 4 个片。这个片从人民公社以后才有的，便于领导。

问：片的经费怎么解决？

答： 如水费、电费等收入，工人工资从这里出，农业技术员，每月片里补助 30 元。不是天天上班，片内有会就去，没事就在村里劳动，不影响生产。

问： 水利设备由谁管？片内有电工吗？

答： 由片里管，大型设备有乡内投资。片内有机电站，有站长、会计和 4 个工人。他们光管扬水站的，各村电由各村电工管。

问： 片里干部由谁任命？

答： 片里主要干部，由乡里任命；扬水站站长、会计等由片里任命。

问： 现在片长是本乡人吧！片设在什么村？

答： 外地人，是恩城人。片设在梁庄，离本村 3 里地，离马颊疏河近。片长是国家干部，扬水站站长不是国家干部。

【农业科技站】

问： 乡科技站怎样推广新品种？

答： 有了新品种，乡科技站统一购买，然后各村去买。

问： 现在村里棉花主要品种，是否"792"？

答： 不是"792"了，是"中棉 12"。不止一种，有"鲁棉 6 号"、"中三 75"等。

问： 使用面积大的是哪种品种？

答： 是"中三 75"，其次是"中棉 12"。"鲁棉 6"使用面积不大，"中棉 12"也不大，产量不低，是春天播种的。"中三 75"，是割了麦子夏天播种的，称"夏播棉"。"鲁棉 6"是"夏播棉"，产量 400 多斤；"中三 75"产量 500 多斤。

问： 抗病虫害的是哪种品种？

答： "中棉 12"抗虫灾强。

问： 最好的品种是什么？农村有没有到市场买种子？

答： "中棉 12"。上市买种子的没有，太杂，不保险。一般都上供应站去买。

问： "中棉 12"能买到吗？

答： 能买到，一斤 1 元钱。一般不用买，家家都有种子，好品种，各家都保存着。玉米种一年换一次种，不能连续种，不换就产量低。

问： 玉米种，农民到技术站买和到市场中占比例多少？

答： 农民从市场买来约占 1/4，其他是科技站的。价格市场上要贵些。

问： 有人想买棉花新品种科技站没有？是这样吗？

答： 他没有找到地方，有时本乡科技站没有，其他乡科技站有，多跑些地方就能买到。

问： 有人愿种"鲁棉 6"，是否产量高？

答： 不是，产量高低在于管理，有人会管"鲁棉 6"，有人会管"中三 75"，是习惯问题。管理好达到四五百斤，管理不好的一二百斤。去年闹虫灾，哪个品种都受到影响，甚至玉米、谷子也遭到虫害。

问： 虫灾有周期性吗？什么原因？

答： 从我记事，还没有见过去年虫害那么严重。打药都不行，最后动员人工去捡虫子。据科技部门分析，虫灾同气候有关系。前年冬天，气温高，害虫冻不死，藏在地里。结果春天虫子就多了。

问： 提供农药是科技站管吗？

答： 科技站也管。村里科技队也管。农户可以统一买，也可以自己到恩城生产门市部买。农药必须通过正式部门买。

【化肥、农药】

问： 科技站管化肥吗？

答： 也管。化肥大队管的占一半，农药大队管的占 2/3。化肥、农药，大队买和个人买，质量一样，价钱也差不多。化肥是本县化肥厂的产品。还有德州的尿素和碳酸氢铵。

问：有进口肥料吗？

答：有苏联的、美国的、日本的，最多是日本化肥，价格略高一些。本县化肥厂在公社时就投产了。

问：过去化肥供应是否紧张、买不到？

答：这种情况过去有，现在没有了。什么时候想买，都有。每年农忙前，化肥、农药上级就预备好了。1972 年、1973 年时化肥紧张。当时山东就一个鲁南化肥厂，现在各县都有。

问：1972 年、1973 年本村是怎样解决肥料呢？

答：发动群众，多积“土杂肥”，即农家肥。秋天把杂产草和粪肥掺一起，加土封好，加水发酵，使高温积肥，效果不错。小麦上肥，在浇水以前撒化肥，浇完水就不管了，一直到麦收。

【棉花品种】

问：棉花品种是怎么演变的？

答：最老的品种是“鲁棉 1”，早淘汰了。人民公社时棉花品种没有名称。有名称是“鲁棉 1”、“792”。“鲁棉 1”是 1975 年引进的，“792”是 1979 年引进的，然后是“鲁棉 6”，是 1983～1984 年间。“792”在 3 年前就没有了，“中三 75”在 1989 年就有了。“鲁棉 6”也很少。最新的是“中棉 12”，是 1991 年统一购进的。“鲁棉 1”在 1985 年全没有了。

问：更换品种是怎样安排的？

答：县里提倡，乡内统一更换。

问：1975 年以前的品种是否与解放前的品种一样？

答：不一样，解放前品种产量特别低，棉子大，皮棉少。公社时棉花种植面积小，三中全会以后，号召扩大种棉，口号是“要发家，种棉花”，家家都种。鲁北地区近年来翻身就翻在棉花上。

【棉花生产】

问：棉花生产最近几年怎样？

答：1984 年最好，近几年也行，产量不低，但成本高了。化肥、农药价格都高。

问：是否会影响棉花生产？

答：不影响，因为卖棉花价格也高了。粮食价格太低，所以卖粮少。棉花是户内主要经济来源。

问：这里有织土布的吗？

答：不织土布了，没有时间。过去有，个人纺线，个人织布。现在国家纺织发达，花色品种也多。

问：本村有双铧犁吗？效果怎样？

答：在那个时候效果不错，一个人干两个人的活，一张犁顶两张犁用。

问：本村还有双铧犁吗？

答：没有原样的了，都改了，我有一张双铧犁，已改成拖拉机使用了，请农具厂改的。

【土地调整】

问：土地调整情况怎样？

答：村内土地，1987 年大队布置，小队统一调整，把地划为一、二、三等，分成若干地段，编成号，然后大家“抓阄儿”，抓到哪块地，就承包哪块地，公平合理，干部、群众一样，这次调整的特点，由零碎划为集中，便于灌溉和管理。

问：调整前每户有几块地？

答：有 6 块地，现在除了果园外，只有 2 块地。

问：调整中有矛盾吗？

答：既顾全大局，又对个人有好处，没有矛盾。在冬天进行的。进行 10 天就完成了。三队机动田在前夏寨后面，约二三十亩。

问：大队鱼塘有多少亩？

答：有 10 亩。

问：四、五队机动田在哪一块？

答：四、五队没有机动田。一队机动田在公路东。

问：公社时，本村有几个队？

答：东头一个大队（即一、二小组），西头一个大队（即三、四、五小组），共两个大队。

问：什么时候有一排、二排？

答：在公社化以前有，具体情况不清楚。排是按居民住处划分的，可能是“大跃进”的连、排。

马光福（26 岁）

时　　间：1993 年 4 月 6 日上午

访 问 者：佐藤宏　张洪祥

场　　所：马光福家

【家族】

问：您叫什么名字？今年多大年纪？

答：马光福，今年 26 岁，1968 年生。

问：你爱人叫什么名字？干什么工作？

答：王艳红，搞农业，会编织。

问：你父亲干什么活？

答：年龄大了，不干活了。

问：你上过学？以后干什么工作？

答：上过小学。在老学校旧址上的，中学没有考上，后来就在本村干农业活。13 岁小学毕业。

【农村建筑队】

问：你到外地工作过吗？你是哪个小队的？承包多少地？

答：一直在本村干活，我是二小队的，家内 4 口人，承包 8 亩来地。

问：有牲口吗？

答：有一头牛，没有拖拉机。

问：你有什么副业？

答：我是瓦工，搞建筑的。在本村干活，也到别的村干活。

问：去年投入瓦工多少天？是在哪儿干的多？

答：约 5 个月时间，或 4 个月，主要是农闲期间。60% 在本村干瓦工，40% 到外村干活。我参加本村建筑队。

问：建筑队有多少人？工资怎么结算？

答：有 17 人，负责人王会民，58 岁，1985 年建立的。修建学校时，有了建筑队。

问：同大队承包合同内容是什么？

答：大队准备了一套工具，具体的由工头承包。主要为本村服务，农闲时也可包外村活，不向大队交钱。队内有壮工，管拌灰、运砖等粗活；有技工、瓦匠、木匠等，我是技术工。工资是盖一幢房，承包多少钱，然后由工头按壮工、技工和出勤天数计算，分发给大家。技工 9 人，其他是壮工。瓦工主要是垒砖、抹地面。

问：技工有等级吗？

答：没有，是民办的，本村建筑队的技术水平，一般还可以。

问：你是怎么学到技术的？

答：小学上完后，被建筑队叫去干活，边干边学会的。学习了一年就会了。

问：盖 5 间房需要多少钱？

答：连工带料 2 万多元。建筑材料费，差一些的，5 间 5000 元的也有。

问：在日本盖一幢房需要 30 万人民币左右。

答：建筑队工资较便宜，5 间房工钱 900 元左右，有时一间为 150 元。盖一次房，我能拿到 100 元左右。

问：到外村干活工资多少？

答：外村工资高，上面说的外村工资标准，本村一间房少收50元，本村应该便宜的。这种建筑队，本乡有几个，不是村村有，大约有七八个。

问：去年去外村干活吗？

答：去了，到徐庄、东烟台、鲁房乡等干过活。最远地方有25华里。

问：建筑队主要任务是什么？活是怎么联系的？

答：主要盖农村民房，没有承包过其他建筑，在本村修过桥。

问：今后能承包大的建筑吗？

答：不能，没有大型工具，技术条件也不具备，本乡、本村都比较熟悉，谁家要盖房子，就主动来联系，一般不需要跑外面去联系。

问：为什么选王会民为承包人？

答：他有技术，也会管理，组织施工。在合作化时，他就在乡内负责搞建筑，有基础。他最早在济南汽车制造厂工作过，他跟姨父学的瓦匠活，水平比较高。

【拖拉机】

问：你家有拖拉机吗？

答：同大舅子合买了一台拖拉机，他叫刘继清，是本村三小组的。机器由他管理，12马力，是德州产的，价格是5100多元。后面的挂斗是3000多元，收割机1200多元，还有犁300多元。1989年秋买的。

问：资金怎么解决的？

答：他出资70%，我出了30%，因为我家人口少。这些钱是当时两家拿的，没有去借款。

问：两家合买拖拉机，使用时怎么安排？

答：他地多，使用多，我地少，使用少，因为是亲戚，没有发生过矛盾。

问：其他户要使用怎么办？

答：本村人找上门要耕地的很多，统一安排，按标准收费，耕一亩地6元。

问：用的柴油贵吗？

答：一公升1元1角5分供农用。供应的到乡内农机站买。买高价的达到1元4角到1元8角，在恩城有。我是大多都用供应油，能占80%。

问：你家种棉花用的什么种子？

答：用的“中三79”。种子一般不需要买，自己家里每年都留种子，不足，就到乡内供应站买。更换新品种时，由大队统一购种。

问：你今后还打算搞别的副业吗？

答：没有打算，我农业和建筑都很忙，有空时还要开拖拉机耕地，没有时间再搞副业了。

问：我想看看农具，行吗？

答：可以，我去拿去！

王崇河（30岁）

时　　间：1993年4月6日下午

访 问 者：佐藤宏、张洪祥

场　　所：王崇河家

【家族】

问：您家几口人？您今年多大年纪？

答：4口人，我，我爱人，另外有两个男孩。我今年30岁，属龙，大孩6岁，小的1岁。

问：你爱人叫什么名字？老家在哪？

答：李贵珍，26岁，老家在王果铺，约20华里，是外乡的。

问：怎么认识的？

答：通过介绍。

问：你承包多少地？

答：粮田 3 亩多，棉田 3 亩多。

问：有果园吗？

答：有果园，不在数。

问：见果了吗？

答：已经结果，很少，有 1 亩半地。

【学校】

问：你什么时候上的学，什么时候中学毕业？

答：9 岁上小学，在陈屯上的中学，18 岁上的高中，即职业中专，是县内办的。上了 3 年，专业是农种，即农业技术。21 岁毕业回本村种地。去年又考上全国农业函授大学，学习果林专业。

问：经过考试了吗？

答：经考试录取的。这是全国性的学校，有时县里来人讲课，有时省里来人讲课。学习不脱离生产，省内三个月来一次讲课，县内一个月一次，一次讲一天。现在才开课两次，是县内来讲的，在乡内听课，有 100 多人。

【农业函授大学】

问：你有函授大学证明吗？考的什么内容？

答：县内叫光听课，学生证、其他证明材料还没有发。入学考试是考的高中课程。

问：本村去考的有多少人？考上几个？

答：去考的 10 多人，考上的就我 1 人。通知是乡内告诉我的。

问：果林专业现在上什么课？

答：现在刚开始，先上社会主义基本教育，然后讲果树栽培技术、嫁接技术等。

问：你为什么报这个专业？

答：因为本地种果树多，有发展前途，也需要这方面的知识。

问：函大有没有其他专业？

答：农业（棉花栽培）蔬菜、园艺、畜产等。

问：每月学吗？

答：有空闲时间就学习。

问：几年能毕业？

答：有初等课程、中等课程、高等课程，我是中等课程，2 年毕业，高等课程要学三四年看，初等课程 1 年毕业。

问：学费多少？大队补助吗？

答：一年 65 元，全部由大队出，村里要培养技术员。

现在村里的技术员还有王子寅，主要是种小麦，达到 800 斤以上，在田间管理有经验，40 多岁。王子申 50 多岁。有拖拉机的是王子绪、王子申，还有王明兰，50 多岁，主要是种棉花，懂得科学技术，种的“鲁棉 6”，夏播是“中三 75”。还有王会香，是四队队长，50 岁，种棉花、果树都行。

【优惠措施】

问：乡内给种棉花的有什么优惠措施？

答：优良种子送货上门，化肥和农药平价供给，并供给新农药。

问：生产比较好的典型人有文化吗？

答：有的有，有的没有。王子申有文化，上过中学；王子绪、王子寅都上过中学。王明兰也有文化，一般农业科技的书都能看懂。

问：亩产小麦千斤以上的有多少？

答：能占一半。玉米最高的也达千斤。棉花达 500 多斤，就是比较好的。

【病虫害】

问：病虫害对春播棉有影响，对夏播棉有影响吗？

答：也有影响。农药对杀卵、杀幼虫有效，但去年病虫面积大，都由幼虫养成成虫，爬到棉花上，农药对它无效，捉也捉不过来，所以给夏播棉也带来了危害。甚至影响到玉米、大豆的产量。

问：你们怎样对付病虫害的呢？

答：去年我们用杨树叶一把一把地捆在一起放在棉花地里，每晚棉虫都飞到杨树叶的捆里，第二天清晨就用塑料袋把杨树叶捆包起来，晃一晃，棉虫都在袋里，然后用农药杀死。效果很好，因为抓住的都是成虫，一只成虫可产卵三四百只，所以杀死一只成虫，就等于杀死几百只病虫。

【本村发展优势】

问：你认为本村今后发展哪方面最有利？

答：一是果树，产量高，好管理，销路也好，还可以出口，应扩大发展。一亩地最好的能收3000~4000元，比棉花田收入要高，棉花一亩地也就七八百元，投资大、费工的是棉田。果树5年以后，可以稳定。我们乡打算每人达到半亩果园，本村也没有达到。种果树，规定不占粮田，所以粮食不受影响。

问：苹果的销售渠道是哪些？

答：有德州来的，胶东来的，东北来的，还有南方各地来买的，有广州来买，开来车买。销路没有问题，主要品种有新红星、红富士，主要采取嫁接方法。

问：剪枝技术都会吗？

答：都学会了。

问：种梨、桃其他品种有打算吗？

答：有，但是效益不如苹果，群众不愿种。

问：群众为什么不种蔬菜呢？

答：投资大，太费工，不合算。因为种棉花很费劳力，没有时间去种蔬菜。如果种菜一人最多2亩。

问：你在工作中感到最困难的是什么？

答：推广种菜很困难，群众不接受。其他工作中没有感到困难。

问：典型户是否一年一选？

答：不选，都是公认的，没有什么变化。

王崇栋插话：原来大队来了新品种“中三75”，大家都不买，我买了14斤，1元1斤，种上了，效果很好。大家看了，都说，秋后给我留点种子，那一年，我种子都留下了没有卖。

问：那是你父亲年轻的时候？（看照片）

答：年轻时我父亲在济南汽车制造厂，出黄河牌汽车，是车工。

问：干了几年？

答：我弄不清，当时还没有我。

问：你上中学时你父亲在哪里？

答：在乡办工业，机械厂。

问：现在还有这个厂吗？

答：没有了。

问：为什么没有了？

答：不给做了。

问：什么时候没有了？

答：四五年前。现在的厂子承包了。

【农村建筑队】

问：这个厂子没有后你父亲回来的吧？

答：在这之前就回来了，回来后到建筑队啦。我父亲从济南回来后，跟我姨爷爷学的建筑。

问：在本村吗？

答：不是。在徐庄，他是瓦匠，是我父亲的姨夫。

问：学了几年？

答：我不清楚。

问：你学过建筑吗？

答：学过，刚学。

问：你会垒砖吧？

答：会点。

问：你父亲会木匠吗？能否承包建筑

工程？

答：懂点木工活，他们主要包瓦工活，没有去过城镇。

问：你父亲的建筑队的工人是固定的？

答：基本是固定的。

问：他们有执照吗？

答：没有，在村里不用。

问：影响种地吗？

答：不影响，农忙的时候不干，因为都是农民。

问：盖 5 间平房用两三个月吗？

答：用不了那么久，半个月就盖好了，户里把料都配齐就快。垒墙带挂瓦 3 天。15 ~ 20 人。

问：有机器吗？

答：都靠手工，瓦房不用机器，都用人工。

平原县农村概况

刘保芳

时　　间：1993 年 4 月 7 日上午

【农业机构与多种经营】

我是农口农业开发办公室主任，农业区划办公室主任，一个班子两个牌子。

县有农委——农业委员会，1991 年设置的，负责农业生产。农业委员会下设农业多种经营办公室。

农业生产情况办公室：负责当年的农业生产（即播种或水利、抗旱、收割等具体问题）。

农村改革试验办公室。山东省有 5 个县设此机构，其中两个县是国家试点县。平度县是一个，平原县是一个。因为我们县 1988 年新上了农业开发项目。名字也叫黄淮海平原农业开发办公室，是国务院主项的，这样，从省到县设立了一个开发办公室。叫农业开发办公室比较通俗，老百姓不太了解黄淮海是怎么回事。实际是黄河流域、淮河流域、海河流域平原地区农业开发，它的任务是，在这个地区主要围绕着农业制定政策、法规、体制制度的改革。农委就是这样的编制。共有十四五个人，开发办属于农口，不属于农委机构。农口的机构有以下部门：水利局，农业局，林业局，农机局，气象局，棉花办公室，区划办公室，开发办公室。

县里有农口、经口。

农业局下有农业技术推广中心。

县里农业就是这样的一套管理机构，具体机构工作范围，农业局有植物保护站、土肥站、种子站、技术站、化验室、农村体制经营管理站、一个农场——良种场、良种棉加工厂。平原县是国家商品粮生产基地县，是国家优质棉生产基地县，全国有 80 多个。

（**问：**基地县，国家给点经费吗？）给扶持费，给化验、推广设备。水利部门负责全县的水利灌溉，防风排涝。县里有引黄灌渠，这个县属于潘庄引黄灌渠，现在浇水主要靠它。

林业局主要是负责全县的植树造林（包括果树），在中央果树属于农林渔业部，德州地区在林业局。气象站属于地区下派机构，属地区管，服务于县，天气预报、预测，除了上报，主要为县服务。

【农业机械与棉花管理】

农机局——农业机械管理局，它主要负责新式农业机械的推广与应用。这个局前几年，一度改成公司，即农机公司，不属于行政和事业单位，后来又改回来了。下一步看趋势可能改成公司。中国的机构一般分为三种：一是行政单位，二是事业单位，三是企业单位。看来农机局介乎事业单位和行政单位之间，现在有部分是事业单位，有些是属于企业管理，如拖拉机站、加工厂和修配厂。

棉办——棉花管理办公室，因为平原县种植棉花历史比较悠久，一度是省的棉花大县，是山东省优质棉基地县。所以，棉办过去是临时机构，抽调一部分人，专管棉花生产，特别是1980年以后。原来这个机构就在农业局，后来抽一部分人就设在政府里。这几年随着棉花生产在全县面积越来越大，效益也好，已成为县的主导产业，所以就将棉办形成正式机构了。从省到地区到县都有棉办。

区划办——农业区划办公室。这个办公室成立于1979年，国务院副总理搞的。就是说发现中国在农村管理上原来多数机构是沿用苏联的，在农业综合管理方面很少，水利光管水，不管种植；农业光管种植，不管水；农机局光管农机，其他不管。而农业需要综合调查分析，发挥它的综合效率，这样1976年以后在全国成立农业区划办公室，国家成立农牧渔业部，它是双挂，行政在农业部，还挂着政策研究室，杜润生管这件事。农业区划就是搞农业资源进行综合调查研究的机构。1979年时是临时班子，我们这个县到了1984年成为正式机构，1985年县完成新中国成立以来第一次组织的农林水电各个学科各个部门共同参加的大型农业资源调查，重点是四大自然资源：土地、气候、水和生物（农作物、林木、畜禽、微生物）。新中国成立以来的农业经济搞了一次系统的调查研究分析，最后完成了平原县农业资源与农业区划的调查报告。

【农业资源、区划调查报告】

问：这样的调查报告公开发表了吗？

答：作为县提供给各级领导参观。这个机构就定下来了，每年搞调查和农业区划，搞区域规划，搞区的开发。1988年以来，国家决策对黄河平原地区进行农业开发，所以在黄海地区，山东省可能有80多个县先后建立了黄海平原开发办公室，也叫农业开发办公室，简称开发办。这个办公室就是搞区域性的农业开发，将水利、农业、林业农口的综合技术，在一个地区，在一个乡镇，在一块地方实行综合治理。所以，这个办公室又搞水，又搞农，也搞林，也搞畜，形成综合开发。这个县一共搞了5个乡镇，根据县的自然情况搞5个乡镇，5个开发示范区。将现有的农业科技成果，应用到开发区去，提高其综合生产能力。从1988年开始搞，3年一个周期，现在执行第二个投资路线（1991、1992、1993），下一步要到1994年、1995年、1996年。国务院决定综合开发区要搞到2000年，准备使黄海平原地区在农业生产上上一个新台阶。

为什么要搞这个地区呢？因为中科院在禹城县有一个试验区，他这个试验从1960年代开始搞，经过这几年，取得的成效比较明显，特别是在土壤改良、农业综合开发利用上取得了显著的成效。根据试验的科技成果，再看一看黄海地区还有一部分低产田、低产园（菜园）、低产林、低产水；还有低荒资源，即荒地、荒滩、荒水，在小区还有一个荒山（平原地区当然没有了），总的在黄海这一片平原地区，经过这几年的治理发展，仍然有一部分属于低荒资源。低荒资源是农业生产存在的问题，但是这里蕴藏着生产潜力。黄河地区，交通方便，水资源丰富，有黄河、淮河、海河三大水系，平原地区人口相对比较密集。过去这几年国家对这个地区在水利工程、大江大河的治理上已经投入了很大的资金，资金的效益还没有完全发挥出来。

根据以上综合分析，国务院决定，再拿出一部分资金扶持一下黄河地区的低荒资源，使其全部开发出来。这样，为国家增加2000

多万公斤粮食。国家提出土地每亩指标增产 200 斤，这个指标比较确切。通过开发，2000 年增加 200 斤，所以，根据这个任务又增加了一个开发办公室，它就是这个职能。

平原县的整体情况，我再简单地介绍一下。

【历史上鲁西北地区】

过去平原县在山东是比较贫穷落后的，山东称鲁北地区为北大荒。穷的有 3 区，即聊城、德州、惠民。山东最穷的就是鲁西北，所谓穷就是自然落后，生产资质差。土地属于黄河中下游，海河流域，土地形成属黄河平原。历史上黄河多次泛滥冲积而形成，土壤层虽厚，但比较瘠薄，而且还有盐碱，不像胶东地区，他们那里没有盐碱地，我们虽然土地多，但有盐碱，条件比较差，大江大河不是国家投资，集体支援的话，一家一户根本解决不了，所以历史原因形成这个地区就比较贫穷落后，所以粮食在当时的产量比较低下。20 世纪 60 年代，这个县在种植制度上，基本上粮食作物是一年一熟，或者两年收获三季，如种了小麦（群众叫苗麦），收后就荒着，秋后再种一次。一个是种子问题，一是土壤肥力不够，那时化肥很少。一年种两次产量就很低了，不如一年种一次，闲半年，长了草，将草翻到地里，第二年再种。这是一年一作。一年两作就是春天种玉米、小麦就是两年三作。经济作物那时也有棉花、花生、大豆、芝麻，这都是一年一种。这样的耕作制度，产量就比较低，再加上地底下水资源不太好，适应打井的面积不到 60%。那时的农业是天雨性农业。那时发展打井，只能打 10 多米深的井，浇点菜园子可以，大面积的灌溉不可能，亩产小麦 200 ~ 300 斤，天下雨涝，不下旱，不易施肥，棉花 400 斤或 300 斤。相对地说这个县地多人少，60 年代人均 4.5 亩地，政府打点儿砖井，有个马家河，从此引点水，主要靠这个。再搞点坑塘存点水。1958 年曾搞“引黄”，当时提倡自由灌溉，“引黄”自流——从黄河引水自由流到地里。但是这种系统一次性投资很大，就是说把工程搞上，桥和闸控制的建筑物全配套，把黄河水引下来了，没有及时解决配套问题，群众缺乏科学的灌溉技术，1960 年以后这个地区又属多雨气候，连续出现 1961 年、1964 年的大雨，下的雨排不出去，引黄灌溉也搞起来了，所以出现盐碱地加重，土壤盐碱化加重，中央决策也有失误——砍掉了“引黄”工程，把土地的碱化大面积的涝灾归罪于“引黄”。所以 60 年代仍然是当地水资源缺少，底下水资源不足，再不搞“引黄”，灌溉上很难保证。这是 60 年代的情况。

1958 年开始“引黄”，搞到 1961 年、1962 年就停了。当时谭震林管这事。他当时讲：“我这一辈子不想再看到引黄了。”实际上是个错误的结论。

1961 年、1962 年、1964 年 3 年大水，县年平均降雨量 600 毫米，1961 年、1964 年达到 1000 毫米，出现大面积涝灾。1968 年“引黄”已停止了，中国的气候特点是几年涝几年旱，有周期性变化。1968 年出现一次大旱，年降雨量 253 毫米，十几米的砖井干了，下的雨多数又是无效降雨。一次降十几毫米，七八毫米不起作用。所以小麦旱死，秋季作物种不上。这是一个灾害。通过 1961 年的大涝，1968 年的大旱，给我们的启示是：不“引黄”不行，不排涝也不行，以排为主。

大旱的几年，国家领导人也清醒了，毛主席有三条指示：一定要根治海河；要把黄河的事情办好；一定要修复淮河。我们县属于黄河下游，从排涝水系属于海河流域，黄河以北到天津，这些直流入海的河道统称海河流域。海河流域贯彻毛主席的思想是要根治海河。这就开始了治理海河的工程。从1967年开始搞，我们县从1967年、1968年开始搞，搞了10年，海河流域的河道得到了彻底治理。这个县河挖了马家河，德惠新河位于徒鉳河和马家河之间，还有赵王河、洪沟河，这两个河道的汇合口就是德惠新河的开始，直接入海。德惠河、徒鉳河、马家河都是平行的，三条独立入海的河。德惠新河、马家河治理之后，大大提高了平原县的排涝能力，像1961年、1964年这样的年降雨量在1000毫米的大雨，就不再会出现大面积的洪涝了。在排涝的问题上，经过10年我们县解决了。但是在灌的问题上从1972年开始又搞了“引黄”复灌，这样德州地区在齐河县的潘庄建了“引黄”灌渠。“引黄”有三个问题：第一个问题是黄河水质很好，适合灌溉农田；第二个问题是泥沙难以处理；第三个是长期引黄会提高水位，造成土壤变碱。后两个问题是“引黄”的弊端。根据这种情况，山东省、地、县采取了以排为主，排灌结合，桥、涵、闸配套。对泥沙的处理实行了二级沉沙制，就是在齐河县搞了一级沉沙池，在庆县、平原选择低洼地段圈起来搞大的沉沙池，齐河是一级，平原是二级。经过沉沙，大部分泥沙沉下以后，再送到渠里去、河里去，这样就相对能解决沉沙问题，碱的问题，搞排碱沟，排渗沟，实行灌排分设，有灌有排。到20世纪70年代解决涝的问题，治理大江大河，引来了黄河水。这样，涝的问题和旱的问题解决了。所以，我们县在种植上就上了一个水平。从1975年开始，一直到1980年，我们县搞了一个马西会战。因为马家河将平原分成两个半截，马家河以西属河滩高地，地势高，这里没有涝洼和盐碱地，它是怕旱不怕涝，所以搞了马西会战。所谓会战，就是在这个地区集中人力、财力，集中时间，三五年水利工程植树造林，土地平整，如同大兵团作战一样。通过这个治理，马西有5个乡镇生产条件、自然面貌有一个很大的改变。农田林网化，排灌形成体系，解决灌的问题。土地平整问题。当时提出三成四结合（三成指田成方、路成网、沟渠路旁树成行。四结合指排、灌、路、林四结合）。最后的结果，农业上纲要，争取农林牧副渔五上纲。

1978年，我们又开始搞第二个战场，搞的是马东南八乡路北改碱会战。这个工程是省里定的，涉及德州地区、聊城地区。德州地区有平原、夏津、禹城，聊城地区有高城和池平，共有300万亩。也是搞治水、造林、平地改土、改良盐碱，改变生产条件，搞到1980年，从十一届三中全会以后，在农业投资上国家有一个大的调整，基本投资减少了，所以这个工程未完成，只做3年，但南八乡民生产条件上也有了一个很大的改善。这样，平原县的农业生产有一半乡镇改变了原来自然面貌，在水利灌溉上引来了黄河水，有70%～80%的土地得到黄河水的灌溉，在本年降雨量800～1000毫米的雨，不会像1960年代那样大涝，所以，我们提出要建设旱涝保收稳产田。这个阶段，主要是解决改善生产条件和旱、涝、碱问题上。平原县农业生产上有四大障碍因素，就是旱、涝、碱、薄，盐碱地在平原约有1/3。1964年搞“四清”运动，县委出证作检查，说3个30万一个没改变，即马西30万农业高多地，发展不很快，还有30万是低洼地，还有高抗地没改变。平原县大约90万亩地，分两种类搞抗地30万，坡洼地30万，盐碱地30万。当时他作检查3个30万一个没改变。这些检查工作，实际上也有变，只不过是变化不大。县委书记是省里派来的。所以，70年代我们主要治理改变生产条件。

平原县的农业生产真正的起步还是从20

世纪80年代这块变化比较大的。现在说，这十几年变化，在农业生产上可以说是天翻地覆。1974年，平原县曾经是全国264个低产县之一，当时县委书记上北京开会，被点名了，当时全国农业学大寨，说一年你没有学好，二年不行，三年不行呀！四年五年总算可以了吧，不知是周总理讲的还是主席讲的，还是谁讲的。就根据这个，一年行吗?！二年行吗?！三年还不行?！四年五年总可以吧?！结果也没弄好，这里有个大的政策，有个大的条件，真正好是从党的十一届三中全会以后，在农业上调整了政策，实行联产责任承包制，调动起农民群众的积极性，这是一个；第二个，我们前段搞的这些工程，实际上是老百姓投入了劳动，实行了劳动积累了。要说80年代以后的经济发展，还归到政策这一条上也不对，就说70年代，我们经过新中国建立以后我们这些干部多数不是专业干部，我还懂得点，岁数大的都是过去从农民出来的干部，科学技术水平比较低，但是通过50年代、60年代我们吃了些苦头，既有经验也有教训，特别在发展农业上，我刚才说的这些过程，我的头脑也慢慢地清醒起来，就是说一手抓治涝，一手抓抗旱，一手抓排涝，一手抓灌溉，我们在改变生产条件。经过这几年工作农民的积极性调动起来，过去搞的这些工程，这些劳动积累，这些效益发挥出来了。同时，我们引进了科技人才，引进了科学技术，所以说平原县的农业生产从80年代以后有了很大的变化。

【80年代后农村巨大变化】

从80年代以后，我们同样抓改变生产条件，即抓排涝抗旱，抓灌溉，抓生产条件同时，80年代我们抓了科技开发，引进科技人才，引进科学技术，平原县在科学技术上，在山东省属于先进的。从1982年开始，我们同山东农业大学建立了密切关系，平原县是山东农业大学实习试验基地，这样从省科委、山东农业大学有一系列的科研课题在平原开始搞科研试验田。通过这个渠道，既把科技人才，又把科学技术，还有一部分资金引进到平原县。课题有24项（省级），如小麦专家俞松易（音）教授的精播半精播高产栽培技术。咱这里耕作制度粗放，小麦从播种、耕地到管理很粗放，过去种下就不管了，再有麦种下的量不科学，一般20~25斤多。而他这个精播半精播采用两种，平整土地比较细，要求比较高，播种量很少，他是每亩8~12斤，这样全县就节约很多粮食了。一般我县播种小麦50万亩，这就是几百万斤。另外，他在作物管理上，播20斤、30斤麦种是大播量，感到肥水不均，很浪费，实际上无效，长出来不长穗，土壤、地力跟不上，产量低，还浪费种子，而他这个播种量小，“小似大”，技术高，“高似低”，他是采取粗的办法。小播量，出大群体，出多分蘖，增产在这里。这样平原县有了新的突破。加之我们引来了黄河水，今年可灌溉3~4次水（原来一次不灌），这样基本上似按照植物生长的需要适时灌溉。再加上引进了新的品种。我们这个县就是山东大学的教授定期到我们县进行讲座，从县委书记到县长、乡镇书记到乡长镇长，都参加听课。所以小麦的产量，在我们县每年有一个大幅度的提高，由过去每亩二三百斤，三四百斤，在80年代增长到了三四百斤，五六百斤，六七百斤，八九百斤。现在平原县产量公布的数字连续两年突破800斤（亩）。1989年，我们这个县是受国务院表扬的夏秋粮全国高产达标县之一（达标是小麦750斤以上）。全国小麦756斤以上的县不多。1990年突破800斤，1991年、1992年，达到840多斤。玉米，山东农大胡长浩（音）教授，指导夏玉米，即收了麦子种玉米，或者带着麦子下种了，采用密植高产技术。1979年，我们县夏玉米第一次突破千斤大关（亩产1000斤），现在这几年都在继续突破，1992年是1260斤，主要是品种好，是山东一个农民培植起来的，这个种子已推广到日本国。（种子叫掖单1号，掖单2号，现在发展到掖单4号、13号、24号、51号——种子叫掖单）。国家授予奖，一个农民专家，种子发展的面积大了，为国家提高很大的经济效益。掖单系列有：2号、4号、6号、12号、13号、51号，杂交每年换一次，种子在本地培养和海南岛培养。后来，为什么将平原县定成商品粮基地呢？由于产量比较高。

经济作物是棉花。棉花种植面积在50万亩左右。平原县在种植结构上，主要是三大作物：小麦、玉米、棉花。

上交给县一年是5000万斤。按国家保护价，必须征购的。过去农民讲的叫皇粮。交5000万斤很容易，小麦一次交完；按说春季交一次小麦。

【棉花开发】

下边我把棉花的情况介绍一下。

平原县的棉花，历史也比较悠久，但是过去的棉花在平原县形不成主要产业，50年代年全县棉花的种植面积十几万亩（7万～10万亩），60年代也如此，70年代十四五万亩，80年以后在农业种植结构上有个大的调整，也就是由单一的粮食结构发展成粮棉结构。实际上无论棉花种植还是粮食种植都伴随着种子问题，科技发展。70年代全县十四五万亩，产量都是三四十斤皮棉，当时提生产计划如果亩产100斤棉花（市斤）就很了不起啦。但从80年以后平原县的棉花有两个大的突破：一是解决了种子问题，推广了鲁棉一号，因为平原县在1978年就成了山东省棉花生产基地，可能全山东省定了27个，平原县是一个。鲁棉一号首先在基地县推广。鲁棉一号一应用就看出了它的优势，棉花增产活力很大，它产量高，好管理。所以棉花种植面积很快就发展起来了，由十几万亩发展到50万亩。鲁棉一号的产量基本上在150斤皮棉以上。我们有优良品种，又有山东农业大学老师们的科学技术，山东农业大学校长施培是搞棉花高产栽培技术。他现在又搞麦棉一体化栽培技术。由于这些条件，我们的棉花亩产一度由几十斤达到了190斤，这是1984年，平原县的棉花亩产有了新的突破，全县棉花总产量达到84万担，小麦由几百斤达到700斤，玉米达到1000斤，老百姓家庭经济状况一下有了好转，开始富起来了。也确实如此，当时人口不到40万，种50万亩棉花，一口人平均种1亩多棉花，1亩棉花摘500斤子棉，1亩多棉田可摘700斤子棉，卖五六百元，再加上小麦、玉米、养鸡、养猪，1970年代人均分配不足50元，从1980年以后就增到了400～700元，这两年连续遇到了两次大的自然灾害，一次是涝灾，去年是虫灾。棉花是平原县的主要作物之一。

平原县有三大主要农作物：小麦、玉米、棉花。由过单一的粮食发展到粮棉结构。从高产高效看，现在这个县由粮棉型向粮棉果多种经营型发展，在种植上是粮棉果菜。

鲁棉一号是1979年、1980年开始推广，1982年全县更换，到1984年就出现了卖棉难，国家没有这么大的收购能力，原来只有两个棉厂，现在每个乡都建了棉厂。

棉花发展的几个好处：农民有了钱。棉子饼肥是有机肥，每年有大量棉子饼肥投入到地里，增加了地的有机质。平原县的土壤有机质由1983年的0.9%上升为1.06%。比较高产的地块上升了1.14%～1.26%。有机质是土壤质量的综合地力单位。你要是产量高，土壤含氮极薄，我刚才说旱涝碱薄，现在就解决了旱涝碱薄问题。这个问题解决了，粮食产量就自然而然地上去了。

土壤有机质能够换算出来。以上是 1980 年代的前期。我们总结整个 80 年代农业有三步走，即迈了三步。

第一步是单项开发，如小麦的开发，玉米的开发，棉花的开发，这是 1980 年到 1984 年、1985 年。

第二步是立体开发。从 1984 年、1985 年到现在我们搞了立体开发。在种植结构上又有一个调整，改变过去一年一熟、二年三熟为粮食作物一年两熟，棉花自然是一年一熟，到了 1985 年、1986 年，我们将兼作套种面积扩大了，推广了兼作套种增产办法。在种植结构上，粮食作物和经济作物形成一年二熟制、一年三熟制、一年四熟制，我们想这样开发，由山东农业大学冷树奇（音）教授在这儿试验；立体开发，采取小麦套种玉米，小麦也可以套种棉花，再就是发展果树。现在果树有两种形式，一是果园形式，即 × 米乘 × 米的果园，完全种果园；另一是立体农业形式，即 15 米一行果树，果树之间形成一个种植带，树的两旁种蔬菜，还可以套种小麦、棉花。这样一搞就将粮食作物、经济作物，棉花，瓜菜、林果综合起来发展了。现在看来种棉花基本形成这样的模式：1/3 的纯棉（也叫春棉），这样的保持一年一收；一种 1/3 春套棉，一种麦子就定下来，种麦时就宽出一块，留出套种地来。留下来的面积多宽呢？有三行小麦二行棉花，这叫三二式；也有三一式，即三行小麦一行棉花；还有六二式，六行小麦，二行棉花；还有四二式，大体是这么情况。还有春棉占 1/3 的。另外，这几年还种夏棉，播种晚，成熟早，收麦前十几天播种下去，共存期 10 多天。

播种时能用机器播。小麦播种、套种时均用机器播，现在群众多数不用，仍用人工播种，春棉多半用机器播种，马拉播种机。这样就提高了农业的复种指数，现在多种指数达 164%，这就可以充分利用光日资源、土地资源，提高单位面积产量和收入。现在这是一个发展趋势。

玉米、小麦和棉花多种指数达到 164%？这是指全县讲的，有的个别地块达到 200% 多，一年种好几茬，三种三熟，冬天种上小麦，留出背，背种棉花，棉花到 4 月份播种，但是冬天种上小麦以后，接着种上菠菜、大蒜、洋葱、柑榄，菠菜三四月份就收获了，接着又种上夏棉，棉花麦子收割了以后，又种上其他作物，这样一年就三种三熟。这样的面积虽然小，但这也是一种趋势，高产密植是一种趋势，这样由过去一亩地产值100 ~ 200 元上升到 1000 多元。我们在王风庄（音）搞的试验，就是双千田。双千田即一亩产 1000 公斤粮食，还要产 1000 元钱。这 1000 元靠立体的果树和蔬菜间种套种。

【农业综合开发】

第三步，进行综合开发。综合开发，我们提出将立体农业技术粮、棉瓜菜综合起来开发。立体农业进大田，立体种植进大田，全面推广，这是一个大的改革。塑料大棚绕村头，多种经营农副加工，农副加工进庭院。根据我们调查，鲁北地区农村不同南方盖小楼，而是一排房子一个大院，这在土地上是很大浪费，但是传统就是这么做法，土地多，这块地可以发展庭院经济。例如过去养鸡养猪，现在发展到养牛、驴，加工，养鸽子。我们县鸽子发展很快，去年 10 月 25 日为鸽子节，去年搞的是中国首届鸽子节。还可以种植药材，如瓜蒌（甜瓜蒌），爬在树上，还有葡萄、大枣、香椿。从总的发展情况看，我们是这种情况，像去年，旱的问题我们基本上解决了，去年整个华北出现了历史上罕见的旱灾，这是新中国成立以来罕见的。黄河断流，旱灾，还带来虫灾，棉花减收。先旱后虫，旱我们扛过去了，我们将河里的水引出来，将地下的水挖出来，通过打井再提取一部分，旱的问题解决了，但虫灾我们没有解决好，整个华北棉花多的地方灾害比较大，如无特大的自然灾害，一般我们能解决。全县蔬菜面积随着市场经济的发展，有好多农民要走向市场，多数县要走出省，发展一部分蔬菜，这方面的技术群众也掌握，即大棚蔬菜。果树发展面积也比较大，现在由过去的粮棉型粮食单一型发展到粮棉果菜多种经营型，走高产优质高效的方向。

现在，光高产不行了，粮食能存到一年的粮食，老百姓不卖，待今年小麦收后，过去的放不了再卖。玉米基本上是饲料，粮食发展带来了畜牧业的发展。畜牧业现在重点发展三种：第一，养鸡业，饲养量在300多万只，改变了过去散养为笼养。过去散在院子里，撒一把粮食，吃多少没有数，下多少蛋也没有数，实际上效益低，现在笼养喂配合饲料，县有种鸡厂，县里负责引进种鸡孵化，加工饲料叫群众喂养。现在发展到好多专业村专业户，现在千只以上的户达到2000多户，专业林，基本上家家户户都饲养。

第二，由于县土地多，饲草资源丰富，发展养牛，乡乡均建立良种配种站，全县大约能发展到15万头，平均一户一头多，我们大约10万户人家。我们能发展到23万头，经济作物再提高一步，人均就能达到超过1300元，按国家规定小康目标就能实现。现在实现小康主要不在粮食的增产上，而是能搞优质，能够迈出去，占领市场，棉花的稳定，这几年政策上有些问题，主要是收购政策，有时高有时低，因棉花用工多，投入大，收入低，老百姓就不愿意种。再有将蔬菜搞起来，现有12万~15万亩果树，到1995年以后，15万亩就进入收果期了，现在全县只有4.5万亩果树进入收果期，这样1995年，蔬菜有一个发展，粮棉产量有一个提高，我们在养牛上发展到户均2~3头，这样实现小康问题就不大。

第三，养鸽，县饲养量在100多万只，作为一个副业。有三种：肉食鸽、观赏鸽、信鸽，要发展信鸽。

讲得不太好，你们来我们县我们很欢迎，对我们县多提出宝贵意见。

问：我们以前在北京顺义县调查时，他们有规模经营，你们是不是有？

答：我去过，他们和我们不一样。他们搞的是规模经营，我们还是以家庭联产承包制为主的双重经营，现在看先家庭联产承包制也不错，有好多一家一户解决不了的问题，必须要集体（村）搞服务、搞经营。如水利一家一户解决不了。规模经营现在还是搞的试验，但不提倡。在群众自愿的情况下，逐步使农民一家一户的地块大一些。现在有的进城搞商业，有的搞副业和加工，家里土地不种了，可以包出去，这样就可以大一点。

答：现在群众害怕，我在城里搞工业，我也想在家里有一块地，群众叫保本田，我如干坏干赔了，我回到家去有地种，有饭吃，所以，群众不愿意将土地全包出去。

问：机械化？

答：这个县在耕翻土地上机械化率达到90%多，在灌溉上基本上100%，在播种上占20%~30%，在收割上小麦占60%~80%，玉米收割还不行。

问：机器个人的吗？

答：不是，有的是自己，有的村有一台机器，我可以给你用。

问：我见到他们拖拉机还是个人比较多，大队集体统一安排的机器比较少。

答：根据情况，有的集体经济还有一部分。

问：集体经济基础？

答：我们有个山阳（音）村，他们从耕地到浇水到治虫，都是集体干，个人有拖拉机、有汽车、有窑厂，集体经济发展比较好，多数还是不太行。现在是自愿结合，我有一台拖拉机，我自己有 10 多亩、五六亩地，我两小时就割完了，闲着就给你干，你给点报酬，现在多数是这种情况。

现在农副产品加工机械化率达 100%。联产承包责任制，好处是调动了农民的积极性，但是初期阶段一块块小，现在已影响到生产力的发展了。有好地有差地，好地一人一块，差的也是一人一块，现在开始变化，差地也提上来了，这样进行调整，群众看到政策不稳，起码五六千，依据人口的变化再搞一次变化。有死亡、有出嫁、有娶进媳妇的，解决不了，大家商量，换一次，一般要保持稳定，看来 10 年不变是不可能的。现在发展塑料大棚，过去地是一条一条的，而塑料大棚的地必须朝阳种，这样就不好办，塑料大棚一搞就 30 ~ 40 米，这样就得重新调整，将南山种植改为东西条块。

问：你刚才说重视果树蔬菜的种植，我们访察了十里铺乡，后夏寨村他们搞果树发展比较快，蔬菜村里干部告诉告诉我，他们那里离市场比较远，所以发展蔬菜的可能性比较低，他们不敢种更多的蔬菜。我问他们，如果引进大棚种蔬菜怎么样，他们也怕担风险。

答：不是平均，一般搞蔬菜是土地比较少，人多，劳力相对较多，土质比较好，靠近城郊或交通要道，还要这个村有种植的习惯，有科技带头户，这样就可以发展。发展起来的有王村店乡，现在划归德州市，它这个乡，我们在搞立体种植时是试点乡，他们接触得早，所以蔬菜发展起来了。十里铺和后夏寨在全县的生产条件相比之下，属比较差的地方，我们统称远、高、难等。远，他靠近河道水源远；高，地势比较高；难，水利灌溉难。所以，他发展慢一点。恩城东，王大挂乡、王果铺乡、平原镇、上旺乡、方字乡、张利富乡（乡均是叫的音）种蔬菜的面积就比较大。后夏寨的边靠近西沙河，这块土质属沙质化的土壤，土质不好，所以粮棉产量比较低。

问：他们打算要进一步发展果树，这种想法对不对？

答：他们发展果树可以，他们靠近沙河。发展西瓜，但不能重茬，今年种明年就不能再种了。果树多年种植，需要挑叉。按一般说，群众喜欢种西瓜，需 9 年，咱现在可能有一种农业防腐剂，二三年就可看茬。高地可发展苹果，兼种梨树（鸭梨）。（他们现在差不多有 200 多亩。）他们村庄以西都应该种果树，靠近沙河。有两个原因：一是认识上，二是果树按国家计划不让种，先种粮棉。现在不平衡了，种果树的富了，不种就不行了。棉花要到 9 ~ 10 月才能有钱，果树7 ~ 9 月就能受益，要种桃子，5 月份就可受益。6 月份收，春天种一季菜。6 月份收割麦子，割了麦又有瓜，瓜又可收一部分钱，9 月份收苹果，10 ~ 11 月，你可收一部分钱，一年有几次能卖到钱。如果光种粮棉，用老百姓俗话说，就饿死，只能到 6 月份才能有麦子，麦子卖了才有钱，到了 10 月你才有钱，下来棉花，如果有蔬菜果树就不一样了。去年棉花减产，但果树还是丰收。所以，种植结构多样化，老百姓收入提高，同时抗灾能力也相应提高了。

在养殖上，养牛、驴、鸽、兔、猪，喂一头猪需几百斤粮食才能养起来，但是这些粮食可以喂牛，牛要吃草，草占比重较大，所以可以养牛。

问：为什么还有那么多的人养猪？

答：过去牛不便宰杀，越不便杀越发展不起来，现在随便杀，发展快。现在改良品种，引进意大利品种，杂交，肉产量增加，比原来鲁西黄牛罗提高一倍，杂交一次提高60%～70%。现在养一头牛600～700元，养到两三头达1000元一头，就3000元，一口人700多元，我光卖粮食、棉花就已达到700多元，这样达到1500元是没有问题的。现在牛肉系列加工产品也逐步发展起来了。

问：现在棉花鲁棉一号还有吗？

答：没有了。鲁棉一号发了财发了家，但鲁棉一号有一个致命的弱点，它虽然产量高，但质量低，主要是纤维短，不适合和化纤混纺，织白布还可以。现在的品种是中棉12、中棉17。

问：中棉12是美国的棉花吗？

答：不知道，是中国棉花研究所培育的。它纤维多长，我不太懂，反正它们纤维可以。我们现在的棉花大部分出口，出口是皮棉。我们现在县也有纺纱厂，但完不成国家指标，纺纱厂不能用。我们想用就得多种，完成国家计划以外的可以用。

问：你们什么时候盖的纺纱厂？

答：1991年，一个纺纱厂，一个毛巾被厂。矛盾很多，棉花价格低，老百姓种棉积极性就不高。我们还是动员，强调限任务。收购了棉花后，你看这个事情多了，种植、发动是农口办这个事，到受益商业、供销部门的事。价格我们说不算数，待群众积极性下去后，又是我们的任务了。现在要调整计划，老百姓还是要种的，三大化物就顶住了，老百姓再想种别的不是每家每户都能种的，现在多数农户还没有找到比棉花收益更大的经济作物，棉花大家都可以种，文化程度高和低也可以种，男劳力女劳力都可以种，老太太也可以种，搞副业搞蔬菜就不是每家每户都能种。今年，我们县可种40多万亩。

问：种多少还是按计划吗？

答：有一个计划，下去后叫群众讨论，将意见反馈上来。不算指令计划，主要是宣传、动员，讲好处，价格提高，改变收购方式，提高服务质量。这个办法还是有效的，中国政府说了群众还是听的，他没有别的出路，如春地种什么无非是种玉米、豆子、棉花，算一算收益，玉米、豆子不如棉花，所以做做工作还是见效的。去年棉花减产，今年棉花播种面积和去年差不多。

还有一个问题，如果没有留出背来怎么办？这个村叫棉麦塞，举例说，种麦时没有留种棉背，怎么办，也可塞进去。还有在一块地里，一颗一颗收，再栽上去，就是试管育苗。所以，收割了麦子后，还可以种。

我将平原县的情况，实实在在地讲给诸位听听，你们在走以前，对我们县有哪些宝贵意见给我们提出。

我们县在种植上依靠山东农大；在林业上，中国林科院在我们这里搞一个农田综合防护林体系试验田；我们和山东农科院、莱阳农学院和北京中江农科院进行试验；中国科学院地理研究所在我们这里有一个专家组，搞一个共同开发试验区。科研单位在我们县帮助指导工作有30多家，有的是长期轮座（点），有的是按项目不定期来，有的是在植物生长的关键季节到我们县里来。所以，我们县的农业生产，由于国家有好的政策，加上大专院校、专家教授、科研单位给我们提供了好多科学技术，全县农民群众每年付出很大的劳动，改变生产条件，每年10月份群众要搞兴修水利，每年上几万人，搞引黄工程，开挖沟渠，兴修水利，平整土地，每年都是这样，规模还比较大。正因为这几年，付出了劳动积累，改变了生产条件，引进科技，加上国家好的政策，所以我们现在农业上发展还是比较快的。现在美中不足，乡镇企业工业发展慢一点，要集中力量将其搞上去。我们有资源，有劳力，有部分资金，再将乡镇企业、工业发展上去，会更好一点。

李令富（1932 年生）

时　　间：1993 年 3 月 31 上午
　　　　　4 月 1 日上午
访 问 者：笠原十九司
翻　　译：宋志勇
场　　所：李令富家

【出身、家庭】

问：请问今年多大岁数？

答：62 岁。

问：哪一年生的？

答：1931 年。

问：你属什么？

答：属猴的。

问：你什么时候当老师的？

答：1954 年。

问：你干到哪一年？

答：到 1982 年，1982 年退休了。

问：你在小学当老师还是在中学当老师？

答：教五、六年级。

问：在哪个小学教书？

答：在武城县旧城小学。

问：现在问问你的简历。你生在什么地方？

答：就在本村。

问：你父亲叫什么名字？

答：李金堂。

问：母亲叫什么？

答：李柴氏。

问：你父亲做什么？

答：务农。

问：你兄弟几人？

答：兄弟 3 人。解放那年病死一个，还有一个在城里伺候人，那年也死了（1945 年）。

问：你是老几？

答：我是老二。

问：你大哥叫什么名字？

答：叫李大伍。

问：弟弟叫什么名字？

答：还没有起大名呢。

问：有没有姐妹？

答：没有。

问：你兄弟死得比较早？

答：都是 1945 年死的。

问：是病死的吗？

答：弟弟是病死的，还有一个在攻县城时被打死的。

问：谁和谁打仗？

答：八路军和伪军。

问：你哥哥是八路军吗？

答：不是，他是勤务员，伺候人，拿手巾的。

问：可以理解成为日本侵略的牺牲品吗？

答：嗯，他死时才 16 岁。

问：太可惜了。你父亲当时有多少土地？

答：6 亩地，也是没吃没喝的。

【小学】

问：你是哪一年上学的？

答：我是 1946 年上小学。

问：你上的是哪个小学，叫什么名字？

答：后夏寨小学。和现在的名字一个样。

问：小学当时有几位老师？

答：一个老师。

问：一个老师教所有小学的课程呀！

答：对，王贵三老师。

问：王老师是什么地方的人？

答：是本村（指后夏寨村）的。

问：这位老师在这个村教了好长时间？

答：一二十年。

问：他已经不在世了？

答：不在世了，早死了，1956 年以前。

问：他家里的人还有吗？

答：还有一个女儿。你们出书后写家史就方便了。

问：王老师的女儿干什么？

答：务农。

问：现在多大岁数？

答：约 50 岁了。

问：你上小学的有多少学生？

答：有 40 多人。

问：当时是不是也分成年级教学？

答：好几个年级，一个老师上。

问：当时学什么课程？

答：语文、数学、算盘。

问：当时怎么上课，用什么形式？

答：老师讲，布置作业，讲完这个年级给另一年级讲。

问：当时用的什么教科书？

答：开始有《百家姓》，后来就用新的课本。

问：小学里有女生吗？

答：很少，后来才多。

问：你小学时有多少女生？

答：七八个。

问：你还记得她们的名字？

答：有吴丙兰、张桂芳。

问：这些女生一般是普通家庭还是家里有钱的人吗？

答：是普通的家庭。

问：小学上几年？

答：在这儿上了，后来又到外边去，没有毕业就走了。1952 年就改师范了。

问：你上小学有 14、15 岁了？

答：我不是 14 岁就是 16 岁，按说人家都到了毕业年龄，我是因为念不起。

问：大爷你是年龄最大的了。

答：不算小了，像我这样的年龄还有。

问：你上学时，占适龄儿童的多大比例？

答：60%左右。

问：你年龄比较大，为什么还想念书？

答：那时家庭供不起，好不容易上了学，就很好地念书，那时上五年级就看六年级的课本。

问：你上学的年龄已经到了能干活的年龄，你上学家里没有人反对吗？

答：家里不反对，我那时上学已不要学费了。

问：解放指 1946 年吧？

答：是 1945 年解放的。

问：你对王老师的印象怎么样？

答：好呀！对学生负责。

问：他教你们的时候，有多大岁数？

答：30 多岁，记不太清。

问：王老师家是书香门第吗？

答：不是，就是一般家庭。他的教学能力不赖（好的意思）。

问：对王老师了解更详细的人还有吗？

答：有的是，马会祥就知道他的情况。

问：这个人是不是会计？

答：大队会计。

问：他现在不是村里干部？

答：已退休，是现任支书的父亲。

问：找他好找吗？

答：好找，现在你们同来的人就在访问他。

问：你高小在什么地方上？

答：在前夏寨上的。

问：你读初小，就只有四年级吧？

答：是的。

问：你在高小上 2 年？

答：不是2年就是1年半，反正时间不长。

【师范学校】

问：高小毕业就考了师范，是哪一年？

答：1951年，1954年毕业，学了3年。

问：师范在哪里？

答：恩城师范，叫恩城初级师范。

问：你当时为什么想考师范？

答：大人叫去考的，人家考咱也去考，当时考题容易，头一次没有考上（1950年），1951年才教上。

问：那时喜欢做教师工作？

答：是的，考别的学校没有把握，考一般高中，就得考大学，没有把握。也热爱教育工作，觉得培养小孩也很好。

问：你师范毕业到什么地方教书？

答：在武城。

问：你以前就在那里教书吧？

答：在那里教了9年，后来到陈营小学教书。

问：今天时间比较短，以后再找一个时间访问你。

【自然灾害】

问：在30年代你们这里有没有灾害？

答：我是1931年出生，记不清了。

问：以后的情况你还知道吗？

答：1943年或1944年有个大的旱灾，逃难的，从西南方向东北逃荒，路上见到好多死的人。

问：你们村有没有逃荒？有没有死人？

答：那时西南方严重，我们这里也有，到东北去煤窑挖煤，好些人后来也没有下落。

问：你知道他们的名字吗？

答：有一个叫王宝正。

问：他是你们这个村里的人吗？

答：是的。

问：还有谁？当时有没有蝗虫灾害？

答：有蝗虫。

问：是在日本侵略的时候发生的吗？

答：是在日本人时。40年代初，那几年灾害不少。

【日本暴行】

问：日本人轰炸过这个地方没有？

答：轰炸过东屯，听人说的，本村没有轰炸过。

问：你见过日本兵吗？

答：见过。

问：在什么地方？

答：我们村有一条公路，从平原到夏津，在这条路上见到有100辆军车从村的后面开过去。

问：日本人当时是不是也住在平原？

答：恩城也有。当时恩城也是县。

问：你见了日本人，当时的印象？

答：害怕，杀人，在墙里偷看。

问：你们村有没有被日军杀害的？

答：没有，在前夏寨村两头树上绑了一个人被刺死，但他是什么地方人不知道，是从外边逮来的。

问：什么原因？

答：不知道，人都不认识。

问：在日本人时，有没有到过你们村抢过粮食？

答：听说咱村有"红枪会"，保卫工作做得好。日本人在恩城，他们指使人到这里来，是派的中国人来抢，而不是他们自己来的。

【"红枪会"】

问："红枪会"的组织力量大不大？

答：两个村靠近的力量大些，前后夏寨村共有人口1000多人，"红枪会"有100

多人。

问：有没有“红枪会”和日本人打起来的情况？

答：咱们村没有，听说北面德州地方有打起来的。

【日军暴行】

问：日军对中国妇女有没有动过暴行？

答：没有见过。听说北面石庄有强奸妇女的。

问：石庄离这里有多远？

答：3华里多。

问：你还听到见过什么日军的残暴行为？

答：当时日本人来了咱们都跑了，日本人从东面来，就往西边跑，从西边来，就往东面跑。日本人实行三光政策，他们过去我们又回来。

问：当时有没有没跑掉的？

答：咱们村还没有被日本人抓住的。

问：你哥哥是在恩城牺牲，请你详细介绍一下。

答：攻打恩城县城时牺牲的，由于我们家庭没有吃的，我的哥哥跑到恩城去当勤务员，伺候人的，日本人投炸弹，我哥哥这时被炸死的。

【八路军】

问：抗日战争时期，八路军有没有到过这个村？

答：有的，记不清什么时候来的。

问：他们是什么番号？

答：不知道，都是地下工作人员，穿的便衣，是游击队。八路军的便衣队来了以后，住在王廷西家里，王廷西有了功，解放后将王廷西的儿子带到河北冀县，成了国家干部，现在是冀县的工商局长。

问：王廷西和你是什么关系？

答：没有关系。

问：王廷西还在吗？

答：死了。他的儿子叫王学孔。

问：王廷西除了王学孔外还有儿子吗？

答：还有一个，名叫王学孟。

问：王学孟现在干什么？

答：听说他在东北长春一个窑厂里工作，具体什么工作不清楚。

问：你们见到过八路军的游击队？

答：见过。

问：是白天？还是晚上？

答：白天晚上都有。

问：你对八路军的印象怎么样？

答：好呀！见到大娘大爷，挑水扫院子，有什么困难帮助解决，赶上吃饭，留下半斤粮票一毛钱（一角）。

问：抗日战争时期你们这里是游击区？

答：是游击区，我们这里靠近县城。

【满铁调查】

问：1942年日本人满铁调查员来你们这个村调查情况，你知道吗？

答：记不清，当时是小孩。

问：后来听说过没有？

答：听说过，详细情况搞不清楚。

问：解放前你们村有多少地主？

答：没有，最多一户，七八十亩，王廷西是富农，有80多亩土地。

问：另外还有谁是富农？

答：还有马万化。

问：按照当年满铁调查报告，说这个村有两三位地主，家里还有土楼，王廷西家有吗？

答：王廷西家有，是二层的土楼。

问：土楼是什么时候被破坏的？

答：解放时（1945年）、“土改”时（1946年）就被去掉了。当时我们属衡水地区。

【村的解放】

问：1945 年解放时你在这个村吗？

答：在这个村。

问：1945 年解放时的情况请你讲一讲。

问：解放后搞“土改”，学生们扭秧歌，庆祝解放，八路军掌握政权，搞“土改”，成立互助组，建立合作社。

问：日本人投降，这里解放时国民党军队来过吗？

答：咱们这个村没有来过，当时国民党主要占领大的城市。

【土地改革】

问：1945 年解放，1946 年“土改”，“土改”你的父亲和你本人都参加运动了吗？

答：都参加，开会去，喊口号，斗富农。

问：你们村一共有多少富农？

答：有王廷西（富农）、马瑞图（富农）、马万化（富农）、魏佳木（富农），我住的就是魏佳木的房子（访问者注：我们访问的地方就是魏佳木的地方，以上当年满铁调查时的记载均说成是地主）。还有李辛亭（富农）实际上是上中农被划成富农。富农就是王廷西家有土楼，其余没有土楼。

问：为什么要建立土楼？

答：为了护宅护院，保卫他家里。

问：是为了防土匪？

答：防一切坏人，不是为了防农民。

问：请你讲一讲斗富农？

答：开大会宣传政策，将多余东西拿出来，斗就是呼喊口号，土地要拿出来平分。

问：会场上有没有贴标语？

答：没有，没有打人骂人，我们村没有太富的，也没有恶意。

问：开大会王廷西站在什么地方？

答：王廷西站在桌子前面，他说同意将土地交出来，就没有事了，不交就喊口号，宣传政策。

问：你们村当时开大会在什么地方？

答：在当年村的南面龙王庙的庙台上开会，当时开的叫斗争会。

问：龙王庙还有痕迹吗？

答：没有了，已盖上房子。

问：开大会的领导人是谁？

答：是农会主任，叫马万年。

问：村里开斗争大会，由农会主任主持，还有没有从山里面派来的人，例如工作组等来领导？

答：其他村有咱村没有。像刘庄比较富，就有工作组，那里问题比较多，就派工作组，刘庄有全县最富的地主。我们村没有外地来的。来的我们也不清楚。大的村将地主问题解决了，我们村的富农吓得就将土地交出来了。

问：有没有像“文化大革命”坐“喷气式”的？

答：没有。

问：“土改”后富农的生活怎么解决？

答：给他们留一份土地，房子，让他们生活下去，和群众的土地一样，生活上差不多。富农也是占有平均数。

问：“土改”时你家分了多少土地？

答：“土改”后 12 亩，原来是 6 亩增加了 6 亩，还有“土改”前卖出 4 亩，“土改”时的政策，可将卖出的土地赎回来，也要给钱，分土地不要钱，只给当初卖的一半钱，包括再赎回来 4 亩，一共有 12 亩土地。

问：你卖土地卖给谁？

答：卖给恩城南关姓于的，名字说不清。

问：在“土改”前哪一年卖的？

答：在日本人时，约 1938 年，由我父亲卖的。

问：这个村“土改”时分配土地的标准？

答：每人平均3亩多地。

问：包括大人小孩吗？

答：所有人都有。

问：解放前有土匪到你们村来吗？

答：来过，不多，因为我们这里穷，不富。

问：抗日战争时期的老人除王廷西的儿子王学孔外还有当国家干部的？

答：马瑞图（富农）的孙子，叫马常勇，在空军是一个排级干部。

问：抗日战争时期，咱们村年轻人当八路军的有吗？

答：有。王维琴、马凤山、马洪昌，以上是解放前的，解放后就多了。王维琴在吉林（退休、荣军二等残疾），马凤山原为村老支部书记，抗美援朝时回来的，马洪昌死了，原来是咱村治保主任。还有吴志堂，解放前参加八路军，是烈士，他儿子叫吴玉申，还在村里。还有马瑞富是烈士，他的儿子死了，他的老伴还在。

问：你上小学是“土改”以后1946年吧？

答：是的，是在“土改”时上学的。

问：以前你没有条件上学，由于解放你能上学？

答：是的。

【互助组】

问：你参加什么互助组？

答：我们是土地互助组，一般互助组有10多户人家。

问：你们10多户的关系是同姓的还是住得靠近？

答：是一个街道，是靠近在一起；不一定是同姓的。

问：参加互助组是不是种地条件有改善？

答：我们互助组一共3头牛，互相用，是改善了。

问：是“土改”后就组织起来？

答：是解放后，不是1947年就是1948年。

问：1946～1949年是国共内战时期，你们这里的情况？

答：我们一直是共产党领导，是小冀鲁豫解放区。

【解放时的心情】

问：你们是比较安定的解放区，1949年全国解放了，当时你们的心情？

答：当时锣鼓喧天，庆祝中华人民共和国成立。

问：放鞭放炮？

答：没有，因为条件差，没有钱。踩高跷的很多。

问：当时的消息怎么知道的？

答：当时我们属孙庄大乡，上面通知中华人民共和国成立了，我们知道了。

问：1949年新中国成立，你在什么地方上学？

答：我在前夏寨上高小。

【结婚】

问：你什么时候结婚？

答：19岁，1950年。

问：已经当老师了吗？

答：没有，小学还没有毕业。

问：你太太的名字？

答：马瑞芝。

问：她是什么地方人？

答：恩城镇大洞头村人，离这里8华里。

问：你们结婚时，你太太多大岁数？

答：18岁，现年60岁，属猪的。

问：谁介绍的？

答：是自由结婚，是走亲戚时认识的。

问：你有几个孩子？

答：5个孩子。老大女儿，叫李绪珍；老二女儿，叫李绪莲；三姑娘，叫李绪霞；四姑娘，叫李绪静；老五是儿子，叫李绪鹏。

问：老大的情况？

答：已出嫁了。在东营胜利油田；老二在十里铺中学当教师；三姑娘在大洞头村务农；四姑娘在东营胜利油田当临时工；李维鹏在十里铺中学二年级念书，已17岁。

【小学教师】

问：李先生师范学校毕业以后在武城当教师，怎么去？

答：住在武城。

问：你在武城，你父亲在家一个人？

答：是的。

问：你参加过"社会主义教育运动"？

答：参加过"整风运动"。

问：你有没参加过扫盲运动？

答：参加过，在本村。

【破除迷信】

问：有没有打破迷信运动？

答：我不信，我不介人，没有迷信组织，没有搞过破除迷信"运动"。

问：你们村不是有庙吗？

答：有龙王庙、镇武庙、菩萨庙、土地庙。现在都没有了，解放后1946年都推倒了，当时我是学生，还参加了拆庙。

问：这就是破除迷信，是由谁来领导的？

答：根据上面的精神，他们年轻人组织起来破除迷信。

问：对拆掉庙，年轻人和老年人不一样看法吧？

答：老年人说些反对话，也没有用，也得拆掉。

【扫盲运动】

问：请你详细讲讲扫盲运动。

答：我是参加县教育局的扫盲运动，是回来教书时上面将我抽去，搞了2年业务，搞了2年扫盲。具体安排，每乡抽5个人，管44个大队的扫盲。

问：你到什么地方扫盲？

答：我管3个乡（公社）。

问：你一面当老师一面扫盲？

答：我是专门去扫盲，不搞学校的事。

问：什么时间至什么时间？

答："文化大革命"至1978年，当时只要有一个文盲都要扫掉。当时文盲一个村25个。我们这里离大城市远，没去做买卖，不能种地就只得上学。文盲扫了以后，还要加以奖励，学龄前我们有幼儿班，原来不教识字的，经过扫盲，能看一般的信。

1946年解放时，当时有识字班，后来有农民夜校，1978年又叫扫盲，有的识了一些字，时间长又忘记了，后来又进行扫盲。

问：农民夜校在什么时候？

答：在人民公社期间。

问：现在还有文盲吗？

答：很少。

问：请你谈谈农民夜校的情况？

答：各小队统计文化程度，将不识字的组织成班，由学校的老师晚上给他们上课，这就叫夜校，一个村有一个夜校。

问：小学老师很忙呀！有没有报酬？

答：没有报酬，因为教师有工资。

问：在夜校除识字外，还有什么内容？

答：文化高一点的还要学习农业知识，例如如何用农药，法律知识。自然村为单位，有一个夜校。

【"整风""反右"】

问：你参加过"整风运动"，请你介绍。

答：1957 年我在武城县，当时是全国性的，在 1957 年“反右派”前。当时整天开会，个人交代，有问题的，个人贪污的，有作风问题的，不管你什么事，向党交心，自己个人的罪吧。

问：1957 年“反右”时你在哪个小学？

答：在旧城高小。

问：在旧城高小里学生有“右派”吗？

答：在老师里有，学生中没有。

问：老师中有几个“右派”？

答：我们共 38 位老师，两三个“右派”。

问：你不是“右派”？

答：我还年轻，当时的“右派”，年龄较大，他们历史上有点问题，再说些反对的话。

问：两三个“右派”被批判后怎么样？

答：不一样，有的光说的反动话，叫他写写检查，也就放了，有的还有人命案，那就要法办。

问：你们的情况怎么样？

答：有法办的，有一个李校长，还是先进校长，经过整风查出他有两条命案，给他法办了。此人后来死在监狱里，整风开始时他还是整风小组长，后来在交心过程中，被查出有两条人命案，他本来不是麻子，可是他为了隐瞒自己的问题，将自己的面孔弄成麻子，但在整风中终于被查出来。

【教师的感受】

问：最后我想问问李老师，当 29 年老师，你回顾一下在 29 年当中你感觉到什么？

答：我感到光荣（指院内的村支部副书记），他就是我的学生，当了村副支书，武城县的人事局长也是我的学生，培养了人才，有当书记，也有当局长，也有少数人犯法，感到惭愧没有培养好。毛主席说小学教师很辛苦，从不懂事的孩子培养起，使他成为人才，这是很辛苦的，当然也是很光荣的。

孟宪武

时　　间：1993 年 4 月 1 日上午

访 问 者：笠原十九司　左志远

场　　所：后夏寨村小学校办公室

【家庭】

问：你多大岁数？

答：虚岁 62 岁。

问：你属什么？

答：属猴子。

问：哈哈！我们都是属猴的。你出生在什么地方？

答：就出生在后夏寨村。

问：你的父亲做什么工作？

答：父亲务农，即种地。

问：是 1962 年去世的吗？

答：是 1961 年去世的。

问：你父亲有土地吗？

答：1962 年是人民公社的时候。

问：他问你父亲在解放前有多少土地？

答：3 亩多土地。

问：你父亲在什么地方种地？

答：就在本村（后夏寨村）种地。

问：你母亲呢？

答：她还活着，82 岁。

问：叫什么名字？

答：叫孟徐氏。

问：她是哪个村的人？

答：在左庄。

问：离这里有多远？

答：5 里地（华里）。

问：她身体还健康吗？

答：健康。

问：你有多少兄弟姐妹？

答：弟兄俩，我兄弟是被人家招女婿去的，到女方去了，即“倒插门”。

问：你的弟弟叫什么名字？

答：孟宪君。

问：还有姐妹吗？

答：一个妹妹，已去世了（1962 年以前）。

问：是不是困难时候？

答：不是，在困难以前，是生小孩后得病死的。她的名字记不清了，小名叫仙。

问：你只有一个妹妹？

答：只有一个妹妹。

问：你是什么时候当教师的？

答：我是 1948 年，在恩城县师训班学习回来就当教师了。

问：到什么村当教师？

答：到过好几个村，一是恩城北的耿庄。

【小学校】

问：这个时候退休了吗？

答：没有，还是教师呢。1948 年到 1962 年，是公办教师，1962 年 4 月后才下放回家的，当时叫支援农业第一线，回村以后，就当民办教师了，正好当时村里少一个教师。

问：你当民办教师一直到现在吗？是教什么课？

答：一直到现在，教语文、数学，一个年级的课都得教。

问：你现在教几年级？

答：直到去年，又来了一个老师，我就教副课了，教三、四年级的自然，有植物的生长等内容。

问：就是现在这个学校？

答：是的。

问：当时有多少老师？

答：一共有 5 个人，幼儿班有位老师。教师有王维娟（女）。

问：王维娟和王维宝是什么关系？

答：他们虽是一个姓，但已出了五服。

问：她今年多大岁数？

答：不是 25 岁就是 26 岁。

问：一年级的老师是谁？

答：叫王金莲（女），她有 40 岁。

问：二年级的老师是谁？

答：叫马金菊，她大约 25 岁。

问：三年级的老师是谁？

答：叫霞，大约 26 岁。

问：四年级的老师是谁？

答：王杰达。

问：他多大岁数？

答：弄不清。

问：他是本村人吗？

答：不是本村人，他是公办教师，其他都是民办教师。

问：民办和公办教师有什么区别？

答：公办教师有工资，由县政府给的，民办教师由乡政府发给。

问：村里有没有负担民办教师的工资？

答：不负担。

问：幼儿园（班）有多少人？

答：30 余人。

问：一年级有多少人？

答：一至四年级差不多每年级 20 ~ 30 人。

问：五年级的学生去哪里上学？

答：到五庄高小去学习。

问：毕业的高小学生去哪里上学？

答：到十里铺上中学，那里只有初中，没有高中。

问：这个村离十里铺有多远？

答：10 华里。

问：比较远呀，在十里铺毕业后到什么地方去上学？

答：到恩城去学习，那里有高中。

问：这个村现在有多少人上大学的？

答： 在大专学习的共有9个人。

问： 都是本村人吗？

答： 是的。

【个人经历】

问： 现在想问一问你个人的经历。你什么时候上学的？

答： 我8岁上学（1940年），只念一年，当时在小学念《三字经》。学校在我们这个地方（指本村）的南头，现在没有了，我们现在这个小学校址是1986年才有的。

问： 你那个时候的小学规模有多大，有多少房子？

答： 2间北房、3间东房、4间南房，一共9间房。

答： 规模算大吗？

答： 不大。

问： 规模是指每间房子大不大。

答： 不大，很小。

问： 那个时候小学有多少老师？

答： 只有一个老师。

问： 叫什么名字？

答： 叫王贵三。

问： 你念了多长时间？

答： 只念了一年，后来没有钱念，家里穷。

问： 你不念书干什么？

答： 在家里干农活，拾点柴火。

问： 那时上学一年要多少钱？

答： 当时由村里凑钱给老师。

问： 能收多少钱？

答： 可能是联钞，记不清了。

问： 王贵三老师，村里是给钱还是给实物？

答： 给粮食，有小米、面粉。

问： 1940年你上小学时一共有多少学生？

答： 有50～60人。

问： 什么时候多起来？

答： 解放以后，1945年解放。解放了我又上学。

问： 在什么地方上学？

答： 我在本村。

【恩城教师培训】

问： 又念了几年？

答： 一直上到1948年，1948年到恩城师资培训班，培训班就是为培养教师。是政府办的。

问： 师训班学多长时间？

答： 一年，即1949年。回村先是公办教师，1962年支援农村第一线，回村当了民办教师。

问： 培训班有多少人？

答： 50余人，都是各村来的，学习完都回村当教师。

问： 师训班有多少老师？

答： 有10多个教职员，上课的教师5～6人。

问： 在培训班学什么课程？

答： 学的是中学课程：数学、语文，主要是农村应用文，适应农村写对联、契约、请帖等。

问： 去师训班还考试吗？

答： 要考试。我在家自己准备，花了45天，所以能考上了。

问： 8岁时读了一年小学，你又干什么？

答： 种地。帮助父亲种地，拾柴火。

问： 像你这种情况，在当时全村有多少人？

答： 应该上而不能上的约占60%，主要是穷。

【解放前小学】

问： 1946年又上学，你们用什么课本？

答：用的是解放后的新书，是上面统一发下来的。

问：就是根据地共产党的新教材吧？

答：是的。

问：1946 年你又上学，老师是不是 1940 年你上学时的老师？

答：不是的，换了。

问：你还记得他的名字吗？

答：周兆文、石兴章。

问：是本村的人吗？

答：周兆文是恩城东的铁匠庄，石兴章是石庄人。

问：当时他们的岁数有多大？

答：石兴章岁数大，20 多岁。周兆文也差不多，还活着，在石庄。

问：是 2 个老师，学生是否也 2 个班？

答：有 4 个年级，一个人教 2 个年级。

【对日军印象】

问：你见过日本军吗？

答：记不清了。约 1940 年有日本一辆军车开过来，在小学旁。

问：当时你有什么感觉？怕不怕？

答：害怕。

问：你听到日本人在这个地方有残暴的行为？

答：没有见到这种状况。我父母带我跑了，到刘宪庄，住了五六天，又回来，当时我也不知道为了逃避日本人。

问：1945 年你们这里共产党来了，当时的情景你知道吗？

答：我本人当时感觉是解放了，穷人能念书了，平安了，不像过去没有安全感。

问：你家“土改”时有多少土地，分了多少土地？

答：原来 3 亩多地，后来分到每人 3 亩地，共 3 口人，分得 9 亩地，加上原来的 3 亩，共 12 亩地。

【结婚】

问：哪一年结婚的？

答：20 岁结婚的，即 1951 年结婚的。

问：你的太太多大岁数？

答：她与我同岁。

问：你的太太叫什么名字？

答：刘秀珍。

问：你们是怎样认识的？

答：是父母包办的，但也征求了我们的意见。

问：是什么村人？

答：是十里铺乡叶庄。

问：有多少孩子？

答：3 个孩子，大孩是女孩，叫孟玉荣；二孩是男孩，叫孟庆凯；三孩是女孩，叫孟玉芬。

问：现在孟玉荣干什么？

答：出嫁了。在陈营村，离这里 7 华里。儿子已结婚，有一个孩子。

问：他爱人叫什么名字？

答：叫陈洪金，有一个小男孩，已 5 岁了。

问：她干什么工作？

答：也是务农。住在一个院子里，分开来吃饭。

问：小女儿呢？

答：已出嫁，在德州童鞋厂当工人。

问：她的爱人叫什么名字？

答：叫高云异，在漆包线厂。

问：你毕业后一直这个村里吗？

答：一直到现在，当民办教师。

问：你现在的工资有多少？

答：我的工资由两部分组成，一部分是我原为公办教师，退后享受小学教师退休待遇，拿原工资的 40%；另一部分是现在民办教师的工资，两项加在一起共69.50元。我还有土地，吃粮解决了。一面种地，一面教书。

问：你有时间去种地吗？

答：有儿子和媳妇去种，我岁数大了不种。

【民办教师】

问：你1949年当民办教师时，小学校址在什么地方？

答：就在本村的街南，还是原来的地方。

问：1949年时，小学的规模有多大，学生有多少？

答：和原来的面貌一个样子。我在培训班学完回农村，在耿庄当了公办教师，到1962年才回本村改成民办教师。1982年，落实政策，我才享受原公办教师小学退休的工资，拿原工资40%。

问：这个时候的小学叫什么名字？

答：叫耿庄小学。

问：1962年下放回村，当民办教师，支援农村第一线，就没有公办的资格？

答：没有了，但还享受40%的公办时的工资，当时公办教师的工资为40多元。

问：公办到民办，教师的地位改变了？

答：由于1962年处于困难时期，职工人数太多，因此进行精简。

问：1962年是最困难的时候？

答：1962年，我们村最困难的时期已过去。

问：最困难在什么时候？

答：1959～1960年，当时瓜菜缺乏。

问：有没有饿死人？

答：不很多，也有。

【1962年的后夏寨村小学】

问：1962年你当民办教师，小学的情况请介绍。

答：小学在原来的地方，但进行了翻修。

问：有多少老师？

答：有教师4人，邢金才（男老师）、王志孟（男老师）、杨玉梅（女老师）、孟宪武（男老师）。

问：有几个民办，有几个公办？

答：2个民办，杨玉梅、孟宪武；2个公办，邢金才、王志孟。

问：邢、王是什么地方人？

答：邢是王庄人，王是王大瓜村人，杨玉梅是本村人。

问：杨玉梅现在什么地方？

答：她现在外地。

问：1962年小学有几个班？

答：有4个班，一人一个班。

问：那时学生有多少？

答：有100多人。

问：都是男女生混合班吧？

答：是的。

问：你上小学的时候男女生在一起吗？

答：在一起。

问：男女比例有多大？

答：女的不到1/3，很少。

【“四清”运动】

问：你记得你这个村的“四清”运动吗？

答：我正在学习，没有参加这件事。有工作组，在这一个冬季。

问：工作组是什么地方来的？

答：弄不清楚。

【“文化大革命”运动】

问：“文化大革命”时小学有“红卫兵”吗？

答：没有。

问：“文化大革命”中，小学有没有受到影响？

答：没有受到什么影响。

问："文化大革命"中这个村比较稳定，还是两派斗争厉害呀？

答：没有。没有武斗，也没有两派。

问：为什么？

答：没有人来串联，农民要种地。

问：对原来的地、富、反、坏、右不斗争吗？

答：斗争了，对历史上有问题的人，如富农分子，叫他们扫大街。有时还挂个牌子，开会时才挂，平时不挂。

问：小学有没有起来批斗老师？

答：没有。我们这里没有外来的干扰。

【十一届三中全会和小学教育】

问："文化大革命"结束后，你们这里小学有没有什么变化？

答：没有什么变化。现在小学的规模是1986年才扩大的。学生念书的条件发生了变化，条件指桌、椅、凳子有了变化。

问：为什么在1986年要盖这个小学？

答：由于物质条件改善了，原来的地方太小，不适应，需要扩大，以满足入学儿童多的要求。大队对小学教育重视，重教尊师，在十一届三中全会后加强这方面的工作。

问：小学这个地方原来是干什么用的？

答：原来是个小树林子，是个空闲地。

问：花多少钱？

答：土地不花钱，材料和工要花钱，共花了两万多元。本村出的义务工。

问：你们现在的党支部书记曾经当过民办教师吗？

答：是的，当过。

问：小学建成后，有没有上面派人来看过？

答：乡政府来人看过。

问：1986年就有幼儿班吗？

答：是的。

问：有多少老师？

答：比我前面说的少一个赵玉霞。

问：1986年以来咱们这儿教育有什么发展？

答：入学率达到100%，从幼儿开始，即学龄前6岁开始，入学前的儿童，最大的6岁，小的4岁。

问：你们村人小学都经过幼儿班？

答：不是的，也有没有经过幼儿班就上小学的。

问：大约占多大比例？

答：大约90%经过幼儿班，10%没有经过幼儿班。

问：你们是校长负责制吗？

答：不是校长，没有校长，中心小学才设校长，叫负责人。

问：负责人是谁？

答：是王杰达，是公办教师。

问：你们老师由谁来任命？

答：村里村委会任命，乡政府批准。

问：你们是怎样提高教师的地位？

答：改善他们的办公条件，如夏天有电风扇，冬天有炉子取暖。

问：你们老师的水平，有没有计划让他们去进修？

答：到县里去轮流进修，费用由村里负担，已轮修完。

【民办教师和公办教师】

问：有没有计划将民办改为公办的？

答：教龄达到25年，村里给他办退休，费用由村里负担，有30年教龄的退休金是95%~100%，有20年教龄是80%。我们村没有权力改民办为公办，上面要有指标，经过考试，合格才行。

问：现在的王瑞青老师是什么学历？

答：他是中专。王金莲也是中专，马老师也是中专。他们都是相当于中专。赵玉霞也在平原进修过，相当于中专。王杰达老师是正规的师范学校毕业，是正规的中专。

【教师生活感受】

问：孟老师你当了多年老师，什么是你最困难的时候？

答：1960 年父亲去世，又是困难时期。

问：还有什么困难？例如教师的地位你满意了吗？

答：满意，一般情况大队给个照顾。

问：你当了半辈教师，是高兴还是后悔？

答：我感到满意，不是悲观。

问：你满意在什么地方？

答：我教了许多学生，现在干什么的都有，我感到终生干教师很光荣，大队对我很照顾。我现在还不愿意退。

问：我很高兴，今天能遇到你这位模范教师。

王玉仙（54 岁）

时　　间：1993 年 4 月 2 日下午

访 问 者：笠原十九司　左志远

场　　所：王玉仙家

【出身、家庭】

问：你今年多大岁数？

答：54 岁。

问：你属什么？

答：属龙的。

问：哪年生的？

答：1939 年。

问：你父亲王贵三老师什么时候去世的？

答：1960 年去世的。

问：你父亲在这个学校当了多长时间老师？

答：从我小的时候父亲就教书，一直到 1958 年。

问：你母亲叫什么名字？

答：母亲娘家姓韩，叫王韩氏。

问：你母亲还在吗？

答：我母亲也不在了，去世已 23 年，即 1970 年去世。

问：你母亲从什么地方来的？

答：从韩庄来的，离这里 10 华里。

问：你有多少兄弟姐妹。

答：就我一个，独生女。

问：你父亲是什么地方人？

答：本村人。

问：你爷爷叫什么名字还记得吗？

答：叫王龙芝。

问：爷爷也是本村人？

答：是的。

【后夏寨村小学】

问：你几岁上学？

答：8 岁上学。

问：在什么小学？

答：在本村小学，念了三年级，从四年级到郭杨庄念完小，上了 3 年，到 14 岁毕业，即高小毕业。

问：郭杨庄离这里多远？

答：4 华里。

问：你在本村念书时小学有几位老师？

答：只有一位老师，一年或两年一换，我记得有姓郭、姓耿和姓李的。大约一年有一个老师，名字记不清。

问：你上学时一共有多少学生？

答：20 多个人，全村共 40 多个人。那时也不像现在这样条件，都在一个教室里，现在一个年级有一个教室，当时我们教室是破房子。

问：你上学时的破房子在现在什么位置？

答：就在村的路南面。就在我住的房子南面。

问：有没有运动场？

答：没有，全校的院子也没有我家现在的院子大。

问：你上小学听了什么课程？

答：有语文、数学。

问：在小学里女生有多少？

答：约占 1/3。我讲的都是新中国成立后的事。

问：老师怎么讲课？

答：老师念一句，我们学一句，学的都是课本上的。

问：用的什么课本，是统一发下来的吗？

答：是统一发下来的。

问：课本的内容是什么？

答：记不清了。

问：教材是统一发下来的，那是解放区管教育的部门发的吧？

答：是的，管教育的部门。

问：你上小学时感到最高兴、印象最深的事情是什么？

答：念好书，有本领好干事情。

问：你在你们班的成绩是好的吧？

答：是的。

【教师王贵三】

问：你上学的时候你的父亲是不是在这个村教书？

答：不在本村教，在严家庙、郑庄、魏庄教书。

问：你父亲是什么学历？

答：在恩城县念过书，但不知道什么学校。

问：你的父亲有兄弟姐妹？

答：他有一个姐姐一个妹妹。姐姐和妹妹都不知道叫什么名字。

问：你祖父叫王龙芝，你奶奶呢？

答：是王孙氏，一般妇女没有名字。我赶上了有名字，有我之前妇女没有名字。

问：你父亲在严家庙、郑庄、魏庄教学什么时候才回到本村呢？

答：1958 年退休回家。

问：你父亲在后夏寨村当过教师吗？

答：当过，是在新中国成立前，我上学之前。

问：请你介绍一下你父亲的经历。

问：从我记事，他在恩城西关小学、咱村的小学都教过书。他除了上学和教书外没有干过别的事，外边人见到他称他王先生，现在叫老师，都很尊敬他。我父亲的教书质量好，效果好，是第一流，毛笔字写得好。

问：你父亲教的学生，当了官的最大是什么官？

答：外村不知道，本村的王杰山当过平原县商业局局长，已退休。王文生是夏津县公安局局长也已退休。王学孔现在是河北省冀县工商管理局的局长，他父亲是王廷西。还有李令富也是他学生。

问：你知道王葆钧这个人？

答：知道有这个人，可早死了，我记事时，这个人是给人看病的医生，是王明兰的父亲，他也不知道他爷爷，因他比我小。

问：王明兰多大？

答：50 岁出头。

问：材料上说王葆钧是清末的秀才。你父亲是由王葆钧请到本村来当教师的。

答：我们都不知道。

【教师生活】

问：你父亲有土地吗？

答：10 多亩土地。

问：你父亲还种不种地？

答：他不种地，常年教书。

问：我们来到村之前，就知道你父亲是一个好老师。

答：我父亲一辈子忠厚老实，只知道教书，带好学生，受到学生和学生家长称赞。

问：你父亲当教师时的工资是发钱还是粮食。

答：没有钱，是粮食，谷子、玉米。

问：你知道你父亲那时能发多少食物？

答：我记不得，反正吃饭没有问题。我们家的生活在当时村里是比较好的。

问：你父亲的粮食是什么人给的？

答：是村里给的，这是指新中国成立后，新中国成立前的情况我记不清。

问：什么时候改为发钱的？

答：记不清了。1958 年以前，村里的老师也是记工分，按工分分东西，“文化大革命”以后才改变的。

问：你家有 10 多亩土地，你母亲一个人能种这么多土地吗？

答：我家里的亲戚来帮忙。

问：你的亲戚是本村人吗？

答：不是，姑姑在石庄，姑姑的小孩来帮忙，离这里只有 2 华里。

问：“土改”时你们家的土地数有没有变化？

答：我们家没有分人家的土地，也没有拿出土地，没有变。

【夜校】

问：你父亲是不是领导过识字班、夜校？

答：他到妇女识字班、夜校教过，但教的时间不长。他是尽义务，为群众服务，在夜里不影响白天教学，没有拿报酬。

问：这个村也有夜校，是统一的课本？

答：是的，有夜校是用的小学课本，白天小孩上学，晚上成年人到这儿上夜校。还有的到我家学算盘，都是业余的，孟宪武老师开始文化程度差，也是我父亲教他备课，备好课再去教学生。村里的会计，也让我父亲教，都是业余的，我父亲是多面手。全村春节时的对联都是我父亲写的，书法好。

问：夜校从什么时候开始到什么时候结束？

答：很长时间，一直到 1978 年，十一届三中全会后，实行责任田后，没有时间进夜校，这样也就没有夜校了。

问：你父亲是公办教师还是民办老师？（指到 1958 年时）

答：他是公办教师。

问：你父亲还留下当时的课本吗？

答：没有了，没有保留。

问：1957 年“整风”“反右”的情况怎样？

答：他就是教书，没有这个运动，当时农村以正面教育为主，在大学里有“反右派”斗争。

问：解放后除了搞识字班、夜校、扫盲等外，在教育上他还搞了什么活动？

答：没有，他就是一心一意搞教学，别的没有参加。

问：你父亲逝世之前还有值得你回忆的事情吗？例如有没有学生到你家里来请教他问题？

答：到家里来请教的有，如打算盘、语文、数学、毛笔字，别的他什么也不关心。

问：他有没有给人家写过状子？

答：他没有。

问：你父亲对你培养很严格，那是怎样进行的？

答：他希望我学习后也能达到他的文化程度，可我没有达到。教我写文章、学教学，而我脑子笨，客观上我家里还有家务事、种种地，我又是独生女。同时母亲又怕我学好又走了，不能在她身旁。

问：你母亲和父亲的培养方法不一样。请你再回忆一下还有什么好的事情？

答：也没有做出很高的成绩，他培养人才为国家，图的名气而不图东西。谁来叫他帮忙，他从来不收礼，帮人家，人家会感谢他，并不是为了利。

【公共食堂】

问：有没有得过奖状？

答：没有。1958 年吃大锅饭时，他还当了一年食堂负责人。当时必须是大公无私的人才能得到大家的信任。有一次账对不上，他整夜查，要查不出来他睡不好觉，表明他的认真负责。账算好后要公布在墙上，让人人知道。

问：吃大锅饭在什么地方？

答：在东边（隔两个胡同）不很远，现在已盖上房子了。

问：你父亲在教书的过程中遇到过什么困难？

答：没有。

问：你父亲 1958 年生病，1960 年去世，而这个时候中国处于困难时期，有没有关系？

答：他半身有病，总的说来也是生活条件不好，这是避免不了的，也不是我一个家庭，大家都是这样。

问：你父亲去世的时候多大岁数？

答：他属猴，要是活着 86 岁，死的时候 54 岁。

【教书愿望未能实现】

问：他死时岁数不大，可惜呀！我想问问你的简历，你高小毕业后干什么？

答：在家种地。

问：你毕业以后没有想像你父亲那样当小学教师吗？

答：想，实现不了。

问：为什么？

答：我的母亲也有病，我如果去教书，我们家就没有办法生活，因为我是种地的主要人，担子落在我身上。

问：你什么时候从郭杨庄小学毕业？

答：14 岁毕业，1950 年。

问：现在还种地吗？

答：还在种，种 4 亩半地，每人平均 1 亩半土地，种的是责任地。家里 4 口人，我和两个孩子，爱人退休没有土地。

【合作化】

问：合作社、人民公社的事情还记得吗？

答：合作化记得，劳动挣工分，按劳分配。

问：你家有没有参加合作社？

答：我们参加最早。

问：你们合作社叫什么名字？

答：先互助组后合作社，名字记不清了。

问：现在你们村共 5 个组，你是第几组？

答：第二组，原来的生产队第二队。

问：人民公社时，你们村叫什么名字？

答：由恩城公社改成徐庄公社，1983 年改为十里铺公社。

问：你们成立公社后就叫后夏寨大队吧？

答：是的。

【结婚】

问：你什么时候结婚的？

答：18 岁结婚的。

问：你丈夫是本村的吗？

答：不是，是姚站乡大李庄人。

问：你们是怎样认识的？

答：是介绍的。

问：你丈夫多大岁数？

答：今年 57 岁，名字叫王子敬。

问：你有几个孩子？

答：三个孩子。大儿子叫王忠恩，老二是姑娘，叫王忠琴，小儿叫王忠德。

问：他们现在做什么工作？

答：大儿种地，姑娘种地，小儿子也种地。大儿 29 岁，姑娘 24 岁，小儿 23 岁。

问：你们都住在一起吗？

答：大儿子分出去了。

问：大儿媳叫什么名字？

答：叫李秀萍，30 岁。

问：她是什么村人？

答：徐庄人。

问：大孙子呢？

答：大孙叫王孝恒，小孙叫王孝通。

问：你父亲去世早，而就你一个姑娘，你结婚后有 3 个孩子，在你身上的担子很重呀，请你回忆一下半生当中最困难在什么时候？

答：我是在孩子小不能劳动时困难。

问：你们什么时候好起来的？

答：孩子大了，孩子爸爸在外工作有工资，十一届三中全会后工人工资提高了，土地承包后积极性高，到 1979 年以后就好了。

马会祥

时　　间：1993 年 4 月 2 日上午

访 问 者：笠原十九司　左志远

场　　所：马会祥家

问：我想问一问这个村庄的教育问题，后夏寨村的教育方面有没有文字材料？

答：没有。

【后夏寨村小学】

问：对后夏寨村的教育还有谁知道？

答：王金兰（男），71 岁，就在本村。

问：他当过干部？

答：他一解放就在外当干部，现在离休。

问：请你介绍一下你们村的小学发展的情况。

答：记事以来就有小学。

问：你有没有听别人说过，在什么时候本村建立了小学的？

答：没有听说过，反正很早。

问：村里小学据所知，原来在村南？

答：我记事就这个小学，1986 年搬到现在小学校址。

问：为什么搬过去？

答：因是危房，所以 1986 年搬过去，别的地方没有小学。

问：他希望你回忆一下当时小学的原貌。

答：（马会祥画了当时房子的规模）北面是院门，门风有影壁墙，右边有厕所，南边是教室（5 间），教师住的是 2 间，墙是土的，也是土房子，顶是芦苇子，也有高粱秆，也有麦秆，上面铺好，再盖上泥土。地基 40 公分上面也铺上芦苇。或高粱秆，或麦秸，上面才是土墙。

【小学校】

问：1986 年盖新房是谁的主张？

答：支部书记吴丙臣。

问：盖新校房子要多少钱？

答：2 万元。

问：2 万元是怎样筹集起来？

答：全村人摊派筹集起来，当时土地已承包。承包土地要钱，用这里一部分钱盖房子的。

问：每户约分担多少钱？

答：分担 100 元左右。

问： 多长时间盖好的？

答： 农忙不盖农闲盖，从入秋开始是村里人自己盖，工钱便宜，前后共花了一年的时间。

问： 参加劳动是自愿去的吗？

答： 从村里瓦工中找出一个人负责，再由他找人承包。详情王文章知道，他当时是管料的。

问： 现在他干什么？

答： 他现在还是看管这个小学的房子。

问： 想了解小学教师的变迁？

答： 开始就只有一个老师，从外村请来的，最早的叫陈礼堂。教得好就要，不好就不要，经常换的。

问： 他是什么村人？

答： 下井乡管二庄人。

问： 他以后呢？

答： 他以后就解放了，一个人增加到两个人。

问： 两个人的名字？

答： 是由上面文教部门派来的，一个叫耿龙合，一个叫张兴立。耿是耿堂村人，张是什么村记不清了。

问： 两个人以后呢？

答： 以后的就很多了，不断地在换。“土地改革”后，上面统一规定，什么年龄上学，上学又不要交钱，因此教员也就要增加了。教员就有了民办老师和公办老师，民办老师主要靠公办老师去培训，培训后再去教书。公办老师教高年级，民办老师教低年级。

【民办教师和公办教师】

问： 民办和公办的工资有区别吗？

答： 有区别。公办上面给工资，村里不管；民办老师上面给补助，每人每月十五六元，年终分红时，村里也给民办教师拿一部分钱。

问： 民办教师不是每月拿工资怎么办？

答： 民办教师除上面每月补助十五六元，其余社员分什么东西他也分什么。

问： 当时分红能拿多少钱和粮食？

答： 1956 年分得多，1958 年就不行了。

【教师王贵三】

问： 你知道王贵三老师是民办还是公办？

答： 他是公办教师。他是一个好老师，由于他教得好，在恩城西关教书，国民党时他就在那教书，到村里病了也就没有教书。他当时在食堂当会计，他不是困难时期而死，而是患病而死。

问： 他为什么不当教师了。

答： 他从 1957 年开始在食堂当会计，一直到 1958 年。

问： 希望你介绍一下王贵三的情况。

答： 他这个人忠实可靠，当初叫他管食堂，他都不愿意去，因为要得罪人。他在本村没有教什么书，主要是在外地教书。在本村也教过，时间不长。

【清末秀才王葆钧】

问： 你认识王葆钧吗？是清末的一个秀才？

答： 他也称个秀才，不是正式秀才。他父亲是经过考试的正式秀才，他认识人，就给他个秀才，是假秀才，也有人拿钱买个秀才。

问： 你见过他吗？

答： 见过。

问： 他在这村干什么？

答： 当先生，即医生，开个药铺，也给人家看病。

问： 你们村人对他尊敬不尊敬？

答： 很尊敬。

问： 他是一个什么样的人物？

答：他也是念书的，但没有教书。

问：他家的情况？

答：他家里是中农，一个人平均 4 亩地，他共 6 口人，共 24 亩土地。

问：他书法怎么样？

答：他写字很行。

问：他儿子还在吗？

答：他儿子死了，1960 年死的。

问：他儿子叫什么名字？

答：王化远。

问：他病死了吗？

答：是。

问：王化远的儿子呢？

答：他有两个儿子，死了一个，另一个叫王鸣銮，务农。

问：他父亲是个秀才，他有没有文化？

答：有。

【后夏寨村出身的教师】

问：现在村里当教师有多少人，包括在外面当教师的人？

答：有平原县一中的马振海（公办教师），十里铺中学的李绪莲（女公办教师李令富的女儿）；在村外有吴玉英，是王庄联中民办教师，还有马德君也是王庄联中民办教师；在本村的有马金菊（民办教师）、孟宪武，还有王金边（民办教师）。

问：为什么这个村的民办教师这么多？

答：两个原因：一是联中要抽下面的老师，他们便抽去两名，二是学生人数增多了，所以要增加教师，还增加了幼儿班教师。

【教师的社会地位】

问：现在老师的地位与干部相比，谁在老乡心目中高？

答：差不多，当干部当教师都行。老乡对教师为什么尊敬，因为他们都有小孩送小学念书，所以他们对教师尊敬。

问：有没有不尊敬老师、骂老师的？

答：没有。

问：老师对学生有没有打骂的现象？

答：没有。

【村的文盲率】

问：这个村现在还有没有文盲？

答：在老年中有文盲。

问：在老年中有多少人不识字的？

答：大约占老年人的 50%，我是被扫盲而识字。像我的年龄男女都算在内的 50 多人中有 30 多人是文盲。

问：年轻人中有没有文盲？

答：很少。

问：现在孩子有不念书的情况？

答：神经有问题不能念，其他都能上小学。

问：咱们村大专毕业的有多少？

答：共 3 个，过去一个叫王桂芝（女）在聊城工作，现在正上大学、大专的 3 个。

问：你最早记得你个人的情况？

答：12 岁，当时已能劳动。

【土匪团】

问：你记得你们村有没有土匪？

答：有这样一个人，叫二流子，他不干活，吃、玩，将家里的钱花光了，这个村就一个。

问：外面的土匪到你们这个村抢东西的有没有？

答：在日本侵略时，有一些杂团，既不是国民党，也不跟着日本人。这个地方有好几个团，是中国人，不受共产党领导，也不受国民党领导，也不听日本人指挥，他们有枪，走到哪里，要你送吃的，我们称他们为杂团，解放时就没有了。

问：杂团的头头你知道吗？

答：不清楚了，只记得有一个叫刘洪海杂团、刘克功杂团。

问：他们是你们村里人吗？

答：不是，是东面离恩城不远。这个地方没有日本军，八路军也没有来，他们利用这个机会搜抢老百姓，他们和伪军有联系，他们脚踩两只船。最大的一个杂团团长外号叫“胖娃娃”。还有辛桥有一个叫王俊生，他的地盘东到平原，西至马顿河岸，南北 40 华里。

问：“胖娃娃”呢？

答：他在河南（指马顿河南）10 余里的梨叶村，他的周围占有好多村庄。他跟老百姓要东西，你要不给就将你铡掉。八路军来了，他们斗不过，大部分跑到济南去了。八路军来 4 个步兵连，将他们 1000 多人打跑了。后来这个地方就没有杂团了。

【“红枪会”】

问：“红枪会”的情况？

答：“红枪会”是民间组织，他们是保家护田。

问：你们这个地方有多少“红枪会”会员？

答：“红枪会”开始的时候村里富裕的人加入，后来土匪多了，为了对付土匪，参加“红枪会”的人就多了，像我这样的年龄差不多都是“红枪会”会员。没有领导人，日军来了日军领导，八路军来了就没有了。日军怎么领导，他们搞演习，由伪军组织的，下面有的知道演习，有的不知道演习，大家拿着红缨枪来。

问：这个村解放前参加“红枪会”的会员还有吗？

答：现在没有了，枪没有了，人还有，我就是“红枪会”会员。

问：当时日本人的伪军是不是驻在恩城？

答：是的。

问：你还记得碗社吗？

答：没有这个印象。

问：马万年这个人你知道吗？

答：知道。

【满铁调查】

问：1942 年，日本人调查的事你知道吗？

答：知道这件事，但我没有参加。

【地主王廷西和八路军】

问：这个村有一个叫王廷西，他的儿子叫王学孔？他参加了八路军？

答：他没有参加。他是新中国成立后当了干部的，现在是冀县工商局的局长，因为八路军在这里活动时，他们家保护、掩护过八路军的人员，解放后被保护的人中有人当了领导干部，他们为了感谢当年他们家掩护八路军有贡献，因此，将王廷西的儿子从村里弄到外面当上了干部，以此来报恩，现在是工商管理局的局长。

问：你们这个村参加八路军的有多少人？

答：30 多人。

【文教干事】

问：你在 1947 年当过动员干事和文教干事，你能介绍当时的情况和工作内容吗？

答：日军在这里时，我们叫跑腿，新中国成立后叫动员干事。

问：你搞文教干事做些什么事情？

答：主管小学的事情，小学老师来后要解决吃饭、住的地方，买些东西，干事负责照顾和管理工作。

问：你的上面叫什么？

答：我这个文教干事属农会领导。

问：农会上面是什么机构？

答：就是乡政府。

问：当时新中国成立后，你们这个地方叫什么？

答：还是后夏寨村。

问：乡叫什么？

答：当时叫区，是第一区。区上面是县，从前没有乡，即恩县第一区后夏寨村。

【识字运动】

问：你什么时候识字，能写字的？

答：自学了速成识字法后能写字。1947 年时认识的不多，还不会写。1949 年后推行速成识字法，很快地认识字了。

问：你在什么地方学的速成识字法？

答：就在这个村的小学，老师外号叫“王神魔”，在国民党时当过连长，他有文化，回来他学会速成识字法教他们，我当时管理这个小学，我领导“王神魔”。

问：请你介绍一下村的扫盲情况？

答：以后还有妇女识字班、夜校。学得不好要到夜校去学习，老师就是小学的老师。

问：有王贵三吗？

答：没有。

问：他教过夜校吗？

答：教过，但时间不长。

王金莲（1948 年生）

时　　间：1993 年 4 月 3 日下午

访 问 者：笠原十九司　左志远

场　　所：后夏寨村小学校职员室

问：每周你们这个地方有什么会？

答：有作业备课展览，传达上级的指示，布置一周的工作，学习有关文件，到各村小队去听课。上述内容，布置一周的工作是必有的，其他内容就看当时的情况而定，是有选择的。

问：请你把名字写在本上。你们联中叫什么名字？

答：叫王庄联中，一个小区（包括 4 个大队）有一个联中。

问：王庄离这里有多远？

答：4 华里。

问：开会的时候你们走着去还是骑自行车去？

答：骑自行车去，有的骑摩托。

问：今年你多大岁数？

答：我 45 岁。

问：你属什么？

答：属牛的。

【后夏寨村小学的学生和教师】

问：我想问一至四年级和幼儿班的人数。

答：幼儿班有 25 人，一年级 17 人，二年级 19 人，三年级 20 人，四年级 16 人。

问：一年级有多少女生？

答：一年级有 9 个女生，二年级约占一半。

问：你们教员有 5 个人吗？

答：有 5 个人，孟宪武老师马上就要退了。我们每个人一个班。孟已 62 岁，但他的精神很好，劲头很足。

问：孟老师教什么课？

答：三、四年级的自然课。

问：请你介绍一下幼儿园和一至四年级的老师名字。

问：幼儿园老师叫王维娟。

问：她今年多大岁数？什么文化程度？

答：26 岁，相当于中专，教师进修学校毕业。

问：教师进修学校是不是叫平原县教师进修学校？

答：他们叫平原县职高，它不仅培养教师，还培养财会人员。学校在平原县的马路南面。

问：她结婚了吗？

答：没有。

问：一年级是你王金莲本人，二年级是谁？

答：叫马金菊，27 岁。

问：她的文化程度？

答：平原县教师进修学校毕业，相当于中专。

问：马金菊老师进平原教师进修学校前是小学毕业，上过初中吗？

答：上过高中，高中毕业后才进修学习。

问：三年级教师？

答：叫孙玉霞，也是 27 岁。也是相当于中专，我们三人文化程度一样。

问：平原县师范学校学生毕业后到哪去？

答：一般到公社。

问：四年级教师？

答：王吉达（男），30 岁，也是相当于中专，我们四人一样。

问：5 位老师谁是公办老师？

答：就是王吉达，其余均为民办教师。

问：你们学历都是一样，他为什人是公办教师？

答：他父亲是工人，退休了，他可顶替（接班），这样有了一个职工指标，因此他变成了公办教师。

【民办教师和公办教师】

问：这样不公平呀！民办和公办教师的待遇有什么不一样？

答：民办教师和农民一样，农民有多少我们有多少，工资根据教的学生人数多少而浮动，我现在每月拿 70.50 元，包括所有的费用，如基本工资、班主任费都在内。

问：年终的时候有没有奖金？

答：没有。

问：你们的工资比工人要低？

答：公办老师月工资等于我们 4 个人，有教龄、工龄补助，可拿到近 300 元。

问：他是什么地方人？

答：大董庄人，离这个村有 10 华里，他爱人是本村南面棉厂的会计，她也是个工人，拿工资的。

问：你家有多少土地？

答：4 口人，有 8 亩半土地，平均 2 亩多土地。

问：谁种地？

答：我的爱人。

问：你要是公办教师工资收入就要高上去？

答：是的。

问：民办教师的工资由谁支付？

答：由国家拨款，由乡政府发给，这是一部分；另一部分村里也将钱送到乡里，这两部分组成。

问：公办教师呢？

答：以前是公家拨款，现在和我们一样。

问：村里还负担吗？

答：负担，向乡里缴钱。渠道是一样的。

问：你们生病了怎么办，有医疗保险吗？

答：民办教师个人负担，公办教师上级报销。我们民办在乡里保险，出了大的事故，包括天灾人祸，保险公司负责。每年交保险费 3 元。

问：民办教师由谁来任命？

答：乡政府、村委会结合起来决定，但要经过考试，合格后才能任命。公办教师有分配来的，师范学校，中等专科毕业生，有的是接班指标。也有民办教师教很多年的，如 30 年，正好碰上上面有名额，也可能成公办教师。还有经过自学考试考上师范学校，合格后也可能成为公办教师。我们这个学历如果考上师范学校，再念4个月，回来就可当公办教师，但是很不好考，很困难。

【教师进修】

问：你们这些老师进修提高，可不可利用假期去进行？

答：在寒假期间。

问：去哪里提高？

答：在平原教师进修学校，有老师讲课，我们去后发给我们资料。假期，现在有麦假、秋假和寒假。

问：有多长时间？

答：麦假2个星期，秋假4个星期，寒假3个星期，没有暑假，这是农村的特点。

问：那时特别热，怎么办？

答：有电风扇。

问：到教师进修学校，在什么时候？

答：一般在寒假。

问：你们6位老师谁负责？

答：王吉达老师。都是公办教师负责，其他学校也是这样，叫负责人。

问：你们学校的活动最后决定权是王吉达老师吗？

答：是的。

问：王吉达老师比你年轻？

答：他是公办老师。

【高级小学】

问：你们上学到四年级毕业，都能去王庄吗？

答：我们基本上都能去王庄联中（指高小五、六年级）上学，因为我们这里学习成绩比较好。

问：有没有不像联中的高小？

答：没有了。联中就是将他们集中到那里去，不能理解为中学。

问：联中比较大了？

答：是的。

问：去联中上学怎么去？

答：骑自行车，一家多的有四五辆自行车。

【升学情况】

问：高小毕业的，初中到什么地方去上学？

答：初中在十里铺乡。

问：这个村为什么不办五六年级小学？

答：受条件限制，主要是教师没有，房舍解决不了。目前村里准备解决，做到小学不出村。

问：那好。

答：我们村委会很支持、很关心这件事。

问：这里离十里铺有多远？

答：10华里。

【初级、高级中学】

问：十里铺乡的初中毕业后上高中到什么地方？

答：恩城，平原县二中。

问：恩城平原二中，我去看过。

答：很美丽。

问：十里铺初中毕业能升到二中去的比例？

答：50%。

问：你们村现在在平原二中学习有多少人？

答：有10多人。

【村的大学生】

问：高中毕业，你们这个村上大学的情况？

答：有去济南的，有到德州的，也有到聊城去的，其他就不清楚了。

问：这个村现在正在大专学习的有多少人？

答：六七个人。现在学习的就是六七个人。

问：到有名的大学是哪所大学？

答：有到济南山东大学法律系学习的。

问：你知道他的名字吗？

答：叫吴丙友、王洪芹（女）、李令秀（女），其他记不清了。

问：吴丙友的父亲叫什么？

答：他的父亲叫吴玉申。

问：王洪芹的父亲叫什么？

答：她的父亲叫王子生。

问：李令秀的父亲叫什么？

答：她父亲已死了，她母亲叫张桂芳。

【家长会】

问：你们这个学校有没有开过家长会？

答：开过。

问：负责开家长会的人是谁？

答：我们老师，各年级的老师负责。一个学期开个 2 ~ 3 次，家长都得来。

问：开家长会的内容是什么？

答：家长向学校反映反映情况，我们老师向家长介绍他们孩子的情况。

问：家长对学校最多的意见是什么？

答：不同，有的说管理严的学习成绩好些，管理不严的学习成绩差一些。有的老师管得严。家长希望老师管得严。

问：他们的学习怎样？

答：有的孩子脑子差（指智力差），怎么学也上不去，一般的学习都不错，差的就跟着走。

问：你们村里孩子家长对教育关心不关心？

答：很关心。

【统一测验】

问：那你们开家长会一定很有帮助的了。你们乡、区里有没有统一考试？

答：乡里和小区里统一。乡里每学期搞一次竞赛，小区里每年搞 4 次，每学期搞两次，即期中和期末。

问：竞赛什么？

答：分科，语文、数学竞赛。

问：小区指什么？

答：就是指王庄联管的 10 个村。

问：王庄联中管哪 10 个村？

答：后夏寨、前夏寨、高庄、秦庄、郭扬、东刘、西刘、官庄、小屯、王庄（他本身也有一个小学）。

问：10 个村庄中你们村的成绩怎么样？

答：我们村上游的好。考得好小区和村委会都给予奖励，发奖状和奖金。

问：这样学生对老师很尊重的了。

答：学生也有奖，奖励考试的前三名。

【家庭成员・个人经历】

问：你的双亲和兄妹？

答：父亲叫王怀芹，68 岁，母亲叫李令春，67 岁。兄弟 8 人，哥哥叫王金海，老二就是我，老三是妹妹，叫王金珍，老四是妹妹，叫王金惠，老五也是妹妹，叫王金忙，老六是弟弟，叫王金河，老七、老八都是妹妹。

问：最小的妹妹多大岁数？

答：23 岁。其他兄妹间都相差 2 岁。

问：你兄弟都干什么工作？

答：木工，瓦工，一个是木工头，一个是瓦工头。

问：你娘家是本村吗？

答：不是，我是恩城五里庄人。

问：你结婚到后夏寨村来的？

答：我 20 岁结婚，结婚就到这个村。

问：你上学在什么村？

答：一、二年级在大洞上，三、四年级在小洞上，五、六年级在韩庄上。

问：以后又在什么地方上学？

答：以后在平原二中，高中毕业，后来当民办教师，1988 年到了平原县教师进修学校学习，学了 4 年毕业。

【结婚和民办教师】

问：你当了民办教师还去进修学校进修，你为什么想当老师呢？

答：我热爱这个工作，所以去学。

问：你为什么热爱这个教师工作？

答：我为了培养孩子，越教越有兴趣，所以也热爱这个工作，而且觉得自己能为国家培养人才，感到非常光荣。

问：你是一位模范教师。你从平原二中毕业后到什么地方当民办教师？

答：我结婚以后，在这个村当民办老师。

问：你什么时候毕业？

答：我 20 岁毕业？

答：那你毕业就结婚了？

答：我毕业就结婚了。

问：你爱人的名字？

答：叫魏富昌。

问：你们怎么认识的？

答：有介绍人。

问：你丈夫干什么工作，是这个村的吗？

答：务农，是这个村的人。

问：你有多少孩子，叫什么名字？

答：3 个：大孩叫魏绍光，25 岁；二孩叫魏绍军，23 岁；第三个是女孩，叫魏绍霞，21 岁。

问：老大干什么？

答：他干木工；魏绍军在恩城塑料厂工作；女儿也在恩城塑料厂工作。

问：25 年以前，除你以外还有别的老师吗？

答：当时有时是 5 位，有时是 6 位。

问：他们的名字你还记得吗？

答：他们中有高学彦（校长），已病死了。还有张洪彦，他们都是公办老师。公办教师有宋景水、刘云星、王子青。还有雷贵泉、王秀英也是公办教师。还有我当教师 20 多年了。

问：这些老师有本村的吗？

答：都是外村人。

【“文化大革命”】

问：你当民办教师正是中国“文化大革命”时候，你们学校有什么运动？

答：我在二中快毕业时去串联，到湖南韶山。

问：那你是“红卫兵”吧？

答：是“红卫兵”。

问：那你是“红卫兵”民办教师。

答：当时还没有当教师，是学生。我到韶山后就回来了。

问：你们小学在“文化大革命”中有什么表现？

答：小学里没有什么活动。

问：你这个村有“红卫兵”，他们很厉害吗？

答：不知道。

问：1968 ~ 1988 年，你当了 20 年民办教师，小学有什么变化？

答：随着社会文化水平的提高，社会的发展，在思想、文化方面老师和学生都有所提高。

问：“文化大革命”中教育事业受到了破坏，你们小学有没有反映？

答：当时我们小学也停课的，停多长时间记不清了。

【教师进修】

问：现在这个小学校址是1986年建起来的，当时的情况？

答：我虽去平原县进修，但当时我仍然在这个学校教书。一个月3天去教师进修学校，这3天学生在自学。

问：所以你在进修学校学了4年。你们原来小学校址在什么地方？

答：在这个村大道的南面。

问：那时这个学校是不是这个样子（把图给教师看），是这个样子吗？

答：是这个样子。

问：这些房子同时用吗？

答：都用，同时当教室用。

问：你一面进修一面教学，那是很辛苦的。

答：一早天没有亮，还看到天上的星星就去，还带着干粮去平原，回来已天黑了，来回70里路，像这样大岁数的不多，为的是学好了回来教孩子，为下一代作贡献。骑自行车去，出的汗把棉衣都湿透了。

问：你岁数比较大，决心去学习的动机是什么？

答：我的目的一是为了培养下一代，二是为了增长自己的知识，也想教上高一级的学校，回来再培养更多的孩子，为了祖国。

【教师生活感受】

问：你在当教师期间，最困难的是什么？

答：我有3个孩子，家务事情多，备课搞得很晚，第二天一早还得上课。那个时候感到困难，后来孩子大了，生活也提高了，工资也按月发了，一天比一天好了。

问：什么时候工资不能发下来？

答：那时是工分，记全分是10分，一天也就2角钱，我教一天书也就2角钱。我开始当民办教师一个月5元，后来8元，再后来13元，再后来60元，现在拿到70.50元。

问：你一面讲课，还要一面种地吧？

答：我的丈夫去干活，我只是麦假、秋假帮助干活。

问：你当教师期间值得你怀念的是什么？

答：我为国家培养一批一批人才，他们到大学、中专、师范，值得我怀念，感到光荣，为国家培养了人才。

问：你们这样的民办老师，我听了以后非常感动。

答：还有很多不足的地方。

问：谢谢！

马金菊（1967年生）

时　　间：1993年4月4日上午

访 问 者：笠原十九司　左志远

场　　所：所夏寨村小学校职员室

【家庭出身】

问：请你介绍你们这个村的小学教育情况。你今年多大岁数？

答：26岁。

问：你什么时候出生？

答：1967年9月4日。

问：你属什么？

答：属羊。

问：属羊的性情比较温和。你父亲叫什么名字？多大岁数？

答：叫马凤鸣，62岁。

问：他在什么地方工作？

答：在本村东面的蜂窝煤厂工作。

问：你母亲叫什么名字、多大岁数？

答：叫朱秀英，62岁。

问：你有几个兄弟姐妹？

答：一共3个，一个姐姐，一个弟弟。姐姐叫马金莲，弟弟叫马长宗。姐姐在平原县师范学校当教师，弟弟帮助他父亲同时也种地。

问：你姐夫也在平原县城？

答：也在平原县师范学校工作。

问：你们这个村对村历史了解的老人有谁？

答：马会祥，他是老支书，我父亲也知道，但他患了脑血栓，现在好了。还有王维章。

问：王维章在村里吗？

答：在，他当过队长。

【后夏寨村小学】

问：你几岁上小学？

答：7周岁上小学，1975年。

问：上小学以前村里的情况有没有印象？

答：印象就是那个时候生活困难，没有现在这么好。

问：你第一次记得的事情是什么？

答：我的外祖母去世。

问：还有什么值得你回忆的？

答：我不知道村里的情况，也没有串联过。

问：你上小学前有没有经过幼儿园？

答：没有，当时还没有幼儿班。

问：你上学一年级老师的名字？

答：只知道是姓吴的老师，名字记不清，教了一两年就走了，当时她二十四五岁。

问：你们一个班有多少同学？

答：近30人。

问：有多少女生？

答：差不多，男女比例一半一半。

问：吴老师给你上课印象深的是什么？

答：她教语文、数学很风趣的。

问：请具体讲讲有什么例子？

答：她一面讲，一面还表演，吸引我们。

问：二年级老师呢？

答：二年级也是她教的，还是吴老师。

问：三年级老师？

答：是孟宪武老师。

问：请你介绍下孟老师的情况？

答：他性情很温和，从来没有打骂过学生。

问：他要求严格吗？

答：严格。

问：四年级是谁？

答：是孟老师，到五年级“自然”是孟老师，我上学时五年级在本村，五年级毕业后就考中学，当时小学是五年制。

问：那时小学里有多少老师？

答：三四位老师，可能是五位老师。

问：你现在当老师，和教你的老师在教的方法上有什么不一样的地方？

答：有的一样有的不一样。现在在课堂上增加了游戏的内容，将课上讲的知识用到课下游戏当中去，加深学生的理解。

问：还有什么不一样？

答：现在有实验课，老师在做，学生在看，过去是没有的。

问：还有什么不一样的地方？

答：现在有教具，过去没有。

问：用什么样的教具？

答：有图示配合教学，还有课前教师准备，例如盆栽植物用的盆子等，是形象教育。

问：还有什么？

答：家里用的钟表，讲时间的时候，用钟表来讲；有时用小动物，观察它的动作。

问：你在教小学过程中你印象最深的是什么事情？

答：村委会对我们教学条件的改善，1986年增加了课桌，修缮了房子。

问：1986年小学毕业了？

答：毕业了，回来教学，在旧校址教了

一年，第二年才到这儿，有了明显对比。

问：在旧校址时对你印象深的是什么呢？

答：在那时上学，旧校址教室不够，占用民房。

问：你的同学近 30 人，教室能坐下？

答：能，很紧，一个桌上坐三四人。

问：你最喜欢的是什么课？

答：数学课。

问：你在小学上学时的成绩如何？

答：是上游。

问：是第一名吗？

答：不是，是第三名或第四名。

问：第一名是谁？

答：叫王洪芹。

问：现在干什么？

答：现在还在上大学。

问：第二名是谁？

答：不知道，名次是经常在变化的。

问：你上小学时的理想是什么？

答：当时没有什么理想，光想念好了能上大学。

问：王洪芹是女生吗？

答：是女生，在山东师范大学。

问：你五年级毕业后，初中在什么地方上的？

答：平原一中，有初中、高中。

问：这个村小学毕业后都能上初中？

答：都能上初中，但有的去平原一中，有的在平原二中，有的在乡中，如十里铺中学没有高中，陈屯中学也没有高中。

问：为什么不一样，是根据成绩吗？

答：是的，根据入学考试的成绩。

问：像你们近 30 人毕业，分别去向的比例？

答：到平原一中 3 人，平原二中 5 人，其他都在乡中。

问：你是住在那里，还是骑车去？

答：是住在那里。

【平原一中】

问：你是什么时候上平原一中的？

答：1979 年。

问：平原一中上了几年？

答：3 年初中、3 年高中，共 6 年，和现在不一样，因为那时小学是 5 年而不是 6 年。

问：你住在哪里？

答：我住在姐姐家，她是一中教师。

问：还有两个住什么地方？

答：住一中学生宿舍。

问：你上初中十一二岁，年龄还小，当时有几个班？

答：两个班，一个班有 50 多人。

问：初中毕业升高中还要考试吗？

答：要考的。

问：平原一中学生的活动中对你印象最深的是什么？

答：上物理课，个人做实验去。

问：你感兴趣？

答：是的。

问：请你介绍有几门课？

答：语文、数学、物理、化学、地理、历史、政治、体育、音乐、英语。

问：在初中是不是也学英语？

答：初中也学英语。

问：在高中时，你在班里学习的成绩如何？

答：成绩一般，中等。

问：高中毕业后能考上大学的有多少人？

答：考上大学的接近 50%，四五十人。

问：你参加大学的考试吗？

答：参加了，我考了总分为 500 多分。

问：假如你考上，准备学什么专业？

答：我的成绩一般，我想考师范学院。

问：你那时就想当老师了？

答：成绩不是上等，考师范比较容易，很难说当时就热爱教师的工作。

问：毕业后就回来当民办教师，谁邀请你的？

答：当时正好乡里缺少公办教师，于是就参加了考试而被录用的。

问：上平原一中你们 3 个人，还有一个呢？

答：他考上了德州师专，现在工作了，他叫吴彬友（男），他在德州市工作，不是教师。

【民办教师】

问：你当民办教师时仍然在旧校址吗？

答：是的。

问：你当时教什么课？

答：教四五年级的数学。没有担任班主任。

问：那时当老师你感到很容易做吗？

答：不容易做。

问：请你介绍一下具体的内容？

答：第二天上什么课，头一天晚上要将第二天上课内容记在脑子里，花的时间就多了。怕学生问的问题回答不出来。

问：1986 年到了新的校址。你第一次拿的工资是多少钱？

答：是 1986 年到的新校址，我第一次拿工资 13 元，是国家给的，大队给 37 元，每月共 50 元。

问：民办教师有没有级差？

答：也分，按教龄、文化程度和学生成绩来区分。

问：公办教师不是这样分的吧？他们有一级到特级，你们民办教师有吗？

答：有，还有学生的成绩。

问：你们民办老师分几级？

答：不一样，我是二级，孟老师是一级。主要按教龄和文化程度区分。

问：王吉达老师是几级？

答：二级。

问：他二级和你民办教师二级是否一样？

答：一样。

问：拿工资是根据级？

答：公办是。民办不是。

问：王吉达什么时候到你们小学来的？

答：1990 年来的。

问：当时你有土地吗？

答：有土地，一家共 6 亩多土地，就我母亲一人种，当时父亲不在家，我和弟弟都上学，因此没有要风险地，只要的口粮地，因此土地少（土地分风险地、口粮地、劳力地三种）。

【后夏寨村小学的教师】

问：1986 年和你在一起的老师名字？

答：有孟宪武老师、王金莲老师、吴英明老师、马德富老师。

问：现在村支部书记马德昌也当过民办教师？

答：我当教师时，马德昌已不当老师。

问：你们有公办教师吗？

答：没有，都是民办老师。

问：吴英明老师？

答：他们去王庄联中，吴英明 1987 年去的，马德富 1986 年去的。

问：吴英明老师是不是本村人？

答：是的，马老师也是本村人。

问：吴、马二人走后由谁来顶替？

答：由李绪莲（女）顶替，他们走后本村小学就没有五年级，只有一至四年级以后，1986 年。李绪莲已调到十里铺中学，她是公办老师。

问：赵玉霞是什么时候来的？

答：她是 1991 年来的。

问：她是本村人吗？

答：她结婚后到我们这个村来的，她原是赵于村人。

问：她和你年龄差不多？

答：是的，都是 26 岁。

问：建立新的小学一共花了多少钱？

答：这个不知道。

问：你上小学有 30 多人，现在村里还有多少人？

答：说不清，有的已经出嫁到外村去。

问：不论什么原因出去的都不算，现在村里还有多少人？

答：还有 20 多人。

【结婚】

问：你哪一年结婚？

答：1987 年。

问：你爱人叫什么名字？

答：他叫马长举。

问：你们怎么认识的？

答：通过介绍恋爱。

问：你丈夫干什么？

答：他务农，今年 25 岁，比我小 1 岁。

问：你现在小家庭有多少土地？

答：有 4 亩地。

问：你爱人父母的名字？

答：父亲叫马德胜，母亲姓张，不知道名字。

问：你丈夫兄弟几个？

答：3 个，我丈夫老大，老二叫马长亮，老三叫马长杰，马长亮在家务农，马长杰在平原毛巾被厂当工人。

【小学师生的一天】

问：请介绍你当时一天的生活？

答：7 点多钟起床，起床后扫地，吃饭，是母亲做。

问：几点钟到学校上课？

答：8 点多钟，第一节课不到 9 点，到学校搞教室的卫生，然后就上课。现在 8：30 上第一节课，我上学时没有现在这样严格。

问：上午上 4 节课？

答：上午没有 4 节，只有 3 节，现在是 4 节。

问：你是哪一个年级班主任？

答：是二年级班主任。

问：第三节课上什么？

答：第三节一般自学，到下午 2 点放学回家。

问：回家后干什么？

答：有活就帮助大人干点事情，没有事情就去玩。

问：下午什么时候上课？

答：两点半上课，共上两节课。

问：什么时候放学回家？

答：5 点半回家。

问：放学的时候，还有会？

答：没有，就可回家。

问：在家干什么？

答：冬天回家有事就帮助父母干，没有事就去玩，夏天白天长，回家帮助家人干活，有时去拔草。

问：你当教师后，孩子由谁来照管？

答：他上幼儿班。没有上幼儿班以前由奶奶带。

问：幼儿班从什么时候开始？

答：1992 年开始。

【二年级课程】

问：请你介绍二年级上什么课？

答：主要是语文、数学，其他还有音乐、体育、自然，还有看图说话，即看图识字。

问：现在我们到教室去看看，同时请你介绍怎样用教科书的。

问：这是笔记本吧？

答：是的。

问：作业都是你看吗？

答：是的。

问：你班里一共有多少学生？

答：共有 16 个学生。

问：女生有几个？

答：女生有 11 个，男生只有 5 个。

问：这个课本？

答：一年级共有两册，二年级也是两册。

问：讲这个题目（指课文）需要多长时间？

答：两节课，每节 45 分钟。

问：课本是学生买的，还是国家发的？

答：是发给学生的。

问：谁拿钱？

答：一般不要钱，个人只要买作业本。

问：这也是一年两册？

答：是的。

问：你教数学和语文课，什么课对你更容易？

答：数学课对我容易，语文课难一点。

问：品德课有吗？有教科书吗？

答：思想品德。

问：这个课怎么讲？

答：也是一课一课地讲。

问：你的学生爱学这个课吗？

答：可以，课本也是一年级两册。

问：作业你怎么布置？

答：根据课本的内容。

问：一节课讲一个题目，这题目不需要一节课怎么办？

答：除讲课之外，还加点内容，结合学生的具体情况，同时还要让学生练习。

【假期制度】

问：我理解了。下面请问一年的学期？

答：从 8 月份开始新学期，上两个多月到 10 月中就放秋假。

问：秋假从什么时候开始？

答：秋假一般从 10 月中旬开始，放一个月。

问：学生回家也帮助家里搞点农活？

答：是的，体力劳动。

问：有没有不需要学生干活的？

答：一般没有，他们可以干点轻活。也可看看晒的东西。11 月中旬开始又上学，到第二年的 1 月春节前 10 多天放寒假，假期 20 多天，3 周，到 2 月，农历正月十五后上课，一般是农历正月十六日开始上课，到秋假中有一个麦假，时间在 6 月 4 日左右放麦假，假期 2 周，到 6 月底，然后再上课。

问：没有暑假？

答：没有暑假，但到 7 月份要做新学生入学考试和升级准备工作，要放 10 多天，学生没有事，老师们有事情。

问：夏天很热，你们很辛苦？

答：有电扇。

问：一年中有没有搞全校性的活动，例如运动会？

答：有运动会，由中心小学校（联中）搞，一般在 6 月 1 日儿童节举行。这个村的学生要选拔出人去参加。

问：还有什么全体性的活动，例如家长会？

答：开家长会 1 ~ 2 次。

问：你们一年分 2 个学期吗？

答：是的。

【统一考试】

问：分两个学期要升学是不是乡里统一考试？

答：一般是考两期，年中一次升级考试，是 7 月份，有时还有期中考试。

问：有乡统一考试？

答： 上面说的就是乡统一考试。出题由乡里统一命题，考试集中到联中去考，学生都去。

问： 一年级学生也去吧？

答： 不是在一天都去考，一至四年级分期进行。

问： 统一考试前要做准备？

答： 要做考前的复习。

问： 统一命题由谁来出？

答： 不知道。是分到小区（联中），各科分到小区出题，没有固定，出出题目，统一考试。

问： 什么时候开始的？

答： 我读书时有，但少，现在的是从 1985 年开始。

【教师生活条件】

问： 你当小学生的时候和现在你教的学生，他们之间有什么不一样的地方？

答： 穿戴上不一样，过去穿的不像样。

问： 他们之间的性格有什么不一样？

答： 过去他们比较老实，现在好动，喜欢提问题，现在学生活跃。

问： 现在你的工资是多少？

答： 月工资 70.50 元。

问： 你现在当教师，你感觉民教和条件方面还有哪些需要改？

答： 现在看起来很好。

问： 现在你们教师的地位怎么样？

答： 地位可以了呀！

问： 你们的工资行吗？工人工资比你们高？

答： 那也不一定，有时工人还发不出工资，我们不会出现这种情况。

马长德（1953 年生）

时　　间：1993 年 4 月 5 日上午

访 问 者：笠原十九司　左志远

场　　所：马长德家

【文教委员职责】

问： 你今年多大？

答： 41 岁，1953 年生。

问： 你属什么？

答： 属蛇。

问： 你是现在这个村的文教委员？

答： 委员就我一个人。

问： 文教委员主要任务？

答： 学校的建设，有什么困难，直接向大队汇报，尽量帮助及时解放。

问： 你是不是领导他们？

答： 不是直接领导，管理学校咱是外行，由学校校长管。学校教学的状况，一年调查一次，问题向村委会汇报帮助解决。

问： 文教委员是村委会的委员之一？

答： 是的。

问： 请你介绍村委会的组织？

答： 可以，有主任、副主任，主任叫王维保，副主任马长祥，副主任就是一个。委员有文教（我），治保委员叫王子固，他今年 57 岁，调解委员是马长祥，他也是理事会的副主任，王子绪副支书是会长。妇女主任是单独的。民兵连长和团支书都是单独的。理事会也是单独的。

妇女主任叫朱爱香；民兵连长叫李绪民；青年团支书叫王崇栋。村党支部：书记是马德昌；副书记是王子绪；第一副支书是王维宝。有两个委员：李令春、王会青。

问： 你是共产党员吗？

答： 我不是。

问： 为什么不是？

答： 1986 年我年龄最小，王会青、王子绪比我年龄大，首先他们入了党，以后我就没有申请，所以现在不是党员。

问：我想知道理事会的任务？

答：管村里的红白喜事，会长是王子绪，委员是马长祥，还有两个老干部，一是王维章，一是马凤山。他们负责村里的红白喜事。

问：你从哪年当文教委员？

答：从 1982 年，已有 10 多年了。

问：你当文教委员你感觉到最重要的事情是什么？

答：每当下大雨的时候，必须到学校走一走，尤其是小孩在上学时，现在房子好了，那时房子差，怕房子倒塌，有问题及时汇报，该修的要修。

问：听说建筑小学房子的管理材料是王维章，他现在是不是管理学校？

答：他是具体看管的，他不是文教委员，属我领导。

【文教委员的选举】

问：你当文教委员是选举的吗？

答：是选举村委会时，大家选出来，选出后进行分工，我分工分管文教。

问：委员是选举出的，是怎样选出的？

答：等额选举，有了候选人，再投票。投票在现在的办公室。选票是一张。

问：我看到有在候选人后面放个碗，选民拿着豆子，愿意选谁就在他后面放个豆子。

答：对对，是差额选举，说等额是不对的。现在是将候选人的名字印在选票上，同意打√，不同意打×。

问：选民不认识字怎么办？

答：我找一个最信任的人，帮助我写。

问：村委会就你一个人不是党员？

答：是的。

问：对你执行任务有没有不方便的地方？

答：没有，我们这个班子最团结，在十里铺乡里就是我们这个村最团结。

问：你青年时是青年团员吗？

答：是团员，现在退团了。1978 ~ 1980 年 3 年我当团支部书记，我培养的王崇栋，从 1981 年接我的团支书工作，他现在是新党员。我们支部书记和村长很团结，对我们起了带头作用。

问：你从 1986 年就管理现在这个小学？

答：是的。

【新校舍、教学质量】

问：请你介绍建新校舍的情况。有没有遇到过什么困难？

答：基本上没有什么困难。看街里旧校舍是不行了，村里研究必须想办法，危房不要伤着孩子。

问：盖新小学和你文教委员是什么关系？

答：我参加研究，关心这件事，危房易倒塌，怕伤孩子，而我们国家广播电台曾广播了有些地方出现危房倒塌伤害孩子的事件，所以特别引起我们重视，我向村委会提出建议。

问：具体计划是谁提出的？

答：是前任党支书，他叫吴丙臣，已去世。

问：建立新学校，要不要经过乡批准？

答：要经过批准，这个地方有果树，没有长起来，所以决定在这个地方盖新小学。使用土地要经过乡里的批准，怕侵占耕地。

问：建小学你们一共花了多少钱？

答：具体数字想不清了。那时一间房也得 1600 元左右，小学共 15 间房，共约 2.4 万元。

问：钱是从什么地方筹划的？

答：从土地承包费中支出。本想上面会拨点钱，但没有拨下来，只好用现在这个办法，不论怎样也要将房子盖起来。

问：你文教委员对学校所需要的教科书

和作业本是不是管理起来？

答：不管，这由学校负责，学生交的学费就包括课本的钱，由联中统一办理。

问：你们学校有没有购买贵重的东西，例如乐器这类东西？

答：没有，因没有钱，当时主要是为了解决危房的问题。

问：你是文教委员，希望你介绍一下具体内容？

答：从 1989 年，房子盖起来，考虑教室在夏天太热，给安上了电扇，冬天怕学生冷了，在教室里安上了炉子，每一冬天每炉 300 块蜂窝煤。要说条件，这个学校在十里铺乡里是头流的，教学质量在王庄联中范围内也属上流的。

问：我们参观前夏寨，感到你们这个村小学是比较好的，在思想方面还抓什么？

答：每年抓两次，夏季和年终要将学生的成绩报到村委会，包括有一至四年级的成绩，了解教师教的效果怎么样，我要了解每位老师的情况，同时我要向村委会汇报，教师的信心很足。

问：这个资料很重要，我拿回去下午给你带来。

答：可以。

问：你们这个地方的小学无论在办学的条件还是教学的质量，在王庄联中的小区范围内要属上游，原因是什么？

答：我们村委会对教师的问题能及时解决，如电风扇和炉子；我们对教师进行奖励，如在小区考试争到第 1 名 15 元，第 2 名 10 元，第 3 名 5 元，对学生如在小区拿到名次，给予物质奖励。

问：这是哪一年的？（指小学资料）

答：是 1991 ~ 1992 年度，我只有 1992 年，1993 年夏季还没有要来呢。

问：我知道你们村的教育情况很好。

答：比起别的地方还差得很远。

问：你们村在传统上就很重视教育。

答：是的，有这方面关系。你昨天访问的王玉仙，他父亲教的李令富，他们教学质量很好，教师素质和水平高。

问：你有没有在外面聘请好的老师到你们这里来？

答：没有这样。现在 4 个老师加幼儿班共 5 个人，其中只有公办老师 1 名，是上面派来的。民办是咱们村的，在 1989 年以前由本村发工资，一年 466 元，从 1989 年开始，乡里集中每月发工资，以前一年一次，解决不了急需的困难，从 1989 年开始，为了解决这个问题，由乡里统一起来将上面的拨款和村里的集资一起，由乡里教育委员会按月发给民办教师的工资。

问：这种改变是你们提出的还是乡里文教改变的？

答：是乡里改变的。

问：你文教委员和乡里文教委员有上下级关系？

答：没有，一般农村和上面不一样，乡里管王庄联中，联中对村里小学，是这样一个系统。而村里教育委员和乡里不发生关系。

【文教委员的权限】

问：你们要开家长会？

答：不开，一般年终学校给家长成绩单，对学得好的，要求继续努力，对差的提出改进的条件。

问：开家长会和文教委员有什么关系？

答：没有举行过。一般问题都经村委会研究，我们分工，同时也负责他的问题，这就叫“分工不分家”。农村和上面不一样，它是最基层的。

问：你对小学老师可不可提出要求？

答：可以，如教学质量不行，我也得去管。

问：你过去有过要求，具体还记得吗？

答：学校老师和种地不一样，种地活两天，我一天干完，而教学是经常性的，对老师要求经常地抓，不能像种地那样突击，老师要每天对学生负责。

【文化娱乐活动】

问：文教委员还负责教育以外的文化工作吗？

答：在村里自责任地分了以后就没有什么文化工作，人们业余都看电视，现在家家有电视。过去有夜校，现在不搞，他以种地为主，都很忙。

问：你们村有电视占全村户的情况？

答：70%～80%。

问：彩色有多少？

答：占20%左右。

问：你们村有没有放电影？

答：这个有，1988年以后，电影队也承包了，由于家家都有电视，他来联系，一般都不看了。乡里有一个电影队，1988年以前每月到我们村放一次，那时电视很少，现在不怎么来了。在娶媳妇的时候，由结婚的这家从乡里请来电影队，请大家看电影，钱由结婚的这家拿。

问：你们还请剧团来唱戏？

答：现在没有了，现在农民很忙，土地承包后要种他的地。

问：还有什么文娱活动？

答：在春节时，村里有敲锣鼓的，打扑克牌的。

问：有没有集体文娱活动场所，有没有踩高跷？

答：没有集体文娱活动场所，也没有踩高跷。

问：有没有报纸？

答：有，在现在的村委会办公室大家都可以去看。有报纸图书，主要由青年团负责。

问：图书在哪里？

答：在村委会办公室内屋。

问：有少先队？

答：小学里有，活动在王庄联中。

问：对少年文化活动你们还组织吗？

答：没有，因为没有事就下地去了。

【村政治学习】

问：村里还组织政治学习？

答：这是要组织的，开全体村民大会地点在小学；农忙时在喇叭里讲，乡里的广播喇叭一直通到我们村里，县里也直接通到我们这里。不需要大家知道的，就在村委会召开干部大会。

问：有没有夜校？

答：现在没有了。

【村大学生】

问：现在村里在大专院校学习的有多少人？

答：济南有两个（师范学院一个，学法律的一个；平原师范学校一个）。

问：名字你知道吗？

答：在济南师范学院学习的叫王玉芳；学法律的是李令富的叔伯妹妹；在平原师范学校的是姓吴的。她们年轻，名字说不出来。

问：初中毕业后，能上高中占多大比例？

答：差不多20%左右。

【出身、家庭】

问：你父母的情况？

答：父亲叫马德明，63岁，在家务农。母亲叫孙香云，63岁。

问：母亲从哪个村来的？

答：从孙庄来的。

问：你有几个兄弟姐妹？

答：兄弟 4 个。

问：老大是谁？

答：是我，马长德；老二叫马长东；三弟叫马长禄；老四是马长春。

问：马长东多大岁数？

答：39 岁，务农。马长禄 30 岁，在部队修理飞机。马长春 26 岁，务农。

问：你父亲有多少土地？

答：当时有 7 亩多土地。

问：你知道爷爷的名字吗？

答：叫马岭，祖母叫马赵氏。

问：爷爷什么时候去世？

答：1960 年，困难时候。

问：你爷爷去世和困难有关系吗？

答：有关系，吃的有困难。

问：你还记得你爷爷的情况吗？

答：记不清了。

【困难时期的小学生】

问：你几岁上小学？

答：8 岁。

问：在什么小学？

答：在南面的小学（指旧校址）。

问：同年级的学生有多少？

答：当时不多，10 多人，当时生活困难。

问：10 多人中有多少女生？

答：约 1/3 女生。

问：当时教你的老师叫什么名字？

答：叫姚洪兰，男老师，他可能去世了。还有李令富，他先在外地教书，1963 年或 1964 年回村的。

问：姚洪兰是本村人吗？

答：不是，他是孙庄人。

问：1961 年困难的情况你还记得吗？

答：大体上还能想一想。那个时候我瘦得很，但肚子大，是浮肿，现在和年轻人讲他们都不信。

问：那时你们吃什么？

答：吃树叶、玉米皮、棉花子皮、草种子。个人到地里去找，当时非常困难。

问：有饿死人吗？

答：有，我爷爷就是。

问：还有人饿死的吗？

答：当时小，记不清，全村一年死掉 80 多人。由于当时饥饿，身体差，体质下降，就要引起其他的病，这样死亡率就高。一天就死过两个人。那时上午死了人，中午以前不敢哭，因为当时每天队里发口粮，你一哭就知道你家有人死了，就领不到口粮，所以不敢哭。死的人大多是年龄大的，他们受不了。

问：小孩呢？

答：不太多，因为一般大人有吃的先给小孩，老人反正老了，所以小孩死得就少了。

问：你上小学时一个老师？

答：几个年级就在一个教室里。

【高级小学校】

问：什么时候毕业？

答：1966 年毕业，当时我 13 岁，我就去郭杨庄，那里有高小，即完小。

问：李令富以后还有老师吗？

答：没有了。

问：你在那里上了几年？

答：上了 3 年，包括留级了 1 年。

问：为什么留级了 1 年？

答：由于成绩不好。

问：我不相信你的成绩不好。

问：是真的。

【“文化大革命”】

问：你毕业于 1969 年，你知道“文化大革命”的情况？

答：当时学习是不太理想，“文化大革命”对我们有影响，老师成了“臭老九”，受到批判，老师也没有心思教了，我们学生也就不想学了。

问：你们有“红卫兵”？

答：有，高年级就有红卫兵，红卫兵头头向外串联，串联没出乡。

问：毕业后你还干什么？

答：我回到村，当时种地挣工分，由于我们兄弟多，念不起书，只好务农，一直干到24岁，1975年。从1975年在生产小队当副队长，兼记工员。

问：你们班10多人，去郭杨庄有多少人？

答：只有7人。

问：7人毕业后有考上初中的吗？

答：没有，受到“文化大革命”干扰。在家种地糊口。

问：1969年到1970年和1961年相比怎么样？

答：那好多了。

问：1975年和1976年相比怎么样？

答：没有什么变化。

问：1969年到1975年，你种地时给你印象最深的事情是什么？

答：印象最深是大家在一起，吃大锅饭，在一起劳动，不是1958年的大锅饭，劳动工分太低，一天干下来只有8分钱，到年终算还得向生产队交钱。

问：你知道林彪事件？

答：当时听收音机听到的，后来搞大批判，批林彪了。

问：这个时期无产阶级专政下继续革命理论，你们学了吗？

答：学了，但印象不深。

问：“文化大革命”中你还有什么印象？

答：在农村影响不大，不像机关，该下地干活还得干活，不像城里的工人，工人照样拿工资，农民不干活没饭吃。

问：这个村有“红卫兵”运动吗？

答：没有。

问：有“造反派”吗？

答：没有，我们村没有两派，由于村里的领导是一致的，所以没有形成两派。

问：那你们村的领导人很聪明的。

问：算可以的吧。

问：对地、富、反、坏、右，你们村对富农怎么样？

答：叫他们扫地，在批林彪事件时搞的。

问：富农分子是谁？

答：记不清了。

问：你们村比较稳定的？

答：是的，我们一直没有两派。到“文化大革命”结束时，咱们鲁西北还是很穷的，闹就没有饭吃。

问：在你的经历中，你感到最愉快的最高兴的是什么？

答：在十一届三中全会以后，生活得比较好，过去挨饿，现在要什么有什么，说真话，是非常高兴的。

魏清晨（1934年生）

时　　间：1993年4月5日下午

访 问 者：笠原十九司　左志远

场　　所：魏清晨家

【个人经历和家庭状况】

问：你今年多大岁数？

答：57周岁。

问：你属什么？

答：我属狗，1934年7月生。

问：你从什么时间开始当教师？

答：从1980年开始当教师，现在还在讲课。

问：你是这个村的？

答：我是这个村，在前夏寨村小学教书。

问：你父亲叫什么名字？

答：我父亲的名字叫魏士法。

问：你父亲什么时候去世的？

答：1975年去世的。

问：他是知识分子吗？

答：不是，是农民，他很忠厚。

问：你父亲有多少土地？

答：过去我家是中农成分，50余亩土地，是个大家庭，父亲兄弟4人，都生活在一起。

问：母亲叫什么名字？

答：她叫魏姚氏。

问：你母亲从什么地方来的？

答：从恩城姚园村来的，不识字。

问：你兄弟姐妹几个？

答：兄弟姐妹5个，我是老四，老大叫魏清春，二哥叫魏清远（现在叫魏远），老三叫魏清霄。我还有一个姐姐，叫清莲，我是最小。哥哥已去世，姐姐健在。清远是烟台师范学院的数学教授。

问：你哥哥毕业在什么学校？

答：他毕业于山东农学院水利系，在济南市。

问：清霄在干什么？

答：他是平原县师范学校的会计师。

问：都是你优秀的兄弟。

答：多谢我的父亲，他受不识字的苦，家里虽然生活很苦，但是还是想办法让我们上学。我的祖父过世太早，我父亲当时才16岁，支撑着家庭。

问：你父亲有多少土地？

答：有50多亩土地，有17口人，平均3亩多土地，还达不到我村的平均数，但我父亲种得很好，产量比较高。

问：1986年以前你干什么？

答：我当卫生保健员，就在本村。我懂得一点医学。

【前夏寨小学】

问：昨天看过卫生室。我想知道这个村的学校情况。

答：我们这里有5个教学班，4个年级和1个幼儿班。

问：请你介绍一下老师的名字？

答：幼儿班是柴艳喜（女），27周岁，高中毕业；一年级是张秀莲（女），29周岁，高中毕业；二年级是魏玉强（男），60周岁，平原县中等师范专科学校毕业；三年级是魏彦芹（女），26周岁，高中毕业；四年级是我本人，毕业于中等师专，在恩城县城，称恩城初等师范学校。这个学校现在改称平原二中。

问：二中很美丽，我们前天去过。

答：原来的校址在文庙后。

问：上面说的老师谁是公办谁是民办？

答：除魏玉祥老师外都是民办。

问：魏老师你现在的工资多少？

答：每月64.50元，还有6元班主任费，合计70.50元。工资是根据乡的财政情况而定。

问：魏玉祥老师的工资多少？

答：300元左右，他没有土地，民办有土地，如老师的基本工资100多元，加上教龄补助、工龄补助、书报费等总共300元。

问：现在你家有多少土地？

答：有7亩土地。

问：谁来种这7亩土地？

答：我本人。

问：你是一面教书一面种地？

答：是的。

问：幼儿班有多少人？

答：20人。

问：男女的比例？

答：搞不清，我是教小学的。

问：一年级有多少学生？

答：有 18 人，二年级 18 人，三年级 18 人，四年级 16 人。

问：16 人中女学生有几个？

答：10 个人。三年级 12 人，别的不清楚。

问：四年级毕业去王庄中心校，也叫联中？

答：是的，现在没有联中，叫王庄中心小学。

问：王庄小学只有五、六年级？

答：是的，以前叫联中，意思是联合办中学。

问：王庄小学毕业去十里铺乡中学读初中？

答：是的。

问：十里铺中学毕业后？

答：毕业后去平原二中。

问：十里铺乡中学去二中的比例？

答：30% ~40% 。

【村内大学生】

问：这个村上大专的有多少人，包括毕业和现在在校的？

答：已经毕业的有 11 人，现在还在上大学的有两个人，共 13 人。

问：现在上大专在什么地方？

箐：德州师专。

问：这个村里当教师的有多少人，到外面去的也算在内，从小学到大学？

答：教小学的就是上面说的那些人，教中学有 3 个人，教大学的 5 个人，都是我们家族人，我侄、侄媳妇、我哥哥都是大学教师。我们家从幼儿班到大学都有，有一个孙女幼师毕业教幼儿班，我教小学，我一个侄儿教高中，我还有一个侄、侄媳和二哥都教大学。

问：那你可办一个私立大学？

答：是一条龙。

问：这个小学有多少老师？

答：就是上面说的，在外面没有教小学的。

问：在外面教中学的 4 个人？

答：在外面教初中 4 个人，高中 1 人，共 5 个人。

问：请你介绍他们的名字？

答：在中学教书的有柴文淑、柴艳东（女）、王希林（男），还有一个中专的叫柴远彬，魏德天教高中（德州中技），教大学的有我二哥魏远，其他名字记不清了。

问：魏玉祥老师是本村人？

答：是的。

问：为什么魏老师是公办而你是民办教师呢，你们学历都是一样？

答：很难讲，不好讲。

【私塾】

问：你们前夏寨小学的历史请介绍一下。

答：解放前属私塾，新中国成立前指 1945 年前。当时上学都是男孩，新中国成立后才有女的上学。

问：你上过私塾吗？

答：上过一年。

问：私塾的老师是谁？

答：叫柴清纹。他是山东省第一高中毕业，住在聊城。当时济南还没有聊城大，济南是“七七事变”后开高埠才发展起来。

问：柴清纹老师是什么地方人？

答：本村人。

问：他家是什么成分？

答：他家是贫农。

问：你们小学什么时候建立的？

答：不清楚，听老人讲是清末建立私塾，当时只有这村有，其他村没有。

问：私塾在什么地方？

答：在现在的大街，当时是在庙边上修了 3 间西房，两间北房，现在没有了。

问：什么时候没有的？

答：1945 年以后就没有私塾，而建立前夏寨初级小学。1945 年以前叫学堂，之前叫私塾。

问：这个庙叫什么庙？

答：叫关帝庙。1951 年这个庙没有了。

问：为什么？

答：由于庙坏了，新中国成立后，人们思想不信这个了，也就不再修了。

【前夏寨村小学变迁】

问：新中国成立后建立的小学就是现在这个小学吗？

答：不是。是利用地主的房子，从 1953 年用到 1962 年。当时不光是初小，而是完小一至六年级，1962 年以后搬到郭杨，五、六年级合到那里去了。

问：地主的房子很大吗？

答：不大，也是土房，3 间东房、3 间西房、3 间北房、3 间南房、3 间小东房在后院，共 15 间房。

问：地主叫什么名字？

答：叫李丙午。

问：他有多少土地？

答：大约一顷（100 亩）。

问：有几家地主？

答：本村就有两户，另一户叫柴清汾。

问：柴清汾有多少土地？

答：80 亩左右。

问：以后呢？

答：1956 ~ 1964 年是初小，1956 年到郭杨。

问：1964 年以后有什么变化？

答：1964 年开始实行五年制，又变成完小。

问：利用地主的房子到 1962 年？

答：是的。

问：1962 年以后？

答：1962 年以后又搬回去了。1965 年办联中到 1970 年，小学仍然保留，一共 4 年。1970 年以后，中学班去王庄了，成为王庄联中，我们这里仍然是五年一贯制，一直到 1985 年。

问：学校利用地主房子做小学，后来什么时候盖新校房？

答：1970 年开始，集体盖了小学，共 16 间土坯房，作为小学校址。当时是生产队，是集体盖的。

问：现在的学校校址是集体盖的吗？

答：不是。1991 年在原地进行翻修，变成砖瓦房。

问：地方还是不变吧？

答：是的。

问：当时翻修花了多少钱？

答：花了 3 万余元。是集资办学，因为当时土地已承包了。

问：每人都拿钱？

答：按人口拿钱。

问：每人多少钱？

答：40 ~50 元，一共 700 多人。

问：有没有人反对？

答：没有人反对，听说办教育培养自己的孩子不会有意见。

问：想问问你个人的经历？你上的私塾有名字吗？

答：叫前夏寨学堂。

问：你几岁上的？

答：1944 ~1945 年，即 9 岁到 10 岁，上了一年。

问：老师叫柴清纹，那时村有多少庙？

答：土地庙、太阳庙（村东头）。没有龙王庙。

问：9岁上一年后怎么样？

答：1945年后上小学，上到1949年。

问：柴清纹老师呢？

答：他不教了，小学时由国家派来的老师。

问：新中国成立后柴清纹老师干什么？

答：他老了，在家务农，养老了。

问：那时柴老师多大岁数？

答：70多岁。

问：在学堂里你上什么课？

答：《百家姓》、《三字经》、《千字文》、《大学》、《中庸》、《论语》、《孟子》、《诗经》。

问：传统的教学。

答：是的。

问：1945年改成小学，老师从什么地方来的？

答：一个是恩城北站村派来的，叫徐丙南，另一个是恩城石庄派来的，叫石兴章，此人还活着，现已退休，快80岁了。

问：1951年小学在关帝庙？

答：不是，在关帝庙的旁边。后来学生多了，将关帝庙的神集中到一边，开始运用墙隔开来，后来人多了，墙就被拆掉、关公像就被弄走了。

问：还有一位老师？

答：1948年来了一位郭老师，叫郭仙瀛，当了校长，他现在已去世了。

问：小学一共有3个老师？

答：是的，1951年建立高小，老师就多了，有七八个。

问：这时你毕业了？

答：我1949年到恩城上学。

问：柴老师和派来的老师在教学法有什么不同？

答：不一样了，柴老师教背课文，天天写大字即毛笔字，新中国成立后来的老师主要是讲，启发式，以前是注入式。

问：当时学什么课程？

答：国语、常识、算术，五、六年级增加时事政治。

问：你上学时有多少学生。

答：在学堂里有20多人，程度不一样，不分年级，有的刚来，有的学了好几年，按《百家姓》《三字经》等，混合在一起的。

问：你上学堂有20多人，像你这么大年龄的能上的有多少？

答：凡是能交学费都可以，当时学费低，本村的老师，像我这样年龄的也只有20多人能上学。

问：有女学生吗？

答：有，七八个女生。

问：那比例不少。

答：我们村比较开放。

【恩城师范学校】

问：你到郭杨去吗？

答：我没有，1949年我就去恩城师范学校。

问：师范毕业你干什么？

答：当教师；先后在大屯、柳城高小、龙庄、王果铺、郝王庄当教师。

问：1949～1951年在恩城师范学校毕业，你当时就想未来当教师？

答：当然了，不当教师就不考师范了。

问：你为什么要当老师？

答：为了培养学生。

问：你教小学是公办吗？

答：是公办老师。

问：你什么时候当教师？

答：1980年当教师，我是教到1963年从外地回村，务农，同时当卫生保健员。

问：你为什么不当老师了？

答：是犯了错误回来的。

问：可以的话，我想了解错误的内容。

答：不好讲，请你谅解。

问：你父亲有 50 多亩土地，“土改”时家是什么成分？

答：是中农。

问：那“土改”时你家的土地有没有变化？

答：“土改”本应分给我家 13 亩，但我父亲没有要。

【结婚】

问：你哪一年结婚的？

答：1948 年结婚，当时还上学，那时早婚，现在提倡晚婚。

问：你太太叫什么名字？

答：宋惠英，从前宋家口村来的。

问：你们是自由恋爱？

答：不是，有媒人。父母之命，媒妁之言。

问：你有几个孩子？

答：两男两女。大的叫魏力，老二叫魏华，第三个孩子叫魏德芝（女），第四个叫宋延敏（女），跟着母亲姓，不能称魏宋延敏。

问：你的孩子干什么工作？

答：他们都务农。

【赤脚医生】

问：你回来后干什么？

答：回来后务农，同时当卫生保健员。

问：你当到什么时候？

答：1963 年到 1980 年，从 1980 年开始当民办老师。

【重登教坛】

问：你当时什么动机？

答：因为这个时候村里需要教师，所以我当教师。

问：你当卫生保健员的主要任务是什么？

答：看病，打针。

问：你怎么学到这样好的技术？

答：我是自学，我的哥哥懂得医学，会看病，我从他那里学到技术。

问：那你是不是“赤脚医生”？

答：是的。

问：你当卫生保健员时，有没有发生过流行病？

答：没有，新中国成立后流行病基本上没有。

问：你当卫生保健员有没有遇到过困难？

答：咱遇到困难，看不了的病，送县卫生院，我只能看小毛病。

问：就你一个“赤脚医生”吗？

答：还有一个，叫柴绍勇。

问：1980 年当民办教师的工资有多少？

答：每月 2 元。两个月发一次 4 元，同时记工分。

问：你当民办老师时学校有多少老师？

答：一共有 5 人，5 个年级，此时实行五年一贯制。

问：老师的名字？

答：我本人，柴艳君（女），李朝义（男），魏艳霞（女），马秀珍（女），当时都是民办老师。

问：到什么时候？

答：我一直教到现在，魏艳霞还在教，其他都不教了，不教后换了张秀莲，本村人，民办，还有魏艳芹，也是民办。不久来了公办老师，即高信芳，她是 1982 年来的，到 1990 年换成魏玉祥。1984 年开始办育红班，加上幼儿教师魏艳喜。

问：她是本村人吗？

答：她不是，是高庄人。

问：柴艳君呢？

答：她结婚了，嫁到王庄，在王庄当小

学老师。

问：她走了换谁呢？

答：来了一位公办老师，即高信芳。

问：1980 年再次当教师，你是一种什么心情？

答：又回到教育岗位上来，一切很得心应手，感到很好干。

问：你一边当教师，一边种地，那什么时候种地？

答：星期天种，上学前，放学后种，还有两个孩子帮助种，否则也种不成。

【统一考试】

问：你们学校有统一考试吗？

答：有，一个学期两次，期中、期末，第二学期有期中和学年考试，每年同一个年级举行竞赛考试，数学或语文，一般在期中以后，期末以前举行。

问：你们在统一考试和竞赛中得到过名次吗？

答：按班级排次序，集体成绩在前 3 名受奖，另外，学生个人单独考在前 5 名受奖。如果考倒数一、二名，要罚老师，扣工资，倒数第一扣 2 元，倒数第二扣 1 元，钱虽不多，但给你亮亮相。

【50 年代和 80 年代的学生】

问：你先后当教师，20 世纪 50 年代和 80 年代的小学生有什么不同的特点？

答：50 年代学生比较听话，守纪律，钻研性比较强，竞争性比较强，老师教学生艰苦奋斗，任劳任怨的思想比较好。现在的学生，由于家庭的溺爱，学生不如过去刻苦，但是学生的思维活动比过去强，由于他见识广，看电视、电影，独立思考能力比较强，按老的看法他们守纪律比较差，但是只要他自己用心地学，现在的孩子比过去聪明，思维比较开阔。现在要培养开拓性，80 年代学生的智力水平比 50 年代学生要提高一两岁。现在十一二岁的小孩，比 50 年代的十三四岁小孩要聪明得多，从写作水平可以看得出来。50 年代学生是模仿型，80 年代的学生思路比较开阔。过去 10 多岁小孩不敢出门，现在七八岁小孩也敢跑出去。时代不同了，他们的心灵也不同了。

问：听了你介绍，你们家这么多人当老师，为农村培养下一代，我很受感动。

答：作为中国人来讲，就应当多为中国人服点务。为建设家乡多服务，这是本职嘛。

马德昌（1954 年生）

现任后夏寨村党支部书记

时　　间：1993 年 4 月 6 日上午

访 问 者：笠原十九司　左志远

场　　所：后夏寨村村委会办公室

【兄弟姊妹】

问：你属什么？

答：属马的，1954 年出生。

问：你的姐姐现在什么地方？

答：在十里铺乡五里铺村，姐姐叫马德菊。

问：你的哥哥在什么地方？

答：大哥在平原县陶瓷厂劳动，厂址在县城，叫马德恩。

问：你哥哥马德良在哪里？

答：在本村务农，我是最小，没有弟弟妹妹。

问：你现在有多少土地？（指德良哥哥）

答：13 亩。

问：你家多少亩？

答：10 亩，共 4 口人。

问：你家的土地谁种？

答：我的爱人种，太忙的时候我也要帮助。

问：1960 年前后困难时期情况怎样？

答：记不太清了，还记得吃野菜团子、地瓜皮（地瓜即山芋）、萝卜缨。

问：那时饿不饿？

答：我们这里每天半斤粮，有的地方只有 4 两。供应萝卜丝。

问：你记得这个村饿死多少人？

答：饿死的有老人，有病的，年轻的没有。

问：一共大约有多少人？

答：太抱歉，弄不清。我当时很年轻。

【小学】

问：你什么时候上学？

答：我 8 岁上学，即 1962 年。

问：那时学校在什么地方？

答：就是昨天你座谈的地方，是个大院了。

问：你四年级的人有多少？

答：十七八个。

问：女生有多少？

答：约占 1/3。

问：为什么女的少？

答：一是生活条件，二是传统女的上学的少。

问：像你这样年龄能上学的女孩的比例？

答：40% 左右。男孩 95% 能上学。

问：想问问你，你上学时的老师叫什么？

答：老师是吴丙元，我一年级的老师。

问：是本村人吗？

答：是本村人。二年级是吴玉仙（女）。

问：你上学的时候，还有其他老师？

答：三年级是李令富，四年级是马振海，五年级是李令章。他们都是本村人。五年级有一个叫高学彦。

问：他是本村人吗？

答：不是，他是高庄人。

问：你知道哪些老师是民办或公办老师？

答：李令富、李令章是公办，吴玉仙老师现在德州，他是民办，马振海现在平原一中，他是公办老师。

问：那时候公办老师的比例比现在多。

答：是的，比现在多。咱村那时有 3 位公办老师，现在只有 1 个。

问：那时小学大约有多少人？

答：70 多人。

问：你上小学时最喜欢哪门课？

答：我喜爱的是文科。

问：你的成绩？

答：我从一年级开始总是第一名。

【平原二中、初级中学】

问：你小学毕业后到什么地方上学？

答：平原县二中。

问：我刚去过二中，校门口很美丽，是有名的学校。

答：这个学校在抗战以前就成立了，在平原县还是比较有名。

【小学教师】

问：你小学同年级的同学有多少人升学？

答：只有 7 人考上二中，其他人没有考上，在家务农。

问：没有在十里铺上初中吗？

答：没有。

问：考入平原二中 7 人中有几个女生？

答：有女生两人。

问：平原二中是初中，是哪年入二中？

答：我是 1968～1970 年念了 2 年半。

【“文化大革命”与平原县二中】

问：你在平原二中学习时，正好是“文化大革命”时期，平原二中有没有“红卫兵”运动？

答：那时已没有，我的上一年级有，我去是复课闹革命时。二中停课两年，到复课闹革命时就复课了。

问：没有去湖南韶山毛泽东的故乡？

答：没有，我们没有赶上大串联。

问：平原二中有没有受“文化大革命”影响，如不愿学习？

答：对我们没有影响，学习比较正常，对老师有影响，不怎么管理学生，从农村去的孩子比较老实，我在二中（2年半期间）只考一次，这就是影响，老师下了课就不怎么管了。

问：对老师的批判，有没有打？

答：在复课闹革命以前有，二中经常有批判、打人，到我这时就没有了。

问：我想了解你在二中上的什么课？

答：初中学的语文、数学、物理、化学、农业知识、政治、历史，还有音乐、体育、图画。

问：有没有学外国语？

答：初一没有。

问：有几个学班？

答：初一4个班。

问：一个班有多少人？

答：54人。

问：平原二中老师有多少？

答：任课老师多，一个学科一个老师，还有一位班主任。我们复课闹革命时学生少，老师多。复课闹革命前平原二中有20多个班，复课闹革命后只有6个班，许多老师没有事。

问：那时你从家里到恩城上学怎么去？

答：我住校，一个礼拜回来一次，我当时还享受助学金。

问：有多少人享受？

答：有60%的学生能享受。

【平原二中、高级中学】

问：你上高中在什么地方？

答：也是在平原二中。

问：你什么时候上高中？

答：我回家后过了一个时期才上高中，当时就没有接着上。

问：间隔多长时间？

答：1972年上高中。

问：你为什么没有接着上高中？

答：因为4个班毕业后，由贫下中农推荐，再到学校考试。

问：7个同学中继续上高中有几个人？

答：有4个人上了高中，女生有两个。女生两个是非农业人口，没有考试就进去的。

问：你知道7个人的名字吗？

答：王少荣在夏津县工业局工作；王建怀、马长军、王学彦种地。同时入学的女生王少春转到外地，是城市户口，现在在地区人民医院工作，男生王子平经营商业。

问：在高中学了外语吗？

答：学了，学英语。

问：那时可以学英语？

答：和苏联关系破裂以后可以学。

问：你知道中美、中日建交？

答：1972年，咱们国家这一年和许多国家建交。

问：在高中学了几年？

答：学了两年半，其中半年是用来补课。

问：补什么课？

答：原来应该学的没有学，现在需要补课。

问：3年吗？

答：高中两年，初中也是两年。

问：那时高中一年级学班有几个？

答：4 个班，每班 50 人。

问：初中和高中的老师不一样吧？

答：是的，都是一个老师一门课。

问：那你毕业于 1974 年吧？

答：是的。

问：高中时你的成绩？

答：一般之上，前 10 名。

问：你同班的有上大学的吗？

答：上大学的多了。这几个人没有。

问：平原高中上大学的比例？

答：上大学的可达 30%，包括大专在内。

【农业学大寨】

问：你参加过农业学大寨，有什么动机？

答：我劳动了半年，全国组织农业学大寨，当时是公社组织有高中文化水平的人参加，全县有四五百人。

问：你是自愿的，还是上面指派的？

答：是领导指派的。

问：你在高中想当什么？

答：我也想当个科学家，但未能实现。

问：你们中学的同学，现在成就最大的是谁？

答：有一位在青岛中国地质勘探院当正教授。

问：你参加农业学大寨是什么时间？

答：1975 年 11 月。

问：你参加了两年？

答：我参加了 3 年。

问：村里有谁？

答：就我自己。

问：训练班在什么地方？

答：在平原县王果铺乡。

问：现在还学大寨？

答：现在不学，现在“下海”经商。

问：现在你对学大寨的印象？

答：那时有必要的，不过有些工作做得过火了，学大寨本质是第一搞生产，第二搞政治。生产就是包村，我是包王果树村。这个村有 2000 多人，我们 7 个人，每人包一个小组，白天搞生产，晚上搞学习，秋后搞整党整风，整顿党员的工作作风。

问：你那是共青团员还是党员？

答：我已经是党员。

问：你哪年入党？

答：1976 年入的。第一批是 40% 的入党，当时三个突击，突击入党，突击提干。

问：你入党的这一年，中国发生了很大的事情，毛泽东和周恩来均在这一年去世。

答：就是这一年三位领导人相继去世。

【民办教师】

问：你回来后，就当民办教师？

答：是的，是在十一届三中全会后，我们就解散了，回村当教师。

问：当你知道毛泽东、周恩来去世的消息，你感觉如何？

答：太悲痛了！开追悼会，全村人民在下雨的情况下听悼词，我的队员有两位两天没有吃饭，心情太悲痛了。

问：周恩来先去世，后来毛泽东去世，他们对你来说谁令你感到最悲痛？

答：一样的悲痛。

问：学大寨工作队解放后，谁请你当教师？

答：本乡教育组。

问：你第一次当哪年级的教师？

答：第一次我教的是初中一年级政治和历史，在王庄联中。

问：你教的历史就是中国革命史吗？

答：是中国通史，从古代到现在，本子叫中国历史。

问：在王庄当老师是哪一年？

答：1779 年 11 月回来，我就到王庄当老师了。

问：王庄当了几年老师？

答：5 年，到 1984 年。

问：你怎么去王庄？

答：每天骑自行车到王庄，吃饭均在家，只有 3 里路，骑车 10 分钟。

问：王庄一年级有几个班？

答：就一个班，最少 55 人。

问：就是现在王庄联中学校？

答：是的。

【民办教师辞职】

问：1984 年以后呢？

答：1984 年到 1986 年在工作片上当统计员，片指的是乡下的片，不是正式机构，作为乡政府的代理机构。

问：你是不愿意当老师，还是什么原因？

答：我结婚后，当老师薪水太低，一个月 12 元，维持不了家庭正常生活，而且一点时间也抽不出来，主要是经济原因。第一年 12 元，第三年 18 元，最后长到 22 元就封顶。现在还有这个问题。

问：我采访的几位老师，他们很努力。你对公办和民办老师的差异有什么看法？

答：如果要搞好农村的小学教育，不提高老师的待遇是解决不了的，因为民办教师都有家庭负担，他们一般都是户主，待遇低，他们安不下心来。不提高待遇，教育质量就很难提高。现在公办的老师可以了，随着我国经济的变化，他们有的拿到 300 多元。

问：学校除王吉达老师例外，都是民办老师，财源从哪里来？

答：除国家负担一部分，都是农民负担，国家补贴 20%，农民要拿 80%。如果要提高民办教师的待遇，就得增加农民的负担，可又不准增加农民的负担，这是一个矛盾。

【结婚】

问：你是哪一年结婚的？

答：1979 年，当民办老师的时候。

问：你爱人叫什么名字？

答：叫高素琴。

问：从什么村来的？

答：高庄。

问：你们是怎么认识的？

答：是通过媒人，是先结婚后恋爱。

问：你有几个孩子？

答：我有两个孩子。老大马长娥，老二马长彦。

问：老大多大岁数？

答：12 岁，小的 9 岁。老大在王庄今年毕业，小的在上小学三年级。

问：老大毕业后到哪上学？

答：按规定到十里铺中学上初中，但也可到平原二中等学校，都要经过考试确定，差一分也不行。

【村内大学生】

问：现在这个村上大学（包括专科）的有多少？

答：十五六人。

问：不少。

答：最近每年都有 3～4 人。

问：上高中的有多少人？

答：初高中共有 30 多人。

问：五好家庭的内容？

答：内容我还背不下来，每条都有标准，但记不清。

问：你是模范党员？

答：我配不上。

【村党支部、村委会、小学】

问：党支部和小学的关系？

答：党支部在村委会里专门找一位负责

文教工作的委员，即文教卫生委员。村委会一般由 5 人组成，即主任、副主任和文教卫生、治保、调解委员。文教卫生委员是马长德。

问：不是党支部直接领导？

答：党支部领导村委会，村委会直接领导。

问：现在调解委员是谁？

答：副主任马长祥兼。

【村的社会】

问：这个村有夜校吗？

答：现在识字班没有，扫盲的也灵活了，有的到果园，有的在地头，现在主要扫科盲。

问：这个村还有文盲吗？

答：没有了。基本上没有了，一个半个上了年纪的，年轻的没有。现在主要扫科盲。

问：这个村有没有学习政治、政策？

答：有。

问：请具体介绍。

答：通过各小组通知，一年举行 2～3 次，去年前年搞社教运动，一般是集体学习。

问：有爱国主义教育吗？

答：主要在学生中进行，社会上没有。

问：你们村家家有电视吗？

答：家家都有电视。

问：是黑白的？

答：是黑白的，没有电视的很少。

问：彩色也有吗？

答：约 10%。

问：报纸杂志？

答：村里统一订了几份，主要是科技报，信息报，也有少数村民自己订。

问：村里的娱乐活动？

答：这几年没有进行。

问：以前有吗？

答：以前在 1964 年演过大戏，现在没有，只有老年活动中心，下棋。

问：放电影吗？

答：一年五六次，不收费。

问：有戏剧吗？

答：没有。

问：现在农村娱乐活动，就是看电视？

答：主要是看电视，老人下象棋、打麻将。

【计划生育】

问：计划生育问题怎么做？

答：由党支部分工一人负责，他叫王子绪。

问：计划生育有什么具体活动？

答：主要对育龄妇女进行宣传，20～30 岁，是计划生育的主要宣传对象，一般不要二胎，有的还想要二胎，计划生育委员就负责这个工作。生多了，要罚款，最多罚 2000 元。

问：你们村年轻夫妇有多少人？

答：有统计，具体还说不出。20～30 岁的 70 多对，他们一般只有一个孩子。

【家长会】

问：学校的家长会你参加吗？

答：我没有参加，咱的委员马长德参加过。

问：你是孩子的父亲。

答：一般是孩子母亲来。

问：家长不是父亲吗？

答：父母都可以，只要有个代表就可，孩子的叔叔和大爷也可以。

问：家长会的内容？

答：进行双向教育，学校如何进行教育，家长如何配合教育。

【重视教育的村】

问：我访问了几个中国农村，在农村教育中，后夏寨的教育很好，在传统上教育就好。我想问你为什么你们村能在传统上重视小学教育？

答：村里抽专门人来管，夏天乘凉，冬天取暖，安排得比较好。有的家长特别溺爱自己的小孩，如果小孩受到老师的批评，就会找到老师大吵大闹，这是前几年的事，现在没有了。从大队开始抓这项工作，提出任何人不得到学校干扰小学的教育。支部、村委会对老师支持，尊重老师。

问：你上小学所受教育和你的孩子所受教育，有什么不同？

答：基本上一样，但现在的学生比我们幸福，我上学时是土坯子的台子，没有桌子，现在不一样了。

王鸣銮（1942 年生）

时　　间：1993 年 4 月 6 日下午

访 问 者：笠原十九司　魏宏运

场　　所：王鸣銮家

【出身家庭】

问：你属什么？是哪一年出生？

答：我属马，是 1942 年出生。

问：新中国成立前，日本调查员访问这个村，他们的记录资料里有你爷爷的名字，叫王葆钧。你的父亲叫什么名字？

答：叫王化远，1960 年去世。

问：父亲去世时有多大岁数？

答：当时他 60 多岁。

问：你父亲当时有多少土地？

答：我记不清了，我在念书，还小。

问：你父亲有几个兄弟姐妹？

答：就他自己，姐姐妹妹都不在了。

问：你奶奶的情况你还记得？

答：我奶奶逝世前躺在床上二三年，是脑血栓，说话说不清，吃饭要人喂。

问：奶奶的名字知道吗？

答：记不清了。她姓张，应称王张氏。

问：奶奶从哪个地方来的？

答：从恩城县南关嫁过来的。

问：爷爷有多少土地？

答：不知道。

问：按照 1942 年调查资料，你爷爷是中农？

答：中农成分知道，但多少土地记不清了。

问：你母亲叫什么名字？

答：我母亲姓张，是张家园村人。

问：你有几个兄弟姐妹？

答：兄弟两个，姐妹两个。我是老二。哥哥叫王鸣琴。一个姐姐（排行是老大），叫王鸣秀，一个妹妹叫王鸣玉。

问：她们现在哪里？

答：姐姐在烟台村。

问：你哥哥？

答：他已去世了。

问：哪年去世？

答：1961 年去世，是困难时期。

问：你的妹妹？

答：孙石匠村。

问：你从父亲口中听说过你爷爷是秀才的事吗？

答：没有听说过。

问：你爷爷留下过什么东西吗？

答：没有。

问：你的父亲干什么工作？

答：他务农、种地。

问：你父亲有多少土地？

答：记不清了，听说 20 多亩土地。

问：按照 1942 年的调查资料，你爷爷是个医生？

答：是行医。

问：你有家谱吗？

答：家谱交了，没有了，“文化大革命”毁了，牌位还有。

问：按照资料你爷爷是负责村的教育，你听别人说过吗？

答：没有。上岁数的人知道。

【“土地改革”】

问：这个村是 1945 年解放，你知道“土改”情况？

答：听说过，去过一次，斗地主，我们中农没动。

问：这个村有地主吗？

答：没有地主，只有两户富农。一个叫王廷西，一个叫李鸿堂。

问：听说过王廷西的儿子王学孔。王学孔是不是参加过八路军？

答：他现在还工作，在河北省冀县。

问：富农的儿子怎么能参加八路军？

答：刚解放时都可以参加，只要思想好，后来不行。

问：村里斗争富农的情况？

答：记不清。听说不厉害，因为富农的规模不是太大。

【村庙】

问：这个村有没有庙？

答：土地庙、关帝庙、真武庙、龙王庙、观音菩萨庙。

问：这四个庙什么时候没有的？

答：听说参加八路军后要盖房子而拆掉了。

问：这个村有没有破除迷信？

答：慢慢地没有了。

问：这个庙是八路军破坏的？

答：不是，是由于他当八路军回来，没有地方住，就由村里将庙拆掉给他盖房子。

问：什么时候？

答：是从朝鲜战争回来以后。

【参军】

问：咱们这个村参加八路军有多少人？

答：那时人有多少记不清，反正有不少人参加。

问：什么人参加？年轻的还是什么样人？

答：年轻的，兄弟们多的参加，弟兄一个的就不要参加。

问：你还记得他们的名字吗？

答：记不清了。解放后是征兵制，到了年龄该参加的就参加。富农、地主的子弟不能参加，解放前不论成分，解放后就论成分了。

【小学】

问：你上过小学吗？

答：我 7 岁上小学。

问：小学的老师的名字还记得吗？

答：换了两三个，有一个叫张兴礼，还有一个叫耿荣和。

问：还有呢？

答：有的待的时间很短，几个月，就是张兴理和耿荣和两位老师时间长，还有一个老师叫张延令，只有几个月。

问：他们不是本村人吧？

答：不是本村人。

问：你上学就在本村吗？

答：是的。两位老师还活着，耿荣和老师的孩子已上大学了；张兴礼老师是夏津县人，现在县文教局。

问：你知道王贵三吗？

答：听说他是本村老师，我上学时他已不在这个学校了，岁数大了。

问：你上小学时有多少学生？

答：全村共五六十人。

问：有多少女生？

答：约占 1/3 是女生。

问：小学生时你上什么课？

答：两门课程：语文和数学。

问：打算盘吗？

答：不怎么打，有时也学一点。

问：音乐、美术有吗？

答：音乐、美术、体育都有。

问：那时小学有五、六年级吗？

答：没有，只有一至四年级。

问：你上小学时，1949 年中华人民共和国成立你记得吗？有没有庆祝活动？

答：不记得，当时小。

问：你毕业于后夏寨小学后到什么地方念书？

答：到郭杨村完小，念五、六年级。

问：郭杨村离这里有多远？

答：4 华里。

问：你同年级的学生有多少人？

答：同年级一个班，10 多个人。

问：你完小毕业后上什么学校？

答：没有上学。

问：你什么时候完小毕业？

答：是 1956 年毕业。

问：在 10 多个人中你的成绩？

答：一般。

【困难时期父母去世】

问：毕后业干什么？

答：当了几年工人，在德州市交通部门，管公路交通。

问：你是管理还是建筑？

答：我是管理。

问：你干了多长时间？

答：5 年，后来就回家，即 1961 年，父亲去世了，我回家成家立业。

问：你父亲去世的情况？

答：是生活困难，又有病，当时我又不在家。

问：你父亲去世两年，你哥哥又去世了吧？

答：差不多就在这一两年内，我父亲、母亲、哥哥都先后去世了。

问：谁先去世？

答：先是我父亲，很短时间内我母亲去世，后来哥哥又去世，父母去世相隔只有 28 天，主要是生活困难，当时村里生活不好，那时与现在没法比。

问：你父亲是什么病？

答：记不清了，因我不在家。生活有困难，加上又有病。

问：你哥哥去世在你回家以后吗？

答：我也没有在家。

问：困难时期，你们村死了多少人？

答：听说死了不少，每天有四五个人。

问：现在我们没有想到那样困难。什么时候开始好转？

答：过了 1962 年开始好转，慢慢恢复。

【结婚】

问：你们什么时候结婚的？

答：1961 年，我 21 岁，爱人 23 岁。我从德州回村结婚，结婚后又去德州。

问：你太太叫什么名字？

答：叫朱秀芳。

问：你多大岁数？（问朱）

答：我今年 55 岁。

问：你属什么？

答：我属兔。

问：你是本村人吗？

答：不是，我是郭杨村人。

问：你们结婚前认识吗？

答：不认识，是通过别人介绍认识的。

问：你们有几个孩子？

答：一个小子，两个女孩。老大叫王建祥，两个女孩，大的叫王爱荣，小的叫王爱玲。

问：你（指王建祥）今年多大岁数？

答：我今年 31 岁。

问：你干什么工作？

答：务农。

问：你家现在有多少土地？

答：一个人 2 亩地，共 12 亩地。

问：都是口粮地？

答：是的，都是口粮地。有一个妹妹已出嫁，在前夏寨。

问：那很近呀。小妹妹呢？

答：已毕业，在家做编织。

问：就在家里编吗？

答：是的，是手工副业。

问：你毕业于什么学校？

答：王庄联中。

问：你的小妹毕业什么地方？

答：她毕业于陈屯初中。

问：你的大妹妹什么毕业？

答：是本村小学毕业。

问：1961 年结婚，1962 年生活慢慢好起来，老大是哪一年生的？（问王鸣銮）

答：是 1963 年生的。

问：那时生活好一些？

答：是的。

【“四清”运动】

问：1964 年这个村有“四清”运动，你有印象？

答：搞“四清”运动，1965 年冬季。

问：“四清”有工作队，是什么地方来的？

答：工作队是地区分配来的，有的是从乐陵、庆云县来的，乐陵是宋哲元的家乡。

问：一共来几个人？

答：1965 年村里分东西两个大队，共来六七个人，名字记不清了。有地方干部，军队的，地方干部多。

问：两个大队的名字？

答：后夏寨东大队，后夏寨西大队。

问：“四清”运动被批判的是什么人？

答：是干部。两个队长，一个魏洪迅，是西队队长，另一个是王维章，是东队队长，还有会计李景堂是西队会计，吴序爵是东队会计。村支部书记，叫马凤山。

问：你们参加批判干部运动？

答：我们没有参加。

问：干部批判后怎么办？

答：他交代了，退赔后还继续当干部。轻的继续当，重的就换了，有继续的，有下台的。

问：谁下台了？

答：是马凤山（支部书记）。

问：新的书记是谁？

答：是王玉庆。

问：队长有没有下台？

答：下台了。西队的魏洪迅，东队的王维章。

问：换的队长是谁？

答：他们下台后分小队了。

问：你记得魏洪迅队长下台后是谁当队长？

答：换上的叫张良臣。

问：东队呢？

答：换上的叫吴丙臣。

问：会计换了没有？

答：没有换？

问：群众有什么代表？

答：有，贫下中农代表。

问：是谁？

答：叫王汉雨、王汉杰。

问：下台后的干部干什么？

答：他们种地，共产党员有的留党察看两年，两年后去掉了处分。

问："四清"运动搞了几次？

答：搞了两次，第一次是本村搞，第二次是外地派来的工作队。本村搞的叫小"四清"。第二次大"四清"运动，搞的规模大。

问：大"四清"运动有没有农民参加讨论？

答：农民参加学习，前十条、后十条。

问：你参加有什么感觉？

答：觉得对头，他们多吃多占，侵犯群众的利益，这样做是对的。

【"文化大革命"和领导人逝世】

问：1966 年"文化大革命"这个村有什么活动？

答："文化大革命"我们村没有什么特殊活动。

问：这个村没有"造反派"吗？

答：有，年轻人。

问：有多少人？

答：咱不在造反派，记不清。

问：有年岁大的吗？

答：也有，但主要是年轻的。

问：造反派的头头是谁？

答：是马洪昌。

问：那时的实权派是谁？

答：是支部书记，是当权派。

问："文化大革命"时，村支书是谁？

答：是王玉庆（当时全村一个大队）。

问：大队队长是谁？

答：是吴丙臣。

问：造反派有没有夺权？

答：造反派也有人，但支部书记权没有被夺。

问：支持造反派的人多不多？

答：弄不清，主要是年轻人，别人也不管。

问：除马洪昌外还有吗？

答：马洪昌已死了。还有谁记不清了。

问：这个村有"黑五类"吗？

答：没有。

问：我看电影中也有一两个人在扫街？

答：那是富农分子，本村没有地主，富农两家，男的已去世了，只是妇女，一共就四五个人。

问：可以知道是什么人？

答：是妇女，名字记不清，是小脚妇女。

问：除了妇女还有男的吗？

答：王廷西。富农子弟在农村限制很多，不能参军，不能当工人，找不到对象。

问："文化大革命"中的支部书记有没有下台？

答：没有下台。

问：有没有"红卫兵"运动？

答："红卫兵"和造反派是一伙人。

问：这个村有下放的知青吗？

答：没有。

问：还有学大寨？

答：搞了，是全国性的。

问：请具体说说？例如种地有没有改变？

答：种地没有改变，主要是深耕，由于自然条件的差别，也有打井的，只是口头学。

问：你家里有井吗？

答：井是最近几年搞的，过去没有。

问：学大寨没有什么效果吧？

答：是的。

问："文化大革命"后期，这个村有什么特别运动？

答：没有。

问：1972 年林彪的事情你们知道吗？

答：知道，这里听到广播。

问：这里有没有进行批判？

答：有“批林批孔”，这里也进行，就是开会，说话讲到“批林批孔”事，但没有什么具体行动。

问：1976 年，周恩来去世了，你知道这个消息你有什么心情？

答：当时感到国家一个领袖，很有威望的人，一听说逝世了，心里感到很不愉快的，很悲痛。

问：接着毛泽东主席又去世了，你听到这个消息的心情如何？

答：也是一样的心情，心里很难过，当时在地里干活，一听这个消息，都不干活了。我们村进行了集体哀悼。

问：在什么地方？

答：在学校院子里。

问：你们知道“四人帮”被逮捕吗？有什么感觉？

答：听说“四人帮”被逮起来，我们老百姓弄不清这件事。

问：“文化大革命”结束后，有整党整风，你们这里怎么样？

答：没有什么大的活动。

【农业生产、生活变化】

问：你一生中最困难的时候是什么时候？

答：就是 60 年代初，最困难的时候，我家里死了人。

问：你什么时候生活开始好了？

答：就是现在生活好，从 1962 年起逐步强起来，特别是近 10 多年。黄河水从 1980 年引进来后，这里解决水浇地问题，收成就更好了。

问：黄河水从哪一个县引过来的？

答：从平原县西南角引进来的。

问：70 年代初有什么困难吗？

答：感觉没有什么困难，那时是集体劳动。

问：那几年农业收成如何？

答：不是大丰收，也不是歉收，普普通通，一般。

问：1981 年以后，那一两年最好？

答：头 3 年，即 1990 年以前，那时棉花亩产子棉四五百斤，甚至达到 600 斤。1990 年发生大水，去年又旱，农业受到影响。

马会祥（75 岁）

时　　间：1993 年 3 月 31 日下午

访 问 者：中生胜美

场　　所：马德品家

【回忆抗战时惯行调查】

问：你听得懂我的话吗？

答：能听懂。

问：今年多大岁数？

答：今年 75 岁，有气管炎。

问：这是你的家？

答：这是我儿的家，我家在那边住，这里是我的三子家。

问：新中国成立前你在这个村吧？

答：在这个村。

问：你知不知道日军在华时，有几个日本人到这来采访？

答：约 1942 年，在这儿蹲了一天，看看这个村的情况，我当时不是干部，调查什么内容不清楚，但知道这件事。

问：当时几个日本人来问你们一村的社会经济概况的，写了一本书，知道这个村有许多姓马的。

答：就是“概论”，是那个意思。

【马氏家族】

问：你认识不认识马士林？

答：马士林是我父亲。

【（以下是马氏家庭内容，见图表略）】

问：你的气管好吗？

答：气管不好。

问：你喜欢我昨天拍的照片吗？

答：喜欢！喜欢！

问：姓马的以前很团结吧，以前这个村这个地方叫中排西排，姓马的都住在东排吗？

答：姓马的住西排，马家东排（2队）一队有姓吴和姓马的，二队姓马、姓王、姓张的，三队姓王、姓刘、姓李的，四队姓王的、姓李、姓魏的，五队姓李的多，还有姓王的。

问：这个村姓马的都是一个家族吗？

答：都是一个家族。

问：后夏寨姓马的比较多，前夏寨姓马的多不多？

答：前夏寨姓马的原有就两户，也是一族，现在可能有30户。清明节还有3天，我们也上坟，也有不上的。

【上坟】

问：你家上坟吗？

答：上。

问：上坟要扫墓和添坟吧？

答：咱们这里不扫墓，去了以后，大的坟就不添土了，如果坟小就添些土，添完就走了。和旧社会一样，习惯了。

问：你上不上坟？

答：也上。

问：以前上坟，跪下来叩头，还要点酒，你们是否这样做？

答：我们不叩头。

【子女概况】

问：你有几个小子？

答：3个小子，1个女儿。

问：老大叫什么名字？

答：老大叫马德才，今年47岁，住在平原县城，是职工，他的对象叫陆莫仙，没有孙子，有两个孙女儿，大的叫素芹，老二素美。老二叫马德恩，他对象叫刘子英，3个孩子，老大叫素云，老二叫素勇（男），老三叫素萍（女）。三儿叫马德品，对象叫高素芹，住在本村，是支部书记，两个男孩，老大叫常娥（男），老二叫常燕。大女儿叫马德菊，今年49岁，住五里铺，对象叫李亭训，离这里2.5公里，有1个女儿1个小子，儿子叫李长海，女儿叫小粉（小名）。现在就是我们老两口，没有孩子跟我们住。

问：家里不方便了吧？

答：他们轮流管我吃，他们买东西，我们做饭。

【早年生活回忆】

问：我想问你的一辈子经历，你几岁上学？

答：我没有念过书。

问：你记得小时候的事吗？

答：我们家穷，个人没有土地，租学校的地，租金少，我个人没有地。

问：你们日子怎么过？

答：我父亲打短工。

问：你父亲有没有去过东北？

答：没有。

问：大的几岁开始种田？

答：11岁。

问：刚开始跟着你父亲一起做吧？

答：是的，一起做。

问：也是打短工？

答：是的，除自家活外，还去打短工。

问：11岁还是个小孩子呀！

答：我父亲除种地外，还干小买卖，开茶馆，卖开水，卖烧饼果子，在真武庙前头。

问：你父亲教你写字吧？

答：不是，是以后扫盲时我才学，以前是文盲。

问：你的弟弟比你小几岁？

答：小 5 岁。

问：你干活时你弟弟还小？

答：是小，我还有个小妹妹。

问：妹妹叫什么名字？

答：小名叫小妮。

问：你的妹妹比你小几岁？

答：比我小 8 岁。

问：那你们家生活很苦了？

答：我母亲还有神经病，她不能照顾弟弟和妹妹，我母亲神经病时妹妹已会跑了。

问：你母亲是在生你妹妹以前还是以后患的神经病？

答：生我妹妹以后，妹妹已三四岁了。我父原先在雷家庄，常在那里，我母亲神经病后就回家来了，出不去了，因为做小买卖要出去，家里离不了呀，是这么个情况。

【种地、打短工】

问：新中国成立以前你没有种过地？

答：我父亲在雷庄，离这里两里多路，在雷庄种地，打一石粮食，四六开。我们是佃农。

问：你父亲种多少土地？

答：那弄不清了。

问：他在雷庄给地主种地，地主叫什么名字？

答：弄不清。

问：你自己 11 岁打短工？

答：我们干的是零活。

问：你第一次打短工在什么地方？

答：我 20 岁才打短工。

问：那时有没有短工市？

答：没有，以前有。我们是在地里忙的时候去短工市。

问：你当过长工吗？

答：没有。

问：11 岁到 20 岁，帮助你父亲？

答：是帮助我父亲。20 岁以后自己去干。

问：你做过小买卖没有？

答：我没有，一直种地。租人家的地。

【日军和满铁调查】

问：你当短工是 1939 年，是日军来的时候吧？

答：是的。

问：你对日本人有什么印象？日本军队到过这个村吗？

答：没有到过这个村。

问：他们在恩城县城边吧？

答：好像是一个小队。

问：是 1937 年？

答：弄不清楚。

问：这个村日本军来过吗？

答：来过，4 个人，是车队，有枪。来抓点小鸡。

问：他们向你们要钱吗？

答：没要。

问：他们走来的，还是骑自行车来？

答：走来的，来也没有什么影响。

问：除军队外，日本人有戴眼镜的老老实实的人来过吗？你看过吗？

答：没看过。

问：你听过当时的满铁调查？

答：没有。

问：这个本是以前调查的报告，上面写得很清楚，对你们可能也有兴趣吧！这边有 13 甲。

答：我告过甲长。

问：一般是到县城才看到日军吗？

答：县城出入很麻烦。有 20 多个日军，走一走，又回去了，没有伤人。

问：日本人在时，有没有特别的事件，使你有印象？

答：日本军来时到北面，住下来以后，离恩城也就两公里，那个庄叫杜庄。老百姓害怕就跑，日本军就将跑的人逮住了，打死了人，这是在刚来的时候。

【短工】

问：你打短工是帮忙？一般是本村为主还是村的附近为主？

答：以本村为主，有空就去，没空就拉倒。

问：当时短工一天有多少粮食？

答：一天 12 斤，农忙时还要多。

问：你种了多少亩土地？

答：种了 10 多亩地（一亩合 9 分）。

问：你当短工时带工具吗？

答：没有。

问：一般有农具是不是工资比较高？

答：工资也不很高，本村雇短工的也不多，因为没有大户。

【外出做工】

问：这个村很穷，有没有到外面去工作的？

答：有到东北去的，也有做买卖的。向北去，到哈尔滨一带，干临时工。也有做买卖，赶牲口到南边去的，从那边买牲口，到这边来卖。

问：你父亲到什么地方买牛？

答：到徐州以北，易县，买牛，到这里来卖，因为那里出牛。

问：你父亲一个人干还是和朋友一起做买卖？

答：个人。

问：他有哥哥吗？

答：他哥哥已死了，早不在世了。

【八路军】

问：什么时候你知道日军投降的？

答：日军一走，八路军一宣传就知道了。国民党没有到过这个地方。

问：你第一次见到八路军在什么地方？

答：日本人在时他们就来过。

问：他们来时找谁？

答：谁也不找，后期才找，他们根据地在河西，来时是到大部队去。

问：你们第一次见到八路军害怕不害怕？

答：不害怕。他们给你打水，给你干活，整天欢欢喜喜的。他们走的时候，借用的东西给老乡送回去。

问：这是日军投降以后的事吧？

答：是日军在的时候，他们住在这里，到平原县城、火车站等地方去弄东西。

问：当时这里有没有党员？

答：没有。是十六七年后才发展，当时是秘密的，后来人们才明白。

【结婚】

问：你几岁结婚？

答：我 24 岁时结婚。

问：结婚时，你家很穷吧？

答：很穷。

问：大娘是哪儿人？

答：魏庄。

问：魏庄离这里多远？

答：2.5 公里。

问：谁是介绍人？

答：我的表哥，姓吕。

问：结婚时男方要给女方些钱吧？

答：有，也有不给钱的。有钱人家不给钱，没有钱的人家倒给钱。你得给钱，人家需要钱，是这么结合成的。

问：你付了多少钱？

答：130 元（准备银行券，是日本人发的钱）。

问：130 元，一个人可生活多长时间？

答：当时棒子是 100 斤 20 元钱，一个人可吃一年半。

问：她带来什么东西？

答：她家也穷，带不了什么东西，有两件东西（衣箱）。

【货币】

问：日本投降以后，票子如何处理？

答：不愿意要。当时买东西有要的，也有不要的。

问：你第一次见到人民币是解放以后还是以前？

答：解放以后，解放以前没有人民币。

问：日军投降后，马上就解放了吧？

答：是的。

问：当时你们用什么钱？

答：八路军也有自己的货币，八路军这部分管这个区，那部分管那个区。各地区出各地区的票子，冀南区出的是冀南票子。

【家庭】

问：你的母亲什么时候去世？

答：解放以前去世的，日本人还没有来呢。

问：父亲什么时候去世？

答：父亲 1954 年去世。

问：你参加"土改"的时候就没有母亲了？

答：没有。

问：家里有你的父亲、妹妹共 4 口人？

答：4 口人，我还有一个亲姐姐，所以是姐妹两个，兄弟两个。

问：姐姐叫什么名字？

答：记的小名叫个行，一般旧社会妇女没有名字。

问：你姐姐比你大多少？

答：大 5 岁。

问：主要靠你姐姐了，她现在住在什么地方？

答：住在前夏寨。

问：她现在身体怎样？

答：她死了，死了四五年了。

问：姐姐什么时候出嫁？

答：20 多岁，日军还没有来。

问：她丈夫叫什么名字？

答：叫王会之。他也死了。

问：你姐姐结婚时，王会之给你们钱了吗？

答：我还弄不清，因为是老人管这事，可能有钱，有多少不清楚。我妹妹出嫁时给我钱了。

问：你妹妹什么时候出嫁的？

答：解放前出嫁。

问：你妹妹和弟弟谁结婚早？

答：妹妹先结婚。他们都是解放前结婚的。

【日军投降后的皇协军】

问：八路军第二次来解放县城是什么时候？

答：是 1945 年。日本人投降后，皇协军还在这个地方，他们一直住了有一年，他们跟着蒋介石，和八路军顶着，后来 1945 年 8 月才解放，日本人早走了。八路军围城越围较小，皇协军据点有五六公里，在 20 公里外设据点，是先解放了据点，最后留下县城，将城围起来，闹了有一年多。

【工作队】

问：八路军长期住在这是什么时候？

答："土改"是1946年，没有来工作队。后来解放，一个村有一个八路军。

问：你记得住在这个村的八路军是什么样的人？

答：他不常住在这儿，经常换人，没有记什么名字，一般称"王同志""李同志"。

问：他们是找谁？

答：他们来了先将村组织起来，建立农会，权力归农会，还有民兵，贫农参加，富农排在外。

问：你们第一次听到"土改"、农会，不会理解吧？

答：一开始，人都组织起来了。

【农会】

问：怎么样组织农会？

答：开村会，由村长几个人，召开群众会讨论，选举农会。

问：农会在什么地方开会？

答：在村的大院中间开会。地点不定，有时天气热，就到树底下开或者到学校开。

问：大院现在还有吗？

答：有。

问：参加农会的有多少人？

答：有主任，贫农代表，民兵连长，自卫队长，就这些人，他们是农会管，还有妇女主任。

问：主任叫什么名字？

答：叫吴志段，贫农代表马万年，民兵连长王光之，妇女主任是马桂芳。

问：八路军在这里组织农会？

答：是的，以后还有变化，民兵里面还有指导员，名叫吴须教。我当贫民组长，还有干事。

问：吴志段多大岁数？

答：40～50岁，王光之比他小10岁，吴须教30多岁，马桂芳与我同岁，还不到30岁。

问：吴志段他是一个什么样人？

答：他是一个中农。

问：他有多少土地？

答：不清楚。

问：一般农会主任中农可以当吗？

答：中农和下中农一样。马万年是贫农，有地没有农具，他没有文化，主任有文化，高小。

问：除了主任以外都不识字呀？

答：是的。

问：在旧社会像你们同龄人有多少人有文化？

答：有一些。

问：你的年龄中有几个人上过学？

答：有五六个人，也就是初中，再高的就没有了。

问：参加农会都是穷人吧？

答：穷的富的都有，有富人参加，全村都在农会。还包括儿童团，小学生，老年妇女也组织起来。

问：你们现在还有没有人保留着土地证？

答：有，我家里就有。一张纸，30公分长宽。

问：能不能让我看看？

答：可以，我去拿。

【分家、过继】

问：你与父亲什么时候分家？

答：我同父亲没有分家。我同老三分家，是在老三结婚前两年。

问：有分家的证明吗？

答：有，我家有。

问：你和你弟弟的分家单？

答：他也是出去的过继，过继给马士中。

问：什么时候过继？

答：日军已来了。我兄弟不在家。马士

中有地没有钱，他老了没人种地，所以过继过去。

问：旧社会比较重视谁该过继谁家是吧？

答：都是一家人，外姓人就是算要来的，一家人为过。

问：过继也要写文书的吧？

答：过继要写，因年老无子，过继养老送终。

问：过继手续完了后要吃饭的吧？

答：过继文书写完以后，才吃饭。我手里没有过继单子。

问：马文祥还在吗？

答：还在。他也不准保存着过继单子。他不在家，日本人来时他就不在家，日本人搞训练，他在那儿受训。

问：马士中没有后代，你们一家人考虑给他过继谁？

答：他没有东西，有东西才叫继承。一般根据需要，他东西多，个人用不了，需要人，这样才过继，一来为了需要，二来为了继承。过继就得继承财产。

问：你家分家请族长吧？

答：没有，我个人给他分的。

问：过继时，族长和上一辈的人都来看吧？

答：过继时有族人参加，一家出一个人，不管你是家长还是同辈都可以。有吃饭的，也有不吃饭的，有穷过继，也有富过继。

【上坟】

问：初二你们一起上坟吃饭吧？

答：初二上坟去，不吃饭。也有愿去，也有不愿去的，为了好看，希望都去。

问：初二上坟，清明节上坟，还有吗？

答：上坟集体上，去后各自就到自己的老坟去上坟去祭奠。

【分家】

问：旧社会分家如没有纠纷就不分家了吧？

答：没有纠纷也分家。

问：一般分家的原因是什么？

答：有兄弟两个，必须分开过。成了家结婚就得分开过。

问：如果大哥结婚了，弟弟尚未结婚就不分了？

答：也能分。他们的老子如能干，有财产有东西，就要分，如果没有东西也有不分的。

问：你能举一个例子吗？

答：本村还没有见过。现在是娶了媳妇就分家，但家产先不分。

问：家堂谁管？

答：老大管。这没有一定规定，老三也可以管。

问：昨天看的是马家家堂祖图？

答：姓马的人多，比较近支的人搞的。

问：你昨天说你知道祖父的名字，但不知道曾祖父的名字，但家堂祖图写上了他们的名字是什么原因？

答：看谁同谁近。家堂祖图马兴富同他俩近，马兴荣有三个小子，他们近。

问：昨天我问，你记不清他们的名字，但家谱里有他们的名字？

答：我知道一些，从前我看了家堂，曾祖父他们是亲兄弟三人。

马长祥（红白喜事委员会成员）

时　　间：1993年4月1日下午

访 问 者：中生胜美

场　　所：马长祥家

【马氏宗族】

问：马氏宗族你知道一些吧！

答：姓马的在小河庄。据说原来是回族，什么时候改的，不清楚。

问：你们可能原来是回族。

答：原来是回族。以前有什么马什么马的，到我小时，记得在小河庄那里有个谱宗，后来咱这儿也有了，“文化大革命”时没有了，以后往下就不连宗，该怎么样就怎么样。马长祥辈的字是辈，我同辈都是“长”，在后夏寨姓马的是一个老坟，马家小孩在“文化大革命”前，都到那上坟去。后夏寨姓马的是从小河庄来，但什么时候来不清楚。他那里有寺庙。姓马的原来是兄弟三个，他这一伙就是三支，咱是第二，还有个第一，他们是第三支。三支在马家岗有一座祖坟。

【祖坟】

问：那时有许多姓马的都一起来上坟？

答：一起去上坟，马姓有一个家谱，将姓马的去世的人写在上面，在马家轮流供养着。到马家岗祖坟上坟，也买纸，也有供品。

问：“文化大革命”以后还去吗？

答：以后就不去了。最近也没有去。马家岗的土坟包还在。现在上坟的人很少了，由于人多了，对老坟也就差了。

问：你们上坟，一般是那边上坟还是这边，“文化大革命”以前，在那边上坟以后，这里的祖父母也上坟吧？

答：过年，年三十，过年个人上家祭，坟头朝那边插个枝。初一拜年，初二早不吃饭，下出饺子供养供养，个人拿着饺子、纸上坟去。上自己的爷爷奶奶、老爷爷的坟。随后再上老祖坟。

问：上坟接祖父母的灵回来一起过年，然后初二将他们送到坟墓里头？

答：是这个意思。然后去姓马的老坟地方上坟。

问：年三十晚上大约几点钟去上坟？

答：一般是早上起来下了饺子，拿着饺子、纸去上坟，这是初二。吃了早上饭去上老坟。

问：这边有没有三支的人？

答：后夏寨有。

问：有没有家谱这类东西？

答：我就有。

问：给我们看一看。现在家家都有了？

答：基本上有，兄弟三人，在老坟地方，也有的放在大哥哥地方。

问：三支人多吗？

答：三支人少，二支人多。咱们这支比较多。一队有100多户，有一半是姓马的。

问：过去初二一起上坟，表示很团结，现在还一起去吗？

答：现在不一起去了。

【春节习俗】

问：过年要拜年吧，先到哪里去？

答：先到哪里，看和谁最近，就先到哪家去，慢慢地向远处去。

问：年三十以前开始准备买菜、买烧纸、买灶王爷？

答：是的。

问：灶王爷上天是几号？

答：腊月二十三日。

问：你们也叫灶王爷？

答：我们这里叫腊月二十三，灶王爷上西天。

问：二十三日以前，赶集就买来灶王爷？

答：也有二十三日以前买的，也有到年根买的，我就是年三十买的。

问：一般你们在什么地方买？

答：赶集买的，在恩城，也有蹍上的，就买。

问：现在有没有灶王爷？

答：有。我家也有，贴着呢。

问：这是马家岗老坟地？

答：是，现在是二队的菜园，种花生，棉花。

问：现在土地承包吧？

答：土地承包了。

问：这个湖是什么时候有的？

答：是 1981 年。

问：这个菜园是村里的？

答：是村里的。

问：一共有多少亩？

答：29 亩，是苹果树。

问：这个湖挖了多长时间？

答：挖了 3 天，一个乡一起搞的。

问：这就是马家岗？

答：是马家岗。

问：这附近除后夏寨以外也有姓马的吧？

答：也有，3 户，不是一个老祖宗。

问：这个地是后夏寨的吧？

答：是的。

问：马凤来说去年底看过你们的族谱，你有没有见过？

答：我没有见过。

问：听说你们这里谱书历史很久很久了，原来是回族？

答：原来是回族。

问：谱书可能写你们家历史，我很想看看，我希望能找到。

马长祥（第二次访问）

时　　间：1993 年 4 月 4 日

【红白喜事委员会】

问：今天我想问问红白喜事委员会，委员一共有多少人？

答：一共 4 人，有王子绪，四十二三岁；王维章，60 多岁；马凤山，60 多岁。

问：是你们通知他们，还是结婚的人通知他们？

答：咱们通知他们，人家什么时候结婚，咱们去，他们去了以后，王家就买好了东西。

问：红白喜事委员会是不是管这，不要浪费？

答：管外边客人来了怎么招待。

【婚约】

问：父母包办也要管吗？

答：一般到结婚时不是父母包办。有父母包办是在订婚的时候，那时我们也要管。现在基本上没有父母包办。

问：如果两个人愿意结婚，而父母反对，你们要不要管？

答：管，现在没有。

问：听说这里男女都是姓马的（如马长兴），结婚父母不太高兴，这个你们要不要管？

答：父母挺高兴。

问：一般同姓就是出了五服的结婚，也还是不太高兴的吧？

答：出五服没事，国家有法律。

问：解放以前没有吧？

答：没有。

问：现在不多吧？

答：现在也不多。

问：除了他以外还有没有？

答：很少。

问：有没有姓王的一家结婚？

答：有，也不是一个家族。

【红白喜事委员会工作】

问：你们要管接待客人？

答：对，一般是自己孩子结婚，人家老人不管这事，一切事交由执事职管。

问：人家要随礼的，要不要写账？

答：要管。

问：你们是帮忙的头？

答：是的。

问：他们的亲家来人你们也要管？

答：也要管，也算帮忙的。

问：男方也有帮忙的人吧？

答：是的，是一起合作。

问：过年前后结婚的人多，你们比较忙呀？

答：对。

问：有没有报酬？

答：没有报酬。

问：管你们吃饭，你们也随礼吧？

答：要随礼。

问：过年前后随了不少钱了？

答：咱随人家，咱有事人家也随咱呀。有来有往。

问：不是亲戚，你们负担太大呀！

答：负担是重点。要不负责这工作，有的时候不随礼，或少随礼，一干这个工作，人在那儿，就必须随礼，多随。

问：自己的亲兄弟，你们参加一般要随多少钱？

答：亲兄弟，比较近的，原来不给钱。只是头一天送被面褥面，叫添箱，有的过世，亲兄弟给你30元或50元，有的给你送一场电影。

问：朋友和亲戚不一样吧，有的给60元或100元？

答：有这样的情况，有的朋友比亲戚给的多，根据你个人的条件和个人的来往。

问：你们没有亲戚关系给多少钱？

答：什么关系也没有，一般给3~5元。有关系给10元，也有20元，这是个别的。

问：你记得随礼最多的要多少钱？

答：一般50元，给我们姨家。

问：这个村姓马的人很多，姓马的结婚也给10元钱？

答：有5元的，也有10元的。有的随5元礼或头一天添箱给一床被面，也有给一个被子一个褥子。

问：去年底有多少结婚？

答：比较少。

问：一年差不多平均有5对夫妇结婚吧？

答：今年比较少。

问：你们亲戚在外村结婚，你们也要去送礼的吧？

答：对。

问：去年大约随了多少钱礼？

答：200元，当前10元拿不出手。

问：日本送礼，我们将它保存下来，待向他们送礼时，视保存的礼的分量，你们有没有这样的习惯？

答：基本上也有这情况。

问：你的孩子前年结婚，当时也写喜礼簿的吧？

答：有。

问：下一次送礼，按喜礼簿上的标准？

答：只多不少。有的给咱10元，咱给他20元。

问：白事也要给钱，大约给多少？

答：比红事少点，白事轻点。大多一人付5元、10元，3元的很少。

问：红事随礼，白事也是随礼吗？

答：也是随礼。

问：红事叫喜礼簿，白事叫什么簿？

答：叫丧礼簿。

问：你们管喜礼簿，丧礼簿是不是也管？

答：也要管。丧礼簿用白纸，红事用红纸。红事有的头一天晚上就随礼，朋友多。当天头午至中午受礼。都是男方朋友亲戚，女方不送喜礼，在山东都是这习惯。

【结婚仪式】

问：当天早上接新娘，做客是女方的吧？

答：早上来 4 个送亲的，2 个送饭，有果子饭，也有饺子饭，在娘家包的水饺，来到这里下水饺，吃饭时来的 4 个人在这儿吃饭，到中午女方娘家就送饭来，一般来 3 席，一席 8 位。

问：女方的客人是不是新娘的父母？

答：是这个意思，她的姐姐，她的姑爷，她的亲戚朋友。

问：晚上呢？

答：晚上就没事了。

问：这里有没有闹洞房？

答：也有，根据辈的大小，有的说个笑话，要糖要烟，新人辈小的，就没有人闹了。晚辈闹洞房，乡亲里的晚辈也来。

问：不是同姓，乡亲辈也要考虑大小？

答：对，一般是离这里近的。闹洞房是有交情，两人合不来的，他就不来，年龄不分大小，一般是年轻人。

【辈分、称呼】

问：你认识不认识孟兆生（音）？

答：我认识他，他早就死了。

问：你叫他什么？

答：我叫他姥爷，因为，他同我姥爷同辈，依照姥爷叫姥爷。

问：孟宪武呢？

答：是叔。

问：他的闺女孟玉芬呢？

答：她叫我哥哥，她姐姐也叫我哥哥。她的爱人也叫我哥哥。

问：王维君（音）呢？

答：我叫他哥哥。

问：王会平（音）呢？

答：他叫我叔。

问：王仲有（音）呢？

答：他叫我爷爷。

问：他的闺女？

答：也叫我爷爷。

问：王文德认识不认识？

答：他的辈大了。

问：王景堂知道吗？

答：知道。我叫他舅，也叫他大爷。为什么叫他舅呢？因为他和我姥爷近，在西头，咱娘叫他哥哥，我依娘叫他舅，依我爸爸，我叫他大爷。没有亲戚关系。

问：王维贵（音）呢？

答：他叫我哥哥，年龄小，他妹妹叫我哥哥，王维宝（音），我叫他哥哥。

问：马荣才呢？

答：他叫我叔。

问：马长德呢？

答：他叫我哥哥。

问：马凤来和孟宪武，孟宪武叫他叔叔？

答：对。

问：但是马长德叫孟宪武叔。

答：这是怎么回来呢，孟家是马孟不分，不知道孟家长子过继，他过继孟家上这儿来。到底是孟家跟马家，还是马家跟孟家说不清，马凤来他也说不很清。咱和孟家好比乡亲的称呼，他在这里就有马孟不分。可能性是马家上他孟家，或跟着孟家，跟着以后就乱了。下一步，咱这村辈还乱，因为本村结婚比较多。有的按乡亲辈他那边是叔，两个孩子一成亲他又同辈了，在这个村当前有这种情况。乱了，有的自己就叫自己的，咱俩近，就将嘴改了，远的就不改。

问：自己的亲兄弟要不要改呀？

答：亲兄弟要改，堂兄弟有的不改，有的改。例如我叫李令春叔，他叫王维宝叔，王维宝叫王子绪叔，王子绪叫我叔，这样转，叔叔叔，倒转就是侄侄侄。因为老早一个村有亲戚关系，排下来的，你看这情况。

问：人家都知道吗？

答：都知道。我叫他叔，他叫他叔，他又叫我叔。

问：拜年是按乡亲辈晚辈到这里拜年吧？

答：对。

问：这样比较乱。

答：我叫李令春叔，王子绪叫我叔，王维宝叫我弟弟。

问：除了亲戚关系以外有没有改辈的？

答：没有。有的不知道也是老辈就叫下来的。

问：我在别的村，听说旧社会地主家的长工，一定要叫他大爷，地主的孩子叫叔叔，要本村的人改称呼，这个村有这样的情况吗？

答：没听说过。

【外来人的称呼】

问：外边过来没有辈叫什么？

答：从前有个李华坤（外来户），他解放前是父亲将他挑来落的户。他来后，岁数大叫大哥，也有对咱这儿辈分很大的，他也随着叫爷爷。他谁家也不住，起码他来到某个大院，也就随着大院人的情况而称呼。他到他那个县里也按咱们这儿辈，一般大叫大哥，大的叫大爷，也排下来了，实际咱这辈没有吴家大，他比咱这个辈到他那还大呢，他叫咱大哥，到他那叫大哥，咱叫吴家叫爷爷了。也有到他那边，马家辈大，依吴家叫大哥，叫马家也叫大哥，他比吴家又大了。所以来了以后就乱了。

问：他落户后呢？

答：他基本上叫咱哥哥。以后他又回家，走了，原是清河县人。

问：一般乡亲辈本村人都知道？

答：都知道。不知道是外边来的人。

问：旧社会有叫花子，他们没有乡亲辈吧？

答：要饭的，哪儿都有到这儿来，他称呼大叔、大哥的。

问：不认识人也可叫伯伯、叔叔吧？

答：不认识也可以这么称呼，年纪大的称大爷，女的称大娘，中年称大哥大嫂，年轻的称弟弟，老的称老爷爷、老奶奶。

【少年儿童的称呼、改名】

问：一般小孩不懂事，乡亲辈比较乱吧？

答：有的也不知道该怎么叫，一般大人和他说，他看到岁数大的叫爷爷，岁数很小叫叔叔，有时跟大人说。

问：他们上小学知道他的乡亲辈吗？

答：有的知道，有的不知道。

问：同班同学，有的是叔叔，有的是爷爷？

答：是的。

问：在学校，做朋友比较困难的吧？

答：称同学，也叫名字，在学校不允许叫叔叔。在学校叫大号（名字）不叫小名，也可叫奶名（吃奶时起的名字），也有一生下来叫名不改了，如光光，后来起名就叫马光清。又如王长光。

问：现在报户口起大名吧？

答：报户口起小名。生下孩子报名叫小名，有的小名叫云长（音），大号就叫魏云长（他姓魏）。也有起的小名到起大号，一个字也不同。

问：以前小名有的奇奇怪怪的很多吧？起学名是要改名的吧？

答：有改的，有不改的。

问：改的时候办什么手续？

答：叫大号？到学校有的老师给起，有的家长起，到学校填表就起上了。有的在家就起好了。

问：改了名以后报户口？

答：有的小名叫芝芝，改名叫马秀芝，到结婚登记就是这个名了，那一看就是小时候的名了。

问：一般改名占多大比例？

答：50%，改名的是男的多，男的按姓的辈分排了，女的有的无所谓，也有随便起的，男的必须改。

【小名、礼貌】

问：起名一般小名有什么意思，有没有迷信的因素？

答：没有。

问：男的都起小名？

答：都起小名。

问：旧社会女孩也起小名？

答：也起。

问：一般都知道小名吧？

答：小时知道，一结婚，婆家不知道了，不让叫小名，一般叫新改大名。

问：按你的年龄 47 岁，差不多同学都知道小名吧？

答：都知道。

问：一般上学叫小名不太好吧？

答：是的。

问：小孩在家叫小名？

答：叫小名，十几岁也叫小名。

问：像你的年龄，你的妈妈叫你小名吗？

答：有时候也叫。一般到市里都叫大名。

问：你的小名叫什么？

答：叫宝龄（音）。

问：我在别的村听说，“土地改革”时斗地主时，农民叫他小名？

答：是的，带有侮辱性的，对岁数大的叫大爷大叔、岁数小的叫大号，如叫小名就不礼貌了。

问：一般你们是很重视礼貌的吧？

答：是的。叫大号也不能乱，该叫大爷叫大爷，该叫大叔叫大叔。叫人家大号也是不能乱的。

【同村辈分的称呼】

问：大爷很多怎么办？

答：如称“会祥爷”，不叫姓。

问：大一辈叫什么？

答：叫叔，或叫排行，如三叔。

问：大爷大娘也有吧？

答：大爷同我父亲是一辈，但他岁数比我父亲大。

问：按父亲的年龄来区分？

答：是的，是和父亲同辈的这样称呼。小就叫叔叔，大就叫大爷。

问：大娘和婶子按什么？

答：是跟着大爷和叔叔称呼，是大爷的称大娘，是叔叔的称婶子。不按照妈妈。是大爷的妻子，哪怕她 18 岁，也应叫大娘，是叔叔的妻子，哪怕她 80 岁，也应叫婶婶，姑和姨就跟着她们的对象来称呼。姑是和父亲亲姐妹俩，姨是和母亲亲姐妹俩。

问：乡亲辈有没有姨？

答：没有姨。一般小的叫姑，大的叫爷、叔。

问：你是马德东？我现在问乡亲辈，本村也有大爷、叔叔？（以下问马德东。）

答：都有。

问：你认识不认识孟兆生？

答：孟宪武的父亲，他死了。

问：你叫他什么？

答：我叫他大爷。叫孟宪武大哥。

问：孟庆海你叫他什么？

答：他是我侄子，他叫我叔。他爱人也叫我叔。

问：王维君叫你什么？

答：他叫我弟弟，我叫他大哥。

问：王会平呢？

答：他叫我叔。

问：王从友呢？

答：他叫我爷爷。

问：王文德知道吗？

答：不知道。

问：王景堂的父亲？

答：应该叫他爷爷了。

问：王维臣呢？

答：我叫他大哥。

问：王维奎呢？

答：他叫我哥哥。

问：王维香呢？

答：我叫她姐姐。

问：王维真？

答：他叫我哥哥。

问：王维宝？

答：我叫他大哥。（插话：这里就乱了，我叫他叔，不知道哪一辈改的，而咱俩是一辈）

问：父亲的爸爸叫爷爷，对象叫奶奶。母亲的父母叫姥爷、姥娘？

答：是的。

问：父亲的哥哥叫大爷，父亲的弟弟叫叔叔。那母亲的大哥叫什么？

答：叫舅舅。弟弟也叫舅舅。

问：父亲的姐妹叫？

答：叫姑。母亲姐妹叫姨。

问：父亲的亲兄弟下代叫什么？

答：叫堂兄弟。按次序应称亲兄弟，叔伯兄弟，堂叔伯兄弟。

问：再向下怎么称呼？

答：再向下没法说，出了五服就远了。按理说堂叔伯下面就应叫堂堂叔伯，但咱们没有这个说法。

出了五服，人还是这些，也不管堂叔伯，也不管什么叔伯，红白喜事该怎么搞就怎么搞，有的家人多了就不来了。

【丧事仪式】

问：一般做白事他们的孝子比较重视，老大的责任比较大吧？

答：不是。老大老二老三一样，孙子也是一样，根据亲戚近远，闺女儿都是一样。

问：父亲死，他们还叫孝子吧？

答：叫孝子，男女不分，儿媳妇也叫孝子。

问：过去孝子穿白色的衣服吧？

答：是的。男子戴孝子帽，女的叫擂头布，解放前个人织的布，现在都是买的布，也有用的确良布的。为啥叫孝子呢？因为都穿孝，女婿也穿孝衣呢。

问：堂兄弟不一样？

答：不一样，能看出来。除了闺女、儿子、儿媳妇一样外，其他的能分出来。

问：他们要戴孝帽？

答：是男的全戴，女的都擂头布。

问：孝衣用什么做的？

答：孝衣是买的白布。

问：孝衣有不缝的？

答：那是女婿穿的孝衣。

问：什么时候穿孝衣？

答：出丧的时候。

问：准备好了然后才出殡吧？

答：对。

问：一般如是突然死的话，没有准备好就出殡了吧？

答：对。老人提前就准备好了，如穿的衣服……有的突然死了，到城里去买布。有的五天，有的六天，有的七天出丧。

问：一般出丧是第三天吧？

答：是第五天，有的很年轻的三天，也有六七天的。亲戚朋友在死后三天以内来吊孝。

问：丧葬的事，你们也要管的吧？

答：要管的，马凤武过去的时候，也是我们管的。

问：他们死了以后马上就通知你们？

答：有的马上通知，有的一哭咱就知道了，第三天叫咱去，研究哪一天出丧。

【送老衣】

问：老人一般坐在炕上吧？

答：死以前在炕上，眼看要死，穿上衣服抬到床上。

问：死人穿的衣服叫什么？

答：送老衣服，准备时叫寿衣。

问：送老衣要花不少钱吧？

答：现在有的去买，有的是家里做的。

问：一般送老衣要多少钱？

答：买的 200 元，自己做的 100 元。

问：枕头？

答：有，自己做。

问：送老衣还有什么东西？

答：有的鞋子、单子，一套就是上面说的那些钱。

咱们这儿在放棺才盖的时候，在死人身上放上红布，叫遮阳布，这是闺女买的。

问：什么时候洗脸？

答：三天，开光，洗脸，照镜子，耳朵一个人开光，开眼光看四方，开嘴光，吃四方，开鼻子光，嗅（闻）四方，开耳朵光，听四方，开脚光，走四方，开手光，拿四方。

问：口里有没有东西？

答：没有。

问：手里？

答：手里拿着一块干粮，上面有点指甲，上阴间去，打锅盖，好盖起来。

问：男女都拿吧？

答：男女都拿。

【红白喜事委员会的分工】

问：你们管，主要是不要太浪费的意思？

答：是的。一家人都去哭去了，我们照顾。在外边放一张桌子，王子绪写账我收钱，有的送花圈来了以后，王子绪写上挽联。王维章年纪大，在屋里坐，烟酒那里需要拿，马凤山负责，有的女婿来了以后陪女婿，照应这些事。上午以前，咱就交代了，收了多少钱，将儿子叫来，算算以后，你收了多少钱，开支了多少钱。（买花圈，给小孩钱，烟钱，酒钱。）弄清楚咱就回家了。

【土葬、火葬】

问：死了以后第几天放进棺材里面？

答：以前是当天，也有第二天的，现在不是这样了，今天死了，明天火化，回来以后将骨灰盒放到棺材里。自己个人去，以前有人陪，现在不去了。一般上午去，下午回来。

问：有些老人不太愿意火葬吧？

答：当时有的不愿意，现在没事了。

问：你们这里什么时候开始火葬的？

答：已有 12 年了，1981 年、1982 年。以前都是土葬。

问：棺材多大？

答：（用手比画大小）王兴龙那里有一个。

问：我想去看看样品？

答：他那有一个，你愿意看可去看。

马长祥（第三次访问）

时　　间：1993 年 4 月 7 日下午

【在坟地附近】

问：这抽水机是你的吧！多少钱？

答： 这抽水机。买一台需四五百元，我已用了四五年。

【家谱、家堂祖图】

问： 官庄有多少户？

答： 400多户。

问： 马姓老祖先，最大的是马德明吗？

答： 家谱书没有写。老祖宗的名字，不清楚。

问： 谱书与家堂祖图不一样吧？

答： 不一样。

【坟地】

问： 老祖宗下面是三个兄弟吧？一支？二支？三支？

答： 南面是二支的坟，三支的坟在东边。我小孩时来上坟，给老祖上坟。三支到三支去上。

问： 这是小麦？是后夏寨地？

答： 是的。

问： 这是老坟，初二时上老坟？

答： 是的。"文化大革命"以前姓马的全来，一起来。"文化大革命"以后不来，"破四旧"就不来了。

问： "破四旧"有没有挖坟？

答： 没有。姓王的将坟搬啦，原地养猪积肥。

问： 老坟是够大的？

答： 以前还大。这个棺材坏了，塌了。

问： 谁承包这地？

答： 好几家。这坟地，头朝西北，脚朝东南。根据地形看风水。有的朝东南，朝什么方向的都有。

问： 这个坟是谁的？

答： 是王家的。这是他爷爷的坟，这是他爸爸的坟。大坟是，一共7个坟。小坟是姓张的，大坟是王景贵的。

【耕地、果园】

我说这个意思，有机器浇地方便，有电机就好了，有水一合闸就行，有时有电，有时无电。有时有电无水，有时有水无电。

问： 现在人均多少土地？

答： 平均2亩土地。

问： 每亩平均产量？

答： 平均500多斤。种棉花，地好远。

问： 这是前夏寨的地？

答： 果树到那头是前夏寨的土地。

问： 果园是前夏寨的？

答： 是后夏寨的，三四五队的。从道边到这儿都是后夏寨的地。

问： 二队的果园是比较大的吧？

答： 差不多。一家一行，约1亩半。二队一户2亩地。一、二队共100亩，三、四、五队共100亩，合200亩地。

问： 果园是什么时候承包的？

答： 1986年开始。

问： 是一个人还是好几个人承包？

答： 好几个人一块承包。承包费是一亩地一年20元。

问： 这边看到二队的果园吧？

答： 看到了，从电杆开始。

问： 你也承包果园吧？

答： 是的。种苹果。金帅苹果卖6角多钱一斤。

王廷章

时　　间：1993年4月2日下午

访 问 者：中生胜美

翻　　译：王键

场　　所：后夏寨村小学前、马家岗子

【家族】

问：你姓什么？

答：姓王。

问：和王会元是一家吗？

答：不是一家。

问：你叫什么？

答：王廷章。

问：这里姓王的有 5 家吧？

答：有 5 家。

问：你们祖先从哪里过来的？

答：从山西洪洞县过来的。他那个姓王和咱这个姓王似乎不是一家人。

问：他是你的街坊吧？

答：是邻居。

问：姓王的多在二队呀？

答：是二队，他也是二队。

问：二队的果园是不是在这边？

答：在东边，你们昨天不是在那照相的嘛。

【自行车、电视】

问：旧社会这里是初一、初六赶集？

答：是初一、初六的集，离这里 40 华里。

问：你们赶集是骑自行车还是走路去？

答：骑自行车，我家有 3 辆，4 口人。

问：人民公社时，自行车很少吧？

答：那时很少，一户也没有一辆。

问：一辆自行车要多少钱？

答：230 元，到供销社买，我是 1980 年买的。

问：第二辆是什么时候买的？

答：可能是 1983 年。

问：你家有没有电视机？

答：有，买了已有六七年，黑白的，买了自行车后买电视机的。

问：你今年多大岁数？

答：60 岁。

问：你记得八路军在这儿？

答：记得，当时在小学上学。

【赶集】

问：在太阳出来时就赶集去了吧。

答：做买卖的去得早，光是买东西去得晚。11 点时人最多。

问：我在济南，那里赶集 8 点最热闹，10 点就没人了。

答：那是赶早市，也有夜市。

问：早市哪里有？

答：城市里有早市夜市，农村没有。农村集市最热闹在春节。

问：你家有灶王爷？

答：现在不信了，写个条子放在那里就完了。现在卖灶王爷像的少了，在年关有，过了年关就没有用，年轻人就不信，老年人还要买。

【回忆满铁惯厅调查、日军】

问：日本人考察你还记得？

答：日本人考察时，我才 10 多岁。白天在西墙根底下，头午在东房檐底下。他们写些什么弄不清。

问：他们骑自行车来？

答：是汽车来的。有七八个人，来的时间够长。我们当时在小学上学，一来就看到了。他们也不打人骂人，见小孩给糖。

问：日本军队在县城——恩城吧？

答：日本军人有六七人，真正的日本人不是 7 个就是 5 个，主要是国民党伪军。

问：你们上了几年学？

答：念了七八年。

问：你们还知道，他们来时，八路军围着这个村子不让他们走？

答：没有，那时没有八路，考察以后才有八路来，那时有国民党。

问：你们上课时他们来？

答：是的。一样照常上课，他们在院子里，不到教室，他们不说中国话，咱们听不懂。

问：有翻译吧？

答：弄不清。

【上坟、坟地（在马家岗子坟地附近）】

问：清明节上坟，叩头不叩头？

答：叩头。有太阳出来时，也有太阳要下去时上坟。

问：大约是12点到下午5点之间？

答：到6点半，需要过午。

问：你家有老人坟吗？

答：有。

问：有你的父母？

答：有祖父母。父母在一个坟里，父亲在这边，母亲在那边。祖父母在这儿。

问：上坟的人在这个位置还在哪个位置？

答：他的头朝哪，就在哪，都是统一方向的。

问：老大在什么位置？

答：这是老大、老二、老三（指现地回答）。

问：按辈分吗？

答：这是同辈，这又是下一辈。

问：父母二人，母亲先死，怎么摆法？

答：年轻的（50岁以下）不放在这里，等父亲死了以后，再把他取回来。

【阴田、阴亲】

问：闺女死了怎么办？

答：闺女死了，不能上坟地，埋在一个地头上，找一个阴亲。

问：阴亲现在还有吗？

答：有。一个男的死了，没有娶媳妇，给他找一个女的也是死了的，这样就不阴孤了。

问：为什么这样做？

答：小子不能孤着。

问：多大岁数做阴亲？

答：8～10多岁，一两岁就不做阴亲，有20岁也有30多岁的。

问：死的时间不能长吧？

答：一般五六年到七八年。

问：阴亲有没有媒人？

答：有。说说，看同意不同意，还得花钱，买口棺材300元左右，几百元结婚礼。

问：有棺材，能看吗？

答：能看。

问：这里是土岗（音）？

答：这一片，土岗没有了。

问：什么时候没有的？

答：1964年、1965年没有了，当时烧砖的窑上要土，将土岗弄掉了。

【分家】

问：你承包的地在什么地方？

答：在那边。孩子种孩子的，我种我的。

问：分居了，就是分家吧？

答：分居就是分家。一个小子和几个小子不一样，一个小子分居不分家，多了就得分家，结局是一个小子老子死了财产归其继承，孩子多了就得分家。

问：以前的分家和现在不一样？

答：不一样，由乡里的管理人（管税人）立上字据，有什么得写上。旧社会还得叫上四邻、中间人。中间人谁都能当，不一定是舅舅，也不一定是干部，公证人有的是长辈。

【农田、种植】

问：这个坟有多长时间？

答：七八年，早先没有这个坟。

问：你贵姓？

答：我姓马。（马荣才）

问：你们姓马的是一家吧？

答：是一家。

问：马家岗是你们的老坟？

答：是老坟。

问：你们有水稻？

答：有，济南那边有。

问：你们喜欢吃大米还是喜欢吃小麦？

答：种稻要有充足的水，唯有这里种小麦。小麦亩产 800 来斤，有的地方 2000 多斤，咱这不行，因土质不行，白士地不如红土地。黑土地少，在姚占乡有，在 10 里地以外。咱们这儿是白土地，也是盐碱地，种什么也不长。

问：解放以后你们土地改良？

答：没有搞，果园地是好地。

问：一亩要用多少化肥？

答：氮肥 100 斤，磷肥 100 斤，再加土家肥，就能打到 800 来斤。

咱村姓马的最多，还有姓王的，姓吴的有一户。

【阴亲】

问：刚才说的阴亲也是这种坟墓？

答：是的。

问：结阴亲的，一家不行吧？

答：一家绝对不行，同姓的也要过五代。不是一个同族的可以。

问：你们这个村有没有？

答：有。

问：近亲的不能结婚吧？

答：是的，《婚姻法》不允许，同姓的要过五代人以后。两个姨的孩子可以。

王廷章（第二次访问）

时　　间：1993 年 4 月 5 日下午

【万年历】

问：您多大岁数？

答：今年 57 岁，虚岁 58 岁，属狗，1935 年出生。

问：这叫什么东西？

答：这叫万年历，道光年开始。

（被访者拿出清代土地文书）。

问：什么时候分的家？

答：分家 30 多年，近 40 年了。

【我的祖父是王正令（音）】

（问）王廷章母（75 岁）。

问：1942 年你丈夫 52 岁？

答：当时我 28 岁，两个差 24 岁。

问：你的祖父上一代就分家了，差不多 100 多年以前，可能这边有记载，当时 2000 亩土地。

答：是王门姚氏，王正和、王正祥是亲兄弟，同你爷爷是叔伯关系。

问：你什么时候搬过来？

答：搬到这里 20 年了。

问：你的奶奶姓什么？

答：（拿出本本来），她姓姚。这是我妈妈写的。

【家堂】

问：这是家堂吗？

答：是的，我的历代祖先上面都有。

问：家堂在“文化大革命”时一般烧掉了吧？

答：我把它保存下来了。

问：那时你当了队长，可以保存。

答：我是当队长。

（看家堂祖图）

【求雨】

问：求雨是抬龙王爷到那边去吧？

答：到马家河去求雨。

问：哪里呀？

答：这里。

问：求雨时用柳树条编起来放在头上？

答：是的，解放后就不求雨了。

问：你见过没有？

答：见过。

【家谱】

问：是谁的坟墓？

答：吴志专（音）的墓，你那上面有。

问：有谱书，找到了没有？

答：这就是。

问：明天还给你可以吗？

答：可以。

（至马金山家，马妻应答）

问：家谱找到了吗？

答：有了。

问：是谁写的？

答：是我老公爹写的。马凤武写的。

问：没看见过，这太好了。

答：他是西医大夫，记性特别好。

问：马金山是谁？

答：马金山是她的男人（王廷章代答），是马凤武的二儿。这是她的妹妹。她的妹妹在南关，妹妹的爱人在棉花加工厂。这是家谱书的底根：家谱是一本一本的。马家原先是回民，那时他们还有一部回民的家谱。听说，回民向他要了好几回，找不到了。离这里 20 多里地，就是小河庄，回民，在那里的人说起来他们还是一家人呢。

问：小河庄是回民？

答：是回民。

问：今天收获不少吧？

答：是的，由于你的帮助，这些文件不简单，有的人找不到。

问：你说你小的时候看过日本人考察团吧？当时上小学的人比较少吧？

答：很少很少。

问：我问很多老人，他们不知道，找了你才知道。

【坟地】

问：这是你父亲的？

答：是的。那个老坟还在正西，在前夏寨村。

问：这新坟是？

答：是我父亲的。

问：为什么搬过来？

答：由于那里做不开。

问：老坟是前夏寨的土地吧？

答：不是，是个人的。到人家地里埋不行，只有到自己的地里去埋。

问：土地不是承包的吗？

答：不是，那是私有的，个人买的。

【看风水】

问：做新坟时要看风水吧？你会看吗？

答：是要看风水，我不会看。“文化大革命”前，前夏寨有个孙老朋他会看风水，看你这块地朝什么方向。

问：现在看不看？

答：现在不看。现在不往地里埋，火化。

问：像你这样老干部不看，老人还是相信的吧？

答：相信。这个地能埋几个穴位，埋三四个，埋满了穴位，就不能再上这地方埋了，所以从那里挪到这里来。

问：老坟是你的祖父，那时王家的坟墓现在还有吗？

答：还有。

问： 还有人上坟吗？

答： 春节时上坟，初二上坟，上坟比较远的。

问： 这边有亲戚吧？

答： 我的姨妈在这儿。

问： 一般外来户需要介绍人吗？

答： 有介绍人，没有介绍人不好办。

马凤来（1936 年生）

时　　间：1993 年 4 月 3 日上午

访 问 者：中生胜美

场　　所：马凤来家

【买卖黄牛】

问： 我找不到卖牛的地方，你卖了一头牛 620 元，养了多少月？

答： 养了 6 个月。

问： 卖给谁？

答： 卖给外地人，离这儿不太远，是武城县人。

问： 卖了 620 元，你付了多少管理费（承卖费）？

答： 对于这事，谈买卖都在讲，咱是净赚这些钱，所有费用由对方拿。如果由双方拿，我说就卖这些钱，别的我不管，由对方付。一般一头牛手续费 6 元，5 元管理费，1 元检疫费，5 元钱也包括税钱。

问： 这个村家家都养牛吧？

答： 80% 以上。我家养驴，养驴的少，养马的没有，养羊的也不多，最多的是养牛。

问： 旧社会养牛的多吧？

答： 按现在说，比旧社会养的多得多，因为肉牛出口，销量也大，在过去只是为了耕地。现在为产牛的也多。

问： 不是为了牛奶吗？

答： 不是奶牛，而是肉牛，现在主要有两种牛：母牛是耕牛，公牛是肉牛。

问： 一般到了 6 个月就可以卖这头牛了？

答： 4 个月也可以卖，钱少。

问： 4 个月可卖多少钱？

答： 很难说，因为牛有好有次，大小、肥瘦。

问： 一般卖小牛是几个月？

答： 这没有一定规定。

问： 我看过养狗的，你们养这么多牛。

答： 这村还不算多，有的地方一户养三四头。前夏寨村小，没有咱这个村养的多，他们和过去比，现在也多了。

问： 官村呢？

答： 官村也是个小村，没有我们村多。

【家庭】

问： 今年多大岁数？

答： 57 周年，1936 年出生。

问： 你父亲叫什么名字？

答： 叫马瑞国。

问： 你几岁他去世的？

答： 我 27 岁，1958 年。

问： 你母亲什么时候去世，叫什么名字？

答： 1965 年去世，她叫马徐氏。

问： 你兄弟姐妹几个？

答： 我有 1 个姐姐 3 个妹妹。大姐凤芸，妹妹依次叫凤珍、凤仙、凤莲。

问： 你姐姐在什么地方？

答： 在恩城大洞村；二妹去世，也在大洞村；三妹在明庄；四妹在夏津县长吉乡三塘村。

问： 你的爱人叫什么？

答： 叫孙桂芳，61 周岁。

问： 你有几个孩子？

答： 4 个孩子，老大是女孩，叫马春芳；老二是长子，叫长庆；老三叫长勇；老四叫长杰。

他们都结婚了。长子妻叫朱振玲，有两个孩子。

【家堂】

问：你家有家堂祖图？

答：有。（拿来看）去年冬天他们还要我续续，现在要续就不少人了。我有病也不愿意干这件事了。马凤武刚刚死，他儿子叫马金山。

【满铁调查】

问：你也知道 40 年代的日本人调查的事吗？

答：我今年 58 岁了，知道这个事，但不详细，因为那时还是个小孩，还没有上学。

【结婚】

问：你的姐姐比你大多少？

答：大 4 岁。

问：你的二妹？

答：小两三岁，54 岁左右。

问：最小的妹妹？

答：她今年 47 岁。王凤仙 49 岁。

问：你们结婚做媒认为是本村人比较好，还是外村人比较好呀？

答：近几年是本村多，旧社会本村不太多。

问：是什么原因？

答：现在觉得方便，有些什么事……

问：一般说对娘家人比较客气，现在呢？

答：现在也客气。

问：旧社会为什么不同本村人结婚？

答：过去嫁出的女儿就使不得了（意思是用不上了），有句老话叫做“嫁鸡随鸡，嫁狗随狗”。现在嫁出去当然也是人家的人，但在本村有什么事叫起来不也方便嘛。现在生活比过去强多了。

问：来往方便，是不是指承包土地后，可以互相帮助了？

答：包括这件事，收麦很忙，可叫他来帮忙，互相帮助。

问：旧社会没有这样的吧？

答：旧社会没有多少娶来的媳妇管娘家的事，不随便了。现在好了，过去妇女大门不出二门不迈。现在男女同样的了，都下地做活。

问：旧社会女人不种地？

答：她怎么种，小脚。

【回娘家、媒人】

问：回娘家有固定的日子吧？

答：当然，年初二回娘家拜年，还有刚结婚 3 年，必须到娘家过元宵节，最少 3 天，最长初四五走，二十五回来，过去 3 个节：正月十五、正月二十五、二月二。十五不是放灯嘛，在婆家不能看灯，看灯死公公，所以必须回娘家去看。还有炕上不是铺的炕席嘛，换席死男人，封建时代的习俗。

问：媒人一般是男人多还是女人多？

答：差不多，不分男女。

问：现在也有媒人吗？

答：现在也有介绍人，相当于旧社会的媒人。

问：媒人和介绍人的区别在什么地方？

答：过去媒人说了，男女双方老人做了主，现在介绍人双方见面不同意，也就不成。旧社会男女双方见不到面，现在婚姻自由嘛，见面也有不成的。

问：当地有没有关于娶媳妇的谚语？

答：娶媳妇倒没有什么谚语，过去有拜天地。

问：介绍人要考虑男女双方的条件才做媒的吧？

答：过去有养女高攀的，为了给女儿找个好婆家，不管女婿怎样。

问：那就是不论你有地没有地也可以做媒了？

答：也有。

问：地主和贫农不能结亲的吧？

答：也能，这里面不一样，地主有三房四妾，可以去当小老婆。

问：这边有没有“门当户对”的说法？

答：也有。还是“门当户对”的多。一般做媒人时与双方都有关系，不欺骗。

【同姓结婚】

问：姓马的与姓马的不能结婚吧？

答：过去不能结婚，现在国家有法令，超过五代可以结婚，太近有血缘关系。

问：虽超过五服，他们的父母不太高兴的吧？

答：现在说一个是婚姻自主，父母也得同意。

问：你们村同姓结婚的叫什么名字？

答：马长举，这种情况不多。不是一个家族，结婚的很多。

刚才说的不是姓马，而是姓麻。

【乡亲辈分、称呼】

问：姓马的辈分都搞清了吧？姓王的也有辈分，王会保是你的同辈还是下一辈？

答：他是我的下一辈。

问：乡亲辈本村前夏寨都有吧？

答：都有乡亲辈。

问：都知道谁是什么辈分吗？

答：知道辈分，但一家也不一样，比较乱。我们这个村是多姓庄子，因为差辈结婚。从历史上就乱了，例如我同本村某一个人结婚，其他的辈分不变，只有我们两家辈分发生了变化，改了，这样就乱了。

问：姓孟的，孟长生你叫他什么？

答：我叫他哥哥。孟宪武，他叫我叔叔。这就乱了，马长德叫我叔，他叫孟宪武叔，孟宪武又叫我叔。

问：孟宪武的闺女，她叫你什么？

答：她叫我爷爷。她的嫂子叫我爷爷。咱与孟家还有血缘关系，但讲不上来。

问：孟成凯的媳妇她叫你什么？

答：她和她男的一样叫。

问：王维军叫你什么？

答：他叫我叔叔。

问：孟玉芳（音）叫你什么？

答：（回答者似乎不是马凤章——整理者）她叫我哥哥。我叫王维君哥哥。王维萍他叫我爷爷。王维章叫我叔叔。

（问的另一个人）

问：王振友（音）他叫你什么？

答：他叫我爷爷。他叫我（被访人答）老太爷。他的妹妹也是同样。

问：王文德知道吗？王立德知道吗？王景鹏（音）知道吗？

答：王景鹏知道这个人。

问：你叫他什么？

答：叫他哥哥，他就是王维章上一个辈。

问：按什么叫哥哥、弟弟、姐姐、妹妹？

答：按年龄排。男女以男的排。孩子按父母走。

问：辈分改了，是否其他人都要改？

答：我的儿子改了，我也得改，兄弟姐妹也都改，远的就不改了，即直系亲属都要改。五服以内都要改，当然也有的不那么死。

问：如果辈分下排了，有人会不太高兴的吧？

答：现在没有这事，以前有。比如我给孩子订婚，我的辈分提高了，一家人都同意，如果降下来，他们都不同意，如果不差辈也就没有什么。

问： 媒人要考虑这个问题吧？

答： 如果是她娘家她得考虑考虑，如果她偏向一方她就不考虑了。旧社会介绍人也要考虑，否则谈不成。现在不考虑，因为没法考虑。

问： 什么时候改称？

答： 订了婚后就改称了。现在定亲都得和亲戚商量。50 年代有，60 年代不多，到“文化大革命”时不认了。封建传统慢慢取消了。咱们村有一户原是讨饭来村落户的，怎么称呼，按年龄认辈。

问： 有亲戚关系有辈分吧？

答： 有亲戚关系有辈分，没有亲戚关系就胡乱搅了，只好按年龄。

【外来人落户、称呼】

问： 外来人落户，要不要介绍人？

答： 在过去不要，现在要。

问： 地主的长工是外地人吧？

答： 有外地人，也有本村人。

问： 外地人你们怎么称呼？

答： 一般叫叔叔，同等年龄叫兄弟。咱现在出门，前几年叫同志，不管老少，在过去见岁数大的叫叔叔大爷，见了年轻的叫兄弟们。最近出远门，叫师傅。随着年龄、时代不同而发生变化。现在还有叫老板的。

【拜年】

问： 过年拜年时考虑不考虑这个辈分呀？

答： 当然了。

问： 你们拜年先拜马家，后邻居，此时你们考虑不考虑辈分？

答： 拜年从内向外，孩子先给我拜，我们全家向死去的祖先拜，然后到近门去拜，他们成群结队出去，姓马的拜马家，然后马家三支聚到一起拜，到马家岗坟，这是前几年。在村里挨着门走。

问： 孟宪武叫你叔叔，他要给你拜年，你不去给他那拜年吧？

答： 我们下一代去，我不去。过去拜年有两种拜法：一种是年轻的交流拜，我在家里得照应人家来拜年的人，来了他先给死去的老人叩头，咱得陪着人家叩头；给家堂叩了以后就按辈分拜年，年轻人全拜完了，给咱们老人拜年过去了，咱再走走吧，看还有比咱长辈的，没有长辈的，还有人家家堂呢，还走走。现在无所谓了，老人都不用动了。

【红白喜事中的辈分、牌位】

问： 还有红白喜事。

答： 现在也简化了，现在主要一个是不搞拜喜了。过去红事孩子结婚了，新人上了洞房我们就开始拜喜了，起码五服以内的都在拜喜堂内站着，两边站着，加上外面办喜事的人，开始拜喜。拜喜不要家堂。门口摆的叫“主”，木刻的祖先牌，先叩 4 个头，拜完老人家，然后按辈数拜了。我还有，拿来看看，也不全了。

问： 这个东西过年放哪里？

答： （带领去看地方）就是这个老爷爷有两个奶奶，这是咱老爷爷。这是他的儿子孙子，这里面才是真正的名字，别的都烧了。这是刚写的家谱，你看这个，这个没有后边出生年月日。这是咱的老爷爷。

问： 我是第一次看到。这都放在里面吧？

答： 放在家堂里。这是牌位。

马凤来（第二次访问）

时　　间：1993 年 4 月 6 日下午

【牌位】

问： 这牌位是什么时候做的？

答：祖先去世的时候做的。

问：做牌位要花钱的吧？

答：那当然啦。牌位花钱不多，过去集市上有卖的。

问：分家的时候是老大保存，还是谁？

答：一般是老大保存。

问：我找了一份家谱。是马荣才的。过年的时候牌位拿出来？

答：就是这么放着，这好比他的楼房，人在里面住着。

【称呼改变】

问：你认识马士才？

答：我认识他，马士才和马士元是亲叔伯兄弟。

问：马士忠？

答：马士忠就不记得了，那是远亲。

问：马士林？

答：是咱侄的祖父。

问：要是马士忠还在的时候他应该叫什么？

答：兄弟。马士林叫马士忠大哥。也是有亲族关系。姓马的是同宗同族。

问：马禄祥呢？

答：不记得了。

问：马维祥呢？

答：按乡亲辈，叫爷爷。

问：马会祥呢？

答：他俩是哥儿俩。按乡亲辈，我还是叫他爷爷。

马士才和马士元是亲叔伯兄弟，马士元、马士江、马士海是亲兄弟，像他们这样必须改，因为太近。像马会祥、马维祥比较远了，就不改了，还是乡亲辈。

问：马德欣（新）呢？

答：按乡亲我叫他叔叔。

问：马德顺呢？

答：我也叫他叔叔。

问：马会祥的闺女呢？

答：我叫她姑姑。

问：孟昭生知道吗？

答：我不知道了。他要是还在，叫他老爷爷。

问：孟宪武呢？

答：我叫他爷爷，这是乡亲辈。

问：孟庆凯？

答：叫他叔。

问：王维军呢？

答：是我的叔伯大爷，是我一家人。

问：王景堂？

答：快出五服了，同族爷爷。王维平是我的叔伯哥，是王维军的大哥。

问：姓王的不是一家吧？

答：是一家。

【外来人称呼改变】

问：外来户就不大清楚了吧？

答：上次不是介绍了吗？

问：外来工作队？

答：称呼同志，不常住。有二人岁数差不多，可辈分不一样，而你外来的人，叫他们都一样。时代不一样，叫法也有变化，过去叫同志，现在称师傅，过去见女人称同志，现在可叫大姐。外出叫同志，赶集时称老人为叔叔大爷，大哥大爷，年轻人之间称同志，也无论男女都称同志。以前是中国建立到搞活开放时的称呼，前一段不论老幼都可称同志，也无论男女都称同志，现在也还是这样。

问：如称××大哥，这表示有感情的吧？

答：是的。现在外出一般见到工人叫师傅，见到店铺人称老板，但是比较少。师傅指技术人员。

【经纪人、黄牛买卖】

问：赶集时的经纪人？

答：叫交易员。“经纪”是一句土话。

问：交易员的主要工作是什么？

答：给买卖双方说话，中间人，就如同媒人。

问：我看做经纪人是比较难的，要计算，要特别认数呀。

答：一头牲口？卖的要 1000 元，买的出 800 元，交易员从中说成。

问：决定价格有国家的标准吗？

答：没有。还是市场价格。国家肉联厂收购有一定价格。

问：现在卖牛的人多，还是买牛的人多？

答：按现在看，卖的人多，因养牛的多，要不是向外地走，我们这里就装不了。

问：过去也有吧？

答：主要是承包以后，允许养牛。

问：过去生产队和大队养牛吧？

答：生产队养的牛少，因为是耕牛，很多生产队到外面去买。

问：70 年代？

答：当时还是小队的会计。

问：你是第二队，有多少牛？

答：那时十二三头，现在估计牛、驴不下 50 头。其中牛多。

问：土地承包以后，个人养牛，大队的牛都分了吧？

答：分了，折价分给户啦。按人口折价，因为人多牛少，几户分一头，牛没有承包。

问：二队在土地承包时有多少户？

答：45 户左右。

问：大队不分，牛奶由大队管理吗？

答：分到户里去养，未分的大队里养。几户养一头牛，发展后，可以将牛换掉，也可将牛卖掉，三家分钱，再贷款个人买牛饲养。现在没有几户一头牛，大约分牛以后一年多。1978 年承包，1979 年买自己的牛，当时买一头牛 300 多元（中等），养一年多的牛。现在一头牛比那时要上涨 1.5 倍。肉牛价格高，牛一般喂 13 年，两年半生牛，一年一头，到 13 年牛就不行了。

问：每年卖自己养的小牛吧？

答：对。我们这里都是这样。

问：你卖牛时，后夏寨大约有多少家卖牛呀？

答：我们队 13 头牛，逐渐都卖了，个人买牛。现在不喂的很少了。

【外出买牛】

问：到什么地方去买牛？

答：开始到东北买牛，东北辽宁省辽阳。我们跑了很多地方，当时东北牛也不多，就是内蒙古多，可是他那里的牛干活不行，只能当肉牛。

问：你一个人去吗？

答：不，很多人。我们村有五六个人。

问：和你一起外出买牛的本村有谁？

答：没有。我与亲戚一起去，有我的女婿。

问：你有几个姐妹？

答：有 4 个。

问：都一起去？

答：不，只有一个。还有合伙做买卖的，是外村的朋友，是同行，不是交易员。来回一个星期，夏天去的。到辽阳有集市的地方。

问：你怎么知道那里有卖牛的集市？

答：到那里也有交易所、旅店、集市，都能打听出来。

【借款和贷款】

问：你买牛花 300 元，是自己的钱，还是借来的钱？

答：那时去不是 300 元，最低也得有

2000 元。合伙去，一车皮 40 头。每户拿 2000 元。资金来源是国家贷款，利息很小，7 厘到 8 厘。

问：是个人申请，还是单位申请？

答：户里头摊，亲戚借，再贷点款。

问：借贷比例多大？

答：借占 1500 元，500 元是贷款。

问：借钱给你的最重要的亲戚是谁？

答：是妹妹，兄弟，乡亲也可以。

问：谁借给你钱最多？

答：妹妹（堂妹）借 500 元，她丈夫是吴炳林，他是在这里的女婿。这一次向你借，下一次向他借。没有固定的，也没有利息。

问：借款数？

答：少则 100 元。自己还有钱，有卖牛的钱。

问：6 人去买了 40 头牛，要缴税的吧？

答：大约一头牛 300 元，上税需 10 多元，托运一车皮 200 元。买回家集体卖，赶集卖。

问：卖了多少钱？

答：一共大约可赚 2000 元。

问：是不是你父亲养过牛或当过交易员？

答：没有。没有师传。

问：听说现在赶集买卖牛，中间人谈判的时候，用 1 ~10 抓阄，人家都知道吗？卖牛是特殊的吧？

答：都知道。卖牛的青年人有不懂的。

问：你懂吧？

答：我懂，年龄大了。在我们中国都懂，这里面好像是牛黑话，说出来有人不懂。咱在搞活开放以后才懂。同你说，你一时半时也弄不懂。在黑暗的旧社会这是欺骗人的方法。不说多少钱，你明着听，你也不懂。如 250 元（被访者用手势说明 1 ~10 的数字），手势是交易员同买方、卖方用的。

问：听说经纪人将手放在袖里面？

答：是。不让人看见。现在骗人不行，如果人家告发，就得退会。

问：交易员如何说服买卖双方？

答：中间人给买方说说，又给卖方说说，不是同时说。

马荣才（40 岁）

时　　间：1993 年 4 月 3 日下午

访 问 者：中生胜美

场　　所：马荣才兄马荣悬家

【家庭、家族】

问：今年多大岁数？

答：今年 40 岁。

问：你家几口人？

答：我和父亲分开住，我有弟兄两个，我是老二。

问：你父亲的名字？

答：我父亲叫马金成。

问：母亲呢？

答：母亲没有名字，叫郭氏。

问：你父亲去世了吗？

答：他还在。

问：你大哥叫什么名字？

答：叫马荣恩。有一个姐姐已结婚，大姐姐叫马荣芹。

问：你爱人叫什么名字？

答：我还没有结婚呢。

问：你嫂子叫什么名字？

答：她姓徐，名明荣。

问：你有侄子吗？

答：有一个侄子，叫马光明。就一个孩子。

问：你的祖父叫什么？

答：叫马凤祥。

问：马凤翔和马会（音）祥是同辈吧？

答：不是。马什么祥是跟我亲的名字，他们都不在我们这个字（指辈分字），全起乱名。我父亲金成，应该说他的辈分是长字。

问：他有弟弟吗？

答：没有。

问：马凤祥有几个兄弟？

答：3个。老二叫马凤义，老三叫马凤武（今年正月去世）。马凤义没有后代，马凤武有4个儿子，老大叫长顺，老二叫金山，老三叫长林，老四叫长园。

【家堂】

问：你家有家堂？

答：有，在我叔（金山）那里。我自己有的是我本家，是三支的。现在去找去了。叔叔是三支的。

问：家堂祖图是人死了三年才填写的吧？

答：对！人死三年八家堂。

问：族谱？有了孩子才填？

答：族谱早了。我们一般没有见过，在马凤武处保存。

问：这些东西在“文化大革命”时搞掉了吧？

答：说不好，我那时还年轻，那时全烧掉了，“批林批孔”。

问：你知道不知道你爷爷上代人？

答：我光听说过，没有见过。

问：叫什么名字？

答：我听说叫马堂，我没有见过，谱书里面没有他的名字，记得是几百年上千年的事。武城县小河庄有，我们从那里搬来的，有几百年了。

我们很早以前是回民，后来放教了，又各自起了名，有一阶段觉得不好。

问：可能的话，我想看看谱书？

答：那个很早，现在在找。

【乡亲辈分、称呼】

问：你认识不认识孟兆生（音）？

答：听说过，不记得。孟宪武认识，当教师。

问：这里有乡亲辈吧？

答：我和他不是，他是长辈，我叫他爷爷。

问：马家英（音），认识吧？

答：有亲戚关系。按辈分讲他长一辈，不按辈分讲，他长两辈。（录音太乱）

问：王维军认识不认识？

答：认识，叫他大爷，和叔叔同辈。

问：按什么标准决定？

答：我是荣字，我哥哥叫马荣恩，和他们是同辈。年龄大叫大爷，年龄小叫叔叔。大爷的对象叫大娘，叔叔的对象叫婶子，大娘和婶子是同辈。

问：不出嫁的叫什么？

答：叫姑姑（与大爷同辈的），姑姑的对象叫姑父，也有叫姑爸。

比我大的叫大哥，小的叫兄弟。

大哥哥的对象，叫嫂子，亲哥哥也叫嫂子，兄弟的对象叫弟妹。

问：下一辈的怎么叫？

答：叫小名。

问：你有小名叫什么？

答：就是荣才。上学时起名。晚辈的侄媳妇，孙媳妇。

问：一般街上碰到没有这么叫吧？

答：一般侄媳妇也好，家有小孩，指孩子的名叫。同辈不能这么叫，下一辈的可指孩子的名叫。

问：一般起小名多大就起了？

答：有1岁时，也有个人愿意，一个一个起小名。

【红白喜事送礼簿、称呼】

问：马凤武百岁（指去世）时，人家都送礼的吧？

答：我们这里规矩白事不送礼。一般送幛，写上名字，有 10 元是姓张的，姓王的是 8 元，写在白布上。

问：马凤武死时，人家送幛写的名字还保留了吗？

答：有，在他儿子马长林那里。

这里有红事本子（看本子，喜礼簿，问每个送礼人与其关系）。仪式日期为 1987 年 2 月 13 日。

王维章　王会远（77 岁）

时　　间：1993 年 4 月 5 日上午

访 问 者：中生胜美　小田则子

场　　所：王维章家

【求雨仪式】

问：旧社会天旱？你们到龙王庙去求雨吧？

答：到刘庄后面的河里去求雨去。

问：这个村所有的男人都参加的吧？

答：去的人不少，我没有去。

问：女人不能参加？

答：女的不参加。

问：解放后也求雨吗？

答：解放后破除迷信就不求了。

【家庭状况】

问：（王维章）你的姑娘在黑龙江，现有外孙了吧？

答：有外孙，1 个外孙，3 个外孙女。

问：他们回娘家吗？

答：很长时间来一次，太远了。我去过，是 1982 年。

问：坐火车，那时候火车票不好买的吧？

答：好买。

问：那时你要不要带户口，回来再报户口？

答：不带那个。

问：你的女婿干什么工作？

答：车站公安派出所，长期户口。是本村人。

问：你有几个小子？

答：1 个，在本村。

问：你的小子在这里比较方便了？

答：在一起过，就住在这儿。

问：你有几个孙子？

答：2 个孙子，1 个孙女。

问：大孙子多大岁数？

答：17 岁，念一中（恩城县中学），走读。

问：最小的孙女？

答：13 岁，二孙是 14 岁，儿媳妇不在了，1991 年去世（急病病逝）。

问：下地干活谁负责做饭？

答：我做饭。以前我不管。我去做菜。

问：有结婚宴会，是王卫东和马昌杰（音）他们做饭是吗？

答：他们做饭。

问：一般老人有了这样特殊情况才动手做饭吧？

答：是的。

问：你做饭不太方便了吧？

答：没有办法。

问：等孙子娶媳就可以了？

答：是的。

问：但 17 岁还得等一段时间了？

答：不到年龄（指不到结婚年龄）。订婚了。

【王会远家庭状况】

问：你（王会远）今年多大岁数？

答：77岁。

问：你一直就在这儿吧？

答：小时候就在这个村里。

问：旧社会1942年日本人在这里做考察？

答：我不在家，我们不知道。

【求雨、龙王庙】

问：你参加过求雨吗？

答：去过。

问：你参加是哪一年？

答：记不清了。

问：是不是每年求雨？

答：旱，求雨，下雨就不求雨。

问：到什么时候天不下雨才求雨呀？

答：从种地的时候，到了五六七月正长的时候，也未必求雨就下雨。

问：小孩子不让参加吧？

答：走好远，没有小孩。

问：谁来决定求雨？

答：现在有村里的干部，从前没有这个名，当时是村里组织这个事，吴玉恒（音）当过村长，他组织过没有记不清。发动群众去求雨。

问：求雨要花钱的吧？

答：不花钱，烧香烧纸花不了多少。

问：每次求雨去多少人？

答：四五十人。有抬着鼓的，也有抬着锣的。

问：有没有念经的？

答：没有念经的。这个事用不着念经。抬着龙王爷到东边河里去。

问：龙王庙在现在的小学那边？

答：小学西边不是龙王庙，从这里朝着街向西走路北面，在南北街的东边。

问：龙王庙里面有没有碑？

答：没有碑，真武庙才有碑。

问：求雨大概是阴历五月还是六月？

答：六月。六月正是下雨的时间，它不下，不得求雨去吗！收完小麦，种完夏田。

问：龙王爷的生日是六月二十四日吧？

答：我还弄不清。

问：你们记得割小麦以前有没有求过雨？

答：那是春季，3月，很少，种春地不下雨，也有求雨，但很少。

问：一般种玉米的时候没有下雨去求雨？

答：是的。

问：天旱求雨是不是村长组织去求雨呀？

答：是村长。那时村长也不是他一个人，当然也要商量好。

问：以前这儿是东排西排，有没有排长？

答：有村长有闾长，你们排不是东大队西大队吗，在早叫闾长，日本军在这里是保甲制度，变化很多。

问：现在的一队二队有一排二排吧？

答：就是和队同样的情况，各不一样。过去村长管闾，现在由村委员会管。

问：要和闾长一起决定吧？

答：他们要开开会议，村长召集他们商量，现在不下雨，就得发动群众去求雨吧？

问：求雨前有没有特别的活动，例如不吃肉、不洗澡，有没有这样的习惯？

答：这里没有。我们这里不吃素。

问：早上几点钟集合？

答：早上七八点，吃了早饭就去。

【求雨民众、仪式】

问：到龙王庙男女都来吗？

答：光男的，那时不让妇女参加。小孩无所谓。

问：到龙王庙干什么？

答：将龙王抬好，敲锣打鼓，烧香烧纸，抬着走。两人抬着。有锣、鼓、镲、铙。现在剧团有。

问：你们衣服呢？

答：夏天穿什么还穿什么，有草帽。有的将柳树上柳条拧起来戴在头上。

问：现在你们还会做这个帽子吗？

答：不是帽子，就是拧成一个圈戴在头上。

问：到张庄去吧？

答：到河，张庄也是这个河，许桥也是这个河，就是这一条河。

问：一般每户出一个人？

答：没有，如每户出一人，咱得去 100 多人。没有固定。去的都是年轻人，年岁大的走不动，不去。

问：年轻的不知道怎么摆设呀？

答：没有什么摆设，到河沿上，将龙王解开来，到水里弄上水，然后就抬回来。

问：鼓放在什么地方？

答：鼓在头前，后面有装扮成龙王的，有装扮成河婆婆的，有装雨婆婆的，有装打雷的，多了。

问：你们还记得当时是什么音乐？

答：叫点，镲管着叫点，听它的。

问：和结婚时的音乐一样吗？

答：不一样，和白事的音乐也不一样。

问：现在有没有这乐器？

答：没有那个，十里铺乡镇企业开业典礼上，大家来了打鼓的敲的。到过年有的村有。1958 年以后没有，以前有。

问：有没有吹喇叭的？

答：当时也没有，吹笛的主没有。

问：抬轿也是年轻人吧？

答：是年轻人。

问：龙王椅（轿）子是什么做的？

答：木头做的，比人坐的椅子要大（搬出来给你看看）。有的村是纸做的。

问：龙王爷一般坐在龙王庙里？

答：是的。有帽子，花的，一道一道的，帽子是长形。

问：你们跪下来叩头吗？

答：抬起来走不叩头，从庙抬出来要叩头。

问：龙王爷坐的椅子是龙王庙里的吗？

答：龙王庙的是死的，从里面抬出来坐到椅子上，用两块长板，四个人抬着。椅子上不插香。

问：去的队伍，鼓后面就是龙王爷吧？

答：是的。

问：这个圈有什么意思？

答：防雨的意思，下雨吉利话。它在庙里是固定的。

问：许桥离这里多远？

答：15 华里地。经过天洋庄（音）——陈庄——王庄。

问：你们就是一个村，前夏寨不管吧？

答：就是一个村。

问：前夏寨有没有龙王庙？

答：没有，管庄也没有。

问：你们村庙多是什么原因？

答：这个村历史比较悠久。

问：恩城县的县城也求雨，官员求雨吗？

答：他不求雨，他也不反对。

问：有没有别的村来帮助的？

答：没有。

问：你们求雨的时候下过雨没有？

答：下过，也有不下的时候。

问：求雨后是下雨多还是不下雨多？

答：谁也没有记住这个。

问：你们去许桥以外还有别的地方吗？

答：去别的地方离这里远，有雨也下不到这个地方。

问：天旱，运河里也没有水到什么地方去？

答：常有水，有一点也就行了。

【村里的庙】

问：有土地庙吗？

答：有，还有菩萨庙。

问：都是女人去拜？

答：大部分是女人，老太太到菩萨庙去拜。

问：什么时候去菩萨庙？

答：六月三日，是菩萨的生日。男人不去，闺女不去。

问：儿媳妇不生孩子去娘娘庙吧？

答：这儿不是娘娘庙，是菩萨庙。这里没有这个庙。

问：泰山老母？

答：这边没有，在泰山那边。反正有那个事，这里没有拜的，3 年一次。

问：拜泰山老母，不仅有女的也有男的吧？

答：是的，男女都有。

问：你知道这件事吗？

答：我不知道。

问：这边有拜的吗？

答：有拜的。

问：你去过泰山？什么时候去的？

答：我去过泰山，还是 20 多岁时去的。

问：那解放前去的？

答：没有解放，我没有爬山。

问：你去过吗？

答：我去过，3 年去一回，是“蒋介石”免票，2 元，到泰安。

问：那时参加老母会人多不多？

答：有百八十人，即 100 多人。

问：拜武神庙什么时候？

答：我没听说过有拜武神庙的。真武庙是三月三日。

问：土地庙？

答：土地庙。没有什么事，谁也不向土地庙那去烧香，只是死了人才到那里去。土地是抓人的，谁到他那去。

【灶王爷】

问：过年是腊月二十三日灶王爷上天的吧？

答：腊月二十三日拜灶。

问：灶王爷是这么小的纸，还有两个灶王奶奶？

答：好像是一家人。按说买这个不超过二十三日，超过就不灵了。

问：灶王爷吃糖瓜吧？

答：是黏嘴的，上西天不要胡说八道。

问：上西天给他烧香烧纸？

答：他在锅头上，有个盘子。管这个事是女人，男的不管，当然也有男的管。

【春节习俗】

问：你们腊月二十三日以前打扫吧？

答：在打春以前，即立春以前，有时过了年才立春，那也得搞。

问：家里有老人去世，还没有过一周年，不能打扫吧？

答：也能打扫。死了人当年初一关门，表示不欢喜。

问：你们什么时候过年？

答：年三十过年，过年贴对联。

问：你现在的生活和过去的生活相比，年三十有没有区别？过去不识字，请人写对联？

答：个人不会写，找人写，集上也有人卖，但没有发现在集上请人写的。

问：过年贴对联，贴对联以前上坟，还是以后上坟？

答：不上坟。

【家堂】

问：什么时候将家堂祖图请出来？

答：年三十晚上，过年请出来。家家都有家堂，到年三十过年，将其请回到家里来。送走才上坟。

问：和济南不一样。济南是年三十上坟，以后送就不上坟了。

答：送是送到坟上，在村头说上几句，回家过年呀，接家来。挂在屋子里。初二送。

问：有牌位吧？

答：解放前的牌位，“文化大革命”以后没有了。

问：年三十烧香？

答：烧香有香炉。

问：分了家谁保存家堂？

答：有老人由老人保存，老人死了，由老大保存，老二也有腾出一份搁在家里的。牌位在老大继承。

问：小的时候你看见过吗？

答：见过，现在也忘了。

问：你家有牌位吗？

答：没有了，“破四旧”都破了。家堂有的保存下来，有的也烧了。

问：新的是自己画的吧？

【年三十晚上特别活动】

答：年三十 12 点煮饺子。零点过年。有的是在饺子里放上钱（过去是放铜钱，整理者注），谁吃上谁有福。在家堂前摆上饺子，然后烧香叩头，吃饺子。

问：你们这儿有守岁的吗？

答：有等供的，一般到三四点左右。

问：太阳出来有什么仪式？

答：上了供以后，到近亲家拜年，初一上午男女都拜，先拜本族，拜完本族拜全村。

问：姓马的有三支，按不按支拜？

答：不按支拜。

问：你们姓王的还是一家吧？

答：不是。

马荣才　马金山

时　　间：1993 年 4 月 6 日上午

访 问 者：中生胜美

场　　所：马荣彬家

【家族、家谱】

问：你父亲念过书吗？（问马荣才）

答：念过，日本人在时，他师范毕业。

问：过继的要有证书，你们有吗？

答：应该有，年代久远了。

问：分家也要有证明吧？

答：有，舅舅要来，是少不了的人，舅舅拥有最大权力。

问：你家保存没保存以前分家的文书？

答：没有了。

我父亲以下 10 个字，排完了再回过来，马家从河北省青县马家桥来的，马家桥是我们老家。现在没有来往。

一般是清明节上坟，10 天内都能上，过了这个节只能上一天。我属于第三支。

问：你父亲过去了？

答：没有。

问：他多大岁数？

答：今年 71 岁。

问：住在哪里？

答：住在家，这里不是老房子，老房子在北面。

问：你大哥的房子吧？

答：不，我大哥的房子在后边，这个房子是堂兄弟的，是马荣彬的房子。

问：你妻子的娘家在哪里？（问马荣彬家客人刘平）

答：在外地，在阳谷县，离这儿好几百里地。

问：你在这里干活？

答：我爸爸在这里，在平原县工作。

问：马荣彬是不是也在公路……

答：不是。马荣彬父亲有4个姑娘，我堂弟娶了他的一个女儿，他是这里的女婿。

问：你父亲叫什么？

答：叫刘庆安。我是老大叫刘平，妻子现在她娘家。老二叫刘梅（结婚），老四叫刘敏（结婚），没有兄弟。

问：你父亲在平原公路站工作，他出生地在河北省吗？

答：是河南省台前县。

问：你父亲是不是城市户口？

答：是的。

问：是干部？

答：是会计，调来30多年了。我和妻子不是城市户口，妹妹是城市户口。

【农村户口、城市户口】

问：现在农村户口与城市户口有什么区别？

答：现在没有什么区别，在过去城市户口吃商品粮。

问：如果能换的话，你愿意不愿意由农村户口转为城市户口？

答：愿意，办不了，因为结了婚不给转。生了孩子跟他妈。

问：丈夫是城市户口，妇女是农村户口，生孩子也是随着妈？

答：是的，是农村户口。

问：这样，生活不太方便吧？

答：是不太方便。

问：有没有这样的人？

答：有。

问：有什么不方便？

答：由于孩子的妈是农村户口，转不出去呀！一起住可以，以前到他工作单位住几天，也可到家里（指农村）来住。但他不享受待遇。

问：换户口在结婚后不行，还有什么办法能换户口？

答：如父亲有权有势的，能办得了。她父亲就办不了。

问：孩子上中学，可不可以换户口？

答：不可以，上大学可以，中专也行。只要考上谁都想换。

问：你妈妈是什么户口？

答：原来是农村户口，现在转了。

问：你妈妈生你们的时候，是农村户口？

答：是的，生我妹妹的时候也还是农村户口。我母亲换城市户口是刚办的。

问：你的妹妹为什么现在是城市户口？

答：我爸爸是会计师，她们转了，我们因结了婚不能转。

问：一般说城市户口的男人，同农村户口的女人结婚比较多的吧？

答：是的。如果男人是农村户口，同城市户口女人结婚的则很少。本村没有，前夏寨和官庄都没有。

问：一般你们结婚后也是愿意孩子转为城市户口的吧？

答：是的。

问：好好给他教育，考上中专就可以转了。

答：是的。除此而外就只能靠走后门了。

问：你们住在恩城县城吧？

答：我们住在本村，我父亲在平原县城住。

【媒人】

问：一般青年人结婚有介绍人吧？

答：在农村里是有介绍人，在城市里是

自由谈了。农村完全自由的不很多。

问：介绍人是年纪大还是年轻的？

答：青年人也有，起码在 30 岁以上，很年轻的没有。

问：有同学介绍的？

答：也有。

问：你的介绍人？（问马荣才）

答：介绍人是父母，是爸爸介绍，是自己家人。

问：一般介绍人是男的多还是女的多？

答：女的多点。

问：你做过媒人？

答：没有。媒人没有什么特别的资格。

问：寡妇也能当媒人吗？

答：也能当。

问：没有小子的只有闺女的也能当吗？

答：也能当，就看你有没有这能力。

问：你们本村有没有喜欢做媒的？

答：有。姓吴的叫吴炳元的家属，现在 50 多岁。有爱管的，也有不爱管的。

问：做媒人的时间，过年过节可以吗？

答：什么时间都可以。

问：一般妇女到了什么年龄开始谈婚论嫁？一般介绍人关注哪些方面？

答：一般是考虑两家的问题。

问：有没有考虑孩子多少？生活情况，经济水平差不多的？

答：要考虑，根据两家的性格。

问：有没有做媒的谚语。如门当户对这一类？

答：是，现在也有。这个事很复杂，小人愿意，父母不能包办，父母要反对，可法律上你过不去，挡不了。

【阶级成分】

问：现在考虑不考虑成分？

答：现在不考虑了。1976 年以前，那时社会关系都要考虑，现在就不是这种情况了。

问：一般说，地主、富农的成分不好找媳妇？

答：那是 1976 年以前的情况，现在不论了，没有成分论了，现在地主、富农都有政治地位。

问：你们有没有“红五类”和“黑五类”的说法？

答：过去有地、富、反、坏、右，现在政治地位相平，政治地位不低。

【结婚条件】

问：现在主要考虑亲戚的条件，如生活条件、房子、钱？

答：不是根据一方面，有图钱的，还有女的看上了小伙子的，也有男方看上女方钱财的，有看人才能的，有看地位的，不一样。

问：我在天津听说，他们为了结婚，盖房子，房子不好看就没有人来，这边有没有这样的事情？

答：不光是这样，在城市住房讲究，城市住房和农村不一样。有的没有房子也有跟着跑了的，没有地没有啥也有跑了的。

问：一般结婚的都盖这样房子吧？

答：是结婚以前盖，盖了 4 间房。

问：盖 4 间房花多少钱？

答：是他们家盖的，大约 6000 元（1987 年）。现在盖，同样的房质量不一样，水混沙子用得多，现在 5 间房没有八九千元盖不了。过去 6000 元，现在也得 7000 ~ 8000 元。

【刘平家庭】

问：刘平，你家是几口人？

答：4 口人，我和爱人，还有老爷和小子。还有个姑娘，是 5 口人。姑娘不在家，在平原奶奶那里。

问：马金山他还在吧？

答：还在。老伯不在，这是马凤义的。

问：马荣平、刘青倩的闺女叫什么名字？

答：叫刘旋。

问：不是姓马吗？

答：她爸爸是这儿“招”的女婿，就得跟她姓。

问：所以马荣彬是老二，要是老大不行吧？

答：当然不行。这里不认，老大也可以。过去过继过老大。

【过继、招女婿】

问：过继是在人活着的时候过继吧？

答：是的。死后不过继，活着过继为的是养老送终。

问：如果有闺女不出嫁，找个养老女婿呢？

答：可以，根据个人的情况，愿意留家，招女婿，不愿意，个人过也行。现在随便。

问：在旧社会，如果有土地，有钱，不一定招女婿吧？

答：过去复杂，一般不让姑娘在家，而愿意过继。现在不那么讲，从法律上也过不去。

问：现在招女婿比较多吧？

答：也有招养老女婿的。

问：以前（旧社会）招女婿很多吗？

答：少。

问：你知道不知道招女婿？

答：招女婿有。

问：能过继的找过继还是愿意招女婿？

答：愿意招女婿就招女婿，愿意过继就过继。有兄弟的主张过继，就不想招女婿，因为要继承遗产。解放后就少了。

问：招女婿本族的多还是外族的多？

答：外族的多。本族也是得过五服。外族要改姓，现在不改姓，但小孩要随他妈妈姓。

问：按中国人说，改姓是不高兴的吧？

答：对，对。过去有小子无能才改姓。

问：现在有没有这种情况，你的闺女多大了？

答：5 岁。

问：女孩子 8 岁以上可申请第二胎吧？

答：不行，她两个，有一个小子。小子叫刘凯（6 岁），闺女 5 岁。

问：有没有这样的情况。如果你是一个闺女，男方是一个小子，结婚以后生了两个孩子，一个用他爸爸的姓，一个用妈妈的姓？

答：不，女方还是要随着他爸爸姓，而男方到女方，还是随女方的姓。

问：你家有没有过继的？

答：我们家没有过继的。

问：姓马的比较多的？

答：五服之内都没有了，过去我们这个姓都不随便，那时还比较多，因为是一家人，多就不写名字。

【乡亲辈称呼】

问：这边有乡亲辈？

答：乡亲辈不管年龄。

问：你认识不认识孟昭生？

答：我记得，他们记不得。

问：你叫他什么？

答：我叫他爷爷。

问：你们辈不一样吧？

答：不一样。我叫他叔。

问：你叫孟昭生爷爷？

答：再往下都是爷爷。

问：孟宪武？

答：孟宪武是孟昭生的儿子，叫他叔。爷爷，老爷爷，老老爷爷，都叫爷爷。孟宪武的儿子我就叫叔了。

【宴席座次】

问：乡亲辈坐宴席时要不要考虑位置？

答：一般长辈为上，在中国有这样的习惯，坐席当面为上，北为上，辈越小越往下坐。北为上南为下。一般坐 8 个人。

问：结婚时新娘的爸爸和哥哥一起来的吧？他们来怎么坐？

答：他们是客人，要坐上座，他辈小年小，也要坐上座，因为人家是客人。

问：一般吃饭，拜年，是辈小的人来看吧？

答：小辈给大辈拜年，主人当然坐上席。如我的闺女和女婿来给我拜年，我当然坐上席，他们坐下席。

问：有很多人来，如一起来 8 个人，也要认辈？

答：要认辈，不考虑乡亲辈。一个村拜年不吃饭，只是有的亲戚来了才吃饭。

问：叫别人大爷的人，他坐下席？

答：不是，他到我家来，他必须坐上席，我到他家，我坐上席。乡亲到我家来，人家为客我为主人，人家坐上席。今天你来，我请你坐这个位置是上席，如果叫你坐下席，那就是小看你，即看不起你。

问：一般过年拜年，晚辈人向上辈人拜年吧？乡亲辈要不要考虑？

答：是的，不论岁数大小，凡辈小的都要向辈大的拜年。这是指同姓，外姓就无法考虑了。

问：你们中乡亲辈最乱的有谁，能举例子吗？

答：说很难说，只要不是一姓的就必然乱，一姓的不会乱。

问：跟本族人结婚，也会乱了吧？

答：是的。本姓不结婚。与外姓结婚，就能将本来的辈分打乱。

问：解放前做媒时考虑不考虑乡亲辈？

答：不考虑，只是一姓不行。

问：年岁大的叫小的爷爷，这个习惯很奇怪的了？

答：这是上面祖宗传下来的，辈大小不在年龄。

【乡亲辈分变化】

问：本村人都知道乡亲辈分吧？

答：知道，只知道个人，不知道别人。

问：外来户，乱了吧？

答：是的。有投靠亲戚来的，按亲戚辈叫。本人一般按兄弟叫，这个比较多。没有亲戚的，按年龄大小，大的是称大叔，小的称兄称弟。我们这里有个习惯，叫“张王李赵，互称乱叫”。

问：没有亲戚关系不能随便改吧？

答：不能随便改。有亲戚关系，也不是所有人都改了，有改的也有不改的。

问：辈分不一样的人结婚，如果原来的叔辈和某一大哥的姐妹结婚，辈分就变了？

答：对！

问：是五服之内都要改，还是只亲兄弟改？

答：亲叔亲大爷都得改，远的就不改了。

问：他们的亲兄弟也要改吧？

答：要改，都得改，后代也得改。祖父母一般没有了，有的也得改，后代一直要改，老人死了就不改了。这里没有什么高兴不高兴的问题。中国有句俗话：“马项马大值钱，人项人大不值钱！”当然心理有那么小小的不平衡。

问：旧社会父母包办也有这样的情况吗？

答：不多。父母包办，大人不干。现在政府做主，大人不干也做不了主。他去登了记了。现在自由结婚。

问：现在媒人考虑不考虑这个问题？

答：只要两个孩子愿意，他（她）就去办。

刘玉仙

时　　间：1993 年 3 月 31 日
访 问 者：末次玲子
翻　　译：童晓薇
场　　所：刘玉仙家

（王会青、刘西仙与会）

【姑娘时代、家庭状况、子女就学】

问：姑娘时代开过会吗？

答：开过会，1958 年的时候开会。

问：你是妇女主任吗？

答：不是。当时是跟着他们去开会。

问：你参加妇女运动吗？

答：不参加运动，只跟他们去开会。

问：想问问你幼年时的事情？

答：自小在家种地。

问：你今年多大岁数？

答：71 岁。

问：你挺健康。

答：健康，吃的好了，享福啦，人就健康。

问：你母亲叫什么名字？

答：贾秀珍。

问：你很小的时候你母亲就有名字吗？

答：有。她念过书，高中毕业。

问：像你母亲那样女人上高中的是不是很少？

答：很少。自从父亲去世以后，母亲就不念书了，她念得很好。

问：你母亲认识学校的老师吧？

答：我不知道，我父亲去世时我才 3 岁，是听我姐姐讲的。

问：你是你母亲带大的吧？

答：是。我有两个姐姐，没有兄弟。我父亲去世时，大姐姐 9 岁，二姐 6 岁，我 3 岁。

问：你母亲做什么工作？

答：我母亲到我家后，就下地干活，放了学就劳动，因为从城里到农村了。

问：她娘家在哪里？

答：在恩城。离这儿只有 10 多里地。

问：你很小的时候你母亲一个人干农活吗？

答：是。我爸爸去世了，姐姐才 9 岁。

问：你家多少土地？

答：10 多亩。

问：几口人在一起生活？

答：连我姐姐共 4 人。

问：你上过学吗？

答：上过小学，因为年景不好就不念了。只念了一年。

问：是在这个村吗？

答：是。

问：还有别的女孩上学吗？

答：有，都死了。

问：有多少女的上小学？

答：记不清了，因为岁数小。

问：你姐姐们上过学吗？

答：大姐上了 2 年，二姐没有念过书。

问：日本出了一本书，说 1940 年这个村几乎没有女的上学，可是你刚才说你上过小学，而且还有别的女人上学，可能这本书写错啦。

答：写错了。

【担水】

问：当时这个村没有自来水，那你们怎么吃水？

答：从井里打上来，两个人抬回家才能吃水。

问：附近有井吗？

答：很远，离这儿有一里来地，有时自己拎水。

问：你从几岁开始担水？

答：十几岁。

问：担水在农活儿是不是最辛苦的？

答：是。

【纺线、织布、农活】

问：你们是自己织布自己做衣服吗？

答：是，自己织布，我也会织。

问：自己纺线吗？

答：纺。

问：做一件衣服，从纺线开始需要多长时间？

答：三四天，从纺到织，一天织一丈。

问：做一件衣服用多少尺布？

答：六七尺一件上衣，土布的尺子大，二尺合一大尺。

问：你现在还有织布的工具吗？

答：没有织布机了，还有纺线的纺车。

问：你现在还纺线吗？

答：纺。现在纺线为了合绳子，纳底子用。这就是纺车。

问：你们家的其他人会纺线、织布吗？

答：会纺线，不会织布。

问：过去做鞋是不是很麻烦？

答：两三天做一双鞋。

问：你纺线、织布、做鞋、下地，一定很辛苦吧！

答：还有做饭呢，事很多。

问：推磨吗？

答：推。

问：推磨是人力还是畜力？

答：人推。

问：男女都干一样的活吗？

答：干一样的活。

问：有男的不干活的吗？

答：没有。不干活的没有饭吃。

问：男女允许交往吗？是不许交往吗？

答：没有。

问：别的村过去不许男女交往，这个村有吗？

答：没有。

问：谁干摘棉花的活？

答：大部分是女的摘，男的干其他活。

问：女的有月经时还去拔草、摘棉花吗？

答：去，不影响干活。

问：女的有撒种子的吗？

答：有。还有耕地的呢。

【结婚、婚俗】

问：你丈夫也是这个村的人吗？

答：不是这个村的，他离这儿四五里地。

问：你与丈夫是在这个村认识的，还是上学时认识的？

答：经人介绍的，原来不认识。

问：你丈夫叫什么名字？

答：马荣明。

问：他是哪个村的？

答：闵庄的。

问：是你们结婚以后他才来这个村吗？

答：他生下的第三天就送给这个村的人啦，他是从闵庄抱来的。

问：是姓马的人带大他的？

答：是。

问：你结婚时你母亲还在吗？

答：在。我才 18 岁。

问：你还记得你结婚的过程吗？

答：记得。

问：你与你丈夫结婚谁决定的？

答：母亲决定的。

问：结婚前你知道与你丈夫结婚吗？

答：知道。因为是本村的人。

问：有订婚的过程吗？

答：没有男女做主的。

问：村里有订婚的说法吗？

答：没有。

问：你丈夫给你结婚用的东西了吗？

答：给了两个土布。其他没有。

问：你丈夫干农活吗？

答：他在韩庄教书。

问：你结婚时是怎么去你丈夫家的？

答：坐轿去的。穿着土布衣服。

问：带着什么嫁妆？

答：很少，就是一个橱子。

问：有棉被吗？

答：一铺一盖的。

【家庭成员】

问：这是你儿子的房子吧？

答：是。

问：你丈夫还健在吗？

答：1959 年死了。

问：你有几个孩子？

答：一个男孩。

问：叫什么名字？

答：马长祥。

问：你儿媳的名字？

答：刘西仙。

问：你儿媳是哪里人？

答：本村人。

问：这是你孙子吗？

答：重孙子，我儿子的孙子。

问：你儿子多大岁数？

答：47 岁。

问：你儿子几个孩子？

答：3 个，2 个女孩，1 个男的。

问：你孙子叫什么名字？

答：马荣芝是我孙子。

问：你孙女呢？

答：马金喜是孙女，还有一个孙女叫马金芝。

问：这是谁的孩子？

答：马荣芝的。

问：马荣芝与你生活在一起吗？

答：是。我四世同堂。

问：那边的房子谁住？

答：孙子媳妇。还没有分家，都在一起住。

问：都在一起做饭吗？

答：就在这个小屋。

问：几口人吃饭？

答：7 口人。

问：你父亲去世后，就你们娘 4 个一起生活吗？

答：是。

问：这是 1940 年后夏寨的调查表，刘常福是你的什么人？

答：刘常福是我叔叔。

问：与你们一起住吗？

答：与我爸爸一起住，没有分过家。

问：你父亲去世以后呢？

答：还在一起住。

问：刘常福是你爸爸的弟弟？

答：是。

问：在一起做饭吃饭吗？

答：是。

【婚姻】

问：你结婚的时候是刘常福决定的吗？

答：是他决定的。

问：究竟是你妈决定，还是你叔决定的？

答：叔决定。

问：你与马荣明在哪儿结婚的？

答：南边。

问：马荣明是哪儿人？

答：本村的。

问：是你们俩人一起过吗？

答：与老人在一起住。

刘玉仙（第二次访问）

时　　间：1993 年 4 月 1 日上午

问：妇女比男的大的人很多吗？

答：一般都是女的大，我比我丈夫大 3 岁。

【结阴亲】

问：这个村有没有男的已死了，女的还要与他结婚的风俗吗？

答：没有。

问：如男女双方都死了，也要到阴间结婚的风俗吗？

答：以前有。死人与死人结婚的事有。很少。

问：为什么这么做？

答：迷信。

问：两个死人结婚的事你见到过吗？

答：没有见到过，是听说的。

问：没有这种事是什么时候开始的？

答：现在没有听到说过这种事，这里没有。

问：未婚的女的死后同谁埋到一起？

答：前几年有一个女的死了，又介绍给已死去的男人。这是十几年前的事。

问：未婚女的死后同谁埋在一起？

答：这里没有这种事。

【婚姻礼俗】

问：女的结婚时用椅子抬着出娘家门，有吗？

答：我坐过。

问：是送到轿里去吗？

答：是。

问：为什么这样做？

答：封建。具体为什么我不知道。

问：到了你丈夫家是走在席子上吗？为什么？

答：是。不知道。

问：到了以后拜天地吗？

答：是。

问：怎么拜？

答：两个拉着手，叩三个头。

问：旁边有人看吗？

答：有。

问：这种风俗现在还有吗？

答：没有啦。

问：拜完天地就进洞房了？

答：是。

问：进洞房后男女都怎么做？进洞房后坐在炕上吗？

答：是。

问：脚能踏地吗？是不是还站在席了上？

答：是。

问：出洞房呢？在洞房里待 3 天吗？

答：在婆婆家待 3 天。

问：吃饭怎么办？

答：与老人在一起吃。在洞房坐 1 天，在婆婆家住 3 天。

问：有闹洞房的吗？

答：一般有，我那时没有，他们家辈数小。

问：为什么没有？

答：辈小的人就没有，辈低的人才去闹洞房。

问：有听房的吗？

答：没有。

问：一般听房的多吗？

答：有，闹着玩。

问：3 天以后回家你丈夫去吗？

答：就我一个人住在娘家。

问：你结婚以后什么时候给马家上坟？

答：结婚第二天就去上坟。

问：与谁一起去？

答：与丈夫一起。

问：现在结婚以后还去上坟吗？

答：还去。

问：是结婚的第二天吗？

答：对。

问：你知道闹洞房吗？

答：知道。

问：你闹过吗？

答：闹过，我辈数小。

问：过去村里有小媳妇受气的吗？

答：有。

问：多吗？

答：不多。

问：你知道王金堂吗？

答：知道。

问：他是不是因为第一个妻子不生小孩，取了妾呀？

答：是。

问：别人也有这种情况吗？

答：没有。

问：你结婚的时候有土匪、小偷捣乱吗？

答：没有。

问：很平安的？

答：是。

问：村里有塔吗？如瞭望塔？

答：没有。

问：你结婚以后谁照顾你母亲？

答：我姐姐。

问：你姐姐结婚以后住在这儿吗？

答：她住在韩庄，不住在这儿。

问：你妈妈与你姐姐住在一起吗？

答：不在一起，我姐姐供养她吃的和钱。这是我大姐。

【日本侵略】

问：日本侵略中国的时候，你还记得吗？

答：不知道。当时妇女不出门，老人封建不让出门。

问：日本军队在别的村抢东西，强奸妇女，这个村有吗？

答：不知道，我不出门，只在家纺线织布。

问：日本人很对不起中国人。

问：打仗对你的生活有影响吗？

答：现在好啦，吃的多好哇。

【婚后生活】

问：你丈夫一直在教书吗？

答：是。

问：他每月多少钱？

答：不给钱，每月给 100 斤红高粱。

问：1943 年这村发生了旱灾吧？

答：经常闹灾。一亩地才产 30 斤粮食。

问：你们吃什么？

答：红高粱。

问：有死的人吗？

答：有。死了不少人。

问：抗日战争结束的事你知道吗？

答：记不清。

问：你丈夫知道吗？

答：不知道，他在韩庄教书，不回家。

问：你生了第一个孩子生活怎么样？

答：很好的。

【结阴亲】

问：你就一个男孩，没有女孩？

答：一个男孩，有个女孩 6 岁时死了。

问：埋在哪里？

答：村西边的地里。

问：是你丈夫家的坟地吗？

答：女孩一定要找婆婆家，埋在人家的地里啦。

问：不是才 6 岁吗？

答：是，6 岁也得埋在人家的地里。

问：谁家的？

答：姓王的。

问：姓王的与你们家有关系吗？

答：没有。

问：那为什么埋在姓王的坟里啦？

答：给死去的女儿说了一个婆婆家。我当时生病，是别人办的，这是阴亲，我们这里的风俗。

问：姓王的儿子早死了吗？

答：早死了。

问：有埋葬仪式吗？

答：没有。

【纺线、织布、柳编】

问：这个村是哪年解放的？1946 年对吗？

答：不记得。

问：你还记得那时的事吗？

答：不知道。

问：你织布是自己穿还是卖？

答：替别人织，别人给我手工线，不是卖。

问：谁纺线？

答：婆婆纺线，我织布。

问：你一天织一丈布，从几点到几点织布？

答：从吃完早饭到吃晚饭前都织布。

问：你织得特别好吧？

答：是。

问：这个村的女人是不是都会织布？

答：有三四家会织。

问：有柳编吗？

答：有。

问：你会吗？

答：我儿子会编，孙女也会编。

问：从哪年开始编的？

答：1976 年。

问：编席子吗？

答：编席。给人家加工，也就是人家的原料，给加工费，不卖席子。

问：一丈布给多少钱？

答：不论丈，论个，一个布 2 丈多，给 2 元钱的手工费。

问：这是解放前的事吧？

答：是，现在没有人织啦。

问：一个月挣多少钱？

答：十四五元钱。

问：每天都织吗？

答：是。

问：你还看孩子，干家务吗？

答：是。

问：你丈夫的钱多吗？

答：给粮食，没有钱。我的钱也给老人。

问：你们的生活很好吗？

答：好。

【土地改革】

问：你还记得“土改”的事吗？

答：记得。

问：你家有 10 亩地吧？

答：有。

问：地是自己的还是分的？

答：分的。八九个人。

问：马家有多少地？

答：他家十七八亩地，每人平均 2 亩。

问：你丈夫家的地向外拿了吗？

答：没有。人口多。

问：你们属于什么成分？

答：贫农。

问："土改"时你参加过活动吗？

答：没有出去过。

问：你丈夫参加过吗？

答：没有。他不回家，他在韩庄教书。我在照看老人。

问：解放战争的时候，八路军来这个村你知道吗？

答：不知道。

问：八路军女干部来村宣传你知道吗？

答：老人不让出门，我不知道。

问：你害怕战争吗？

答：我不出门，不知道，也不害怕。

问：你当时下地干活吗？

答：老人不让去，让在家做饭、干家务、看孩子。

问：谁干地里的活？

答：我婆婆。

问：你公公呢？

答：他也去下地干活。

【婚姻法】

问：你知道《婚姻法》吗？

答：不知道。

问：1950年颁布《婚姻法》后，你听过宣传吗？

答：听过宣传，刚解放时没有听过。现在听说的。

问：妇女主任是谁？

答：刚解放的时候没有妇女主任。

问：现在妇女主任是谁？

答：现在是朱爱香。

【1958年以后的农活、家务、卫生】

问：解放以后还织布吗？

答：到1958年就不织了。

问：1945～1958年下地干活吗？

答：1958年开始下地干活。

问：你织的布卖吗？

答：包工织布，不卖。

问：给谁包工？是生产队吗？

答：户里，不是生产队。

问：刚开始时干农活辛苦吗？

答：与我小儿子一起去干活，儿子还念书。

问：你丈夫还当教师吗？

答：已得病死了。

问：哪年死的？

答：我脑子不好，忘了。大概是1957年。

问：你不织布了，穿衣服怎么办？

答：穿旧衣服。

问：60年代又开始织布了吗？

答：没有。

问：还做鞋吗？

答：做，到现在还做呢。

问：吃的水还是挑吗？

答：我孙子用车子推。

问：1958年呢？

答：自己挑水吃。

问：有水管了吗？哪年修的？

答：压水，机压井，有6年了。

问：像这样的井村里有多少？

答：家家户户都有。

问：烧什么柴火？

答：棉花柴。

问：不用煤吧？

答：不用。

问：放在哪里？

答：闲地方，即没有房子的空地里。

问：只用棉花柴吗？

答：是，烧水用煤，每家都有蜂窝煤炉子。

问：什么时候开始用煤的？

答：10多年了。

问：这个村有大夫吗？

答：有，早就有了。

问：解放前有吗？

答：有。解放前少，现在多，有四五个人。

问：都是中医吧？

答：是中医。

问：谁帮你接生的？

答：我婆婆接生的。

问：用什么剪脐带？

答：扎上就行。

问：有用破碗片砸断脐带的吗？

答：没有。那时的小孩伤亡大。

问：科学接生有多少年了？

答：到医院生孩子有二三十年了。

问：农村有赤脚医生吗？

答：有。男的，在二院实习去了。

问：叫什么名字？

答：李令财。

问：是在这儿结婚的吗？

答：是，他是本村人。

问：在人民公社时一天挣多少工分？

答：10 多分。我挣 6 分，男的 10 分。

问：80 年代还是这样吗？

答：是。

问：男女干一样的活吗？

答：不一样。

问：一天干几个小时？

答：从早饭后干到 11 点钟，这是上午。老年妇女不下地，年轻的才下地。

问：青年妇女也挣 6 分吗？

答：多。她们干的活重，挣的工分多。

问：你有多久不下地了？

答：四五年了。

问：你的儿子是生产队长吗？

答：从前是生产队长，现在是村副主任。

问：他干地里的活吗？

答：干。

问：村里当工人的有吗？

答：有。在平原等外地。

问：你也干农活吗？

答：干。

问：种什么庄稼？

答：小麦、玉米、棉花。

问：卖粮食吗？

答：缴公粮。

问：有多少亩田？

答：十几亩地。

问：棉花全部卖吗？

答：是。卖给国家，自己留种子。

问：留下种子干什么？

答：第二年种时用。

问：你的鞋是自己纺线做的吗？

答：是。

问：想看一看你纺线用的纺车，有吗？

答：有一辆。

朱爱香

时　　间：1993 年 4 月 1 日下午

访 问 者：末次玲子

翻　　译：童晓薇

场　　所：朱爱香家

（朱爱香的丈夫李春河与会）

【家庭状况、姑娘时代】

问：你今年多大？

答：45 岁。

问：从哪年开始当妇女主任的？

答：今年是第 7 年。

问：以前谁是妇女主任？

答：以前没有。

问：是选的吗？

答：是。

问：你当妇女主任之前是什么职业？

答：农村社员。

问：你丈夫叫什么名字？

答：李春河。

问：今年多大？

答：46 岁。

问：哪年结婚？

答：1971 年。

问：有几个孩子？

答：两个。大的女儿 24 岁，小的儿子 22 岁。

问：叫什么名字？

答：大的叫李秀娟，儿子叫李正勇。

问：他们结婚了吗？

答：女儿结婚了。

问：你丈夫是这个村的吗？

答：是。

问：你呢？

答：西关村的。

问：离这儿多远？

答：4 里地。

问：经常回家吗？

答：不经常回家，老人已不在世了。

问：你有几个兄弟姐妹？

答：一个姐姐，一个哥。

问：你父母哪年去世啦？

答：母亲在我 12 岁时死的，父亲今年 2 月 19 日去世。

问：你感到寂寞吗？

答：老人刚死，很寂寞。

问：妇女主任的工作是什么？

答：计划生育，杂事，家务事。

问：你管全村人的家务事吗？

答：是。有矛盾的也管。

问：夫妇之间生气的原因？

答：没有什么大事。

问：这个村的妇女有离婚的吗？

答：没有。

问：计划生育管什么？

答：检查身体，有流产的。

问：几个月流产？

答：两个月。

问：你有几个兄弟？

答：一个哥哥，一个姐姐，一个弟弟。

问：叫什么名字？

答：姐姐叫朱爱清，哥哥叫朱学孔，弟弟叫朱学锋。

问：你母亲的名字？

答：已死了，叫刘莲荣，父亲朱龙华。

问：你姐姐、哥哥、弟弟多大岁数？

答：姐姐 58 岁，哥哥 56 岁，弟弟 43 岁。

【学校】

问：你毕业于什么学校？

答：小学。

问：这是你的房子？

答：是。

问：你姐姐、弟弟毕业于什么学校？

答：都是小学毕业。

问：你什么时候上学？

答：8 岁，共上了 6 年。

问：人民公社时你父亲干什么？

答：是工人，赶马车拉货。

问：你多大岁数结婚？

答：22 岁，1971 年。

问：你小学时学习好吗？有“文化大革命”吗？

答：不好。还没有“文化大革命”。

问：学什么课？

答：有语文、算术、政治、地理、自然、体育。

问：这里的孩子都上学吗？

答：是，都上学。没有不上的。

问：你为什么不上初中？

答：我不愿意上了。

【男女工分区别】

问：你毕业后下地干什么工作？

答：下地干农活。

问：男女都干一样的活吗？男女、老人、孩子干活有没有区别？

答：男女都干一样的活，孩子没有干活的。

问：一天你挣几分？

答：10 分。

问：男孩子几分？

答：也是 10 分。

问：60 岁的老太太几分？

答：没有干的啦，老了。

问：30 岁的女人多少分？

答：干一样的活挣一样的分。

问：30 岁的男人呢？

答：也一样。

【结婚】

问：你认识你丈夫有人介绍吗？

答：有人介绍。我舅母介绍的。

问：结婚前你们认识吗？见过面吗？

答：不认识，但见过面。

问：见过几次？

答：三五天就见一次面。

问：你感觉怎么样？

答：很好。

问：谁决定你们结婚的？

答：我们自己决定的。

问：你们是自由恋爱吗？

答：不是。有介绍人。

问：结婚的时候你父母都在家吗？

答：在家。

问：你爸爸的名字？母亲的名字？

答：李自信是我父亲，母亲叫夏西玉。

【结婚后的家庭构成与家务分担】

问：你结婚的时候家里有几口人？

答：8 口人。父母、2 个妹、1 个哥、1 个嫂子、1 个弟弟。

问：你哥哥当时有小孩吗？

答：没有。

问：谁做饭？

答：都做饭，妹妹、嫂子、母亲和我都做。

问：轮着做吗？

答：不轮流做。

问：男人做吗？有现在这样的水井吗？

答：没有这样的水井，是从不远的地方的井里挑水用。

问：怎么弄水？

答：提水。

问：你提水吗？

答：我不挑水，男人们挑。这是男人干的活。

问：水在哪里？从这里到那里几分钟？

答：南边井里。5 分钟。

问：用火柴取火吗？拾柴是男人的工作吗？

答：我们不拾柴，烧棉花柴。

问：谁洗衣服，打扫房间？

答：是女人的工作。

问：维修房子是男人干吗？

答：是。

问：你结婚以后，8 个人的工作很多，怎么分工？

答：我的两个妹妹到地里干活，我和嫂子帮助母亲干活。

问：自己做衣服穿吗？

答：自己做。买布回来做衣服。

问：在哪里买？

答：城里。

问：自己纺线织布做衣服的多，还是买布的多？

答：买布的多。

问：你会织布吗，会纺线吗？

答：不会。我母亲也不会。

问：你婆婆教你纺织吗？

答：我婆婆也不会织。

问：这个村的女孩会纺织吗？

答：50岁以上的人会纺织。

问：你什么时候生的女孩？

答：23岁。

【妇女主任】

问：妇女主任的工作以前都是调解些家事，是什么样的家事，如丈夫与妻子吵架，你做什么？

答：两口子生了气给他们调解调解。

问：最近发生什么事？

答：最近没有。

问：从前呢？把详情说说？

答：给他们调解后就好了。劝劝男的，说说女的就行了。

问：什么原因？

答：因为说话不对口味，发生口角的多。

问：有人来告诉你吗？

答：有人来告诉我。

问：丈夫要孩子，妻子说不要孩子的事有吗？

答：没有。

【计划生育】

问：这个村里有生第二胎的妇女，30岁以后生的有吗？

答：没有。

问：生第一个孩子，以后不生了吗？

答：不生了。

问：只有一个女孩的，她结婚以后，父母亲怎么生活？

答：老人可送养老院。

问：这个村有吗？

答：县里有，这个村还没有。

问：女孩子结婚以后，还照顾父母的有吗？

答：现在没有。

【招婿】

问：这个村有男的到女家落户的吗？

答：有。

问：谁呀？

答：李敬文。

问：女的是本村人吗？她的名字？

答：本村人。不知道女的名字，姓魏。

问：他们生的孩子姓李还是姓魏？

答：姓李。

问：李敬文和他妻子与他老人生活在一起吗？

答：李敬文是女孩的父亲。

问：女孩的名字叫什么？

答：乳名叫李红英。

问：李红英的丈夫的名字？

答：周立群。

问：李红英的丈夫周立群是哪个村的？

答：周立群是南边村里，离这儿3里路。

问：这样例子多吗？

答：不多。

问：你还知道别的例子吗？

答：不知道。

问：你们听说过养老女婿这样的事有吗？

答：听说过，养老女婿是伺候老人的。

问：村里有这样的例子吗？现在有吗？

答：现在没有。

【遗产继承】

问：有女孩和男孩的，老人死了以后财产怎么分配？

答：全部归男孩，女孩没有。

问：女孩结婚需要多少钱？

答：那没有数。不要钱，只给嫁妆。

问：在法律上规定男女平等，而实际上是男孩所得财产多，女孩所得少，这样平等吗？

答：俺这里男孩女孩都没有存折，老人管钱。

【计划生育】

问：村里规定一对夫妇生几个孩子，是怎么决定的？

答：生一个孩子。

问：这个村一年生多少胎是谁决定的？

答：共生 7 个或 8 个。由乡里决定的。

问：超生行吗？

答：不行。

问：谁先生或后生是怎么安排的？

答：根据岁数，岁数大的先生，小的后生。

问：新婚夫妇能马上生吗？

答：23 岁才能生育，这是《婚姻法》规定的。

问：这么大的村子一年只生十几个孩子，工作很困难吧？

答：不到育龄的妇女自觉不生育，不够 23 岁的也不结婚。也有具体措施。

问：你作为妇女主任每月让她们坚持吃避孕药吗？

答：是。也有戴避孕套的。

问：男的有措施吗？

答：男的实行结扎手术。

问：女的有结扎的吗？

答：有，比男的还多。这个村只有一个男的结扎了。

问：你是怎样宣传计划生育的，是不是春天的任务大？

答：我们村的工作很好做，女的 23 岁才结婚，婚后第一胎，不用过多的宣传，大家都很自觉地遵守。

问：一年怎么控制在七八胎之内呢？

答：结婚的不多，很好控制。

问：如果第一胎生了女孩，女的过了 30 周岁还可以生第二胎，这样的人多吗？

答：政策是这么规定，目前村里还没有人生第二胎。

问：你以前给别人接过生吗？

答：没有。我不会。

【好媳妇、好婆婆】

问：从光荣榜上看到好媳妇、好婆婆是怎么评出来的？

答：干部们平时看着谁家好就评谁。

问：有什么条件？

答：就是五好：婆媳好，劳动好，家里不生气。

问：是你决定吗？

答：不是。大队里干部们决定。

问：是村民委员会吗？你是委员吗？

答：是村民委员会定的。我不是委员。

问：有大家推荐的吗？

答：没有。

问：好媳妇里有一个魏玉香吗？

答：不知道。农村里称大名的很少，一般叫小名。

问：好媳妇的条件？

答：对婆婆及家人好，不吵架，劳动好，与兄妹和气，家庭和睦，被人称赞。

问：你是好媳妇吗？

答：我没有公婆了，不然也是好媳妇。

问：得到好媳妇的称号有证书吗？全村人知道吗？

答：没有证书，挂上牌就知道了，没有开全村大会宣布。

【结婚前的妇女】

问：年轻女孩没有结婚前干什么？

答：干农活，也有编篮子的。

问：大概有多少人参加柳编？

答：很多，春耕前农闲时都编。

问：编好篮子去卖吗？

答：外贸公司收购。

问：有近百人参加编，生了小孩的也编吗？

答：几乎都编。

问：到外地工作的女孩多吗？

答：很少，有当临时工的。

问：到哪儿去？

答：有到德州的，也有到恩城的。

问：住在外地吗？

答：住在那里，不每天回家。

【工作感受】

问：妇女的工作你感觉怎样？

答：可以。

问：你想一直干下去吗？

答：干吧，人老了就不干了。

问：你有工资吗？

答：有工资，一年二三百元。

问：你的工作很重要，希望你多努力。明天我们到县妇联调查。妇联会是做什么工作的？

答：主要是做妇女工作。

问：妇联会召集村里的妇女干部开会吗？

答：开会，一年开十次八次的会。

问：去县里开会吗？

答：前年去了一次，开代表会。

问：村里选妇女代表是怎么选的？

答：乡里选的。

问：是选的，还是推荐的？

答：县里从妇女干部中推荐。

问：县里也选举吗？

答：到县去以后，选举县妇联主任。

问：除选举主任以外，还讨论吗？

答：讨论，主要是讨论本乡的事。

问：你是不是学到了很多东西？

答：是，了解了很多情况。

问：村里老年人与年轻人的情况一样吗？

答：参加会的都是年轻人。

问：城市的妇女与农村的妇女不一样吗？

答：农村的人多，城市与乡村的妇女分着开小会。

问：你丈夫对你当妇女主任怎么想的？

答：他很支持我。

问：你很幸福。

邢佩菊　耿秀云（邢之儿媳）

时　　间：1993 年 4 月 2 日下午

访 问 者：末次玲子

翻　　译：童晓薇

场　　所：刑佩菊家

【邢佩菊家族】

问：你叫什么名字？

答：邢佩菊。

问：今年多大岁数？

答：67 岁。

问：你丈夫叫什么名字？

答：李胜唐。

问：你几个孩子？

答：3 个闺女，1 个小子。

问：他们叫什么名字？

答：大女儿叫李秀芝，老二 44 岁，叫李秀希，老三叫李秀英，最小的叫李令奎，是个男孩。

问：这是你孙子吗？

答：是。这是俺儿媳。

问：你叫什么名字？

答：耿秀云。

问：你儿媳也是这村的人吗？

答：不是。她是恩城镇耿堂村人。

问：你今年多大岁数？

答：40 岁。

问：你儿子多大岁数？

答：也是 40 岁。

问：你孙女叫什么名字？

答：李绪玲。

问：几岁了？

答：16 岁。

问：孙子呢？

答：李绪民，14 岁。

问：你出生在这个村吗？

答：不是。娘家离这儿 200 里，唐沂县邢庄村。

问：你父亲是农民吗？

答：是。早死了。

问：你有几个兄弟姐妹？

答：一个弟弟，一个姐姐，一个妹妹。

问：你结婚前上过学吗？

答：没有。

【缠足、纺线、织布】

问：你缠过小脚吗？

答：没有。

问：岁数大的不是都缠过脚吗？

答：是，后来放开了。

问：你在家干什么？

答：纺线。

问：你纺线是自己用吗？

答：纺线织布自己穿。

问：多余的部分拿出去卖吗？

答：不卖，自己还不够用呢，孩子们多。

问：那个村也收棉花吗？

答：收，不多。

问：你们还用卖棉花吗？

答：自己地里产的棉花，不是卖的。

问：一丈布需要多少钱，用几天时间？

答：一天织一丈。

问：有多少宽？

答：1 尺 8 寸宽，一丈布要用一天时间。

问：你会织吗？

答：不会。现在都不织布了，都是买布穿。十几岁就出嫁到这里来了，娘家离这儿 200 多里地。

【结婚、婚姻礼仪】

问：十几岁结婚的？

答：17 岁。

问：你与你丈夫是怎么认识的？

答：经人介绍的。

问：从那么远的地方介绍来的？

答：逃荒要饭到这里来了，经人介绍，嫁给李胜唐了。

问：你一个人来的吗？

答：全家人都来了。后来其他人都走了，我在这儿落户了。

问：为什么逃荒？

答：旱灾，家里没有吃的。

问：这里发生旱灾了？

答：是，唐沂县旱，这里也旱，1943 年大灾年。

问：结婚的时候你丈夫多大岁数？

答：他比我大 20 岁。

问：李胜唐当时多少地？

答：2 亩地。

问：全家多少口人？

答： 连我 3 口，除丈夫还有婆婆。

问： 你们一起生活吗？

答： 是。

问： 他不是有兄弟姐妹吗？

答： 分家了。

问： 当时李胜唐的兄弟们都住在这个村吗？

答： 全住在这儿。

问： 过去调查李家有 22 亩地。

答： 没分家时有 22 亩，分家后就没有那么多了。

问： 你婆婆姓陈，你嫂子姓马，弟妹姓张？

答： 对。

问： 这个村在日本有很多人知道，很有名。

答： 过去日军在恩城住，有一个人到这个村调查，很细。

问： 你 3 口人只有 2 亩地，很辛苦，怎么生活的？

答： 当时李胜唐给人家扛活，做短工，后来就解放了。

问： 你与你婆婆在家做饭，纺线？

答： 我在这村也纺线很少，婆婆岁数大了。

问： 你结婚时李胜唐给你彩礼了吗？

答： 没有。当时不兴。

问： 你坐轿了吗？

答： 没坐轿，坐的车，木轮大车。那时有钱的坐轿，没钱的坐车。

【农活】

问： 李胜唐一边干农活，一边打短工，是 1942 年这么干，还是一直都这样？

答： 干了好几年，后来就解放了，生活好了。

问： 你丈夫给别人做长工还是短工？

答： 什么都干，有长工有短工。

问： 给谁家干活？

答： 记不清了。

问： 你在家干活吧？

答： 是，还到地里去干活。

问： 男女都干一样的活吧？

答： 是。

问： 解放前后都一样吗？

答： 一样，我没有缠足，能干地里的活。

问： 你也织布吗？

答： 我不会织布，只会纺线。

问： 你不是说一天能织一丈布吗？

答： 那是我娘。

问： 你纺线，你妈织布？

答： 对。

问： 你结婚后自己不织布，买呀？

答： 让别人替俺织，我给人家做其他活，以工换工。

问： 线是自己纺吗？

答： 我纺好线后，让别人给我织布。

问： 织一个布给多少钱？

答： 有时候给点钱，有时候人家给我织布，我给人家纺线，就是以工换工。

问： 一丈布给 1 元钱吗？

答： 是，一丈布 1 元钱。不给钱替别人纺线。

【日军侵略】

问： 你还记得抗日战争时候的事吗？

答： 忘了。

问： 这个地方打过仗吗？

答： 日本兵来过，没有打仗。

问： 日本军队到村里抢东西的事你知道吗？

答： 不知道。

问： 那时日本给中国带来伤害，很抱歉，希望中日两国不要再打仗了。1945 年八路军来时你记得吗？

答：忘了。

问：解放的时候你记得吗？

答：记不清了，我带着那么多孩子，顾不上。家庭妇女不注意这些事。

问：你丈夫是 20 年前死的？

答：死了 30 多年了。

问：你丈夫当时参加什么活动了吗？

答：不知道。

问：你当时已生孩子了吗？解放的时候。

答：有小孩了。

问：那时村里有没有人参加政治活动，如宣传活动？

答：有参军的。

问：女的有吗？

答：没有。

问：女的有参加去的吗？

答：没有。

问：孙玉荣原来的妇女主任还在吗？

答：已死多年。

问：你认识她吗？

答：不认识。

【婚姻法】

问：解放后颁布了《婚姻法》，你记得吗？

答：不知道。

问：你当时有什么心情？

答：很好。

问：有《婚姻法》以后，你感觉最高兴的事是什么？

答：我知道好，不知道其他事。

问：你感到什么好哇？

答：年龄相当。双方见面都很好。

问：当时妇女主任不宣传吗？

答：宣传过，我没有参加。

【家务】

问：听说妇女在一起做鞋的事你知道吗？

答：做鞋不在一起，都在自己家里，干地里的农活集体干。

问：别的村的党组织，组织全村人，包括妇女参加宣传，这个村有吗？

答：有这种事。我孩子多，不出门，我没有参加。

问：是不是年轻人才参加？

答：是。年轻人参加，老了不参加。

问：你感到家务中最累的是什么？

答：照顾孩子呗，吃、穿都得操心。

【孩子接生】

问：你生小孩是由医生接生的吗？

答：请医生接的生。

问：听说过去有的地方女的生小孩时，有用手揪断脐带的，有用剪刀剪断的，还有用破瓦片割断的。你是用的什么工具？

答：人家用剪刀剪断的。

问：你生小孩时生活已进步了。给你接生的医生还在吗？

答：早就没有了。

问：姓什么？

答：不知道。

问：那时候你几天做一双鞋？

答：两三天一双。一边干其他活，一边做鞋。

问：现在还做吗？

答：不做了。

问：一年做三双鞋吧？

答：不够，小孩子们一个月穿破一双鞋，一年得做好几十双。

问：一个月做一双吧？

答：对，差不多。

问：鞋帮几层？

答：五六层的，四五层的。

问：四五层怎么弄到一起？

答：一层一层地铺好后，用缝纫机缝。前头5层，中间4层。

问：后边多少层？像这样的地方几层，怎么缝在一起呀？

答：前后边5层，边上4层。四五层布铺到一起后缝起来，剪成样，后边缝起来就行了。

问：鞋底多少层？

答：底子层更多了，先用两层布粘在一起，叫“各板”。再用七八层“各板”合在一起，才成了底。

问：一个月就只能做一双鞋？

答：是。

问：一家3口，一年就得做36双吧？

答：是。

问：做鞋很忙吧？

答：是呀，白天、晚上都得做。

问：男的会做吗？

答：也有会做的。

问：男的是以前就做，还是男女平等以后的事呀？

答：什么时间都做，家里没有妇女的男的做，有妇女的就不用男的做了。

【挑水】

问：你们从哪儿挑水吃呀？

答：有井。

问：从前有吗？

答：也有。

问：挑水是男人的活吗？

答：以前是男的挑，现在男女都挑。

【土地改革】

问：“土地改革”以后，耕地增加了，你怎么想的？

答：分了土地好哇，还是八路军好，共产党好。

问：分得多少土地？

答：三四亩地。比以前好了。

【互助组】

问：你们与谁家组成互助组了？

答：邻近的组成的。

问：互助组、合作社时妇女们在一起干活，你感觉怎么样？

答：挺好。

问：你觉得大家帮助干活好，还是个人干活好？

答：大家互相帮助好，个人干不好。

问：有别的副业吗？

答：没有副业，下地干农活。

问：纺线吗？

答：也纺线，也干活，还没有队长。

问：自己做衣服你觉得怎么样？

答：自己织了布染染就穿，有钱拿到染坊染，没钱自己染，做上衣服给孩子们穿。

问：到人民公社的时候，妇女做衣服，做鞋同以前比有什么变化吗？

答：没有变化。到地里干活多了，做家务时间少了。

问：买东西价钱贵吗？

答：不贵。

问：一天挣多少工分？

答：一天10分，合2角钱，10分一个工。

问：一双鞋多少钱？

答：2元左右。

问：10天才能买一双鞋呀？

答：是。

问：为什么还继续做鞋？

答：为了省钱。

问：后来为什么不做鞋啦？

答：生活条件好了，嫌麻烦，不愿做了，都穿买的鞋。

问：1958 年以后不做了吧？

答：少量的做。

问：为什么少了？

答：生活条件好了，地里的活多了。

问：是抽空做吗？

答：抽空做，闲下来就做。春天冬天做。

问：你穿的鞋是自己做的吗？

答：是。

问：你的鞋大部分还是自己做吗？

答：是。买的鞋不合适。

问：年轻人做吗？

答：也做，自己做的耐用、耐穿。

【公共食堂、自然灾害】

问：大食堂在哪儿？

答：在南北街的南头，已成瓦房了。

问：全村人都到那儿吃吧？

答：到大食堂去领，回家吃。

问：一开始就这样吗？

答：开始时不这样，大家都到食堂去吃。

问：谁做饭？

答：有炊事员。

问：你感觉食堂怎么样？

答：吃食堂太麻烦。

问：用大铁锅做吗？自己家还有小锅吗？

答：是用大铁锅，自家的锅当时没有了，后来才买的。

问：全村都这样吗？

答：是。

问：你参加了吗？

答：都参加了。男的下地干活，家里留部分人做饭，有孩子的送托儿所，也去干活。

问：是 1938 年秋不去食堂吃，拿回家吃的吗？

答：是。

问：哪年关闭了食堂？

答：1958 年春节以前就解散了。

问：不是 1958 年才建食堂吗？

答：就是一年。时间很短。

问：为什么关啦？

答：生活困难，1959～1961 年三年灾害，生活困难。

问：妇女不做饭，是不是轻松了？

答：不轻松，劳动抓得很紧，都要下地干活，才能吃食堂。

问：除了干田里的活还回家做饭不是更辛苦吗？

答：那样自由，可吃食堂就不同了，吃完了饭不能睡觉，得马上去地里干活，活干不完也不行啊。

问：三年自然灾害时你一直在村里吗？

答：是。我没有出去。

问：搬到别的村的人多吗？

答：不多。

【子女教育】

问：你的孩子都上过学吗？

答：大的上过学，二的念过书，都上过学。都没有念好。

问：都上到什么程度？

答：大的上到小学四年级，老二三年级，老三也是三年级，最小的男孩念到初中毕业。

【生产队保障】

问：你丈夫 60 年代去世，你带着 4 个孩子，很苦吧？

答：是。当时生产队里照顾。

问：生产队是怎么照顾的？

答：一人 2000 工分，这是一年，几个孩子挣不了这么多，得照顾他们，生产队每年照顾 5000 工分，按工分分粮食。

【承包制后生活变化】

问：那样生活就比较好点了。现在是怎

么承包土地的？

答：按全村人口平均分，5 口人共分 10 亩地。

问：你儿子分的地吧？

答：儿子和儿媳的。

问：改革开放以后生活有变化吗？

答：变化大，三中全会以后变化大了。

问：这衣服是你做的吗？

答：不是。

问：买的吗？生活日用品是买的吗？

答：都是买的。

问：现在的生活与过去的生活比较有什么感想？

答：好多啦。

【耿秀云】

问：这是儿媳吗？你叫什么名字？

答：是。我叫耿秀云。

问：你娘家离这个村多远？

答：8 里地。

问：你与你丈夫是怎么认识的？

答：经人介绍。

问：结婚前你们见过面吗？

答：没有交往。

问：你没有见过是怎么决定的？

答：见过面啦。

问：这个村与你娘家的生活一样吗？

答：一样。

【男女家务分工】

问：干副业吗？

答：没有？

问：10 亩地种什么？

答：小麦、玉米、棉花。

问：拿出去卖吗？

答：不卖。

问：农忙时一天干多少小时？

答：8 个小时。

问：与你丈夫干一样的活吗？

答：一样。

问：谁洗衣服？

答：都洗，我娘和我都洗。

问：你自己不做衣服了吧？

答：做。

问：你们挣的钱谁管？

答：丈夫管。

问：是真的吗？

答：是！

问：买大件的东西谁决定？

答：大家商量。

问：地里种什么庄稼谁管？

答：我俩商量。

问：大家一起商量吗？

答：是。

【子女受教育、生活状况】

问：你是个好媳妇呀。你的孩子十五六岁了吧？

答：大的 16 岁。

问：上学吗？

答：不上了，小的还上学。

问：初中吗？

答：小学三年级。

问：他上学很晚吗？

答：不晚，他光退班，不中用，他有病，误事啦。

问：大的是女儿吗？小学毕业了吗？

答：是。没有小学毕业，小学三年级就不上了。

问：为什么？

答：她有病，就不上了。

问：现在好了吗？

答：好了。

问：你女儿退学后干什么？

答：在家种地。

问：你希望你女儿将来干什么？

答：她没有文化，只能在家种地。

问：看你女儿不像没知识的，很聪明。村里的女的喜欢做买卖吗？

答：搞副业，编篮子。

问：她也做吗？

答：她不会，还小。

问：你想让你的儿子当农民吗？

答：他学习不好，不当农民干什么？

问：你选择孩子们的对象条件是什么？

答：他们都还小，结婚时选对象，也是农民呗。

问：谁决定啊？你为他们做主吗？

答：他们自己做主，咱说了不算数。

马凤英（71岁）

时　　间：1993年4月3日上午

访 问 者：末次玲子

翻　　译：童晓薇

场　　所：马凤英家

（有马凤英的朋友闫汝芬在座）

【家庭成员】

问：你叫什么名字？

答：马凤英。

问：今年多大？

答：71岁。

问：你丈夫叫什么名字？还在吗？

答：马奎祥。已死去20多年了。

问：你有几个孩子，都叫什么名字？

答：4个孩子，老大马德新46岁，老二马德玉39岁，老三马德林36岁，老四马德国31岁。

问：他们都结婚了吗？儿媳们叫什么名字？

答：都结婚了。大儿媳叫蒋凤莲，二儿媳离婚了，三儿媳张爱喜，四儿媳张爱华。

问：没有女儿吗？

答：没有。

问：有孙子吗？

答：有。大孙子今年18岁，叫马宁；二孙子叫马常亮，12岁，也叫马亮；三孙子叫马巍，10岁；四孙女马月，10岁；五孙子马明，8岁。

问：你贵姓？

答：闫汝芬。

问：你是他儿媳吗？

答：不是。是邻居。

问：你生在这个村吗？

答：不是。娘家是李井村，离这几十里。

问：李井村姓马的多吗？

答：不多。

问：马家都是同宗同族吗？

答：是。

问：李井村也是这样吗？

答：李井村是我娘家，与姓马的不是同族。

问：你是回族吗？

答：不是回族。

问：你父亲干什么？

答：种地，农民。

问：你上过学吗？

答：没有。

【童养媳】

问：你结婚前是怎样生活的？（以下问马凤英）

答：我生活很困难，7岁母亲去世，跟着父亲生活，11岁当了童养媳。

问：你有兄弟姐妹吗？

答：有一个哥哥，现在已不在了。

问：你是怎样当童养媳的？

答：我小时没人管，没人照顾，我父亲给我找了个主，来到他家。他家也很穷，只有二三亩地。

问：当童养媳过来时有什么仪式吗？

答：没有。我还小，像走亲戚似的来到他家，18 岁才正式结婚。

问：你一个人来这里生活，是怎么想的？

答：我还小，什么也不懂，来到他家就跟着大人拔草、拾柴火，不会做活，也挨打。他家人口多，地少，生活困难，他家有奶奶、婆婆，还有一个弟弟，有公公，丈夫。

问：有妹妹吗？

答：我来的时候没有，后来有的，她已52 岁了。

问：拾什么样的柴火？

答：玉米秆、乱草，有什么拾什么。

问：怎样挑水？

答：到井里去挑水，我没有挑过。

问：是男的干吗？

答：是。

【缠足】

问：你缠过小脚吗？

答：缠过，我经常放开，因此挨打。

问：很痛吗？

答：痛！

问：你婆婆一直在吗？

答：死了 30 多年了，她 51 岁就死了。

【丈夫外出】

问：你除了种田外，还干什么？

答：织布。

问：你丈夫除种地外，还干别的活吗？扛过活，当过长工吗？

答：在河南当过裁缝，他编过篮子，参加八路军 18 年。我在解放以后也当过裁缝。

问：你织布是自己纺线吗？

答：我奶奶纺线。

问：织的布是自己穿还是卖呀？

答：自己穿，没有卖过。

问：你一天织多少布？

答：一天织 2 丈。

问：有多宽？

答：1.2 尺，小面幅。

问：现在还有织布机吗？

答：早没啦。

问：你织了多少年布？

答：30 多岁就不织了，大约三十二三岁，那年我到河南去了。

【坐轿】

问：你 18 岁结婚时坐轿吗？

答：坐轿，两个人抬着。

问：怎么坐上去的？

答：先是两个人用椅子抬出来，我坐在椅子上，再坐上轿。到婆家后两个人架着，双脚登在席上，脚不能着地。

问：你是童养媳，不是与你丈夫住在一起吗？

答：没有，那时他不在家，正在外边编篮，编筐。

问：你结婚时从哪儿到哪儿呀？

答：从俺娘家娶到这儿来的，结婚前送回娘家了。

问：你当童养媳时，你丈夫不在家，家里只有你奶奶，公、婆、弟弟和你 5 口人吧？

答：是。

问：你丈夫在哪儿编篮子？

答：张家口市，属河北省，离这儿很远，有七八十里。

问：那时这个村编篮子很有名吧？

答：是。编篮子，编筛子，就是喂牲口用的。

问：是现在用的柳条吗？

答：不是，他用竹子编。

问：结婚以后你俩在一起住吗？

答：不在一起，只住了一年多就走了，解放的那年他参加了八路军，1947 年入伍。到河北去时只有 12 岁，结婚时我 18 岁，他 21 岁，28 岁参加军队。

问：在一起住的时候很少吧？

答：是。

问：谁种家里的地呀？

答：公公和弟弟种。

问：你除织布做鞋只干家务事吧？

答：是。

问：孩子还没有出生吧？

答：是。

【解放战争】

问：你还记得抗日战争时候的事吗？

答：那时我才十几岁。

问：这个地方打过仗吗？

答：没有。

问：解放战争时你知道吗？

答：我记得打恩城。

问：战争害怕吧？

答：害怕。到处跑，用车拉着粮食，跑到离这儿 20 多里的马官屯。

问：这是解放的时候吧？

答：是。

问：这个村是 1945 年解放的吗？

答：是。

问：你见过八路军吗？有女战士吗？

答：见过？有女战士。

问：什么样的？

答：与庄稼人一样，戴着一个八路军帽，穿便衣。

问：他们都宣传什么？

答：日本鬼子不好，国民党是假鬼子、二鬼子。

问：那时有妇女团体吗？

答：有。我当过妇女连长。

问：干什么呀？

答：领导妇女去恩城里斗地主。

问：你也记得吗？（问马凤英的朋友）

答：我还小，不记事。

问：你走出家门参加这些活动是什么心情？

答：一心斗地主！把地主打倒！

问：那时你公婆都在，你们管吗？

答：不管。

问：家务活谁干？

答：我婆婆干。

问：都参加了哪些活动？

答：只有斗地主，没有参加别的事。

【参军、转业】

问：你丈夫为什么参加八路军？

答：为了过平安日子。

问：家里人都赞成他参军吗？

答：大家都赞成。

问：他回家是哪年？

答：他没有回来，转业的。在四川两年，在朝鲜三四年，在汉口四五年，在开封一年多，在漯河两年，在河南宫县去世。

问：你一直跟他住在一起吗？

答：是，老大 6 岁时我就跟着出去了，他在哪儿我就在哪儿。

问：是在四川时你跟他去的吗？

答：武汉。

问：去武汉之前你一直在家吗？

答：是。家里还有婆婆。

问：你一直做妇女工作？

答：是。

问：新中国成立，你有什么印象？1946

年解放时印象最深的是什么？

答：斗地主。

【土地改革、识字班】

问：“土地改革”以后你家有多少地？

答：最早二三亩，“土改”时六七亩，“土改”时分了一亩半地。

问：“土改”时你们还干什么？

答：没有干什么，参加了识字班。

问：与你在一起的有几个妇女？

答：五六个人。让妇女参加识字班，念书。

问：怎么学习？

答：让妇女晚上进学校念书，每晚2小时。

问：谁教书？男老师的吗？

答：王桂三教识字班。男的。

问：解放前识字的人多吗？

答：不多，很少。

问：解放前妇女进学校学习吗？

答：没有。

问：是不是一边识字，一边做鞋？

答：是，也做活，也识字。

问：做鞋给八路军穿呀？

答：是。

问：是宣传号召的吗？有口号吗？

答：有。有人做，有人不做，有的老人不让做，有的妇女偷着做。

问：老人为什么不让做？

答：他们不了解八路军好。我的老人也闹，我不说话。

【婚姻法】

问：你记得《婚姻法》吗？

答：不太清楚。

问：1953年抗美援朝结束，你当时一直干妇女连长吗？

答：是。我干了几年就到武汉去了，那是1955年。

问：1953年村里没有宣传过《婚姻法》吗？

答：宣传。

问：怎么宣传的？

答：年轻人宣传，老年人说“胡说八道”，他们不爱听。老年人不让外出干事，我出去回到家后，老人不乐意，但是我该怎么办还是怎么办。偷着外出，颁布《婚姻法》那阵也是这样。

问：领导人是谁？

答：王金迟的妻子是主任。

问：她是党员吗？

答：是。她早死了。

问：你也是党员吗？

答：不是。

问：《婚姻法》废除童养媳的事你知道吗？

答：不太了解，我没有文化。

问：当时有离婚的吗？

答：没有，这个村没有。

问：记得最清楚的内容是什么？

答：记不清。不让妇女缠脚，让妇女翻身，不让有童养媳，提倡晚婚这些还记得。

问：有提倡妇女与男的一起下地干活的口号吗？

答：有男女平等，妇女翻身的口号。

问：一开始妇女就下地干活吗？

答：刚开始时妇女不下地，都缠着脚不能去，有了《婚姻法》以后，妇女的小脚也放开了，男女也平等了，妇女才下地干活。

问：老人反对吗？

答：反对，他们不让去。

问：谁照顾小孩？

答：婆婆。

问：她很忙吧？

答：是，她看孩子，做针线，推磨磨面。家里忙了，我也帮助干。

【妇女队长】

问：你当过妇女主任吗？

答：没有。当过妇女队长，一直到我外出。

问：有妇女主任吗？

答：有。王金迟的妻子是主任。

问：她叫什么名字？

答：不记得啦，早死了。

问：这个村有几个妇女队长？

答：3 个。有我，还有孙玉荣，还有一个记不清了。马凤革的妻子是妇女副主任。

问：你们知道《婚姻法》颁布时的事吗？

答：不知道，不出门。

【随军生活】

问：然后你去河南？哪年回到这个村的？

答：1969 年。

问：在河南是怎么生活的？

答：他爸爸在部队，我有时给人家缝制衣服，看孩子。

问：那时你还织布吗？

答：不织啦，只给别人缝衣服。

问：从哪年开始不织布啦？

答：到外边以后就不织了，也就是去武汉那年。

问：这以前你织布？

答：是。

问：回到村以后你还织布吗？

答：不织。

问：你丈夫在朝鲜时，你们都在本村吗？

答：是。

问：别的人什么时候不织布的？

答：有 10 多年不织了，承包土地以后就不织了。1958 年不让织布，有偷着织的，从此织布的少了。

问：1969 年你回来时村里变化很大吧？

答：是呀，变化很大。

问：你回来就干农活吧？

答：回来就干农活了，还当了几年妇女队长，带着妇女干活。从承包土地以后就不当队长了。

问：你当妇女队长很辛苦啊。

答：我多半辈子都当队长。在外边缝纫衣服时也当队长。

【公共食堂】

问：1969 年回来时村里有大食堂吗？

答：1958 年有食堂，时间不长。1970 年我回来过一趟，在家住了两年又走了。

问：你在大食堂吃过饭吗？（问闫汝芬）

答：吃过，我在食堂推磨，用牲口推磨，我筛面。有工分，有推磨的，择菜的，做饭的。

问：你除推磨还干别的吗？

答：在食堂吃完饭就下地干活。在吃食堂之前，各家的锅都砸了，叫做砸锅卖铁，晚上不关门睡觉。

问：你在大食堂吃饭高兴吗？

答：人家都进食堂吃饭，之后就下地干活，很高兴。自己没有锅，不高兴也没有办法。

问：为什么办了一年就不办食堂了？

答：没有粮食了，当时是一平二调，粮食都调走了。村里就没有粮食了，死了不少人。

问：家里有留的？

答：没有。全部调走了。

问：家里很冷吗？

答：冷！白天整天下地挖地，在树林里睡觉。深挖地，没有牲口，用人拉。

问：大食堂前家里暖和吗？

答：暖和，因为在家做饭。

问：大食堂时有什么不好的地方吗？

答：浪费粮食，地里产的地瓜都埋起来，都浪费了。花生没人拾，棉花没人要，都烂在地里啦。吃食堂时，一个人发给几个窝窝头，领到家里吃。以后没有粮食了，用瓜菜代，从玉米秆里提面粉吃。一口人每天4两粮食，不够吃。家里没有锅，也不能做。

【工分】

问：前边问的是每天挣10分吧？

答：是。妇女根据干活多少来定。干得多的有挣10分多的，有挣六七分的，像她（指闫汝芬）每天只挣6分。

问：你一天挣多少分？

答：八九分，我分多，与她娘一样。女的最高的8分，没有10分，比如挖沟，男的一米，女的也一米，可男的10分，女的8分。

问：自己做鞋吗？做一件衣服多少钱？

答：做一件衣服8分，2角的线钱。

问：所有的衣服都是你做吗？

答：是。做一件上衣10分，裤子8分，2角钱的线钱。

问：有衣料的都到你这儿来吗？

答：是，除了挣工分外，每件衣服另交2角钱买线，一个工分最少的时候1角钱。

问：做鞋有让别人做的吗？

答：没有。

问：家里没有女的怎么办？

答：买。

问：一双鞋多少钱？

答：几角一双鞋。五六角的也有七八角一双的。

问：贵吗？

答：贵。

问：生产队里有做衣服的组织吗？

答：有缝纫机的户才能做，全村就我一家有缝纫机。是个体的，没有组织。

【破除迷信】

问：“批林批孔”时村里宣传吗？

答：宣传。

问：怎么宣传的？

答：忘啦。

问：婚事、丧事怎么办？破除封建迷信了吗？有宣传吗？

答：有。第一（录音不清），第二，不够年龄不让登记结婚。

问：“批林批孔”的时候有宣传吗？

答：有，“破四旧，立四新”，祖宗牌也烧啦。

问：这之前每家都有吗？

答：都有，“批林批孔”时都烧了。

【男女平等】

问：宣传男女平等，提倡都干家务吗？

答：宣传，不仅宣传，也有实际，男女都干家务，地里的活男的能干，女的也能干。

问：宣传有效果吗？

答：有。女的地位提高了，女的主事，男的主不了事了。这不是咱妇女翻身了。

问：与日本一样。在家谁做饭？

答：谁有时间谁做，有客人男的做。

问：扫房子也是吗？

答：是。

问：修房子谁干？

答：男女都干。

问：挣了钱谁管？

答：女的管，女的当家。

问：你孩子结婚谁做主？

答：我的孩子结婚简单，他在军队，我没有花钱，也不管。

问：像你这样的家庭是不是很少哇？

答：很少，4 个儿子只有老四我做的主，其他 3 个没有管。

【妇女工作】

问：你干生产队长时的妇女主任是谁？

答：1978 年是王秀芝。

问：她还在吗？

答：结婚啦，在恩城。

问：她干了几年？

答：四五年。

问：现在还有妇女运动吗？

答：没有运动，就是计划生育。

问：现在妇女中最希望改变的是什么问题？

答：希望改变好，希望少生孩子，轻闲不受累。

问：村里有托儿所吗？谁带呀？

答：没有托儿所，有老人的老人带，没有老人的自己带。

问：如果只生了一个女孩怎么办？

答：没有别的想法，过去认为只有女孩就绝后了，现在没有这种想法了，生了女孩就是女孩吧。

问：老了以后怎么办？

答：靠女儿。

问：村里有虐待女孩、想要男孩的吗？

答：没有。有人一个孩子也不想要呢。

刘金莲

时　　间：1993 年 4 月 4 日上午

访 问 者：末次玲子

翻　　译：童晓薇

场　　所：刘金莲家

【姑娘时代、家庭、学校、纺织】

问：你叫什么名字？今年多大岁数？

答：刘金莲，45 岁。

问：你丈夫叫什么名字？多大岁数？

答：王维臣，47 岁。

问：你有几个孩子？都几岁了？

答：3 个孩子，大的叫王会楼，二的叫王会霞，老三是男孩，叫王会永。

问：各多大岁数？

答：老大 22 岁，老二 19 岁，小三 15 岁。

问：你出生在哪里？

答：刘王庄。

问：离这儿远吗？

答：6 里地，3 公里。

问：你家里还有谁？

答：有小孩的奶奶，一个弟弟。

问：你娘家还有谁？

答：我娘，还健在，一个哥哥，一个弟弟，一个嫂子，一个弟妹。

问：刘王庄是哪年解放的？

答：我不清楚。

问：与这个村差不多吧？

答：差不多。

问：你记事的时候“土地改革”已结束了吧？

答：结束了。

问：互助组开始了吗？

答：开始了。

【学校】

问：你上过学吗？什么学校毕业？

答：上过学，小学毕业。

问：几年？

答：四五年。

问：你都喜欢什么课？

答：算术和画画。

问：你哥哥上过学吗？

答：上过。

问：毕业于什么学校？

答：完小，即小学六年级。

问：他是你什么人？（指另一男性）

答：是侄子，即本家侄子。

问：他叫什么名字？

答：王会中。

问：他与你孩子是一辈的？

答：是。

问：他很了解你哥哥上学的事？

答：他们念的一样的书。

问：你上小学时有人民公社吗？

答：有。

问：人民公社时你们一直都上学吗？有没有停学？

答：一直上学，中间没有停止过。

问：你现在还看书写字吗？

答：都忘了。

问：你上小学时男孩多还是女孩多？

答：记不清了。

问：男女都上学吗？

答：是。

问：自己交学费吗？

答：一年交三四元，书本费除外，每季交七八角钱。

问：你当时想过长大之后干什么呀？

答：没有什么想法，我姐妹多，农民挺累的。

问：生活不好吗？人民公社的时候？

答：是。当时还没有建人民公社。

问：你什么时候上的小学？

答：6 岁。

问：人民公社时你 26 岁了，你还记得吗？

答：记不清了。

问：吃大食堂时你知道吧？

答：知道。

问：你当时还在上学吧？

答：上学。

问：吃大食堂你高兴吗？

答：高兴。

问：你帮助家里干家务活吗？

答：干。

问：地里的活呢？

答：也干。

问：你那时也干田里的活吗？

答：我还小，有姐姐妹妹们干。

问：你没有说家里有姐妹呀？

答：我还有一个姐姐，两个妹妹。

问：你爸爸已去世了？

答：是。

问：你帮家里干什么家务活？

答：做饭、织布。

问：你会织布？

答：我不会，我做饭，我母亲织布。

问：你很小就会纺线？

答：是，我不下地干活，可在家帮助母亲干家务，我母亲织，我纺。

问：你洗衣服？

答：是。

问：用井水洗衣服，井离家远吗？

答：我哥哥帮助挑水，井离家很远。

问：织的布是自己穿还是卖？

答：给别的户织，人家给钱。2 元钱织一个布，就是包工织。

问：一个布多长？

答：2 丈 4 尺。

问：人家给棉花还是给线？

答：给线，我们管织，2 元钱一个布（手工费）。

问：纺完线干什么？

答：线织布很费事，得把线拐起来。经过几道工序才织成布。你问的是自己纺线干什么吧？

问：对。

答：自己纺的线织成布自己穿。

问：有卖线的吗？

答：没有。

问：每人都会纺吗？

答：都会。

问：这个村种棉花吗？

答：是。

【结婚】

问：你多大岁数结婚的？

答：21 岁。

问：你与丈夫是怎么认识的？

答：经人介绍的。

问：你们结婚前见过几次面？

答：两次。

问：你是“文化大革命”时结婚的吗？

答：是。至今已 25 周年了。

问：婚礼是怎么办的？

答：骑马过来的。

问：请客了吗？

答：有很多亲戚朋友来。

问：你这个村有亲戚吗？什么亲戚？

答：有亲戚。我母亲的姐姐、妹妹都在这个村。

问：是他们给你介绍的吗？

答：不是。

问：你就不感到寂寞了？

答：是。

问：这个村与你娘家哪个村好？

答：差不多。

【婚后家务分担】

问：你丈夫家几口人？

答：连我 6 口人，2 个妹妹，1 个弟弟，婆婆，丈夫和我。

问：你结婚以后就干农活了吧？

答：是。

问：家务是不是很忙？

答：是。

问：家务事是你干还是你婆婆干？

答：我俩都干。当时我婆婆很年轻。我下地时她做饭。

问：你丈夫一直干农活吗？

答：是。他也是瓦匠。

问：在人民公社是怎么干瓦匠的？

答：那时还小，他还不会。

【柳编】

问：除农活以外，还有什么副业吗？

答：还有编篮子，我、丈夫、孩子的姑姑们都会编。

问：是柳编吗？

答：是。

问：人民公社时也编吗？

答：是。编给外贸公司。

问：“文化大革命”时也编吗？

答：在大队集体编。

问：哪年成立的外贸公司？

答：好些年啦！

问：“文化大革命”不是不允许搞副业吗？

答：不许私人搞，大队集体搞。小队也有。

【好媳妇】

问：你被评为好媳妇，是怎么选出来的？

答：开会选出的。

问：哪些人参加？

答：全村的妇女。

问：哪年？

答：1990 年评的。1984 年也评过。

问：怎么妇女主任不知道哇？

答：她是第二任主任，前边的主任已结婚了。

问：她叫什么名字？

答：王秀珍。

问：选为好媳妇有哪些条件？

答：五好：婆媳和，与邻居和，与小姑和。

问：第四个条件是不是与丈夫处理好关系？

答：是，第五条是积极参加妇女的活动。

问：你是不是很高兴？

答：高兴，可我觉得自己还不够。

问：有奖状或奖金吗？

答：有奖状。

问：你现在下地干活吗？柳编吗？

答：也下地也柳编，这是我女儿编的。

问：选好媳妇的同时也选好婆婆、好小姑了吗？

答：一块选出来了。

问：是从候选人中选出来的吗？

答：不是。是投票直接选出来的。

问：有人推荐吗？

答：大队会计提出来的，大家也讨论同意。

问：会计是谁呀？

答：王子绪。先投票，然后经大队同意才有效。选出的人是不是符合条件，这要大队决定。

问：我们访问妇女主任时，她说好媳妇、好婆婆都是干部决定的，群众不知道哇？

答：她是去年新当选的主任，不了解情况。

【子女教育】

问：选时还是挺民主的，你希望你的3个孩将来干什么？

答：两个女儿已不念书了，男孩念好后考大学。

问：你儿子今年15岁，念高中吧？

答：小学六年级。下学期应上初中了。

问：你儿子若考上大学，将来希望他干啥？

答：分配干什么干什么。

问：你的两个女儿小学中途退学的吗？

答：老大上到六年级，老二五年级。她念书头痛，就不念啦，怕累出病来。

问：你姐姐小学毕业啦？你上到五年级吗？（问她的三女儿）

答：是。

【家庭收入】

问：你丈夫现在下地干活吗？

答：干活。

问：有副业吗？

答：没有。养牛，与我婆婆住一起，她才68岁。

问：是不是拿到恩城去卖呀？

答：是。

问：你婆婆也养牛？

答：他俩谁有空谁喂。

问：这间屋谁住？

答：我与丈夫、儿子都在这儿住，两个女儿和他奶奶住在北院。

问：卖了牛有收入吗？

答：有。

问：种地、柳编、养牛，哪种收入最高？

答：种地。

问：一年的农作物卖多少钱？

答：三四千元。

问：卖牛收入多少？

答：一头牛4000元左右。

问：养牛能卖多少钱？

答：养了一头母牛，繁殖了3头小牛，现在还没有卖，卖了一个700多元钱，还有4个没卖。

问：一年卖一头吧？

答：是。

问：是买小牛来养吗？

答：不是，自己养着一头老牛，而后又生了 3 头小牛，把小牛养大后再卖。

问：一头大牛吗？

答：两头大牛。其中一头是老牛生的。

问：一年生了 3 头牛吗？

答：不是。3 年生了 3 头小牛，卖了一头，现在家里还有两头大牛，两头小牛。

问：家里使用它们吗？

答：让它们耕地。

问：养猪吗？

答：养。

问：柳编一年能赚多少钱？

答：农忙时不干了，春冬两季才编。一年卖五六百元。

问：家里生活挺富裕吧？

答：还行。

问：农作物除卖之外，家里还留吃的吗？

答：吃不了。余下来的就卖。

问：你婆婆很健康吧？

答：是，健康。

【教育观】

问：男孩女孩同样受教育，你认为必要吗？

答：有必要，女孩也应该上学。

问：为什么？

答：女孩子不识字也不行，不念书也不行。

问：这个村的女孩子小学毕业的很多，上初中的不多吧？

答：上初中的也不少。

问：你女儿自己愿意上学吗？

答：老大愿意念书，因为我有病，地里的活没人干，她不念了，她要下地干活。

问：你的女儿们以后想干什么？

答：她们没有念好书，还能干什么？

【婚姻观】

问：是不是想早结婚？

答：她们还不结婚。

问：为什么？

答：还不够年龄。

问：到 22 岁才可以吗？

答：对。

问：在日本 30 岁的女孩还在工作，不结婚，对此你怎么想？

答：没想法。

问：你希望你的女儿们到 23 岁就结婚吧？

答：是。

问：是想让你的女儿与附近村的男人结婚吧？

答：是。

问：想和他们常见面吧？

答：是。

问：你女儿与本村的人结婚你赞成吗？

答：赞成。

问：与本村人结婚的很多吗？

答：很多。

问：以前是不是不愿与本村的人结婚呀？为什么？

答：是。以前是老思想，老习惯。

问：以前恋人不能常见面吧？

答：是。不赞成他们先恋爱，后结婚，是老思想。

问：现在赞成年轻人谈恋爱吧？

答：赞成。

问：父母赞成吗？

答：也赞成。

问：村里的人都很开明，现在村里有先谈恋爱后结婚的吗？

答：有。有介绍人介绍的，他们也谈恋爱，而后结婚。

问：男孩结婚父母给盖房吧？

答：是。没有房子怎么结婚呀。

【家务分工】

问：男孩结婚以后，儿媳与婆婆一同住吗？

答：情况不一样，像他家吧，孩子还小，就住在一起，房子闲着，以后才分开住。

问：吃饭怎么办？

答：吃饭不分开，住的分开，因为人多。

问：谁做饭？现在谁做？

答：谁有空谁做，婆媳都做。

问：你婆婆还在吗？

答：在。

问：谁洗衣服？

答：我洗，两个女儿的衣服她们自己洗。有时候我洗，有时候女儿们洗，谁有空谁干。

问：男的干吗？

答：不干，地里的活很重。

问：女的也干地里的活吗？

答：干。我也下地。

问：谁早回家谁做饭吧？

答：是。

问：农忙时一天在地里干几个小时？

答：7 个小时。上午 4 小时，下午 3 小时。

问：谁管家里的钱？

答：丈夫。

问：家里卖大件东西谁决定？

答：孩子他爸爸管，我也管，一起商量。

问：家里的财产，如房子、钱、地等，你打算以后怎么分给你的 3 个孩子？

答：女儿不要房子，给儿子，她们结婚只是买嫁妆，也不带地。

问：现在与你小时候比男女之间的关系有什么变化？

答：有变化，从前哪有这么好哇！

问：你认为变化最大的是女的也能上学吗？

答：是。

问：现在的年轻姑娘与你年轻时相比有什么变化？

答：过去哪有这么好哇，家庭没有这么富裕，好的地方很多，我说不出来。

问：丈夫对妻子的态度现在与过去的变化不大吗？

答：变化大。

问：怎么变化？过去妻子挨打，现在还打吗？

答：不打啦，现在是妇女说了算，过去不行，那时是“男子汉”“大丈夫”。我们已结婚 25 年没有吵过架。

问：所以说你是好媳妇呀。婆媳的关系变化也大吗？过去婆婆管得媳妇很严，媳妇对婆婆毕恭毕敬，现在变化了吧？

答：现在不管了，很轻松，我与婆婆没有打过架。

问：你去干活，婆婆在家做饭，看孩子，喂牛，婆婆有什么不满吗？

答：没有。我下地回来，也帮助干。

郭素云（57 岁，经营小卖部）

时　　间：1993 年 4 月 5 日上午

访 问 者：末次玲子

翻　　译：童晓薇

场　　所：郭素云家

【家族】

问：你叫郭素云吧？57 岁，你丈夫叫什么名字？

答：是。丈夫叫王锡山。

问：多大岁数？

答：58 岁。

问：有几个孩子？

答：4 个：大的叫王玉兰，37 岁；老二王子斌，30 岁，男孩；老三王玉琴，26 岁；老四王玉霞，23 岁。

问：他们都结婚了吗？

答：结婚啦，都有孩子了。

问：他们都住在哪儿？

答：闵庄（大女儿）一个，韩庄一个（二女儿），儿子在家，三女儿是这个村的。

问：王子斌的妻子叫什么名字？

答：马金花。

问：是这个村的吗？

答：是。

问：马金花的父亲叫什么名字？

答：马凤山。

问：这是你儿子的孩子吗？

答：不是。是女儿王玉兰的孩子。

问：你儿子的孩子呢？

答：两个孩子，男孩女孩各一人。

问：你孙子几岁啦？

答：大的 10 岁，小的 8 岁。

问：你出生在哪个村？

答：大洞头村。

问：离这儿有多远？

答：五六里地。

问：你父亲是农民吗？

答：是，1960 年去世了。

【合作社时期的家务分担】

问：你哪年结婚？

答：1956 年。

问：当时有互助组吗？

答：有。

问：你嫁到这个村里时你丈夫家有多少人？

答：有公、婆、1 个哥、1 个嫂、1 个侄女。他只有兄弟俩。

问：你公公叫什么名字？

答：王官志。

问：你婆婆姓什么？

答：姓柴。

问：你与你公婆一起吃饭吗？

答：是。

问：都是你做饭吗？

答：嫂子和我做饭。婆婆不做饭。

问：每天吃什么与你嫂子商量着做吗？

答：是。当时还不吃白面。都是吃窝窝头。

问：衣服是买还是自己做？

答：自己做，那时家里穷，不如现在好。

问：鞋呢？

答：自己做。现在也是自己做。

问：是大家一起做，还是各做自己屋的？

答：自己做自己的。

问：公婆的衣服谁做？

答：我与嫂子共同做。

问：你们下地干活，还要做家务，很辛苦吧？

答：是。

问：早晨几点去干活？

答：天热了就回家来，早晨几点去都行，回来后在家洗洗涮涮。

问：农闲时在家做衣服做鞋吧？

答：是。

【“大跃进”和男女劳动组织】

问：1958 年“大跃进”时你参加敢死队了吗？

答：参加啦，深挖地。

问：是干田里的活吗？

答：男女都挖地、收庄稼。

问：挖多么深的地？

答：挖一锨深。

问：用人挖还是用牲口？

答：割麦子用人力，用牲口往家拉，1958年挖地都是人力。之后就用牲口了。

问：妇女队长的名字是谁？

答：没有妇女队长。王保当了10年生产队长。

问：这个村分3个生产队？

答：4个小队，2个大队。

问：你是哪队的？

答：第三小队。

问：你是妇女队长吗？

答：不是。妇女队长是小队的刘淑琴，她今年37岁。从前她不是队长，后来才是队长。

问：1958年妇女有当队长的吗？

答：不记得了。

问：这个村加入“敢死队”的多吗？

答：多。除怀孕的都是。

问：领导你们的是你丈夫王锡山吗？

答：领导人是魏宏勋，已死了。

问：1958年你在大食堂吃过饭吗？

答：吃过。吃了一年食堂。

问：“敢死队”是什么时候开始的？

答：1958年春天。

问：麦子是春天种吗？

答：冬天种麦，春天挖地是为种春庄稼。种春小麦。

问：那时灌溉是引水吗？

答：用水库和井里的水。

问：水井是什么时候挖的？

答：早就有井，我结婚的时候就有了。

问：“大跃进”时是不是强调水利工程呀？

答：没有。

问：除了挖地种庄稼外，还干别的活了吗？

答：没有。

问：队里炼铁了吗？

答：参加炼废铁了。

问：妇女也参加了吗？

答：没有参加，这种活都是男的参加。

问：办大食堂的时候，不是把锅砸了炼铁吗？

答：锅都送到供销社里了。

问：你参加了吗？

答：我知道这事。都送到恩城的供销社收购站了。

问：村里的人是不是把自己家的锅拿出来做大食堂的锅呀？

答：大食堂的锅是买来的。家里的锅都卖给供销社，大食堂再拿钱买锅，不是从户里拿的。

问：是捐还是卖？

答：卖。

问：办大食堂时家里还有锅吗？

答：有。有老人、小孩的家里还有锅。

问：那时男女都分开生活，你还记得吗？

答：男女都在自己家里，在一起生活。

问：听说大食堂时村里的人最忙最辛苦。你叫什么名字？

答：李令春。（以下李令春回答）

问：你是村里的干部吗？

答：支部委员、小组长。

问：大食堂时你多大？

答：17岁。

问：已开始干活了吗？

答：是。

问：那时男女都分开干活，有这回事吗？

答：有。有“花木兰队”、“敢死队”、“儿童队”、“老年队”，分开干活，在一起吃饭。不是家里人分开。

问：休息也是在一起吗？

答：没有小孩的在一起，有小孩的回家。

问：在哪儿休息？

答：没孩子的青年集体休息，有孩子的都回家。

问：“儿童队”的小孩多大？

答：十六七岁。我就在“儿童队”。男女分开休息，吃饭也分开。

问：“儿童队”有多少人？

答：20 多人。

问：是全村人参加的吗？

答：对。

【花木兰队】

问：“花木兰队”和“穆桂英队”怎么分？

答：没有小孩的参加“花木兰队”，有小孩的参加“穆桂英队”，结婚后还没有小孩的也参加“花木兰队”。

问：“花木兰队”与“敢死队”有什么不同？

答：我是“花木兰队”，不知道“敢死队”的事。

问：你不是“敢死队”的？

答：对。

问：“花木兰队”是怎么干活的？

答：我们到前夏寨、寨庄去挖地。

问：在前夏寨村住过吗？

答：没有住过，很近，把我们村的地挖完后，到前夏寨和寨庄去挖地，寨庄很远，就不能回家住了。

问：这是 1958 年春天的事吧？

答：是。干了几天我就怀孕了，从此回到家，给别人干针线活。

问：在这三个村是分成小组干活还是集体干，是分着吃饭还是集体吃？

答：在寨庄都到一人家里集体吃饭。

问：每个村里有大食堂吧？你们是不是吃食堂？

答：一个组一个组到食堂打饭，回来自己吃。一个村一个大食堂。

问：你待了几天？

答：五六天时间。

问：那时你公公婆婆都老了吧？他们进“老年队”吗？

答：没有进。40 ~ 50 岁的进“老年队”，再老的就不劳动了。

问：老年队里男女分开吗？他们干的活一样吗？

答：女的与女的干，男的与男的干。男的干的活多，女的干的活少。

问：你一天挣多少工分？

答：挣 10 分，有时挣 8 分。

问：“花木兰队”怎么定工分，多少工分的？

答：多劳多得，少劳少得。

问：每天挣的分都不一样吗？

答：有时一天一评分，有时两天一评。

问：参加“老人队”的人每天挣多少分？

答：不知道，也根据干的多少记分。

问：“儿童队”呢？

答：先是按干的时间长短记分，后来就多劳多得了。

问：得 10 分的很少吗？

答：身体好的，干的活多就多得，多劳多得。

问：儿童一般能挣多少分？

答：七八分，儿童干活很卖力气。

问：儿童一天干多长时间？

答：8 点半到 12 点，下午 2 点半到天黑，一天 8 小时左右。

问：你在“儿童队”干了多久？

答：一个月。之后就放羊去了。其他人还在继续干，干了一秋天，第二年就没有了。

问：除挖土外，还干别的吗？

答：还拉车，拔棉花柴，小孩管拔，大人管拉。

问：摘棉花是女的干吧？

答：是。

问：你两个月回了几次家？

答：就在家里住。

问：你不是说住在那儿吗？

答：只住了一个星期。

问：“儿童队”每天都回家吗？

答：在寨庄住，都是几天时间，集体住，不经常回家。

问：在前夏寨住，家里的活怎么办？

答：每天回家，只有在前夏寨住才不回家，时间很短。

问：“穆桂英队”的人在地里干吗？

答：在家干活。

问：是干农活还是家务？

答：在地里干，地里没活了，在家做针线。

【托儿所】

问：有托儿所吗？

答：有。

问：谁管托儿所？

答：两个托儿所。一个是王玉仙管，一个是李令章的母亲管。

问：一个托儿所能托多少孩子？

答：20 多人。

问：这么多小孩一个人看管吗？

答：是。

问：把小孩放在托儿所，一天缴多少工分？

答：王玉仙他们由大队里给工分，每天挣七八分。

问：自己不花钱吗？

答：不花。

【大食堂】

问：开始在大食堂吃饭高兴吗？

答：高兴。

问：刚开始时吃得特别多，是不是你们很高兴？

答：不是多，每个人有定量。一开始就这样。

问：大食堂的领导人是谁？

答：李敬堂。已死了。

问：他当时是村长吗？

答：不是村长，是事务长。

问：别的村里大食堂开始不定量，这个村的食堂定量，来了客人怎么办？

答：来了别村的人也有定量。

问：有多少人做饭？

答：十几个人。

问：都是女的吗？

答：也有男的。

问：大食堂什么时候解散的？

答：1959 年秋天。

问：食堂不是只有一年吗？

答：从 1958 年秋到 1959 年秋，整整一年。

问：为什么秋收后分开了？

答：为了节约粮食。

问：那时“花木兰队”也结束了吗？

答：是。分到各队去啦。大队分成了 4 个小队，谁在哪个小队就到那里了。

问：托儿所也解散了？

答：是。

问：1959 年春还有吗？

答：粮食分开后就没有了。

问：一个小队多少户人家？

答：20 户。全村 4 个生产小队。

问：到什么时候？

答：一直到承包了土地。

问：现在是几个大队？

答：1 个大队，5 个小队。原来是 2 个大队，4 个小队。

【做鞋】

问：1958 年有没有专门给人家做鞋做衣服的小组或队，有吗？

答：没有。

问：怀孕的妇女不干活吗？

答：有几天不干活。以后给队里的人做衣服，挣工分。

问：是为人家做衣服吗？是个集体组织吗？

答：是。有个集体。

问：你参加过那个集体吗？

答：参加过，共五六个人。

问：你做活挣多少工分？

答：五六个工分。人家下地，我们为人家做鞋做衣服。

问：你们一天干多少个小时？

答：吃完早饭就去，人家下班我们也下班。

问：干的时间很长吗？

答：早上 8 点出门，11 点回家，下午 2 点出门，五六点回家。

问：是一个人做一双鞋吗？

答：纳底子的多，如果人家做好鞋帮了，我们管绱。

问：给你们多少钱？

答：不给钱，队里给记工分。

问：你们做鞋的这些人叫什么名字？

答：没有集体的名字。

问：有做衣服、纺织的小组吗？

答：没有。只管做鞋，不管别的。

问：只有怀孕的参加这个小组吗？

答：是。

【1960 年后的生活】

问：1960 年村里遭灾后，你逃荒了吗？

答：没有，我在村里。

问：是不是因为你生了小孩？

答：是。有了小孩就不外出了。

问：那时生活困难吗？

答：还可以。

问：你们家里有人生病吗？

答：没有。

问：你公婆是哪年死的？

答：1926 年，公公先死了。婆婆死了 10 年了。我儿子 6 岁时公公死的。

问：你婆婆在家做饭吗？

答：我要下地，她就在家做饭。

问：你生了几个孩子后还干农活吗？

答：我干活，得下地挣工分，分粮食。

问：你生孩是大夫来接生的吗？

答：是。

问：你丈夫也和你一起干活吗？

答：干。

【“四清”、“文化大革命”】

问：“批林批孔”、“破四旧”、“立四新”的事你还记得吗？

答：记不清了。

问：当时村里有什么活动？（李令答）

答：“四清”时，我是队长，没有任何问题。但是也得天天晚上开会，也挨整。李敬堂上吊死了，说他有贪污。

问：李敬堂是地主吗？

答：记不清。

问：那为什么自杀？

答：搞“四清”的，外边来的干部整的，李敬堂很老实。

问：当时你怎么想的？

答：搞“四清”的，从此老实了，会也开得少了。

问："四清"时妇女都干了哪些事？（以下郭素云答）

答：记不清了。"四清"以后搞"文化大革命"，地主、富农都挨打。

问：村里有"红卫兵"吗？

答：有人参加了。

【现在生活】

问：现在小卖部生意怎么样？

答：还可以。我们都有病，赚点钱花。

问：谁干地里的活？

答：我丈夫。

问：家里有几亩地？

答：6亩。

问：小卖部是你个人经营吗？

答：我们老两口。

问：小卖部的商品从哪里来的？

答：城内批发来的。

高素琴（回族）

时　　间：1993年4月5日下午

访 问 者：末次玲子

翻　　译：童晓薇

场　　所：高素琴

（高素琴姐姐与马德昌在座）

【姑娘时代、家族】

问：你叫高素琴。

答：是。

问：多大岁数？

答：41岁。

问：你出生在哪儿？

答：高庄。

问：离这儿远吗？

答：6里地。

问：你娘家有多少人？

答：很多。

问：你父亲叫什么名字？

答：高清杰。

问：你母亲？

答：张秀兰。

问：有兄弟姐妹吗？

答：有。两个哥哥、两个弟弟。

问：叫什么名字？

答：大哥叫高长银，二哥叫高长才，弟弟高长伍，二弟高长华。

问：就你一个女的？

答：还有两个妹妹，一个叫高素英，一个叫高素珍。

问：你上过学吗？

答：没有上学。

问：这村有学校吗？

答：有小学。

问：为什么不上学？

答：因为家里人多，帮助妈妈看孩子。

问：你一直干家务吗？

答：是。

【纺线、织布】

问：家里人穿的衣服都是自己织布做吗？

答：是。我会织布，会纺线。

问：你织的布多宽？

答：2尺宽。

问：卖吗？

答：不卖。自己穿。

问：一年能织多少布？

答：不经常织，织2个布，共4丈，能够自己用就行啦。

问：够用吗？

答：不太够。

问：一个布用多少线？

答：三四斤线。

问：一天纺多少线？

答：一天纺 3 两。

问：一斤 10 两吗？

答：对。

问：是不是从早到晚才纺 3 两线呀？

答：吃完早饭就纺，一直纺到傍晚，大约 10 个小时。

问：太辛苦了。你喜欢织布吗？

答：喜欢。

问：现在还织吗？

答：不织啦。十几年不织了。

问：你什么时候结婚的？

答：我 27 岁时结婚的。

问：你结婚前是不是光织布哇？

答：大多时间到队里干农活，抽空或农闲的时候才织布，自己用。

问：自己的衣服都靠自己织的布做吗？

答：是。

问：你哥哥他们也织布吗？

答：他们也织布，我哥哥当兵不用家里的布。

问：你哥哥的衣服也是自己做吗？

答：买的不多。大都自己做。

问：这位是谁？

答：俺姐姐。丈夫的姐姐。

问：问你个问题好吗？你会织布吗？

答：不会。

问：那用布靠买吗？

答：也不买，自己纺线让别人给织。

问：这是几年前的事呀？

答：十几年前的事。现在没有人自己织布了。

问：男的有买衣服穿的吗？

答：没有。都是自己织的布。

【做鞋】

问：纳鞋底吗？

答：纳。

问：你一年能做多少哇？

答：3 双鞋。每人 3 双，共 24 双。

问：一个人做的吗？

答：是我一个做的。

【结婚】

问：你丈夫叫什么名字？

答：马德昌。

问：你今年多大岁数？

答：40 岁。

问：你有几个孩子？叫什么？

答：两个孩子，一个叫马常娥，一个叫马常燕。

问：他们都几岁啦？

答：大的 13 岁，小的 10 岁。

问：你结婚由谁介绍？

答：马振荣。

问：是亲戚吗？

答：她娘家是这个村的，她又把我介绍到这个村来了。

问：结婚前与你丈夫见过面吗？

答：见过。

问：是恋爱后结婚的吗？

答：不是。

问：很中意吗？

答：是。见了一面就结婚了。

问：你父母赞成吗？

答：赞成。

问：你是 1979 年结婚吧？当时还不太讲排场吧？

答：是。不太讲排场，就是用大喇叭随着去，又伴喇叭回来的。

问：从高庄村怎么过来的？

答：骑自行车来的。

问：手里拎着录音机？

答：是。用自行车驮着。

问：里边有音乐吧？

答：有。

问：喇叭是用嘴吹的吗？

答：不是。就是扩音器。

问：从高庄响着喇叭来的吗？

答：响着去响着来。一直响。

问：你丈夫接你去了吗？

答：去了。

问：喇叭是不是通过录音机传出声音呀？

答：是。

问：喇叭和录音机放在哪儿呀？

答：喇叭放在前头，录音机放在这儿。

问：其他人怎么办？

答：都骑自行车。

问：你当时穿什么呀？都是红的吧？

答：红褂子，绿裤子，也有穿黑裤子的。

问：你当时穿的什么衣服哇？

答：红褂子，黑裤子。

问：头上戴东西吗？

答：我扎着两条辫子。

问：穿红鞋吗？

答：我没有穿红鞋，是黑的。

问：你穿的衣服是自己织布做的吗？

答：丈夫给买的。

问：结婚时出娘家门，脚不沾地吧？

答：我那时已不兴了。

问：你到村后还做什么？

答：直接到家啦。

问：客人多吗？

答：多，亲戚朋友们都来了。

问：结婚宴席搞了三次还是一次？

答：就在上午搞了一次。

问：那时马德昌是支部书记吗？

答：不是。

问：他是团员吗？

答：党员。

问：结婚时是党员吗？

答：是。

问：我在日本时就看到了你丈夫马德昌介绍的这里的情况，很感激。你们结婚时，马德昌家里有多少人？

答：十几口人。3 口人住在一起，他父母亲和他。

问：分家了吧？

答：是。

问：马德昌是长子吗？

答：不是。是最小的儿子。

【柳编】

问：那时有柳编吗？

答：有。

问：你编过吗？

答：编过。

问：什么时候？

答：到村后就编。

问：后来为什么不编了？

答：有孩子后没有时间了。

问：除柳编外，还干什么？

答：没干其他的。

问：每天都编吗？

答：是。

问：自己用还是卖？

答：卖。

问：在自己家里编还是集体编？

答：在自己家编。编好后有收购的。

问：你婆婆编吗？

答：她不编，也不会。

问：都是年轻人吧？

答：对。

问：费劲吧？

答：不费劲。

问：每天几小时？

答：五六个小时。

问：手痛吗？

答：不痛，累。

【妇女主任工作】

问：你出去干农活吗？

答：去。农忙了也干。

问：是生产队吧？

答：对。

问：你结婚时的妇女主任是谁？

答：就是现在这个主任。

问：妇女队长是谁？

答：记不清了。

问：是马凤英吗？

答：记不清啦。比马凤英还早。

问：那时妇女主任主要做什么工作？

答：主要是计划生育。

问：还不那么严格吧？

答：是。

问：妇女主任不干别的工作吗？

答：不干别的工作，有时开开会什么的。

问：开什么会呀？

答：讲妇女工作怎么干，教育妇女在生产队积极干活。

问：所有的妇女都参加吗？

答：不是。

问：在哪儿开会呀？

答：十里铺公社。

问：谁去开会？

答：每个小队一个人。

问：几个小队？

答：6 个小队。

问：这是什么时候呀？哪年的事？

答：我结婚以前的事。

问：高庄人也去十里铺开会吗？

答：是。

问：你当过代表吗？

答：当过。

问：你嫁到后夏寨村后还有这样的事吗？

答：没有啦，已没有生产队了？

问：开这样的会你学到什么东西了吗？

答：没有学到什么。

问：那你不喜欢开会了？

答：是。干完活去开会，没学到什么东西。

【婚后家务分担】

问：有孩子以后你还织布吗？

答：不织了。

问：为什么不织布了。

答：都买衣服穿。不织布了。

问：你嫁到这村以后，是不是主要做家务活，如做饭、做鞋什么的？

答：对。

问：是你一个人干，还是有你婆婆也干？

答：我一个人干，婆婆岁数大了。

问：你丈夫为什么不干？

答：他教书呢。

问：是个小学老师？

答：是。

问：在哪儿教书？

答：在王庄。

问：每天去吗？

答：是。骑自行车去。

【承包制】

问：这村哪年开始承包？

答：我婚后第二年。

问：你家承包了多少地呀？

答：十几亩。

问：就你一个人种吗？

答：是。

问：都种什么？

答：玉米、棉花、麦子。

问：用机器还是人力种地？

答：用牲畜耕种。

问：你生完孩子后，还种这么多地吗？

答：是。他奶奶看孩子，我下地干活。

问：你公公退休了吧？

答：是。

问：他干活吗？

答：他是大队会计，现在岁数大了，不干活了。

问：都知道你公公。你与你公婆的关系很好吧？

答：很好。

【托儿所】

问：你生孩子的时候村里有托儿所吗？

答：没有。

问：学前班是什么时候办的？

答：有好几年了，大概。我的小孩 10 岁啦，他 6 岁时上的。

问：几岁上学前班？

答：6 岁开始上。

问：高庄村在农忙的时候有托儿所吗？

答：我结婚以前没有，结婚后才有。

问：大食堂时有吗？

答：不记得。

【家庭收入与开支】

问：你结婚后还柳编吗？当时村里有多少人参加？

答：很多人。

问：现在多还是以前多？

答：那个时候多，大家都编，现在是小姑娘们编。

问：你编柳编一年挣多少钱？

答：一天三四元，一年挣四五百元。

问：从 1979 年开始吗？

答：是。

问：1979 年你丈夫每月挣多少钱？

答：每月 18 元。

问：当时柳编是家里的主要收入吧？

答：是。

问：除 18 元外，还有其他东西吗？

答：没有。

问：1979 年时收的农作物拿到集上去卖吗？

答：不卖，还不够吃呢。

问：棉花呢？

答：也不行。队里分给个人，才去卖。

问：粮食自己吃，棉花去卖？

答：是。

问：能卖多少棉花钱？

答：1 元 2 角一斤。一年卖 2000 斤左右。

问：挣的钱谁管理？

答：买农药、肥料等生产开支，用钱很多。

问：你俩商量后再开支吗？

答：是。有时他不与我商量，自己花钱。

问：什么事不与你商量？

答：如种什么，他不与我商量自己就买来啦。

问：除了生产上的事，买衣服商量吗？

答：商量，有时我给他买，有时他给我买。

问：你丈夫在王庄教书教到哪年？

答：1984 年。

问：那后来做什么呀？（马德昌答）

答：在王庄搞统计。

问：那你什么时候到这个村来的呀？

答：1986 年。

问：来后就当支部书记吗？

答：对。

问：你想你的孩子将来做什么？

答：有文化，当教授、文学家吧。

问：孩子们都喜欢学习吗？

答：喜欢。

问：你妻子很聪明。你说你妻子不会说不对呀！她很能干！

答：干农活行，没有文化。

【扫盲运动】

问：村里有扫盲运动吗？（高素琴答）

答：五年前有。

问：当时怎么搞的？

答：组织识字班。

问：你参加过吗？

答：参加过。

问：有多少人参加？

答：五六十人。

问：进行了多长时间？

答：半年。

问：晚上学习吗？

答：是。

问：有效果吗？

答：有。她原来不识字，现在识字了。（马德昌答）

问：现在村里还有文盲吗？

答：没有。有科盲。

问：村里有科技班吗？

答：现在没有，农忙的时候没有，春节前后农闲时才有。

问：你参加过吗？

答：她没有去过。我参加了，还当了老师，18～35 岁的人才参加扫科盲班。

问：你丈夫上过学吗？（高素琴答）

答：上过高中。

问：扫科盲班男女都参加吗？

答：是。

【男女家务分担】

问：你丈夫在家洗衣服做饭吗？

答：不洗衣服，做饭。

问：“批林批孔”、“破四旧”、“立四新”的时候，宣传在家干什么活呀？男的帮助女的干家务活，你是怎么认识的？

答：没想法，男的在外边有很多事，女的在家多干点活是应该的。

【妇女交往】

问：你与什么样的人交往？

答：农村妇女，与我岁数相仿的人。

问：什么时间与朋友们聊天？

答：春节过后，春天里农闲的时候，串门玩。

问：有没有与朋友们旅游？

答：一起去赶集。

【计划生育】

问：村里的妇女干部属于村民委员会吗？

答：不是。村民委员会定额是 5 个人。

问：有女的吗？

答：没有。

问：为什么妇女主任不能当村委员委员呀？

答：也可以。

问：计划生育的责任者是谁？

答：村民委员会。

问：你男人负责吗？

答：村主任管，订的协议书。

问：村主任吗？

答：是。

问：这个村一年准生多少胎？

答：一年生 10 胎。

问：第一胎生的是女孩，妇女到 30 岁时准生第二胎，生第二胎的村里有多少人？

答：生育第二胎的三五个人中才有一个，

很少。

问：这是宣传的结果还是大家都有这种意识？

答：大家都有这种意识，宣传也起了一定的作用。

问：第一胎只生了一个女儿，老了怎么办？

答：男、女同样负担双方的4个老人。

问：这是真的吗？是不是意识发生的变化？

答：是真的意识发生了变化。

问：你生了两个呀？

答：我是少数民族——回民，才允许生两个。

【回族与汉族的区别】

问：回族与汉民在生活上有什么不同？

答：回民不吃猪肉。

问：你们吃吗？

答：我们吃。20多岁的人都不在乎这个。

问：结婚与葬礼与汉族一样吗？

答：对少数民族放宽了。与汉族的风俗不一样，回民的葬礼是所有死了的人都用一口棺材。

问：全村人用一个吗？

答：是。

问：马家坟是回民的吗？

答：是。

问：死后怎么埋汉族人？

答：我不清楚。

问：现在与汉族一样了吧？

答：一样啦。

问：你公公还有回族的老习惯吗？

答：没有啦。

问：现在还有妇女联合会吗？

答：没有了。

问：70年代有吗？

答：有，80年代初也有，十届三中全会后就没有啦。

问：是不是妇女的问题已不成什么问题啦？

答：是。男女平等了，现在家庭里妇女比男的权大。

问：谢谢！

王会荣　王魏氏

时　　间：1993年4月6日上午

访 问 者：末次玲子

翻　　译：童晓薇

场　　所：王魏氏家

（王会荣是王魏氏的长孙女，其妹王会霞在座）

【学校生活】

问：你叫什么名字？

答：王会荣。

问：多大岁数？

答：22岁。

问：你是在这儿上的学吗？

答：不是。在王庄。

问：为什么不在这儿上学呢？

答：王庄是五、六年级。这儿只有一至四年级。

问：你是在这儿读到一至四年级，然后才在王庄读五、六年级吧？

答：对。

问：你是因为身体不好就不上学了吗？

答：不是。

问：那是为什么？

答：因为地里的活干不完，要干活。

问：你哪年退学呀？

答：1986 年。

问：那时你想上初中吗？

答：也想，就是没有办法。

问：你上学时男女生人数差不多吗？

答：差不多。

问：女生都上到一至六年级吗？

答：也有念到高中的。

问：你当时喜欢上什么课？

答：数学课。

问：你上学时，男女生在一块玩吗？

答：不在一块玩。

问：小学也是吗？

答：对。

问：为什么呀？

答：男生爱玩，女生不爱玩。

问：在日本，有时男生给女生送些小礼物，如巧克力什么的，这是日本的习惯，你们有吗？

答：没有送礼物的。

问：与你一起去王庄上学的小孩，有吗？

答：有，有 20 多人。

问：有多少人上了中学？

答：十几人。

问：十几人中男的多，还是女的多？

答：记不清了。

问：这十几个人中男女都有吗？

答：都有。

问：这十几个人中高中毕业的有几个？

答：两三个人。

问：有女生吗？

答：有。

问：叫什么名字？

答：想不起来了，对了，有马玉梅。

问：她现在干什么？

答：还上高中。

问：20 多岁了，还念高中吗？

答：她小。

问：她不是与你一个年级吗？

答：是，她岁数比我小。

问：你比别人上学晚吧？

答：是。

问：你几岁上学？

答：9 岁。

问：是因为帮助家里干活，才晚上学吗？

答：不是。一般 8 岁上学，我生日小，晚上了一年。

问：你们都在 22 岁才上高中吗？

答：她已念了好几年了，今年就高中毕业啦。

问：在你们村吗？

答：不是，在我们村东边，很远。

问：当初你们是一块去上学吗？

答：是。

问：你们在一块玩吗？

答：是。

【女青年间的交往与娱乐】

问：毕业后，你们怎么交往？

答：她放了假我们在一起玩。

问：与其他人玩吗？

答：不玩。

问：你们村不大，同学都在一起玩吗？

答：不。

问：你毕业后不与同学玩，就在家里待着吗？

答：不是。跟我们从小一起长大的孩子玩。

问：跟你亲戚家的人玩，是吗？

答：不是，跟我们院里的人一起玩。

问：你们毕业的同学，有没有机会在一起聚聚呀？

答：没有。我们都没有时间。

问：你知道你们班的男生现在都干什么吗？

答：都务农，干地里的活。

问：你们没有什么联系吗？

答：是。

问：你们一起长大的在一起玩什么？

答：不干活的时候，在一起编篮子，过年的时候在一起玩。

问：年轻人业余时间有什么娱乐？

答：没有什么，有时候看电影。

问：在哪儿看电影？

答：在村里。

问：每天都放吗？

答：不是。

问：什么时候放呢？

答：公社来人才放。每个月放一次。

问：在小学校吗？

答：不是。在小卖部，就在这附近。

问：你们到农贸市场去吗？

答：去。卖篮子去。

问：除了编篮子在一起外，没有别的交往形式吗？

答：没有。过年的时候在一起玩，平时没有空。

问：过年时怎么玩？

答：打扑克，聊天，看电视。

问：多少人在一起打扑克？

答：平时在一起干活的人在一起玩。

问：除与院里人、编篮子的在一起外，还与别人交往吗？

答：交往。

问：与别的村的亲戚来往吗？

答：来往。

问：什么时候？

答：农闲时。

问：男孩是不是比你们交往的范围大？

答：是。

问：他们怎么交往呢？

答：同龄人在一起玩。

问：这不差不多吗？

答：是。

问：你不是说他们交往的范围大吗？

答：他们有人跟别人家盖房、垒墙；有的跟建筑队外出盖房。

问：你想出去干活吗？

答：不。

问：你想跟妈妈在一起吧？为什么不愿意离开这村？

答：出门谁都不认识，不如在家方便。

问：安徽省有很多女性在北京打工，当保姆，这一带的村里人是否出去的少？

答：是。几乎都没有。

问：是不是这里生活很好哇？

答：我们感觉很好。

【柳编、农作物】

问：你小学毕业后干什么？

答：一直干农活。

问：你现在还编柳筐吗？

答：是。

问：你一毕业就编吗？

答：是。

问：你一天干多少编织活？还干农活吗？

答：农忙了就不编了。地里没活了就编。

问：田里都种什么？

答：小麦、玉米。

问：农活最忙是什么时候？

答：6 月份。

问：还锄草吗？

答：锄草。

问：摘棉花的人有女的还有男的吗？

答：有。男、女都摘。

问：农活最忙的时候，每天干几个小时？

答：10 个小时左右，太热的时候不去。

问：你还帮助干家务活吗？

答：干的很少，家里有我母亲。

问：柳编是不是从早晨干到晚上？

答：是。吃了饭就编。

问：你觉得干活累吗？

答：累呀。

问：柳编和农活哪项劳动累？

答：柳编不太累，很麻烦，地里的活虽然累但不烦。

问：那你是喜欢干农活？

答：是。

问：手疼吗？

答：疼。手上磨了很多泡。

问：柳编每天能赚多少钱？

答：三四元钱。

问：你赚的钱都给妈妈吗？

答：是。

问：你母亲把钱存起来吗？

答：一家人的生活费。

问：你想买东西时，跟你爸爸说还是跟你妈妈说？

答：都说。

问：跟你奶奶说吗？

答：说！

问：如果买东西，家里人谁起最大的作用？

答：我爸爸。

【男女同学生关系的变化】

问：你上小学的时候，有没有男生欺负女生的事呀？

答：也有。

问：男生欺负女生是打还是用别的方法？

答：不打，有时拦路不让女生过去。

问：长大后还有男生欺负女生的事吗？

答：没有。

问：在日本，上司如果是男的，就有欺负女性的事，这里有吗？

答：没有。

问：你知道蔡畅这个人吗？

答：不知道。

问：向警予，你听说过吗？

答：不清楚。

问：你从小到大村里发生了变化吗？

答：变化很大。

问：都有什么变化？

答：吃的，穿的，用的，住的都好了。

问：男女生之间的关系，前后有变化吗？

答：没有。

问：妇女的地位提高了吧，表现在什么地方？

答：提高了。以前妇女不主事，现在主事了。

问：以前家里事都是男的决定，现在女的也参加了，你是怎么想的？

答：是。

问：是什么原因造成这种变化？

答：不知道。

问：是你们努力的结果。女孩结婚后仍然干活好，还是待在家里什么都不干好？

答：干活好哇。

问：为什么？

答：人不能闲着。

问：如果出去工作，你交往不就广了吗，是吗？

答：出去工作谁都不认识。

问：你理想中的男性是什么样的？

答：能干活的，长得壮实的，学习好的，漂亮的。

【婚约】

问：你已完婚了？

答：是。

问：有照片吗？

答：没有。

问：是这个村的人吗？

答：不是。是前夏寨村的。

问：你们是上学时认识的吗？

答：小学同学。

问：你们是怎么决定的？

答：有介绍人介绍，自己决定的。

问：你们是从小时就认识吗？

答：不认识。在王庄上学时认识的。

问：他做什么工作？

答：农民。

问：他家里的条件跟你们一样吗？

答：差不多。

问：这个村的人与前夏寨人结婚的多吗？

答：多。

问：你对现在的生活特别满足吗？

答：满足。

问：你如果去了大城市，看到那里的女孩的生活情况，你还会满足吗？

答：不知道。

问：你去过北京、天津这些大城市吗？

答：没有。

问：去过济南吗？

答：也没有。

问：你毕业后旅游过吗？

答：也没有。

【王会荣的柳编和娱乐】

问：你现在干什么活？

答：没有事。

问：那你很舒服哇？你也不干农活？

答：干。地里的活没有，就编篮子。

问：那是你最喜欢的？

答：是。

问：为什么愿意编篮子？

答：不愿下地，怕晒得慌。

问：除了编篮子，你还干什么？

答：没有其他活干。

问：你与你小学的同学还有来往吗？

答：跟旁村的人没有来往，本村的有。

问：女孩子吗？

答：是。

问：你们玩什么？

答：打扑克。

问：平时玩还是春节玩？

答：有空就玩。

【再婚】

问：你是王魏氏吗？（以下王魏氏答）

答：是。

问：你丈夫叫什么名字？

答：王金堂。

问：你今年多大岁数？

答：68 岁。

问：你丈夫还在吗？

答：30 多年前就死了。

问：你比你丈夫大 8 岁？

答：是。（注：指她第二个丈夫）

问：1942 年日本人到这村考察过，你知道吗？

答：不记得，那时还没结婚，我娘家是前夏寨村。

问：现在村里还有你的亲人吗？

答：有个弟弟。

问：你多大年纪结婚的？

答：我 15 岁。我娘家穷。

问：你丈夫多大岁数？

答：他 30 几岁，他比我大 15 岁。这是我第二个丈夫。

问：你缠过小脚吗？

答：缠过，因为痛，后来放开了。

问：你上过学吗？

答：没有。我家里穷。

【农活、小卖部】

问：你婚后是干农活吗？

答：是。

问：与你丈夫一起干农活吗？

答：他卖烧饼果子。

问：你家有小卖部呀？你丈夫管小卖部吗？

答：我有时也帮着卖，他也到地里干农活。

问：你没有上过学，又管小卖部，那你怎么算账？

答：慢慢就会了，心里算，没有人给错钱。

问：除你们家有小卖部以外，别人家还有吗？

答：没有。

问：那时日本人来过吗？

答：我那时还小，不记得了，妇女不让出门。

问：八路军来时你记得吗？

答：记得。

问：八路军来后，妇女干什么？

答：还是干农活，参加扫盲班。

问：你印象最深的是什么事？

答：想不起来了。

【婚姻法】

问：你知道《婚姻法》吗？

答：那时与丈夫不见面就结婚，介绍人介绍什么人就跟什么人，介绍秃子跟秃子，介绍瞎子跟瞎子。不如现在人好。

问：自由结婚很好吧？《婚姻法》好吗？

答：那当然。

问：村里宣传《婚姻法》的是谁？

答：记不清，可能是妇联的人。

问：你知道妇联主任的名字吗？

答：刘玉仙是第一任主任；邢佩君是第二任主任，还活着。

问：《婚姻法》颁布后，你们生活好了吗？

答：当然好啦，过去人们吃的是啥呀，现在吃的好了。

问：当时有离婚的吗？如童养媳在《婚姻法》颁布后有离婚的吗？

答：没有，那时不叫离婚，叫散啦。

问：离婚的多吗？

答：不多。

问：你们家开的小卖部到什么时候？

答：1958 年就不开了。

【“大跃进”和生活变化】

问：1958 年后你干什么？

答：干农活，挣工分。

问：你挣多少分？

答：看你干的活轻还是重定工分，我挣 10 分、8 分的。

问：你加入“穆桂英队”吗？

答：参加过。

问：你们“穆桂英队”到过外村吗？

答：没有，就在本村。

问：你当时有小孩了吗？

答：有孩子了。

问：是不是有孩子的参加“穆桂英队”，没有孩子的参加“花木兰队”？

答：有小孩的什么队都不参加了。

问：你什么队都没有参加吧？

答：对。

问：那你为什么说跟“穆桂英队”干活去？

答：刚才没有听懂。

问：那时你还下地干活吗？

答：干活，得靠干活吃饭。

问：你穿的衣服是用自己织的布做的吗？

答：自己纺线，让别人织布做的。

问：人民公社时有专门做鞋的吗？

答：有。

问：有没有别人让你做鞋？

答：没有。

问：你还记得当时的妇联主任吗？

答：第二任是邢佩君。

问：1958 年时的生活是不是比以前好哇？

答：过了 1958 年生活好了。

问：那时农活忙吧？

答：忙。干活晚了食堂不让吃饭。

问：1958 年吃食堂比刚解放时的生活好了吗？

答：不如刚解放时，吃饭不自由。

问：1959 年不吃大食堂了，你的心情怎样？

答：好点了，自由了。

问：1959 年家里吃得多了吧？

答：多了，不定量了。

问：1959 年村里有灾吗？

答：发生了涝灾，地里没有庄稼，村里人生活困难。

问：家里有病人吗？

答：我丈夫有病，那年死了。

问：王金堂是大食堂的负责人吗？

答：是。

问：1960 年以后，你们除干农活外，还干副业吗，如柳编？

问：1960～1965 年村里变化大吗？

答：不一样了。现在要什么有什么，那时生活困难。

问：1960～1965 年你家的小卖部还有吗？

答：没有了。

问：到哪儿买东西去呀？

答：到城里去买。

问：1960 年没有大食堂，男女干活都分开了，是吗？

答：是。

【结婚】

问：王维臣是你的亲儿子吗？

答：是。

问：你儿媳妇叫什么名字？

答：叫刘金莲。

问：你儿子结婚是谁决定的？

答：我决定的。我做主。

问：你儿子赞成吗？

答：赞成。

问：还记得“批林批孔”的事吗？

答：我老了，不知道。

问：你儿子结婚后，你就不到地里干活了吧？

答：不去了，他们下地，我干家务。

问：你喜欢做饭吗？

答：喜欢。

问：比以前生活好多了吧？

答：是呀，好多了！

问：祝你长寿健康！谢谢！

杨秀英（54 岁）

时　　间：1993 年 4 月 6 日下午

访 问 者：末次玲子

翻　　译：童晓薇

场　　所：杨秀英家

（长子李绪民、四子之妻王淑琴及孙香玉在座）

【姑娘时代、家族】

问：你今年多大岁数？

答：54 岁。

问：你丈夫叫什么？

答：李令德。

问：你有几个孩子？都叫什么名字？

答：5 个。老大李绪民，34 岁；老二李绪强，31 岁；老三李绪山，29 岁；老四李绪田，26 岁；老五李绪杰，22 岁，都是男孩。

问：你与你丈夫差几岁？

答：差 4 岁。我大。

问：你娘家在哪个村？离这儿多远？

答：在八里庄。离这儿 3 里地。

问：你啥时结的婚？

答：19 岁时。

问：是“大跃进”的时候结的婚吧？

答：1958 年。

问：你到这儿后参加“花木兰队”了吧？

答：没有。参加“花木兰队”的是年轻人。

【学校】

问：你上过学吗？

答：上学不多。念到小学四年级。

问：当时上学的人多吗？你上学时解放了吗？

答：解放啦。

问：你几岁上的小学？

答：七八岁。

【解放前生活】

问：初小毕业后你干什么？

答：务农。

问：当时已有互助组了，你出去干活吗？

答：还没有成立互助组。

问：是一家一户的干活吗？

答：是。

问：你家里分得了多少地？

答：十几亩地。家里很穷。

问：你家是什么成分？

答：贫农。

问：几口人？

答：4 口人，有父母妹妹和我。平分土地后增加到 7 口人，又增加了 3 个弟弟。

问：生活怎么样？

答：我妹妹还小，我和俺娘下地干活，父亲为别人扛活，生活很不好，我们用麦子换红高粱吃。

问：还干副业吗？

答：我父亲给人家干活（注：打短工）。

问：你说的是解放前的事吧？

答：这是斗争地主时的事，解放前的事。

【结婚】

问：你与丈夫是怎么认识结婚的？

答：由介绍人介绍的。

问：你姓什么？（问孙香玉）

答：我叫孙香玉。

问：你们俩彼此是亲戚吗？

答：我们是妯娌。

问：你和你丈夫结婚前见过面吗？

答：见过。

问：你结婚时坐车还是坐轿子来的呀？

答：坐轿来的。

问：你呢？哪年结婚的。

答：1958 年结婚的。

问：1958 年还坐轿吗？

答：是啊，已经没有多少人坐啦。我是早晨 4 点来钟坐轿来的。偷着来的。

问：是你丈夫接来的吗？

答：是。

问：出娘门时脚不许踏地，必须铺席子，进婆家门脚也不许踏地，也要铺席子，你们这有这样的风俗吗？

答：已经没有了。以前有这种风俗。

问：你坐的轿与解放前的轿一样吗？

答：也是花轿，里边坐一个人，4 个人抬。

问：从什么时候就不用轿了？

答：过了 1958 年就没有了。我是最后坐轿的人。

问：为什么不坐了呀？

答：以后兴骑自行车啦。

问：你们这个村与你娘家的生活一样吗？

答：一样。

【婚姻法】

问：你参加过识字班、扫盲班吗？

答：没有参加过。

问：你知道《婚姻法》吗？

答：有先登记后结婚的事。

问：村里宣传过《婚姻法》吗？

答：有人宣传。

问：你们妇女之间有没有谈论过《婚姻法》的事？

答：没有。

问：有《婚姻法》后是不是妇女出门的多了？

答：多了。

问：你出去干活时男女分开吗？

答：分开。

【大食堂】

问：你结婚时村里有大食堂吗？

答：有。

问：大娘也在大食堂吃过饭吗？（问孙香玉）

答：吃过。

问：你感觉大食堂怎么样？

答：不怎么好。

问：家里有锅吗？（杨秀英答）

答：没有锅，也没有粮食。

问：你是儿媳妇吃大食堂不用做饭了，你高兴吗？

答：高兴，大家一起吃饭。

问：大食堂做饭的是谁？谁负责？

答：负责人李敬堂。

问：1959年秋大食堂取消后，回家吃饭，家里有锅吗？

答：有。

问：哪里来的？

答：买的。

问：大食堂好，还是自己做饭好？

答：自己做饭方便。

问：你丈夫是与你父母一起生活吗？

答：在一起过。

问：家里除你丈夫外，还有谁？

答：还有公公。共3口人。

问：谁做家里人的衣服和鞋？

答：我做。

问：大食堂取消后，你干农活还是家务？

答：都干。

问：干什么活时间长？

答：农活时间长。

问：多长时间？一天挣几分？

答：七八分，农活时间长。

问：1959年你就出生了？（指杨秀英之子）

【托儿所】

问：你生了小孩后，家里的活谁干？

答：我干。

问：你干呀？

答：当时是生产队，产妇不干农活。在家干家务，孩子长大些了就下地。把孩子送到托儿所。

问：现在有托儿所吗？

答：没有啦。

问：你公公和你丈夫干活吗？

答：干。

问：送孩子到托儿所，自己交钱吗？

答：大队负责给钱，自己不交。

问：你们有没有进过托儿所？

答：我进过。（杨之长子李绪民）

问：好吗？

答：好。

问：在哪儿吃饭？

答：食堂。

问：现在为什么没有托儿所了？

答：都单干了，这也是形势的需要。

问：你进托儿所几年呀？

答：近两年。

问：哪年没有托儿所啦？

答：1959 年或 1958 年下半年。

问：他几个孩子都没有进村托儿所吗？（杨秀英答）

答：都没有。

【柳编】

问：那时有柳编吗？

答：没有。

问：60 年代有吗？

答：有。70 年代以前有的。

问：那时村里没有副业吧？

答：是。主要是农业活。

问：60 年代生活怎么样？

答：不如现在生活好。没有钱，卖竹篮子。

问：是自编自卖吗？到哪儿去卖？

答：是。到集上卖。

【教育、婚姻观】

问：你的儿子都上过学吗？

答：都上过。

问：上到什么程度？

答：老大上到初中，老三也是初中，其他上到小学。

问：你的儿子都在本村吧？

答：是。

问：你家很热闹，很好吧？

答：热闹。

问：你的儿子们都结婚了吧？

答：还有一个没结婚，最小的没结婚。

问：与你娘住在一起的就你一个？（李绪民答）

答：是。

问：你妻子叫什么名字？

答：张秀芝。

问：多大了？

答：33 岁。

问：你妻了没在这儿吧？

答：没有。

问：老二的妻子叫什么？

答：不知道。

问：老三的知道吗？

答：知道，叫马淑琴。

问：老四的呢？

答：王淑琴。（王淑琴答）

问：住在这儿吗？

答：不住这儿，在前边。

问：你是这个村的人吗？

答：是。

问：你父亲叫什么名字？

答：王子寅。

【好婆婆】

问：你当选为好婆婆了吧？（杨秀英答）

答：是。

问：怎么选的？

答：岁数差不多的妇女在一起选的。

问：妇女开会选举出来，再由村里决定吧？

答：是。

问：是 1990 年选的吧？

答：是，今年是第三年。

问：什么条件才当选呀？

答：家庭和睦，不吵不闹的。

问：有五好吗？

答：对。具体条件记不清啦。

问：是不是有家庭要好、与儿媳处好、与邻居处好、有与丈夫处好吗？

答：是。

问：还有两条啊？

答：生产好，劳动好；妯娌好；5 个儿媳 4 个是本村。

问：老五不是没结婚吗？

答：已订婚了。

【恋爱与婚姻】

问：你妻子的父亲叫什么？（以下李绪民答）

答：张良臣。

问：是村里的干部？

答：原来是干部。

问：你与你妻子是怎么认识的？

答：我们都是一个村的人，在学校是同学。

问：你们结婚前有没有一起去看电影，或玩玩呀？

答：没有，我们农村不兴此风。

问：是不是感到不好啊？

答：是。

问：你自己觉得看电影好吗？

答：我觉得好，可农村不兴这事。

问：经人介绍吗？

答：是经人介绍的。

问：现在的小孩或在学校的学生，男女之间有没有在一起看电影或玩玩的？

答：有。极少数。

问：你们看到这样的人是不是感觉不好？

答：是。

问：年轻人也是这种感觉吗？你也感觉不好哇？

答：是。我也有这种感觉。

问：你认为先恋爱后结婚不好吗？

答：我认为先恋爱后结婚好。

问：那你为什么还认为在一起看电影不好啊？

答：别人没有看到还好，如果被别人看到了，好像很丑。还是封建，本村的人一起看电影更不好。

问：你结婚时来了很多客人吧？是双方都来人了吧？

答：是，人很多，双方的人都来。

问：你接你妻子了吗？

答：一个村的也去接了。

问：怎么接的？

答：骑自行车。

问：一个人骑一辆还是你带着她？

答：一个人骑一辆。

问：当时你妻子是不是穿得很漂亮？

答：是。

问：是你给的吗？

答：我给的衣服。

问：结婚前是给你妻子钱还是买东西？

答：买东西。

问：结婚前你家里盖房了吗？

答：没有，原来的房子。

问：你弟弟他们呢？

答：不是当时盖的，早盖好了，都得盖房子。

问：家里有这么多儿媳处得很好吧？

答：都好。

【婆媳关系】

问：为什么能与这么多儿媳妇处好啊？

答：儿媳妇们都分家了，各过各的。我与小儿子住在一起，也不向他们要东西。

问：你不住这儿？（问李绪民）

答：我不住，我住在西边，光小弟住在这里。

问：现在家里的活你都干呀？（杨秀英

答）

答：干。

问：下地吗？

答：下地。我小儿子不在家，他在赵庄做木匠活挣钱。

问：一个人种几亩地？

答：5 亩来地。

问：耕地用牛吗？

答：用牛也有拖拉机。

问：农忙时你的儿媳们帮你吗？

答：帮。

问：村里这么多婆婆，你选好婆婆的重要理由是什么？

答：儿媳妇的孩子小，我除了干自己的活，还帮她看孩子。如果她干活去了，我得帮她看孩子。过秋过麦，我们换着干。

问：你有奖状吗？

答：没有奖状。在小学那儿公布的。

问：是全村人开会选的吗？

答：是。

问：男女都有吗？

答：是。

问：男女在一起开会的情况多吗？

答：不多。一年开一次。

问：是每年都选吗？

答：从 1990 年以后还没有选过。

问：为什么 1990 年选呀？（李绪民答）

答：村里为了树榜样，要求大家向好婆婆或好媳妇学习，好像一个运动似的。

问：1990 年以前选过吗？

答：没有。

问：很光荣。

答：是。我兄弟几个团结得很好，媳妇们团结得也很好。

【家务劳动的变化】

问：10 年前什么都靠自己做，现在不用做了，可以买了，如鞋等，是吗？

答：有，鞋，衣服，床单过去都是自己做，现在都是买的。

问：你织过布吗？

答：织过布，孩子们穿的衣服都是自己织布做的。

问：这村里会织布的很多吧？

答：多。

问：一般都会织布吧？

答：都会。

问：你们都会织吗？这是你织的吗？

答：都会，这是买的。

问：织布需要很多时间，现在都靠买吧？

答：是。

问：鞋呢？

答：也是买。年轻人都买，上岁数的自己做。

问：你穿的鞋是你妻子做的吗？（问李绪民）

答：是。自己做的鞋穿着舒服。

问：你的儿媳妇中有干副业的吗？

答：有。有柳编、木工。

问：媳妇做木工？

答：媳妇没有做木工的，是男孩子。

问：媳妇中有干柳编的吧？

答：有。

问：现在的生活是不是比以前好多了？都是哪些地方呀？

答：好多了。现在家务事少了。孩子也少了。

【招婿】

问：你有孩子吗？（问李绪民）

答：有。两个男孩。

问：叫什么名字？

答：大的叫张文（随妻姓），小儿子叫张锋。

问：为什么姓张？

答：我是招婿，倒插门（即到女方家落户）。

问：你与你妻子住在一起吧？

答：是。

问：挺好的，是模范，像你这样做，别人怎么想？

答：大家都理解。

问：你怎么想？（问杨秀英）

答：我有5个儿子，很难，农村娶媳妇得盖房，这样做就不用盖房了，钱也花得少。

问：你现在的生活过得很好吧？

答：很好。

吴志喜

时　　间：1993年4月5日下午

访 问 者：小田则子

翻　　译：宋志勇

场　　所：吴志喜家

【吴氏家族、坟地】

问：本村吴姓的多吗？

答：不多，是小家族。姓吴的来本村落户已有13世了。（看家堂祖图）

问："文化大革命"前，姓吴的有没有在一起祭拜过祖？

答：有过。

问：祖坟在什么地方？

答：村外2里远的地方。

问：辈分是怎么排的？

答：香、志、玉、丙，这以前的辈分往下是序、克、英、魁、殿、忠、存、汉。

李令义

时　　间：1993年4月6日上午

访 问 者：小田则子

翻　　译：宋志勇

场　　所：李令义家

【解决纠纷】

问：村内有操办红白喜事的组织吗？

答：有，村里组织的。

问：有这样的事大家都去吗？

答：全去，大家帮助。

问：各家如有矛盾纠纷，是找家族，还是找村里来解决？

答：小矛盾、小是非，在家族内说说就解决了；大矛盾，严重的事，得找村委会解决。

【村中的庙、庙会】

问：过去村内都有什么庙？

答：有土地庙、龙王庙、菩萨庙等。

问：有庙会吗？什么时间？

答：有，每年三月初三（阴历），去烧香拜佛，全村人都去。

问：小孩去吗？

答：小孩也去。

问：庙会上有卖东西吗？

答：有，像赶集似的，还有唱戏的。

问：清明上坟是一起去烧纸扫墓吗？

答：不一起，有的是上午去的，也有的是下工后再到坟上烧纸。

【李氏家族】

问：你是哪个队的？有几户姓李的？

答：是五队的，有两个李，不是一个家族。我们这支李，全村有19户。（看家堂）我祖父叫李春廷，父亲叫李敬新，母亲李刘氏。

问：你兄弟几个？

答：兄弟 3 人，我排行老二，大哥叫李令志，弟弟叫李令注（德）。我妻子叫孙爱芹。

问：你有几个孩子？

答：长子李绪太，次子李绪安，三子李绪海。

另外，李森堂和李梦堂是亲兄弟，森堂是老大。李金堂和李洪堂是亲兄弟，金堂是老大。我爷爷辈是“廷”字辈，李金堂的父亲叫李新廷，也是“廷”字辈。

【庙会、烧香】

问：听说每年春天去泰山参加“泰山娘娘”庙会，你去过吗？

答：有“泰山娘娘”庙会，我没有去过，经济条件好的能去，我家不行。

问：本村有“泰山娘娘”的组织吗？

答：没有听说过有组织，可能过去有过，也只是做买卖的有钱人去过泰山，供上“泰山娘娘”。

问：本村人信不信有“妖怪”？

答：不信这个，因为谁也没有见过。

问：过年是否各家都蒸馍馍？

答：有的自己家蒸，也有的是买现成的，现在买馍馍的越来越多，方便。

问：什么叫“馍馍社”？

答：“馍馍社”就是卖馍馍的地方。

问：过去村内的“庙”，都有什么活动？

答：有活动，村西头有个“真武庙”（原址在小学附近），每年三月初三，全村人都上庙烧香，有敲锣打鼓的，热热闹闹活动一天。怎么传下来的不清楚。

问：旁村人有来参加的吗？

答：没有。

问：平时村内有人上庙烧香吗？

答：也有，哪家有病人，就去庙内烧香，求菩萨保佑，早日恢复健康。

问：庙是什么时候才拆掉的？

答：1958 年“大跃进”时给扒掉了。

问：本村死人埋葬时，有没有殉葬品？例如用泥做的“小人”一起葬？

答：没有，就是陪葬一身衣服，叫寿衣。有的抽烟的，陪葬个烟袋。

吴光宗

时　　间：1993 年 4 月 6 日下午
访 问 者：小田则子
翻　　译：宋志勇
场　　所：吴光宗家

【回忆满铁调查】

问：你爱人叫什么名字？

答：孔秀英。

问：旧社会日本人来本村调查的事，你还记得吗？

答：记得，那时我岁数小，记得日本人经常来，住在城里。

问：日本人和你说过话吗？

答：没有，我只有 10 多岁，但给我照过相。

问：你们姓吴的，有没有被日本人访问过？

答：闹不清，可能我父亲被访问过。

【父亲经历】

问：你父亲那时干什么？

答：当过乡长，后来当财粮先生，按现在说叫“会计”。

问：以后谁当“先生”？

答：解放以后，是王邦记。解放前王作衡也当过“先生”。在王邦记以后是魏玉恒，后来又是马来衡。以后就没有村长了，划成大队、小队了。

问：解放后贫协主任是谁？

答：马来年和吴志刚。

问：你父亲一直当“会计”吗？

答：45 年前一直当会计。合作化以后是马会祥当会计。

【“土改”、合作化】

问：解放初你家有多少人口？

答：12 口人。

问：“土改”时你家分到土地没有？

答：我家是中农，没有分到土地。（录音不清）

问：合作化时，农具怎么办？

答：农具由自己买，归自己用。

问：你父亲是怎样当会计的？

答：是上级信任、委托的。

问：你父亲上过几年学？

答：高小文化，在恩城上的学。

问：解放前你父亲还干过什么事？

答：在民团里干过事。

问：吴玉恒是什么时候当的村长？

答：是解放前的村长。

问：本村有地主、富农吗？

答：有地主、富农。

问：你受过什么奖励？

答：没有。

（二）1994 年 8 月

马振基

时　　间：1994 年 8 月 13 日午

访 问 者：三谷孝

翻　　译：吴弘乐

场　　所：马振基家

【家族】

问：大爷，你叫什么名字？

答：马振基。

问：你今年多大岁数？

答：70 岁。

问：你属什么的？

答：属龙。

问：从你出生一直都住在这个村吗？

答：是。

问：你父亲的名字？

答：马万同。

问：我们知道你父亲。

答：日本调查员来咱这儿我知道，我父亲他们也知道，他是村里管事的。

问：你父亲不在了？

答：不在了，已去世 20 年了。

问：你母亲的名字你记得吗？

答：姓白，当时妇女没有大号，我不知道叫什么。

问：是不是叫马白氏？

答：对，叫马白氏。现在的人男女都一样了，那时的妇女不叫名。

问：你母亲还在吗？

答：不在了，已死去 19 年。

问：你父亲一直做农活吗？

答：是，做农活。

问：你父亲有多少地？

答：20 亩地，我也闹不太清楚。

问：你父亲有兄弟姐妹吗？

答：我有大伯，已死了，我都不记得。

问：有叔叔吗？

答：没有，只有兄弟俩。

问：你还有兄弟姐妹吗？

答：有，一个兄弟，一个姐姐。

问：你姐姐也在这个村吗？

答：不在，在西边的高庄，离我村 4 里地。

问：你弟弟在吗？

答：在，在这个村南边住。

问：他的名字叫什么？

答：马振文。

问：这一带在困难时期有些人到东北去，你去过吗？

答：我没去过。

【学校】

问：你上过学吗？

答：上过。

问：什么学？几年？

答：小学，4 年。

问：在这个村吗？

答：对。

问：毕业需要几年？

答：3 年吧，我弄不清。也可能是 4 年，初小，还有高小。

问：在小学都学些什么课？

答：《百家姓》。

问：除认字以外，还学过算术或打算盘吗？

答：学过。学过加减乘法。

问：在上学时，你有没有好朋友哇？

答：与马查明在一班，前夏寨还有一个同学，他叫李建科，都死了。

问：你小学毕业后做农活吗？

答：是。帮助我父亲干农活。

【抗日战争】

问：当年日军占领这儿时，你还记得吗？

答：当时我十几岁，在恩城住，看见些“鬼子”。

问：没到这边来过？

答：来过。

问：他们来这儿干过什么坏事吗？

答：他们抢过鸡，抓鸡我见过。

问：抓鸡时，村民们不让他们抓，打过人吗？

答：没有打人。村民们害怕，都跑了。

问：你的家庭成员或亲友中有没有被日军侵害的？

答：没有。

问：1942 年，也就是 50 年前，日本人来这里也是这样的调查，你知道当时的情况吧？

答：那时来的日本人还在吗？

问：还在。

答：当时我还小，不知道，我父亲他们知道。

问：你父亲对你讲过那时候的事吗？

答：没讲过，我当时年轻。

【结婚与育子】

问：你是哪年结婚的？

答：我 13 岁结婚，距今 57 年。

问：是在战争以前的事了？

答：对。

问：你爱人是哪里人？

答：陈营人。

问：你爱人的名字？

答：陈玉梅。

问：你与你爱人是自己认识的还是别人介绍的？

答：别人介绍的，当时不能见女方，结婚以后才知道的。

问：谁介绍的？

答：我不太记得，老人管这事，咱不知道，当时兴这个。

问：你爱人多大岁数？

答：74 岁，比我大 4 岁。

问：现在你爱人还健在吧？

答：已死去 12 年。

问：你有几个孩子？

答：一个。

问：男孩还是女孩？

答：女孩。

问：已出嫁了吧？

答：是，招了个女婿。现在人多，共6口人。

问：你女儿叫什么名字？

答：小名叫马小秀，大名不知道，她有。

问：她与谁结婚？

答：也是本村的农民。

问：他叫什么名字？

答：王维魁。

问：你结婚时那么小，是你家里的习惯，还是当地的习惯？

答：当地有这种习惯，还有比我小的呢，有9岁的，也有11岁的。

问：战争爆发前一直做农活？

答：对。

问：日本战败，你当时听说了吗？

答：听说过。

问：日本人走后国民党来了吗？

答：没有。解放时，打恩城，打的是“二鬼子”（指伪军），国民党没来。

【八路军】

问：谁打的恩城？

答：八路军。

问：八路军进来了？

答：进来了。

问：与皇协军打是哪年的事？

答：1946年。

问：八路军最早是什么时候来的？

答：打恩城前一年来的，最早来的不是打仗的，是侦察员、游击队。

【土地改革】

问：“土改”时，你分了多少地？

答：没分也没向外拿。

问：你是中农？

答：是。分不着也拿不着。

问：那时你有多少地？

答：平均多少我就多少。如一个人平均4亩地，这就分不着也拿不着；如果一个人2亩地，就分着了，多的拿出来。

问：“土改”时你家里4口人吧？

答：当时与我弟弟还在一起，七八口人吧。

问：都有谁？

答：那时，我父母亲还活着，我姐姐、弟弟、弟媳，还有我们两口。

问：那时还没有孩子吧？

答：都没有。

问：当时住在哪儿，不是住这儿吧？

答：在村内住，这是场地，当时后街都没住人。

【互助组】

问：有互助组吗？

答：有，先互助组，后合作社。

问：一个互助组多少人？

答：不一样，有五六人的，七八人的，也有十几个人的，是自愿结合。

问：你在的组有几个人？

答：七八个人，十几个，愿意几人就几人，自愿结合。

问：与你结成互助组的是谁？

答：都是我们当院的。

问：合作社是哪年成立的？

答：1948年组织初级社，解放一年来的时间，记不太清了。

问：高级社是哪年？

答：大约三四年后成立的，记不清了。

【人民公社】

问：人民公社成立的时间，你还记得吗？

答：五几年吧。

问：人民公社时的生活情况如何？

答：前几年还行，公社生活行，还够吃。

问：怎么看够吃呢？

答：粮食够吃，够烧，秋后分点钱。

问：那时公社搞集体食堂是吗？

答：是，搞了二三年。1957～1960年搞食堂，1959年、1960年生活就不行了，1958年粮食吃不完，1962年、1963年还行，1959年、1960年，大水淹了庄稼，生活不行。

问：有动员集体搞水利的事吗？

答：有，挖河沟，这是1958年。

问：1960年、1961年收成很少，你家生活怎样？

答：还可以，凑合着吃。当时有吃有喝就行，到队里干活。

问：那时有些困难，有些人到东北去了，你没有去？

答：我没有去。我家没劳力，得干活。

问：当时歉收的原因，是因为涝还是旱？

答：那年庄稼长得不行，又涝。

【“文化大革命”】

问：“文化大革命”时候的事，你还记得吗？

答：记得。

问：村里的情况怎样？

答：村里也有“红卫兵”造反的。1964年大“四清”后开始“文化大革命”，离现在30多年啦，1966年开始，咱村不厉害。

问：对地主、富农怎么样？

答：打击他们，戴高帽，游街，批斗他们。

问：本村有地主挨斗吗？

答：有，李振都是“二鬼子”，皇协军中队长，不是真正的日本人，比日本军还厉害。他们胡闹，已死了。

【土地承包，饲养鸽子、牲畜】

问：什么时候开始土地承包？

答：1981年。

问：你承包多少地？

答：十四五亩地。

问：你养多少只鸽子？

答：年前40只，现在20只。

问：现在便宜了？

答：对，年前养40只，除粮食外，还赚了400多元，今年不行，贱了。

问：除卖的还留下一部分吧？

答：卖的小的，即繁殖的都卖了，大的还留着。

问：一只成年鸽子卖多少钱？

答：年前卖五六元。

问：是在市场直接卖吗？

答：直接卖。

问：你当时买一只多少钱？

答：我爱养鸽子，买一只十几元，我没有买，十几岁时我就喂鸽子，几十年了，早就有。

问：你都做哪些农活？

答：我上岁数了，只拔草什么的，庄稼他们种，我不种了。年轻的时候地里的活都干，拔麦子、割豆子等。

问：最近你干农活，干什么呢？

答：喂牛。

问：你养牛了，几头？

答：是。养了3头。

问：此外还养什么？

答：鸡、猪。

问：养了几头猪？

答：一头母猪，繁殖小猪卖，刚把小猪卖了。

问：养了几只鸡？

答：十几只，不太清楚。

【现在的生活】

问：你一年的收入多少？

答：毛收入每人5000斤麦子，纯收入5000～6000元，化肥、肥料、治棉虫的药除外。

问：种田的收入与养牛、鸡、猪的收入哪种比例大？

答：庄稼收入多。

问：刚才听你说的收入中没有养鸡、猪的收入吧？

答：是。

问：家里做饭谁干的最多？

答：他们做的多，我闺女做的多。

问：听说你做菜特别棒？

答：村里红白喜事，我是掌勺的。

问：你在哪儿学的做饭？

答：我拜老师，别人干，我看看学会了，干了很多年啦。

问：这么聊天你累了吧？休息10分钟？

答：不累。

问：你这房花了多少钱？

答：2500元。

问：现在盖这房要花多少钱？

答：现在盖这房得花7000元。

问：你的孙女在附近住吗？

答：干活去啦，都住在一起，共6口人，孙子、孙女，一个念书的，一个织地毯的，在一起吃饭。

问：这个院有多少房子？

答：5间。南边还有房，这边两间，那边两间，还有一间堂房。

问：南边是旧房？

答：是，秋后盖新的。

问：在哪儿盖？

答：在我房子东边。

【厨艺、碗社】

问：过去的碗社你还记得吗？

答：记得。

问：听说过去你父亲管碗社？

答：从前的碗都不使用了，换成这个样子的啦。

问：是大队买的吧？

答：对。盘、碗、酒壶都有，这些是村里集体买的，由我管这件事。

问：现在还有碗社吧？

答：有。

问：是由你保管吧？

答：对。

问：去年来的时候，李令义保管的东西我们都看了，你也保管那样的东西吗？

答：俺没有。我俩管这事，他保管东西。

问：你父亲的时候的碗还有吗？

答：没有了，不使用那些了。

问：那时候的碗的质量好还是差？

答：我当时不管那事，弄不清，因为我不管。

问：村里什么时候购置的这些碗？

答：已二十四五年了。

问：二十四五年前，有没有十来个人自己买碗组织碗社的？

答：头年你们访问的那个人，他接的大队的碗社，我弄不清。

问：你后来不是管吗？是接替你父亲吗？

答：我管，可不是接替我父亲。

问：你是队里委托你干吗？

答：是。

问：你一年帮人家掌多少次勺？

答：不一定，有多有少，有一年40次的，也有20次的，一次有一天的，也有两天的。

问：给你补助吗？

答：有。

问：谁给？

答：村里。

问：办一次红白喜事给你多少钱？

答：一年给 100 元，不论次数多少，都是 100 元。

问：你从哪年干这工作的？

答：已 30 多年了。

问：村里管碗社的除你和李令义之外，还有别人吗？

答：还有王维东，村长的弟弟。

问：他做什么工作？

答：在公社、乡里都做过饭，现在在家。

问：他做饭也不错吧？

答：对。

问：你开始做厨师是解放前吗？

答：解放后做的，不是解放前。

问：你父亲做的事，你还记得吗？

答：记不清。农忙时种地，农闲时做点小买卖。

问：做什么买卖？

答：贩点油卖，没干过其他的。

问：你父亲有厨师手艺吗？

答：他不会。

问：你帮别人掌勺用的锅是你带去的吗？

答：不是，用他们自己的。

问：除红白喜事外，还有别的事请你们吗？

答：请客人、亲戚的也请我们去，还有生孩子和小孩过生日时也请我去。

问：你在一年中有时帮 40 次忙，有时帮 20 次忙，那么 40 次不就不合算了吗？

答：没法算，不给钱，叫也得去。

问：这么说来，你主要为村民们服务，不计较钱是吗？

答：是。

问：除村里给你 100 元外，办事的户也给你点吧？

答：没有。给点果子什么的。

问：果子是什么？

答：点心。

问：掌勺用的肉和菜是你带去的吗？

答：不是，户里自己准备，根据条件，经济条件好的，要脸面，就好点。

问：40 年代，咱们这一带很多村都有碗社，现在还有吗？

答：都有。这一套东西好儿百元。

问：前夏寨那儿还有吗？

答：与我们的不一样。

问：前夏寨村请你去过吗？

答：前几年去过，这几年没有去。

问：碗被谁打碎了怎么办？

答：谁打了谁买，有数，我们数。

问：是赔一样的吗？

答：是，一样的花。

问：在你这儿的碗坏了，到哪儿去买？

答：恩城。

问：你年岁再大些，不能干这事了，有人接替你吗？

答：有。

问：能接替你的是年轻人吗？

答：比较年轻。

【做菜的种类】

问：你拿手的好菜是什么？

答：乱七八糟的，什么都有，红烧鱼、黄焖鸡等，什么都做。

问：什么是黄焖鸡？

答：把鸡杀了之后，用油炸，不要十分熟，再上锅蒸。

问：有佐料吗？

答：有，花椒、大料等。

问：颜色是黄的？

答：是。

问：过去春节蒸馒头，现在还蒸吗？

答：蒸，来客人吃，初一吃水饺。

问：哪天蒸馒头？是年三十吗？

答：不，腊月二十四五就蒸。

问：你自己的亲朋好友来做客，是你做菜吗？

答：我做，他们也做。

问：一年当中，什么时候亲朋好友来，有固定时间吗？

答：过年来的人多，有老人的，有病人的亲戚们来，孩子们过生日，或平时来玩的，就来啦。

问：给你增加了很多麻烦，最后还想问你，你这一生中印象最深的是什么事？

答：地里能多打粮食，收入多，养家畜，能多卖钱。

问：这70年中，你最苦的是什么时候？

答：年轻时的事记不清了，还小。1960年困难还记得。

问：生活最好的是哪些年？

答：1981年土地承包后至今，生活好，从记事那年起，那时期也不如这几年好。

问：土地承包后，生活慢慢好起来了，是吧？

答：是。打的粮食吃不完，收入也高了，生活提高了。

问：你家庭成员的关系处得怎么样？

答：很好。

贾学文（83岁，前夏寨村）

时　　间：1994年8月13日下午

访 问 者：三谷 孝

翻　　译：吴弘乐

场　　所：前夏寨村贾学文家

（党支部书记柴文正在座）

【家族】

问：我们想还像去年那样，请教请教以前的事，也就是过去的事。你今年83岁了吧？

答：是。

问：你属什么？

答：属牛的。

问：你父亲叫什么名字？

答：已死去啦，叫贾西孔。

问：你与你父亲共同生活了多长时间？

答：我10岁时我父亲死去啦，70多年啦。

问：你父亲死的时候，家里有多少土地？

答：他们兄弟仨生活在一起时，60多亩地，不到70亩。

问：那时你家里人很多？

答：十几口人。

问：除种地外，还干别的吗？

答：没有。

问：你闯过关东吗？

答：没有。

问：你上过学吗？

答：没有。那时我四叔与我差不多大，他念书。我三叔26岁死的，俺父亲33岁死的，我没有办法上学。

问：你三叔先死的，你父亲没多久又死了？

答：对。

问：他们什么原因死的？

答：生病。咳嗽，吐血，从嗓子里吐血丝。

问：你母亲活到多大岁数？

答：她1960年死的。

问：故去的那年多大岁数？

答：70多岁。

问：你有几个兄弟？

答：就我一个。

问：那时不会一个孩子吧？

答：我没有哥们，有妹妹，有个妹妹。

问：那时候两个孩子的很少哇？

答：我爷爷死得早，我奶奶守寡。

问：你从小就干农活，是吗？

答：是，干农活，在地里拔草，干农活，没有别的事。

【结婚与子女】

问：你多大岁数时结婚？

答：22岁。妻子没几年就死了，我27岁时才又娶的这个。

问：你老伴现在健在吗？

答：活着呢，身体很好。

问：现在这些人都是你的孩子吗？

答：是。这是老三家的两个，孙子。

问：戴着帽子的照片是你老伴吗？

答：不是，那是我母亲。

问：你父亲的照片有吗？

答：没有，那时不兴。

问：你三儿子有两个男孩了，还有几个女孩？

答：没有，就两个孩子，计划生育。

问："土改"时，你家是什么成分？

答：中农。

问：现在你与你的孩子们都住一起吗？

答：村东南角住着我老大，老二在后街。

问：你3个男孩？

答：是。

问：女孩呢？

答：1个。

问：最近你家里承包了多少地？

答：一人2亩地，我一户共十几亩地。

问：不算大儿子和二儿子的地吧？

答：对。十四五亩地。

【家畜饲养】

问：你还养了牛啊？

答：3头。

问：养了几头猪？

答：3头。

问：还养着什么，如鸡鸭？

答：一帮鹅，一帮鸭，都在后边。

问：养鸽子了吗？

答：没有。

问：养牛一年多少收入？

答：现在的价格，一头牛1000元。

问：都能卖出去吗？

答：能。我这个小牛犊现在才两个月，到年底值1000多元。卖了明年再买。

问：大小牛的价钱一样吗？

答：不一样，大的2000多元。

问：种田和养牛相比，哪项收入是主要的？

答：种地为主。

问：在你走过来的路程上，印象最深的是什么事？

答：老啦，现在的生活比过去差距大。现在天天吃馒头，那阵吃菜和红高粱，吃点玉米就算好饭食了。

问：在你生活的历程中，有日本军来过，解放，"文化大革命"你也经过，毛主席逝世的事你也经过，这些事中，哪件事你印象深？

答："文化大革命"！

问：不是"文化大革命"，上边的这些事，你哪个最清楚？

答：远的不行，要说近的，从"文化大革命"以后。毛主席死了，下边不成立社啦。一分地，个人过个人的，一户比一户强了。那时候打千数来斤麦子，家里有10多口人，谁捞着吃了，都吃粗粮。现在全吃麦子，秋天豆子、棒子。改革以来人们生活变化很大。

【村的改革开放】

问：人民公社解散以后，改革了，人民的日子好过了，是吧？你全家收入多少？

答：一年收入 5000～6000 元，光这牛就值 5000 元，还有猪，地里也收 1000 多元。

问：这样的收入，在村里算一般吧？

答：一般。

问：都是纯收入？

答：对。

问：从 1980 年初到现在翻了几倍吧？

答：好几倍。1980 年主任开会回来搞改革，现在又搞改革。光靠地不行，搞多种经营，家庭副业，如柳编、养殖业，剩余劳力搞多种经济，人人都参加。还有搞地毯，百花齐放，百花争艳。

【村概况】

问：支部书记的名字叫什么？

答：柴文正。

问：去年向你了解了些情况，今年也差不多吗？

答：现在是芝麻开花节节高，步步高升。原来农用拖拉机 12 部，现在有农业拖拉机 20 部，80 年代仅 1～2 台，现在农民要科学种田，过去光知道种田，用粮食养猪养鸡积肥，平均每户养牛 2～3 头。一头牛 2000～3000 元。

问：与去年相比增长的是哪些？

答：养殖业，养牛、羊，地毯发展也多。

问：编织和地毯是集体搞的还是个体？

答：个体，深加工。

问：人口还那么多，户数差不多？

答：由于计划生育，人口差不多，户数由于分家多了些，人口 730 人。

问：多少户？

答：200 多，增加了 3～5 家。

问：土地？

答：差不多。

问：学校有变化吗？

答：没有。现在要发展养殖业，地要间植套种，一垄棉花，一垄高粱，不是单打一。

问：有反映这些变化的图表吗？

答：每个人的生活提高，最少差 10 元，存款家家有，电器化，有多有少，电扇、电视机普遍有。我们买了沙发放着，钱很快花光了。

问：有没有用图表或墙报反映这些发展的对比变化呀？

答：没有。一般人不让记录，我在村工作多年，只根据各家庭的发展，最后得出结论，这也是百分之百地没有虚报，实打实的。

【计划生育】

问：解放时的人口，你清楚吗？

答：不清楚。现在是优生优育，过去是一大片，现在是一对夫妇一个孩子。现在基本上是一个，有两个孩子的是因为第一个是女孩，母亲在 30 岁以上的。

问：一对夫妇两个孩子的有吗？

答：很少。

问：如发现生第二胎的，有罚款规定吗？

答：没有三个证件，不能生。

问：有三个证件可以生吗？

答：得符合条件。

问：如果生的第一个孩子身弱，不能干活，得到允许才能生第二个吗？

答：不一定。

问：村里的主任也好，书记也好，恐怕最重视的工作是人口问题。除人口问题外，你认为书记应把哪件事看得更重要？

答：人民的生活，没有吃的不稳定，要以农业为主。

【村民委员会】

问：村委会有多少人？

答：是领导干部吧？现在还是 5 个人：正主任、副主任、文书和两个委员。根据村庄人口定编，500 人以上的村干部 5 人，500 人以下的 3 人。

问：现在还是 5 人？

答：是，双职，不是双待遇。副支书兼主任，为了减少负担，一个兼两职，只有支部书记不兼职，其他人都兼职。

问：你是兼职吗？

答：我不兼职，我是专职。党支部一般人都兼职，一人两职，只是有的村不一样，如后街王维宝，支部书记兼副主任。在党支部是支书，这边就是副主任，一个人兼两职。

问：你在这儿应该是专职的？

答：对。

问：村委员的全名叫什么？

答：村里就叫村委会即村民委员会，乡里是乡长，县是政府。

问：你是党支部书记，村委会里你兼任什么职务？

答：村委会由党支部领导，不兼村委会的职务。

问：村委会里有女同志吗？

答：有，妇女主任。

问：除你是正主任以外，还有副主任吗？

答：有副主任一位；还有文书和一位委员。

问：文书与秘书不同？

答：文书管账，过去叫会计。

问：妇女主任是一般委员？

答：是。

问：还有一位委员管什么？

答：治保。

问：主任是选举的吗？

答：选举的。3 年一届。

问：你任职书记几年了？

答：4 年。

问：在你之前是上边任命的吗？

答：是在群众中选，选能领导这个班子的人。

问：选举的办法是从什么时候开始的？

答：民主集中从 1980 年开始。

【前、后夏寨村的关系】

问：一个后夏寨，一个前夏寨，离得近，过去都互相帮助，现在还是这样吗？

答：是，还是这样。

问：这些密切来往表现在哪里？

答：领导之间的来往，群众之间的来往，因为离得很近，远亲不如近邻，近了可以相互借东西；领导班子之间也是这样，领导来了找前街，再找后街。我怎么干他也怎么干，增加了友谊，增加了感情。

问：后寨和前寨有钱的人之间，有没有把钱放在一起搞小企业、小作坊的？

答：有。合资搞，村里号召，一墙之隔，你一个水泵，我一台机器，合起来浇水，先浇你的，后浇我的。你买一件，我买一件，发挥自己的优势。

【村中大姓】

问：村里最多的姓什么？

答：姓李的多，姓王的也不少，我们姓贾的可以，姓孙的也可以。

问：除这四大姓外，其他就少了？

答：姓赵、陈的都少。

问：村里的村民最早是从哪里来的？

答：我们这里的人最早是从山西洪洞县来的。“苏三离了洪洞县……”的戏词，就是说的这儿的事。

问：是你听说的？

答：听说的，传说。

问：“夏”字与那边也有关系？

答：前夏寨原来叫压虎寨。

问：什么时候又改成现在的名字？

答：“土改”的时候，原来叫前街后街，很早啦。

问：前夏后夏的名字是什么时候开始叫的？

答：以前我这座宅子叫压虎寨，东边的宅子叫夏寨，这个村叫寨，一个是前寨，一个是后寨。都是听说的。

问：村里的情况应该研究，这个村是怎么来的，趁老人们还在，可以研究村史，当然现在先发展经济，有条件了可以研究。

答：我们现在先搞经济，不像你们搞历史的，我们种地的不研究这个。

【碗社】

问：想了解碗社的事。

答：现在有碗社。为了方便群众，我俩拿点钱合资，买部分碗、盘、筷子等，谁家有红白喜事找我，用一次2元或4元钱。这么大的碗，2元钱买的。

问：办一次红白喜事需要几天？

答：两天。

问：租用一次多少钱？

答：水涨船高，过去用一次碗盘2元，现在4~5元。

问：像这样的碗社，村里有几家？

答：两家。

问：哪两家？

答：李朝臣、王金山，还有王金章。

问：是他们的前辈干过，还是从他们俩人才开始？

答：他们感觉这件事很方便群众，可以干，也是为群众服务，很高兴，所以钱拿出帮忙，后来就形成了碗社，不是为了做买卖。使用费随着形势发展，增加了。

问：他们两个是继承父辈，还是从他们自己开始的？

答：原来也有，不是他们搞的，那个人死了，他们一看就又抓起来了。

问：从什么时候开始的？

答：七八年啦。

问：50年前日本调查的来过，现在的碗社与50年前的碗社有什么不同？

答：过去是木碗，现在是瓷碗，过去是大盘，现在是一尺的盘，过去没有酒壶，现在有了，还有了酒杯。随着形势的发展，提高了。

【家堂】

问：后夏寨那边有家堂，咱们这边也有吗？

答：以前没有，现在有了，祭奠老人用，过年，请回来了，摆上供，孝敬老人的意思，让孩子记住这些事，把老人的名字写在上边。他又不吃也不喝，为了纪念，一年一次请回来，挂在那里。

问：听说后夏寨那边“文化大革命”期间，把家堂的东西都弄到一块去，这边怎么样？

答：这边也是，都收到一起用火烧了。现在为人民服务，是行善，不干坏事的不反对。现在这么搞是为通过老人给晚辈讲家族史。最老的名字在中间，下边还排着一二三四，对小孩们讲：你爷爷、奶奶是怎么回事，讲解一下子。

问：这是现在大家的认识。家堂里有什么东西，是重新买了装在里边吗？

答：什么都没有，是纸的，上边有名字，如老爷爷有兄弟几个都写上。我家也有，是纸的，上边有名字。

我年轻的时候，家堂是竹子做的，一个人一个名写在一个竹牌上，过年拿出来。这竹与纸是一样的，最上边写着我父亲的父亲，下边排着，挨着来，是木头或竹子做的，一个名一个牌位。

问：是店里做的还是自己做的？

答：那是以前，现在没有了。现在改革，简化在一张纸上。原来是四方的，外边有包装一个盒儿，里边像石笔一样一个套，套在上边，现在精简了。

问：有家谱吗？

答：有，在南边呢。

问：是一个本吗？

答：对。纸的也有，我家里没有，在南院。

问：最早是从哪儿开始？第一页的名字从哪儿开始？

答：记不清了，是个档案性质的。

问：你的家谱在哪里放着？

答：在刘宁口放着，那里分布的较多，一家一族。

问：是你的吗？

答：现在不一定能找到。

问：你家里简单一点的有吗？

答：我拿出来看看。就这个，在“文化大革命”前是布的，一边一个大狮子，很魁伟。现在是纸的，条件好的接着续家谱，全族人的名字都在上边登记着。各种各样内容都有，遗嘱、外貌、生日、籍贯，老大、老二、老三都排好啦。小孩们不知道，告诉他们，这是你老爷爷。

问：借团聚的机会告知下一代？

答：对，春节都在一起嘛！

问：日本家庭有祖先灵位，他们对着灵位拜，咱们这里有吗？

答：拜家堂后按大小辈拜年，磕头。

问：怎么拜？

答：吃饺子前，孩子先给老的拜，小孩给父母拜，分出大小辈来。吃饺子后就长一岁了，吃饺子前拜年。

问：什么叫吃饺子？

答：年三十晚上吃水饺。晚上 12 点一过，就拜年，三十晚上是两岁的分界，12 点以前是一个岁数，过了 12 点就长一岁了。吃饺子前该拜年的拜年，给父亲、母亲老的拜，吃饺子以后，那一年就过去了。初一早晨给家族里的人拜年。过去有的有矛盾，你不理我，我不理你，一拜年一笔勾销。从新的一年开始和好了，增加友谊了，关系不错啦，都不计较了。

问：像他这么小的小孩，也得磕头吗？

答：是他的长辈，他就得磕，招呼一声。（观看家谱）

李令义

时　　间：1994 年 8 月 14 日上午

访 问 者：三谷 孝

翻　　译：吴弘乐

场　　所：李令义家

【碗社】

问：前几次给你添了不少麻烦，耽误了不少工作，很抱歉。这次关于碗社的事，向你请教。

答：你们到我国来，我们欢迎！欢迎！

问：日本也有像咱们碗社这样的组织，他们想通过你，了解碗社的情况，同他们那里的组织比较比较，希望你帮忙。

答：解放前村里就有这套家什，碟子、碗、筷子等吃饭用的餐具。这套餐具是村里置买的，村里拿钱买的，归集体。8 个盘为一席。本村有娶亲的（即结婚）、老（人死称“老”——注）人的用，这些户亲朋较多，自己家的碗不够用，借村里这套用，这样很便宜、方便；再就是生小孩的，孩子百日、生日请客也用；盖房的吃饭的人多，也可以用，白用（不付钱）。

问： 这些都是免费的？也有要钱的吗？

答： 结婚的、老人的用一次拿2元钱，为了保护家什。

问： 用多久付2元钱？

答： 结婚用两天，老人用一天。

问： 收这2元钱，归村还是归个人？

答： 属于村里的，用这些钱补充添置坏损的家什。

【碗社的保管】

问： 听说做你这项工作，一年给100元，对吗？

答： 对。

问： 除了这点钱，你还有别的收入吗？

答： 我管这些家什，谁用，我也一起去。这件事也耽误工作，所以村里每年给我100元钱。谁家用，我给他们数清数，用完之后，我再点数收回来，东西一件也不能少。

问： 主要是耽误了你的工，才给你钱？

答： 对。

问： 在日本也有红、白事，请人帮忙的，一般主人都给帮忙的人一些钱，咱们这里是这样吗？

答： 没有。用户一分钱也不给，这100元是村里给的。我们共3个人，有做菜的，有端菜的，我管端菜。3个人一年300元，每人100元。

问： 昨天我们访问了马振基，他是做菜的吗？

答： 是。

问： 另一位洗菜的是谁？

答： 王维东管洗菜。

问： 在你这儿保管的碗有多少？

答： 8席的用具。

问： 你一年到人家去多少次，有账吗？

答： 没有。

问： 现在国家的物价不断上涨，每年给你100元，有没有不高兴的时候？

答： 我没有意见，咱是本村人，不是外村人，本村人帮本村人干事，谁家常娶媳妇！咱家娶媳妇也需要别人帮忙，自己也干不了，别人也是一样，是件高兴的事。给我100元是村里的心意，我们3个人，谁也不要求，这不是常有的事，也是个欢喜的事。一年多少次不一定，有时候多，有时候少，一年20～30次，需要20～30天工夫。

问： 你保管这些碗经常保持一定数吗？

答： 有一定数量。户里用时损坏了要补上，坏多少补多少，我们盘点。如果在筐里挤坏了，不属于户的问题，他们不管。

问： 前夏寨有两家干这事的，咱们村有几个碗社？

答： 他们村与我们村不同，他们是个人组织的，户里不白用，一次不只是2元钱的事啦，村里不管，由户里搭对。他们村的用户比咱村开支大。

问： 50年前日本有人来中国了解过碗社的事，我想知道当时的碗社与现在的碗社有什么不同？

答： 有不同处。过去我父亲管这项工作，过去两个人管，东西在一个户里放着，是在东头放着。这两个人得点钱，只是谁去钱给谁，如咱俩，我去我拿钱，这些钱攒到年底买些馍馍，分馍馍，而现在的钱归村里。

问： 那个时候谁去谁挣了钱都买成馍馍，他去是这样，你去挣的钱也买成馍馍，到年关再分馍馍？

答： 对。当时孩子们很喜欢，都喊着领馍馍去了！当时家里没有。现在这种情况没有了。

问： 馍馍是面做的吧？饽饽是杂粮做的？

答： 馍馍是面做的。

问：馍馍就是馒头？

答：是。

问：有长方形的吗？

答：街上卖的都这么长（用手比画），户里自己吃的都是圆的。

问：上次来的时候，没有来得及看一下，这次是否可以让我们看一下？

答：可以。

（参观碗社餐具）

【鸽子的饲养】

问：去年来的时候还没有这些鸽子？

答：没有。

问：养了多少只？

答：现在还有十几只，原来20只。过去一只鸽子5元，现在才2元，比过去便宜了。

问：是今年4月买的吗？

答：3月份。

问：一只多少钱？

答：过去贵，两只10多元，价钱不一样，质量有好坏。

问：这些鸽子养大了，你准备什么时候卖？

答：孵了小的卖，老鸽子还留着。

问：是到年底才下收孵小鸽子吗？

答：一个月一窝，大前天才卖的。

问：今年已孵小鸽子吗？

答：孵了。4对小鸽子。

问：这8只鸽子卖了吗？

答：再长一点才卖，大的上集已卖了。一个月一窝。

问：养鸽子是自己想养，还是村里鼓励让养的？

答：村里不管，自己养的，换零钱花。养它们像玩一样。

问：除鸽子外，你还养了什么？

答：还有一头牛，一只羊。这是俺俩的，孩子们自己另养，是他们的。

问：你的收入主要靠种田吗？

答：对，靠种田。

【现在的生活】

问：你养的鸽子和牛收入不太多的吧？除农业和这些以外，还干别的事吗？

答：我没有干别的，咱上岁数了，年轻人有做买卖的。

问：现在一年的收入多少？

答：连副业，如牛、羊等，每年收入2000元左右。

问：平常过日子就你们老两口吧？

答：是，孩子们都自己过自己的。

问：你们烧炕吧？

答：对，用柴烧炕暖和，朝鲜也烧炕。50年前，日本有人来过我村。

问：那时，是从恩城骑自行车来？

答：恩城不远，我们村北边有个中药铺，他住在那儿，一个老头，时间不长。

问：他在那个药铺蹲了一个月，就回北京啦。过春节时你的孩子们都来你这儿热闹热闹吗？

答：春节都来，拜年磕头。

问：这里摆牌位吗？

答：有。

问：现在还有吗？

答：有，现在还有。看看吗？俺的小孙女画了一张，这有什么意思？什么意义也没有。如果没有这个，年头再多了，小孩们对老人的思念都没有咧。

问：最近日子过得好吗？

答：好。

问：听说四川、南边物价涨得很高，好像农民有点闹事，咱这儿没有吧？

答：咱这儿没闹事，可物价不断地涨。

问：你一直生活在这村吧？

答：是。

问：这村的村干部怎样？

答：行，可以。

问：解放后，有的干部有没有做得不合适的地方？

答：过去一年一运动，两年一运动，有事的是少数，多数过得去。

问：你去过北京、天津这些大城市吗？

答：没有，咱不做买卖，也没有当兵，不认字，从小就种地。

问：除平原县外，你常去的地方是哪？

答：去过济南。

问：你到济南干什么？

答：买东西去的。

【副业与市场】

问：是买农业用品，还是买录音机这类的东西？

答：我孩子多，编竹篮，到德州等地买竹子料回来编。

问：这是你做的？

答：我小孩做的。去买小竹子，编好以后卖钱。

问：市场上有卖的吗？

答：有，这只能用竹子编，别的东西不行，原料是从德州、济南买回来的。

问：到哪里去卖？

答：到集上去卖，走亲戚盛东西用，自己也可以用来盛干粮，不生霉。

问：这些原料只有济南才能买到吗？

答：哪里都有，德州、济南近。

问：那时候你还年轻吧？

答：对，30 多岁。

问：现在你到哪儿去卖？

答：恩城，这个很结实，别的地方没有。

王维东（44 岁）

时　　间：1994 年 8 月 14 日下午

访 问 者：三谷 孝

翻　　译：吴弘乐

场　　所：王维东家

【家族】

问：你今年多大？

答：44 岁。

问：你哥哥是村长？

答：是。

问：你们兄弟几人？是两个吗？

答：还有一个姐姐。

问：你一直在这儿做农活吗？

答：是。

问：到外边打过工吗？

答：在乡里干过。

问：在哪儿学的厨艺？

答：在公社。在一中也干过。

问：你上小学吧？

答：上过。

问：中学呢？

答：没上过。

问：这个村的小学生几年毕业？

答：4 年毕业。

问：你多大岁数分的家？

答：1979 年。原来与俺大哥一起过。

【婚姻与子女】

问：这位女同志是你爱人？

答：是。

问：1979 年你结婚了吗？

答：结婚啦，早就结婚了。

问：你哪年结婚的？

答：大孩子已 20 岁。

问：你爱人叫什么名字？

答：叫张振仙。

问：你出生在哪儿？

答：我是这个村的。

问：你有几个小孩？

答：两个。一个男孩，一个女孩。

问：都多大啦？

答：大的是男孩，今年20岁；女孩14岁。

问：男孩是上学还是干活？

答：上学。

问：在哪儿上学？

答：德州市技校。

问：他住在学校还是住在亲戚家？

答：亲戚家。

问：女孩还上学？

答：上初中。

问：学校在哪儿？

答：在本村。

【碗社】

问：今天主要向你请教碗社的事？

答：碗社？

问：是。日本也有类似的组织，我们想把这里的情况与日本的比较比较。我们在来你这儿之前去过马振基、李令义家，你是比较年轻的，我们想请你从你的角度谈谈。你是什么时候开始做这件事的？

答：公社的时候。

问：是村里委托你做的？

答：对，不是自己要求做的。

问：你干这件事，村里给你报酬吗？

答：报酬？这是为大家服务呢，一年给100元。

问：听说你们3位到别人家去帮忙，马老是做菜，李端菜，那你干什么？

答：我帮着洗菜，姓马的做厨师做的时间长。

问：你炒菜吗？

答：我不炒，我帮着上席，他不在时，我也炒菜。

问：一年给你100元少了吧，你是不是有所考虑？

答：没啥考虑，给乡亲帮忙，人家请就去。

问：听说50年前就有碗社了，你知道吗？

答：我不清楚，他俩知道。碗社已好多年了，谁家有事，请就去，与马凤山一起去，他岁数已大了。

问：马凤山的父亲叫什么？

答：叫马和。

问：马和是和平的和吧？

答：是和平的和。

问：马振基岁数再大点，肯定干不了了，得由你替？

答：可能。

问：今年你出去帮了几次忙啦？

答：已十几回啦，帮老（去世）人户的忙。

问：听说结婚搞两天，这两天你都去吗？

答：是。这两天我们3个都去。

问：你今年已帮了十几次忙，会不会影响你干农活？

答：不能说没影响，但村里人有红白喜事，再忙也得去。

问：听说前夏寨有做这个生意的，你有没有这方面的想法？

答：没有这种想法。前夏寨置买了一套，摆设没有用，白费，后又改成两个人了。

问：什么摆设？

答：置买东西就想赚钱，但没有人敢雇他们啦，改雇喇叭队了，喇叭队有棚，比碗社强了，人家有一整套。

问：我们在天津听到过，死了人有似乐队式的鼓乐，这里也有吗？

答：这里没有。

问：你刚才不是说有喇叭吗？

答：喇叭就是录音机，比较排场。

问：你刚才说，他们感到不合适，就请喇叭队来，他们也包做饭吗？

答：不是。他们带碗，咱们吃完饭，帮人家洗干净，摞在桌子上。

问：碗是哪儿的？

答：他们带来的，他们不管做饭，我们帮助洗干净。

问：请碗社除结婚、死人、生孩子、小孩做生日之外，还有什么情况请碗社？

答：盖房子、小孩做生日用碗社的碗，我们不去。

【经历】

问：村里开会请你们吗？

答：不请。

问：你最早做炊事是在人民公社时，你当时多大岁数？

答：在一中干炊事，才 19 岁，后来才到公社去干。

问：你什么时候到公社去的？

答：在一中干了一年多，就到工厂去啦。

问：在工厂干了多少年？

答：在工厂是 1979 年。之后我就到公社去了。

问：公社是什么时候解散的？

答：1983 年我回的家，1982 年人民公社改为乡了。

【现在的生计】

问：你承包了多少土地？

答：一个人平均 2 亩地。我除了承包了分给我的土地外，还承包了河沿地，共 10 多亩。河沿地，就是过去的河渠填平的，我也承包了。

问：在这些地里都种什么？

答：种小麦、玉米、大豆、棉花。

问：你们一块去干吗？

答：我们兄弟分开以后，谁的谁干。

问：你爱人帮助你干吗？

答：是，我们俩干。

问：除种地外，还养牲口吗？

答：养了牲口，几头牛，小牛都卖了。

问：你院里还养鸽子吗？

答：是，养了十几只鸽子。

问：什么时候养的鸽子？

答：去年（1993 年）。

问：养鸽子赚钱吗？

答：赚什么钱，贱着呢！

问：一头牛卖多少钱？

答：现在卖一千七八百元。

问：你一年的农业和副业收入各占多少？

答：种田是主要收入。

问：一年收入多少？

答：种棉花不行，长虫了。我们全家总收入大概 2000 元。去年不行，今年的棉花行。

问：你两个孩子上学得花多少钱？

答：1000 多元。

问：在日本也是这样，为供孩子上学，父母累得要命。一年 1000 多元够用吗？

答：差不多。

问：上中学还行，上大学不够用吧？

答：可不，上大学得花两三千元。

【家庭新居】

问：这房子什么时候盖的？

答：十几年了，1983 年盖的。

问：那时盖这房花了多少钱？

答：那时候贱，当时砖 30 多元，共花了 4000 多元。

问：光砖花了多少钱？

答：（王维宝插话）1000 块砖 45 元。手制的 20 多元，托坯烧的。现在砖 100 多元，瓦 300 多元，我年底要盖的房花了 10000 多元。

问： 现在盖的？

答： 是。

问： 盖房钱不够用，有办法借吗？

答： 可以向亲戚借。

问： 农业银行行吗？

答： 修建不贷给钱。

问： 在日本要盖与这差不多的房子，需要花费约 500 万元（人民币），而且不能从朋友那儿借，只有从银行才能借到。为了还这笔借款需要 25 年的时间。土地贵，费用也贵。你们这么快盖起这栋房子，真不简单。盖房家里人手不够，还要别村里人帮忙吧？

答：（王维东答）我盖房的时候能行，现在不行了，得花钱包给人家盖，现在有包工队。

【建筑队】

问： 你们村有建筑队吗？

答： 有。

问： 什么时候成立的？

答： 80 年代。

问： 现在盖房一个工多少钱？

答： 按房间包，多是平房，200 多元一间。

问： 去年我到河南去过，为了把房子盖好，他们请上海建筑队承包。咱们这里有请外边人盖房的吗？

答： 一般是本村的。

问： 咱们村有到外边包工的吗？

答： 有，但没有到很远的地方去的，到县里去过。

问： 我在大连见过广东的承包队、深圳也有到大连的，他们是专业建筑队。你到市场去卖东西，如到恩城去卖，是不是有人收税？

答： 有收税的。

问： 收多少钱？

答： 税收很少，千数来块钱卖牛，他添一根小绳，5 元钱。谁买牛谁拿钱，卖牛的不管。

问： 你有几间房？

答： 6 间。

问： 都是睡觉用的？

答： 对。

问： 其他房干什么用？

答： 放一个双人床，也睡觉，这边两间，那边一间，放粮食。

问： 这边不还有两间？

答： 这两间放东西。

问： 这儿还有一间呢？

答： 这是个单间。

问： 你们分家时有分家单吗？

答： 没有。我们分家各房的东西都没动，分得不是那么清楚。

问： 你结婚时坐过轿子吗？

答： 没有。我们那个时候骑自行车，现在坐汽车啦，轿子那时已没有了。

问： 你结婚时娘家要不要钱？

答： 没有。我结婚时只有两身衣服是婆家给的，娘家也给两身。（王维军妻子答）

问： 去年我们到天津看到，结婚时，男方把结婚用房准备好了，房里还有家用电器，女方才嫁。这里有没有这样的？

答： 这里没有。实际也得花钱。

问： 现在村里年轻人，男女双方都认识，还要介绍人吗？

答： 要有介绍人。

问： 是亲戚朋友吗？

答： 与男、女双方都关系好的人介绍。

王打挂乡花园村

访问者：顾琳　笠原十九司

【花园村概况】

我们村人口为589人，耕地面积750亩，全部是果园。果品生产是主要产业。通过解放思想，深化改革，走出了一条农工商一体化的发展农村经济的新路子。1993年全村工农业总产值105万元，人均纯收入1600多元，果品累计生产1500吨，成为县闻名的果品生产的专业村，全村的果园面积450亩，年产果品量为550万斤，总收入75万元。

我们村的党员、干部，为实现果品增值之目的，从1982年开始先后自筹资金120万元，建起了容量500吨的冷藏厂两家，年产40万套的纸箱厂一家，今年又承包了平原镇冷藏厂一家。仅此一项，每年可实现果品增值50万元。但是，我们不能为此而满足，为了果品增值，真正实现果品生产同步配套。1993年春，我们又与山东农业大学联合，筹集了资金110万元，建起了日产单产万瓶的罐头厂。这个厂自投产到现在，由于质高价廉，现已销往全国各大城市和地区，深受广大消费者的欢迎。一年产值150万元，创利税50万元。现在是致力于成龙配套，解决产、供、销一条龙，实现农工商一体化，最大限度提高了经济效益。

果品生产的发展，不仅带动了包装储藏业的发展，也带动了运输业的发展，现在全村有拖拉机、机动三轮车50多辆，运输收入非常可观，并解决了本村剩余劳动力的就业问题。

我们村党支部和村委会在积极发展物质文明的同时，也积极进行精神文明的建设，坚持两手抓，两手硬。1990年4月，冷藏厂和制箱厂共9名干部和群众带头捐资9万多元，群众出义务工修起了长1400米的水泥路。为方便群众生活，开展供销业务，发展商品经济，创造了有利条件。1993年3月，我们村又将剩余的200亩良田，全部种上了优质果树，并由冷藏厂和制箱厂为群众打机井12眼，从而实现了旱涝也能丰收。

今年，我们村党支部、工会在物质文明和精神文明建设方面相互促进，同步推进，共同提高，有效地保证和促进了全村经济和各项事业健康协调的发展。

早在1986年，我们村就被县委命名为文明村庄。1989年以来，本村党支部，被地区、县级连续评为先进党支部。1992年，又被命名为山东省村镇建设先进单位，全县以法建制、以法治村的先进单位。

我们村党支部和村委会，为使本村提前达到小康水平，结合本村实际，确定了本村在经济建设和精神文明建设方面的目标和规划。一是全力发展果品生产，在抓好优良品种果品管理的同时，分期分批更新部分劣质果树，为花园村经济持续发展建立良好基础。二是扩大果品加工规模，提高经济效率，大力支持村办企业，发展私有企业，村里将从场地、电力、资金等方面提供方便。鉴于现有几户村民，已向村委会递交了建果脯厂的申请书，我们准备秋后动工修建。三是我们村住宅规划和建筑标准，计划在近几年内，把我们村建成标准化的住宅小区——小康村。四是现已决定，在秋后修建私有果园，修建全村自来水，建水塔，进一步完善扩建排水工程。这是我们村的目标和规划。

【村企业】

问：现在你们4个企业的经营方式是什么？

答：我们现在所在的这个地方，是公有企业，其他是私营企业。

问：股份企业，股份有私人的股吗？

答：我们村入股的性质，每个村民入股，占 90%。

问：你们开始的时候，一共有多少钱？

答：一共 1000 元。

问：村里也有股吗？

答：占 20%，即集体股占 20%。

问：你们有股东会吗？

答：有。

问：有几个代表？

答：董事会共 11 人。

问：你们怎么分红？

答：刚刚开始，还没有分红。这厂 1993 年建的。

问：工厂里的水果，都是你们本村生产的吗？

答：也有邻村的。

问：你们自己生产的能占多少？

答：70%。咱生产的果茶，用山楂，还有苹果的。本村的约占 70%。

问：从外村怎么买进来？

答：用现金支付。

问：是你们自己的采购人员去收？

答：有专门收的地方。

问：有契约或签什么合同之类的？

答：没有。

问：工人多半是本村人吗？

答：都是本村的。

问：他们的平均工资有多少？

答：平均月收入 200 元，搞得好，年终还有些。

问：有没有奖金？

答：没有。

问：去年有吗？

答：是秋后才组织的。

问：管理人员多不多？

答：9 个人。

问：管理人员的工资？

答：300 元。

问：他们都是本村人？

答：都是本村人。

问：你们销售的市场？

答：济南有一部分，也销往德州、东北大庆。

问：你们有专门销售员吗？

答：有。

问：董事长是选举的吗？

答：是选举的。

问：山东农大和你们在一起办的？

答：一起办。

问：他们提供什么？

答：他们提供技术。

问：他们有人在这儿吗？

答：他们有时候来，不经常来。

问：他们有工资吗？

答：他们没有，来就给报酬。他们是技术转让，一次性的，他们提供配方。

问：你们打算扩大你们的商品（协作）吗？

答：（音不清）。

问：开始时有加工的商品吗？

答：开始只能储存。我们种植得早，大部分是从 1976 年开始。

问：市场竞争很厉害，你们有什么措施吗？一瓶果茶在市场上卖多少钱？

答：在德州卖 2 元多。

问：成本多少？

答：1 元钱。批发价 1.5 元。

问：有多少户？

答：145 户。

【教育】

问：小学有多少？

答：一至二年级在本村，三年级到中心小学，现在有 70 多人。

问：老师多少人？

答：3 个人。

问：民办、公办教师呢？

答：一个公办，两个民办。教师的工资由乡里发。

问：一、二年级有多少学生？

答：47 人。

问：公办教师是本村人吗？

答：不是，外村人。

问：民办教师是本村人吗？

答：一个本村，一个外地人。

问：现在你们富起来，小孩上高中初中的要多起来？

答：升学率现在高了。一般家庭一个孩子，不让他劳动，也想叫他上学。

问：本村有上大学的吗？

答：去年 4 人，1 个是济南建筑学院，上德州去了 1 个。

问：小学的毕业能上中学的比例？

答：全部都能上初中。有 70% 能上高中，包括技校。

问：你这个村最早建于何时？

答：听说原来是位举人的花园（清朝）。

问：生活水平怎样？

答：现在生活好了。

问：过去怎么样？解放前村民主要干什么，有没有出去经商的？

答：主要是务农。

问：这个工厂里男女工比例？

答：工厂里男的占多数，约占 70%。

问：本村最早搞企业的人是谁？

答：最先就是我搞的。

问：之前你是干什么的？

答：我从 1980 年当支部书记，之前是生产队长。

问：私营企业是谁？

答：他们原来都是干部。

问：他们怎么想起来办工厂呢？

答：1988 年，县委号召搞企业，干部带头。我首先建起冷库，此后有 4 户农民建立制箱厂。

问：全村人口男女比例？

答：我们国家统计人口，女的比男的略微要少些。本村男的比女的多 10 多个人。

问：农、工、商的比例？

答：搞工的占 30%。

问：搞工的包括运输？

答：包括。

问：务农占多少？

答：占 60%。

问：用什么办法来保护果园？

答：我们村都是果园，都不用看。现在结果时也不看，太多了。

问：粮食生产怎么样？

答：今年还够吃，明年可能要买。全部是果树就不能种粮食了。从今年开始买粮。公粮按数交钱。每家都交得起。

【企业冷藏厂】

（村长向我们介绍 3 个企业的情况）。

1988 年 8 月 22 日建成，有 5 个库，投产以后开始收苹果。总的投资 56 万元，到现在已经营了 6 年。

经营的情况，原来是公营企业，后来改为私营企业。我们雇用长期工人 11 人，临时性的季节工不少。1988 年当年投厂，到 1989 年改了一个库，放鲜货（蒜苔），每年储存蒜苔 40 万斤，每年都赢利，去年赢利 15 万。私有企业比集体企业要好一点，人员少，开支小，同时责任心强。工人的工资 180 元，年终时再发点奖钱。我们 5 个人也是发工资，一个月 300 元。经营就是这么情况。

问：你们 5 个人，除你外，其他是不是亲戚朋友？还是什么关系？

答：有两个，其中有一个是我的小孩，其他两人是村里的人。

问：你们是合股吗？

答：5个人都一样。

问：你们分红是拿出来还是放在企业里扩大再生产？

答：没有分红，作为流动资金。

问：你们放在企业作为流动资金，是不是明确是分红的钱？

答：是作成利息。

问：你们的利息是多少？

答：一分二（月息），1.2%。原来是一分，后来改为一分二。每年1000元拿利息是140元。

其他私有企业是今年才建的，不太好介绍，因为刚刚兴建。今年是建了两个库，还没有收满，具体效益的情况谈不上。

纸箱厂也是1988年4月份筹建的，当时建厂时4个人，投资小些；总投资才20万元，它是来村加工业，每年生产30万～40万套，他们加工一套纸箱利钱为2～3角，它那里工人用得多，30多人。工人工资是计件，多的有300多元，少的200多元。

这几个私营企业，每年大队有什么事，他们捐助钱。咱们准备叫他们今年秋后，这几个厂都要捐些钱，作为全村上税的钱。

私营企业，就是这么个情况。

我们上的设备比较多，去年装上了直拨电话，了解信息，好联系业务。共上了19部电话，全国直拨7部。

企业就是这么个情况。

问：为谁加工？

答：大部分是水果加工厂，他们装苹果向外走，都到这儿来弄。

问：不是固定的呀？

答：有几个固定户，有些不固定。

问：原料是怎么来的？

答：他们是用纸，一是箱连（音）纸，一是草板纸，我们乡里有个造纸厂。

问：支部和私营企业有什么关系？

答：关系就是它有困难帮助它解决，如场地、用电等。

问：企业之间有没有竞争？

答：他们是不同类型。

问：纸箱厂里有干部吗？

答：没有干部，都是普通农民。

问：村里要办什么事，他们是不是提供钱？

答：买原材料，他们拿钱，干部号召他们。

问：现在普遍讲农村税多极了，你这儿税多吗？

答：1993年上半年都是按营业额的3%，今年税制改革，拿6%。

问：我们听说增值税不影响企业的税收额，现在不是多拿了吗？

答：有区别，它是按小规模纳税。

问：他们也要向乡政府纳什么钱吗？

答：这没有。6%都上缴国家。税都是我们自己报，每个企业有会计。

问：计划生育做得怎么样？

答：可以。没有超生的。

王金兰

时　　间；1994年8月16日上午

访 问 者：三谷 孝

翻　　译：吴弘乐

场　　所：王金兰家

问：你有位哥哥，王金见，健康吗？

答：健康，他今年85岁了。

问：去年与你聊得很有意思，因收音机效果不好，听不清讲的什么，所以今年再了解了解。

【上学】

问：你上过3年学校？

答：对。

问：你说你上学时读的洋书，都是什么书？

答：那时一人唱，二人听。第一册内容是一人唱二人听。

问：一人唱是什么意思？

答：就是一个人唱，两个人听。

问：为什么叫洋书呢？

答：是新书。

问：一般指洋书是外国人的书？

答：当时孙中山当政。孙中山当时逝世没逝世不知道。

问：为什么叫洋书？

答：私塾读的是“学而时习之”，咱没有念过。

问：你念的什么书？

答：我们念的书第一课是“人”，第二课是“一人”，第三课是“一人唱”，第四课是“二人听”。

问：这与外国没有联系？

答：没有联系，对。

问：怎么叫洋书？

答：不念私塾啦，都是新式的，所以叫洋书。

问：你当时的先生一位叫陈立堂，一位叫李殿魁，还有一位叫王兰举？

答：对。

问：当时与你一起上学的还有健在的吗？

答：没有了。

问：你除念的这些书以外，还有音乐、体育和算术吗？

答：有算术和唱歌。

问：在日本算术课也学算盘，咱们学什么呀？

答：学算盘，没有学会。

问：你当过会计？

答：解放以后，毛主席时，当了35年会计。

问：当会计要计算呀？

答：需要算盘，我以后学会了。

【去东北】

问：你上学以后到东北去过？

答：去过。

问：帮助你的二工头叫贺金玉？

答：是。

问：他的身份是叫二道包工头吗？

答：是。

问：二道是地名吗？

答：不是。地名是抚顺。

问：何为二道？

答：当时大包工头是日本人，他是二道包工头。

问：砖瓦厂包给二包工头啦？

答：可能是，咱没有见过日本人，只给他干活。

问：你去东北几次？

答：一次。

问：你回来是因为身体不好吧？

答：不是。我回来是冬季，那边冷。

【红枪会】

问：听说你回来后，做了政务警，在恩城，恩城有“红枪会”？

答：对，“红枪会”是在家乡。

问：据说离这儿25里地？

答：5里地。

问：这个村有个叫戴青的，也是说离这儿5里地的村有“红枪会”，有个叫戴青吧？

答：有。离这 25 里地方有个黄沙会。

问：戴青的戴是戴帽子的戴吧？青是青年的青吧？

答：姓戴的戴，不知道是哪个青字。是三点水的那个清吧！

问：黄沙会你了解吗？

答：它离这儿 25 里地，咱这儿与它没有联系。“红枪会”是咱村组织的，看家护院的组织，与外界没有联系。

问：参加“红枪会”的，是身强力壮的都参加吗？

答：小青年，自愿参加。

问：参加“红枪会”有津贴吗？

答：没有，自愿的。

问：这个村的“红枪会”与外村有联系吗？

答：没联系。

问：我去年去过河南省林县，看到天门会怎么练武术。

答：咱没练过。我爷爷练过我不知道，咱没有练过。

问：村里别人会吗？

答：是，还不少呢。

问：都是谁？

答：马会祥，已不在了，马振声不在了，我爷爷也不在了。

问：还有谁？

答：都不在啦，比较年轻的马（士）昌也不在了。

【经历】

问：“土改”时你参加剧团了？

答：对。

问：京剧团吧？

答：是。

问：从剧团又到医院了吧？

答：去的地方太多了。医院、文化馆、文工团（艺术学校）、药材公司、干部疗养院、专区医院，最后回医院退休。

问：1980 年回村的？

答：对。

问：你转了这么多单位，现在又回到村，这村的生活你感觉怎么样？

答：我的工资 51.5 元，这点钱挣了 35 年。这个村一般。那时生活困难，挨过饿。

问：你回到村里以后，粮食不够吃？

答：我回到村以后，粮食已好转了。

问：你说挨饿是哪年？

答：1959 年、1960 年。

问：当时你在哪儿？

答：当时在机关，在恩城，1980 年回家的。

问：1966 年粮食不够吃，有到东北去的吗？

答：我没在家。

问：你听说过吗？

答：听说过，具体是谁不知道，不在家。

问：你 1980 年回家后承包了多少土地？

答：一人 2 亩，共 12 亩地。

【家族】

问：你家几口人？

答：连我 6 口人，没有我的地。

问：现在跟你一起生活的几口人？

答：4 口人。

问：你与你老伴，还有谁？

答：一个上学的，家里还有个小子。

问：上学的是男孩还是女孩？

答：女孩，在技术学校上学。

问：你在外边上学的孩子叫王维芳是吗？

答：是。

问：在家的小子叫王维东？

答：王维东。

问：上次来时看到你家有个小女孩是谁？

答：外孙女。

问：她到她母亲那儿去了？

答：上学去了。

问：住在这儿吗？

答：他们家是本村的，在东边，不在我这儿住。

问：你的第二个女儿叫王维娟？

答：她当幼儿教师，已结婚了。

问：当时那个小闺女是谁的？

答：大女儿的，王维利的孩子。

问：你大女儿与你在一起住吗？

答：不，他们在东边住。

问：她丈夫叫什么名字？

答：马德营。

【女儿的婚姻】

问：在幼儿园工作的女孩与外村人结婚的吗？

答：外村的。

问：他们是经人介绍的吗？

答：是。

问：介绍人与你们是什么关系？

答：俺村的老乡，跟对方是亲戚。

问：谁介绍的？

答：她叫什么名字弄不清，她丈夫叫马福贵。

问：是去年结婚的吗？

答：今年旧历二月。

问：花了多少钱？

答：花了 3000 元，连吃饭的钱。

问：在哪儿结婚的？

答：旅游结婚，在济南转了一趟，回来就结婚啦。

问：还用请亲友们吃饭吗？

答：回来请，男方请，女方不管。

问：你们都去了吗？

答：俺俩没去，我腿不行，她也没去。

问：在日本，新娘也得带东西过去。

答：我们没有。你说的是嫁妆，她不在家，在山西，买了东西也带不走，自己买吧。

问：他俩在一起吗？

答：在一起。

问：在大同做什么工作？

答：开车，司机。

问：这是男方，她本人呢？

答：她本人是家属，在那儿教书了。

问：在这儿呢？

答：在这儿也是教书。

问：她爱人是司机，你女儿在这个村的幼儿园吧？

答：是。

问：现在还在村里吗？

答：现在没有，走了还没有来。

问：你刚才不是说教书吗？

答：大女儿教书呢。

问：到山西去的是二女儿吧？

答：是二闺女。

问：现在她还没有找到工作吗？

答：没有。她想回来，在这里教书。

【现在的生计】

问：现在你按几口人承包土地？

答：我家里全转为非农业户口了，村里照顾，每人一亩地。

问：你身边就这一个小子？

答：他也转为非农业户口了，我是离休。

问：照顾几口人的地？

答：3 口人。

问：你的收入分两部分：一部分是你的离休金，另一部分是你承包土地收入？

答：是。若我病了，还有护理费每月 60 多元。

问：护理费哪儿出？

答：聊城地区医院。

问： 你的离休金和地里的收入哪个比例大？

答： 离休金多，每月都发。

问： 是怎么个比例？

答： 地里的收入比例小，今年我的工资增加啦，每月400多元，比地里的收入多1倍。我的工资300多元，护理费60元；3亩地收入不多，占1/3。

问： 工资多少？

答： 每月470元，加护理费60多元，共530元，不是400多元。

问： 大娘收入多少？

答： 61元。

问： 养的这些牛，主要由你爱人照顾吧？

答： 我不行了，料理不了，由她管。

【医疗】

问： 这些药从哪儿领？

答： 聊城医院，本单位。

问： 聊城离这儿很远吧？

答： 180里（华里），不远。

问： 谁帮你取药？

答： 自己，每年住两次医院，今年住过一回。

问： 到医院是验血还是输血？

答： 不输血，输液。

问： 还检查哪里？

答： 做CT。

问： 检查脑子吗？

答： 查脑。去年医疗费花了8000元。

问： 在天津没有你这儿方便，报销非常困难，公费医疗，没钱，要看病自己先垫支，什么时候有钱了再给？

答： 对，我是医院的，别的单位也不行，医院收入多。我在家吃药报400元，到医院住院报销95%，100元我自己拿5元，我住院也不用交款，最后结算，从工资里扣。今年住院花了390元。

问： 你去年花了8000元是交现款吗？

答： 自己不拿钱，我是公费医疗，自己拿5%。去年的钱今年扣，今年的钱明年扣。

问： 日本交医疗费，如果上了医疗保险，交10%，还是你这个合适。

答： 我是医院的，别的部门也不行。

问： 家属看病照顾吗？

答： 不，自己拿钱，孩子也是。

问： 你离休后，什么事最快乐？

答： 我什么事都没有，除了吃就是玩，吃好玩好。喜欢拉胡琴。

问： 你觉得生活安定了吗？

答： 是。

问： 你还希望自己的生活再提高一步吗？村里的生产、生活等工作还有需要改善的地方吗？

答： 村里的事，我一概不问。我哪儿也不去，有时看看庄稼。

问： 过年时，孩子们都来吗？

答： 也不全来，有时来两三个。我有5个儿媳妇，5个小子，5个闺女。

问： 过年时也磕头吗？

答： 磕头。

问： 日本也有佛龛式的牌位，不磕头，得拜。对着家堂，点着香，把钱一扔，砰一响。他们对故去的长辈也要焚香扫墓时，把香捆成把，点着放在墓前，还有鲜花，浇水，就算把墓清洗了。

答： 咱们这里不是拜，是磕头。

【扫墓】

问： 扫墓吧？

答： 扫墓，去烧纸。

问： 最近还烧纸？

答： 烧。

问： 是纸钱吗？

答：纸，印上钱，或打上钱。

问：什么时候烧纸？

答：一年4次：清明、七月十五日、十月初一、年关，这都是农历。

问：扫墓时是同一姓的人一块去吗？

答：年关一块去，平常各烧各的，不一起去。另外还烧忌日纸，也就是入冬的那一天，每年都烧纸。

问：你的离休金是你去取，还是寄来？

答：月月存到银行，自己再从银行取回来。

问：存在哪个银行？

答：十里铺银行。

问：大娘去取吗？

答：带着章子，谁取都行。

问：取工资的日子是一定的吗？

答：差两三天也行。

问：你们有电视吗？

答：有，在那个屋里。今天停电。

问：这是你的女儿？

答：是，这是老三。

问：你今年有70岁了吧？

答：72岁。

问：你这一生中有受惊吓的事情吗？

答：咱穷，没有什么，抢劫也不抢咱，受什么惊吓！

【抗日战争】

问：国家有什么可怕的事？

答：日本侵略中国的时候，通！通！大炮响，吓得不得了。我15岁逃跑了，跑到地方记不清了，在那儿住了一夜，第二天又回来啦，也没有事。就那时候害怕，日本打恩县城，哐哐地打炮。

问：日本军进来后，在咱们这边可能没有杀人，在恩城是不是杀了很多人？你听说了吗？

答：有炮弹炸死的人。我当时才十几岁，咱没听说过。

问：你这一生中感到最高兴的是什么事？

答：从参加工作以后没有受到什么灾难，一直挺好，从1946年。

王金山（53岁，前夏寨村，与后夏寨村王姓是一族）

时　　间：1994年8月16日下午

访 问 者：三谷 孝

翻　　译：吴弘乐

场　　所：前夏寨村王金山次子家

【学校】

问：你叫什么名字？

答：王金山。

问：你今年多大岁数？

答：53岁。

问：你一直干农活吗？

答：我原来是学生，初中毕业以后才干农活。

问：你在什么地方上中学？

答：恩城二中，一年。

问：你上中学时有学生宿舍吗？

答：有。

问：你帮助你父亲干活吗？

答：我中学毕业后去社教（指社会主义教育运动）啦，搞了两年社教才回农村。

问：在什么地方社教？

答：在本县齐河，第二年到的恩城。

问：齐河乡？

答：对。

问：是社会主义教育吗？

答：对，社会主义教育运动。

问：不是“文化大革命”吧？

答：不是。

问："四清"与社教差不多吧？

答：都是那个意思，毛主席还活着呢。

问：社教是不是走乡串村呀？

答：在一个村里住着，教育群众，教育干部。

问：当时是用毛泽东思想吧？

答：对。

问：社教以后你回到村的？

答：对。

问：回到村时你多大岁数？

答：1965年回来的，29岁了，出去时25岁。

问：回来后帮助你父亲干活吧？

答：帮我母亲，我父亲不在了。

问：不久"文化大革命"就开始了吧？

答：对。

问：这个村当时也搞运动吧？

答：搞。

问：请说说当时的情景？

答：当时造反有理，农村的群众是上边说什么，下边就听什么，俺这里没有两派。

问：你是党员吗？

答：不是。

问：你在村里担任过干部吗？

答：担任过，当了3年革委会主任。

问：是在"文化大革命"后期？

答：是"文化大革命"后期。

问：你当革委会主任时，什么事情困难大？

答：没有感到有什么困难。

【"文化大革命"】

问：听说由于"文化大革命"村里的生产受了一些影响，咱们村是吗？

答：没有。

问：没有出现武斗或伤人、死人的吧？

答：没有。

问：当时有没有地主和帮日伪军干过事的人被批斗？

答：有这事，主要是对其进行思想教育，"文化大革命"是搞阶级斗争啊！

问：被批斗的是什么地位的人？

答：主要是地主、富农。

问：还有右派、汉奸这类人吗？

答：没有，咱村没有。

问："文化大革命"后，你还干村里的工作吗？

答：我干了3年革委会主任后，自动退职了，不干了。

问：从此之后呢？

答：当一般社员。人民公社社员。

问：你家里现在几口人？

答：10口人：我母亲，一个闺女，大儿子和儿媳，一个孙子，一个孙女，二儿子和他的妻子，再加上我老两口。

问：这个院住着几口？

答：3口人。

问：加上你在内？

答：我没有在这儿住，二儿子住。

【现在的家计】

问：改革后，你承包了多少土地？

答：一口人1.5亩地，10口人15亩地。

问：除农业以外，还有副业吗？

答：养一些牲口——牛。养牲口比较保险，别的成本大。

问：养的什么？

答：牛。

问：有鸽子吗？

答：有，养养鸽子，有几十只，养鸽子不行。

问：有多少鸡？

答：十几只。自己用。

问：你一年的收入有多少？

答：估计500多元，全家5000元。

问：你二孩子的房子盖得很好，他是不是干点别的？

答：他有一辆“四轮”，拉脚，小拖拉机。

问：搞运输吗？

答：对。也为乡亲们压场，打麦子，服务性质的。

问：是用石头……

答：用石滚子。

问：你大孩子干什么？

答：也有一辆“四轮”。

【碗社】

问：我们访问过搞碗社的王维东，你知道碗社吗？

答：是，成立碗社啦。

问：它是个什么样的组织？

答：大家聚钱买的这些东西。为方便本村的群众，红白喜事，办事的使那些东西，不收费。这些东西有损坏了的，所以以后也收点费，用一次3~5元，最多的5元钱。

问：搞碗社的除你以外，还有谁？

答：还有的人是为了有事让他帮帮忙，以我为主。

问：那两人是谁？

答：李朝臣、王金章。

问：什么时候借，借多少跟你说？

答：对，跟我说。

问：那两个人干什么呀？

答：如果谁家要借用，让他俩看管这些东西，有时也帮助洗洗，他俩轮班去。

问：借碗时有账吗？

答：有。借了多少碗，收了人家多少钱都记上账，打个条，然后开会时向大家说说，一年干了多少回，收了多少钱。坏了什么买什么，有单据。两个人在一起说说。

问：有多少件餐具碗？

答：平盘64只，8席的；汤盘也是8席64只，碗100个，筷子100双，茶碗100个。

问：那大碗是不是妇女和孩子们吃饭用的？

答：是。

问：有酒壶和酒杯吗？

答：有。都是8席的，8个酒壶，64个酒杯。

问：各村都差不多吧？

答：都是8个人一席。8个人坐在圆桌周围。一般办事的都是8席，事再大也是8席，超过8席的，如16席时，一班吃完再接一班，每次8席。

问：一年向外借几次？

答：最多10户或8户。

问：少时呢？

答：5~6户。

问：红白喜事办几天，有规定吗？

答：都是两天。

问：生孩子、盖房子的用几天？

答：盖房子时只借大碗。给孩子做生日请客自己家里碗，盘子少了也借，有借两席的，也有3席的，用一两天就送来了，我们不收费，为了方便本村群众。红白事，因为是大事才收点费呢。

问：借碗收3~5元，是一天的费用还是一次的？

答：用一次两天的费用。

问：为了便民，那你自己没有得到利益吗？

答：没有。

问：从村政府那里得到点吗？

答：没有，什么都没有。

问：就是奉献了？

答：对。

问：50 年前，日本人来了解过碗社的事，你知道吗？

答：听老人们说过碗社的事了，没有听到具体介绍过。现在老人们都去世了。

问：碗社就是村民们互相帮助的组织吧？

答：是。

问：除了碗社以外，还有类似的组织吗？

答：没有。有吹的、打的、唱的，都是外来的。

问：农民们有事，请你们去，需要你们做菜吗？

答：不用，他们有厨师。

问：村里有厨师，做菜技术比较好的吗？

答：有。

问：就是村里的？

答：给有事的家庭帮忙。

问：村里人比较多，有厨艺的人是不是不愿给自己合不来的人帮忙？这事有吗？

答：有。村里会掌厨的人不止一个，他不去会请别人去的。

问：万一从你这里借碗还不够用，还可以从别的村去借吗？

答：我们村西头还有一家有，可以借。后夏寨也有，也可以去借，不过一般用不着。

问：后夏寨王姓比较多，碗社里也有姓王的，与这村王姓有联系吗？

答：有，王维宝是副主任，主任就是我们一个家族的，在一个坟上祭祖，共三大支，我们前夏寨王姓没有这么多。

问：王维宝是副主任？

答：他是副支书，主任是支书。

【家堂】

问：你个人有家堂吗？

答：有，是我个人的。家谱没有在我这里。

问：家谱是没了吗？

答：有，在王金铭家里。

问：能去看看吗？

答：行，去拿。

问：像这样的家谱不是家家都有吧？

答：不是。一开始就放在王维礼家，王维礼死后放在他儿子那儿了。不是家家都有。

问：他还在吗？

答：在。

问：你保存的家堂是很新的吧？

答：是，我个人的。

问：后夏寨在“文化大革命”期间把家堂都烧了……

答：我们这里也烧了。挂的家堂烧了，家谱留下了。

【洪洞移民传说】

问：你知道你的祖先是从什么地方来的？

答：从山西省洪洞县来的。

问：听说明朝时有战争、动乱，祖先们从山西来避难迁到这里来的，是吗？

答：听老人们说有红卫子，就是战乱，这里的人死绝了，洪洞县大槐树下迁来了人，这就是来历，听说的，谁知道哇！

问：“红卫子”是哪几个字？

答：红蚊子，把人全咬死了。

问：红蚊子是什么东西？

答：不知道，听老人们说的，长了这么大岁数没有见过。咱考虑就是因为战乱。过去一个部落一个部落的割据，打仗争地盘，把人都杀死了。

【王姓的关系】

问：你姓王的这一支，除一起拜祖宗的坟墓以外，有没有摆宴席聚餐的时候？

答：解放以前，村南有坟地，大年初二同是一个祖先的人来坟上烧纸扫墓，来一个人一个馒头一碗肉菜。解放以后没有了。原来前后夏寨的人都来，现在后夏寨的也不来了。前夏寨的人都去扫墓。

问：原来前后夏寨村的人都供着一个祖先呢？

答：是。

问：都南边去呀？

答：对。现在忙了都不来啦，原来都来，初二来扫墓。现在是三大支：王维友（音）是一大支，与王维东他们近。

问：你的祖先是从山西来的，最早先建设的哪一部分？先有前夏寨还是先有后夏寨？

答：没有听说过。

问：当时为什么叫压虎寨，与虎有什么关系？

答：也弄不太清，俺村也没有姓夏的，按理说姓什么的多就叫什么村名。

王维宝

时　　间：1994 年 8 月 13 日上午

访 问 者：浜口允子

翻　　译：齐秀茹

场　　所：王维宝家

【干部的变迁】

问：去年我访问了你，了解了一些情况，还有些情况不清楚，想再问问你，可以吗？

答：可以。

问：想问两个问题，一是去年访问时，我整理了一份本村干部沿革表，请你看一看，有没有错；再一个问题，是有关村内发展的一些看法。

答：可以，先从表格开始吧！

问：我这个表是从 1945 年开始的，你是 1942 年生人，对那段时间的事可能不了解；我想 60 年代以后的事，你很清楚，就请看一下 1966 年到 1984 年的干部变动表格，看一看有什么错的地方？

答：（看干部表）副书记错了。吴丙臣当书记时，没有副书记。

问：那个时候你是大队长吗？

答：对。我是 1982 年当大队长的。

问：王玉庆和张良臣担任干部，为什么总是交叉的？

答：从“四清”开始，支部书记是马凤山，张良臣是支部委员，王玉庆还不是党员，是一个大队的大队长。当时后夏寨是一个支部，两个大队。他俩后来是一个支书，一个当大队长。（继续看表格）后来，马凤山下台，换了王玉庆。这是整党时，把马凤山整下去了，王玉庆才上台的。

问：什么矛盾？

答：也不是什么了不起的矛盾，是家里一些事，看法不一样。

问：请举个例子？

答：因割麦子的事，看法不一样引起的。

问：王玉庆是怎样下台的？

答：正好赶上乡内换届，通过换届选举，就把他选掉了。在这以前，乡内已指定张良臣主持工作，大约是在 1977 年秋天。1978 年选举。

问：王玉庆是怎么样的人？能力怎样？

答：能力很好。他死后，由吴丙臣担任。

问：你同王玉庆一起工作过吗？

答：工作过。吴丙臣当大队长时，我先当副大队长，后来改为大队长，马会祥是大队会计。后来又选王子绪和马长祥为副大队长。王玉庆工作很认真，在大队搞福利事业，搞建筑都很认真。有群众基础。

【干部的条件】

问：当村干部具备什么样的条件？

答：一是要党员，经过整党，群众看清了那些党员作风好；能批评与自我批评的。二是要当过小队长，有工作经验。三是要有群众基础。

1966 年至 1967 年，大队队委会主任是刘西林，副主任是王会民、王玉庆。

问：整党时候的情况你讲一下。

答：那时我是三队小队长。整党，重点整干部、整思想、经济状况。在队长任职期间，你家盖了几间房，钱从哪儿来的，群众盖房没有？一算就算出来了。那时每天晚上有会，干部要检查问题。

问：整党是什么时间？

答：1978 年。1974 ~ 1975 年也整党了。

对象较复杂，大队有 5 个小队。这个时候马建营。后来改为王庆山。后来又是王成章。

问：这个人受批判了吗？

答：因为他直爽，也整了他。还有王会忠。

问：王子绪什么时候当的副大队长？

答：1982 年。以前当大队会计。

问：四队的队长是谁？

答：1963 年是王志远，1966 年是高登云，还有一个李华坤，1974 年是王会兴。

问：治保主任是谁？

答：因为这个班子是两个大队，1966 年才改成村民委员会，1965 年整党时，才合并为一个大队。这时马万春书记，大队长王维章记不清是正还是副的，会计是马福祥，还有个叫王益占。治保主任叫马洪昌。其后是王子古。

问：妇女主任是谁？

答：一直是朱爱香。

问：马孙氏是不是？

答：以前的，是两个大队的。

问：民兵连长对不对？

答：这个时候是两个大队，一个是李华坤，另一个是王志远。

问：你是从什么时候担任队长、副队长的？

答：从 1972 年开始，以前是小队会计。

问：什么是“小四清”和“大四清”？

答：“小四清”是乡内派人来，人民公社来的人清理一番。这是 1967 年。“大四清”是 1965 ~ 1966 年，是县内派人的，接着是“文化大革命”。

问：这些干部是否都挨批判了？

答：都检讨批判了。发动群众搞的。一个队整一个队的干部。如三队的，队长、会计在三队整，干部交代“四不清”。

问：是否群众叫哪个干部参加，就参加？

答：是这样的，由群众决定。我那个时候是团支部副书记。

问：你什么时候当的团支书？

答：1966 年。后来是马结胜担任团支部书记。“文化大革命”开始，团组织没有了，村内成立了村民委员会。别的组织都停止活动了。

问：村民委员会成立，刘西林当的主任，王玉庆是副主任？

答：是，他从部队转业下来的。

问：转业的就他一个吗？

答：有，还有别人，团支部书记也是转业军人。

问：从部队转业的都当干部吗？

答：有些当干部。一队村委会主任有吴玉浜，马长祥是副的。有一段时间，马长祥是正的，吴玉浜是副的。

问：一直到后来？

答：一直到马德东时，二队是马德成。

问：1983 年以后表格有错吗？

答：没有，现在马长祥是副主任。会计、治保主任没有变。治保主任是王子古。妇女主任是朱爱香，王会仙短期担任过一队、二队没有变化。四队有变化，是王会青。

【集体化时代】

问：还有别的错吗？

答：“土地改革”时中心干部是马凤瑞，干到马凤山回来。这时没有党支部，团支部代替着党的工作。王维章以团支部书记代替党的工作。他不是党员。马凤瑞调走了。高级社时，西大队是马凤山负责，东大队是马景成负责。（问：什么职务？）又是书记，又是社长。

问：高级社叫什么名字？

答：一个叫“红星社”，一个叫“幸福社”。

到了人民公社时，就叫大队了。村党支部也是东西两个。东大队王维章大队长，马景成书记；西大队，王维成大队长，马凤山支部书记。公社叫恩城人民公社。

问：初级社都叫什么名？

答：初级社开始有 6 个，也叫“幸福”、“五星”等名称，高级社变成了两个。幸福社社长叫刘希益，五星社刘玉田。这两个合并为一个高级社。幸福大社社长叫李景堂，那边的社社长是马步昌。1958 年“大跃进”时，改为十六连、十七连。十六连连长王维章，副连长吴丙臣。十七连连长是王玉庆，魏洪秀是副的，东面有两个排，西面有 3 个排。

问：这种编制到哪一年改变的？

答：1961 年。连改队，称东大队和西大队。

【承包制的领导】

问：1979 年生产有什么变化？

答：开始实行个人承包，把队内土地分片包给农户。

问：你所在的三队，承包制是怎么进行的？

答：承包制是从三队搞起来的。例如一块地可以打 200 斤玉米，交队内 100 斤，个人为 100 斤。好地都包出去了，差地没有人要。队内有 3 块地没有包出去。

问：开始有多少人接受承包？

答：基本上各户都承包了。

问：你当时是怎样承包的？

答：谁都不承包的 3 块地，第二年我都承包了。生产粮食交队上的和户内的各占一半。

问：开始谁倡议的？

答：我倡议的，有队长、副队长、会计一起商量把队上土地包给户内种，取得了大队同意。干部带头承包。

问：有人反对吗？

答：上面也有这个精神，没人反对。我是学习了别的地方承包的经验提出的。开始书记反对，但其他大队干部支持。公社王成和书记支持，所以就推行了。

问：本村书记反对，你还能推行吗？

答：公社支持，群众大会也通过了，就这么干了。

问：其他队进行承包吗？

答：没有，还是集体化。开始有反对承包制的，后来就不反对了。我们承包效果好，社员收入增加了，他们也开始实行承包。我们是 1979 年春天分的地。

问：1979 年春天分地，你不担心秋天收入吗？

答：我不担心，过去集体经济不好时，自由的庄稼长得很好，现在把地包给各户，庄稼一定会长好。

问：开始分地户有多少？

答：2/3 的户搞承包，1/3 的不愿搞承包的，仍集体劳动，集体分配，还按原来的。

问：1/3 不搞承包，干什么活呢？

答：搞承包有带动。如队上刘忠寅那年承包棉花地，给队上交一半，他家留下有 2000 斤棉花。1 元一斤，卖了 2000 元，那年他收入最好。

【集体时的工分】

问：过去集体时，工分是怎么定的？

答：一般活，定8分；比较重的活定10分，男女一样，同工同酬。

问：如果工分定得不合理，怎么修改？

答：本队协会商定，哪种活定多少分，不是一个人决定的。一般都是晚上定工分，第二天派活。

问：如果工分高的活都愿干，怎么办？

答：定得比较公平，派活和工分不是一回事，所派的活都有工分，都会有人去干。

问：人民公社时的"一平二调"是什么意思？

答：咱村的东西调到别村了，别的东西也可能调到我村了，随便调东西。

问：你现在怎么认为？

答：那时候觉得不合理，随便乱调。现在看来是错误的。比如说，在这盖的房子，上级要，你搬走，就把东西调走了。又如第三营，把各村年轻小伙子都调去了。又如公社成立"红专连"，我就是"红专连"的，各村所有床铺都拉去了，抹墙用。

问：村内今后怎么发展？

答：今后根据上级指示，经营土地，闲散土地可以卖给个人，可以用来办市场。

问：村内最难办的事是什么？

答：计划生育最难办。另外动员上河工（到外地劳动）也困难，100人，要出18人，这两项工作最困难。上河工，占了主要劳力，影响社员家生产，另外大队要准备伙房、大车、工具等。连民工的工资也要大队拿。

问：独生子女工作怎样安排？

答：大队有专人负责，抓这项工作的是王子绪。

问：以上两项工作，你是怎样完成的？

答：开群众会，把任务讲清，让大家讨论。贴补民工的钱，由群众摊派。

问：抽多少人上河工，是乡内决定的吗？

答：是县内的任务，乡内按任务分给各村。

问：你现在还认为这两项事难办吗？

答：对。每年都有这项任务。

问：你担任主任后，感到最有成绩的事是什么？

答：使学校发生了变化，原校舍破旧，盖了一所新的小学。另外兴修水利工程。村内修了道路，改善了环境。

王子绪（村党支部副书记）

时　　间：1994年8月13日下午

访 问 者：浜口允子

翻　　译：齐秀茹

场　　所：小学校教室

【队长选举】

问：你在什么时候当生产队长？

答：我是1971年到1984年担任队长，根据上级规定三五年一换届。

问：更换各村领导班子由谁来决定呢？

答：全公社统一决定，各村选举生产队长。

问：选举队长的会由谁来主持呢？

答：大队来干部主持选举会，凡18岁以上男女社员都有选举权。如果选举大队干部，是公社派人来主持。

问：选几位干部？

答：选举3名干部。

问：参加选举会的有多少人？

答：看各队人数多少而定，我队有200多人口，参加选举会大约有145人，参加选举的，必须是总人数的一半以上，否则选举无效。

问：你当队长参加选举会的有多少人？

答：我们队小一共才 140～150 人。参加选举会的百十人左右，我是全票选出的，也就说凡参加会的，都投了我的票。

问：有没有同时选出两人，票数各占一半，都超不过半数的？

答：也有，这种情况很少，如果超不过半数，无效，重新选举，一直到选出的人超过半数为止。

问：现在各队不叫队长，叫小组长，同过去工作一样吗？

答：现在的小组长，就是过去的生产队长，名称不一样，实际工作内容还是一样的。

【队长人选条件】

问：选举队长有什么条件？

答：办事公道，有群众威信，有办事的能力，办事认真，不怕麻烦，不辞辛苦，选这样的人。

问：比方说，一队组长马子登先生，他的优点是什么？

答：办事公道，有工作能力，不怕麻烦，不辞辛苦。

问：他有没有缺点？

答：没有缺点，就是有事爱“叨咕”，有事得过且过，没有主意。脾气好，对人和蔼，但没有魄力，影响工作。因为任何工作都不是一帆风顺的，有人爱发脾气，但把工作做好了。

问：他（马会中）工作怎样？

答：他办事干脆，说干就干，能拿主意，对工作不拖拉。

问：在工作中，是发脾气的好，还是不发脾气的好？

答：不一样，看做什么工作，有的发点脾气的好，有的工作是不发脾气的好。

问：王会清工作怎样？

答：挺仔细的人，群众威信高。

问：有什么缺点？

答：工作上有点“黏糊”，不着急，本来今天能干完的事，他往往拖到明天完成。

问：群众为什么还选他呢？

答：群众威信高，喜欢他，信任他。

问：王会清怎样？

答：属狗的，岁数比较大些，工作比较有经验。

问：开始就很有经验吗？

答：开始不负什么责任，在生产小队时，他不当队长，是队委会成员，在工作中学会了很多工作经验。

问：他有没有缺点？

答：没有缺点。因为岁数大，办事有些拖拉，还说得过去。

问：李景春是什么样的干部？

答：是忠诚老实的队长，在干部中年龄最大，德高望重，办事也最公道。他已 53 岁了。

问：是不是 55 岁就要退下来？

答：大队干部 55 岁要退下来，一般干部不受年龄限制，只要群众拥护就行，群众认为你能干，就继续干。

问：他有没有缺点？

答：他的缺点是，看到不对的事，应该说，而他不说。

问：什么样的干部好呢？

答：什么样人都有。大部分来说，还是能为群众工作的干部好，办事公正是干部的主要条件，公正群众就拥护。

问：什么样叫办事公正？

答：处事公道，不厚不薄，对任何人都平等一样。

问：现在都个人承包了，办事公正还是干部的第一条件吗？

答：个人承包，但很多事还离不开集体，离不开干部，因此办事公正仍是主要条件。

问：马书记的情况，你介绍了很多，还有什么优点？

答：他办事有主见，大家商量事，他能提出主要意见，有事能同干部商量。凡决定了的事，就能坚决去办。

问：你自己谈谈对自己工作的评价？

答：优点同其他干部差不多，也是那些；缺点是胆子小。

问：村主任王维宝有什么优点？

答：王维宝口才好，有发动群众的能力。开群众大会，他一讲话，就能把群众积极性和干部积极性调动起来。他对工作认真负责，有布置，有检查，有始有终。

问：他为什么能有这样大的工作能力？

答：他当干部多年，从年轻时就当干部，有了 20 多年的工作经验。另外，他关心群众生活，凡群众有困难的事情，只要找他说说，他都能想办法给解决。

问：王玉庆是怎样的一个干部？

答：他早死了，生前在干部中，他是有领导方法的，是挺有能力的人。

问：人民公社时，他当村干部，后来有什么变化？特别是在选择干部的条件上有什么变化？

答：过去选干部，忠诚可靠，听领导的话，能把领导的决定贯彻下去；现在是群众选干部，看哪个干部能为群众办事，能把生产搞上去，能多创收入使群众致富。

刘玉仙

时　　间：1994 年 8 月 13 日下午

访 问 者：浜口允子

翻　　译：齐秀茹

场　　所：刘玉仙家

【妇女主任】

问：听说你过去当过妇女主任，想了解一下本村的妇女情况。过去妇女操持家务的情况，妇女地位有什么变化？

答：我知道的就是 1958 年以前，妇女织布、下地干活、挖河沟的事。

问：你什么时候当的妇女主任？

答：1958 年“大跃进”的时候，当了半年妇女队长，那时主要在地里挖河沟。

问：在这以前是谁当妇女主任？

答：以前队里没有妇女干部。

问：在你当妇女主任以后，是谁当妇女主任？

答：“大跃进”时选的妇女主任，我当了半年不干了，以后也没有女干部。“大跃进”时，妇女主任，就是带领妇女干活，在地里干活，家里的事不管了，整天挖水沟。

问：刚解放成立农会时，宣传贯彻《婚姻法》，有妇女干部吧？

答：没有听说，宣传《婚姻法》是由乡长、村长去办的。

问：那时宣传《婚姻法》，反对父母包办婚姻，你听说过吗？

答：听说过。

问：你是什么时候结婚的？

答：17 岁那年结婚，大约是 1939 年前后，我现在 72 岁了。

问：你从哪个村过来的？

答：我是本村人，姓刘。

问：你结婚是谁做的主？

答：是俺叔叔刘长福决定的。

问：为什么不是父母决定，而由叔叔决定呢？

答：是跟叔叔长大的，所以叔叔做主，自己不能做主。

问：结婚以前，你认识男方吗？

答：不认识，从来没有见过面。

问：你当妇女主任，都干哪些活？

答：就是带领妇女下地干活，家内的事都不管，深翻土地、挖河沟都干过，就是妇女主任。

问：大家为什么选你当妇女主任？

答：那时上级叫咱干啥就干啥，大家都选我，我就干了。

问：选你有没有先提名？

答：有，是大队长吴玉恒提名选举的。

【缠足】

问：想了解一下旧社会妇女是怎样缠足的？

答：从小就缠足，都是自己缠。

问：从几岁开始缠足？

答：10多岁就开始缠足，那时村内女的都缠，不缠，人家说闲话。

问：什么时候开始放脚，不缠足了？

答：什么时候记不清了。只记得上面来人开了一次会，宣传不缠足，从此大家就不裹脚了。

问：你是什么时候放的脚？

答：我结婚时还是小脚，结婚以后才放的脚。

问：那时裹脚用什么布裹？

答：是用很长的布带，一点一点把脚包起来，开始很疼。

问：为什么很痛苦，大家还缠足？

答：没有法子，大家都缠，不缠有人笑。

问：乡内开会号召，有没有坚持缠足的？

答：没有，都高高兴兴地把足放开了。因为缠足太痛苦，一听号召，大家从心里都愿意放足。

问：乡内开会是怎么宣传的？

答：乡内来人说，把脚放开，脚也不痛了，走、跑很方便，也能下地干活了，也不浪费这块布了。

问：开这个会，男的去不去？

答：男的也去，要他们了解一下妇女放足的意义，支持女的放足。各村都开这样的大会。

问：妇女放足的会开几次？

答：就开一次，乡长主持的。

问：乡长是谁？在什么地方开的会？

答：乡长是吴玉衡，在前街小学校开的会，是白天开的。

问：除了参加放足的会，你还参加过别的会吗？

答：没有，那时很封建，开会是男人的事。

问：你放足，公公、丈夫同意吗？

答：同意，不反对。

【家庭管理】

问：你公公、婆婆是什么时候去世的？

答：婆婆1959年去世，公公是1961年死的。

问：过去你是同公公、婆婆一起生活吗？关系怎样？

答：一起生活，关系行了。

问：一起过家内的事由谁决定？

答：公公不管，由婆婆决定。

问：公公为什么不决定家里大事？

答：他轧棉花，在外边做买卖，经常不在家，所以婆婆说了算。

问：家内的大事情，像买东西等等谁决定？

答：婆婆决定，再说我家困难，也没有东西可买。对外做买卖的事，还是由公公决定。

问：婆婆决定的事，你有什么看法？

答：没有看法，我们光干活，不管花钱买东西的事。

问：你自己买一点东西的权力也没有，你有时要买东西，比如给孩子买件衣服，怎么办？

答：老的给买，什么东西都由婆婆替我们买。

问：公婆去世以后，家内谁来主持决定？

答：我跟儿媳过，家内一切由我主持，儿媳不管。

问：他们挣的钱交给谁？

答：都交给我保管。谁要用钱买东西，跟我拿钥匙，自己用多少，拿多少。怎么用，我不管。

问：存多少钱谁决定？

答：这些事由儿子、儿媳决定，我就管现钱。现在村内都是年轻人管钱，我儿媳是亲戚家的女儿，不要管钱，我如果不管，他们还有意见。

问：你管钱，儿子有意见吗？

答：不给管，就有意见，他们省心。

问：村内开会谁参加？

答：过去我参加，现在是儿子或者儿媳参加。

问：亲戚、邻居的红白喜事，谁参加？

答：儿媳去。

问：村内有关妇女问题的会谁参加？

答：年轻人去。

问：你上过学吗？

答：学过一年级。

问：解放后上过识字班吗？

答：上过几天。扫盲。

问：能看书、看报吗？

答：不能看。

【男女平等】

问：男女平等听说过吗？

答：听说过，哪一年记不清了。

问：你怎么看男女平等？

答：男女平等好，过去男的说了算，女的没有权。现在是女的说了算，算是平等了。

问：你那时男女平等吗？

答：不平等，男的说了算。

问：不平等时，你有想法吗？

答：没有想法，叫咱怎么干就怎么干，叫咱不出去就不出去，还是男女平等好。

问：你当干部时，男女平等情况怎样？

答：女的也参加开会，下地劳动，自己愿意开会就开会。过去男的让你参加，你才能参加。妇女能出门，男女平等。

问：60年代男女平等吗？

答：平等，越来越好。

问：解放以前，男女平等吗？

答：那时女的规规矩矩，老的不让你出去参加活动。

王成和

时　　间：1994年8月14日上午

访 问 者：魏宏运、浜口允子

翻　　译：齐秀茹

场　　所：平原县宾馆209室

问：你什么时候在乡里当书记？

答：1966年到1978年当书记。

问：1978年以后干什么？

答：1979年到1983年在县民政局工作。

问：1983年以后呢？

答：1984年到1991年退休，一直在县委人大办公室工作。

【50年代的状况】

问：1966年以前干什么？

答：我1951年在王庙当书记，1952年王庙（三区）、张关甸（四区）两个区合并为三区。

问：你在三区当书记吗？

答：在三区区政府，后来搬到大虎集，又搬到殷集。

问：各是什么时间？

答：1951年在殷集，1952年两个区又合并到大虎集，到1956年到于庄。

问：1951年在王庙当副书记吗？

答：不是，是在县武装部当副部长。

问：什么时候当的副书记？

答：1958年。

问：三、四区合并以后，在于庄？

答：合并以后是由大虎集搬到于庄。

问：1958年当副书记是在于庄？

答：在于庄是在1957年，还没到1958年。1957年底又分乡了，一个区分成3个乡，叫于庄乡、张关甸乡、苏集乡。

问：你在哪个乡？

答：我在苏集乡。1957年底当副乡长，到1958年就成立了人民公社。

问：叫什么人民公社？

答：张关甸乡和苏集乡两个乡合并成立一个人民公社，叫“王庙公社”，也叫“建国公社”。

问：你当时当副书记？

答：是。

问：王庙人民公社包括后夏寨吗？

答：王庙有张关甸、苏集，不包括后夏寨，后夏寨属恩城。

问：你在王庙当副书记当到什么时候？

答：到1966年，我到徐庄人民公社当书记。徐庄公社现在叫十里铺公社。

问：是由恩城分出来的？

答：对，恩城是一个大公社。后分成两个社，一个叫徐庄公社，一个叫恩城公社。

问：哪年分开的？

答：1965年分开的。

问：1965年叫徐庄人民公社，什么时候改称十里铺公社的？

答：1980年，1981年改的，那时我已到县里工作。

问：1966年你在徐庄人民公社？

答：对。

问：徐庄公社属于哪个县？

答：属于平原县，就叫“平原县徐庄人民公社”，平原县直接领导公社。

问：不属于恩城县？

答：恩城县是1956年划开的，一部分划到平原县，一部分划到武城县。

问：徐庄公社下边都有哪些编制？

答：公社直接领导大队、小队。

问：有多少大队、小队？

答：有46个大队、90多个小队。

【后夏寨大队】

问：后夏寨是一个大队？

答：对，后夏寨是一个大队，有5个小队。前夏寨也是一个大队，有5个小队。这两个大队紧靠着。

问：后夏寨大队那个时候叫什么大队？

答：叫“后夏寨大队”。

问：是46个大队之一？

答：对。

问：那时候你都干些什么工作？

答：主要是领导生产和建设。农业上搞生产、搞水利建设；行政上搞党、团建设。

问：你当书记时，办公地点在什么地方？

答：就在徐庄公社。晚上书记、社长基本都住在公社，白天都下去蹲点。

问：你在哪里蹲点？

答：在陈营。

问：徐庄公社办公在什么地方？

答：在徐庄村，公社在徐庄村。

问：徐庄离后夏寨有多远？

答：有七八里地。

问：分别在什么方向？

答：徐庄在东南，夏寨在西北。

问：恩城在哪？

答：（画图）在徐庄东北，在夏寨的正东北角。

问：那时候平原县有多少个人民公社？

答：有 21 个公社。

问：你在公社当书记，怎样领导这些村？用什么方法联络？

答：和县里通过电话联系，和大队是开会联系，也下去到各大队去。公社下边有片，一个片管 7 ~ 8 个村，管 10 个大队。

【工作片】

问：从什么时候开始有片？

答：人民公社时就分成片，也叫总支，总支是党的组织，片是工作片。公社以下有 10 多个大队，有几个干部管这一个片，公社有 20 多个干部分到各个片。

问：一个公社分多少片？

答：徐庄公社分 4 个片。

问：片有名字吗？

答：现在这个地方叫王庄片。

问：后夏寨叫什么片？

答：后夏寨属王庄片。

问：还有什么片？

答：有徐庄片、五里铺片、门吴片。

问：有片长吗？

答：有片长。公社干部在县都担任职务，这个助理，那个助理；这些助理任务在农村，在公社没事干，比方说，有的是公社党委委员，有的是教育助理、民政助理、水利助理等，这样一些助理就到片里兼片长，没有什么权力。

问：一个片里有几个人？

答：有四五个人。

问：都是公社干部下来兼职的？

答：都是公社干部兼职，公社委员兼片长，助理在片里配合，共同工作。

问：片里这四五个人有没有办公地点？

答：有，片在哪个村，就在哪个村借老百姓一间房子办公。

问：王庄片是在王庄这个地方吗？

答：对，在王庄村。

问：在王庄借一间房子当办公地点？

答：是的。

问：每个片的片长和大队长怎么联络？

答：公社召开大队长会议以后，大队长向下传达贯彻，片里干部也经常下去，了解大队贯彻情况，向公社汇报。片里的干部没有实权，比方交公粮，片干部下来催；选大队干部，由他向上报批。

问：有没有以片为单位搞水利建设？

答：有，因为一个片有 10 多个大队，挖一个河沟，修一个干渠，只能到一个片。

问：涉及别的片，怎么办？

答：片与片之间的问题由公社出面调解解决，片长只有工作汇报权，没有人事权。别的地方有的不叫片，叫总支，或小乡，叫法不一样，地区和地区片也不一样，咱们平原县叫这个。

问：实质上是一个全国性组织吗？

答：不是全国性的组织。

问：片有权决定修什么水利吗？

答：在他片范围内他可以办，如果牵涉公社或者其他片，则由公社出面调整。

问：他们没有决定权，那么水利任务是从上边下来的任务？

答：是。

问：什么时间修，谁决定？

答：水利建设一般是秋收以后，冬天。一般是春天修道，冬天挖河。

问：谁决定今年开始修路的？

答：属于公社范围的，公社说了算；属于县里的，县里说了算。

问：片长和大队商量问题吗？

答：三天五天商量一次。片长有时一天到大队去一趟，有时两天去一次，告知大队明天开会汇报什么情况，贯彻上边什么精神等。

问：书记还经常到大队指导工作吗？

答：社长、书记也常到大队去检查工作。

【公社书记和大队长】

问：王书记和后夏寨大队长也认识？

答：认识。

问：你认识的大队干部有谁？

答：常来的王维宝，我当书记时，他还没当干部呢，那时候大队长是王玉庆。

问：你那时一般和大队长见面，还是和书记见面？

答：和书记，因为咱中国是一元化领导，我一般都是找书记。

问：你下去是找书记，片长不一定找书记吧？

答：片长下去也是找书记，因为书记是一家之主，大队长管行政，书记管全面。片里是公社的一些委员，也找管全面的人。

问：对王玉庆那时的工作情况，你是怎么看的？

答：一般不错，因为后夏寨自然条件差，白土地，又长年缺水，打井打不住，不上肥庄稼也活不长，和前村比，后夏寨较穷。后来他植树造林，兴修水利，现在水过去了，有水源了，收入才较多一点，又修了一条河沟，他这个人不错。

问：你是指哪些方面不错？

答：有工作能力，有组织能力。嘴能说，贯彻什么都行。

【大队干部的条件】

问：什么样的人可以当大队干部？

答：有群众威信，有工作能力，热心为群众办事，不是为个人。

问：您当书记时，后夏寨书记，一会是张良臣，一会是王玉庆，两个人来回变，是怎么回事？

答：他们村有时有矛盾，4 个人一个班子，你办事不得人心，不为群众办事，班子内部就有意见，上边的精神也就贯彻不下去，所以下边一有意见，上头就调整，把你调开了。但工作一两年，实践不行，别人还不如你，上头只好教育你，叫你认识错误，澄清事实，再让你干，就这样来回调整。

问：党内干部不是选举产生吗？

答：选举是一届一届的，公社、大队是 3 年一届或 5 年一届。但个别大队没到届，就有问题了，只好个别整顿，召集干部开会，根据大多数群众意见进行调整，以免影响工作进行。一般是根据班子情况，看谁行个别批，支书是党内调整，开支部会，党员提意见，通过党内讨论，公社批准，报县备案。

问：干部出问题，根据什么标准说好坏？

答：这个情况多了，有的属于贪污，村里工作不错，群众意见大；有的是工作上不去，上边的精神贯彻不下去，比方说挖沟，兴修水利办不下去；还有违法乱纪，男女作风，打骂群众，打人骂人不民主等，情况多了。

问：这些事怎么知道的？

答：班子里有反映，群众有揭发，就派人调查查证，是否贪污了，打人打谁了。落实后，有这事，就停职检查，该怎么处理就怎么处理，该怎么调整就怎么调整，需要撤的就撤，需要暂时停职的就暂时停职。停职检查好了，群众谅解了，再工作，这也是一种方法。

问：停职反省，有什么方法？

答：根据情节情况，检查好的，认识了，就恢复工作；不好的，就撤职。这是根据错误的程度，如果是违法，还要逮捕的。

问：后夏寨干部经常变化，其他大队有这样的情况吗？

答：也有，如王庄、徐庄就有干部撤职的。不过多数大队没有这样的问题。

问：70年代后，后夏寨是问题较多的村吧？

答：一般情况，像王庄、平庄的干部也都调整了。一般来说，生产比较好的村问题少，生产差的村问题多。

问：后夏寨同其他大队比，有什么特点？

答：自然条件落后，村子离恩城近，群众有赶集的习惯，影响了生产。但草编、柳编多。

问：群众搞柳编，是上面布置的吗？

答：群众自发的，上边也有号召，开会动员，积极的群众就干起来。该村白土地多，西面紧靠一条沙河，没有水源，村里穷，所以群众搞柳编、养殖。

问：村内生产什么，是上级指定的吗？

答：棉花和粮食是上边给定，其他是村里自己定。

问：品种都是公社定吗？

答：因为县里对公社都有任务，粮食、棉花要上交多少，然后公社向下分配。现在自由种植，不分了。

问：对大队的土地，是否指定哪块种什么？

答：这不定，光定数。

问：你过去一直在本县工作吗？

答：抗战时期我在平北那边工作，即二分区，铁道以东地区，在行政上属于渤海地区。铁道以西地区，是属于小冀鲁豫。我是“文化大革命”时，1966年才调到徐庄这里工作的。

【“文化大革命”、“拿综”】

问：请讲讲这里“文化大革命”的情况吧？

答：农村情况不一样，城里有“红卫兵”运动，农村主要搞生产，闲着的人不多，有少数学生和少数人搞，一般的不参加。

问：那时你在公社是否也要领导“文化大革命”？

答：那时主要是学生带头，如恩城二中学生到公社去发动，斗走资派，我也被斗了。

问：谁斗你们呢？

答：学生、“红卫兵”斗。有的村有少数人参加，大部分群众仍搞生产，看不惯这种行动，大队干部也看不惯这类行动。后夏寨王维宝就是“红卫兵”。

问：像王维宝等人是谁发动领导的呢？

答：公社也有这伙人。那时学生同学生串联，公社少数干部也到大队串联，像王维宝是种地的，公社、乡里来人领导他们。那时政府基本上已瘫痪了。

问：部队也参加了吗？

答：开始部队没介入，后来全国搞乱了，谁也收拾不了，部队就出来“支左”，收拾局面，“支左”就是掌权。

问：农村也有部队“支左”吗？

答：部队来了，很快就调走了。后来由县、公社武装部通过大队民兵组织来贯彻，由武装部来“拿综”，即管全面。

问：什么叫“拿综”？

答：那时乡长不管事了，书记也不管事了，武装部长暂时出来指挥，叫大家干什么干什么。

问：武装部在什么地方办公？

答：武装部在公社院内，是公社的一个部门。

问：武装部长同公社书记是什么关系？

答：武装部长一般是公社的副书记，或者是一个委员。因为武装部是控制军队系统，别人已收拾不了混乱局面，只有军队能收拾，所以靠武装部“拿综”。

问：武装部长是副书记，说明书记还有权？

答：就一段时间。

问：武装部“拿综”有多长时间？

答：二三年时间。1967 年 7 月公社开始乱起来，基本瘫了。1967 年（3 月至 7 月）还建立革委会，后来被砸乱了。

问：公社由武装部管时，村里由谁管？

答：村里由民兵连长管。

问：民兵连长同武装部是什么关系？

答：上下级关系。

【革命委员会的成立】

问：武装部“拿综”时，各村民兵连长都是头了？

答：一般是这样，但有的村不乱，还是书记说了算，还是过去那一套。成立革委会时，书记、大队长就是革委会的，大部分村是这样，少数村乱了。乱的村，就由民兵连长“拿综”。

问：成立革委会，上边派人来吗？

答：不派人，由村里自己组织，一般村不乱，革委会还是原来那班人。十里铺乡，乱的不过十来个村。

问：后夏寨怎样？

答：也算是乱的，不是很乱。有那么几个人，像刘西林、王维宝，是造反派。

问：刘西林是怎么样的人？造反派都是些什么人？

答：刘西林是复员转业军人，造反派有 6～7 人都是农民。

问：为什么造反？

答：原因太复杂了，或者因为对队长、书记有意见，或者因为工作上的矛盾。

问：造反派夺权了吗？

答：造反派怎么闹，也没能夺走后夏寨的权，群众还是支持书记、队长的。但造反派一闹，村里整天乱哄哄。

问：成立革委会时，谁负责？

答：开始还是王玉庆，1968 年以后乱了，才换人。王玉庆病了，换了民兵连长吴丙臣。

问：吴丙臣是怎样当民兵连长的？

答：武装部决定的。先是村内选出支部委员会，有一名委员分管民兵工作，即民兵连长，但事先要通知武装部认可，报告党委批准才行。

问：上面有人支持“造反派”吗？

答：有，平原县有个副县长支持造反派。当时有三支——“工支”、“贫支”、“红支”，工支管工人干部，贫支管农民，红支管学生。

问：革委会支持造反派吗？

答：1967 年 3 月县、公社都成立了革委会，7 月革委会就被炮轰、砸烂，瘫痪了。当时省革委主任是王孝愚，徐庄革委会主任是我，1967 年 3 月选的。后来造反派就轰、就砸，乱了一通。以后造反派又派人进革委会改组，翻来覆去好几次。

问：后夏寨革委会同造反派关系如何？

答：刘西林调到公社当兽医去了。王维宝参加了革委会，进行了一些调整。

问：刘西林还能当兽医吗？

答：后来回村了。

问：刘西林到公社时，还是造反派吗？

答：不是了，专门干兽医了。

问：怎么评价后夏寨的造反派？

答：这些人本事不大，后来慢慢地也闹不起来了。不客气地说，这些人在村里没有威信，同城市学生造反不一样。王维宝工作上还有点办法，刘西林没有水平。

【“文化大革命”后期的诸运动】

问：1970 年以后的“批林批孔”是怎么回事？

答：表面上是，内心是不通的。在形势上，上级布置下来，不贯彻不行。公社是同农民打交道，“批林”是布置下去，“批孔”是影射的，实际上批不起来。上面影射是批周总理，批所谓“克己复礼”，下面根本不懂什么“克己复礼”，所以只是布置，走走形式，搞不起来。光开会，没有批起来。

问：村里开会批吗？

答：公社给大队开过，有些村开会，有些村不开，开不起来。

问：本地农业学大寨的情况怎样？

答：可以，学大寨时间很长。公社曾组织村干部去大寨学习，看到人家真干，搬石头垒田，回来后真学人家。

问：学习哪些内容？

答：发愤图强，自力更生，条件不行，就要创造条件。大寨有山，咱这里没山，就是挖河、打井，建设水利工程。主要学大寨挖山造田的精神，挖河治水，打井治水等。

问：学大寨对后夏寨有影响吗？

答：现在后夏寨能浇上水了。

问：现在的水利工程是那时搞的吗？

答：是那时搞起来的。学大寨可以，成绩不小。

问：你在公社时，还经历了哪些运动？

答：我在公社共 12 年，其中 10 年是“文化大革命”。1966 年在“四清”基础上进行“文化大革命”。后来学大寨，水利建设、农田建设、道路建设。

【承包制领导人】

问：王维宝在最近几年搞农业承包，您知道吗？

答：这个不清楚，后来我调到民政局，就不管农村情况了。他承包可能是近几年的事，我没有听说过。1979 年上边布置，好的大队 1979 年底就搞承包了，一般都是 1980 年才开始的。

问：你当书记时，已经分地了吗？

答：没有，还是大集体呢，人民公社一大二公。

问：那时候考虑过分地吗？

答：考虑也不敢说，过去看到自留地庄稼长得好，集体的搞不好，什么原因，也想过。但是那时宣传的是集体优越性，参观的也是集体的典型村。像我们这里是贫困地区，分清责任有好处。现在你找集体优越性的好村子，仍然能找到。最近报纸登了河南省有一个村，一直坚持集体，不分，也搞得很好，关键看村的条件。现在看，承包好，大家都关心生产，收入高了，过去只有队长关心生产，社员关心工分，生产怎样不关心。现在当家的多了，责任心强了，有好处。

问：你是什么时候看出承包有好处的？

答：1973 年以后，看到自留地每人 3 分地，一家 1 亩多地，生产的口粮却达全年的 1/3，可见生产责任心强，管理也细，上肥也好。“织布机大院，集体收入的一半”。

问：那时敢说吗？

答：不敢说，谁说自留地好，就开现场会，批资本主义典型。

问：王维宝过去到公社反映过分地要求吗？

答：没有。那时候有这种思想，也只有私下里关系非常好，两个人之间谈谈，在公开场合谁也不敢说。

问：你不当书记后，还见过王维宝吗？

答：很少，他也不到县里来。

问：王维宝说，他当队长时主张分地，向公社书记反映，得到支持，他在村内第一个实行分田到户？

答：那时我已调走了，他可能是向后面的书记史青亮反映的，我就不知道了。

问：你同史青亮书记谈过分地问题吗？

答：没有。我 1978 年调走，王维宝是 1979 年分的地，王维宝有本事，也有能力，可能是同史书记说的。

【回顾与现在】

问：你在民政局工作怎样？

答：民政局工作性质变了，和在农村不一样。工作内容：拥军优属，扶贫救灾，社会救济，管理社会病残人员。

问："织布机大院，是集体收入的一半"，是什么意思？

答：有一个村，织布机大院种的自留地，什么都有，秋收后，顶集体收入的一半。群众就总结出这句话来。

问：什么是"一平二调"？

答：这是 1958 年搞的"五风"，叫一平二调三收款。

问：你怎么看这个问题？

答：这肯定是错误的，"五风"就是共产风、浮夸风、平调风等，大部分干部思想不通，迫得干部不说实话，虚报、浮夸，给工作造成很大的损失。

问：当书记最难办的是什么？

答：就怕工作搞不上去，后来最难办的是计划生育工作，抽人上河工作和"敛提留"，但我当书记时，这些问题不严重。最近几年，这些问题使书记们最伤脑筋。"敛提留"就是向社员敛各种费用，如水费、电费等。我那时，这些问题不存在，就是政治运动多，动不动就抓阶级斗争，没有以上伤脑筋的事，现在群众负担太多，各种费用有几十种。农民生产投资很大，化肥一袋上百元，用水要钱，拖拉机油费等，投资大，收下粮食要缴各种费用，农民觉得不上算。但不管怎样，经济发展了，农民生活改善了。

问：平原县有农场吗？

答：有，不种粮食，种果树，有一个东林场、西林场，现在归农业局管。

问：现在经济发展的原因是什么？

答：水利问题解决了，加上科学种田，县里有化肥厂，肥料也解决了，种子问题也解决了，所以农业生产发展了。另外，机械化程度高了。

问：乡长年老退职后待遇怎样？

答：乡长是国家干部，1952 年以后参加工作的，拿 85% 的退休金；1952 年以前的，是 90%；解放前参加工作的，是 100%。

问：村干部退下来，有退休金吗？

答：乡里作规定，由村里拿钱，国家财政不管。

马会祥

时　　间：1994 年 8 月 14 日下午

访 问 者：浜口允子

翻　　译：齐秀茹

场　　所：马德昌家

【村干部的变迁】

问：请您介绍 50 年代以前的干部情况。

答：1945 年日本投降，8 月 20 日解放恩城。上级派到村里的干部人称孙先生，在这以后是马万洪。马万洪是以前的乡长。另外还有 6 个干部。有王万成、王正德、王庆荣、马昌、刘长富，其他人想不起来了。1946 年冬天成立农会，主任刘长贵、副主任王万成，还成立了雇工会，第二年春改组：民兵队长王焕之，还有民兵班长。成立贫民会，主任马万年。开始斗争地主。民兵班长李振堂，成立4个贫民组，组长有：我（马会祥）、王金庆、李金星、孟昭生。这是1946年的事。1947年开始斗地主，分土地，“土改”开始。“土改”每人平均4亩地。“土改”由农会负责主持，由农会来分地，土地都经过丈量的，谁家多少地就分了。

问：农会主任是刘长贵吗？

答：“土改”时已经不是刘长贵了，换人了。刘长贵抽白面（吸海洛因），后来死了。换了吴子端和王焕之了。先斗地主，后分田。

问：王焕之他们干了几年？

答：到复查时，大约3年。复查对地主斗争很厉害，有些的被吊起来打。

问：复查以后，农会是哪些人？

答：有张洪烈、李敬堂、孟昭生（已经是民兵队长）等人。李敬堂在砸四旧时想不开自杀了。

问：王维章什么时候当干部的？

答：在建“社”时期当村长，1958年当队长。这之前1956年当过乡长。1953年当村长。

问：新中国成立时，谁当村长？

答：王化远当过村长。王维章当村长，可能1955年到1956年。1956年我当会计时他是乡长。在王维章前当过村长的还有吴玉恒。王化远接的王维章。1958年开始3个连，十七、十八、十九3个连。各连连长是：王维章、王会清、吴丙臣。村长是王化远，有名无实，无事可干。

问：1959年以前，村内还有其他干部吗？

答：没有了。1945年后村干部开始是马万洪，后来有了农会，农会说了算，村长没事干，马万洪就下去了。

问：农会主持工作多少时间？

答：比较长，还领导合作化。张洪烈干的时间长。

问：合作化什么时间？

答：1953年互助组，1954年初级社，1955年大家都入社了。

【土地改革、“土地证”】

问：“土改”以后，土地能卖吗？

答：可以种，不能卖，也不许卖。解放前，这里有卖地的，“土改”开始后，出现卖地和赎地的情况，可以卖给本村，但有钱时允许赎回来。相当于“当地”。这种情况不多。

问：当地政府允许吗？

答：允许的。

问：有土地证吗？

答：有土地证。

问：分给各户土地面积、地点都写在土地证上吗？

答：都写上了。（拿出土地证读：九条恩县地区、村名是后夏寨、户主马世才、家族数九、土地面积、家产、土地之形态、位置、土地之状况，碱性等都写上了。）

问：请介绍一下土改时本村的土地情况。

答：（看地图，边看边介绍）有黑地、白地、碱地、红薯地、沙土地之分。

问：什么是白地？

答：白地是碱地，土质最差。这块地有1亩3分5厘8毫。图上记着这块地的四至，南至哪里，北至哪里，西至哪里，东至哪里，长宽多少。长度109步，2步为一丈。南面宽3步9厘8毫，北面窄些。这是往高唐的公路。

问：这是什么时候的地亩图？

答：中华民国时期的，是河北省的。没有日期。

问：为什么这样分地？

答：每口人 4 亩地，有好地、差地搭配着。

问：什么地最好？

答：黑地最好。白地不长庄稼。

问：碱地种什么？

答：有改碱的，种棉花可以凑合，产量低。

问：你要这块地，他要那块地，怎么定？

答：由村内分配，把地主多余地拿出来分，好地、坏地搭配分。

问：这是 1949 年的土地证吗？

答：是的。是土改以后，政府发给的。

问：按人口分地、各土地都一样吗？

答：每人 4 亩，都一样，宅地不一样，有多有少。

问：分地时是一家，人口多了要分家怎么办？

答：分家时，分自己家的地，土地证不变动，大队不管。

【干部条件】

问：你是一直当干部的，干部的条件是什么？

答：群众没有意见的，有工作能力的，在群众中有威信的人才可以当干部。办事可靠，在群众中才有威信。我当干部是群众选的，我家很穷，解放后当干部好好干送粮送柴都带头去，大家也都看到。为群众办事，群众也就信任你。另外，不贪污，态度要好，不发脾气，这也是会使群众信任你。

问：王玉庆、吴丙臣是这样的干部吗？

答：他们是党内干部，好坏群众管不着。王玉庆、吴丙臣都是大老粗出身，没有文化，但吴丙臣开朗，群众关系好，心眼少，缺点是态度生硬。但这个人实在，群众信任。王玉庆心眼太多，好算计人。王玉庆态度生硬，得罪人多。他们俩人工作能力都有。

问：王玉庆有这么多缺点，为什么一直选他当干部呢？

答：1976 年整顿时，把他选下去了。

问：如果乡内提名的干部，群众不选或者选不上，有这样的情况吗？

答：有。但一般乡内提名的，都是比较好的，先征求过群众意见的，不会有这种情况。王玉庆后来又选不上干部，说明他群众关系不好。

问：70 年代有时张良臣当书记，有时又换了王玉庆，什么原因？

答：群众选的，让张良臣干。结果干了一年，不行，他工作能力不行，上级又提名让王玉庆干。

马德昌（1954 年生）

时　　间：1994 年 8 月 16 日上午、下午

访 问 者：浜口允子

翻　　译：齐秀茹

场　　所：马德昌家

【书记工作】

问：当书记工作很忙，一年的工作都是怎样安排的？

答：一年工作都很忙，最忙时有 3～4 次。

问：都是什么时间？

答：春天主要忙生产管理。

问：现在都实行个人承包，还要忙生产管理吗？

答：还要为大家服务，如购买农用物资等。

问：谁来决定这件事？

答：根据农民需要，添置多少来决定。

问：这些事谁了解最清楚？

答：村内有 5 个居民小组，5 个小组长最

了解情况，他们直接和农民打交道。

问：5 个小组长，谁在农业生产、技术方面最好？

答：都行，都差不多。

问：小组长怎样和大队干部发生联系呢？

答：一般下面有事情，小组长就找我或大队长汇报。

问：汇报以后，是否由你决定？

答：同小组长一起商量解决。

问：商量事情，都在什么地方？

答：到我家商量的时候多。

问：由谁来主持？

答：有时由我主持；有时由村长（即村主任）主持，由我们两个人定。

问：村支书同村主任的工作怎样分工？

答：我是党的书记，管党的建设和全村思想政治教育工作，一般行政工作和经济工作由村主任管。

问：村主任同书记商量问题，意见不一致的情况有吗？

答：有。但是在一起商量就解决了。

问：请你举个例子，说明不一致时怎么统一意见解决的？

答：如去年果树虫害严重，估计大部分产量不高，我主张更新品种，但村主任和部分干部思想不通。开两次干部会，开始支持我的只有两个人，支持村主任的意见，暂不更新的有 9 个人。

问：讨论需要多长时间？

答：每次一个多小时，不到两个小时。

问：什么事情都讨论两次吗？

答：不是绝对的，一般大事，都要再讨论一次。

问：什么事情开全体干部会议讨论？

答：涉及全村大事，才开全体干部大会来讨论解决；一般事情，开党支部委员会或大队队委会就解决了。

问：意见不一致时怎么办？

答：采取表决的办法，少数服从多数。

问：关于果树更新问题，你代表少数人意见，服从多数人的意见吗？

答：服从。

问：思想想得通吗？

答：想通了，心里也想通了，因为这是组织原则。

【收公粮】

问：除了春天忙，其他时候忙还有吗？

答：夏季忙，主要是麦收季节，有夏粮征购任务。

问：为什么这个时候要忙？

答：上面下通知单，要各户缴多少公粮，村干部到各户催粮。有些困难户，交不起公粮的，我还要了解情况，向上反映，或减或免。

问：每户交多少公粮，由谁来定？

答：由县和乡内决定的，也是根据各户的土地面积多少、产量多少而定的。县内给乡内下达指标，要征收多少公粮；乡内向下布置时，又增加地方税款。

问：乡内通知下来后，村内由谁去催款、催粮？

答：乡内是下个总数，要各村交总数。根据乡内总数，村内开始按人头平均分摊。

问：好地、坏地产量一样吗？

答：不一样。但土地分配时，已经各户好地、坏地都搭配了，产量应该是一样的。

问：有些困难户，交不出粮，还要做思想工作，怎么去做？为什么会困难？

答：一般，这些户在农田上投入少，麦收就少了。但是有些户，农业上收入少了，但是其他副业上收入多了，我们就做思想工作，用其他收入来补上公粮，因为这是国家的，要保证。

问：到各户做工作谁去？

答：一般由小组长和村主任去就行了。

问：困难户思想工作，书记去做吗？

答：不用，由小组长去做就行了。干部的思想工作、党员的思想工作由我去做。

问：书记同村民直接接触的思想工作是在什么时间？

答：征购任务一般是村主任管，秋天上河工的思想动员和组织工作，我要管。

问：上河工你怎样接触村民？

答：召开村民大会，每年 1 ~ 2 次。

问：还有哪些思想工作？

答：计划生育工作。

问：开大会是由你讲话吗？

答：是这样的。

问：需要不需要一户一户去做思想工作？

答：没有，群众比较自觉。

问：你对村内 200 多户的情况都了解吗？

答：基本上都了解，尤其是对困难户的情况更了解。

问：最了解村内 200 多户情况的是哪位干部？

答：村干部都了解，都差不多。

问：除了麦收时忙，还有什么时候最忙？

答：秋天上河工。

【出河工、义务劳动】

问：每年都有河工吗？

答：每年都有。

问：每年有多少任务？

答：按总人口的 18% 出河工，每次要出河工 140 多个，都是男的壮劳力，18 ~ 50 岁的男壮劳力。

问：上河工要多少天？

答：一个月时间，在阴历十一月份。

问：上河工由你带去吗？

答：我不去，由村长和民兵连长带去。

问：出河工有多远。

答：离本村有 70 ~ 80 里地远，吃、住都在工地，在黄河支流的地方。

问：本村任务有多少？

答：主要清理黄河支流的泥沙，任务是 1 米宽，400 米长的地段，年年需要清理，把沉淀的泥沙挖出来，需要往下挖 3 ~ 4 米深。

问：挖出来的泥沙，运到什么地方？

答：周围的道路和地里。

问：挖河时是否已上冻了？

答：没有上冻，因为挖河时，黄河支流的闸门都关闭了，先断水，河床露出来才能挖。

问：为什么说出河工有思想工作要做？

答：有些人不想去，因为冷，条件艰苦。一是做思想工作；二是在方法上，各组根据男劳力情况，通过“抓阄”方法，从 1 号排到 60 号，一年轮到多少号，就去多少号，这是公平的。如第一年去 20 号，第二年就 21 号开始到 40 号，以此类推。

问：是否每个劳力 3 年出一次河工？

答：有时 1 年出一次，也有 2 年出一次，各年任务情况不同。

问：村民对出河工有意见吗？

答：会上没有提的，会下有提的，小组长都知道，能反映上来。

问：现在出河工同人民公社时出河工有什么区别？

答：没有什么区别，出河工，搞水利，是每个农民的义务。过去公社时出河工，每个劳力一天 10 个工分；现在每个劳力一天 3 元钱。

问：伙食怎么办？

答：乡内在工地办食堂，伙食由乡内供给。

问：河工农民住在什么地方？

答：在工地搭“窝棚”，由村里统一搭，

有的搭帐篷。

问：天气冷，取暖怎么解决？

答：没有取暖设备，出河工生活是很苦的。

问：有生病的吗？

答：基本上没有，个别有病的，就回来了。

问：村民是否有意见？

答：因为是水利工程，国家任务，农民出工是应尽义务，大家没有意见。

问：出河工，乡内开会吗？

答：乡内最少开两次会，每次各村书记、村长、民兵连长都要去。

问：乡内开会什么内容？

答：布置任务，成立河工指挥部，提出要求。

问：指挥部是怎样的组织？

答：专管指挥挖河任务及河工管理，县内是总指挥部，各乡设立营部。

问：县以上还有组织吗？

答：有，挖河任务有德州地区和惠民地区，地区也设有指挥部，管各县挖河任务，我们属德州地区管。

问：乡内开会在什么地方？

答：乡政府大院。

问：前天我们也看到那里开大会，有你们村的吗？

答：我们干部有事没有去，派群众代表去了，那是布置养鸡任务的一次大会。是一个讲座的会，传授技术，应该是干部和养鸡专业户去听。

问：这样的大会，每年有几次？

答：传授生产技术的大会，每月有一次，其他大会，每年 5 ~ 6 次。

问：大会什么内容？

答：出河工问题、夏季征购问题、计划生育问题，还有秋收秋种问题等。

问：大队干部对挖河有意见吗？

答：没有意见，因为挖河对本村农业有利，把黄河水引到本村，提高农业产量。如果不挖，水就过不来，大家都认识到意义。

问：除此以外，还有大事吗？

答：其他都是小事，零碎的事情。

问：你最忙时在什么时间？

答：每年 2 ~ 5 月份，7 ~ 8 月份，11 月份最忙。

问：其余时间干什么？

答：我也干农活，其余时间忙着种自己的地。

问：你每周工作是怎样安排的？

答：每周有 5 天管队里的事，两天在自己家耕地，另外，早晚有时间也到地里干活。村里如果没有事，也在家里种地。

【调解纠纷】

问：书记平时做什么工作？

答：有时调解邻里纠纷，解决邻里之间存在的矛盾。

问：最近处理过什么矛盾？

答：最近没有遇到什么矛盾，有些事有村调解委员会主任马长祥去调解。

问：生产上各家矛盾也调解吗？

答：生产方面也有矛盾，特别是地靠地，各家种地，浇水时间不一致，就有矛盾，然后马长祥就去调解，解决了。

问：你怎样抓这项工作？

答：有什么事，马长祥向我汇报，有解决不了的，我就去解决。

问：你去做工作是否效果好些？

问：一般说，我去做工作，大家听，听我的。因为在村内，书记拥有最高权力了。

问：你在干部中，年龄比较轻，遇到长辈闹矛盾，你怎么解决？

答：在支部和村委会干部中，我最年轻，村长比我大10岁。与我同辈的，工作好说，另外，在同族中，我算大辈的。

问：干部之间关系怎样？

答：比较团结，干部间互相尊重。

问：你已当了8年书记了，感到工作中最难办的事是什么？

答：在领导班子中，我最年轻，没有领导工作经验。

【村的党组织】

问：你从外面工作回来，为什么大家选你当书记？

答：书记必须是党员，我虽年轻，但那时已经是党员，其他干部都是我回来后发展的。

问：现在全村有多少党员？

答：17名党员，原来有22名党员，最近几年去世的有5名。我在外边工作，村内干部要我回来，工作需要，选我当书记。

问：为什么要你回来？

答：村内老书记去世，没有合适的人选，乡内领导也找我谈话，动员我回来。

问：选你当书记主要原因是什么？

答：第一，我是年轻党员；第二，文化水平比一般干部高；第三，有组织工作能力，素质好，对党的知识了解多。我父亲过去是村内老干部，当过文书，所以村干部、村内农民对我了解，都想让我回来当干部。通过乡领导做工作，我也愿意回来。

问：当领导以后，感到困难的是什么？

答：没有经验，对村内情况不熟悉，工作起来有困难。同过去我在学校教书的情况完全不一样。

问：你父亲当干部，在群众中有威信，是否对你当干部也是有利条件？

答：可以这样说，我受我父亲影响很大，愿意为社员服务。但是出身不是重要的，主要是人的品质，是否适合当干部。

问：干部应该有怎样品质？

答：有为人民服务的思想，要严己宽人。

【干部调整】

问：昨天我参观花园村，那村经济发展快，变化大，你对该村有什么想法？

答：花园村是我们学习的榜样，该村原来经济基础好。我们村原来基础不好，村干部中家族观念严重，姓马的和姓王的干部合不来，影响工作。村内马家多、王家少，如果村干部偏向王家，肯定工作不好开展。乡党委考虑了这个问题，才让我回村，不回来不行。

问：你回来能解决问题吗？

答：过去村领导是姓王的、姓张的，现在改成姓马的，村内事好办些。

问：你当书记，姓王的村民是否有意见？

答：没有意见，因为我有诚信；再说村主任是姓王的，叫王维宝。

【农业学大寨】

问：村党支部与村民委员会是什么关系？

答：是领导与被领导的关系，村委会是在党支部领导下进行工作的。

问：你参加并了解学大寨的情况，请你谈谈这方面的情况。

答：抽出去专门搞农业学大寨，我们村就我一个，我们乡共抽出来10人。

问：为什么抽你去参加学大寨工作队？

答：这是乡内挑选的，第一，我是高中毕业。第二，我年龄20岁左右，都符合工作队员的条件。

问：你想去吗？

答：愿意去，这是公社党委挑选去的。

问：工作队搞什么活动？

答：那时上级号召，全国学大寨，学习

大寨艰苦奋斗的共产主义精神，农忙时一起搞生产；农闲时搞政治运动，学习文件。

问： 你什么时间参加的？

答： 1976 年 11 月，在县内集中学习一个月，地点在县招待所。

问： 学习什么内容？

答： 学习政治理论，上级的文件精神，每天学习 6 个小时。其余时间自由活动。

问： 参加学习有多少人？

答： 全县有 400 余人。

问： 都是农村的人吗？

答： 不是，农村的人占 1/4，100 人左右，大部分是机关的国家干部，还有一部分是比较好的工人。工人占的比例很小，没有年龄限制。

问： 农村挑上来为什么要年轻、有文化的？

答： 准备培养国家干部。

问： 学习期间都干什么？

答： 听大报告，就像上课一样。课后回到宿舍讨论，互相交谈。平常没有事，也不回家。

问： 自由活动在一起吗？

答： 不在一起，有时三三两两在一起。

问： 一起学习有好朋友吗？

答： 有，如三唐乡的马旦俊，现在还有往来，每年都见面。

问： 马旦俊现在干什么工作？

答： 现在在村内当教员。

问： 学习完了干什么？

答： 组织工作组，到各村开展活动，一个工作组多的 7～8 人，最少的 3 人。

问： 你分到哪个村了？

答： 我去的是王果铺乡的栾庄村。

问： 去多少人？

答： 一共 7 人，组长是粮食局的，副组长是电力局的，都是上岁数的中年人。

【整党整风】

问： 到村内干什么？

答： 整党建党，整顿干部队伍。学大寨的 3 年，实际上是整党整风的 3 年。

问： 整顿队伍，影响生产吗？

答： 不影响生产，那时白天劳动，工作组的人同社员一起下地劳动，早上 5 点就下地干活了。晚上发动栾庄党员和青年进行整党整风。

问： 冬天也 5 点上工吗？白天劳动干什么活？

答： 同现在不一样，青年大部分上河工了，留下的男女劳力一早就下地，白天深翻土地，连续搞了两年。

问： 晚上干什么？

答： 组织党员、青年学习，给本村干部提意见。

问： 参加学习有多少人？

答： 村内大部分都参加了，有 100 多人。

问： 每天都这样学习吗？

答： 冬天共 3 个月时间，每天晚上都这样干。

问： 干部怎么办？

答： 经过批评、帮助，思想整顿好了，就领导群众搞生产。

问： 3 个月后，工作组是否撤走？

答： 不撤走，继续留在村内，贯彻上级“一、二、三”的规定，劳动 100 天，每月学习 10 天。

问： 什么是“一、二、三”？

答： 上级规定：县干部每年需劳动 100 天，乡干部 200 天，村干部 300 天，这就叫“一、二、三”。

问： 你在那村工作多长时间？

答： 我在栾庄工作了两年。

问： 你平时在村内干什么工作？

答：每月有10天劳动，10天学习，10天深入到户内访问，搞调查研究，就是调查村内群众提出的一些事情。平时还要写心得体会，向组长做思想汇报。我们村是县内的典型，有一个县长专门抓这个村的工作。组内有两个农村青年，我是其中一个；还有县教育局副局长、粮食局局长、县内材料员。

【整顿村干部队伍】

问：这是模范村吗？

答：当时是最乱的一个村，是三类村，干部问题比较多，群众思想落后，生产上不去，所以就派去工作组。好的村庄不派工作组。

问：后夏寨进来工作组了吗？

答：来了，工作组有6人，其中农村干部1人。

问：当时后夏寨是落后村吗？

答：是比较难办的一个村，干部不团结，生产搞得不好。

问：那时书记是谁？

答：王玉庆，这次整顿把他整下去了。

问：选谁上来了？

答：选张良臣，干了一段又不行了，王玉庆又上来，都有自己一帮势力。

问：张良臣能力怎样？

答：可以，工作方法少些。

问：栾庄村也是干部问题吗？

答：也是干部之间闹矛盾，不团结。

问：你们怎么去解决的？

答：对干部主要是教育，书记没有撤换，继续工作，又从村内党员中提拔一个年轻的副书记。

问：为什么要提拔一个副书记？

答：他在村内威信高，有高中文化，党员对他评价也好。

问：两年以后，这个村有变化吗？

答：干部齐心了，社员干劲也大了，生产也搞上去了。

问：现在栾庄怎样？

答：现在不错，生产、经济都很好，提拔的副书记，现在还是他当。看来干部是很关键的，好坏影响到整个村子的发展。

问：是不是选干部最重要？

答：对，干部要好，搞团结，群众就拥护，村内乱七八糟的事就少。如果干部不团结，不好，村内的宗派、家族问题以及乱七八糟问题就会出来。

问：后夏寨学大寨后有变化吗？

答：本村原来干部不团结，上级任务完不成，所以上级才派来工作组。工作组来了先整干部，批评帮助王玉庆。王玉庆想不通，工作组报公社党委。党委就把王玉庆的书记免了。把张良臣提为书记。

问：是否村内情况好了？

答：暂时好了，因为张良臣上台，换了一批干部，都是张的观点。村内根本问题没有解决。张上台不到两年，王玉庆又上台了。1980年王玉庆又上来了。张良臣势力不大，本村只有一户姓张的。

问：现在还有这样的问题吗？

答：没有，我、王、张，谁有能力谁干，不管是大姓小姓。

问：王玉庆是怎么又上台的？

答：工作组撤走，王玉庆有工作能力，张良臣不行，所以乡党委又同意王当书记，把张撤了。

问：村书记是任命的，还是选举的？

答：是公社党委提名，由村内党员选举。

问：哪个重要？

答：关键是村内党员选举，如果党员不选你，你也上不去。

问：有不一致的吗？

答：有，如王玉庆二次上台选举时，15

个党员只有3名党员举手赞成，其余都不同意。

问：上级怎么办？

答：党委派了3人工作组来到村内，对党员逐个访问做工作，思想做通了，又进行选举，通过了，是2/3赞成通过的。

问：你思想通了吗？

答：我是一开始就赞成王玉庆的，3人举手其中有我一票。

问：你为什么赞成？

答：我认为王玉庆工作有能力，能领导好。

问：有1/3不赞成的都是什么样的人？

答：都是老党员、老干部，对王有成见。

问：王玉庆通过反复做工作上的台，工作好开展吗？

答：王再次上台，工作作风有改进，态度比以前好些，过去对他有意见的人，慢慢地意见也就少了。王上台，支部委员，一个是王维清，所以还是王玉庆说了算，后来又把王维宝提上来当大队长。

问：那王玉庆再上台，干部班子建设没有多大变化？

答：是这样的，后来又不行了。

问：提王维宝根据是什么？

答：大胆泼辣，有工作能力。

问：王维宝同王玉庆观点一致吗？

答：不一致，是根据工作需要提上来的，像王维宝这样的，村内也没有了。

问：你是什么时候入党的？

答：1977年6月。

问：王玉庆后来工作怎样？

答：工作不到一年就病了，主持工作的有副书记吴丙臣和大队长王维宝。

问：吴丙臣怎样？

答：比王玉庆厚道、正直，心胸开阔，是不错的干部。

问：他的家族多吗？

答：不多，但群众拥护。张良臣下台并不完全是因为小姓，村内就他一家，关键是他个人利益严重、遇事斤斤计较。

问：吴以后书记是谁？

答：就是我了，吴干了两年。

问：你当书记前在什么地方教书？

答：在王庄中心学校当教员，教初中一年级语文。

【村的经济与副业】

问：今后你村经济是怎么考虑的？

答：各户都有副业，养鸡、养牛、搞柳编、织地毯等。今后要办村办企业，没有企业发展不了。自己可以办，村也办，以村办为主。根据现在形势，私营企业也要大发展。农民光指着种地是不可能的，农业上负担太重。我村搞私人企业，发展都比较快。村办起来，可以把全村搞富。

问：柳编、地毯都什么时候搞？

答：柳编都是冬天闲时，家家都搞；织毯平时就有。

问：你家搞什么副业？

答：我在1989年在外边跑买卖，搞了50万斤辣椒。有红辣椒、尖辣椒，出口毛里求斯。我个人搞的。

问：效益怎样？

答：可以，搞了3个月，纯利不到3万元。

问：后来又搞什么？

答：和别人一起搞落地油，即东营油田喷出来的落地石油，然后运到河北冀县加工成松焦油。

问：你和谁？

答：同王志华一起搞，他有推销能力。我负责到油田购油，他投资。

问：供应多少油？

答：每月 20 吨。用汽车（雇的车）运到河北省加工。因为非本地加工，县内不给执照。

问：你一年能收入多少？

答：2000 元到 3000 元。

问：王志华收入多少？

答：他收入多，因为他投资 15 万～16 万元，担风险，管推销，每年可收入好几万元。王志华已是大款了。

问：你每次去搞油，影响书记工作吗？

答：每次去 3 天就行，胜利油田我有熟人，不影响书记工作。

问：别村书记也搞副业吗？

答：有搞的，也有不搞的，但现在大部分都搞点挣钱的副业。

问：你组织本村人搞落地油不行吗？

答：一是没有资金，二是没有推销的人才。

【组长素描】

问：今后村内搞什么企业呢？

答：打算从副业入手。

问：本村 5 个生产小组各有什么特点？

答：没有什么特点、种植品种、耕地的面积都差不多。所谓差别，各队土地有好有坏，人口多少也不一样。

问：5 个组长有什么优缺点？

答：5 个组长工作都很认真，脾气不一样，有内向的，有外向的。一组马德忠，工作负责，忠厚老实，缺点是工作有些拖拉。第二组组长王会忠，同一组组长一样，差不多。三组组长王维清，兼大队秘书，在群众中有威信，工作不错。

问：为什么他有威信？

答：脾气好。第四组是王会清，工作也可以。王会忠，我见过，工作仔细，积极。他实际上是工作很粗，很泼辣的人。第五组李连春，办事公道，内向，不爱说话，工作可以。

问：组长都是党员吗？

答：李连春、王会清是党员，其他 3 个不是。

问：大队干部都是党员吗？

答：3 个组长不是，妇女主任不是，其他都是。

问：普通村民中有党员吗？

答：有 8 个。

问：普通党员起什么作用？

答：起带头作用，有搞副业的，有做买卖的。

问：你父亲为什么不是党员？他一直是老干部？

答：他不愿意参加，看法不一样。虽然“土改”和历次运动都是老干部，也动员过他入党，他就是不入。为什么，我也说不清。村内有老干部，工作思想好的，不是党员，还有，并不奇怪。

问：你入党时，你父亲同意吗？

答：同意。

问：你希望你的子女以后入党吗？

答：希望他们以后跟着共产党走。

问：希望他们干什么工作？

答：我两个孩子都在上大学，以后工作志向，由他们自己选择。

展成德（平原县外事办公室主任）

时　　间：1994 年 8 月 19 日上午

访 问 者：浜口允子　中生胜美

翻　　译：齐秀茹

场　　所：平原县宾馆 209 室

【生活简述】

问：请你谈一下个人历史和你所知道的十里铺乡的及后夏寨村的情况？

答：我父亲于1945年参加八路军，后来牺牲了，我是我母亲抚养成人的。1945年父亲去世时，我还不记事，他在淮海战役中牺牲的。我父亲去世时，母亲才20岁。我母亲、我祖母和我三人留在家里生活。

问：你母亲情况怎样？

答：我母亲现在还健在。我家在十里铺乡烟台村，分东烟台和西烟台，我家在西烟台。我小学在本村上的。

问：你上学喜欢读哪门课？

答：喜欢数学和绘画，在本村上的小学，后来又到陈屯上的"完小"，即小学五、六年级。我是1958年毕业的。

【合作化运动】

问：1956年以前你村情况怎样？

答：1956年以前，我们村土地在"土改"后都分给各户种，后来搞互助组，在很短时间变为初级社和高级社。

问：初级社存在多长时间？

答：很短，约半年时间。互助组时，土地以及收割，仍归自己所有，只是劳动互相帮助。

问：你家有多少地？

答：6~7亩地，家内没有劳动力，家境比较困难。因我家是烈属，村内照顾，找一个劳力帮助我家耕种土地，这个人是村内出钱雇的。

问：你们参加的互助组有多少户？情况怎样？

答：一共3户，都是贫穷的。富户不要我们，因为是自愿结合。

问：你们村有地主、富农吗？

答：有，地主有2户，富农有3户。

问：你家赞成互助合作吗？

答：非常赞成，因为我家没有劳力，村内雇的人来干活，很偷懒，劳动效率不高，我们每年收成很少。经常换人，仍然如此。所以我母亲和祖母都非常赞成互助组、合作社，很积极。

问："土改"以后，村内有不愿意参加合作社的吗？

答：有，主要是中农，因为中农自己有土地，有牲口、大车和较多的生产工具，劳力也充足，自己种地收成也很不错，不愿参加合作社。贫农不一样，"土改"后，没有牲口、农具也很少，收成不好，拥护合作化。中农思想是"20亩地1头牛，老婆孩子热炕头"。

问：高级社时，村内牲口是否遇到破坏？

答：有，不明显。比如中农家的牲口，怕进入高级社后，牲口不是自己的了，所以入社前拼命使用，不爱护，"反正不是自己的牲口了"，所以入社时，牲口都很瘦弱。

问：高级社时经济效益怎样？

答：经济效益很低，那时农村实行工分制，劳动一天按工分计算。由于生产力水平低，收成不好，所以到年终结算时，一个工分只值2~3角。一般户除了分到口粮、柴草外，工分所余无几，有的户劳动少、工分也少，分到的口粮和柴草，还要拿出钱交给大队。比较好的户，除了分到口粮和柴草外，分到钱也只有百十来元。

问：高级社的领导是怎么样的干部？

答：都是初级社的干部，合并到高级社去了。过去这些出身都很贫穷，对"土改"分地都很积极。

问：干部中有复员转业军人吗？

答：有，高级社时很少，我们村只有1人，还是有病回乡的。

问：合作社时村内有党员吗？

答：有。我们村解放前就有党员，我父亲参军前，也是村干部。

问：你是党员吧？

答：我是1975年入党的。

问：你父亲什么时候入党？

答：参军后很快入党。

问：解放前村有党组织吗？

答：有，同后夏寨村情况差不多。

【“大跃进”】

问：“大跃进”时村内情况还记得吗？什么“小老虎队”、“穆桂英队”等，你知道吗？

答：我1958年休学一年，因为考数学，老师出了难题，我思想上受刺激，晚上失眠，所以休学一年，回村参加劳动，主要是放羊。我记得“小老虎队”，年龄不大，主要干农活。他们干活用两根棍子（画图），运高粱、玉米，拔草也用它，拔完草，“小老虎队”们都送到牲口棚去。

问：“小老虎队”成员是青年，还是儿童？

答：不是青年，类似于儿童团，但不是正式组织。

问：“大跃进”你在村内多长时间？

答：一共一年，放羊半年，干活半年。“大跃进”的高潮不到一年就结束了，实际上在1958年底就不行了。因为1958年丰收，粮食很多，“大跃进”成立了食堂，大家随便吃，不计账、不交钱，吃多少都行，浪费很大。地里很多粮食没收上来，也浪费了。食堂吃了一两个月，就把粮食吃光了。

问：没有粮食怎么办？

答：1958年冬天就不行了，很多村民没有吃的，村内就实行定量。各家已没有锅，食堂每天每人发两个窝窝头，后来就发一个。冬季，我家只发到10多斤粮食。1959年麦收不好，1959年生活也困难。

问：1959年为什么收成不好？

答：一是管理不好，二是1958年冬天没有粮食吃，社员没有积极性去种地。

问：有没有自然灾害？

答：1959年麦收没有影响，秋季雨水大，受水灾影响。

问：1960年是否好些？

答：1960年还是不行，真正困难是1960～1962年，三年自然灾害，也叫三年困难时期。自然灾害，主要涝灾，雨水太大，地都淹了。下雨时间很长，这是1960年到1962年，3年都是涝。

问：你中学时代吃的还可以吗？

答：不好。1959年春天，我考进聊城地区交通学校学习，那时肚子吃不饱，不安心学专业，主要考虑填饱肚子。

问：自然灾害在十里铺乡很广吗？

答：很广，很普遍。

【德州工作】

问：你什么时候毕业的？

答：只学了两年多，没有毕业。因为那时，德州和聊城合为一个地区；1962年两个地区又分开了，德州地区的学生回本地区，我就回来了，没有再上学。

问：回来后你干什么？

答：回到德州地区，给我们分配工作，我就参加工作了，也算毕业了。

问：干什么工作？

答：开始分到交通局公路站，干养路工，在平原县。

问：住在什么地方？

答：住在交通局内。

问：多长时间？

答：很短，那时还是困难时期，吃不饱，干了半年，我又进了德州地区公路交通干部培训班学习。

问：你学习时，家内只有祖母和母亲了？

答：祖母在 1958 年冬季去世，家内只有母亲一个人，因为生活困难，到县城投奔我舅舅家生活。

问：在德州学习多长时间？

答：不到一年时间，这所学校也是从聊城分过来的，不到一年又解散了。

问：解散了你干什么工作？

答：回平原当临时工，就在王打卦砖瓦厂工作。

问：干多长时间？

答：干了 3 年，一直干到 1965 年底。在这段时间，干过烧窑、开动力机器。1965 年底我考到胜利油田一所油建机械学校。1967 年调到河北徐水勘测公司工作。我是分配去的，在油田学校没有毕业证书。在徐水一直到 1980 年。

问：你是在徐水入党的？“文化大革命”时在徐水？

答：对。“文化大革命”开始是在胜利油田。

问：在徐水干什么工作？

答：绘地形图。

问：1980 年又到哪里工作？

答：1980 年回到平原，因我母亲在平原。

问：是自己要求回来的？

答：是要求回来的。

问：回来后干什么工作？

答：开始在政府办公室工作，做秘书工作。

问：秘书工作做些什么？

答：写点文章，起草报告。

【基层选举】

问：一直干这些工作吗？

答：政府换届时，我干行政工作，管政府印章。

问：什么叫换届选举？

答：原来是叫县革命委员会，这时撤销了，通过选举，正式成立了县人民政府。这是 1980 年期间。县内和乡内是同时换届。乡内选出代表，参加县人民代表大会，然后选出县政府。

问：乡代表是怎样选出的？

答：那时不叫乡，是公社革委会提名，先选出乡内代表，然后从乡代表中，选出出席县内的代表。

问：每乡选多少人？

答：每乡选出 10 多名代表，参加县代表会。乡内代表在 50 人左右。这些都是人民代表，是从各村选出的。各村代表 1 ~2 人。

问：村代表都是什么人？

答：书记、村长为多数。另外乡内还要考虑到妇女代表、少数民族代表、表现好有成就的人等，这些代表人数少。

问：代表中都是党员吗？

答：不是。有党员，也有不是党员的，不要求是党员。

问：乡代表同县代表是什么关系？

答：是一致的，有的既是县代表，又是乡代表。

问：1980 年县代表是由公社代表选出的吗？

答：不是，是直接选举，全民投票。

问：全县二三百名代表，由谁来主持选举政府机构？

答：当时由选举筹备委员会负责。

问：后夏寨要选举干部。谁来管理主持？

答：由原来的村革委会主持。

问：村内选代表，投票箱设在什么地方？

答：设在大会会场，18 岁以上公民都投票。

问：各村投票率能占多少？

答：大概是 95% 以上吧！

问：能做到吗？

答：选举以前，各级选举筹备会做很多宣传工作和发动工作，我当时在县筹备会，就是做这工作，目标就是要大家参加选举，达到95%以上。

问：乡内代表大家了解，好选举，县内代表村民不了解怎么选举？

答：县内代表名额，分配到各选区选举，事先由县内介绍各代表的情况，由选民直接选举。

问：选区的划分同行政区划分是否一样？

答：不一样，具体的说不清。如十里铺乡的12名代表，选出后，有的既是县代表又是乡代表；有的是县代表，不是乡代表；也有的是乡代表，不是县代表。

问：像后夏寨村只选一名代表吧？

答：不是。后夏寨同周围几个村组成一个选区，可能共同选出5名乡代表，1名县代表，不是一村选8个。我了解上面选举情况多一些，对下面选举情况了解得不多，请原谅。

马会祥

时　　间：1994年8月13日上午

访 问 者：顾琳、张利民

场　　所：马会祥家

【人口的增加】

问：解放以后，人口增长速度快吗？

答：解放初期很快，1960年以后不快了，死了很多人。1963年开始又快了。1963年年景好。

问：看上报的表，增加的人不算多，没有几个人。

答：1963年才开始快了。

问：哪年生的人最多？

答：我是掌握人口的，哪一年都是20多人，24人到25人，这是计划生育以前，人口增加得多。计划生育开始时增加的人也多。当时管得松点，光有号召，没有实际抓措施，人还是增加得多。近20年来，1976年以前，人们生活也好啦，生的也多。

问：“文化大革命”期间，1976年以前，生的人口最多。那时候普通的家庭生几个孩子？

答：有生3个的，也有生4个的，少数也有生5个的。生4个的多。1978年，计划生育生3个，也就是最多也不能超过3个，号召生两个，3个孩子的就做绝育手术。这是1978年、1979年。

【人口的管理】

问：人口统计每年都数吧？

答：不是数，是报户口。谁生了小孩谁报户口，超过的，公社不给报户口。计划生育嘛！不给报户口，不给粮食，什么也不给。

问：自己去报？

答：对。不报户口，什么也不给，到了年底清户口，一年一清户口，村里一本户口册，乡里一本户口册，到年底上去，你这样，我那样，对不上不行，过年的时候会计拿着户口册，一家一家地核对。到那时候都填上了！

问：这是1978年以前吧？

答：对，到现在还是这样。当时怎么清？还没有生呀，还有迁户口的，这个妇女到那里去了，就是在一个社，与她那里的不一样也不行，不是光填出生的人，还有嫁娶的。

问：从什么时候开始准呢，是计划生育前户口册才准吗？

答：当时有一个孩子给几尺布票，几斤粮票。给6尺布。

问：这是哪年？

答： 1964 年是“小四清”，1966 年是“大四清”。1964 年以前这么办。

人口数字基本准确是 1964 年以前。因为生一个孩子国家给发布票，粮食计划，是与计划联系在一起的。1964 年以后的大“四清”，即 1975 年、1974 年。图为中国计划生育从“文化大革命”前就开始啦，这一段的人口数字就不太准确啦。

问： 报户口及时吗？

答： 不很及时，不是立即就报户口。每年年底拿村里的户口册跟乡里的户口册对一次，如果对出来村里的户口人口少，就再加上，就不用报户口啦，乡里承认，户口还是报上了。每年报一次户口，经核证对实了，人口数字就出来啦，再向上报。

问： 村里每年向公社报一次？

答： 对。

问： 这个数字是准确的？

答： 对，准确。公社再向上报。是在年三十夜 12 点前的数字，以后的就不算了。这是有规定的。

问： 生了一个孩子，马上就给他一个户口吗？

答： 给户口哇，有卡片。

问： 是村里给吗？

答： 不，是公家制的，写好以后，一式两份，咱一份，他一份，以后就按这个执行啦。给户里卡片，户里再给咱，咱再放在咱这儿。这就是操作规程。这么个规定。计划生育以后，卡片制度就不那么严格了。

问： 卡片是派出所的吗？

答： 从农村来说就是公社的，村里也有户口，但没有权制卡片。

问： 大队的统计表跟户口册一样吗？

答： 一样。

问： 我们看过大队上报的表，有的地方不一样，也就是跟户口簿不一样，户口簿少。

答： 报的比实际人数多，这是年底报的数字，户口簿不是年底的统计数字。

问： 哪个是实际数字？

答： 咱报的是实际数。我报的，别人有现凑的，我不凑，我实数实报。今天走一个记一个，生一个记一个。

【人口的变化和原因】

问： 咱们村除 1960 年死了好多人，好像人口增长不快。

答： 不快，1962 年景好了，人口就多了。

问： 年轻人多，还是小孩多呀？

答： 年轻人多。20～30 岁的人多。

问： 小孩不多？

答： 计划生育一人一个，不多生，一个月一查体，还没有怀孕呢就来查了。现在又有机器，一检查就知道你怀孕了。

问： 解放前生孩子多，死的孩子也多，这种情况什么时候就没有了？

答： 解放以后就没有了。以前不仅小孩死得多，妇女也死得多。

问： 这是解放前吧？

答： 对。月子里死的小孩也不少，那时的孩子一般说抽风啦，实际上是护理不好，现在计划生育，孩子不死了。

问： 计划生育前，小孩死得多吧？

答： 多一点。计划生育后，接生员也强了，医疗也好了。生孩子之后，大人小孩子都好了。死得很少。

问： 这村的姑娘嫁出去的多吗？

答： 这几年闺女不出去，小子也不到外边去。

问： 年轻人也不出去？

答： 闺女不外嫁，小子也不出去。

问： 没有出去的？

答： 有，很少。本村方便。现在计划生育，家里有什么事叫起来方便。

【户籍和门牌】

问：外村外县嫁到咱们村的多吗？

答：有，也不多。

问：如果我们查他们的户口簿，找门牌号码，门牌是什么时候定的？

答：有时候有，有时候又没了，没了之后又定。

问：是公社抓的？

答：答。每个村多少户，公社都做好了，谁家是多少号多少号，公社发牌。

问：要想知道你住的地方？

答：有门牌的时间很短，才两年。

问：公社定，在你门上钉上号码，是吗？

答：对。

问：只有门牌，没有户是怎么回事？如前街 1、2、3、4 号有户主，5、6、7、8 只有门牌，没有户主。

答：光盖好房了，没有人住，是空的。如有老的有小的。老的住在这边，孩子住在那边，门牌发了两上，前宅一个，后宅一个，实际上住着一个人。

问：那我原来说的是错误的，有人住，但是分家了，这里有个老宅，又盖了新宅。门牌可能在新宅，老宅就没有门牌了，有门牌没有户主？

答：户主还是这一个人。

问：分家后，户主没有变，但实际上是两家人啦，对吗？

答：对。如我家里，老人在这里，小孩子们搬走了，这宅子没有人了。

问：这是一种方式，分家是另一种方式。分家以后，儿子住在新地方，或者儿子住老地方。过去我不明白，有的有门牌没有户主？

答：有这种情况，如王杰三，人迁走啦，到外边当干部去了，可家里还有房子，他也有门牌。

问：他家里什么人都没有了？

答：是。

问：户口在村吗？

答：迁走啦。

问：叫什么名字？

答：王杰三。他家有两处房子两个门牌。

问：现在人在哪儿？

答：平原商业局当干部。

问：一般干部？

答：商业局长。

问：他是这个村的人？

答：对，这个村的人，他的房子还在村里。

问：他的户口在这里还是在城里？

答：他父母都死了，家里没人了，户口不在这里。他家两处房子没有用过。他是有房子，人不在家，还有门户。他在外边也盖了新房，这是一种情况；还有的是一个户主两处房子，写的是一个人的名字。

【年龄、性别、人口构成】

问：现在我们看的人口年龄各阶段的差不多，就老年、中年、青年、小孩都像筒子式的，不知道是怎么回事，城市里老年人多，越到青年越少，越到小孩越少，是倒三角形的，像你说的中年人多，就是这样的，老年人少，小孩少。

答：是。一般的是一对夫妇一个小孩，小孩占得少，老人是兄弟俩，一个老人，老的占得少，中间占得多。

问：还是当中的数字大，30 ~ 40 岁、40 ~ 50 岁的多。可从表上看各段的年龄差不多，这不准吧？

答：户口上是准的，一般情况下，一个老人有两个儿子，两个儿媳，这就 4 个孩子，这两对夫妇只能各有一个孩子，计划生育不能多生，还是当间的人多。

问：城市里老年人多。

答：这个问题没有研究，这是个社会问题，我说不清。

问：解放前日本人搞的调查，人口也是这样的。

答：现在与从前不一样，现在是鬏鬏样的，上边小中间大，两间小中间大，也叫疙瘩样的。

问：我想应该是疙瘩样的，可统计表上表现出来的是筒子式的。

答：从现在农村看筒子式的不合理，不可能是那样的。小孩和中年来看，现状是小孩少。

问：多大岁数算小孩？

答：10岁以下的就少了，10岁以上的不少，当时其父母可以生两个孩子，15岁以上的，生三个两个的都有。你现在说的这种现象我们这里没有研究过，不是统计表上画得不准，是交错。

问：我们看看人口？

答：最近有个人口普查，6岁以下是个段，6～11岁是一段，11～60岁又是一段。我怎么记得6岁以下是一段呢？我的孙女今年5岁。

问：报户口，从前有布票补助，跟粮食挂钩，以后就没有这个了吧？

答：怎么没有关系呀，报不上户口不行。1982年以前报户口跟土地、粮食有关。1984年分的地。

问：你们有没有多报几个人的？

答：没有！上边还根据人口要东西呀，户里按人口分地，上边按人口要东西，如挖河100个人中出多少人，麦季收麦子一亩地一口人拿多少，摊派也是按人，人口数字必须是实的。

问：是好事，也是坏事。

答：从1980年至今，人口数字都是实的，有漏掉的年底补上，这事不是很及时的，你统计上了，可是还没有生，有点误差；基本上是实的，越来越实。现在生孩子有出生证，没有出生证，户口报不上。

【村内结婚】

问：我看了几家的户口，有几个家庭生的女孩多，男孩不多，这些女的多半是嫁到外村，是嫁出去吧？

答：嫁到外乡了。

问：与本村结婚的多吗？

答：有一户6个闺女，嫁到槐庄两个，本村3个，大港一个。

问：解放前与本村的人结婚的多不多？

答：很少很少。这是因为本庄的都知道对方的情况，不愿嫁到本村。现在外村虽好，也不定赶上咱们这里呢。不嫁本村还有一个说法，认为“近了不是亲家”，天天见面还亲吗？远了呢，时间长不见，见了面就更亲了。所以解放前姑娘结婚都向外走，现在大部分在本村，住得近，干点活方便。

问：近了矛盾比较多吗？

答：也不多，没有什么矛盾。对方有活，如拔麦子可以来帮忙，更好啦，互相合作。

问：这种情况是在十一届三中全会以后才这样吗？

答：从1980年以后，分田到户以后这种情况才多啦。

问：与本村人结婚是两人恋爱结婚的，还是经人介绍？

答：有媒人。有很少很少的人是自由恋爱结婚，这也是刚兴这个。

问：自由恋爱的人也有？

答：也有，少。两个孩子自己愿意，也得经过媒人，找个媒人，显得好看，与城市不同。也有这样的。咱有个闺女，感觉孩子很好，家庭也挺合适，就找别人介绍。

问：这是家长找别人说媒，她本人同意吗？

答：都见面，是本村人啊，外村的也得见面。

问：人均产粮哪年高？

答：这两年有灾情，粮食产量不算高。

问：我们看的1966年和1977年最高，从解放以后这两年最高，不包括分地以后。

答：是。

【工作队与农业生产】

答：1966年我村来了工作队，县里组成的。

问：干什么的工作队？

答：也抓生产，有什么问题，解决什么问题，贪污的事也管，这是1977年。1966年是“文化大革命”。1978年整建党，干了两年。

问：1977年呢？

答：1977年工作队来了抓生产。

问：工作队都是由什么人组成的？几个人？

答：县政府组织的。一个队1个人，共8个人。

问：1977年粮食增产与工作队来有关系？

答：有关系。没要我们施化肥。人家的方法对，他们来了以后，把人们睡觉的炕全拆了，因为烧过的炕有劲，上到麦子地里了。断墙、老房墙皮都推到地里去啦，这些土肥上到地里，产量特别高，产麦、玉米42万斤。

问：土肥用了一年吧？

答：一年。第二年人家走了，不管了，产量就下来了。

问：这是好办法吧？

答：是个好办法。为什么增产？上级又没给贷款，全靠这些。土炕二三年一换。

问：为什么生产那么高？就因为这个办法吗？

答：当时是集体生产，情绪不太高，没有工作队积极性不高，工作队来了让干，不干行吗？工作队来这个村，为了让上级说个好，自己也带头干，把产量搞上去，说明工作队做出了成绩。拆炕、墙等也有不愿拆的，工作队给他们做工作。有的炕也扒了。

问：别的村也这么搞吗？

答：我们村是试点。

问：工作队有口号吗？

答：没有，晚上开会，带头生产，没有什么口号。

问：工作队的人现在村里有吗？

答：没有。

【工作队的成员】

问：他们是干部还是技术人员？

答：有干部，也有工人，什么都有，没有技术员。有工交的一个主任，一个组织部的副部长，党委系统的人。

问：叫什么名字？

答：刘洪土，他当时是组织的秘书。

问：现在呢？

答：已退了。后来当了机械厂的书记。

问：他是组长？

答：他不是组长，组长叫朱纯（音），后调到济南去了。

问：他当时是什么干部？

答：工交办公室主任吧。

问：1977年一个是年头好，另一个是由于工作组来了，扒土肥。

答：对。

问：那时候在你们村住多长时间？

答：两年。

问：住在你们家吗？

答：在村里找了一个院住，自己做饭。现在查到了，工作组长叫周文昌，当时他是统计局副局长，后来当了计委副主任。

问：现在是计委副主任？

答：省统计局副局长。

问：工作队怎么工作，与村干部什么关系？与老百姓什么关系？

答：当时我们是工作队的试点，不是村村都有，那时候每年都向农村派工作队，工作队人员的组成有县领导干部，从各部门抽的一般干部，也有从农村抽出来的青年培养干部，还有从工厂出来的工人，培养对象，这么几部分人组成的工作队，深入到农村，帮助农村生产闹翻身，提高产量。每年都派工作队，有时候派得多，有时候派得少，今年还派了18个人呢。

我的老三，在外边工作队干了3年了！

问：这样的工作队是1977年哪个时候来的？

答：秋后。1976年秋后，1978年就走了。地里没有活了就走了。一般的搞一年，抽调干部一年，可咱这儿住了两年。

问：是11月份左右吧？

答：你说的是搞“四清”吧，这与那不一样。

【工作队的工作】

问：每年的工作队都是秋后来，大概11～12月份。社教是冬天来，这是社会主义教育工作队。1977年抓生产，1978年抓整党。

问：12月刚冷，把炕拆掉了怎么办？

答：有的人不愿意，给他们做工作。一边拆一边垒炕。春天脱坯。脱坯就是把泥放上草，脱成砖一样的东西，盖房垒炕都可以用。

问：每年春天做坯？

答：是。

问：每年12月份拆炕？

答：12月有拆的，但过完年拆的多。拆炕土上到麦地里。解放前也好，解放后也好都是六月天里，割了麦，拆了炕，上棒子地。工作队来了要求上麦子地，地里还没有化冻，拆了炕上到地里，一浇水就行了。

问：那年为什么增产？

答：以前的数字也不是很准确的，到他们来的那年，上边也支持工作队，给点油，浇地用，麦子产量就多了。因为扩大了浇麦的面积。

问：你们那时用的劳力比平常多吗？

答：发动劳力，给户里开会，工作队也积极，当干部的也积极点。

问：1977年的产量能代表咱村的实际水平？

答：这年的产量特殊，是工作队搞上去的。

问：1978年下降是因为没有那样的特殊情况吧？

答：当时就是这样，派的工作队，下乡后就想把工作做好，他们要油，上边也给，过去咱们，或他们走了之后，这条件没有了。再说，1978年再用这种办法，产量也上不去，跟瘦人一样，你胖起来了，再吃好的也是那么胖，地力在产量低的时候好搞，一下子就看出来了啦。好的单位再搞好就难啦。

产量真正高是1980年以后，即分田以后。

问：工作队的要求，当时你们有什么感觉？

答：人家帮助咱来工作，与干部们结合搞工作，互相帮助，更好了，没有对抗的矛盾。别的也难免会有。

问：工作队在村，安排工作是通过村干部吗？

答：跟咱一起开会，如到公社开会传达新精神，工作队去，村干部也去，回来共同商量怎么干，他们是帮助咱呢，还是以村里干部为主。

问：他们在这里吃的你们管，是不是？

答：吃的，我们不管，他们自己做饭。一般工作队是同吃同住同劳动，但他们不是同吃，自己吃自己的，住也不与村民一起，是同劳动。他们每人每天都有伙食补助费，县里给钱，你是我的队员，一天补助 1.5 元钱，下去一年有一年的，下去一个月有一个月的，都由县里负担。现在就不行了，现在的工作队大了，村里招待，乡里招待，县里也招待。现在生活好了，再加上工作队员有从村里调来的，也有厂里的，也有领导。有的人一个月 100 元，工资高的愿意吃好点，工资低的愿意吃差点。村子里收入好的，给他们买点酱或打点油不要钱啦。村里照顾，有这种现象。

【肥料】

问：那时候村民们也把炕拆掉吗？

答：一般一年拆一次炕。现在与以前不同了，现在炕很少了，有炕的也不愿意拆了，拆了上到地里去，还得再脱坯，老土送到地里做肥料的也少了，大都施化肥。10 家也没有两家拆炕的。

问：这是新的吗？

答：不是。到庄稼长得这么高的时候，把拆炕土放在禾苗根底部，一下雨就长了。炕土像好化肥似的，下完雨庄稼就黑上来了，很有效。

问：现在还用这种方法吗？

答：现在炕少，也不怎么做饭了，原来的与做饭锅台连在一起，现在不连在一起了。炕很费事，得脱坯，盘炕，拆土，往地里拉。太费事啦，不如买袋化肥施在地里省事。人富裕之后，条件好了。

问：1977 年他们来抓生产，1978 年还整党了吧？整党是什么内容？

答：整顿干部思想。不是整全部干部，有错误的就改。

【1978 年的整党】

问：全国都在整党？

答：不是。1978 年以后，全国没有统一部署，根据各地的情况，每年都有课题。有的少，有的多，1978 年可能是咱们省。这个村是个点，整党的重点是整顿党员干部的领导作风，惩治腐败现象。

问：那个时候，村里的领导干部都是什么人？

答：我是会计。整党的内容也包括调整支部领导人。

问：除会计外，有支部书记吧？

答：有支部书记。王玉庆就是那年整下去的。他当过兵。他下去之后换成张良臣了。

问：王玉庆就是因为整党下来的吗？

答：他那年下来的，过了二三年又上去啦，又干了一年吧，就死了。

问：队长是谁？

答：还没有大队长。当时有党的支部书记，两个副支部书记，5 个生产队。

问：整党时他们都被整了吗？

答：没有，只有支部书记一人，其他人没有事。

问：为什么让他上来呀？

答：吸收了新党员，叫马天祥，是这年发展的。我们的支部书记张良臣和吴丙魁都是副书记。“四清”以后当了正书记。

问：吴什么？

答：吴丙魁，已死了。

问：整党运动与不是党员的普通老百姓有关系吗？

答：没有关系。

问：他们也参加会吗？

答：开会就是学习，给党员干部提意见，检举揭发。

问：五六十年代，害怕给党员提意见，1978 年还是这样的吗？

答：不害怕。60 年代搞大批判，党员害怕，那时是整人，现在不一样，是这个意思。

党员没事，不斗干部。当干部的没什么事，什么都不怕。

我们这里整了一通，有的才拿出 1～20 元。什么钱呢？是到县里去开会，从大队拿的粮食换的粮票，有这么个情况。就这点事，也没有大事。

【“文化大革命”时期的生产】

问：“文化大革命”开始那年为什么收成好？

答：1966 年是大“四清”。7 月“文化大革命”开始，大“四清”开始，群众积极性起来了。

问：过去用比较多的时间搞运动，对生产有什么好处？

答：对生产没影响。搞运动时，上边都来人，又不吃咱，互相促进，根本影响不了生产。

问：1966 年为什么生产特别好哇？

答：与年景有关。1966 年全县大“四清”，村村派有工作队。工作队进村以提高产量为标准。一个工作队 4 个人。

问：他们也抓了生产吗？

答：抓生产。有个海军干部，工作队 6 个人，有两个部队的，还有一个姓赵的。

问：他们几月份进村？

答：3 月份。1966 年，8000 名干部，全县大“四清”。8000 名干部中以齐河县的干部为主力，配合部队的干部，我们县的干部只是一少部分，配合。

问：外地来的干部多？

答：对。外地来的干部整我们。进到各个乡村、机关。

问：是因为这里比较穷吗？

答：不，都是这样。1965 年平原县的干部到齐河整那个县的干部，1966 年整我们。

问：为什么死人？

答：有的人想不开，不是打死的。

问：齐河来人整咱这儿也整死人了吗？

答：个别的。咱村死了一个。

问：死的人你们知道吗？是什么情况？

答：知道。他是小队管理员。他的思想不开通，他已娶了儿媳妇，嫌丢人，上吊死了。

问：几队的？

答：四队的。

问：叫什么名字？

答：李敬唐。

问：死时多大岁数？

答：53 岁。他原来当过乡长，1958 年、1959 年时。

问：是脱产干部吗？

答：半脱产。

问：什么时候当的乡长？

答：1957 年或 1956 年。是小乡的时候。

问：哪个乡的乡长？

答：管着 6 个村。那是 1956 年。

问：他怎么想不开死啦？

答：他刚娶了儿媳，他怕丢人。

问：娶了儿媳怎么丢人呀？

答：怕人家提意见呀，群众对他意见多，给他提意见，大会上批判他，他认为自己当了老公公，是长辈，觉得脸面不好看，怕丢人，就因此事上吊死了。

问：他自杀了吗？

答：上吊了。阴历十二月七八号，腊七腊八那天。

问：他有什么大问题吗？

答：没有大问题。当时生活不好，拿了

点粮食，也不多。

问：是“小四清”吗？

答：“小四清”没事。工作队没进庄来，在公社开开会。1966年腊月是“大四清”，“文化大革命”后期还开除出党了。

【“文化大革命”时期的农业和水利】

问：那时技术方面有没有变化，比如说种子、化肥、水利方面有什么变化？

答：有，变化很小。1966年重点搞磷肥，全县统一大量搞。棉花良种仅仅是美棉种。

问：听说“文化大革命”中把黄河的水引到这里失败了，是1966年吧？

答：1966年也有。黄河搞到1966年，在聊城，那年搞了5个渠，最后成了废物站了。这是1958年的事。1958年开的五干，1959年废的五干，到1966年“四清”，黄河南又恢复了。1956年在聊城黑夜白天地干。1959年又到聊城挖河。

问：1965年和1966年黄河水没过来？

答：没有。1958年过来了，过来的水也没有用上，淹了很多地。挖的河堤没有打实。打夯也没有用，水的口子越来越大，两岸的地都淹了，没有成功。堤床裂了大口子。

问：1966年在种子方面，只有棉花种子有变化吗？

答：对，棉花种子变了。

问：水利没有变？

答：没有。

【打井】

问：肥料？

答：工作队来了号召打砖管井，地多少也浇了浇，咱地里的管井都是那年打的，深二三十米。打井为了浇地用。

问：是人推的还是挖的？

答：有斗子，用斗子把泥拎上来，转着用斗子把泥巴挖干，也是半机械化打井。先用砖把周围垒起来，也是圆的，然后再用机器把下边的沙子抽上来，这井就打成了。

问：是人工的？

答：对，人工的，先用砖把周围垒上，20多米。

问：共打了几口？

答：5口。

问：这对收成有好处？

答：有，可以用来浇地。使水车浇麦地。

问：是工作队还是你们自己搞的？

答：县里号召，也组织，也供给砖。

问：打井用的劳力多不多？

答：用的不少，两班，十几个人。

问：用管吗？

答：这么粗的绳，有管，向上拧，打七八天呢！包干，昼夜24小时不停，还是半机械化的。

问：都是义务工吗？

答：记工分。

问：是冬天打吗？

答：什么时候都打，冬天也打。

【1966年的工作队和生产】

问：1966年的工作队什么时候还在村里？

答：1966年7月份走的，个别人在村里留守。

问：哪年来的？

答：1966年春天种麦子的时候来的，李敬唐腊月死的，当时“红卫兵”成立了，都闹起来了。1966年的六七月份工作队人走的，当时已造反啦，还向回揪工作队呢。

问：工作队1966年六七月份走了，那么那年的产量高与他们有关系吗？

答：有关系，他们在庄稼长起来后才走的。1966年产量高的原因是棉种、打井起了点作用。就是不打井，人家有人在这里督促也好。这与 1977 年的工作队在村里起的一样的作用。

问：我们看到的是 1966 年特别好，1968 年就差了。

答：工作队在这里真干！与咱们一起劳动。

问：1966 年的工作队与 1977 年的工作队一样吗？他们自己做饭吃？

答：他们派饭，到各户里去吃。

问：住呢？

答：住在村民家里，大队安排的地方。他们轮着吃派饭。

问：交钱吧？

答：交粮票，在我家还吃过呢，也交钱。少交半斤粮票都不行，纪律性很强。他们在这家吃几天，又到那家吃几天。

【“文化大革命”时期的劳动与产量】

问：1968 年的产量为什么下降了？

答：工作队在这里就促生产，搞运动就促生产，没有搞运动不管生产的，1968 年是“四清”以后，新换的干部，你想。

问：“文化大革命”对产量影响大不大？

答：1968 年还是年景不好，基本上浇不上地。当时村民干活也不行，出工不出力，靠天吃饭，积极性不高。

问：为什么不出力？

答：1968 年从中央到地方都有运动，当县长的不管啦，当副县长的也不管啦，人们靠天吃饭，批判资本主义思想，不许做小买卖，编篮子编筐都不行，人们的干劲不大，管得特别紧。

问：一个村的也不行？

答：比如新桥，一个村搞运动，搞来搞去一个好老百姓也没有啦，当时这个村有个据点，都当过伪军，全村的贫下中农都成反革命啦，村里没人干活了。

问：这个村做小买卖也不让做？

答：不让做。

问：自留地也没有啦？

答：当时认为种点什么都是资本主义。俺村里没有自留地。1980 年才有，当时自己开荒也不行。

问：集体的也不好吗？

答：靠天吃饭，人们没有劳动积极性。

问：那时化肥用得多不多？

答：不多。

问：比 1966 年差得多了？

答：只要搞运动，什么都及时有。工作队想下来搞得好点，县里从化肥、油上给点帮助，如果没有县里的工作组，就没有这些帮助。所以这一年的化肥、油都少。

问：1968 年收成不好，除年景不好，人们的积极性不高之外，政治运动没有什么影响？

答：有。人们都不愿干了，什么都不让干，可也不能说干的一个人也没有，晚上偷着干，早走啦。也就是说当时有个别人干，偷偷地瞒着大家干。

问：那时村里的领导人是不是很苦呀？有没有不愿干的？

答：当干部的还没有不干的，他们还干。搞副业的，有编织的，不一定哪一天清理一次，编篮子的全部丢了，不让干。

【“红卫兵”】

问：有外村的“红卫兵”吗？

答：没有，都是本地的。

问：他们对岁数大的老干部怎样？

答：“红卫兵”在村里没事。1967 年农业收成不好，是因为割资本主义尾巴。

问：工作队在的时候，提供方便，他们不在的时候就不提供方便吗？

答：是。

问：化肥的来源呢？

答：有村里买的，也有分的。根据计划让你买，可咱没钱的时候也有。那些年好几千元贷款，年年要付利息，穷啊。

问：工作队来的时候提供方便，如化肥等，不要钱吧？

答：也要钱。有时候贷点款，买化肥。

问：平时贷款吗？

答：平时向信用社贷款有指标，多了不行，到期必须还。工作队在这里可以多贷点，到期也可不还。

问：不还也可以？

答：不还就不还啦，工作队在这村里好。

问：除1966年和1977年以外，还有什么时间工作队来到农村了？

答：没有啦，大工作队没有啦，一个两个人的小工作队有。他们骑车来，种完麦子走啦。

问：短期的工作队没有给你们特别的帮忙吗？

答：各村来一两个人，帮助把麦子种上就走了。

【信用社和贷款】

问：没有工作队时，你们到公社去贷款吗？

答：到信用社贷款，信用社有指标，多贷不行，另外还有，与信用社关系好的，也可能多贷点。贷款当年要还。今年贷款没还，明年不给贷。

问：有没有利息？

答：有。利息低，三四厘吧，月息。

问：通常一年贷多少款？

答：二三百元，一年贷500元的时候很少。

问：每年都贷吗？

答：每年都是这么个指标。

问：是以队的名义贷吗？

答：队的名义。

问：一个村二三百吗？

答：一个小队，5个小队1000元。

问：每年都贷款吗？

答：都贷，春季生产时贷以生产小队为核算单位。

问：这些贷款用途？

答：买化肥、种子、农药。有的时候贷款不给钱，给农药顶贷款，防止挪用贷款。信用社发贷款也指明用途，如买化肥，买种子等，专款专用。

问：一年一个小队才二三百元贷款？

答：不一定，有专项贷款，如棉花订金是另外的贷款，不包括在二三百元之内。二三百元是贷款，棉花订金分下来多少。有棉花订金，粮食订金。这订金在麦收和秋后卖粮卖棉时就扣了。

问：这些订金都是专项的？

答：就算卖粮食、卖棉花先给你钱，也叫预交款，还不是贷款，没有利息。

问：你们怎么还呀？

答：卖掉棉花，他们就扣了，卖粮食时也把钱扣下。贷款和订金都不是绝对的，有的生产队好点，也有不贷的，好的生产队信用社愿意多贷，生产不好的队头年没有还清，今年可能不贷给。

问：公社每年都有这样的订金？

答：对，都有。

问：需要申请吗？

答：订金是从上向下分的。有两种情况，一种是贷款，一种是预付订金。这订金是按生产队的情况给的。

问：订金是申请的吗？有不要的吗？

答：不用申请，也没有不要的，因为没有利息，不要订金生产队没钱用。所以每个队都要。这订金不直接给钱，多是给种子、农药。

问：贷款时，是不是先讲清贷款的理由？

答：需讲清理由，如为了买农药，买化肥而贷款，贷款单据上都得写上贷多少钱，干什么用，信用社才给贷。

问：利息分类吗？

答：都一样，私人贷款利息高。

【个人贷款】

问：个人可以贷款吗？

答：有。现在就有。

问：过去有吗？

答：过去也有，那时贷一元两元的，贷得少。如贷 5 元去买猪。

问：向谁贷款？

答：向信用社贷款，有贷两三元的。

问：信用社贷给吗？

答：贷给。群众拿的钱，2 元钱一股、信用社是集体经济组织。

问：不是银行的信用社？

答：是银行组织办的，它的资金是由农村社员入股吸收来的。

问：咱们投的二三百元也是这种信用社？

答：就是这种信用社。

问：这信用社不是咱们知道的银行信用社？

答：现在改了，现在是农业银行信用社，是银行，还有农民基金会。

问：这是现在不是当时？

答：当时。

问：当时贷款 5 元、3 元的钱是农民自己的钱？

答：不是自己的，是信用社的，农民在信用社里有股份。入了股就可以贷了。

所谓信用社，成立的时候，入股，2 元钱一股，把钱聚总起来存入信用社了，成立之后，这股也收回来啦，汇总银行了，还是银行。实际上贷的钱都是银行的。这股有还的，也有不还的。

马会祥

时　　间：1994 年 8 月 13 日

【人口构成】

问：这人口与你们讨论了半天，马大爷说是鬏鬏式的，中年人多，老人少，小孩少，可从户口数上看一样多。

答：不一样，10 岁以下的幼儿比较少。

问：户口簿上看差不多，小孩 10 个，中年 10 个，老年 10 年，是筒子式的。我想有 5 个小孩的话，中年就应该有 10 个或 8 个，老年人 5 个，这是鬏鬏式的，这是正常的。可画出来一看，是筒子式的。可能是你说的这种情况，上学去啦，毕业后到外地工作啦，户口簿显出不来，这个人还是村里的人，但户口关系没在村；还有参军的走了，还是咱村的人，可户口上没有，所以出现了户口的这种情况。

问：30% 的回乡？

答：初中毕业生，70% 高中、技校、中专毕业生，还有参加的工作，所以人口统计是这样的。原来咱村一至五年级达到 130 个学生，现在才 50 ~ 60 个人。

问：什么时候？

答：5 年前。

【70 年代的生产状况】

问：现在谈谈生产情况，去年我们来时，谈到 70 年代初期，生产情况不好，特别是 1971 年，这是为什么？如 1971 年、1972 年、1973 年。

答：1977 年最好，1966 年也好，1967 ~

1973 年的产量为什么没上来，原因是年景不好，有时旱有时涝，社员的积极性不高，挣工吃饭，一天一个劳力才挣两毛钱，又不许做别的事，不够吃，只好做点家庭手工业、家庭副业。

【手工业和小买卖】

问：那时的手工业够吃吗？

答：能补助生活，当时救济粮多，老百姓吃返销粮，没有办法向公家卖粮。全年每人给 216 斤粮，这是最高的了，靠返销粮不够吃，上边又不让搞资本主义，不许编织，偷着干点。

问：那时候做小买卖允许吗？

答：市场允许，政策不允许。队里干部不让干，如果都干去了，队里没人干活了。

【集市】

问：市场在恩城吗？

答：在恩城。初四、六、八有集，十来里地的周围都有集市。

问：集市在哪儿？

答：恩城有集。

问：请写一下集名。

答：津期店、长安集、苏留庄、东王庄、恩城、腰站、王杲铺、王打卦、陈屯、十里铺。

问：这些地方每天都有集吧？

答：对，集很多，10 多里地左右就有一个集。每天都有集，有时一天两个，如苏留庄初三、八有集，腰站初三、八也有集。

问：集市是什么时候形成的？“文化大革命”中有吗？

答：很早就有。“文化大革命”中也有，津期店就有。

问：津期店离这儿多远？

答：18 里地，正南。

问：长安集呢？

答：西南。

问：苏留庄？

答：25 里，西南。

问：东王庄？

答：正西，15 华里。

问：恩城近？

答：近，三四里地。

问：腰站集？

答：25 里，正南。

问：北边没集？

答：有。王杲铺在北边。北边还有小王庄，王打挂，有的是集。恩城是一、六、三、八，10 天 4 个集。王打卦是三、八，王杲铺二、七，东王庄是五、十，津期店是四、九，腰站是三、八，苏留庄是三、八，陈屯是五、十。5 天一个集。

【“大跃进”和“文化大革命”时期的集市】

问：“文化大革命”中有集吗？

答：有，市集没有停。

问：“大跃进”时停了吗？

答：集远了去了，有年头了。没停过，只是集大集小，人多人少之分。“文化大革命”中大集少，时间也短，到中午就没有人了，这是最小的集，如陈屯。陈屯离十里铺 3 里地。十里铺离咱村 10 里地，陈屯 8 里。

问：十里铺是乡政府，那里停了吗？

答：是乡政府。是新建的乡政府。

问：哪年建的？

答：三四年了。

问：别的地方都说“文化大革命”和“大跃进”时停了集，这里没停吗？

答：这里有。

【粮食买卖和集市】

问：如果不允许社员赶集，那还能有集吗？

答：粮食过了收购季节，允许粮食到集市上买卖。收购是有季节的，过了季节就随便买卖。

问：他们怎么有粮食呢？

答：买卖粮食不光咱县的，别的县的人也可以来卖。那时买粮食不光自己吃，也有倒买卖的。还有的卖了麦子换成地瓜干、棒子吃，可以调剂，把贵的粮食卖了，再买回贱的。

问：是口粮吗？

答：是口粮。因为口粮不够吃，他可以买高粱、玉米，增加数量。麦子也没有玉米顶事大，玉米不好消化，经吃。过了麦秋社员就拿着麦子到集市上换玉米，100 斤麦子只能吃两个月，可换回来的玉米能吃三个月。多吃一个月。

【自留地】

问：这是自己的口粮？那时有自留地吗？

答：口粮。没有自留地。“文化大革命”以后就有了。那时候俺还在小队上呢，小队里种果园。地里的庄稼不长，没有肥料，发动社员养猪，谁养了猪就给谁地，为了积肥。一头猪给一分地，饲料地。“文化大革命”后期，人也给点自留地，可没有几年就又没了。

问：从哪年开始？

答：七几年，“文化大革命”后期。“文化大革命”以后就分地了，在分地之前的六七年，大概是 1978 年户里就种上了。

问：分地是 1979 年？

答：咱村是 1978 年。

【副业】

问：那时你们去赶集，也去卖鸡蛋吗？

答：卖，家庭妇女养的鸡，下了蛋舍不得吃，卖鸡蛋的钱，买油买盐。

问：这是“文化大革命”以后？

答：以前也有。让卖。

问：上边说的产量低的那几年，是因为有些人做小买卖去了吧？

答：是。

【养猪】

问：分了猪饲料以后，属于自己的，就干自己的了，把一部分力量放在这上面了，这是不是影响那几年产量下降的一个原因。因此影响了队里的生产。

答：总的说怎么也影响，给猪饲料地也不够养猪用的。因为养猪可以积肥，积的肥都给队里了，不给钱，给工分，一车肥记多少工分。

问：社员养猪也没有积极性吗？

答：积极性是有，秋后按工分分红，可工分不值钱。也就是这个意思，猪饲料地产的东西也不够猪吃的，养猪户也不光用饲料地产的粮食养猪。队里还给点猪饲料。还是以工分为主，积了肥给工分，工分又分不了多少钱。养猪积肥的工分秋后参加分配，与劳动工分一样。

问：那时户里必须养猪吗？

答：也有不养的。贷款买猪，不养的不贷款，社员自己没有钱买猪。

问：公社和大队都号召养猪？

答：号召。为了积肥，农业用肥。

问：号召一人养一头猪吧？

答：一户一头。没钱买子猪的，给他贷款，发展养猪。

【人民公社时期社员生产积极性】

问：影响不影响那几年的农活？

答：也参加农话，下午 3 点上班，有的四五点才到地里，公社社长举例说，有一个村，一些人已到地里了，可还有从家里才走的呢，那里回来啦，这里还有走着。去的时候很分散，回来一大片。干活去不积极，回家很积极。主要原因是生产不行。

问：你们公社都是这样的吗？

答：要求5点下班，可没到5点就没人啦，后来改为3点下班，没到3点也没人了。去的也不好好干活，锄地的人锄到底，就不回了。来了，在那边休息了，没有劳动积极性。

问：那时你们本村领导有问题吗？

答：村干部当时也不好受，明知道这种情况，也不好管，当干部的叫社员出勤，挨户叫，敲钟，催上班，社员才拖拖拉拉地来。当干部的也困难，不好当。

问：有人不愿去，你们罚款吗？

答：当时没有，他没有东西，罚什么！这阵有罚款的，人们也有。现在罚款别还价，说4块就4块，当时只能开会批评批评，谈谈心，劝他们好好干话。实际上工分太低，生活保证不了，就要干自己的活。光说也解决不了实际问题。

当时我们村有5个队，一个队也赶不上现在一户的棉花多。一户的棉花就赶上了那时一个队。从前一个小队收2000斤棉花，现在一户有收3000斤的，也有收4000斤的。

问：地的数量呢？

答：数量少。一亩地收棉600斤，还不好，是子棉，好的可收700斤，现在产量多高。

【肥料和作物产量】

问：那时单产很低，一个原因是人们没有积极性。

答：有积极性也产不了这么多，不施肥，肥料少，管理也不行。现在种棉花得三个100斤，100斤土肥，100斤化肥，100斤磷肥，这是一亩地。种麦子，一亩地也是三个100斤。

问：过去用多少？

答：给一点，很少。是氨水。它是水质的，不是现在的固体的，氨水质量差，技术不过关。

问：那时一亩地给多少？

答：30斤，实际上没那么多氨水。要按庄稼收成好的算，一亩地需要30斤。不够30斤就影响了产量。

问：那时用土肥吗？

答：用啊，用也不很多。那时与现在比差多了，现在家家户户有牛，肥料多。质量也不一样，那时的土肥就是土炕上的土。

问：那时队里的牛多吗？

答：那时一个队才有8头牛，现在家家户户都有，还有两三头的，我的二儿子就养了3头。过去平均5户一头牛，现在平均一户2头，养一头母牛，又下了一头小牛。

【水利——水井、黄河水】

问：水怎么样？

答：靠天吃饭。现在如果河水不及时，可以打井，打一口井500多元，一口井可浇20亩地。

问：是个人打吧？

答：个人。

问：现在你们是用黄河水吗？

答：是黄河水，不及时，有时有，有时没有。刚开始的二三年还可以，现在不及时了，如种麦子时等用水，可没有，等不来，用井水浇。

问：现在全村有多少井？

答：大约20口吧，有的已坏了。每队有一口公用井，真空井5眼，敞口井2眼，大队有一眼坏了。这种井不用抽水带子，安上水泵，直接打上水来。真空井，用这么粗的管子，带水龙头，这里安机器，机器一开就抽上来了。整个井一通到底，把水就抽上来了。

问：打这井500元？

答：不行，现在得用2000元。一般简易打的井500元，4寸塑料管，使机器拉，也使水泵抽，水量少。这种井有七八眼，这也叫真空井。

问：打得深吗？

答：30多米。今年我们支书打了一眼。

问：有公社的时候没有号召打井吗？

答：刚开始号召，给的管子用不上，没使，总等着用河水吧，等不上，有时也等上了。所以今年都自己想打的就打了。过去井打得少，黄河水流充足。

问：这是产量低的那几年吗？

答：不是，那几年还没有黄河水，用黄河水才几年。1982年、1983年黄河水还多，东边河水少。

问：70年代水怎么办？靠天吃饭？

答：靠天吃饭。有点机井。

问：那时公社给打井？

答：村里打。平原县永利局组织了一帮人，有打井队。来两个人到村里打，给他工钱，工具磨损也折钱，人工由村里出，材料村里买。

问：那时多少钱打一眼井？

答：800~900元。

问：现在的真空井都是那时打的吗？

答：是，因有沙子、管子。

问：都算上八九百元？

答：东西便宜。管子是水泥管子。最多的是用人工，现在打井用的钱可多了，光人工都用不起。

问：这5口井是哪年打的？

答：1973年或1974年。两年打了5口井。大队的这口是1977年打的。连大队的6眼。为了果树打了5眼。

问：那时费用你们大队出吗？

答：是。

问：那时你们大队产量不高呀？费用哪儿来的？

答：当时大队留的麦种较富余，打一眼井300多斤麦子。我先管经济，别的不说。他们吃菜节省，白萝卜，我给炒菜。有白萝卜、黄瓜，当时生活费低，300斤麦子就够了。队里当时有主动权，如棉花收入的钱也可用。

问：没有贷款？

答：有。有时穷了，也贷款，贷得很少。大部分钱是卖麦种和棉花的钱，还有卖其他粮食的钱。队里再穷，种子留的也富余。

问：有这些新井以后，生产马上起来了吗？

答：用机井浇，地太多浇不过来，起点作用，也不太明显。光水不行，还有肥料的关系。与人一样光喝水不吃饭也不长。

【肥料和产量】

问：上边讲的1967~1976年收成不好的原因是：一是年景不好，二是社员劳动积极性不高，三有肥料跟不上，四是水跟不上。那时，有了钱能不能买点肥料？

答：当然行啊。

问：关键是没有钱，还有肥料的流通不够？

答：过去的肥料质量差，也少，品种也少。过去只有一种氨水，现在有三种。说的三种肥料300斤是铺底肥，咱种麦子要耕地，把肥料撒在地里，用拖拉机翻到地底下去了，这是底肥，一亩地要300斤。小苗出来以后，浇地时又该施肥。

问：一亩地要多少啊？

答：尿素25斤或50斤，有的50斤也不够。如氨要100斤。到最后把麦子收下来，大部分一亩上500斤肥。

【水利和义务劳动】

问：那时除肥水等跟不上以外，兴修水利占不占劳力？

答：占劳力，还给钱呢，一个人 35 元。最后，修水利的，按土方计算，多的多给钱。这是现在。

问：过去呢？

答：从前挖河的什么都没有，管饭。这是 1960 年。

1960 年以前连饭也不管，自己带粮食去。

问：一年出多少工？

答：大体上 30～40 个人，工作最少 20 天，平均每个劳动力 30 个工日。

那时候是恶性循环，总也干不好。年景不好，没有钱；劳力，不好好干是一个；又出河工是一个；水也跟不上；化肥也跟不上。所以产量上不去。这就是 1977 年以前产量上不去的原因。

问：还有什么原因？

答：这就够戗了！

【解放前与解放后的生活】

问：能与解放前的情况比一比吗？

答：与解放前不能比。解放前是个人干个人的。

问：那时候有肥料问题吗？

答：没有。那时候有要饭的，也有打短工的，干什么的都有。也有财主、地主，穷人也有外出打短工的，只顾上吃。有吃得好的，也有吃得差的。没有办法比。

问：“土改”的时候的产量也不低呀？

答：刚解放，分地还是个人的。按人口平均分配土地。

问：那时产量不低吧？

答：不低。合作化以后，合作化初期还行，几年就不行了，到 1958 年就不行了，1958 年以后“一平二调”，后来产量越来越不行了。

问：1949 年的产量比以后的产量还高？

答：1946 年就开始“土改”了，1949 年产量高因为“土改”以后，分田到户。1946 年长工们还要工资呢，向地主要求增加工资，村里向地主作斗争是先从这事开始的，然后组织农会，与地主斗起来啦，接着分土地，1949 年土地已到各家了。

问：肥料对产量起重要作用是什么时候开始的？

答：1980 年开始，分田到户后，大家都舍得上肥了。

【返销粮、断桥粮、救济】

问：返销粮是怎么回事？还不太清楚。

答：你这个村是 100 口人，10000 斤粮食，而需要口粮 21000 斤，还差 11000 斤，怎么办呢？这就需要返销，国家给你购粮证，拿着钱去买，到粮食所去买。先算出有多少户，自产多少，共需要多少，还缺多少，这也是一户一户算的。购粮证一发到户，户里再拿购粮证到国家的粮所买粮。

问：拿自己的钱买吗？

答：自己的钱。

问：没钱就买不了？

答：是。太穷的户，有救济款。救济款是一张条。因为那几年有自然灾害。没有自然灾害不发救济款。

问：那时的口粮标准？

答：每人 216 斤，不够吃。这是最高数字。

问：全村人口除产量？

答：自产的还是返销的，加到一起每人每年 216 斤，国家对人民是关心的，还有断桥粮。所谓断桥粮就是有的户不够吃，断粮食，国家又不让人们饿着，又发给粮食吃，这种粮食叫断桥粮。这是反销粮外的粮食。

问：这是大队发的？

答：上级给的。如你是支部书记，给你10000 斤断桥粮，看谁家断顿啦，谁家没粮食吃啦，一户一户地核对，再发下去。

问：拿钱买吗？

答：自己拿钱买，应救济的救济，应自己买的自己买。

问：这是救济粮吗？

答：不算。救济粮也拿钱买。

问：返销粮、断桥粮、救济粮不一样？

答：不一样，都拿钱买，价钱一样，是牌价。

问：救济粮是大队拿钱？

答：也是政府拿钱，民政局给，发条给到户，把钱也给到户，自己再去买。这是救济粮。

问：断桥粮呢？

答：断桥粮政府不给钱，由户里自己拿钱。等于给他一个数量指标，自己去买，与返销粮一样，改了个名。

问：去年我们谈到，你们村从 1960 年到 1979 年每年都吃返销粮，是吗？

答：是，每年都有。

问：人们收入很低，手里没钱？怎么买粮？

答：有救济款，也有自己做小买卖赚的钱。

问：一斤粮食多少钱？

答：一毛多钱，红薯干 7 分钱一斤。玉米一毛钱。1970 年一斤麦子 1 角 3 分。

问：当时有多少人吃救济粮，是每户都有吗？

答：返销粮每户都有。救济粮不是每户都有，不会过日子的、大肚汉吃得多的人才有。

问：要救济粮是到大队申请吗？

答：还没有申请的，上边怕出问题，公社主动给。公社干部下来到队里问有没有过不去的，没粮食吃了。队里的干部再向他们说明几户，公社根据这个给多少救济粮或断桥粮。大队最后再确定给谁。大队干部 5 个人，哪个队的都有，他们都了解情况。

问：拿了这个不好意思吗？

答：没有不好意思。这是人命关天的事，没有人争，该给谁给谁。干部中也有困难的，上边对干部有个看法，他们常来搞工作，有个情面，该给 5 斤吧，也可能给 10 斤，照顾，当干部的不用从中折腾。好比我当干部，明天没吃的啦，但不能在救济粮里扣，不能从社员的救济粮里扣。公社给了 1000 斤救济粮，这是社员的，当干部的那部分另给。当干部的也有过不去的，明着给干部社员情绪不好，之后公社再给当干部的条。

问：返销粮按钱怎么算？

答：返销粮是斤数，不按钱计算。

问：1978 年、1979 年承包了土地以后，就没有返销粮了？

答：没有了，救济款、救济粮都没有了。我们村现在每个人一年向国家奉献 200 斤麦子。已好几年了，这是公粮，国税。

问：1979 年以前献给国家的有吗？

答：很少很少。1977 年向国家拿了点，缴了 3 万斤。

问：产量最高的那年吗？

答：对。产的粮食多了，向国家交点，除此之外，还有钱，这两年才少了，过去每人 100 元，现在少了，每人 50 多元。农民负担大啦，过去化肥 16 元一袋，今年 30 元，随便长。

问：1974 年比较困难的时候返销粮是最便宜的吗？多半是山芋吗？

答：不是。什么都有，有麦子、棒子，上边分下来的什么都有，买回来以后，愿意把麦子换成棒子的，个人再卖去。

问：那时村民吃麦子不太普遍吗？

答：基本不吃，过年过节才吃。1977 年收成最好啦，登记表上写着返销粮 3000 斤。当时返销是返销，征购是征购，两笔账。1976 年征购粮食 12500 斤，返销了 26200 斤。该征购的征购，应返销的返销。

问：该征购的先卖给国家吗？

答：该卖的卖，该给的给，该给你 2 万，但你已有 1 万了，算了吧也不行。该卖的就卖去，该买的给你购粮证，是两回事。交公粮不交地瓜干，都是麦子、玉米。返销粮按比例，有红薯干、玉米、小麦。征购粮和返销粮的价格不一样，征购的粮食便宜点，交粮食的麦子一斤 0.13 元，市上买 0.14 元，高一点。

【政治运动】

问：1976 年毛主席死之前，“四人帮” 还在，“批林批孔” 运动对村里影响大吗？

答：对村里没有什么影响，舆论有，对生产影响不大。对原来山东省革委会主席王效禹有意见。对他的意见都是报纸上说的那些，与村里关系不大。政治运动与生产没多大关系，只有工作队来了，才促进了生产。

问：这村里有“大四清”、“小四清”，“文化大革命”，叫什么？

答：“文化大革命” 还叫“文化大革命”。

问：整党叫“四清” 吗？

答：不叫“四清”，“大四清” 有条文。“小四清” 先说了说，干部们在公社开了 7 天会，没在下边活动，“大四清” 干部下来了。

【后夏寨与邻村的比较】

问：十里铺公社在全县处于什么水平？是先进的，还是落后的？

答：中等偏下。不算先进。

问：这与离县城远有关系吗？

答：没有关系，主要是干部问题，行的行，不行的不行。如书记工作吃力，很费劲，干不好。

问：上边公社的干部都是本地人吗？

答：不都是本地人。他们 3 年一届，3 年一换。现在乡的领导干了两年了，欠了很多账，还不上，都落到户里去了，还没有还清。把他赶下去了，这是上届的书记欠的账，这一届的领导得还。工作上不去，如浇水，该向麦地浇水了，但水没有来，做事不果断，工作推动不开，工作软，乡里的工作不太好，属中下等。

问：以前怎么样？

答：以前也属中下等水平。

问：也是干部问题吗？

答：以前的领导，有老的，不适应的。

问：这个村在十里铺乡能排在前三名吗？

答：中上等。现在在乡里属头一名，看这里全是奖状。村支部书记是党代表，平原县的代表。他三儿子是出席县的党代表。

问：人均收入呢？

答：收入在 600 ~ 700 元，在全乡属前几名，两三名呢，改革以后这里变化很大。

问：你当会计有方啊！

答：我搞会计工作从成立初级社就开始啦，30 年了。也是文书，会计也是文书。

【台田】

问：1963 年人工台田怎么样？

答：造的不多。

问：现在还有吗？

答：没有了。

问：台田就是为了治盐碱地吗？

答：造台田为了治碱。咱这儿少，现在没有了。它是为改碱地。台田就是在一块地的四周挖成沟，中间低四周洼，四周后干了碱就减轻啦。台田是改盐碱地的。

问：原来咱这里没有盐碱地吗？

答：有，面积不大，原来的地就不好，挖土拉沙。咱们村实行沟毛渠，很深，想用这些渠灌溉，现在没有水，白挖了。

问：这是公社布置下来的吗？

答：公社布置的。你说不管事吧，公社还带着人参观呢！就是拔白旗的那年。

问：村里人自己挖台田？

答：对。

【机械化的作用】

问：现在机械化有什么作用？

答：作用不小。耕地种麦子、深翻地，还有播种，割麦子都用机器，打麦也用。作用很大。

问：用播种机播，是一户一户地干吗？

答：一户一户的，如想耕地我去租拖拉机，耕我这块地，与其他人无关。县要求统一耕，统一种，统一收，都统一。实际做不到，有的户收得早，有的户收得晚，不一样。如割麦子，你这块熟了今天割，我那块没有熟，后天割，不能统一。

问：收麦子都用收割机？

答：都是。

问：收割机是不是浪费？

答：浪费，比人工收割浪费，但效率高。人工要遭风雨就不行了。

问：收割的时候有些麦子是不是撒在地里？

答：撒不到地里。

问：过去拾麦穗，现在有吗？

答：现在没有，但也不很干净，一耨就干净了。

马德中（1955 年生）

马丙莲（1953 年生）

刘云庆（1945 年生）

时　　间：1994 年 3 月 14 日下午

访 问 者：顾琳　张利民

场　　所：马德中家

问：你叫什么名字？

答：姓马，马德中。

问：多大岁数？

答：40 岁，属羊的。1955 年出生。

问：你是本村人吗？

答：本村人。

问：在这里上小学吗？

答：上小学。没上中学。

问：上学以后就务农吗？

答：种地。

问：你上小学时正在“文化大革命”吗？

答：“文化大革命”的时候我还小呢！

问：你小学三四年级以后？

答：就念到三年级就不念了，我念书不行，“文化大革命”就开始了。

问：你不上学以后就开始工作吗？

答：我十四五岁就开始跟俺爹干活啦。

问：你都做过什么样的工作？

答：就种地，别的没有干。

问：养牛吗？

答：常喂着。

问：有编织吗？

答：上一年编织了。分地以后，大工夫没有，小工夫编织，下班以后找时间编，业余时间编。

问：你们两个都干这个吗？

答：都编。

【马丙莲：家族】

问：你贵姓？

答：姓马。

问：名字？

答：马丙莲。

问：多大岁数？

答：42 岁，属龙。

问：你是本村人吗？

答：是。

问：你们什么时候结婚？

答：21 岁。

问：有几个孩子？

答：3 个。

问：多大了？

答：大的 15 岁，男孩；老二女孩，13 岁；老三女孩，12 岁。

问：在上学吗？

答：大的不上了。

问：中学毕业？

答：没有。他念到初中，就不念了。

问：他与你们在一起吗？

答：就在这边。学做厨师去了，他现在不在家。

问：到哪儿学呀？

答：德州。

【做地毯】

问：你们什么时候做地毯呀？

答：去年正月，农历正月。

问：活儿是本地的？

答：不是，外地的教员教，当老师，咱开始不怎么会这东西，外地发展得早。

问：从哪儿请来的？

答：从武城来的，老师来了教弄架子，咱们不行，人家走了之后，剩下来的愿意干的留下来干，不愿干的就走，哪里行哪里去。一开始有的人不认，怀疑能否干起来，赚不赚钱。认的人不多，现在只有 4 人。有下地干活的，有家里劳力少的。

问：几个架子？

答：4 个。麦前还是 6 个，最多也是 6 个架子，现在还剩 4 个。

问：武城的师傅自己夹的，还是请来的？

答：他自己来的，是我的亲戚，我亲姐姐。

问：你姐姐嫁到武城去了？

答：对。

问：她介绍师傅来的吗？

答：是。

问：你们开始投资多少钱？

答：三四千元。

问：房子是新盖的吗？

答：没有新房。房子钱不算，只是工具和家什钱。

问：架子是你们自己做的吗？

答：咱做不了，请师傅做的。

问：做架子的也是武城人吗？

答：是。刚开始咱们不知道怎么做，现在也会啦，自己做了。他做了 3 个拿来的，村里自己又做了 3 个。

问：6 个花了多少钱？

答：光架子就 4500 元吧。

问：你给师傅多少钱？

答：没有固定的，挣得多拿多，挣得少拿少，年终参加分红。咱们不是雇的他，他也不是雇的咱。

问：是帮忙吧？

答：不是。他也有股，俺和我姐姐一个股，师傅也一个股。如 100 元，各 50 元为一个股。

问：师傅是人力股吧？出钱吗？

答：不是人力股，他也出钱。

问：这是你姐姐？从武城刚来？

答：是。

问：开始时你们两个股吗？

答：就两个股。

问：你们与师傅有合同吗？

答：没有。刚开始时，咱村没有干这个的，没有我的事，俺姐夫和他的侄女在这里常住着不走，他们干，可村里不承认，他俩在这里站不住，加上家里没有人种地，俺姐夫就回去啦，只剩下他侄女。一个小女孩一个人又干不了，就让我干。就这样取料送货我就一点点的干起来啦。

问：你姐夫在家干什么？

答：种地。

【经营形态】

问：武城的手工业比较发达吗？

答：武城发达，过去有两个日本人常住在武城，有多少货要多少货。

问：原料是自己买的吗？

答：给人加工。

问：给谁加工？

答：给人家村里。村里是从外边联系来的活，咱从人家那儿领原料，编好后，再交给人家。

问：这个村叫什么名字？

答：李光屯。李光屯是武城周围的村子。这个村有很多加工，织地毯，都从户里领料，加工后再送给这个户。

问：你姐夫就是这个村的人吗？

答：是。

问：你与他们有合同吗？

答：没有。你的价格高给你加工，别人价格高给别人加工。没有固定的户。

问：怎么跟他们讲价格？

答：都是明码标价。多少钱一尺都是明的。有几家呢，谁家合适给谁家做。

问：基本有固定的户吗？

答：有。基本固定。

问：你们加工一件给多少钱？

答：论尺。块有大小。

问：一尺加工费是多少？

答：8块。

问：他们给你们材料吗？

答：是。他给多少材料，我们加工多少。

【村工厂和女工】

问：你给女工一个人多少钱？

答：给女工也是一平方尺8块，我只取15%的提成，因为我从取线到交货，中间联系都是我管。

【生产投资者的利益】

问：架子钱、工具钱几千元，谁拿的？

答：谁办的谁拿钱呀！

问：架子是你的吗？

答：是我的。

问：这钱你赚回来了吗？

答：一年半了，还没有赚回来。

问：需要多长时间才能赚回来？

答：快了。

问：一平方尺8块，一件要多少？

答：件有大有小，大的80平方尺，640元加工费。

【女工的训练】

问：这些女工都是自愿来的？

答：自愿的。

问：有师傅？

答：是我的侄女，走了。织毯子的话很难学，半年才能学会，女工们不是同一时间来的。有会的，有不会的，谁不会，我侄女就教他们。负担质量问题。

问：你侄女多大岁数？

答：20岁。

问：做地毯的收入比柳编高吗？

答：现在高，柳编不太行了。

问：开始时，你们怎么教他们？

答：一个人只看两台架子，多了看不了。

问：一排坐好多人吧？

答：4 个。老师教 8 个人，多了也教不了。

问：这 8 个人教别人吧？

答：很少不会啦，还有不会的地方，他们自己商量，老师指导。

问：还是原来的老师？

答：不是。那位老师他在这里才多半年，现在是我侄女。

【村地毯厂】

问：本村有几家织地毯？

答：5 家。

问：有多少架子？

答：一家一个，共 5 个。

问：你是第一家吗？

答：是，我是第一家买架子。

问：以后的几家是学习你们的吗？

答：有从我这儿学会走的，也有从其他地方学的。

问：另外还有从哪儿学的？

答：有从恩城学的。

问：另外 5 家是你帮助他们联系的吗？

答：不。我都不管，自己干自己的。有人提出来让我管，我不干，事挺多的，要的钱多了不合适，要钱少了我不合算。

问：从你这儿走后自己办的几个人？

答：3 个人。现在谁愿走谁走，咱不管。不在我这干了回家自己干我不管，回家干活的我也不管，旁人织的还不管。

问：估计地毯在村里有发展吗？

答：还发展，因柳编不行了。

问：你的这作坊占你全家收入的多少？

答：没有估计过这个数。

问：能挣点零花钱，其他收入呢？

答：它不是一个月一个月地结账，而是一块一块地结账。

问：你与他们怎么结？按多长时间？

答：我提成 15%，如一平方尺 8 元，我提成 15%。时间是一个月一结算，也是一块一结算。

问：是你送，还是他们来拉？

答：我自己运，我雇的车。

问：你想大干起来吗？

答：有人就大干，没有人咱不干。

问：你没有找外村的人吗？

答：没找，外村的人我不找。因为吃住不方便。

问：前夏寨村的人有吗？

答：没有，只有本村人。因为三四个人在一起工作，时间不统一不好工作。

问：早晨 6 点左右开始吗？

答：6 点来钟到 12 点半。

问：回家吃饭？

答：对，现在到 3 点半，太热。

问：晚上到几点？

答：到 9 点，没有电就下班了。

问：冬天的工作时间？

答：冬天时间短，也差不多。

问：冬天 6 个架子都能开齐吗？

答：冬天就开齐了，不满。这 6 个架子是今年春天才置的，原来没有。

问：冬天房里生炉子吗？

答：房子很严密，也生炉子。

问：能生炉子吗，那么多毛绒？

答：炉子放在房角处，冷了就生，不冷不生。

问：他们回家吃饭吗？

答：是。

问：他们多半是初中毕业生吗？

答：也有小学毕业的，也有初中毕业的，什么样的都有。

问：你们自己的女儿工作吗？

答：她还小，才上五年级。

问：你们两个一块干吗？

答：我不会。不干。

问：你会吗？

答：我也不会。我会还请老师吗？我们都不会。

问：这毛线的事，你管吗？

答：我不管。

问：你们承包着土地吗？

答：有，我有七八亩地。

问：种什么？

答：什么都有，棉花、棒子。

问：有水果、鱼塘吗？

答：没有。

问：作坊的工作量大不大？

答：要综合起来算，一个月得用半个月的时间，占一半时间呢。

问：你一个人的一半？

答：是。

问：那一半时间种地？

答：对。

【投资者的工作】

问：你一个月到武城去几次？

答：四五次。当天来回，骑自行车。

问：有多远？

答：50 多华里，来回 100 多华里，当天回来。

问：运地毯也骑自行车吗？

答：不。运地毯租三轮。

问：骑自行车干什么呀？

答：中间缺线啦，我去取。

问：织完以后能剩点线吗？

答：有时剩，有时不剩。剩下归干活的人。有时不够，也得干活的人添。

问：作价吗？

答：有价码，一斤多少钱。

问：刚上机时谁干？

答：干活的自己干，我侄女也干。

问：有多少根线？

答：一平方尺 85 根。他们就要求 85 根，少了人家不干，就是这么规定的。织多少道线是有数的。

问：经纬线都有一定数量？

答：经纬线都是 8。要求这个数。

问：把货送到那户里去吗？

答：是，人家得验收。收购地毯的人也到户里验收。

问：这地毯是国内销，还是向国外卖？

答：验货的人来后，用车就拉走了。

问：武城周围村也有加工的吗？

答：有。

问：那里的加工费比这里高吗？

答：一样。

问：他赚什么钱？

答：咱闹不清。他说厂子下来 3 元，他有 10% 的提成。

问：他们跟哪个厂，你知道吗？

答：知道。衡水地毯厂，人家是从衡水地毯厂弄来的。

问：武城有地毯厂吗？

答：有。咱们联系活的这家是从衡水弄来的。

问：周围村也有做的吗？

答：也有加工的，是近两年的事。

问：都与武城有关系吗？

答：不一定，往南十几里地有，也教这个厂。也是中间商包工，包完之后再向下包。有三层。

问：中间商有架子吗？

答：他没有，他只揽活，给大家分，每次揽活很多。

问：他雇用了像你这样的，很多加工点吗？

答：像我这样的家，他雇了四五家。零星的多，本家的多，有四五个架子的，大一点的有四五个，就是武城李光屯一户。一家一个架子的多。

问：他雇的人不少啊？

答：不少。他共有百盘架子。

问：还能干农活吗？

答：不干。

问：像李光屯这样的多不多？

答：有四五户。李光屯是最大的。

问：他不是你的亲戚？

答：不是，是我的亲戚介绍的。

【保人】

问：刚开始时有保人吗？

答：没有，我姐夫是他们村的，很熟。不熟的人必须押钱，要押金，不然你织坏了怎么办？

问：要多少押金呀？

答：本村的人不要，认识。熟人介绍的也不要。不认识的要。

问：要多少钱？

答：押料钱。料值多少钱，押多少钱。

问：你加工有税吗？

答：没有。

问：他有税吗？

答：不清楚。

问：给本村吗？

答：没有。

问：村里干部给你有什么照顾？

答：没有。

问：问你姐夫几句。（以下问刘云庆）你是武城人？

答：武城李先屯的。

问：你叫什么名字？

答：刘云庆。

问：你多大啦？

答：50岁。

问：武城什么村人？

答：武城李家户乡李先屯村人。

问：你帮助他们了？

答：是，我订货，帮助向这里运。

问：你在家里干什么？

答：小孩们干。

问：有几架？

答：两架。

问：你什么时候干的这行？

答：武城早就有，我们干得早，村里已20年了。从兴地毯武城就有。

问："文化大革命"前就有吗？

答：还早，30年啦。武城县领来活，发到村里，村里就干，农民，小闺女们，没事的都干。

问："文化大革命"中也没停？

答：没停。

问：割资本主义尾巴也没停？

答：没停，给生产队里干。是大、小队的副业。社员们挣工分。

问：那时从什么厂领活？

答：武城县地毯厂。

问：那时你织地毯吗？

答：家里没有，在队里干。

问：你织还是管理？

答：村里其他人干，我不干。

问：你怎么到这里来干的？

答：我们村里干这个的多，人员不好找，这里没人干，还好找人。我们那里各家各户都干这个。就这样带着我侄女到这里来了。

问：来的那位师傅也是你介绍的？他与你的关系？

答：是我介绍来的。她就是我的侄女。师傅和侄女是一个人。

问：她回到武城了？

答：她回到家自己织呢。

问：领活的人也是你介绍的吗？

答：我们村各处都有点，自己领就行。

问：现在代领是他介绍的？

答：还是他领。线都是拐子，得把拐子缠成线团，我们缠很困难，拐不了，他们那里干得早，都会。线还得合股，合成五股的。这样，姐夫就在他那里先把线合股缠成团，再运到这里来。

问：你在那里也合股吗？

答：管。在我家合股缠团。

问：你常来这里吗？

答：送线时来，有事的时候也来看看。

问：一个月来两三趟？

答：差不多两三趟。

【质量管理】

问：这里做的与武城做的质量差不多吗？

答：差不多。达不到质量，人家就不要了，交不上。

问：交不上怎么办？

答：不要就成废品了，有的给点加工费，有的也不赔也不赚，白给他。

问：你们有质量不好的吗？

答：没有。有副品，这就是很差的了。副品不如正品好，废品就是最差的，我们没有。

问：每平方尺8元是正品加工费吗？

答：是。

问：如果他们说是副品给多少？

答：7元。

问：废品就不好说了？

答：对。闹好了不赔不赚，白干了，闹不好还得赔人家料钱，就赔了。

【运送】

问：这车是你的吗？

答：跟我的一样，是侄子的。

问：你家有什么车吗？

答：没有。

问：你没打算弄辆车？

答：不打算弄，太小，人很少。

问：你交货的这户是怎么干起来的？

答：与我们干法一样。名村各户都一样，原来都是先干起来，有个师傅教，越来越多，原来俺村没有干这个的，现在各家各户都有。

【保证金】

问：你去领活的这家，他需要的本钱多吧？

答：他需要钱多，他得押一部分料钱。

问：他也押别人一部分钱，比方不熟的人？

答：押的钱少，一般都是熟人，他比别人押的钱多。

问：他等于什么都不干了，不干农活，自己也不干织的活，就干领料和检验呀，等等。

答：他不检验，别人检验。等于专业户啦。

问：他赚钱比较多吗？

答：多，他挣钱多！

问：一个月挣多少？

答：这很难说，活不知道干多少。

问：一年挣多少？

答：一年得挣几万。如我这活，他可以挣几万，有的活他赔钱了。

问：怎么赔呀？

答：如我从你那里领来了2万尺活，我得交上钱，因咱俩不认识，不交钱你不领给我。十几元一斤的料钱，我最少也得交三个月之内的钱，押在你那里，料我领来了。他允许你半年之内完成任务，你半年完不成，一年就10%的罚款，一年之内还完不成任务的，把原料退回去啦。要50%或100%的罚款，这就赔了吧。另外，还有质量问题，质量次，交不出去，也就赔了。

我们干的话，全部标明，你是哪里的，干的哪里的活，谁干的都有代号。这里你挣钱，到厂里一评活，一修理，修理不好，不是正品就打回来啦。咱这干的是半成品，还洗、剪、压整。

问：你什么时候结的婚？你姐姐怎么嫁到那儿啦？

答：我有个亲戚，我舅舅的姐姐是那儿的。

问：差不多了，谢谢！

寇清庆（十里铺乡统计站）
董站长（十里铺经营管理站）
时　　间：1994 年 8 月 16 日上午

【乡基本概况】

问：我们对乡里和村里的情况基本了解了。现在想知道咱村在乡里的经济地位。从解放以来，乡里的总产量、人均收入、人口这些基本情况都知道了，他们本村人也说，他们村的经济收入比较高。从改革前的中下等一跃成为乡的中上等，经济发展状况比较好。这个村的情况怎么样，乡里一定很了解。我们想了解乡的亩产情况，人口、单产多少，一年的平均数。"土改"以后，1956 年、1958 年、1960 年，"文化大革命"前，"文化大革命"时，分田到户之前整个乡的状况。他们这个村在乡里处于什么地位，这是一个方面。另一方面，与各村的比较又怎么样？听县领导讲，你二位是乡里掌握此情况最多的人。我们想了解乡一年的具体数字。请你二位谈一谈，给予帮助，你看可以吗？从最早开始吧。

答：从最早开始有个问题，我俩从前都不掌握，我们知道多少提供多少吧。有些数字你们可以到县统计部门再查。

先说乡的情况吧。这个乡有 6140 户。

问：这是哪一年的？

答：近 3 年的，截至去年底的数字，人口是 24739 人。

问：今年人口是多还是少？县长告诉我们，今年人口少了 200 多人。

答：我介绍的是人口普查的数字，最新的数字，乡统计站最清楚，比较明显，我说的是大体的情况。男性 12358 人，女性 12381 人。非农业人口 587 人，估计现在这个数字大了，有的还正在办理之中。这个乡包括出生与死亡人口在内，人口增长 25‰。这个乡有 47 个自然村，近几年的村级干部大体在 251 人左右。5900 户，土地面积 48000 亩。农业机械化程度：排灌机械总台数为 1185 台（12 马力以上的），这是 1992 年的数字。其中柴油机为 1065 台。农业机械化的拥有量，动力 1900 千瓦。粮田复种面积 67300 亩，单产量 393 公斤。其中小麦 24000 亩，单产 407 公斤。秋粮 199000 亩，单产 376 公斤。这是混合产量。玉米为 402 公斤。棉田面积 22000 亩，亩产 500 斤（子棉），3 斤子棉出 1 斤皮棉。

林业发展很好，全乡 5000 多亩。果品产量，一年比一年好。有老树需要重栽，新栽的树 3 年才能结果。桃、葡萄、梨等都长势很好。

问：1966 年以前的情况怎样？

答：我提供的只能是 1984 年以后的情况，在这之前我不从事这项工作。

问：1984 年以后逐年的发展情况怎样？

问：农民的平均收入？

答：农业收入，从 1993 年、1992 年看持平。农民收入养殖业的比较好，有的增加。

有关收益分配，请董站长给你们说明。

【农业税】

问： 去年全乡缴农业税多少？

答： 158000 元。1994 年 24000 元。

问： 1994 年已缴啦？

答： 缴啦，1994 年比 1992 年的有增加。

问： 农业税冬季和秋收后都缴吗？

答： 一年缴一次。

问： 除农业税，还交其他的吗？如黄水。

答： 有黄水、办学、民办教师、优抚、公路桥梁。

问： 给军烈属是村里给吗？

答： 各村从乡里领，各村也不一样，有的有烈、军属，有的没有，所以优抚款统一收数量很小。

问： 税和粮是一回事吗？

答： 是两回事。

问： 税根据人定，还是根据耕地面积定？

答： 这税制在人民公社就定下来了，每个人多少。

问： 按人定？土地面积不管？

答： 土地面积不决定税。比如说，现在的地，两个大队差不多，但是你拿得多，我拿得少。这个数“四清”之前就定了。不是现在定的。

问： 从那个时期候就……

答： 推下来的，那时比现在少。因为经济发展了，人民生活也在提高了吗。

问： 这税是按村收，还是按户？

答： 我们这里直接到村，村委员会有会计，他具体管，他按地按人向户里收。

问： 也按地，也按人，综合起来收。

答： 原则上按地按人两部分。

问： 地是占多少？人是占多少？

答：（录音不清）。

问： 你们去年的总收入是多少？

答： 董站长具体管农村收益这一块，等他来了再说吧。

问： 你是统计这一块？

答： 对。

问： 你是县里派下来的，还是本乡的？

答： 我们部属县的编制，董管站长也是。

问： 土地你是怎么管理的？

答： 我管了两个（不清），有农业这一块：农粮除棉田种多少，产棉大体是多少。收益分配计算归他们管。统计是统计，经管是经管，分两部分。我们这里一般是有面积、产量。人和地……

问： 这两部分碰得上吗？

答： 碰得上。

问： 你什么时候到这个站工作的？

答： 1984 年。

【生产的变化和原因】

问： 1984 年来的时候，这里的经济情况是什么样的？

答： 现在比当时好多了？

问： 亩产量？

答： 亩产量，我这个资料你们看看。

在村里我们看到 1976 年、1977 年的粮食产量非常高，人均的亩产也非常高。同样的地同样的人，为什么这两年特别高？一个是“文化大革命”刚开始，一个是“文化大革命”刚结束。村里认为一是这两年工作队进村了，他们抓生产，同吃同住同劳动，产量上去了。后来工作队走了，产量下去了，1978 年产量最低。

答： 基层干部讲这个的意思就是：政治路线确定之后，干部是决定因素。调动了积极性，抓了科学生产，在农田投资上下了工夫。天时，地利，人和，促进了这两年农业的大丰收。

【水利和农业生产】

问：1982年分田到户，人民生活水平提高，是不是与“文化大革命”前乡里兴修水利，挖河挖渠有关系？

答：有关系。从现在说，我们的涝地较以前少多啦。以前下雨之后涝地多，靠返销，国家拿粮食，经过水利建设，科学种田，各方便都跟上了。

问：据说“大跃进”时兴修水利，“文化大革命”中也兴修水利，这在当时费了好多人力，当时产量上不去，分田到户以后，农业产量提高了，水利也起作用，是吗？

答：现在的高产，与科学种田、水利这命脉有关。人们在生产过程中，认识到良种的重要，同样的玉米，原来产量就低，高产关过不去，而目前，我们的产量与以前就不一样了，丰产地块，小麦都在800多斤，玉米1000多斤。有的一个户一亩地，一年就能收到一吨粮。具体到村，村与村也不一样，户与户不一样，你管理得好一点，亩产就超千斤，我管得差点，亩产就差得多，投入不一样，管理水平不一样。能抓在关键上。现在水利设施投资等各方便都比以前好多了。

问：你指的投资是水利方面的，还是其他方面的？如科技投资等。是个人投资还是乡村集体与个人一起的投资呀？

答：这些投资，一般说来是来自农民个人的投资。如扬水站，是属于集体性。集体的资金来源也是取之于民，用之于民，从农民来。

问：耕地面积、人口、单产产量、总产量呢？

答：这些没有什么变化。自然村没有什么变化，地也没有变化，基本都稳定了。

【自然灾害和农业生产】

问：关键是亩产单产上去了。

答：单产上来了，人民收入高了，给国家创造了财富，人民的收入一年好于一年。村里干部、农民讲的那情况，认为关系到工作队的有无，产量有个徘徊。农业这一块很容易这样。为什么？如去年虫灾，产量就不稳定。60年代，除了防涝就是防旱，年年有灾。1955年还防蝗虫，防灾。

现在已不存在这个问题啦，已根治了。

问：就是因为那时候的措施不好，是不是？

答：还是因为那时水利跟不上，农药跟不上，防护设施跟不上，县里领导特别强调这些方面，现在不同了。

你们需要什么数字，我可以到村里去了解，我掌握的有限。

【人均纯收入】

问：关于收益分配。大概数知道吧？

答：关于收益分配这块，人均纯收入，1993年为758元。1992年为505元，这年少的原因是旱灾减产，棉花发生棉铃虫害。基本是这样。1991年为558元。

问：去年给我们介绍是560元。

答：可能是1991年的。

问：1992年是比较低的。

答：对。

问：农民收入提高，主要是在副业上还是农业上？

答：农民收入提高，看与哪年的比了。

问：与1991年、1992年比。

答：人民总的收入提高主要是第三产业——副业、手工业、服务加工业、立体种植。一种、二养、三服务、四加工，第三产业的多种经营。

问：一种就是农业？

答：种植与种植不一样，有主体种植。一亩地种多种植物。

问：二养指什么？

答：二养就是养殖业，增加了这个环节。

问：三服务，这是口号吗？

答：不是口号，就这么做着呢。三服务。

问：四加工是深加工吗？

答：是。

问：你们乡全部副业收入占全部收入的地位？

答：乡里有砖瓦厂。

问：规模多大？

答：一年产五六百万块砖。乡里一个厂，村里还有一个厂。

问：投资多大？

答：起码百八十万元，这是乡里的一个厂。两个厂差不多。

问：有副业特别发达的村吗？

答：后夏寨这个村就不错。他们有柳编基地，有些东西可以销到天津、青岛、广州，还有出口。他们的蜂窝煤厂，电机加工，各方面的修理服务都有。你们去了。

问：在那儿待了三四天，去年待了三四天。

答：他们那地方变化不小。

问：后夏寨村属于中等水平的吗？

答：他们现在属上等水平，比中等高。

问：咱乡里经济收入最好的大概在什么水平上？

答：粮食产量大概小麦就在 800～900 斤，玉米在 1000 多斤，上下差不多。

问：这叫什么村？

答：陈营。

问：去年这个村单产是多少？粮棉多少？我们想找上、中、下三等各一个村，从中比较，就知道后夏寨村所处的地位了。

答：农业收入各村差别不大。关键是副业。陈营时农业与其他村差距不太大，好处就在村里有大窑厂——砖瓦厂，运输业也发展起来了。养鱼、服务、加工都有，差别主要是这块。

问：陈营村的粮食产量属高的还是低的？

答：在全乡来说，它的粮食产量算高的。

问：他的副业上来了，粮食也上来了。有的村副业上来，粮食没有上来。

陈营村粮食亩产多少？小麦单产？依 1992 年的数。

答：他们比别村高，亩产比其他村高百斤。他们用水，直接就到。土质好，离水近。这样小麦单产 800 多斤（市），1992 年夏粮单产 800 多斤，有的户有 900 多斤。玉米 800～1000 斤。棉产单产 600 多斤。略高于乡的平均水平。差距在多种经营上啦。

问：1992 年人均收入多少？窑厂收入多少？

答：窑厂收入不清楚。人均收入的具体数字我们再找找。不准确就没有价值了。

【乡的统计报告】

问：后夏寨村的老会计说，每年都向乡里报这些数字，我们估计乡里会掌握各村的数字，找出一两村的情况与后夏寨村比较一下，就知道他们在乡里的地位了。

你二位，是向县里报告这些统计情况吗？

答：我们报的是大块的，具体不到每个村的，我们是汇总的。

问：你们汇总的也是按扣除的斤数、亩数出来的，也是村里统计出来的吗？

答：按现行价格，每年的算法不一样。

问：乡向村里每年统筹的那些项目，请董站长谈谈。知道哪些项目就行了。收来的方法，是按人收还是按地收？

答：多啦。也有按土地收的，也有按人口收的。如黄水费，指使用黄河水浇地的费用。这是按地收费的。

问：按每户承包的土地？

答： 如咱这一户，有5亩地，就按5亩地收，一亩地多少钱。农业税财政上管，这边也掌管这个数字呢。农业税是根据多少年来，老的一块推下来，然后再按增加多少比例，再按比例向上加，现在农业税是这么计算的。原来也是按土地征收的。

问： 这个办法是在“四清”以前，“土改”以后实行的。

答： 农业税若干年没变。这个县里也变不了，一般是从上边定下来的，比较固定的，最近比原先高了一点。

问： 比方说，你们把它分配到每个村，每个村一样吗？

答： 不一样，这绝对不一样。村的大小，人口多少，土地也不一样。

问： 窑厂的税也包括在内吗？

答： 窑厂的税与农业税不一样，窑厂有工商税。你干的这份副业，要缴税，农业税只是农业，所种的农作物收的税。

【农业税】

问： 比如说农业税，一个村子收入高，另一个村子收入低，是按收入收吗？

答： 不是。按土地和土地产量，比方说吧，你这个村子，粮棉地多少，粮食多少斤，合出来，拿多少小米。合成小米后，一斤小米多少钱。农业税是这么演变来的。

问： 农村变化很快，你们是不是隔几年就增加呀？比方说有的村收入高，有的村收入低。

答： 不是，农业税是上边派下来的，不能动。分配农村去也是按原来的比例。长也是按比例长，按多少年前的比例长。

问： 什么时候定的比例？

答： 不清楚了，年头可多了，解放以后，那就不清楚了。

问： 有的农村比较富，有的还是中等的，还是按照原来的比例收农业税？

答： 农业税，只要上级不变动，还是原来那个数。这个数基本是稳定的，不轻易办。农业税是国税，一般不变。不管你村富还是穷，农业税不动，只要原来国家税收不变，农业税就不动。如果国家农业税变的话，若在原来的基础上增加10%，再给各村增加10%。

问： 因为每个农村的收入不一样，这不有的村负担重，有的村负担轻吗？

答： 农业税就不管这个了，就像过日子一样，有的会过，日子好，让人家多纳税，这个理讲不下去。

【乡共同生产费】

问： 你们有黄水费，农业税，还有什么？

答： 还有桥梁，优抚费。这些都按人交。

问： 教育呢？是按村还是按人？

答： 就是乡村办学。也是支教费，主要是解决民办教师的工资，还有修校舍。乡里修中学，上边教育拨款有限，不够的部分，乡村办学，是两级办学，经费不足，从户里按人提。

问： 按人口，不是按上学的人提？

答： 对。

问： 多不多？

答： 一般是一口人8~9元钱。

问： 公路，优抚，桥梁都按人？

答： 是。

问： 公路、桥梁每年都有吗？

答： 每年都有。根据需要，大部分都有。

问： 去年修的路，增加了修路费吗？

答： 国道下来的路，由乡里负担。

问： 去年增加公路费了吗？是原来计委的拨款？

答： 那个归地区公路段拨款，是国道，南京到北京的。

问： 所以你们不要管？

答： 那是国家的，由国家投资。我们在几年前按乡里一人1元5角，从上头要的。

问： 大概一年的费用，一个人多少钱？

答： 实际每年乡里作计划，跟咱过日子一样。咱乡里，从县里分配咱的数字，有的是县里分的数字，也不够。有的本乡的优抚款实际提点，不提也不够，再就是共同生产费，加桥梁啦，乡村水利建设啦，由乡人民代表大会确定通过以后，再向村里分配数，每年各户不一样。

问： 大概有多少？如3年？能有几年的数字就更好。

答： 我给你提供1989年到现在的数吧。从1939年到1992年，1994年还没有完。

问： 大概分几类？你说的共同生产费是一类，还有一类是什么，有大类吗？

答： 什么都有，都搁到一起了。

问： 黄水费，农业税，支教费，优抚费，水电费，防疫费，民利费，交通费，育林基金，合同工资。合同工资指什么？

答： 合同工资就是用的临时工的工资。

问： 还有敬老院，这是社会福利，卫生院，基本上就是这些项目。这些项目，一个地亩，一个人口，有时按人，有时按地？

答： 对。

【税和共同费的负担】

问： 一看表就明白了。

答： 这是各村的情况，哪个村，多少钱。是全年数。1989年人均应交的，包括农业税，给国家的钱，给县里的钱，给乡里的钱，都包括在内啦。等于一个农民一年的全部税金。1989年：44.94元；1990年：46.80元；1991年：85.50元。

问： 那时候物价格比较高，是不变价值？是真正的？

答： 不是不变价值，是真正的。1992年：62.48元。这一年天旱，虫灾，歉收。1993年：68.74元。

问： 1992年人均纯收入505元。

答： 提高它俩之和的5%。县、乡要三七分，按国务院规定，是这么分配的。也就是说这部分钱，有一部分是给乡里的，有一部分是县里的，有一部分是给国家的。

【减税措施】

问： 如农业收入不好，例如1992年这样，你们是不是申请农业税下调？

答： 1992年农业税，如麦季农业税全征齐啦，到秋季农业又遭了灾，虫灾也好，水灾也好，旱灾也好，受灾情各村不平衡，上级农业税再返回一个数字来，减免。举这么个例子，给你这个乡豁免3万元，本乡根据各村的情况再减。虽然有个固定数，但也可以根据具体情况有变化。1992年受灾，减的农业税还得从税务所退回，因为麦季已交齐了。

问： 是乡向县报告受灾面积多少，损失多少，还是不用打报告，县里直接减？

答： 乡里有基础数，水灾也好，旱灾也好，总得向上级报数呀。还是乡里报数，县里也来验，也有检查。

问： 你们的报告县里听吗？他们是不是根据你们的报告来决定？

答： 要说百分之百的准确，也不一定，也不能百分之百的灾情由县负担。一般说来不是县包揽，也不一定一个乡通通都受灾。这个数据，减的时候不一定都一样，受灾轻的或没受灾的，不一定减。需要减的，是确实受灾的。基层把数字报上去，上级到下边来检查，确确实实是这样，减免数就返回来了，这些数据都是来自基层，基本上是实的，确实是遭了雹砸啦，上头来了一验收，到现场一看，就这样。不是这样，也不报，县里也不看。

问：能减少多少税？

答：上级主管，我们做不了主。上边让减，我们就减，上边不减，我们也减不了。这是指令数字，上边给你多少，必须完成多少。我们接到数字以后，再分解到基层。打比方说，每年的农业税是20万元，就必须交20万元，交完之后，有什么灾，再由乡向县报什么灾，县里来检查，确定减少数字，到秋季之后，县再给乡下达数字，你今年农业税可减少5万元，把5万元再还回来。这是上边指令的数字，下级必须按这个数字执行，我们没有调整的余地。

问：其他的，如乡里的这些数字，如共同生产费，可以调整吧？

答：要调整，乡里的领导人根据乡里的实际情况，农民根据自己的收入，创造的财富，按着上边的提留比例，乡里的用途，经过人民代表大会通过之后，才提成。

问：教育费用要减少？办学就困难了吧？

答：是呀！人民的教育人民办，国家什么时候都得依靠人民自己办学。

【公粮和农业税】

问：1992年公粮减少了吗？

答：减少了点吧。

问：农业税是农业税，公粮是公粮。

答：农业税指的是钱，公粮指的是粮食。

问：二者是一回事？

答：实际上是把麦子合成钱了。

问：这下我们明白了，这就是说，农业税就是上缴公粮数。

答：对，这数是各算各的，如国家定购小麦，比如说你这个乡100万斤，按人算也好，按地算也好，就定下来了。地一半，人一半，一户交多少定购。把小麦交上去以后合成钱，钱就不给你啦。一个人109斤麦子，按3角钱一斤共30元，就等于你交的农业税。这两项是一回事。掌握核算的不一样。董站长那儿是钱数，是交农业税的钱数，助理那儿掌握的是斤数，缴了多少公粮，实际上这是一回事。

问：公粮就是告诉农民应该向国家卖多少，是按比较低的价格，是不是？

答：原来国家对粮食有个牌价，比市场价低。这几年粮食价格一放开，与市场的价差不多。今年（1994年）交麦子的时候，好麦子5角，市场上也是这个价。前几年国家有牌价，现在粮食价格一放开，基本上一样了。

【农村的粮食市场】

问：现在粮食价格放开了，还有公粮吗？

答：有。必须有，若没有吃什么。种地就得交爱国粮。

问：其他粮食可以卖给国家？

答：可以卖，完成任务后，吃不了的，可以卖到市场上，也可以卖给国家。

问：现在的粮食多半都卖给国家吗？

答：那不一定。农民交够公粮后，多余的粮食，农民愿意卖给谁卖给谁。很随便，谁的价高卖给谁。

问：除卖给国家以外，谁买粮食了，这里每家都种地，他们都有粮食，还卖给谁呀？

答：粮食放开后，国家正式干部，这一部分人国家不供给你粮食，吃粮就得依靠市场调剂。

问：这些人不是到粮店买吗？

答：粮店不也是国家供应，谁需要谁去买，粮店虽然是国家的，没有购粮本了，不像过去一个月供应30斤，现在没了，到哪个粮店买都行。就是种粮的农民，有亩产500斤的，也有300斤的，现在化肥等又贵，每亩产粮除本钱外，还赔钱，挣的不够吃的，有的就搞第三产业，转产了，这些户就得买粮吃。天津农村不种粮，他们买粮吃。

【农业税和公粮的管理】

问：农业税就是农民卖给国家的公粮吗？

答：农业税与卖公粮的钱，不相等。农业税是征的钱，粮食是征的数。如农业税，过去一口人交5元、6元，全乡2万多人，10多万元，现在用5元钱买小麦买10斤，可现在向国家交定购可不是10斤，有的七八十斤，80斤就40元，5角钱一斤，农业税扣去5元，还有35元，它俩不是一致的。粮是粮，钱是钱，不相等。如果一个人卖了80斤麦子，这80斤麦子交农业税了，这是一回事。农业税直接地进财政啦，县财政局，定购是粮所的任务。原先使粮本，供应城市居民，按牌价多少钱一斤。这两个部门，一个是要数的，一个是要钱的。

问：两个都要交给国家吗？一部分是献给国家的，一部分是……

答：不是。粮所，财政所都是国家的。公粮数不等于农业税的钱数。它俩不一致，可这两项东西都是交给国家的。交粮的数有可能比农业税交得多。也可能交得少，秋收以后以农业税的钱数看你交粮的数量。已规定了今年全乡交多少农业税，然后再分到下边去，到各户，粮食的数就确定了。粮已交了，农业税数也确定了，然后再看交粮的数与农业税的钱数来比，如果交的钱数比农业税多，这钱再退给农民，如果少的话，农民还要补一部分钱作为农业税。

问：我大概明白。比方说农民卖给国家的公粮数比他们应该卖的多。你们不介绍，我们也不清楚。

答：你们不在基层，基层的才弄得清。

问：弄不好就误解了，误解交两份钱了，一个是公粮，一个是农业税。

答：公粮和农业税上头也是两个部门要的。

问：寇主任，上边要的数是斤数亩数，但是一种统计方法，这里要的钱数，是另一种统计方法。村里农民的负担是按市场价格算的吗？

答：它不是按照市场价格，也是根据本乡的实际开支，实际情况，也得考虑现在农民的实际随能力确定。从县款来说，农业税是指令的，农业税，黄水费标准多少，县里无权压缩减少，可作为县乡提留都包括全国数字里，连县带乡都在里边了。

问：交国家的就农业税？

答：对。还有黄水费。黄水费也是向县水利局交。实际也交县里。另外，有一部分特产税——林场、林果、花果、蔬菜也属于特产税。

【乡的财源】

问：你们乡里的农业税都是上交给国家的，你们留下来的乡里的经济来源，留成部分不是都包括进去了吧，农业税有留给县里的，有留给乡里的，留给乡里的等于乡的财源？

答：是。

问：留给乡里的占整个农业税的多少？是吗？

答：税金不留，乡里没有这一块，乡里只是以我们给县里收。

问：其他收入留成的包括黄水呀，教育呀，有一部分留在乡里作为乡里用，占乡里总收入的多少？

答：一半。黄水费一年40多万。全乡每口人20多元，农业税一口人不到10元，共30多万元，占乡里收入不到一半，差不多是40%。县里占40%，乡里占60%，自筹部分，每年的数字不绝对，大体如此。

问：乡窑厂给你们上缴利润吗？

答：窑厂赚了钱才上缴，赚不了钱不上缴。

【乡镇企业】

问：乡镇企业的税收呢？

答：在税务所。他管工商税。

问：能到乡里的钱，留成啊，教育啊，还有企业的吗？

答：没有企业的。企业有乡镇企业办公室，它管乡镇企业，如砖瓦厂、柳编，它们算一个单位。

问：县的经济来源等于一部分是提留，还有一部分来源是商业和乡镇企业上缴的利润？

答：财政所它管乡镇企业、小卖部、个体户的副业，它征那一部分。

问：它征那一部分是给国家的？

答：对，给国家。

问：县、乡的呢？

答：乡提留共同的那一部分，与它们没有关系。

问：它们怎么发展对乡里没有作用？

答：没有作用。

问：一般地讲，你的厂干好了得给乡里点钱吗？

答：是，一般讲，利润向乡里交，乡直属工业。但一般的乡的企业赚不到钱，交税金，原材料涨价。

问：乡镇企业办公室收的项目跟你这里差不多，黄水费没有，教育费用有吗？

答：它没有。它什么都没有。

问：你们乡要办什么，是不是让乡镇企业出点钱呀？

答：也有。根据它的情况，这个院的砖就是窑厂提供的，前边这房的砖瓦都是它们提供的。

问：这是临时性的，提供实物，不是国家的数？

答：不是窑厂每年向乡里拿多少钱。

【义务劳动】

问：你们乡办事的时候，是不是也要每个村帮忙啊？出劳力吗？

答：集体的时候出义务工，如黄河水来了，有的地方泥土堵住了，要浇地，必须组织人去挖开，谁受益谁去挖。义务工得有。

问：你们有规定每个村一年出多少义务工吗？

答：这个事不固定。要根据县里，每年冬天地区向县里分数，哪个地方堵水了，需要多少土方，需要多少工具，分到县里，县里再分到乡里，各户提前不知道，它掌握不住啊。

问：在村以外挖河，你们给他们钱吗？

答：出河工村里得给钱。

问：村里出吗？

答：对。

问：到别的村出工也给钱吗？村里出吗？

答：18～45岁的青壮年让谁去干得给点钱，不然他不去，多少得给他点报酬。

问：报酬什么时间给？

答：秋后。

问：人民公社的时候的义务工？

答：那时没有报酬。

问：从什么时候才有呀？

答：从分开地以后，80年代吧。现在是包产到户，人民公社的时候记工分。工分也不一样，上河工有的一天15分，有的10分，有的8分，都是有偿的。所谓义务工就是到了这个年龄必须出的工。不管给的待遇合适不合适，必须得去。出义务工我不去，嫌报酬低，但自己没权。

【乡内各村收入比较】

问：中、上、下三类村的比较还没有出来。最好的村是陈营？

答：按人均收入元官屯不错，它主要是养殖业，人均存款 600 元，全村 36 万元。

问：粮食呢？

答：粮食不一定自给，到集市去买，养鸡产蛋代收购。人均收入 1500 多元。全县最好的。

问：中等的多少？

答：全乡平均收入 1100 元，我们想搞成这样子，这是计划。安排了一些种植，实际怎么样得秋后看，那时也可能低一点。这是推算的，如果树能出产多少，究竟能卖多少钱，也不知道，村民又不来报账，粮棉产量都是推算，一亩地产多少，有总面积，一推算就行了。

问：现在没有掌握每户的副业收入是多少吗？

答：没有。

问：后夏寨属什么水平？

答：中等以上。

问：最差的村是怎么样的？

答：后夏寨西边有差的。

问：差在地少上了吗？

答：差在水源上了。他们的收入主要靠地里的作物。我们计算的产值分配，主要是根据粮食、棉花、果树、种植、养殖。

问：最西边村的产量？

答：最西边有小屯、高庄、秦庄。

问：他们的粮食产量有多少？

答：单产与高产的村差 100 多公斤。高产的地方 800 多斤，这些地方 600 多斤，这是小麦产量。棉花 400 斤左右，玉米 800 斤以下。全乡人均收入 650 元，他们差百八十元，500 元左右。

问：跟最高的能差 1000 元，差不多吧？比元官屯。

答：跟元官屯差多了，人家是千元之队呢。

问：跟陈营差多少？

答：陈营收入在千元以上，连副业收入。

问：后夏寨村 1991 年人均收入 590 元，现在看来他在中等偏下。

答：1992 年、1993 年的数不清楚，你们再问一问。他们也在 600 元左右。1992 年高不了，棉花减产，我们全乡 1992 年也是低的。1993 年全乡 758 元，后夏寨是多少啊？

问：这几年的数清楚了，在分田以前后夏寨是不是也是这个水平？

答：肯定不是这个水平。分田之前根本用不上水，河边有个扬水站。把水送来他们才用上啦。

1983 年以前这个村不行，靠天吃饭，风调雨顺了，就能多收一点。

【粮食产量及消费量】

问：人均口粮咱没了解。人均口粮数从乡的平均数看是怎么个发展水平，尤其是从 1984 年分田，十一届三中全会后是个发展阶段，分田又是个发展阶段，从这就能看出发展阶段性和这个乡这个村这几年的发展变化。

答：这几年发展变化很明显，1978 年是个分界线，三中全会以后变了。1978 年以前，咱这一片的农民粮食不够吃，要吃国家给返销粮。

问：你们全乡都是这样的？

答：全乡都是这样的，每年都靠国家向这里调拨粮食吃。

问：能通过数字来说明吗？

答：没有数字。

问：返销粮数？

答：那时我还没有从事这项工作。我是 1984 年才来的。

问：你来时没有返销粮了吧？

答：1978 年以后，我们乡就向国家作贡献了，两三年的贡献，相当于过去几十年的贡献。

问：后夏寨就这样，原来每年吃返销粮，后来交粮的数字特别大。

答：从 1778 年这个数字就很大。

问：想通过乡里的数字了解这一变化。

答：咱有产量数字，从 1978 年以后产量逐年提高。

问：耕地面积不变，单产有变化，人均收入、人均口粮，这几项如有数字的话，就能说明这几年的发展变化了，后夏寨的数字已有了，想了解一下他们是不是与乡里一致，它产量高时，咱乡是不是产量也高？产量低时，乡里低不低？如因灾害产量低容易知道，产量低不是自然因素，是干部因素的决定。

答：1984 年的产量数字有。

1984 年以后，耕地面积减少的原因是：公路建设，建筑物占地，也就是说分田到户之后，耕地面积减少较多，1984 年为 5.1%，1985 年为 5.02%，1981 年到 1984 年是稳定的，1985 年减少比较多。

王子绪　王会青

时　　间：1994 年 8 月 16 日下午

访 问 者：张利民

场　　所：王子绪家

【村的人口】

问：想了解一下这两年的经济状况。1993 年户数变了吗？

答：1993 年户数没变。今年也没变。

问：人口呢？

答：人口也没变。

问：1993 年增加人数？

答：不升不降，还是 810 人。

问：今年呢？

答：今年还不到年底，生的、死的、外迁的都在内。派出所的数字是 800 人吧，差不多。

问：派出所统计的人数为什么少，哪个准呢？

答：咱的准。有的增加了人口，没有报。咱敛东西按地敛。

问：为什么没有报户口？

答：有的小孩已生好几年了，也有没报户口的。有的娶的媳妇，户口没有转过来，户口还在娘家，那边有户口。

问：派出所的统计没有你们掌握的数准，派出所 700 多吧？

答：790 多人。派出所的人口是根据户口簿说的，咱说的人口是本人在这，参加分配的人口。

问：不是超计划生育吧？

答：不是。现在没有那种事了，前几年有。超计划生育的不给户口。现在没有计划外生育的啦。

问：去年还是 810 人？

答：对。

问：有死的，有生的，迁出去的。包括这三部分人，没有动，没有变化。

问：去年死了几个人？

答：这是派出所的人口数字，整 810 人。这个准确。

问：这里上报的 810 人？

答：这是上年的人口，分地的人数。这 810 人，每年都不变动。他家里不愿变动。因为敛东西按人口敛，人口少了多了的，怕麻烦，所以一直是这个人口数。

问：1990 年 806 人，1991 年 806 人，1992 年 810 人，1993 年 810 人。

答：分配公粮也是810人。

问：出生合计数6人？其中本年出生的2个？

答：对。

问：男、女？

答：男4人，女2人。

问：这4人是本年生的？还有4人不是本年生的？

答：这2人是1992年生的，1993年报上的户口。这6个户口都是1993年报上的。

问：实际生了4人，去年转过来的？

答：今年生的还没有报上户口的呢。过年报，有的今年落户口了，有的过了年落户口。有的当年不落。

问：去年迁出1人？迁入1人？

答：对，一位妇女结婚迁出，到德州当临时工，当工人了，她爱人在那里。

问：死亡6人，男4人，女2人。

答：对。

问：合计202是什么？

答：202户。800人，男395人，女405人。

问：每年都是这个统计数字？

答：有。

问：是给左老师的那个表吗？

答：不是。给他的是基本情况表。

【耕地面积】

问：耕地面积没变化吧？

答：没有。1800亩。

问：粮田面积没变？

答：没有。大体750亩，这是1993年的数。

问：棉田呢？

答：大体上一半一半，棉田和粮田，混合种植不太准确。

问：耕地面积是复种面积还是实有耕地面积？

答：不是复种面积。

问：复种面积没有数？

答：没有统计，种了麦子再种棒子。咱们是实有耕地面积。

问：棉田900亩差不多吧？

答：差不多，大体上是一半一半，还有种杂粮的。

问：果园呢？

答：200多亩。比1991年没增加。还是那么多。

问：280亩，1992年280亩？

答：现在没那么多。

问：那时也没有那么多？

答：那时有，当时重视。去年开始又重视了，栽了一些果树。现在结果的树也就是200亩，230~240亩。

【近年的生产状况】

问：1993年的粮食总产量？

答：单产1000来斤，一季小麦一季棒子，两季。小麦子400~500斤。

问：1992年有灾，旱灾？

答：那年都有灾。

问：1992年有灾，单产还1600斤呢，到了1600斤吗？

答：到不了。1992年旱，很多地没有种上。

问：头一年呢？

答：差不多1600斤。

问：小麦单产？

答：500~600斤。

问：今年呢？

答：也500~600斤。500来斤吧。今年化肥贵，投资太高，大家不种那么多了，上几年才分开承包，单产800~900斤，化肥6.5元，几块钱一袋，什么都便宜。

问：有那时的亩产数吗？

答：没有具体数，那时搞调查，搞了20户，其中找几户好的，几户中等的，几户差的，三种类型。

问：现在还搞调查吗？

答：现在还搞，还是那么个搞法，也不留底。到明年春天，4月底5月初，这时间乡委会发个表，小麦产了多少斤，找典型户，5户这样的，5户那样的，大家填填表交给他们。

问：棒子产量呢？

答：棒子产量高，比麦子高，麦子不行。

问：1992年旱，到了650斤吗？棒子呢？

答：差不多，棒子吧？前年是前期旱，后期涝，头一年棒子好，平均亩产800多斤。前年的棒子淹了，不行。

问：前年小麦单产能到650斤吗？

答：全乡平均到不了。平均550多斤，有好的，也有差的，差的还有400斤的呢！

问：前年好点？

答：也差不多，麦季产500~600斤。

问：1992年棒子收成不好，麦子还好？

答：是。棒子不好，麦子还行。

问：前年呢？去年棒子和麦子各是多少？

答：棒子和麦子差不多。麦子亩产550斤，麦子与棒子差不多。麦子与今年也差不多。

问：今年呢？

答：麦子也差不多，550斤。麦子增产不容易了，地力有限。1980年承包，麦子增产了。刚分田那阵什么都便宜，投资大，棉花、棒子都这样。1984年棉花500斤，现在怎么也到不了这个数了。地力到那儿了。

【近年的棉花生产】

问：棉花产量大概有多少？

答：这两年都不行。1992年不行。1993年更不行。都让棉铃虫吃净了。

问：比前年还差？

答：差！差得多了。不光咱们县，咱们村，整个德州地区都不行。

问：估计能产多少？

答：这个数没法估计，棉花绝产了。我拾了50斤棉花，有的地一斤没有。

问：种多少？

答：有人种了2亩半棉花，拔了。还有拔的，店前这块也有拔了的，没办法。1993年受虫灾，产量没法核算。

问：今年呢？

答：看起来比去年强。一亩地300斤棉花吧。

问：300斤，低吗？1992年还400斤呢！

答：不低，虫子很多，可厉害了，还没有下来。

问：最高时能到530斤？

答：是。现在棉花产量持续下降。1984年、1985年都是400多斤，500多斤。这以后再也没有上去过。1990年以前，每年都在400斤以上，那时候每年都是四五千斤棉花。这会儿一点都没有。

问：是地的问题？

答：也不是地的问题，虫子，天灾，一开始长得很好，都让虫子吃了。总打药，今天打药以后，明天好一天，后天就得打。制止不住，打药不管事。人工逮，不是不行。

【人均收入】

问：人均收入多少？1992年和1993年。

答：人均收入500多元。

问：年前呢？

答：五百七八十元。

问：前年591元。

答：对。

问：去年580元。

答：对。580 元也算少，还达不到全县平均数呢，全县平均 790 元，不到 800 元。今年到了 1050 元。

问：是今年计划吗？

答：今年乡里计划 1050 元，实际达不到。山东省还是胶东好，胶东和沿海一带好。河北南边比咱这边好。

问：实际的数还是 700 多元？

答：700 多元。我想也是 700 多元。800 多元是县里给的数。

问：我说的是乡里的？

答：乡里达不到，是报的数。

问：乡里报的是 1050 元？

答：达不到。实际收入不了那么多。

问：1993 年收入 580 元。

答：是，咱要搞得实一点。咱必须实事求是。

【农业税和黄水费】

问：农业税怎么个办法？

答：农业税是按地亩说的。今年的农业税也没长，原来是 8 元。国家的税没假的，不增也不减。是国家的。

问：农业税是拿粮食顶税？

答：拿粮食，麦子作成价，麦子款扣下。

问：交麦子的数比交农业税多吗？

答：多。不光农业税，还包括黄水费。

问：黄水费不交钱，也是交粮？

答：也是交粮，不交钱。为了省事，秋后收成不好，钱怎么办。一年的税收麦季全交清了，黄水粮，农业税等一切，麦季一次完成，使麦子一次交清。如一个人 200 斤麦子，5 毛钱一斤，一口人 100 多元，什么农业税、黄水费、保险费、两级办学费、生产基金、优抚费等都有了。

问：黄水费是乡里收的吧？

答：不是乡里的，水利局的。县水利局管。水利局也向上交。农业税交县财政局，是国家的。保险费交保险公司，办学费交教育局，办教育用。

问：有些都是县里的？

答：有县里的，也有乡里的，优抚费属民政局。烈属困难户，过年春节，民政局照顾用。

【保险费】

问：保险公司保险什么？是粮棉有灾时保险吗？

答：是。

问：给保险费了吗？

答：还没有给呢。

问：去年棉花那么不好？

答：不是天灾，就是刮龙卷风，下雹子。

问：虫害不算吧？不给？

答：不算，不给。保险公司认为是管理不善。下雹子行啦，刮大风，给刮没了，多给点。咱还没遇到这种情况呢。

问：交了几年保险费了？

答：哪年都交。

问：有五六年吗？

答：有了，哪年都拿。

问：1978 年有吗？

答：1978 年还没有呢。

问：从 1985 年还是 1986 年拿？

答：1985 年。

【杂税、费】

问：办学费是县、乡收的？

答：县、乡两级的。优抚也是县、乡两级的。

问：交公粮时还扣什么费？

答：水利建设，乡村道路修建，民兵训练。

问：乡村道路是乡里收的吧？

答：是乡里收的，需交费的还有程控电话，调频广播——拉到各村去的喇叭。

问：不是村里没有电话吗？

答：今年要安装，有这部分资金。

问：这些钱都是从各家交公粮的数里扣？

答：对。各家摊。

问：这么交，农民还能剩点钱吗？

答：一点不剩。麦子的钱都扣完了。

问：够不够呢？

答：还不够，秋后每个人还得拿 10 多元钱。

问：交公粮按人交？一个人交多少？

答：按人交。一个人交 198 斤，一斤 5 毛。这 198 斤不完全是国家的，还有乡里的，有公粮，包括公粮。

【公粮】

问：公粮是多少？

答：公粮分定购数和征购数。

答：定购与议购价一样吗？

答：不一样。今年定购、议购都一样，因为都是市场价了，原来不一样。定购价低，议购价高，差几分钱。

问：198 斤包括两部分：一部分定购粮，一部分议购粮。

答：对。

问：一斤 5 毛，这么算起来一人不到 100 元。

答：对。99 元，这还不够，秋后还得拿一点。一个农民所交费用，包括乡县的数，一年交 100 多元，有 150 元吧。

【挖河费用】

问：挖河费是村里拿？

答：对，村里拿。按工期。工期长多拿，工期短少拿，河工像自费似的。

问：去年每人出多少钱？

答：35 元，每个人 35 出元，一个村应该出工 149 人。

问：不少啊！一个人一年得拿 150 元了？

答：是，150 元。

问：这些钱基本上是按人口摊的？

答：对。因为地也是按人口分的，每口人 2 亩地，所以算出来一个人得拿出多少钱。

问：一口人拿 150 元，不算少了，一年纯收入才 500 多元。

答：对。

【税费的负担】

问：实际上每个人的纯收入到不了 500 元？

答：到不了 500 元。

问：每个人的纯收入包括上交的这些钱吗？

答：包括。咱算账的时候，纯收入包括农业税在内。如今年一个人纯收入 100 元，也包括农业税，集体投资不包括在纯收入内。总收入减去投资是毛收入。

问：黄水费、办学费、优抚费都包括在纯收入内？

答：对。

问：咱们村在乡里属于高收入还是低收入？

答：中间偏上，中等以上的单位，不算很低。

问：今天上午我们看到乡里最低的村，如高庄纯收入 500 元，咱这里 590 元。

答：差不多。毛收入、纯收入不光是地里出产的，还包括家庭副业，经商的，建筑的，搞运输的。养殖业，种水果，种菜一切收入都包括在内了，只有地里产的是不够的。

问：看来农民要发展，今后还是靠副业？

答：对。靠工、副业，养殖业，单一的农业不易富，地的潜力是有限的。

问：保险费、黄水费都是按人头算？

答：对。

【村的经费】

问：村里要什么钱哪？

答：村里摊河工款，给河工用。吃和工资在内。

问：村里需要钱怎么办？

答：村里需要还得敛，村里有管理费，如干部的工资，公益事业也得办，电力局来人啦，交不了，来人还得吃饭，群众得摊吧。

问：是临时敛，还是一年敛一次？

答：一年一次。一口人 10 元。

问：等于村委会的经济来源，一个人 10 元钱。

答：是。1 人 10 元，共 8000 元。

【人口变化和村的经费】

问：人口变化与上交的钱是连在一起的。人口是 800 人，你算的是 810 人，根据哪个数收钱？

答：根据 810 人。

问：还不等于村里吃亏了吗？

答：吃亏也得这么着。这个数字上边不给变，他嫌麻烦，上下差不了几个人。

问：按 800 人交不行吗？

答：不行。不给变，这些年都是 810 人。

问：吃亏不少啊，一个人 100 元，10 个人就 1000 元。村里多拿出这么多钱。

答：对。

问：村里人口是实数，中间有差数吧？

答：有差数。

问：那怎么办？

答：加到里边去。如一个人应 100 元，他 101 元，他 102 元，今年小麦就是 192 斤零几，俺分配 198 斤，加上了。用不完。上边来个总数，俺按人口均开。他按 810 人来算，咱按实数算。怎么也得够这个数，少了就不够用了。

问：多生孩子不就行了？

答：多生孩子不行，上边查，还有计划生育呢。

问：原来弄不清公粮和农业税，原来它俩是一回事。

答：今年又增农业税了。

问：比例不动？人口比例也不动？

答：比例不动，还按人口摊。按人收。

【公粮的计算方法】

问：实际上农业税、公粮是按地？

答：是。上边给的数是按“人五地五”的原则。如咱乡有 10 万斤的任务，按全乡的总人口，全乡的总耕地分两部分，按人均多少，按地分多少，每亩地该多少，按这个。人五地五。

问：其他不按人五地五吧？就公粮数是这样？

答：对。其他按人。乡里还是大体执行。不大体执行，这个村与那个村不一样，不好开展工作。

问：今年是 198 斤，水利是片的，不是乡的，乡里还用一部分钱？

答：片里有扬水站，给全片供水，它得用人，还得生活。它用一部分粮食。

问：征购单上就这么几项，定购粮、议购粮、黄水费、水电粮。

答：水电粮是片的，给片乡里交的。

问：这个水电粮与 1993 年的水利粮是一回事吗？

答：是一回事。

问：这个粮给的通知单就是这个数，农民交时，是不是还加上教育费等？

答：这些钱都包括在内了。

问：这里列的，不是光黄水粮、水利粮吗？

答：是。

问：其他的呢？

答：其他的，他卖了麦子不给钱了吗？这些款从这里扣。

问：人口的单子你提前告诉他？

答：不用，一户一张单子，自己带着去。如你 3 口人，拿着这个通知单去就行了。

问：都不给钱？交多都不给钱？

答：都不给，到时候乡里统一去结算，上边有数，如俺村 800 多口人，哪项给他们多少钱，哪项给他们多少钱。如俺村卖给他们 10 万斤麦子，这 10 万斤麦子共多少钱，他们哪里需要多少钱，从这个钱扣那个钱，看够不够。

问：这个单子先通知你黄水粮、水电粮是多少，其他粮到秋后再通知你？

答：对。

问：不给钱？议购粮的钱也不给？

答：都不给。什么时候给呢？如一个人 198 斤，超过这个数，多的部分才给。

问：黄水粮、水电粮、定购粮、议购粮这些数都扣了之后，剩下的数才给你？

答：如卖了 200 斤，卖得多那个部分才给钱。

【卖公粮】

问：一般的都多卖吗？

答：根据个人情况，个人要有钱花，多拿点也行，到时候支回来了。

问：粮食富余的可以多卖？

答：不卖。不愿卖的可以不卖。

问：现在与过去可能不一样，过去的牌价与议价有差价，市场上的贵点卖到市场上去。

答：在市场上卖是一样的。现在卖也行，以后卖也行，看他需不需要钱，如需要钱多带点麦子，多卖点，搁的那儿也行。

问：前几年农民是不是想你要多少公粮，交多少粮，其他到集市去卖？

答：前几年也有卖议价粮的。

问：为什么呢？

答：前几年收购价低，议购价高。议购价与市场价挂钩，如一斤麦子市场 0.35 元，收购价是 0.25 元，多的那部分按 0.35 元，他也卖。

问：前几年市场价比议购价高吗？

答：不高。议购价与市场价一样。现在收购价与市场价全一样了。

问：现在交收购粮是不是还与化肥、柴油挂钩？

答：前几年给点，现在没有了，好几年没啦。前几年加付化肥和柴油。

【化肥和生产】

问：一般地里需要多少化肥？

答：如是小麦，从开始种一亩地最少用 100 斤氮肥，100 斤磷肥。这是底肥。明年春天小麦返青浇水时，再追肥一亩地还需要 100 斤氮肥。这就行了。

问：现在农民投入的与收入的能差多少？

答：一亩地占一半。买那么多化肥，加上电钱、油钱，上化肥时浇地还要买柴油，还有耕地加到一起占一半。如打 600 斤麦子，能占 300 斤。按钱算，600 斤麦子 300 元钱，农民还赚不到 150 元，因为现在化肥等价格贵，成本高。

问：一亩地纯收入？

答：纯收入一半。还得喷药，一亩地麦子得喷好多药呢。收割打场都得花钱。

问：棉花呢？

答：棉花没有办法计算。这几次虫灾厉害，没办法了。种棉花赔钱。今年也赚不了。你看到了人们背的喷雾器，一桶水装 1.5 元钱的药。一亩地用 5 桶水，7.50 元。这是隔一天一遍，你说成本多高！

问：一亩地棉花需要多少药？

答：连种子、底肥、打农药，算起来，一亩地得 200 元成本，收 100 斤棉花还赔钱呢，收入 200 斤还赚点。棉花价格高，收入不小，成本太高，风险也大，一死一大片。有时把药喷上去啦，收时什么也没见到，就全赔了。上几年行啦，一株十来个桃，成本十来元，这是药。整个成本一亩地 50 元，全够啦，15 个棉花，那个收入多大？化肥也便宜，药也便宜，那时虫子也轻，喷的药也少。

问：现在主要是化肥、农药都贵了，投资太大啦，成本太高，农民种棉的积极性是不是低啦？

答：想种，收入没那些。上级也号召种棉花，说是："要想发，种棉花。"农民也想种，如不遇到虫灾，收入还行，比种别的强。一旦遇到虫灾没办法治，就不行了。

问：除棉花收入多以外，还有什么？

答：玉米、小麦。

问：收入高吗？

答：成本低。玉米比小麦也不差。

问：投资也占一半？

答：投资占 1/3，赚 2/3。玉米、小麦收入都高。

问：小麦投资占一半吗？

答：一半多。棉花是一季，小麦是两季，拔了小麦种玉米，能收两季。一亩地能收到 600 斤小麦，600 斤玉米，1200 斤，这比一亩棉花收入高。在现在的情况下五六百元。成本还低，两季的投资也没棉花一季的投资高。

问：粮食的市场价格低，卖粮食便宜。

答：现在粮食的价格也不低了。

问：现在农民种小麦、玉米的积极性比种棉也不差？

答：不差。因受虫子的影响，这两年种粮食的劲头大，种棉花的劲头小，种粮食供人们吃，养猪、养牲口，保险，虫子吃不到了。小麦喷三遍就没事了，玉米有时只喷一遍，有时不喷，今年一遍都没喷，还没虫。棒子不长虫，棒秸能喂牲口，棒子也能喂。养一头小牛赚 500 元。

问：棉花就没用了？

答：也有用，产品少了。上几年都是粮田少，棉田多。这两三年棉田少，粮田多，倒过来了，让虫子闹坏了，今年又是虫灾，没有头儿，都让虫子吃了。一个棉铃虫能繁殖好几十个小虫，不好逮，它还死不了。它身上有毒，只要爬过的地方，棉叶就掉了。

【义务劳动】

问：乡里有挖河的水利，村里还有吗？

答：村里还有，挖小河沟。

问：这是出河工还是义务的？

答：义务的。

问：规定几天挖完，不给钱，也不管饭？

答：是。

问：大家都去吧？

答：都去。18～45 岁的，在规定以内的人都去。人人有份。不管你家里有什么情况，都得去。

问：一般在冬天？

答：冬天和春天，挖村内的小河沟。

【统计报告】

问：这两年没有报乡的数？

答：现在没有报表，过去有表。

问：有砖瓦房的数吗？

答：没有统计过数。大体上户里都是砖房，没有土房啦。有土房也没有人住了。

问：从分田以前到分田以后小麦的亩产

数有吗？

答：没有了。

问：棉花的亩产有数？

答：也是估计的，没有实际数。

问：小麦也没有？

答：没有。当时小麦单产更高，小麦亩产八九百斤。那几年地弱，一亩地施100斤磷肥，100斤氮肥，农民舍得上肥，三个100。秋后耕地种上，第二年返青浇水，上一遍100斤。当时的麦子长得真好。

【近年投资的减少】

问：这几年为什么不行？

答：投资少了，地力没那么壮了。当时社员的钱少，收入也没那么多。一户常4000斤、5000斤地卖棉花。棉花也便宜，才5毛多钱一斤，贵的时候也只有6毛多钱。

问：是化肥吗？

答：棉花。化肥也贱，氨6.2元，后涨到9元。尿素才0.27元，现在尿素1.1元。

问：尿素是最差的吧？不管用吧？

答：也管用。二氨才28元100斤，现在130元100斤。投资投不起。现在花几百元，买不了那些东西，社会的发展，农村家庭投资也多，有几口人，修房，几个小孩结婚花钱，都得用，地里的投入就少了。不是一个方面。今年想往地里多投点了，可又遇到小孩定亲，花了5000元，自己积累了3000元，还不够。又得借2000元，欠了账。这样的地里投入就少了，收入也就少了。

问：村里一般借钱怎么借？

答：如俺俩，我有事需要钱，他手里有钱还不急用，我俩关系又好，就借他的了。也不用打条，一说准能借。也不用手续，也没有利息，两个人一说就借几百元。

问：一般盖房是借钱吗？

答：自己筹集一部分。

问：自己筹集多少？

答：一般盖房自己得筹集一半多，70%，再少了就不敢盖了。没有一半的钱不敢盖。

问：别人也不借给他？

答：借不了那么多，因为需要的多。是至亲也借给他，小孩大了，需要定亲，没有房，亲戚借给她。得分哪种情况，你是这样的，钱不够也得借。

问：因为这事村里没有闹意见的吧？

答：没有。

马凤来

时　　间：1994年8月13日上午

访 问 者：内山雅生

翻　　译：祁建民

场　　所：马凤来宅

【保卫】

问：首先请您说一下看青这方面情况。

答：过去叫看青，现在叫保卫。

问：现在保卫，由什么人来进行？

答：是青年民兵营保卫。

【解放前的看青】

问：大爷，请您介绍一下解放前看青情况，都什么样的人看青？

答：那时候也是村里找的人，人住得比较分散，到秋天庄稼快熟时，找一部分青年人看青。工资是从农户里敛，地多的多拿，地少的少拿。

问：根据地多少，是给粮食还是给钱？

答：给粮食。

问：给什么粮食？

答：高粱、谷子、玉米。

问：当时给粮，怎么给？是每天一给，

还是看完了给？

答： 到秋收以后农闲时给。

问： 那时看青都选什么样的人？

答： 选穷人，地多的人家，自己看自己的，选穷人看大伙的。

问： 是不是选身体好的，强壮的人？

答： 不用，因为也不出力，到地里转转，真有来偷的看见他就走了。

问： 那时一个村子有多少人看青？

答： 具体的我也记不清，因为那时我很小，才 8 岁，也得有五六个人看青。

问： 原来叫看青，后来改成保卫，什么时候改的？

答： 解放以后就没有看青了。

【解放后的保卫】

问： 保卫什么时候有的？

答： 人民公社以后有保卫。

问： 解放以后到人民公社建立这段时间没有看青，是不是不需要了？

答： 不需要。

问： 那时是不是没有偷庄稼的？

答： 也不能说没有，经过教育有些安定了，偷庄稼的人少了。

问： 偷庄稼的一般是什么样的人？

答： 不是大偷，就是到地里摘点谷穗子，弄几个玉米棒子。

问： 解放以后有保卫吗？

答： 解放以后没有保卫，人民公社初期也没有保卫。

【集体化】

问： 50 年代的事您记得吗？请您介绍一下解放以后“土地改革”、合作化、“大跃进”等方面的情况。中国是怎样建起来人民公社的？和苏联相比，人民公社的特点是什么？为什么要建立人民公社？这些情况，请您介绍一下？

答： 建立人民公社，咱们理解不那么深。这是中央精神，中央的号召。咱这是 1945 年解放，解放了就搞“土改”。1947 年搞复查时，政策比较明确，第一次搞错了的纠正，不彻底的又重新彻底搞了一下。土地平均以后，1949 年成立互助组，1952 ~ 1954 年是初级社。

【互助组的成立】

问： 您父亲是跟谁一块儿建的互助组？

答： 我父亲是个残疾人，他叫马瑞泰（太），我们参加的互助组有十几户，具体的说有 12 户。

问： 都叫什么名字？

答： 马建银、马春先、马振平等。

问： 当时你们这些人建立互助组，是因为都是本家？是住得近？还是土地都差不多少？

答： 那时候是条件好的和条件好的，你有牲口，我有农具，愿意在一块儿，是自愿结合的。

问： 建组时是不是性格相近的人？

答： 那当然是，投脾气是主要的。

问： 当时建组时，是不是也考虑，咱们这些人在一起能团结好，不打架？

答： 这是个主要问题。

问： 咱们这 12 户建组时，是村长、党支部动员还是这些户里谁挑头？怎么建的？

答： 当时是村里号召，马振平带头。

问： 马振平是党员吗？

答： 不是，互助组不一定是党员。

问： 为什么让马振平当组长？

答： 那时成立互助组不是一下子都成立起来，有先有后，我们这个互助组成立得比较晚，因为穷人多。我不是地主也不是富农，是富裕中农，富裕中农与富农就差一点，有的人先进不要我。

问：马振平是什么样的人？

答：他是贫农，他父亲是贫农代表。

问：他为什么组织你们呢？

答：别人都成立起来了。

问：你们是最后一个组吗？

答：也不是最后，比较后期。

问：你们成立互助组时，咱们村里已有多少个互助组了？

答：那时候已经有十几个组了。我们组成立不久就成立初级社了。

问：最早是哪年建的互助组？

答：最早是1952年，李金城组成立最早。

问：从互助组到初级社，也是党的号召吧？

答：当然是。

问：参加初级社的，有没有没参加互助组，就参加初级社的人？

答：我们村有，不超过20户。

问：这20户都是什么样的人？

答：情况不同。有的条件好，不愿参加互助组。有的成分高，不愿参加。

问：条件好不愿参加的是哪些户，您记得吗？

答：一般的是中农，有王利庆、王金平等人。

问：这两个人还在世吗？

答：王利庆在世，王金平没了。

问：王利庆多大岁数了？

答：有80多了。

【互助组和阶级成分】

问：咱这儿成分高的有哪家？

答：有魏甲木、王廷西、李振都、马振铎。

问：都是富农吗？

答：马振铎是地主。

问：您是富裕中农，当时算成分低的，还是算成分高的？

答：算成分比较高的。

问：当时家里比较富的，不参加互助组，也能生产自理吗？

答：自己能生产，需求也不太大。

问：你父亲参加互助组时，村里干部劝过没有？

答：没有单纯上我家里动员，都后期了，还动员什么。开始时去户里动员。

问：贫农建立互助组时，党员是不是动员？

答：那当然动员，成立互助组、初级社，都是贫农多。

问：是党员动员吗？

答：是。

问：贫农为什么要参加互助组？当时是怎么想的？

答：情况不一样。有的确实翻身了，生产条件还不行，贫农响应党的号召比较先进，发展起来了多少户，当干部的可以算得出来，实际上也没有人多少。

问：当时有的户条件很好，自己能够生产，就是因为形势所迫才参加的，这种情况是不是有？就像您这户。

答：对，有。

问：当时富裕中农参加时，是不是互助组也算到头了？

答：某一个运动，总有表现为先进和落后的，条件好的怕吃亏，就不愿意入。成立初级社时都入社了，不入不行。

问：如果没有运动，咱村成立互助组就晚一点吧？

答：成立互助组时，没有运动，都是响应党的号召，成立初级社时，也没有运动。就是人民公社成立以前（1958年成立的人民公社），1957年通过“反右”，对地主、富农、富裕中农、生产条件好的、思想落后的，都统一进行教育。

【村的反动分子】

问：当时咱村“反右”斗争运动是怎么搞的？是不是也批判什么人了？

答：确实有不良分子。钻院子偷东西，劫路；思想落后；搞投机做买卖，不愿参加社。

【族长】

问：偷东西是不是因为困难？

答：不一定的，确实困难，族人就互相帮忙，族长拿着口袋，在同族户中敛粮食，有多多给，有少少给，进行救济。

问：族长给敛粮食，是不是在本族户内敛？

答：按胡同敛，穷人家不敛。

问：解放后到人民公社前有这样的事吗？

答：有困难户，国家照顾了。

问：族里的族长，解放前为大家出力帮忙，解放后有没有？解放后当干部的还是这些人吗？

答：不是，解放后是国家干部，党内由党内选举，党员选党支部书记，大队长则由人民大家来选。

问：族长解放后还有作用吗？

答：没有取消家族观念。

问：让取消家族活动吗？

答：有，主要是“四清”时。解放以后从初级社起一直贯彻不要搞小动作，反对搞宗派，不准搞什么八拜结交，坚决杜绝。

问：反对宗派是反对什么样的人？

答：是反对搞小团体，不听上级的，搞小活动，搞家族活动，就是这个意思。

【流窜犯】

问：解放后咱村有打更吗？

答：解放初期没有，可能从“文化大革命”以后有。

问：为什么“文化大革命”以后才有打更的？

答：因为那时候混乱，有外边来的流窜犯，偷电视机、录音机。

问：最近几年还有外边来的流窜犯吗？

答：咱村没有，别的村有丢牲口的。

问：是不是偷牲口的人里边有经纪人？

答：在市场上叫交易员，你买我卖，他当中间人。偷牲口的人不敢在市场上卖。

问：流窜犯主要是偷马、牛，还是偷别的东西？

答：今年流窜犯不多，近几年有丢牲口的。

问：来咱村的交易人是不是多了？

答：不，都在市场。

【保卫】

问：“文化大革命”以后我们这又有打更了，是什么样的人？

答：是大队组织民兵。现在不叫打更，叫保卫。

问：“文化大革命”以后，保卫人员活动是一年四季都有吧？

答：主要是在冬天，因为冬天各家门、窗关闭，听不见外边，像现在门窗都开着，没什么人敢偷。

问：冬天民兵保卫是不是很辛苦？

答：那是当然。轮流围着村子转。

问：解放前打更是不是晚上？

答：也是晚上。

问：解放后，民兵、看青、打更是不是一回事？

答：都是一回事。看青、打更叫保卫，都是民兵。

问：解放后，咱村还有小偷来过吗？

答：人民公社以后有，极少数。庄稼在地里长着时，随便拿点，也不怕谁看见，进院子偷的，怕人。

问：是不是人民公社开始时就有小偷了？

答：开始没有，从 1960 年自然灾害、困难时期开始有了，那时人民生活相当困难。

问：你理解互助组和合作社是不是不一样？

答：当然了。互助组是实行集资，你出的工多，或你有牲口给他帮忙去了，最后算账，谁的工多，就不用往外拿东西，搞得比较细。合作社是劳动分红，收成好就多分，收成不好就少分，像 1960 年就没分到什么。

【生产责任制】

问：现在的生产责任制是比较好的，但是当年成立了互助组、初级社、高级社时，您是怎么想的？

答：说心里话就是现在好。在 60 年代农业社时，一亩地只能收成 100 斤麦子，那时生产条件不好，人的生产积极性也不高，现在大伙确实卖力气了，也值得，一亩地收 700～800 斤麦子。

【集体化的适度规模】

问：我一直研究农业，觉得大家一块儿干应该产量高，合作配合应该好，应该对农业生产提高有好处。现在日本农民虽然是个体的，但也有农业组合，大家互相帮助，对农业生产有好处。但咱们组织起来后，生产积极性怎么不高了？

答：主要是范围太大，户数太多，人家是自愿结合，咱这是单独发动，不是自愿的。人的脾气不一样，农业活又是力气活，拿锄草来说，我锄得很干净，您锄得不干净，我也不多得分，你不出力气也不少得分。不是多劳多得，而是评议工资。

问：互助组时是十几户，合作社时是几十户，您考虑一下，像咱这样农业生产，多少户互助比较合适？

答：现在生产责任制，一些大型农具施展不开，这是不利条件，我看 3～5 户就行了。

【搭套】

问：搭套的事您知道吗？

答：解放前叫法不一样，我们叫使具。就是你家有一头牲口，我家有一头牲口，你有车，我有犁，你自己干不行，我自己干也不行，所以就搭配干活，这叫使具。拿现在浇水工具来说，用抽水机浇地，有几户买一个的，也有两户出钱买一个的，这是自愿结合。

【现在的合作】

问：现在农具有一块儿买的吗？

答：主要是水泵一块儿买的较多。

问：您买水泵没有？

答：买了，我们是 5 户买的。

问：5 户买水泵花多少钱？

答：现在买需 2000 多元，我是五六年前买的，花 1000 多元。

问：你们 5 户买水泵，怎么摊的钱？

答：按人口摊钱。

问：当时您花多少钱？

答：当时我两口人摊 100 元。

问：除去合作买水泵外，还有哪些合作？

答：现在播种、收割、施肥料、浇地是共同合作。

马凤山

时　　间：1994年8月13日下午

访 问 者：内山雅生

翻　　译：祁建民

场　　所：马凤山家

【看青担当者】

问：大爷，您叫马凤山，对吧？去年您作为一个老干部，介绍的情况非常珍贵。今天就村里看青、看庄稼、打更等方面的情况，向您问几个问题。先问您一下看青的情况，解放前咱们这里是什么样的人看青？有什么样的组织？您介绍一下。

答：解放前是村长组织年轻人看青，地少的、穷的年轻人看青。

问：去年浜口先生问您看青时说，咱们这看青抓阄，写上纸条卷起来，抓起来看，谁抓的条有字，就是谁，是这样吧？

答：是这样。

问：管这叫什么？

答：叫抓阄。

问：当时怎样抓阄？

答：比方说20个人抓阄，抓到谁算谁。

问：愿不愿意看青？

答：都是自己报名，愿意看青。

问：20个人抓阄，能选上几个人？

答：也许选8个人，也许选10个人。

问：抓阄时，由谁组织？谁负责写？

答：文书写，由文书组织。

问：抓阄是抓棍，还是抓纸条？

答：抓纸条。

问：那时候抓阄，纸条上写什么字？

答：比方用8个人，就写上1、2、3、4、5、6、7、8，谁抓着有字的，谁就去看青。

问：大爷，您看过青没有？

答：没有。

【打更】

问：解放前看青是为了抓小偷，抓到过没有？

答：没抓到过，互相看着庄稼，就算完了。

问：解放后，看青这一活动还有吗？

答：还有。

问：解放后还看青的，是不是还用抓阄的办法？

答：还是用抓阄。

问：解放前打更的事，您知道吗？打更的也是和选看青的一样吗？

答：一样。选打更的，再重抓一次阄，一年抓一次。

问：打更的一般要多少人？报名的有多少人？

答：一晚上打更要五六个人，报名的不一定，有十来个人，也有十七八个人。

问：解放后，打更是不是还有呢？

答：有。

【互助组】

问：他主要研究农村农民之间怎么样互相帮助，互相照顾，解放后咱们打更的情况您给详细介绍一下。

答：那时候打更也是用这个办法。

问：“土改”时，当干部的是不是都是贫农？

答：都是贫农。

问：互助组是怎么成立的？

答：互助组是10家或者8家一块儿组成的。

问：您是最早成立的吗？

答：我是第一个互助组。

问：您的互助组一共有多少户人？

答：我们这个互助组12户，50口人。

问：最早成立互助组，是农民自己想成立的，还是党支部号召成立的？

答：党支部号召成立的。

问：党号召成立互助组之前，农民互相帮忙，这种情况有吗？

答：成立互助组之前没有。

【解放前的旧习惯】

问：解放前咱这有换工吗？

答：短工、扛活、换工都有。

问：当时打短工、扛活、换工这样的事，您知道吗？

答：我干过。

【短工】

问：您干过哪一种？

答：我是给人家做活，打短工。

问：当时是不是穷人给地主打短工？

答：当时是穷人帮富人干。

问：您当时是给哪家地主打短工？

答：我是给富裕中农马万凤家打短工。

问：他家有多少土地？

答：有 30 多亩土地。

问：您家有多少土地？

答：有三四亩地。

问：您跟马万凤是亲戚吗？

答：不是亲戚，是同族。

问：是不是同族给同族打短工？

答：不一定。

【互助组的构成】

问：大爷您那时成立互助组，都是贫农参加吧？

答：我那时成立第一个互助组，贫农、中农都有，没有富农。不管是不是同族。

问：成立互助组，贫农一般是因为农具少，互相帮助，中农有农具，为什么也参加呢？

答：我这个组有五六户中农。因为统一贯彻这个精神，中农也愿意参加互助组。

问：当时是不是有的中农不愿参加，因为有政策号召，才不得不参加？

答：有这种情况。

【思想教育】

问：当时是不是有思想教育？

答：通过思想教育，号召参加。

问：当时怎么教育老百姓的？

答：政府教育大家，参加互助组有好处，可以改善人民生活，提高产量。

问：当时是开大会宣传，还是一户一户动员？

答：主要是开会。

问：开会时中农有没有不参加的？

答：都来，也有的不参加。

问：您是第一个建立互助组，后边的互助组又是怎么成立的？

答：他们也是在政府号召下，自愿结合成立起来的互助组。

问：合作社是怎么建立的？当时咱村建立了几个合作社？

答：当时建立了 5 个合作社，是初级社。

问：是哪一年？

答：1953 年。

【抗美援朝】

问：您抗美援朝去过朝鲜？

答：去过。

问：您是赴朝回来以后建立合作社的吧？

答：是。

问：您是 1953 年什么时间回来的？

答：朝鲜停战，我回来的，记不清是几月了。

问：您的相片是哪年照的？

答：1955 年在安东照的。

问： 您是参加第四野战军，然后参加志愿军的吧？照相时是志愿军吧？

答： 照相时是志愿军。

问： 您是哪年回到村里的？

答： 我是 1955 年在安东办完手续，回到村里的。

【初级社、高级社、人民公社】

问： 您回村时，村里是初级社还是高级社？

答： 是初级社。

问： 当时村里是 5 个初级社，建立高级社是怎么建立的？领导是谁？

答： 当时是由政府号召，几个村子联合建立的一个高级社。

问： 高级社和人民公社是一回事吗？

答： 不是一回事，先建立高级社，然后建立人民公社。

问： 从初级社到高级社，有没有思想落后、不愿参加的？

答： 从互助组到初级社，到高级社，也就是改个名字。

【集体化规模扩大】

问： 有中农反对的吗？

答： 没有。

问： 是不是干部教育的结果？

答： 是。

问： 初级社到高级社是不是也有一段教育？

答： 有宣传教育，集体生产，经营一大片，生产可机械化。

问： 成立高级社以后，施肥、播种、统一买东西，这方面就方便了吧？

答： 建立高级社以后，和过去一样，就是有拖拉机了。

问： 拖拉机主要干什么活？

答： 耕地、耙地、整地。

【集体化中的中农】

问： 成立互助组和初级社时，贫农和中农想法是不是一样？

答： 贫农愿意，中农不愿意。

问： 初级社到高级社时，中农是不是愿意了？

答： 那时候思想都统一了。

问： 初级社时，贫农出劳力，中农出土地，到高级社时，土地归集体，中农有意见吗？

答： 思想都统一了。从互助组到初级社，地就都拿出来了，也就没有意见了。

【人民公社】

问： 人民公社的情况，您给介绍一下。

答： 人民公社是各村归各村，有支部、有乡长、有文书，指导生产。这些人去上边开会，回来传达，交公粮、秋收、秋种，传达后就执行。

问： 咱村高级社建人民公社时，叫什么人民公社？

答： 叫“恩城人民公社”。

问： 您在人民公社里担任什么职务？

答： 我开始没在恩城公社，是在孙庄公社，抗美援朝回来就到孙庄公社。我在孙庄公社担任治安委员，在孙庄待了三四年，又回到村里担任村支部书记。

【解放前后的看青】

问： 解放前后组织看青用的抓阄方法，是什么时候改变的？

答： 开始时是用老办法，我回来当支部书记后，1960 年改为民兵、团支部书记看青。

问： 什么时候没有看青的了？

答： 一直都有。

问：“文化大革命”时民兵还打更、看青吗？

答：还看青。

问：解放后看青主要防备哪些人？抓住过没有？

答：防备小偷，没抓住过。

问：没有小偷，为什么每年还要看青？

答：看别的村的小偷。

问：别的村里的小偷，来过咱村没有？

答：来偷过，一喊就跑了。

问：外边来的小偷，偷什么东西？

答：偷庄稼。

问：咱村没有小偷，别的村有吧。

答：有。

问：小偷都偷什么？

答：偷粮食，苹果什么的也偷，偷回去吃。

【集体化中的小偷】

问：我在别处访问时，得知地都是自己的，小偷就少，成立公社后归集体了，小偷就多了，咱们是不是也这样？

答：咱们这没有发现。外边的小偷知道咱这看得紧，不上这来。

问：咱村小偷少，是不是因为一个防备得严，再一个干部认真？

答：有关系。

问：如果干部责任心不强，防备得不好，别的村里是不是就发生过小偷小摸的事？

答：别的村，我们不了解。

问：咱村附近的村子有没有因为干部管理发生过小偷小摸？

答：咱们没听说过。

【相助传统】

问：我以前研究山东农村的历史，发现山东农民自古以来就爱练武，加强保卫，比较团结，过去就有梁山好汉，是不是和传统有关系？

答：和传统有关系。

问：我还觉得山东解放前，村里有穷人，大伙就都帮助，给点粮食，让他过得下去，有这种情况吗？

答：有这种情况。

问：解放前咱村有吗？怎么样帮助？

答：有。主要是过年时，谁家过不去年，村长就挨家挨户收集点粮食给他家送去，让他们过年。

问：咱村当时被帮助的人叫什么，还记得吗？

答：解放前有马凤泽、王金香等，被帮助过。

问：谁给的东西多？

答：富裕户给的多点。

问：当时成立互助组时，是不是也有这种想法，富人帮助穷人，共同富起来？

答：也有这种想法。穷的散在外边怎么办？得把他吸收进来。

【共产党的政策：相互扶助】

问：我认为，毛泽东和共产党领导的政策是维护穷人的政策，最早支持这个政策的是穷人和贫农，他们容易听党的政策，是这样不？

答：对。

问：中国农民从互助组到初级社到高级社，速度特别快，比苏联等国家快得多，原因是什么？是由政策号召的？

答：一个是毛泽东政策好，另一个是思想教育充分，群众思想统一。

【责任制与合作化】

问：人民公社后又实行生产责任制，您是怎么想的？

答：人民公社大片经营，一般说能实行机械化。

问：包产到户能实行机械化吗？

答：机械化对包产到户也是有利的。

问：1990 年我去北京郊区，当时县里正指导农民组织农场，5 家使用机械化，成立了农业专业户，咱们县里能不能建立这样的农场呢？

答：有条件的话，咱这也能建立。

问：咱们有没有一家包好多地的？

答：没有。

问：咱们发展了，以后大伙钱多了，有没有可能有人包好多地？

答：有可能。

问：但我认为包产到户也应该有合作，像这样的生产条件，合作比较好？

答：三四户合作比较好管理。一台浇地的机器，能浇三四家，户多了，不好管。

问：既然联合买机器，为什么三四户合买？20～30 户合买机器不是更好吗？

答：浇地浇不过来，一个水泵只能满足三四户。

问：买个大水泵不行吗？

答：大水泵也解决不了。

问：除去用水浇地外，在农具、牛、马车这些方面，三五户或者十来户合作是不是可以？首先是朋友关系合作好？还是其他什么关系合作好？

答：一家人合作好。

问：如果兄弟之间或者亲戚之间不和，是不是要选择朋友？

答：有这样的情况。

问：是不是可以打破村子界限？比方这个村和那个村里的人合作？

答：有。

问：现在咱们后夏家寨发展较快，在哪些方面跟前夏家寨合作？

答：主要在浇地机器上合作。

问：三四户合作时，首先考虑兄弟之间或者亲戚之间，然后考虑朋友？

答：这个问题是个人选择。有亲戚合作的，有兄弟合作的，也有朋友合作的，你愿意、我愿意就结合了。

问：现在咱村哪种合作最多？

答：最多的是亲兄弟合作。

问：我最近在日本农村做了些调查，发现日本农村协作少了，到咱这调查，发现咱村村民非常团结，合作思想非常强烈，这是咱村发展的一个重要原因，以后会有更大的发展。

李志祥

时　　间：1994 年 8 月 14 日上午
访 问 者：内山雅生　祁建民
翻　　译：祁建民
场　　所：李志祥家

【互助组】

问：大爷，首先请您谈一下互助组和初级社的情况。大家是一块儿参加的？还是有先有后参加的？当时大家是怎么想的？

答：从互助组到初级社，是有一部分人思想先进，先参加，集体了，集体耕种也方便了。

问：先参加的是贫农，还是中农？

答：先参加的是贫农多，中农也有，其他的是逐步认识参加的。

问：您是贫农吧？

答：我那时是中农。

【中农与集体化】

问：成立互助组、初级社时，一般贫农是因为土地少、农具少，愿意合作起来一块干；可是中农一般有生产条件，有土地、有农具，自己能干，为什么也参加了呢？您当时是怎么想的？

答：那个时候土地一样多，解放后平分土地，没有土地的，也分到土地了。因为那个时候社会阶级分化，贫农得到了土地，中农没有往外拿，稍微富裕点的，就是富裕中农。

问：您是参加比较早，还是比较晚？

答：我是参加第一个互助组，我参加比较早。

问：您当时为什么要参加？

答：参加互助组，个人能干的个人干，个人不能干的别人帮助干，互相有个照应。

问：农具够吗？

答：农具够，劳动力不够。集体化以后就都解决了。

问：有的中农，家里劳动够，农具也够，这样的户还参加吗？

答：这样的户，大部分也参加了，没有参加的户少。

问：为什么参加呢？

答：都看到集体比较方便，用拖拉机耕地也好耕。

问：和思想教育有没有关系？

答：有关系。

问：哪个是主要的？

答：思想教育主要。有的各方面条件都具备，可单干，自己还可以搞个小买卖，搞点经营就不愿参加。

【人民公社和集体化的适度规模】

问：由互助组到高级社、人民公社，集体程序越来越高，当时政治运动也越来越多。现在又实行承包制，包产到户，您是怎么想的？

答：集体好是好，但集体太大了，在些事情不好掌握。分散以后，个人完成个人承包任务，多干了多得，少干了少得，领导看得见，群众也看得见。集体到点上班，到点下班，农业社的活又是没白没黑，个人承包，劳动自由安排。

问：除去劳动自由安排以外，利益方面有没有影响？

答：逐步地走，逐步地改进，基本上影响不大。

问：现在生产责任制，农村劳动还应该有一定的协作，根据咱们现在生产力情况，你认为应该有多大范围的协作比较合适？

答：按我这的情况来说，收割麦子，我用拖拉机帮他们干，他们也帮我翻场等，这都是比较不错的朋友、亲戚、邻居，有10多户，互相帮助。

问：大爷，您的拖拉机主要帮他们干什么活？

答：用拖拉机割麦子、耕地，或是拉砖、运东西，最主要是收割机，帮助他们收割。

问：您的这些朋友、亲戚，都帮你干什么活？

答：主要在春、秋，帮我种地和收割。

问：他们帮您在果园干活吗？

答：有时也帮我在果园摘果子。

问：我们到您果园看了看，果子特别大，是不是有看果园的？还是自己家人看？

答：自己家，果子损失不大，因为村里各家都有果树。

问：有的雇您的拖拉机运东西，是给您现钱吗？

答：一般用的，就给买点儿东西；像拉砖，什么也不给；如果卖粮食，做买卖，运货得给钱。

问：大爷，当时咱们成立了互助组、初级社、高级社、人民公社。有了互助组就可以了，为什么还要成立那么大的高级社、人民公社呢？原因是什么？

答：当时是军事行动，无产阶级只有被子、褥子、碗是自己的，其他都是国家的，国家是一个整体。但是农村和军队不能比，军队都是成年人，思想比较单纯；农村拖家带口，离不开。我觉得那时候搞集体化，吃大锅饭，把粮食都浪费了。

【调整期的责任制】

问：1960年以后困难时期，国家为了调整政策，是不是也搞了一些包产到户？

答：搞了保命田，每人2分地，收入都归自己。

问：收入的东西还上交不？

答：都归自己。

问：在政治上，统一是人民公社，在经济上后来实行三级所有制，在经济上的集体是不是越来越小了？

答：那时候群众没有什么，到时候干活。三级所有制是在高级社时，到人民公社时就改了。

问：改成什么样了？

答：改成大队了。以后看不行，就又下放权力，由生产队管。

问：1960年以后改成保命田了，“文化大革命”后，有没有什么变化？经济方面生产所有制有什么变化？

答：“文化大革命”时期经济上没有什么变化，也没有什么副业。

问：“文化大革命”前有没有副业？

答：“文化大革命”前有副业，搞编织，是集体的。“文化大革命”期间没有了，“文化大革命”以后又有了，是个体的。

【责任制】

问：1978年三中全会后，中央就允许包产到户了，在没下文件以前，安徽就已经搞了，咱这里搞了没有？

答：咱村没有。

问：咱这是不是1978年政策下来后才搞的？

答：政策下来后，先分棉田。

问：哪一年？

答：1978年以后。

问：您怎样承包的果园？

答：那时候我还在大队，开始我们4个人管理，后来由我和吴光中管，再后来搞责任田，大队叫我和马德禄管。因为他家务事多，退下去了，我就一人承包了。

【果园种植】

问：现在村果园这么多，您是不是经常指导？

答：村里的果树苗是我从外边搞来的，除我承包的果园外，我管了3年。

问：现在您还管吗？

答：现在树都大了，全部管，我也管不了，有事我可以协助。

问：都归个人了吧？

答：都归个人了。有些户还得帮忙，剪枝、剪一棵两棵，让他们自己学会整理。树小的那3年我管，又叫了一个人。

【买水泵】

问：昨天访问，都说买水泵，您买了没有？

答：我和我兄弟两家买的。

问：哪年买的？花多少钱？

答：1980年生产队分给我一个水泵，1982年又新买了一个，花260元。原来分的水泵也是我和我弟弟用的。

问：您弟弟叫什么名字？

答：叫李志海。

问：过去您帮忙的那些户，有多少户亲戚？多少户朋友？

答：我已结婚的长女、三女，还有郭塘村的姨姥爷，离这5公里。再就是朋友，叫李令财，以及邻居，都是关系比较不错的，互相帮忙。

【互助组中的相互关系】

问：您建互助组时，是不是也是关系不错的一块建的？考虑成分不？

答：主要是关系不错，不考虑成分。关系不错，投脾气就行。

问：建立互助组时，谁和谁一个小组，村干部做工作不？

答：开始时不做工作，后来剩下的，做工作，开会动员。有的是“右派”，不做工作也不行。

【现在的相互扶助】

问：您现在互相帮忙，是不是村干部动员？还需不需要他们组织？

答：现在都是自觉自愿地帮忙，村里谁有困难就去帮忙。咱村队干部都比较年轻，我岁数大了，有些老关系，还有烈属、军属，我就帮帮他们。

问：解放前看青、打更，现在还有没有这个制度？还有没有民兵保卫？

答：到冬天过年的时候，有民兵维护治安，秋天没有。

【农村中妇女的家务】

问：去年日本有位老教授来访问您，今年她家里有事，来不了了。她托我问您点问题，问山东妇女为什么能干？

答：一个是山东土地多，再一个是封建，家务活多，妇女是大门不出。

问：日本妇女有一个很大问题。知识分子家庭里，男的还干一些活，不做饭，每天他得洗碗。咱村男的干不干家务活呢？

答：男的很少做饭，因为外边的事是男的做，家务事女的做。可是女劳力还要下地干活，回来还得做饭，比较累。

问：男子帮女的不？

答：一般都是女的承担，不让男的干。来个人看见男的洗碗，也不好看。

【结婚】

问：现在年轻人结婚，是父母决定，还是自己选择？

答：主要是自己做主，老人做参谋，中间人给搭个桥。也有的是介绍人看俩人合适，跟老人说，老人给儿女说，就成亲，这种方式比较多。也有在学校或在单位，两个人经过恋爱，和老人说，老人不阻止这样的事，只是强调这是一生最大的事。

问：您的大女儿、三女儿，和您家的活都互相帮着干；如果对女儿的亲事，老人不同意婚后还帮着干活吗？

答：这个情况不一样，儿女亲事当时不同意，最后还得同意。

问：在日本，儿女结婚了，都忙自己的事，很少关心家里。在咱们这里，这是不是不光彩的事？

答：这是工作需要，也不能强求。

问：在日本农村，女的长得比较漂亮的、条件好一点的，都不愿在农村，都走了。咱这里有没有这种情况？

答：咱这里本村和本村结婚的比较多，因为都了解。不了解怎么结婚？这是一生大事。咱们村妇女没有跑的，因为咱们和城里没什么区别。

【农村的发展】

问：从去年和今年来观察，咱村一定能有很大的发展。

答： 咱们党支部和村委会，经常搞点副业，叫大家多富裕点儿。

问： 通过两次调查，对中国农村有了很多了解，对中国农村建设社会主义和对中国农村建设的研究有很多的帮助，非常感谢您提供的材料！

王玉仙

时　　间：1994 年 8 月 14 日下午

访 问 者：内山雅生

翻　　译：祁建民

场　　所：王玉仙家

【看青】

问： 在去年他访问过您一次，今年还想访问您一次。您的丈夫是老师吗？

答： 我父亲是老师。

问： 您一直是务农吗？

答： 我一直务农。

问： 请先谈谈看青、打更这方面的情况，解放前看青怎么看？

答： 解放前看青，自己看自己的，看青都是男劳力，不用妇女。白天看，看青的管哪片，就在哪片转。

问： 50 年代成立互助组时，您多大年龄？

答： 我才 13 岁。

问： 您父亲参加互助组的情况，您知道吗？

答： 我父亲参加第一个互助组。

问： 您父亲是老师，为什么第一个参加互助组？

答： 有文化的人比没文化的人思想先进一些。

【父亲的互助组】

问： 组织互助组的时，干部到您家做过宣传吗？

答： 有，不仅是干部动员，学生也来家做工作。

问： 您父亲有多少土地？当时划的什么成分？

答： 下中农，有十二三亩地，记不太详细了。

问： 据了解，最早参加互助组的，一般都是贫农，您父亲是中农，他早参加是因为他思想先进吗？

答： 当时主要是缺劳力，不缺农具。

问： 您父亲这组的名字您知道吗？

答： 就叫互助组，组长刘希义，还有王焕元、王维君、王金城、王云芝，其他的想不起来了。

问： 互助组开始是怎么成立的？

答： 自愿结合，觉得关系不错，能互相帮助，就组织起来了。

问： 咱们这个互助组里有党员吗？

答： 我那时小，不知道谁是党员。

问： 您这个组里，谁是什么成分，您知道吗？

答： 我父亲是下中农，刘希义是贫农，王焕元中农，王维君贫农，王金城贫农，王云芝贫农。

【初级社】

问： 咱们这组成立初级社时，有没有不愿意的？

答： 这个组都入初级社了，没有不愿入的。

问： 参加初级社时，你是不是参加劳动了？

答： 参加劳动。

问： 初级社时是怎么劳动的？早上几点

上班？

答：一般早上6点上班。女劳力分轻、重活，青年和老年活不一样，累活给青年干，老年安排别的活。

【妇女的劳动】

问：青年妇女主要干哪些活？

答：种棉花、提苗、锄地。

问：这些活是男、女一块儿干，还是光女劳力干？

答：青年妇女和男的一块儿干。

问：青年妇女回家后，还干家务活吗？

答：我们晚上一般6点下班，回家做饭一个多小时。

问：一般几点休息？

答：不一样。人口少的就早休息，人口多、孩子多的就晚休息，我一般9～10点休息。

问：晚上男、女同时睡觉休息吗？

答：也没有什么规定，家务活也是互相帮助。

【食堂】

问：人民公社时大食堂，男的做饭还是女的做饭？

答：男、女都有。

问：是轮流做饭吗？

答：不是轮流做，是固定的。

问：是岁数大的吗？

答：不是，是年轻的。

问：在食堂干活，男、女一样吗？

答：就拉水不一样，其他都一样。

问：食堂解散后，男的回家做饭吗？

答：女的回家做饭。

问：女的回家做饭，女的是不是不高兴呢？

答：没有不高兴的，这是老风俗习惯。

问：您年轻刚结婚时，是你自己做饭还是和你爱人一起做饭？

答：我自己做饭，一般男人都不会做饭。

问：以前是女的做饭，人民公社时就变了，男的也做饭，人们有什么想法？

答：没有想法，派到哪就在哪干。

【饥荒】

问：“大跃进”之后的灾荒情况怎么样？

答：1960年那时粮食不够吃，吃野菜。

问：您父亲是不是“大跃进”后去世的？

答：是。

问：他是因病，还是因缺粮食去世的？

答：总的来说，两方面原因都有，有病，家里生活又困难，粮食不够吃，每顿饭都有野菜，父亲是肺气肿病。

问：人民公社后有些政策进行了调整，有个“保命田”你知道不？

答：咱这儿叫自留地，当时每人分2分地。

【结婚】

问：您是哪年结婚的？

答：1958年。

问：那时您父亲还在世吗？

答：在世。

问：您和您丈夫是怎么认识结婚的？

答：媒人介绍的。我丈夫不是本村人，离这20多里地，结婚后，他就来我这边住了。

问：“大跃进”时结婚，男的到女家的多吗？

答：那时比现在多。

问：媒人是咱村的吗？

答：不是咱村的，是我姨，我姨和他姨是妯娌。

问：您父亲去世后，家里还有什么人？

答：有我母亲和我们两个人一起生活。

问：您和大爷结婚时，他来您家是不是有些为难？或有些想法？

答：没有。

问：咱村妇女很多，搞过什么妇女运动没有？

答：有个妇女识字班。“大跃进”时还把能干的妇女组织起来，叫“花木兰队”，那时我没参加这个队，我在幼儿园看孩子。

【幼儿园教师】

问：从哪年到哪年，在幼儿园当老师？

答：哪年我也说不好，干了有3年。

问：为什么让您当幼儿园老师？

答：那时分配我去，是因为我认识字，教小孩唱歌、讲故事。

问：您教孩子唱歌有什么乐器吗？

答：没有，没有钱买。

问：您过去教小孩唱歌，现在还会唱吗？给您录音行吗？

答：可以，唱不好了。歌词大意是：“别看我是小娃娃，我也知道爱国家，爸爸妈妈给我的钱，我也舍不得花。”

问：这首歌是非常好的歌，是您自己编的吗？

答：是我自己编的。

问：“大跃进”结束时，幼儿园还有吗？

答：解散了。

问：如果幼儿园还存在的话，您肯定是一位优秀的幼儿园老师了？

答：是这样的。

问：您是否还想当幼儿园老师呢？

答：家里活多，劳力少，我虽然喜欢当老师，但家里需要我干活。我教的小孩对我都是有感情的，以后长大了，对我都很热情。

【60年代的变化】

问：1960～1966年，咱村的政策有什么变化？政策有什么调整吗？

答：没有什么变化。

问：“文化大革命”的时候，咱们这农业生产有什么变化没有？

答：生产搞不上去，没有什么变化。

【现在的生活】

问：三中全会以后您干什么工作了？

答：还是在地里劳动。

问：您现在有多少地？

答：有4亩半地。

问：这4亩半地种什么？

答：种玉米、大豆、小麦、棉花。

问：您有几个孩子？

答：两个男孩，一个女孩。

问：您的女孩结婚了吗？

答：没有。

问：农村妇女过去结婚要彩礼，咱这是不是要很多彩礼？

答：要的不多，一般要两三千元，现在生活水平都提高了。

【现在妇女的婚姻观】

问：咱村的女青年结婚，愿意找个什么样的男青年？

答：找个小伙子，老实忠厚、精明能干就行。

问：还有别的条件吗？

答：没有。

问：老实忠厚是对女的老实忠厚，还是怎么个忠厚法？

答：为人老实忠厚。

问：在政治方面还考虑吗？

答：当然得考虑了，他不干正事，干对政府不利的事，也不同意了。

【女儿的婚姻】

问：您女儿今年多大了？

答：25 岁。

问：您女儿也到结婚年龄了，有没有给她介绍的？

答：有了。

问：您准备让她什么时候结婚？

答：根据男方意见。

问：您的未婚女婿是外村的吗？

答：是本村的。

问：多大年龄？

答：24 岁，比我女儿小一岁。

问：叫什么名字？

答：我也不知道叫什么。

问：祝贺您，女儿快结婚了。您的女婿现在干什么？

答：在村里劳动，干农活。

【女儿婚后的互助】

问：您女儿结婚以后，是不是也互相帮忙干活？

答：那是根据人家自愿，人家愿意就来帮，不愿意就不帮。

问：内山先生在家也干些家务活，像洗碗之类的事情。您女儿结婚后是不是也希望男方多干些家务活呢？

答：咱这个地方没这个风俗习惯，不兴男的干家务活，也没这个想法。一般的关系都挺好，也帮着料理，男的不会做饭，就帮着干别的。

【妇女家务劳动】

问：好多年轻人不愿搞农业了，都愿意到城市搞工作，尤其是女青年不愿务农，愿意去城市工作，咱们这是不是也有这种情况？

答：没有。

问：咱这都习惯女的做饭，是不是因为男的做饭不好吃？

答：男的不会做饭。如果女的不做饭，男的做饭，叫人笑话。

问：现在和“大跃进”时的想法不一样，那时男的还有做饭的？

答：现在男的也有开饭店的，食堂和饭店是一样的。

问：您做饭是不是很香？

答：在我们家来说，我做的很好。

问：说中国妇女地位的提高，来到中国一看，还是有差别、有距离。

答：妇女地位提高，是说妇女不受气了，男女平等了，妇女能顶半边天；是说家里有事女的也能做主了。

问：“大跃进”吃食堂，是不是大伙还愿意在家里吃？

答：对。

问：现在是生产责任制，劳动自己安排，对朋友来说，很多事都需要朋友们互相帮忙、协作，这样的合作有没有必要？

答：有必要，好。

问：咱们村男、女结婚，都愿在本村结婚，是不是因为在本村结婚，就等于家里又多了一个儿子，可互相帮助？

答：有这个想法。

问：您如果有两个女儿，是不是愿意有一个女儿嫁得离自己近些，生活上能帮帮您，像儿子一样？

答：对，是这样。

问：您如有活，是不是找亲近的人来干？

答：先找关系近的人。

问：如您的女儿嫁得很远，嫁到日本去，您是不是就反对了？

答：那当然是了。

马长祥

时　　间：1994 年 8 月 16 日上午
访 问 者：内山雅生
翻　　译：祁建民
场　　所：马长祥家

【看青】

问：马村长，我主要研究农村农民互助合作方面问题，首先研究看青、打更、互助合作的情况，现在咱们农村苹果园怎么看青呢？

答：现在自己看自己的庄稼。今年夏天气候热，果园结的果子不多，咱们村的果园都不大，所以自己搭个窝棚看着，晚上在里面睡觉，白天孩子们在窝棚里乘凉。

【集体化时期的看青】

问：以前集体化时看青是怎么看的？

答：夏天主要是看瓜。那时有甜瓜、西瓜、南瓜三种瓜，种 10 亩瓜，3 个人管。瓜熟时 3 个人轮流回家吃饭，晚上都在瓜地里睡觉。每个队 3 个人看管，全村一共 5 个队，一、二队大，每个队 3 个人；三、四、五队小，每个队两个人看管。

【现在的看青】

问：现在咱们看青，每家每户自己看，是吗？

答：现在主要是看苹果园，每家每户都自己看。

问：花园村怎样看青？

答：和我们一样。那里果园一大片，全是自己看自己的。自从 1980 年分田到户，就一直是自己看自己的庄稼。

问：他们村都种果园，应该组织起来，一个人给大伙看青，这样不行吗？

答：当时没有，现在也没有。因为你让旁人看管，你得付出代价，不能白看；而且他一个人也转不过来。

【现在农村的相互协作】

问：我想问问您，现在农村互助协作、互相配合的情况，合作都有哪些种类？

答：需要互相配合的有几种情况。劳动力不足。机器交换使用。劳力和机器都没有的，需要搭伙使用机器，一个小时 5 元钱，花钱雇。另外，有的关系不错，你给我干，我给你干。有婚、丧、嫁、娶等大事时，都互相帮忙，不收钱，管饭管酒就行。

问：雇佣工给钱吗？

答：给钱。

问：其余都是交换工，只有雇人才给钱吗？

答：是的。

问：有事别人来帮忙，是不是管饭？

答：管饭、管酒。劳动力来帮忙，比如盖房，有两种：一种是帮活，全天管饭管酒，不给钱；一种是包活，管一顿中午饭，盖完房给钱，有的给 200 元一间，也有 180 元一间。

【雇佣劳动、相互协作】

问：雇劳力、雇机器管饭吗？

答：管饭，也有酒。

问：机器交换管饭不？

答：不管饭。

问：劳动力不足，兄弟之间帮忙管饭不？

答：管饭，也有酒。

问：交换什么机器？

答：主要是交换大型 2 号机器、铡草机。

问：铡这么多草干什么？

答：喂牲口。麦秸、豆秸、玉米秸铡完后，为冬天、春天喂牲口备用。

【合作与受益】

问：咱村大伙一块儿出钱买机器的，有没有？

答：有的是一家子合买，兄弟三个买一个水泵，有的条件好，自家买一个水泵；也有姓张、姓李、姓赵的合伙买一个水泵，一个柴油机的。

问：主要是买水泵，还有买别的吗？

答：咱们这里没有合伙买别的。

问：您家是怎么买的水泵？

答：咱们这1980年以后，一个队有4个组，一个组有两台机器。后来一个组有4台机器，再后来条件逐步好了，浇水速度提高了，放水三天两天就可以浇完（河里水），机器就分开了。我现在有一台柴油机，还没买水泵。

问：什么时候变成一个组有4台机器的？

答：1984年。

问：你光有机器怎么和别人交换使用呢？

答：我叔叔家有个水泵，常用他的水泵浇地。后边邻居有水泵，他和他兄弟有一套机器，也用他的。后来他和他兄弟分开了。

问：以前都是和亲戚互相帮忙干，后来为什么又改成和邻居了？

答：他和他兄弟分开后，水泵就闲着了，他借我的柴油机用，我用他的水泵浇地。

问：您离您叔叔家远吗？

答：不远。

问：您是不是和您的邻居商量过，我和你合作吧？

答：他们分开后，来找过我借机器，他本人的机器坏了，就水泵还能用。

【调解委员】

问：您管村里的调解工作，请您谈谈这方面的情况？村里的富裕户，帮帮穷的，您做过这方面的工作吗？

答：过去有过。有的穷户没有机器，说说帮助帮助，也安排过。

问：村里打架，您管不管？

答：有两种：一种是咱下地干活儿，不知道，回来听说了，就去找他们调解；一种是他来找咱，就说你不要闹，先回去，以后有时间解决你们的问题，他也就回去了。

问：刚才看见乡里法庭正开庭，咱村有没有解决不了的问题，到乡里解决？

答：村里的事，一般不出村就解决了。在1991年我们后夏寨姑娘和前夏寨的小伙子说亲，已订婚，后来姑娘又不愿意了，可是有个彩礼问题，我们和前村干部一起定个意见，哪些该退，哪些不该退，退的他们队长都拿走了。可是有人给女方提亲，男的又来闹了，他又通过关系，找了法庭，最后向女的要了200元钱了事。

问：现在实行生产责任制到户，有这样的事您解决；没搞责任制以前，谁来解决？

答：过去也是这样解决。一般互相之间有点矛盾，按政策办，能解决的就解决了，人民公社时，事情好办些。

问：现在调解工作比以前人民公社时，是不是难了？

答：问题不大。人民公社时干活由队里分配，矛盾多些，现在实行生产责任制以后，自己干自己的活，没有那么多事。谁闹事，就罚谁，两方面都罚10元钱，放映一场电影。

问：咱村制定村规、民约没有？

答：咱村也有个土政策，开大会时说说，谁闹事违反规章制度，就罚款，条文在副村长王子绪那里。

【罚款演电影】

问：罚款演电影有什么说法？

答：放电影前向大家宣布，谁因打架罚款，罚了多少钱。

问：在哪里演电影？

答：在小学校门前。

问：当时演场电影多少钱？

答：每场电影40~50元。

问：是不是打一次架，就罚演一场电影？

答：是的。

问：那么村民是不是希望有人打架？

答：也没有那么说的。有这个制度，就没有打架的了。

【村规民约】

问：当时村规、民约贴了没有？

答：贴没贴记不住了，在大会上讲了。

问：写在黑板上，没有在大会上讲效果好吧？

答：大会上讲效果好。因为有不识字的，讲讲大家就都知道了，不单纯是打架，还有盖房子的一些规定、制度。

问：咱村的民约，是过去就有，还是新制定的？

答：生产责任制以后制定的。

问：民约是怎样制定的？

答：是干部一起商量制定的。

【干部的任务和花园村的发展】

问：现在村干部最主要的工作是什么？

答：想办法让社员富起来，怎样给社员找点出路。怎样能赚钱，这是个困难事。

问：花园村，新房都盖起来，一部分人富起来了，你是怎么看的？

答：花园村主要是地势好，靠河边，旱了好浇水，涝了也好排水；再一个果树多，自然条件好；加上干部好，领导得好。我们也想些办法，上几年从天津引进一批小公鸡，得病了，赔了。去年秋天又养了一批，别人家有时间养，所以赚了1000多元。我工作忙，没有时间好好喂养，才赚600元。

【养鸡】

问：现在的鸡是去年什么时间养的？

答：是1994年1月份养的鸡。每天纯收入50元。

问：建鸡场，买小鸡共投资多少钱？

答：大约投资1万元。

问：投资来源呢？

答：借了3000元，向别人借的，自己有5000元，实物2000元。

问：您家养鸡，谁喂？

答：儿媳喂鸡。全家人一起忙，儿子下工回家也帮着收拾、打扫，我也管理。

问：现在有多少只鸡？

答：有565只鸡。

王会民（58岁，建筑队队长）

时　　间：1994年8月13日上午

访 问 者：佐藤宏　张洪祥

场　　所：王会民家

【家庭成员】

问：您今年多大年纪？

答：58岁。

问：您父亲叫什么名字？在一起生活？

答：父亲叫王维清，已经去世。

问：您母亲是什么村庄的？

答：是韩庄人。

问：全家几口人？

答：全家10口人，分三处住，分家过。

大儿子叫王冲和，在县内上过中学，高中毕业后，搞农业技术，有两个小孩。二儿子叫王冲江，务农，有一个女孩。大女儿叫王秀珍，已婚，嫁给本村人，上过小学。二女儿王秀芝，上过本村小学。

【农业经营概况】

问：你家承包的土地有多少？

答：承包 6 亩地，每人 2 亩地，粮田 4 亩，棉田 2 亩。

问：小麦什么时候收割？棉花什么时候种？

答：小麦在 6 月收割，收小麦前半个月种棉花，农村叫小满种棉花。

问：种玉米吗？

答：种 4 亩玉米，收完麦子就种玉米。

问：今年小麦收成怎样？

答：500 多斤一亩，今年旱了一些。

【套种】

问：套种的方法什么时候开始的？

答：有 20 多年了。

问：小麦卖给国家有定购任务吗？

答：规定每人卖给国家 200 斤，定购任务只有 60 多斤，在 200 斤内。定购价格比市场高，国家价格 5 角 4 分一斤，市场价格是 5 角一斤。

问：多卖国家要吗？

答：可以收购。

问：本村有没有买粮食的个体户？

答：有。

问：个人有没有到集上卖粮的？

答：有，往西卖到河北省，那儿粮价高一些。

问：国家是怎样收购粮食的？

答：各户用三轮车送到粮库。当时卖粮，当时付现金，没有打白条的。都是自己送自己的，村里不管。

问：去年小麦征购任务是多少？

答：去年是 50 斤，前年是 40 斤。余下的粮食还要卖。

问：棉花有定购任务吗？

答：棉花没有定购任务，但卖还是都卖给国家。

问：有收购棉花的个体户吗？

答：过去没有，现在有。因为去年棉花市场开放了，也有个人收购棉花了。

问：去年棉花价格多少？

答：3 元 8 角一斤，指皮棉。卖给国家有奖励，奖励柴油、化肥、油等。现在也有。估计今年棉价还要涨。棉花价格是按等级给价。

问：种小麦合算还是种棉花合算？

答：种棉花合算。棉花一亩地可收 600 ~ 700 斤子棉。如果按皮棉算 200 多斤。

【副业】

问：除了农业以外，还搞副业吗？

答：有。搞柳编，织地毯。是羊毛地毯，原料是来料加工。地毯有 3 × 8 的，4 × 5 的，也有一丈的，都是在自己家内加工。一年四季都可以搞。

问：加工地毯多少收入？

答：1 平方尺 8 元多。干这个都是女青年，一天能织 3 ~ 4 平方尺。

问：加工地毯是县内的吗？

答：是县内的，搞柳编是乡内的活。织地毯是近两年的，西南武城搞得早。

问：加工地毯是否担风险？

答：有图纸样子，不担风险，织好按质论价。

问：占地方很大吗？架子怎么解决的？

答：一间房就解决，搭架子自己解决。

问：怎样找到织地毯的活？

答：是通过武城亲戚和地毯厂联系上的，派人去学习，一个月就学会了。但是还是织柳编的多，织柳编，冬天很辛苦，劳动强度大，织地毯就方便得多。

【建筑队】

问：你是建筑队长吗？请谈谈队内的情况。

答：创办有 7～8 年了，现在有 20 多人，主要是瓦工，还有木工，3～4 人是木工。

问：队内有什么设备？盖楼房吗？

答：有架子，在恩城盖过二层楼房。

问：你是怎么学会瓦工的？

答：从小学习的，是跟孙庄亲戚学会瓦工手艺。在济南汽车制造厂当过工人，是机械工。1960 年生活困难，1962 年回家种地，组织起建筑队。到济南是招工去的，是正式工。

问：你父亲有手艺吗？

答：没有，他一直是种地。

问：建筑队同村委会什么关系？建筑图纸是谁的？

答：建筑队给本村盖房优惠，所以不需向村里交钱。给村盖一间房是 150～200 元，中午管顿饭，早晚在自己家里吃。农忙时，就参加农活。一般五间房一星期就盖好了。给外村盖房，价格要高些。在恩城盖二层楼，用滑车吊预制板。

问：队里工资怎么发？

答：干完活，平均发，工头也不多给钱。

问：去年给本村和外村盖了多少房？

答：大体本村有 40～50 户，包括翻修；外村是 50～60 户，也包括翻修。外村最远的地方，主人负责管三顿饭。

问：各村都有建筑队，为什么还请你们呢？

答：我们队技术比较好，有人愿意找我们。

问：你一年收入有多少？

答：农业收入 3000 多元，副业 1000 多元，包括建筑在内。

问：本村有到外地打工的吗？

答：有，到德州打工。二儿子在德州建筑公司劳动，一天 18 元，不管吃。家内农忙回来，农闲时去德州干活。

马志广（十里铺乡副乡长）

时　　间：1994 年 8 月 16 日上午

与访问团部分成员座谈。

【平原县十里铺乡概况】

问：请马乡长介绍一下本乡农业和乡镇企业近年来发展情况。

答：我先介绍本乡的基本情况：十里铺乡位于平原县的西南部，离县城 20 公里，西边与夏津、武城接壤，北边与恩城镇相邻，东边与王打卦乡相邻。105 国道从境内穿过，省道 008 道从本乡西部穿过，后夏寨村就位于 008 道旁。本乡有 77 个自然村，人口 24545 人。总面积 50.37 平方公里。本乡省两条河流，一条叫马颊河，在本乡东边。总耕地面积 48000 亩。本乡是 1945 年 10 月解放的，当时由于战乱、动荡，社会治安生产还不太好，有坏人、还乡团来破坏。1946 年情况好转。

【解放前后教育发展概况】

问：属于哪个区？

答：不清楚。（旁边人插话说：属于恩城县第六区。）当时在这个区工作的叫干部，不叫教师。开始恢复教育，教师既教书，又做行政工作。本区第一任书记叫徐召孔，兼恩城小学校长，小学开始复课，教师开始上班。到了 1947 年，我乡村办小学全部复课了，还成立了冬学、民校、识字班、妇女识字班。识字人增多了，特别是妇女解放，女同学增加了。教育开始走上正轨。教师待遇问题过去是上学孩子的家长管理老师的工资，还要管老师的吃饭。1947年由政府发给老师工资，不是给钱，而是发粮食。到了1950年，十里铺乡办了5所完全小学——牛宁村、马王庄、前夏寨、郡杨、陈屯。当时各村都有民校，小学教育很普及。1950年教育走上了正轨。1950年到1957年教育发展快，思想教育与政治教育有了大幅度的提高。1958年开始“大跃进”，教育紧跟形势。学校搞军事化，学生集中学校，一起吃住，参加劳动搞军事训练，大炼钢铁，学习时间少了，学习任务完不成。那时各乡学校都办三厂，农场、工厂、饲养场。牛宁村、前夏寨都办了厂。1959年发生自然灾害。学校教育受到影响，有些教师饿跑了，不教书了；有些学生也不上学了，失学的人很多。1963年开始，我们乡同恩城公社分家了，十里铺这一片属于徐庄公社。第一任文教书记叫王凤山，社长叫陈春雨，兼学校校长。原5所完小，改为中心小学。经过整顿，加强管理，教育又重新走上正轨。从1963年到1967年，是比较好的一个时期。学校开始抓文化教育，一年比一年好。但从1966年开始“文化大革命”。1986年上面文件，全部公办教师返回本地区任教，造成教师思想混乱，学生已停课闹革命，教育状况下降了。直到1977年，“文化大革命”结束，考中专、考大学制度恢复，教育又开始走上正轨。形势逼迫，从县、乡、村各级领导都亲自抓教育，重视教育工作。一直到1984年，全乡共有121个教学班，教师和职工人数128人，在校学生达到3000多人，适龄儿童7岁上学。1984年开始，公社改为乡，原徐庄公社改为十里铺乡。当时领导很重视教育，有名副乡长分管教育。党和政府集体研究全乡的教学问题。1985年在乡政府附近建立了一所中学，过去中学一直在徐庄附近的陈屯，由于没有经费一直迁不走。1985年以后，用了40万元建立了一所中学。本中学共有9个教学班，教室办公室和其他用房71间。占地15亩。这是全乡的中心中学，另外在两外小校中设立初中班，一处在陈屯，原中学基础上。另外在胡庄也有一处初中班。全乡共有15个中学班，在校学生780人。全乡小学43所，在校学生3047人。教师和职工达246人，学生占学龄儿童的99%，基本上完全上学了。初等教育的普及率能达到95%。以上是解放后教育的变化情况。

我再附带地说一说中学的教育情况。中学教育是从1964年开始的，是从陈屯、马王庄、郡杨3个完小的基础上建立了3个中学班。1968年在陈屯和马王庄两处完小建立了全日制中学，各有两个中学班。1965年陈营、大营也各建了一处初中班。到1969年，全乡有5处联办中学——陈屯、马王庄、五里铺、胡庄、王庄。所谓联办，就是由各村联合办的，这样陈营初中班就没有了。1971年，陈屯联中设立了一处高中班。1973年撤了，高中班搬到了恩城二中。1975年在陈屯又设两个高中班。1977年全国恢复高考制度，这两个又撤下来了。以后县内规定各乡高中生全部到县一中和恩城二中上学，各乡都不办高中了。1981年以后各乡都办初中班，高中班都撤下来了。乡内教育情况就介绍到这。

【初中升高中学生比率】

问：贵乡初中毕业生升高中占多少比率？

答：直接考上正规的重点高中的比率不大，但是加上中专、职业中专、普通学校高中，那比率就高了。最近几年上职高的学生特别多，学一门技术，毕业后，有的被县内录用，有的被乡内录用。

问：职业高中学制几年？乡内有吗？

答：乡内没有职业高中，县内有。学制有两年的，还有3年的。

问：乡内每年高中生考上大学的人数多吗？

答：每年都有考上大学的，包括大专生，但人数不多。本村知道，乡内不掌握。

【乡教育机构】

问：乡内管教育叫什么机构？

答：乡内有教育委员会，有七八个人，乡内副乡长任教委主任，乡内副书记任教委助理，还有中学总校长（分管全乡中学教育），小学总校长（分管小学教育），幼儿教育辅导员（分管全乡学龄前儿童教育），会计（分管财务），工会主席（分管教师福利）。现在教委主任叫杨凤菊，是副乡长，她分管乡文教卫生。乡科技概况下面我介绍一下科技情况，很简单，过去的资料也找不到。十里铺乡是个农业乡，科技工作是围绕农业发展进行的。1984 年以前，是人民公社，有一个农业技术员，负责全乡的农业技术指导工作，那时农业技术、水利条件都不行，粮棉产量不稳。真正科技普及是从 1984 年开始的。随着责任制的实行，生产条件逐步改变，水利条件也比以前好，人们对科学技术的认识越来越高，越来越迫切。1984 年乡内建立了农业技术推广站，在业务上受县农业技术站领导，在乡内，行政上受乡政府领导。十里铺乡推广站有 3 个人，有站长 1 人，成员 2 人，站长职称是农艺师，有一个助理农艺师，另外一个是技术员。他们根据季节的变化，指导农民种地，推广良种，建立了种子站。通过上级和外地有关部门帮助，引进优良品种——小麦、玉米、蔬菜等。他们先培育然后在全乡推广。同时还购进好的农药，指导农村正确使用农药。给乡领导当好技术顾问。发现虫灾时，及时向乡领导反映是否严重，如何预防，给领导当好参谋。另外，用什么肥料，怎样管理，要乡长出面，及时告诉各村。推广站在农民中逐渐有了信誉，听了他们的意见，就能增产，农民很高兴，对提高农业生产贡献很大。

乡内还有林业站，有两名人员，一名担任站长，及时指导乡内林业、果地，如何管理取得了农民的信任。

【农业技术推广】

问：怎样进行农业技术推广工作？

答：第一，乡内有广播站，利用它进行宣传工作；第二，召开全乡村民大会，或召开干部会议，推广农业技术；第三，给各村配备一名科普主任，直接指导农民科学种田，形成全乡科技网络。一时发生灾情或虫情，通过他们可以及时采取措施。

问：科普主任有无文化？

答：有文化，大部分是初中毕业文化，又懂得技术。

问：乡内推广过什么有名的优良品种？效果如何？

答：如乡里推广过玉米优良品种，是“掖单系列”优良品种，现在已经到了 5 号。掖单 12、15 生长期长，产量很高。过去玉米每亩地二三百斤，现在达到 1000 多公斤。我们这里土质不行，用这种品种也能达到 400 公斤。在腰站水利条件好，可达到 1000 多公斤。此品种适应密植。小麦品种，是推广“鲁麦系列”。有 5 号、8 号，都是高产的。过去每亩只有 50 公斤，现在一般的地，都能达 300 公斤以上。有的能达到 400 公斤。优良品种往往是一年种一次，就要更换其他品种，否则就要退化减产。鲁麦 7、8 号，产量高，可达到 500 公斤，但不好吃，农民不想种。

马志广（十里铺乡副乡长）

时　　间：1994 年 8 月 16 日上午

访 问 者：佐藤宏　张洪祥

场　　所：乡政村办公室

问： 我想请乡长介绍一下乡镇企业和农业情况。

答： 全乡耕地面积 48000 亩，包括果园在内，种粮食、种棉花各占一半，也就是说有 2 万亩粮田、2 万亩棉田。果园约 5000 亩，种瓜和蔬菜有 3000 亩。

【棉花】

最近时期种棉花的少了，主要原因是虫害厉害，成本太高，化肥涨价，农药也涨价。棉花用工很多，尤其有虫子时，需及时注意喷药，劳动强度很大。另外，棉花收购时，往往压价，而且还压斤，棉农收入少了，影响了棉农的积极性。

问： 棉花是怎么收购的？

答： 县内有棉麻公司，设立二级站，负责统一收购。每乡设收购点，设在供销社。种棉花的少了，但种麦子的、种玉米的多了。

问： 种棉花的是哪一年开始下降的？

答： 1991 年发现有虫子，生产受到影响，1992 年、1993 年虫灾非常严重。今年形势有变化，种棉花的又多起来了。原因是：一是国家政策有利于发展棉花，把收棉价格提上去了。二是去年冬天风雪特别大，在土地还没有上冻前，来了一场大风雪，气温下降到零下 20 度，有害的虫子都被冻死了。所以今年棉花长势非常好。估计今年全乡春棉种植面积 6000 余亩，夏棉 1 万余亩。春棉在 2 月份就耕地，3 月就种植，接着就要管理了，很费工的。种麦子较省事。秋天种上后，不要管了，过去春节，浇上两遍水。一直到麦收。收割后，接着耕地种玉米。玉米苗长出后，要间苗。种棉花的，每天都很忙。现在 8 月份，粮田基本上是没有活了，而种棉花的很忙，主要是田间管理，要及时喷药。

问： 去年棉花收购价格怎样？

答： 好的子棉是 1.5 ~ 1.6 元一斤，有的达到 2 元一斤。而皮棉价格是 3 元多、4 元多，有的达到六七元钱一斤。今年价格还要涨，预计子棉可能达 2 元多一斤。这是指好棉花。

问： 国家对种棉花是否有优惠政策？

答： 国家对种棉或种粮的，都有优惠政策。一般情况，国家对种棉的进行扶植和优待，国家设立棉花扶植金，国家通过银行部门往下发放，每年春天发放，银行又通过供销部门把钱变成货物送到村。大致每亩地给 10 元左右，供销社售化肥、农药等顶现金，发给棉农，这是贷款性质的，秋收要还给国家的。

另外还有奖励，每户售 100 斤棉花，收购部门奖给棉农 10 斤柴油，20 斤化肥（标准肥），另外还可以买些平价化肥，比市场价格要低些。

【粮食】

问： 粮食市场是什么时候放开的？国家还有征购任务吗？

答： 1992 年下半年粮食市场就放开了，但国家还有征购任务。国家的收购价格比市场价格还高。国家价格小麦一斤是 5 角 4 分，一公斤是 1 元零 8 分；而市场价格一斤只有 4 角 8 分。

问： 国家价格高，市场价格低，市场粮食贸易还有发展吗？

答： 市场价格低是暂时现象，很快要涨上去的。

【农业的多种经营】

问：本乡农业副业除了粮食、棉花外，还有什么种植物？

答：以农业为主，还有果树，是近几年发展起来的。全乡有 1000 多亩的老果树，已经结果子了，还有 4000 多亩地的新果树，走多种经营道路。还有几大项副业。

【柳编】

搞柳编。西部各村男女劳动力都会柳编活，历史久，每人每天可赚得 5～6 元钱。农活忙到地里干活，农闲和晚上编织，农业和副业都不耽误。

【养鸡】

发展养鸡业，这项工作是从元官屯村开始的，该村有个农户叫王维顺，是京白鸡协会会员，他从北京引来种鸡，带头在村内养鸡，带动村内其他农户养鸡。他会饲养，又会给鸡看病，效益好，群众认识到了，也纷纷养鸡。开始养鸡几千只，后来越养越多，现在王维顺一家养鸡 30 万只，全村养鸡达 200 万只，平均每人 500 只左右。养鸡主要为了下蛋，每只鸡每天可纯收入 2 角钱。王维顺认识北京种鸡厂，现在全村养鸡户都由他联系、供给北京种鸡。

问：养鸡收入怎样？

答：效益很好，按现在价格鸡蛋每斤为 2 元 6 角，8 只蛋一斤，也就说，每只蛋可卖到 3 角多钱，而每只鸡每天吃的饲料是 1 角 2 分，所以每只鸡每天可赚回 2 角钱。

问：饲料加工是怎样解决的？

答：元官屯村自己有饲料加工厂，乡内也有加工厂，饲料供应没有问题。现在农民有个体饲料加工，用一辆小车，带上加工机器，到饲养鸡的农户去直接加工，收手工费，很方便。

现在全乡正推广养鸡，请来了北京种鸡厂专家讲授技术，各村听讲座的农民达 1000 多人，大礼堂都容纳不下，农民有很高的积极性。

【蔬菜】

问：本乡蔬菜发展情况怎样？

答：种蔬菜的主要是公路以西的一些村庄，大棚很少，大部分是小棚，冬天在自己家院子里搞温坑，3 月份就移到园田，以种黄瓜为主，上市早。在蔬菜淡季就上市了。典型村是门吴村，家家户户种黄瓜，在家育苗，平均每人半亩地。这是个大村。另外，以种菜种西瓜出名的是孙庄，几乎家家户户种西瓜，个儿大，好吃，历史久，外地都知道孙庄西瓜好吃。一般在平原卖西瓜的都说是“孙庄西瓜”，别的村的西瓜，也说是孙庄西瓜，现在孙庄周围的地都种过西瓜，再种不长了，所以孙庄已不种西瓜了，从 1986 年开始种菜，现在种菜的农户很多。有很多村也盖了大棚，不是种菜，而是养殖蘑菇，主要在冬天，没有农活时，就养蘑菇。像孙庄贩卖大葱也很普遍，每年冬天贩卖几十万斤，每户平均可赚 500 余元。贩卖大葱，一般是从章丘买来，然后送到恩城集上卖，交通很方便。

【乡镇企业】

问：乡内乡镇企业搞得好的村庄有吗？

答：陈营村比较典型。在乡的南面，全乡最大的村，人口有 1400 多人，人多地少，涝洼地多，搞农业有困难。所以很早就搞了砖瓦厂。开始经营不好，1986 年以后，加强了管理，情况好转。原因：一是抓了厂的经营管理，增加效益；二是增加投入，购置设备，改进工具。现在固定资产有 200 万元，有发展前途。现在厂内有发电机组，有一台推土机，一台挖掘机，有汽车。每年能赚几十万元纯利，去年赚 20 万元。今年形势较好，因为砖瓦涨价，估计可赚50万到80万元。在这个厂干活的，每人收入都增加到500元，最近几年一直是这样。

问：这个厂是乡内的企业，还是村内的？

答：是村办企业，乡内也有个砖瓦厂。陈营，最近准备盖个大的养鸡厂，有条件，有土地，有砖瓦，资金也没有问题。陈营支部书记叫李春明，今年评为省级模范党支书，有工作能力。

【集市贸易】

问：请介绍乡内集市贸易情况。

答：全乡靠交通要道，应该说集市贸易有很多有利条件。乡内有集市贸易两处，一处十里铺乡所在地，另一处在陈屯。赶集日期十里铺是阴历初二、初七，陈屯是阴历初五、初十。

周围的集，恩城是初一、初六；王果铺是初二、初七；平原是初一、初六；腰站是初四、初九；津期店是初三、初八。

这地区几乎每天都有集，农民赶集很方便。

集市上的以小商小贩为多，在集市批发来的蔬菜，摆摊零卖，一斤一斤地卖出，收入很快。也有从家内拿出农副产品到集上卖的。

问：集市贸易怎么管理？

答：大的集市贸易都设有工商管理所。恩城镇有工商所，十里铺乡集市小，恩城派人来管理收管理费，工商所不收税。

马志广　崔良田（32岁，副乡长）

时　　间：1994年8月16日下午

访 问 者：佐藤宏　张洪祥

翻　　译：王键

场　　所：十里铺乡政府办公室

马志广副乡长、崔良田副乡长。

【乡镇企业】

问：乡内还办了什么厂子？

答：饲料厂2个，瓶盖厂2个，砖瓦厂1个，面粉加工厂1个，还有1个煤气炉炉县厂。

问：这些企业采取的是股份制吗？

答：是采取承包制，也有股份制的。如砖瓦厂是由5个人承包的，共入股80万元，承包者是大营（董）村的。饲料厂有一个是股份制，由三家投股——兽医站、乡政府、畜牧局。另外一个饲料厂是集体的，都是生产鸡饲料。各厂子都是100万元。

问：砖瓦厂是怎样向乡内投标？

答：固定资金是乡内的，拿出一个最低数，让大家投标。今年是15万元，明年是20万元，谁出这个数，厂子就承包给谁。这个钱全部交乡政府。另外，上缴税款12万元。这是今年的情况，去年不行，效益不好。订承包合同一般2~3年。最近几年的情况，年产1000万块砖，500万块瓦，按今年上半年生产估计，今年承包者除上交乡内的钱和上缴税款和一切开支，每股能赚2万多元。

问：砖瓦厂有多少工人？

答：有260人，都是本地人。

【乡办企业生产值】

问：去年乡办企业生产总值是多少？

答：去年是1200万~1300万元，今年计划是2100万元。

【乡财政】

问：上年上交给乡内的是多少钱？

答：有60多万元。企业收入主要用于扩大再生产，乡内主要收入是农业收入。

问：本乡一年财政收入大概是多少？

答：预算内财政收入每年是 70 万元，预算外（除上交县和村内留的一个部分）大概是 40 万元。

问：乡内有哪些开支？

答：总的是入不敷出。有赤字。预算内的开支主要用于乡内脱离的国家干部工资，每月 7 万元，每年需要 90 万元，加上公办教师工资，每年需 100 万元开支。赤字 20 多万元。县内每月约拨款 6 万元，但逐年在减少。明年每月拨 3 万元，后年就没有了。叫做财政包干，自已想办法。

预算外这一块开支情况：

（1）民办教师工资开支，每月为 1 万元，每年约 10 万元。

（2）计划生育经费，每年需 5.6 万元。

（3）水利建设费（修渠、挖渠建桥等）每年开支约 12 万元。

（4）乡村道路费，每年为 5.6 万元。

（5）民兵训练费，每年约 5.6 万元。

每月补助医院 2500 元，其他自负盈亏，自筹解决。

另外，还有优抚款，用于军属、烈属和五保户，这是预算处的，是专业款专用，不准用于别项开支。

【今后的经济发展】

问：今后乡内企业有什么打算？

答：本乡资源缺乏，往往上一个项目就赔钱。

今后打算发展副食品加工，发展养鸡业，加工鸡蛋，发展方便面，发展蔬菜业。十里铺乡工业底子很薄，公社分家后，工业大部分在恩城。徐庄公社时，1965 年只有 5 个人搞工业，1967 年有 11 个人。1971 年工业由恩城迁往徐庄，到了 1971 年工业有 9 个人。有缝纫、木工等，1974 年开始投资建砖瓦厂，1976 年建成，一开始有百余人。

问：饲料厂生产效益如何？

答：可以，每天能生产 20 吨左右，销路没有问题，主要销给本乡养鸡户。用人不多，都是机械化加工。

【崔副乡长经历】

问：你的名片上（指崔良田副乡长）印有工农总公司，你是董事长？

答：我是乡内管乡办企业这一块，用公司名义是便于对外联系经济工作。现在十里铺乡还没有程控电话，正在盖电报大楼，今年年底能建成，有程控电话就解决了。

问：安一部电话需要多少钱？

答：3000 多元。

问：崔乡长是本乡人吗？上过学吗？

答：恩城人。今年 32 岁，干 10 多年工作了，在恩城二中高中毕业（1976～1978 年）。

问：瓶盖是为罐头配套的吗？

答：是为酒厂生产的，是来料加工。工人大部分是残疾人。

问：你高中毕业就工作了吗？

答：高中毕业后去德州农业专科上学，学的是林果树专业，1982 年毕业后分到腰站镇工作，担任林果技术员。到 1986 年 11 月调到十里铺乡，担任林业站长。1990 年搞科协，任主任。1992 年 12 月转到乡纪律检查部门，担任书记。今年 2 月担任副乡长，分管工业。

魏清晨（1934 年生，前夏寨村）

时　　间：1994 年 8 月 13 日上午

访 问 者：笠原十九司　左志远

翻　　译：王键

场　　所：前夏寨村魏清晨家

【解放前的农村教育】

问：对不起，今天访问您，给您增加了麻烦。去年3月份访问您，听你讲了很有意义的关于村里的教育情况，深感你的记忆力很好。

答：这都是我自己经历过的事。

问：这一次再来访问您，希望了解到更详细的内容。首先我要问的，您现在是不是仍在前夏寨当老师？

答：是的。

问：现在想请你介绍一下现在的前夏寨小学有多少学生？有多少老师？这些老师的姓名请介绍一下？

答：前夏寨小学共4个教学班，即一至四年级。下面我说的数字是上学期的情况，因这学期尚未开学。

一年级学生16人（6男10女），任课老师叫魏艳琴。

二年级学生16人（男女比例记不清），任课老师叫张秀莲。

我说的是第二学期的情况，即1993年9月至1994年9月学年度的第二学期。

三年级学生18人，任课老师叫王志坚。

四年级学生16人。

问：王志坚是新来的老师吗？

答：是新来的老师。一至四年级的老师都是民办老师。

问：王志坚老师多大了？

答：25岁，男的。张秀莲和魏艳琴是女的。

问：他是本村人吗？

答：不是，郭杨村人，其他是本村人。

问：他们的学历？

答：王志坚是高中毕业生，张秀莲和魏艳琴都是中师（中等师范学校）。

问：四年级学生的男女比例？

答：男的6人，女的10人。准确数字等我小孩上学回来再问清楚。

问：从解放后（1946年解放）50年代、60年代一直到现在，你能对小学教育作一个评价吗？

答：解放前，这一带小学很少，比较大的村有小学，其余是私塾。小学一方面读国语课本，一方面读《百家姓》《三字经》，即所谓“四书五经”。我上学就是这样，俺村就是这个样子的。读国语课本、算术、常识、修身。另外有的时间，读科举制度的旧的东西，清末的科举制度那一套还有影响，即读《百家姓》、《三字经》、《千字文》、《论语》、《大学》、《中庸》、《孟子》、《诗经》。我读到了《孟子》。

问：这样对农村的孩子有意义吗？

答：那时读书为了成名成家，可以向上爬，实际上对孩子的思想是一种束缚，束缚性很强，必须沿着这条路走，培养的是儒家学派。

问：解放前农民为什么要求他的孩子上学校？

答：光宗耀祖呀！这是传统的儒家思想。讲究忠孝仁义，礼义廉耻。

问：解放前农民有没有这样的条件，就是写字看书的条件？

答：那时是这样的情况，比较富裕的地主、富农家孩子能上学，有的家庭虽不富裕，但由于孩子比较聪明，大人也千方百计想办法，凑些钱让孩子上学。因此，能上学的人数约占应上学的人数的1/4。当然，很穷的人家，也得想办法使孩子能认识简单的字，能记个账，写个信，好过日子。所以，大部分孩子念不起，念个三年五年后就不念了。尽管上学的目的是为了光宗耀祖，但还是实现不了。

问：一般的农民子弟上学，要不要签一定契约性质的东西？

答：咱村没有。因为上学是咱这个村的人，由自己村的老师教，他家并不富裕，只是叫上学的孩子给他搓个皮（指粮食脱皮），拾个柴火，那时国家没有薪水呀。所以，没有什么文书。

问：农民们上学要不要拿钱？

答：不用拿钱，只是端午节、中秋节、过年的时候，向老师送点粮食和面，也有的拿点柴火。

问：读书是一小部分人，农民要不要纳税？

答：要，粮米和粮银，即拿粮食和钱。

问：农民有这个能力吗？

答：那时要的不太多，具体数字弄不清了。

问：解放前，你们这个村有多少人能到恩城县城去读书的？

答：大约四五个人。那时村里有个小学，县里有高等小学，相当于现在的五、六年级。当时念一至四年级（初小）在村里，要念五、六年级（高小）必须到县城。

【前夏寨的外出】

问：解放前，你们村到外地去打工和干别的事能有多少人？

答：那时到县城打工的人不多，只有一两个人吧，去做买卖的，一般就是店员。这里不是上平原、恩城，而是跑关东，即辽宁、吉林、黑龙江，直到黑龙江的哈尔滨、佳木斯。

问：去关东的人，要有一定的文化吧？

答：不一定，有的去是卖大力气的，扛大个。有识字的人去当学徒和做买卖（指小商小贩）。

问：当时下关东的大约有多少人？

答：有五六户，20 多人。

问：要是去做买卖的一定要有文化呀？

答：那当然，他一定要认识点字，不认识字的只有卖苦力，下煤窑，在火车站当搬运工人（“下煤窑”，指的挖煤工人）。这样的人，卖苦力，不要文化，有力气就行。

问：解放前，这个村有多少人口？

答：600 人左右，120 多户人家。当时一户人口多，也没有计划生育，谁家生的孩子多，谁家有福气。有三世同堂的，四世同堂的，甚至五世同堂的。

问：有 120 多户，去东北四五户，不算多呀？

答：是的，解放前这个村还是比较富的村。

【解放战争时】

问：现在我想问问 50 年代，我们这里 1946 年就解放了，即 40 年代到 50 年代文化教育情况？

答：解放以后，共产党来了以后，也就是八路军来了以后，是由政府派来的教师。不单是教师，同时也是个干部。一位小学教师，同时也是村里的干部。

问：解放后，教学有什么特点？

答：那时的学校主要是进行思想教育，每周一，讲国际国内形势，而且要叫学生参加社会实践，如土地改革，斗争地主，五、六年级的学生，都已到了十八九岁，由于当时念书晚，有的留了级，因此到五、六年级的学生比现在年龄大得多。

问：他们如何参加土地改革运动？

答：开斗争会时，叫学生整队去参加，参军的，学生整队去欢送。参军是去打老蒋。这样去从事社会实践活动。

那时课程是，每周周一，老师讲国际形势，国内形势，我们打了多少胜仗，消灭了多少敌人。

问：除你刚才说的以外，有语文吗？

答：有。还有算术，常识，那时不叫修身课，而叫修养。当时提出："人前不赤膊，赤膊人耻笑"、"未入堂，先声场"。就是像今天学校里定的学生规范。要求学生讲礼貌，不能光着身子，到老师办公的地方，要先敲门或报告后方能进入。还有"三人行，长者先，幼者后"。

问：还有什么活动？

答：有人参军离开村子，学生要去送行，这是解放战争的时候。

问：朝鲜战争发生的时候，有没有这种情况？

答：没有。朝鲜战争的时候，是我们的志愿军。开始是秘密的，不可能公开宣传的。当时是解放军里的战士作为志愿军入朝，解放军中有本村人，因此，志愿军里有本村的人。

问：学生还有什么社会实践活动？

答：当时有刑事犯，在召开审判大会时，学生也去参加。所谓刑事犯，即打、抢、杀人和国民党的特务分子等。对学生进行阶级斗争和法律的教育。

【合作社期】

问：学生在夏收秋种中不参加劳动吗？

答：不参加，他们回家去劳动，那时学校放假，到50年代就不同了，那时有互助合作运动，他们随着社会的变革而发生变化。

问：请你谈谈，对上述学生参加的社会实践做一评价？

答：学生有比我年轻的，也有比我年龄大的学生，他们有的参加了南下工作团，即随解放军南下，参加开辟新区的工作，他们的觉悟都比较高，因新解放的地区缺少干部，适应当时革命的斗争形势。

问：希望你对学生参加社会实践活动做一评价？

答：我的感受，学生参加上述活动，比解放前读死书活多了，学生对当前的形势有了了解，思想比较开阔，打破了封建的束缚，比较解放了。整个教育服务于政治，在当时就体现了。因此，比解放前私塾读儒学有意义，过去是"死读书，读死书，读书死"。没有用。解放后，当然也有人说过书读越多越反动，这就说过了头了。当然解放后死读书的局面也就改变了。走出学校，从事社会实践，提高政治觉悟。我们的教育宗旨是为人民服务，继续深造也是为了更好地为人民服务。

问：请谈谈50年代合作化时的情况？

答：50年代社会变革，从互助组到初级社到高级社到人民公社化，这一时期影响比较大，从互助组到几家联合起来种地，到低级社（即初级社）。这时，土地入股，土地还能分一部分红，劳力也分红；到高级社，完全按劳力，土地就不参与分红了，以出工多少记分，一直到人民公社。从1949年到1952年，是互助组，到1953～1955年是初级社，1955年以后是高级社。教育也是跟随着当时的经济情况在发展的，当时学生的人数很多，适龄的儿童都上学了，当然刚解放时，大部分也上学了，这时的教育，还受解放前封建思想影响，单纯追求升学率。这个时候学生参加社会活动多了，与解放初期不一样了。如国庆节、五一劳动节的时候，另外还参加农业社的劳动，由老师带领去干活。

问：合作化时，学生还参加吗？

答：课余参加劳动呀！由老师领着参加劳动。这时候的老师，大部分是公办教师，个别的有代课老师。

问：小学生放假参加什么劳动？

答：拔草呀，拾麦穗呀，即参加小麦收活动。

问： 劳动的时间？

答： 一般的是一两节课。所以，这时候的学生大部分时间是读书。强调正规化，该上什么课就上什么课，课时也能保证，质量还是比较好的。当时美术课也有了，音乐也有。他们的主要任务是读书。

问： 解放以后 40 年代的后半部分和 50 年代的前半部分乡村的教育内容有变化吗？

答： 40 年代末期政治第一，政治活动多，学生好大一部分时间参加这些活动，常常在上着课，叫学生停下课去参加政治活动。到 50 年代，就有法律规定，不准缺一堂课，随便拉学生去参加活动是不行的，按规定时间参加劳动，学校就正规多了。学校学生就是上学，教师就是教好课。所以，50 年代，整个学校的教育质量、学生的思想水平都不错。当时，人们的思想，在毛泽东的为人民服务的思想指导下，人们真是全心全意，学生的社会风气一切都很正常，如农业合作社的干部去开会，自己带着干粮，老八路的作风，现在不这样了。50 年代教育质量好。60 年代的初期也行，到了“文化大革命”就不行了。

【抗美援朝时的教育】

问： 50 年代有国际形势教育吗？

答： 有。50 年代主要是反修（反修正主义），那时提出的口号是：不怕帝、修、反！

问： 打倒美国帝国主义的教育从什么时候开始？

答： 就是从抗美援朝开始，打倒美国帝国主义的口号我们一直在提，解放战争，我们打国民党反动派，他们也是美国支持的。那时提这口号，我说这话，你可能不愿意听，反对美帝，反对日本复活军国主义。反对美国帝国主义武装台湾，反对一切帝、修、反对中国的包围。

问： 反对美国帝国主义的教育，我想从抗美援朝开始？

答： 在此之前也有，当时反对美帝扶蒋。当时提出美国帝国主义是纸老虎，消除崇美、恐美的思想。抗美援朝运动是相当深入广泛的，是全民总动员，捐献飞机大炮，连小学生也捐献了，一角、二角、一分、二分都可以呀。

问： 刚才你说到抗美援朝，咱们这个村有多少人参加？

答： 当时抗美援朝，不是像解放战争时动员参军，而是志愿军，志愿军是从解放军里派出参加的，实际上就是解放军。要说村里有多少人参加，那就只是在解放军里的而去抗美援朝的人，当时没有在村里组织人去。村里是搞捐献和教育，小学生都参加了。

问： 在朝鲜战场上，这个村有牺牲的吗？

答： 解放战争有 3 个人，抗美援朝没有。那时我们村每年参军的也只有七八个人。

问： 听说山东参加朝鲜战争的人比较多？

答： 因为解放战争时期，山东是一个主战场，在沂蒙山区，所以在这一带参加的人员比较多，而平原属鲁西北，不是主要战场，那时有 19 块解放区，有山东解放区，我们这里属晋冀鲁豫区。

【“大跃进”时期】

问： 50 年代的后期到 60 年代，“大跃进”，人民公社时的小学教育情况？

答： 1958 年提出口号，人民公社，总路线三面红旗。这时提出的口号是，教育与生产劳动相结合，片面地要求学生参加义务劳动，影响了教学，从 1958 年一直到 1960 年、1961 年，再加上自然灾害，所以小学教育质量受到影响。这时，学生的家庭生活就不好维持。

问： 你们学生参加大炼钢铁吗？

答： 参加呀。那时找些钉子烂铁炼炼也算钢铁呀！大炼钢铁运动，在中国是一场大的运动。

问：炼钢铁在这个村什么地方？

答：在小学就是烧烧，在中学就有小高炉。小学只是盘个锅灶，将它烧烧化了就行了。

问：这里晚上也搞吗？

答：都是课余时间搞，晚上也称课余，处于半停课状态。

问：有什么收获？

答：有什么收获，把学生累得了不得，他不知钢是什么样的，就是破钉子烂铁的烧化在一起，这个概念就搞错了，以为烧化到一块，能到一起就是钢铁了！

问：除了大炼钢铁外，学生还参加什么具体活动？

答：参加地里劳动，并且劳动很多。当时除了教育与生产劳动相结合外，还提出教育为无产阶级政治服务的口号。

问：还参加人民公社化运动吗？

答：学生参加劳动。人民公社，是全民运动，学生也参加。组织万人大会，老少都参加。

问：在人民公社、“大跃进”时有没有成立老年人和青年人的组织，如战斗队等？

答：有，老年人叫“黄忠队”（男）和“佘太君队”（女）。（佘太君是中国戏剧杨家将中的女主人公之一）年轻的男的叫“武松队”，女的叫“穆桂英队”；小男孩叫“小罗成队”，小女孩就没有了。

问：请具体地介绍他们的生活情况？

答：具体的就是参加劳动，他们一起吃，不一起住。

问：他们的宿舍在什么地方？

答：各人住各人家，没有集体宿舍。有的村一个村成立一个大食堂，吃完饭回各人家。

问：是不是专为劳动的组织？

答：是的。

问：有没有进行政治教育？

答：有政治教育，也有劳动教育。小孩还是要上学的，岁数大的要上民校。劳动多了，不是不上学。

问：“小罗成队”的年龄？

答：就是小学生，男孩都可进“小罗成队”。

问：可不可以理解是学校的组织，由老师领导？

答：是学校里的组织，由老师领导。其他的队由生产队领导。

问：对这一个时期的教育，请你做一个评价？

答：很难评价，可谈谈个人的看法。当时情况是这样，学校重视劳动教育是对的，但过多地参加劳动，势必要影响文化课的学习，以后做了纠正。由于学生参加劳动，他们厌恶劳动的思想没有了，各有利弊，这方面加强了，另一方面又受到了影响。当时参加社会活动，政治思想觉悟高了，多参加劳动，好逸恶劳的思想少了，但在文化课上受到了影响。当时学生的文化知识质量较 1953 年、1954 年差了。又正值三年自然灾害，经济上不行，各方面都受到影响。

【困难时期】

问：最困难的时期是 1960 年、1961 年？

答：1959 年下半年开始不行了，一直到 1962 年，1963 年开始好转，即在提出八字方针以后。1963 年搞前十条（指中共中央关于农村工作的十条，后来又有十条，叫后十条——注）时还可以，到后十条就不行了。

问：困难时期村里有饿死的人吗？

答：饿死的是属于这一类，即有病，如果营养好一点，当然对病有好处，虽有病也可能死不了；青壮年老人病残的人，本来他的身体体质差，加上生活困难，势必加重了。你说他饿死了吧也称饿死，说他不是饿死，因为他体格差也对。体质弱是他的内因，生活困难是他的外因。如果我们生活好些，增加他的抵抗力，可能会活得长些。年轻人，蹲不下去，他可以跑到别的地方去。当然，不是说不受自然灾害的影响，当时，就政府来讲，还是想尽一切办法帮助解决渡过灾荒，组织干部半日制，也可以破产度荒，变卖自己的东西，换回粮食吃。

问：困难时期，对小学有什么影响？

答：小学里停止体育活动，也不举行运动会了。光上些文化课，要养精蓄锐，不要过分消耗体力。当时提出："留得青山在，不怕没柴烧。"学校实行半日制，延长假期。

问：困难时期，对老师们有什么影响？

答：老师也不够吃，有的顶不住跑到东北去，东北年头好些，也有到南边沂蒙山区去的，那里地瓜（山芋）多，去换地瓜干吃。国家开着车，帮助老百姓运东西去换，火车没买票也让乘车去。

问：困难时期从1959年下半年开始？

答：是的。

问：那困难时期从1959年到1962年，时间比较长呀？

答：国家提出三年自然灾害，但在咱们这儿，实际上是四年。

问：困难时期，对小学教育影响不小？

答：处于半停课状况，有的学校老师被饿跑了，跑到东北去了。

问："四清"对小学有什么影响？

答：没有什么影响。到1963～1965年，这几年学校还是不错的。

魏清晨（第二次访问）

时　　间：1994年8月14日下午

【"文化大革命"时期】

问："文化大革命"时村的教育情况？

答：1966年"文化大革命"开始，到1976年。10年"文化大革命"就不是那样的情况了，学校不正规，有时停课闹革命，后来复课闹革命，学校体制推行小学五年一贯制，中学是初中二年，高中二年，学生经常参加造反、斗争的事，当然农村还没有城市那么严重，可是对学生的影响还是不小的，造成了学生的成绩都很不好。那时上课就是上语文课，其内容就是毛主席的语录，背毛主席语录。上数学课也不按课本上。整个教育推行贫下中农管理学校，在城市推行工人阶级进驻学校，还有军宣队。当时，也没有考试制度，学生是推荐，推荐贫下中农子弟上学，不论成绩好坏，只要你成分好，政治可靠，就能上学，地、富、反、坏、右的孩子上学机会被剥夺了。地、富、反、坏、右的孩子上小学还行，上中学有一定的名额，叫贫下中富的孩子上去，地、富、反、坏、右的孩子上不了。因推荐不是按学习成绩推荐。推荐由学校和贫下中农管理委员会推荐，影响了整个教育的发展，可以说对这一代人在教育上影响很大。10年"文化大革命"，确实影响了人才的培养。

问：停课闹革命是从哪年到哪年？

答：最厉害的几年，大约是1966年下半年到1968年的上半年。到1969～1977年期间，学校虽不算正规，说停课闹革命就停课闹革命。这个时候学校的教育体制基本上建立起来，也有老师上课了，也有教育行政干部管理了，有校长，也有主任了，但由于不参加考试，学生的成绩仍然不行。

这一时候，学生的思想状态受造反的影

响，对老师也不叫老师，叫同志，甚至有的学生也不尊重老师，叫“老伙计”。这期间，有一个“批林批孔”运动，一批孔学生对老师更不尊重了，因为中国的传统文化是孔圣人呀！儒家思想此时受到批判。

问：“批林批孔”运动对小学教育有影响吗？

答：影响很大，学生更加不尊重老师了，散播“读书无用论”，咱成分不好，读好了书也没有用，工厂里招工也是招贫下中农，地、富、反、坏、右的孩子再聪明也不能上学。确实耽误了很多时间，中国在这个时候耽误得最严重，直到现在，“文化大革命”对教育冲击的影响还能表现出来。

【“红小兵”】

问：小学里有“红小兵”组织，请具体谈谈？

答：他们参加斗老师。

问：“红小兵”和“红卫兵”不一样吗？

答：不一样，“红小兵”在学校里，参加社会活动少，他们造反不出校，不搞大串联；“红卫兵”搞大串联可以，可以到济南、北京、上海、广州……可以到井冈山、韶山。红小兵岁数小。

问：“红小兵”在学校里有哪些具体活动？

答：那时说的很好，这是学生的自治组织，事实上他们搞的是不尊师，不学习，喊一声不上课了就不上了；在上课时，在课堂上敲桌子。其他村的小学也有“红小兵”组织。

“文化大革命”将传统的文化，一扫而光，弄成了学生们不听话，不遵守纪律。

问：一般说来在城市里“红卫兵”运动比较厉害，在农村小学要好些？

答：是，他们不搞大串联，只是在学校里。学校里不能维持正常的教学秩序，如几个“红小兵”和头头一说，今天咱不上课了，老师就不能上课。在这个时候，整个社会搞大集体，一天挣个工分角儿八分的，一毛三分钱。农村的经济面临破产，学生的学习成绩也不行，教育和经济状况是分不开的，互相呼应的。

问：你的感想是，“文化大革命”的10年，在中国农村教育史上损失是最大的？

答：是解放后损失最大，解放前咱不清楚。解放后，就是这一段（指“文化大革命”）最不行。

【“文化大革命”后】

问：1977年，“文化大革命”结束，是不是农村教育就好起来了？

答：对了，到1976～1977年之间要比1968年要强些，能正规上课了，但学生仍然没有考试制度这一套。自从恢复高考以后，这个教育才有了新的起色。1978年恢复高考（包括小学上中学，初中升高中，高中升大学都要考）以后，教育开始有了生气，教学开始抓文化学习。农村也就适应这个形势，教学步入正轨，该上课得上课，该下课得下课，不搞什么活动。

问：你说什么时候恢复？

答：1978年，1976年、1977年也开始正常，1978年是一个很大的转折。

问：1977年以后，农村的教育有什么特色？

答：学校步入正轨，按时上课。

【九年义务教育制】

问：80年代的前半期农村的教育情况？

答：这个时候，农村经济复苏了，实行了家庭责任承包，虽不叫包产到户，但家庭承包土地，农民开始富裕起来。经济的好转，势必使学生上学的条件有了改善，加上政府对教育的投入，学生的学习成绩比较不错的，开始有了考试制度，你学习不好考不上，你再考不好就得留级。如果这个时候的学生与 50 年代的学生比较，在思想上，在学习程度上还是有差距的，老师在教学上就不能很好地严格管理，学生不听话。“文化大革命”的影响，也可以说毒瘤还存在。

问：中国政府对小学义务教育真正的变化在什么时候？

答：通过小学九年义务教学法，从小学到初中普及九年义务教育。九年义务教学法是在 1989 年实施的。

问：现在我们实现了吗？

答：在咱们这个地区，基本实现了小学六年，初中那个三年实现不了，不能完全实现，能实现初中三年的也只占60% ~ 70%。

问：那九年义务教育还没有实现呢？

答：是的。现在要实现，这是个目标。平原县普及六年小学，初中占 60% ~70%，到 20 世纪末全国必须实现，到 1995 年大部分地区要实现。我们作为先进县，不到 20 世纪末就得实现。

【民办教师的由来】

问：国家教委规定的九年义务教育现在还没有实现？

答：还没有完全实现。有些地区，经济发达的地区实现了。

问：不能实现的原因，你想是什么？

答：能实现的是经济比较发达的地区，沿海地区，咱们这里未能实现的原因是：教育的发展有赖于经济的发展，经济发展了才能促进教育的发展，就是说，现在经济尚未搞上去，国家还不可能拿出那么多钱，所以这个村的老师都是民办老师，工资拿不出来。民办教师是“文化大革命”的产物，到现在继续存在。“文化大革命”前有民办小学，民办班，那只是个别的，绝大部分是公办，到“文化大革命”时，经济一不行，半工半读，这时民办老师多起来，国家负担不起这些老师的待遇，农村挣工分，称民办教师，才开始是一天 10 个工分，一毛（角）多钱，当时国家（一个月）补贴 8 元，70 年代 8 块钱。从 1980 年到 1985 年期间，补助 13. 50 元，1980 年以后才集资办学，民办教师才按月发钱，国家拨一部分，集资集一部分。国家拨 30 多元，其余的用集资的办法解决。

问：民办教师的工资太低，所以民办教师一般是女的，而男的不愿意去吧？

答：因为教师这项工作，比单纯的体力劳动要好一点，总算个职业，过去上过学，凭这点文化当教师还可以。

问：学历高的人他可去搞别的，他不会来当民办教师，是不是民办教学的学历就差些？

答：不是。民办教师大部分开始是由村里选派的，对这个教育工作比较热爱，能够参与这项事业，并得到群众信任的人。如果你这个村都愿意当呢，就通过考试，看谁考得比较好，就让谁当。民办教师在村里还是有一定地位的。

问：民办教师中，妇女比例比较高？

答：女的是多点，约占 60%。这和小学的教育特点有关，本来女的比较耐心、细心，在实施教育手段上也比较耐心。

【改革开放后】

问：你从 1980 年开始在这个村当教师，80 年代后半期的特色是什么？

答：这个时候，工资基本得到保证，每月能发放，尽管工资不太高。学校上课也逐步正规。从 80 年代到现在，普遍存在一个问题，考试太多，比较忽视了德育，都是按分数，学生在学校的表现就有所忽视，表现再好，考试零分也不行呀。这样就又造成一个偏差，忽视了德育，同时也忽视了其他的教育。应该是德、智、体、美、劳五育，但现在只注重了智，而忽视了其他，因为分数是硬指标，别的是软件。重视了智，其他就排在下面了。

问：您对这种情况怎么估计呢？

答：这种情况，亟待扭转。学校都在上级部门指示下，办德育展室，将全国的好人好事，英雄模范人物办成展览，对青少年进行教育，加强德育教育。现在从领导已开始重视这个问题了。不过，由于考试，这个问题还不好落实。考试成绩好表示出来，好的品德不易表示。所以，现在还是有偏差的。只有将应试教育改为素质教育，做到因材施教。现在还不好办，因为应试不能不要，还要有考试，所以这个问题不好解决，不过已提到议事日程上来了。所谓素质教育，也就是过去我们提出的要求学生德才兼备。现在有些学生，分不低，但能力并不行。

问：二者之间的矛盾，是不是一般说来，多数人是统一的，即成绩好，品德也好，有矛盾的仅仅是个别的或少数的？

答：是的。现在对老师不光有德才兼备的要求，而且还有技能的要求，同时还要有学历（文凭）。

问：你是不是赞成你刚才说的这个办法？

答：我赞成素质教育，要加强，提高国民素质，不赞成竞赛、统考。那样会造成学生的高分低能。素质是指全面的，德、智、体、美、劳都有了。过去讲德、智、体全面发展。劳，就在德里面，因为德要求热爱劳动，热爱人民，为什么又要强调劳呢，那是强调劳动技能的锻炼。

【1990年代的教育】

问：那么90年代呢？

答：现在讲的就是90年代。最近这几年教育的发展又到顶峰。经济的发展还是老水平，教育要求比过去高，但难以实现。因民办教师教和劳的矛盾还不好解决，你在学校教学，家里种着地，得参加劳动，因此教师教和劳的矛盾存在。再加上教师的工资难以按月发放。

问：我看中国的城市里民办教师少，而农村里的民办教师多，是不是这样的情况？

答：是的。现在城市里大部分是公办老师，你所说的城市可能是大城市，在县城和乡镇还有民办老师，当然公办比例大，农村相反，公办比例小，民办比例大。前夏寨小学，4个老师全是民办老师，没有一个公办老师。

问：魏玉祥老师？

答：他退休了。

问：现在你们为了提高民办教师的水平，采取什么办法？

答：采取进修的办法，使其达到中师的水平。县有教师进修学校，乡里也比较重视这件事，必须参加自学，中师几年以后你可以参加高考，即自学考试拿文凭。

问：民办教师去进修有多长时间？

答：形式不一样。一种是到县级学校去轮训，轮训一年或二年，是脱职轮训，乡里是函大；另一种函授，到教师进修学校函授，每月一次三天，学四年达到中师水平；还有一种形式，办专业的轮训班，学音乐的、学体育的、学书法的，到县进修学校学习。

问：函授呢？

答：函授，初中毕业的到教师进修学校函授高中，高中毕业的，可以到电大、函大。

问：那样能提高吗？

答：能提高，是一种比较好的形式。又不耽误教学，又能提高教师的业务水平和文化素质。

问：这三种比较起来，恐怕还是脱产的好吧？

答：是脱产。

问：函授刚才没听清楚。

答：一个月三天，在县里。到县里三天，是面授，带回作业，自己做，到下个月交给老师，再带回新的作业。

问：像魏老师你的水平比较高，在你的学校里，有没有通过你的帮助来提高年轻教师的业务水平的？

答：都得互相帮助，共同提高。当然，老教师帮助年轻教师提高，也有这个义务，即传、帮、带的任务。

【前夏寨村小学校的教员组织】

问：现在 4 位都是民办教师，那么负责人是谁？

答：叫我负责，是个组长。

问：你好像校长一样？

答：没有那么大职权，只有把工作做好的权利。

问：校长在王庄小学？

答：王庄是中心小学，周围 10 多个村，初小毕业后，上高小得到那里上。

问：中心小学的校长是谁？

答：现在换了。上学期是姚维和，这学期换了安常青。

问：王庄小学和你们村小学是什么关系？

答：是领导和被领导的关系。

问：请谈具体的内容？

答：第一是布置一些行政命令；另外进行教学的辅导，组织教研组活动，是解决学校的事务问题。上级布置一个什么任务，或学习任务或教学任务，先布置给校长，校长再召开会，布置给下边的小学。还有收缴各种费用，即校务，包括学杂费、领课本。

【统一考试】

问：听说有定期考试，现在还有吗？

答：有。一个学期两次，期中一次，期末一次。考完了排名次，按班级排。

在王庄考后，选出好的，组成代表队到乡里参加竞赛，乡里竞赛后再选出代表队参加县里。乡里一般一个学期搞一次。县里竞赛有时一年一次，有时一个学期一次，参考的主要是五六年级，一至四年级县里不管。

问：你这个组长要经常到王庄去开会？

答：不光是组长，而是教师都去。每个周六下午，去参加学习交流经验，这属于例会。

问：城市里有大礼拜和小礼拜，你们呢？

答：农村里没有实行。

【学校经费】

问：你们小学的教育经费从哪里来？

答：从学生中敛，收学生的学杂费。

问：有多少钱？

答：每学期 16.5 元，这个钱交到王庄中心小学，咱们学校每人留 3 元，上交 13.5 元。

问：乡和县对你们学校还有什么经费吗？

答：就是拨来教师的工资 30 多元钱，别的就没有了，办公费没有，工资每人 30 多元钱。

问：学校的管理费有没有国家拨来的？

答：没有，就是解决一部分工资。现在是这样，县办高中，乡办初中，村办小学，体制改成这样。50、60 年代，学校是国家大包大揽，现在要逐步推行县办高中，乡办初中，村办小学。动员一切力量办学。

【民办教师的工资】

问：民办教师，国家要拿出一部分工资，占你们的工资多大比例？

答：大约40%，现在我69.5元，县拨款29.5元，其余是乡集资，村里按人口集资拿到乡里。

问：你现在一个月的工资是69.5元，还有别的吗？

答：是的，没有别的补助，如教龄补助等。民办教师教龄再长，也是这些钱，刚开始教也是这些钱，不论级别。实际上在80年代教师已评级了，但没有按级拿工资。当时评高级、一级、二级、三级、四级。

问：民办教师也有高级吗？

答：当时评的也有。那时评高级的教师，现在都转成公办教师了。我是一级，高级教师的教龄必须超过20年。

问：你的教龄超过20年了？

答：我是1980年当教师，以前的不算了。中国的政策是这样，如你教了10年，当中有1年没教，前面的就不算了。

问：你们这里民办教师的工资，比我们在静海县了解的民办教师工资更少？

答：我们这里差，山东胶东高，平原县的卢房乡就达到100多元，咱们这个乡是比较低的乡。

问：学校里房子坏了，需要修理的费用由谁出？

答：应该由村里出。房子的修理、桌凳的修理，应当由村里解决，因为是村办小学嘛。

问：和乡里没有关系？

答：是的。

问：王庄是不是乡里管？

答：不是，因为它不是乡中心小学。王庄是几个村的联办中心小学，它的房子坏了，就由各村交去的钱内支出，乡里不管。如果不够用，再由各村集资。有的村比较重视教育，学校老师需要什么，逢年过节进行尊师，买点东西送给老师，如没有烧的，给老师买的煤球，有的村解决不了这些，有的村小学连个办公室都没有。这就要看你村里的经济条件，不是硬性规定。

【学生的负担费】

问：这个村的小学生，每学期负担费是16.5元，还有别的负担费吗？

答：别的没有。还有入保险，那不是负担，而是人身保险。人身保险钱由学生本人拿，每年每人5元。

问：学生的课本是统一发下来的？

答：课本费由学生拿，在16.5元以外，16.5元只是学杂费。

问：一个学生一个学期的整个负担费用有多少？

答：学杂费16.5元、保险费5元，课本要20多元，加在一起需要四五十元。5元保险费不是一学期，而是一年。一年90元左右。

问：90元的负担，对一般老百姓是不是能负担得起？

答：尽管有的人困难，但他为了让子女上学，为了望子成龙，智力投资还是愿意拿的，再多一些他也愿意拿。这个学期比刚才讲的上学期情况又要多拿点钱，每个学期拿出50元，一开始就拿50元，一年级55元，二、三、四年级50元。一年级的课本钱多，里面有插图。小学的课本经常变，变了10多年了，现在是九年义务教育课本。一年级55元，二至四年级50元，五、六年级60元。当然多退少补。

问：这样的负担是从哪年开始？

答：最近几年改的，1982～1984年，学生拿1.2元，后来涨到2.4元，后来5元、5.5元，到7元。现在的情况是从90年代开始的，涨价了。

问：这个村的文教委员和你们小学的关

系是什么？

答：他应当管理的事情很多，学校该维修了，窗户坏了，门窗坏了，该维修，这个事他管理；还有学校的老师齐不齐，考勤，当然他不是经常到学校，但他要注意这个事情。他看到学校情况，直接找支部书记，研究如何解决，也就是向村委会汇报解决。对学校的安全和学生的纪律情况也要检查，他和我们不能说有领导关系，他只是管理学校的关系，他要是变为领导学校老师的关系那就错了。我们属王庄中心小学领导。各村情况也不一样，有的是刚才讲的，有的起管理老师的作用。我们有双重管理，王庄中心小学和村委会都有管理的作用。民办教师、党团员，从行政组织上讲还是受村里管。教师中的党员属乡教委会的党支部管，团员属团支部管，因为一个小区的党员，成立不起党支部。

【家长会】

问：你们学校有家长会吗？

答：按规定应每年或每学期召开一次家长会，但最近几年基本上举行不起来。现在，村里的群众会开不起来的。

问：家长会原来的目的是什么？

答：原来是把学生在校的情况，向家长作汇报，家长可将孩子在家中的情况，如完成作业的情况，听话不听话的情况，表现怎么样向老师说。现在民办老师他没有多大必要，因为他们都是这个村里的人，家长每天都见面，有什么问题就直接与家长谈了，学生在学校有什么问题，也就直接和家长讲了，学习不怎么样，不用功。这样家长会的形式也就没有了，因为情况都知道了，再开会他也就不想参加了，不过从制度上讲有家庭访问制度，双管双教的问题。

问：家长对老师有意见向哪里反映呢？

答：一般情况，他们就是到学校与老师见个面说说，老师对学生的意见见了面也就说了。对老师有什么意见他不好意思说，一般与村文教委员说。通常没有什么大的事件，没有一定规定，什么事情必须和谁说。

【农村教育的课题】

问：最后，假如你是领导农村教育的话，你为了提高中国农村的教育质量，采取什么办法，你有什么看法和建议呢？

答：现在小学教育主要是经费问题，这个问题解决了就好办了，有钱一切好办事。现在上级拨款太少，学校的正常教学秩序难以维持；再一个是农村民办教师太多，劳与教的矛盾不好解决，若是大部分都是公办教师的话，能够专心致志地去搞教学，文化素质和业务水平的提高上要好；还有农村教育应当办成适当的规模，就像农业上提的规模经营一样，现在农村小学班级不少，学生人数太少，由于近几年来计划生育搞得好，小孩出生率低，这个村每年出生七八个孩子，因此到他们上学时七八个人组不成班级，所以，今后农村应适当地办些联村小学，适当的规模经营。这是社会发展带来的新问题；再一个农村要体现农村教育的特点，农村学生都参加农业劳动，虽然提出学生要成才、升学，但成才之路是多条的，不应当光是上大学，大部分人还是要参加农村生产劳动，所以，农村中小学应适当加强农业基础知识的教育，所谓德、智、体、美、劳，要加强劳动技能的教育，不能光提倡单纯的升学，从小就养成劳动习惯。现在学校的规模越来越小，他不利于学生各方面活动的开展，学生人数太少，应当适当地办些联村小学或者参差走读，你这个年级到这个村来，这个村年级到那个村去，班级稍许大一点，也便于研究教学。看来目前的规模，得想个办法变一变。搞复式教学，一个班里同时有几个年级，那样不行。主要的问题是经费问题，教员问题。毛主席说过，教改的问题主要是教员问题。要解决教师的工资待遇问题。现在尽管工资这么低，但仍不能按月发放，已有三个月没发了。

问：我想你的意见都很重要，希望能够实现。

魏玉祥（1933年生）

时　　间：1994年8月13日午后

访 问 者：笠原十九司　左志远

场　　所：前夏寨村魏玉祥家

【家庭出身】

问：想请你介绍一下，你父亲病逝的详细情况，怎么病死的？

答：那时主要是生活比较困难。我父亲当时经商，后来不经商了，生活上就不如以前。1960年困难时期，缺乏营养，加之肝功能不好，最后因肝腹水去世，主要是这么个原因。

问：那个时候，像你父亲那样的老人，由于营养不好引起疾病的，你们村还有吗？

答：还有，数字弄不太清，因我不在家。

问：你有没有姐妹？

答：有个姐姐。我们是兄弟4个，1个姐姐。

问：姐姐叫什么名字？

答：她没有名字，没念书。结婚后叫侯魏氏，按排行，我姐姐是老二。

问：你的兄弟干什么工作？你的弟弟现在干什么工作？

答：他们都是务农。

问：住在这个村吗？

答：都住在这个村（前夏寨村）。

问：你们一家就你一个当老师的？

答：对。

问：你哪年上小学，开始读的是私塾还是小学？

答：解放后上学的，解放前念了几天私塾。

【中国人民志愿军与教师】

问：你们一家就你一人当教师，你怎么有这样的条件的？

答：1953年，我从完全小学毕业后参加了志愿军，在部队上了四年初中，到1957年回家以后，在平原师范又培训了一年，由区（恩城区）里介绍来当教师。

问：参加志愿军之前呢？

答：在完小念书，毕业后当了志愿军，到1957年回来的。

问：请介绍1953年之前你的经历？

答：读小学之前在家务农，从1947年开始读书，我上学很晚。从1947年开始读书到1950年完小毕业，从1950年到1952年，一直在复习六年级课程，1953年参加志愿军。

【前夏寨村小学校】

问：你1947年读的是什么书？

答：当时主要念的是语文、数学。小学一至四年级是语文和数学；五、六年级就有历史、地理、自然。

问：1947年你上小学校是在这个村吗？

答：就是本村。

问：你一年级的老师是谁？

答：是赵秀珍（女）。

问：一年级的学生有多少？

答：15个或16个。

问：你还记得学生中的男女比例？

答：记不太清。

问：二年级的老师是谁？

答：还是赵秀珍。

问：三年级呢？

答：是徐秉南（男）。

问：你一年级老师，她当时多大岁数？

答：大约有 18 岁，她是解放后唯一的一位女老师。

问：她是从什么地方来的？

答：是北面赵庄人，她怎么来的不清楚，是上级派来的。

问：她多大岁数？

答：前年去世了，70 多岁。

问：她也是本地人吗？

答：是本地人。

问：四年级的老师是谁？

答：纪殿选（男），他还在，不到 80 岁吧。他是十里铺乡纪庄人，纪庄离这里有 5 里路，在公路东边。

问：你上小学时已 14 岁了？

答：那时解放后才念书岁数都比较大，1948 年已 15 岁了。解放后念书没有年龄限制，妇女上识字班。

问：你那时学习感到有没有困难？

答：那时学习没有困难。当时由于兄弟们多，生产忙，父亲原本靠经商兼种地，那时已不经商，主要靠种地，那时不像现在，我一个星期至少要干两天活。

问：你在小学时印象最深刻的是什么事情？

答：印象最深刻的是希望通常学习考上高级学校。要求很迫切，可是由于成绩差，尽管复习了两年，一次也没有考上，最后只好参加志愿军。

问：“土地改革”以后你们家里有多少土地？

答：“土改”时土地没有变，只是衣、被和粮食分了一点，土地未增未减。

问：你的父亲在“土改”时就不经商，还是在“土改”之前？

答：解放以后（指 1946 年），不经商了。

问：什么原因？

答：解放了，也就不经商了。

【中国人民志愿军】

问：你毕业于前夏寨小学，考不上学校，1953 年参加志愿军，请你介绍志愿军的情况？

答：1953 年报名参加志愿军，在南京海军预科学校学习，入了党，完小毕业文化程度那时就算不错了，1954 年到北京海军司令部警卫连工作，一直到 1957 年回家，没有到朝鲜战场去。1957 年回来，在恩城中师培训。

问：你愿意回来的理由是什么？

答：我们那时被留下来的都是班级以上的干部，准备提升为军官。1957 年，党中央提出加强农业第一线，号召老兵一律复员，所以复员回乡，加强农业第一线。

我回来为什么愿意当教师，是自由选择的，我不愿意去公（安）、检（察院）、法（院），而愿当教师。

问：你开始当教师是 1958 年？

答：1959 年 9 月份。

【公办教师】

问：你第一次当教师在什么学校？

答：在恩城北关，在恩城北面。

问：你当老师是公办还是民办？

答：公办教师。

问：是北关小学校吧？

答：是的。恩城镇北关小学。

问：当时北关小学有多少学生？

答：一共有 40 多人。我们 3 个教师，一个班里有 10 多个人，不超过 20 人。

问：那时你多大？

答：25 岁。

问：除你外，那两位老师的名字？

答：一位叫姜殿东，还有一位女的，叫安玉荣。

问：你知道他们的学历？

答：他们都是初师毕业。

问：他们的年龄与你差不多吧？

答：详细情况不太清楚，姓姜的比我大一两岁，女的比我小三四岁。

问：你当教师第一次得的工资是多少？

答：24.5 元。

问：你在北关小学当教师到哪年？

答：在那里当了两年老师，到 1960 年，也可能是 1959 年。

问：以后你到哪个小学当教师？

答：以后到小杨庄小学当教师。

问：你在北关小学住在什么地方？

答：住在小学里。

问：你在北关小学时的感想？

答：我对教师的工作还是热爱的，因为是初次参加工作，是自己想干的。

问：在北关小学，你对你教的学生怎么样看？

答：在北关的时候，感到他们虽是农村孩子，可靠近县城，顽皮些。北关回民多，约占 2/3，逢到礼拜日学校里没有学生，回民礼拜。我对他们的印象，学习比较漂浮。管不住，后来我就离开那里，到离城市比较远的地方。农村小孩比较好管理。

问：1960 年你到小杨庄小学校，到什么时候？

答：总而言之，那时教师调动比较频繁，从参加工作到退休，我在恩城公社和徐庄公社转了 30 多个地方。在本村有两次，这个村有三次，所以说在那个村究竟蹲几年很难说，我先在恩城镇的北关小学，后来到了西关小学—东玉庄—大庄—前夏寨—王庄—东刘—前夏寨—滕庄—陈屯—赵于—烟台（属十里铺乡）—门吴庄—马王庄—郭庄—魏庄—马王庄—孙庄—魏庄—前夏寨。

以上是 1959 ~ 1992 年去过的学校。1992 年退休。那时调动属公社管，现调动属乡政府。如果出乡由县调动，在本乡范围内由乡教委负责。

问：你这样频繁地调动，对你是很不方便的？

答：那时不是我一个人，而是都这样。为什么？那是领导的意图，咱就不清楚了。

【婚姻与家族】

问：那时你结婚了吗？

答：结婚了，我 17 岁结的婚。

问：调动时，你一家人都走吗？

答：不是，他们在家里劳动，就我一个人，所以家里有些情况不了解，就是这个原因。上述那村，离我家都不远，一般当天骑自行车都可以回家。

问：你住在学校里？

答：马王庄和陈屯都是完小。住在学校里，三间房，那时学生不太多，三间房有一间是老师的宿舍。

问：你自己做饭吗？

答：自己做饭，那时强调老师吃住在学校。从“文化大革命”以后才不强调，后来小村没有小学，如芦官庄好多年就没有学校，后来随着人口多了，村庄大了，才有学校。

问：我想问问你结婚的情况，哪年的？

答：1949 年。

问：你的太太是什么地方人？

答：是赵庄人。

问：结婚时你的太太多大岁数？

答：18 岁，比我大一岁。

问：你太太姓什么？

答：姓赵，赵素珍。

问：你们怎么认识的？你们有几个孩子？

答：大孩魏文泉，二孩魏文源，三孩魏文水，四孩魏艳芝（女），五孩魏艳秀（女）。

问：请介绍他（她）们现在干什么？

答：大儿子在乡里广播站当查线员，今年44岁；二孩30岁，在平原二建当木工；老三在啤酒厂，27岁；大姑娘25岁，在平原县棉纺厂；二姑娘21岁，上学，在德州商业学校。

问：你们的女儿结婚了吗？

答：没有。大姑娘订婚了。

问：你们中国政府提倡晚婚。你没有孩子在家里种地？

答：是的，他们的家属都在农村种地。

问：你第一次在前夏寨是哪年到哪年？

答：记不太清。

【前夏寨村小学校教师】

问：最近，第三次你到前夏寨是哪一年？

答：1989年到1992年退休。

问：请告诉我，第一、二、三次在前夏寨当老师，本村的小学有变化吗？

答：第一次只有一个班，20多人；第二次老师2人，学生二十七八人；到第三次就增加到70多人，老师4人。

问：学校在逐步发展？

答：第一次在50年代，光提倡上学，如不上学也不强调。到最后，强调普及小学，到年龄必须上。随着人口的增加，学生的人数也增加了。

小学的校舍，我第一次在时，只有3间破房，到了第二次村里又盖了8间，到了前几年又在原地翻新了。

问：小学的地基没有变吧？

答：没有变，第一次不是现在这个地方，与我这个院子差不多大，第二次和第三次在一个地方。

【前夏寨村小学校的水平】

问：前夏寨小学的水平，与周围其他村的小学水平比较，这个村怎么样？

答：我们这个村，特别是第三次我来到本村，前夏寨小学每次在中心校考试，期中和期末成绩都比较好，排名次在第一、第二名，第三名是很少的。在整个七八个自然村来说，是比较好的。如按每个班来说，4个班中，至少有两个班占第一、第二。有时也有第三名的。

学校比较好的原因，主要是村大队重视；老师的师资水平与周围相比，或稍高，或相等，老师的事业心强。

问：我想老师的水平比较高是主要原因？

答：老师的事业心强，干劲大。别的村老师按水平说不低，但成绩不如这里，其中主要原因是态度问题。我们多数虽是民办老师，有的老师家务事比较多，耽误一些，但仍把学校工作放在第一位。我退休后，现在的老师都是民办教师。

问：第三次在本村当老师，你是公办老师，那时你一个月工资有多少？

答：现在391.8元。1992年提了两级，一级10元，还有书报费、洗理费，这费那费弄不清，有粮食补差，还有医疗费，未退以前都涨过，具体涨多少弄不太清楚。总起来，没退前工资提了两级。

问：现在318元，那时工资多少？

答：应该是280多元，后来提了两级，319元。在职时350多元（1992年），退了以后是319.85元。退了以后比在职每月少领36元。

问：你现在的收入是多少？

答：319.85元，我没有地，吃商品粮。

【“文化大革命”时期】

问：“文化大革命”时期，你在哪个学校当老师？

答： 我在王庄当老师。

问： 请介绍一下当时的教育情况。

答： “文化大革命”，按整个教育界来说，出去开会的时间比较长，宣传毛泽东思想。当时徐庄公社对教育抓得很松，他们没有时间，没有精力来抓教育，一天应该上5班，上午3班，下午2班，一天也就能上3班，最多上4班，其他的时间搞宣传，一度教育质量下降，当时主要突出政治。那时上班多少，由教师自己掌握，你一天不上，上边也不管。当时公社文教也不上班，他也不知道，一个公社下面四五十个村，他没有精力，没有时间来管。突出政治，搞宣传，编剧，唱个小戏，刷标语，教育质量差。

问： 一天还能上三四班吗？

答： 能上。因为除了上面说的突出政治外，你还有活动时间。当然，说上3班，实际时间每节也保证不了45分钟。当时放学时太阳快落下去了，现在中心小学放学时太阳还老高呢。我们村现在放学时太阳已落山，在校时间长。

问： “文化大革命”时，小学还照常上课？

答： 不照常。早上应该8点钟上，可到9点，应该上45分钟，只上20分钟，在班上除文化课外就是教革命歌曲，这也算上课。

问： 那时学生还听你们上课吗？

答： 下边小学还可以，一到中学，中心校五、六年级以上就不行了，串联是五、六年级以上的学生，下面小孩不搞串联。公社发通知开会，学生就不上课了，如果不是通知开会，就是不上课，老师也不能离开岗位。

【教师的困难】

问： 总的说，“文化大革命”时期，对老师来说是比较困难的时期？

答： 可以这么说。“文化大革命”，对公办老师触动大，民办老师基本没问题，尤其是对老教师触动大，说困难就在这儿。

问： 那时你是老教师？

答： 是老教师。

问： 怎么个触动法子？

答： 如果有作文，要看你的批语有没有错别字，或者有没有反动的意思。如果你批语错了，是误人子弟，无限上纲，在批语里发现有错别字，就可给你上纲到误人子弟。老师的错别字难免，有的批语也可能不恰当，但不是人人都有的。当时叫“活靶子”，要想整某一个人，就是检查你批改学生的作业，从中发现问题，然后再有目标地开会。作业有批改语文，有演算看你有没有错，改得及时不及时，如一天应改完，你搞了两三天，这就是问题，老师干什么去了。主要针对公办老师，对民办老师还不那么严。所以你刚才提到，是不是最困难时期，可以这么说。

问： 刚才说的情况，是哪一年？

答： 不止一年，最突出的是1966～1968年。

问： 1968年以后情况渐渐好起来吗？

答： 1967年、1968年以后，主要是搞批斗，大会小会。1968年以后，一边开会一边工作，同时落实政策。开会还是不少。

问： 小学生不懂什么，他们怎么批判？

答： 当时是将有问题的人集中在一起，严重的要到整个公社去，学生参加，老师发言，批判是老师批老师。比如学生调皮不听话，老师推了他一下，或打一下学生，在“文化大革命”就成了严重问题。无限上纲为和教育方针唱对台戏。学生捣蛋，老师体罚，在农村是屡见不鲜的。如果老师成分高的再加上上面所说的内容，那就罪过更大。

问： 刚才你说批判在公社里吗？

答：有的在村里，有的在中心区，也有的在公社里。

【教育正常化】

问：“文化大革命”中，教育什么时候有了大的变化？

答：1972 年。

问：“文化大革命”什么时候教育变化比较大？

答：1974 年、1975 年这两年又转向正轨。后来又批回潮，一般是经过“触及灵魂”以后，接受了再教育，看着问题不大，就可安心工作，如果错误大，或上面没有表态，这时有压力。

问：80 年代，我想教师的条件比较好些？

答：从 1980 年开始，不但教育上有了起色，在生产上也实行了承包。到 1983 年、1984 年，教育又有了新的起色。最近 1992 年、1993 年又是一个阶段，比前面又有了大的飞跃。前夏寨小学在八九个自然村里，成绩是最好的，每次期中、期末在中心小学考试，我们村总是名列前茅。

问：你的工资有变化是在什么时期？

答：从 1991 年有变化，以前没有大的变化。这一时期提了两三级，还有洗理、补差、药费、补助、书报、工龄、教龄等补贴。

问：小学教师在社会地位上有什么变化？

答：工资高了，政治地位相应地提高了，老百姓说：“臭老九现在不臭了，变成香老九了”。工资提高以后，接着对够条件的老师进行农转非（指农业户口转为非农业户口）。条件是初师毕业，工龄在 20 年以上者。人们认为当老师还是不错的，原来老师不如门市部的售货员，现在在各行各业中，老师还是不错的。

问：你从 1959 年当教师，一直当到 1992 年，现在退休了，你回忆一下你当教师期间，你最困难的在什么时候？

答：有两个时候，一个是在生活困难时候，当时教育也很困难，老师口粮低，学生不上学，突出问题是要动员他们上学；其次就是“文化大革命”，在搞批斗的时候，这是两个最困难的时候。

问：最满意的时期？

答：从 1980 年到现在。农村实行土地责任制，人民都修了瓦房，生活提高了。重视教育，增加了教师工资，最满意的还是 1992 年、1993 年，这时期工资达到 350 多元，退休后是 319.85 元。

【农村教师的感慨】

问：请你谈谈对农村教师的体会、感想？

答：从 1959 年参加工作当教师，到我退休，总的感觉是生活道路坎坷不平。具体地说，原来我选择教师，从开始到最后退休，我对教育是热爱的，兢兢业业的。尽管“文化大革命”受到冲击，但是对教育事业总的说来还是热爱的。当然，我虽然热爱这项工作，可回想这几十年成绩不太好，主要不是我不热爱，而是水平有限，教育素质差，能力有限，这也是乡教委对我的评价。

现在对教师要求最低要是初中生、高中生，和他们比相差远了。在增加工资方面，领导不单纯考虑你的资历，而是考虑你教了几十年书，辛辛苦苦，虽然工作不突出，但还是忠心耿耿。对教育工作没有三心二意，做了最大的努力。乡教委是年轻人，水平高些，最低是高中生，干了多年民办老师转正，或者是正式中学毕业的，他们素质好，又年轻，干劲大，对整个教育工作还是抓得很得力的。最近，他们提拔了好几个民办教师当校长，如魏庄一位民办老师提为魏庄小学的校长。所提领导人，都是业务素质好的公办老师。

王金法（十里铺中学校长）

时　　间：1994 年 8 月 16 日上午

访 问 者：笠原十九司　左志远

场　　所：十里铺初级中学校长办公室

【十里铺初级中学概况】

问：你贵姓？

答：我叫王金法。

问：今年多大岁数？

答：31 岁。

问：请你介绍一下十里铺中学的简单概况？

答：这个中学是从 1985 年开始建校的，到今年共 9 年了，这期间政府共投资 20 万元。

现在基本情况，占地面积 33 亩，房子 100 间；1987 年开始有毕业生，每年 6 个班，每班平均 60 人，每年从下边小学能招 120 多人，每年毕业 115 人以上，能升学的，包括高中、中专，有 30 人左右，升学率在 30% 左右。

关于教师情况，经过这几年的配备，教师共 24 名，平均年龄 30 岁；大专学历的 12 人，占 50%；其余是中专和高中 12 人，占 50%，24 名教师，男女各占一半，男 12 人，女 12 人。基本上做到了年轻化、知识化。

校长是我，副校长王吉潮，31 岁，男；教导主任王金跃，32 岁；总务主任张俊新，27 岁，男。我们 4 人都是大专学历。

问：你们学校里有民办教师吗？

答：有 2 名（一男一女）。

问：每年从下边招多少学生，十里铺乡小学上初中的比例？

答：大约 98%。

问：快要达到目标了。你们教师的学历请具体介绍一下？

答：本科生 2 名，专科 10 名，大专共 12 名；其余 12 人，其中有 10 人是中师毕业，高中毕业 2 名。

问：这个学校一年的经费大约有多少？

答：一年为 3 万多元。

【乡的教育干部】

问：想问一问你（问展金良，是乡教委副主任）的情况？

答：我是教委副主任，是乡里派来的教育干部。我简单经历：今年 37 岁，本乡小屯村人，1975 年考入平原师范，1977 年毕业；毕业后到平原四中工作。四中在张华乡，在那里工作了 7 年，在教导处负责内勤，管教学；1984 年调动到十里铺乡工作，从 1993 年 10 月乡派我到这个中学工作，我的学历也是大专，我是上的卫星电大 3 年。

问：这个学校教育干部的主要任务是什么？

答：我负责整个十里铺乡的教育工作。全乡共 8 个校区，其中包括十里铺校区。

乡有个教委，乡党委书记任主任，我任副主任。

问：你管理全乡的教育？

答：是全乡的教育。我干的时间比较短，整个乡向高级学校输送人才还是不错的。今年这个乡升中专的有 13 人，升高中的 24 人。

问：升平原一中有几个？

答：平原一中还没有定下来，不过已经录取了，今年考得还是比较理想的，这是抓教育的结果，乡领导班子团结好。

问：十里铺乡有 8 个校区。初小有多少，中心小学有多少？

答：中心小学有 6 个，初小基本上每村都有，47 个村有 45 个初小。还有两个中学，这里是一个，还有陈屯。

问：整个小学升初中的比例？

答：98%。

问：上高中的比例？

答：30%左右。

问：现在学校不是要改革吗，根据你的看法，要进一步提高教育质量，应如何改革？

答：一个是教师队伍的管理上，继续提高知识水平，将教师的积极性充分发挥起来；另外，在学生管理上需要进一步加强；要使社会充分了解学校，改善学校的办学条件。教师本身，要进一步提高知识水平，教学方法。

问：王金法校长你一个月拿多少工资，可以问吗？

答：工资可拿 360 元。最高可拿到 570 元。

问：民办教师的工资呢？

答：他们没有教龄和工龄，只拿 90 多元，最多拿到 120 元。他还要种地，地里有一部分收入。

问：展金良副主任你的工资多少？

答：390 元，我说拿到 570 多元的都是老教师，教龄一般都在 30 年以上，并且是职称高的。这是这次改革后的水平。

安常青（王庄中心小学校）

时　　间：1994 年 8 月 16 日上午

访 问 者：笠原十九司　左志远

场　　所：王庄中心小学

问：校长贵姓？

答：姓安名常青。

问：今年多大岁数？

答：40 多岁。

【王庄中心小学校概况】

问：请你介绍王庄中心小学的概况？

答：我这学期刚来，请展校长（原来王庄中心小学校长，现在调陈营中心小学任校长）介绍，他叫展成忠。

这里是 1985 年建校，从王庄西南迁过来的。有 4 个教学班，两个 6 年级，6 个 5 年级，学生来源于 10 个村，其中就有后夏寨。

问：一个班有多少学生？

答：每个班 50 多人，共计 200 多人。10 个村是：前夏寨、后夏寨、郭杨、高庄、小屯、秦庄、西流、东流、芦官、王庄。

问：最远是哪个村？

答：后夏寨和高庄，有四五华里。

问：教师有多少？

答：现在有 10 名教师，全部是男的。10 名中包括校长在内。

【管理者的经历】

问：展校长的情况？

答：我今年 51 岁，1966 年中师毕业（平原师范），毕业后分配到恩县小学当教师；1968 年回十里铺乡，在陈屯中学当教师；1976 年，到五里铺中心小学任校长；1977 年到马庄中心小学当校长；1979 年，到王庄中心小学当校长；1987 年，去马王庄中心校任校长；1993 年到陈营中心小学当校长（安常青校长插话为了介绍情况，他从陈营来的）。

问：这个学校除校长外还有哪些领导？

答：没有副校长，有教导主任（王吉达）。

问：请安校长谈谈自己的简要经历？

答：1970 年，我从五里铺初中毕业；1972 年 3 月份，在本村（魏庄）小学当教师；1976 年，调五里铺中心小学，一直干到今天咱俩调换。去年任的教导主任，今年提的校长。我 40 岁。

问：请王吉达教导主任谈谈？

答：我是1980年初中毕业于平原县一中，1980年11月，在前夏寨村任教；1982年到王庄中心小学任教；1985年到马王庞营村小学任教；1988年，到县教师进修学校进修；1990年7月，到后夏寨村任教；1993年10月，到王庄中心校任教兼会计；今年提为教导主任。

问：今年多大岁数？

答：31岁。

问：后夏寨现在还有没有公办教师？

答：现在没有了，我是公办老师，走后又去了一位民办老师。

问：这位老师叫什么？

答：张爱青，女老师。

问：她是什么地方人？

答：十里铺村人。

问：这个学校没有副校长？

答：是的。

【中心小学的任务】

问：请你谈谈中心小学的任务是什么？

答：五里铺中心小学校长姚维和说：小学是基础教育，中心小学又是小学阶段的高级小学。它是个基础教育，培养人才需要从小学开始，它是打基础的阶段。中心小学它又是五、六年级，为进入初中打基础，为初中输送人才。从思想教育上讲，小学从小孩无知进学校到慢慢养成好习惯，对学生进行五爱教育，劳动教育，学习先进模范人物。在这一阶段还谈不上高深的理论教育，属于一些形象的实际的教育。理论的东西，小孩难以接受，主要是进行纪律、热爱劳动、热爱群众、热爱集体、助人为乐、学习雷锋等英雄的教育，使学生从小养成一个良好的思想，养成良好的生活习惯，为今后树立正确的人生观、世界观打下基础。采取的措施除文化课外还有一些思想品德课、劳动课、美术课。现在开设的课，是根据教委设置的课程，还有数学、自然、地理、常识课。上边规定设置的课程，这里都开出来了。

问：十里铺乡有8个小校区（6个小学两个中学），这里属于第几小校区？

答：没有排次，没有第一、第二之区别，它们是兄弟单位，并列关系。按学区划分，这里叫王庄，那里叫五里铺，以村名定名。

【“文化大革命”时期的王庄联中】

问：我对联中不太明确？

答：过去这里也叫联中，就是几个村联合起来有初中班，当时要求普及初中教育，现在的小区都有初中班。体制改革以后，中学集中，全乡还有三处初中班，这样就不存在联中的名词了，时间在1984年，由联中改为中心小学。开始有联中，在1968年即“文化大革命”时为了普及初中教育设置。

【统一考试】

问：一个学期内有统考，请介绍一下情况？

答：为了抓好教学质量，根据咱的实际情况，每学期有一个期中考试。采取的形式，有时由小区安排，有时由乡里统一安排。期末考试，有时由县里统一出题，有时是地区出题。期中考试自由一点，期末由县或地区统一命题考试。

问：你们王庄出题统一考试吗？

答：由我们中心小学的校长和主任主持这项事务，期末也是咱主持。在乡教委的统一领导下由咱组织实施。

问：由谁出题？

答：刚才讲的，期中由乡，期末由县或地区。

问：由谁来阅卷打分？

答：考试后，由小区的老师阅卷、评分，最后总结一下考试的情况。

问：统一考试的结果，前、后夏寨村在考试中是上等还是中下等？

答：总的说来，后夏寨属中等偏上；前夏寨也属于中等偏上。

问：我的印象里后夏寨小学比前夏寨要高？

答：是的，可以这么说，后夏寨中等偏上，前夏寨是中等。

【民办教师】

问：10个老师有几个民办老师？

答：两个公办，8个民办。校长和教导主任是公办。

问：为什么公办老师这么少？中心小学是很重要的？

答：总的来说，我们是农村学校，农村学校公办的老师少。因为从“文化大革命”开始，高中、初中不招生，现在这些人40多岁，造成中等师范学校、高等师范学校毕业生很少，到1971年、1972年人口又增多，教师不够用，当时为了解决这个矛盾，聘用了一部分民办老师，这是主要原因。是“文化大革命”造成的后果。

问：民办教师中本地人有多少？

答：都是本地人，是10个自然村的人。

问：请介绍一下他们的学历？

答：我们这8位老师，一个是高中毕业，还有通过进修达到中师水平的，如函授、县进修学校进修，都已达到中师水平。

问：是不是中心小学的民办老师，最好要达到中师或高中毕业水平？

答：是的。

【王庄小校区的职工会议】

问：听说每周五，你们管辖的小学老师都要到你们这里开会？

答：是每周六的下午。

问：请介绍会议的内容？

答：主要内容是搞教学研究，每个年级有个教研小组，每周课堂上，或学生管理上遇到的疑难问题，在这里共同研究，提出问题，研究如何解决。

另外，除了教学研究之外，在这里集体备课。

上级教委如有什么文件、精神，在这个时间传达。

【教师进修】

问：10个村里的小学老师，谁需要去进修，你们有没有这个权力安排？

答：人事调动的权力在乡教育委员会，我们没有这个权力。谁去进修，是自愿，凡是没有文凭的，他会主动要求去进修，不一定要我们批准。

【学生升学】

问：你们小学升初中的比例？

答：一般是70%～80%。

问：都是十里铺中学？

答：有三个去向：一是十里铺中学，二是陈屯中学，三是恩城中学。

【教职员职称与工资】

问：各位先生的职称？

答：我（展成忠）是小学一级，一个月工资320多元；我（姚维和）是小学高级，一个月工资340元；我（安常青）是小学一级，一个月工资320多元；我（王吉达）是小学一级，也是320多元。

教龄、工龄的工资不多。

小学职称分三级，小（学）高级，小（学）一级，小（学）二级。

问：这个学校一年的经费有多少？

答：除去工资外，经费一年 1.5 万多元。

问：1.5 万多元从哪里来？

答：10 个村收的学杂费。乡里负担工资。

问：一个学生负担多少？

答：一年 30 元。

柴绍利　贾士民

时　　间：1994 年 8 月 16 日下午

访 问 者：笠原十九司　左志远

场　　所：前夏寨村柴绍利家

【柴绍利】

问：你今年多大岁数？

答：今年 39 岁。

问：你属什么？

答：属羊的。

【前夏寨村干部】

问：你们村干部有几个人？（以下问柴绍利）

答：现在党支部 3 人；村委会 2 人，加上妇女主任也是 3 人。应该是各 5 人，共 10 个人。现在干部人数不够，有人是兼职。

党支部我是书记，没有副书记，村委会有主任，没有副主任，现在精简整编，一个人干两个人的事。

问：党支部书记？

答：就是我本人，柴绍利。

问：党支部共 3 人，还有两人呢？

答：一个叫孙迁堂，他是支部委员，47 岁；一个叫柴凤银，他是支部委员，65 岁，是个退休干部。

问：你从哪年当支部书记？

答：从 1990 年当支部书记，以前是支部委员。

问：以前支部书记是谁？

答：以前是王希武，48 岁。

问：村委会 3 个人？

答：一个副主任（没有正主任）代主任，叫柴文正，40 岁；一个文书，叫王希臣，是王希武的弟弟；一个妇女主任，叫王子仙（女），48 岁。

问：村委会内没有文教委员？

答：管文教的是贾士民，他兼职，现职务是小组长，相当于过去的队长，我们村一共分 5 个组。他兼教育卫生主任。

问：他不是村委会的成员？

答：他不算村委会的成员，他代管。

问：这个村还有其他什么领导组织吗？

答：就这两个组织，在党支部领导下，两个班子，可以兼职，如孙迁堂是支委，又是村委会的调解主任，五组的组长李朝国，他同时也是调解委员。

问：请你介绍一下 5 个小组的负责人？

答：一组组长魏文奎，44 岁；二组组长王金山，52 岁；三组组长贾士民，41 岁；四组组长孙恩勇，28 岁；五组组长李朝国，45 岁。

【村人口】

问：现在你们村人口有多少？

答：736 口人，170 多户。

问：男女的比例？

答：可能差不多，男的多，约占 60%，女的占 40%。

问：代主任柴文正是你什么人？

答：他是我的侄子。叔伯侄，不是亲的。

【家庭出身】

问：你是哪年出生的？

答：我是 1955 年二月十九（阴历）

出生。

问： 你的父亲叫什么？

答： 叫柴凤举，已去世，他死时 81 岁，当过乡长。

问： 你的母亲叫什么？

答： 叫王长芝，1989 年去世，75 岁，老党员。

问： 你母亲从什么地方嫁过来的？

答： 从王庄来的。母亲是妇女主任。

问： 你有多少兄弟姐妹？

答： 兄弟 3 人，两个姐姐。

问： 老大？

答： 叫柴绍耀（耀是听的音，被访人），在恩城镇当供销社的主任，1948 年 20 多岁去世的。他的儿子现在已 44 岁。

老二叫柴绍堂，在德州市邮电局工作，是话务员，从部队转业来的，56 岁。

老三就是我本人。

姐姐叫柴秀芸，已去世了，1976 年去世。

二姐姐叫柴秀芳，在王果铺乡王肖屯村务农，42 岁。

【前夏寨村小学校】

问： 你在什么地方上学？

答： 在前夏寨小学，读一至五年级，1963 年读的。

问： 那时老师有多少？

答： 一共 3 位老师：魏玉祥、魏德胜（已去世）、魏林祥。就这 3 个。

问： 你上学时，小学几个年级？

答： 一至五年级。

【恩城二中与“文化大革命”】

问： 什么时候上初中？

答： 本应 1971 年上中学，和姐姐一起去，因家庭负担不起，不能都去，所以晚了一年去，是 1972 年到恩城二中上的中学。现在是平原恩城二中。

我在这个学校一去就当排长，原来在小学就当班长。共 54 个同学，当时有 5 个班长，有劳动班长，有体育班长，有文娱班长。

问： 你是什么排排长？

答： 我是初一三排的排长。当时是军事化。

问： 你上小学时有多少人？

答： 我上小学时有 50 多人，一个班十几人。上学时入了团。

问： 你同班同学（指中学）有多少人？

答： 57 个人。

问： 你小学的同班同学有多少？

答： 十六七个人。

问： 十六七个人中有多少人上中学？

答： 不多，有 5 个人上初中。你出身好，文化程度差，也能上学，是保送，不考试。我是保送去的。我当时和班主任相当好，家里穷，本子是他给我买；我那时念书去只带一个小饼子，不等跑到学校就吃没了。那时太困难，家里没有粮食，每天我来回跑 5 公里，天天跑，3 分钱一碗白菜汤。

问： 你上中学正是“文化大革命”时期，那时有什么活动？

答： 半工半读，勤工俭学，参加义务劳动，自力更生，艰苦奋斗，搞这些东西，自己要打坯，修自己的校舍，帮助地方收割小麦、拔草，每人 80 多斤，每天向学校送，作为勤工俭学。你没有钱，去劳动，得了钱，买个笔、本子，是集体去劳动。还帮助民工挖河，成群结队地下去。

问： 那时是停课闹革命时期？

答： 是的，对文化学习不大重视。老师照常上课，有些捣蛋的学生在课堂上起哄；一部分不认真，也学习、也玩、也劳动。

问： 是不是“红小兵”？

答： 在中学时“红卫兵”已过去了，在小学时是红领巾（插话：他是1963年上小学，那时还没有“文化大革命”，所以，没有什么“红小兵”，有少先队）。在中学，一个排可以组织一个团支部。

【参加解放军】

问：你在恩城二中入的青年团，你是哪一年毕业的？

答：1974年毕业。高中没有上，在家劳动。到1976年12月去当兵。在南京军区守备一团警卫排当警卫员。

问：你参加人民解放军，你为什么愿意去当兵？

答：从政治上讲，保家卫国；从自己来讲，为了到部队里去锻炼，将来可找到从事的事业，觉得在农村没有什么价值；当时我的年龄，也是服义务兵的时候。

问：以后呢？

答：到了1979年，自卫反击战开始了，从南京军区转到昆明军区，参加自卫反击战。2月17日从南京军区到昆明军区。

问：你参加自卫反击战了吗？

答：一个月。3月17日返回来，整整一个月在越南，到甘塘老街。

问：危险呀！

答：没有问题。

问：后来呢？

答：后来转到成都军区，在南充市，1981年回来的。

问：回来以后呢？

答：在家里劳动。

问：1981年，你父亲干什么？

答：我父亲在家劳动，他不是干部。

问：回来务农到什么时候？

答：现在还务农。

【前夏寨村干部】

问：你什么时候参加支部工作？

答：1987年当了支委，1990年当支部书记。

问：你什么时候入党？

答：1980年入党。在部队入的党。

【家庭出身】

问：现在问一问贾士民。你的父亲叫什么名字？

答：他叫贾学文。

问：你母亲？

答：叫贾刘氏。

问：你有多少兄弟姐妹？

答：兄弟3个，姐妹1个。

问：老大？

答：大哥叫贾士昌，现在务农；二哥叫贾士华；也是务农；老三是我姐姐，叫贾桂清，也是务农；老四是我本人，没有老五。

两个哥哥，一个姐姐，加上我，兄弟姐妹4人。

问：你的父亲干什么工作？

答：他一辈子务农。

【前夏寨村小学校】

问：你哪一年上学？

答：1963年。

问：那时老师有多少？

答：当时上学，开始教我们的老师叫魏德胜，还有李佃卿。

问：还有哪些老师？

答：魏玉祥、王汉武。

问：你上小学时在什么地方？

答：在本村。

问：小学的地址？

答：在老庙，现在的村西面，庙已没

有了。

问：什么样的小学？

答：我上一年级时，人不多，有一至四 4 个年级。我们一年级没有房子，在房子的外面，墙上挂一块黑板，就这样念书。1960 年自然灾害，房子倒塌了，社员住的房子也很紧缺。1960 ~ 1962 年困难时期，1963 年开始好转，刚刚好转，就组织上课了。

到了 1963 年下半年，走了一批学生，我们才进到房子里去上课。当时小学没有围墙，只有 4 间房，3 间是教室，1 间老师住。

1966 年，盖上了新校舍。有了五年级。正是“文化大革命”开始，参加过“红卫（小）兵”。1970 年加入共青团。

【“文化大革命”】

问：你小学参加过“红小兵”的运动？

答：是的。

问：请你介绍一下“红卫（小）兵”的情况？

答：当时不懂，人家问：谁参加举手。咱是小孩，老师叫干啥干啥，哪派好，哪派不好，是造反派，还是保守派弄不清。给了一个红袖章，是大队给的。到了十五六七岁时，知道事情了，哪个好，哪个坏，意思是知道，但运动的真正面貌不知道。谁是谁非，也弄不清。

问：你们串联过吗？

答：没有，小呢。

【王庄联中】

问：你小学念完念初中了吗？

答：我小学毕业到王庄联中读书。

问：哪一年？

答：1968 年去的，1971 年毕业。

问：王庄联中，那时有多少学生？

答：有前夏寨、后夏寨、芦官庄 3 个村的学生在王庄联中念书。

问：老师有多少？

答：两个任课老师，一男一女。

问：那时还是“文化大革命”时期？

答：1971 年还是“文化大革命”时期，但闹得轻一点。

问：联中有什么活动？“红卫兵”有什么活动？

答：没有。我们农村和城市不一样，老师们思想老化，学生的思想也老化（指保守的意思）。出去没有经费。

问：没有批斗老师吗？

答：没有。

问：联中毕业后你干什么？

答：我上了高中，在恩城。我家庭成分好，是贫农，推荐我去上学。1974 年上半年毕业。

问：高中毕业以后呢？

答：在家里务农。

问：高中毕业学历比较高，为什么务农？

答：那时我的文化有限，1971 年高中毕业，那是半工半读，一周学习，一周干活，一个礼拜中有三天义务劳动。我们农村知道生活艰难，我住校，吃的也不好。思想上不重视学习，当时才十八九岁，1974 年毕业才 20 岁，没有心思念书，也没有心思考，只想干活，维持家庭现状，就这么个情况。我父亲指望我劳动吃饭，我哥哥结婚早，分家过，需要我回家来干活。

问：你 1974 年以后在村里务农，你是党员？

答：不是党员。

【村委员会】

问：你是青年团员，村委会都是党员吧！

答：不是，村委会成员不一定是党员，

他是群众代表，党支部成员必须是党员。

（插话：村委会不是群众团体，而是一级行政组织）。

问： 柴文正是党员吗？

答： 不是。

问： 王希臣呢？

答： 也不是。

问： 王子仙呢？

答： 她是党员。

问： 村委会经过选举吧？

答： 是经过选举产生。

问： 请介绍选举的方法？

答： 按照选举法，村委会通过全体社员选举，村民选信得过的人进村委会，信不过的就进不了村委会。选举时不提候选人，个人自愿，我愿意选谁就选谁。

第一次群众提出，随后党支部集中。

【新建小学校校舍】

（柴绍利）

问： 新的小学是哪一年建成的？

答： 1990 年。当时，我是党支部书记。

问： 有多少经费？建这个小学你们花了多少钱？

答： 建这个校舍，加上大队的公共（办公室）财产，两项共 12 万元。

问： 小学占多少？

答： 小学 10 间，两间老师办公室，共 12 间，大队办公室是 5 间，加在一起 17 间房子，再加上大队的公共财产，年终结算共花 12 万元，不是小学花了 12 万元。

问： 能分出来吗？

答： 小学约 2 万元，是就地翻新。加上大队的房子 9 万元，不到 12 万元。

问： 主持小学新建是谁？

答： 就是我。我当书记首先干的就是这个。现在以教育为主。

问： 你们建小学时有什么困难？

答： 缺经费，没有钱。我们本村有木工、瓦工，秋后给他们工钱。遇到困难，我就找我的战友，赊砖，也是秋后给钱。最后是集资办学，平均每人 240 元。

问： 200 多元是不小的数呀，有没有人反对？

答： 没有，都认为这是办好事。“人民学校人民办”，这是咱们的口号。

我们为什么要集资办学呢？因为原来是黑屋子，土台子，所以要改造。办的是好事，谁家都有小孩，群众是欢迎的。

【兼任文教卫生委员的任务】

问： 现在学校由谁管理？

（柴绍利、贾士民）

答： 由村委会贾士民负责。

问： 你的正式职务是什么？（问贾士民）

答： 是小组长。第三组组长兼文教卫生委员。为了减少大伙的负担，采取双职的办法。凡小组长都有兼职任务，一人兼两职，这样可减少一个人的开支。

问： 你有工资吗？

答： 没有。两个职务，只拿一个职务的钱，文教委员是兼的，不另拿钱。

问： 你支部书记现在有多少钱？（问柴绍利）

答： 额外补贴，按村人口负担，我一年补贴到 600 元。小组长 400 元。

问： 不太多呀！

答： 人民的勤务员。不在钱多少，只要大伙信任，我们就干。

问： 文教委员有什么任务？（问贾士民）

答： 学校有什么困难，我能办的帮助办，我办不了的向村委汇报。另外，监督老师的考勤；再有，抓学生的升学率。

问： 小学的管理你负责吗？

答：老师的生活，到冬天房子补修，烧煤，喝水，学生家长来吵闹了！调解师生家长关系等问题。

问：有没有领导教师的权力？

答：我从 1990 年任职，没有指导教师，就是教师不来的时候我说说他。现在老师队伍属于中心小学管，更换老师我没有权，我有监督权。老师都有证书。

问：小学的书籍费等，一个学生一学期负担多少钱？

答：我们学生的学杂费，收了后先向上缴。缴到中心小学，多少钱弄不清。学生的课本是从中心小学来的；文化用品费，我们从中分一点过来。

问：民办教师的工资？

答：我们集资拿到乡里，乡里再发。现在教师待遇提高了，上面也拿一点。村里不管。

问：你们集资多少钱？

答：每年不一定，去年集资 70 多元，其中包括乡里的费用，老师的待遇、军烈属费、修建桥梁、教育等，项目多了。

【家长会】

问：有家长会吗？

答：有时候开。

问：有什么任务？

答：开个家长会，来教育教育孩子，告诉家长你的孩子现在学习成绩，起一个通报的作用。

问：家长会与文教委员的关系？

答：老师召开一个家长会，把学生的成绩向家长汇报汇报，叫我参加。我参加以后，了解哪个孩子成绩怎样，哪个孩子捣蛋，叫家长回去再教育教育，学习好的孩子，家长回去也得继续鼓励其上进。

问：家长会你都得参加？

答：是的。

【学校经费与援助】

问：小学里的教材、文娱、体育活动的器材，你们村里文教方面帮助解决吗？

答：没有。篮球、排球、单杠双杠，我们小学没有这些器材，羽毛球拍这类东西有，篮球有，双杠单杠没有。幼儿班有电子琴，由我们负担。

问：花多少钱？

答：1000 元。

问：你们负担小学的经费一年大约有多少钱？

答：教师节给老师买个东西。我们不负责小学的经费，由上级负担。

问：房子的修理，门窗坏了，桌椅板凳坏了你们负责吗？

答：是我们负责。

问：你估计一下，一年修理费大约需要多少钱？

答：没有多少。房子坏得多，我们负担得多；坏得少，我们负担得少。新房子，现在修修补补的少，墙头掉个砖，打坏玻璃，一年修理费也就五六百元。

【村中的大学生】

问：现在这个村上大学的人有多少？

答：今年有一个，魏德才的孩子，现在知道有两个，我们村的教学质量是很不错的。我们前夏寨村的大学生比后夏寨村多。我们在王庄片考试成绩是上等。我们村自十一届三中全会以来，考上山（东）工大、山（东）农大、师范院校的，我们前夏寨最多。

问：有多少？

答：10 多个。从 1980 年开始到现在。（共同计算人数），有十五六个，有空军机械师，山东工大、电大、军校。

问：今年有两个？

答：有两个。

问：现在正在上大学的有多少？

答：有3个。

问：什么大学？

答：弄不清。今年的不知道分配在什么学校，反正考上了。

【教育改革的课题】

问：最后我想问一问书记，你是这个村的领导人，你对这个村的教育改革的看法？

答：我们要在夏天安上电扇，并要使桌椅板凳全新。准备拿出一部分钱来，奖励教师，哪个班老师教得好，我们要进行奖励。我们国家，科学知识是第一位的，没有文化的军队是愚蠢的军队，没有文凭（学历）不行。我要是有文凭，我这个小官就能往大干，现在我这个初中生就不如我大侄儿，我二侄是军校毕业，和江泽民主席的孙女同班同学，现在济南军区司令部。他们学校在西安。要想发展壮大，必须有科学，学历最为重要，没有文化不行，所以，我们这个村庄从现在起，把桌椅板凳搞好，把老师的资历调节一下。谁教得好，我们用谁，不要耽误了学生，浪费了青春。

问：对老师任用你没有权力呀？

答：我可以建议，对本村民办教师我有权。

宋庆泽（1948年生）

时　　间：1994年8月18日下午

访 问 者：笠原十九司　顾琳　魏弘远

翻　　译：王键

场　　所：平原县第一中学校长办公室

【管理体制】

问：请介绍第一中学的情况。

答：我简要地将平原县第一中学情况和这几年办学的指导思想，以及学校的教师情况做一介绍。

这个学校的名字，叫山东省平原县第一中学，是德州地区重点中学。学校的前身是县里初级中学，开始建校于1926年，已有68年的历史了。

学校现有规模是32个教学班，高中部20个班。初中部12个班，在校学生是1625人，教职工总数237人，学校行政干部20人，任课教师140人，另有职员35人，校工44人，另外离退休教职工32人。任课教师当中，现有高级教师3人，一级教师27人，高级加上去年评的8人，是21人，二级教师53人，三级教师18人。学校占地面积81亩，计54589平方米，教学楼、办公楼和实验楼11幢，阶梯教室1个，目前说，这是在平原县规模最大的完全中学。

学校的领导体制是党支部领导下的校长负责制。机构有：党支部、校委会，下设教导处、政教处、总务处、行政办公室、工会、团委、勤工俭学办公室。

【平原一中历史】

这个学校历史比较长，经历过几个阶段，特别是新中国成立以后，1952年恢复时规模比较小，只有3个初中班，到了1956年扩为高中。从1956年开始，这个学校名字叫山东省平原县第一中学。规模由小到大，逐步发展，现在发展到32个班，有高初中，是完备的中学。

发展比较快是在三中全会以后，1978年以后，各级党委和政府对学校的发展比较重视。学校全面贯彻党的教育方针，坚持教育为党的经济建设服务的办学方向。在办学过程中，学校坚持以德育为首位，以教育为中心，坚持五育并举，培养四有新人的办学思想，不断强化学校管理，深化学校改革，改善办学条件，优化育人环境，克服片面追求升学率的倾向。在全面提高学生素质上，采取了一些措施。经过几年的努力，我校已经成为一所校风好，教风正，学风活，教学质量较好的学校，在全区享有一定的社会声誉，曾经多次受到省、地、县有关领导的表彰。

1993 年，被省政府授予省级文明单位。1990 年，被省命名教书育人先进单位。具体情况，我下面进行介绍。

【坚持社会主义思想教育】

第一，端正办学指导思想，坚持社会主义办学方向。

我们是一所普通中学，在办学过程中曾经受到片面追求升学率的困扰。面对教育上存在的问题，我们端正了办学的指导思想，坚持社会主义办学方向，将这件事作为当前头等大事来抓，自觉抵制和纠正片面追风，通过组织领导班子和全体教师系统地学习邓小平同志的教育思想和教育理论，学习中央关于教育体制改革的决定，以及加强中小学德育工作的文件，从认识上和实践上端正了办学的方向，转变了教育的观念。从三个方面体现。

首先确定应试教育向素质教育方面转变。中学教育是一个人的素质教育，其根本任务是培养德、智、体全面发展的人，社会主义建设者和接班人。学生的道德品质，政治知识，科学文化水平，各种能力，都必须适应社会主义建设需要。因此，必须摆脱片面追求升学率的影响，把教育的重点转向提高学生的素质，这是一个转变。

其次是观念的转变，由智育第一转向全面发展的人才质量观。我们以现代教育理论为武器，对于上大学为唯一衡量标准的人才教育观，进行了彻底的否定。在全校开展什么是人才的讨论，响亮地提出人人都是人才，人人都应该是人才的口号，提出不求个个升学，但求人人成才的奋斗目标。榜上无名，脚下有路。让每个学生在校园内抬起头来走路，要求老师们在工作中坚持一个方针，即德、智、体全面发展的方针；完成两个任务，即为高一级学校输送人才，和向社会输送素质较高的中等技术人才和劳动后备军；做到三个面向，即面向世界，面向未来，面向的四个现代化。学校实现四个转变：一是由单位升学率高低来评价教师的工作，转变为全面衡量教师的工作；二是单纯以成绩好坏来评定学生的优良，转变为看全面发展，看学生的基本能力；三是由只注意少数尖子转变为面向全体学生；四是变过去单一的应试教育为素质教育。

再次是教育观念的转变，由就教育论教育转向为当地经济服务的观点，也就是树立大教育观，教育要为整个社会经济服务的观点。为什么提这个问题呢？我们每年高中毕业生升入大学的，占 50% ~70%，而其余的 30% ~50% 将要直接走向社会工作。那么这一部分学生，能不能走向社会，尽快地成为熟练的劳动者，适应社会的需要，关键看他们在学校里接受教育如何，学到的本领如何。鉴于这个认识，我们从 1985 年逐渐开始由学校提出了教育要面向经济服务的思路。除了按大纲要求，全部开出课程之外，还专门开设了劳动技术课，设立劳动基地和劳动教室，对学生进行劳动技术教育，使其成为社会需要的人才，具有一定的经济建设才能的人才。

【突出德育的地位】

首先是做到德育工作三落实。人事落实，我们认为当今世界，两种斗争当中，我们面临着世界两大挑战，一是培养接班人的挑战，二是面临着新技术革命的挑战。旧的世界格局已打破，新的格局正在形成。世界的形势正处于由过去的美苏争霸，两极向多极转化，因此，加强对青年的政治思想教育是关系到党和国家前途的百年大计，对于我们未来有着深刻的影响。基于这种认识，我们在学校工作中始终坚持两个观点，即在整个学校工作中，把思想政治工作放在首位，在学生的工作中，把德育教育放在首位。

其次是任务落实。我们建立三支队伍。为德育工作提供了组织保证。德育工作领导小组，就是检查队伍和监督学校。领导小组把握德育教育的方向，布置工作计划，检查德育工作开展的情况。检查队伍由教师、职员、学生组成，定期讨论德育的内容，把德育目标落在实处，组织家庭学校的家长协会和教师共同研究教育学生的方式方法，普及家庭教育的知识，增强教有的针对性，这三支队伍齐抓共管，通力合作，形成教育的合力。

【实践道德教育】

德育措施的落实，我们抓了5条途径：一是发挥班主任在德育工作中的作用；二是发挥学生会、团和少先队等组织的自我教育作用；三是充分发挥学校的阅览室、图书室、广播室、宣传栏、壁板栏、黑板报的作用，拓宽教育阵地，优化学校的教育环境；四是将德育搬入课堂，学校干部分年级上德育课，根据学生年龄结构层次，以中学生日常行为规范为基础。根据中学德育教育大纲，进行针对性的一系列教育。50年代各科教学中渗透和强化德育教育，要求政治课突出德育教育，文科教学强化德育教育，理科教学要渗透德育教育，这是5个渠道。

德育工作的内容，做到5个结合，一是将德育教育同坚持四项基本原则结合起来，坚持四项基本原则的重要性和必要性，树立正确的人生观。二是将德育教育和法制教育结合起来，除了上好法制课外，还邀请有关单位同志举办法制讲座，教育学生要知法，要懂法，要守法。三是将德育教育和革命传统教育结合起来，通过举办展览，观看电影，看电视片，写读后感、观后感，了解中华民族的优良传统，认识中国革命的艰苦过程，以及中国共产党在中国历史上的丰功伟绩。四是将德育教育与爱国主义教育结合起来，利用重大的机会，升国旗奏国歌，利用亚运会在中国举办，开展迎亚运的宣传的活动，同时通过讲授平原县的县志，平原县的历史和历史上朱红灯在平原领导义和团的故事，游览平原名胜龙门、千佛塔文物古迹，组织学生开展社会调查等各项活动。通过这些活动，激发学生的爱国热情，爱祖国，爱家乡。五是将德育教育和学校的两化管理结合起来，使德育的内容具体化。

【提高教学质量】

以教学为中心，全面提高教学质量。我们学校必须坚持以教学为中心，全面提高教学质量。在以德育为首位的前提下，我们坚持以教学为中心，加强对教学工作的制度建设和常规管理，做到大面积提高教学质量。在以教学为中心方面，我们主要做到以下几点。

一是落实教学常规。对教学工作，尤其是自身的规律和特点，常规工作就是教学管理中的基础性的工作，必须坚持常抓不懈，持之以恒。我们要求教师必须做到吃透教材的基础上认真备课，写出单元或者章节教学设置，并超前一周写出教学方案。分管校长、教导主任，提前一周检查。在抓好备课的基础上，要求每个教师必须打破满堂灌、填鸭式的教学方式，充分体现教为主导，练为主线的原则。课堂教学上要讲究落实基础知识及基本技能，注意学生能力的培养；有针对性地增加课的容量和教学的视野、密度。自习辅导时间，统一安排。学生的作业要全批全改，把批改的情况，及时反馈给学生，提出指导性的意见，进行有针对性的讲评。在考试方面，学校严格控制考试的次数，不准个人组织各班考试，由学校统一进行，期中一次，期末一次。这样，解脱了学生对考试的压力。

二是克服教学的薄弱环节。教学薄弱环节集中表现在薄弱的学科和一些素质薄弱的教师。克服薄弱环节，必须加大备课时。针对薄弱学科，我们学校领导亲自到教研组、学科组和老师们共同研究如何改进教学的措施和方法。对学科中的薄弱的教师，我们的做法是采取结对子、“一帮一”活动，提高其业务水平。

三是发挥教研组在教学中的核心作用。我们实行了教研组、学科组双轨制的教研体制，狠抓了教研组长队伍的建设。因为这些人不仅仅是学科的带头人，同时还承担着教师的思想工作，对教学质量的提高起到关键的作用。随着老教师逐渐的退休离休，我们已经形成了一支以中年教师为骨干的教研组织队伍。这些人素质好，水平高，事业心较强，有很强的凝聚力，使教研组真正起到了教学的核心作用。学科研究组的活动方式，每周活动一次，每一次确定一位中心发言人，由中心发言人对这一周的教学设想作综合性的分析，然后大家共同制定教学方案。教研组集体办公和年级组的业务活动，对整个学校的教学起到了积极的作用。

四是开辟第二课堂，培养学生的专业特长。为了鼓励学生发展个性，发挥特长，培养学生广泛的兴趣和爱好，我们开辟了第二课堂。第二课堂有书法小组、绘画小组、机电小组、体育小组和课外文学社。平时，注意及时在学生中吸收有一定专长的人才，给他们施展才华的机会。

五是上好劳动技术课，培养学生的劳动观点。要真正做到办好教育为人民，使教育面向经济，服务经济，从根本上讲就是要为发展当地经济，输送大批的高水平的劳动者，基于这一认识，我们在普通教育中渗透了职业教育因素，开设了家电维修、缝纫、果树栽培、微机应用等课程。同时还选择了工厂和农村服务性的行业，作为联系点，组织学生参观学习，使学生增强了劳动观点和实际操作的能力，为将来走向社会做了一个思想性的准备。

六是加强实验室的设施建设。我们学校 1986 年投资 80 万元修建了一座实验楼，2500 平方米。实验室装备了语音室、微机室，更新了一部分仪器设备。现有微机 24 台，电脑打字机、摄像机、阅卷机、誊印机、录放机、彩电、录音机、缝纫机等。实验室的仪器设备、药品价值 40 万元。实验室达到国家教委的标准。在全区高中教学，我们实验室是窗口单位。

【体育、艺术的教育】

贯彻两个条例，搞好学校的体育卫生工作。国家教委发了两个条例，一个是学校体育工作条例，如学校卫生工作条例。我们学校在以教学为中心的同时，抓好文体卫生工作，注意了群体活动，开展学生良好卫生的教育。学生的身体素质和健康状况有很大改善。体育运动水平有很大提高。

首先说体育工作。学校每年有计划有措施，有检查有总结，坚持三操一课，认真组织，严格检查，使学生养成经常体育锻炼的习惯。体育课按照大纲的要求，安排课时和训练内容。不准侵占体育课，用体育课的时间做习题。

严格按照国家教委颁发的体育锻炼标准，进行考核。国家明确规定，体育课不达标，不准毕业，体育课不达标，不准报考高一级学校。在群体活动方面，组织了全校性的篮球运动队、田径运动队，学校每年组织一次春季中学生运动会。通过运动会，提高学生体育锻炼的水平，增强学生的体质。

文艺工作，按照大纲的要求，安排了音乐课，初中安排了音乐课、美术课、书法课，配备了专职的音乐老师、美术教师和书法教师。学校还积极开展丰富多彩的校园文化娱乐活动，组织开展办一些小报、校报。组织学生参加演讲比赛，书法绘画比赛，电影评论，每年元旦组织一次文娱汇演，每学期组织两次歌咏比赛，提高了学生的文化修养和道德情操，活跃了学生的课余生活。

学校卫生工作，要求学生搞好个人卫生，养成刷牙、被褥整洁的良好卫生习惯。环境卫生责任到班级，教室、宿舍的卫生责任到人，坚持每星期二大扫除，学校保健室重点抓好学生的卫生工作。重点抓了传染病的防治，如蛔虫、龋齿、近视、沙眼防治，控制流行性感冒的传染和其他流行性疾病。

【教师队伍建设】

加强教师队伍建设，不断提高教师的素质。几年来，我们学校一直把提高教师的素质当做学校重要工作的一环。办好学校，主要靠老师，所以教师队伍是根本，是学校重要工作日程，在这方面主要抓了以下几点工作。

一是评聘职称，稳定教师队伍。为了提高教师待遇，稳定教师队伍，特别是骨干教师队伍，我们通过评聘职称，给称职的教师以相应的职称。在评聘的过程中，我们重视教师的实际工作能力，以及教师的品德、考勤、事迹和能力等几个方面的考查。对贡献突出的教师，要优先评聘，同时重点培养中青年教师。

二是经常进行教师为人师表的师德教育。一方面组织教师学习中学生职业道德规范，提倡老师们要教书育人，为人师表。一方面号召青年教师向老教师学习，同时向校内的先进工作者和模范工作者学习，通过学习，使老师们更加自觉地认识到做一名人民教师所肩负的历史使命，增强教师职业道德意识。

三是组织教师在职进修或离职进修，提高教师的文化素质。在教师业余进修方面。学校舍得花钱，舍得拿时间提供方便，鼓励他们进修函授，或者在职成人高考脱产培训，支持他们参加各种类型的培训班、研讨会。通过这些学习，使学校教师文化程度达标率比以前有大幅度的提高，按学历要求，高中教师的达标率 60% ~ 70%，初中达到合格的 80%。

四是少说空话多办实事，解除教师当中的后顾之忧。近几年来，我们学校为教师多办实事，多办好事，使老师安心教育工作。这个做法，深得人心。近年来，我们学校为老师办了 10 件实事：

①修建教职工宿舍 100 余间，去年又修建一座宿舍楼（目前正在施工），使大部分老师都住上新的房子，解决了住房的困难；

②成立教师礼殡理事会，帮助教职工办理婚丧嫁娶事宜，深受老师的欢迎；

③在学园内道路硬化，使干道畅通，解决了走路困难；

④修筑了排水沟，解决下雨天排水困难；

⑤安装了自来水，解决了吃水困难；

⑥成立了幼儿园，使老师的子女都能入幼儿园；

⑦学校买了一部拖拉机，为老师买煤和

办零星事务，帮助老师运输。

⑧每年给老师购买取暖用煤一吨，解决冬季教师的取暖问题；

⑨每年的节日，春节元旦，慰问离退休的老干部老教师，帮助他们解决生活困难；

⑩定期给教师检查身体、查病治病，保证教师的身心健康。

10件实事，稳定了教师队伍，工作心情舒畅，营造了一个好的工作环境和生活环境。

【强化学校管理体制】

推行三种机制，提高学校的管理水平。所谓三种机制，即竞争机制、协调机制、监督机制。

一是引入竞争机制，激发老师的工作积极性。1988年，我们学习了本省鲁南一中的经验，实行目标责任制，实行量化管理，制定了目标管理实施细则，把学校的各项工作分解为若干具体目标，按照定量和定性分析相结合的原则，进行落实，并制定出切实可行的规划和措施，保证各项目标的实现，从而实现学校总体教学管理目标。同时，学校成立了考评办公室，对教师的教学进行评估，有力地激发了教师工作的积极性。

二是改进协调机制。所谓协调机制就是深入细致的思想工作，增加教师的向心力和学校工作的凝聚力。这方面，通过一些过细的思想工作，使老师们团结在学校整个校委会的周围，做好学校的教学工作。在这方面建立了一些政治学习制度，制定了一些学校的规章，共32项250条规章制度和工作职责，这样不仅端正了教师舆论方向，而且从根本上启动了教师工作的原动力。

三是实行监督机制。发挥群众的作用，发挥学校代表大会的作用，使学校管理民主化。从1985年，我校成立了教职工代表大会。9年来，我们每年都要召开一次学校教职工代表会议，共同研究学校大事，讨论决定老师职工关心的问题。在教职工大会上，校长要向老师们汇报学校工作，解答群众提出的问题。会上教师代表们畅所欲言，充分发挥自己民主治校的权利。几年来，教代会先后审查通过的关于实行学校目标量化管理的决议，关于实行医疗费包干的决议，和学校实行房屋分配的方案，一共实行了20多项决议。通过这活动，增加了老师管理学校的民主意识，提高了老师们工作的积极性。

【美化教育环境】

优化育人环境，努力把学校办成花园式的学校。我们这所学校，在县委和县政府的领导和全县人民的大力支持下，1991年完成省政府下达的中小学改造的任务。这个学校建设，改造总投资在520万元，修起了教学楼、实验楼和办公楼，教学设施，装修了校门，传达室、保卫室，一些教学用房和办公用房的采光均达到了上级的要求。更换课桌1000余套，办公桌100余套，做学生双人床300套，建起300米的炉渣跑道，同时，修筑了一些学校景点，如纪念碑、假山、花坛和花木。改造后的学校和以前的面貌有了巨大的变化。这几个楼的建筑设计，都具有教育性和艺术性。如办公楼西面，从一进校门的设计，一看好像摆着一些图书，是根据图书的式样设计的；从南面看，这个楼很大方很整齐，是从学校的教学构思。我们这玻璃木墙上面设着一个校徽，它是一个圆形，有4个字母，平原一中，同时两只手托着一个科技之星；代表我们这个学校培养人才。是我们学校一个美术老师设计的。再有学校的校训8个大字摆在实验楼正中，用大型的黑体字装上。广场的中央有毛泽东同志的塑像。另外那边还有一个校改的纪念碑，学校沿革用文字记载下来。校门上的题字，“山东省平原一中”，是解放前平原中学三届学生任继愈（北京图书馆馆长）亲自题名。

【学业成绩、教学水平】

办学的成绩和存在问题。通过这几年全体教师的努力，学校形成一个好的校风，即“团结奋斗，严谨治教，勤奋学习，尊师爱生”；还要形成一个好的教风，即“严谨治学，为人师表，各展其才，探索创新”；还有16字的学风，学校的校风、教风和学风，受到社会的好评。先后被省授予教书育人先进单位；被团省委授予共青团先进单位；被地委行署授予精神文明先进单位；被省政府授予省级精神文明先进单位。在教学方面，被地委行署授予教学质量优秀单位和优秀家长学校，体育传统项目学校。

学校的德育工作，曾经在1991年全国中学信息研究会的年会上（昆明），做了德育经验的交流。学校教学工作的经验，1992年全国中学信息研究会的年会上（大连）进行交流。学校管理的经验，1994年全国中学信息研究会的13届年会上（天津）进行了交流。管理工作的论文，在今年全国信息会上评为优等奖。

学校的教学质量，这几年一直在逐步上升，考大学本科上线的，1988年32名，1994年130名，每年增长60名左右，还在持续上升。去年高中毕业生610名，被大专院校录取573名，其中253名是正式计划内考生，是计划内录取的，其中本科120名；计划外220人，即自费和委培生（委培生，即委托培养生，亦称代培生——注），去年录取率为92.7%。今年在全区高考是第二名，全区共11个县，今年比去年又增长20%多。

存在的问题。我们是一所农村普通中学，学校的设施办学的思想，与全国的一些重点中学特别是城市的一些重点中学比较还有一定的差距，在学校的管理方面，与先进学校相比也有一定的差距；在改革开放办学方面，我们的思想还有一定差距；在教育为当地经济建设服务，培养全面发展的人才方面，我们也还有一定的差距。总的说，我们还是一所农村中学，属于中下水平。我们每年要出去学习兄弟学校的经验，每年我参加一次全国中学信息交流会的年会，我是其会员，今年在年会上当选理事。学习他校的经验，以补我们办学中的不足，提高我们办学水平，为平原向上输送更多的合格人才，落实邓小平同志提出多出人才，快出人才，出好人才的指示精神。

问：学校的男女生比例？

答：学生男女比例基本持平，约各占一半。女的稍多些。

问：考的分数差不多吗？

答：差不多。

问：农村来的学生和城市来的学生的比例？

答：农村的多，约占70%，县城少。

问：离校远的学生是不是住校？

答：住校。

问：高中的学生都住校吗？

答：都住校。

问：住在学校的农村学生的户口改变了吗？

答：没有改变，仍然是农村户口。

问：他们要缴学费吗？

答：学费一学期10元。宿费包括在内，一学年100多元。

问：中午饭自己带吗？

答：学校有伙房，学生自己拿钱买饭票吃饭。

问：你们估计一个学期吃饭要多少钱？

答：一学期需300元左右。

问：如果学生中有很聪明的，但很穷，你们有什么奖学金吗？

答：有，少量的有，有助学金，叫人民助学金。每人每月平均 1.20 元，不平均使用，而是重点使用。学生很困难的，就免缴学杂费。初中为义务教育，他们缴的钱很少。

问：初中的学生都是县城里人吗？

答：农村基本没有，主要是县城的。有少量的在县城工作的农村人员，他们子女上初中在我们中学里。

问：这里初中毕业生，升高中都要经过考试吗？

答：要通过考试。

问：初中每年考高中，进入这个学校的有多少？

答：大部分都能升班，有 60% 都能升高中。

问：学校的领导人，除你外还有副校长吗？

答：有两位，一位是马校长，一位是张校长。

问：宋校长今年多大岁数？

答：46 岁。

问：你是这个学校的毕业生吗？

答：我 1963 年在这儿初中毕业。

问：马副校长你多大岁数？

答：47 岁。

问：张副校长呢？

答：40 岁。

问：宋校长工资每月多少？

答：每月工资 608 元。

问：马副校长？

答：500 元。

问：张副校长？

答：近 500 元。

问：你也是党支部领导吗？

答：是的。今天参加会的 7 位同志是支部委员。

问：党支部委员有不是教师的吗？

答：都是教书的。

问：高中老师的男女比例？

答：女的占 1/3，男的占 2/3。

问：老师的平均年龄大概是多少？

答：大约平均三十七八岁。

问：平原一中历史悠久，有没有校史？

答：现正在写，原有一个草本正在修改。今年是建校 68 周年，到 1996 年建校 70 周年，我们准备举行一次校庆，在此之前将校史编印出来。

问：一中的一年经费大约有多少？

答：总经费 150 万元，其中属工资 90 万元，另外 60 万元，包括学杂费，捐资助学费，学杂费有 24 万元，捐资助学 20 多万元，其他费用 10 多万元。

问：经费的来源？

答：经费渠道三块：政府拨一块，社会集资一块，学生收一块。

问：社会怎么集资？

答：例如我们校改，就是全社会集资。干部、职工、农民都集资支援学校。

问：你们学校有没有民办教师？

答：没有，这里是正式国办中学。

问：你们教什么外语？

答：有，英语，有英语教研组，有 20 名老师。

问：就一个语种？

答：就一个语种。

问：从一年级开始？

答：是的，6 年级都有。

问：英语老师是哪里来的？

答：大学分配来的。

问：老师多半是平原人吗？

答：大部分是平原的，也有些外地的，很少。

问：你们学校有毕业后成为有名人物

的吗？

答：刚才说的任继愈，北京图书馆的馆长，是世界名人；全国总工会副主席张开明，他是县中三届学生；在海外也有一些，近几年有5位来过，其中在台湾的一位曾在这里读的初中；还有本县的耿风佳（音），魏庄的一个叫魏进贤（音），王大桂乡北家口的一个，叫崔如沟（音），有些老干部，从这里出去的也不少。科学研究界也有些。

问：你们的经费和城市的重点中学一样吗？

答：不一样，要根据各地的财政收入情况，学费标准差不多。国家拨的这一块就不一样了，县财政状况好一点，可多拨一点，差一点就少拨一点。

问：今年大学要收费，对你们这里报名有没有影响？

答：影响不大，自费上学已逐步被人认识。山东大学今年一年1500元。山东共有3所大学收费，山大、青岛海洋学院、山东工大。

姚惠森（1949年生）

时　　间：1994年8月19日上午

访 问 者：笠原十九司　左志远

场　　所：恩城镇政府

【恩城镇教育概况】

问：今年你多大岁数？

答：我今年46岁。

问：请介绍这个镇教育的概况？

答：恩城镇的教育分幼儿、小学、中学三部分。其中小学两处，有23个教学班，在校生有1143人；小学25处，98个教学班，在校生3453人。这个镇共有学生4596人，现有教师292人。教师中分三部分人，公办150人，民办112人，代课30人。

问：代课教师是什么？

答：就是临时缺人聘请的。

问：退休的老先生也可以吧？

答：也可以。有时分配的教师数不是那么正好，差上几名，从社会上聘找来代课的，等以后人够了，他们又下去。

问：临时代课是一年？

答：一般是一年。不需要就下去，需要又继续再聘。

问：他们的工资比民办多还是少？

答：和民办一样。民办的比公办的少。民办教师，可以逐步地按国家规定取消民办，全部转为公办老师。有几个渠道，一是考学，上师范；一个是转为正式，教书教得好的，有一定的年限规定；不符合条件的，要辞退一部分。

中学老师共92人，其中大专生38人，中专31人，其他23人。

问：其他是指高中？

答：是的。12人中也包括职工。小学教师200人。92人和200人中，都有公办和民办的。200人当中，有大专4人，中专95人，其他101人。民办代课的高中生比较多，也有少量的初中毕业生。

问：小学和中学哪一个民办教师多？

答：小学民办教师多，中学很少。小学毕业班能够全部升入初高中，现正逐步实现义务教育。

问：那你们镇已达到义务教育？

答：是九年义务教育。

问：初中生升学情况？

答：初中毕业生共280人，能升入重点高中有10人左右，中专15人，普通高中40人，能升入职业中专、职业高中约50人。升学的占全部毕业生的40%左右。

问：请你告诉我高中的校名？

答：重点高中有平原一中；中专全国各地，考上哪里到哪里。

问：重点高中呢？

答：平原一中。

问：普通高中？

答：平原二中。恩城是镇的二中，还有县的二中。

问：职业中学？

答：平原职业中专，职业高中。职业高中有好几个。

问：职业中专与职业高中的区别是什么？

答：职业中专国家负责分配，是上岗前的培训；职业高中不管分配，自谋职业。其他初中毕业生回村务农，也有人参加成人教育，农村技术教育。

【镇教育委员会】

问：请介绍镇教育委员会的情况，有多少人？

答：现在是 5 个人。

问：主任是谁？

答：韩跃真（男），他是镇里的副书记兼教委会的主任。

问：他多大岁数？

答：40 岁。

问：副主任？

答：副主任就是我。我是专职副主任，专管镇的教育日常工作。

问：还有 3 位？

答：中学校长王洪君，大学本科毕业，36 岁。

问：他是不是总校长？

答：是的。中学总校长，镇里两所中学，他都负责。

问：哪两个中学？

答：镇一中和镇二中。他负责业务。

还有小学总校长，叫辛长臣，37 岁，中专毕业，负责全镇 25 所小学，主管业务。

还有成人教育总校长，叫李守泉，中专毕业，37 岁，他负责全镇的成人教育和职业教育。

问：成人教育学校？

答：有一个成人技校，不定期的。成人技校，有固定的地方，有教室，有人管理。还负责全镇的技术教育，向上推荐人才。

问：你们的工资？

答：我现在是 310 元，工资改革后 390 元，现尚未改革，马上就改。王洪君改革后要拿到 510 元。

问：他比你高，有什么原因？

答：他是大学本科毕业，评定职称时评了中学一级，我评的是二级，一级工资就上去了。

问：我想你是领导校长的？

答：那没有关系，他没有意见。我要是评上中学一级，工资就比他高，因为我年限长。他是 10 年，我是 18 年。

问：辛长臣校长的工资？

答：他和我一样，390 元，成人教育的总校长也是 390 元，中专学历比较低一点。

另外还有一个工会主席，由李守泉兼。应该有个专职，但由于工会的事不太多，这样他兼也可以。

还有两个总会计，叫郑书静（男），30 岁。管理整个教育的账目，各学校有一个会计。

问：全部老师的工资由他发放？

答：是的。

幼儿辅导员，叫董秀珍（女），负责全镇的幼儿教育，相当于校长，他 48 岁。

少先队总辅导员，叫张连成，他 32 岁。

团委书记，由郑书静兼。

问：少先队辅导员的工作忙吗？

答：不太忙，也是一个校区校长兼的。

教研员两名，一是语文，一是数学。

整个组织机构就这么多人，负责全镇的教育工作。

问：语文教研员是谁？

答：他叫雷风章，数学是杨东平。

问：他们兼什么任务？

答：不兼，都是专职。

问：他们多大岁数？

答：雷风章 32 岁，杨东平 46 岁。

问：他们的学历？

答：他们是中专。杨东平是高中，雷风章是中专。

问：他们的任务？

答：一是听课，一是指导。听后就提出改进意见，做到及时改进。

问：他们的水平比一般老师要高一点？

答：是的。

问：你们就这两门课吗？

答：课很多，就只选两门，因为人员少。

【镇的校区】

问：你们有多少校区？

答：两所中学，7 个校区。一个区多则 10 个村，少的 7 个村。

问：每个校区呢？

答：每个校区有一个校长一个主任。

问：校区的校长是不是就是中心小学的校长？

答：是中心小学的校长。

问：一个校区就有一个中心小学？

答：就是一个。

【镇教育委员会的权限】

问：请介绍你们的工作任务，请具体一点？

答：①我主要协调几个组织机构的关系，中小学、成人教育、幼儿教育之间的关系，主要是协调它们之间的关系，这是一条。

②负责人员调动。

③检查业务。

④上传下达，上传指反映下面的情况，下达指传达上面的指示精神。

主要是进行管理。

问：镇的教师人事权是不是属于你的？

答：是的。工资不属我管，没有给谁涨工资或降工资的权力。有的教师如犯了错误，需要降工资，由我写报告，报请县教委批准。

问：假如你来用新的老师，要不要经过考试或面试？

答：只要是上面公派的师范生、大专生，一般就接受了，因人员比较缺，因为师范生都学了教学法等，不好不让他们毕业。

问：对民办和代课老师。你们聘用时还要不要经过面试和考试呢？

答：民办是经过考试上来的，还要经过面试，代课的要经过考查，了解他的学历，过去任教情况，由于是临时性的，不考试了。

问：民办教师的工资？

答：他们比公办教师少，大约平均数为 120 元。

【县镇的教育委员会】

问：乡政府的教委和镇的教委是什么关系？

答：是平等的，一样。镇相当于乡。

问：你刚才说的上一级教委指的是什么？

答：我说的是县教委。

问：县教委对你们领导的是什么内容？

答：县里都有各对口的办公室，有专人负责，对口领导。我们是双重领导，镇领导我们，县教委也领导我们。镇政府和县教委是平级。

问：镇教委和县教委还经常在一起开

会吗？

答：经常的，经常听取汇报和布置任务。不一定我去，通常对口去。

问：镇的教育经费情况？

答：工资由镇财政所拨，钱是由县财政局拨来的。

问：镇的教育经费一年共有多少？

答：100 万元。

问：100 万元从哪里来？

答：财政所拨给我们的。公办教师工资由县财政局拨，民办教师由乡筹集，他总共拨给我 100 万元。100 万元包括拨款和筹集来的钱。有教育附加，不超过农民收入的 2%。

问：民办教师的钱来源？

答：筹集，国家也给一点，大约是民办教师工资的 1/3。

问：你们要建立一个新的学校，有没有权力去向财政所要钱？

答：就是向他们要。

问：是不是每年有一定的计划？

答：有。每年有修建、维修和少量的办公经费。

问：每年能拨多少钱？

答：维修每年 10 万元左右，办公费 1 万元左右。

【统一考试】

问：请介绍一下统一考试的情况？

答：县竞赛每年都参加，镇里考试有期中期末两次大的，学生全部参加。每学期镇里还有一次竞赛，不是全体参加，选拔出来的代表参加。

问：竞赛和考试好的，你们给不给奖励？

答：给奖励。给老师不给学生，给学生发纪念品。钱呢，如一年级有多少班，假如 10 个班，按 4% 抽学费，抽出来以后排名次，第一、二、三名，排好了以后，确定第一、二、三名各多少钱。

问：一般情况第一名奖励多少钱？

答：没有多少钱，象征性的。老师们不是为了钱，为的是争个好名次。名次每年都要公布。

问：考的名次最低的，对老师有没有罚款？

答：没有，他们觉得不好看，有压力。

问：镇有没有教师进修的地方？

答：很多，有脱产进修，有在职进修。在职进修的函授大学，卫星电视大学，自学考试也是大学。

问：你们镇有没有专门进修的学校？

答：对老师没有，对社会上有。老师脱产进修到县和省里。在职进修是函授、看电视、自学。

问：社会指的什么？

答：社会上的干部、村青年。我们提供教室，也是县里的学校。为社会服务，镇里没有专门进修学校。

问：平原县的进修学校就是在平原县的师范学校吗？

答：是平原县的教师进修学校，专门培训在职教师。

问：脱产进修多长时间？

答：一般两年。

问：他们进修工资还照发吗？

答：照发，因为学完他还是回来，为了提高他的素质。

【家庭出身】

问：你哪年出生？

答：1949 年 11 月 4 日，出生于西于庄，离恩城 2 华里。9 岁上学。

问：你父亲的名字？

答：叫姚振清。原来在村当过干部，现务农。

问：母亲呢？

答：我亲生母叫雷桂兰，1963 年去世，当时我才 14 岁。

问：你母亲去世和当时困难时期有关吗？

答：她是月子病（月子，指妇女生孩子——注），产后感染，和困难时期没有关系。

问：你有多少兄弟姐妹？

答：我有个继母。我亲兄弟 3 人，加上继母那里共弟兄 6 个。

问：继母叫什么名字？

答：叫孙秀英。

问：请介绍老大？

答：我就是老大。老二姚惠林，老三姚惠公，我们是亲兄弟，继母生的老四叫姚惠仁，老五叫姚惠兴，老六叫姚惠旺，共 6 人，均是男的。

问：姚惠林干什么？

答：在镇扬水站工作。

问：姚惠公呢？

答：他是养鸡户。

问：姚惠仁呢？

答：他开饭店，就是在镇上开饭馆。个体户。

问：姚惠兴呢？

答：姚惠兴和姚惠旺均在村里干活，自己开拖拉机，拉东西挣钱。

【小学校】

问：你 9 岁上学，在什么学校？

答：在西于庄小学。当时是 1957 年。

问：当时有多少老师？

答：一位老师。

【军队式的小学校生活】

问：学生多少？

答：4 个年级，共 40 人，在一个房子里。老师给四年级上课，我可以听，给三年级上课，我也可以听，他们三年级回答问题，回答不出来的。我也可以回答。在一起，互相干扰。

问：一个上午上 4 个年级课？

答：是的。别的年级上，我们做作业，有时他们没有上完，作业已做完了。

1958 年，“大跃进”的时候，变为一个营，相当于现在的一个校区。将一个村的社员都迁走，整个村变为一个学校，实行军事化，吃、住都在学校里。

问：在哪个村？

答：在小庄。

问：那时一个营有多少学生？

答：有五六百学生。有教室，有伙房，有宿舍，集合时吹号，过军队的生活。

问：这个营教育的内容，你们上什么课？

答：学语文、数学、劳动，还有自己办的养鸡场，养猪场，还到村里去劳动，在那里整整一年。我当时是二年级学生。到三年级时，我就去大北关，这是 1959 年。

问：不回家？

答：不回家，3 个月没回家，我才 9 岁。回家也找不到家，因为老的都进敬老院，年轻的上突击队，妇女上缝纫组，还有推磨的，也是大伙房。到家没有家，吃伙房。青年妇女也有突击队。

问：那时有多少老师？

答：一个班一个老师，当时二十四五个班。

问：吃的东西是怎么来的？

答：到伙房去领，有喝的粥，有馒头。粮食是来自公社，当时随便吃。

1959 年我在大北关，因为我们学校没有三年级，所以，我必须到大北关上学。1959 年是散了，小庄的学校也散了，生活开始困难，管不起饭了。

问：你们在小庄有没有炼钢？

答：小学不炼，中学里炼。

问：你参加什么劳动？

答：到地里拾花生，翻地瓜，掰棒子，小活。还有深翻土地，翻一米。据说深翻以后打的粮食多。

问：大北关有多少老师学生？

答：一至四年级，5 个老师，学生 150 多人。

问：你的老师的名字叫什么？

答：叫李敬仁，当时他 60 岁了。

问：他解放前就当老师了吗？

答：据说他是国民党的一个连长，被俘过来。

问：你四年级在什么地方学的？

答：在城里的原来女子小学，改为女校，实际招生也招男的，只不过用原来的名字。

问：那里有多少老师？

答：10 多位，200 多学生，比较大的小学。1956 年划归县。

问：你每天从你的家来上课？

答：每天吃过早饭上学，中午回家吃饭，过午再来上学，晚上又回去。

问：这个女校离你家有多远？

答：3 华里。

问：1959 年是困难时期，对你们小学有什么影响？

答：有影响，一天吃两顿饭，上午 9 点吃了饭上课，下午 2 点放学。

问：你有没有饿的感觉？

答：有。

问：当时你们村里有饿死人的吗？

答：我们村没有，这附近有。

问：1960 年以后到哪里？

答：到恩城中心小学，1961 年来的，上五年级，这个学校一直学到 1963 年毕业。

问：有多大？

答：有 300 多学生，老师有 10 多人。

问：毕业以后？

答：毕业以后上中学，我上的是平原二中（1963 年），1963 年我母亲去世。我跟继母过了几个月，我奶奶爷爷将我带到一起过了。

【“文化大革命”时的串联】

问：在平原二中到什么时候？

答：应当到 1966 年，但“文化大革命”了，也就走不了，直到 1968 年离校。直接到师范。

问：什么师范？

答：平原师范。

问：你本应 1966 年毕业，可遇到“文化大革命”，又在学校待了两年，这两年干什么？

答：印传单，分成好多个战斗小组，“红卫兵”组织有 20 多个，从初中到高中，也没有班级之分，就是战斗队了，初一可同高三在一个组，只要观点一样。

问：平原二中“红卫兵”的具体活动？

答：运动开始去串联，到北京，被冲散了，只剩我们两个人在一起，在北京住了一个月，主要是等待毛主席第八次接见，否则早就回来了。

这一个月当中，在大街小巷抄大字报去，到大学去串联，不敢逛公园去，因为我们来这里是学习的，很自觉。

问：你们住在什么地方？

答：记得住在东大桥往南 37 座大楼；住的是工人公寓，当时还没有人住呢。我们到北京下了火车，出了站上了一辆大轿车，把我们带到这个地方，当时我们也没问。到了以后，安排住在工人公寓。凭介绍信，每天发干粮和咸菜，当时有人管理。等到第八次接见后就回来了。

毛主席接见那天，我们挽着胳膊走过天安门。回来以后，接着上青岛。在青岛看到一个小字报，动员小将回去复课闹革命，我们马上回来了。

问：你们“红卫兵”组织，对老师有没有批斗过？

答：批判过，当时我还小，参加过，看热闹。把老师打成黑帮，集中在一个屋子里，进行劳动改造。老师也不上课，自己写检查，接受批判。

问：你是不是“红卫兵”的领导人？

答：我很小，不是。同时我嘴不行，不会说，也不敢辩论，我只是写写标语，印印传单，发我也不管。

【平源师范学校】

问：你1968年毕业？

答：也算毕业吧，到师范是推荐。

问：平原？

答：是平原师范，那时由班里推荐，学校批准，当时已是革委会了。为什么推荐我呢？我想可能是我比较小，在班里威信高一点，再加上家庭困难，因母亲去世，同学有同情心，所以照顾我，将我推荐到师范，当时一个班只有两名。

问：没有考试？

答：没有考试。

问：1968年？

答：1968年4月1日到平原师范，到1968年底就回来了，因师范解散了。

问：为什么解散？

答：由于嘉祥县侯建民、王庆余两位老师在《人民日报》上发表一篇文章，叫侯王建议，提出所有老师都要回自己村，让农民（应是贫下中农——注）管理学校，用不着师范了，由农民推荐。当时，我也想不通，去找过，但也不管事。后来到县里去找，县里答复还要按照侯王建议去办。我们在那里不走，停了伙，不做饭了，我们只好回来。

回来后，1969年元月份一直到1969年底，我会文艺，拉胡琴，参加到镇的宣传队，也叫表演队，整整一年。

宣传队完后，到窑厂去干活，即砖厂，卖苦力。

问：师范学校解散了，又恢复是哪一年？

答：是1970年。1970年2月，我又回到师范学校。5月1日分配，分配到平原南边仇庄小学任教。

问：你在师范学校上得比较短？

答：又短又没有上课。当时在师范和二中一样，也没有学到什么。

问：你拿到了毕业的资格？

答：拿到了。

【戴帽中学校】

问：仇庄小学有多少人？

答：1000多人。这里连初中都有，是戴帽中学。

问：仇庄在什么地方？

答：图上没有反映出来，它距平原县城南十五六里。

1970年到1974年5月，我回到了恩城银王庄小学（戴帽中学）任教，也叫联中。

1977年5月，我调到本镇的农林技校，当老师，教林果。我没有学过这个，而是自学，教了一个班。

1978年，调到恩城中心小学（戴帽），我教初中语文。

问：中学有什么课程？

答：语文、数学、农机、物理、化学、历史、地理、政治。

问：你还记得，你第一次拿到的工资是多少钱？

答：很清楚，25元。生活费8元就够了，再留点买牙膏日用品，其余都给家庭。那时很不错了。自己花10元左右，给家15元左右，我还有两个弟弟。

我刚参加工作，我的被褥是个人纺的，自己织的，现在还愿意要这个，而我们当时是没有办法。

【恩城镇教育委员会】

问：1978 年到哪一年？

答：到 1983 年，我到恩城镇第一中心，我去是筹建这个学校，我当会计。1984 年，学校楼就修起来了。1984 年底，我调镇教委任总会计。

问：那你原来是语文老师呀？

答：我是现学，边学边干，当时单据和钱都放在一个书包里。

问：恩城一中什么时候建立的？

答：1984 年底任恩城镇教委总会计。到 1990 年 8 月，调到镇里任党委秘书。1993 年 9 月 10 日，任教委副主任。

问：你哪一年入党？

答：1979 年 12 月入党？

问：工作中你感到最困难的事是什么？

答：人事关系不好处理，我不善交际。我喜欢写写画画，拉拉胡琴。

我感到最开心的是在红校里教林果，思想上没有压力，没有学生升学任务。

【结婚】

问：你什么时候结婚？

答：1971 年。

问：你爱人叫什么？

答：王玉香。她师范毕业，比我大 3 岁，今年 49 岁。

问：你们怎么认识的？

答：经过亲戚介绍，我们在一起培训过。教师培训班，1970 年一起学习。在班上认识，又经过亲戚介绍。

问：她是什么地方人？

答：她是王打卦乡人。

问：你有多少孩子？

答：两个。一男一女，儿子叫姚雪涛，现在 23 岁。

问：干什么工作？

答：在镇供销社工作，他在茶庄自己承包的。

问：女儿？

答：叫姚雪蕊，她今年考大学。

问：怎么样？

答：400 多分，没有考上。委培也不行，再复习一年，明年再考。

问：她是哪个学校毕业的？

答：平原二中，现送到平原一中学习，这里的条件不行。

【教育改革课题】

问：从你当领导，你认为教育要进一步改革的关键问题是什么？

答：现在进行三制改革，即教师聘任制，我们已搞完了，也有落聘的，我也要负责安排，有做行政工作的，工资要少些。

教学改革，因为只要改革才能提高教学质量，我们主要学习外地经验，每年派出人去，到北京、西安、黄山、泰安、青岛、上海等地去吸取经验，回来自己用。再有将本镇好的经验也给他们介绍一下。

问：要全面提高中小学的教育质量，你觉得当前需要解决的最主要问题是什么？

答：主要是抓管理。

问：包括哪些内容？

答：中小学的总校长，他们有听课制度，评课，还有备课、体改，即抓常规教学。现在有些民办老师，没有经过正式培训过，有的代课老师比较年轻，他们对常规教学还掌握不了，所以首先要把常规教学搞好。

在抓好常规教学的情况下，再把教育改

革搞好。根据外地和本地的经验，以逐步推广。

再有提高教师的素质，上各种电大，搞课前培训。只有提高教师素质以后，才能提高教学质量。

后夏寨小学教员

时　　间：1994 年 8 月 19 日下午

访 问 者：笠原十九司

场　　所：后夏寨小学教职员办公室

后夏寨小学五位女教师（民办）参加。

【后夏寨小学校的教师与学生】

问：现在幼儿班的老师是谁？

答：王维丽。

问：今年多大岁数？

答：36 岁。

问：一年级老师？

答：赵玉霞。

问：今年二十几？

答：28 岁。

问：二年级的老师？

答：王金莲，46 岁。

问：二年级的老师？

答：马金菊，27 岁。

问：四年级的老师？

答：张爱青。

问：今年多大岁数？

答：26 岁。

问：马老师是本地人吗？

答：不是。

问：什么村人？

答：恩城良所（音）人（良所，可能是粮所）。

问：王维丽老师毕业什么学校？

答：毕业于平原二中。

【教师的学历】

问：张爱青老师呢？

答：我毕业于平原师范。

问：你毕业平原师范，为什么是民办老师？

答：因为念的是师范函授学校，高中毕业后念的。

问：王维丽老师的工资，一个月多少？

答：64.5 元，我是才上来的。

问：你是本地人吗？

答：是的。

问：你的丈夫干什么工作？

答：种地。

问：张爱青老师你的工资？

答：68.5 元。

【学校的责任者】

问：现在这个学校的负责人是谁？

答：是马金菊。

问：负责人有什么任务？

答：老师和学生的纪律，考勤工作。

问：你每周到王庄去参加会议吗？

答：每周六下午去开会。

问：开会的内容？

答：布置下一周的工作。

问：上次来访问有王吉达老师，他是公办老师？

答：他是公办老师。

问：现在没有公办老师，为什么？

答：公办老师少，也看条件变化，工作需要去王庄。

问：可是你们这儿好像与公办老师一样，充实，也挺忙的？

答：是，也都是那些事。

问：可能的话，想听您的课可以吗？

答：不行呀。

问：我以前没有机会教中国小学上课。我不是教委干部，没有关系。马老师的课几点开始？一节课多少时间？

答：上一节课 45 分钟。

问：正好，我们 4 点半开告别会？

答：咱文化不行。

问：原来怕我影响你们上课？

答：没有事，你再来不知多少年以后。

问：你按照平常怎么讲就怎么讲，就像我们没有来似的，我们坐在后面。马老师，没有准备也没有关系。

（听课）

问：幼儿班有多少学生？

答：28 人。

问：男孩有多少人？

答：男孩占一多半。

问：一年级多少人？

答：13 人，男的 6 个。

问：二年级多少人？

答：女生 4 人，男生 8 人，共 12 人。

问：三年级多少人？

答：14 人，男的 5 人，女的 9 人。

问：四年级多少人？

答：16 人，男的 7 人，女的 9 人。

问：学生一个学期的学杂费？

答：学生每学期 8 元，一年 16 元。

问：最近王庄考试，你们的成绩怎么样？

答：这几个年级都没有考。

问：最近的成绩？

答：属于上游。

【民办教师的劳动】

问：民办教师的困难是什么？

答：没有多大困难。比公办老师紧些，因为一要上学进修，还要忙着地里的活。

问：你们又要种地，又要搞家务，很忙呀，劳动的时间太长的话，就没有时间备课了？

答：晚上备课。

问：你们的丈夫帮助做家务吗？

答：帮助。

问：那你们的丈夫都是模范丈夫？帮助你们做什么家务？

答：喂马、牛、羊，做饭、炒菜，有的洗衣服。

问：王维丽老师的丈夫干什么？

答：也在家里干活，务农。

问：张老师结婚了吗？

答：结婚了。

问：你的丈夫干什么？

答：工人。

问：什么工人？

答：啤酒厂工人。（平原啤酒厂）。

问：你家里的土地呢？

答：咱土地不多，2 亩多。

问：你的工资多少？

答：也是 68.5 元。

问：依靠你丈夫的工资？

答：够了。

问：张老师你家有土地吗？

答：没地。

问：听说民办老师都有土地？

答：因为她俩不回老家，老家在武城。

问：在武城县有你的地吗？

答：没地。

问：你的丈夫干什么？

答：在粮所当会计。

（听马金菊课）

王廷章（1933年生）

时　　间：1994年8月13日上午

访 问 者：中生胜美

场　　所：王廷章家

【宗族】

问：王大爷老家从哪里来。与山西有关系吗？

答：咱们这里大部分都是从山西来，从洪洞县迁来的，都是这么传说。西南上埋的坟就是老祖先，大部分人祭的是这个祖坟，我们与他们姓王的是一个祖坟，都是一家人，是一个大家庭。

问：你们的王原来是有三点水吗？

答：没有，王都是一个王，但不是一个祖宗。

问：你是61周岁吧？1933年出生，民国二十二年，你属什么？

答：属狗的。今年也是狗年，咱们身份证上有。

问：出生月份还记得吗？

答：十二月十六日（阴历）。

【双亲】

问：你的父亲叫什么？

答：叫王长庆。

问：他什么时候去世的？

答：1960年，我那时在内蒙古。

问：他去世多大岁数？

答：68岁。

问：是困难时候去世的？

答：是的，当时年岁大了，生活也不好。那时经济困难。

问：你母亲今年多大岁数？

答：82岁（虚岁）。

问：你母亲叫什么氏？

答：叫王姚氏。

问：我上次来，记得你父母的年龄差得大？

答：对，差24岁。她身体很好，耳朵也不聋，眼也不花。

问：你的父亲解放前有多少土地？

答：10亩零7分吧，是老亩。

问：老亩是多少市亩？

答：不知道，可能是9分多点。市亩大，老亩小。现在市亩相当于老亩1.1亩。

问：你有多少兄弟？

答：那时3口人，我没有姐妹。

问：你父亲与你母亲结婚为什么那么晚呀？

答：那是由于我父亲从关东回来，当时是媒妁之言，父母做主，两人见不到面。

问：你父亲结婚差不多40多了吧？

答：是的。父亲42岁，母亲才18岁。

【闯关东】

问：你父亲在哪里工作？

答：在东北哈尔滨卖苦力，种地。那时家庭很穷，闯关东回来发财了。他们是老哥们3个，他是老大。老二据说卖华工没回来，老三叫王永庆。

问：为什么叫卖华工？

答：给钱呀。

问：祖父叫什么？

答：王俊岭。

问：祖父有地吗？

答：他不行，当长工。我见过他，老了在北面要饭，家里将他找回来。

问：王永庆也去东北了？

答：他没有，他当兵了，国民党的号兵，他吹号。解放前回来的，在家娶了一个媳妇，后来媳妇不要他，他又娶了一个，他吸鸦片。

问：过去到东北的不少吧？

答：这里大部分人闯关东，解放前咱这

个村 30% 的人口吃不上饭。

问： 到东北以后攒钱带回来还是寄回来？

答： 带回来。

问： 到东北几年才回来啊？

答： 是的。当年回来路费花不起呀。也有乘船去的，当时推着小车下关东。

问： 当时去东北的交通手段是什么？

答： 步行走，走半月 20 天，3000 里地，到哈尔滨。有火车坐不起呀。

问： 回来呢？

答： 回来也是走回来，结伴回来。当时土匪叫“缺”“老缺”。姓王的叫王窜，姓刘的叫刘窜。咱们这儿也有，他们有兵营。

【解放前的生活】

问： 3 口人有 10 多亩地还可以吧？

答： 凑合。

问： 很久以前是大地主吧？

答： 那是老远了，分家时咱们这一户，他们一户，还有一户绝户。要不按过继说，得出五服了。

问： 和前夏寨是一家吧？

答： 我们不是的。

【军阀】

问： 你听说过张宗昌吗？

答： 弄不清，光听说过韩复榘，张宗昌没听说过。

问： 他们的军队到过这里吗？

答： 咱弄不清。韩复榘在这里打了 40 多天，和日本人打，白天日本人打过来，晚上韩的兵打过来，拉来拉去，后来韩的部分不行了，退下来了。

【养子】

问： 你小时几岁上学？

答： 我 7 岁上学，在恩城。我姨父姓马，叫马振芳。我家兄弟 3 个，我是老二，就因我兄弟多，他这边没有儿女，就把我要过来，继承遗产。咱们亲兄弟成为我的俩义兄弟。是姨给我介绍的，本来没有什么关系。

问： 上学五六岁吧？

答： 7 岁。

问： 你姨父多大岁数？现在还在吗？

答： 不在了，已死了。

问： 你（姨）父叫什么？

答： 叫马振芳。他也没儿没女，财产可惜成了别人的。

问： 当时有没有特别的仪式？

答： 没有。都是咱姨办的。后来村上进行了登记。人家那里要我，不能再回自己家，财产归我，按了手印，我父亲还有兄弟，他们的财产都归我，我和王长庆是亲父子关系，说是姨父，没有财产关系。

问： 姨父姨子没有继承权？

答： 是的。过继的有。

问： 这边你父亲没有孩子，所以找你家？

答： 是的。

问： 除此以外还有什么？譬如说，男女结婚，很长时间没有孩子，要不要找干爸爸干妈妈？

答： 有的愿意找。像他这个情况，他的父亲愿意要个孩子，就可以抱孩子，如果不愿意单身守寡也行。他父亲老兄弟 3 个，有他叔叔小子一份，不供养他就继承给他一份。

【干兄弟】

问： 如果只有一个孩子，身体不好，可不可找义父？

答： 得是干兄弟。但和我还不一样，我能享受继承权，那个没有继承权。要和亲兄弟一样才行。

问： 咱俩是干兄弟，我的义子也叫你爸爸吗？或者你的儿子叫我爸爸？

答：咱们这儿不兴这个。叫妈可以，叫男的不叫爸爸，或叫叔叔、大爷。

问：您过继来是几岁的时候？

答：7岁时，上学的时候，原先在城里住，住在恩县南门里。

【乡亲辈的称呼】

问：乡亲有乡亲辈吧？街坊也有辈分吧？

答：有。

问：这和义父义子或干兄弟、乡亲辈有关系吗？

答：没有关系。

问：如邻居叫大爷的人，能不能认干兄弟呀？

答：能，这时候不认辈数。

问：乡亲辈叫干爸什么？

答：那不管。如我俩为干兄弟，我叔叔，我还叫他叔叔。只有我的亲生父母，他称叔叔、大爷，别人辈分没有变。

【称呼的改变】

问：下一辈呢？

答：也得改称。他比我大，叫爷爷，他比我小；孩子叫他叔叔。

问：改称，除了街坊外也还有干兄弟的？

答：一般小孩不会跑的时候就这样叫了。

问：原来你叫他爷爷，成了干兄弟，叫他大哥，你的亲兄弟呢？

答：也改称呼，堂兄弟不改。光这一家人改。

问：现在还有吗？

答：有。朋友不错的，也有小孩之间，可拜把兄弟，同学关系好的也有。

（插话：把兄弟与拜干兄弟不一样，把兄弟是山南的海北的，哪儿也有，咱们一个厂子里，一个单位，那是拜把子，在一个单位都是称兄呼弟。你的事就是我的事，我的事就是你的事，到家称父母也一样，那是干爸爸，不管你什么地方。干兄弟是咱俩很对劲，叫孩子们拜干兄弟吧，成了干亲）。

问：你有多少干兄弟呀？

答：我没有，把兄弟也没有。

问：义父的孩子称你义兄弟吧？

答：是两姨兄弟。[①] 我母亲姐妹4人，都是姨。

【学校】

问：你上小学在恩城？

答：先在本村，到后来前夏寨、后夏寨、官杨、于关、卢关，原先是3个乡9个村（音），搞了一个完小。

问：上了几年？

答：年头不少，念到18岁，快解放了。

问：这里是1947年解放吧？

答：1949年解放。

问：那时你几年级呀？

答：四年级。那时不分年级，从小学一直念到完小，念到第八册最高了。完小，还有一个高等小学。

问：那时的老师一共有几个人？

答：有5位。

问：是分国语、数学老师，还是一个老师教所有的课？

答：也是分科，教数学、语文、地理是分开的，有专门老师。上到四册，才有地理、算术。前面是《三字经》、《百家姓》。课本是解放前的课本。老师有个戒尺，打学生，念书不好好念，狠狠地打你。背不出就叫你站起来。咱学的字就是跟人家学的。解放后，不行了。

问：老师都是外面来的吧？

---

① 听到这里清楚了，前面写的义是不对的，而是姨。

答：早时是后夏寨，叫王贵山。他文化真好呀，字也写得好呀！

【农业】

问：你不上学后你在家种地，没有其他的事吗？

答：没有。

问：地里种什么？

答：种花生多，也有粮食，和现在差不多。

问：为什么种花生多？

答：花生可榨油，也吃也卖。

【牛的饲养】

问：过去也有牛吧？

答：有。

问：你家有牛吗？

答：没有，我们是两家一头牛，一家喂不起，伙着喂。和李敬堂合养的。如花 100 元，各拿 50 元。

问：小时，你家和李敬堂合养牲口？

答：是的，他家喂一个月，我家喂一个月，或他家喂两个月，我家喂两个月。使时轮流，共喂了五六年。

【农具】

问：有马、驴吗？

答：没有，牛有劲。

问：还有什么大的农具？

答：那时没有什么大的农具。还有犁，除了头上是铁的，其余都是木头。还有木轮车一般人家也没有，全村不超过 20 辆。还是秦始皇时规定的车轮。大车也是合伙，也有 3 家，3 家以上的就没有。

【共有】

问：一般关系好的才合伙吧？

答：是的，对劲的才合伙呢。

问：一般亲兄弟一起买吧？

答：亲兄弟不行，容易闹别扭，好的很少。

问：一家子同姓的呢？

答：这个是有的。

问：一般不同姓，朋友呢？

答：也有。张、王、李、赵都有。

问：李敬堂和你的爸爸关系很好呀？

答：是的，一般上一辈亲，这一辈也亲，要亲两三辈。

李敬堂的爹是李玉廷，他们哥俩行，到咱们哥们也行。李敬堂当乡长，我在大伙房时，李敬堂当事务长。下边的孩子们就不行了。

问：李敬堂的父亲叫什么？

答：李玉廷。

问：他是一个什么样的人？他和你父亲一起去东北？

答：没有。

问：他已过去了吗？

答：他老了，咳嗽。

问：什么时候买来的牛？

答：记不起来，那时我很小。

问：是你上学以前买的吗？

答：上学以后。

【牛的饲养】

问：买了以后，喂牛是你的工作还是谁的工作？

答：那是大人的事，那时我还小。

问：牛生病死了很麻烦，有没有给牛治病的医生呀？

答：有，不是专门医生，他自己就会。现在有兽医站。他那时就像现在的赤脚医生。谁叫他他就去，没有报酬。

【满铁调查】

问：你上学时，满铁到后夏寨来调查，你记得吗？

答：他们来了以后，在东房下面，咱不知道，过午移到西边墙，那里有两棵树，也听不着，老师和他们也不知道说的什么。他们在这里好长时间呢。那时还不是汽车，骑自行车来，天天来，有六七个人。

问：都在学校里采访的吗？

答：光在学校里，人家不跟咱说什么。只见他们吸烟说话。咱们要是出去，独个到外边，光知道人家来看看，也不知人家说的什么。

问：他们带军队来吧？

答：没有。看他们不是兵呀。他们也不外出和老百姓谈谈，他们有翻译。

【八路军】

问：他们来时八路军来过这个村吗？

答：还没有呢。那时八路军在运河以西。

问：那时国民党也没有吗？

答：国民党有。国民党在中学的南边，姓梁的军人在北边。

问：你第一次见到八路军时是多大岁数？

答：已上学了，八路军攻打恩城，阎锡山向这里运兵。八路军围了 40 多天，用炮打了，第一炮打在发电厂，第二炮打在城楼上，解放了，是 1947 年。

问：解放前，在恩城解放军和国民党军队有战斗吗？

答：打过。在咱村北有个“黑轱辘”在那儿也打过。

问：那时你去看吗？

答：不敢去。过了几天八路军就来了。

【医疗】

问：这个村以前没有医生吧？

答：有。没有医院，医院在恩城。村里有药房，李敬堂看伤寒三服药，第一服下去行，第二服加量，三服就行了。第一服下去如不行，那也就不行了。好与不好就是这一服药。

问：刚解放有医院吗？

答：没有，那时没有个人开医院。医院的名称是根据平原的次序叫的，一院二院……在北门里，完小的后面，那里是医院。

问：小时候你生过大病吗？

答：生过。我身上这个疤，是马踢的。那时日本人家有医院，在城里，从日本医院叫来的人。

问：是日本人军队医院，还是什么？

答：弄不清。要通过熟人，才能将他们叫出来，来看病不吃不喝，看完后就走。

【八路军】

问：1947 年，八路军第一次来后夏寨，有工作队来的吗？

答：那咱见不到，马会祥可能见到。他那时在村当通信员。当时纳粮和银子，一亩地要拿多少，放在马丰（音）那里，他是乡长。黑夜两个八路军，背着粪筐出来，可是当时马会祥并不知道。他出来在乡长那里听说八路军来了，他到东头叫他站住，二鬼子不叫走，后来给他说说，放出来，枪也给他们了，他俩回去了。

问：他亲眼看见吗？

答：是听说的，他们走了以后才知道。

问：马会祥是通信员？

答：当时一个村有一个村长，他给村长当通信员。一个村 10 家为一个甲。如果要粮草，马会祥就对甲长说，一亩地拿多少，送到乡长那里去，甲长再向下要。马会祥只是给他传达，他生活也是不行。

【解放初期】

问：解放时有什么印象？

答：打下恩城后，部队也有向那去的，也有向这来的，过来二三十辆拖拉机。那时道刚修上，还是土的。

搞宣传，有儿童团，有妇女会，成立了农会。整天打花棍，今天在这个村宣传，明天在那个村宣传。

问：1947 年以后，共产党在开会很多吧？

答：是的。

问：农会、妇女会都是开了会才成立的吧？

答：组织农会，开始斗争，斗坏分子王义三，他在南关局当书记员，那时他生活不行，他在南关局做事。

【斗争】

问：解放后也斗了地主了？

答：斗了。刚才说的王义三不是地主，而是坏分子。

问：开会你们学生也参加？

答：也参加，是群众嘛。

问：你也参加批评王义三的会呀？

答：不是批评，是斗争，喊打倒坏蛋（插话：我也参加了。你说的那是复查，斗争是斗争）。

【土地改革】

问："土改"时，从外面来工作队吧？

答：来，未有工作队，有张宝明，他原先是道士，后来参加了共产党。

问：那里有道士？

答：八里庄的道士。

问：他来这里时有多大岁数？

答：30 多岁。

问："土改"是 1949 年吗？

答：斗争，复查。

问：斗争？

答：就是斗地主、恶霸。

问：这里没有地主呀？

答：有地主。

问：叫什么名字？

答：王廷西、李辛廷。

地主两个：王廷西、李辛廷。

富农两个：魏甲木、马万化。

问：许世友你知道吗？

答：他是共产党员。

问：王廷西有多少地？

答：弄不清他有多少地。魏甲木是富农，他在济南做买卖。

问：做买卖是富农呀？

答：他地不多，但他日子顶好，剥削量大就是地主。马万化也是做买卖，也是富农。

问：您呢？

答：我是下中农，复查刚改为贫农。

【土地分配】

问："土地改革"没有分地呀？

答："土地改革"时是斗地主，斗地主时还没有分土地。"土地改革"时就将土地确定下来。根据每人平均多少土地，加以分配，分配后发土地证，土地就归你了。

问："土改"前你家 10 多亩地吧？

答：是的。

问：是分进土地，还是拿出土地？

答：没有进，也没有出。每人平均 3 亩来地。那时我家 3 口人，现在 10 多口，增加多少人呀！"土改"时，我们家光分了点东西。

问：从地主、富农家没收来的东西分给贫农？

答：是的。

问：你家分了什么东西？

答：分的是农具一类东西。

问：分东西是工作队分给你们的吗？

答：工作队和农会主任掌握，根据每家情况进行分配，缺衣分给衣服，分什么东西都写在纸上公布。有的两家分一辆车。

问：分地时最穷的家是谁？

答：最穷的是我叔叔家、现在的书记。马会祥穷得厉害。

问："土改"时，你家经济情况比较好呀？吃的够吗？

答：吃的也不够，接不上秋。

问：你10多亩地，是上等地吗？

答：不是上等地。

问：有坟地吗？

答：没有。

问：你记得解放前发过大水吗？

答：那是解放后，淹得厉害，公路上全是水呀，汽车都走不了。

问：你爷爷还在？

答：还在，他个人过。我们分成3家了，爷爷个人过，在南边屋里，我叔在东边，我在西头过。

【分家】

问：什么时候分的？

答：解放前，日本兵还没有走呢。

问：你父亲下关东，回来带点钱，日子就好一点了？

答：是的。

问：日子好了分居，还是你弟弟回来分居？

答：我弟弟回来以后分居。他成家了，我父亲也成家了。

【养老地】

问：你爷爷地多，还是你父亲地多？

答：爸爸留了5亩养老地，我和叔各种一半。管他吃。

问：你叔叔分家时有多少地？

答：他有地，他不在家，他有7亩来地。按人口分地。

问："土改"以前有地还是"土改"以后有地？

答："土改"前，分家的时候，他是贫农。

问：为什么你们分家分的土地不一样？

答：由于人口不一样，按人口分。

问：一般人家都是按人口分吗？

答：是的。土地按人口分，东西是二一添作五。

问：你叔叔分家后有了孩子怎么办？

答：那就不管了。

问：祖父的养老地呢？

答：我们两家分种，一家2亩半。

问：养老地到"土改"时怎么办？

答：两家分了。要将好地留出作为养老地。

问：你叔叔当兵地由谁种？

答：他家里有人，他也不远，就在南关当吹号员。

问：你叔叔是后夏寨人，当兵回来到南关工厂吧？

答：是的。他在外蹲惯了，不愿回家种地。他在南关当传达兼吹号。

问：你叔叔的孩子在后夏寨，还在南关？

答：在后夏寨。他有3个小子。

【土地改革】

问：你参加"土改"工作了吧？

答：没参加。

问：你知道"土改"的过程吧？

答：记不清楚了。

问：1949年"土改"后发了土地证吧？在什么地方公布土地证？

答：土地证没有了。原先是河北的，在"文化大革命"时全烧了。去年你看的那是我四爷活着的时候的，不是"土改"时的。新的土地证都交了，家堂也交了。“文化大革命”不是“扫四旧”吗。

马长祥（1936 年生）

时　　间：1994 年 8 月 13 日下午

访 问 者：中生胜美

场　　所：马长祥家

【大型农机具】

问：拖拉机是各户买，还是大队凑钱买的？

答：集体 10 多年，大队就买了一辆拖拉机。

问：你觉得还是分着买的好吧？

答：还是分着买的好，因为便于管理。

问：你家有多少拖拉机？

答：没有，没有买。

问：现在一辆拖拉机需要多少钱？

答：6000 多元，又涨了，加上“斗”得 1 万多元，光斗就得 4000 多元。

问：去年贱？

答：前年还贱，当时 6000 多元。一台收割机需 1300 多元，头几年六七百元。犁 300 多元。

问：犁是合着买还是单独买？

答：单独买。有拖拉机的个人买犁。为别人耕地，1 元钱一亩。

【个人情况】

问：我想问你的经历。你父亲什么时候过世的？

答：1966 年去世，他当时 68 岁。

问：你今年 46 岁？

答：48 岁（虚岁），1936 年出生的。

问：小时你家有多少土地？

答：我记事有 20 多亩地。解放后就 20 多亩地。

问：马查明多少土地？

答：解放时咱们在一个锅里吃饭。

问：你还记得二大爷？

答：记得，也是生活困难时死的。

问：你家的成分？

答：是下中农。

【学校】

问：你什么时候上学？

答：我 8 岁上学，1955 年。

问：在后夏寨小学上的吧？

答：对，念了 2 年，就到前夏寨上了，即第 3 年去的。

问：为什么？

答：由于咱这里教一、二年级，他那里教三、四年级。

问：那时一年级大概有多少人？

答：40 多人。

问：有多少班？

答：一个年级一个班，每班 40 多人。

问：小学毕业是六年制吗？

答：四年级小学就毕业，1958 年毕业，1959 年上完小了。完小一毕业就不念了。

问：完小在恩城吗？

答：在恩城。1959 年，生活一困难，读不起书就算了，不念了。以后再也没有念。

问：你有多少兄弟姐妹？

答：当时就我自己，我有个妹妹，掉到井里死了，死时 12 岁，比我小 5 岁。

【农业】

问：你毕业回来种地吗？

答：在生产队干活。

问：小孩工分低吧？

答：不低。

问：你是一队？

答：是一队，当时队长叫马振生（插话：当时不叫一队，叫六连，东边叫八连，西边七连），我们是六连一排。咱村共两个连，这边是六连，那边是七连。1958 年，不是行动军事化吗？后夏寨六连，西边是七连。

问：这个规模，周围有几个村呀？

答：有后夏寨、官庄，官庄和前夏寨是八连，还有孙庄。

问：一共 4 个？

答：6 个。区改称为乡，乡改称为人民公社。人民公社解体又改称为乡。

【人民公社】

问：刚才说的人民公社有前夏寨、后夏寨、孙庄，还有？

答：还有官庄（东流、西流、赵庄），陈庄。

问：和沿庙（音）是一起吗？

答：是，还有五里铺。

【农作业】

问：你刚开始干什么？

答：挖地呀，打井。

问：你的同学差不多不念书都工作了？

答：是的，90% 下来了。

问：有没有同学去上中学的？

答：有，最多两个。

问：你和你爸爸一起去上工吧？

答：在生产队里干活。

【父亲教师的经历】

问：你父亲当过干部没有？

答：他没有，他教书。

问：是这村的教师还是外边的教师？

答：在韩庄教书，是联中。他在那教学我都不记得，他有病回来的。他是公办教师。

问：他希望你上学念书吧？

答：是，但没有办法，困难。

问：他生什么病？

答：据说他念书时被吓着了，脑筋有问题。

【婚姻】

问：你多大岁数结婚？

答：20 岁，1967 年。

问：那是有人给介绍结婚吧？

答：是的。

问：你们的介绍人叫什么名字？

答：我是姑舅做亲，我姥爷他们办的。

问：那时你同学中 20 岁左右结婚人比较多吧？

答：我结婚的年龄是一般。

问：你和你爱人差多大岁数？

答：她比我大一岁。

问：你爱人娘家在什么地方？

答：在西头，本村。

问：比你大一岁，小时候就知道了？

答：知道。

问：本村人结婚比较多吗？

答：过去少，现在比较多。

问：1967 年结婚，“文化大革命”时比较乱吧，结婚的仪式和现在不一样吧？

答：那时很简单，生活条件也不行。

问：是不是集体结婚？

答：不是。

问：有没有宴请，吃饭呀？

答：有，很少。当时花了 100 块钱。就是一铺一盖，或二铺二盖，就完事了。那时又不要家具，有就陪嫁，没有就算。我个人安排一个大箱一个大桌子，屋里基本上没有东西。

问：你们结婚时有没有拜天地？

答：有的拜，有的也不拜。

【共产党】

问：你对“文化大革命”的印象最深的是什么？

答：开汽车的，“红卫兵”串联，造反呗！

问：你是党员吧？

答：是党员。

问：什么时候入党？

答：1986 年。

【共青团】

问：年轻的时候参加共青团了吧？

答：咱是团员。

问：什么时候入团？

答：结婚以前，16 岁入团。可能是 1963 年。

问：开会吗？

答：开会，学习团章，搞自我批评。干活要带头，宣传好人好事。

问：你参加过“四清”运动吗？

答：那时小。1965 年“四清”，工作队 1965 年来的，可能 1966 年 7 月份走的。

问：你也参加了？

答：参加开会，村民都参加。

问：就是批评？

答：批评当干部的，贪污的，浪费的，搞运动开会，青年跟着吧。

问：共青支书团团长是谁？

答：青年团支部书记是马德胜。

问：一般从部队回来的当团支书吧？

答：村里的青年积极的也有，当团支部书记，不光是部队回来的。张连成（音）、马德成他们都当过支部书记。

【子女的出生】

问：你有第一个孩子是什么时候？

答：1968 年。他今年 27 岁。

问：你有老大时当了队长，又是“文化大革命”时，工作很紧张呀？

答：在农村基本上不那么紧张，不是闹得很厉害，只是市里、工厂里闹得厉害。生产队到时还得去干活。

问：你有 3 个孩子，老二什么时候出生？

答：老二是 1971 年，老三是 1973 年。

问：有了 3 个孩子，当时生活困难吧？

答：那时不行，60 年代光吃红薯干子，生活不如现在，吃窝窝头。

【“文化大革命”】

问：“文化大革命”时有批判会，你们都参加吧？

答：割资本主义尾巴，斗地、富。提个篮子搞点什么，你是搞资本主义，都得在生产队干活，不允许你搞个体。

问：学校的老师都挨批判？

答：“造反派”斗他们，批评当干部的。

问：你爸爸有没有受批判？

答：他已经死了。

问：你什么时候申请入党？

答：可能是 1984 年。第一次申请 1978 年，那年有工作队在这，他们要发展党员，可他们一走就完了。

【小队长】

问：你当小队长是哪年？

答：是 1969 年。1969 年到 1979 年一直当队长。

问：那时小队长共有多少人？

答：小队一个正队长，两个副队长。

问：1969 年你很年轻呀？

答：当时我是副队长，1974 年当正队长。1985 年我到大队。

问：一般当干部先从副队长开始吧？

答：不一样，有的先当副队长，老的下去了再当。基本上是从当副的开始。没有当副队长，他一下就当支部书记，他干不了。

问：有没有从外面来的干部？如当兵回来？

答：还没有。马德昌念书，念完书在工作队干了一时期，下来在村里当教师，后来当统计员，老支部书记一死，叫他当了。没有当了兵回来就当支部书记的，因为在部队你当兵行的，到家里搞生产就不一定行。

问：副队长有什么工作？

答：领社员到地里干活去，春天拉粪撒粪，整地，割麦子，收麦子，麦地管理，秋田管理，就是农活。

【生产队之间的差别】

问：各队工钱不一样？

答：基本上一样。

问：最好的队是哪一队？

答：就是我们一队。在王庄 33 个小队，咱是好的。

问：为什么你们队搞得好呀？

答：咱实干呀。

问：你们地好吧？

答：我们地少些，比他们强些。地是不一样的。

问：地最多是什么队？

答：四队、三队比较多。原来 1958 年是一样多，后来人口不一样，发生变化，就不一样了。还有这里地少，是公路占的地多。

问：过年初二你去上坟吗？

答："文化大革命"前有，以后就没有了。

问："文化大革命"时，你当副队长就没有了吧？

答：是的，不去马家岗上坟。

【"破四旧"】

问：你批评没批评去马家岗上坟的人？

答：那时不是批评，不是"破四旧，立四新"了吗。一般家堂都砸了，"破四旧"，城里的牌坊也搞掉了，拉倒了。

问：这个地方的土地庙、真武庙都是"文化大革命"时破坏的吧？

答：是的。

问：你也参加破坏庙的工作吗？

答：咱不参加，都得砸它，砸了以后砌猪圈，也有填地的。一个小庙，没人管就完事了。

问：庙里的石头上有字吗？

答：有，"破四旧"就没有了。恩城有两个。1978 年工作队来，王家一个坟有石碑楼也弄掉了，盖猪圈了。

问：现在怎么看？

答：很好的东西破坏了有什么用，它在那儿，不好也可给大家看看。当时是上级号召的。

【干部的培养】

问：老百姓还是非常听上面的吧？

答：现在有的听，有的不听。因为有成功和失败。有的能赚钱，你不要他干他也干，不赚钱，你号召，新鲜事物他也接受不下来，很难推动。如搞大棚，北京、天津来拉菜，参观人家也很好，但回来还是搞不起来。乡里拿出无息贷款，就是发动不起来。如果看到真是好事，你再干就晚了。如养鸡，上面号召发展，有的看清了，你不号召他也养，有的他就不养，还得根据个人条件，养鸡一是资金，二是人员，还有管理。管理好赚钱，管理不好就不赚钱。不赚钱你再发动也没有用。

问：种菜你发动他他也不干，是害怕吧？

答：是害怕，怕赔钱，因为种菜的多了

就贱了。运输也运不起，量少了外地不值得来一趟，越多越便宜，咱这儿少，车不值得来。菜越多，越有人去。

【养鸡】

问：你们有没有想过什么办法？

答：拿养鸡来说，我当干部带头养。头两年养肉鸡，咱们赚了几千元，后来养的鸡多了，又有了鸡瘟，又不赚钱，有的赔钱，从那年又打下去了。后来又养蛋鸡，看来到年底秋后能上一批。他们有养 200 只的，400 只的，我一养养了 600 多只鸡。按当时计划，从买了小鸡到下蛋，卖了钱够它吃，需要 17 元，一天要吃 100 多斤粮，6 角钱一斤，60 多元钱，产 50 多斤鸡蛋，能卖 110 元。

问：你过去讲养鸡没有养好，今年又养鸡，是什么原因？

答：咱养鸡，一是要肥料，以充地肥，养一只鸡赚 1 角钱。

问：你什么时候买这些鸡呀？

答：我这批鸡是去年阴历腊月二十二日进的。

问：鸡你个人去卖，还是人家来收？

答：人家来收。

问：鸡在什么地方买？

答：十里铺乡，有一个兽医站，从北京拉来的。大鸡由五里铺到这里来拉，三轮车隔 5 天来一趟。卖给他 2 元 3 角 7 分钱一斤。

【鸡蛋】

问：鸡蛋到集上去卖掉吧？

答：咱不卖，隔 5 天有人来拉，卖给个体户。每斤我得卖 2 元 5 角或 2 元 6 角。

问：光收你一家？

答：不是，到各户去收。

问：这个体户叫什么名字？

答：名字我还不知道，是五里铺人。

问：是先知道他买，你才养，还是你养后去找他？

答：养鸡后，他来拉鸡蛋。马凤来大哥，马长清的女婿拉鸡蛋，方便。

问：你不愿意自己去卖？

答：自己卖也行。还能多卖点钱，但农活一忙，就没有时间了。咱小子向德州送，一斤比在家卖差 5 分钱，100 斤才 5 元钱，算了算不合算。

问：母鸡一天下多少蛋？

答：26 公斤。下最多能达 28 公斤。不敢叫它下得多，下多了鸡会脱肛。所以要发展慢一点。

【养鸡的技术】

问：有没有卖给本村人呀？

答：有。

问：你们村一共有多少户养鸡？

答：共 5 家。我家，马长清他兄弟俩，孩子他舅。

问：上年你养肉用鸡，得了瘟病后就不养了？

答：是的，那年养鸡的特别多。当时疫苗少，所以一看不行就不养了。头年秋又养了，他养 500 多只，我养 500 多只，他赚 1000 多元，我赚 600 多元。肉用鸡养大了就要卖，蛋鸡养大了就下蛋了。肉用鸡得用疫苗，不用它容易得病，不长肉，所以不如养蛋鸡。

问：现在还用疫苗吗？

答：126 天前全用，以后就基本不用了。

【流通网】

问：咱们这个村现在专门搞供销的还有吗？

答：供销社没有了。

问：你觉得有供销社，有方便的地方吗？

答：当时公家的事不好办，私家事好办。公家定下来价格不能变，如鸡蛋 2 元 2 角收，可 2 元 2 角 5 分都不敢收，人家个体户一看 2 元 2 角 5 分收也赚，就敢收。集体不如个体户。个体户自由，价格多少自己定。

问：村里有商店吗？

答：小卖部都是个体户的。

问：一般你们买东西，在小卖部多，还是赶集多？

答：一般零星东西从小卖部买的多，如酱油、盐、醋，值钱的东西到城里静集和商场去买，如建筑材料。

【购物】

问：有没有到平原县城去买的呀？

答：看需要什么东西，如恩城没有就到平原去买，如买肉，恩城要 5 元一斤，平原有 4 元 5 角一斤的。便宜一点，也就不去了，基本上不去平原，还是在恩城买的多，因为近。

问：家电从哪里买的？

答：还是恩城。

问：电视机呢？

答：在德州买的。电视机是上海牌。电扇在德州买的呢，因为孩子结婚是在 10 月，下面电扇基本上没有了，所以到德州去买。

问：今年去过平原县城？

答：去了，看朋友，不是买东西。

问：农业学大寨时，你还记得吗？当时大家愿意干吗？

答：愿意。

【义务劳动】

问：当时您是小队长，感觉麻烦吗？

答：当然是麻烦。上面开会，告诉挖哪条渠道，当干部领了精神来，就领群众干吧。

问：当义务工吗？

答：有义务工。一般出去二三十里地都拿钱，在本村就是义务工。

【承包地】

问：你现在承包多少土地？

答：18 多亩地。

问：你种什么？

答：种小麦、豆子、棉花。

问：种棉花很累吧？

答：可不，有虫子。还有玉米、红薯。

问：这些东西是卖还是留着自己吃？

答：棉花卖，麦子卖一些，别的自己吃了，豆子打油，玉米喂猪，红薯自己吃。

问：种了多少地的棉花？

答：棉花种了 3 亩多，麦子种了 10 多亩。豆子是收了麦子种。还有 2 亩来地种了红薯，还有 2 亩来地是果园。

【调解】

问：你当干部的主要工作是什么？

答：村里的宅基地、修房、调解任务、挖河、计划生育也帮助。

问：调解哪一方面的问题？

答：最困难的是家庭纠纷，家务事难调解。

问：调解家庭问题最多的是什么？

答：离婚、分家、债务。还有修房、修路、宅基地等。

问：这些事，是他们来求你，还是您主动去办？

答：一般他找我们的多，有的遇到了就主动去解决。

问：最近调解的是什么？

答：有这样问题，老子有病花钱，要儿子拿，他们怎么分担。

问：他们听你的话吗？

答：一般的听，他不服从，政府要管，调解还是管用的。

问：刚才说的事是最近的事吗？

答：是今年春天的事。

问：老人告诉你还是邻居告诉的？

答：一般是老人告诉。他们分开过了，一般老人，不愿向外说这些事，老人找儿子，但儿媳妇管账，要不来，只好找咱们。咱们听了觉得在理就去调解，不在理就做老人的工作，咱们也得根据实际情况。通常是我们两人去做，他要不听，有法律。

问：有没有他请朋友、亲戚和孩子说一说？

答：也有，找他舅、姑父去。

【诉讼】

问：先找亲戚还是先找村里的干部？

答：一般先找亲戚，不愿外扬，不行才找干部。

问：你们调解不了，有没有打官司的？

答：基本没有，有的是离婚的事，不是咱一个村的事，咱管不了人家村，当然有的调解了的，有的调解不了的经过法院。

问：是在恩城吗？

答：在十里铺乡。

问：咱村是文明先进村，人选的原因是什么？

答：关键是干部。

【离婚、解除婚约】

问：你处理多少离婚的事？

答：有几家。

问：90 年代有吗？

答：去年春节以前就有。他们没有登记，定下亲来，后来不行了，解除婚约。

问：这样不是太麻烦呀？

答：已经给了东西，即订婚礼。这里面也很复杂的。结果该退的给退了，该还的也还了。

问：男的是本村人？

答：男的是本村的，女的也是本村的。前年也有这事，咱村女的与前夏寨男的没有处理好，订婚的东西要拿回去，调整了还不干，又到法院去。农村什么样都有。

问：男的花了多少钱？

答：他说花了 3000 多元，退了 2800 元。当时定亲 3000 多元。他花 3000 多元，包括送东西、吃饭，他们订婚有四五个年头了。钱只能记大体的数目，绝对准确不可能。

问：是女方改变不愿意结婚的吧？

答：不一样，也有男的，也有女的，顶复杂的。

问：一订婚，男方又喜欢另外的女孩，如已收了 3000 元，要退多少钱？

答：订婚时，有的女方是要衣服，最后不愿意买了，怕当时买了穿不着，以后不时兴了，这样就给个钱，以后再拿钱去买。这样好办，给 3000 元。解除婚约时必须给 3000 元，买的东西、衣服也穿了，也旧了，这样东西基本上也就算了。送的礼，如过 8 月 15 日，男的送到女方，那也就算了。总的说，男的花 3000 元，能退回 2000 元也不错了。还有这种情况，小时候父母给订了婚，到了大时，男女又觉得不合适。现在订婚都晚了，免得孩子大了又不愿意。

【结婚费用】

问：结婚费用需要多少？

答：四五千元。

问：你老大什么时候结婚的？

答：1986 年，当时四五千元，现在订婚就得用上 4000 多元。结婚还得买东西，差不多还需要 3000 多元，一般情况，共需要 8000～10000 元。有的家庭条件好的，孩子长得丑的，女的有点勉强的，这样就多拿点钱；有的家庭穷的，小孩长得俊的，女的相中了的，钱就少点。

【阴亲】

问：现在这里也有死人结婚吧？

答：也有。

问：阴婚也得花钱吧？

答：也要花钱。

问：最近有吗？

答：去年有一个。西头前夏寨孙迁昌的闺女，和我们西边的王吉祥的儿子。王吉祥小儿子16岁，身体也好，大前年被电死了。孙迁昌的女儿也考上大学了，去年中毒死了，可能是21岁。他们说成了，买了口棺材，葬在一起。

问：王吉祥现在有多大岁数？

答：四十五六岁。

问：阴亲怎么办理？

答：用车拉到这里来，将她接下来，在大街停了一夜，办了手续，后和男的埋到一起了。他也花了1000多元。

问：和活人结婚一样的仪式吧？

答：一样的，有吃饭的，一般不吃饭。在棺材前用镜子照照。

问：有没有牌位？

答：没有。棺才是黑的。

问：男的已埋葬，他们家拿的钱，买棺材将女的接过来，做一些仪式，送到男的坟上？

答：埋上就没事了，第二天她爸和她娘来上坟，一般头一天姐妹兄弟来。第二天来亲家见个面，招待招待。

问：这种阴亲，必须是两个死了之后？

答：是的。

问：是男的家主动还是女家主动？

答：一般是男家主动。

问：有没有，原来订了婚的，男的死了，女的也不结婚，后来嫁给这死人的？

答：没有。

问：他爸爸还活着，孩子辈先埋这儿吧，可不可以？

答：有的是，也有的请人给看看在哪里埋，就在哪里不动了。

问：你们叫阴亲还是叫冥婚呀？

答：叫阴亲。

问：多大岁数的人死了结阴亲？

答：一般10多岁，小孩子就算了。也有六七岁。

问：原来他们俩认识吗？

答：可能认识，因为他们住在西边，靠前夏寨。他们死前没有搞过对象。

问：有没有媒人？

答：有，马昌德是媒人，还有王惠明。孙迁昌和王惠明是表兄弟。

问：结阴亲是父亲主动还是母亲主动？

答：这里面没有说头。

问：是不是死了两年以后才结阴亲呀？

答：有人死后，赶巧了不用等。

问：听说有的地方阴亲要花不少钱，姑娘死了就把她拉到男方？

答：这边没有，没有这回事。

【结婚费用】

问：您说结婚需8000～10000元，这钱多少由女方来决定吧？

答：基本上不是女方，男方拿的钱少了人家不愿意，再有男方人家愿意花钱，觉得痛快。互相攀比，高上去了。

【门当户对】

问：过去有门当户对说法吧？

答：是的。

问：现在还有吗？

答：也有。

问：标准是什么？

答：看经济条件，早年间是 100% 的门当户对。从前由父母做主，两个孩子都不知道就订婚了。

问：你结婚时，成分也得门当户对吧？

答：“文化大革命”后，没有阶级，不分成分了。过去，小伙长得很好但成分高，总是娶不上媳妇，女孩嫁过去，不是扫大街，就是挨斗，帽子戴着，永远不能翻身。

【女性的成分】

问：女的出嫁了，成分要不要改？

答：成分是女的跟着男的，以男的为主，生了孩子也是依男的。

问：地主的女孩子嫁给贫农，她也改为贫农了？

答：是的。反过来嫁给富农，就改成富农了。

【水利设施】

问：“文化大革命”时修的水利设施现在还继续用着吗？

答：有的用着，有的用不着，挖的地下沟用上了，挖的地上沟废了，有失误的地方。如农业学大寨，咱们恩城镇有个书记，实干精神特别好，去挖河，这用上了，旱浇涝排。在新桥马家河，在那里修了扬水站，像这边的地上沟，原来很好，主持人后来调到县里当局长去了，管理也没有弄好，也就废了。他要是继续在这里，可能就废不了，一换人就完了。要实事求是地讲。

问：现在水利由谁负责？

答：由乡里管，分片，有扬水站。

问：要交钱吧？

答：向扬水站交钱，个人用的油、机器个人负责。

问：能保证吗？

答：用水挺困难的，有时用得上，水源不充足，就受到影响，没有把握。一般水流到哪里就向哪里要钱。今年一人 17 元。

问：不管你家有多少地吗？

答：不是这情况，人家不按人口，而是向村里要。这事很复杂，地少可远，地多但近。

问：是不是乡里管好？

答：还是乡里管好，必须集体管。

问：现在水质如何，有的地方的水，人喝了牙变黄？

答：咱这儿没有，咱们这儿水质很好。

问：地下水，挖多深就有水了？

答：一般 8 米就出水，也有的 20 多米。

问：村民的身体健康状况？有没有传染病？

答：传染病不太多。

问：孩子们的身体状况和上一辈比起来怎么样？

答：孩子体格都行。

王建章

时　　间：1994 年 8 月 14 日

访 问 者：中生胜美

场　　所：王建章家

【日本军的状况】

问：日军在的时候的事，你知道吗？

答：咱这儿就没有那么厉害。北关是回民，回民比汉民心眼多。日本人来了叫你去，问点事，他给点东西，小孩给糖，还带的日本钱，他想问，问个路怎么走。那时人，看见他害怕，就跑，你越跑他越赶，日军再打两枪，这样人家就更害怕了，更跑了。

问：这里也有日本军队吧？

答：在恩城有。他们在牌坊南边道西面居住。

问：那时你还在上学？

答：是的。我怎么和魏金泰（音）熟悉呢，因为他经常找我爹，到村里去领东西。日本人来了好几回，找人给他打井，没人敢跟他接近，后来说人家来了好几回了，想打井，在村里找不上人，到了瓜地，找到魏金泰，他穷呀，他找人给打了那时50米一口井呀，要打到深度。

【“土改”工作队】

问：“土地改革”时，从外面来的工作队就一个张宝明吗？

答：有张宝明，还有一位叫姓袁的，40多岁。

问：是从恩城派来还是从哪里派来的？

答：不知他们是哪里的。张宝明是八里庄的，离这里3里地。他们都是县里派来的。

问：你们知道张宝明是道士呀？

答：他原先是道士，以后他怎么遇到解放军弄不清。

问：他来时你们都认识他呀？

答：认识，离这里很近。

问：他来这里搞宗教仪式吗？

答：他已不搞宗教仪式了。宣传八路军怎么好，斗地主、富农，给穷人当家。

问：后来他干什么？

答：后来他不行了，他犯错误了。

问：犯什么错误？

答：贪污钱财。

问：他什么时候犯的错误？

答：他干了五六年。犯错误就被开除了，开除后他回家种瓜，他得罪了人，将他的瓜秧用刀拉了，瓜都不熟，一个瓜一个瓜地被刺掉。

【求学】

问：你18岁才毕业吧？

答：我没有毕业，没有毕业证。

问：到1955年？

答：我不到1955年，我考师范没有考上，在恩城文庙那里考的。那时考试可简单了，问洪秀全（太平天国的领袖是谁），答不上来，有文化的还不去考。

问：你考师范，你父母都同意呀？

答：不同意。

问：为什么？

答：因为没有人念书。

问：一起报考的有多少人？

答：很多，70多人，有国杨，王庄的王金元。

问：70多人合格的有多少？

答：合格的10多个人。

问：为什么你想考师范？

答：就是为了念书嘛。

问：那时上学要钱吧？

答：不要钱。报名以后，考试时那里管饭，考几天管几天饭，在那里睡。以后一年才1元多钱学费。

问：后来你父母不让你走？

答：不合格。

问：多大岁数考师范？

答：十七八岁。1952年，还没有合作社，1953年粮食才统购统销。

【外出东北】

问：解放前很多人去东北，解放初有没有回来种地的？

答：他在那里有地有户口，就不回家来。

问：解放后有没有闯关东的人？

答：有。

问：什么时候？

答：50年代少。去东北有马会祥、吴玉

山、马振三、马振生、王孝圣，还有张凤尧、张洪庆、马振君。

问：他们都回来了吗？

答：回来的多，留在那里的少。马会祥回来了，马振生回来了，吴玉山也回来了，张洪庆回来了。马振君没有回来，在长春高级宾馆做厨师，已退休。

问：闯关东一般是种地吧？

答：不，烧砖，在窑上干活。这一帮是 50 年代去的，以后就是生活困难时，60 年代去关东的。

问：马会祥什么时候去的？

答：他不是 1953 年就是 1954 年去的，他们是一伙到长春窑厂去干活。

问：他们什么时候回来？

答：干了两年。

问：你考师范不及格还是回来干活吧？

答：可不。

【互助组】

问：那时你是个人种地，还是已经有了合作社？

答：个人种地。

问：哪一年有了合作社？

答：50 年代。

问：你开始个人种地，种什么东西？

答：也是棉花（六亩），花生（六亩），还有棒子、高粱。

问：和你父亲一起工作？

答：是的。先互助组后合作化，合作化可能是 1956 年。

问：互助组一共有多少户数？

答：有 10 多户的，也有七八户的。互助组是自愿结合的。

问：你家和谁在一起互助？互助组是以你爸爸的名义参加的吧？

答：是的，王长度。

问：还有谁？

答：王洪庆、王金生、王廷真、王管芝。

问：你家只有 6 个劳动力吧？

答：3 个，母亲也下地，称半劳力。我家两个半，王金生两个，王洪庆 3 个，王廷真两个半，王管芝 3 个。

问：有没有牲口？

答：有，我家有半个牲口，王洪庆一头，王金生一头牛，王廷真和王管芝没有。

互助组有 5 户的，也有 10 户的，也有六七户的。互相合得来的，有生产资金，有车的。

问：互助组是同姓同族吧？

答：不一定是一个家族。

问：有一家的人吗？

答：有，王廷真和王洪庆是一家。

问：是你的一家？

答：是的，其他就不是一家的。王金生是单户。不一定是一家，只要关系好就行，再有点生产资料。

问：你们成立土地合作社，是上面有文件吧？

答：互助组呀，是上级号召。

问：你们认为有没有需要互助？

答：也需要的。有的没有运输车，你有车，没有劳力，他有劳力没有车。

问：互助组之前也有这样互相帮助的关系吧？

答：有。

问：过去合作喂牲口和合作买车，和互助组有什么区别？

答：有区别，那时买车的少，人口少、户少、地亩多少又不一样，就办不成了。

问：经济条件差不多的一起买牲口合作喂？

答：对。

【土地改革】

问："土地改革"以后经济条件不是都差不多了吗？

答：还不那么平等。

问：为什么？

答：有的地种得好，他人口增加，我人口减少了，我地不减少，他土地不增加，不就不一样了吗。

问："土地改革"是1947年？

答：是1949年以后。

问：过了5年就有变化了吗？

答：是的。

问：你们有没有再进行分配的想法？

答：没有，不给，生活上不平等，以后才实行统购统销的。

问：有人有困难，在50年代初，有没有卖土地的人？

答：有，有长期的，也有典当出去的，过一两年土地才还给我。

问：你们的感觉，在解放初与50年代差不多吧？

答：差不多。

问：土地有没有典？

答：没有，个人两家写上一个凭据，或是当契。

问：你家的条件比较好吧？

答：结婚以后条件好了，劳力多。

问：劳动力多的家条件好，少就不好。那劳力多的一家兄弟还没有成家，成家后就劳力少了？

答：是的，分散了。

【分家】

问：一般兄弟要分家吧？

答：只要成家，一般说就要分家。

问：分家有纠纷吗？

答：有的有。

问：你知道50年代分家的纠纷厉害的例子吗？

答：没有太厉害的，就是有不相称的吧了。兄弟们还好，就是媳妇之间有矛盾。

问：分家时按家庭人口分地，解放以后也是这样分吗？

答：也是这样。

问：那哥哥先结婚有了孩子，弟弟后来结婚，还没有生孩子，那不是倒霉了吗？

答：那可不，这就不管了，也只分一次。为什么有差别，就有这样的原因，有的越来越好，有的越来越差。

【初级社】

问：互助组是农忙才互助吧？

答：长年，地里收成仍归个人。

问：初级社就不一样了吧？

答：不一样了。

问：初级社时你们是什么队？

答：咱是"五星社"，李供昌（音）他们是"幸福社"，王会珍（音）是"光明社"，还有"前进社"。

问：初级社是1955年？

答：我想是1956年。

问：你参加了没有？你结婚了吗？

答：我结婚了，18岁。

问：那互助组以前就结婚了？

答：是的。

问：你考不上师范就结婚了？

答：是以后。

【结婚】

问：媒人是谁？

答：吴志义。

问：她和你们有什么关系？

答：没有什么关系，通过媒人，她在南关。

问：你父母找吴志义？

答：是，给我介绍刘桂兰。刘桂兰是我爱人。

问：她是本村人？

答：是本村人。

问：1952年和解放前不一样了吧？

答：不一样。

问：花多少钱，有聘礼吗？

答：没有，就几身衣服，两个土布。

问：那时已有了《婚姻法》了？

答：有了。

问：你们学习过《婚姻法》？

答：学习过。我结婚时登记了，那时不够岁数，找的人，当时没有那么严呀，找个人说说，缺乏劳力，找个理由就行了。

问：愿意结婚就可以，不愿结婚就不可以了？父母包办不允许吧？

答：那时都是父母包办。

问：如姑娘不愿走呢？

答：父母和媒人说了算，和解放前差不多。有这样的例子，媒人将钱放在被子里，当事人当时也没有发现，媒人走后才发现，再想退这钱就不好说了，就这样糊里糊涂地成了。那时男女根本不见面，是瞎子也得认了。

【结婚费用】

问：当时结婚花的钱很少，现在听说要的东西很多，要花8000～10000元？

答：一般要花万把元，订婚4000多元，男的花5000多元。

问：你有3个女儿？

答：我有3个女儿，1个小子。

问：听说这个炕两三年后要拆掉，作肥料？

答：每年一打，集体时一个炕150多个坯，记工分是一个坯一分，共150多分。

问：过去是两三年盘一次吧？

答：不，一年一打。

问：什么时候打，是春节时候吗？

答：阴历三月。

问：都弄出去？

答：都弄出去，冬天才暖和。150分，相当10多天活。3天搞一个炕。现在买化肥。除非炕要塌才重打呢。

问：没有劳力就麻烦？

答：是的，要找人帮忙，管个饭。

问：要将一部分肥料给他吧？

答：不要，请的人大部分是一家子。

问：合着喂牲口，不要找一家子吧？

答：不是一家子，一家子的倒麻烦，主要是看合得来就行。

问：找不要钱的吧？

答：不一定。越喂越好，就越是愿意合着，越喂越差，那就不能合喂了。

【初级社】

问：初级社时你管肥料事吧？

答：可不吧。

问：昨天说，到了1956年合着喂的牛就卖掉了吧？

答：合作社给你合价入社。后来又还了。

问：那时有牛的工分吧？

答：没有。成立初级社给你估价归社里，记到每户的账上，每年归还3%，后来成立大社也没有还。我当过会计，从初级社到大社。

问：你1956年当会计，人民公社1957年，你还当会计？

答：不当会计，当时搞了一个青年突击队。在聊城召开荣复转退民兵积极分子代表大会。

问：你是民兵呀？

答：青年都是民兵。

问：刚才你说的是什么会，叫什么名称？

答：荣复转退民兵积极分子代表大会，咱去那开会，当时咱这里归聊城，后归德州。军官给开饭，去的 8 个人给一个本子，是 1958 年。在那开半个月的会。（看笔记本记录）。

问：你打算开商店？

答：这不是我记的，是二闺女记的。

问：什么时候写的，“白条”是什么？

答：白条就是柳编原料，这个本有 10 多年了。有白条，有黑条，白条要将外面皮剥掉。

问：有地震记载？

答：是邢台地震。

【出走内蒙古】

问：你什么时候去内蒙古？

答：1960 年。

问：为什么事去内蒙古？

答：家庭生活不行，我一个人去，跑了两次，头次在济南上的车，从德州到济南，由济南往北。为什么呢？你要从德州乘车往北，有人查你，先到济南买火车票，再向北去内蒙古。

问：内蒙古什么地方？

答：东乌旗。在呼和浩特东边。

问：在内蒙古干什么？

答：在铜矿，有 40% 含铜量。

问：很多外边人在那里工作吧？

答：有四川、广东、山西、河北的，山东的就我一个人。当时刘德池（音）给我把火车票打到北京，想去东北，到北京一问，上东北过不去，又碰见禹城一个人，他是糖厂的干部，他去宣化找他儿子，儿子在部队里，他开了个地址，他叫我在北京等他，我在北京等了七八天，等禹城刘文静（音），他没有来，咱就去了包头，在包头钱被小偷偷了，我们找到了劳改厂。他们告诉后面有砖厂，去打听找到了王明朝（音）了，又等了半月才去西盟东乌旗。

问：你去时，原来想去东北，到北京后人家介绍到内蒙古去？

答：后来想去宁夏。

问：去了多长时间？

答：一年半。

问：工资多少？

答：60 多元，当时就不错了。

问：包括吃？

答：包括吃。

问：在那里攒钱带回家买粮食？

答：在那里行，回家就不行，一斤小麦得 7 元、地瓜干 3 元多。

问：1960 年几月份？

答：7 月份，当时食堂已弄得不行了。头一趟走到平原未走成；回家来看看不行，还得走，第二次又走了。

问：第二次什么时候去的？

答：那就是第二次，去了就没有回来。

问：你没有户口，一般不准随便动的吧？

答：不允许，火车上查得很紧。

问：在火车上要查你的身份证吧？

答：在济南找同学买了票以后，搭收容所的车子，一看有章就不查你了。

问：去东北人不少吧？

答：不少，按劳力说达 30% 左右。

问：是集体去还是个人去？

答：集体更不能去，晚上走，在道口上还控制，都是偷跑。

问：你从宁夏再转内蒙古需要多少时间？

答：乘火车 3 天多。

问：工作条件？

答：一天工作 8 小时。

【放牧与矿山劳动】

问：很危险吧？

答：不危险，在平地开矿。打眼累，手肿得拿筷子都拿不住。河南一位以工代干的行，他告诉我，你那样不行，他会，不会手腕肿，他教给我就好多了。打 2 米来深眼，一天的任务。

问：那时家庭几口人？

答：家里还有 4 口人。内蒙古交通不行，公路不行。苏联和咱关系紧时，大都跑了，200 多工人还剩下 70 多人。去山西的多，四川有一些，广东才 5 人。留下来的都成了以工代干了。

问：也有少数民族吧？

答：在那里有个门市部，就是商业局的，工人有本子，一个人一个，一个月可买烟两盒。他们不给咱烟吸。他那不种地，遍地是草，是牧区嘛，都是牛、马、羊，骆驼都很少。放牧一个月 180 元，白天将它赶出去不要管它，天黑要管，否则它不回来，晚上要将它圈起来。一个蒙古包里 10 多只狗，咱看到狼在不远处坐在那。狗要是出去时间长了，狼进去要咬。当时生产队规定，羊不是狼咬死的不罚钱，如果是狼咬死的要罚钱。那里零下 30 度，放牧可不行。

问：外出差不多多长时间回来？

答：去东北人家有的蹲下来了。也有回来的，家庭不行的，全家都去的行。

问：不包括你，你家里还有 4 口人？

答：是的。

问：劳力只有一个？

答：我母亲已老了，不行了，只有一个劳力。还有一个小子一个闺女，小子才六七岁。到以后，地里一产粮食就好了。

【“大跃进”】

问：这个地方也有“大跃进”吧？

答：“大跃进”是 1958 年，有，人民公社就是“大跃进”时，咱村都到德庄（音）去干活，在地里搭棚子，翻地。

问：1958 年秋天开始吧？

答：是的，棒子也不收。

问：不种麦子了？

答：种，深翻地就是为了种麦子。那年是大丰收。

问：不收不是很可惜吗？

答：可惜什么，家里都没有锅了，吃大食堂了，1958 年确实是大丰收，但这么一闹，把粮食都瞎糟蹋了。各家都不冒烟（不做饭），到食堂领饭。

问：当时你当会计干部吧？

答：1958 年我在食堂当事务长，管生活。

问：食堂是很难的工作呀？

答：那可不，咱向乡里去要粮食。

问：开始的时候好吧？

答：开始行，浪费了。

问：你们认为浪费是不是不好？

答：咱管不了，全民都是这样。

问：后夏寨就一个食堂吗？

答：两个，东边一个西边一个。

问：1956 年开始食堂呀？

答：1958 年，1957 年下半年（秋天）就闹，号召成立，食堂咱这里是 1958 年。

问：你觉得在食堂吃饭不方便吧？

答：做饭行，你去领去，人口少的饭少，领回来可能就凉了，回来也没有炊具了。

问：从内蒙古回来你当什么干部？

答：1962 年回来没有当。

问：回来要不要处理？

答：没有，回来欢迎，不回来他没有办法。

【“四清”运动】

问：“四清”运动是什么时候？

答：是 1965 年冬天（插话：是 1966 年冬天），我觉得是 1965 年冬天。

问："四清"管不管家堂这些？

答：不管，"四清"是清干部，即清经济、清思想、清政治、清组织。

问：都参加批评会？

答：都斗他（指干部）。

问：当时批评的内容是什么？

答：有贪污（经济），有的属于思想，经济问题大。

问：批评多吃多占，生活条件好的干部？

答：是的。

问：但是，如闯关东回来带的钱？

答：那不管，主要对干部来的，不清下面的社员。只要是干部，不管大小都要清理。

问：干部有没有戴三角帽子的？

答：没有，到了"文化大革命"时有。

问：批评干部时，开除他们吗？

答：有开除的。

问：开除谁？

答：王庄有开除的，叫王维章，他是大队长，就是相当于现在的村长。

问：还有吗？

答：死了李敬唐。上吊自杀。对他逼得并不厉害，他觉得刚娶儿媳妇，要退赔这些东西，他觉得难看。他家不让他向外拿。

问：有公家的批评，也有他家庭的矛盾。

答：对，有两方面的原因。咱这儿是马凤山。

【"文化大革命"】

问："四清"后就是"文化大革命"了？

答："四清"结尾就是"文化大革命"。1966 年下半年，"红卫兵"开始串联。

问："红卫兵"从哪里来？

答：哪里都有，全国性的，高等学校，农民在村里搞"红卫兵"，揪干部斗干部。

问：斗地主、富农？

答：不斗那个，斗党内一小撮走资派。刘少奇、邓小平，咱这县里是吴启光（音）、韩启龙（音）。有"当权派""保皇派"。

问：那时受批评是谁？

答：咱们小队没事。他们出了个"红卫兵"，咱们有"战斗队"，当时战斗队多了，弄不清楚，闹了两年。1969 年（应为 1975 年）就反复辟了，造反派就掌权了。

问：1971 年干什么？

答：中央号召抓 5·16 分子。不管你什么造反派，只要是"5·16 分子"就抓起来。

1972 年 11 月，林彪死了（记忆有误，是 1971 年 9 月 13 日），开始"批林批孔"。我有个本子，有啥记啥。

问：1976 年毛泽东去世。

答：1976 年还有周恩来。

问：你们有什么影响？

答：那年真是地动山摇，地震时间很长。全国开追悼会。你不要看，生活虽搞得不行，骂街的还没有，说毛主席不好的没有。一听说毛主席死了，干活都干不下去了。毛主席是 9 月 9 日死的。毛主席死了放在纪念堂里，周恩来死了将骨灰撒在大海里。

王吉祥（44 岁）

时　　间：1994 年 8 月 14 日

访 问 者：中生胜美

场　　所：王吉祥

【儿子之死】

问：你是王吉祥先生。

答：是的。

问：同宗有多少户？

答：10 多户。

问：你几口人？

答：3 口人，有一个小子。

问：你多大岁数？

答：44 岁。

问：属什么？

答：属兔的。

问：小子多大？

答：22 岁。

问：我是研究民风民俗的，听别人说，你原来两个小子，一个小子没有了，说做了阴亲，我想打听这方面情况，你小子 16 岁死的吧？

答：是的。

问：是什么原因死的？

答：打麦子触电死的。

问：你大儿子多大，叫什么名字？

答：叫王福东。

【婚约】

问：老大成家了没有？

答：订婚了，还没有成家。

问：花了多少钱？

答：花了 3000 多元。

问：你出的还是他拿的？

答：家庭的钱。

问：什么时候订婚？

答：有 3 年了。

问：是他们自己还是通过媒人？

答：是双方同意的。

问：成婚得花多少钱？

答：女方没说要多少钱，买点东西就行了。床上用的东西。

问：要买家电吗？

答：买一部分，高档的买不起。

【生活基本状况】

问：现在干什么工作？

答：务农，五队（习惯称谓）。

问：你承包多少地？

答：6 亩地。

问：养一头牛吧？

答：两头，一头大的一头小的。

问：老大自己盖的还是？

答：自己盖的。

问：老大对象叫什么？

答：王子绪的闺女王红霖（音）。

问：一般双方都是后夏寨的人多吗？

答：不一样。

问：孩子结婚，一定要盖房子呀？

答：必须盖房子。

问：儿子成家后就分家了吧？

答：根据情况，有的分有的不分。

【死亡状况】

问：老二叫什么名字？

答：王福华。

问：他死是两年前？

答：是的，芒种时死的。

问：他的坟墓在什么地方？

答：西边。

问：送到医院去？

答：送去，晚了来不及。

问：后来找的前夏寨的闺女？

答：是的。

问：谁给介绍？

答：马昌德（音）。

【找阴亲】

问：一般小伙子死了，一定要做阴亲？

答：要找到，有这事。

问：你家主动，还是她家主动？

答：两方面，双方都要主动。

问：马昌德为什么认识他？

答：他们也是亲家。

问：闺女是 22 岁死的？

答：女的大，22 岁。

问：你儿子死时16岁，女的是22岁，可以做阴亲呀？

答：可以。

问：你小子死了，找死了的闺女呀？

答：是的。

问：是因为老二一个人在坟墓寂寞而搞阴亲吧？

答：是的。

问：是什么原因做了这门阴亲呀，是做梦梦见老二的吗？

答：不是，普通都有这样做法。

【阴亲仪式】

问：有仪式？

答：仪式不大。

问：和活着的人结婚仪式一样吗？

答：不一样？

问：有什么不一样？

答：活人吹喇叭，这就没有了。

问：阴亲花了多少钱？

答：钱不多。

问：棺材从那里买的？

答：好远。

问：是自己做的。

答：一般是买的。

问：是去年6月份的事？

答：去年阴历7月份。

问：你们宴请了闺女的父母，他们一起来？

答：父母没有来，别人来的。

问：她的父母你们认识吧，有什么关系？

答：认识，没有什么关系。

问：棺材不允许放在家里，放在外边吧？

答：是的。

问：女的棺材和你小子的棺材挖出来一起葬吧？

答：不，光是女的。

问：有没有红布（红盖头）挂在棺材上？

答：有，和一般的一样大。

问：火葬不需要那么大的棺材吧？

答：还是那么大。

【墓地】

问：是不是不放在马家岗那边？

答：还远。

问：是集体的还是个人的地？

答：个人的。

问：是承包的地？

答：不是。

问：阴亲6月份，一般6月份结婚的比较少吧？

答：选什么时候结亲的都有。

问：王家的坟墓，老坟一共有多少亩地？

答：没有数，就是一个人一块地。

问：结阴亲是这一带普遍的习惯吧？

答：是的。

【家堂记载】

问：家堂里要写上他们的名字吧？

答：要写上。有当年写上的，有过3年写上的。

问：每个家庭都不一样吧？

答：反正差不多。

【新居】

问：现在你的父亲还在吧？

答：在，在东边。

问：你们什么时候搬过来？

答：搬过来12年了。

问：现在的房子一般是10多年前盖的吧？

答：有最近盖的。

【结婚】

问：为了孩子结婚要盖房子，需要向村里申请吧？

答：是的，不允许随便盖。

问：王子绪的闺女今年多大岁数？

答：同龄，是同学。

问：后夏寨的青年一般多大结婚？

答：20 多岁。

问：一到 25 岁，你们是不是就感到年岁大了吧？

答：大一点了。

问：你老大什么时候结婚？

答：现在还没有定日子。

问：是不是要看八字，选好日子？

答：不算命，不兴那事。

问：这里也有风水先生吧？

答：有，这里没有。

问：结婚日期，要你家人和王子绪家人一起决定吧。

答：是的。

问：你们觉得儿媳妇是本村人方便，还是外村人方便？

答：不管是不是一个村。

问：娘家在本村是有不方便吧？

答：也没有什么。

问：过去与本村人结婚比较多。

答：有。主要觉得方便。

（王吉祥父亲王明皋［音］到场）

【墓地】

问：今年多大年纪？（问王明皋）

答：60 岁。属猪。

问：这边王家多呀？

答：是三大家。不，是 4 家。

问：老坟是不是在西边？

答：在北面，在菜园西边。

问：“文化大革命”时才平坟吧？解放时坟墓与解放前一样吧？

答：坟地不分，一样。

问：什么时候不一样？

答：“文化大革命”时。

【回民】

问：你们什么时候开始火化？

答：10 多年了。现在咱叫墓葬，回民是土葬。

问：姓马原来是回民，现在是汉民？

答：这里没有少数民族，恩城有。

问：有与回民的结婚的吗？

答：有。

问：那吃饭不方便？

答：个人吃。他们不允许吃猪肉。

问：后夏寨有娶回民的媳妇吗？

答：没有。

【阴亲与亲戚关系】

问：做了阴亲以后，和女孩的父母成了亲戚关系？

答：是的。

问：有来往，拜年？

答：是的。

问：老大结婚也要请他们来？

答：是的。

问：阴亲与亲戚关系有没有区别？

答：区别不大？

问：有什么区别？

答：基本上没有区别。

问：结阴亲的时候有没有宴请客人，有人送礼吗？

答：大体上有这么一点，有送礼的。当然也有办的也有不办的。

问：你老二有吗？

答：没有。一共 3 天，在她娘家两天，第

3 天到这里就下葬了。

问：放在院子里？

答：不，放在大街上。

问：有没有念经的？

答：没有念。

问：阴亲不是白事，而是红事吧？

答：是的。按红事办。

马会祥

时　　间：1994 年 8 月 16 日

访 问 者：中生胜美

场　　所：马会祥长子家

【幼年的遭遇】

问：我想了解你个人的事。你哪年出生？

答：1919 年。

问：你父亲是短工，你做小买卖的吧？

答：我父亲是长工。

问：解放前你是最穷的一家吧？

答：我父亲和母亲有神经病。我父亲生了 4 个孩子，一个姐姐，一个妹妹，还有一个弟弟。

问：你是老几？

答：我是老大。

问：你父亲叫？

答：马士林。

问：解放前你没有地？

答：我家种一亩多地，是菜农。种的地有坟地和公地，个人没有地。

问：你们村没有地的大约有多少？

答：很少，一般有自己的地，有多有少。我母亲神经病，我们年龄又小，将原来有的地卖了，给我母亲治病。

问：是生你妹妹以后患神经病的吧？

答：是生妹妹以后，她脑子不行，打人骂人，以后虽不打不骂，但说话就不行了。

问：你没有上过学？

答：我没有上过学。过去我家没有上过学的人，解放后有识字班，我才认识字的。

问：识字班是解放后的事呀？

答：是解放后，合作化前。

问：解放前你知道八路军吧？

答：知道的。当时的村长（当时称乡长）我问他干什么，他说城里有日本兵，城外地里就有八路军。

【八路军】

问：日本人在时，这里就来了八路军？

答：有八路军，当时叫杂团。你说杂团行，日本人，中国人叫他洋鬼子，汉奸叫二鬼子，当时叫皇协军，协助日本人办事。

问：八路军怎么认识你的？

答：那时八路军在河西，越来越靠近，他们要什么，要粮食要柴火，我给他们送去。他们还有侦察员呀，部队住在这边，外面有人看望情况，那就是侦察员。他们上我这里来。城里皇协军也上这里来，了解情况，回去报告，这个村有没有八路军。那时侦察员来，部队没有来。人家也不叫杂团，人家叫独立团，即恩城独立团。

问：独立团是 1944 年以前的吧？

答：1944 年以前，独立团有 6 个连。

问：独立团这边有认识人吧？他们组织一些农会？

答：不，他光是部队，不管地方的工作，针对皇协军。

问：后夏寨与八路军有联系的人除你外还有吗？

答：还没有。

问：你第一次看到八路军工作队是日本军在时，还是日本军走后？

答：日本军走后，皇协军在那边有一个

据点，八路军来将其收拾了，皇协军站不住了，总的形势是这样。杂团也不行。

问：为什么不行？

答：他和八路军不是一回事，他是杂团。

问：杂团是国民党的？

答：这里没有国民党，他们是共产党。

【日军撤退】

问：日本军走的时候，与八路军有没有战斗啊？

答：没有。将日本人围起来，日本人也就有20多人，后来日本人又来了人，将被围的人救走了。

问：日本人将武器交给八路军了？

答：没有，在这儿什么也没有交。当时八路军将日本军围起来，不让他出来，也不打进去。平原和恩城两个地方，从日本人平原城来了两个排的人，八路军打日本援兵时，恩城内被围的日本兵开了城门也就跑光了。

问：你个人接触过日本兵吗？

答：没有。日本人到我们村来过两次，第一次20多匹马队从这儿路过，游行似的，也没有下马，在村里走了一趟。第二次来了四五个士兵，抓了几只鸡走了。

问：那时你在外面打短工吧？

答：我不当短工，我刚才说的是我父亲，我不常干，忙时就打短工。

问：这里1947年解放？

答：1945年8月20日解放了。

问：日本人走后，八路军马上就来解放了？

答：是的。日本人早就投降了？不过还没有走。

问：你26岁就解放了？

答：26岁时。

【解放前外出】

问：你去过东北吗？

答：去过一次。

问：什么时候？

答：日本人进东北8年我去的。

问：你多大岁数去的？

答：不到26岁。

问：去了一年？

答：去了半个月，我带的东西去卖的。

问：你坐火车去的？

答：在平原乘火车去的。

问：到什么地方？

答：到沈阳，离沈阳40里地，大虎山北面西里屯（音）。

问：一共蹲了多长时间？

答：半个月没有，卖完袜子就回来。

问：你对沈阳的印象？

答：我没有到沈阳，我是在西里屯下了车，咱不是旅游去，是卖袜子。

问：赚了多少钱？

答：30元。

问：来往路费花了多少？

答：六七元。

在日本时，见皇协军他们就犯难，上火车的没有不拿钱的，你给他两三元不行，最低他要5元，才能上车呢。

问：你一个人去吗？

答：我们俩人，还有一个叫张洪烈，他死了。

问：他的年纪和你差不多大？

答：他比我大七八岁。

问：他带你去东北卖东西？

答：不是，是我的主意，因我有个亲戚在东北。

问：什么亲戚？

答：我的老表亲。

问：你父亲没有去过东北？

答：没有，他哪儿也没去过。

问：你知道这个人，但你不认识这个亲戚吧？

答：很近，我认识。

问：从东北回来，日本军还在？

答：还在。

【解放后外出】

问：外出最远是这个地方吧？

答：上海我也去过。

问：做买卖？

答：也是做买卖。

问：什么时候？

答：在去东北以后，1960 年，生活困难时去的。

问：1953 年又去过东北？

答：去过。一共两个人去的。

问：去东北到什么地方？

答：长春。

问：1953 年几月份去的？

答：1953 年三月二十八日（农历）。

问：为什么去东北？

答：那是去窑上干活，去早了他不开工。

问：那里有人要你去，还是怎么？

答：1952 年，窑上在咱这儿招工。

问：不是因为生活困难去？

答：单位招的，由劳动局负责。开个信就去了。

问：不是偷偷去的？

答：是招去的，不是偷偷去的。

问：去了几年？

答：1952 年招的，咱 1953 年去的。

问：1952 年恩城属河北省吧？

答：可能属河北省。

问：劳动局是河北省还是平原县？

答：平原县也是河北省，咱是恩县。

问：你们一共多少人去长春？

答：去了好几十人，咱村 20 多人。在那儿主要是脱砖坯。

问：你们几个人去，是 7 个人吗？

答：咱村 20 多人，马振三他们后来个人去的，他兄弟是招工去的。

问：1953 年不允许个人去吧？

答：去得了，家里户口得带上，带户口去，人家需要你，就可以进厂里去，我去了两三个月后进了场地。他不需要，我们怎么进去的呢？老工人不涨钱不给干，这样厂里再找人，你不干有人干，后来我进去挖渣子。到 9 月上冻了我们就回家来了，过了年再去。

问：一年一共干了几个月？

答：4 月开始到 9 月回家。

问：在长春盖房子？

答：在窑地里干活。

问：一个月工资多少？

答：每月 150 元。

问：这样待遇相当好？

答：咱干的是最累的活，要挑 240 斤。

【统购统销前的物价】

问：当时小麦多少钱一斤？

答：大约 1 角五六分一斤。在那伙食费最低每月需 50 元，剩下 100 多元。

问：工资归个人还是公社？

答：个人的，当时还没有公社，在统购统销以前。1954 年粮食紧张起来。

问：粮食紧张是统购统销的原因？

答：是的，当时要余粮户卖粮，缺粮户节约，国家也没有什么粮食。

【村解放前的工作队】

问：1945 年解放，共产党的工作队来这个村，是什么人接待？

答：村长，安排住、吃，派饭一家一天，老乡吃什么你吃什么，一天付一斤粮票 3

角钱。

问： 总称叫什么？

答： 叫工作队，个人叫组员。一个村 1 ~ 2 人。他不常在这里，经常换。

问： 当时村长是谁？

答： 工作队由区里派来的。他不单是工作队，区政府来的人。

问： 工作队来时他们开始做什么样的工作？是不是开会组织农会？

答： 农会早组织起来了。

问： 农会怎么样组织？

答： 群众选举。

【任贫农代表】

问： 你是农会主任？

答： 我不是，我是个干事，当动员干事也当过贫协代表。

问： 农会主任是谁？

答： 吴志壮（音），还有马万年（音）、王广智（音），妇女主任马贵芳。

问： 民兵连长是谁？

答： 王广智。

问： 贫民代表？

答： 贫民代表搞复查。

问： 你有土地证吗？

答： "土改"后，土地分到户，经过大量确定正确了，才发土地证。

问： 1945 年生活也很困难，还是给人家干活？

答： 是的。

问： 还做买卖？

答： 不常做。

问： 那时经济主要来源是什么？

答： 种个地，打个工。

问： 那时已有你的小妹妹了？

答： 有了。

问： 母亲还在吧？

答： 早就死了。

问： 父亲还在？

答： 父亲 1954 年去世的。那时他还在。

问： 还有两个妹妹？

答： 一个兄弟，一个妹妹。

问： 姐姐呢？

答： 她已结婚了。

【"土改"时家庭成员】

问： "土地改革"时你家只有 5 口人？

答： 是的。我已娶媳妇，四几年妹妹死了一个，还是 5 口人。弟弟也不在这，他过继出去了。

问： 那你父亲加你和爱人 3 口人？

答： 我有我大闺女了。

问： 你大姐哪一年出嫁？你的弟弟大还是你的妹妹大？

答： 弟弟大，妹妹小。

问： 大弟什么时候结婚？

答： 日本人没来就结婚。我母亲去世我已 20 多岁，我妹妹比我小 8 岁，大姐比我大 4 岁，弟弟比我小 5 岁。

问： 母亲死时小妹妹多大？

答： 十一二岁。

问： 你老伴是哪一年出生？

答： 1929 年。

问： 你弟弟什么时候结婚？

答： 他是"土改"以前结婚，不是 1943 年就是 1944 年或 1945 年。

问： 你们同时结婚呀？

答： 不，我比他早。

问： "土改"时就你和闺女老大呀？

答： 还有小子。

问： 你弟弟过继给谁？

答： 我大爷，叫马士中，出了五服。

问： 过继后你家就一个男孩，不需要分家了。

答：他走了，属于他的东西也得带。

问：马士中地多吗？

答：地不多。但过得很好，因为他勤俭持家。

问：你弟弟还在吗？

答：还在，在后夏寨，他叫马文祥。

问：他以前当过干部吗？

答：没有，他早时当过皇协军。

【“土改”时的工作队】

问：“土改”时，工作队主要工作是搞“土地改革”？

答：工作队什么也搞，不是单纯“土改”，生产也管，这里解放后，1946年各项工作都得发动。

问：解放以前，八路军来过，你们已经知道共产党的土地政策了吧？

答：听说过，说什么的都有，说什么共产党来了，给你脑袋瓜上刻上字，说得很厉害，宣传这些内容，等八路军来了以后咱也没有看到这些，工作队来了以后，我们贫下中农一条心。

问：你积极参加了？

答：我不是积极分子，但也不落后。

【地主、反革命分子】

问：“土地改革”时你们斗地主呀？

答：不准他出去。斗坏分子王义山。

问：他干什么？

答：他是伪区政府的秘书，是日本鬼子时期的区秘书。鬼子来时老百姓都走了。

问：王义山多大岁数？

答：他当时50多岁。

问：他是后夏寨人？

答：他是恩城南关人。

问：这边有地主吗？

答：有。

问：斗地主和坏分子后，怎么确定是地、富呀？

答：有阶级划分的标准，大家讨论，看其剥削量来决定。

问：地主有多少地？

答：有几十亩地，这儿没有很大地主。他种不了地，雇伙计来干。

问：还有呢？

答：还有李振都。

问：他有多少亩地？

答：他地也不多，他是反革命分子。

问：反革命分子是什么意思？

答：他是伪军，即皇协军，帮助日本人干事。

问：他是由于反革命也被划成地主了？

答：不是，就是反革命。

问：由于他是反革命，而没收了他的土地？

答：是的。

问：还有地主呢？

答：王廷西，他家每人平均12亩地，他家共五六口人。他有六七十亩地。他劳动少，剥削量大。

问：他雇了长工？

答：他雇长工。政策上规定哪年到哪年的长工，不在年限以内的不算。

问：长工是本村人还是外村人？

答：哪里都有。

【富农】

问：还有富农，有多少户？

答：有，李洪唐，魏甲木，马万化。

问：土地改革时，将地主、富农、坏分子的土地都没收分给贫农吧？

答：是呀。

【土地分配】

问：中农地要不要动？

答：地多的要动，贫农多的也要拿出来，按每人 4 亩标准。

问：有的地方分配是原来的土地不动，或者所有的地先归工作队，然后再分？你写的土地证，是有很多分法吗？

答：地主、富农他们分的地也不在人下面。各户有多少地，应分多少，他现有多少，算出来放在一块进行分，不是土地都拿出来，他差多少给你多少亩，你缺 2 亩给你 2 亩，给你补齐。当然也有多几分，少几分的，因为他说的数与实际丈量有一定出入，也可能少几步。

问：我还不明白，一般地主、富农的土地没收分给贫农，而中农是不动的？

答：地主、富农是多的部分拿出来，你这户缺多少给你多少，用地主拿出来的土地补齐，地主多出的部分都分了，地主也就没有多余的土地了。

问：后夏寨的地没有问题，可是还有的地在前夏寨村里，或者外村的人在后夏寨有地，过去别的村人若有这村的土地，怎么处理？

答：有这种情况，该分给谁就给谁，到以后合作化了，那时村与村谁和谁靠近他们就换了，也有不要的。

问：“土改”时呢？

答：“土改”时 5 公里以外的就不归你村了。

问：刚解放，前、后夏寨的土地划得很清楚吗？

答：清楚。“土改”时是谁还是准。

问：“土改”时，土地比较分散些？

答：分散，一家的地分好几块。

问：有比较远的？

答：刘王庄在我们这儿也有地，石庄北面也有我们的地，高庄也有。

问：土地证里没有写那么清楚，只是写什么地方之南或之北？

答：都很清楚，你的地多长多宽都写得很清楚，和你地坐落在什么地方。

问：你们有没有画过土地是谁的地图呀？

答：没有。

问：我看土地证你的地比较分散吧？

答：是的。

问：你“土改”时的地在什么地方，有五六个地方？

答：都很分散，没有大的。

问：你现在还保存土地证吧？

答：有。

问：麻烦你拿给我看看？

马会祥

时　　间：1994 年 8 月 17 日

【党员】

问：你不是党员吧？

答：我不是党员。

问：你的儿子是党员？

答：党支部书记必须是党员。

问：马德昌？

答：马德昌是党员。

问：按照你的经历也可入党了？

答：按说应是党员，我没有申请过，动员过我，我嘴笨，长相不好，所以没入上。那时党还保密呢。

问：最早的党员是谁？

答：李敬堂、吴序爵。

问：“土改”时已经是党员了吗？

答：“土改”时没有，过了“土改”1947 年入党的。

问：第一次入党就两人？

答：就两人。

问：党员相当于当时领导的意思吧？

答：党内掌握政权，部队有连长指导员，指导员与连长相当，连长是执行权，指导员有决定权。

【村行政组织】

问：旧社会有片长吧？

答：片长领导一个生产单位。

问：你们有东排西排？

答：有这个，有排长。当时叫什么名都有，有东队、西队、东排、西排，意思是一样的。

问：西排是现在的四队和五队哪边吧？

答：那时叫西大队、东大队。

问：什么时候有这样的名称？

答：1959 年。

问：西大队就是原来的西排？

答：是的。原来 1958 年 3 个连。

问：旧社会东排是不是姓马的最多？

答：是的。东排姓马姓吴；西排姓王、魏、李、刘，咱们这儿十大姓。

问：以前有排长？

答：有，这和部队的排长不一样。

问：1945 年以前东排的排长是不是马家的族长？

答：不是。这是解放后，解放前日本人时，我们后夏寨是一个保，10 家有一个组长，那时叫 10 甲长。当时 100 多户。

问：解放前 10 户？

答：10 户有一甲长。

【保长】

问：东排大约有多少户？

答：过去没有排，那时叫保长。

问：保长干什么？

答：相当于现在的村长。

问：保长主要干什么？

答：要你种棉花，当时配给制。种棉花给你多少肥料，干政府的事。

问：你比较一下，过去的保长与现在的村长、乡长有什么区别？

答：保长管的范围比现在乡长管的范围就大了。没有什么区别。

问：他们有工资吗？

答：没有，是义务的。

问：是不是轮流做？

答：不轮流。

问：保长的工作一定很忙吧？

答：不像现在，不是整天有事，没有这样繁忙。

问：现在的乡长有工资呀？

答：乡长有工资。农村基层干部也叫奖励。经公社批准，当队长给你多少，支部书记给你多少。支部书记和支委工资有区别，还要经乡政府批准。少的 300 多元，支部书记、主任也就 500 多元。

【调停者能力】

问：旧社会有族长吧？

答：解放前姓马的不叫族长，最年长的当家，只是有这么个称呼，可有啥事不能他说了算。

问：哪家有纠纷，是不是年纪大的来调解？

答：年纪大的不会说也不行，要能说会道，通情达理，合理解决，这才行呢。

问：不能说不行，年纪小的也不行？

答：不会说不行，年纪小的会说也能调解，当然得是成年人。

问：年纪虽小，但辈分大也有作用吧？

答：也有作用。因你是长辈我们尊敬你。

【街坊辈的变更】

问：姓马的有辈分，姓吴的也有辈吧？

答：是的。我们姓马，他姓吴、姓张也有辈分。

问：这个辈比较乱的吧？

答：乱。如他们俩是同辈，他们有的孩子不同辈，结婚了，又变成同辈了。

问：一般什么时候改称呼？

答：订了婚就改。改就是他两家，近亲。

问：订婚的男女方父母也要改？

答：要改，亲叔也要改，亲大爷也要改。堂兄弟有改有不改的。

问：姑、姨呢？

答：那就不改了，已出嫁了，远了。

问：三个人互相称呼不一致？

答：不是同族的可以，如马德昌。

问：过去有这样的情况？

答：有。

问：为什么这样乱？

答：也有干亲老亲戚关系，或者其他原因，这个事说不清。过去有富户和穷户，富户小孩 10 多岁就娶媳妇了，穷的 20 多才娶，穷的辈大，几个因素弄到一起了。

问：男女不一个辈，可结婚就成了平辈了，有一方原来辈大，一方辈小，要下降就不太高兴了吧？

答：没有什么。他俩双方同意，骡子、马大值钱，人大了越觉得不对，不值钱。

问：在街上叫你大爷，因为孩子结婚改了，称呼辈下降也会不高兴了吧？

答：不一定，有的也有不高兴的。我的兄弟他有 3 个闺女，三闺女跟东边的人结了婚，他本叫我爷爷，结婚后叫我叔叔，他长了一辈。

问：祖父母也得改？

答：要改，直系亲属关系要改。上面说的我本是爷爷辈变成叔叔了，我儿子马德昌他就不愿意改。结果他也不叫他，他也不叫他，下一辈再说，见面打招呼，没有称呼。

【拜年与辈分关系】

问：过年相互拜年，初二亲戚拜年，这也与辈分有关系吧？

答：有关系，小辈给大辈拜年。

问：乡亲邻居也有关系吧？

答：有，这不管亲不亲，给大辈去拜年，小辈太小的不去了，都要给大辈拜年。你给我拜，我给你拜，这是一个家族的同辈。要向别的庄去拜，就集合起来去，不一个一个的去。

问：初一上午向一家拜年？

答：初一早上起来就拜年；吃过饭到上午 12 点，人家来拜年，你得陪着，一头午就没事了。以后就是外面了。

问：先拜年的是一个家族，然后到邻居家去？

答：是。初一本村，初二到外面去。初二主要是女婿给岳父母拜年。

问：一结婚改了称呼，拜年的方式就不一样了，有的原先你给我拜，结婚后就变了？

答：还是给大辈的拜，辈小的不去。

【干兄弟】

问：辈不一样的人可不可做干兄弟？

答：可以。

问：这样也得改称呼？

答：改称呼。干兄弟与亲兄弟一样，老的死了，也戴孝。干兄弟就是没有财产继承权，其余是一样的。

问：婚礼送东西都一样吗？

答：一样。

问：老人死了孝服也一样？

答：孝服也一样。

问：干兄弟改称呼，父母也要改吗？

答：改称呼，堂叔不改了。祖父母也要改。

问：你有多少干兄弟？

答：一个。

【干爸爸】

问：一般来说，不是很多？

答：不是很多。

问：你的干兄弟是谁？

答：刘玉庭。他就在这个村，比我小 3 岁。我们是 20 多岁结成干兄弟的。

问：你与他有什么共同的地方？

答：我们是连襟。

问：拜干兄弟有没有特别的仪式？

答：拜，我两个人拜，没有喝酒。还有一种情况，有一个小子，再认个干兄弟，迷信，也有小的时候认的，他父母领着他去认。

问：一般男孩子多？

答：女孩子也不少，女的叫干姐妹。

问：有没有男女之间？

答：没有。男的比较隆重。

问：有没有给小孩认干爸爸？

答：有，叫干爸爸，也有叫大爷，也有叫爸爸的，叫什么的都有。

问：什么时候找干爸爸？

答：多数小时候找。

问：有没有小孩身体不好而找干爸爸的？

答：也有。

问：是越多越好吗？

答：一般找一个。

问：一般找什么样的人？

答：找年岁差不多的。

问：同姓可以吗？

答：同姓可以，同家族不可以，不同姓可以。

问：为什么同家族不可以？

答：因为是一个大家族，有辈分关系。出五服才能结婚，否则政府不给登记。

【分家】

问：五服内的，关系都很密切吧？

答：解放前，五服还没有分家呢。

问：一般孩子结婚就分家了吧？

答：是呀，从前好几代还不分家呢，老人活着就不能分，现在结婚就分家了。

问：你看什么时候分家最多？

答：现在多，三中全会以后。

问：过去老人还在不准分家，现在小子结婚就分家了？

答：是的。这个变化比较早，从合作化以后，1953 年。

问：为什么？

答：归集体了嘛！

问：合作化是以户为单位，由于这个原因吧？

答：合作化是以户，在一起吃饭的为一户；不在一起吃饭的为两户。

问：老人还在，亲兄弟结婚了，他们是全体参加一个互助组还是怎么的？

答：和别的姓互助也行。

【互助组】

问：你记得互助组最大的有多少户？

答：“前进社”大，它有 30 户。它是中农社。

问：我看的材料（土地证）人口很少，没有这么大？

答：你看的材料和我的一样。

问：当时大家庭很少呀？

答：是的。

问：我认为早就分家了，没有分家的人是不是名义上的？

答：有人分地时没分家写在一起。要分了家的就分开写。

【土地证】

问：你昨天说。你们村在别的村也有土地，那里的地也分了吗？

答：马利中和吴玉衡（音）那里也有地。

问：这是庄西庄北（看土地证），没有写四界？

答：他家那里有地。

问：没有写四周，就是他那里有地？

答：是的。

问：这样的情况很多呀？

答：你查我人名和所占地。

问：一个人平均3亩地吧？

答：不，是4亩。

【土地分配】

问：好地次地一起算？

答：从前你有原有的，有什么就算什么，现在分的地就要考虑。

问：这个刘旺章（音）是原来就有这块地吗？

答：原来就是他的地。

问：他是贫农呀？

答：他是中农，他的地不动。李令主（音）的地有两种地？城里的是官地，它不是买的分的，它是这么个地。

问：中农、贫农自己的地不动？

答：他自己的地不动，不够的分给他。

【土地和种类】

问：地、富拿出来的是什么样地？黑地、白地，给他一些闲地，还是沙地什么的？

答：不要他的孬地，最低是沙地，黑白地两种。

问：分地人家都愿意拿比较好的地吧？

答：黑地白地都没有，反正孬地不要拿。

问：分配土地是不是工作队负责？

答：自己搞的。上面开会有这样指示，回来照指示办，丈量土地，有帮助写的，也有算的。

问：有些人愿意分白地、黑地，不要沙地？

答：没有，给差地谁也不要。你该分哪里就分哪里。

问：你白地多？

答：我是坟地多，白沙地，我没有黑地。

问：黑地很少呀？

答：黑地就是东边。

问：白地比黑地、沙地好呀？

答：沙地有沙土，下雨向下漏，黑地下雨沾。

问：庄西北地原来是谁的？

答：原来是王金亭（音），吴玉衡的。这是坟地。

问：这是马家的地？

答：是的。马家分几支，我是三支，在这个地方。

【墓地、庙地、坟地】

问：“土地改革”时不分这些坟地呀？

答：不管什么地，都统一分了。还有庙地，这庙是小学，拿租金建的，我也种着这个。

问：这个庙地是什么庙的地？

答：属庙的，都叫庙地，给小学用。

问：这里有学地吗？

答：没有。解放前蒋介石，不叫搞这个。

问：庙地有人种，用这个钱来修庙？

答：不是这么回事。

问：你知道你原来的地是谁的地？

答：原来是庙地，我个人没有地。

问：你知道不知道一块一块的地原来是谁的？

答：弄不清。

问：这是集体的，房子是你原来那边的 5 间房呀？

答：我住那边，你不是去过吗？

问：这是谁写的？

答：好几个人写的。

问：发土地证，人们都高兴的吧？

答：一户一张。

【土地测量】

问：用什么样的仪器丈量？

答：丈量是木头的，二丈五长短，向前走，转动木头向前走，不够三丈五的，用 5 尺的。

问：现在用不用这种工具？

答：不用了，现在用米尺。

问：土地承包时？

答：用的米尺。

问：以前村没有这种工具吧，是工作队带来的吗？

答：木头工具有。个人用起来方便。

【困难时外出】

问：1960 年去上海，1953 年去长春。1960 年生活困难，很多人去东北，你为什么去上海？

答：好些人去呢，也有到上海的，也有到南京的，也有到苏杭的。

问：你一个人去？

答：五六个人呢。

问：当时你当干部吧？

答：当干部也去，吃要紧。

问：当时干部都去？

答：也有不去的。

问：那是最困难的时期？

答：是的，麦子一斤 3 元钱。

问：去上海乘火车？

答：坐火车，付钱，平原到济南 1.5 元钱。到南京 10 多块钱。

问：你带着钱去？

答：那时也没有什么钱，带小枣去卖。

问：为了买火车票带着它？

答：带东西不拿钱，光人要拿钱。不是很重的，也就是 50 多斤。

问：带枣子到上海卖？

答：是的，卖了买纸（上坟的纸和办公纸），也有买自行车的。

问：上火车带回来？

答：是的？得花钱。

问：经常来往？

答：苏杭我只去了一次。到南京去了四五趟。东西多，便宜，回来买的红薯干、玉米，带粮食回来。

问：你去带什么？

答：带土布去卖，个人纺纱织布。

问：大城市喜欢土布？

答：喜欢。

问：到上海也带土布去？

答：是的。

问：你去上海一次，去南京几次？

答：两三次，南京北面一二百里的地方。

问：去了一趟就回来？

答：是的。

问：去上海、南京乘火车比较容易，还是什么原因？不去北京？

答：上北去的也有，一去就不回来了，去找地方干工作，有活干的，吃的也不错，就不回来了。

问：南京粮食比较多？

答：南京主要是工业品多。南京往回运大米。

【虚报】

问：1960 年生活困难的主要原因？

答：自然因素不算大，主要是人的问题。

当时看见草看不见庄稼。管理不行，棉花苗不多，草可不少。

问：当时虚报很厉害？

答：1958 年虚报，1960 年就不虚报了，报多了我们吃什么，当干部的他也得吃嘛。收得多人家说收得少，如收 10 万斤，报 7 万斤，那 3 万斤留下来私分了。说实话的没有了，不说实话你还沾点光。

问：虚报是 1958 年，1957 年没有？

答：1957 年没有。1958 年很厉害，我们村应种 1000 亩麦子，汇报说完成 500 亩了，到半夜 12 点；到 2 点，公社来电话，说什么什么地方完成了 80%，咱也报 800 亩，没有种上也报上了。产量每人平均最多 150 斤至 200 斤，我们报了 360 斤。公社开会就表扬我村了。地里被人家偷了，不能说地里没有收成，说东西流失了。

问：管理不好，虚报，原因是什么？

答：主要是 1960 年比着虚报。

问：我采访不少老人，他们说他们的父母在 1960 年死了？

答：1960 年雨水勤了，不长庄稼，种上庄稼不行就种萝卜，种萝卜也不行。我去反映，才引起公社重视。1960 年不行，1961 年就开始好了，1963 年就收了，那年不错，1962 年也不行。

问：1960 年是最困难的时候？

答：是的。

问：死人不是 1960 年吗？

答：说死就死，何青（?）不行了，请医生吧，给他号号脉，给他点药吃，出来说咱不行了，到家就死了（插话：可能是一种瘟疫）。就是饿的，体质下降（插话：在马安河你拿着东西，上来抢你的东西吃）。

问：这边有很多饿死人吗？

答：1960 年咱这里有七八十人死亡。

问：你记忆力很好。

马万盛（1928 年生）

时　　间：1994 年 8 月 17 日
访 问 者：中生胜美
场　　所：马万盛家

【个人情况】

问：你是马万盛，胜利的胜呀？

答：茂盛的盛。

问：你 66 周岁？

答：1928 年出生。

问：你父亲叫什么名字？

答：他叫马忠信。

问：你现在和老大在一起？

答：跟老三过。

问：所以你和你的老伴，还有老三，老三的媳妇，还有你孙子，有几个孙子？

答：一共 4 个孙女。

问：你是马家第几支？

答：是二支。

问：和马会祥不一样，马振祥（音）是不是二支？

答：他们低。按家族排辈来说，我是最大的辈。一般的教书的叫爷爷的多。整个家族和整个村来说是最长辈的。

问：你家有没有家堂？有没有祖先牌位呀？

答：现在没有了。

问：“文化大革命”时没有的吧？

答：家堂有。

问：有没有古老的文件什么的？

答：没有了。

问：你有多少亲兄弟？

答：两个。我是老二。

问：你的大哥叫什么？

答：叫马万潮，去年去世了。

问：有没有姐妹？

答：有两个姐妹。都去世了。

问：解放前，“土改”时有几口人？

答：6口人，有土地22亩。

问：相当中间？

答：是中农。

问：你几岁上学？

答：9岁上学，在后夏寨。

问：你几岁毕业？

答：1948年毕业。

问：你上了9年，上中学，在恩城呀？

答：是这样，这当中一段失学，实际上是解放以前上初中。

问：念书回来在恩城？

答：济南。

问：在济南上了几年？

答：3年，不，是4年。

问：1948年，济南还没有解放？

答：这里解放了。

问：你上中学时国民党和共产党打仗？

答：正是在那个时候，解放军打济南的时候。

问：你中学毕业以后干什么？

答：1948年解放，我说4年毕业以后正是解放了。解放了没有回家，就考了商业专科学校。

问：上了几年？

答：一年。那时叫中专。

问：后来呢？

答：就参加了工作。

【渤海的工作与运动】

问：什么工作？

答：那时的行政区有渤海区，是个比较大的行政区，有鲁中南，有渤海，连现在的惠民地区加德州都属于渤海。我分配到渤海行署。

问：渤海区在山东？

答：是山东。

问：干什么工作？

答：一开头是会计工作。原先商业专科学校专业就是学的会计。

问：你20岁以前就到了渤海区？

答：差不多。

【归乡】

问：你什么时候回来？

答：1962年。

问：在渤海区时是不是在惠民工作呀？

答：是的。

问：你开始工作是1949年，21岁工作，直到1969年，34岁才回来。你什么时候结婚？

答：我是17岁结婚。

问：是后夏寨村的人吗？

答：是本地人。

问：她娘家在哪里？

答：离这15华里，现在是王打卦乡桥头王庄。

问：你的老伴和你一起去济南呀？

答：噢！是这么回事。

问：你父亲是干什么的？

答：农民，也季节性地做买卖，以农业为主。一般是贩卖牲口。

问：过去做牲口买卖的人比较多吧？你们以养驴、养马、养羊什么为主吗？

答：以养驴为主。

问：土改时你在外工作了？

答：没有，土改时我还没有工作，我还上学。

问：土改时6口人没有你的地了？

答：没有。

问：你在渤海地区主要工作是会计，是

国营商业，还是哪一方面的商店？

答：分两步，第一步是在省监劳改队建的工厂里，尔后在国营工业，我学的是成本会计，成本就是工业。

问：你的工厂做什么？

答：榨油厂。

问：国营工厂，“三反、五反”你知道吧，你的工厂怎么样？

答：如果“三反”发现有问题时，比较重大的贪污，一般是我去核实账目。

问：“三反、五反”以后比较大的运动是什么？

答：1952年“三反、五反”。

问：统购统销是什么时候？

答：我忘记了。

问：你是城市户口？

答：现在不是（插话：他因病回来的）。

问：“反右运动”？

答：我在那里呢。

问：你们有没有批评知识分子？

答：也有打成“右派”的。

问：什么理由？

答：一开始是发动帮助党提合理化意见，尔后有一部分人投机，后来中央下指示，只要反对“三面红旗”的打成“右派”。

问：你1962年为什么回家？

答：我有病，也由于家庭生活困难。

问：你那时在渤海地区，城市户口吃是没有问题吧？

答：本人是没有问题，一个干部不管怎么说，最低每月28斤面粉，没有问题。

问：你家有几口人？

答：最困难的是就我一个人，家人都被动员回老家了。因为困难时，尽量动员，他们是1958年回来的。

问：你老大什么时候出生？

答：今年44岁（虚岁），1951年出生。老二32岁，1962年出生。

问：你回来时就你的老伴加上老大和老二？

答：还有一个姑娘。

问：你大闺女什么时候出生？

答：1957年出生。

问：你把老伴和孩子放在后夏寨，你一个人在渤海工作呀？

答：是的。

问：这是上面的命令回老家？

答：动员的。

问：那时这边很困难吧，没有饭吃呀？

答：是。

问：那怎么办，特别是1960年很厉害呀？

答：是的。

问：那你从渤海买粮食带回来呀？

答：基本上是这样。

问：一般是在城市工作的人不允许将粮食带回农村吧？

答：一个是不允许，同时基本上也一样。

问：1962年你病了，是经济上原因还是生活上困难？

答：生活上困难，主要是家庭生活。1962年时，有我父母，再加上两个小孩。

问：家里需要你回来吧？

答：生活困难需要我回来，主要是我有病。

问：你的病是原来有，还是后来，运动受了批评？

答：不是。也没有被打过“右派”，整个与政治没有关系。

问：回来种地呀？

答：是的。

问：一般会计回来，很快会当生产队的会计吧？

答：没有。我回来一直没当干部，主要是因为我有病。

问：现在还有病？

答：现在病轻一点。

问：你父母什么时候去世？

答：我父亲是 1962 年，我没有回来就去世了；母亲是 1968 年去世的。

展成德

时　　间：1994 年 8 月 19 日

访 问 者：中生胜美

场　　所：展成德家

【娶亲行列】

问：你是十里铺什么地方人？

答：十里铺展庄人。在这南边，3 里地。

问：小时候你看过娶媳妇的吧？

答：看过。

问：姑娘的衣服是红色的吧？

答：我的记忆当中，是粉红色的。

问：和踩高跷的穿的是一样的吧？

答：差不多，那个衣服不是他们自己的，是从别处借来的或租来的，用完还得还给人家。

问：有没有专门出租的商店？

答：恩城才有，红色，像旗袍一样，上面还有装饰品，还有大帽子。

问：大帽子这儿叫什么？

答：叫凤冠，是满族式样，帽子很好看的。凤冠是铜的或银的，上面有很多首饰。

问：花轿是一抬二抬？

答：一抬。

问：新郎是坐花轿去吗？

答：不是。

问：一般新娘的衣服是谁帮忙穿呀？

答：一般是姐妹和母亲。

问：你有姐妹吗？

答：没有，也没有兄弟。

问：过去都有兄弟姐妹，你这样的很少呀？

答：是的。

问：新娘的头型是不是特殊的？

答：以前没有结婚的姑娘是留辫子，结婚就要梳成鬏，同时要铰脸，用线将脸上的茸毛剪掉。

我姐姐（不是亲姐姐），她结婚时，叫我去，坐在她轿子里，给我一把钥匙，到她屋子里将箱子打开，叫开箱。

问：开箱是什么意思？

答：是一种礼仪。她的箱子都锁着，由新娘娘家的弟弟去开。

问：打扮要多长时间？

答：要有一个半小时左右。提前两天不吃饭，穿新衣服。吃鸡蛋。

问：是不是生孩子的意思？

答：不是，鸡蛋多，含蛋白多，吃了鸡蛋大便小便很少，防止坐炕时去厕所。她来了以后坐在炕上，一天不能动，好多人来闹，她不能动。

问：没出嫁，坐在娘家的炕上吧？

答：不是，未出嫁随便。出嫁那天吃鸡蛋，少喝水。

问：抬轿是 4 个人吧？

答：有四抬大轿，也有六抬大轿（插话：还有 8 个人的）。

问：从娘家出来上轿还有一定的规矩吧？

答：没有什么。

问：出门有没有通过火盆？

答：没有。

问：有没有泼水？

答：没有。

【新郎家的仪式】

问：到新郎家去，有没有人陪着新娘去？

答：有，有开箱的去，兄弟也跟着去，如坐车去，亲戚也去，起码有五六个人。

问：到新郎家放鞭炮，然后下轿有没有红布？

答：有红毡。

问：不允许新娘踩地吧？

答：是的，这儿叫倒毡，从新娘下轿到房子里用红毡。

问：过门有没有仪式？

答：没有什么特别仪式。下了轿以后，有红毡铺在地上，好几块，新娘走过一块向前倒一块，一直到他们院子里。头上盖一块红布叫“盖头”，由过门的嫂子来扶着她。

问：嫂子是新娘家的嫂子吧？

答：是的。

【拜天地】

问：到院子里干什么？

答：拜天地。

问：拜天地新郎就出来了，他们是第一次见面吧？

答：是的。没结婚前没有见过面。

问：拜天地的仪式是怎样的？

答：有人喊，一叩头、二叩头。

问：这人叫什么？

答：叫司仪。他喊一拜天地，二拜父母，夫妻对拜，进入洞房。拜完以后鞭炮就不放了，进入洞房。鞭炮从一进村就放，一直放到新郎新娘进洞房。到洞房锣鼓也不响了，吹的喇叭也不吹了。

问：进入洞房怎么样？

答：由嫂子扶到房里，一起坐在炕上，盖头还盖在头上。

【新娘】

问：什么时候将红布去掉？

答：这时候允许开玩笑，不分男女老少都可以和新娘开玩笑。

问：开玩笑是辈小的人比较多吧？

答：是的。按我们这儿习惯，结婚3天之内没有大小辈。

问：辈小的人也能向辈大的人开玩笑吧？

答：这里是说对新娘，过了3天就不允许了。

问：入洞房吃什么？

答：吃水饺，不是生的。坐到炕上，大家都可以随便开玩笑，开玩笑的时候就将盖头揭掉了。

问：和别的地方有点不一样，有的地方是新郎揭掉新娘头上的红布。

答：我们这儿不是一样。开始吃水饺，有的新娘羞羞答答，有的还哭，不吃水饺，最多吃一两个。

【宴会】

问：中午有什么仪式？

答：请客，都是亲戚。

问：朋友、邻居呢？

答：也请。

问：一直到几点？

答：看情况。中午是亲戚，晚上是朋友、邻居。

问：他们来时带礼物，送钱吧？

答：亲戚是中午饭前来，有记账的，将送礼的名字记下来。

问：这叫什么名称？

答：叫随礼。

问：一般亲戚给得少吧？

答：给得多，邻居和朋友比较少。中午饭比较好些，晚上吃大锅菜。

问：展庄也有碗社吧？

答：有。做菜和碗社是两回事。碗社专管向外借东西，结婚到碗社将桌子和碗筷借来，做菜的就得请厨师。

问：做菜都是男的吧？

答：都是男的。

【闹房】

问：晚上要闹洞房？

答：闹得很厉害。

问：怎么闹法？

答：男方的弟弟闹得最凶，叫她唱歌，叫她们分糖，或者叫新郎新娘当场拥抱接吻。现在好多了。还有将被子里放了好多刺。

问：要放枣子和花生吧？

答：是的。还有栗子。

问：这 3 个有什么意思呀？

答：枣子和栗子，用其谐音早立子；怎么生呢？要花生，生个男，生个女，不要都是一样的。还有的在炕洞里放上辣椒，为的有烟出来呛人。一直闹到 12 点左右。走了还没有完事，新郎新娘睡觉了，窗户下边和门后面还有人，听听他们说的什么话。

问：一般辈分是很重要的，辈小的人不能向辈大的人开玩笑吧？

答：一般来讲是这样，但新娘结婚这一天就不分了。

问：第二天回娘家了？

答：第三天回娘家。

问：那天有什么礼节？

答：就正常了，早上起来做饭。不做饭会成为笑话。

问：还有开玩笑的吗？

答：没有了。

问：早饭有什么仪式？

答：没有什么，结婚仪式已结束了。

【认门】

问：有没有上坟的？

答：没有。

问：那没有向祖先汇报？

答：想一想，记不清了。第二天早上可能要向男方的祖先、长辈叩头，认门。

问：认门，是不是要本家人带点喜礼？

答：要的。

问：给新郎家里人叩头，给些钱呀？

答：五服之内，他的大爷或叔，新娘叩头，要给钱，归新娘自己。由婆婆家的人领着，这是第二天吃过早饭后办。这个风俗现在没有了。由弟弟、妹妹带都可以。

问：第二天除此之外就没有什么特别的仪式了吧？

答：是的。

【回娘家】

问：第三天回娘家什么时候？谁来接？

答：娘家的人来接，男方送，用马车送。

问：新郎也去吧？

答：新郎也去，在新娘家吃饭。是一般的宴请。

问：他们什么时候回来？

答：新郎吃了饭就回来了，新娘要住几天。

问：谁来接新娘？

答：随便了，一般的是新郎。

【结婚仪式变迁】

问：你结婚不是这样吧？

答：不是这样。我是 1975 年结婚的。

问：现在结婚和过去很多不一样了吧？

答：现在结婚比较简单了。

问：你看什么时候开始这样简单化了？

答：逐步的，在我 10 岁左右，新娘还坐花轿，我今年 49 岁，即 50 年代。50 年代末期花轿就没有了，改为骑马，马的头上系上一个红绸子大红花。一般是 3 匹马，新郎一匹，新娘一匹，伴娘一匹，每匹马前面还有一位牵马的。

问：后来骑自行车了吧？

答：60 年代初才有。

问：现在是汽车吧？

答：是汽车。农村我好多年没有去看过了，城里都是坐汽车。这个演变是花轿—骑马—汽车。

问：什么时候开始汽车？

答：城市开始三五年，农村还是骑自行车，坐汽车的不多。我很少回去了，一般回去也不住下，我给他们点钱，吃完饭就回城了。

问：亲兄弟下一辈叫叔兄弟，再下辈叫堂叔兄弟，也有叫堂叔伯兄弟，那再下一辈呢？

答：没有特别的。就是没有出五服的兄弟。

【葬礼的变化】

问：出五服以后有很大的区别吗？

答：有区别，如结婚，新娘第二天只到五服之内的家族，之外就不去了。如果死了人，五服之内给块白布，大一些。

问：过去戴孝衣，样子不一样吧？

答：孝衣是儿子、儿媳妇和闺女穿，孙子就不穿孝衣，光戴帽子，叫孝帽，再下一辈也是帽子，就是三角帽。

问：现在没有孝衣了吧？

答：还戴孝帽。

问：现在办白事比过去简单了吧？

答：是简单了。

问：平原火化现在才开始吧？

答：早就提倡，真正推行是 80 年代。

问：由“文化大革命”后，这种风俗、习惯变得越来越快了？

答：旧习惯。

问：现在还买棺材？

答：农村还有。

问：法律有什么规定？

答：没有法律规定，只是号召。一般村里人去世，火化，骨灰放到骨灰盒里，搞得好的农村，有一个放骨灰盒的纪念堂，不好的村子，买个棺材，将骨灰盒放到棺材里埋掉。

问：和原来一样吧？

答：过去复杂了，办丧事要花好多钱。死者放在家里，让人来吊唁，最多的放 21 天。

问：不是七七四十九天呀？

答：没有。有一个星期，两个星期，三个星期。有钱的建一个很大的牌坊，吹喇叭。

问：现在也有吹喇叭的吧？

答：有，很少。

问：吹喇叭的是专业的吗？

答：都是业余的，他们平时参加劳动。由于他们有一技之长，集中到一起，参加红白喜事。

孟庆凯（1962 年生）
陈红静（1965 年生）

时　　间：1994 年 8 月 13 日上午
访 问 者：小田则子
翻　　译：刘贵敏
场　　所：孟、陈夫妇经营的店铺兼住宅

【柳编生意】

问：你叫什么？

答：孟庆凯。

问：你爱人的名字？

答：陈红静。

问：陈红静有兄弟姐妹吗？

答：有。有一个哥哥，一个弟弟，一个妹妹，共 4 个。

问：你从哪个村来到这里？（问陈红静）

答：陈屯。

问：离这里远吗？

答：不远，七八里路。

问：孟庆凯你有兄弟姐妹吗？

答：一个姐姐，一个妹妹。

问：你们从后街搬到这里？

答：对。

问：为什么选择这里？

答：你说得对，从后街搬到这里来了。为了做生意。

问：现在做买卖？

答：做生意。

问：搞柳编？谁做生意？谁搞柳编？

答：也是我们俩。

问：搞柳编谁为主？（问陈红静）

答：我为主。都是女孩编。

问：做柳编的工作是你丈夫开始的，还是你开始的？

答：我丈夫开始的。

【孟庆凯的经历】

问：你上过小学？

答：小学 5 年，中学 3 年。

问：毕业后从事农业生产？

答：对。

问：之后又干什么？

答：在十里铺工业上干过一段，后来来到这里。

问：你在小学工作过吗？

答：没有。我父亲在小学教书。

问：现在他还在那里工作吗？

答：现在在家，已退休。

问：你在工业部门干什么？

答：临时工。

问：具体的工作也是卖东西？

答：卖农用物资，如化肥等。

问：你什么时候开始柳编的？

答：1984 年。1982 年和 1983 年在十里铺乡的门市部卖东西。

问：你干商业有点基础？

答：对。

问：你在十里铺乡门市部卖东西时结识了很多人，才有经商的想法吧？

答：对。

【经营商店】

问：你怎么想经商的？

答：学木工、瓦工都学不来，干别的事不行，过去我干过这一行，熟悉一些。

问：地种不好？

答：种地效益不高。

问：你做买卖一年有多少收入？

答：没有固定收入，因为自己干的，没有盘点。

问：一个月多少？

答：今年比往年多些，化肥销得好些。

问：柳编呢？

答：生意不太好做。

问：为什么？

答：现在国外订货少。

问：你经常到天津市去吗？

答：搞柳编经常去。

问：今年为什么想做买卖呢？

答：柳编不太好搞，今年自己新盖的房有地方，也不出门，搞别的事没基础。

问：你的货是从哪里来的？

答：从县城。

问：像你这样做买卖的村里还有吗？

答：有一家，他是国营供销社的。个人的没有。

问：你们村里人到你这里来买东西吗？

答：来。附近村庄的人都来。

问：听说你们去年搞柳编有个中心，现在怎么样了？

答：今年也不太行，前几年很好，现在很多人都改行织地毯。

问：你们经营吗？

答：不经营，搞柳编的都是小孩们。

问：柳编都停了吗？

答：还有，不多了。一部分人改行了。

【陈红静的家庭】

问：她想了解你娘家的事情，你的家族的情况。你出生在哪个地方？

答：陈屯村。

问：哪年出生？（问孟庆凯）

答：1962年。

问：你是哪年？（问陈红静）

答：1964年。比他小两岁。

问：还有你姥姥、姥爷吗？

答：没有了。

问：你家里有姐妹吗？

答：有兄妹4人。

问：你兄弟姐妹4人都是谁？

答：一个哥哥，一个弟弟，一个妹妹和我4个人。

问：你是哪个小学毕业的？

答：陈屯。

问：上过中学吗？

答：上过两年中学。毕业后就不念了，共上7年。

【柳编】

问：初中毕业后干什么？

答：编篮子。

问：你妹妹呢？

答：也编这个。

问：你爸爸妈妈都在吗？

答：在。爸爸69岁，妈妈67岁。

问：他们干什么？

答：干农活。我爸爸是保管。

问：家里有地吗？

答：有。他们也退休了。

问：你帮助你母亲做家务吗？

答：做。

问：干什么家务活？

答：做针线活，喂猪，做饭。

问：你会纺织吗？有这类活吗？

答：有。

问：你还记得你姥姥的事情吗？

答：姥姥家太苦了。

问：你姥姥缠足吗？

答：是。她今年死的，要活着今年是95岁。

【缠足】

问：你姥姥给你讲过她缠足的事情吗？

答：讲过。据说缠成小脚好找婆家。缠脚很痛苦。解放以后毛主席说不让缠足了。

问：几岁开始缠脚你知道吗？

答：听说十来岁开始缠。

问：怎么缠？

答：把脚趾除大姆趾外都弯起来，用这么宽的大白布缠起来，很痛。

问：村上裹脚的人很多吗？

答：从前都裹，现在没有了。

问：一个村的妇女都裹脚？

答：旧社会都裹。

问：你母亲呢？

答：我母亲也裹了，后来又放开了。

问：什么时候放开的？

答：不知道，只听他们说，骨头都弄断了，很痛啊，所以后来放开了。

问：你听说裹脚后有什么感觉？

答：裹起来不能走路，很痛，干活也

没劲。

问：她不愿意吗？

答：是不愿意。

问：比方说，你姥姥和你妈妈命令你必须裹脚。你怎么办？

答：不让她们裹，放开，裹脚没有用，干活也不能干。

问：我们路过一些地方看到一些老大娘还裹着脚，你看到她们是什么心情？

答：她们已放不开了。心里不舒服。

问：你奶奶也裹脚？

答：裹脚。奶奶还在。

问：你看到你奶奶的小脚是怎么想的？

答：她们裹脚是强制性的，现在不裹了。

问：你姥姥裹脚有些什么想法，你还记得吗？

答：她说当时大脚不好找对象。财主家不要大脚的，要小脚的媳妇。

问：你姥姥裹脚有没有不乐意或反抗的情况？

答：听说都裹，女人大手大脚让人家笑话，那时是流行的风俗，都那样，不那样就特殊了，不愿意也得裹。

问：解放时都放开了？

答：解放后都放脚了。还没有完全裹死的就放开了，已裹得骨头断了的就放不开了。

问：不裹后男的反对吗？

答：都不裹脚了，反对也不行。

问：哪年解放的？是1946年还是1947年？

答：我不记得。

问：是公布《婚姻法》后才不裹脚了吗？

答：我不记得。

【家务分工】

问：你做买卖很忙，家务活怎么办？

答：抽空做家务，没人来买东西时就赶紧做饭。

问：孩子怎么办？

答：孩子大了，出去玩，到奶奶家或姥姥家。

问：今天到哪里去了？

答：去陈屯啦。

问：经常去姥姥家吗？

答：不经常去，主要在奶奶家。

问：你丈夫也洗衣服吗？

答：他不洗，闲坐着也不洗。都是我洗。有的家庭男人也洗，他这个人特殊，不愿干这些。

问：你有没有让他帮助？

答：他不干。有时候做点菜。

问：他帮助你做饭吗？

答：有做，有干粮时他炒菜，主要是我干。

问：买东西的钱怎么办？

答：放在那里两个人随便用，我们做买卖的舍不得用。

问：你卖东西还要得到你丈夫的允许吗？

答：不用，有人来买就卖。

问：比如说买冰箱、电视？

答：还得两个人商量。买衣服我买一件给他买一件。

问：你自己买了衣服没给他买，他反对吗？

答：他不愿意，先给他买。给他买花20元，我自己买差点的。

【计划生育】

问：你们的孩子是男孩吗？

答：是。

问：你准备让他上学吗？

答：上学。现在攒钱，高中、大学都让他上。有条件就让他上。如果他学习不好也没办法。

问：计划生育只生一个，如果让生你还

生吗？

答：我还想要一个，因为我这个孩子太老实，独门独户，我要一个也行，自己生一个也行。现在罚钱不让生，得偷着生。

问：不是计划生育吗？怎么办呀？不是一个月检查一次吗？

答：带着环呢。村里不让要，一般的不让要，只能生一个。村里进行宣传。

问：具体的怎么宣传，是把你们集中在一起吗？

答：不让要。开会，查体，计划生育外怀孕的让流产。有准生证的才让生呢，没有准生证不让要。

问：怎么开会？

答：3 个月查一次体，乡里来人。

问：最早什么时候开始计划生育？

答：好多年了。

问：对多大岁数的人进行计划生育教育？

答：年轻的，45 岁以下的能生育的。

问：14 岁以后开会吗？

答：结婚以后才开会呢，公社来人，有时到乡里去。

问：怎么查体？

答：用仪器。有一种仪器检查时，响了就是已怀孕，不响没怀孕。

问：有拒绝检查的吗？

答：过去有，现在没有，对不去的罚钱。吓唬呗，人们都去。

问：像你这样还想要第二个孩子的多吗？

答：比较多，愿意要兄妹两个。一个孤单。

问：你们两个是经人介绍结婚的吗？

答：经人介绍的。

问：请你介绍一个你们结婚时来了多少人，请了多少客，行吗？

答：都是随礼的人来，我们收了三四百元。

问：来了多少人？摆了多少席？

答：都是亲戚。几席记不清了。

问：你们结婚时两个村的来，还是只有亲戚？

答：亲戚？邻居。

问：你们一块吃饭吗？

答：对。

问：你们结婚有哪些规矩？

答：按一般风俗，早晨起来接新娘，太阳出来的时候，开车去。

问：坐什么车？

答：小轿车。

问：回来以后呢？

答：回来就招待客人，娘家过来一些亲戚，还有村里一些朋友来祝贺。

问：随礼的来了多少人？

答：不记得了。

问：你们村里人都来了吗？

答：对。基本上每家来一个人。村上的朋友。

问：你的孩子在哪儿生的？

答：在丈夫家生的。

问：有人帮忙吗？

答：在医院生的。

问：你生孩子谁照顾你坐月子？

答：俺娘。

问：你母亲照顾你多少天？

答：十来天。以后自己就行了。

问：她生孩子时你帮忙了吗？（问孟庆凯）

答：他不帮忙。（陈红静答）

问：帮助抱孩子吗？

答：在家时帮助。

问：你妻子想让你们的孩子上学，你想让他干什么活？

答：上学，没知识干什么都不行。

问：假若不能上学，你希望他干什么？

答：不认字不行。

【化肥、农药、杂货的贩运】

问：你这化肥是从哪里来的？

答：化肥厂。

问：化肥厂在什么地方？

答：平原县化肥厂。

问：都是从化肥厂来的？

答：碳酸氢氨是从化肥厂来的，有的是从平原县生产资料公司进的货。

问：都是通过熟人买的吗？

答：不是，有部门管理统一销售价格，从门市部购的。

问：日常用品从哪里来的？

答：恩城镇。

【柳编买卖】

问：你们柳编的收入还有吗？

答：没有了。

问：现在都没有了？

答：我们没有了，改行了。

问：原来搞柳编的人都卖到你们这里来，这些人怎么办？

答：俺村还有一家干，送到他们家去。

问：那个人叫什么名字？

答：张良友。

问：他是怎么开始做柳编生意的？

答：他比我早。河北省那边过来的货他代收。外地与我有订单，我去当地找个人代收。他是接别人的单子，替河北代收。

问：你当时搞柳编，方便了大家，现在他一个人搞就麻烦了，是吧？

答：对。我们减少了这方面的收入，他们也改为织地毯或干别的了。

【商店】

问：你收柳编很辛苦吧？不再做这种工作的想法是什么？

答：这项工作效益比较高，柳编有时赔钱。

问：一个月收入多少？

答：三四百元，在农村就了不起了。

问：村里人买多少肥料？

答：这是季节性的。不光我们村使，别的村也来买。今年计算起来有50多吨，南边买得多。

问：附近都是哪些村？

答：孙庄、王庄、前夏寨、刘王庄，这是由这个村往南，往北到恩城了。最少有4个村，后夏寨也买，因为我从厂里进货价格低点。

问：你刚才说的50吨是指今年呀？

答：今年。50多吨碳氨。

问：他们为什么到你这里来买？你做广告啦？

答：赶集，他们都赶恩城集路过这村。

问：现在买你东西的人多起来了，你有没有扩大经营规模的想法？有雇人的想法吗？

答：有，做买卖的都想从小到大。

问：你夫人帮你干什么事？具体的事。

答：我外出他在家帮助销货。

问：谁结算？

答：有时候用脑子算，有时候用计算机算。我们两个都可以算。

问：如果还有比这更赚钱的买卖，你会去干吗？

答：有这想法，有更好的买卖会去干的，现在没有这情况和条件。

问：你们现在搞个体经营，村上的人怎么看待你们？

答：他们都很高兴，这个店是从小到大干起来的。

问：你们的收入比较高，有羡慕和妒忌的吗？

答：这种情况倒是没有。别人也想干，但没有基础。

问：你干这个，家里人反对吗？

答：不反对，他们支持。

问：土地承包了，你怎么办呀？

答：本村人租种着呢。

问：你不种地了？

答：不种。

问：你的父亲还健在吗？

答：在。

问：他住在哪里？

答：住在街里。

问：住在村里吗？

答：对。与我奶奶和母亲住在一起。3 个人住在一起。

问：你哪年哪月开始做买卖的？

答：去年 12 月开始的，天已冷了。

问：是你两个商量的，还是你丈夫决定干的？

答：两个人都同意。

问：平时有做买卖的想法吗？

答：有。

王会远（1917 年生）

时　　间：1994 年 8 月 13 日下午

访 问 者：小田则子

翻　　译：刘贵敏

场　　所：王会远家

【王姓家族】

问：你们兄弟几个？（看王姓家堂）

答：3 个。

问：他们的名字？

答：老大叫王道远，我是老二，老三是王泽远，道远、会远、泽远。

问：你父亲的名字叫什么？

答：王保堂。

问：你父亲有兄弟吗？

答：也是兄弟 3 个。大的叫保田，老三叫保山（音）。

问：你父亲是老二？

答：对。

问：你爷的名字？

答：王寿贵。

问：你爷爷有兄弟吗？

答：有。也是兄弟仨。寿富是老大，我爷爷是老二。

问：你还记得你爷爷的父亲的名字吗？

答：王好成（音）。

问：再往上还记得吗？

答：再往上就看这个吧（指家堂）。

问：你的儿子？

答：王明凤。

问：你还有别的孩子吗？

答：就一个儿子。

问：你兄弟 3 个？对吗？你是老二还是老三？

答：老二，泽远是老三。

问：道远的儿子叫什么？

答：王明高。

问：泽远的呢？

答：也是一个。他叫明山。

问：你奶奶叫什么名字？

答：那时没名，叫什么氏。

问：你母亲的名字，上边也有吗？

答：也姓王，王王氏。

问：你儿子的爱人叫什么？

答：赵贵荣。

问：你脑子真好。

答：（有人插话）他还能看书呢，脑子是好。

问：看什么书？

答：小说。现在不怎么看了。这些字看不很清，也能认出来。

问：看《水浒传》、《三国演义》吗？

答：看过。

问：还看过什么书？

答：《西游记》、《隋唐演义》。

问：明凤他们有孩子吗？

答：有。

问：他孩子的名字？

答：大的叫王俊祥。两个男孩，3 个闺女，二儿子叫王忠祥。

问：女儿呢？

答：大女儿叫王秀芝，二女儿叫王秀兰，三女儿叫王秀静。

问：明山的爱人叫什么？

答：不知道她的名字，姓雷。

问：明山儿子的名字？

答：大儿子叫王洪涛，二儿子叫王洪勇，有个闺女叫王洪丽。

问：道元的爱人的名字？

答：那时候也没有名，叫王什么氏。

问：道元的儿子的名字？

答：已写上了，叫王明高。

问：王明高的爱人的名字？

答：马建英。

问：他们的孩子？

答：3 个儿子。

问：叫什么？

答：大的叫王吉祥，二的叫王发祥，老三叫王吉昌。

问：没有女的？

答：没有。

问：他们都结婚了吗？

答：除王明山的一个儿子没结婚外，都结婚啦。没结婚的也快结婚了。

问：哪个没结婚？

答：王明山的儿子王洪涛，这个（指家堂中人）也没结婚，他俩没结婚。

问：已经结婚的？

答：他这个和他这个都结婚了，他们 3 个都结婚了。

问：他们妻子的名字？

答：王俊祥的妻子叫闻秀云。

问：有孩子吗？

答：有。叫王丹丹。

问：他妻子的名字？

答：你二嫂叫什么？王艳君。

问：他有孩子吗？

答：有。一个女孩，叫王园园。

问：还有第三个呢？

答：他们都有孩子。

问：他爱人的名字？

答：叫牛俊文。

问：有小孩？

答：有一个男孩。叫王富东。

问：王发祥的爱人？

答：孔什么？不清楚。

问：有孩子吗？

答：有两个。男孩叫王富强，女孩叫王富秀。

问：王吉祥爱人的名字叫什么？

答：韩艳霞。

问：有孩子吗？

答：两个女儿。大的叫王富丽，二的叫王富婷。

问：这就是你们的大家庭吗？

答：对。是我们整个的大家庭。

问：想问问老爷子。你年轻时就喜欢读《三国演义》这些书吗？

答：那时候有精神，现在不行了。

问：那些书是个人买的还是借的？

答：有买的，也有借的。我买的那些烧家堂的那年都清理了。《四书》、《五经》、《左传》、《论语》都烧了。

问：“文化大革命”时吗？

答：对。

问：《水浒传》你喜欢哪一段？

答：记不清了。主要人的名字还记得。

问：你还记得武松打虎这段吗？

答：有。武松上景阳冈喝酒后赶路，人家说有虎，他不听，路上真遇到老虎了，这时打的虎。

问：《三国演义》里的刘备、张飞、关羽你喜欢谁？

答：这 3 个人都喜欢。

【王姓的家庭、坟地、上坟】

问：刚才那家堂什么时候做的？

答：有几年了。那年烧家堂后，有十来年啦。

问：“文化大革命”时烧了？

答：对，以后又重新请的。

问：具体是哪年？

答：60 年代“四清”后“文化大革命”时烧的。20 多年了。

问：在什么地方烧的？

答：敛走了，没见烧。

问：你们这家堂是你家的，还是一个族的？

答：一家。

问：一家一个？

答：对。

问：他们这一家？

答：是。他们整个一个大家庭。

问：他们还有一个？

答：还有一个。王建国他们还有，一样。

问：这个族里有多少家堂？

答：家谱里写着始祖呢吧，这些人是一个族，家堂都是一样的。如王会远一个，王泽远一个，王道远他这里一个，三大支都是一样的。

问：春节或新年的时候拿出来大家拜，是吗？

答：对。

问：现在还有这种习惯吗？

答：有。

问：春节是哪天挂出来？

答：年三十的下午。

问：家堂前边放着供吗？

答：放。

问：都供什么东西？

答：现在供鲜果，如苹果、枣、点心、水果之类的东西。

【拜年】

问：年三十挂出来，初一那天做什么？

答：初一不干活，拜年。

问：同一个家族的人一起来拜年吗？

问：还这些人一起见面？

答：一起见面。

问：在哪里见面？

答：会远、泽远，这个去世了，不去世的中就属他大，就到他这里来。

问：到年龄最长的家里去？

答：对。

问：一个一个地来还是一起来？

答：大年初一早晨 4 点来钟起床，下饺子，吃完饺子就拜年，先到为主的这家来，拜年就要磕头。

问：给他叩头？

答：对。先给他叩头，因为他是长辈。然后再给比他小一辈的去磕，轮着来。

问：“文化大革命”时也这样吗？

答：“文化大革命”时禁止拜年，没有磕头的。

问：后来什么时候又兴起拜年了？

答：没断过，不让拜年时一家人还是拜。

问：磕头从什么时候开始？

答：“文化大革命”时干部们只宣传不让拜年，实际他们也不管，人们还是磕头。干部宣传不让拜年，实际上他们回家后也拜年。

问：不能忘了祖宗。

答：对。

【坟地】

问：地都是承包的吗？

答：都是承包的。

问：哪个人承包？

答：（孙子插话）有二队上的，也有三队的时候。两个队的户承包着。

问：不是王氏家族的人承包？

答：不是。

问：解放前，坟地那生产出来的东西怎么办？

答：一块地里有几个坟，谁种着这块地，谁管理坟，产的东西谁种谁要。

问：死了人都可以在坟地里埋吗？

答：其他人不行。

问：坟地已承包给人家种了，如果家里再死了人埋在地里，占人家的地不影响收成了吗？这怎么办，你们给他们保险之类的东西吗？

答：不给赔偿，死人了还在地里埋葬。就这么个习惯。

问：解放以后坟地一直在那里，移动过吗？

答：没有。

【“土改”和坟地】

问：“土改”时分地，坟地被分了吗？

答：与我们没关系，一直在这里。

问：坟地跟种的地不一样吗？

答：种的地包括坟地，一个坟头减去2元钱。

问：这是什么时候的规定？

答：1980年或1981年规定的。

问：1981年开始承包的吗？

答：对。

问：从1981年开始承包，再被人破坏庄稼赔偿吗？

答：不赔偿。

问：你刚才说的赔2元钱是怎么回事？

答：那是对集体，与户之间没有事，不是人与人之间的事。

问：“土改”时包括坟地吗？怎么分的？

答：“土改”的时候丈量土地，坟地也包括在内，因为坟地占不了多少地。

问：“土改”时坟地怎么办呀？

答：那时是集体所有制，全在队上呢。

问：所有权在生产队？

答：对。

问：包括坟地？

答：是，包括。

问：“大跃进”你知道吗？

答：我不知道。

问：“土改”时坟地怎么办？

答：如你家是5口，根据人口，你的地多就拿出点来，不够就添上点。按咱村说一人2亩地，5口人给10亩地。

问：坟地也在10亩地里吗？

答：包括在里面，不另算，都在10亩地里啦。

问：如果人少，3口人3亩地，里边有一部分包括坟地，是吗？

答：是。

问：如3口人6亩地，里边也有坟地吗？

答：也可能。你的地不包括自家的坟，也就是自家的坟地不在自己家地里，在别人的地里，坟地跟着地走。

问：为了增加耕地面积，把地里的坟都平了，有这事吗？

答：前几年有这事，俺这里没平，只把上边去了一点，就算了。

【家堂】

问："大跃进"时吃大锅饭，那个时候还挂上家堂拜吗？

答："大跃进"开始与家堂没关系，后来破旧立新，把古书烧掉，家堂拿掉，把这些毁了。

问：解放以后还有拜家堂的吗？

答：解放前后都有。咱这里是1949年解放的，那时很注意家堂。老年很重视。

问："文化大革命"前就挂？

答：挂，一直挂。

问：每年都挂？

答：对。

问："文化大革命"时停止挂家堂了吗？

答：没有都停，停了一两年。

【上坟】

问：春节上坟吗？

答：上坟。

问：清明节？

答：清明节，七月十五、十月初一都上坟。这都是旧历。

问：正月十五上坟吗？

答：不上坟。

问：是你们一家去还是一个大家族去？

答：这情况不一样，春节就是一个大家族一块去，十月初一、阴历七月十五和清明节去一个人就行。

问：春节都去？

答：对。像俺男的都去。

问：一块去？

答：去。

问：那时候上供烧纸？

答：对，烧纸。

问：这种习惯什么时候开始？

答：年三十就过春节。

问：解放以前就这样？

答：是。

问：解放以后也这样？

答：也这样。

问：什么时候取消过？

答：就"文化大革命"中有一两年（其孙插话）。

问："文化大革命"中有几年不让请家堂、拜年？

答：记不清楚。基本上没有停止，就是不大张旗鼓地拜了，偷偷的还是拜。上坟更没断。

问："文化大革命"中还是这样？

答：对，"文化大革命"中没停止过。

问：那时不敢公开地拜年和挂家堂，那怎么办呀？

答：不让公开地挂，偷着挂，不让白天挂，晚上挂。

问：老爷爷你累吗？

答：不累。我还赶集去呢。

【王姓的起源】

问：你的祖先是从山西来的吗？是从明朝来的？

答：是从山西省洪洞县来的，大约在明朝洪武年间。

问：明朝你老祖先的事你知道吗？

答：在山西的事咱怎能知道？来到这里已六七百年了。

问：同姓姓王的都在这个村子吗？有在外村住的吗？

答：我们这王家外村没有，都在这村，外村是另一王家。从山西来的不是一个县。

问：住在其他村姓王的不是同一个族，是吗？

答：不是同一个族。

问：这一家族的坟地从明朝就在这里吗？

答：最早在孙庄后头，有 3 座坟，“文化大革命”时找不到了。

问：是姓王的一个家族的吗？

答：是。从前我们不在这里，孙庄东北角有个小村，有几家人家。

问：小村里还有别的人家吗？

答：有，到城里去了一家，我们到这里来了，其他的不知道了。共四五家，年头不好、在那里住不下去了，就搬这里来啦。到东北去了一家，与我们是同一王家，现在已没人了。

问：什么时候搬到这里来的？

答：我不记得。

问：你到老坟地去过吗？

答：去过。去过好多趟呢，以后找不到了。那个村叫王家赵庄。

问：解放前去过？

答：解放前后都去过。

问：哪年没有老坟的？

答：“文化大革命”。

问：你们一个大家的人都去上坟吗？

答：不都去，去三四个代表。

问：带供品吗？

答：带，有时候带西瓜去。

李海彬（1925 年生）

时　　间：1994 年 8 月 14 日上午

访 问 者：小田则子

翻　　译：刘贵敏

场　　所：平原县招待所

【少年时代与参加革命】

问：看样子你 60 岁？

答：70 虚岁，我家是河北省枣强县，小时候我的家庭不太好，很穷，15 岁到了天津当学徒，学织布。

问：以后干什么？

答：到 19 岁从天津回到老家，在老家待了几个月之后，就参加工作了，参加了抗日游击队，当时日本鬼子在中国，正是猖獗的时候，1964 年我 19 岁就参加革命了。我们西边有条通天津的运河，我的老家在河北，这时到山东啦，那时不分界限，抗日政府。只有什么什么边区，河北称冀，山东省称鲁，河南省称豫，统称冀鲁豫边区。就在这一块活动。城镇的地方都让日军占领了，我们在农村流动，打游击。我来运河东边以后，1946 年开始反攻了，解放城镇，我到山东来就是中央让我们来解放中小城市，是奉命来的。

问：你是什么时候从河北省到山东的？

答：可能是 1945 年。

问：从农村向城市反攻时，你具体做哪些工作？

答：当兵，扛枪打仗。运河以东这几个小城市都是我们解放的，如武城、临清、茌平、高唐、夏津，原来有恩县，现也没了，改成平原啦。我出来之前，在我家门口往县城里有日本人，但是他们不敢出来，我们那时公开出来没事儿，他想出来得给我们先打个招呼，才让他们走。我们那边没事了，我们不管他了，就往东来啦。我来运（河）东来之后，在这个地方没有见到日本人，他们已缴枪投降了。剩下来的是一些中国人，原来给日本人服务的，我们叫他们伪汉奸，由他们统治着，真正的日本人已经走了。一部分人缴枪了，一部分人走了。

问：1949 年以后你在哪里？

答：1949 年以后我就在这里工作了，不打游击了，1948 年就开始在这里了。

问：具体干什么工作？

答：在这里我什么都干过，干公安时间长，也干过法院院长，也干过公社书记，也干过县长、副县长、县委书记。我文化不行，只上过两年小学。

问：哪年当的公社书记？

答：1964 年、1965 年，任四女寺公社书记。

问：离这里远吗？

答：四五十里路，属武城县。

【公安局长、法院院长】

问：你在任公社书记前在法院吗？

答：法院院长。县法院院长。

问：哪个县？

答：平原县法院院长。

问：哪年？多长时间？

答：1954 年、1955 年、1956 年，可能在这段时间。我干得很全，干过政法。

问：在院长之前是公安局吗？

答：对。是公安局。平原县公安局。

问：你具体干什么工作？

答：股长、分局长，后来调到法院。

问：具体做什么工作？

答：那时很简单，对敌斗争。国民党在这里很猖狂，日军走后，剩下国民党了。这个县城，是国民党把日本人留下的那些人接收下来，收编成国民党的人了。这个地方就乱管啦。

问：法院院长干什么呢？

答：处理案子。公安局侦破一些案件，他不能判决，判罪是法院的事，公安局审结完成之后交给法院，法院再判决，或者是死刑，或者是徒刑，或者释放。这些由法院办，公安局不管。

问：你什么时候不当公社书记啦？

答：记得是 1966 年，后来当了副县长，管农业。在平原县干了一年又调到武城，还干这个。

问：武城是哪个字？

答：文武的武。

问：你什么时候当的副县长？

答：1966 年、1967 年这段。

问：什么时候不干了。

答：这时开始“文化大革命”，成了“当权派”，整天挨斗，成了批斗的对象。大概有十来年。“文化大革命”结束的时候，我又调到这里来啦。

问：“文化大革命”是 1977 年结束的？

答：是。

问：“文化大革命”结束后你干什么？

答：到这里来当县委副书记、县长，没文化，万金油。

问：是乡的书记还是县的书记？

答：县的书记。

问：现在已退休了吗？

答：退啦。

问：哪年退的？

答：已 8 年了。老了，有些事想不起来啦。年轻时没有文化，脑子好，如开会时很少记录，用脑子记，回来后照常传达。打游击的时候还让有记录本，即使是有记录本，也是自己造的字，丢失后，别人看不懂，养成了这个习惯，开会只是听，记在脑子里，回去传达。后来一搞经济建设，不摘记录不行了。

问：你哪年在公社当书记？

答：可能是 1962 年或 1963 年。

问：当公社书记之前当法院院长？

答：是。院长之前是公安局分局长。

问：你当法院院长的时候处理一些案件，其中什么样的案件比较多？

答：反革命案件比较多。因为刚解放的时候，国民党的残余势力在这个地方统治的时间比较长。日军走了之后，紧接着是国民党，他们更厉害啦。

问：你印象中处理反革命案件，一个月能处理几件？

答：那不一定了。

问：一年也行。

答：记不清。基本上是这类案子。

问：处理这些案子是大家商量，还是你自己决定？

答：上级也有原则，当时法律不健全，还没有法律，根据原则，根据情节大小、轻重定案。

问：不是你自己定？

答：不是，当时党政负责人不参加，小案件就不用了。只要是10年以上徒刑的，比较重的，县的党政负责人参加研究，小的可以，小的法院有权处理。死刑必须由省、地区掌握。

问：你现在脑子里还留下什么印象吗？比如印象深的案件。

答：具体记不清了，档案里比较全，自我任职开始都有档案了。打游击的时候没有档案，处理完之后就什么都没有了。如我在东边那里杀一个坏人，这个人够死刑了，也不抓他，也不审他，派我们去后杀他，事完之后贴个小布告，说明为什么杀他。杀完后，什么也没有留下，从我们刚开始建档案了。一点也不能错。从前没有法律，也没有固定地点住，办完事就完。

【《婚姻法》关联的案件】

问：1956年你在法院工作好像有《婚姻法》啦，这方面有没有犯罪的？你处理过这方面的案件吗？

答：处理过，这方面的案子也有。那时候主要与封建婚姻制度作斗争。中国妇女在旧社会没有地位，从父亲，从丈夫，以后从儿子，比日本有过之而无不及。妇女没有权力，连婚姻自主的权力都没有。

问：想问问你处理没处理过离婚的案子？

答：有。

问：多吗？

答：那时不少。一公布《婚姻法》，有些妇女觉悟起来啦，要求离婚。因为过去是封建婚姻制度，父母主婚，或被人家抢去的，或是买去的。

问：有童养媳那样的事？

答：还有当妾的，中国一个男的找几个女的，一个是妻子，其他是妾。这些妇女也起来啦。

问：那时候一个月有多少离婚的案件？

答：很详细的都忘记了，一个月大概有几十起，一公布《婚姻法》之后，妇女都起来了，妇女要求解决问题的特别少。当时解决得也特别快。

问：都是女的提出离婚吗？

答：也有少数男的提出来的。家庭主婚不管本人同意不同意。男的提出来的这样的多，参加工作啦，或当兵回不来啦，南下了或北上啦！当兵的离家也很远啦，就提出离婚了。那时自己主婚的是极个别的。

问：女的为什么要提出离婚？

答：买的、抢的，父母主婚定的，男的年龄大或缺心眼儿，男的不正派，不是好老百姓。

问：这些女的提出离婚后怎么样啦？

答：那时候一般都解决了。很明显，一般一控诉，到下边一调查，属实。

问：他们离婚后怎么生活？

答：重新组织家庭，离婚后各找各的。

问：你处理的这么多离婚案件，有什么比较印象深的案件？

答：都忘记了，年头太多了。我印象比较深的，比方说，这里有个大营张庄，这个村有个男的在东北吉林那边，日本人在时，他在东北当招工人，日本投降时，一个日本青年妇女害怕，就找到这个男的啦，之后他带着她回老家来了，可老家还有一个妻子，就把领来的日本妇女当他的小妾了。这个案子是我处理的，当时正赶上中央有精神，要动员日本人回国只能动员，不能强迫，尽量把工作做到家，把她送回去了。这工作是我做的，那位日本妇女不干，她给我说日本的制度如何如何，我印象比较深。我对她讲，你不走不行，我们中国是一夫一妻制。后来日本妇女没办法走了。走时给她做的衣服，回国了不像样不行。她到了天津，她说去看她姐姐去，她姐姐在天津，见到她姐姐又不走了，就落在天津了。后来不知这位妇女怎么样了。

问：当法院院长的时候你处理了这么多离婚案件，当时你是怎样想的？那些妇女可怜吧？

答：可怜。要把旧的封建婚姻制度彻底摧垮了，建立了新的婚姻制度，说到家是解放妇女。以后妇女在村里当干部的多了。增加很多农村妇女干部。村里也搞妇女识字班，让妇女上学，慢慢妇女状况好了。

问：“大跃进”时当书记吗？

答：没有。

问：还在法院？

答：是。

问：你当书记时正好赶到困难时候，对不对？

答：我们曾经犯过错误，你说的“大跃进”，过去我们说“三面红旗”，“大跃进”，人民公社，总路线，实际上是刮了股风，特别是共产风。吃饭不要钱，随便，不分你我了，没有界限了，社会主义分配原则不要了，也不是按劳分配了。一下子说谎话的多了，群众生活成问题啦，群众生产也没有劲啦，干半天吃不饱，越不干越坏。刮共产风。

问：生产怎么样？

答：1958 年那年生产不错。

问：有收获得很少的时候吗？

答：上边领导层搞共产风，刮共产风，又赶上下雨，庄稼淹了，有天灾，这样群众生活不行了。天灾人祸，1960 ~ 1962 年生活比较苦。毛主席发觉下边刮五风，特别是共产风，直接下命令。毛主席一“点”，我们很快转过来了，之后赶紧抓群众生活，安排群众生活。

【人民公社时期的工作】

问：你当公社书记时具体抓了哪些事情？

答：干了一两年。正赶上纠正五风之后，生活很困难，我们都到下边去抓生产救灾，一边抓生产，一边抓救灾。生产自救。

问：是从公社向下派，让农民们干什么事情吗？

答：是说困难的时候吗？困难的时候没有派的，他们连饭都吃不上。那时想办法从上边要东西给农民，农民手里已成空的了。你们也听说过吧？

问：自然灾害？

答：不光自然灾害，也有人灾，两个灾加到一块老百姓就受不了。地荒了，人没有吃的，地没人种了。有病的，死的人不少。有逃荒的。

问：你在公社的时候，农民怎样交公粮？

答：有很多村子不交公粮，地里没收成，就是收成点，得留种子，给人吃。人也不够吃的。那时很困难啦，从省、中央调剂一点粮食来，我们再分配农民一部分。个人生产一部分，上边给一部分，大多数人搞些蔬菜、萝卜和其他代食品，后来慢慢生活行啦。

问：听说 1964 年、1965 年执行了刘少奇的政策，农民有自留地了，生活有所改善了，是这样的吗？

答：自留地也不算多，集体耕种，怕农民东西收入多了，影响集体，他把自留地集体耕种。纠正这东西不容易，怕农民富了，把本属农民权利的自留地也集体耕种了。

问：自留地不是一块一块的都分给农民了吗？

答：名义上分，实际上没有分，最后打完粮食，平均给每人多少东西。以后我们发现了，纠正啦。这事生产队不能干预，群众的自留地就应让群众自己耕种，生产队不要管，这样生产就上来了。

问：你当公社书记时做过反迷信的宣传吗？

答：没有搞过，以前反对过反动道会门，不是反迷信。取缔过反动道会门。

问：什么道会门？

答：不一样。有一贯道，是日本人来时留下来的东西。

问：是宗教会门？

答：不是宗教，是反动道会门，与宗教不一样。这里的宗教有耶稣教，基督教，佛教。西藏，古蒙古信佛教，这里也有佛教。还有伊斯兰教，在我们这里叫回民，回民信伊斯兰教。这是宗教，是国家保护的，到现在也受国家保护。除这些以外，就是反动道会门了。

问：秘密黑社会的组织有吗？

答：这里没有，大城市里有。农村没有。

问：除了不是道会门这样性质的，农村拜神的事有吗？

答：封建迷信？不属于宗教，也不属于道会门，这种情况也有，对他们实行宣传教育，不能处理。巫婆、神汉，说什么什么附体啦。你们日本也有吧，我从电影上看到过。这里泰山，有泰山奶奶。中国旧社会留下来的一些东西，现在还没解决好。如有个闺女还不行，还必须有个儿子，认为没有儿子就绝户了，这个观念还很深，没有儿子的就想法儿到泰山算一算，算一个就可以生个儿子，传宗接代。

问：你当书记时有这些事情吗？

答：有。到现在还有。

问：你刚才说泰山奶奶，你们村有集体请泰山奶奶的组织吗？

答：不是全村人集体去，有部分人每年都去。迷信这种的人妇女多，男的很少。

问：60年代也有？

答：有。现在还有。

问：“文化大革命”的时候还有吗？

答：明听暗不听，明着不敢去了，暗地里还去。泰山庙里有和尚、尼姑，“文化大革命”时都没了，那些泥胎神像也全都挖了，这时就没人去烧香了。

问：那时候每个村都有巫婆吗？

答：不是。巫婆、神汉都是为了钱，图吃图喝，为了要钱，干这个，骗人。骗吃、骗喝、骗钱。

问：你刚才说巫婆、神汉为了骗吃、骗喝，那么你在公社时有没有做赶走他们的工作？

答：他们见到我们就不敢了，对群众也宣传不要信他们这一套，是骗人的。尽管这么说，有部分群众尤其是妇女还是信他们。如果看病，有的妇女信他们，请他们看，结果病没好，人倒死了。我们抓住这例子就宣传看他能看病吗，把人都耽误了，不到医院去看病，他们用神法儿看病，结果造成死亡了。我们批评他。一般迷信光严肃对待不行，关键是教育。若造成危害啦，就处理他。

问：你是怎么批评教育巫婆、神汉的？具体做了哪些事？怎么做的？

答：碰到这类事了就批评教育他。他本人也知道他是骗人。批评之后，他表示今后不这么干了。对群众也教育不要信他们。

问：你是不是向公社做过传达，说不让他这么搞，这么搞不行，做过指示吗？

答：都知道，下边工作的人都知道，不用传达和指示。对反动会道门取缔，对一般建设的宣传批评教育，出现严重恶果的依法制裁，对宗教保护。这些原则掌握着，自己在下边干。

问：你们公社有医院吧？多数人让巫婆看病，还是到医院去？

答：公社有诊所，医院下边的诊所。多数人到诊所看病。农村里，这一片有几个村，设一个诊所，有几个医生。公社有医院，县有县医院。有病不要找巫婆看，要到医院去看，这样宣传，慢慢的大多数群众就不找巫婆了。可现在一般迷信还取消不了，如刚说的，他没有儿子还要到泰山去捡儿子，他就是迷信。巫婆看病村里也有，不是一下子都去掉了。

【“文化大革命”的夺权斗争】

问：你大概是 1966 年当副县长吧？

答：1965 年吧。

问：你刚当不久就开始“文化大革命”了吧？

答：对。“文化大革命”开始，我被调到武城县去了。进了门就“文化大革命”，打倒了。打倒后就靠边站，把“权”夺了，没有“权”了，成了一般普通老百姓。

问：你哪年被夺权的？

答：1966 年“文化大革命”开始就被夺权了。全部夺权了，把我们弄到一边去了。

问：那你干什么去了？

答：接受批斗，大会批斗，小会批斗。后来群众也批斗烦了，让我们干点事去。

问：搞什么事？

答：骑着自行车到下边指导农业生产，有了灾情救救灾，这下更好了，过去没有时间到群众中去，没权了，一个村一个村地转，群众都认识我们了，与群众的关系更密切了。

问：在哪个县？

答：还在武城。在那里待了 10 年。“文化大革命”后我们到村里去，群众异口同声地叫我们干，又干上了。这时地区调整班子，我调到这儿来了，又调回来了。

【承包制】

问：1980 年代开始承包？

答：1984 年开始试点。

问：听说开始承包以后，有些人很积极地响应？

答：群众很拥护，叫承包责任制，后来发展为家庭承包责任制。原来我们搞的那一套，什么都是集体，集体干活，回来记工分，按工分分配，结果群众没有积极性啦，农业生产上不去，群众生活不好安排，年年生活困难。自从中央提出生产责任制，我们开始一面学习，一面宣传。群众还好说，就是我们这一层，原来搞大锅饭一下子转不过来，重新学习。我们都是从那时过来的，从初级社到高级社，在人民公社之前有一段中央有的负责人提出来，合作化以后，必须有生产责任制，没有生产责任制群众生产不好好干了。那时我们就这样想干，可后来中央批评这不行，这不是社会主义，又搞成大锅饭，搞了以后，越搞越不行。后来邓小平同志提出来要搞生产责任制，就又回到那时候中央有的负责人提出要搞生产责任制的问题。这时我们就回忆了，那时候说生产责任制不行，现在又要搞，我们得考虑考虑，因为“文化大革命”时为这事批斗得我们很厉害。

问：你经历过吃大锅饭，又经历过土地承包责任制，你觉得哪个好，哪个坏？

答：当然是后者好了，吃大锅饭时群众有个顺口溜：“干集体的活豁上腚，多干个人的活豁上命。”干个人的活，如自留地呀。不要命地干，收入见实惠。干集体的活时，到地里往地上一坐，屁股坐在地上不动啦，收工时一块又回来了，地里收成很少，群众的生产劲头小了。因此，群众生活总提不高，弄好了够吃，多少给国家拿点，弄不好连个人吃的都没有。群众也没有钱花。

问：把地分成一块一块的，个人生产还好办，那水利方面怎么办？

答：统一干。叫家庭承包责任制，把地都分到户了，一年向生产队交多少东西之后，余下的都是自己的。个人干不了的事还是集体干。如挖沟、修渠、打井这类的事都得集体干，由县和乡统一组织干。个别队里浇地也统一。

问：挖井集体怎样挖？

答：不挖井，现在是用电机打机井。集体统一打，如这眼井能浇多大面积，就由这面积之内的户集资打井，这些户使用。这个县这几年打井很少，因为把黄河水引到这里来啦。黄水大堤闸一提，水就到地头了，然后用机器往地里浇。

问：像挖水沟，挖水渠是由县里管还是村里管？

答：看是哪级的，统一由县统一指挥。挖大河县里统一指挥，乡范围之内的由乡统一管，规模小的由村管。

群众生活普遍好起来了，有吃的，够吃一两年的粮食，还有卖给国家的。国家要100斤，他卖给200斤，甚至1500斤，现在光种粮食还不行，还要种经济作物，农民收入多点，还想这个办法。种果树、棉花、蔬菜，畜牧业，搞这一套。除提高群众生活之外，主要的是农民收入提高了。光种粮食也不行。中国农村与城市联系着，农村搞不好，城市也不好受。农村好了，城市也就好了。我们在县城不种地，农民丰收了，我们也就丰收了。农民生产之后往城市里送，要什么有什么。我们跟你们不一样，你的食物结构是以肉奶为主了吧，我们这里还是以吃粮为主，副食品、肉蛋还不为主。慢慢要改变这种结构，也要以肉蛋奶为主，要有一个过程。

【农业生产】

问：这是挖井？

答：小型的。现在看，生产责任制有很大的好处，解决了很多问题。现在看又限制了生产力的发展。现在我们在这个基础上，搞规模经营，把乡镇企业搞起来，多余的劳动力投入乡镇企业，剩下的部分人在家里搞农业。由少数人经营。你经营200亩，他经营300亩，大片的规模经营。这样机械化就方便了。多数人到乡镇企业，我们的方向是这样。现在上乡镇企业很费劲，别的省或有股东的上得很好，我们还没有找到好的产品，还没有搞活。我们叫规模经营，也就是少数人的经营，大多数人叫剩余劳动力，到乡镇企业。可现在乡镇企业不好上。现在只有发挥种菜、畜牧业，搞经济作物，摘果树，想走这种路子。这样大型的机器就能用了，一片地。你一条、我一垄就不好办。

【幼时的家计】

问：听说你小的时候很困难？

答：是。不是一般的困难。

问：那时候你家有多少土地？

答：大概四五亩地，七八口人。土地产量很低，小麦100~200斤，玉米最好的收200斤。产量少了，吃的差点；产量多了，吃的好点。那时生活困难，以吃野菜为主。

问：你家几口人？

答：七八口人。不够吃，当时的土地在少数地主、富农手里，农民有有限的土地，有部分人给地主种地。

问：你种的地有地主的吗？

答：没有，光个人的，没有租地主的地，因为劳动力不行。我们小，种不了地。

【学校】

问：你小时候的事还有印象吧？

答：上学只上了 2 年小学。

问：几岁上学？

答：十来岁，日本人已进来了，我们没办法上了，整天逃荒。过去农村大都没有文化，我们现在认的字是参加工作以后学的。

【宗教、迷信】

问：1949 年你参没参加过摧毁庙和宗教之类的活动？

答：没有。宗教从来不摧毁。宗教开始不了解我们共产党的政策，对我们怀疑，我们尽量做他们的工作。例如武城县有个十二里庄，有个大教堂，耶稣教教堂，好多外国人，神甫是外国人，有意大利的，有荷兰的，有葡萄牙的，他们是传教士。解决那个地方以后，他们还没有走，我们做他们的工作。这些人会很多东西。做好他们的工作后，我们把伤号抬到那里去，他们帮助处理伤号。我们被打伤了，他们有医生，当了我们的后方医院。这些传教士是很好的，我们也没有赶他，留去自愿。这是我们的政策。个别的地方也可能有赶走的，因为国家这么大。

问：“土改”时的庙怎样？

答：庙是一般迷信，与宗教不一样。有庙被扒掉的。

问：“土改”时扒的？

答：“土改”以前拆的。这地方 1945 ~ 1947 年就拆了。拆了庙，推倒了神。它不属于宗教。

问：开展批判迷信了吗？

答：求佛拜神就是迷信，到泰山求神。

问：“文化大革命”时有拆庙的吗？

答：那时没有了，只有泰山有。

问：农村怎么样？

答：没有了。

问：1976 ~ 1978 年的时候？

答：没有了。

问：家里供的神也受到破坏了吗？

答：个人愿意信也行，不愿意信也行，没有人管，也没有人破坏。像我这么大岁数的妇女，现在过年过节上供求佛的也有，很少。

【上坟】

问：“土改”时一家一族的坟地都没收了吗？

答：“土改”时坟地不集中，很分散，谁分了这地，就在谁家地里使用。不是统一的。现在提倡火化，烧完后村里有纪念堂，把骨灰放在里边，年头多了再处理。

问：你当书记时村里有迷信的事，你不让搞吧？

答：迷信成不了大气候。

问：其他你认为不太好的事？

答：社会治安有时候管得松了出现一些问题。

问：有些不好的事情被你制止了，上坟你管吗？

答：没有，上坟不管，连我都去上坟，因为这是纪念，每年清明节扫墓，给老人去扫墓，给烈士扫墓，再就是死人的那天，也就是忌日去祭奠。我们给烈士扫墓，你们是靖国神社。

问：上坟时烧纸、叩头吗？

答：自己愿意怎么办怎么办，祭奠烈士和老人。一般纪念烈士都是统一组织的。个人的坟，下一代人个人去上坟。日本也有这个？

问：有。

答：这不叫迷信，这是纪念。

问："文化大革命"时上坟受到了禁止，你是怎么认识的？

答：这没有禁止，没禁止。现在更不禁止了，这是正常的活动。

问：现在不禁止？

答：上坟是普遍的，我也上坟，离家远，不每年都回家，隔一两年回家都给老人上坟。

问：在"土改"的时候一家一族的坟地都破坏或没收，这样的事情没有吧？

答：没有。坟地都是分散的，一户甚至几户是一个坟场。按封建制度埋坟都得按规矩。这是他老子的，他有3个儿子，他大儿子在这边，他二儿子在这边，孙子这么挨着一个一个地排，排不开了，就迁坟地，到别的地方去了，坟场不大，十几年的新坟多，老坟都平掉了，新坟保留着。

【平坟】

问：为什么平了呢？

答：因为它碍事。耕地挺碍事。

问：哪一年的事？

答：平坟是1979年、1980年。老坟都平掉了，因为老坟群众印象不深了。已多少代下来了，有的人已不清楚了，所以平掉了。现在不这样啦，现在发动各村修纪念堂，在修纪念堂之前如果夫妇两个已死了一个，已经埋在地里了，修纪念堂之后另一个又死了，可以埋在地里，不进纪念堂，修小坟。如果夫妇两个都是修纪念堂之后死的，就把骨灰放到纪念堂里去，不再埋坟。

【丧葬】

问：老人死了要埋葬，小孩死了怎么办？

答：也要埋。

问：小孩死了也埋是迷信吗？

答：不是迷信，小孩因小不火化。

【阴亲】

问：小孩还没结婚之前就死了，是不是还给他配亲呀？

答：不。这里叫阴婚。

问：阴婚是不是迷信？

答：迷信，不提倡。有的农村偷着搞，这是对成年人，小孩不搞。

问：搞过反对这种迷信的运动吗？

答：没有。不提倡，也不搞。成年人没结婚，死了，死后给他（她）找个对象，也是死的，埋在一块，这是迷信。我们不提倡，反对这种做法。这很少。现在小孩死得很少。像我这岁数过去早死了，现在寿命长了。我这村60岁以上的人好多。生活水平提高了，人们的寿命也长了。

我们说畜牧业，机械化，电器化，一家一户的不好办。大型的机械活动范围大才行，现在这样大型的机械活动不开。

【机械化】

问：1977年有机器化吗？

答：有。现在用不上了，又恢复到小驴、小牛啦，这不行，还得改。但改也不能恢复以前那样。就我说的要改成规模经营。种地能手多种些地，能干别的去干其他事业。

问：怎样实行机械化、电器化？请讲具体些。

答：就是规模经营，土地面积大了，就好活动了，插、耕、灌都好使用机器。机械化程度不够，生产不好上。现在大型机械都有，还没改过来，如果一改过来，大型机械马上就上啦。

问：规模经营县里有什么具体要求吗？

答：县里搞试点，盲目推广不行。联产承包责任制我正赶上。大锅饭是我们搞的，这个也是我们搞的，主要是个思想转弯的过程，先搞试点，然后用点上的情况在大会上讲，让大伙看去，看搞得行不行，如果大家异口同声地说行，就可以推开了。农民是现实主义者，让他看，他看到了才去干。我们去抗日，你同意就去，不同意在家，就得这么办。一号召就行了，我在老家一号召，年轻人出来了。

问：你们现在有什么具体做法？

答：我现在不搞这事了，下一步就这么搞。有几个乡镇养鸡、养牛，果树发展比较好。全县的鸡蛋每天有几十车皮。经常有车向外拉，农作物生产出来之后，得给他们找销路，没销路不行。城市需要，这里供应。肥牛好说，前几年卖给香港，现在那里全都要了。要一两年的肥牛，不要老牛。有的要活牛，有的要肉。

王廷章（1935 年生）

时　　间：1994 年 8 月 14 日下午

访 问 者：小田则子

翻　　译：刘贵敏

场　　所：王廷章家

问：今年的收成好吗？

答：一般，水也淹了，麦子最好的七八百斤、五六百斤。俺这里地不怎么好。

问：家里的活都是你俩做吗？

答：对，都是俺俩做，儿子单过，还有一个老娘。

问：儿子不在一起住？

答：不在一起，他们也 5 口人，个人在一起。一个孙子，两个孙女。

问：农活忙的时候，家里的活怎么办？

答：家里的活也是这么干，我喂牲口，做饭。

问：家里的钱财谁管？

答：他管，我不管。

问：你买东西用钱向他要？

答：对，我不放钱。

问：家里买贵重的东西，如电扇之类的东西谁决定？

答：自家人两个人商量。这电扇是闺女买的，说我们岁数大了，天气热，他舍不得买，闺女买好送来了，大闺女说我给你拿钱，电视也是他们买的，商量着买吧。

问：大闺女在哪里？

答：恩城西关。

问：你大闺女挣工资吧？

答：也在农业上，没有挣工资的。

问：大闺女在恩城干什么？

答：也是干农活。

问：以前的妇女主任叫什么名字？50 年代的妇女主任叫邢佩君吗？

答：我刚结婚时的主任我不认识，我也不认字。

问：你有 50 岁了吗？

答：50 岁。

问：你还记得妇女主任都做什么事？你知道吗？

答：我不记得。

问：你知道吗？（问王廷章）

答：她 50 岁，我 55 岁。我 17 岁结婚来到这村，也不知道。以前的事，俺娘要在家她记得，她 80 多岁了，俺不记得。

【家族】

问：听说你们家有家堂，想看一看，行吗？

答：“家堂”，在“文化大革命”时都烧了，这是以后重新画的。这不是迷信，挂在门上你们看吧。他这情况不一样，也有人死了后续在上面，没有后代的就不续了。咱这里有家堂，内蒙古没有。人死后在旗里的放在一个地方，这地方大约有40亩地。人死后，穿得很好，小毛皮袄，外面是缎子面。他们那边小车是木头的，轮比较大点，人放在车上，推到里边去。进到地里以后，用马拉着转，不卸，从一个地方当下来，就放在这个地方。请人看着，贫富都让人看着，不自己看。什么时候被狼吃了，算升上天了。到庙里去念经。庙很大，像城隍庙那么大。3天以内狼吃了，3天以内狼吃不了，就念经，每天念，什么时候狼吃了，才算完。这跟咱们这里不一样，他们那里吃肉多，吃肉还肉。他们这样认为，他们认为狼吃了是上天，咱认为是狼吃了。

问：你知道四世他的亲兄弟？

答：四世亲兄弟3个。六世、七世兄弟两个，八世兄弟多。

问：这3个兄弟都是谁的儿子？

答：那个不熟。

问：你的爷爷？

答：这个是，王俊岭。他兄弟3个。这个王俊世。

问：你老爷爷的名字？

答：我不知道，我没见过他。他老爷爷可能是王老先。

问：你父亲有没有兄弟？

答：有。王永庆是他的兄弟。

问：就一个兄弟吗？

答：还有老三吗？老二自小出去了，没有他。

问：你父亲是老大？

答：老大。

问：你有没有兄弟？

答：我没有，我还不是这里的人呢，我家（王廷章）在恩城，我跟着他们，他没有后代。

问：谁没有后代？（问王廷章）

答：王家。我在城里出生。原姓陈。

问：那你怎么加入了王姓呢？

答：他这里没有男性后人，他需要人继承，城里我兄弟3个；这个村有我一个姨，我姨介绍我到这里来招婿。所以改姓王了。

问：你住的那个地方离这里有多远？

答：恩城。

问：你妻子叫什么？

答：刘桂兰。

问：你有几个孩子？

答：1个儿子，3个女儿。

问：叫什么名字？

答：王学彦，是儿子。大女儿叫王秀玲，老二叫王秀萍，三女儿叫王秀花。

问：儿媳叫什么？

答：刘少荣。

问：有孩子吗？

答：有。大孙子叫王志光，两个重孙子，老大叫王静，老二叫王敏。

问：你们姓王的在家里有多少户？

答：我们家族，有王庆福、王庆贵、王庆晨、王庆吉、王洪庆、王玉庆等14~15家。

问：这是父亲？这是父亲的兄弟？他的孩子叫什么你记得吗？

答：3个小子，1个闺女。

问：你还记得他孩子的名字吗？

答：记得。大儿子叫王廷刚，老二王廷德，老三王廷新。女儿叫小妮，这是小名，就数她小。

问：他这3个儿子都结婚了吗？

答：两个结婚的，一个没结婚。老大和老三结婚了，老二没结婚。

问：王廷刚爱人的名字叫什么？

答：姚桂香。

问：有孩子吗？

答：有。一个儿子，一个女儿。

问：叫什么？

答：儿子叫王学东，女儿叫王艳秀。

问：他儿子结婚了吗？

答：没有。

问：王廷新结婚了吗？

答：结婚了。

问：他妻子的名字叫什么？

答：马喜。

问：有孩子吗？

答：有。两个，一个女儿，一个儿子。女儿叫王盼盼，儿子叫王利利。

问：这都是小名？

答：对，他们都很小，王利利刚会走，女儿才七八岁。女儿是老大，儿子是老二。

问：这家堂是什么时候请的？

答：这是 1967 年或 1968 年“文化大革命”后做的，“文化大革命”前的年头多了。

问：谁弄的呢？

答：个人画的。

问：是你画的？

答：不是我，市场上有卖的。

问：买回来自己写的名？

答：是，自己写的名，这上面也是我写的，原先我把老家堂抄下来，记在一张纸上，我们这一族都是这样的。到我这里才十一世。

【家堂】

问：你这族里有多少家堂？

答：每家一个，都一样，谁家都是这些人。

问：人死之后才写上去？

答：3 年后才写上去，3 年以内不能写上去。

问：为什么过了 3 年才能写上去？

答：不知道，这是传下来的。人死后 3 年以内请来后给他写张纸，过 3 年才放在家堂上。

问：纸是在市场上买的吗？

答：对，在市场上买的。

问：市场上这种纸很多吗？

答：过年前有卖的，进腊月就有卖的了。

问：家堂是“文化大革命”后重新写上的，是你自己写，还是把你全族集中起来写？

答：从老的家堂中按次序抄下来，我再按着那个次序写。

问：是你脑子里记着的写，还是照着什么写？

答：“文化大革命”中，“破四旧”这些都烧了，在没烧之前我先用张纸抄下来了。过了“文化大革命”，这事又兴起来了，我照着原来的样又写在买来的这张家堂上了。

【王姓的起源】

问：你的老祖宗是从哪里来的？

答：大部分都传说是从山西洪洞县来的。

问：你知道什么时候来的？

答：不知道，只听这么说。他奶奶领着他和他姐姐来的，还有个小孩，是她侄子吧。他带着侄儿，姓马来的。马家庄的坟最早是他奶奶的坟。都是谁来的，怎么来的，不知道，迁的时候他奶奶一定要跟着来，马家全家来了，他们是一个祖坟，据说。他那个族还有个奶奶坟，也是从洪洞县来的。马家在马家岗子还有个祖坟，是回民反教，在朝里还当过官。

问：反教？

答：他是回民，不在回民了，改成汉民，叫反教。

问：你自己家的情况，你不清楚，是吗？

答：不清楚，多少年了，都一辈一辈地传说，燕王扫北的时候来的。

问：王姓家族别的村还有吗？

答：没有，与李家不一样。

问：李姓别的村有，你们王家没有？

答：没有。李家前后夏寨都有，大庄、小庄、胡庄都有李姓本家。

【上坟】

问：你家的坟地在什么地方？

答：老坟在村南。

问：有多少面积？

答：半亩多地，大约是 7 分地。

问：你每家都去上坟吗？

答：去。清明节、七月十五、春节、十月初一，死人的忌日都上坟。

问：忌日是刚死过的人吗？

答：人死的那天为忌日。死后十来年就忘了。统一上坟一年四次。农历的春节、清明节、七月十五、十月初一。

问：过年上坟一家人都去吗？

答：一个族的人都去，每家去一个。大部分是男的，也有一家去两个人的，女的不去。

问：十四五个人都去吗？

答：多。儿子、孙子也去。

问：你刚才说姓王的家族有十四五个，那么，上坟的是这十四五户每家去一个人，还是你们现在这一家去？

答：年关男的去，女的不去，小孩也去，为的是让他们知道那是他的祖坟。

问：十四五户人一起去吗？

答：一起去。这是年关，其他的就不再一起去了，各去各的。

问：年关有 20 多人？

答：人数不限，只要是男性，14 岁以上的都去。

问：最多去多少人？

答：有一家去 3 个人的，也有不去的，像我这岁数的人就不去了。共二三十人。现在人少了，过去多，马家人上坟的很多呀。

问：去年春节去了多少人？怎么去的？

答：带着鞭炮，在大街上集合，初一早饭吃完后去，有的人不吃早饭。

问：吃早饭后上坟？

答：对。俺这族的人吃完饭后去，有的族不吃早饭，有的起床后就上坟去了。

问：去年有多少人？

答：去年人少，有些人在外边没在家。有十二三个人。

问：春节挂家堂吗？

答：挂，腊月三十日挂上，第二年的正月初二就摘了。

问：是旧历三十日挂吗？

答：对。

【拜年】

问：初一一个家族内拜年吗？

答：拜年。先本家族拜，然后给乡亲们拜年，再后来不管姓什么近邻近舍的相互拜。

问：先在家里拜年？

答：对。在家里先给我拜年，出嫁的姑娘初二、初三的才回娘家。

问：其他家有来的吗？

答：有。

问：都有谁来？

答：谁来，人没法记，半个村的人都拜。先本族，再外族。

问：王氏有十四五户，先拜年吧？

答：对，拜完之后再向其他族的人拜年。

问：十四五户之中你年龄最大吗？

答：年龄大不行，辈大才行。我的辈不大，算中间的，上边还有王立庆。

问：谁最大？

答：王立庆、王荣庆、王东庆 3 个人辈最大。下一辈有王廷徵，他不在家，在关外。还有王廷初，王廷贵。这一辈就轮到我们了。王廷贵比我大 3 岁。

问：你们上坟是按辈的次序去吗？

答：从前都按长辈，先给长辈烧，然后再给下一辈烧。“文化大革命”后在那里画个圈，把东西放在圈里，说："谁当家谁分吧。"把火点着烧纸，集体磕头，让他们自己去分，就散伙了。他们也搞集体生活。

【坟地、"土改"、合作化】

问："土改"时，坟地被分了吗？

答：都分了，"土改"以后就把坟头平了。解放前坟头不管谁种这块地都留出来。

问：是被分啦，还是没有了？

答：有坟，没有坟周围留出来的地基，过去那地不能种，种松树行，以后就没了。

问：过去埋一个坟有很大面积吧？

答：如这是坟地，留出来一部分也不能种，"土改"以后这些留出来的地就没有了，坟台占地，后来就只剩下坟头了。

问：坟地被分了，就不属于王家的地了是吗？

答：对，归公了，归农业社了。

问：归公就是归国家吗？

答：对。归生产队了。

问：合作社时期坟地怎么处理的？

答：先有互助组，再是农业社，最后是大公社。坟地是哪个队的归哪个队，如初级社的地是分散的，属三队，这些地就给他了。以后，这里有2亩地的，那里俺有2亩是俺的，就交换地，亩数与地质相差不多，调成大块。

【上坟、"大跃进"、"文化大革命"】

问："大跃进"吃大锅饭你还记得吗？

答：记得。

问：吃大锅饭时生产队是怎样分的？是男、女、老、弱各有队吗？

答：吃大锅饭时有食堂，我在食堂里当司务长，俺这个村分两个大单位，一个六连，一个七连，俺是东头的。

问：有"花木兰队"吗？

答：有，"花木兰队"都是年轻的妇女，中年人有"敢死队"，老年人是什么来呀？想不起来了。小孩有"小五虎队"。俺是"青年突击队"。这个队与他们的队不一样，里边有男有女，都是年轻的，单独成立了一个队，村里给了一块地，种的还是那些粮食。

问：那时还上坟吗？

答：那时还上坟，"文化大革命""破四旧"时才不上坟了。

问："大跃进"时上坟吗？

答：不行了，那时不能上坟，不让上了，人都分开了，没有时间，男、女都调到外地去干活，俺到十来里地的地方去了。

问：从什么时候不让上坟了？

答：我在本上记着呢，"文化大革命"时记的，从"文化大革命"开始，从1965年冬到1966年春开始搞"四清"运动，一清经济，二清思想，三清政治，四清组织，这时开始破除迷信。到1977年、1978年又开始上坟了。这时上坟也与以前不同了，1976年毛主席和周恩来逝世，人们偷偷地上坟也没人管了。1966～1975年这段时间人们也偷着上坟。

问：我看一看可以吗？

答：这上边写得也不很清楚，我看着可以说一说情况，记得不很清楚，不很完整。

1945年解放了恩县，这地方原来属于恩城县。想到的记上了，这是记的地震，第一次地震是河北省邢台，震得很厉害，我写的目的是为了下一代，农村与单位不一样，历史记载，我记上这个让下一代知道那年地震，是什么情况。

问：从"大跃进"到"文化大革命"这段时间不上坟了，是吗？

答：不上，上也是偷着。那时候不让上，现在没人管了，有些人破除了迷信，上也行，不上也行。年轻人不信，老人上坟。老坟一年上一次，上最近的，老的就不去了。

【现在的坟地】

问：土地承包制时坟地怎么办？

答：还是有坟头，坟台在农业社时就没有了。

问：只有坟头，没有坟台，后来人死了怎么办？

答：按辈数挨着往下埋。

问：比如说坟被平了，地承包了，坟台没有了怎么证明是老王家的坟呀？

答：坟没有平。地有多么宽，一辈传一辈地传给后代，咱这地有多么宽，坟地在哪里都明白。

问：不会发生争议吧？

答：没有。上坟时都由大人带着小孩，告诉他们坟地有多宽，坟在哪里，一代一代向下传。

问：承包时把地都划出去了，坟还在地里，有补偿吗？

答：（分地时）没有赔偿，现在是 3 个坟头 3 分地。现在埋一个坟头 10 元钱，不分给地了，俺这里是这么办的，一队给 5 元，三队不给钱。

问：解放以前，你小的时候你们家族有什么礼节，如晚辈对长辈？

答：就是过年时上坟磕头，拜年，别的没有。

问：是上坟才磕头吧？

答：过年磕头，每年正月初一拜年时磕头。上坟时不给活着的人磕头，只给死人磕。

问：上坟时按辈吗？是长辈先磕晚辈后磕吗？

答：不，一齐磕。

问：上坟时不分辈分一齐磕头，以前就是这样吗？

答：自古以来就这样。

【同族内部纠纷】

问：现在家里发生了纠纷找谁来解决？

答：大部分是长辈，也有近邻给调解的。

问：比如说你们有事找谁呀？

答：过去都找王玉庆，他在这村里也是支部书记。

问：是你们本族的？

答：对。本族解决不了的，村里有调解委员会。

问：你知道王玉庆都解决了什么事吗？

答：都是家庭分家财产问题，也有因说话不当发生矛盾的，他从中调解。

问：因财产发生纠纷的具体事例能说一说吗？

答：如他有 3 个儿子，分家分得不均，他老三不同意，闹，村调解委员会来调解。

问：王玉庆调解这个事吗？

答：他是支部书记，俺族里的事他来调解，不是本族的事由调解委员会调解。

问：他想知道王玉庆处理的具体事，不一定说出他的名字。

答：如分家，老人供给要多少，小孩读书要多少，孩子想多要，他调解，谁应该是多少。

问：王玉庆解决了谁家矛盾之后，有没有还在一起吃饭的事？

答：也有。解放后，分家后都生气，老人觉得不行，小的也觉得不行。分家与分家不一样，兄弟多的，不吵不闹，都愿意分开。分开后都很高兴，管事的人也不用调解。

【民间信仰、“文化大革命”】

问：解放前，你们家拜什么神？如灶王神、门神。

答：有。有瓷神——关公、财神、灶王、门神，过年才有呢。过年拜他，平时没有。

财神用张纸写上“财神之位”，供着。

问：解放后还有供神的吗？

答：有，很少，老年人信，年轻人不信。

问：“土地改革”时有吗？

答：有。“文化大革命”“破四旧”“立四新”时才消除了。

问：现在你们家里有拜神的吗？

答：没有。也有用纸写的，市场上也有卖的，七八十的老太太花 7 分或 8 分钱买。有的只写个纸条：灶王之位或灶君之位。

问：“文化大革命”时这些神是怎么被破坏的？是自己还是“红卫兵”搞的？被批判了吗？

答：批判。家堂什么的都交到生产队，生产队集体都烧了，瓷神都砸了，破除迷信。

问：灶王爷是自己买好贴上去？

答：是。

问：“文化大革命”不是把家堂烧了吗？门神、灶王爷都弄下来了吗？

答：都烧了。都得交。

问：与家堂一起烧了？

答：对。让户里交，每家的家堂都交。

问：都愿意交吗？

答：不愿交不行，不交队上找，“红卫兵”“造反派”找。

问：“红卫兵”到你们家贴过标语、撕过门神吗？

答：没有。那时候“红卫兵”组织成立了，“造反派”，这个“敢死队”，那个“敢死队”，到会计那里报账去，他们要红袖章，我们属于会计，就给他们做，一般“造反派”与我们没有什么矛盾。我们给他们做红袖章，把红布裁开，绣上字，做了两个晚上。

问：“红卫兵”有没有到别人家里去的？

答：没有，都没有迷信。从前盖的瓦房，有老式门楼，给他拉倒了。

刑佩菊（1924 年生）

时　　间：1994 年 8 月 16 日上午

访 问 者：小田则子

翻　　译：刘贵敏

场　　所：刑佩菊家

【出生成长】

问：你是在哪里出生的？

答：在我老家生的。

问：家是哪儿？

答：冠县。来到这个村才 17 岁，这是多少年前啦。

问：你还记得你母亲、你父亲的名字吗？兄弟姐妹几个人？

答：父母都死了，家里还有一个弟弟。

问：你父母在世时干什么？

答：种地。

问：家里有多少地？

答：十来亩地。

问：十来亩地能养活这些人吗？

答：年景不好，养不起就出来要饭。

问：你自己出来要饭还是全家？

答：全家出来，到这地方来的。发大水，地里没有收成。

问：从冠县到这里来靠什么过日子？

答：要饭。后来把我嫁到这里了，他们都回家啦。

问：从冠县到这里来为什么还要饭？

答：没地没钱，只有要饭。

问：你刚来时住在什么地方？

答：找了间房，后来他们都回家了，可以分地。我们住在王金弟家。

【结婚后的生活】

问：你丈夫在吗？

答：死了。1961年死的。

问：叫什么？

答：李胜堂。

问：什么时候结婚的？

答：我结婚的那年17岁。

问：解放前结婚的吗？

答：解放前，40年代。

问：你怎么跟李胜堂结婚的？

答：经人介绍的。

问：李胜堂多大岁数结婚的？

答：他比我大一二十岁呢，那年头有饭吃不饿死就行了。

问：当时李胜堂家都有什么人？

答：一个老娘，一个弟弟。

问：他父亲早死了？

答：对。

问：他弟弟叫什么？

答：已死了，叫李治堂。他死了给俺点钱，不大不小的俺怎么办。他们兄弟3个，有个大娘，一个大爷。

问：还有个哥哥？

答：对，已死了。

问：李胜堂的母亲叫什么名字？

答：80多岁就死了。那时候哪有名字，叫李陈氏。

问：哪年死的？

答：50年代死的。

问：你与谁在一起？

答：我有3个闺女，1个儿子，有个孙子。

问：都在一起过？

答：女儿都结婚了。

问：儿子叫什么？

答：李令奎。

问：孙子叫什么？

答：李绪强。

问：上几年级？

答：五年级。

问：儿子多大？

答：42岁。

问：这是你们一家子吗？

答：对。李宗堂、李胜堂、李治堂兄弟3个。

问：你的儿子是哪年出生的？

答：42虚岁，1952年生。

问：李绪强哪年生的？

答：1979年生的。

问：你多少岁生的大女儿？

答：21岁或22岁。儿子最小，他有3个姐姐。他们都大4岁，3个女儿大，儿子是老四。大闺女50岁，二闺女48岁，三闺女43岁，儿子42岁。

问：你结婚时，你丈夫家多少地？

答：没有地，赎回了几亩地。

问：什么叫赎地？

答：当出去的地往回赎。

问：买地了吗？

答：当出去的地，向回赎，赎回了2亩地。

问：当的地还是自己的吗？

答：是。为了用钱当出去了2亩地。

问：当时有多少地？都当出去了吗？

答：当出去了2亩地。

问：为什么当地？

答：孩子有病，看病没钱。就当出去了。八路军来后让赎，我们又赎回来了。

问："土改"的时候分了地，为了用钱才当出去的吗？

答：以前当的，"土改"的时候让赎，都赎回来了。

【女性的工作】

问：你纺过线吗？

答：纺线。这么多人不纺线哪能行，都

是自己纺，自己织，自己做衣裳。孩子多，棉裤棉袄都得穿上。

问：棉花是从哪里来的？

答：自己种的。

问：做鞋吗？

答：做。

问：你赶过集吗？

答：没有赶过集。

问：你丈夫赶集吗？

答：是。

问：你怎么不赶集呀？

答：家里这么多人吃饭，得做家务。

问：赶集的有女人吗？

答：有。

问：多吗？

答：不少。

问：她们为什么能赶集？

答：家里有老人给看孩子。我们家的婆婆岁数大了，看不了孩子。

问：解放前你生孩子后，有没有时间去玩？

答：没时间，得给孩子补衣服穿。

问：你离开这个村子去玩过吗？

答：出不去呀。

【生育】

问：第一胎生了个闺女，你丈夫怎么样想的？

答：生什么是什么呗。

问：公婆是怎么想的？

答：没事，人家那么大年纪了不管。生了个闺女咱没法呀，闺女也喜欢。

问：第四个孩子是儿子你丈夫高兴吧？

答：高兴。

问：爷爷奶奶也高兴吧？

答：爷爷奶奶都死了。

问：怀孕以后到什么时候不干活了？

答：一直干到生。

问：孩子在哪里生的？

答：在家里。

问：谁帮助生的孩子？

答：俺嫂子。

问：谁的嫂子？

答：俺亲嫂。

问：你有亲哥哥吗？

答：婆家的嫂子。

问：婆婆没帮忙吗？

答：老了，七八十了。俺妯娌们下地干活去，她给看孩子。我妯娌们多。

问：生孩子时男的进屋吗？

答：没有。男的不让进，有这习惯。

问：小孩生下后，你丈夫看到了吗？

答：看了。

问：生孩子有什么规矩？

答：男的不进来。没有别的规矩。

问：你生孩子高兴，家里向你祝贺了没有？

答：没有。

问：4个孩子都是在自己家里生的？

答：对。

问：“土改”时家里分到地了吗？

答：分了。

问：分了多少地？

答：不知道，他父亲知道这事。分东西，分衣裳。

问：还有什么？

答：分了地、衣服、房子。

问：有生产工具吗？

答：有马车。

问：你们家里得到什么了？

答：几件衣裳。

问：多少衣服？

答：3个人一人一件。他婶子一件，俺一件，他大娘一件。俺穷呀。

问：有了地，生活就好点啦？

答：对。俺家穷，有了地就好点啦。

问：有了地几家合起来干，是吗？

答：互助组。

问：你们与谁合起来干？

答：10 家一个组。自愿结合。俺组有马振基、王治元、魏中信。

问：自愿结合，你们与这几家挺好吗？

答：在一起干活，说得上来，挺好的。

问：地离得都很远吧？

答：是。

【民间信仰】

问：拜过娘娘庙吗？为生孩子。有吗？

答：没有。

问：你们家有灶王爷什么的吗？

答：过去有，现在没有了，“四清”时不让供，也就没有了。

问：还信别的神吗？

答：没有。什么神都没有了。过去信神，按现在说法是允许了，谁也不信了，灶王爷也不请了。

问：过去有什么神？

答：过去有龙王爷、门神爷、菩萨。有龙王庙。原来村里有庙，现在也拆了。

问：拜菩萨吗？

答：现在也扔了，过去拜。

问：“四清”是 50 年代吧？

答：60 年代。解放的时候就没有了。你们那里有吗？日本有，我小的时候有，现在也信。我奶奶也信神、信菩萨。我小的时候还跟她一起去参拜。

问：现在神都没有了，你如果有不幸的事或不高兴的事是不是求神呀？

答：我没求过。

【扫盲运动】

问：你记得扫盲运动吗？也就是识字班，你去过吗？

答：有扫盲运动。我也上过识字班，因为孩子小，我年龄也大了，学不了。

问：谁召集你们去识字班？

答：王冠志。

问：王冠志是管什么的？

答：村长。也是贫农会的。还有王文章。

问：在什么地方学习？

答：学校。街里的学校，现在已没有了。

问：现在的学校是新盖的？

答：对。原来的学校从这里向南，东南头街里。

问：是村里的学校吗？

答：村里的。

问：有多少人参加识字班？

答：多少人记不清，都是有孩子的，后来也就完了。去一下就回来了。

问：谁教你们？

答：王贵山，已死好多年了，他是教员。

问：他是这村人？

答：是。学不会不让走，关上门，小孩子在外边跑。

问：一天几次还是一周几次？

答：一天一次还没有上满呢。

问：几个小时？

答：2 个小时。有孩子没办法。

问：识字班办了多长时间？

答：半个多月就散了。都得到地里去干活，识字班都是业余的。

问：散了以后又学了吗？

答：有拿着袜底子在地里学的，队长也没有少费力，实际也没有学会。

问：你学了几天？

答：我学的日子不多，我太忙，学几天也就不到了。

问：那时候王贵山把人们组织起来吗？

答：不是他组织的，队长组织起来的，先生在那里等着。

问：后来谁组织？

答：学校。

【妇女主任的工作】

问：听说你当过妇女主任？

答：那年冬天，我总有病。

问：哪年当的？

答：“四清”时，开会，开了半月。在县里开会。

问：当了几年？

答：一年多。俺总有病，书记一定要我去，用车拉着去开会。

问：你当主任都干过什么事？

答：开会，提意见。因为是“四清”，让我们提意见。我知道的就说，不知道的也不能乱说。

问：还有吗？

答：就这些。

问：提什么意见？

答：看他们（指干部）有多吃多占的没有。

问：你只召集妇女开会征求意见吗？

答：也有男的，全村的人。

问：除给队的干部提意见外，还干什么？

答：县里的干部有多吃多占的咱也说。

问：妇女主任都干什么工作？

答：就这些。

问：你开会的时候多少人参加？

答：1000 多人，全县的干部。

问：你都参加过什么会？

答：提意见的会。另外有时大队叫就去，有意见就说，没意见也不能造。

问：你当妇女主任就是去开会，让你给干部提意见是吗？别的事有吗？

答：没有。

【婚姻法】

问：你没听说过《婚姻法》吗？

答：听说过。

问：过去家里做主结婚，夫妻关系不好，丈夫打老婆，那时嫁鸡随鸡，嫁狗随狗，后来有了《婚姻法》，丈夫虐待妻子就可以同他离婚，你知道这事吗？

答：知道。

问：这事你是怎么知道的？

答：听说的。

问：从谁那知道的？

答：听宣传知道的。

问：你还记得是怎么宣传的吗？

答：村里的青年团书记向青年宣传的。用嘴广播。

问：用喇叭在大街上广播？

答：用嘴在街里广播，一个人接一个人地宣传，实际是喊。现在没有打架离婚的，都是自由结婚。

问：从前，是什么样的喇叭给他？

答：就这样。（手势）

问：敲锣打鼓把大家召集来吗？

答：不。

问：怎么喊？

答：有人提着灯，有人看着文件，这个传给那个，那个又传给另一个人，一直往下传，传到最后。

问：有敲锣打鼓把大家叫到一起的吗？

答：那是开会。

问：开什么会？

答：解放时宣传旧社会的坏处。

魏洪臣（1920年生）

时　　间：1994年8月16日下午

访 问 者：小田则子

翻　　译：刘贵敏

场　　所：魏洪臣家

村支部书记马德昌在座。

【家堂·魏姓的起源】

问：（看家堂）除了你们，姓魏的都有家堂吧！

答：都有，每家都有，与我家的差不多，最多五辈，有四辈的、三辈的。

问：一家一份，如果两个儿子都有家，那怎么办？

答：有两个儿子的，老人在时在老人这边，老人不在了，大儿子请过去，大儿子没有了，给二儿子。

问：你最早的老家在哪儿？

答：我祖父的老家在十里铺马王庄。我爷爷的爷爷在马王庄。

问：你爷爷的爷爷从马王庄搬到这里来的？

答：是。

问：马王庄还有你们姓魏的家族的人吗？

答：有。上一辈，过年时他们到我这里来，我们也到他们那里去拜年，我爷爷死后就不来往了。

问：从你父亲那辈你们就不来往了吧？

答：对。

问：你们家的老坟在哪里？是在马王庄吗？

答：上几辈的老坟在那里，近几辈的坟就搬到这里来了。老坟都平了。我这一支在我这里，他那一支在他那里。

问：新坟是什么时候迁来的？

答：我爷爷的爷爷那辈迁来的，已几十年了。

问：你还记得你爷爷的爷爷到马王庄拜年的事吗？

答：我不记得，我没有去过。

问：马王庄的魏姓到你家来过吗？

答：没有来过，我爷爷在的时候来过。

问：姓魏的是从马王庄迁来的，马王庄姓魏的最早又是从哪里迁来的？

答：最早是从哪里迁来的我不知道。

问：为什么从马王庄迁到这里来？

答：听我爷爷说，老兄弟生活不到一块，人也多，就迁出来了。

问：为什么不搬到别处，而搬到这里来了？

答：老年的事咱闹不清。可能是这边人少，为了种地，估计是这种情况。

问：老早以前你们魏姓人家有没有从这村娶媳妇到马王庄的？

答：没有。我没听说过。

【坟地】

问：魏姓家族的坟地现在在什么地方？

答：村西南方向，离村半里多地。

问：有多大一块地方？

答：西间房长。

问：你们家的坟有被平的吗？

答：老坟都平了，后来各支的坟还保留着。

问：什么时候平的？

答：1958年。

问：为什么平的？

答：划分地时划到别的村里去了，深翻地时就平了。

问：都是老坟吗？

答：是。

问：1958年前后埋的坟都保留下来了，没平吗？

答：对。

问：平坟时有没有把坟迁到别处去的？

答：没有。女人死后不许入老坟，等她丈夫死后才一起入老坟，有这种事。也就是年轻妇女死后不许进坟地。

问：为什么？

答：这是风俗，如果进了坟地对男人不好，男的不吉利。

问：那怎么办？

答：埋在老坟的旁边。

【家堂、拜年】

问：听说“文化大革命”时姓魏的家堂都烧了，是怎么个情况？

答：上边有政策。都敛去以后集中起来都烧了。

问：谁烧的？

答：工作队。

问：在哪里烧的？

答：在学校后边的场地里。

问：除家堂还烧什么啦？

答：只有家堂。

问：“文化大革命”时兴拜年吗？

答：有两年不兴。以后就可以拜年了。

问：听说同姓家族都拜年？

答：对，姓张的，姓王的，姓魏的或关系不错的，早晨都来拜年。

问：家里人拜年吗？

答：家里人年三十夜 12 点包饺子，吃饺子前上供，孩子们给长辈，自己拜年，也给院中人拜年去。

问：“文化大革命”中家里的儿子、孙子可以拜年吗？

答：可以，那没问题。在街上不拜年，在家里拜。

【上坟】

问：现在一年上几次坟？

答：正月初二早晨、七月十五、十月初一、寒食即清明节。上 4 次。

问：春节初一还是初二上坟？

答：初二早晨。

问：上坟同姓家族都去？

答：我们三支都去。

问：一块去，你哥哥给你哥哥家里上，你给你家里人上？

答：不。都一块去，先给老爷爷上坟，之后再各上各的坟。

问：上坟男女都去吗？

答：不，只有男的去。

问：你们今年有多少男的上坟啦？

答：我们人不少，有十几个人。

问：小孩也去吗？

答：很小的不去，十三四岁的去。

问：老的小的都去，是老的先拜，小的后拜吗？

答：一块拜。一个坟一个坟地拜。不分老小都一块拜。

问：“文化大革命”前上坟也这样吗？

答：也这样。

问：“文化大革命”前有不上坟的时候吗？

答：没有。从我父母不在了，什么时候上坟都得去。

【“大跃进”时的编组】

问：“大跃进”时组织的“五虎队”“花木兰队”，你参加了吗？

答：没有，我什么也没有参加过。

问：你们家没人参加，你们家族有参加的吗？

答：没有。1958 年公社让我带队去修路，我当小队长。

问：你儿子他们没有去？

答：没有，他们小。

问：魏姓的人也没有参加“五虎队”“花木兰队”的吗？

答：没有，他们年龄都小。

问：村里有多少人参加“五虎队”和“花木兰队”？

答：当时村里分为两个大队，“花木兰队”有十几个人，（陪同人员插话）我参加“五虎队”了，我是生产队长。当时村里分两个大队。

问：“花木兰队”有十几个人参加？

答：对。我们村有十几个人参加，其他村多着呢。

问：“老黄忠队”有多少人参加？

答：俺这个队有十五六个人。

问：“敢死队”有吗？

答：有。是20～40岁的年轻人。

问：有多少人？

答：80%的人都参加了，男的差不多都去了。

问：小孩、老人、妇女参加的人少？

答：对，还有“老佘太君队”，不过人很少，年轻人参加“五虎队” “敢死队”和“花木兰队”。

问：能干的男的都出去了，剩下的都是小的老的？

答：对，不能干的都在村里。

【族内纠纷的解决】

问：在你们魏姓家族中发生了纠纷谁来调解？

答：得看具体的事。如果是个人解决不了，由大队党支部解决。

问：家里发生事谁解决？

答：家里有小的和老的，有纠纷了，家人劝说，劝说不了的由小队或大队解决。

问：由有威信的人帮助解决吧？

答：对。

问：最近你们家族中有这事吗？

答：最近没有。

问：过去有吗？

答：过去的，说说就解决了。如有的因为说话说不到一起，有的因为孩子，发生纠纷。

问：你们族里有没有族长？

答：现在没有，解放前有最老的老人。

问：他管你们家族什么事呀？

答：如年轻人与人吵架，老人认为应老实忠厚，团结互助，与人吵架老人认为不好，教育他们，起教育作用。

问：怎么教育，是把他们叫到家里跪下来吗？

答：不跪。与学校老师同村，加双方都说说，指出他们的不对处，给横的批评，给老实的争个理。

问：这样做是为照顾面子？

答：对。

问：长辈教育晚辈打不打他？

答：急的时候骂他两句，现在的老人还有打的？如果兄弟之间有矛盾，先批评大的，不打，再不对也是本着教育的办法。

问：老人像族长一样教育直到什么时候？

答：到“文化大革命”。

问：“文化大革命”时破旧立新，有没有反对老的，打老的骂老的的事？

答：没有。

问：你是哪年生人？

答：今年75岁。

问：属什么的？

答：属猴。

问：（问魏洪臣妻）你今年多大？

答：我属羊的，比他大，76岁。

吴志善（1932 年生）

时　　间：1944 年 8 月 17 日下午

访 问 者：小田则子

翻　　译：刘贵敏

场　　所：吴志善家

【吴姓的起源、梁庄的吴姓】

问：老坟在什么地方？

答：马堤双。（音）

问：原来是从哪里迁来的？

答：吴家河沟。从莱阳迁到吴家河沟，又从吴家河沟迁到这里来的。

问：什么时候来到后夏寨？

答：不知道，年头多了。

问：上次听说好像是从梁庄迁来的，是吗？

答：不对。是从这里迁到梁庄去的。

问：后夏寨的一部分迁到梁庄？

答：对。

问：搬到梁庄的同姓人与你们来往吗？

答：有来往，春节时来往，上坟也在一起。

问：春节上坟时是你们到梁庄还是梁庄到这里来？

答：梁庄到这里来。

问：春节上坟人多吗？

答：人不少。

问：有多少人？

答：不一起去，零着去。从前一块去，现在人多了，不再一块去了。

问：解放前梁庄有多少人来？

答：20 多人。

问：现在梁庄有多少户是吴姓的？

答：20 多户。

问：住在后夏寨的人还到吴家河沟上坟吗？

答：不去，很远了。

问：吴家河沟离这里远吗？

答：七八十里地。

问：吴家河沟有坟？

答：有。

问：梁庄的人解放前也去上坟吗？

答：上坟。

问：也来拜年吗？

答：拜年。互相拜年。

问：现在吴姓的老坟在什么地方？

答：县东北。

问：有多大？

答：1000 平方米。

问：一直在那里？

答：对，一直在那里。

问：解放后梁庄的人来这里上坟拜年吗？

答：来。

问：你们一起去吗？

答：人多了，不一起去，从前一起去。

问：解放前后夏寨和梁庄的人一块上坟，是吗？

答：对。

问：那时候男的去，女的也去吗？

答：光男的。

问：上坟先磕头还是先拜？什么礼节？

答：先烧纸再磕头。

问：是按辈拜吗？

答：按辈拜。先长辈后小辈。

问：“土改”时梁庄的人上坟吗？

答：上坟。

问：梁庄人与后夏寨的一块去上坟，在一起吃饭吗？

答：自已吃自已的，吃完饭后再一块去上坟。

问：不是大家一起吃饭？对吗？

答：对。

【坟地的耕种】

问：听说解放前吴姓的有个宗子社吧？

答：没听说过。

问：大娘知道吗？

答：更不知道了。

问：解放前你家的坟地有3亩多，是吗？

答：1亩多地。

问：听说解放前的坟地给很穷的人作为耕地了，是吗？

答：对，谁的祖先就让谁种。

问：坟的周围都种上地了，庄稼成熟收了，怎么用呀？

答：谁种的谁收，谁要。

问：坟地让别人种了，谁穷就分给谁种，先让张三种，后又换成李四种了，怎么换的？

答：分给谁就让谁一个人种，旁人不种。

问：听说以前大家上坟的时候决定的，他不种了就让别人种，有这事吗？

答：分地以后就归集体了。从我记事开始就一个人种着，别人没种过。

【家堂】

问：上次看到你们家的家堂了，这家堂是什么时间做的？

答：时间很久了，以前就有，破了就换。

问：去年看到的家堂很旧了，有多少年了？

答：已有40年了。

问："文化大革命"时家堂还有吗？

答：有。放起来了，没有烧掉。

问：村干部没有找你们吗？

答：没有找到人，谁来的都不知道。

问：吴姓的家堂有多少？

答：一家一个，20多个。

问：刚才说"文化大革命"时没有找到，没有烧，是你们家的还是整个吴姓的？

答：整个吴姓的。

问：王姓李姓都烧了，为什么吴姓没有烧？

答：当时找不到了，后来才拿出来。

问："文化大革命"时吴姓中有当干部的吗？

答：有。吴序爵是生产队长，已没有这人了。

问：哪个生产队的？

答：第一生产队。

问：是不是他不让拿出来？

答：他不知道，他不管这事。

问：还有别人当干部吗？

答：有。

问：谁？

答：马振生，人也没有了。

问：你们吴姓的？

答：吴玉斌也是一队的队长。一个队有好几个班长。

【上坟】

问：新中国成立后梁庄的人还来后夏寨上坟吗？

答：还来。从1960年以后就不来了。

问：为什么？

答：因为1960年以后生活困难。

问：自然灾害的时候吴家还上坟吗？

答：上坟，但不是集体去了。

问：一家都去？

答：不是一家，吴姓的都去，后夏寨男的都集合一起去。

问："文化大革命"时有两三年停止上坟了，什么时候又上坟了？

答："文化大革命"只有一两年不上，以后都去上坟了。

问：去年春节挂家堂了吗？

答：挂了。

问：前边摆着供品吗？

答：上供，磕头、烧纸。供品有馒头、炸的食品、水果、饺子。

王会远

时　　间：1994 年 8 月 14 日下午

访 问 者：张思

场　　所：王会远家

【老家】

（注：王会远，78 岁。陪同干部：李绪民，民兵连长）

问：王大爷老家在哪里？

答：山西洪洞县。

问：您多少辈都是住在这儿？

答（李）：多少辈记不清了。

问：想问问王大爷几十年前干农活的事情，到解放后几十年农业上的事情。

答：这样吧，你问到哪，我说到哪里，让我讲从解放前到解放后，这么多年，说不清楚。

【日本占领时的家庭生活】

问：解放前，日本人在时，您家有多少亩地？

答：别问人口了，解放前家里十来口人，土地 40 亩。

问：同别人比算不算多的？

答：咱不占多数。

问（李）：占中等数？

答：嗯，占中等数。

问：日本人在时，解放前，你觉得日子怎样？

答：那阵儿不分这农那农的，解放后才兴这个说法，那阵按这个村的说法，咱中等占不住。有 40 多亩地，还有十多口人，按人分就少了。

问：那一人平均不到 4 亩了，要想过上好点日子，得多少地？

答：按咱这个村说，好点的得人口少。日子好，要 5 亩来地，4 亩多。

【家庭劳动力】

问：那时您家十几口人，能干活的（劳动力）有几口人？

答：能干活的顶多 3 口人（**李：**全劳力），其余的人是家里的妇女、老人、小孩子，不劳动。

问：3 口人，您爸爸干活吗？

答：我一能干重活，他就不干了，也用不着他干了，有俺们，就不让老人干活了，看看家，转转，光这事。

问：这十来口人没有分家，跟您兄弟住在一块？

答：那阵子没有分家。

问：分家是以后的事了？

答：嗯，是以后了。

问：40 亩地，十来口人（王：12 口人），3 个劳动力，其他人也不是白吃饭，也干活，您认为 3 个劳动力够不够？

答：那阵子 3 口人种 40 亩地是满行了。

【雇工】

问：地多，劳动力不够的有没有？

答：也有，也有雇长工、雇短工的。

【相互帮忙】

问：有没有不雇长、短工，找亲戚朋友帮忙的？

答：这种情况也有，也不雇长、短工。跟谁对劲儿，搭乎搭乎，“给我帮点儿忙吗？”这种情况也有，也可以，也不是没有。你说的这情况也不拿工钱（**李：**也不拿工资，得管饭）。嗯，得做饭。

问：这种事在咱们村多吗？

答：这个村不多。

问：这种相互帮忙的关系是朋友、亲戚、还是一个族的人……

答：都有，有朋友、亲戚、还有院宗（**李**：一家人的）。

问：哪个多一点？

答：猜不准，说不准。这事定不住，活多干不过来了，忙乎几天，就是这个数。咱说这个数没法说。

问：您家农忙的时候，是雇长、短工，还是请人帮忙呢？

答：俺这儿长、短工都不用。俺个人干过来了。

问：您的牲口也够了？大牲口？

答：牲口两个时候多。

问：是驴还是牛？

答：反正没离开过牛，也有驴。（**李**：喂牛的时间长）

问：牛是自己的牛？

答：嗯。

问：有两个大牲口，耕 40 亩地就够了？

答：够了。

问：要帮忙的情况下，只管饭？

答：嗯，要是雇长、短工的，那个拿工资。

问：也管饭？

答：也管饭。

问：那时雇短工干一天活工资是多少？

答：闹不清了，年岁太远了。

问：要是折合粮食是多少？

答：咱基本上没这个事。

问（李）：那时给钱的话，合着粮食，合多少？

答：那时候，不跟现在（钱）值这么多。那时一百斤粮食才几块钱，这时候好几十块，差更多了。

【贫困农户】

问：那时候粮食便宜吗？

答：那时候粮食贱。我小时候 3 块来钱一百斤粮食。

问：咱这村里，比您日子过得苦的、地少的人多吗？

答：咱这样地少、人多的穷户多，富户少。

问：地不够的、粮食不够吃的人，过日子有什么其他办法？

答：有，收成一年不够一年用的。有上市买去的，那时没有粮局。市上是私人的，不是公用的。

【互相使犋】

问：互助帮忙，村里话叫做什么？

答：若是亲戚、朋友，干一天活管一天饭，就叫帮忙。

问：在北京那边叫搭伙、搭套、插具。这里有什么说法没有？

答：这没有。（**李**：他说的，你给我，你给我互相帮忙，在北方有一说，比方咱们使头牯，互相使犋在北方有这个法，还有旁的吗？）咱这没有。

问：您说叫互相使犋，使犋是现在的说法？

答：嗯，现在的说法。

问：过去用这个说法吗（即互相使犋）？

答：有、有、有。他喂一个牲口，我喂一个，一个不能干活，咱俩合伙。你有活使我的，我有活使他那个。（**李**：唉，然后牲口当中才有这个名词，叫合具，这叫合具。）

问：这叫互相使犋？

答（李）：这叫使犋，也叫合具。

问：互相一个牲口不够用，互相使，叫使犋，大爷您没这样干过吗？

答：我也这么干过。

问：您两个牲口还不够用？

答：有的时候有一个没空，或是那几天需要三个干活去，搭上一个。这么忙，再找谁也好，“我使你的牲口使一天?”“行”，这就喂饱了咱牵来了。

问：互相使犋的话，那边的人一定跟你特别好吗？是好朋友？

答：对，一般是关系不错的。

【长犋】

问（李）：当时跟您一块使犋的是院宗，是谁呀？您有长犋吗？从前？

答：俺没有长犋，我个人有俩。（**李**：他没有长犋）

问：长犋是什么？

答（李）：长犋就是定好了的，叫长犋。你有一个不够，我有一个牲口，咱俩说定了的，咱俩合伙使，这叫作长犋。

问：长是长短的长？

答（李）：长远的长。

问：犋是工具的具？

答（李）：嗯，哪个具，可能是工具的具。

问：和长犋不一样的叫什么，有“短犋”吗？

答（李）：（笑）没有。临时的，叫临时借。

问：那老李你怎么知道有长犋这件事的？

答（李）：你看，八几年分田地以后，我从部队回家，现在种地跟从前单干差不多，性质是一样的，你看地里活是个人安排，农业工具全是个人的了。集体没有了，各人想各人法，我过日子当中也有一个合具的情况。（**张**：所以也使长犋这句话？**李**：嗯）

问：过去几十年前，日本人也来村里调查这类事，即互相帮忙之事，不知道有长犋这句话。我很想把这个事搞清，大家怎么帮忙。老李你认为现在互相帮忙有必要吗？需要吗？

答（李）：我认为也跟他们从前的想法差不多。帮忙如盖房、修屋、地里农活。小的时候，我家六口人，不能长年多少辈子嘛事没有，如盖房修屋，有点什么事了，或是孩子小，老人老了有个三年两年的，出现这种情况。活比较忙点儿，叫个帮忙的。也是找个不错的，像我这个岁数的，干巴的，或者亲戚家，说说“赶明去盖间房去”，或“赶明地里活拉不下来，”去拉化肥去，这样说。

问：这种情况少不了？

答（二人）：少不了。

问：但是总爱打架的人找得到吗？

答（李）：还用说，肯定找不到。也没人给他帮忙。他得不错，相好的。

问：同王大爷互相使犋的是哪一家？来回使头牯的有几家？从前临时的也算。

答：不多，怎么说，这事比如使两个牲口，或是一个，办事可能够了。耩（jiāng，种地的意思）地、拉东西那就不够了。你比如耩地去吧，我使你那个，你也耩地，我也耩地，“唉，你也去！咱合上堆耩去吧”，耩地得四个人。

问：耩地得四个人？

答：耩棒子，就是种，得四个人，个人就干不过来。这也算合伙。

【合伙】

问：这也算合伙？

答（李）：对，合伙就是互相……（**王**）：这个不管饭，因为他也有地，我也有地，互相干不过来，他干不过来，咱互相耩去吧，等晌午回来了各回各家吃饭去，也不拿工资。

问：合伙是咱们山东语，这个合是什么意思呢？合伙的意思是互相帮忙，主要在农活时用吗？

答：干农活也有。

问：盖房子，修屋子叫合伙吗？

答：这不叫。

问：结婚，办喜事时，互相帮着，这不叫合伙？

答：这更不叫了。

李：主要是什么原因呢，今天你的活，跟我的活相同，咱们都是下地干什么活去，你的人不够，我的人也不够，咱们凑起来你两人我两人，就四个人，或者需要两个人，你去一个，我去一个，去两个就够了。一家去呢，还得占事。有的活干不到一天，或一上午。咱两人合起来呢能干一上午，不耽误事，就这么个意思。

问：你一家去就怎样了？

答（李）：一家去的话，比如干到头晌午的话，这活一家就干到半头晌午。剩的时间就不能干旁的了。就家来，一家来就存工夫，就没用了，耽误了。

问：合伙的伙是农活的活吗？

答（李）：不是，伙起来的伙，大伙的伙。

问：这个合（gé）字不知道是怎样的字！

答（李）：合这个字闹不清，名词怎么说。（王：是土语）

问：肯定是在干农活时用？

答（李）：特别表现突出在干农活时。

问：其他的互相帮忙不叫合伙？

答（李）：也叫合伙，比如还一个例子，现在农村机械化比较多。你我都有三轮车。你、我都修理机器，一个人办不了，得两个人两个人共修，两人先修你，后修我，两人帮着一块修，也叫合伙。只要是情况一样的，一个人干不了的，两个人着一堆的，说定了的就叫合伙。

问：刚才还有一句话叫互相使头牯。

答（李）：头牯就是牲口，土语叫头牯，头牯两字怎么写闹不清。好像电视里刘三姐中说的，牲口在头了，人在后头。土句这么叫。有个念书人说人在前，牲口在后，成了笑语了。

【播种】

问：耩（jiāng）地（王：就是播种）必须四个人，耕（gēng）地叫什么？

答：叫耕（jīng）地，用犁。

问：耕地也用很多人帮忙吗？

答（李）：不，两个牲口，一个人就行。

问：那耩（jiāng）是四个人，几个牲口？

答（李）：四个人，两个牲口。

问：现在要是用拖拉机耩的话，不要这么多人吧？

答（李）：一个司机就行。

问：有在下边帮忙的吗？

答（李）：没有，就一个就行了。

问：用机械种地的有没有？

答（李）：也有，也是两人，一个开的，一个在后面观察（播种的）。不撒种了，现在机械化，人工全省了。

问：听说80%的地是机械化了，是这个情况吗？

答（李）：所谓机械化80%与刚才我说的不一样，是拖拉机，是现在都用的机械化种地。不是80%的使拖拉机。因为现在的条件还达不到。前几年纯使拖拉机种，到后来种了以后，因为基数掌握不准，苗出不好，它又使的是半机械化了。半机械化呢还是什么呢。现在实际上是半机械化，不是完全机械化。

问：现在纯的机械化种地，是不是种苗太密了，种子撒得太密了？

答（李）：不，使拖拉机拉的播种机，它苗出不好了，它深浅不一样。苗有的出来，有的出不来，苗太薄了，不如人工掌握得准，在现在的技术情况下。

问：再问问王大爷过去的事，用牛种地，四个人两牲口，这四个人怎么在一块干活？

答：那时候使耧，是木头做的（**李**：木头打的），有三个腿的，有两个腿的。一个牲口接着耧，一个人在头里牵着，这是占一个人，后边还有一个人驾耧，两个把驾耧。再一个是播种的，抓一把。后边这个人牵着一个牲口压地，那叫顿子。用牲口牵那个顿子。三个腿耧吧牵三个轱辘轮，两个腿耧两个轱轮。一个轱轮压一个沟（**李**：一个轱轮压一个眼儿，那个就是压）。那不算机械化吧（笑）。

问：在前面牵的是大牲口吗？是牛吗？

答：什么都行，牛、马、骡都行（**李**：只要拉得动就行了）。

问：驴行吗？

答：驴也行，它拉得动的，拉不动的别想。

问：在后边的呢？

答：在后边的这个轻点，这个小点儿也行了。

问：这里哪个活最累（**李**：驾耧是最累吗？）

答：要说这些活，相对吧就是驾耧最累。

问：驾耧都用壮劳力去干？

答：也是用点技术。

问：撒种子的呢？

答：也是掌握技术，得匀。不能多的多，少的少，或都没有，那就……

【劳作与休息时间】

问：过去种一亩地，四个人，两个牲口，得用多少时间？

答：使不了多少时间，用一个小时吧。（**李**：使不了一个小时）

问：过去没有表，您是怎么知道一个小时呢？

答：按现在来算，从前不知道，比如说从早上吃了饭到晌午，这半天。一天能种多少，半天能种多少。一早起，起来就到地里去，吃早饭，再回来，能种多少。那时按这个说（**李**：大体按时间说），那时谁说小时啊？

问：早上耕地，干多长时间？

答：早上六点到地里去，得两个小时吧，少说两个小时。

问：然后回来吃饭？

答：嗯。

问：吃饭用多长时间？

答：下不了一个小时。

问：然后是上午了，能干多长时间？

答：得四个小时了？（**李**：按时间使不了四个小时）。

问：听说中午休息比较长，您这里也是这个习惯？（**李**：也是这个习惯）晌午后吃完后休息长点吗？

答：时间长，时间可长了。

问：估计连吃饭带休息得多长时间？

答：（**女**——王的老伴：有12点到下午4点的，4点下地）到不了这么晚。不是光休息时间，从地里回来一般得12点多。下地早的有3点。一般4点下地算晚的，4点的时候，现在农村这些事，不定准。你看天气凉快，吃完中饭不歇着就下地，挺热的到5点也不下地，太热了。刚才我跟你说的情况是一般情况。占大多数。（**女**：有的活干不完还有加班）还有加班干不过来的。情况不一样。只要是大多数，它那是挺少的，个别的。

问：以往您那个时候也是这样吗？

答：嗯，一般是这样。在我年轻的时候，休息的时间比较短点儿，没现在休息时间长，那时歇的时候少，干活时间长。

问：下午要是3点至3点半出去，干多少时间？

答：下午反正没太阳为止。

问：天黑了，要是夏天，得七八点钟？

答：得八点左右了（**李**：七点多黑不了），得八点钟，七点黑不了，七点半还不下太阳哩。

问：要是这样的话，四个人，二牲口，一天种几亩地？

答：这个数不一样，牲口壮，走得快，种得多。牲口弱，走不快，就得哄，耽误时间，误时间就种不了那些。

问（李）：按一般情况下能种多少啊？

答：不多不少说正常吧，15 亩。（**李**：唉，这个 15 亩地种过来了）

问：种过来了？

答（李）：他早晨起来种，种到晚上看来是行。我知道这些事也是这几年种地知道的。早晨起来套头牯种地回来，换头牯了。头牯得喂，人吃饭，头牯吃饭不如人那么快，它这 15 亩地看来是这么情况。

问（李）：这 15 亩地得换头牯吧？

答：这个事如果说吧，我就比如我个人说得多。我那时干活，都是这两头牯。

问：换头牯吗？

答：不换。叫自己的这俩歇着，问他人的去。再不行，不换了，就这个。干时间长了，让它在地里站着，牛让它开开嚼。

问：开开嚼？

答（李）：开开嚼就是休息休息。再挂挂嘴。那个牛跟驴不一样。这个驴的胃和人一样，这牛吃完了得倒回来。回来再嚼一阵。再咽下去，才消化了。这叫开嚼。

问：还有驴要干什么来着？

答：驴不开嚼，驴、骡、马都不开嚼，打滚儿。躺在地下来回打滚，那叫歇。

问：刚才老李讲的是，您的情况还得让牲口歇着？

答（李）：你看这 15 亩地，我从印象当中，我干得这么紧乎，它因为本身地没这么多，你说就有 15 亩地，也不是一下子全种成一样的东西，不在同一个田间种。我估计 15 亩地是怎么情况呢？比如早晨起来牵着牲口种地，到吃饭回来喂头牯，喂完以后，再换一个，那个是提前喂饱了的。是这个情况。

答：刚刚问的是一天能种多少，所以给他说的 15 亩。其实不到这个吧。种不到一天。一样行了，除去种麦子的时候（**李**：种小麦，种得多，其他没那么多），它没旁的，光种麦子。

问：这是算起来 15 亩，实际一天种不了这么多？

答（李）：实际上按两牲口四个人，人能盯（顶）住了。就是一个牲口不行，按时间上算能种得了这些。

问：比如您家 40 亩地的活，每天种不上 15 亩吧，有 10 亩？

答：那时候活和活赶上堆儿，一个地块 15 亩的很少，都是 3 亩、2 亩，也是一块。

问（李）：在老早以前，我是听说与现在大不一样，您现在地有几块地？

答：一共五块地。（**李**：）你看他人口多。我六口人只两块地。你们老早了多少块地？

答：老早的块多了，二三亩、三四亩一块，十来块地了，按地块说。

李：原来的情况与现在不一样，现在调剂调的。

现在整个一个家庭多少口人？

答：（女）现在 8 口人。

问：这是现在了？现在有 8 块来地？

李：现在 8 口人。人是 8 口。

问：（以前）十来块地，从这里干完，到另外地方换着干耽误工夫吗？

答：耽误工夫。

问：这样算起来一天实际上干不了 15 亩？

答：干不了

【作物】

问：另外也没有那么多麦子地吧？例如全种麦子的话，也没有那么多麦子可种？这种别的吗？

答：种麦子时候种得多，都是麦子没旁的。春天时候不行了，种的高粱、豆子、棉花都算计下来。

问：您从前是种麦子种得挺多的？

答：从前时候没现在种得多，按地亩数算，春地留的多，种长果的棉花的，从前麦子收成少，在我10来岁的时候，每亩麦子最好时80斤，好的，每亩产80斤。

问：现在我听说能有300多斤？

答（李）：一亩最好的能有500多公斤。

问：平常年景一般的说？

答：一般的六七百斤。

【亩的大小】

问：从前的亩有多大，与现在一样大吗？

答：（李：一样大），差不多一样吧。

问：有的说过去的亩大一点，咱这有吗？

答：咱这没这个说法，咱这儿还都是按240步算一亩。

问：240步是自己走？还是有专门的家伙量的，木匠那里有没有专门的尺寸？

答：（李）你要是按标准量来说，队上分地，要按标准量。他说的240步是个人大体有个数。（王）：240步是老的，老办法。现在都论米了，谁跟你说哪一步啊，5市尺算一步，240步算一亩。

问：市尺也是过去的老尺了？

答：唉。

问：现在大队要是分地量亩怎么量法？

答：反正是长乘宽，宽乘长，得出这个数，比如得个5米，再加上十五（?）乘起来得出那个集体数。

一亩老法是长16，短15（步），不多不少正一亩。（李）：长16米短15米。（王）：不，从前的步。5市尺那个长度。

这个算地好复杂了，不是分地这么一大片，咱量多少块，算一个人或多少，根据这一块说，不一般宽，这头宽，这头窄，它得横着量横宽，量三下，再把它三规开，规成一般宽，再跟长乘，乘上一堆，得那个数，再使什么规规起来，才得出这个地数来。都算这块的，赶上大块的就多点，赶上小块的就小点。它不是分新地，新地10米一块，15米一块，这事好办，它是根据地块说。

问：刚才说要使规吗？用规的方法是什么？

答：使规是个算法。都用这个名字。（李：是土语）。不是有角规吗？夹板上，就是那规。

问：我原来计算土地面积，见到许多形状的，直的，圆的。您这有这种情况吗？

答：这块地什么情况都有，从前老道，你比方打这那一个道，道是死的，地块是活的。赶上嘛样地块也有，也有弯弯的，也有斜斜的（李：也有三角的）。

【生产队时代的农活】

问：还有些事想问，您现在还干农活吗？

答：不干了，有几年不干了，有三四年，干还行了。（李）现在不用他干了。

问：您要想干的话，还能干些什么呢？

答：（女：绑笤帚）（李：种地，下种也行了）驾楼也行。（张：驾耧可累呀?）。驾耧咱有点技术，在生产队上，驾耧都是我的事。

李：队上那时，有那几种人常干这些活，规定这些人有技术的，留种的、驾耧的、牵头牯的。他们是有技术的，队上规定好，长年干的。种地你先去种去。

问：要是牲口不好，驾耧的技术不好。

解放前种 15 亩地不行吧？

答：唉，种不了了。这个数咱只是那么着说。在生产队那时候，种麦子，从头一天种，种到末了那一天算起来一天一个人才 2 亩地。

问：一天一个人 2 亩地？

李：一天一个人才种 2 亩地。

问：生产队时，您吃大锅饭，不好好干活。

答：（笑）种到末了，一天一个人 2 亩地。也是那四个人，成天干。

问：这是从人民公社开始到承包以前？

答：唉，承包以前。

问：那您当时是怎么想的，为什么只干 2 亩地？是大家不愿干，劲头没有？

答（李）：不是，他说的是平均。种麦子得一个多月？（**王**：）唉一个多月。（**李**：）是吧，一个月左右，实际上平均起来说，今天种 10 亩，明天种 3 亩，后来种 8 亩，一天天平均起来，一天种 2 亩来地。它这当中，怎么回事呢？或者头牯喂不饱了，或生病了。有人突然因为嘛事来不了了，去晚了，就耽误了。平均起来一天种 2 亩地。

王：或者地块没倒过来（**李**：唉，没倒过来），那块没倒出来哩，你这就不能种了。

问：地块没倒出来？

答（李）：比如：种玉米，玉米起了以后，耕起来，平好了再种麦子。他们是专门种地的，其他的不管，这么个意思。玉米还没倒出来，地没平好，他们就不能种，这一天就闲着，是这样。若是赶上地倒出来，全平好了，地是十来亩地，合是这一天一下就全给种上了。不是不种地，玩。

问：有很多事是没有安排好吧？

答（李）：唉，有好多是没安排好，有时处于这种情况，结果时间拉得太长了，上下一个月左右，不能每天种这么多。

问：种地一个月左右，是否把农时误了？

答：误了，按节气说是误了，早的比节气早，晚的误了。

问：就中间没有误，早晚都误了？

答：早的提前了，晚的退后了。

问：误了节气，产量受不受影响。

答（李）：受影响是影响，肯定是受影响。还一个是不可能受影响。比如说现在种小麦，正节气吧，应该是需要 18 斤种子，一亩地。时间晚了，小麦出来以后就不分岔了。下种量即播种量大了，现在种一个麦粒能出三个岔，再推迟 10 天，1 个麦粒只能出一个岔。加大播种量，它还是那些苗，所以不影响产量。说这个也有影响产量是怎么回事呢，已经节气晚了，播种量少，它就影响产量。

王：种地这活，无计无休（**李**：没有统计），不像工厂机器开动，到点上班就是那些，农业活无数。

【村民互助】

问：接着刚才的话说，您还记得一块使头牯家的名字吗？

答：有也很少（**李**：他这个情况少，本就有两个头牯了）。

问：长犋有吗？

答：没有（**李**：两个牲口，不合长犋）。

问：临时的找人帮忙？

答：那没有，不多。

问：跟您在一块合伙，是总是固定一家人，还是总换？

答：没有。

问：今天找这个人，明天可以换别人？

答：除亲戚、朋友，一天半天的有。今天找这个，明天找那个基本上没有。（李）你看我这个情况，很不是挺平常的，一年三回两回的，不经常。

问：三回，两回，是就能把地种好了？

答：对，基本上个人干过来了，不需要再叫帮忙的了。咱是干活的人，再叫帮忙的，咱干嘛去，起码得一个人情，比如俺，很对劲，你给我干一天活，虽是管一天饭是不错，末了，但落个情分。

问：落个情分？是欠个情分，你还要还？

答：唉。

问：欠人情分，有人合伙，必须管饭，是吗？

答：唉，对了，有人给作活，必须管饭，咱这有这么个规程。

问：刚才说的哪个是不管饭的，合伙？

答（李）：不管饭的是，你有2亩，我有2亩，先种你，后种我，这种情况，合伙种，谁也不管饭，跟兑账一样兑了。

问：可是如果你有5亩地，我3亩地，咱俩合伙，你给我干3亩，我给你干5亩，不一样，怎么办？

答：（**李**）这种情况也嘛事没有，（**王**）也嘛事没有。

问：可是我给你多干活了？

答（李）：这儿不讲究这个事。

问：多一点儿，少一点不讲究？

答（李）：不讲究。

问：再多一点呢？

答（李）：再多一点也不讲究。

问：唉，再多一点也不讲究？

答（李）：问题出在哪地方呢？找个人有5亩，你一点没有。我叫你帮忙，这得管饭，一个是光有我的，没有你的，耽误你的工夫了，你的一点也干不了，光干我的，这得管饭。比如你一亩，我10亩了，咱一上午或一天干完了，也嘛事没有。

问：噢，这是现在，是这样？（**李**：是），以往几十年前是这样吗？

答：唉，是这样。

【合伙的平等性】

问：也是这样？比如我10亩地，你一亩地，你给我种地10亩，我只给你干一亩，然后也不管饭，这不等于你给我白干了吗？

答（李）：它因为是两个人不错。能合上一堆。能合上一起，它要是两个人不行，讲究你给我干多了，干少了，两个人就不合伙了。

王：还有的是，两个人合伙，你没牲口，或者是没工具，没耧。没有牲口，个人一亩地，半亩，技术再好不能种，对不？没有牲口，没有工具，你得找去。闲着有，找着了，人都使着，你找不着，你就得想法咱俩合伙，好比你种地去，我得赶明儿种去，我今儿没空，“行吧，你种去吧，给我种上那一亩”，“你给我种那一亩，我也去”。这么着，也是嘛事没有（**李**：对）。

问：王大爷的话还没有全听明白。

答（李）：咱俩，你那里工具、牲口都没有。你有3亩，我有一亩，你多我少，你牲口、工具都没有，怎么办，你就说，你给我捎着种种吧，咱一堆去。使我的牲口，我的耧给你种地。是这意思，也嘛事没有。不管饭。

问：有没有这种情况，我没有工具、牲口，借你的，回过头来为你干点活？还给你，有吗？

答：有。（**李**：它不为了还，是吗？）这个事，不是我借你牲口、农具就必须给你干活，都是感情。我使他的牲口，我经使，不断地使，赶上他那儿忙了，修房盖屋或者人赶上嘛事，人不够用了，不用叫我，我就去了（**李**：人是感情的动物）。

问：在咱们这村是这样，在周围其他村里也是这样？

答：（李）也是这样。

问：似乎与北京郊区那边有一点不一样，

他们算计好了，你给我干了以后，我也得给你干了。另外，借你的东西，想法干活还给你，也有。

答：咱离的远，不知道。

问：大爷您刚才说的是，借牲口还也行，不还也行？

答：不还。

问：给你干点活也可以？

答：也可以。

问：不干呢？

答：不干就拉倒，它不找那个后账，不是你借我头牯了。你得该我点什么，不提那个。

【合伙情况】

问：这种讲感情的，到年根底下，感情好，请喝酒吃饭的有吗？

答：有，主要过阴历年春节，八月十五中秋节，这两个时候，感情挺好的，赶上阴天下雨，不能干活，上谁那玩去，喝四两。

问：长犋的关系是否更好些？

答：不一定，很复杂，也有在一堆感情不好的。也有回头谁也不说谁好。（**李**：有的使牲口来回使，其他事还不掺和呢）其他情况大部分长犋两家关系好。

问：长犋的，有到年根儿，到一块经常吃顿饭的吗？

李：长犋的？也有。

问：这种长犋关系能维持多少时间？是总变，还是维持好几年。

王：这个数没法定。

李：我跟你说现在的，老前的使长犋的这个关系，两家挺好的，这关系得维持个几年吧？

王：得维持个几年，比如李敬堂这边，和王廷章，两家合伙喂一个牛，也喂了好多年了。

李：两家喂牛还喂了几年了。

王：这是他们的老人伙着喂头牯，并不是他们接手办的。

问（李）：那时候没解放呢？

王：解放没解放记不清，我想着这个事了。喂得很好了。（**李**：肯定还没解放呢）两家喂一个牲口肯定喂得不好，在谁那边也舍不得喂好东西。

李：这种情况80年分地时社里还有这个事呢。80年刚分地时那时农村没现在这个条件，不如现在那个条件，一家喂不起，因为槽没那么多，料也没那么多。两家挺好的，咱俩喂一个吧，搁80年分地时还有这事。

【家畜的共同饲养】

问：两家在一块喂不好？

答：不，那种情况少。你这喂几天，我喂几天，不喂料，不喂粮食这个少，还是好的多。

问：没有在我家少喂点，饿一点，让它到他家多吃点事？

答：也有，少。

问：这种一块买牛、喂牛的事，有什么特别的说法？

答：没有什么特别的名词。（**李**：没有明显的名词，我的印象这些事叫搭伙、伙着喂。

问：搭伙、伙着喂，现在还使？）

答（李）：最近几年没了，因为它这个情况，一家喂两牛了，一个户有俩，现在最多有趁五个牛的。再小的户也喂得起一个来。

问：合着买、喂的就没有了。

答（李）：没有了。

问：几年前有吗？

答（李）：几年前有，在他们年轻的时候也有。1980年刚分地时也有。

问：搭伙、伙着喂，那时候用这个名词吗？（**李：**伙着喂头牯，搭伙喂头牯，当时有这名词吧？）

答：没有。（**李：**两家伙着喂没有吗？）伙着喂就是咱俩，你我个人喂不起，伙着买一个，这什么都没有。伙着买一个，比如花 500 块钱，我钱不够，我少抓两张吧，也行了，只要咱俩同意，谁也干涉不着。

问：钱少出也可以？

答：比方买牲口时要 600 元，平均一人 300，我经济条件差点，你拿 400，我拿 200。说开也行。

问：这种办法养起来，如何养。

答：对半养，一边喂多少时间，比方你养一个月，他再养一个月，再牵回来。

问：一般情况下，隔一个月情况多，隔 10 天的多？

答：一个月的情况多。

问：到了农忙的，耕地、种地时，也是一个月？

答：也是一个月。活商量着干，今儿你需要使牲口，拉什么，你就拿去，你一拉了，再这一天我就拉去。

问：比如今天，我地多些，先紧着地多的干，地少的后干，这种情况有吗？

答（李）：这种情况也有。只要两人到得上一堆，它就得好，不好，也不到上一堆。比如你人多地多，你先使，或我插空了使。你能使 3 天，我使半天就完了。只要两家到上堆不计较这事。

问：这先后两家自己商量？

答：自己商量。

【争吵散伙】

问：当中打架（**李：**伙着喂头牯，闹翻了的）也有吗？

答：有，有也没旁的法。再卖，再分了它，不伙着喂了。就算完了。（**李：**或者折个价，比如牲口值 600 元，找个公平人折合钱，你要是要，再添 400，分开它）。

问：从前有这种情况吗？

答：有，合伙做买卖，到末了总是不好。套伙的事跟桃园三结义似的，没有。

问：一般的情况下怎么样，合伙喂的时候，是挺好的？

答：这个事，你应我，我应你，不说。

问：你应我，我应你？

李：就是谁行谁不行，不说，嘴上不说都是心里有数。

王：那样就不长了。（**李：**那时就伙不上一堆了，闹意见）。

【长粮的时间】

问：使长粮的，时间很长吗？

李：有，现在头牯少点了，以前不知道，1980 年分地时，合伙使头牯都维持了几年吧？

王：都是谁和谁？想不起来了。

李：你看我和张志东家使了五六年了。

王：我想着你跟这里，跟魏成仙家合伙使头牯。

李：那是老早了吧？（**王：**老早了）。

问：老李与另外一个人维持好多年了，现在还有呢？

李：对，现在还伙着，不同的是一家都有一头牯，不是非得使，今天使我的，明天使你的，谁的。我的活忙了，头牯少，牵他的头牯去，他活忙牵我的头牯。现在个人干，不用我使他的，他使我的明显地表现了，关系还是不错，还相互使。

问：还换别人的吗？即姓张的以外的？

李：这是固定的，若是他正忙着，就使旁人的。

问：那么你是有事先找他？反过来他也先找你？

李：对。

【长犋的户数】

问：过去搭长犋，二家，有没有三家的。

答：三家的没有。**（李）**：它为什么不三家呢，一般两个牲口就够使了。

问：有没有一家跟两家搭长犋的？

答：有，这就更少了。

问：比如咱三家你（李）找我来，你（王）也找我搭长具，因为我牲口多？

答：这种事没有。**（李）**：更少了。

问：一般是我跟你一对，我不再找别人，别人不再找我？

答（王、李）：唉，喂牲口都耕耕地，耙耙地，种种地，需要使俩，你现在使这车子都是一个，满可以。从前使花轱轮，一个不行，拉不动，需要使俩。现在合秋使长犋的少了。大部分兴使拖拉机。

【拖拉机】

李：拖拉机，三轮，现在每家至少一个牲口，我刚才说大户有五个、四个的。合伙的很少了，自己够用了。

王：拖拉机和三轮都帮了忙不少，又快，拉的又多，你有点东西不大离的，不到一天拉完了。在我年轻时，套上车用四五天去拉，我那时翻个土房，顶壮头牯套上，拉了好长时间了，大概拉了一个月。

问：（李）拉土啊？

答：用那个车都拉去，现在用上拖拉机，再找上几个帮忙的。（**李**：现在3天），不到一天就干完了。

问：有拖拉机以后合伙就少了？

答：（李）少了，也有这个原因，现在耕地、打地好多用拖拉机，使头牯很少了。

王：咱这种麦子的时候，在秋天了喂饱了头牯，天还不明哩。（李）还不明天哩的意思，就是喂饱了牲口天还不天亮呢，活忙，紧着干活。

王：这个工夫，使的东西都备好，捣鼓完了天也快明了，套好了上地去了。那时抢时间，一天干不大儿，早起来多干点儿，就这么着，现在使拖拉机10亩、8亩，一眨眼就完了。那就不起五更了。还起大早作嘛。

问：拖拉机，你们都没有吧？

答：（王，李）没有。

问：耕地时怎么办？

答：（李）租用，拿钱。

问：耕一亩听说交五六块？

答：（李）6块。

问：还有什么地方要用拖拉机？

答：其他地方不用了，你像盖房、拉砖拉瓦这得拿钱。

问：这个算起来比较难了，怎么算法？

李：拉砖，一分钱一块，拉瓦可能是多5厘，1分5一块。

问：瓦贵点儿？

答：瓦贵点儿。

【夏麦收割】

问：刚才问耕、种地，收麦子时，在一块帮忙的有没有？

答：有，老早了，那时不割，连根拔。

问：收完也种的是小麦？

答：是。

问：过去有大麦吗？

答：（李）有。（王）很少，人吃不行。不好吃。

问：作粥吃用大麦吗？

答：（李）没有，知道有大麦。

问：老早是拔麦子？

答：一亩才80斤，苗很单薄了。

问：拔麦子和种地比，那个活忙？

答：拔麦子忙。拔麦子，少的给多的帮忙。地少，人多，白干，不要待遇。劳动力少的，请人帮忙，管饭。现在只讲管饭，不拿钱。过去拿钱包一块（地），伙食也管，叫“包工”，哪里都有。“好户”、“大户”雇工。

王子绪　王崇栋

时　　间：1994年8月16日上午

访 问 者：魏宏运　张思　宋在夏

场　　所：郝吉祥家

（前者：村会计，简称“绪”。后者：团支部书记，民兵副连长，简称“栋”）

【党委敛提留承包费】

魏：原来乡王书记说收钱太多，减也减不下去，大家都有意见，提留太多。减不下来。敛提留到底都是什么？随便聊天说说。

绪：上上下下花费多，县、乡两层要的多，交一部分，村也提一部分。

魏：这里叫“敛提留”，就是摊派。

绪：这儿叫“承包费”，咱种集体的地，就得报酬，故叫承包费。

张：那个（承包费）是必须得交的吧？

绪：这个得交。

张：只要承包地，就得交承包费吧？魏老师是问在此之外有什么要交的钱？

绪：在俺们这里还没有多大的摊派。

魏：水利、河工是否出自村里？

绪：这个必须从村里敛。

魏：出河工出钱。民办老师费用要出？独生子女，生一个孩子的要奖励吧？

绪：现在农村基础条件有限，独生一个孩子，给他地，给他2亩地，就打发了，不给现金，给点优惠。这是为了体现计划生育的政策。

张：平均一个月或平均一年一个家庭被从乡、县里摊款有多少？

绪：大体是一口人，八九十块钱吧，每人每年八九十元。

张：干得好时多收点，坏时少收点儿？

绪：干得好是这些，干得不好也是这些（钱）。

张：干好干坏都一样？

绪：不计较这些，比如你种地种得好也不多要，种不好也不少要。按人均摊敛。

张：比例上，县、乡哪处摊得多？

绪：比例上，县乡两级占60%～70%。村里留的很少。

张：村里就是30%～40%了？

绪：唉。

张：这个八九十块钱相当于每个人一年收入的多少？

绪：每人收入的一半吧。

张：一半被收了？每人一年收入是100～200左右吗？

绪：这个收入指的是地里的收入，不算其他副业的收入，别的收入。按地里收入说，八九十块钱就占去一半了。地里的投资太大了，农药、化肥、生产资料，成本大了，都全刨去。

张：农地收入加上副业等一，咱们村每人是500多吧？

绪：对，500多。（**张：**500多要交80多块），社会平均是580多，不到600块钱。

张：若是以八九十块钱来算，是收入的七分之一或六分之一。

绪：对。

张：六分之一到七分之一这个数怎么样？这是平均每个人的？小孩子也算进去？

绪：邻村都是一样。中央总是说减轻农民负担，也是减了一部分。上一年还多，有100多块钱。从中央提出来后，改了。

【生产资料价格上涨】

张： 这是收的钱减了。生产资料的价格还在上涨吗？

绪： 农副产品价格虽然上涨了。农药、化肥等工业产品也有提价。按照幅度比例说，工业产品比农业涨得还要高。

张： 工业产品提价能产生多大影响？对总收入来说？

绪： 100 块钱从前可买 5 袋化肥，现在是 3 袋多。这是化肥。

张： 这是几年间的变化？

绪： 两年半，从去年就这样。

栋： 去年，18 块多钱一袋，现在 30 多块，涨了 12 块。

绪： 化肥价去年上半年与今年初期比，翻了一番，从前十五六块钱，现在上限卖到 32 块。可是咱农民生产的小麦，这是主粮，咱没有翻一番。头年小麦是三毛七八（一斤）。咱没有翻一番，他们翻一番了，悬殊大。

张： 村里用的主要工业品有……化肥？

绪： 农药、农机具、水泵、柴油，从前买个水泵 180 多块钱，现在 500 多了。

魏： 这是集体的？

绪、栋： 个人的，现在每样东西都是个人的。

张： 水泵也是这两年间涨的？

绪： 五年前是 180 元，现在 500 多元了。

栋： 我家的这个小水泵从前 90 多元，现在 200 多元了。

张： 这个小水泵吗？型号不一样？

栋： 对，不一样，有四寸和六寸的。按它制式。

张： 农药的价钱您打个比方，上涨了吗？

绪： 也上涨了，按乐果说，从前七八块一公斤，现在 20 块钱一公斤。

张： 从前是指？

栋： 五年前。

绪： 价格是五年间涨的，不是一年。

【摊款项目】

张： 翻了二三倍。工业品上涨你们是没有办法了。对于县里的摊款，老百姓是怎么想的？

魏： 咱们先问问摊款具体是些什么？然后再问看法。

张： 从县、乡的摊款能否具体说说有哪些名目、款项？

绪： 有程控电话、调频广播、民兵训练、两级办学（即县、乡两级），还有水利建设、保险费。

张： 保险？保险也算摊款吧？

绪： 反正有这个款项。

张： 入保险能有什么好处？

绪： 受灾后保险公司能给补助点钱，咱这两年还没这个情况呢。

张： 去年棉花病虫害时，有没有给保险补助？

绪： 去年虫害没给保险，也没给钱。

张： 虫害就不给了？

绪： 不给，除非碰上雹灾、龙卷风、人力不可抗拒的，那个保险公司给钱。

张： 普遍庄稼都不好的情况下也是这样？

绪： 也有好的，有的管理得不错。比如一亩地收 500 斤棉花，管理好的收 300 多斤，管理不好的绝产，它不像来雹子，不管谁家，一下砸沉了。

张： 保险是第六项，还有什么？

绪： 还有黄水费，灌使黄河水就要拿钱，这叫黄水费。

张： 黄水费是各个人用来浇地的，这个算在成本里好呢，还是放在外边摊派里好呢？

绪： 它是乡里派下来的，他们算好一个人拿 50 元，咱就交。

张： 那么实际上你们用上黄水了吗？

绪、栋： 用了，一年用两三次，一般是麦收之前，从春节过后，到麦收前来三次水，一般到下半年到雨季了，不用浇了。

张： 程控电话是一次性的吧，其他呢？

绪： 程控电话交一次就完了，黄水费、保险年年交。水利费、两级办校费也是年年交。（后者）包括民办教师工资，乡里统一发放。

张： 民兵训练呢？调频广播呢？

绪： 民兵训练每年交，调频广播去年没这个项目，今年才有。

张： 是否每年广播每年都收？

绪： 它是架线才收的，不是每年都架线，过几年以后维修、架线。

魏： 村干部的补贴呢？

绪： 补贴不在这里。这是村里的部分。

张： 县、乡里还有什么呢？

绪： 县、乡两级就是这些，具体这些钱县里是多少，乡里是多少，咱就不知道了。

张： 是一块交吗？

绪： 唉，县、乡两级就提这些钱。

张： 片里有没有？如电费。

绪： 没有。有的是临时的，如扬水站，放一次要多少钱，是一次一次清。如放一次水需要 1 万元，全片里伙着摊上这 1 万元，使多少摊多少。那个不往上交，拿电费、拿人工、机械设备去办这个事去。

张： 电钱每户用的不一样？

绪： 不一样，有电表。

【生产成本】

张： 王会计，村里人每年算一年生产成本里将电费算入吗？

绪： 这是大概数，村里算社会总收入时，将养鸡、喂鹅，一切柴草乱七八糟全算社会总收入。刨开支吧，刨去百分之多少，刨去开支后是纯收入。装电、穿衣、吃盐、买菜、治病、纳农业税、地里投资，一切费用开出去，现在这些费用达到总收入的 40%。从前用 30% 就能解决了。比如收入 100 元费用占 40 块支付，现在费用提高了，再拿那些钱不够用。上一年是 30% 左右。

张： 前几年？

绪： 前四五年，现在再拿这些钱就不行了，不够花了。

张： 这 40% 是所有的东西，农业税、医药全有？

绪： 全在里面。年年报表都按这个比数。现在分了，不像集体时各户都记有账，现在是单户经营，抽重点户，抽中等户、好户、低的，找出典型，就是搞调查，估计数。

【农业税】

魏： 农业税是多少？

绪： 是一口人 8 块钱，从前是 4 块 3 毛钱，那是我从前当会计的时候。

张： 你是八几年当会计的？

绪： 1984 年，1984 年是四块三毛来钱。

张： 农业税之外，还有别的公粮吗？

绪： 农业税就是国家税，不光共产党是这样，哪个国家也是如此，谁执政都纳税。

张： 是按人头交吗？

绪： 按地交，每个人都有二亩地。

张： 交公粮呢，包括在农业税里吗？

绪： 对，交公粮就不交钱了。就从公粮钱过去了。连黄水费、农业税，刚才说的款项，从公粮费中一块收去，解决了。比如说一个人拿 150 公斤麦子卖，卖出那个钱，由粮所就拨过去了。

张： 这样结算？

绪： 对，结算，在粮所里，乡财政所的收农业税，水利站的收黄水费。各口的在那里结算，全支走了。

张：粮食若是便宜，不涨价，不就吃亏了？

绪：收购价与市场上一年不说话。收购价是收购价，收购价是国家规定的多少钱，今年跟市场挂钩了。往年都是收购价是收购价，市场价是市场价。好比规定麦子 150 斤，你卖了 200 斤，多了 50 斤，按市场价，给你拿钱，多了 50 斤，三毛钱一斤，给你钱。付给你了，那个吧就是在乡里统一结算。

【村费用】

张、魏：村里的费用有什么呢？

绪：村里的公基金、公益金、管理费，再就是农田建设、河工，是河工的报酬。

张：是村里的河吗？还是县里的河？

绪：村里的河不开钱，全是义工。一般是出外地挖河，这就拿适当的报酬。

张：这些在八九十块钱中占 20% ~30%，30% ~40%？

绪：对。拿出这些钱来解决这些事，另外不再摊了，没有了，一年中老百姓就这么大负担。

【对费、税的看法】

张：咱们再问一问他们觉得合理不合理，有什么意见。你们觉得哪些合理，哪些不该收？

绪：县、乡里来的，咱再说不合理，也挡不了哩。调频广播、安装程控电话，是朝着先进方向发展。按咱这还用不上呢，但还得摊钱，为社会建设。

张：现在集体广播变少了吧？

绪：少了，没有了。不如人民公社的时候了，人民公社时多，是小喇叭。

张：现在还使吗？

绪：有时不使，各村有一个大喇叭，在传达上边指示时，或宣传农业科技时使用有线广播。

张：总的意见是没有办法？

栋：总的来说，他说的都是搞建设的，是应该摊派的，为什么呢？老百姓觉得是有点困难，可是，是用上了。如有线广播改善了一些。但是，有的五块，突然改了摊八块，感到有些不清楚，按现在说乡里该办。

魏：城市里也有此情况，保险公司等来收钱，这三块，那五块，也搞不清，只好交，是一样。

张：现在村民里有多少人认为这些东西是为了将来的利益，如程控电话，现在用不上将来能用上？

绪：一般年轻、有知识的这样看的多。可是没知识的，困难点儿，觉悟程度不一样，就不那么认为，大多半认为该办。

张：一多半认为合理，但是有困难？

绪：困难是有。

【公共事业及费用】

魏：村里修马路的钱从哪里收。

绪、栋：也从村里收。

魏：从哪项中收呢？叫什么呢？从公基金里不能抽，管理费主要是干部的补贴，干部工作耽误时间，不能劳动。

绪：这个嘛，现在的劳动体制，就是单项的集资，来解决这个事。比如修路，做预算该用多少钱，大家摊。得重新摊这个钱。

魏：重新摊？

绪：重新摊。因为村里公共积累没有，没有提哪部分钱？咱年里若是应该花 1 万，咱提二三万，咱有积累就行。咱没有这个积累，要搞一项事业，还得再另外掏那些钱。再统一集资。

张：公基金里头？

绪：公基金是一年里头修修桥、修修道就花了，这钱很少。

张：一年中，村里公基金是多少？

绪：一年5000多块钱。

张：5000多块？什么事也干不了吧？

绪：干不了，得精打细算，掂量着花。

张：修桥得3000吧？

绪：要好几千。修修补补行了。要点洋灰补补，要点铅粉油油。这行，大型的不行。

张：有没有老百姓认为绝对不合理的收费？

绪：没有。

张：过去有没有？

绪：没有，一般摊钱时在乡范围内开会，由人民代表通过了才行，该办什么事，一个村派上二三人，乡里说情况，不通过不行。

张：乡里通过后，村长对村里人解释吗？

绪：解释，开群众会。

张：那么老百姓当时有不满意的吗？或隐藏不说的。

绪：还是认为这钱该拿，虽说这个、那个不合理，他有困难晚拿点，没有不拿的。

张：转一下话题，承包以后，村里的公共事业，如修桥等设施的建设是多了，还是少了。

绪：多了。为什么呢，从前是以小队为单位，现在是以村为单位，各个小组的收入全收到村里。

【妇女问题】

张：下面准备问一下妇女方面的事，去年，末次老师到过这里，你们还记得吧？她还有许多问题要调查。可是这回没有能来，我代替她问几个问题。在你们两位的家里，有关钱的大事，由谁作主？

绪、栋：商量着办，现在女的地位高了。也是多年宣传的作用（占一半），妇女有见解，也得听。男人是搂钱的耙子，女人是盛钱的匣子，就是这个道理。

张：这种变化是从什么时候开始的？

绪：还是集体化以后。因为讲同工同酬，从那开始的，承包以后更显出女人地位提高，妇女在村里相当于副队长。种什么作物有决定权，有女扶耧手、女技术员等。

张：招赘的事有吗？

绪：比以前增多了，招赘的夫妇的下一代改姓，从女方。

张：结婚费用怎样？

绪：陪嫁为2000元左右（女方），男方的所要费用为7000～8000元，1989年时是3000多元。宴会的费用则根据参加的亲戚的多少，一般为6000～7000元。

张：妇女出远门作工的最远到哪里？

绪：河北省的冀县、枣强县，有的夫妻俩到武城、夏津去干活。

张：现在还进行婚姻法的宣传吗？

绪、栋：还有，以宣传晚婚、晚育为主。

张：在上学方面，有没有重男轻女的情况？

绪、栋：现在仍然重男轻女。但小女孩也全上学。倒是人民公社时，小男孩上学多，女孩子少。现在因为三中全会以后实行计划生育，生活变好了。女孩都上学。

张：现在妇女对政治的参加、会议的参加是怎样的？

绪、栋：对政治积极性高，现在家务多，大体上愿意参加。

张：你们对自己目前的工作在以下各点上是否觉得满意。

1. 报酬（×栋×绪）　2. 劳动强度（○王崇栋）　3. 工作自主性（○王子绪）　4. 符合自己的兴趣（○王子绪　○王崇栋）

张：下列事务是由谁来决定（参与）的？

1. 决定从事何种生产？

栋、绪：互相商量。

2. 决定住房的选择和盖房？

栋、绪：一般男的作主，也要商量。家庭经济计划，购买高档商品都要商量。

张： 你们夫妻谁采用计划生育措施？

栋、绪： 村里是以女人为主，占 98%。方法是上环、结扎。村里只有两个男人结扎。

张： 你们希望你们的男女孩子从事什么工作？

栋、绪： 希望将来念书上学，读不好就回来干活。

张： 不希望他们在村中务农吗？

栋、绪： 不希望让他们务农。农民是社会的最底层。

张： 如果允许，你们想要几个孩子，其中男孩几个？

栋、绪： 最多生两个孩子。多了不要，当然是一男一女好。儿女多了也麻烦。"一儿一女一枝花，多儿多女多冤家。"

张： 你们认为已嫁的女儿应怎样继承家里的财产？1. 与兄弟平分？2. 比兄弟少些？……4. 最好不要？5 不应该要？

栋、绪： 如果丈夫是招赘来的，应该平分，嫁出去的不分。

张： 你们觉得这样合适？

栋、绪： 合适。女的结婚后给一份地，九亩三分地。

张： 你们周围是否存在男女不平等现象？

栋、绪： 没有。

张： 招生时男女分数线不平等之类的有吗？

栋、绪： 没有。

张： 对下述说法，你们持什么态度？1. 男人以社会为主，女人以家庭为主。2. 男性能力天生比女性强。

栋、绪： 不对，男人也参与家庭。能力上女性有特点，如心细。

【最近的社会变化】

张： 近年来青年人意识上有什么变化？

栋： 大家因为科学种田，感到知识不够，故关心科技知识，喜欢读书。

张： 公益活动还参加吗？

栋： 还是参加（积极地），互相帮助等好传统没有变。

张： 村里懂农活的老人能否给介绍一下？

栋： 找王汉章吧，老庄稼把式。

绪： 一般农活都行。

张： 听力怎么样？

栋： 耳朵、眼睛、脑力都挺好。

张： 多大岁数了？

绪： 71 岁，我的叔叔，他和我一块生活。

张： 另外再想问一下，年轻人在承包以后思想上有什么变化，特别是与人民公社时相比。

栋： 变化是有，主要是在科学种田方面，觉得知识不够，办黑板、无线广播、配药、科学治虫等，需要这些，科技书籍需要。

张： 人民公社时代提倡为公、为集体，现在还有吗？

栋： 也有，有点大事，大家挺争先的，例如失火时。

张： 承包后，个人更忙了。

绪、栋： 不是光个人顾个人，大家都挺帮忙的。

张： 参加集体的事、公益事业、帮助别人的事还多吗？

栋： 帮助别人事很多，修房盖屋年轻人大部分都去，这个村和别的村都是一样，这个风气相当好。

张： 跟以前比起业，与老一辈比有什么不一样吗？

绪、栋： 没什么不一样。

张： 跟你们中年 40 岁这一辈人比怎么样，差不多？

绪： 没什么不一样，差不多。比如某人要赶集去，但朋友要帮忙。就不去赶集挣钱，也要帮忙。宁愿个人不挣钱，也要帮忙。这是个传统习惯，要不这么着，还不行呢。

张：你们二位觉得这些事需不需要再保持下去？

答：要保持下去，这是互相帮助，是好习惯。

张：将来村里的发展，这种合作、帮助的必要性有没有？

绪：有，有些事一家一户办不了。挖井、修水沟、弄个闸、造桥、大型的出资个人解决不了，得大家解决。还得需要村里组织劳力，需要年轻人，共同解决。

张：农业生产上呢？

栋：农业生产上也得互帮互助。

张：过去有伙着喂……

绪：现在没有伙着喂了，有伙着用，耙地时一个牲口不够用时，借他人的使。就这样。

张：两家在一块就够了吧？

绪、栋：对，两家。

张：这种形式还保存着？

绪：保存着

王廷章　王会远

时　　间：1994 年 8 月 16 日下午

访 问 者：张　思

场　　所：王会远家

（陪同者：王子绪，村会计。以下调查记录中，“章”代表王廷章，“远”指王会远，“答”为王会远）

【吵架】

章：我们两家地靠着（在河南），是地东地西。

问：你们两家打架吗？

章：不打架，我们俩差着岁数了。

问：你同王大爷呢？

章：更不打架，他比我差了十几岁，他 78 岁，我才 61 岁，没有跟人打过架。

绪：他的脾气对人很和蔼。

问：村里有爱打架的人吗？

章：没有了，过去有一人，就是挂挂脚（guàguàjiǎo r），话不投机就打，专门爱打，小时就打。（远：死了七八年了）死了十来年了，与王庆成，与青年突击队挖河时打，生产队时代，被魏宏迅说过。

问：这个人死时有多大？

章：这个人叫张洪庆，死时 60 多了。（远；他与我差不大多）

问：村里解放前打架多吗？

章：也不多，就那么一个人。别人都不打架，乡里乡亲见面，有嘛就去，挺团结的。他也不是不团结，但脾气很暴躁，说不对就闹了，但闹过后不记恨，过了以后仍挺好。

问：像这样的人，别人还给他帮忙吗？如盖房缺劳力、牛时？

章：帮，那家伙就是脾气孬，其实不是心里坏。

张：他也给别人帮忙吗？

章：也帮。他不顺脾气，就瞪眼。

张：别人为他帮忙，如修房子，来的人多吗？

答：没数，他就一手人，没做饭的，人都帮忙，掉不下 30 来个人吧，坯房人多。

【村民互助】

问：村里盖房，是自己去叫，还是自己来。

章：也有叫的，也有个人去的，他盖房，我听见信就来，有的听不见信。“我赶明盖房，过去帮忙去？”他也来。

问：需要帮忙的还有哪些？

章：一个人干不了的，要外边几个人干的，大家知道了当晚当快儿都来。

问：当晚当快是什么意思？

答：就是临时的。

绪：就跟咱四个人一样，临时有嘛事了，就凑上一堆了。

章：他若是堆墙头，需要四个人，他有两个，别人就去搬坯除泥等。

问：最好的朋友是否要通知一声？

章：很好的朋友不用说，你有事他听见就说："行了，你忙去吧？"就去。要是行了，他不知道，也听不见，"我那里有点事，给我倒点空儿"，他就要去，团结方面大部分很好。

问：这种团结在这几十年来有什么变化没有？

绪：没有什么变化。

章：比以前还强。

问：为什么？

章：解放前一般的人借借取取的不行。从这事上比解放前强。借农具、欠款比以前强。从前有不敢借。这时就不怕（若有点事），现时钱比较多，从前钱少，以前日子过得挺好的，家里也不趁100块钱。现时一般的农户都趁它几百，做买卖的那就活了，去去来来的就容易多了。

【合犋】

问：我在学校写论文的题目是互相帮忙，互助合作的事，这相当于村里的合伙，伙着喂、共同使犋等，很感兴趣，请两位王大爷多给介绍。

章：解放前要使犋得两家行才能使。挺对脾气，对头牯挺爱惜才行了。我爱惜他不爱惜，或他爱惜，我不爱惜都不行，得同样。这件事，即便是不合犋，我来问问，我来使头牯。"今个我不使，你使吧"，不用合犋，就来问问就行。从前合犋都（就）是私属。

问：是私属？

章：合犋就是俺俩常使。就是长年地伙着。

问：合犋能叫长犋吗？是一回事吗？

章：就是长年地伙着，长年好的。

绪：长年在一堆。

远：那天提到你的事了，和李敬堂合着喂牛好几年？

章：可是有七八年了。原来和李玉亭在一家，后来又和李敬堂。到末了我们俩喂的牛，天天地有那么多人要要么。就是不卖了它，拉碾子了，坚持不卖，我爷不卖，李敬堂也不卖。到了末了也没有卖。到末了那牛入社了，那牛好虎啊，推磨越到晌午越有劲，你跟不上，俺俩是喂好了。

问：交给互助组了还是初级社。

章：初级社。到了初级社就不行了。喂养没那么仔细了。

远：入社还不到一年了就死了。

问：刚才说的合犋是长期在一堆的？

章：对。长期在一堆，前面说的团结性是他有，我来问。就是不合犋，我问他头牯他也借给我使。

绪：现在没固定的了，从前固定。

问：固定的叫合犋。从前有不固定的吗？

绪、章：固定是合犋。不固定的有。

问：不固定，借着使？

章：行是行，你俩得挺好的才可以，一般不给使。

问：不爱惜牲口的不借给用？

章：对。

问：过去解放前村里合犋的有多少家？

章、远：大部分都合犋。一多半，个人解决不了，也没有拖拉机。就得想这个法。

章：差不多90%合犋吧，在解放前。

问：这90%的人家，相互合犋的相互都很好？

章： 对。

远： 那时李敬新跟杨家这里，他俩（隔这么远）这么点地还合犋哩。

章： 俺到最后也和李敬新合犋呢，合了好几年了。

问： 你跟李敬堂合犋后，又跟另外的人？

章： 我跟李敬堂不是合犋，是伙着喂，跟李敬新是合犋。

问： 合犋和伙着喂不一样？

章： 不一样，人家他那边有头牯（指敬新），俺俩伙着也有头牯，这么着两个头牯在中间里，一个头牯解决不了。

问： 合犋的合（gé）怎么也想不出来，是哪个字？

章： 一个单立人……一个……就是合伙的“合”。

问： 为什么叫 gé 这个音呢？

章： 是土语，跟四川一样，车（chē）你们念 chāi。

问： 是 90% 左右合犋。

章： 对，那时没有机械化，不合犋耕地等解决不了。现时有机械化，使拖拉机把地耕了。这时用头牯就是翻翻弯耘耘地。使拖拉机耘庄稼不行。耘地使牛，用耘锄锄下来。

问： 耘地使拖拉机不行啊？

答： 不行，这么窄拖拉机进不去，庄稼这么高。

问： 牛会不会把庄稼碰了，牛要是肥点？

章： 也过去了，它那身子是软的。它只是向两边碰，若是拖拉机就把庄稼毁了。

问： 耘地还用在前面领着牛吗？

绪、章： 有牵着，也有不牵着的。牛挺熟的。到地头里就自己转回，它认识趟，挺顺的。

问： 它不会把庄稼踩了？

章： 不会，就是在现时，人怕庄稼毁了，不愿意，有人牵。在从前谁牵头牯，有牵头牯的吗？（**远：** 没有）嘛样的头牯，你那时（指远）谁牵呀？（**远：** 连 piē 梢都不使）到了地头倚着靠着，叫它站着，它动了吗？那时的头牯可好了，到现时，一入了农业社就完了。

绪： 到生产队时也不用牵。

章： 不用牵，可是有的牛真操蛋，在地里打一抱。那时牵一头到晌午，到家里来嘛样的人也使不了，不听使。

远： 弄不住它。

章： 弄进去打一抱翻它就出来。

远： 非家来不行。

【合伙的条件】

问： 三家在一块合犋的有吗？

章： 少，也有。占少数。当时合犋的人家亩数得平等才能合犋，相差不大些，一般最多相差三亩、二亩的。一般多是不可能。他有 10 亩，我有 12 亩也行，咱有 17 亩，他有 10 亩算别想。我比他多了快一半了就不行了，就光除了我使就没有他使的了。

问： 差多了不行？有没有这种办法？仍然合犋，用别的方法如锄草等，给你还回来。

章： 不行，他这个地根本就少，人捣鼓这地……都找亩数多的就得要提前了。

问： 找亩数多的就提前了？

远： 你种 5 亩，我种 10 亩，你怎么干也干得干净。

章： 我这活还没干呢，你那活就干到头里去了，怎么再给你帮忙去呢？

问： 比如我 5 亩，你 10 亩……给我干完了。

章： 我老干不完，光给你帮忙去了，他帮不上啊。

绪： 我使的多。

问： 对，你使的多。但你过来帮助我，在我地里一块干，不就还过来了吗？

绪：可是你把头牯，家里都借给我了，你背理了。

问：然后你干点别的还给我，行吗？

章：没有，你的活根本就没有。他的活多，你的活少了，大部分都是农活，修修盖盖的，十年八年碰不着，盖不着。去了修盖用人，干地里活一般不用人，也就是种地去，两家伙着给你给我干，锄草个人自己干。

问：过去咱这村，一般家里得有多少地？

章、远：少的2亩多，多的一个人3亩多地，不一样。

远：我们家40来亩地，12口人，一人3亩多。

问：王大爷你家呢（问王廷章）？

章：我们家10.07亩地，3口人。也3亩多地。

远：4亩地很少。

章：4亩地除了往西了去人口少地多，他多点。

问：你家10亩地，王会远40亩地，不可能合犋了？

章：不可能了，差得数字太大了，他40亩地就不用合犋了，个人就得喂两个牲口了，喂一个牛，一个驴，在耕地时候套上驴，不耕地时，光使牛在家里使，用驴做买卖去，搞副业。

问：过去完全没牲口的家是否也有？

答：有。

章：那都在东半边。

问：东半边？东半边人穷一些？

章：东头人口多、地少，地全有碱。土地不好。

问：是喂不起牛，不是不愿意买？

章：喂不起，是因柴草不好，他越在这种情况下，越去做买卖去，越做买卖，地的收入越不好。

问：喂不起是因为没有钱，还是地里没有草？

章、远：钱也不行，草也不行，都不行。越这样越去做买卖。地里光是妇女干，越种越不行，不喂牲口就没肥料，地力不行。喂两个头牯的，一个是为了敛粪，不使两个头牯时候再去搞副业去。越有越方便。

【土地状况】

问：这牛再养多了就用不着了吧。10亩地一头牛够了？

答：够了。

问：王大爷（指远），40亩地两头牛两头大牲口也够了？

章：他就得紧，早上起五更，天还黑把牛喂饱了就下地去。活少的松些，明了天下地。他们一早就下地了。赶上我们去了。他们都干了一阵子活来了。

问：干上一阵子活？

章：干上一个时辰了。他已经让牛歇歇，吃点草，喂喂，再干到晌午，他就多干了。（**远：**那天不是说了吗，“喂饱了牲口，天还不明哩”）。他就是紧紧，地少的就松松。从前，挺黑的就下地，到地里天就明了。从前的吃苦多，现在的人，吃、穿、戴、住都比过去强。从前穿这个得会朋友才穿，下地没这个，没有。做梦也寻思不着。过去穿土布，个人织、纺。用灰东西当染料，用草灰染染不白了就行，白布是死人穿的。从前的地主、富农也没有现在人好。本村地主、富农不老富的，是矬子里拔将军，到侯王庄那边就得分些什么，那边富。

张：最后，最富的平均有几亩地。

章：王廷喜地多，只是落个名，王老富的，他那牛大奶子，分时没人愿意要。大肚子牛，很难拖，王廷喜有六七亩地。（**远：**咱这村地主没有，选举时选出来的）他是两股地并入他的地了，他叔伯兄弟王廷干在外边以后才回来的。

张：那他当地主太冤了，挨斗没有？

章：挨斗了。

绪：戴个成分帽子，才摘的。

张：大家知道他并不富，对他好不好呢？

答：挺好。

绪：老百姓没有事。只是唯成分论？

张：“文化大革命”时给他戴帽子了吗？

答：没有。

张：扫街了吗？

答：扫了。

章：因为这运动。必有地主、富农上街去扫，大队统着，谁扫哪处，其实大家对他很好。

张：大家对他见面不说话，躲避吗？

章：不躲，该说什么还说什么。照常，说笑话。

张：是否还是有点影响？

章：有点，那时阶级划分，跟地主胡来不行，有些分离，也不是见了不理。你在这村就得受影响，干工作更不行。

张：平均四五亩地的多吗？

章：不多，王庆堂是。他只是念经，不是很富。

张：那天王大爷说，没有五六亩地，过不上好日子。那平均4亩的多吗？

章、远：不多。4亩的哪有啊？基本上这村没多少地。

张：占最多数的（家）平均是几亩地？

章：在3亩来地上吧。平均数，占中游，不行的2亩来地。

张：中游的3亩地占全村的多少？

答：60%左右。

张：3亩地家的日子，过得富裕吗？

答：不富裕。

章：就是今年打下的粮食接到下一年算是行了的。

张：3亩地的接上了吗？

章、远：接上了，反正没有富裕。从前产量不如现在，七八十斤，百十来斤。留麦（即一年光种一季麦子）才150斤（**远：**1亩麦子最好的80斤）。我那地打了一口袋，或一口袋半的才80斤。

【祈雨】

张：现在最好的有500公斤、600公斤吧。

章：现在一是有化肥，水源也有，可以浇。那时旱了就戴帽子祈雨去了，光蹦了也是白瞎，祈雨能祈得动吗？那时求龙王爷，现在农民懂了，不祈雨了，都是气候不下雨。（**远：**是迷信）

张：你们什么时候不信的，解放前从心里信吗？

远：解放前兴祈雨。

章：解放后私下信，老天不下雨，快包饺子吧！到“文化大革命”，破旧立新，一看把龙王爷砸了也没事，灶王爷撕了也没事，才知道是糊弄人，就不认了。（**远：**胆就大了）你看从前上坟去，都私下偷着上，现在谁愿上谁上，只上现在后辈的，那老的谁上？现在我只是一年一趟，远的不上了。我初一上坟不叩头，那得跪着，不叩不行，就是给娘叩个头。吃饺子嘛事没有，平常我不叩，把脑子叩下来也是白费工夫。

张：解放前祈雨时，你们还是信的？

章：信，你就得信。

张：祈雨祈不来你怎么想？

章：祈不来还祈。今祈不来，明还祈，敲鼓，光脚丫头，头上戴柳条子。叩头、作揖、烧香，闹腾时间长了能不下雨吗？下雨了就是祈来的雨。

张：戴柳条？戴帽子不行吧？

章：拿柳条穿成圈戴头上。（**远**：那时不戴帽子，因为正是挺热的天）那是靠天吃饭。（**远**：自从有了这条河，才多收麦子了，从前就是70～80斤）。

远：自从挖了河，麦子不下500斤。

张：这河是什么时候挖的？

远：这没历史记载。

章：这个谁记啊，挖这河是……那时王维宝当主任了。

远：张良臣当支书了，他领着开个小沟，那时还没挖好。

章：先是开个小沟，到以后又开个大沟，你先交钱，人们先交钱，你只要干了就给你。

远：大队驴还没呢，叫我做饭、送水。

张：有了这水作用大吗？

答：作用特别大。连年增产，到嘛时用就来水，很及时。

远：这两年又不行了。

章：可不。引黄的多了。咱这是下游。黄河流经七个，咱这末了一个省，咱这扬水站就是陈铁良庄（？）浇五万，咱这就不能浇。咱浇了五万，果杨各庄就不能浇。就这样了。各省都用黄河灌溉，从前内蒙古、山西不使，现在大力使了。从前内蒙古都是平地，谁都不使，有些农场也不使。让它白白流。

【有牲口的农家】

张：再问一下，村里以前2亩地的人有多少？

章：那个占20%，或多点占30%。

张：一点地没有的有吗？

章：一点地没有的人没有，多少有一点，剩下10%左右是4亩地。

远：那时经常变。人多了是4亩地，人口少了又变了，那地没处拿，不像这时的大队。那地也收不了什么。

张：有3亩地是否都有牲口，有牲口的人有多少？

答：有牲口的占70%，不少于这个数。60%上点，东边那边不好喂。

张：头牯是牛多，还是驴多？

章：那时牛多。

张：干活时用牛多吗？

章：牛有劲，两头牛可以拉一犁（干一棒子地），两驴拉不动。得一个牛一个驴，牛拉的那段短点，驴拉得长点，凑凑和和耕得浅点，要是壮头牯，就耕得深点、宽点。

远：不是大的拉一头，小的拉一头。

张：刚才说的长点、短点是什么？

章：牛有劲，有一根棍。一头短点，就拉的沉点，驴拉得轻些（以下王廷章作图显示）。跟抬杆子一样。一头长就轻，土语叫“整杆子”、“半杆子”，小头牯拉半个（整杆子中拉半个杆子）。两牛杆有两个鼻儿。

张：请你画一下。

章：我给你画一下两牛杆。

绪：要是两头大牛，就都在边上的钩。

张：没有头牯的人怎么办？

章：到末了，等我种完了，借用我的去种去。就是借，也不拿钱，白使。

张：他使头牯是否觉得欠点什么？

章：两人行了我才让他使呢。两人若不行了，他才不去问去。

张：这样他是否耽误点节气？

答：是得耽误点，咱按正节气，他要晚。他那地越来越弱，年年越来越不行，地又弱，种的又晚，转年肯定比我们收的少，越收不好，越赶不上。

张：这种借牲口的，有没有象征性的礼物还给你？

章、远：不用礼物，只要有什么事来帮忙，不用叫就来。不要东西，给东西白瞎。

张：那关系是非常好的。

章：越来关系越好，越近，有事就快跑来。

远： 那天说这事，两人好，帮人干活得管饭，工资不拿。

【农活帮忙与吃饭】

张： 合犋时管饭吗？

远、章： 不管。

章： 两家地一样多。相互种地，各自回家吃个人的去。那不管饭。

远： 那时说了，种地时，各家出两个人，亩数差一二亩就算了。种下来各人回家吃去。

张： 管饭是在什么时候？

章： 给修筑什么东西的时候，一两个人干不了的活。

张： 干农活的时候，哪个活管饭。

答： 拔麦子，收秋的时候，饭好孬不要紧。

张： 合犋不管饭？

章： 合犋坚决不管饭，你给我干不管，我给你干也不管。

张： 那为什么拔麦子管饭呢？

章： 你的少，马上就拔完了，你的没那么些。我说过，我有头牯，他没头牯。他的地少，长的又不行。他的麦子必须得早，或是加班，早上就干去了。他就觉得我借他头牯了，觉得怪嘛的，我这里怪忙的，倒空儿给来拔麦子。他那麦子晚拔一天能行，就给我来拔一天。从前是拔麦子，与割麦子不一样，那使镰。拔麦子地方不大，出去这边都是割。南边、平原都割。恩县这边拔，平原还有卖秆子的（捆麦子的麦秆秸）。

张： 拔麦子时的相互帮忙不叫合犋吧？

答： 叫帮忙，不叫合犋。

张： 帮忙的人与合犋的人是一家吗？

章： 不是一家，那可不准。备不住合犋的不来帮忙，不合犋的倒来帮忙。他因为是你两家合犋种完麦子，我借去使头牯，我再使觉得特困，你有活了就去帮忙去。

远： 这补辅补辅吧，是头牯的事，我给你举这个例子。

张： 你给我解释解释吧。

远： 我借了你头牯使，你的麦子多，拔不完。你借我使头牯又不要钱，我给你拔麦子去吧。

张： 那时就管饭了？

章： 管饭。

张： 帮着拔麦子的都是借了人的头牯的时候？

章： 不借的也有。不是光是使头牯的，那只是个比喻。我从东西上支援了你，你就觉得……你就给我干点什么活。

张： 那时候普遍的是相互帮忙拔麦子，还是个人干？

答： 大部分是自己解决，是个人。全家人出动，男的、女的。

【饲料与借牲口】

张： 还想问一下，使你的牲口种地时，那草料谁掏。

章： 谁喂谁掏，使的不拿。使到晌午，给你送来了。你再给喂饱了，他下午再使去。他不喂，也不愿意让他喂，他没有料和牛槽，他没那设备。不愿让他喂。个人在家喂，他没喂过头牯，咱的头牯吃淡拌草，加水多少等。

张： 那么使的人拿些料吗？

章： 不，他得送回来。晌午时，在咱家喂，喂饱饮水后再牵走。晚上再送回来，不让他喂。

张： 第二天再用也是一样？

章： 一样，不牵过去，他没那个设备、草料。就是有设备也不愿意让他喂。

远： 咱喂头牯，吃草一样照常喂，头牯的喂法不一样，怕不好再喂了。

章：好比一个牛平常吃一顿二斤料，你觉得挺不嘛的……你借去以后让它吃三斤料，加一点，我牵回去后再给它二斤，它就不吃了，不好喂了。因为这个就不叫他喂。（**绪**：让咱使）。

张：在河北那边方法不一样。那边的使牲口时给人家送料。

章：那边的事不知道。咱这不算这账。永久不算这账。解放前也不算，现在更不算。使就使，不计较那个。你拿报酬也可能还不让你使呢。

张：可能是我刚才说的不对，借使头牯，不管喂，是否送草料？

章：没有那说法，从古到今不拿嘛，老早是这样，现在还是这么情况，哪有拿嘛的，都觉得你借了头牯还拿回一瓢子料来，是看不起我，喂不了头牯，拿回去！你送料来，我就不让你使了，坚决不要（**远**：反正有这个情分）。

张：那这个关系得好，是吗？

章：对。这样做越来关系越好。

张：30%的人家没头牯，要是地特别少，是否可以不借头牯。

章：少也得使头牯，地不耕不行，一年得耕一次，种麦子也得耕，就算是过年留的春地，也得在冬季里再耕一遍，让它晒晒，不晒土壤不行。有碱的地，越不晒越不行。

【耕地】

张：一年耕地都是在什么时候？

章：春天、秋天两次。

张：春天种什么时耕地呢？

章：棉花、花生。耕种前撒上大粪，把粪撒完以后，一耕，耕完后将粪物压里面了。从前旧社会，春风很多，把粪刮跑了，那地很平。

张：有春麦吗？

章：没有。解放后号召种一回春麦子，不高产，不如其他春季作物，几次以后就不种了。

张：那就是豆子和棉花了？

绪、章：豆子、棉花、谷子、花生、高粱。春天作物很多。

张：耕地的深浅，这些作物都是一样的？越深越好吗？

章：一样的。头牯壮深点，弱就浅的。浅点没关系，反正得耕耕它。

【保墒种地】

张：先施肥？

章：对，把粪撒了就耕去，一看天很干了，不敢耕，耕了种不上。用耧挑，挑上这么深一溜沟，把粪撒上。就让它埋在这沟里，这是天很干，不敢耕。一翻过来，干土进到底下去，湿土翻上来，太阳蒸发干就干了，种不上了。自从使用上这河水，先浇后耕，浇上一下子，怎么翻法它也干不了，记得从前春天耙地耙得黄土呼呼地。

远：过了年头这个时候就耙地，然后种地，那事我干的最多，成天去耙地。（**章**：耙了这面耙那面）呼呼地净是干土。

章：上边是一层干土，地就干不上去，要是小疙瘩，就种不上了。上边干土浮着碎土，盖着底下的水分跑不了。

远：保墒是解放后的新名词。

章：对。其实那叫保墒。解放前耙地就是为了保墒。

张：这是解放后讲科学时知道的？

章：对。解放前就知道不耙地种不上，越有疙瘩越不能种，那时农民知道。

张：农民都知道，但不用这个词？

章：不耙种不上，上面必须有薄土盖着才行。

张：耕地后面的活是什么？

章：耕完了，后面的活就是赶紧快耙，头面耕，后面就得快耙，比如头上午耕一亩，上午就得赶快拉一遍。不拉一遍就干了（**绪：**成疙瘩了）。

张：用是耙（pá）子给弄碎了吗？

章：耙耙（bà），不是用耙（pá）子，套上头牯，人上去踩着，用齿子耙（bà），很多齿。

张：是四方形的？

章：长方形的。

远：这有一个你看看。

章：现是地浇了，木齿也行。从前一律用铁的，结实，人踩在上面，脚一抬一抬，它就转弯，好弄，一拧疙瘩就破了。齿距大部分是这样，现在还用这家伙，不用不行。使拖拉机也使这个，人也站上。要是耙才耕的地，上面压什么，人不上去了。要是耙没有耕的地，人上去，抓住拖拉机，中间近。要是赶牛时，抓住两个绳，使鞭子呼拉着，上这边去，拽这头，到地头了下来，回过弯来。

张：这是耙，下面的活呢？

章、远：那就是到种的时候了，用耧。

张：您这耧没有了？

章：就是使耘锄。种玉米、棉花就使这个，种麦子使三个齿的耧，铁的三齿。

张：那天拿出来的是耘锄？

章：也可上耘锄，也可以种地。（演示：将耧安装上）装上这个可以种地。

张：耘锄可以耘地，也可以种地。

章：可以种地。一个人撒种，一个人牵头牯，一人扶着。不再有人，用这个车子压一下就行。这有个铁轮压一下就行。这里本身带着铁滚儿。种棉花使这个，种别的，深深浅浅不碍事。棉花不好出，很深了不行。只能这么深，很深了出不来。其他的行，这么深也能出来。撒种时往里溜，有个布袋往里送，有嘴能均匀。若使东西扤，一抓就留空，断垄了，布袋不断垄，一弄到头，现在也这么使。

【机械化种地】

张：有无机械种地？

章：有。但因为地块小，机器转不开。要是地块大，集体的像农场那样，使拖拉机拉，一个五米，一下拉三，一下子就是15米，一下子拉着，使那个东方红拉着，那个行了，咱这不行。

张：用拖拉机种好吗？

章：不怎么好。它要地软了，它那后面有种子机器，很沉的，种得就深了，地要是很扎实的，再使那个种得就浅了。掌握不住，要是农场，先用东方红拖拉机把那地压成软实一样，然后再用播种机种。咱这软软硬硬的，结实种浅了，软的种深了，它就出不来了。

张：种地时用这小滚再压一下吗？

章：压一下，只压撒种的沟，压实了，不让它干了。不压，太干了，种子出不来。

张：您说是使自行车？

章：使自行车就行，也用推车，那个比自行车宽。这农村很复杂，它过日子不是一方面，全家这些人所有都得结成一个心眼，“一家人一条心，黄土都能变成金”。你有心眼，他有心眼，五口人五个心眼，这日子不好过，从古到今也是这样。

张：农活中，就耕地、种地合犋？互相使犋？

章：从前互相使犋，从前农具笨重，妇女使不了，也没有妇女下地的。光男劳力。在现时，妇女半边天，妇女也能驾耧，也能下种，全能行，牵头牯。

张：从前耕、种地合伙？

章：耕地不合伙，种地合伙，种地不是一个人，牵头牯的，留种的，驾耧的，后边顿地的，拿着石头辘子，两个、三个轱轮。

远： 种地得四个人。

章： 对，四个人，一家里四个人的很少。那时妇女不干，缠脚。现在不缠脚，发扬出半边天来了。

张： 那就是种地时合伙了，其他地方还有合伙吗？

章： 其他就是收的时候了。现在使收割机拉拉运运的，有合伙的。从前没有收割机，个人除了拔麦子，收秋的时间长。揪长果时叫些帮忙的。头里使头牯把长果秧子耕下来，把长果拾起来，抖落抖落，掉下来的花生拾起来。全得拾，那玩意很费事。这一块地，好几天捣鼓。耙了、挑了，它全埋在土里了。它都掉在渣来了，就那长果费事。棉花一般不叫人，花开就随时摘不费事。就花生费事，那时种的数量多。10 亩地得种 6 亩吧。

绪、远： 种的多，得有 6 亩。

章： 那是为主的。那玩意也能榨油，也能变钱，搞经济。现时以棉花为主，棉花产量又多……用途多，价格高，是经济作物。

张： 我听说是种棉花，还是花生啊，两年之后不能种麦子？还是种豆子？

章： 豆子，调茬。今年种豆子，明年就不能再种了，再种它就长不好了。

张： 豆子长不好了，对麦子有没有影响？

章： 豆子长不好，对麦子没少影响，它不是一年。麦子种了六七年，还是调调茬为好，在没种过麦子的地方再种。它长得比这个地方还好。“调（跳）茬如上粪”啊，有这么个俗话，可是地少了调不过来，你就必须在这里种，调茬就是换换茬（地方），不在这种了。

张： 豆子两年不调就不行了？

章： 得两年。芝麻三年。打香油的那芝麻没三年不行。没三年它打得不行（**绪：** 稀啊）。其他别的庄稼都重茬行了。今年种了，明年重种，不说减产吧，也很稀松。没有显著地看出来，不行的是芝麻和豆子，花生也有点重茬。

张： 到后年呢？

章： 到后年更不行了，还是重茬。这都是从前老农的经验。

王汉章（陪同干部：王子绪，村会计，王汉章侄）

时　　间：1994 年 8 月 17 日上午

访 问 者：张思

场　　所：王汉章家

【家庭】

张： 您 71 岁，属什么的？

王： 属鼠的。

张： 那 71 岁说的是虚岁了。

王： 对。

张： 解放后给您家定的是中农吧，您家有多少亩地？

王： 是中农，家有 40 来亩地，13 口人，与哥哥全家人算在一块了，是大家庭。

张： 兄弟两个。

王： 对。

张： 那时你觉得日子过得怎么样？

王： 解放前比现在低落点，差点。

张： 跟那时候的别人比呢？

王： 一般情况，也是一般情况。

张： 13 口人，一人不到 4 亩地，过日子，粮食能接上吗？

王： 能接上。

张： 富裕吗？

王： 富裕也富裕不多少，那阵生产上与现在有差别，那时靠天吃饭，下雨就收，不下雨就不收。

张： 不收的情况下怎么办？

王： 不收，就把节余的部分放到这里边。

张： 您现在 70 岁，日本人到这里时您有 20 岁了吧？

王： 没有，15 岁。

张： 那日本走的时候，您有 20 岁。

王： 对。

张： 日本人在这里和回去的时候的事，您还记得吧？想了解一下您家的日子如何过，及互助组的事。

王： 那些事还记着一些。

张： 解放前您家劳动力有几个人？

王： 六个，兄弟两个，加上父亲。

张： 您父亲什么时候去世的？就是王子绪的祖父？

王： 有多少年了？

张： 老王您还记得吗？您爷爷何时去世的？

绪： 15 年了，（**张：** 那就是 1979 年、1980 年的时候了？）对。

张： 您的父亲去世多少年了？（指绪）

绪： 8 年了。

张： 那时您家里的劳力，有您父亲，您兄弟俩，还有……

王： 再加上两个妇女。

张： 您爷爷呢？

王： 没有了，俺爷爷去世早。

绪： 我太爷死的时候，我爷爷 18 岁吧？

王： 哪里，3 岁。

张： 劳力有父亲，兄弟两个，两妇女，还有一个是谁？

王： 是我姐姐。

张： 那两妇女是准？

王： 他（指绪）母亲，他婶子。

张： 剩下的孩子都不算劳动力？

王： 那个不算。

张： 您家牲口有多少？

王： 两个。

张： 两个干 40 亩地够了吗？

王： 够了。

【合伙】

张： 跟人家合伙干吗？

王： 不合伙。东头有个亲戚，跟他来回合伙。大型农活合伙。小型的个人干个人的。

张： 大型农活是些什么，您给讲讲。

王： 拉粪、耕、耙地、种地。（**绪：** 拉粪这时没那个事。那时是花木轱辘，套两牲口）套两、套三的。

张： 木头轮就得套两上？为什么？

王、绪： 沉啊。拉粪、拉庄稼。

张： 现在胶轮车，一个拉得动吗。

王、绪： 现在一个驴就拉得动。

张： 从前是用牛，还是用驴拉？

王： 也有牛，也有驴。

张： 但必须得两个？

绪： 至少得两个，一个拉不动。

张： 大型农活，拉粪、耕、种地都合伙吗？

王： 对。都合伙。

【亲戚】

张： 东边的亲戚是谁？

绪： 跟马建寅，是这村的东半边。

张： 是您什么亲戚？

王： 俺爷爷的老伴的娘家（奶奶的娘家）（**绪：** 马建寅这人还在呢，他比俺叔还小呢。他跟俺是表兄。五十七八岁）。

张： 我听说东边的地贫瘦、人穷。您的亲戚怎么样？

王： 平常的。

张： 他家有牲口吗？

王： 有。

张：你们也有牲口，还要跟他们合伙？为什么？

王：对。是亲戚来往，赶上人员不够了，互相帮助。

张：你们两家有过牲口不够的时候吗？

王：有过。（**绪**：都有过不够使的时候，有时他往这边牵，有时他往那边牵）

张：那您还和别人家合伙吗？

王：没有。别人要是看我牯头闲了，关系近的，捣鼓捣鼓什么的，也能使，牵咱的走。

张：您还使别人的吗？除了亲戚马家？

王：也有，很少。赶上我俩没对上口，他把牲口借出去了。咱也能使别人的。互相掺和，平常还是跟马建寅来往多，跟普通人……

张：大农活除了耕、种地，还有哪些？

王：按农活说，没有别的了。

【合伙日数】

张：算起来一年到头，相互帮忙有多少日子？没有多少吗？

王：日期不短，想不起来。

张：耕地得在一块花多少时间相互合伙。

王：也有十年八年的。

绪：他问一年中有多少天。

王：连春天到秋天种麦，一共……（**绪**：总有个把月，一共有一个月多）

张：加一块是一个半月？

王：啊！

张：种地呢？是算在一块了？

绪：种地天数少，种地很快。

王：一天种十来亩，一二十亩。几天就种完了。

张：他帮你种几天，你帮他种几天，是吗？

王：我也种谷子，他也种谷子。那两个人集中合起来，一天就种完了。那阵种花生，我种 10 亩、8 亩。他也种 10 亩、8 亩，两人合起来，也就是……一天（犹豫态）。

张：一天把两个人的都种完了？

王：唉，对了。它不是说种嘛都种嘛，它都分散了。有这个，有那个的。

张：所有的地都种了，得用多少天？

王：一年加一块，也就五六天。

张：是干您一家，还是两家的？

王：干两家的。

张：秋天也要种地了？

王：秋天种麦子，种不了多少，种十来亩地，用不了多少时间。

张：那马建寅呢？

王：他也是，一样的人，一样的地，就是一般多。

张：两家合一块，得用多少天？

王：两家连耕带种，下不了 20 天。

张：一年中还有其他合伙干吗？拉粪，春天耕种。

王：对。

张：加上春天是一个半月。

王：对。

张：锄草？

王：锄草都是个人干了，锄草算小活。

张：大农活里就这些了吧！

绪：就这些。那时没有浇地，没有水利设施。靠天吃饭。

张：下大雨放水的活有吗？少吧？

王、绪：也少，那时的地有好几户家，不能随便镢呀。不像现在似的，（集体挖的）有分水沟，集体统一往里放。那都在一块，不能随便镢。

张：您能讲讲一年中有哪些小活吗？

王：就是锄地、开苗，种上以后开苗。（**绪**：这块叫定苗）锄草。

张：春麦种吗？

王：春麦不种。（**绪**：种棉花、花生、谷子、高粱这些作物）

张：拔麦子算什么活？

王：拔麦子算大型活。

张：需要劳力，不要牲口，是吗？

王：对。

张：那时您家十来亩麦子，全是自己干吗？

王：俺也跟建寅扯着干。你给我拔，我给你拔，也是这样……

【合伙中的吃饭】

张：他给干时，你管饭吗？

王：赶上饭管饭，赶上这儿时候完了，他上他家吃去。赶上吃饭的时候，赶上晌午了，就在这吃。

张：不吃也行吧？不是你给我来干来了，就得管饭？

王：不吃也行，不一定管饭，不是像其他旁人似的。他给咱来干活，到时候伺候着他。赶上饭就吃，赶不上饭就算了。

张：他对您也是一样吗？你给他干活时？

王：一样。

张：拔麦子时，您还找别人吗？马家以外的人？

王：不找。

张：拔麦子得多少时间？

王：一天一人一亩地。

张：您家六口劳力，妇女一天干得了一亩吗？像你姐姐。

王：干不了。她们干不了那么些。

张：干半亩行吗？你姐姐。

王：半亩可以。

张：那您的地，用多少天可以拔完了？

王：有两三天，三天吧。

张：马家过来几个人？

王：他们过来两个人。

张：加上您家里的六口，是八口人干。两三天就干完了？

绪：那时的麦子不如现在这么好，挺孬的，一亩地打一百多斤是好的。

张：具体种多少麦子，还能再细想起来吗？

王：也有12亩，也有八九亩，反正是这么个数。

张：然后您家全帮马建寅他们干吗？

王：不，最大能力，掩这能去三个，那边能来两个。

张：关系搞不好，不和人合伙的有吗？

王：也有。

张：找不着伴的有没有？都能找着伴？

王：找不着伴的没有。反正你跟我不行，我跟他行了。这个……怎么也能找着个伴。

张：特别爱和别人打架的，有吗？

王：也有，反正占极少数了。也有为东西的也有为说话的，两人抬抬拌拌的，也有。极其少数。

【农家合伙】

张：合伙有三家在一块的吗？

王：也有。三家关系很好，你也给我干，我也给你干，都常着来往的。（**绪**：一样干）

张：三家一块干也有吗？

王：也有。

张：这种情况有多少？

王：详细讲记不清楚，这个村里也有个几户。

张：像我跟这家合伙，又跟那家合伙的情况有没有？

王：也有。

张：一人找两家（**王**：也有）或者两家同找一家合伙的情况。

王、**绪**：也有。

张：这都是少数吗？

王：少数。

张：两家在一起合伙的占大多数了？

王：对，占大多数。

张：您觉得过去若是不合伙，这农活干得了吗？

王：不合伙的，小型活行了。如果种地，需要四个人。你家里有三个人，也能干。若有两个人就不能干了。种地的三人吧，有牵头牯的，有架耧的，有留种的，种完了以后再压，三人能行了，两个人不能干。如果四个人，牵头牯、架耧、留种、压地的，过去就没事了。有三人也行干，这是种地。

张：那您觉得是不是不合伙就麻烦呢？

王：不合伙就是麻烦，我和东边马建寅家就是牵在这上面。种地我们三个人不够，他们两个更不够。俺俩家合起来还剩下哩。

张：人手若是基本够了，还去找人合伙吗？

绪：也有找人的。“人家人不够，我去帮他忙去”。也有问人的，“我种他地去”，这个情况常有。

张：那么说人手够了，也有给别人帮忙的？

王：这个也有。比如我今儿个没有，他去种地去，“给我种地去”、“给我种一天去”这个也有。

【帮忙】

张：这叫什么，这不叫合伙吧？

王、绪：这叫帮忙。

张：两家互相干叫合伙？

王：对。（**绪**：你光给我干，我不给你干，这叫帮忙）

张：嗯，帮忙管饭吗？

王：这个也有吃饭的，也有不吃饭的。

张：帮忙有帮一亩、两亩的，可是那帮忙帮着干十亩、八亩的有吗？

王：也有。

张：帮十亩、八亩的也有？（**王**：也有）最多能帮忙多少？

王：反正帮三天、五天的可以。这个行了。时间很长了就不可能了。（**绪**：人家个人还有事呢，个人还要忙个人的呢）

张：要这个人帮三五天，他再找别人来帮三五天有吗？

王：也有，这个互相来往。

张：这家人口特别少，同时找这家、那家，两三家来帮忙三五天的有吗？

王、绪：也有。这个情况常有。

张：这是因为这家劳动力少？

绪：他没有劳动力，或者因为有什么事腾不开工夫去干活去，叫帮忙的帮几天，也行了。

张：帮忙时，这种情况有没有：牵着牲口来……

王：有，这种情况有。

绪：工具全套带来的帮忙也有。

张：管饭吗？这个……

绪、王：也有的管饭，有的不管饭。

绪：这个不说。两家关系挺好，管饭也行，不管饭也行。没说嘛的。两户也没旁的事。帮了忙心里不伤，这是你来帮忙了，备不住将来我给你帮忙、来往。

张：这些帮忙都是大型活的时候？

王：对。

绪：耕地、种地、耙地，这些事。

张：请这些帮忙的是否总找固定的人，不找别人？

王、绪：也不是固定的，反正村里的邻居、街坊，他不是光跟你一家关系好，跟别人关系不好。跟谁都行了。你没法，找他也行了，他没法找我也行了，全都挺好。

张：帮忙是找邻居多呢？还是……

绪：邻居多，离着近啊。

张： 朋友呢？

绪： 朋友也找。

张： 朋友有住的远，住的近的……

绪： 住的十里、八里的亲戚和朋友也过来帮忙。

张： 过去的孤寡老人，有人帮忙吗？

王： 也有帮忙的，也有雇人的。有一亩地，或者三亩、二亩地，找一个人，或者租出去。这块地给你多少钱。也有亲友近门的照顾的。情况不一样。

张： 老百姓，对孤寡老人照顾是觉得应当的吗？

绪： 是应当的。他没劳力，给他帮忙，都觉得也行了。

【相互扶助的解除】

张： 还想问问，两家使犋、合伙，一般能维持多少时间？

王： 三年、五年、十年、八年的，关系好的……（**绪：** 没完）这个没完。（**绪：** 你这个解放前好几十年一直坚持）两家要是关系好了，你给我干，我给你干，没有什么限制。

张： 有一二年就散的吗？

王、绪： 也有。合伙发生矛盾了，就不在一堆了。

张： 这是发生矛盾了。若是置了地，或是添了牲口，人多了不要合伙了……

王： 这个也有。**绪：** 牲口多了，劳力多了，就不需合伙了。

张： 不合伙了，散的时候怎么说呢？拒绝时怎么拒绝？

绪： 我添了牲口，牲口多了，你看我的牲口有空时候你要使就使，咱们就不合伙了。就这么样。别合伙的时候，好比你有两个头牯，我有一个头牯，咱俩合伙着。现在你的头牯多了，我还是一个，你就提出来了，我的头牯多了，能个人解决了，你那只有一个，不够使，遇到赶上空闲了，只要我这闲着你就使。就行。它待来待去我再使人的就不行了。我再找别人合伙去，就这么着，这情况也有。

张： 嗯，我牲口够了，就不跟你合伙了，还可以给牲口用，合伙的意思是不光是借牲口，还跟你一起干活去。

绪： 对。

【使犋】

张： 光借牲口，叫不叫合伙呢？

绪： 光借牲口那叫使犋。

张： 您（指王汉章）认为光借牲口叫使犋，不叫合伙？

王： 对。（**绪：** 也有光借牲口的）也有连农具一块带着的，嘛情况都有，准的家具都置不全。（**绪：** 有个俗语呀，没有走不着的路，没有求不着的人。你东西再多，牲口、工具、人力再多，也有用上人的时候，农村这互相来往，多少年也变不了）

张： “没有走不着的路，没有求不着的人”，这句话在您那时候有没有？（指王汉章）您那时知道这句话吗？

王： 也有，路和道是一样。（村干部李绪民加入谈话）现在老的俗语越来越少，原先俗语还多。比较能说明一些道理的，现在少了，现在年轻人，不如老人了。

张： 把话扯到现在来，承包以后，自己干自己的，合伙的事……

王、绪： 也有。照常一样。

张： 以后你们觉得还用得着吗？

绪： 现在用着了。今后还得用得着，现在生产形势变了，工具先进了。使拖拉机耕地，使机器浇地，也得合伙。

张： 使机器浇地也合伙？不过不用牲口了？

绪： 对，不用牲口了，用牲口现在不合伙了，耕地现在用拖拉机耕，不使牲口耕，它没有这个活有那个活，互相帮忙，联合是免不了的。

张：再往后想呢，过十年、八年。这几年变化很大。以后怎么样？

绪：用得了，互相来往，帮忙，到哪年也变不了，跟国家一样，虽然我们是一个小范围，都有外交关系，没这个不行。跟旁人没有来往，哪中啊，你国家再行也白瞎。

张：再问一下，不合伙了，两家的关系是否仍很好？

王：仍然很好，照常。

张：我不跟你合伙了，你是否心里别扭？

王、绪：他不别扭，关系照常，再找旁人去。在找着旁人之前，我的牲口你照常用。不是我牲口多了，够用了，你再用，不让你用了，不是这种情况。照常满足你用。

张：您的牲口我可以用，但干农活您就不来帮我了？

王、绪：干农活时也来帮。

绪：这有什么区别呢。同样全是耕地去，人家增加了头牯，够了，我耕去必须等着你耕完了我再使。合伙就不是了，合伙是你耕一天，我耕一天，平等发展。有这个区别。

张：合伙是你一天、我一天？

王：合伙两个人也不是你一天、我一天。你这块地3亩，他这块地2亩，必须把你3亩地耕完了。

张：一个3亩，一个2亩，先耕3亩的？

王：不是，你共同两个商量好了，“你先耕？我先耕？”（**李：**先耕这一块）对。

张：不合伙时，先就着谁呀？

绪：比如你两个牲口，我一个牲口，先就着你。等你都干完了，腾出时间来我再使。有点区别。

张：就是因为添了牲口就散了的也有吗？

王：也有。

张：临时找别人合伙，好找不好找？

绪：好找。

【人民公社与承包制的比较】

张：到了人民公社的时候就不一样了？

王：不一样了，老百姓就喝上了，你让怎么走就怎么走吧。

绪：那时候随大溜的多，让怎么着就怎么着。

张：高级社和初级社是什么区别呢？

李：第一个区别是范围大小。

绪：那时没有什么农业机器，除了牲口就是生产工具。

李：初级社领导范围小，权力范围小，后来高级社权力集中了，权力大了。（**绪：**越来人的思想越跟上了）纪律方面，各个方面，全跟趟了，不是挺随便的，那时探亲、赶集，就得请假，说不行，你就不能去。有纪律性。

张：到了高级社、人民公社，现在回想起来，有哪些好的和不好的地方？比如人民公社，大队的生产方式，三级所有，所有承包前的东西怎么看。

绪：农村，好与不好也没有什么体现，集体种，集体收，集体分配。没有什么好与不好。

李：现在与当时，虽然过去的事不知道，是有区别，明显的区别。

绪：跟现在当然有区别，张思问的是高级社与人民公社的区别。

李：高级社与初级社也有区别。

张：插一句。人民公社时代那种规模的生产，与现在的承包相比，也与过去互助组，与解放前的个人单干相比，是何区别？那种大集体的生产、管理、分配有什么好和不好的地方？或者也不叫好与不好，你有什么看法？

李：我的看法，从前老早的单干与现在有点相同，好处过去与现在一样，形式基本相同，不过是上边领导范围不一样。再一个，人民公社与现在比，还是现在好。那时候单干、互助组、初高级社，那时的经济还赶不上了现在。人民公社时也有一个好处，反正是穷的富的都是集体领导，有那个社会主义的优越性。（**绪：**干得好的，干得多的，基本上都一样）苦了平均。

张：什么叫苦了平均？

绪、李：你劳的多，劳的少，都是收那么多，不干活也收入，有照顾，平均主义。现在人们生活水平提高了。最低的也比当年最高的强。

绪：现在承包与过去单干有一个最大的区别，从前土地归自己所有，现在是集体所有。从前土地有多有少，有管 3 亩、4 亩的，有 5 亩的，还有一分没有的，还有二分、半亩的不一样，现在全是一样。好比咱们村吧，平均 2 亩都是 2 亩，平均 1 亩半都是 1 亩半，土地按人均分配。

张：人民公社时代的大规模土地建设有没有好处，现在还有必要吗？

绪、李：需要搞时还能再搞，需要挖河，占地，也是一样占。

张：干的办法是？

绪：还是大家出工，地亩分到户里。如果占了你或他的地了，大家再分，匀出来，分到他的地里，地再重新分配。在从前一家 2 亩了，现在占去五六亩了，再分。或者 1.9 亩、1.8 亩，把你的户和地匀出来，还是集体统一。

张：现在让大伙出工，命令下来，大家愿意干吗？

绪：愿意干。

李：这都是对本村人有好处的。挖一片渠，一片沟，不挖水过不来，浇不上，挖上了这片渠，这片地，水才能过来。这都是有道理的。

绪：有收益。

张：现在农村里需要出动大规模劳动力的工作是否少了？

绪：少。一年也就是春、冬季，挖河，搞这大型的，其他没有大型的。一般农活是个人经营，没有那么大型。

张：这些工作是村里人管了？干部计划好了。

绪：对，干部先开会，计划好了，然后告诉村里人，开群众会，该挖哪条河作何工作，大家全去。

张：有没有不想这事的，干部也不想这些事的？

绪：没有，不想不行，这事一家一户解决不了。

张：可是如果干部很忙，忙于自家经济，老百姓不考虑，大家都不考虑，我也不考虑了。

绪：不考虑你就没有当干部的资格了，人家群众选你当干部为了嘛？你得有全局观念，应该是当干部的事，你不考虑行吗？

张：那就是说，干部要是正确地下命令，群众也是？

绪：积极响应。

【上学】

张：时间不够了，随便问问，您过去上过学吗？

王：上过学。

张：您上了几年级呀？

王：那阵不兴年级，那时叫多少册（chāi 音）。从一册念到八册。

张：您念到多少册？

王：八册没念完。

张：那还算有文化的了。

王：哪里。（**绪：**相当于小学四年级）

张：上学是在哪上的？

王：本村。

张：您老伴，结婚时是从哪来的？

王、绪：从东烟台，离这五里地（注：东南方向3公里处）。

李令义

时　　间：1994年8月17日下午

访 问 者：张思

场　　所：李令义家

（陪同者：李令春，村干部，以下简称“春”）

【解放前的土地状况】

张：听说解放前你家有30多亩地？

李：对。

张：人口是多少人，那时候？

李：那时是6口人，平均每人5亩来地吧。

张：日子过得怎么样，与别人比算是好点的吗？

李：也不算是很好，在村里也算一般情况。

张：比您再好的多吗？

李：比我再好的70来亩地。

张：一家70来亩地？

李：对，不是平均。有几户，不是平均的。一般以上的这个，一般平均五六亩地吧。

张：平均五六亩地的人家在村里多吗？

李：半数吧。

张：要是过日子过到中等水平的，有五六亩就可以了吧？

李：对，那样就不困难了，想太富是不可能，一般的吃了，穿了，零花钱了，不求别人，不求外地支援，全个人能解决了，就在那个程度吧。

张：您觉得三四亩地的人是什么样的生活状态呢？

李：三四亩就嘛了。这个……分看有多少人口。这个人口情况不一样。比如平均3亩地，四个大人，就好点了，如果是两口大人，两个小孩就不行了。3亩来地就紧点了。

张：大人多了就……

李：他没有拉手的了（**春：**拉手的多就紧张点儿了）。

张：那时候，您家六口人，主要劳力有您父亲和您兄弟？

李：我父亲在，我兄弟那时小，我哥哥能干活，我能干些半半搭搭的不搁劲。主要是我父亲，我哥哥。

张：到45年时您20多了，那时就行了吧？

李：那时就行了，因为男的到18～19岁就行了。壮了。

张：你弟弟跟您差多大年纪？

李：差四岁，那时他也行了，能干点什么了，不能干主的，干次的。

张：日本人走后到解放之前，一直是30来亩地吗？

李：对，也是30来亩地，到一解放，一平均，我这地基本没动，通过复查，土地又分了4亩来地。

张：30亩以外又分了4亩多地？

李：对。

张：那到解放前您家有4口劳动力了？

李：对。我父亲，大哥，我和我嫂。俺四个为主的。

张：您弟弟不算。

李：他还小，半半搭搭，不为主（帮帮搭搭的）。

张：是三口人了？

李：三个男劳力。

张：算是不错了的？

李：对，算是不错。

张：分地以后，平均每人多少地呀？

李：平均……全村平均是……

张：您家原来每人5亩，再加4亩来地，平均每人6亩了？

李：我那30亩地中，有5亩是当契。

张：当契？

李：当契是活的，跟银行存款一样。我存活款。人那里的5亩当契兴（许）赎。人家哪时有钱了哪时可以赎。跟现在……似的。5亩当契，个人的20来亩地。

张：当契是什么时候有钱了，就可以拿回来。有的地方叫典地，那您租别人的地吗？

李：没有。

张：这村里有租别人地干的吗？那时候？

李：没有租的，就是当契。

张：租别人的地种，交租子。像地主一样把地租出去，收租的事没有？

李：没有，咱这全村都没有，不兴这个事，再不行了就打短。当地不兴此事。

张：解放后搞土改，有70亩地的人家是谁呀？是王廷西吗？

李：70亩地的就是他。

张：他家收地租吗？

李：他也是个人家干，雇个长工，他也没有买卖，生意。也只是种地。

【解放前的牲口】

张：那就没有出租土地的了。下面问问解放前牲口的事？

李：解放前有一头牛。

张：养猪、鸡之类的吗？

李：没有，只喂一头牛。

张：那时牛的价钱您知道吗？

李：那时不值钱。那时钱也实，行市也贱，大体上在二三百块钱。

张：能买壮的能干活的牛？

李：对，那时牛没人要，那时贱，不如这时。

张：这一年收入，剩（省）下来二三百块钱能买一头牛吗？比如一年生产下来的东西减去吃、穿、用，如这茶叶，剩下的能买一头牛吗？

李：能省下来了。能买一头牛。

张：那时您一年大体上能剩多少钱？好一点的日子。

李：这数是大体，庄稼人的日子这么零，今年卖，明天花，那时开支小点，没有那么多东西。除去一切开支，全年纯剩四五百块钱。

张：您家买头牯是一点点凑钱买吗？还是用全年的收入？

李：买头牯钱不一定是一项钱。

女（李令义老伴，下同）：花二百成好几年喂着是吧？成好几年也喂着。草是个人的，草不搭钱，料不搭钱，因为草是自己地里出的。你种的庄稼能喂头牯的叫它吃了，这就不捎了，下不了，喂它呢赚点粪儿上地了，省了钱买肥料了。那时也没有化肥，上个人的粪。

【合伙使犋】

张：一头牛干30亩地，够不够呢？

李：两家使犋。他一个，我一个，两家茬（chá）起来使，一个牛没法干。

张：您当时跟谁使犋？

李：当时的人已不在了，跟这个当时叫他二子，是王廷章，他们一个，我喂一个。茬着使，得两牛耕、耙地。

张：王廷章还和李敬堂合着喂一个？

李：对，是我的叔。他俩合着喂了两年，就算开了，就算给王廷章个人的了。算给个人了俺俩就插起犋来了。你不论谁的是谁的，合（gé）伙使活。

张：这是解放前的事吗？

李：对，解放前。

张：王廷章先跟李敬堂伙着喂，然后算给他个人的后跟您合伙？

李：合（gé）伙使活，个人使个人的牛插（茬）伙。插伙、合伙、合（gé）犋就是一回事，也叫合（gé）伙使活。

张：您和王廷章合伙干了多少年了？

李：干了七八年了。

张：这个村里一般合伙能维持多长时间？

李：这也是活的。俺俩插着使，时间比较长点的，七八年。我这个牛愿意卖了去，这个犋…这就不合（gé）伙了。他要卖了也不合伙了。我要再卖，买的小了，不顶壮了，也就算了，这事很多，这是活的，现讲现说。

张：要是两家关系挺好，不卖牲口，没有什么情况能维持多少年？

李：这个也有七八年的，也有十来年的，也有三四年的。大体上五六年吧。

张：王廷章说他与李敬堂喂了七八年了……

李：我说的二三年是个大体，有这么个事，不算为准。

张：张牛最后给了王廷章了，要是买下来，得掏钱了？

李：对，两家喂的要是归谁了，得拿钱。至于拿多少钱闹不清。

【头牯犋】

张：跟您家合犋是怎么干呢？比如耕地时在一块干吗？

李：人不合伙，光头牯合伙。

张：他人不来？

李：对了，人不来。

女：俺使他的头牯，他使俺的头牯。

张：这就作合作吗？

李：这叫作合伙，这叫"头牯犋"，人没有事，各人出各人的人。

张：人也来的叫什么？

李：人现叫，比如我今天有个大活，需要四个人，家里只有三人，非四个人干这活不行，也先叫他去，你今儿去个人，忙乎忙乎去，我这只有三人，需要四个人干，他就来个人。如果他需要一个人，跟我说说，我就去一个人。这不是固定的，不定两家完全是事全伙着，不是这样，光是头牯合伙，人是活的。干活是活的（当中有一句插言：你有活是先找王廷章？**李：**对）。

张：但是我想问问，他要是有活缺劳力找人的话是否先找您？还是先找别人？

李：先找我。

张：您要是有活的话先找他吗？

李：对，先找他。

张：他要是忙了的话，再找别人？

李：再用人许多了，再去找别人去。

张：先找头牯犋的人？

李：对。

张：这里面挺复杂的。

李：农村的事很复杂，嘛样的也有，我给你说的这个还算是个具体点儿的，赶上实际干起来，还复杂，你是没有见过。

张：有多么复杂？您给我讲讲，举个例子，像合伙一样的。

李：比如今天我有活。一个钟头，我就叫着你一个钟头。不管在哪里碰上，在地里在道上，"来来快点给我干点活"，就干点活。好比我一个头牯，在地里干活需要两头牯，他在地里干活，头牯拴着呢，"我使你的头牯来两遭"，就来两遭吧。使头牯耕地弄一个来回算一遭。这都是临时的。这个也不为犋，这都是两个人，没意见，挺好，我使你的，你使我的。家什了，我使你的家什，你使我的家什，也挺复杂的。

【不为犋】

张： 刚才您说什么叫不为犋？

李：（**春：** 两人常使）比如我跟王廷章七八年不动，这个叫问长（常）犋。

春： 刚才说的那个是临时。

张： 临时叫的不是王廷章家，是否都是关系好的。

李： 都是关系好的。

张： 村里像您和王廷章合伙问长犋的有多少家？

女： 有的是，那时喂不起俩，只喂一个，还有的喂不起的。

李： 有五十来户吧？

张： 那时总共有多少户？

李： 那时，人口少，没那么些人。（**春：** 那时有一百六七十户吧。）对，这时二百多户，那时还没那么多哩，百十来户。

张： 有五十多户……

李： 有好些没牛呢，那时候好些没牛的。过的日子不行，柴草不行的，买不起，这个数也有好多户，为什么一百多户就五十多户插犋使头牯呢？就在这里面呢，没牛的好多，这五十来户像我和王廷章式的，常（长）的。

张： 这五十来户是在里头了，不是五十来户还和别人了？

李： 对。

张： 喂不起牛（养不起牛的）的人怎么办呢？

李： 问着使。好比我和王廷章两人，种小麦，我俩把麦子种完了，这两个头牯就有空了。他要是没牛（指第三者一张），“我今儿个使一下你的头牯种我那二亩麦子去”，“去吧！使去吧”，就这么着。

张： 这叫问着使了。

李： 对，问着使，借。

张： 借的话，得等人家使完了才能使吧？

李： 对，有牛的优先，得等种完了，得晚种一两天的。

【饲料与谢礼】

张： 借的话，得给他点……

李： 待遇？嘛也没有，白使。

张： 这村里都是白使吗？

李： 凡是问的，关系很好没意见。关系不好也不去向他那去问去。

张： 一点儿都没有，到过年过节时给点什么东西吗？

李： 没有，那个也没有。〔**女：** 那阵也这么着地。（用你的头牯）给你送头牯来了，给你挖（wǎi）点头牯料来〕那个很少。那个留的少，没人留［**女：** 对，没人留。光给你的牲口挖（wǎi）一瓢头牯料来，头响午干完活了。“可是不留”，“那瓢子头牯料怎么办呀，”“那跟没有一样”］。

张： 我听不懂，能不能用现在的话（慢慢地）讲讲？

春： 我借你的牲口，觉着“才中”，也就是第一次借你的，就是才借你的觉得行了，第一次借头牯，不用送草，给头牯拿点料来。

和： 这叫什么来着，刚才说的那个……

李： 客气。这叫客气。

张： 刚才这位大娘说的话是……

李： 就是这个事，一个意思。

张： 很多土语……给牲口的料叫“头料”？

春： 牲口料。牲口干活，白干……跟人吃饭一样。

张： 以后呢？

春： 借常了，你如果不要了，我也不给你拿了。

李： 很少这个，这种情况不是普遍的。

张： 是不是第一次借，大家都给呢？

春： 不是，他是根据什么呢，要是双方都很好，头牯白使了，头一回使拿点料吧。心里头还觉得不是挺密切。使着一回挺密切了，就不再拿了。

李：用句土语来说，就是“心里特亏”“心困”，觉得“不忍”。不忍是普遍（话），我白使你牲口，觉得不忍了，挖（wǎi）瓢料吧，还有的“别挖（wǎi），我也不留了”，也有这事。搁起来了把这个事。（**春**：这就是借牲口好借好还）

张：好多土语听不懂，恐怕听录音也不懂。挖（wǎi）一碗牲口料，是这个一碗就够了吧（用手比划普通碗大小）？

春：这就是敬意。

女：这就是你们跟俺们一样是敬意，你们要是走的时候，总是给点这个，给点那个，都是敬意。

张：平常要是总借，就没有了吧？

女：没了。

张：每次借时，是总找一家，还是东家、西家去借？

李：赶上谁找谁的，这不是固定的。跟谁行了，没意见，关系挺好，“我今天使使你的牛”，就这么回事。

【干活的顺序】

张：您跟王廷章每年在一块干多少工？

李：稀松。

张：就是农忙的时候？

李：种地了，今天去种地，种地得占四个人，我这三人叫他一个，两人叫他来俩，一共四个人，没四个种不了地。这需要用，两家插着种（jiāng），他给我种完了，我们再种他的，或者种完他的再种我的，这就不能分了。

张：谁先谁后呢？先后顺序怎么弄呢？

李：那根据地块来。根据地块去。比如这有一条道，打这里走。这块地在这里一块地。就种了这一块，再往别处去。这么根据法。

张：那您给我画一下。

春：我给你说说吧。比如，这两块在一堆，这两块在一堆，他俩吧，他的是在这的，他的这是一块地，种完他的再种他的绕道。这两是一伙，谁先种吗？假说二哥先种，他先从这开始，还得回来种这一块，他那有个——我这儿先拾掇好了，种吧，从这种好了再回来，这就顺道了。（示意图参见张思《近代华北村落共同体的变迁》，商务印书馆，2004，第117页）

李：这不用窝工。

张：比如您家在这住着，一、二、三、四块地，先种哪块？

春：这头近，先种远的那块往近处来。

张：先远后近。

春：对。再一个是什么呢，土地。

张：那么顺序是根据地块了？

春：对，再一个是什么呢？他那个都没有全拾掇利索，就得先种这一户，种完这一户拾掇利索了再种那一个。

张：噢，第二个是拾掇利索了，是准备好与或没有好，还有什么其他情况，这先后……

春：没有什么了。

张：一个是根据地块，一个是看准备好与否，还有……

春：先种一户。

张：比如王廷章家劳力少，你们家给他们家出人干的多，他们家来人少的情况有吗？

李：也有，这种情况很少，是个别的。比如栽地瓜（红薯）。红薯有地瓜秧子，或者在街上买来的地瓜秧子，或者个人浇的地瓜秧子，今天过晌午，人少了，栽不完明天这地瓜秧子就瞎了。这样两家全去，一过午就把活给了了，明天完活了，就不全去了。那占很少数，一年赶上一回。

张：村里这些合伙的人……家里的劳动力和土地不一样……他们怎么选择合伙的人呢？除了考虑关系好的，他们的地亩是否都一样？

李：这个情况不一样。

【土地所有与合犋】

张：比如他家里有 10 亩地，你家有 2 亩地，两家能在一块合伙吗？

李：合不了，差别太大。

张：差别太大了为什么就干不了呢，您给解释一下？

李：这个事很明显，比如我 10 亩地，你 5 亩地。你 5 亩的跟我这 10 亩的，你那个头牯跟合伙合不到一堆了，我这 10 亩地活太多。5 亩地差一半，活就少了一半，你就不愿意了，这就插不上一堆了。我 10 亩，你 10 亩，或者我 10 亩，你 9 亩，8 亩也行了，多 1 亩、半亩也行了，（不然）怎么办呢。你 5 亩得去找六七亩地的，4 亩地的。找这些户去。你俩再插起来，大体相符了。

张：这村里大部分家是人均四五亩，你家过去是 30 多亩地，王廷章家有多少地？

李：20 多亩地。

张：你们两家合伙干，您觉得怎么样？

李：还得要人和人对脾气。

张：两家都特别少的情况下，干得了吗？加一块两家同样都只有 10 亩左右？

春：一样。

李：这也行了。都少就无意见了，都少能有意见吗？我多你少，你就有意见了，我没有意见。

张：这种 5 亩，与 10 亩的结合有吗？他们感情很好？

李：也有，占很少数。

春：比如他俩差了七八亩地了（指李、王两家），主要是没有意见，两家人很对脾气，觉得背点理，吃点亏就不论了，认得很真呢，就干不一块了。全根据两户情况。

张：村里那些喂不起牛的都能借着牛吗？

李：反正早点晚点全都能种上地。我把地种完了，就在家里拴着没有事。他老是种不上地，他今儿来问一趟，明来问一趟，都是不愿意使？这话刚才说了吧？都得让他种上地。反正他想他的法，你想你的法。全找这个有头牯的法，最后全得种上地。按季节性全都种上地。

张：没有因为别人忙，自己误了时候的？种不上的？

李：没有。没有种不上的，反正晚几天。

张：想借最后就是借不着的有没有？

李：没有。

春：晚两天，等人完了。

【帮忙】

张：还有许多想问，不知从何说起好，提纲里的问题已问完了，希望您多聊一些最好。

李：农村的事复杂，不像机关，我说的都是农村实际事，看似我张嘴就来，这全是本身经过，跟你问不一样。

张：有什么事您可以尽量的聊，如帮忙、使犋的事。

李：农活都是一样的，没有什么新鲜的，他过庄稼日子，我也过庄稼日子，我今天干什么，他家也干什么，农活种地有个季节性。只是种的作物不一样。比如他 3 亩玉米，我 2 亩豆子，圆豆作物有差别，其实按日子来说，全按季节种地。

张：农活里还有其他地方互相帮忙吗？您给讲讲？

李：有。在一块帮忙的多了，比如今天我修这个屋，个人家这几个人修不了，解决不了怎么办。明年需要10个人，我个人3个工，必须得出去问对脾气的兄弟爷们儿。问七八个人。按时来干这活。

张：需要几个问几个？

李：对，这是修房子。也有不问的。比如我今修房子。你感觉和我关系挺好，对脾气，我没问你去，看见我盖房，活泥、拉架、撅锨。你家也有活，早干，晚干，来给我自动地帮一天，或两三天。这事过去农村很多，不问，自动帮忙。盖房之外，垒院墙，只有两人。你从这走，看俺垒墙很困难，也自动来了。或者大嫂大娘的来了，"你去吧，不用她了。你来了比她强。俺俩垒吧！"如果你那有事垒墙，盖房或者有什么事，我也是如此一样。

张：什么叫如此一样？

李：如，借还。互相帮忙。

张：比如您盖房子，问10个人，最后能来多少人？

李：问10个人，最多能来20多个人，自动的。大体来10来个，这数不是一个不多不少，是估计数。20来个人能干了，你盖房子也是一样。

张：村里人盖房子，都是这样吗？

李：都有这个心情义务。

张：这是盖房子，干农活时呢？

李：农活里也有，没这么大发了，没这么多了。用不着这么多了。比如今天割庄稼，个人完不成。拿地里农活来说，也有这种情况。比如我种了3亩小麦，我自己在地里一个人拿镰割，你和他的麦子还不熟，你就自动地也来给我割。

张：这是自动帮忙（**李**：对），有主动找去的吗？

李：有。"明天很忙吧？""不忙"，"你的麦子熟了吗？""不熟"。"你的没有熟，明天给我割麦子去"。这个问人割麦子，这个有的是。

张：他给你干完之后，你给他干去吗？

李：这事，其实我不给你干，你也不怪。但是我的麦子全打回家来，没有事了，你的麦子熟了，我能在家玩吗？我就给你忙乎两天去，这个意思就是全别瞎小麦。别瞎在地里，刮风，下雨，下雹子，全就瞎了，（**春**：早点收）全弄到家里去，别瞎了。

张：瞎了是什么意思？瞎是眼瞎的瞎？

春：灾情，丢失。

张：如果你太忙，我给你帮忙了，你无法给我帮忙，这事计较吗？

李：不计较，也没事。

张：你以后会给我帮忙的，是吗？

李：对，这事当场不能计较。

张：一般情况下，是怎么样干的？

李：一般情况只要个人能解决了，个人能干了，你也不问我了，我也不问你了。这些活都为的是"督促活"，都很要紧。

张：督促活？

春：就是抢。

李：突击任务。

张：解放前是叫突击活吗？

李：不是，叫什么都有，叫抢。

春：抢着往外收。

张：像孤寡老幼的人村民们帮忙吗？比如地种不了时？

李：也有，这事也分好几种。为什么好几种呢？比如一个老妈妈，个人2亩地，也种不了，也收不了，怎么办？她的院宗还有亲支姐妹。先紧着亲支姐妹，"咱们先自己的活干完了，帮忙把大娘的2亩麦子收拾家来"。就来一大帮人，帮助大娘把麦子收家里来了。如果没有亲支姐妹，就那么个孤老妈妈，村里有对脾气的、不错的、相好的，谁没三前两后的呢？也都能帮她收回家来。因为她老了，干不了了。

（注：**张**：张思　**李**：李令义　**春**：李令春　**女**：李令义妻。）

李令春

时　　间：1994 年 8 月 19 日

访 问 者：张思

场　　所：王会远家

【合伙】

张：你现在跟谁插秋？

李：跟李敬文和李令柱（音）一块插伙。

张：你们在一块干活，能干多少年？

李：三四年了。

张：已经三四年了？（**李**：对）村里像你这种情况有吗？

李：有，普遍。

张：要是没有合伙能自己干吗？比如用自己的牛？

李：用自己的牛，你就得精细地。比如耕这么大块吧，你耕这么大块，往细处地干，用大牛，小牛不行。

张：自己干精细的？那么还是自己可以干？

李：自己也能干。

张：要是人不够怎么办？

李：耕地行了，要是种地，种麦子，种棉花两人也行，就使这耧。

张：种麦子两人也行，是因为这耧与过去的耧不一样了？

李：它那个使耘锄是一个人，不一样，这个耧我一直使，我在队上使了 30 来年了，管这个玩意儿。

张：听说过去种地是四个人，现在使这个种地，两个人就行了吧？

李：对，两人就行。

张：两个人怎么干法？

李：一个在后面，一个牵头牯。

马德昌

时　　间：1994 年 8 月 19 日晚

访 问 者：张思

场　　所：县招待所

【互助与使犋】

张：问一下现在农村里互助之类的事，比如合伙使犋的事。

马：还有，现在不多了。

张：刚才跟李令春谈话，他在同其他两个人一块使犋？

马：使犋，依赖机器行，好几个户一块用。

张：这叫使犋吗？

马：不叫使犋，使犋就是使牲口。

张：借你的农具不叫使犋？

马：这不叫。

张：一块使拖拉机叫什么？

马：叫合伙使。比如好几户置一样东西，使抽水机、机械挺贵的，一个户买，资金太大，再一个是用不了，好几个户凑钱买，集中在一块。

张：这种有什么新名词？过去是使牲口、使犋？

马：现在叫借用。这种情况很多。

张：现在村里有多少拖拉机？

马：十几台。

张：是不是不够用，必须借？

马：还得借。一般的村里还是借不了，因为地太零碎，不成片。

张：现在村里互相使犋的，像李令春与两家使犋，为什么？

马：是李令春的叔伯兄弟，他们为什么互相使犋呢，像李令春有一个牲口，他的兄弟喂一个牲口，赶到耙地、种地的时候，一个牲口拉不动，两家合起来，伙着使。

张：伙着使牲口的是不是比过去少点了？

马：也不少。

张：离了这个大伙一个人干得了吗？

马：不行，也得借牲口使去。

张：牲口不足，若是劳力也不足怎么办？

马：一般没有劳力不足。劳力不足一般叫帮忙的，亲戚朋友或邻居。

张：你帮我，我也帮我吗？

马：互相帮忙，不要报酬的。

张：你帮我七八亩，我帮他二三亩，行吗？

马：一般帮忙不那么平均，不讲那个，你帮我一天忙，我可能帮你三天忙。

张：你的看法是离了这个还是不行，需要帮忙？

马：不行。

张：以后呢？生产工具再发展也就是这样了？

马：以后再发展，现在说是机械化，现在收割是机械化了，普遍了，没有人工割麦子的了，耕地一般是机械化了，使拖拉机，使牲口光耙耙地，种（jiāng）地。收割玉米，小麦是机械化。

张：收割玉米呢？

马：玉米不是，先把棒子摘了再砍了。

张：掰棒子、摘棉花之类的活，村里有劳力不足的吗？

马：有，不够时叫帮工的。

张：也是你帮我，我帮你的？

马：对。

张：那么您呢？

马：我也一般是叫帮工的，我家里的干的多点。

张：她有怨言吗？

马：没有，一个家庭都要干，我干的同她干的虽然不一样。

张：您地里的活平时都找谁？

马：谁有空找谁，找劳力多的，说说。一般是一天，打药、耕地、收割一般都叫人。收割麦子、玉米，用车、拖拉机、小板车或牲口拉到场里去，一般轧（压）都是机械化。没有用牲口压的，拖压。压完以后就扬场了。天气不好用扬场机，一般天气好，有风就行了。一户也就是最多能打七八千斤麦子，一般是二三千斤。这劳动强度不算高。

【亩产量】

张：种麦子不多？

马：全村平均一人 1 亩麦子，就是 1 亩口粮田，其他，不是 2 亩地吗，剩下的就是经济作物了。

张：一人 2 亩地？解放前 2 亩地是不够吃了，现在 1 亩……

马：现在 500 ~ 600 斤，是一般的，最高的 1000 斤。去年最高的达到亩产 1200 斤的效率。

张：现在口粮没有问题了？

马：没有问题。

张：富裕的还卖吗？

马：有一部分是卖的。

【农业税】

张：1 亩来地是小麦，另 1 亩是经济作物。

马：1 亩来地小麦是负担国家的征购。“黄水粮”，属于这部分，缺少不了。

张：农业税是 8 元钱（马：对），交公粮是多少？

马：交公粮一个人是 100 多斤。

张：交公粮与交农业税是一回事吗？

分着？

马：不，不，不，公粮里包括农业税。比如交 1 斤麦子是五毛钱，一人 160 斤麦子就从这里做。但是这公粮必须得卖这些。

张：1 斤五毛钱，与市场价比怎么样？

马：跟着市场价走，去年不行，今年市场 4 毛 8，国家实际收购价是 5 毛 4 呢。减少农、工业剪刀差，缩小差距。国家最低保护价是五毛四。就是市场是一毛钱，国家也按五毛四收你的。

张：要是市场上六毛钱了怎么办呢？

马：要是市场价高，国家跟着走。它那个抬不上来，国家宏观控制着。

张：这就能保证农民上交了。剩下其他税没有了？

马：没有了。

【公基金、公益金，村干部待遇】

张：那天听老王讲，村里公基金只有 5000 元（马：五六千元吧）。能干点什么事呢？

马：支出，现在农村里公基、公益金是伙着，公基金解决村干部待遇，这里有对烈、军属、困难户的照顾。公基、公益是一块的。

张：加一块是多少钱？

马：一块不超过一万块钱。七八千块钱。

张：您的待遇一年四五百块。

马：一年 1000。

张：其他的干部，像民兵连长呢？

马：他们低了，他们二三百块钱，队长四百来块钱，平均四百来块钱。就是我多点。

张：队长也是四百多块？

马：就是小组。大组四百块，小组三百三。大组二百六七十口人，小组一百多人。

张：村主任是多少？

马：他 700 块。

【建设基金】

张：剩下来，修桥修路呢？

马：从水利费、水利建设基金。

张：还有建设基金，不是公基金？

马：不是。

张：建设基金有多少钱？

马：一口人出十块钱，全村 800 多口人，8000 多块钱，修修路、桥。

张：队里每年还有什么大笔的收入，可以支出的？

马：也就是这些了。

【困难户】

张：烈军属也得照顾，还有……

马：困难户，现在五保户没有了，有个别的困难户，对困难户给钱，免交征购粮。

张：有没有拿出一部分钱雇人给困难户干活的？

马：这种情况也有，真正的困难户由村里统一管，钱从村里公益金里出。

张：困难户是多少户呢？

马：村里也就是三四户。

张：可谓困难是……

马：没劳力，老弱孤寡的，种不了地，失去生产能力的，亲友近亲没有的。

张：三四户得花不少钱了？

马：三四户一年最多花……给他雇人也就最多 500 块钱。

张：给他们帮什么忙呢？是耕地、种地？

马：都包括在内。

【生产能手与土地集中耕作】

张：考虑将来，情况变了，现代化生活水平提高了，还要不要这些东西……

马：以后就不一定……以后的土地逐渐就向生产能手靠拢了。有的同样的地产不出那么多粮食来。我 1 亩地可产 1 吨粮食，小麦和玉米都是1吨，两个1000嘛。有的连1000斤也产不出来，这里头就有时效问题。

张：那么是土地连一块生产好呢？还是我一亩你一亩的零散好？

马：现在目前是大面积集中解决不了。这样的，一人留的一亩口粮田那个向生产能手靠拢，今年开始实行了。那一部分地也可以租，也可以卖。

张：向生产能手靠拢，就是这个人种玉米，那个人种麦子种得好，专门……

马：对，比如你有钱，你可以租100亩地，没有钱的可以受组织上调度，这样节省出其他劳动力来去闯市场去。这个路还是……

张：这种生产能手，现在是……

马：也叫科技能手，这在平原已经是定了，平原还没有实行开，看这个形势是嘛了……

张：那么他们的产量能超过个人的单干吗？

马：能超过。基本上能超过，总产和单产都能超过。

张：还有什么好处呢？能解放出劳动力来，另外他们有专门的能力，比一般的人种的好？

马：对。现在是投入不行。有的是资金性的，舍不得投入。

张：生产能手与一般人差别在哪里，为什么“能”呢？

马：一个是有文化，有技术。绝对不一样，没有文化的还停留在过去四五十年代的水平，那不行。

张：还想请教一下，生产能手地块变大，是否能节省原料和省事？

马：能省工，省不少事呢。节省原料，便于机械化操作。

张：效益呢？

马：效益上提高不是一两倍了，有的能高到3～5倍。

【外出打工】

张：解放了劳动力以后，是否真能闯市场，找到活呢？

马：这个没问题，现在我们村出去打工的，就这一个多月就出去三十多人，家里种地富裕。在家种地怎么也没有打工挣的多。打工一个月最少400元，这一部分收入相当高了，一个家庭相当好了。

张：出去打工的都能找到活吗？

马：都能找到。

张：打工是建筑……

马：也有建筑的，还有……光在潍坊变速器厂招了三十多个人。

张：去那么远打工，是技术活吗？

马：不是，卖劳工，出力气。

张：跟对方是否有关系，有熟人带着去？

马：有关系，有熟人带着去。

张：看来这个关系很重要，不光是在潍坊，在其他地方……

马：不是熟人，厂长、老板不放心。得让熟人负责、组织。

【劳力解放与经济变化】

张：将来实行生产能手制之后，劳动力再次解放，这么多人空闲出来，都能找到事做吗？

马：现在养鸡，养殖业很嘛了。大部分养鸡也能占用一部分人，现在实际不养鸡的有五家，现在有200冠翅，这个也行了。已根本不种地了。

张：将来实行生产能手制后，农村还会有更大变化吗？

马：那不可想象，现在发展很快了。

张：您想没想到这一点，外出打工多了，村里的事想的少了，集体、大家的事少关心了，关系谈了？

马：不会这样，出动再远总还要挂念家里。邻居情义多少年也断不了。不用担心。

张：我想的是，出去挣钱很忙，顾不得给别人帮忙了……

马：现在是有困难的给钱，他也雇工，也可以。现在平原县没有，在武城县，有农村劳务市场，也叫劳务公司。在一个村，例如我缺劳力，今天需要干哪些活，有长期、短期、临时的，跟劳务公司说，我今天需要倒（捣）几亩棒子，工钱就是一亩棒子 20 元。定下来了，再拿一二元交劳务费，不能白给忙啊。然后在农村这个劳力谁谁都有，叫上就去了。这个看来是……这个很快就实现了。还是用经济手段指导市场。

张：在河北见到这种情况，专门输出专业户劳动力，等人雇用。但若是信息不灵，在家里坐等，会不会老找不到活？闲着？

马：这就需要劳务公司组织了，看怎么引了。劳务公司、介绍部门可以把他们利用起来了，出去打工解决不了，因为有事必须在家离不开，给人帮忙也不能总帮忙。老帮忙自己少收入了。

张：您看这是一个解决办法？

马：对。现在有的地方已经实行了。

张：将来咱们村里，帮忙就不会白干了吧？比如，你给我干，我却不能给你干，不能白让他给我干吧？

马：这情况也有，一两次行了，第三四次解决不了。

张：我不给你干，太忙了，光是你给我干，我忙，没法给你干，这种情况以后就不可能了吧？

马：对，这种情况是不可能了。

张：那么给钱这种情况出现了吗？

马：给钱比如我直接雇你，让你给我割一亩麦子，给你 10 块钱。你就不好意思接我这个钱。帮忙不能要钱，但一次行了，下次我再叫你就不能叫了，本人就没法说了。

张：这里面挺有意思，第一次求你帮忙可以，给钱又不好意思要。（马：对。他怎么要啊！）想求你帮忙的人好意思给你钱吗？他心里是怎么想的？

马：实际是你闲着，我这急等用人。我再遇到这种情况你闲着你也不来，我这儿就把事给耽误了，所以通过劳务市场，这个事很好就解决了。

张：对，那就没有什么不好意思的了？

马：可以管饭，拿了钱干完就走。雇的人得到实惠，还得到报酬。像农村盖房，原来盖房都是帮忙，是互相帮忙。盖房可不是一天两天啊。有的叫人叫烦了，有的叫不到。现在就没这情况了，没有叫人盖房了，全是承包了。

张：现在没有叫人盖房的了？（马：没有了）什么时候没有的？

马：有三四年了。

张：过去盖房都是叫朋友来帮忙？

马：在大集体，也就是 79 年以前，谁盖房跟队长、村里说说。各队里给派工，派工给你盖房去。当然那时也只管上一顿饭，派上工，大队给你记分。

张：大队还给记分？给干活的人？

马：对呀，记工分，跟干农活一样，79 年以后是不记分，是个人。是个人找人帮忙。

张：不给钱，光管饭？

马：对。不给钱，光管饭。

张：是不是我把你找来了，有的没有找的也自动来吗？

马：有有。这种情况很多，这种情况这种人能占一多半。

张：他们是否干的少点？

马：不少，他们干的更多。（笑）

张：为什么呢？

马：这都乡亲情义，乡情在这。请的都是亲友近门，叫来，不叫也来，有的是一个村的。

张：请的人为主，从头干到尾？

马：不，你有空就去，你没空今天就去干你的事去，你明天有空就帮一天忙。（中断）

这四五年吧，就不行了。帮工太困难了，来的人自然来的人还有，但是叫人就太困难了。

张：原因您给讲讲？

马：都个人忙个人的了，我个人的庄稼，光给你帮忙什么也收拾不了。我出去干去，就是收破烂，一天还挣个二三十块呢。所以让你帮忙还不如让你添个钱呢，因为这样就开始包。一个工多少钱。

张：包是找外面的承包队，还是什么？

马：对。

三

后夏寨村相关资料

（一）后夏寨村住宅示意图

①后夏寨村住宅配置图

吴丙元 马荣吉
马德延 吴丙庚
马长文 马长青 马长合
马长举 马德心
马德东 马德东 曹光心 马长祥
马长国 马德忠 王雄奎 马长路 马德忠
王子才 马德贵 马建国 马振海 马长庆
马长杰 王会明 马瑞合 马万旺 马长文
马光勇 马德坤 马德坤 王忠勇 王学勇 王延辰
王子实 马光实 王学彦 马长东 马长德 马法增 王会明

后夏寨
小学校

吴序昌 吴英亮
马金山 马绪唐 马长岭 吴英明 吴序昌 吴序立
马旭山 吴玉申 吴丙韦 吴序祥 吴序万
马长军 吴光宗 吴玉申 吴玉西 吴玉西 吴志彬
马长岭 刘庆安 吴光荣 马万胜 马荣恩 马旭舞
马光如 马荣恩 马金山 马光新 马荣军 马旭明
马振庆 马德胜 马振良 马德奎 马德立 马旭明
吴玉彬 吴丙泉 吴丙瑞 马德春 吴序国 马德堂
马德成 马德胜 马德明
马长昆 吴德君 马德兴 马德兴 马德明 马德胜
马振文 马振吉 马德成 马德海 马德营 马振国
马光才 马春宣 马旭来 马光君 马建国
马德实 马建寅 邹立荣 邹立荣 王延栋 王志华
王会明 马德田 王延付 王延栋 王志华 王学芹
王延举 马心光 王延章 王延刚 王立庆 王学孔 王志国
王希三 王子固 王子固 王洪庆 王延韦 王延心 王玉仙
党员活动中心 王子实 李长忠 王子固 李令春 王杰三 李志海
王明举 王明风 王子忠 李令春 位秀章 王会行
王子忠 王春远 李令实 位秀章 王会平 位金玉 李志祥

吴序彬 吴庄德
吴序德 吴序祥 吴丙韦
吴丙志 吴序才 吴丙延 吴丙延
马旭舞 马金成
马荣彬 吴丙文 吴志北 吴志北
王延荣 马士江 马长征 马德如 马士海
王延荣 马德如 马德国 马文祥 马士元 马士元
马德国 马长荣 马长荣
马万朝 张振东 张振东 马会祥 马德恩 马德恩 马德才
马天祥 李瑞太 吴丙彬 吴丙正 马德昌 吴丙彬
王会实 王志国 王维三 王会平 王会平
王延彬 王延栋 王维君 猛宪武 王会忠 王会忠
王维辰 王维东 田玉山 田兴山 田兴才 田兴实 王金兰
田兴实 田玉敬 刘金国 刘金忠
王维保 王金兰 王维顺 刘金国 刘希心 刘金忠 刘玉坤
王会青 王会青 刘希国 刘希林 刘希申 刘希明

王明兰
李春荣 李春荣
李春泉 李立国
李春□ 李春元
王德祥 王吉昌
位远昌
位绍忠
李敬文 李春合

李春元 李春荣 李春海 李令雨 李令才 李令义 位洪训
李春荣 李春海 李令金 李令章 杨秀荣 李绪忠 位立昌
李春山 徐存民 徐明彬 李令章 王子平 王子寅 王子生
王俊祥 王忠祥 徐明彬 王志远 位远昌 李绪安
王平华 王明忠 李绪强 李绪民 李绪民 张良友
李春合 李实唐 王泽远 王文远 王子绪 王泽远 张良友
位国昌 李春华 王明山 王吉祥
李令奎 王春远 王春山 王吉祥

王玉仙 王会兴 王彬芹 刘希君 王荣栋 王会虚 李志祥
位金庆 刘希庆 王会民 王冲合
李绪田 位荣昌 王维来 位立昌 王冲江
位洪恩 位洪恩 王延文 王维起 王维起
王子绪 王子申 王金见 李志义 田士杰 田士杰
王子绪 王子申 王子庆 王子生 王延刚 王荣庆
位付昌 王延民 王延怀 王子生 位绍光 位洪全
王忠辰 王延民 王延怀

（二）主要家族的家谱

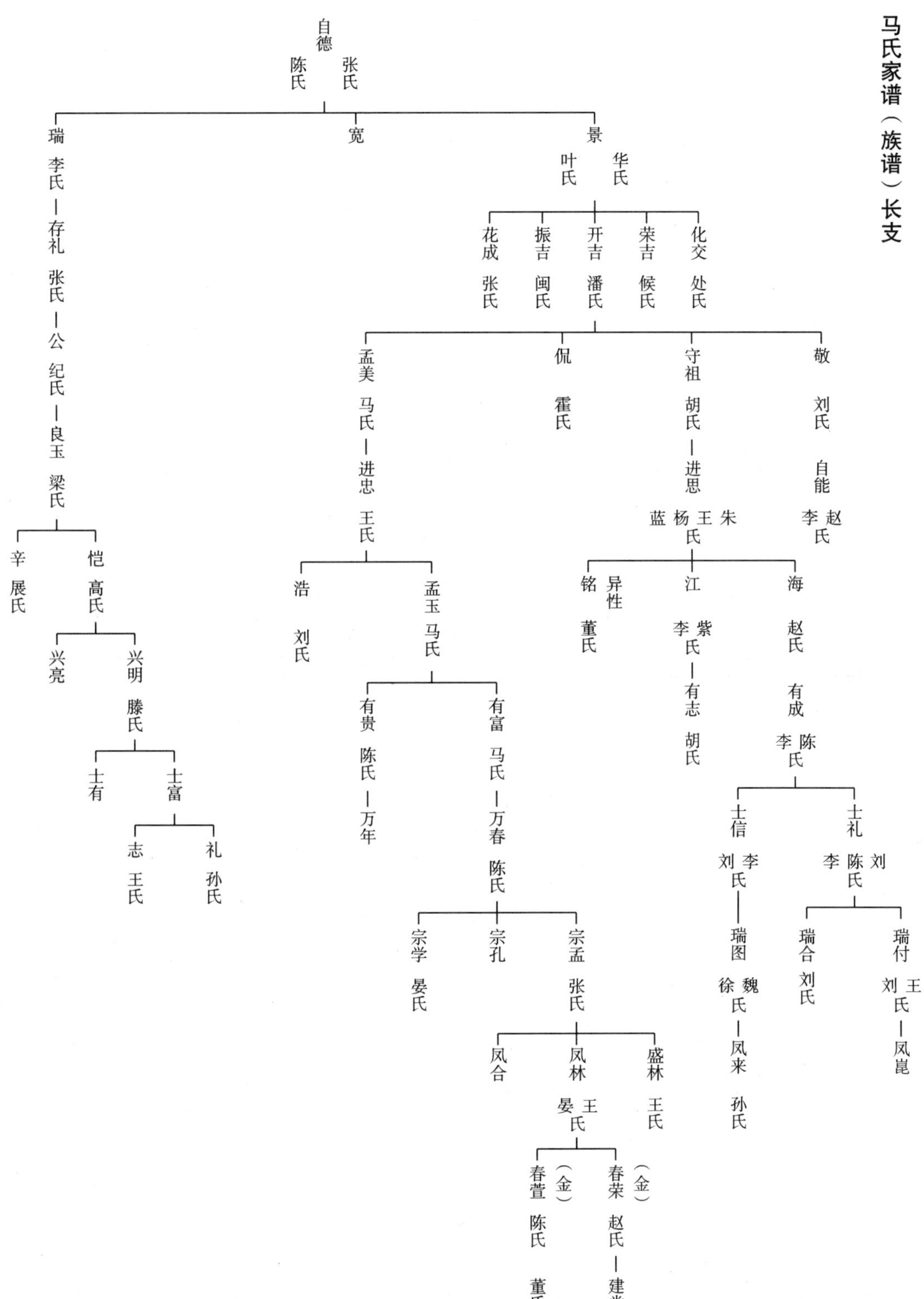

马氏家谱（族谱）长支
自德
陈氏 张氏
瑞
李氏
存礼
张氏
公
纪氏
良玉
梁氏
辛
展氏
恺
高氏
兴亮
兴明
滕氏
士有
士富
志
王氏
礼
孙氏
宽
景
叶氏 华氏
花成
张氏
振吉
闽氏
开吉
潘氏
荣吉
候氏
化交
处氏
孟美
马氏
进忠
王氏
浩
刘氏
孟玉
马氏
有贵
陈氏
万年
有富
马氏
万春
陈氏
宗学
晏氏
宗孔
宗孟
张氏
凤合
凤林
晏 王氏
盛林
王氏
春萱（金）
陈氏
董氏
春荣（金）
赵氏
建堂
侃
霍氏
守祖
胡氏
进思
蓝 杨 王 朱氏
铭 异性
董氏
江
李 紫氏
有志
胡氏
海
赵氏
有成
李 陈氏
士信
刘 李氏
瑞图
徐 魏氏
凤来
孙氏
士礼
李 陈 刘氏
瑞合
刘氏
瑞付
刘 王氏
凤崑
敬
刘氏
自能
李 赵氏

马氏家谱二支（1）

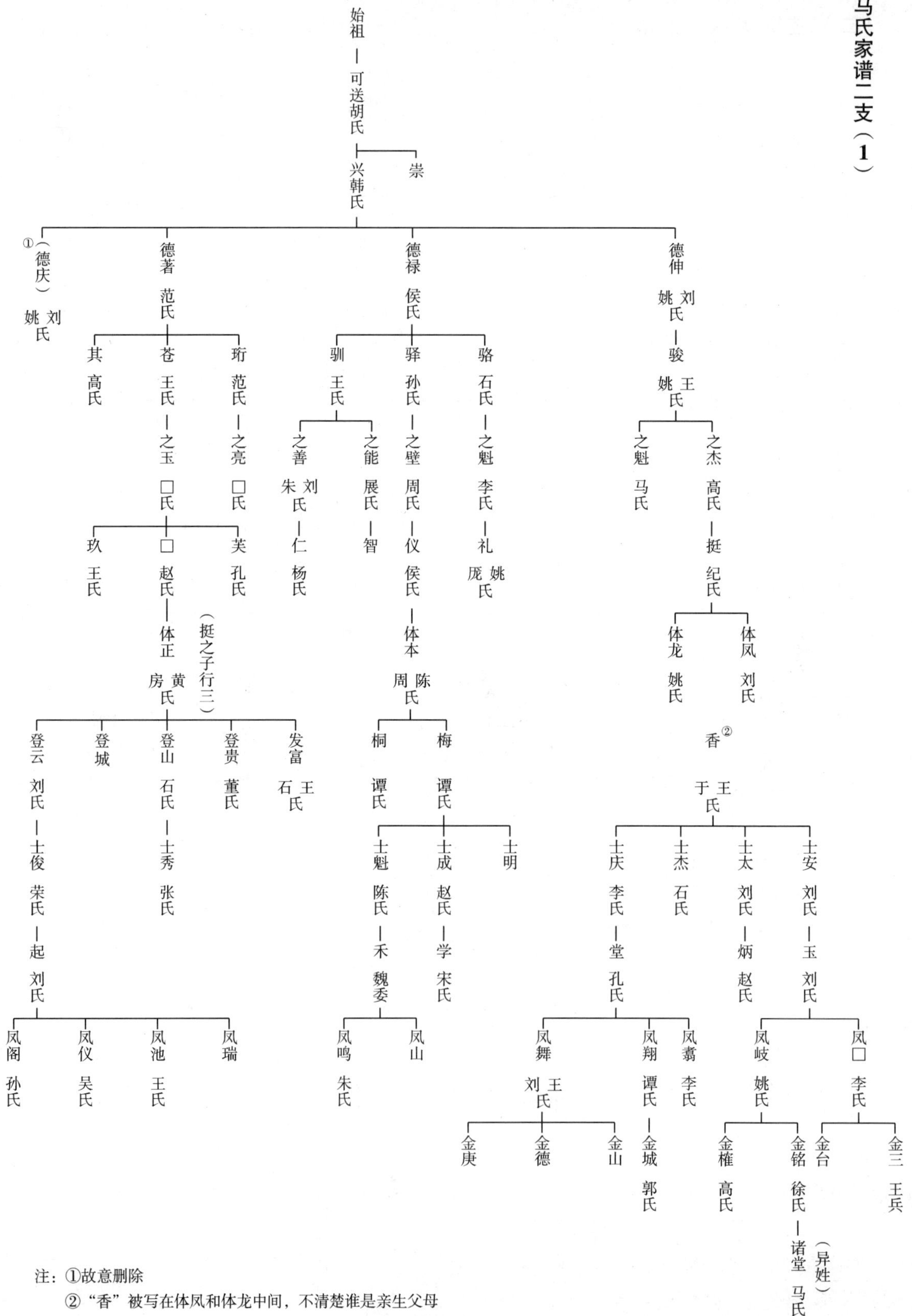

注：①故意删除

②“香”被写在体凤和体龙中间，不清楚谁是亲生父母

马氏家谱二支（2）

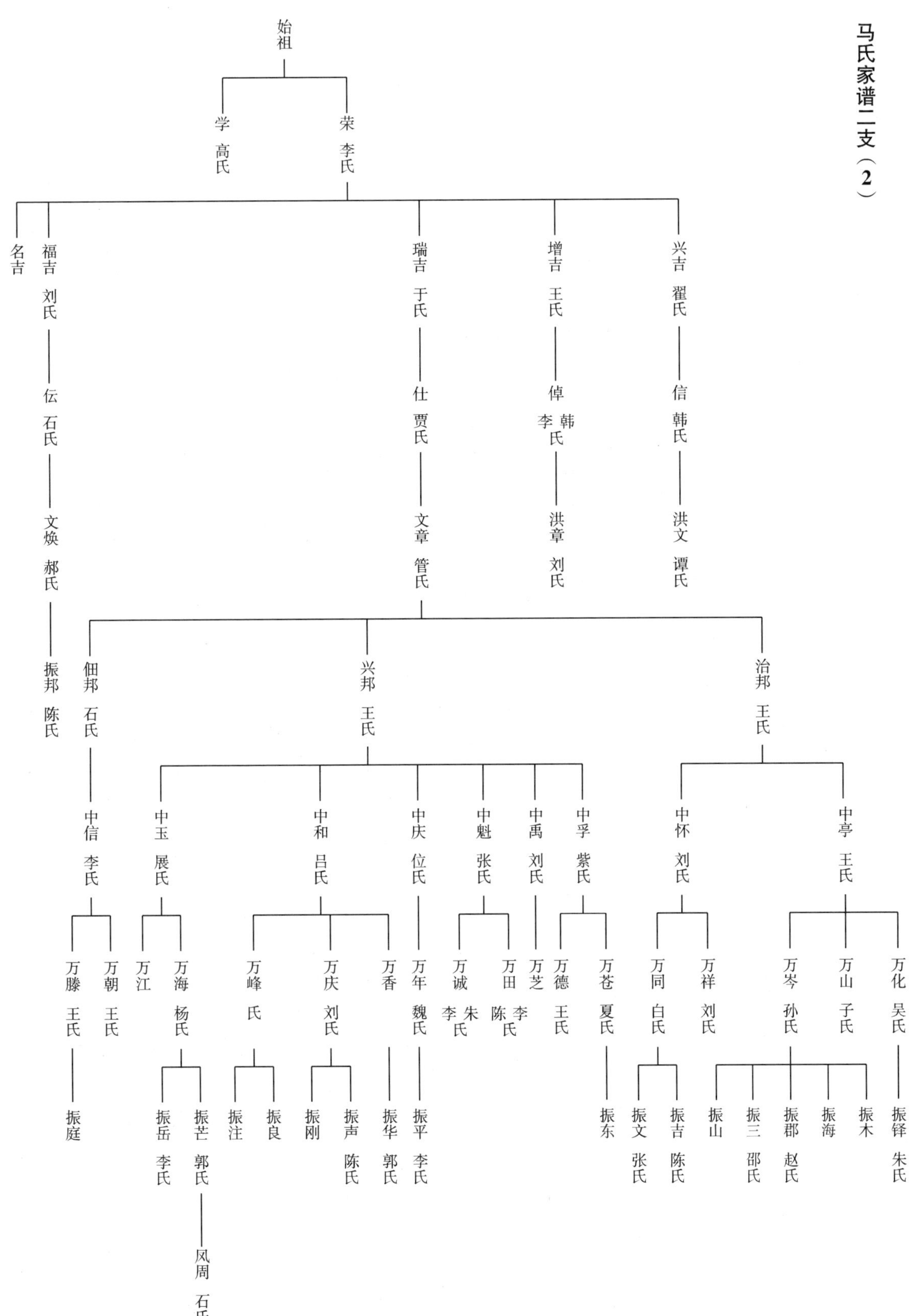
始祖
学 高氏
荣 李氏
名吉
福吉 刘氏
伝 石氏
文焕 郝氏
振邦 陈氏
瑞吉 于氏
仕 贾氏
文章 管氏
增吉 王氏
倬 李 韩氏
洪章 刘氏
兴吉 翟氏
信 韩氏
洪文 谭氏
佃邦 石氏
中信 李氏
万滕 王氏
振庭
万朝 王氏
兴邦 王氏
中玉 展氏
万江
万海 杨氏
振岳 李氏
振芒 郭氏
凤周 石氏
中和 吕氏
万峰 氏
振注
振良
万庆 刘氏
振刚
振声 陈氏
万香
振华 郭氏
中庆 位氏
万年 魏氏
振平 李氏
中魁 张氏
万诚 李 朱氏
万田 陈 李氏
中禹 刘氏
万芝
中孚 紫氏
万德 王氏
万苍 夏氏
振东
治邦 王氏
中怀 刘氏
万同 白氏
振文 张氏
振吉 陈氏
万祥 刘氏
中亭 王氏
万岑 孙氏
振山
振三 邵氏
振郡 赵氏
振海
振木
万山 子氏
万化 吴氏
振铎 朱氏

马氏家谱二支（3）

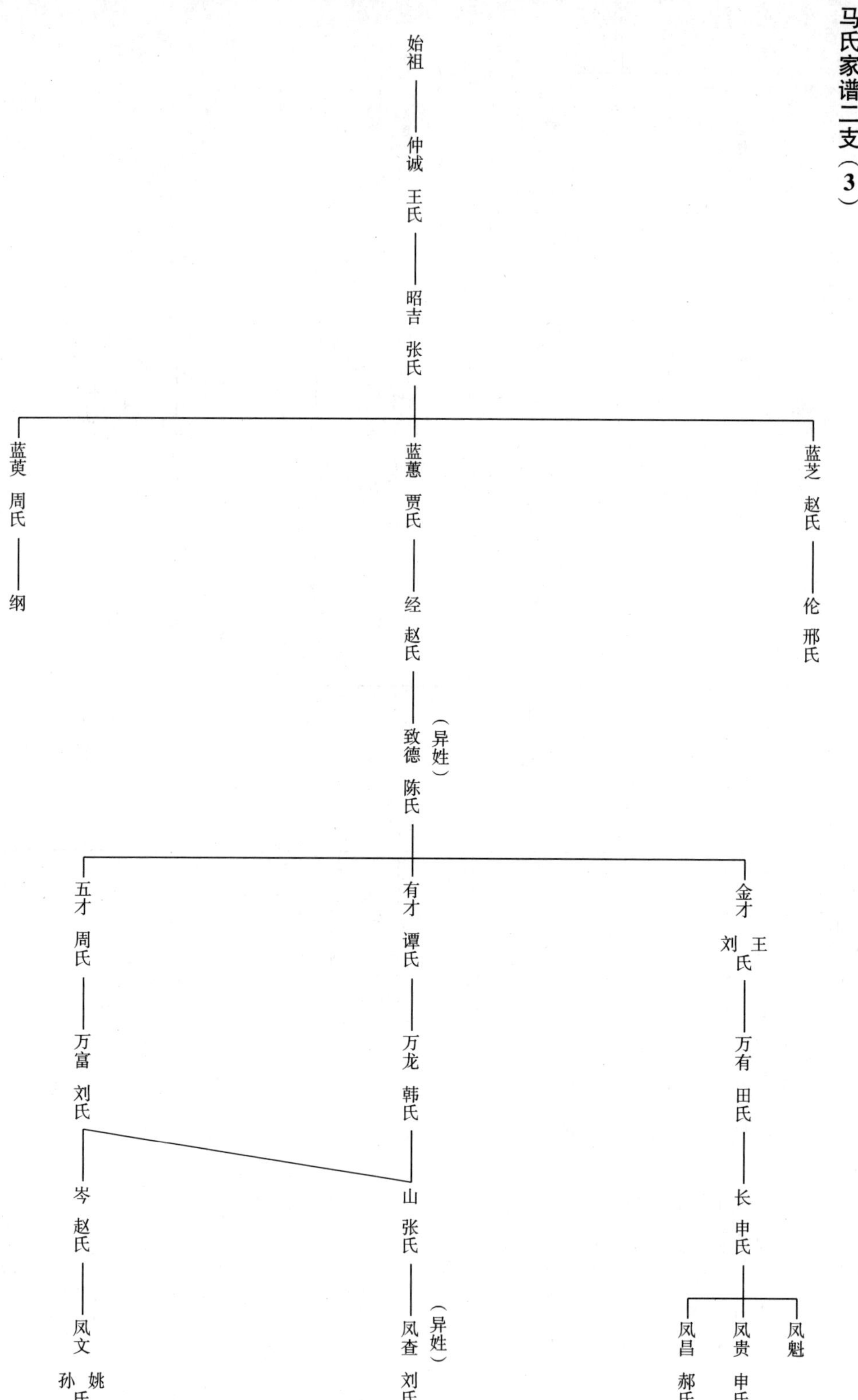
始祖
仲诚 王氏
昭吉 张氏
蓝荑 周氏
纲
蓝蕙 贾氏
经 赵氏
致德 陈氏
（异姓）
蓝芝 赵氏
伦 邢氏
五才 周氏
万富 刘氏
岑 赵氏
凤文 孙 姚氏
有才 谭氏
万龙 韩氏
山 张氏
凤查 刘氏
（异姓）
金才 刘 王氏
万有 田氏
长 申氏
凤昌 郝氏
凤贵 申氏
凤魁

马氏家谱三支

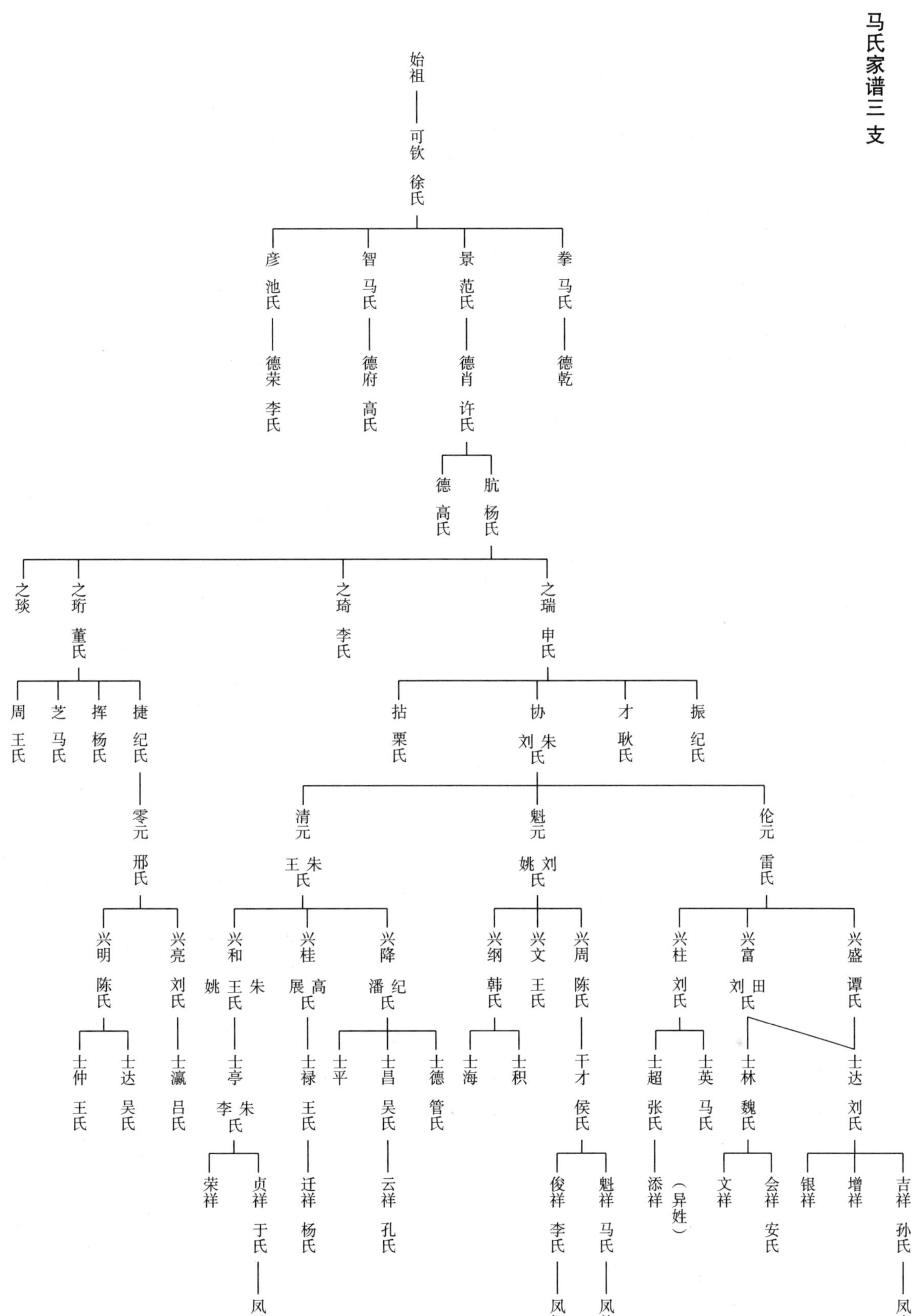
始祖
可钦 徐氏
彦 池氏
德荣 李氏
智 马氏
德府 高氏
景 范氏
德肖 许氏
拳 马氏
德乾
德 高氏
肮 杨氏
之琰
之珩 董氏
之琦 李氏
之瑞 申氏
周 王氏
芝 马氏
挥 杨氏
捷 纪氏
零元 邢氏
兴明 陈氏
士仲 王氏
士达 吴氏
兴亮 刘氏
士瀛 吕氏
拈 栗氏
协 刘 朱氏
才 耿氏
振 纪氏
清元 王 朱氏
兴和 姚 王 朱氏
士亭 李 朱氏
荣祥
贞祥 于氏
凤呈
兴桂 展 高氏
士禄 王氏
迁祥 杨氏
兴降 潘 纪氏
士平
士昌 吴氏
云祥 孔氏
士德 管氏
魁元 姚 刘氏
兴纲 韩氏
士海
士积
兴文 王氏
兴周 陈氏
千才 侯氏
俊祥 李氏
凤智
魁祥 马氏
凤德
伦元 雷氏
兴柱 刘氏
士超 张氏
添祥
（异姓）
士英 马氏
兴富 刘 田氏
士林 魏氏
文祥
会祥 安氏
兴盛 谭氏
士达 刘氏
银祥
增祥
吉祥 孙氏
凤堂

刘家世系

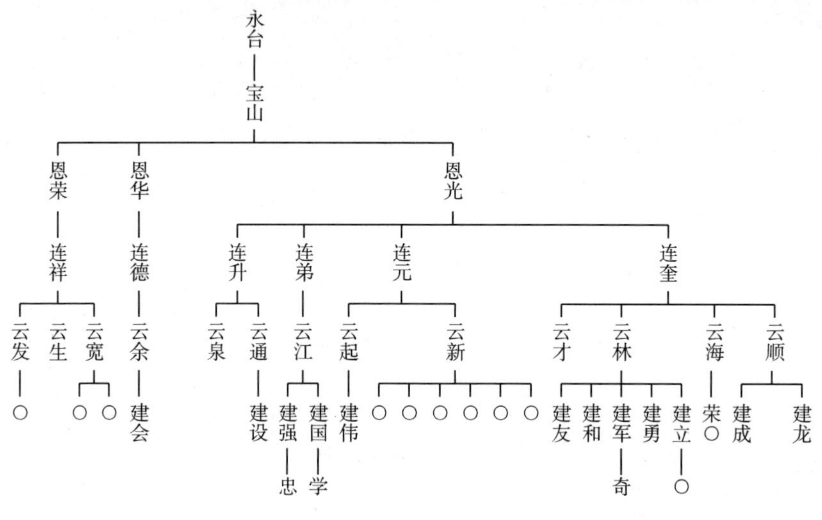

李姓 A 系图

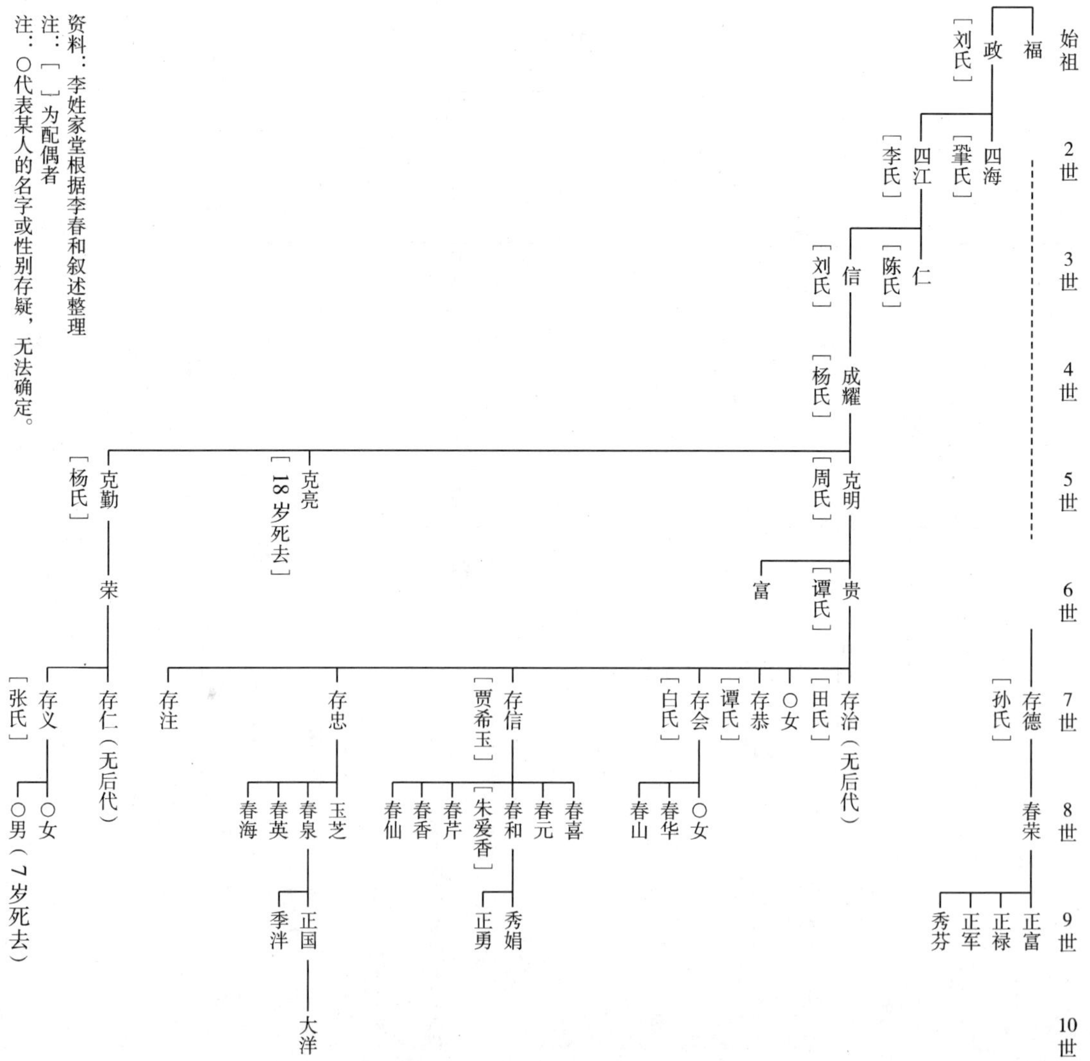

- 始祖：福；政［刘氏］
  - 2世：四海［巩氏］
  - 2世：四江［李氏］
    - 3世：仁［陈氏］
    - 3世：信［刘氏］
      - 4世：成耀［杨氏］
        - 5世：克明［周氏］
          - 6世：贵［谭氏］
            - 7世：存治（无后代）［田氏］
            - 7世：○女
            - 7世：存恭［谭氏］
            - 7世：存会［白氏］
              - 8世：○女、春华、春山
            - 7世：存信［贾希玉］
              - 8世：春喜、春元
              - 8世：春和［朱爱香］
                - 9世：秀娟、正勇
              - 8世：春芦、春香、春仙
            - 7世：存忠
              - 8世：玉芝
              - 8世：春泉
                - 9世：正国
                  - 10世：大洋
                - 9世：季泮
              - 8世：春英、春海
            - 7世：存注
          - 6世：富
        - 5世：克亮［18岁死去］
        - 5世：克勤［杨氏］
          - 6世：荣
            - 7世：存仁（无后代）
            - 7世：存义［张氏］
              - 8世：○女、○男（7岁死去）
- （福 一系，2世至6世从略）
  - 7世：存德［孙氏］
    - 8世：春荣
      - 9世：正富、正禄、正军、秀芬

资料：李姓家堂根据李春和叙述整理

注：［ ］为配偶者

注：○代表某人的名字或性别存疑，无法确定。

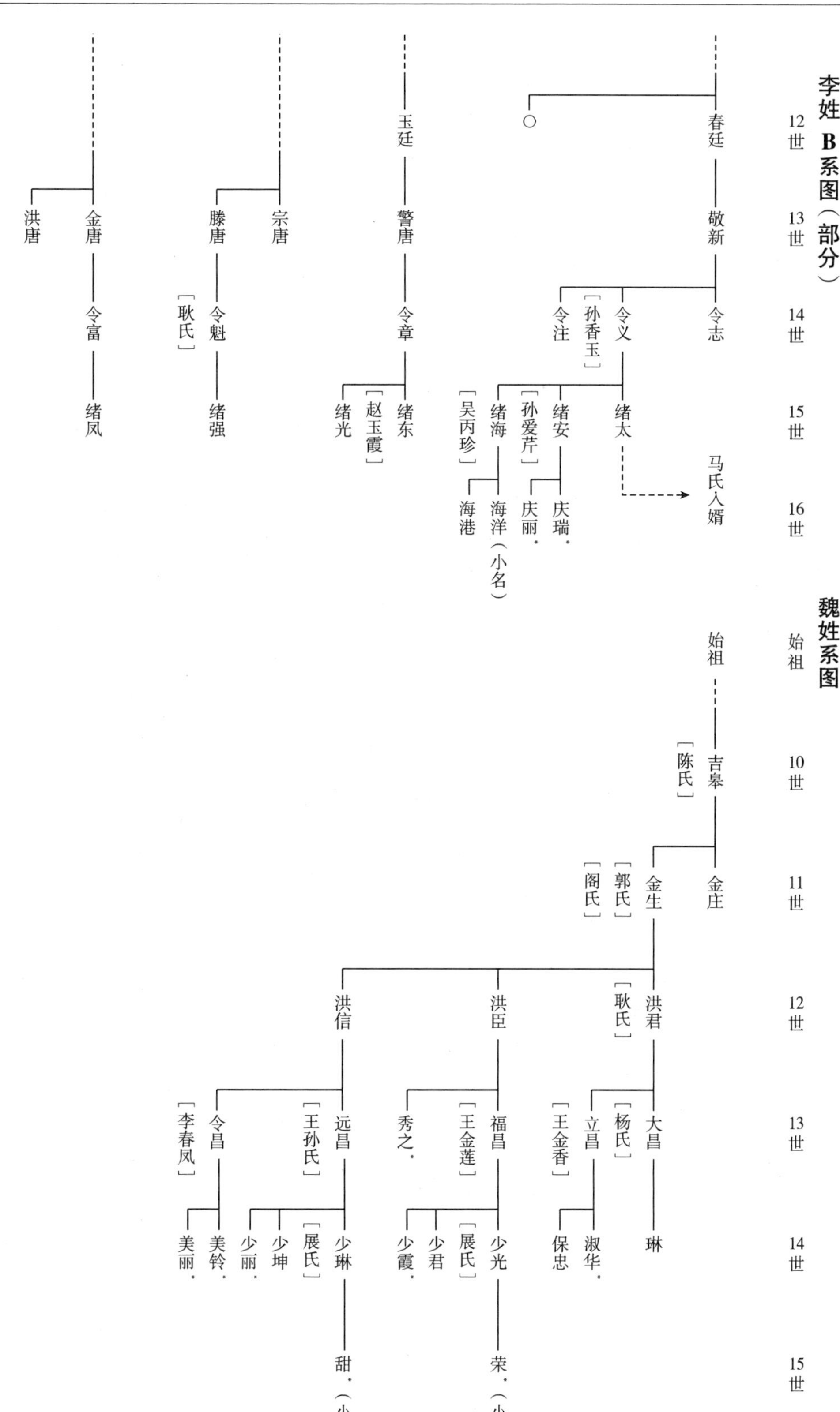

资料：李家家堂，根据李令义叙述整理。
注：*印为女性
［ ］为配偶者　○为名字无法确定。

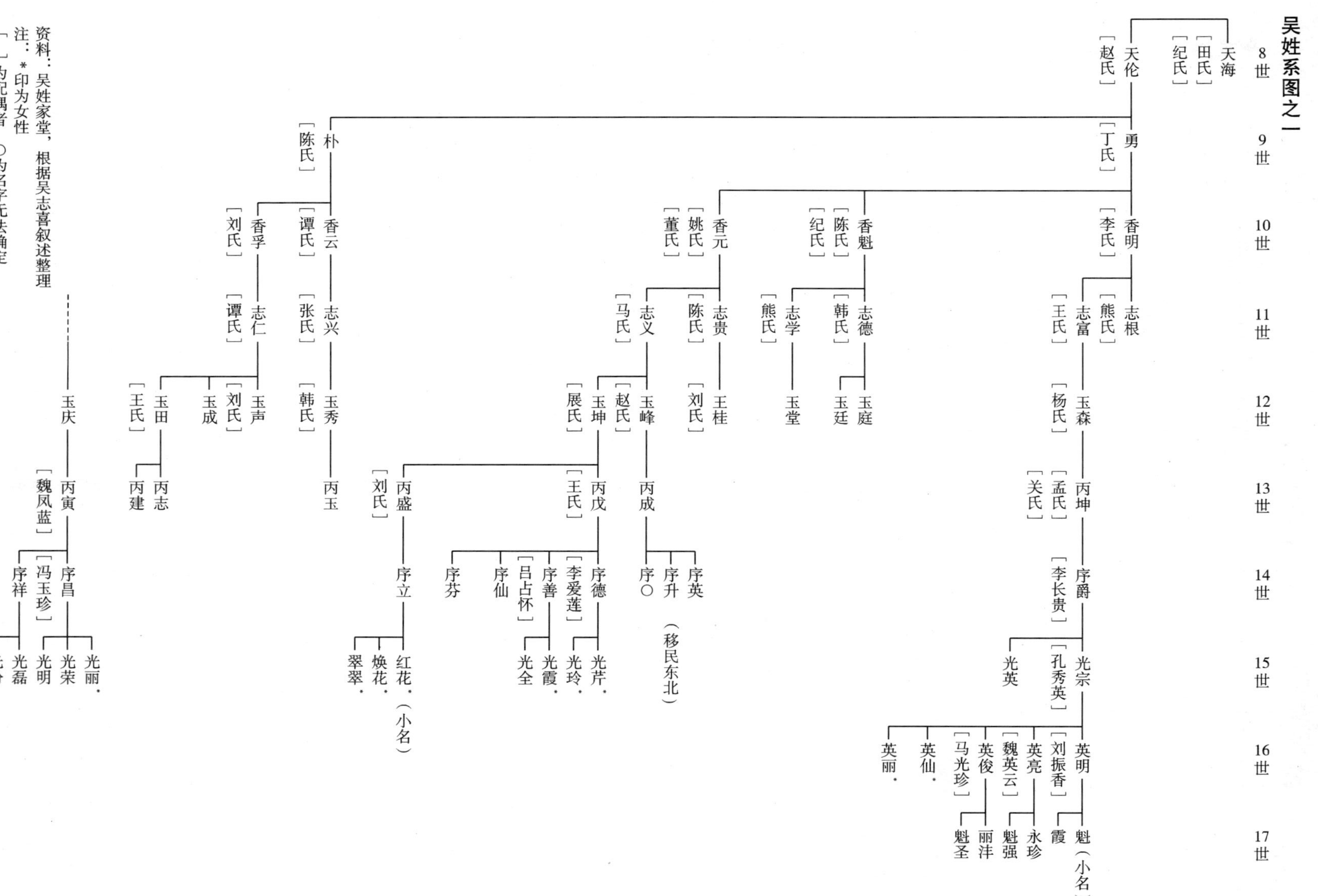
吴姓系图之一
8世
9世
10世
11世
12世
13世
14世
15世
16世
17世
天海
[田氏]
[纪氏]
天伦
[赵氏]
勇
[丁氏]
香明
[李氏]
志根
[熊氏]
志富
[王氏]
玉森
[杨氏]
丙坤
[孟氏]
[关氏]
序爵
[李长贵]
光宗
[孔秀英]
光英
英明
[刘振香]
魁（小名）
霞
英亮
[魏英云]
永珍
魁强
英俊
[马光珍]
丽洋
魁圣
英仙*
英丽*
香魁
[陈氏]
[纪氏]
志德
[韩氏]
玉庭
玉廷
志学
[熊氏]
玉堂
香元
[姚氏]
[董氏]
志贵
[陈氏]
玉桂
[刘氏]
志义
[马氏]
玉峰
[赵氏]
丙成
序英
序升
序○
（移民东北）
玉坤
[展氏]
丙戊
[王氏]
序德
[李爱莲]
光芹*
光玲*
序善
[吕占怀]
光霞*
光全
序仙
序芬
丙盛
[刘氏]
序立
红花*（小名）
焕花*
翠翠*
朴
[陈氏]
香云
[谭氏]
志兴
[张氏]
玉秀
[韩氏]
丙玉
香孚
[刘氏]
志仁
[谭氏]
玉声
[刘氏]
玉成
玉田
[王氏]
丙志
丙建
玉庆
丙寅
[魏凤蓝]
序昌
[冯玉珍]
光丽*
光荣
光明
序祥
光磊
光盼
资料：吴姓家堂，根据吴志喜叙述整理
注：*印为女性
[ ]为配偶者 ○为名字无法确定

吴姓系图之二

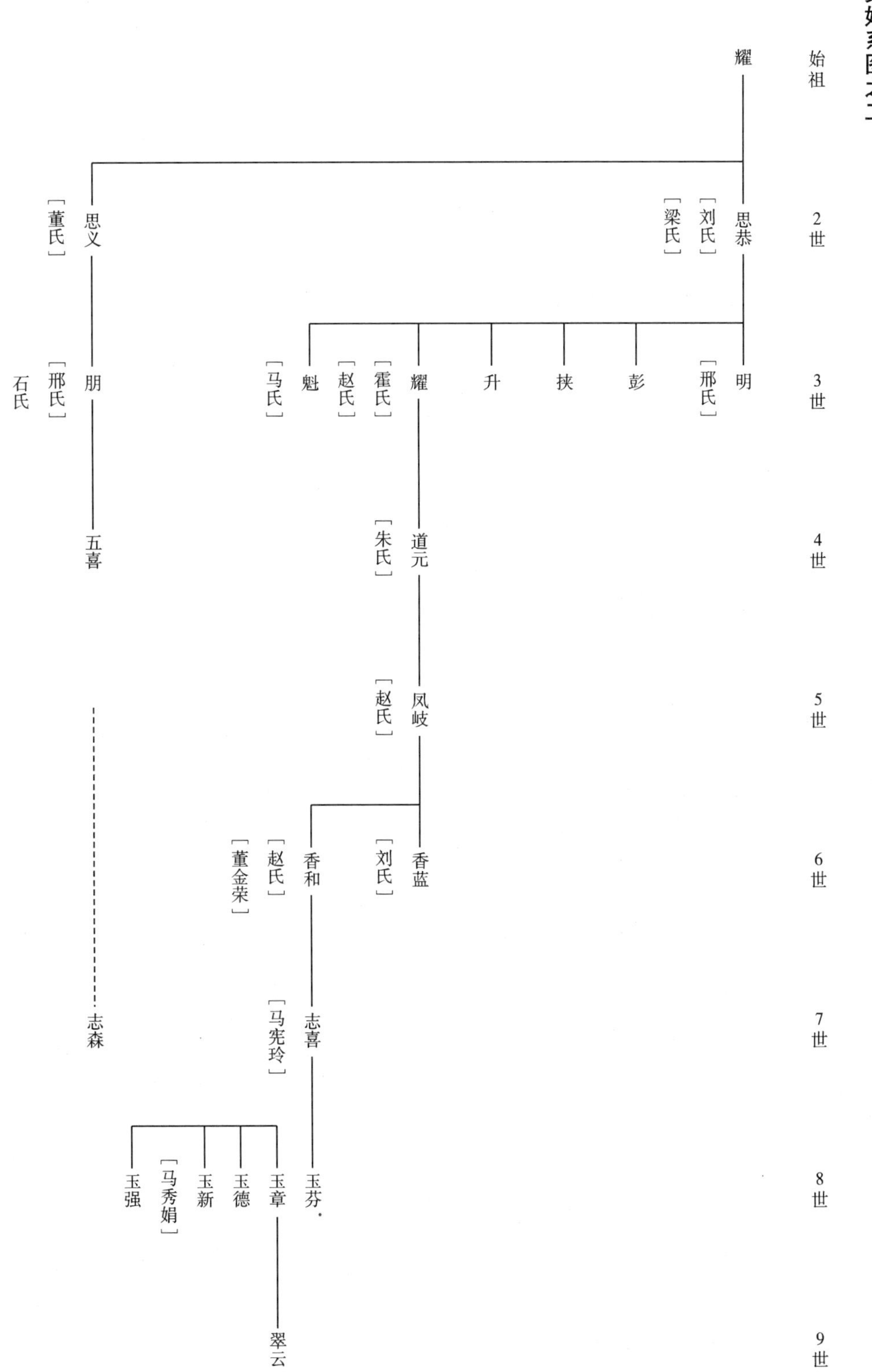

资料：吴姓家堂，根据吴志喜叙述整理

注：*印为女性

［ ］为配偶者

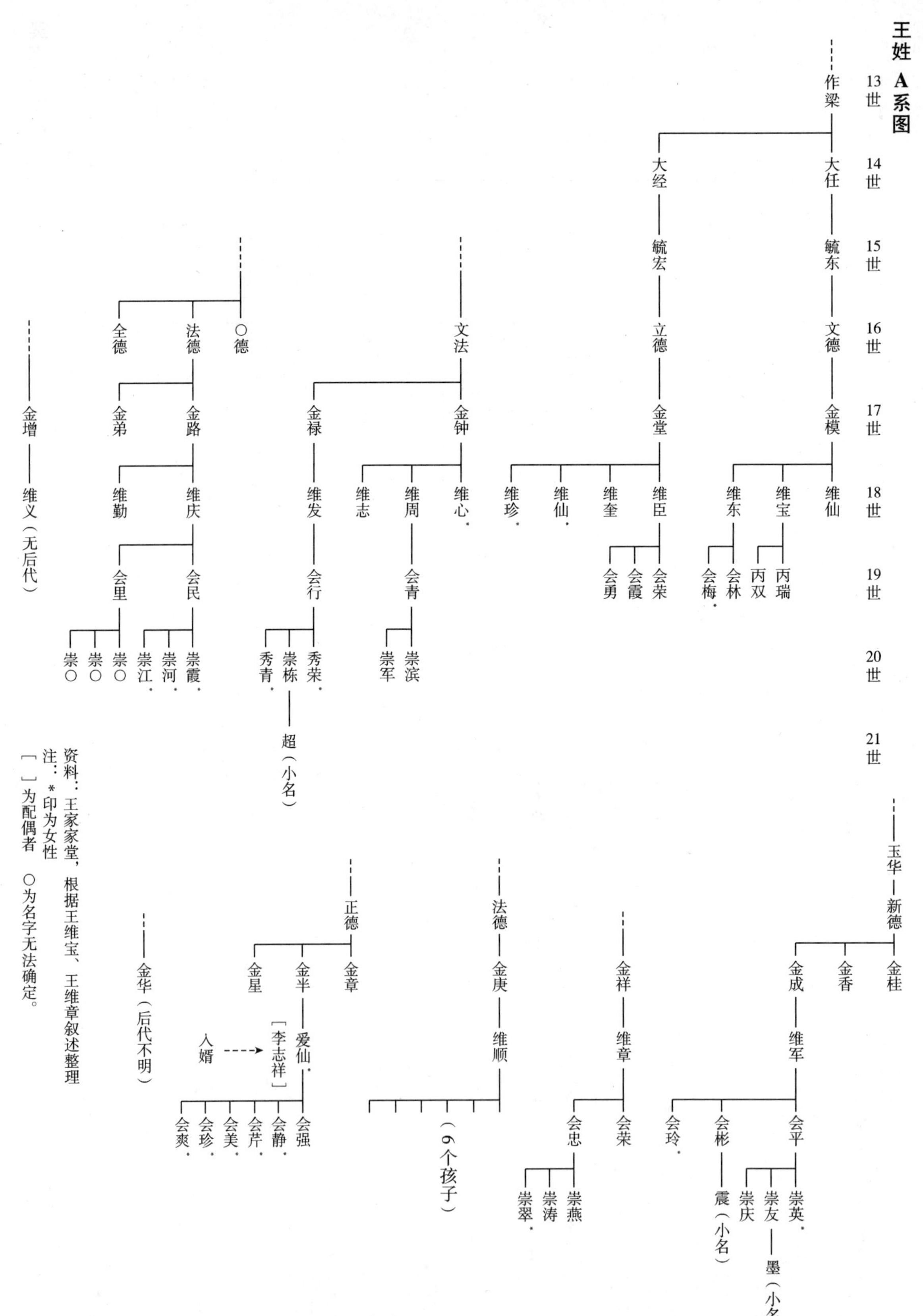
王姓A系图
13世 14世 15世 16世 17世 18世 19世 20世 21世
作梁
大任 大经
毓东 毓宏
文德 立德 文法 ○德 法德 全德
金模 金堂 金钟 金禄 金路 金弟 金增
维仙 维宝 维东 维臣 维奎 维仙 维珍 维心 维周 维志 维发 维庆 维勤 维义（无后代）
丙瑞 丙双 会林 会梅 会荣 会霞 会勇 会青 会行 会民 会里
崇滨 崇军 秀荣 崇栋 秀青 崇霞 崇河 崇江 崇○ 崇○ 崇○
超（小名）
玉华
新德
金桂 金香 金成
维军
会平 会彬 会玲
崇英 崇友 崇庆 震（小名）
墨（小名）
金祥
维章
会荣 会忠
崇燕 崇涛 崇翠
法德
金庚
维顺
（6个孩子）
正德
金章 金半 金星
爱仙 [李志祥] 入婿
会强 会静 会芹 会美 会珍 会爽
金华（后代不明）
资料：王家家堂，根据王维宝、王维章叙述整理
注：*印为女性
[ ]为配偶者 ○为名字无法确定。

王姓B系图（部分）

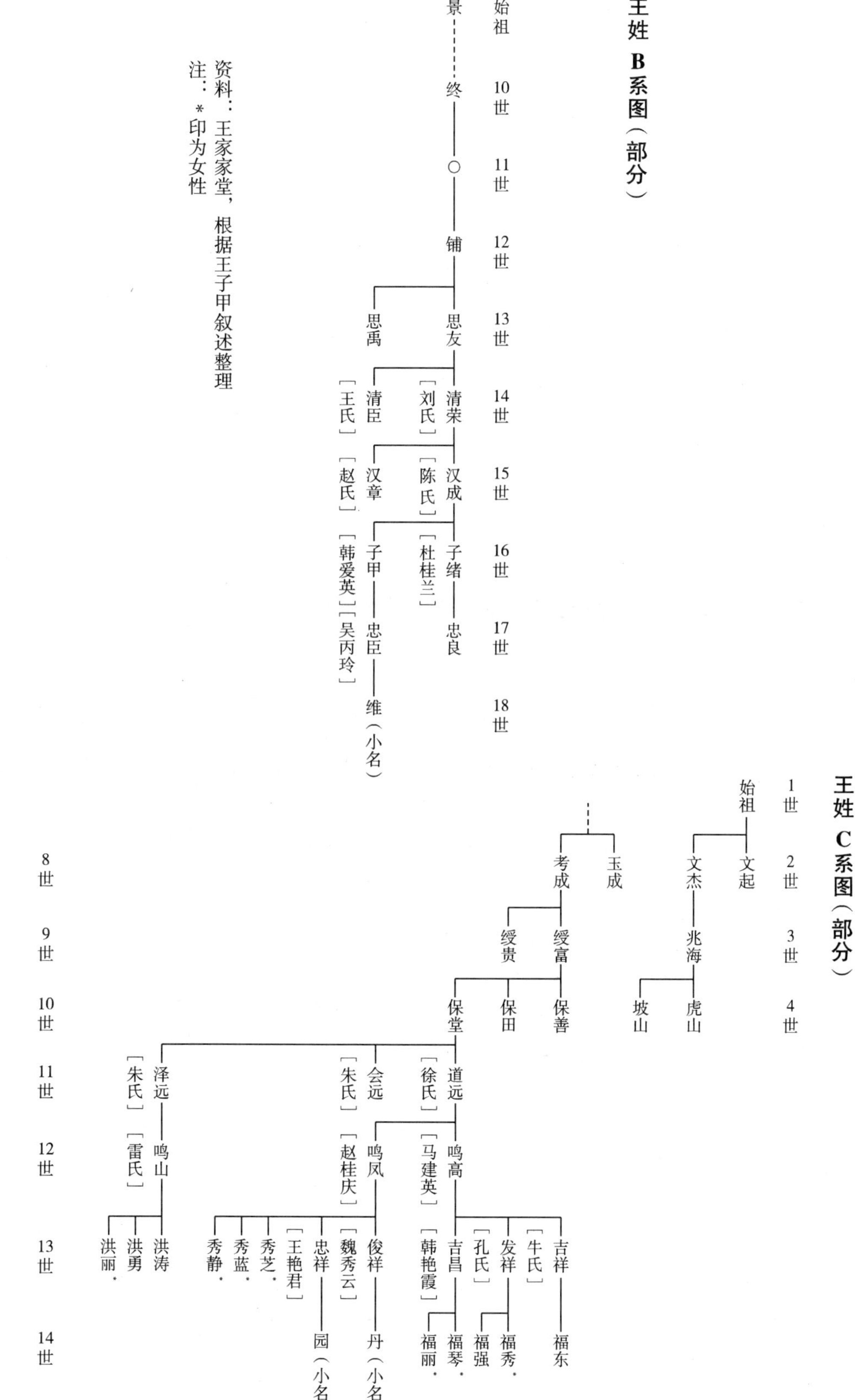
始祖 景
10世 终
11世 ○
12世 铺
13世 思友 思禹
14世 清荣［刘氏］ 清臣［王氏］
15世 汉成［陈氏］ 汉章［赵氏］
16世 子绪［杜桂兰］ 子甲［韩爱英］
17世 忠良 忠臣［吴丙玲］
18世 维（小名）
资料：王家家堂，根据王子甲叙述整理
注：*印为女性
王姓C系图（部分）
1世 始祖
2世 文起 文杰
3世 兆海
4世 虎山 坡山
8世 玉成 考成
9世 绶富 绶贵
10世 保善 保田 保堂
11世 道远［徐氏］ 会远［朱氏］ 泽远［朱氏］
12世 鸣高［马建英］ 鸣凤［赵桂庆］ 鸣山［雷氏］
13世 吉祥［牛氏］ 发祥［孔氏］ 吉昌［韩艳霞］ 俊祥［魏秀云］ 忠祥［王艳君］ 秀芝* 秀蓝* 秀静* 洪涛 洪勇 洪丽*
14世 福东 福秀* 福强 福琴* 福丽* 丹（小名） 园（小名）
资料：王家家堂，根据王会远叙述整理
注：*印为女性
［ ］为配偶者 ○为名字无法确定

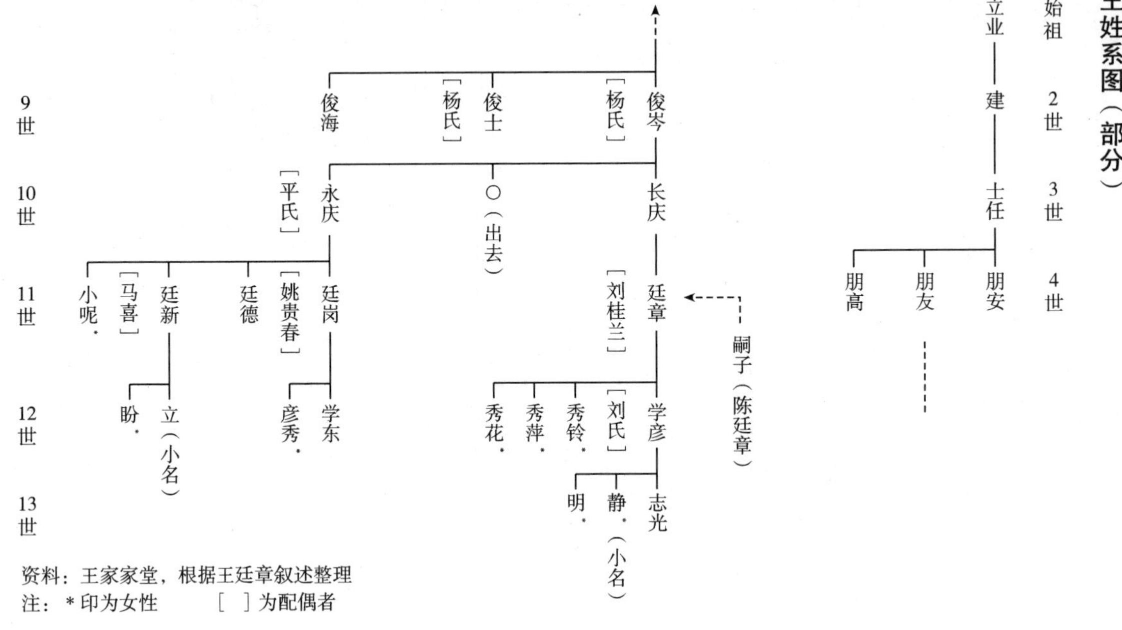

资料：王家家堂，根据王廷章叙述整理
注：*印为女性　　[ ]为配偶者

（三）后夏寨村家庭成员调查表的统计结果

1. 家庭

（1）家庭构成表

家庭结构人数（人）	1	2	3	4	5	6	7	10	12
家庭数	12	23	28	57	50	19	1	1	1

（2）家庭形态表

形　态	单　身	夫　妇	夫妇和孩子	夫妇和孩子及父母	夫妇和孩子及其配偶	其　他
家庭数	12	23	28	57	50	19

2. 结婚

（1）结婚年龄表

年　龄	男　性	女　性
3	1	–
6	–	1
7	1	1
10	0	3
11	1	5
12	2	6
13	1	4

续表

年　龄	男　性	女　性
14	-	8
15	2	5
16	5	9
17	5	10
18	15	16
19	30	23
20	52	44
21	27	21
22	26	23
23	24	18
24	6	15
25	1	5
26	4	4
27	2	5
28	2	2
29	3	3
30	3	2
31~35	3	2
36~40	2	1
41~45	2	1

注：-代表无法确定人数。

（2）夫妇年龄差

下面调查表中的年龄差是以丈夫岁数为基数，妻子年龄大的标记为-。

年龄差	-17	-10	-8	-7	-6	-5	-4	-3	-2	-1	0	1	2	3	4	5	6	7
人　数	1	1	1	1	2	3	7	14	15	20	24	21	14	12	8	4	6	6

年龄差	8	9	10	11	12	13	14	16
人　数	3	5	3	1	1	1	1	1

注：从家庭调查表中看不出是初婚还是再婚。因再婚等原因男性年纪大很多的夫妇在其他村庄也有。不过，在后家寨村不同，也有妻子年长的很多元配夫妇，其中有10岁以下结婚的，反映了曾经由父母决定结婚对象的情况。妻子年长的夫妇也出现在30多岁到40多岁男人的婚姻中，年龄不同的夫妇较多。这反映出因贫困不能结婚的男性在近年来经济状况好转后才能结婚的情况，可以认为再婚是比较少的。而且，从夫妇年龄差的调查表中可以看出丈夫年长的婚姻共87对夫妇，妻子年长的有65对夫妇，相同年龄的24对夫妇，丈夫年长的夫妇占了多数。

（3）学历

	男　性	女　性
文盲	0	3
小学校	289	350
初级中学	80	32
高级中学	13	2

注：表中男的没有文盲，仅女的有3人是文盲，这一数据可靠性不高。村干部们填写家庭成员调查表时，他们认为户口簿上填写文盲的可以看做小学文化程度，故调查时填写为小学。初中和高中的调查数字基本没错，小学校的数字中可以认为含有文盲。在这个村也可以看出年青一代学历高，整体上看女性学历偏低。

(四) 后夏寨村的经济统计资料

后夏寨村的社会经济统计(1949~1979年)

时间(年)	户数	人口	劳动力	其中:整劳力	耕地面积	集体耕地	粮田面积	棉田面积	粮食总产量	粮食单产	人均占有粮食	同左(产/人)	人均口粮	其中:夏粮	公粮	返销粮(元)
土改前	140	659	.	.	2180	.	.	.	296200	.	.	.	.	.	.	.
1949	130	642	215	185	2300	.	1250	510	272400	218	424	424.3	.	.	.	.
1950	139	647	210	180	2300	.	1250	510	.		420	.	.	.	.	.
1951	136	649	208	178	2300	.	1250	510	.		417	.	.	.	.	.
1952	147	653	210	180	2300	.	1250	510	.		361	.	.	.	.	.
1953	156	657	213	183	2300	.	1250	510	.		390	.	.	.	.	.
1954	157	661	216	181	2300	.	1250	510	.		490	.	.	.	.	.
1955	162	664	216	181	2250	2100	1250	510	.		410	.	.	.	.	.
1956	165	669	216	181	2250	2100	1239	500	.		557	.	360	160	.	.
1957	169	673	212	177	2250	2100	.	500	.		517	.	100	.	.	.
1958	168	696	221	176	2250	2100	1156	450	192720	166	313	276.9	49	.	.	10000
1959	168	718	230	193	2250	2100	1137	450	215810	188	350	300.6	.	.	.	3000
1960	165	607	180	153	2129	1977	1170	450	50500	43	96	83.2	59	24	.	125000
1961	166	608	210	183	2129	1977	1150	450	45500	41	89	74.8	49	.	.	120000
1962	166	615	236	209	2129	1977	1110	460	139350	125	246	226.6	49	46	.	82920
1963	168	628	251	222	2129	1977	1120	460	238200	212	415	379.3	161	75	.	6000
1964	168	642	256	217	2129	1977	1150	460	226400	196	392	352.6	287	75	.	6000
1965	170	653	256	216	2129	1977	1026	480	219400	206	366	336.0	268	85	.	285000
1966	174	659	266	222	2129	1977	1275	398	301560	236	552	457.6	231	40	.	25104
1967	182	679	268	228	2129	1977	1089	430	246050	226	.	362.4	307	30	21000	30000
1968	188	713	269	227	2129	1977	1030	710	127940	124	.	179.4	378	35	.	31984
1969	190	741	275	229	2129	1977	1150	475	231530	201	.	312.5	139	25	6000	35000
1970	194	757	275	224	2129	1977	1295	420	261870	202	.	345.9	249	40	13000	5000
1971	194	764	281	230	2129	1977	1287	420	139100	109	.	182.1	247	40	13000	62830
1972	194	768	285	229	2129	1977	1279	440	223248	175	.	290.7	230	32	14000	65000
1973	195	775	295	234	2129	1977	1367	362	232584	170	.	300.1	224	54	14000	51000
1974	201	789	306	238	2129	1977	1158	367	200393	170	.	254.0	178	59	2000	96000
1975	208	805	310	241	2129	1977	1352	391	336316	249	.	417.8	304	82	20100	16900
1976	208	804	318	249	2129	1977	1356	451	309249	228	.	384.6	277	82	12513	26237
1977	208	810	276	237	2129	1952	1102	424	423294	384	.	552.6	340	86	30605	3000
1978	210	831	315	280	2129	1952	1153	420	272939	237	.	328.4	233	77	.	71700
1979	209	830	315	270	2129	1952	1032	375	340858	330	.	410.7	312	101	.	

后夏寨村社会经济统计（1949～1979年）

	棉花收购	大牲畜	化肥	机耕面积	总收入	开支中管理费	国家税收	人均收入	平均工分
土改前	.	119	.	.	.	.	.	.	.
1949	12000	102	.	.	.	.	.	.	.
1950	.	102	.	.	.	.	.	.	.
1951	.	105	.	.	.	.	.	.	.
1952	.	108	.	.	.	.	.	.	.
1953	.	110	.	.	.	.	.	.	.
1954	.	110	.	.	.	.	.	.	.
1955	.	110	.	.	.	.	.	.	.
1956	19000	100	.	.	58130	200	2300	39	0. 5
1957	19000	92	.	.	57821	210	2300	41	0. 5
1958	17000	87	.	.	50770	195	2800	28	0. 26
1959	17000	85	.	.	.	202	2800	30	0. 27
1960	14000	75	.	900	7961	124	.	8	.
1961	.	70	.	.	7326	120	.	8	.
1962	9000	70	.	.	30835	251	1000	23	0. 19
1963	9000	70	.	.	30835	197	2800	36	0. 27
1964	17000	68	.	.	51836	231	2800	34	0. 25
1965	16900	68	.	.	52715	209	2600	29	0. 26
1966	3800	66	.	500	54000	210	2000	36	0. 24
1967	8500	68	10	.	50500	220	2000	30	0. 24
1968	13500	68	.	.	43000	215	1500	39	0. 18
1969	13200	69	.	.	50250	230	2000	31	0. 25
1970	11000	69	.	.	53500	209	2000	34	0. 27
1971	7200	63	.	.	40500	210	1800	20	0. 2
1972	10200	63	12	.	51060	234	2000	26	0. 22
1973	5000	64	12	.	51658	240	2000	29	0. 23
1974	1900	64	12	900	50685	242	2000	25	0. 21
1975	6500	64	12	900	52793	237	2500	36	0. 27
1976	7460	63	.	.	62751	246	2500	35	0. 24
1977	12000	63	.	.	64753	250	2500	41	0. 28
1978	28000	61	.	.	50090	287	2500	29	0. 136
1979	3250	61	.	.	51570	410	2042	33	0. 21

后夏寨生产队别	分配统计 1980年（斤）	单产 1982年（斤）	人均口量 1980年（斤）	1981年（斤）	人均分配 1982年（斤）	人口 1982年（人）	粮田面积 1982年（亩）	人均粮田 1982年（亩）
第1	327	637	327	393	395	250	180	0. 72
第2	293	441	173	292	349	210	193	0. 92
第3	364	426	364	335	486	126	172	1. 37
第4	208	441	208	313	499	120	163	1. 36
第5	306	448	306	345	509	126	170	1. 35
大队平均	240			340	426			

后夏寨	农村经济	收入分配 1988 年	粮食分配 1989 年		其他系统数值 1988 年	其他系统数值 1988 年	
总收入		744600	1040000		744600	乡集资	15170
						管水费	5106
出售产品		437600	729970		544600	水电费	4100
农产品		307000	319930		200000	1989 年棉保费	2100
合计		744600	1049900		744600	河工	15000
						与修本村社水利设施	17000
按经济方式家庭收入		673100	940000		671700	贷款	8000
集体		72900	100000		72900	县集资	8000
合计		746000	1040000		744600	1987 年乡集资民办教师	4700
收入来源种植业		500000	830000		.	医生并事员	5000
	其中：农业	200000	550000		.	干部补贴	6000
林业		0	10000		.	其他	2000
牧畜		150000	8000		.	修桥	2500
副业		50000	50000		.	麦秋水费	1000
交通		10000	30000		.	河工零开支	2000
建筑业		10000	20000		.	吴丙长治病	
其他		24600	29900		.	集资	5000
合计		744600	977900		.		102676
开支总额		266100	314940		282948		
生产费用		200000	272974		280000		
	其中：种植	60610	150000		2948		
净收入		483990	734930		461256		
国家税金		4566	5100		4550		
	其中农业税	.	4800		.		
集体提留		72900	106920		72900		
农民所得		406524	622910		.		
	人均所得	515	790		.		
大队集体经济收支		1988 年			.		
总收入		72900	86300		.		
	其中承包费	72900	78800		.		
	卖树	.	7500		.		
开支							
扩大再生产		2000	1000		.		
管理费		5000	1000		.		
		4500	4800	.			
与修本村社水利建设		17000	.		.		
干部补贴		3000	.		.		
		500	.		.		
		2500	.		.		
计生		200	.		.		
其他		2000	.		.		
村外投资		27000	.		.		
上交提留		8945	.		.		

1981 年收入分配				1982 年收入分配			
总收入		37754		总收入	308400		
农业收入		37754		其中：农业收入	308400		
其中：	夏粮	4852		粮食收入	55800		
	秋粮	17827					
	经济作物	13000					

	瓜菜	1150	总开支		122720
	油料？	925	生产费用		90620
			其中：	农业费用	90620
总开支		16722	管理费		500
农业开支		9693	其他		31600
管理费		329			
其他		6700			
净收入		21032	净收入		185680
国家税收		1388	国家税收		3300
社员收入		18644	提留		42000
人均收入		23	其中：	包干户自留	
其中：	实物折现	23		生产资金	42000
平均工值		0.22	社员分配		140380
			其中：	实物折现	79980
			人均收入		169

1980 年夏粮秋粮产量分配表

人口	834
牲畜	62
其中：猪	14
一、集体	
面积	1163
粮食总产量	358836
其中：夏粮	78764
其中：秋粮	280072
人均	43026
二、个体	
面积	195
夏粮	16600
秋粮	24300
人均	50
留饲料	11800
留粮	12510
口粮	227449
人均口粮	273
1 队	327
2 队	173
3 队	364
4 队	208
5 队	306

1981 年粮食生产分配

户数	208
人口	829
劳动力	300
其中：男整劳力	140
女整劳力	110
耕地	2082
其中：集体耕地	1952
（自留）	130
棉田	384
粮田面积	1235
其中：集体粮田	1105
集体粮田粮食产量	370858
其中：社员分配	282080
其中：夏粮	20538
人均口粮分配	340
粮食单产（全社会）	337
人均耕地	3

1981 年粮销购分配表

人口	829
牲口	143
生猪（个体）	160
社会总产量	414603
集体粮田	1105
单产	337
集体总产量	370858
其中：夏粮	40438
秋收	330420
个体总产量	43745
其中：夏粮	6945
秋收	36800

1982 年粮销购分配表

人口	832
牲口	92
生猪（个体）	165
社会总产量	490630
集体粮田	878
单产	480
集体总产量	423200
其中：夏粮	91250
秋收	331950
个体总产量	65430
其中：夏粮	27730
秋收	37700

后夏寨村关系资料（后夏寨村经济统计资料）

后夏寨村基本统计（1979～1993 年）

年	户名	人口总数	男	女	出生		死亡		劳动力总数	男	女	耕地总面	粮田面积	棉田面积	果园面积	粮食总产量（混合）	粮食亩产量（混合）
					男	女	男	女									
1979	.	.	.	.	.	.	.	.	.	.	.	.	900	700	.	720000	800
1980	195	775	330	445	4	5	2	2	.	.	.	.	900	700	.	747000	830
1981	197	779	385	394	4	5	2	.	.	.	.	.	900	700	.	765000	850
1982	197	781	380	401	4	6	5	1	.	.	.	.	900	700	.	810000	900
1983	195	780	385	395	5	4	3	4	.	.	.	.	900	700	.	900000	1000
1984	199	789	400	389	4	6	3	1	.	.	.	.	900	700	.	900000	1000
1985	200	793	396	397	4	6	6	3	.	.	.	.	700	900	.	840000	1200
1986	207	799	399	400	4	6	6	2	.	.	.	.	700	900	25	87500	1250
1987	203	810	400	410	5	5	3	4	.	.	.	.	700	900	190	910000	1300
1988	202	788	410	378	4	6	.	4	410	210	200	.	700	900	190	910000	1300
1989	119	810	405	405	5	5	.	2	410	210	200	.	700	900	190	945000	1350
1990	199	806	402	404	.	.	.	.	.	.	.	.	700	900	190	1015000	1450
1991	199	806	402	404	.	.	.	.	.	.	.	.	700	900	220	1071000	1530
1992	189	810	.	.	.	.	.	.	.	.	.	1800	700	900	220	1120000	1600
1993	.	.	.	.	.	.	.	.	.	.	.	1800	.	.	280	.	.

年	小麦亩产量	玉米亩产量	棉花总产量（米子）	棉花亩产量	果树（株）	大牲畜（头）	人均纯收入（元）	社　会	房屋数（间）
1979	.	.	210000	300	.	.	150	.	.
1980	.	.	245000	350	.	44	170	.	.
1981	.	.	266000	380	.	60	230	.	.
1982	.	.	280000	400	.	80	260	.	.
1983	.	.	280000	400	.	100	400	.	.
1984	.	.	294000	420	.	150	440	.	.
1985	.	.	378000	420	.	170	440	.	.
1986	.	.	405000	450	334	200	460	.	.
1987	.	.	414000	460	4400	250	474	.	.
1988	.	.	432000	480	.	280	502	.	.
1989	.	.	450000	500	.	300	790	.	.
1990	.	.	459000	510	4734	290	530	.	.
1991	.	.	477000	530	5534	350	793	.	.
1992	650	650	360000	400	5534	400	591	1342	1620
1993	.	.			10334	430	.	.	.

十里铺乡统计

年	人口	非农业人口	劳动力	耕作面积（万亩）	总产量（万 kg）	夏粮（万 kg）	亩产（kg）	棉花/亩（kg）	棉花生产量（万 kg）
1981	23271	338	9503	2. 28	627. 6	180. 42	124	53	68. 7
1982	23593	348	9383	1. 69	778	358. 5	182	66. 5	125. 5
1983	23720	374	9386	1. 9	955. 01	552. 1	223	86	170
1984	23790	360	9829	1. 92	1096	525. 5	262	90	187. 5
1985	23762	461	9136	2. 12	1248. 5	698. 5	294. 5	66. 5	102

农业总能力马力	灌溉面积/万亩	机械井户	化学配料	化学肥料/亩	人均所得（kg）	农民人均所得（元）	乡里产量（万元）	乡镇企业生产量（万元）
6741	3. 25	272	564	11	185	218. 5	801	17
7747	3. 25	273	904	17. 5	221. 7	378	945	39
9907	3. 25	279	1229	24	330	542	1194	30
14111	3. 25	269	722	15	370	570	1352	57
14628	3. 25	258	1616	20	365	510. 6	1213	71. 3

注：·代表缺少统计数字。

（五）后夏寨村村民土地房产所有状况（1946年）

	户 主	人 口	土地面积（亩）	房产数（间）
1	王维志	3	9.409	5
2	田玉行	3	11.898	3
3	王金增	4	18.539	11
4	王维周	4	8.999	7
5	马士才	9	27.657	7
6	马凤阁	3	10.559	2
7	马云祥	3	11.036	2
8	马风义	4	5.286	3
9	马凤瑞	3	9.570	4
10	王庆昌	4	25.733	8
11	王俊合	5	30.585	7
12	王立庆	4	28.802	9
13	王际昌	7	22.869	12
14	王金祥	6	22.802	5
15	王永庆	4	17.625	5
16	王谭氏	1	8.556	5
17	王长庆	4	18.953	5
18	王金贵	5	22.748	5
19	王洪昌	5	14.963	4
20	王德昌	9	31.940	8
21	王俊有	5	15.933	8
22	吴志平	6	13.525	7
23	马振芳	4	15.230	4
24	吴志顺	4	15.326	3
25	马振岳	5	19.867	5
26	马瑞合	1	6.172	3
27	马春华	1	5.869	未记入
28	张鸿庆	2	10.381	2
29	马会祥	5	17.500	5
30	吴玉琢	1	3.992	3
31	马瑞符	2	14.355	4
32	马春萱	3	14.870	7
33	王维新	2	7.694	未记入
34	马建寅	5	19.352	7
35	马梁氏	1	6.583	2
36	吴志有	2	7.794	未记入
37	马瑞图	8	27.164	12
38	马万化	9	33.238	15
39	马万领	9	40.787	8
40	马振东	2	11.852	4

续表

	户 主	人 口	土地面积（亩）	房产数（间）
41	马 长	8	29.929	5
42	李贵枝	1	5.050	未记入
43	马万成	4	12.114	6
44	马廷祥	3	10.688	4
45	马振吉	3	10.891	4
46	马士禄	2	13.546	3
47	马万同	5	10.067	7
48	马中信	6	18.305	9
49	马祯祥	3	13.287	7
50	马 山	10	31.158	11
51	吴丙坤	8	32.903	11
52	马文祥	4	15.152	3
53	马荣祥	2	13.051	2
54	王福庆	4	17.176	3
55	王金庆	3	13.604	3
56	马管氏	1	5.342	未记入
57	马振平	4	15.732	3
58	王福德	4	12.674	3
59	魏金声	7	22.243	6
60	位金庆	4	10.006	6
61	王维庆	7	23.296	6
62	李近心	9	31.370	8
63	李金堂	3	12.220	3
64	王汉禹	4	14.521	6
65	魏金玉	2	6.393	2
66	赵凤领	4	15.377	5
67	位张氏	1	4.915	未记入
68	位洪顺	3	11.784	2
69	王汉杰	5	17.115	6
70	魏洪钧	4	16.303	4
71	王子生	3	21.256	6
72	李怀亭	1	4.828	2
73	吴玉昆	9	22.961	8
74	吴香兰	2	11.804	未记入
75	吴志坤	2	13.115	2
76	吴玉亭	1	4.381	1
77	吴玉庆	4	16.359	6
78	吴香中	6	20.581	6
79	吴玉秀	2	10.740	5
80	吴香合	4	15.891	5
81	吴志义	2	12.683	4
82	吴玉田	7	20.019	6
83	吴玉声	3	17.537	5

续表

	户 主	人 口	土地面积（亩）	房产数（间）
84	吴玉珍	2	10.003	3
85	吴玉峰	4	20.681	3
86	王立之	6	22.927	8
87	吴玉恒	7	26.334	10
88	马金明	6	26.868	13
89	马文三	5	23.672	9
90	马凤舞	4	17.475	6
91	吴志端	3	14.231	5
92	吴玉兰	2	11.508	未记入
93	王金箱	3	10.542	1
94	王朱氏	1	7.908	6
95	王金城	6	20.054	5
96	王益三	2	5.416	5
97	王金三	2	7.611	6
98	王俊海	1	5.576	未记入
99	王富春	3	12.434	7
100	王金声	4	10.524	7
101	孟兆生	4	15.790	5
102	王在春	未记入	9.999	3
103	王玉庆	4	22.047	3
104	王贵三	3	21.036	7
105	王崇芝	5	12.405	6
106	王金声	4	16.164	7
107	李子平	1	4.052	未记入
108	吴玉刚	1	7.186	未记入
109	王云之	6	23.283	4
110	□刘氏	2	11.353	3
111	王梦兰	1	6.901	5
112	王官之	5	19.777	5
113	吴玉衡	7	未记入	10
114	吴志祥	6	11.962	8
115	马凤鸣	3	3	3
116	马振声	8	18.374	5
117	马吉祥	3	11.549	5
118	马振良	5	25.175	10
119	马兴刚	5	12.424	7
120	马凤翔	5	23.528	3
121	马天祥	1	12.750	4
122	马振华	5	14.839	7
123	王金堂	5	15.597	9
124	田玉美	6	25.765	8
125	李振都	8	19.776	9
126	田玉祥	1	7.796	未记入

续表

	户 主	人 口	土地面积（亩）	房产数（间）
127	田金生	2	8.519	未记入
128	田玉行	3	11.898	3
129	田金苓	3	17.315	6
130	王金亭	5	15.106	5
131	王维尧	5	15.689	6
132	王振德	2	15.420	2
133	王刘氏	1	6.079	4
134	王正德	7	25.949	8
135	田玉镜	4	13.736	2
136	田玉可	3	8.803	4
137	王维刚	3	17.323	3
138	王金谟	5	27.958	8
139	王金池	6	21.968	7
140	刘希仪	3	13.158	1
141	□玉蓝	8	27.142	11
142	□长富	6	23.269	8
143	刘长贵	2	11.179	3
144	刘玉田	3	9.576	3
145	刘玉坤	5	15.662	3
146	王金镃	3	15.554	3
147	王金兰	4	15.897	5
148	王金庚	3	18.250	6
149	李新廷	4	16.643	14
150	王化远	10	31.506	7
151	徐兆有	7	26.591	5
152	王泽运	5	16.700	6
153	王葆善	2	10.162	5
154	李存中	4	10.974	5
155	李存信	5	12.089	3
156	李宗唐	3	10.860	2
157	李志唐	6	21.587	3
158	李存义	2	12.071	未记入
159	李存德	3	8.327	3
160	魏嘉谟	6	23.780	11
161	王志远	4	16.754	4
162	李盛唐	3	13.604	3
163	王葆田	1	5.884	未记入
164	李兰亭	2	11.204	4
165	高登云	1	7.499	未记入
166	王葆干	5	19.830	6
167	李芳亭	4	13.086	3
168	王道远	5	14.779	7
169	王惠远	5	14.974	7

续表

	户 主	人 口	土地面积（亩）	房产数（间）
170	李景唐	4	16.283	7
171	李存惠	1	7.809	3
172	王清云	2	11.973	2
173	张洪列	3	10.891	未记入
174	魏洪学	5	14.860	未记入
175	张振声	4	22.349	10
176	王清荣	3	12.615	未记入
177	王汉章	6	11.516	6
178	王汉成	4	17.497	7
179	李金城	3	13.470	未记入
180	马恩此	1	9.243	未记入
181	李存公	5	12.524	5
182	张良辰	3	11.644	未记入
183	王汉臣	3	17.368	9
184	张洪儒	1	9.944	5
185	位金城	4	14.927	2

据恩县第一区后夏寨村“土地房产所有证第三联（村存）”（1946年12月）

注：□为姓氏无法确定。

（六）后夏寨村村民委员会揭示类

◎治保委员会工作制度

一 必须按照上级党委和公安部门的指示执行工作。

二 树立敢于和坏人坏事作斗争的工作作风。

三 切实做好对从事保卫巡逻人员的教育和领导工作。

四 如发现问题，视情节轻重，按规定决不手软。

五 坚持常年巡逻，做好防火、防盗工作，保证集体和村民财产不受损失。

后夏寨村治保会

1991年元月5日

◎文教委员会工作制度

一 必须把计划生育工作抓好，严格控制人口增长率。

二 做到无计划外生育的早婚、早育现象。

三 必须做好对全体教师的领导，帮助师生解决。

四 做到儿童入学率达100%，加强幼儿班教师的指导。

五 按上级党委的指示精神，结合本村实际，认真做好文教卫生工作。

后夏寨村文教卫生委员会

1991年元月5日

◎调解会工作制度

一　严格依照法律、法规进行调解工作。

二　处理问题要深入调查、要公平合理。

三　发现问题要支部、村委会共同研究，再做结论。

四　把矛盾消灭在萌芽之中，达到邻里团结、和睦相处。

五　切实搞好调解工作，搞好精神文明建设。

后夏寨村调解委员会

1991年元月5日

◎调解主任责任书

在本届任职期间，一切依法从事，严格执行政策法律，认真做好调解工作，出现问题及时处理，能在本村解决的矛盾决不上交，切实做好民事纠纷的调解工作，狠抓精神文明建设。

负责人　马长祥

1991年元月5日

◎妇代会工作制度

一　必须做好妇幼工作和计划生育工作。

二　必须达到情况熟悉、育龄妇女的生育情况掌握清楚。

三　必须协助支部、村委会做好妇幼保健和计划生育工作。

四　必须热心于妇女工作，严格按山东省《计划生育条例》和乡计划生育规定执行工作。

五　必须坚持经常地开展五好家庭、好媳妇、好婆婆、好妯娌的活动。

后夏寨村妇代会

1991年元月5日

◎妇代会主任责任书

在本届任职期间，上级党委的领导下，配合党支部、村委会切实做好妇女工作，开展好“三户一家”的精神文明活动，搞好计划生育工作和妇幼保健工作。

负责人　朱爱香

1991年元月5日

◎团支部工作制度

一　必须坚持“三会一课”制度，活动坚持经常。

二　经常不断地开展普法教育和一切法律常识教育。

三　带领团员青年，协助支部、村委会干好一切工作。

四　组织团员义务帮工队和科技示范队伍。

五　认真完成上级团发布置的一切任务，充分发挥青年突击队的作用。

后夏寨村团支部

1991 年元月 5 日

◎团支部书记责任书

在本届任职期间，认真完成各项任务，组织团员青年学政治、学科学、学法制，提高政治思想觉悟，当好党的后备军，发挥青年团的先锋模范作用。

负责人　王崇栋

1991 年元月 5 日

◎民兵连工作制度

一　必须坚持活动经常、定期军事训练。

二　每月 15 日组织民兵学习、上政治课一次。

三　必须联合支部、村委会做好各方面工作。

四　做好拥军优属工作，组织义务帮工队并见成效。

五　充分组织青年民兵，发挥青年突击队作用。

后夏寨村民兵连

1991 年元月 5 日

◎民兵连指导员责任书

在本届任职期间，做好青年民兵工作，坚持经常活动，重视政治学习和军事学习，使青年民兵增强战备观念，充分发挥青年突击队作用，认真完成上级领导布置的各项任务。

负责人　马德昌

1991 年元月 5 日

后夏寨村光荣榜

模范党员 王维保 王子绪 马长祥 马德昌

模范干部 王会兴 李令春 王会青 马德东

五好家庭 王子平 马派生 马令祥

先进民兵 王崇海 吴丙庚 李绪民 王冲斌 位国昌

好媳妇 李桂珍 刘金莲 位玉香 张淑华

好小姑 王秀花 马光香 马秀芝

好婆婆 邹立荣 位宋氏 杨秀荣

模范团员 王冲栋 马荣芝 王忠恩 马长新

好妯娌 左月英 韩爱英 王美荣

（1993 年 3 月，我们访问后夏寨村时，此光荣榜张贴于村民委员会办公室的墙壁上）

(七) 土地清负契约书

土地承包合同

后下 村委会 四 组、承包户主姓名：王子申　人口 6

承包土地 12 亩

为了完善土地承包责任制，有偿使用集体土地，甲乙双方协商，签定**合同如下：**

土 地 承 包 金

县乡村承包金	人　均	县 乡 承 包 金	人　均	村 承 包 金	人　均
360	60	150	25	210.	35

1、县乡承包金主要包括(人均)：农业税　　元；黄水费　　元；教育附加费13.20元；公路交通费1.54 元；优抚费2.80 元；水利建设费2.83 元；防疫费1.00 元；民兵训练费0.85 元；合同工工资1.00 元；宣传费1.00 元；敬老院1.00 元。

2、村承包金主要包括(人均)：生产费 10 元；管理费 10 元；购修费3.5 元；劳务费6.5 元；公益金 2 元；村庄建设 3 元等。

3．本合同自签定之日起生效，甲乙双方不得擅自修改或终止合同，并要及时按合同交纳承包金。

4、本合同一式三份，甲乙双方各执一份，交乡合同管理部门一份。

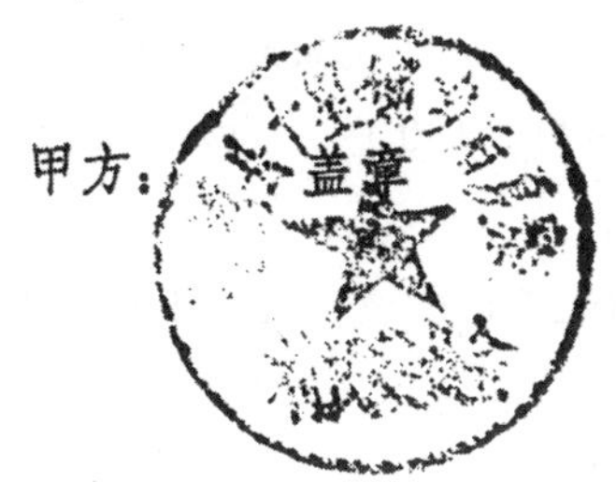

甲方：　盖章

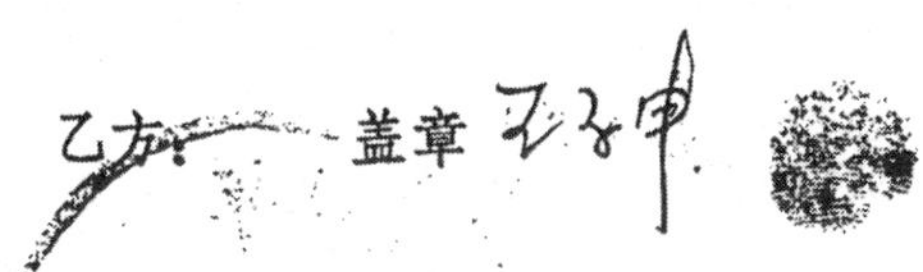

乙方：　盖章 王子申

签证单位：　十里铺乡人民政府

签证日期：一九九〇年 6 月 1 日

（八）山东省恩县后夏寨村概况

恩县地处河北平原的中心地带，是位于河北和山东省交界处的一个小县，大运河从该县的北边流向西南，津浦铁路南北贯穿与其东侧相邻的德县、平原县城。

这一带以前屡屡遭受黄河等洪灾，一般沙土地较多，低洼地带多为盐碱地。

恩县县城坐落在该县的东南部，所调查的后夏寨村在县城西面大约5里的地方。该村大约有130户人家，700人，是个以农业为主的贫穷村庄。听村民说该村原来约有30顷地，由于生活贫困，渐渐把土地卖到外村了，所以，与民国初年相比减少了。虽然，由于家族分家的关系存在一些差异，但根据卷末的户别调查表等大致可以计算出该村的户口、姓氏户数、土地所有数等，其计算结果如下。

家庭形态人口统计表

家庭人数	户数	人口
1	7	7
2	10	20
3	13	39
4	23	92
5	28	140
6	15	90
7	12	84
8	7	56
9	1	9
10	4	40
11	6	66
12	2	24
14	2	28
合计	130	695

姓氏户数

姓氏	户数
王	51
马	30
吴	18
李	9
魏	6
张	4
刘	4
田	4
孟	2
徐	1
赵	1
合计	130

土地面积、户数、面积及比例

	户数（%）		亩数（%）	
0～4.9	6	4.6	15.9	0.6
5.0～9.9	19	14.6	135.6	5.4
10.0～14.9	23	17.7	267.5	10.6
15.0～19.9	20	15.4	326.5	12.9
20.0～29.9	35	26.9	835.8	33.0
30.0～39.9	11	8.5	364.8	14.4
40.0～49.9	9	6.9	393.5	15.6
50.0～	3	2.3	190.0	7.5
不　明	4	3.1	—	0
合　计	130	100	2529.6	100

由以上可见，一户平均5～6人，多数家庭是分家后构成的直系家庭，包括旁系亲属在内的大家庭少。从不同姓氏看，最多的王氏家族有51户，其次是马氏家族30户，吴氏18户，其他少得多，和华北地区其他村庄一样是杂姓村庄。嫁到该村（130户）的妇女有226人，其中明显有同姓的，例如刘氏有12人，王氏有9人。

除了4户土地情况不清楚外，其他126户总共约有2530亩地，每户平均只有20亩。根据村民反映，按一家6口人算，维持普通生活需要30亩地，不搞副业则需要50亩地。由此看来，该村土地明显不足，农民们采取经商、打短工等方式弥补土地资源的缺乏。拥有50亩以上土地的仅有3户，过半数是不足30亩土地的小户农民，或多或少佃点地，也搞些其他副业。其中佃地很难，好的对半分成，也有四六分成，此外还有个别是二八分成。从土地佃当到卖出，先当后卖，从县城等处借钱的也不少。以前也有相当多人去关外挣钱，由于往家里送钱不方便，近来不多了。另外，打长工的有4人，做烟草、茶叶、烧饼等小买卖的有6户，木工两三人，讨饭一人。还有6人搞副业做棉花生意。

农作物主要是谷子、小麦、花生、棉花、玉米、大豆、高粱、甘薯等；交易主要是在县城南关每逢单数日子的集市上进行；日用品除了在集市上购买外，还可在县城的店铺里购买。

社会生活中有令人瞩目的“红枪会”，这是为了预防土匪盗贼等的骚扰，而成立起来的自卫团体，现在已有相当多的会员，看来是很早就有的一个信仰性组织，兼有信仰和社交双重意义。实力者的官邸也盖有瞭望楼，下设以金融为目的的乡社、承包社、临时租借餐具的碗社以及其他相互帮助的联合会等各种自救会。

有关该村的沿革，与河北其他村庄一样，据说是明代永乐年间，从山西省洪洞县搬迁来的，至于村名，明代军营驻扎在村南，由此命名为下寨，到清代时期将该音改写成了夏寨。搬迁来的村民中，最早的姓王，现在村中姓王的子孙也最多。

摘自中国农村惯行调查刊行会编《中国农村惯行调查》第4卷
岩波书店发行1981年第2版

第二部

·冯家村编·

一

静海县、府君庙乡、冯家村概况

（一）静海县概况

姚同田　静海县副县长

时　　间：1993年3月25日下午

访 问 者：访问团全体成员

翻　　译：宋志勇

场　　所：静海宾馆会议楼

【静海县概况】

静海是天津市的一个郊县，人口47万人，27个乡镇，383个村，全县总面积1414.9平方公里。静海县这几年变化比较大，尤其是党的十一届三中全会以后，经济有了比较大的发展。静海县原来是一个很穷的县，1978年以前，从静海县总的经济结构看，92%的农业、8%的工业。经过这几年的发展，整个结构发生了变化。到1992年为止，全县共有92%的工业，8%的农业，比例正好倒过来了。

关于工业经济发展，我简要列举几个数字，从1984年至1992年，立项227家（领取营业执照的170家）；外向型经济发展，1984年至1991年快，1992年一年的发展是前8年总和的4倍。从现在的生产总值上看，是前8年的5倍。1993年以来，又有36家领取了营业执照。所以静海县发展外向型经济，不以个数论多少、论高低，而是看成功率多少。外向型经济发展，在天津市4个郊区、5个县以及近郊区等12个郊县中来看，近10年来，静海保持了领先地位。静海县投资环境还是不错的。乘此机会我把静海县投资环境向大家介绍一下：近年来，无论合资、独资、内联企业，为发展经济本县投资了几亿元，在“硬件”上是下了工夫的。静海县距天津市35公里，距天津港口80公里，距机场50公里，京沪公路、京沪铁路纵贯全县南北，大运河通过境内，交通还是比较方便的。发展经济离不开水，离不开电。所以下决心在本县建了5万千瓦的电厂，灌溉10万亩地的水库。到1992年底，狠抓了三资企业和内联企业财政收入，达到1.3亿元。发展内联企业和三资企业产品达2600余种，工业产值达77亿元，利润达到6.5亿元。

李鸿昌 静海县农业经济委员会主任

时　　间：1993 年 3 月 25 日上午

访 问 者：访问团全体成员

翻　　译：宋志勇

场　　所：静海宾馆会议楼

【农业概况】

静海农业过去由于生产条件比较差，在天津市来讲是比较落后的。静海县在地理上是旱、涝、碱，交替为害。所以在新中国成立初期，粮产量只有 1900 万公斤。现在发展到 2 亿 2000 多公斤。发展农业方面在前几年做了大量工作。为解决旱、涝、碱问题，搞了 2 亿多立方土方工程，实现深渠河网化。搞了一个团泊洼水库，打了 1000 多眼机井。改善了农业条件，加之各级领导的重视，大力推广农业科学技术，粮食产量年年增加，经济效益也比过去大大提高。静海县农业也有它的优势，沿运河一带蔬菜生产比较好。天津市冬菜出口日本、东南亚，产地是静海县。另外有金丝小枣，驰名中外，天津市是生产基地，它的食用、药用价值都很高。今后农业发展要高产、优质、高效。准备调整农业结构。今后在继续抓好粮食生产发展的同时还要抓好林业、牧业、渔业。在粮食生产方面，我们准备搞 40 万亩粮食基本田，保证口粮、生活用粮没有问题（按现在水平每亩 1500 斤，可达到 6 亿斤，超过现在的总产量）。其余土地，可大力发展蔬菜、果树。最近规划了，准备在三五年内搞个“三带一区”。

三带：沿子牙河搞 10 万亩果树带，重点发展天津鸭梨；沿南运河发展 10 万亩蔬菜带；在团泊洼地区搞渔业、牧业开发带，15 万亩水生植物带，另外发展牛、羊畜牧带。

一区：40 万亩枣窖粮兼作区。

将来在枣树发展上下工夫，有些地区要搞枣树平种，搞枣窑等。为此，我们加强对农业的领导，从县到乡、镇一把手都亲自抓农业；加强农业队伍建设；搞好为农业服务。

【水利工程】

问：水利工程什么时候才开始的？

答：静海从历史上搞治土、治碱，台田，从旧社会就搞了。所谓台田，就是两边挖出很深的沟，把土地翻上来，抬高。旧社会靠台田，但台田缺点是占地太多，而且干旱解决不了。

静海县农业遇到的问题：一个是旱（春天基本上没有水），一个是涝，一个是碱。全年 500 多毫米雨，都集中在 7～9 月三个月，因为静海县土地低洼，最低的比大沽海潮面仅高二点几厘米，所以过去夏涝严重。另外是洪水，处于九河下梢，内涝，台田也解决不了，干旱更解决不了。

静海县真正水利工程是从 1964 年开始的，1963 年毛主席提出“根治海河”，由台田改条田；大规模水利建设是在 70 年代，搞深渠河网化，有干渠、支渠、斗渠、毛渠（条田地块）。几十条干渠，几百条支渠，静海县水利工程的建设，使 80% 以上土地可以灌溉，可以排涝。县内十几座大型扬水站，“渠渠相通，站站联用”。一处有水，全县灌溉，积水时，全县站都可以排涝。

基本解决雨涝没有大问题了。现在是天旱无水，问题解决不了。地下水资源太少，浅层淡水太少，不到 20 万亩，主要在子牙河、南运河沿带。其他地方淡水太咸，都不可用。在 300 米以下的地下水才是淡水，但又是地下漏斗区。为解决水的问题，1978 年静海县才建设平原水库——团泊洼水库，毛面积 10 万亩，水面是 8 万亩，蓄水 3600 亿立方米。水库作用在干汛期把水蓄进水库，“以水待旱”。另外在汛期把几条大河，如子牙河、南运河、大清河、独流碱河、黑龙港河的水蓄到团泊洼水库。蓄水在汛期后期进行，不能太早，因为怕涝。距需求还差不少，我们约需 6000 万亿立方米水。现在我们正在搞团泊洼二期工程，投资了 1500 多万元，搞 500 多万土方工程，可以增加蓄水量 5000 万立方米。

部分发挥利用地下水源，对于 1000 眼深水井和 3000 眼浅水井配套，大力发展暗管，争取所有机井都配上暗管。这些工程正在进行。解决水的问题不仅是农业需要，工业也很需要，如县内电厂，就需用水。

问：70 年代搞水利工程，有义务工，现在怎么办？

答：现在也有积累工，每一个劳力每年有 20 个积累工。其中给县内大型工程出 7 个工，其余乡、村使用。这里指整劳力。

问：有无以钱代工的情况？

答：以前有，这种情况很少。但我们提倡出工，尽量不搞以钱代工。

问：出工是农业劳力吗？工厂劳动力出工吗？

答：乡村企业的劳力也要出工。只要是农村劳动力就算，非农业劳力不算。

问：明天我们访问府君庙乡冯家村，是蔬菜重点发展的村？

答：该村蔬菜较发展，是 10 万亩蔬菜带内的，但不是蔬菜重点村。

问：静海县对蔬菜发展上具体优惠政策是什么？

答：我县有蔬菜办公室，具体优惠政策我不清楚。据我所知，从化肥等方面都给了优惠政策。

问：对粮食生产是否有影响？

答：当前市场冲击下，容易忽视粮食生产，因为粮食价格低，效益差，有些农民愿意种高产优质的品种。效益低，主要是社会效益低。但是粮食还是根本的，没有粮食不行，所以县内还是拨出 40 万亩作为粮食基本田。如果都去发展蔬菜、果树，将来粮食就会发生危机。所以我们非常重视这个问题。但具体到哪个村种多少粮、多少蔬菜不等，因地制宜，不是千篇一律。

问：现在粮食还有定购任务吗？

答：没有了。现在粮食都放开了。

问：有白条吗？

答：静海县没有白条，今后也不会出现。

问：乡镇企业发展后，土地占用有些什么具体政策？有什么样的措施？

答：乡镇企业发展后，势必要占有部分土地，静海县土地资源比较丰富，毛面积达 200 多万亩，尽量不占用耕地，如占用要有土地管理局批准，有严格手续的。

李喜庆 静海县乡镇企业局主任

时　　间：1993 年 3 月 25 日下午

访 问 者：访问团全体成员

翻　　译：宋志勇

场　　所：静海宾馆会议楼

【乡镇工业的发展】

我们乡镇企业局是一个管理乡镇企业的机构。静海县委、县政府有一个主导思想：农业为基础，外贸为先导，工业为主体。近几年，尤其是 1978 年以后，静海县乡镇企业发展很快，其发展过程可分为如下几个阶段：1978 年是一个阶段，1984 年是一个阶段，1987 年是一个阶段，1990 年后又是一个阶段。

1992 年，全县工农业总产值 86.3 亿元，财政收入 1.3 亿元，分别比 1991 年增长了 84% 和 25%；农民人均收入 1619 元，比 1991 年增长 9.9%。从乡镇企业看，1991 年工业产值 38 亿元，在全国 2000 多个县中居第 29 位；1992 年工业产值 77 亿元，比 1991 年增长了 103%。1991 年乡镇企业利润 2.1 亿元，1992 年达 6.2 亿元，比 1991 年增长 160.5%。乡镇企业中有工人 11 万人，占农村总劳力 60%，农村工业化在静海县出现了。从行业来看，全县有 29 个大行业，加工行业全有，产品种类达 1100 多种，其中 13 个行业年产值超亿元，它们是：缝纫 3.04 亿元，纺织 3 亿元，皮革 1.3 亿元，有色金属加工 6 亿元，金属业 7.3 亿元，化工 3.5 亿元，黑色、有色金属压延 29 亿元（含带钢、轧钢、罗纹钢等），等等。

（二）府君庙乡 冯家村概况介绍

彭清云 静海县府君庙乡乡长
张宝善 冯家村党支部书记
刘润森 冯家村概况

时　　间：1991 年 8 月 13 日

【府君庙乡概况】

乡长彭清云讲话：

我们府君庙乡下辖 14 个自然村，其中冯家村是比较小的村，在经济上属中等偏上的村。我们府君庙乡是天津市静海县下属的乡，地处静海县与独流镇之间，离静海县 5 公里，在南运河的西岸。原来这个村比较小，解放初只有 600 人。冯家村和府君庙乡，解放后发生了很大变化，特别是改革开放以来，人民的生产和生活发生了显著的变化。但从目前来看，我们仅仅是个起步，条件很差。

【冯家村概况】

支部书记张宝善介绍冯家村情况：

我们这个村，从日本进攻中国到现在，土地没有增加，共1200亩耕地。全村人口解放前是400人，现在是637人。

我们村是盐碱地，过去每年都闹水灾，只能种一些高粱、玉米、黄豆等，细粮没有收成，人民生活很苦。

解放后的一段时间，土地产量低，粮食不够吃。十一届三中全会后，实行改革开放，村里有很大变化，全村每年粮食产量由改革前的30万斤增加到现在的120万斤，年人均小麦由70~80斤增加到现在的800多斤。粮食产量提高快的主要原因是实行了改土治碱，并改变了过去只种植玉米、高粱的习惯。现在以种小麦为主，产量有了很大提高。化肥、水源都比过去条件好多了，投入也多了。

过去我们村里的人，学习的条件也很差，比如我家6口人，孩子们没有上过学，天天干活，但是到年终算的时候，还分不到钱，也不够吃、花。改革开放以后，我们村办了工厂，我的3个男孩都在厂干活，每月每人收入370~380元，儿媳妇们也都上了班，孙子、孙女都上学，全家7口人上班，每月总收入3000元。过去全村每人年收入70~80元，现在年均收1400~1500元。

从农民住宅来看，日本进攻中国时，住的都是土坯房，全村70户都是这样，现在637人住230处房，家家都有一个大院，每个院里十几间房，村工厂住房还不算在内，变化很大。

全村的土地统一浇水，统一耕种。全用机器，包括耕、播、脱粒。水利建设也有发展，排水条件改善，洪涝灾害减少。

【村办工厂】

刘润森介绍村办工厂情况（刘润森是村长兼村办厂负责人）：

我没有文化，解放后到天津市去学徒，没有机会上学。1983年村里办起了工厂，为的是搞活农村经济，那时厂里只有1000元的家底，基础差，很多人不愿承包，在这种情况下，村里让我承包了。但是开始的前几年生产还是不景气，这就是1983~1985年的几年。从1985年开始好起来，而且一年比一年好，产量增加，生产效益提高，现在厂里已有50多万元的资产。

我们厂开始时只帮助天津市内燃机厂和第二齿轮厂生产一些零件，1986年又与天津汽车齿轮厂和湖北齿轮厂、天津拖拉机厂联营，主要是为这些厂加工齿轮，生产有了很大变化，今年的总产值已达350万元，比原来翻了很多番，我们计划明年在今年的基础上再翻一番。现在的生产已达到半自动化，今后还要继续发展。

有什么不清楚的还可以问。

问：这个村有多少户？多少劳力？

答：共167户，整劳力370人（男女在内）。

问：在工厂劳动的多少人？

答：村办工厂60多人，还有在乡、县办工厂劳动的，其中在静海县城办厂的有50~60人。本村的青壮年劳力大都到厂里劳动了，种地的人大都是老、弱、妇女。但是粮食很多，每户都有七八千斤储粮，够三五年吃了。村里的蔬菜除本村人吃外，还供给天津市和外贸单位出口。我们乡是天津市的蔬菜基地之一。

问：从哪一年开始蔬菜出口？

答：从 1981 年开始。

问：土地属于谁？

答：属集体。村里的地都实行承包，有两部分地：一部分是口粮田，一部分是责任田。口粮田按人口分；责任田承包，根据自己的条件可以不承包。超承包产量的部分归自己。

问：蔬菜的运输谁管？

答：静海县里有一个蔬菜服务队，按市场价格收购，汽车可以开到地头收购，再运到天津市或其他地区，为了方便群众。

问：有种蔬菜的计划吗？

答：粮食有统一计划。出口的部分有计划，白菜、茄子、豆角也有计划（张宝善回答）。

问：这个村从哪年有电？

答：1958 年。

问：自来水哪年入户？

答：1980 年。

问：这个村男女比例是多少？

答：女性略多于男性，基本上各占 50%。

问：这个村姓什么的多？

答：刘、孙、张多。姓冯的只有两户。姓刘的 30 多户，姓张的 30 多户，姓孙的 30 多户，孙最多，姓王的有十几户，姓李的三四户。

问：从什么时候开始盖砖房？

答：从 1981 年开始建，直到现在。1963 年发大水，村里的房子都倒塌了。

问：盖房的钱从哪里来？

答：从改革开放以后，人们都有钱了。农村里的人有钱就盖房。五六岁的孩子，父母们就给他盖好房子了，等他长大后结婚用，所以现在有很多新房没有人住。

问：是自己的房子吗？

答：是自己的。我们村平均两口人就有一处房。

二

冯家村访谈记录

（一）1991年8月

刘连祥

时　　间：1991年8月13日下午

访 问 者：三谷孝　佐藤宏

翻　　译：贾宝波

场　　所：冯家村小学

（与会者乡长彭庆云）

【家庭基本情况】

问：你是哪年哪月出生的？

答：我是1922年出生，日本人进攻中国时，我15岁。

问：你就出生在本村吧？

答：就出生在本村。

问：你父亲的名字可以告诉我吗？

答：叫刘恩荣。

问：你父亲原来干什么？

答：农民，种地。

问：当时耕种的土地有多少？

答：70亩地。

问：70亩地是靠你们全家人种，还是雇人来种的？

答：主要是靠自己种的。

问：你母亲的名字叫什么？

答：只记得姓靳，称刘靳氏。

问：你母亲是本村的还是别的地方嫁过来的？

答：她是从双塘嫁过来的。

问：你兄弟有几人？

答：就一个人。

问：姐姐妹妹呢？

答：3个姐姐妹妹。

问：你能将姐姐的名字告诉我吗？

答：记不清名字了。

问：姐姐妹妹都出嫁在本村吗？

答：都出嫁在别的村，都死了。

问：妹妹也不在世了吗？

答：也不在了。

问：你父亲什么时候去世的？

答：我10岁时父亲去世的。

问：是病死的吗？

答：是病死的。

问：母亲呢？

答：母亲也是病死的。

问：母亲多大岁数死的？

答：59岁。解放后死的。

问：你上过学吗？

答：上过2年学。

问：就在本村小学吗？

答：哪有什么小学，就是私塾。

问：老师姓什么？

答：姓张的。

问：学的是什么内容？

答：《百家姓》、《千字文》、《五经》。

问：学算盘？

答：没有。

问：有多少学生？

答：20 个出头。

问：都是本村的吗？

答：都是本村的人。

问：你是什么时候上学？

答：我是 8 岁那年上学的。

问：好好学吗？

答：那时都是小孩，贪玩呀！

问：你还记得和你一起上学的人，现在还活着的有吗？

答：有，不太多。

问：你记得他们的名字吗？

答：记得。有刘连升。

问：还有呢？多说几个。

答：还有冯恩寿。

问：有女的吗？

答：没有，女的在家抱孩子。

问：你不上学干什么？

答：在家种田。

问：你一直没有离开这个村吗？

答：是的，就在村里干活。

问：去静海县城吗？

答：经常去。

【日军暴行】

问：您还记得日本人在的情况？

答：记不清了。

问：您可以讲讲日本人的情况吗？

答：日本人实行的是“三光”政策。

问：日本人杀了多少人？

答：村里的人都跑了。

问：是不是 1937 年进村的？

答：是 1937 年以后。

问：在 8 年日本侵略中国期间，你家里有没有受害的？

答：家里没有受害的。有一次日本人进村，在我家有 10 多个日本人，住了一夜，没有打我，他们自己带的干粮。

问：你家里有什么吃的、用的东西被抢走的吗？

答：没有。他们临走的时候，没有拿东西。

问：他们为什么到你家住，不到别的人家住，是不是你家的房子漂亮呀？

答：当时不光住在我家，有两大船人，家家都住有日本兵。他们一进村，妇女都跑了。

问：你们跑掉的人怎么又回到村子的？

答：日本人走了，跑走的人就回来了。日本人来了，上着刺刀，对着胸口，吓唬你，要鸡蛋。

【八路军】

问：你的印象里，什么时候有八路军？

答：日本人在这儿 6 年后才有八路军。

问：八路军什么时候进村？

答：他们是夜里来、夜里走，他们用梯子进入住家，不走正门。

问：八路军住的人家是和他们关系密切的人家吗？

答：他们来，愿意住谁家就住谁家，吃一顿饭，给 2 角钱。

问：他们进来干什么？

答：他们来主要摸情况，静海县有多少日本兵？有多少枪？

（下午继续说）

【家族】

问：你什么时候结的婚？

答：16 岁。

问：你的太太叫什么名字？

答：叫梁光明。

问：你的太太是什么村人？

答：在白杨树村。

问：白杨树村离冯家村远不远？

答：不远，就在运河的东边。

问：你的太太多大年纪？

答：70 岁。

问：你有几个孩子。

答：3 个闺女，3 个小子。

问：6 个孩子的名字，多大岁数，干什么？

答：大儿子刘永宽，48 岁，种地；二儿子叫刘永生，33 岁，种地；三儿子叫刘永发，28 岁，在徐庄子派出所工作。大女儿叫刘桂英，52 岁，在天津市当工人，现在退休了；二女儿刘玉英，42 岁，在十里铺务农；三女儿叫刘永芳，35 岁，在静海县城当工人。

问：你谈谈你家当时的情况？生活情况？

答：大儿子有精神病，过去的生活没法提。有 4 间土房，没吃没喝的，吃早上的没有晚上的，吃糠咽菜。1958 年“大跃进”，我推磨子，没有劲。1960 年又赶上还债。

问：解放前吃什么？

答：吃棒子面和糠。过年吃顿白面，还只能半饱。

问：解放前，你父亲在的时候，你们的生活属于什么水平？

答：中等水平。

【民间信仰】

问：这里有土地庙？

答：有土地庙、菩萨庙。

问：有没有庙会？

答：没有。

问：解放前敬土地神吗？

答：死了人才去敬土地神，因人死了要下葬。才去敬土地神。

问：解放前你们家有没有灶王爷？

答：灶王爷家家有。

问：灶王爷的像是贴的还是做的？

答：是画的像，1 角钱一张。

问：在什么地方买？

答：赶集在街上买，在静海县城。

问：你家有没有牲口？

答：有一个骡子。

【雇工】

问：你家有 4 个劳动力，有没有雇人呀？

答：有短工，没有长工。

问：你雇几个短工？

答：雇两个。

问：给他们多少钱？

答：管他们吃饭，一天 20 斤棒子。

问：你说解放前吃上顿顾不了下顿，怎么还能雇工呢？

答：在我 10 岁的时候。

问：每年农忙都雇短工吗？

答：是的。

问：短工是从什么地方来的？

答：是本村的，需要时就雇。

问：有没有互相帮助的？

答：谁也不管谁，因为都很忙（指农忙）。

问：你们家忙完了，牲口给别人用吗？

答：牲口闲着的时候，给别人家用。

问：还要钱吗？

答：要什么钱，不要钱。

问：借给谁？

答：都是邻居和亲家。

问：有没有去天津、北京打工的？

答：有三四户。

问：你们这里很穷，搞不到钱怎么办？

答：借钱，向姥姥家去借。实在没有办法，就卖块地。

问：你们村有地主吗，你向他借钱吗？

答：有地主，不向他借钱。

【保甲】

问：你记得抗战时期，你们村的保长是谁？

答：日本人在时，咱村当保长的是刘忠奎。

问：甲长是谁？

答：甲长是刘景全、刘文华、张永富、王玉友，还有我，多数都死了。

问：你们刘姓在村的很多，你不是族长？

答：没有，日本人在时是刘文光、张希岭。张希岭是保长。

问：是不是族长升保长？

答：由于老保长不干了，张希岭出来当的保长。

问：当时保长做什么工作？

答：向户里要东西，就是收税，集中起来送上去。

问：你们村的族长有什么权力？

答：没有权力，族长管不了。

问：族长干什么？

答：解放前没有族长，长辈说了算。

【土匪】

问：解放前这里有没有土匪？

答：有土匪，来了抢东西，都是夜里来，抢了就走。一年来上几次。

问：土匪是哪里的？

答：不知道，不认识。

问：为了自己，有没有反抗？

答：反抗什么，他们来了，到一家收拾收拾，将东西拿走了，第二天才知道的。

问：土匪来了到地主家还是到什么人家？

答：他不管你是不是地主，只要有钱的就去。

问：你们村有联庄会吗？

答：没有。

问：你知道联庄会吗？

答：不知道。

问：你们家有没有武器？

答：没有。有一支火枪。刘云森有一把手枪和一支大枪。全村一共有5支枪。郝开顺有一支。枪为了自卫。

问：枪是哪里来的？

答：是买来的，他们都有枪照，是套筒枪。枪照是静海县政府批准的，一支枪要100多大洋。买枪的人都比较富。

问：你们村过年过节有没有宴会？

答：来人就是吃顿饭。这村的习惯，就是拜个年，有的还上坟、进贡、烧纸。

【看青】

问：看青的都是什么人？

答：看青叫牌头，是保长找的，好人不愿干，懒汉干不了，都是不正道的人干的，即游手好闲的人。

问：现在还有活着的吗？

答：没有了。有马福森、苟克法，都死了。

问：孙立分呢？

答：早死了，是甲长。

问：你记得张永佃这个人，还有郝光富？

答：张永佃是甲长，郝光富是帮手，即保长有事要找人商议商议，被找的人叫帮手。郝光富在村里是比较富的人。

问：1942年日本人到这个村调查，你知道吗？

答：没听说，不知道。日本人来了住一夜，绘了地图，第二天就走了。

问：抗日战争时期，新民会组织你知道吗？

答：没听说过。

问：日本人在这一带干过什么坏事？

答：咱们村打死过人。

【游击战】

问： 抗战时，这里打过大仗吗？

答： 没有。当时是游击战，你来了我走，你走了我来。

【日军投降国民党】

问： 你怎么知道日本人投降的？

答： 我去县城赶集知道的。

问： 当时你高兴吗，国民党来了？

答： 一样的，国民党来了更厉害，见人就打。

问： 国民党来了抢东西吗？

答： 抢东西，他们将老百姓打跑了，然后将东西抢走了。

问： 来这个村的国民党军队从哪里来的？

答： 从县城来，来了吃顿饭。问这里来八路没有？我们说没有，种地去了，他们就打。

问： 国民党的军队是哪里人？

答： 什么地方的都有，从听他们的口音看。

【解放时情况】

问： 这个村什么时候解放？

答： 说不好。

问： 解放时有没有开大会？

答： 没有。

问： 你们什么时候用人民币？

答： 解放后就用人民币。

【土地改革】

问：“土改”情况，你是什么成分？

答： 我划成地主。

问： 你有多少土地？

答： 有 60 余亩。

问：“土改”时村划了几户地主？

答： 两户，除我外还有李金泉。

问： 他有多少亩土地？

答： 十几亩土地。

问： 十几亩土地怎么划成地主？

答： 他雇长工，有的土地在“土改”前卖了。

问： 有几户富农？

答： 有刘维华、张宝善、郝开云。

问：“土改”时斗你没有？

答： 将土地分了，留给我 3 亩多土地。

问： 房子分了没有？

答： 原来房子 7 间，分给别人 3 间。

问：“土改”时你家几口人？

答： 我家 5 口人，我和老伴，2 个闺女，1 个儿子。

问：“土改”时，按什么规定分配？

答： 由村里“土改”小组负责定的。

问：“土改”时有工作组吗？

答： 有工作组。

问： 从哪里来的人？

答： 从静海县城来的，有农学院的学生。

问： 村里的人有参加工作组的吗？

答： 咱不知道。

问：“土改”时的村长是谁？

答： 弄不清了，要问他们。

问：“土改”时给你 3 亩地，是全家还是个人？

答： 全家。

问： 够吃的吗？

答： 不够吃。

问： 不够吃怎么办？

答： 借着吃，到老岳父家借的。

问： 那时本村有多少土地？

答： 1000 多亩。地主分的地不能超过贫下中农的生活水平，所以土地少。

【破除迷信】

问：你们这里有没有破除迷信的运动？

答：当时“土改”后没有，到 1969 年“文化大革命”和“破四旧”时才搞破除迷信活动。

“文化大革命”和“破四旧”时，将旧书都拿走了，还到坟上去看，有没有烧纸的痕迹，有烧的痕迹，就找你，谁也不敢上坟了。

【解放后生活】

问：全国解放后，到现在你的生活怎么样？

答：“大跃进”和“文化大革命”时不怎么样，现在好了，一年比一年强，收的粮食吃不了。

问：这几年生活为什么好了？

答：收的东西吃不了，卖了就有钱了。土地承包了。

问：你承包多少地？

答：我没有承包，就是种我的口粮地，2 亩地。

问：你家的电视机什么时候买的？

答：买了 3 年。

问：房子是不是新盖的？

答：新盖的，盖了有四五年了。

问：盖新房花了多少钱？

答：3000 多元钱，共 4 间房。

【婚姻】

问：你儿子什么时候结的婚？

答：大儿子 28 岁（1971 年）结的婚，二儿子是盖了新房结的婚，三儿子结婚已有 5 年了。

问：大闺女什么时候出嫁的？

答：在生产队的时候，她当时 32 岁。

问：二女儿呢？

答：23 岁结的婚。

问：是自由恋爱，还是有人介绍？

答：是介绍的，本村人介绍。

问：你家现在有几口人？

答：现在就是老两口。

问：能不能看看你家？

答：欢迎呀！

孟玉信

时　　间：1991 年 8 月 14 日下午
访 问 者：三谷孝　佐藤宏
翻　　译：贾宝波
场　　所：冯家村小学校

（与会者刘连祥）

【家庭基本情况】

问：你叫什么名字？

答：孟玉信。

问：你今年多大年纪？

答：87 岁。

问：哪年出生？

答：我记不清了。

问：你就是在这个村出生的吗？

答：是。

问：你祖先从什么时候搬到此地来的？

答：我祖先是从山东迁来的，记不清迁的时间。

问：山东省什么地方？

答：山东省曲阜市，家谱也没有了。

问：你父亲叫什么名字？

答：孟克成。

问：你父亲做什么工作？

答：种地。农民。

问：你家有多少亩地？

答：50 多亩地。

问：你母亲叫什么名字？

答：过去妇女没有名，姓陈，孟陈氏。

问：你母亲的娘家是哪个村？

答：合家庄。

问：你父亲什么时候去世的？

答：他 60 岁的时候。

问：你多大岁数时你父亲死的？

答：30 多岁。

问：是解放前吗？

答：对。

问：是日本人来的时候死的吗？

答：日本人还没有来。

问：你母亲何时死的？当时你多大岁数？

答：我已说不清了。我父亲死后十二三年，我母亲就去世了。

问：你有兄弟几人？

答：3 个兄弟。现在世的就我一个了。

问：你哥哥叫什么名字？

答：孟玉田是我大哥。二哥叫孟玉山，我是老三。已分家生活。

问：孟玉田做什么工作？

答：种地。都是农民。

问：有姐妹吗？

答：没有。

【私塾】

问：你上过学吗？

答：上过一年。

问：多大岁数时上学？

答：15 岁。

问：学校叫什么名字？

答：没有校名。

问：16 岁时你干什么？

答：种地，养牲口。

问：你家有什么牲口？

答：一头驴，一头牛。

问：你一直是农民吗？

答：对。

问：你当过厨师吗？

答：没有。

问：你有童年的朋友吗？

答：农村里都种地，没有朋友。

【结婚、子女】

问：你多大岁数时结的婚？

答：20 岁时。

问：你老伴叫什么名字？

答：李玉凤。

问：她还活着吗？

答：活着。

问：她多大岁数？

答：82 岁。

问：你老伴是哪个村的？

答：本村的。

问：你岳父叫什么名字？

答：李德安。

问：你有几个孩子？

答：6 个儿子，1 个闺女，7 个孙子。

问：你的儿子们都叫什么名字？

答：大儿子叫孟俊仁；老二叫孟俊义；老三叫孟俊礼；老四叫孟俊智；老五叫孟俊生；老六叫孟俊起；闺女叫孟俊玲。

问：这些孩子们都健康吗？

答：健康。

问：大儿子多大岁数了？

答：62 岁。

问：老二呢？

答：59 岁。

问：老三？

答：57 岁。

问：老四？

答：54 岁。

问：老五？

答：记不清了。那时候生活困难。

问：大儿子做什么？

答：在工厂做工。

问：老二呢？

答：在天津的工厂做工。解放初当过兵。

问：老三做什么？

答：在天津钢厂当工人。

问：老四？

答：在家当农民，种地。

问：老五呢？

答：在天津市八里台开汽车。他也当过兵。

问：老六呢？

答：在乡里当干部。

问：你女儿呢？

答：在独流镇义和街当工人。

问：你是一个幸福的家庭。

答：沾了社会主义的光。社会主义好啊！

问：你过去穷，现在好了。他们一个月给你多少钱？

答：我跟着老二生活，其他儿女愿意给多少是多少，他们都有自己的家。过去吃不上、穿不上，现在都好了，都沾社会好的光了。

【解放前集市】

问：解放前，你上集卖东西吗？

答：没有东西卖，有时卖点青菜。

问：都卖什么菜？

答：大白菜。没有别的菜。

问：你过去经常赶集吗？

答：不经常去。

问：一个月能去一次吗？

答：能。

问：你年轻的时候卖过菜吗？

答：卖过。

问：你经历过很多事情，你印象最深的是什么事？

答：记不清了。

【国民党】

问：国民党在这个村干过坏事吗？

答：国民党过来抢东西，打人。

问：日本人在中国8年，在这个村干过坏事吗？

答：没有。

问：我是日本人，你不要客气，日本人干过什么你就说。

答：我知道的就说，不知道的就不说。

问：你家里雇过工或当过雇工吗？

答：都没有。

问：你在哪儿学的做饭？

答：没有学过。

问：你们孟家吃过伙饭吗？

答：没有。解放前、后都没有吃过。

【信仰】

问：解放前这村有土地庙吗？

答：有。

问：家里供神吗？

答：过去有，解放后就不信神了，没有了。

问：土地神为你干过好事吗？

答：没有干过好事。都是迷信。

【互助组】

问：互助组时，你与谁是一个组？

答：记不清了。我只管干活、吃饭。

问：互助组是怎么成立的？

答：关系好的户在一个组。

冯恩寿

时　　间：1991年8月14日下午

访 问 者：三谷孝　佐藤宏

翻　　译：贾宝波
场　　所：冯家村小学校

（与会者乡长彭庆云）

【家庭基本情况】

问：你今年多大了？

答：我今年 70 岁。

问：你是在这个村出生的吗？

答：是的。

问：你父亲的名字叫什么？

答：他叫冯振立。

问：你父亲过去做什么工作？

答：我们是穷人，在本村种田，后来我父亲到天津拉过洋车。

问：你父亲还在世吗？

答：他已去世了。

问：什么时候去世的？

答：在日本人走后，具体哪一年已记不清了，他死了几十年了。

问：你还记得你父亲去世时多大岁数吗？

答：74 岁。

问：你的母亲叫什么名字？

答：叫冯林氏，过去没有名字。

问：你母亲从哪个村嫁过来的？

答：从王家园村来的。

问：你母亲什么时候去世的？

答：比我父亲晚 5 年，解放以后去世的。

问：你母亲不在时多大？

答：80 岁。

问：你们家祖先是从哪里搬来的？

答：不清楚。

问：你有几个兄弟？

答：兄弟 4 人，我排行第三。

问：你大哥叫什么名字？

答：我大哥叫冯恩祥。

问：你大哥已不在了？

答：是的。

问：他是什么时候去世的，怎么死的？

答：他去世很早了，他是病死的。

问：你二哥呢？

答：我二哥也早死了。

问：你二哥叫什么名字？

答：他叫冯恩喜。

问：他干什么工作？

答：他学的理发，在天津市干过。

问：你四弟呢？

答：他现在还活着，叫冯恩宝。

问：他比你小几岁？

答：比我小 12 岁，现在天津市，已退休了。

问：他在天津干什么工作？

答：在天津玻璃纤维厂。

问：有姐妹吗？

答：有 3 个姐姐，1 个妹妹。

问：她们都叫什么名字？

答：她们都没有名字。

问：你妹妹呢？

答：她很小就去世了。

问：是在解放前死的吗？

答：是在解放前去世的。

【土地状况】

问：你父亲在的时候，家里有几亩地？

答：7 亩地。

问：你家里有 8 个兄弟姐妹，加上父母 10 口人，只有 7 亩地能养活过来吗？很困难吧？

答：很困难，还可以。

问：有什么副业吗？

答：编席子。

问：现在还会吗？

答：会，不过已经不干了。

问：你还给地主干活吗？

答：租过地主的地，不多。给地主干活，他给工钱。

问：你租过几亩地？

答：租过六七亩地。

问：租的哪个村地主的土地？

答：是邻村的，只知道他姓林，不知他叫什么名字。

问：你也干过帮工吗？

答：干过。

问：你干活的地主家有很多钱吗？

答：他有很多土地，也有很多钱。

问：你干活的地主家有多少土地？

答：说不清。

问：你到地主家打短工，有人介绍吗？

答：我早点去，有活就雇我。

问：过去你们这里有短工市场吗？

答：有。

【教育】

问：你上过学吗？

答：上过。

问：你上过几年学？

答：上过五六年学。

问：你多大岁数上学的？

答：14 岁。

问：以后你一直在这儿干活吗？

答：是的。

问：那你上学没用了？

答：是的，没有用。

【家庭成员】

问：你什么时候结的婚？

答：21 岁结婚。

问：你老伴叫什么名字？

答：叫李庆春。

问：你老伴还在吗？多大了？是哪个村人？

答：她还在，今年 67 岁，是天津郊区人。

问：你几个孩子？

答：9 个。

问：你有几个儿子？

答：2 个。

问：长子叫什么名字？

答：叫冯文禄。

问：今年多大了？

答：48 岁。

问：干什么工作？

答：种地。

问：你二儿子叫什么名字，多大了？

答：他叫冯文海，27 岁。

问：他干什么？

答：他在乡里工作，是干部，大专毕业。

问：什么大专毕业？

答：天津杨柳青机电学院。

问：你的大闺女叫什么名字？

答：叫冯玉香。

问：二闺女叫什么名字？

答：叫冯玉珍。

问：三闺女叫什么名字？

答：叫冯玉芹。

问：四闺女叫什么名字？

答：叫冯玉英。

问：老五叫什么名字？

答：叫冯玉娴。

问：老六叫什么名字？

答：叫冯玉霞。

问：大闺女多大了？

答：46 岁。

问：小闺女多大？

答：25 岁。叫玉芳。

问：你的闺女都结婚了吗？

答：还有一个没有结婚。

问：现在干什么工作？

答：在中学当老师，大学专科毕业。

问：哪个大学专科毕业的？

答：天津师专。

问：在什么地方当中学老师？

答：在乡里的中学当老师。

问：有对象了吗？

答：有了，还没有结婚。

问：是有人介绍的吗？

答：有人介绍。

【日军暴行】

问：你还记得日本人来的情况吗？

答：有的还记得，他们来了害怕跑了。

问：那是什么时候？

答：当时我还小，十几岁。

问：你跑到什么地方？

答：往南面跑，到洼里去。

问：他们来干了什么事情？

答：抢东西我不知道，因为我跑了。打死人我知道，我们亲叔叔被他们用手榴弹炸死的。

问：你叔叔叫什么名字？

答：他叫冯振海。

问：什么时候？

答：刚进村的时候。

问：你们村里就死了一个人吗？

答：是的，就死了一个。

问：除了你叔叔以外，你的亲属还有没有被打伤的？

答：没有。

问：你见过日本军吗？

答：见过。

问：什么时候？

答：1937年。

问：日本军来的时候，抢东西没有？

答：他们烧了一把火。

问：你们家的房子被烧了吗？

答：没有，别人的被烧了。

问：你记得日本人在你们村住过没有？

答：不记得了。

问：除了你们村外，其他村被日本人烧过没有？

答：那时我小，不清楚。

【八路军】

问：你第一次见到八路军是什么时候？

答：那个时候八路军晚上来，我见到他们是在日本投降以后。

问：那时八路军说什么？

答：没说什么，就是说要解放了，八路军好。

【国民党军队】

问：日本人投降以后，国民党军队来你知道吗？

答：知道，我们这里住的是国民党保安团。

问：保安团在这里干过什么事？

答：他们没有干过好事，干的都是坏事。

问：干什么坏事？

答：看见你就打你，要东西。

问：你们这里有没有被国民党杀了的？

答：有，有一个老头被打死。

问：那个大爷叫什么名字？

答：叫孟玉田。

问：为什么要杀他？

答：说他是八路军。

【民间组织杂枪队】

问：你们这里有什么民间组织吗？

答：不知道。

问：你见过“红枪会”、白莲教吗？

答：没有，只有保长、甲长。

问：你参加过什么组织？

答：我在村里参加过杂枪队，用的是一

根棒，为了保卫本村。

问：是抗日时期吗？

答：不是。国民党时期。

问：杂枪队有多少人？

答：村里的男青年都参加。

问：有什么武器？

答：就是一些杂枪。

问：你们受过什么训练吗？

答：没有。

【民间信仰】

问：解放前你们有没有宗教活动？有没有信教的？

答：不知道。

问：你家里供养土地神吗？

答：没有。

问：你们村有庙吗？

答：有。国民党时拆了，共两个庙。

问：什么庙？

答：土地庙、财神庙。

问：你参加过什么宗教吗？

答：现在没有了，过去有。

问：家里供的土地神什么时候不要的？

答：解放后。

【土地改革】

问：你还记得“土地改革”的事情吗？

答：记得，我还分了地。

问：你分了多少土地？

答：2 亩地。

问：你个人吗？

答：是全家。后来有 12 亩地。

问：“土改”时你家是什么成分？

答：贫农。

问：互助组时你和谁在一个组？

答：和邻居在一个组。

问：有几户？

答：10 多户。

问：“土地改革”时，你们村的积极分子有谁？

答：记不清了。

问：解放后，你一直在本村务农吗？

答：是的。

问：你认为什么时候你生活最好？

答：现在。

问：你现在收入哪来？

答：种地。

问：你还能种地吗？

答：能，要不是你们来，我早就下地了。

问：你老伴也能种地吗？

答：她身体不行，干不了什么事了。

孙玉常

时　　间：1991 年 8 月 15 日下午

访 问 者：三谷孝　佐藤宏

翻　　译：贾宝波

场　　所：冯家村小学校

【家庭成员】

问：你叫什么名字？

答：孙玉常。

问：你今年多大年纪？

答：71 岁。

问：你是在这个村出生的吧？一直在这个村住吗？

答：是。

问：你父亲叫什么名字？

答：孙利顺。

问：你父亲从前干什么？

答：拉洋车。

问：是否一直干这种事情？

答：年轻的时候种过地，拉胶皮车，赶

马。在家种地30年，拉胶皮车、赶马车40年。

问：在哪儿赶马车？

答：在天津。

问：他年轻的时候当过农民？

答：对。

问：种的谁家的地？

答：自己家的。

问：家里有几亩地？

答：十五六亩。

问：你父亲现在还在吗？

答：不在了。

问：你家有十五六亩地，那么，你父亲拉洋车后，谁种地？

答：我伯父。我父亲他们哥俩。

问：你伯父在家种地？

答：对。

问：你母亲叫什么名字？

答：旧社会妇女没有名字，叫孙沈氏，随我父亲的姓。

问：你母亲的娘家是哪个村？

答：白杨树村。

问：你兄弟几个？

答：两个。

问：你是老大？

答：对。

问：你弟弟叫什么名字？

答：孙玉升。

问：他多大年纪？

答：67岁。

问：是农民吗？

答：农民。

问：你有姐妹吗？

答：有一个姐姐。

问：她叫什么名字？

答：江孙氏。

问：她在哪个村住？

答：在良王庄。

问：她多大年纪？

答：83岁。

问：还在吗？

答：还在。

【学校】

问：你上过学吗？

答：上过。

问：上过几年？

答：4年。

问：在这个村吗？

答：是。还上过其他学校。

问：什么时候？

答：33岁时，还上过干部学校，专区办的。

问：解放后上的干部学校吗？

答：是。

问：在什么地方？

答：武清县台村。

问：谁办的学校？

答：国家办的。为了培养人才。

问：你在此学校学习多长时间？

答：6个月。

【日军暴行】

问：从前日本军队来时的情况你还记得吗？

答：记得。

问：请把你记得的情况说一说好吗？

答：好。日本军队来的时候我才17岁。在这个村打过30次仗。当时中国的驻军是29军。

问：你见过日本军队吗？

答：见过。

问：哪年？

答：民国二十七年（即1938年）。

问：日本军队都干过什么事？干过哪些坏事？

答：日本兵作风不正派，强奸妇女，要鸡、鸡蛋，打骂人。

问：有人被杀吗？

答：拿枪打死了一个人。

问：打死了几个人？

答：这个村一个。别的村也有。

问：死的那个人叫什么名字？

答：冯振海。

问：邻村的那个叫什么名字？

答：外号叫大木头，真名不知道。

问：别的村死了几个？

答：不知道。那时我才十几岁。

问：你的亲属、亲戚中有被打伤的吗？

答：没有。

【国民党军】

问：国民党的事你还记得吗？

答：记得一些。

问：国民党在这个村干过什么？

答：国民党的正规军还好些，杂牌军不行，他们打人，随便要东西。

问：日本军走了以后，国民党在这里成立过什么组织？

答：没有。

【杂枪队】

问：杂枪队有吗？

答：有。

问：杂枪队的领导人是谁？

答：我不清楚，记不得了。

问：姓什么？

答：有一个姓孙的。

问：有多少人？

答：八十来个人。

问：他们有什么武器？

答：扎抢（铁杆上有尖）。

问：附近村庄有这种组织吗？

答：各村都有。

问：杂枪队跟军队打过仗吗？

答：没有。他们只打更，保卫村。

【新民会】

问：你给日本人干过什么活？

答：修桥。

问：给钱吗？

答：给。一天 5 角钱。

问：村里人都去干吗？

答：年轻人都去。

问：你知道“新民会”这个组织吗？

答：我不知道。

问：你知道“新民会”干过什么吗？

答：我只知道村里有帮工的。

问：帮工是干什么的？

答：伪军来了要东西、要粮食，帮工们管。

问：村里有几个人参加？

答：10 户一个头。

问：是强迫参加吗？他们干过什么？

答：要过几次钱。是国民党要粮要钱。

问：你是不是记错了？不是日本人在的时候的事吗？怎么为国民党要东西？

答：是日本人在的时候，国民党的杂牌军配合日本人。

【红枪会与杂枪队】

问：你知道“红枪会”吗？

答：杂枪队就是“红枪会”。

问：你知道“年轻会”吗？

答：没有“年轻会”。

问：杂枪队经过训练吗？

答：是。

问：怎么训练？

答：跑步，排队，喊操一、二、三。

问：杂枪队遇到日本军、伪军时打仗吗？

答：没有。他们打不了仗。

问：参加杂枪队是农民自愿的吗？

答：有领导。是县里来领导组织的。国民党杂牌军和日本人共同领导，总的都归日本人管。

问：你刚才说是国民党时组织的呀！怎么又归日本人领导？

答：日本在时也有。

问：你记得对吗？他们不是保卫村庄吗？

答：对。他们保卫铁路，保卫村庄，站岗，也为日本人干事。

孙玉常（第二次访问）

时　　间：1991年8月16日上午

【宗教组织】

问：昨天我们讲这个村有天主教、白莲教，还有三佛会，别的组织还有吗？

答：没有了。

问：不是宗教组织有凑到一起的吗？

答：没有。穷人没有组织起来。

【农村借贷】

问：过去没有钱的时候，向谁借钱？

答：向有钱的人借。

问：借钱有没有契约？

答：我借的时候没有契约。

问：利息高吗？

答：不高。有高的，也有低的。

问：向哪个地主借钱？

答：姓刘的地主。

问：他叫什么名字？

答：刘文发。

【日军侵华】

问：日本军在时，你为日本人做过事吗？

答：我没有做过，吴金贵做过。他是织布的。

问：是在静海县吗？

答：不。在天津市。

问：日本投降的时候，你还记得吗？

答：记得。

问：你是在哪里知道的？

答：在我家里知道的，在本乡。

问：你当时是怎么想的？

答：日本人投降了，日本人被打败了。

问：你心里是怎么想的？

答：日本人走了，高兴啊！

问：日本是1945年8月15日投降的，咱们这里为什么是1947年呢？

答：当时是从南方过来的，可能是打败了。咱们这儿是1947年。他们从天津回国。

【土地改革】

问：这里哪年搞“土地改革”？

答：1952年。

问：你1949年入党，谁介绍的？

答：郑亦农。

问：入党后干过什么？

答：送过信，还开过会。

问：开会，什么内容？

答：研究如何消灭封建制度，建立新的社会制度。

问：“土改”时你在吗？

答：在。

问：“土改”时你家里有多少地？

答：有15亩地。

问：“土改”时家里有多少人？

答：5口人。

问：你什么时候结的婚？

答：26 岁时。
问：是日本人投降以后吗？
答：可能是吧！

【家庭成员】

问：你老伴叫什么名字？
答：叫朱娴丰。
问：多大年纪？
答：65 岁。
问：你老伴从什么地方来的？
答：她是南边的青县人。
问：你有几个孩子？
答：一个儿子，两个闺女。
问：长子叫什么名字？
答：他叫孙宝洪。
问：女儿叫什么名字？
答：大闺女叫孙宝兰，二闺女叫孙宝荣。
问：你大儿子干什么工作？
答：务农。
问：大闺女呢？
答：她也务农。
问：在什么地方？
答：在良王庄。
问：二闺女多大了，干什么工作？
答：二闺女 29 岁，也在务农。
问：结婚了吗？在什么地方？
答：结婚了，在十里铺。

【土地改革】

问：“土地改革”时，你们村的头是谁？
答：那时的头，叫王如东。
问：1952 年时有农会吗？
答：没有农会。
问：除王如东外还有领导人吗？
答：还有位叫王英。
问：“土改”时有没有工作组？
答：有。
问：从哪里来的？
答：从天津市来的。
问：当时有没有将村里的人招到一起开会？
答：开过会，还讨论过。
问：“土改”时，你们村划的地主、富农、中农、贫农是谁，您还记得吗？
答：记得。
问：几个地主？
答：2 个地主。
问：富农呢？
答：3 个富农。
问：中农呢？
答：中农有上中农、下中农。
问：还有佃农吗？
答：没有。
问：中农有多少？
答：中农加到一起，有 30 多户。
问：贫农有多少？
答：20 余户。
问：中农比贫农还多呀？
答：“土改”时定的。
问：“土改”前村里有没有到外地工作的？“土改”时又回来的。
答：有从东北回来的。
问：“土地改革”时怎么改？
答：斗了地主，将土地分给贫农、下中农，并公布了谁分多少地。
问：地主、富农有没有反抗？
答：没有。当时对斗地主把得很严，不准打人。

【互助组】

问：后来，你们成立了互助组吗？
答：成立了。
问：组成几个互助组？
答：6 个互助组。

问：互助组的成员，是邻居还是要好的人组成？

答：是关系好的人组在一起的。

问：你和谁在一起？

答：有王英。

问：还有谁？

答：还有孙宝民。

问：还有谁？

答：想不起来了。

问：共几户？

答：7 户。

问：7 户人家对你都友好吗？

答：都友好。

问：互助组的牲口怎么样？

答：有好的，也有差的。劳力和牲口都算。

问：互助组还有别的活动吗？

答：没有什么别的活动。

问：你们村的庙什么时候破坏的？

答：发大水那年，是在国民党的时候。

【做村干部】

问：你从哪年开始当书记的？

答：1957 年当过书记，这之前 1952 年当过副书记。

问：副书记一直当到 1957 年吗？

答：是的，一直当到 1957 年。

问：1957 年当正书记当了几年？

答：当了 2 年。

问：1957 年到 1959 年，1959 年以后还当过吗？

答：又当副书记。

问：当了几年？

答：一直当到 1967 年“文化大革命”的时候。

问：你当书记时，为村里干的最大的事是什么？

答：最大的事就是“土地改革”。

问：还有什么大事？

答：还有修水利、成立合作社。

问：还有什么？

答：人民公社、“大跃进”。

问：“反右派”你知道吗？

答：咱村没有。

【1963 年水灾】

问：听你村有位老人说，1963 年发大水。你们村当时搬到什么地方去避难？

答：到武清县。

问：大家都去武清县吗？

答：都到武清县。

问：到那里蹲了多长时间？

答：3 个月。

问：你住的房子什么时候盖的？

答：大水以后盖的。

问：你盖的房子，自己花钱，还是国家花钱？

答：自己花一部分，国家拿一部分。

问：那时盖房花多少钱？

答：当时就盖了一间房子。

问：后来又盖了几间房？

答：后来又盖了一间半。

问：你工作中的干部，和你比较好的是谁？

答：吴金城。

问：还有别人？

答：还有孟德永。有时也不合。

问：就这两个人？

答：就这两个人。

【生活感受及状况】

问：你现在 67 岁，你觉得生活最好是什么时候？

答：是现在。

问：最苦的是什么时候？

答：1960年，那时庄稼没收，挖沟，没吃的。

问：有饿死人的吗？

答：死了12人，吃的不足。

问：你现在还能干活吗？

答：能。

问：你的老伴还干活吗？

答：她不干活。

问：你种的什么粮食？

答：种的粮食有麦子、玉米、豆子、大麦。

问：你家有牛、驴、车子？

答：有牛和车子。

问：什么车子？

答：小车子。

问：干一年活能攒多少钱？

答：不一样。

问：最好的时候？

答：最好的一年3000元左右。

【肥料】

问：新中国成立40年来农村的肥料有什么变化？

答：肥料有变化。40年前肥料少，现在多了，化肥多了，现在随便买，过去不能随便买。

问：你和老伴在一起吗？

答：在一起。

孟德荣

时　　间：1991年8月13日上午

访 问 者：浜口允子

翻　　译：齐秀茹

场　　所：冯家村小学校

【家庭状况】

问：今天想请讲讲你的一生是怎么生活过来的？

答：生活嘛，过去不幸，现在幸福。以前农村卖什么的都没有，现在卖鸡蛋的，猪、羊肉的，各种菜、瓜果，到处都有，不错，现在吃的都是白面、面包，喝豆浆。我全家8个孩子，6个男孩，2个女孩，每一个孩子一处砖房。

问：你多大年纪？

答：70岁。

问：是在本村出生的吗？

答：是。

问：你父、母叫什么名字？

答：父亲叫孟玉田，母亲叫刘凤英。

问：您父亲以前是干什么的？

答：他是革命烈士，是让日本人用刺刀杀死的。

问：是哪一年被杀害的？

答：1944年。

问：实在对不起，向你们家道歉！他去世前是干什么的？

答：是医生。

问：是在本村当医生吗？

答：是，看妇科的。

问：他参加农活吗？

答：参加。

问：当时家里有多少土地呢？

答：12亩。

问：你母亲也做农活吗？

答：做农活，现病故了。

问：这12亩地就只是你父母干吗？

答：我也种地。

问：你有兄弟姐妹吗？

答：就我一个，没有兄弟姐妹。

【教育】

问：你上过学吗？

答：只上了 3 个月。

问：几岁上的学？

答：8 岁。

问：是在哪里上的学？

答：在这村里。

问：是私塾？还是学校？

答：是天主教办的洋学堂，家里没有钱，那里不要钱，就去那里上了，人很多，大家一块上。

问：为什么只上了 3 个月？

答：家里没有劳力，地里活忙。

问：只有这 12 亩地吗？还租地吗？

答：不租地，后来大了给人家打短工，打月工。

问：是给本村的人干活吗？

答：不是，劳力有一个市场，想打工就去市场，哪里有用人的，就领走了，市场在罗家村。

【天主教】

问：这个村教堂是什么教？

答：天主教。

问：过去有多少信徒？

答：三四十户。

问：搞什么活动？

答：坐看念经，过去有，现在也有。

问：哪些姓是信教的？

答：有姓贾、李的，都有。

问：有神甫吗？

答：过去有，现在没有。

问：是中国人吗？

答：是中国人。

问：是神甫教你们吗？

答：不是，是一个老师，史永兰老师。

问：战争时期天主教还活动吗？

答：不活动了。

问：解放战争以后有活动吗？

答：没有，从战争以后就没活动了。

【1939 年水灾】

问：抗日战争时期村里的情况，特别是您父亲的情况，能介绍一下吗？

答：1939 年闹大水（水灾），卖儿卖女，大部分都外出逃荒去了。

问：这村真有卖孩子的吗？

答：有，王万兴家就先卖了一个女孩，后又卖了一个男孩。

【日军暴行】

问：日本军进村后给这个村带来什么危害？

答：民国二十九年（1937 年），日军进这个村的，之后强奸妇女，把女的拉到屋子里进行强奸。这个妇女的名字不便说出。

问：你父亲被日本军杀害，是被进这个村的日本军杀害的呢，还是其他的？

答：是被进这个村的日本军杀死的，在河边被杀死的。

问：日军为什么要杀你父亲？

答：日军见人就打，有的跑了，我父亲上岁数了，跑不动了，就被杀害了。当时父亲 54 岁。

问：那时你父亲在村里是管事的吗？

答：是村长，八路军的村长。当时村长两边都有。我父亲是八路军村长，所以被定为革命烈士。

问：你们将听取到的有关日本军在战争时期给中国人民带来的灾害，讲给现在日本的年轻人。你们村有几个八路军？

答：当时有 4 个人是八路军。

问：除你父亲外，其他 3 个人怎样？

答：在我父亲被害的一个月前，3 人都被

日本人杀害了。

【革命烈士】

问：你家革命烈士是地方命名的，还是国家命名的？

答：是中央定的，有烈士证。

问：国家给予什么样的照顾？

答：不满 18 岁的小孩，由国家每月给 12 元的生活费，满 18 岁后就享受荣誉待遇。

问：你父亲牺牲以后家里生活怎么过？

答：我给人家扛活，解放后政府发给了 12 元生活费。

问：你给人家干活是月工吗？

答：是短工，给人家割麦子，一天 2 块钱。

问：那你家的 12 亩地怎么办？

答：我主要是给自家干活，有时间的话抽空去打短工。

问：你母亲能下地干活吗？

答：她是缠足的，主要在家里干活。

【婚姻】

问：你父亲去世时你多大年龄？

答：20 岁，我身体结实。

问：你什么时候结婚的？

答：26 岁时结的婚。

问：你媳妇是哪个村的？叫什么名字？

答：是本村人，叫吴金兰。

问：为什么选中了吴金兰？

答：从小定的亲，父亲还活着的时候就定亲了，她比我小 8 岁。

问：你们俩是 1946 年结的婚，从此以后你们共有 8 个孩子？

答：隔两年生一个，就这样生活着。

【土地改革、农业合作化】

问：结婚后还是那 12 亩土地吗？

答：是，平时还要编席子挣钱。“土改”后按人的数量分地，当时我们 5 口人，共 15 亩地，每人 3 亩地。

问：什么时候“土地改革”的？

答：忘了，好像是 1952 年。

问：为什么有人当时不想搞合作化？

答：想搞个体经营，搞单干。

问：高级社的时候要交土地，是全村都交土地吗？

答：是全村都交。

问：“土改”的时候把土地分给大家，现在又要把土地都交出去，大家都愿意吗？

答：也有不愿意的，就做思想工作，进行解释。

问：怎样进行教育？

答：就说你干这个，他干那个，就没法统一；另外，对地主、富农、反革命加强管制。

【入党、八路军】

问：你是一个年轻的共产党员，为什么要入党？

答：当时韩区长给介绍说，共产党抗日，帮助穷人翻身求解放。让穷人有饭吃，就入了。

问：什么时候你开始听到马克思、恩格斯的名字的？

答：1944 年时就听说马克思、列宁主义。

问：是看书的，还是听说的？

答：当时有党员教材、党章，自己文化低，是通过宣传得知的。

问：党员学习是什么时候，在什么地方学习？

答：解放初期，是在农会会员家秘密学习。

问：当时大家都不知道谁是党员吗？

答：不知道，只是农会会员之间知道，

其他人不知道，到 1950 年开大会时，大家才知道。

问：战争期间的韩区长从那以后怎么样，现在还活着吗？

答：1945 年春天牺牲了，阴历的三月。

问：怎么牺牲的？

答：韩区长掩护八路军时被国民党杀害了。韩区长是八路军的区长，国民党知道后，包围了他家。烧他家的房子，他从房子里跑出来抵抗时被子弹打死了。

问：他家就在这附近吗？

答：具体不知道，好像在林县那一带。

问：那韩区长不是这一带的区长？

答：他是八路军的区长。

问：你是八路军吗？

答：参加过八路军。

问：什么时候参加的八路军？

答：1944 年入党后参加的，是三小队的队员。

问：三小队是什么？

答：是区小队，八路军在这一带有部队，这个村是三小队。

问：三小队共有多少人？

答：30 人左右，光三小队打不了仗，还有好几个小队，约 400 人，在陈官屯打过仗，那个时候我的牙齿出血。

问：那是哪一年？

答：三小队掩护了主力部队，这是解放战争时期的事。当时，三小队被敌人包围，那时韩区长牺牲的，是 1945 年的事情。

问：在国共内战的时候你就是三小队的吗？

答：是在那次陈官屯战斗中，因牙齿出血就从部队下来了。

问：那在部队一共待了几年？

答：只待了十几天。以后在村里帮助共产党搞活动。

【家庭成员】

问：你几个孩子，都干什么呢？

答：大儿子在静海县城开汽车，二儿子是海员，三儿子在公社阀门厂当工人，就是做水管子的开关口，四儿子在村里当建筑工人，五儿子在静海县城焊接厂当工人，老六在村里橡胶厂工作。

问：孩子们挺出色的，他们都结婚了吗？

答：都结婚了，自己都有一套新房。

问：你现在跟谁在一起生活？

答：我和老婆，还有一个小姑娘。

问：大姑娘呢，结婚了吗？

答：结婚了，嫁到地柳堡村。

问：你这 6 个儿子都是自由恋爱结婚的吗？

答：都是介绍的，自己觉得好就同意了，我很满意。

问：有几个孙子？

答：有 4 个孙子，2 个孙女。

问：是一个很幸福的家庭啊！

答：孩子们都成家了，我们就完成任务了。

问：你现在住的房子是什么时候盖的？

答：是土房子，1964 年盖的，当时是两间，后又加了 1 间，现在是 3 间。

【被捕经历】

问：你从部队回到村里后是怎么帮助八路军的？

答：调查敌人的情况，炮楼里有多少人，枪支弹药，然后给区里，区里转交给八路军。八路军根据这些情报进行斗争。

问：那时像您这样帮助八路军的人，村里还有吗？

答：就我一个，后来被国民党的警备队逮捕了。

问：为什么抓你呢？

答：认为我是八路军。

问：抓了你多长时间？

答：一个多月。

问：在这一个月期间让你干什么了？

答：就在那儿坐着，每天给一个凉窝头，一碗汤。

问：都问你什么了？

答：问：你怎么回事？我说：我是孤子（注：独生子），我在天津市内拉洋车（这时本人做示范动作，他在牢房里是怎样坐着，怎样给他上刑），他们对我的实际情况并不了解，后来村里的人凑钱，用10个布包的钱把我给赎回来了。

问：那是哪一年的事情？

答：1948年正月初六（旧历）被逮捕一个月后被赎出来的。

问：那个时候你老婆怎样？有几个孩子？

答：我那时还没结婚呢。26岁结的婚。

问：你结婚是在解放前还是解放后？

答：解放前，1948年7月左右，被捕是1948年1月。

问：是被捕出来后结婚的？

答：是。

问：被捕出来后还帮八路军办事吗？

答：帮。被捕时我还真不害怕坐板凳，在监牢里没怎么给我动刑。

【解放时状况】

问：请介绍一下解放时村里的情况？

答：随便问吧。

问：你是怎么知道解放的？

答：来了个叫田业农的区政委，是铁道部的人，来这里进行宣传，大喇叭宣传“天津解放了，天津解放了”。那是1948年腊月，公历是1949年1月。

问：听到这个消息第二天村里的情况怎样？

答：大家高兴，敲锣打鼓，扭秧歌，我那时吹笙。

【农会】

问：解放后你管什么？

答：管民兵武装。

问：农会到什么时候结束的？

答：农会到高级社时就结束了，后来由党支部决定。

【“大跃进”】

问：请你介绍一下“大跃进”？

答：搞“河网化”，填沟挖渠，深翻土地，这就是“大跃进”。

问：当时村里有食堂吗？

答：有食堂，都吃食堂。

问：什么时候开始吃？

答：从1958年开始，到1961年就解散了，1961年我当书记。开始时是全体都去吃食堂，后来就是老婆、孩子们在各自家吃。

问：食堂在什么地方？

答：在郝开顺家，他们家有大门，能放一辆车的地方，在那里大家吃食堂。

【生活感受】

问：你这70年什么时候最苦？什么时候最幸福？

答：最苦的时候是坐监狱，最幸福是现在。

问：你觉得现在哪一点最好？

答：孩子们都听说、听道（注：听父、母话），他们每月都给我10块钱，我也没困难，不着急、不生气。

问：老伴身体好吗？

答：她身体好，比我小8岁。

问：听你说现在最幸福，我也很高兴。

张宝善

时　　间：1991 年 8 月 14 日下午

访 问 者：魏宏运　浜口允子

翻　　译：齐秀茹

场　　所：冯家村小学校

【解放前家庭与土地状况】

问：您是哪一年出生的？

答：我是 1930 年出生，今年 61 岁。

问：就是在这个村出生的吗？

答：是的。

问：您父亲叫什么名字？

答：叫张文贵。

问：您母亲呢？

答：姓郝，没名字，叫张郝氏，84 岁，还健在，身体很健康。

问：在一起生活吗？

答：在一起，我们夫妻和母亲 3 口在一起生活，3 个儿子都各人过各人的，一家一处房子。

问：孩子叫什么名字？

答：老大叫张建中，老二叫张建国，老三叫张建友。

问：他们都干什么工作？

答：都在工厂工作，这个村的锻件工厂工作。

问：以前您父亲做什么工作？

答：种地。解放前有 16 亩地。

问：这 16 亩地在这个村是算多的还是算少的？

答：我这地不多，多的有 80 多亩，70 多亩。

问：这 16 亩地够生活吗？不够的话，还租地吗？

答：租地种，收获时四六分，自己得四分，六分给出租地的人。

问：租种谁家的地？

答：我姑父家的地，叫王玉亭，是本村人。

问：王玉亭有很多地吗？

答：有 60 多亩。

问：您从他那里租多少亩？

答：租了 50 亩。

问：您那时有几口人？

答：5 口人，有父、母、祖父、祖母和我。

问：有兄弟姐妹吗？

答：那时没有，以后才有。这是在日本人来之后到解放前 4 年的情况都是这样。咱这个地区，八路军进得早，共产党进得早，我租种地的那一家，在天津有买卖，他全家都进天津市了，咱这里没解放前 4 年，八路军就进冯家村了，就把地分给大家种了，在 1944 年、1945 年就分给大家了，那时日本人还没投降，地就分给大家不动了，我原来的地我还种，那时没园子种菜吃，又分给我 1 亩 2 分地种菜，原先租的 50 亩地就交回去了。

【抗联、八路军与地道】

问：当时是什么组织干的这些事？

答：八路军一军在冯家村时，我姑父家是地主，就把他家的地交给村干部即抗联，不是农会。

问：抗联是村里的组织吗？与其他村有联系吗？

答：是村里的组织，不声明，与八路军有地下联系。

问：这个组织怎样做工作？

答：都在夜间工作，这个村白天是国民党，夜间是八路军，国民党和日本军来了，八路军就钻洞了，老孟家就有洞。（昨天来访

的孟德荣家）

问：这个洞能容纳多少人？

答：不等，有的能容七八人，有的能容三五人，还有的只能容一二人，这个洞从村里钻进去，再出来就是村外，出口都藏在高粱和玉米地里，老孟家在村的最边上。

问：谁挖的这个洞呢？这个地道有多长？

答：八路军挖的，洞口就是锅台口，别人不容易发现，地道有 20 多米。

问：老孟家的地道与别人家的地道沟通着吗？

答：别人都不知道，这是秘密，直到解放，这个洞都没有被暴露。日本军、国民党到老孟家找也没有发现，村里人只知道他家有洞，但不知道在什么地方，解放后老百姓才知道是这个洞。

问：当时有多少共产党员知道孟大爷家的这条地道？

答：大概有五六个人，我当时就知道。挖洞的是我大舅和二舅，孟大爷是我的表哥，他父亲是我舅舅。我当时只有 12 岁、13 岁左右，到舅舅家里玩，有时就看见他们挖。

问：孟大爷的父亲是革命烈士，他是您的舅舅？

答：他是我的大舅，还有二舅、三舅，三舅现在还活着。

问：您父亲张文贵也是共产党员吗？他知道这个地道吗？

答：他不是共产党员，不知道这个地道，他是个老农民，光会种地，种了一辈子地。知道这个洞的人有孟德荣、刘连城、吴金城、郝开顺、郝开甲，还有保长张希岭、刘文光，除郝开甲以外都是共产党员，还有其他人都死了。妇女有几个人知道，那时的抗联妇救会主任是孟德荣的妹妹，她也知道这个洞。

孟德荣（昨天采访的那一位）原来不姓孟，他父亲死了，他是跟随母亲改嫁来到孟家的，这个父亲不是他的生身父亲，母亲改嫁过来后又生了两个妹妹。孟德荣原来姓李。

问：您知道当时共产党员的一些事吗？

答：那时我还小，就是跟着跑一跑，日本人来了还说“你是小孩”，我那时没事。

【教育】

问：您上过学吗？

答：上过，从 8 岁到 12 岁在本村上学，学校是座庙，是个大寺，有供的神，老师那时梳着小辫，是念私塾。

问：当时学什么东西？

答：念书，一天念一遍，有《百家姓》、《三字经》、《弟子规》、《千字文》和上、下《论语》，那时玩的时候多，学的时候少，光是种地。我上学时日本人已经来了。

问：12 岁以后又干什么了？

答：种地。1947 ~ 1948 年在天津市学了两年买卖，1949 年我就回来了。

【八路军、分土地】

问：八路军修地道的事，您是怎么知道的？

答：那时我还小，有时去我舅舅家玩，院子里有土，听说是挖地道才知道了，那时小，也不敢说。

问：您认为八路军怎么样？

答：八路军来了就开会，组织队伍，宣传八路军如何好、如何抗日。

问：1944 年这个村进行了分地，那时是怎么分土地的。请介绍一下。

答：刚开始是谁家没有地种，把这地弄出去给这些人种了，“土改”是解放后进行的，当时是临时的。

问：临时分土地时分了多少地？

答：1944 年八路军来分的土地，是针对逃亡地主（注：指在农村拥有土地，但在城市做买卖的地主）而进行了一次临时性的土地分配，是把这些逃亡地主的土地分配给没有地种的农民，但所有权不归农民。真正“土改”是解放后，要写土地证，写好土地证后地就分了，就成自己的了。那时我们家也是吃不上、喝不上，只有3间小破房。那是在日本人来之前，也是外国人欺侮中国，来到这里看见没人就把房子全烧了，从此以后盖房子都特别矮小。1949 年解放后，1955 年才盖的新房，但 1963 年发洪水时又都冲垮了。我现在住的房子是在原来地基上 1989 年新盖的。

【住房、医疗、水灾】

问：新盖的房子还是3间？

答：是3间大房，4间小房，东、西厢房各2间。

去年得了一场病，医生说：您也别住院了，也别吃药了，您这是膀胱瘤，得做手术。住了将近一个月，当时体格也很好，不痛不痒，能吃能喝，白天就出去玩，晚上回来就像住旅馆一样，吃饭的时候早、中、晚各4两，一天三顿吃，天天都是。我做手术时比较麻烦，请的是一个姓安的教授，我们乡的书记是这个教授的学生，三附属医院的王院长也是这个教授的学生，给我做手术的姚医生也是那个教授的学生。手术做得不错。手术后又待了三个星期共45天，出院后又在总医院烤了一个月的电，去年这个时候正在烤电了。好了以后再接着干。村委会一共5个人，支部3个人，有一个人主要负责工厂，其余就是4个，人不多，事不少，人不够的时候我也盯着干。这个村现在就算可以了，比上不足、比下有余，想当初 1979 年我干的时候，我上来后农业就上来了，但还是穷，一个月 25 元的工资，我过去在生产队跑业务，1960～1963 年困难时期我出去搞猪饲料，人吃的豆腐渣、醋糟、酒糟，1963 年稍稳当一些，人们能凑合着吃饭，一来洪水，房子全倒了，几乎没留几家，那次洪水是最大的，牲口、人都迁到廊坊了。咱这一带都闹水灾，我们这村过去是十年九不收，以编席为生，不会编席的就该要饭了。现在早就不编了，从改革开放后就不编了。

【水利】

问：村里搞水利建设吗？

答：搞，1958 年“大跃进”时搞的。

问：搞了水利建设为什么还发那么大的水？

答：我先给您讲讲我们这里为什么叫“独流”。从廊坊水下来以后，到我们这里（画地图），几条河的水汇到一条河里，这就是独流河。这里就像锅底一样最低洼，在毛主席号召“一定要根治海河”时，在这里修了扬水站，又修了黑龙港河，又修了公路，公路的下面修了一条河，有了河以后再有水就往河里排，这样水就不会进入咱这个地区了。原来黑龙港河没有堤，后来又修了堤，根治海河后这里又修了闸，我们这里才不被淹了。1963 年的水来势很猛，多大的堤也挡不住，水下来后，部队用炸药把这里的堤炸开了，这样水直泻团泊洼，我们独流镇的水立刻退下去了（岸图表示），我们这个洼比团泊洼高。

问：黑龙港河是哪一年挖的？

答：1958 年以前挖的，如果不挖这条河，我们这里还得被淹。

问：挖了这条河后水应该控制住了吧？

答：小水控制住了，1963 年的大水控制不住。拿 1991 年大水来说，如果没这条河，水下来以后我们这里等于还是有水。

【电视机普及率、生活变化】

问：村里每家都有电视机吗？

答：除了儿子多的或家里只是老两口的，一般都有。彩电有，黑白也有。10年前看的都是黑白电视，现在年轻人买的都是彩电，我们家用的还是十几年前买的黑白电视，现在农村都不错。拿我来说，我有3个儿子、两个孙子、两个孙女，大儿媳在静海县农业局上班，大儿子也上班，两个孩子一个上中学，一个上小学，没赶上计划生育，生了两个，二儿子一个男孩，三儿子一个女孩。两个女儿都出嫁了（看照片）。5个孩子都不错，吃、喝、花都不愁，哪个孩子都有万儿八千的积蓄，多的有两万元，每个孩子都有一处房子。大的家是3间南房，3间正房；二的家是3间正房，两间东房，两间西房；三的家是4间正房，两间东房，两间西房。我过去那时候挨饿、受罪全赶上了，闹日本、国民党也赶上了，天一黑就没有家了，把门一锁，到处躲藏，这里离静海县城、离独流镇各有10华里，年年来大水，八路军划的船就来了，这里是游击区，经常打仗，打完仗八路军一走我们就倒霉了，日本人与国民党勾结到村里来要钱，那时10家为一甲，刘文光之类的都是甲长，一个村为一保，谁收的钱归谁，国民党收归国民党，日本人收归日本人。

【地主、富农】

问：接着刚才的问题想再问一下，1944年地主、富农都逃走了，那么1945年以后就没有地主、富农了吧？

答：有，那时这村里只有一户地主逃走了，他们在天津市内有买卖，就是王玉亭家，王玉亭属于逃亡地主，他户口迁去天津市内了。还有一户地主是李金泉，另外还有两户富农，即两户地主，两户富农。

问：那么1944年分的土地就是王玉亭的60亩地了。

答：大概是60亩。

【农村干部】

问：村的领导情况，具备什么样的资格才能当领导？

答：以前村领导都是老头们，都老了，干不了了就重选，选上谁谁就干。拿支部来说吧！我被选上当书记，我就重新组织支部，原来支部的人能用就用，不能用的就不用，支部书记和委员都是通过选举产生，从下到上选出来，党员座谈，然后乡里来人根据选的情况而定。

问：当村干部有什么条件？

答：支部书记必须是共产党员，由全体党员投票选举。如果老了，没能力了，就不干了。

问：村里的其他干部如大队长之类的，具备什么条件才能担任？

答：除支部书记外，跟乡里协商，经过党员会同意，才能产生村主任，党员、群众都行。大家看你有能耐，能当起村里这个家，这样大家就选你，选出来后，张榜公布，经过村党员同意，再上交政府、乡党委批准，然后就行。村主任选举是全村人选举，村委会和支部是分工合作。

问：如果是在外面工作过后回乡，又有能力又有知识这样的人能当村干部吗？

答：如果你在村里有户口，村里人觉着你有能力、能干，就可以选你。

问：要的能力是什么样的能力？

答：能为人民服务，为人民谋幸福，能带领群众致富，办好村工厂。

问：现在的年轻人想当村干部吗？

答：现在年轻人大多数不愿意当村干部，十一届三中全会后，群众的觉悟都挺高，干部不好当，要求干部办事要合理、公平、公开，能吃苦耐劳，态度要好，肯为大家办事，同时还要受大家监督。

问：为什么年轻人不愿意当村干部？

答：年轻人出去干活每月能挣 300～400 元，有的 500 元，而村干部每月才 150 元。

问：那将来怎样培养年轻人呢？

答：（指着身边的一位年轻人说），这不是培养年轻人嘛，我就是培养他，这是接班人。他是共产党员，选上他了，钱少也得干，不忘党组织嘛！

问：村干部的待遇还能提高吗？

答：这得根据村里的经济情况而定，有 100 元的村，还有 80 元的村，经济发展就能提高。

问：经济好了还能提高吗？

答：可以提高，但如果干部工资太高，群众工作不好做。我们村群众与干部不对立，干部工资不高，我上来后，1981～1983 年村干部没有工资，1984～1986 年 40 元的工资，1985 年建学校得到静海县教育局的援助，1985 年大队收入 5000 元，1986 年收入 1 万元，1987～1988 年收入 2 万元左右，1990～1991 年建工厂花了 30 多万元，现在又新盖厂房，买设备，投资 20 万～30 万元，预计明年收入、产值、利润翻一番，天津市给我们活儿，今年给 800 吨，明年就给 1600 吨，这是设想。农村比工厂难办，这个村 600 多人口，能干活的有 400 多口，他们都看着村干部，如果您做得对，他就支持您，做得不对他反对您，现在的年轻人不愿意干村干部，村里年轻人最低都是中学毕业，他们都想找个合同工，将来就有铁饭碗了，农村没有铁饭碗，他们都想进城，在城里找对象。

【迷信与信印】

问：村里的老人还迷信吗？

答：信，过年上坟、烧香，但这村里没有庙，这个村有信天主教的，到天津市去做礼拜。

问：您信教吗？

答：我信大教，即汉民的教，不是少数民族的教。

问：天津教堂是哪一年修盖的？

答：民国初年，有 60～70 年了。

【农村生活、农业税】

答：我的儿子们在工厂上班，下班后种地，以农业为主，每人每月挣 300～400 元，为什么农村还这么富裕呢？这是因为除挣工资外，种菜、种粮还能卖钱，而吃粮、吃菜、喝水、住房都不用花钱，平时烧柴禾也不花钱，只有冬季买煤时花点钱，这些积在一起不就富了吗？农村与城市不一样。

问：种菜每年上缴多少税？

答：种菜不上税，种粮食缴点公粮，缴点农业税，我们村每年缴 1700 元左右农业税。

问：平均每一亩地缴多少税？

答：农业税、排灌税、军属补助费这三项不要现金，麦收后每人缴 20 斤麦子，秋收后每人缴 20 斤玉米。粮食归粮站，村里不要钱。军属补助费用于参军的，每年交 600～700 元，乡里统一向各村抽，然后村里再向乡里领取，如村里有 6 个军人，就领 6 个人的费用，两个人就领两个人的费用，没有参军的人就不领取。

我刚才说的排灌费，如果村里发大水了，地里有积水，得向外排，这样每亩地交 1 元钱。

问：一亩地缴多少公粮？

答：十四五斤左右。

问：上缴给什么地方？

答：上缴给国家粮库（粮站、粮食局）。另外粮食有定购，我们这里每年都有定购，多了也不收。比如说，您今年收 1 万斤粮食，我该向您征收多少粮，就是多少，您今年收100万斤粮食，我也不会多向您征收，如果您有灾，国家就不要了。

问：下午到村里各处看看好吗？

答：行。

【火葬】

问：现在村里的人死了是土葬，还是火化？

答：是火化。有的人死了偷着埋，村里不允许，是强迫性地要求火化。

问：从哪一年开始实行？

答：1978年以后，也可能是50年代就号召。

【副业】

问：50年代你做什么？

答：种地。在生产队赶马车，干了20多年，搞运输。到天津市静海县城拉粮食、肥料，什么都拉，农忙时回来就耕地，做农务，从1979年开始当大队长，1981年当村主任，1986年当支部书记到现在。

问：1979年以前您干什么？

答：当农民、赶大车。

问：不是什么干部吗？

答：不是，那时是社员。赶大马车，哪里都去，与静海县的联运公司合作。1960年我在天津市内拉小车拉了一年。

问：用自行车吗？

答：不是，用人力车，两个人合作。

问：那时您住在天津市内吗？

答：在天津市内租了一间房，给村里搞副业，那时正是闹灾荒，挣了钱交给村里给村民们买吃的、买烧的，1961年救灾，骑自行车拉天津市内的豆腐渣分给社员吃，一天一趟。

【土地分配与耕种】

答：咱们一个沟一个沟地转。

问：这地是怎么定的？

答：抽签，按顺序来，抽到哪儿要哪儿，条件都差不多，集体浇地，用的是深井水，地底下一米深处有管道，深井里的水通过管道通向各家，全村都用深井水。村里共有两口深井，这两口井互助用。

我们这里的菜除自己吃外供天津市，这是任务，白菜、豆角、冬瓜都供河西区。

问：种菜的种类是自己决定吗？

答：是统一调动，个人种。白菜种子都是国家统一调配的，这种种子白菜长得好、分量大、没有毛病，每年几十斤白菜子给大家分，以前我们这里种菜，由于种子不好，十年九不收，现在科学家研究的种子，种上不生病。

问：有集体种的吗？

答：没有，都是自己种。国家供良种，自己种，个人与国家相结合。十一届三中全会后，实行统一调种，个人耕种，下班回家就可以种地，根据自己的时间安排种地时间，很灵活。

问：将来有没有搞集体农场的计划？

答：没有，现在还没有。我们这里庄稼地是用机器统一播、统一耕、统一收，园田地（指除庄稼地以外的其他地）是自己喜欢种什么就种什么。到时候只要把国家规定的任务交上去就行了。耕地面积小就不用机器，用牲口；耕地面积大就用机器。给地里浇水是统一浇，一般需要两天。

问：有专人管理浇水吗？

答：有专人管，主要是村干部管。咱们到那边看看吧。

【人口与计划生育】

问：解放后这个村增加了多少人口？

答：解放后增加了200口人左右，这几年实行了计划生育，一个村每年增加1~2人。

问：为什么人口增加了？

答：过去没有实行计划生育，人口增加多了，现在生活条件好了，每对夫妇只生一个孩子，像我过去孩子多，拉着一个、抱着一个、领着一个，没办法挣钱，吃饭的人多，没干活的人。我有5个孩子，娶一个媳妇1万多元（指花1万多元钱），盖一处房子1万多元，养一个小子1万多元（指培养一个孩子）。

【农业设置】

答：这边有3个口，3个截门，都可以出水，一个往北走供北边的园子，一个往西走供村里，一个给地里供水。那边是井，水多看不见井底，井深270米；那边是电，把电门一开，水就上来了，就可以用。

问：什么时候挖的井？

答：1984年挖的这口井，花了3万多元，现在得花8万多元。

这里是白菜窖，把菜放在里面夏天不热，冬天不冷，不会冻，不会坏。

这是养鱼池。

问：里面有什么鱼？

答：有鲤鱼、白鲢、厚子。这地方过去是菩萨庙，供的是观音菩萨。

【赡养老人】

问：您兄弟几个人？

答：我有一个弟弟，一个老母亲，84岁了。我们两个人负担母亲的生活，我母亲在我家住一个月，然后在弟弟家住一个月，这样交替地住着，母亲身体挺好，就是耳朵有点听不清。

问：您弟弟叫什么？

答：张宝春，在工厂当副厂长。老母亲在我家的时候，有她自己的房间，她自己住一个屋，我们夫妻住一个屋；到我弟弟家的时候，我弟弟家还有一个小女儿，她就和小女儿一起住一间屋，弟弟夫妇俩住一间房。我母亲过去也很苦，村里人都织席子，谁也没我母亲织得快，别人织一个，她能织两个。

问：现在还织吗？

答：没有了。

【织席子】

问：解放前后，织席子是副业还是主业？

答：不是副业，这里就是织席，没别的活儿，男、女都织。

问：苇子从哪儿来？

答：到外地买去，我们这里不长苇子。

问：席子的销售怎么样？

答：我们织好了给供销社，供销社再销售给外地，东北、西北，还有销往国外。晒冬菜用席子，装粮食用苇席，席子用处大了。

问：这个村解放前到外地做生意的人多不多？

答：不多。这里就是以织席为主，女的织席，男的弄苇子，缺少一方都不行。1978年以后生活好了才不编了，以前一年四季，白天、黑夜都是编席，原来我们家一天能编4张席，4张席能换20斤玉米，吃10斤还能剩10斤。另外编席还能有柴火烧，那些年几乎每年发大水，没有柴烧饭，编席时剩下的东西可以当柴烧。

问：解放前战争时期也织席吗？

答：织，那时候更得织，织完后到集市上去卖，去独流镇，去天津的小树林，河西区。1959~1961年席子都销到沈阳、大连，由火车运去，每张席5尺宽、1丈长，用盐水洒在上面，再叠起来，装在麻袋里。用担子挑上到沈阳、大连，我都干过。

问：解放前后，每张席能卖多少钱？

答：能卖五六块钱，现在卖十四五块钱，现在编的人少，用的人也少，原来农村炕上什么都不铺，光铺席子。

问：现在席子都干什么用？

答：国家粮食局用，晒粮食、放粮食、装粮食，现在席子也少了，以前我们村每天能织 100 张、200 张席子，现在一张也没有，编席很苦，扎手，编一张手都破了，流血，现在我们村没人编了。

【村办企业】

答：这是村大队的车床厂，看看吧！

问：是这个村的吗？

答：是这个村的。

问：这是干什么用的？

答：汽车上用的轮子，给天津市汽车厂做的，这边粗车，那边精车。

刘锡领

时　　间：1991 年 8 月 15 日下午

访 问 者：浜口允子

翻　　译：齐秀茹

场　　所：冯家村小学校

【家庭成员】

问：您今年多大岁数？

答：64 岁，1927 年出生。

问：您是在这个村出生的吗？

答：是。

问：您父亲叫什么名字？

答：刘发有。

问：您母亲呢？

答：郭立祥。

问：您父亲做什么工作？

答：农民。

问：有多少土地。

答：十来亩。

问：那不够吃吧？

答：收获好时够吃，当时人口少，四五口人，有父母、哥哥、姐姐和我。

问：你哥哥叫什么名字？

答：刘希波。当八路军时牺牲了。

【教育】

问：您上过学吗？

答：上过 3 个月。日本人来了后，经常有水灾，农民收成不好，没有饭吃，上不起学，只上了 3 个月。

问：几岁时，在哪里上的学？

答：12 岁时，在本村教堂的学校里念书。

【长工】

问：只上了 3 个月学校，那平时您都干什么呢？

答：平时，小时候没什么事干，就是放放牲口，割割草，15 岁我就外出了，在独流镇给别人干活去了。

问：是打短工吗？

答：当长工。

问：干什么工作？

答：在一个粮食店卖米面。

问：是店铺吗？

答：是。

问：在那儿干了多少年？

答：整 4 年，19 岁时回家了。

【八路军】

问：抗日战争时您在独流镇？

答：对，在独流镇，在家的时候也赶上抗日战争了，他们在中国待了 8 年，我 11 ~ 19 岁的时候。

问：您从独流镇回来后，村里的状况怎么样？

答：我刚回来的时候，八路军经常到这里活动，当时日本已经投降，国民党就过来了。

问：这个村谁帮助八路军干事？

答：有刘连城，已死了。另外孟德荣、王万奎也与八路军联系。

问：您当时就知道他们帮八路军办事吗？

答：八路军来了，他们帮助召集人开会。

问：您参加过吗？

答：参加过，村里的年轻人都参加。

问：那时是国、共内战，如果被国民党知道了，不是很不好吗？

答：都是夜间开会，白天国民党来。

问：当时您还年轻吧？

答：年轻，才 20 岁，当时国民党最厉害的是住在独流镇的保二团。

问：在村里的哪儿开会？

答：在大河堤那儿，有时在私人家，有时在教堂里开。

问：在谁的家开过？

答：张希岭家，他那时是村长。

问：晚上几点开始？

答：8～9 点钟开始，开的时间很短，一两个小时，静海县里派人来，谈谈国内形势。

问：什么形势？

答：比如说哪儿打仗了，哪里解放了，八路军在哪儿胜利了，消灭了国民党多少个军，多少个团之类的。

问：这样的话，村里的人郡知道全国的形势？

答：参加会的人知道了，但对外面还是保密的，全村都参加就全村都知道，不参加会的就不知道。当时成分高的人不让参加会，他就不知道。

问：您父亲也参加吗？

答：他不参加，我 12 岁时父亲已经去世了。

问：您母亲知道吗？

答：知道，她不参加。

问：您父亲是什么病？

答：现在的名词叫脑溢血。

问：父亲去世后还有您母亲和您是吗？

答：还有哥哥，姐姐也死了，日本人来的那一年就死了。

问：那次开会是哪一年？

答：1944 年。

问：抗日战争时期也开会吗？

答：开过会，我也参加。

问：那时候在独流镇吧？

答：在独流镇，有时候回来，赶上开会也参加。

问：为什么让您参加会？您是党员吗？

答：不是党员，他们叫我去。土地多的和参加国民党的人不让参加。

问：参加开会的有多少人？

答：人不少，有 40 人左右，有男、有女，叫就得去，不是自愿参加。

问：您念过私塾或共产党的书吗？

答：没有，我参加会少，总在外面，有的时候回来赶上了参加。

问：解放前您知道不知道解放后一定会有“土地改革”？

答：知道。

问：解放前有分配土地的事吗？

答：没有。

问：有减租减息运动吗？

答：这里没有，这里没有大地主。

问：您听说过“减租减息”这一词吗？

答：听说过“减租减息”，给雇工增加工资，这一词也是在 1945 年知道的。

问：别的还有什么改革让人们知道？

答：给长工增加工资。

问：在国共内战时期，类似“减租减息”

这样的词还听说过吗?

答:没听说过。

问:国共内战时期在开会的宣传中,你们觉得革命能成功吗?

答:“土改”前“减租减息”成功,给雇工增加工资了,都给钱了。

问:当时开会的时候有组织吗?

答:没有组织,叫谁,谁就去。

问:请您讲一讲抗联的事?

答:我不知道,那时我在独流镇当长工。

【土地改革】

问:请您讲讲“土地改革”的情况。“土改”是什么时候开始的?

答:1952年冬季开始。

问:怎么开始的?

答:是静海县里派来的工作队。

问:有多少人?

答:人不多,三四个人。大部分是本村人。

问:都有谁?

答:都是农会的人。有王如同、王英(已死),他们俩是主席。

问:王如同还活着吗?

答:活着,大街上开小卖部的那个人就是他,那时也有我,我是村里的代表,还有吴金城、孙玉常、孟德永等十来个人也都是代表,这些代表都是从贫、下中农中选出来的。

问:代表们做什么工作?

答:当时刘少奇主席下了文件,大家学习,讨论政策,划分成分都按文件规定的条件进行的。

问:最主要的条件是什么?

答:就拿我来说,假如我有100亩地,从耕到收需要多少时间、多少劳动力,雇了多少工,都有计算,您用的工多,而且80%是雇工,就算地主,雇工多剥削量就大。

问:那么他只有10亩地都让别人干,也是地主吗?

答:那不是,还有这么一个条件就是:比如我在家里有50亩地都是雇人干的,但我在外面也是给别人干活,受别人剥削,这不算地主。

问:王玉亭有60亩地,不是地主吗?

答:当时他在天津市内工作,不在村里,给他定的是逃亡地主,他雇别人种地了。

问:有多少地才能算地主?有10亩地,自己不干也是地主吗?

答:没有具体规定,如果本人什么活都不干,全靠别人为他劳动、剥削别人,就算地主。李金泉没有多少地,只有20亩左右,但他不干活,让长工种,算他是破落地主。总之,不管地多少,剥削量超过80%的就算地主。

问:还有其他规定吗?

答:剥削量超过60%的算富农。

问:这个村谁是富农?

答:刘连德是,就一个。还有现在的张书记(张宝善),他种的是他姑姑家的地,还有自己的地,他雇有长工,也有短工,所以他也是富农性质的,具体名称记不清了。

问:其他成分是怎样划分的?

答:自己劳动占60%~70%的属中农;除种自己少量的地外,还给别人种地,受别人剥削的是贫农,什么东西都没有的是雇农。

问:贫农、中农在村里占多大比例?

答:原先记着呢,现在都忘了。

问:除了这个规则外,还有别的条文吗?

答:没有,就是按那个小册子办的。

问:划分成分的百分比是谁规定的?

答:是工作组算账算出来的,根据土地所有、劳动力和雇工的比例算出来的,然后把本人叫来,让自己认成分,看自己属于哪一类。

问：如果只有 20 亩地的话很简单，谁都可以算出来吧？

答：不是的，要根据这块土地从种到收，应该需要多少劳动力，自己有多少劳动力，实际雇了多少劳动力，按这个比例来计算，每一家都不一样，而且还要向被雇的人进行核实，然后才给他定成分。

问："土地改革"用了多长时间？

答：半年左右，从 1952 年冬到 1953 年春。

问：定了成分后又干什么了？

答：平分土地，地主、富农也和其他村民一样有土地，按村的人口的平均数分给他们。

问：开诉苦大会了吗？

答：没有，这个村小，没有大地主，没开。最大的地主也才只有 80 亩左右。

问：1953 年"土地改革"就结束了吗？

答：是，1953 年 3～4 月份结束的。

【合作化运动】

问："土改"后又搞合作化运动是哪一年？

答：1954 年成立初级社，1955 年就成立高级社了。

问：有互助组吗？

答：在这之前是互助组，大概是 1953 年吧。

问：合作化的时候您干什么工作？

答：初级社时是当社长，全村分 3 个社，我是"永久社"的社长，共十来户。是大家选的。

问：为什么选您呢？

答：谁有能力，能与外面联系就选谁。

问：社长具体干什么工作？

答：跟社员一起干活、劳动，给社员记工分。

问："永久社"有多少地，多大规模？

答：规模不大。十来户，有 120 亩地，都是穷人，初级社的分配是 40% 按土地，60% 按劳力分配。

问：男女劳动力有区别吗？

答：有，男的每天劳动记 10 个工，女的记 7 个工。

问：您当社长，给您记多少工？

答：与社员一样。到高级社时都按劳分配，没有按地分配的了。

问：到高级社时发展成什么样了？

答：全村都归一块了。

问：具体叫什么名字呢？

答：就叫冯家村高级社吧。

问：那时候干什么？

答：当副业队长。

问：什么副业？

答：织席副业。买苇子运回来，织成席子，再卖出去。

问：编席主要都是女的干吧？

答：女人编，男人们劈苇子、轧苇子。现在的年轻人都不知道。

问：副业生产占多大比例？

答：春、冬天农闲时搞，农忙时就不搞了。

问：全村人都参加高级社了吗？

答：全参加。

问：有没有不愿意参加的？

答：没有。不参加就没有饭吃，都要求入社。

问：高级社的土地属于谁？

答：属于集体，那时实行按劳分配，谁干得多，谁就得的多。

问："土改"时把地分给了大家，高级社时土地又归了集体，村里人愿意吗？

答：不愿意不行。离开了高级社自己没有办法劳动，高级社的土地都用机器耕种，不入社自己的土地就没有办法用机器耕种。

问：是高高兴兴地把地拿出来的吗？

答：是，不高兴不行，都是高高兴兴的，那时候卖什么、分什么都是给高级社社员，不给户。

问：您听说过“四定三包一奖”制吗？是什么意思？

答：听说过，定地数、定产量、定品种、定工时叫四定。

问：入高级社后产量比以前提高了吗？

答：刚成立时产量高，后来就不高了，一个人一年能分100斤麦子的不多，一般的都是80～90斤。

【乡村干部】

问：您在高级社时当副业队长，这以后干什么？

答：“大跃进”时开柴油机，拉水灌地有十几个人归我管，从那以后又当了6年大队长。

问：当大队长是从哪一年到哪一年？

答：1959年到1965年。

问：为什么1965年后就不当了？

答：搞“四清”运动下来的。

问：挨批评了吗？

答：没有，静海县里的关如兆书记与我闹过意见，吵过架。

问：为什么吵架呢？

答：一次因为分粮食，我主张先分给社员一些口粮（当时粮食刚打下来），可是村里的支书与我不和，告了我，静海县干部关如兆找我问情况，我告诉他分了2000斤粮食，而他却说分了5000斤，我一听火了，就说分了8000斤，这样就吵起来了；另一次，1963年发大水，社员没有粮食吃，我就向关反映，可关不及时解决，我就向静海县的另一位干部说了这件事。这位干部姓张，张回县后汇报了，关挨了批评，从此他恨我。后来搞“四清”整我的材料，不让选我当村干部，想调我到公社搞副业，所以我在公社搞工厂，干了20多年。

问：当干部吗？

答：当副厂长，58岁时回到村。

问：“文化大革命”时您没有在村里吗？

答：没有，在公社的工厂。

问：工厂在什么地方？

答：在土地庙。

问：您的家在哪里？

答：在村里。

问：每天都来回跑吗？

答：我常常出差，一个月回家一趟，去天津市内的时候多。

问：您不在家期间都是家里人搞农业吗？

答：对。

【家庭、婚姻】

问：现在家里都有谁？

答：就剩一个儿子，两个女儿都出嫁了。

问：您老伴呢？

答：在。

问：您哪年结的婚？

答：解放的那一年，可能是1949年。

问：是自由恋爱结婚的吗？

答：不是，是经王英（已死）介绍的。

问：您夫人叫什么名字？

答：白桂英。

问：您在公社时，家里人都搞农业吗？

答：主要是两个女儿搞，3个儿子都小。

问：现在3个儿子都干什么？

答：老大叫刘仲立，做木工；老二在村工厂当车工；老三搞建筑，盖房子。

问：“文化大革命”时您与村有关系吗？

答：没有关系，没有事就没有人找。

张文贵（1924年生）

时　　间：1991年8月16日上午
访 问 者：浜口允子
翻　　译：齐秀茹
场　　所：张文贵家

【家庭基本情况】

问：请教您一下土改以来的一些情况。"土改"的时候您平时都干什么事情？

答：种地。

问：现在多大岁数？

答：67岁，1924年生。

问：您父亲和您母亲的名字呢？

答：父亲叫张成安，母亲叫张宋氏。

问：您父亲干什么工作？

答：种地。

问：在什么地方种？

答：在本村。

问：您母亲做什么？

答：在家看家，做家务。

问：您家有多少土地？

答：十几亩。

问：您上过学吗？

答：没有。

问：上过业余学校吗？

答：没有，什么学都没上过。

【民兵队、看青】

问："土地改革"时您是民兵队长吗？

答：是。

问：首先想问一下"土改"时的一些情况，当时民兵队长以外还干什么工作？

答：种地。

问：除了您当民兵队长外，还有别人吗？

答：有，还有郝开顺，他是民兵指导员。

问：队长与指导员是什么关系？

答：都是领导。

问：民兵队里有多少人？

答：记不清了，有十几个人，大概男的都是民兵。

问：多大岁数的男子参加民兵？

答：20岁开始到40岁为止。

问：他们都有武器吗？

答：不全有。

问：有什么样的武器？

答：有汉阳造（比较旧的枪），也有大盖枪、马枪。

问：马枪是火枪吗？

答：不是，也装药。

问：有长矛、大刀吗？

答：没有。

问：那什么也没有，就这样打仗吗？

答：是的。

问：有大棒吗？

答：没有。

问：打仗的时候怎样战斗？

答：没有打过仗。

问：怎样训练民兵？

答：练武装操。

问：搞思想教育吗？搞什么？

答：思想教育也搞，内容记不清了。

问：训练多少时间？

答：每年都训练，除种地外都训练，农忙时不训练。

问：您当时起什么作用？

答：我教操。

问：您是怎么会操的？

答：在静海县武城装部学的。

问：学习什么呢？

答：学习操法。

问：学了多少时间？

答：3个来月。

问：只学操吗？学过战斗知识吗？

答：只学操，没学过战斗知识。

问：为什么成立民兵组织？

答：为了打击坏人。

问：什么样的坏人？

答：抢劫的，偷东西的人。

问：抓到这类坏人了吗？

答：没有。

问：每天都在村里转吗？

答：有时转，有时不转。白天不转，晚上转。

问：是不是庄稼成熟的时候转？

答：有庄稼时保卫庄稼，没庄稼时保卫村。

问：您知道看青吗？看青与民兵的工作一样吗？

答：知道看青，就是保卫庄稼。

问：民兵也看青吗？每天有多少人看青？

答：民兵也看青，每天的人不一定，几个人的时候都有，没有固定的人，因为没有人偷。

问：没有人偷为什么还看青？

答：为了防止偷。

问：看青有固定的人吗？

答：不固定，自己干农活时民兵的人谁见了谁管。

问：晚上指定人吗？

答：指定，最少两个人。

问：谁定？

答：由队长和指导员定。

问：看青，是在房里，还是走着看呢？

答：搭的棚子。

问：有多少个棚？

答：三四个。

问：那就需要七八个人吧？

答：对，每天晚上需要七八个人。园子里都有铺（指棚内，临时用床），下雨天到棚子里，不下雨走着看。

问：整个一晚上都走着看吗？

答：转一会儿，坐一会儿。

问：那么，看青就不是专人，是大家轮着看吗？

答：对，都轮着看。

问：如果一个家庭有两个青年，又都是民兵的话，是两个人都看呢，还是一家只出一个人呢？

答：都参加，只要是民兵都得参加。

问：您也看青吗？

答：我也看青。

问：那您看青时也是一个晚上不睡觉？

答：是的。

问：第二天白天睡觉吗？

答：不睡，还得干活。

问：民兵的第一位的工作就是看青吗？

答：对。

问：除此以外还有别的工作吗？

答：没有别的工作了。

问：您从哪年到哪年当民兵队长？

答：记不清了。

问："土地改革"一开始就当民兵队长吗？

答：当过吧！记不清了。

问：人民公社时您干什么工作？

答：不记得了。

问：成立互助组和初级社的事您记得吗？

答：知道，也记不清了。

问：您与谁一个组？

答：有十几家。有孟俊方、苟克兴、王金生，其他户忘了。

【土地改革】

问："土改"时分到土地了吗？

答：有自己的地，也分了地。

问：分了多少地？您家也分了吗？

答：我家也分了，分多少忘了。

问：您家是贫农吧？

答：是。

问：您家有多少地，多少人？

答：有十来亩地，六七口人，大概分了 2 亩地。

问：您什么时候结婚的？

答：解放以后。

问："土改"时您家都有谁？

答：父母、哥哥、两个弟弟和我共 6 口人。

【互助组】

问：互助组时您干什么？

答：种地。

问：您家有牲口吗？

答：有牛。

问：互助组其他户都有牲口吗？

答：有马、驴、牛等。

问：其他户用您的牛吗？

答：用，实行互助。

问：那您也可以用他们的东西吗？

答：我也用。

问：收割的粮食怎么办？

答：谁的就属于谁。

问：那么，地多的人靠大家帮助收了很多粮食，这些粮食也都归自己吗？这不是不公平吗？

答：因为大家的关系比较好，互相帮助，就不说那个了。

问：经过"土改"，各户的土地差不多少吧？

答：是，差别不大。

问：没成立互助组前和成立互助组后，什么时候收获多？

答：互助组后收获多。

问：村里有没有不参加互助组，搞单干的人？

答：有。

问：您为什么要入互助组？

答：因为互助组好。

【高级社】

问：高级合作社时的事您还记得吗？

答：记得。

问：您参加了吗？请您谈谈？

答：初级社我没有参加，我们的互助组直接转向高级社了。

问：你们互助组都没有参加初级社吗？

答：对，都没有参加。

问：为什么没有参加初级社？

答：村里共有两个初级社，为什么没参加我也不清楚。

问：加入高级合作社了吗？

答：加入了。

问：为什么参加高级社？

答：规定好了的，不参加不行。

问：生活上有什么变化吗？

答：生活上没什么变化，刚解放的时候差不多。

问：高级社时是大家一起劳动吧，土地也给国家了吧，把自己的土地交出来的时候您高兴吗？

答：高兴，大家都高兴。

问：您没有自己的土地了，为什么还高兴？

答：怎么没有地，不是还有地种嘛！

问：劳动时有什么变化？

答：没变化，集体干活。

问：干活时随便吗？

答：同从前一样，只是大家在一块儿干，也随便。

问：生产队里干活自己能做主吗？

答：不行，得叫生产队长安排。

问：当时的生产队长是谁？

答：我忘了。高级社时我当副队长，我管生产。

问：生产队里的活儿不就是您安排吗？还与谁商量？

答：是我安排，与正队长商量。

问：正队长是谁？

答：吴金城。

问：除了您和吴金城外，还和谁商量？

答：不再和谁商量。

【公共食堂】

问：1958年吃食堂的事您知道吗？

答：知道，记不太清楚。

问：食堂在什么地方？

答：在郝开顺家。

问：共几个食堂？

答：一个生产队一个食堂，共4个生产队，4个食堂。

问：谁做饭？

答：人很多，记不清了。

问：一天三顿饭都在食堂吃吗？

答：是，自己不做饭，都在食堂吃，有时也领上东西回家吃。

问：都吃什么东西？

答：收获什么吃什么，麦收时吃馒头，收玉米时吃玉米面。

问：您认为什么最好吃？

答：都好吃。

问：老人和孩子也都在食堂吃吗？

答：都在食堂吃。

问：那时家里就不做饭？喝水怎么办？

答：自己家不做饭，家里连锅也没有了，喝水也从食堂打开水喝。

问：锅到哪里去了？

答：锅有，就是不用了，因为食堂什么都有。

问：吃了几年食堂？

答：没吃几年，只吃了几个月，因为没有粮食了就不办食堂了。

问：没有粮食自己怎么做饭？

答：到集上去买，粮食局供应。

【水灾】

问：听别人说闹洪水的时候都到武清县去了，您去了没有？

答：去了，去了一个多月，全村人都去了。

问：这个村当时是什么情况？

答：房子几乎都塌了，只剩了几间房子。

问：在武清县的什么地方住？

答：在廊坊的王寨。

问：这个村的人都到王寨村了吗？

答：大部分都去王寨了，也有投亲戚的。

问：住在王寨的什么地方，老乡家里？

答：租的人家的房子在一起住。人家共几间房子，拿出一间来租给我们。

问：那时吃饭怎么办？

答：自己做饭。

问：粮食怎么办？

答：国家供应粮食。

问：洪水过后您是什么时候回到家的？

答：我在廊坊待了几天就回家了，搭棚子看家，家里还有东西。

问：什么时候建起来的新房？

答：洪水过后就建起来了。

问：那钱怎么办，有那么多钱吗？

答：都是土房，花钱不太多，国家也给了一部分钱。

问：是自己建的房吗？

答：是，大家互助，帮助建的。

问：您建房的时候是谁帮助您了？

答：我是找的外村的人帮我建的，村里也有帮忙的，记不清了。

【除“四害”】

问：除“四害”运动您知道吗？哪“四

害”？

答：知道。

问：是用敲铜锣的方式打麻雀吗？

答：忘了。

【中共党员】

问：您是共产党员吗？

答：不是。

问：一直都没有参加过共产党吗？

答：“土改”的时候是党员，1958 年就不是了。

问：为什么不是了呢？

答：与公社的干部打仗（注：吵架）打的。

问：什么原因呢？

答：我搞不懂。我们这里的地每亩收 300 斤粮食，那边的地每亩只收 100 斤粮食，让我去那边种地，我不愿意去，就因为这个与公社的干部打了仗。

问：公社的干部叫什么名字？

答：姓张，名字不知道。

问：只因为吵架就把您开除出党了？

答：是的，只因为吵架，公社开会通过的，我也不乐意当了。

问：是公社开除您的，还是您自己不愿意的？

答：我也不乐意，上面也开除我了。

问：从那以来，您又想过没想过入党？

答：没有，又没什么用。

问：到底您是什么时候入的党？

答：刚解放时。

问：从解放后到 1958 年当党员的这段时间，您做了什么有意义的事？

答：记不清了。

问：一般来说，现在的党员都做什么好事？

答：我不知道，从 1965 年开始，30 多年我在乡的工厂工作，村里的事我不知道。

【乡办工厂】

问：这个工厂在什么地方，是干什么的工厂？您弟弟在铁路的哪个部门上班？

答：管信号的工作。

问：他住在哪里？

答：住在天津市，在天津车站当信号工。

问：您也住在这个村吗？

答：是，我婆家、娘家都是这个村的。

问：您丈夫叫什么名字？

答：他叫刘仲立。

问：做什么工作？

答：做木工活。

【教育】

问：您在哪里上的学？

答：我没上过学。

问：您这么年轻为什么没上学？（34 岁）

答：家里孩子多，有 6 个孩子，我是长女，帮家里干活，让弟、妹们上学。

问：您还有妹妹吗？

答：有一个。

问：叫什么名字？

答：刘建敏。

问：多大岁数？

答：30 岁，她上到小学五年级。

问：就在本村的学校上学？

答：是的。

【婚姻】

问：您与您爱人是自由恋爱结婚的吗？

答：不是。

问：那么，谁来决定？

答：别人介绍的，王英介绍的，她已死了。

问：王英是个什么样的人？

答：是个妇女主任，老党员，她一生不容易，挺苦的。

【生育观念】

问：为什么说生两个最好呢？

答：生两个，孩子就有伴了。

问：一个不行吗？

答：还是两个，儿女双全嘛！种地一个孩子太少。

问：如果只允许生一个，您觉得是男孩好，还是女孩好？为什么？

答：生一个不行，老了没人管。

问：在中国“孩子应该管老人”这种观点，现在也还是这样认为吗？

答：现在农村有这样一种规定，如果第一个孩子是女孩的话，那么35岁以上还可以再生一个。这是我的女儿。

问：您还计划再生一个吗？

答：是。

【妇女干部】

问：刚才说的王英的情况您知道吗？

答：王英16岁就嫁到这来了。

问：她丈夫是谁？

答：叫李长海，也死了。

问：李长海也是党员吗？

答：不是，是个长工。

问：王英是哪年死的？

答：四五年前。

问：那时她是多大岁数？

答：63岁。

问：是病死的吗？

答：是。

问：王英从“土改”以来一直是村干部吗？

答：临死也是干部，从解放以来就是党员。

问：除王英外，村里还有女的当干部吗？

答：没有，现在暂时没有妇女主任，王英死后，苟凤珍当过一段时间妇女主任。时间不长，自己不干了。

问：苟凤珍的丈夫是谁？

答：孙常兴。

问：现在没有妇女主任，对女同志来说不方便吧？

答：现在是工厂的会计临时代管。

问：您感到妇女最大的问题是什么？

答：我觉得生孩子是最大问题。（另外一人说）

问：您是他们家人吗？

答：不是，我是他的邻居。

问：您多大了？

答：40岁。

问：有几个孩子？

答：3个，两男一女。

问：都长大了？

答：大的男孩21岁，最小的也15岁了。

问：大男孩在这里工作？

答：不在这里，在别处盖房子。

问：您一家5口住在一起吗？

答：是的。

郝开顺

时　　间：1991年8月13日下午

访 问 者：顾琳

场　　所：冯家村小学校

【解放前家庭及村落状况】

问：你什么时候参加工作，今年多大？

答：1948年11月参加工作，现在68岁。

问：民国几年出生？

答：1924年出生，在本村。

问：你的父亲叫什么名字？

答：父亲叫郝广义。

问：你小时家里有多少土地？

答：家里有 150 亩。

问：兄弟几个？

答：亲兄弟就我一个，叔伯兄弟两个，还有一个妹妹。

问：在这村姓郝的有几家？

答：只有 4 家，没有出五服。

问：你们祖先从什么地方过来的？

答：在明朝永乐年过来的，据说燕王扫北时。

问：同姓的在附近村还有吗？

答：还有台头村，那里大部分是姓郝的。

问："土改"时你家有地 150 亩地？

答："土改"时还有 75 亩地。

问：75 亩地在土改时划成什么成分？

答：上中农。光雇人家种地成分就高，参加劳动的成分就低。

问：解放以前你们比较富？

答：有 3 头骡子，还有枪。

问：你父亲当过保长、甲长吗？

答：没有，大爷当过保长，张希岭、刘文光是副保长。

问：你上过学？

答：在本村上的小学，读《百家姓》《论语》等。

问：你家种地为主，还种不种蔬菜？

答：主要种地，也种蔬菜，用骡子向天津市内西营门批发处出售。我的父亲和伯父去卖。

问：你小的时候去过天津市内吗？

答：十三四岁去过天津市内。

【地主、长工】

问：你们村有没有地主？

答：有 2 户地主，3 户富农。

问：地主叫什么名字？

答：叫李金全、刘连祥。

问：他们有多少土地？

答：李金全还有 30 多亩，他的土地 1946 年前大多卖了。刘连祥有 80 多亩地。他们都不劳动，雇的长工，都是一个人。我也雇过长工，共雇了 3 年半，但我参加劳动。

问：长工是本村人吗？

答：都是本村人。

问：他们叫什么名字？

答：现在活着的还有一人，叫孙玉升。

问：雇长工一年多少钱？

答：一年七八石（每石 150 斤）玉米，管吃，一身单衣，一双鞋子。

问："土改"时你们村有多少户？

答：有 73 户。

问：中农有多少？

答：除地主、富农外，余下的都是中农和贫下中农。

问：你上的什么学校，学什么内容？

答：上学在本村庙里，刚上学念的是《百家姓》、《三字经》。

问：老师是本村的吗？

答：不是，是苟家营的人。

问：学生有多少？有女的吗？

答：学生有 17～18 人，没有女的。

问：你上了几年？

答：我从 8 岁开始上学，上了 3 年。

问：学过算术吗？

答：在私塾里没有学，后来在教堂里学过，也就学的加法、减法。

【天主教堂】

问：你小的时候也去过教堂吗？

答：去过，小时在那里上过 3 年学。

问：小的时候有教堂吗？什么时候盖的教堂？

答：小的时候就有了，教堂盖得早了。可能是义和团的时候。

问：教堂的神甫是外国人还是中国人？

答：中国人。

问：你记得义和团吗？

答：不记得，我们的爷爷辈知道。

问：你信教吗？

答：不信。

问：村里信教的人多吗？

答：现在还有三四户，解放前信的多。因为1939年闹大水，人们为了去吃粥，才去教堂。教堂那时施粥。

问：村里的妇女什么时候就不缠足了？

答：1937年以后。

【日本侵略军罪行、八路军活动】

问：你第一次看到日本人在什么地方？

答：1937年8月，在本村北面独流镇，当时静海县城还是国民党29军。

问：这村有被日本人打死的吗？

答：有。我记得有个冯振海，还有个讨饭到这里的叫大木头（外号）的，被日本人打死了。

问：冯振海怎么被打死的？

答：日本人来了，大伙就跑，冯振海在跑的过程中被日本人打死的。

问：你们村一共死了多少人？

答：咱这个村共死了两个，河边上死了一个，是白杨树村的人。

问：日本军队经常来你们村吗？

答：来要吃的，要鸡、要牛。他们还强奸我们村的妇女，现在还活着。

问：八路军是什么时候来的？

答：1944年才有八路军来。

问：1944年几月份？

答：1944年春。

问：日本人烧房子吗？

答：烧了陆家的3间房子。

问：是你和八路军最早联系的吗？

答：我不算最早，最早是孟德永。

问：你知道怎么联系的吗？

答：八路军来了也是找保长、甲长，后来找贫下中农。来的时候也只有三四人，是武工队。

问：有本地人吗？

答：有一个叫田野农，解放后到天津去了，现在离休了。田野农是第四区的区委书记。他可能是河间一带的人。

问：来了他们干什么？

答：来了就召开秘密会，不在村里，而在村外的地里或在打庄稼的场上。

问：白天还是晚上。

答：大多是晚上，白天来的时候少。

问：八路军来了收税吗？

答：不收税。

问：你们还帮他们别的什么忙吗？

答：就是孟德永向他们送饭。

问：孟德永当时是党员吗？

答：孟德永是1945年入的党。

【日军特务活动】

问：日本人有没有发现他们在村外洼地里开过会？

答：发现过。1944年，将保长、甲长带去，是静海县的山田驻屯军大队部。山田驻屯军还有特务队，是中国人，他们一个人有两把盒子枪，共两个班，一个班从警察里挑选出来的，一个班从警备队挑出来的。他们出来装扮成八路军。

问：他们和八路军打过吗？

答：打过。1944年特务队从北面来，被八路军打跑了，其中有一个将枪埋在地里，后来日本人就来了，八路军早走了。他们将保长、甲长带走。保长叫张希（岭）、刘文光，甲长叫什么名字记不清了。另外将苟怀忠带到静海县城，向他灌凉水，叫他说八路军在哪里？他没有说。

【日军暴行】

问：以后怎么办？

答：带到静海县城，将胡子烧了，将烟头放在他身后，要钱。

问：花了多少钱？

答：不清楚。据说拿了几个亿，是中国联合准备银行（联币）用钱赎回来，还继续为日本人办事，以后有情况要报告。

问：以后有没有这样的情况？

答：1945 年日军来了，很厉害。八路军在这儿有一个小队，30 多人。村里有人报告日本人从南面进来，打的迫击炮，八路军都跑了。八路军被打伤一人，俘去一人。进村后到老乡家翻东西，说是找八路军，拿去钱、干净的衣服，有的将棉被拆开，棉花胎不要，将被面拿走。

问：老百姓有没有死人？

答：老百姓没有死的，因为一打仗人都向北面跑了。

问：受伤的八路军的情况？

答：一个被带走了，一人在村里被老百姓保护起来，后来走了。

问：那是什么时候？

答：1945 年上半年。

【八路军、国民党军】

问：到胜利的时候还有没有发生这样的事？

答：没有。胜利后就是国民党了。

问：国民党来了后怎么样？

答：国民党来了还是遭殃，坑害老百姓。

问：日本人投降，国民党就来了吗？

答：当时有令，叫日本人看好阵地。八路军来打静海县城，打了好几次，我还去抬担架。好几个连的兵也没有拿下来，日本人就是不缴枪。最后日本人铁甲车来了，八路军走了。

问：八路军伤亡多少？

答：八路军伤亡不少，光咱村去了 20 多副担架，将伤员抬到王庄子，我们就回来了。

问：八路军是从什么地方来的？

答：从冀中河间来的。

问：国民党的军队是什么时候进入静海县城？

答：是 1945 年 10 月，国民党 64 军。

问：那时日本军还在吗？

答：日本人后走，交给国民党。

问：你们村有没有国民党党员？

答：有的是，多呀。当时抓阄征兵。

问：是什么样的人参加？

答：国民党的党员就有一个，名叫张宝和，死了。

问：他当时几岁？

答：当时他还不是国民党员，国民党来后发展的。

问：八路军和国民党军队打了吗？

答：打得更厉害。

问：你介绍一下情况好吗？

答：当时最厉害的是保二团，保二团也有一个特务队，到处抓人，穿老百姓衣服，装成做小买卖的。到村里打听有没有八路军。这时国共谈判分裂，1947 年。

问：国民党军队抓人吗？

答：经常抓人。被抓去的有孟德永，被抓去三回，他当时是地下工作者。

问：最后怎么样？

答：用钱把他赎回来。

问：你还记得花了多少钱？

答：记得用麻袋装的，我送去的。

问：送到什么地方？

答：送到独流镇保二团团部。

问：保二团知道他是共产党吗？

答：不知道，因为他父亲当过保长，名叫孟玉田。最厉害的一次是抓刘家营的人，将李家政放到运河的冰洞里，淹死了。

问：你记得是哪一年吗？

答：1947 年冬天。

问：那时你们村有人告发八路军吗？

答：没有，听说是刘家营的人告密的。

【维持会】

问：你们村有没有帮助日本人做事的汉奸。

答：有。刚成立维持会时，有王玉亭、刘东奎，都死了。

问：以后怎么处理他们？

答：他们跑了，王玉亭跑到天津去，刘东奎在村里受管制，1986 年死了。

问：日本人在时，他们做什么？

答：他们是维持会，帮助日本人向老百姓收钱。

问：他们是地主还是富农？

答：他们不是地主、富农，而是中农。

【共产党员】

问：这里共产党员是什么时候公开自己的身份？

答：1950 年。

问：1950 年前是秘密的，地下党有什么人？

答：有孟德永、王万起、吴金城、孙玉常，其他人都不在了。

问：你自己也是吗？

答：我当时还是群众，1954 年才入的党，这之前当民兵队长，平津战役时支前，任支前队长，抬担架，送粮食。

问：这个村什么时候解放的？

答：1948 年 11 月解放的，那时国民党军队从静海跑了。

问：1948 年就建立政府了吗？

答：1949 年 2 月建立民主政权，在天津市解放以后。

问：那时村长是谁？

答：开始是苟克兴，党员身份没有公开时他任村长，党员身份公开后他当村支部书记。后来被开除党籍。

问：什么时候开除的？

答：1960 年整党后被开除的。

问：由于什么问题而开除的？

答：主要是贪污了，弄了学校的粮食。

问：以后他就在村里？

答：就在村里，他现在还活着，他腿不好了。

【土地改革、个人经历和生活状况】

问：你们这个村什么时候搞土地改革？

答：1952 年。

问：领导“土改”的时候是农会？

答：有农会。

问：农会主任是谁？

答：主任有王万起、孙玉常，他们都是贫农。

问：你还记得“土改”时是怎么搞的吗？

答：来的河北农学院学生，工作队由学生和静海县里来的人组成。是什么成分要三榜定案。

问：刚刚开始是开大会吗？

答：开大会，大家评定成分，还要复议成分。当时评定成分有一个标准，简单说有多少地，参加不参加劳动，有没有雇工。先由个人讲，然后大家评定。

问：那时你们开这样的会是晚上还是白天？

答：白天也开，晚上也开，一般在农闲时开。

问：你记不记得“土改”用了多长时间？

答：一个多月。我定了富农。

问：给你定了富农，你承认不承认？

答：光定不行，有文件，后来评定我家为中农，因为雇长工定在 1946 年以后，我虽土地不少，但我们参加劳动。

问：上中农拿土地吗？

答：不拿，富农也不拿出土地。

问：你们这里有地主吗？

答：有，但不像 1947 年，没有斗争，只是将土地分给贫下中农，也给他们一份地。村北斗恶霸地主张秀三，当过乡长。当时没有打死他，后来被枪毙了。

问：你们土改后，平均土地有多少？

答：光是分地主土地，其余土地不动。

问：你们村有两个地主？

答：就是两个地主，还有一个王玉亭，他是地主兼工商业，将他的土地分了，工商业保留未动。王玉亭有 100 多亩地，都是出租。

问：静海县有没有地主在这里有田？

答：没有，有也是小户。

问：车子、骡子要分吗？

答：除地主外不分。

问：你们村土地变化不太大？

答：土地变化是初级社到高级社，土改时变化不大。

问：像你这样的人后来参加共产党的多不多？

答：不多。

【扫盲、互助组和初级社】

问：想问一问解放初期的扫盲运动？

答：有，当时叫夜校。

问：刚解放的时候，你们村认识字的人多不多？

答：不多。夜校是从 1952 年开始。

问：那时有多少人参加？

答：有 50 多人，有课本。

问：男的女的都有吗？

答：都有。

问：老师是谁？

答：老师叫郑宝明。

问：他是你们本村人吗？

答：是本村人。

问：郑宝明他在什么地方上过学？

答：他读的私塾。

问：你们村有黑板报？

答：有。

问：扫盲后能看报吗？

答：有的能看，有的不能看。

问：荀克兴当村长后是谁？

答：荀怀宝、王关祺。

问：荀怀宝什么时候不当的？

答：合作化以后，政社合一，他不当了。后来吴金城是支书，大队长是张文秀、刘希岭。“文化大革命”前是孟德永，“文化大革命”时是荀怀喜。

问：你什么时候当书记？

答：初级社是副书记，高级社也是副书记，1980 年当正支书，1983 年以后当支委。

问：初级社什么时候开始？

答：1953 年开始。

问：什么方式？

答：土地参加分红，人六地四。

问：全村都有初级社吗？

答：没有，只有 3 个初级社。自愿参加。

问：你们社有多少户？

答：我们社有 50 多户。

问：怎么参加？

答：进行动员，自己报名。

问：互助组的情况？

答：1953 年互助组，互相帮助。

问：互助组是不是都参加了？你自己也参加了？

答：我们组有郝开甲、刘继元、孙玉良。

问：那时你们有多少土地？

答：共 100 亩地，你帮我耕种，我帮助你。

问：像你们这样的互助组村里有多少？

答：有三四个。

问：全村有一半人参加吗？

答：有 500 多人参加。

问：比个人单干好吗？

答：好，也是一个进步，解决劳力少和缺牲口的问题。

【家庭成员、结婚状况】

问：你家当时有几口人？

答：我家有 5 口人。

问：你什么时候结婚？

答：我 17 岁结婚，今年我 68 岁，即 1940 年。

问：你的爱人是什么地方人？

答：她老家是罗家塘村，1939 年闹大水，她家搬到天津。

问：你们什么时候订婚的？

答：我 8 岁的时候。

问：她比你大多少？

答：她比我大 4 岁。

问：解放前她参加工作了吗？

答：没有。

问：你爱人叫什么名字？

答：叫宋庆坤。

问：你们生了几个孩子？

答：4 个女孩，1 个男孩。

问：你记得什么时候生的吗？

答：1948 年生的男孩，先生 1 个女孩，解放后生了 3 个女孩。

问：现在他们干什么？

答：男的在乡里当林业员。女的结婚都走了。

问：你有孙子吗？

答：两个孙子。一个 16 岁，一个 15 岁。

问：有外孙？

答：有。

问：你们结婚时女方带来什么东西？

答：带来的衣服和被子。

问：有钱吗？

答：没有。

问：你给女方钱吗？

答：那时没有给钱，只是给一身衣服，还有点首饰。

问：那时有没有请客吃饭？

答：当时就请些吹鼓手，还有亲戚。

问：你记得有多少人来吗？

答：请的都是亲戚，四盘子菜、馒头。

问：你自己做的饭吗？

答：村里有专门人，为别人办红、白喜事。

问：叫什么名字？

答：孟玉新，现在还活着，84 岁。

问：他有土地吗？

答：有土地。

问：你参加共产党的时候有没有困难？

答：也有困难。

问：你当副书记时最困难是什么？

答：没钱买化肥，经常受灾，常常闹水。

【兴修水利】

问：你们挑河去吗？

答：每年都去修河，出河工。

问：是年轻人去吗？

答：是年轻人，一般春天去。

问：有女的去吗？

答：有五六十人。

问：有报酬吗？

答：管吃的。后来算半天工钱，不管吃

自己带饭。

问：愿意去吗？

答：修水利对老百姓有利，愿意去。

问：你参加了吗？

答：我参加了。

问：去多长时间？

答：有一个月的，也有半个月的，看工程大小。

问：你们带什么东西？

答：带被子、炊事工具、修水利工具。

问：现在要做这样的工程怎么办？

答：花钱雇。

问：钱是摊派吗？

答：是摊派。

问：本村修，怎么办？

答：按土地分包，不给钱。

问：解放初怎么拿钱？

答：按劳力摊派。

问：现在化工厂的人怎么办？

答：他们开工资。

问：他们拿钱吗？

答：也是按土地分摊。

【村民消费、婚丧礼俗】

问：生活情况？

答：现在生活变化大，有买电视、盖新房子、买组合家具的。

问：本村有茶馆吗？

答：没有茶馆，有 3 个小铺，都是个人办的，其中有一个为供销社代销。

问：买东西到什么地方？

答：独流镇、静海县城。还有小贩到村中来。

问：到天津市吗？

答：现在经常去，骑车去，也有汽车去。

问：解放前呢？

答：很少去。

问：你们什么时候第一次看电影，解放前有吗？

答：解放前没有。解放后成立了放映队，才有电影看。

问：解放前有庙会吗？在什么地方？

答：在独流镇和静海县城。

问：什么时候有电视？

答：1983 年有电视。

问：村里只有两三家有电视，是什么时候？

答：1976 年，当时少数。现在家家都有，彩色的也不少。

问：年轻人结婚时需要什么东西？

答：电视、洗衣机、缝纫机、组合柜。

问：是女方送，还是男方送？

答：有男方，也有女方。根据双方的经济条件。

问：男方给女方钱吗？

答：给东西，不给钱。送礼的人送钱。

问：送多少钱？

答：少则 20 元，多则 100 元、200 元。

问：有没有简单的？

答：没有。本村的亲戚收，不是亲戚的不收。

问：1978 年以前办喜事也是这样吗？

答：那时没有钱，就简单了。

问：村里有没有旅行结婚？

答：旅行结婚也一样，回来还得请客。

问：丧葬怎么样？

答：也得花钱。有送 200 元的。

问：你们现在火化，还是土葬？

答：有的火化，有的土葬。火化占 10%。当干部的要带头。90% 以上的土葬。

问：火化开始在什么时候？

答：“文化大革命”后期，当时不敢不火化。

问：丧葬要花多少钱？

答：一般的2000多元。

问：坟放在什么地方？

答：家家葬在自己的土地上，是分散开的。

问："文化大革命"坟都平了，怎么办？

答：有记得的又恢复了，不记得的也就没有了。

吴金城

时　　间：1991年8月14日上午

访 问 者：顾琳　左志远

场　　所：冯家村小学校

【母亲家庭】

问：你多大岁数？

答：74岁，1914年生，属马的。

问：你小时家里有多少人口？

答：我小时没有父亲，跟着母亲，还有个妹妹。

问：那时你们家有多少土地？

答：有20多亩土地，其余在父亲去世前卖掉了。

问：你的母亲怎么养你们两个孩子呢？

答：是没有办法，我母亲编席子。

问：编席子能赚多少钱？

答：编一张席子赚2角多钱。

问：原料从哪里来的？

答：从蔡王村来，那里有芦苇地。

问：怎么卖出去？

答：用车子推出去卖，雇人给脚钱，到独流镇去卖。

问：你母亲一天编多少席子？

答：一天编半张席子。

问：2角钱能买多少棒子？

答：可买四五斤棒子。

问：那时你们生活苦呀？

答：是苦呀，我也帮着母亲干。

问：你父亲怎么死的？

答：是病死的。

【私塾】

问：你小的时候上过学？

答：上过私塾，在府君庙。

问：和你一起上学的有多少人？

答：苟怀德，别的记不清了。

问：有没有女孩上学？

答：没有。

问：那时上学要多少学费？

答：一年要两三块钱。

问：你上学念的什么内容？

答：《百家姓》、《三字经》、《千字文》。

问：在什么时候开始种田？

答：十四五岁给人家扛长活。

问：以后有没有租别人家土地呀？

答：扛长活，没有租田。

问：是本村人吗？

答：是本村，张宝喜、刘继祥。

问：一年多少报酬？

答：一年四五石（一石150斤）棒子。

问：你扛长活是日本人来之前吗？

答：日本人来以后。

【拉洋车】

问：扛了长活以后怎么样？

答：到天津市拉洋车。

问：什么时候？

答：日本人在的时候，有租界。

问：日本人投降在不在天津市内？

答：国民党时还拉洋车呢！解放后回村。

问：你还记得怎么去的？

答：是我的叔伯哥哥，名叫吴金贵。

问：吴金贵也是你们本村人吗？

答：是我的叔伯哥哥。

问：你拉洋车能赚多少钱？

答：最多的一次是拉日本人，一趟 8 元，有的时候甚至不给钱。

问：车是你的吗？

答：租的老板的，一天 2 角钱车份。国民党时候一天 1500 元（法币）。

问：车行的老板是谁？

答：在天津小西关的一个车行，是姓鲁的家，在小西关监狱的东大墙，名叫鲁宪彬洋车场。

问：你们住在哪里？

答：就住在车场里。

问：那时生活苦吧？

答：生活是苦的。

问：吃的什么？

答：吃棒子面、窝窝头。

【结婚、家庭】

问：你那时结婚了吗？

答：我结婚了。

问：你爱人从哪里来的？

答：是柏（白）杨树村人，在运河对岸。

问：她比你大吗？

答：比我小。

问：她叫什么名字？

答：叫严宝珍。

问：当时你们有孩子吗？

答：有个闺女，得病死了。

【参加地下党活动】

问：那时你们参加地下党了吗？

答：没有，到农村后加入的。

问：你什么时候加入共产党？

答：1945 年加入共产党。

问：你怎么加入的？

答：我那时经常回来，八路军晚上来，向我们宣传而加入的。

问：你们有什么活动？

答：在静海铁路二十五孔桥，我背着大葱去，岗楼人问我背的什么，我说大葱，叫我放在那里。在那里，我察看地形——岗楼的四周地形，准备去炸炮楼。

问：你们村当时还有地下党员吗？

答：活着的就我。死了的还有张玉森、李治强、王福恩。还有王万起，他还活着。

问：那时你们还年轻，有女的吗？

答：20 多岁，女的有一个，叫张桂英，嫁到别的村。

问：你们做什么工作？

答：斗地主、炸炮楼。

问：你们帮八路军送情报？

答：送情报。

问：你们之间知道吗？

答：不知道，是单线联系。

问：你上面是谁？

答：是王炳乾，他是蠡县人。当时，他是区长兼秘书，相当于团级待遇。现住在县委会大楼后面，离休了，已 84 岁了。解放后在桑公庄当过公社主任。

【“土地改革”、互助合作运动】

问：“土改”时你们村怎么搞的？

答：上级领导派来工作组，有一个姓王的，还有一个姓金的。

问：他们从哪里来的？

答：他们有的从天津大学来，有的从静海县城来。大家选代表。

问：你们怎么决定代表呀？

答：大家选，党员不是代表也参加。

问：你们选的什么人？

答：都是贫农、下中农。

问：用什么方法决定？

答：开会。

问：如何确定阶级成分？

答：由领导和群众代表讨论，确定后，交大家评定。富农的多余土地拿出来，但不斗争他，如刘永德。还有郝开明，已去世了。地主的土地拿出来，不用斗争。

问："土改"定了定案要不要张榜公布？

答：要张榜公布。

问：当时从地主、富农拿出来多少土地？

答：共分了60多亩土地。

问：按人口分吗？

答：是按人口分的。

问：你们全村1200多亩土地，在"土改"时土地变化不是很大？

答：变化不是很大。

问：有的人留下土地比较多吗？

答：除地主、富农外，其他有土地的不动。

问："土改"后你们的生活情况？

答：好了，我们这里修了河，一年比一年好起来。

问：你们大的变化是在什么时候？

答：1953年以后，真正大的变化是改革以后。

问：你们的互助组怎么组织的？

答：关系比较好的、合得来的组织起来，是自愿。

问：你参加了吗？

答：我参加的是先锋队。

问：你们互助组有什么人？

答：有刘东玉、刘希岭、郑玉宽。

问：那时你们怎么联系，是朋友，是邻居，还是亲戚？

答：是邻居。

【吴姓家族】

问：这个村还有像你这样姓吴的吗？

答：有。

问：有多少户？

答：有吴金连、吴金祥、吴宝元。

问：他们和你是什么辈分？

答：金字是同辈，宝字比我小一辈。还有吴金瑞，在日本人来时跑了，现在不知道在哪里。

问：哪一年走的？

答：日本人进攻中国那一年。

问：还有姓吴的吗？

答：没有了，还有一个叫吴金奎。

问：你父亲的名字还记得吗？

答：叫吴国恩。

问：你父亲的兄弟？

答：叫吴国平。

问：你几个儿子？

答：3个。

问：叫什么名字？

答：叫吴宝利、吴宝民、吴宝山。

问：吴国平有几个儿子？

答：他的儿子叫吴金瑞。还有吴金全、吴金贵。

问：吴国恩的父亲叫什么？

答：叫吴有德。

问：吴金贵是谁的儿子？

答：吴振强的儿子，去天津了。

问：吴振强和吴振永是兄弟吗？

答：是。

问：你们吴家来往怎么样？

答：都不错。

问：你们姓吴的是一个组吗？

答：不是，参加互助组是自愿的，也有不姓吴的。

问：你们同姓的是不是集中住一起？

答：是分散住的。

问：你们的祖先去世后是埋葬在一起吗？

答：一个姓在一起。

问：你们家族什么时候在一起活动的？

答：清明节，到祖先坟墓去烧纸；还有忌日，即死去的那一天，过年前一天去烧纸。

问：有困难时是不是向同姓的借钱？

答：不一定，关系好的才借钱。

问：结婚时要告诉什么人？

答：要告诉双方的亲戚。

问：你们有族长？

答：现在没有，过去有。

问：吴宝利他在家？

答：在家。

问：吴宝民他多大？

答：36岁。

问：他做什么工作？

答：做买卖。

问：有铺子吗？

答：没有。

问：吴宝山多大？

答：34岁。

问：他做什么？

答：种地。

问：你儿子的爱人做工作吗？

答：她们都在家干活。

问：你女儿结婚了吗？

答：没有。

问：你的孙女她们打算做什么工作？

答：还小呢。没有工作。

问：你儿子有没有参军？

答：没有。

问：你弟弟叫什么名字？

答：叫吴金开，他死了。

问：他有几个孩子？

答：两个，一个叫吴宝元，一个叫吴宝春。

问：你弟弟的大孩子还在这里吗？

答：他在技校。

问：合作化的时候你是负责人吗？

答：是的。

【互助组与初级社】

问：那时互助组有多少户？

答：五六十户。一个叫“发展”，一个叫“永久”，一个叫“照耀”。

问：哪一个最大？

答：最大的是“照耀”，“永久”的16户，“发展”的也是16户。

问：互助组是不是邻居在一起？

答：不一定，关系好的在一起。

问：为什么“照耀”最大？

答：它成立得早，1954年。1958年都并到“照耀”，叫生产合作社，我是社长。

问：那时最困难的是什么？

答：吃粮食困难，瓜、菜代替。

问：人民公社呢？

答：我们原叫府君庙公社，后来叫独立公社。

问：大公社后又分了吗？

答：后来又分了，三级所有队为基础。大公社就只有一两年，后来就分开了。

问：你们村有几个生产队？

答：我们村有三个生产队。

问：生产队有多大？

答：一个队30多户。

问：那时领导人是谁？

答：队长是王万起、吴金元、孟德永、郑宝明、孙玉森。

问：他们是任命的吗？

答：是选的。

问：一个时期几个队长？

答：两个队长。

问：初级社时你们怎么组织村民的？

答：群众说别的地方成立了，我们也要成立。“照耀”成立了，随着大家就跟着成立。

问：“照耀”的领导人是谁？

答：郝开祥、郑宝明、孙玉升。

问：他们都是党员吗？

答：不是，是群众。

问：他们就是互助组，后来扩大的吗？

答：是的。

问：那时你们在村里开会，讲互助组的好处吗？

答：是的，讲互助组的好处。

问：乡里有没有讨论这个问题？

答：在组织之前，乡里就开会，让大家讨论。

问：大会在什么地方开？

答：在独流镇。

问：全村人都参加吗？

答：不是，干部和一部分群众，会后在村里再开大会。

问：土地如何处理？

答：生产队之间根据人口进行调配。

问：当时你们人均土地多少？

答：2 亩多。

问：决定谁当领导人？

答：选举。

问：选举什么样人？

答：选可靠的人，贫下中农，不要地主、富农。每个生产队都有骨干、党员。

问：当时村里的党员多不多？

答：十四五个人。村里领导人主要是我们两人。

问：刚刚“土改”时农村的亩产多少？

答：刚刚解放时麦子 100 多斤，玉米 300 多斤，黄豆 150 余斤。

问：什么时候有变化？

答：“土改”时产量不大，初级社、高级社都不行。小麦 300 多斤、玉米 500 多斤、黄豆 200 余斤。主要是肥跟不上，水也不行。大修水利后好些。那是 1958 年以后。

【大搞水利、深翻土地】

问：你们怎么搞水利？

答：从运河里抽水。上面贷一部分钱，个人拿一点钱，每个人平均 40 多元。

问：多长时间还清的？

答：最后有的还了，其余国家减免了。

问：挖沟怎么挖？

答：30 亩地一条。

问：多少工？

答：说不好。

问：是冬天搞？

答：是冬闲时搞。

问：那时女的也参加吗？

答：参加。

问：你们在地里插上红旗吗？

答：那是深翻土地时。

问：深翻地怎么样？

答：有成功的，也有不成功的。

问：挖多深？

答：挖一尺深。

问：用什么农具？

答：用的铁锹。

问：多长时间？

答：3 年。

问：当时亩产多少？

答：小麦 300 多斤、玉米 500 多斤、黄豆 200 余斤。

【公共食堂、闹水灾】

问：那时有食堂吗？

答：有，敲钟吃饭。

问：你们的厨房在什么地方？

答：村里一共有 4 个，每个队一个，幼儿园托儿所一个。

问：吃得怎么样？

答：吃的窝窝头，炒的土豆。拿回家吃。

问：那时吃饭不要钱吗？

答：发的饭票，男女都一样。

问：你们在家里也做东西吃？

答：没有。有的亲戚在天津就弄点吃的。

问：食堂办了几年？

答：办了 3 年。

问：那时比较困难？

答：是的。

问：有人饿死的吗？

答：饿死 20 多人（在场一人表示不同意，说不是饿死的而是病死的）。

问：二三年不好，以后就好了吗？

答：是的。

问：你们村还有自留地吗？

答：一人一分地。

问：1963 年这里闹大水？

答：本村房塌了，我们到武清县。安排我们住，发给粮食。

问：在武清县多长时间？

答：两个月。

问：回来什么都没有了吗？

答：就剩下土疙瘩，回来有的到运河东面亲戚家，有的搭了棚子，也有的盖了房子，现在见不到了。

问：盖的新房子有多大？

答：不大，有 3 间的，也有 1 间的。

问：都是你们自己盖的吗？

答：国家给的木料、席子。

问：用了多长时间？

答：用了近一年。

问：种了麦子吗？

答：种了麦子。

问：当时你们很困难了？

答：最困难是 1960 年。

问：大水过后土质受到影响了吗？

答：没有影响。

【农村经济变化】

问：1963 年到 1967 年农业有什么大的变化？

答：三中全会前小麦 500 多斤、玉米 700 多斤、黄豆 300 多斤。现在高达 1000 多斤。

问：变化的最大原因是什么？

答：是开放政策。现在尿素也多了，还有二氨（美国进口），每亩 100 斤尿素，50 斤二氨。现在化肥有国产的，也有从俄罗斯来的。另外每亩地还要上土肥 3 立方米。

问：人民公社时有吗？

答：有，少。现在只要有钱，就可以买。

问：解放前上的什么肥？

答：上的豆饼，那时人不认识化肥。

问：豆饼从东北来的？

答：当地就有，人民公社后没有了。

问：拖拉机什么时候有的？

答：20 年前“文化大革命”时就有。今年将拖拉机卖了，用牲口，要机耕，从乡里去雇。

问：种蔬菜什么时候开始？

答：过去就有，种得少，现在种的大白菜向东北走，供给天津市，大量种植是 1984 年开始的。现在有小商贩来贩。

问：人民公社时怎么样？

答：人民公社时在自留地里种菜，主要是自己吃。

问：你们村养猪的多不多？

答：不多，吃猪肉到集市上去买。

问：你们村有工厂是在什么时候？

答：在人民公社时。

问：什么时候就没有编席。

答：解放后就不编席，1958 年以后就不允许编席。

问：“文化大革命”时你怎么样？

答：靠边站，也没有斗。叫我看庄稼去。

问：有“红卫兵”吗？

答：有，本村有，也有外地来。

问：过去的地主、富农斗了吗？

答：都斗了。

问：你们戴高帽子吗？村里有死人吗？

答：戴了。“文化大革命”中，我们村没有死人。

问：现在怎么样？

答：有吃有穿。

问：现在的衣服是自己做的吗？

答：有买的，也有自己做的，中国式的衣服一般都自己做。

问：买的舒服，还是自己做的好？

答：买的舒服。

王炳乾

时　　间：1991 年 8 月 14 日上午

访 问 者：左志远　浜口允子　顾琳

场　　所：静海县宾馆

【抗日、共产党】

问：你什么时候来到静海县？

答：1944 年 10 月，当时叫静（海）大（城）（联合）县，属冀中八分区。

问：你来以前干什么事？

答：我在抗日军政大学二分校，活动于河北与山西。

问：分校在什么地方？

答：校长孙毅，正校长彭德怀。1943 年毕业，我被分到平山。我们分校活动在阜平一带。

问：上学之前干什么？

答：三村支部书记，区工会主席。正是日本第六次治安强化运动。当时相当残酷，我在白洋淀，也在敌占区一带活动。1942 年为了保存实力，能在本地农村隐蔽的，就在本村，目标大的就要走？我去了抗大。

我三次入党，第一次在高蠡暴动时，后来失掉关系。第二次 1938 年重新入党，失掉关系，但我并没有离开党。1939 年参加革命。1936 年我参加秘密结社，当时有一个秘密党员叫周建发展我入党，在南曲的韩村，开会是在荒地里开会，也不敢在一起走，怕有人跟踪。

1938 年参加党，担任三村书记。当时是采取敌来我走、敌走我来的战术。我在的这个村一面有水，一面有国民党的军队，在白洋淀的边上。日本人说拿到他头的赏 5000 元，通风报信的给 3000 元。有一天敌人化装包围了我家，将房子烧了，把我妻子和两个儿子都带走了。当时说我要不出来，3 天就把我妻子和两个小儿子杀了。我在支部讲，革命首先革自己的命，我不答应敌人提出的条件，为了老百姓，先从我这里开刀。一直坚持到 1941 年冬，我们撤出来，1942 年春去抗大二分校学习。1943 年回来，开辟家乡工作。

问：你的妻子和儿女被杀害了？

答：将我的二小子绑在木柱上，用红煤球往他嘴里捅，搞死了。后来，我的小舅子为了救他姐姐，他向敌人投靠。我的大儿子，敌人用刺刀将他的嘴划开，送到白洋淀。后来敌人放了他们。我和他们脱离关系，因为他们投靠了敌人。我这个小舅子叫高连升。我住到村治保主任家，我的第二个孩子知道情况，告诉我敌人要逮我。孩子的舅舅带日本兵来逮我，可我跑了，他们说他搞的情况是假的，将他们杀了。后来，我来到静海这一带。

问：你们一起来多少人？

答：共 20 多人。其中有萧克、陈克中，还有于有年（五区区委书记）、曹重（四区区委书记），我是四区副书记兼秘书。

问：20 多人都是共产党员吗？

答：都是共产党员。

问：你们是不是武工队性质？

答：我是静（海）大（城）县的武工队大队长。

问：当时你们带什么武器？

答：每人带 4 枚手榴弹。后来的枪是从地方搞来的，从敌人手中夺来的，建立起静大县的独立营。

当时苦得很，身上一抓就是一把蚤子，洗不了澡，脏极了。

后来，我到过沙窝、埝口咀、杨柳青、当城、高庄，这些地方都是敌人心脏，我就活动在这一带。

后来搞“土改”，我被集中到河间去集训，随后到宁河县搞“土改”。我当区长，住在李金堡。当一年多，调任河间县当秘书，兼研究室主任，相当于副县长。

【“三反”“五反”、恢复名誉】

问：1948 年你到哪里？

答：我到河北省马列学院，即省委党校学习。后来到宝坻县当区长，也到过静海县独流镇。组织上要调人去搞经济工作，没有人愿干，我被调宁河县搞经济工作。不久“三反”“五反”，打老虎，我是管经济工作，就有可能被打成老虎。把我打成老虎。党外有党，党内有派。我正派，被人陷害了，使我疯了 3 年多，在家养病。

1956 年又出来工作。这期间如何处理我的呢？按自行脱党处理。后来纠正冤假错案，才纠正了。定我 15 级。党员的党龄还算，后来又恢复我为 13 级（从 1989 年开始），红军待遇，离休。现在工资 340 多元（其中包括红军时期享受的护理费）。

【王炳乾在冯家村的活动】

问：冯家村的党员说是你发展的？

答：我记不清了。

问：你到这个地方什么时候？

答：1944 年秋。

问：你怎么发现积极分子？

答：找贫下中农，他们受压迫，然后慢慢了解。找“三恨”的人，恨地主、恨敌人、恨坏人。开始他们都还怕我们，后来慢慢他们也就了解我们。在大清河、子牙河、运河交界的地方，汉奸经常在这里劫船，老百姓最恨他们。我们弄清情况，埋伏在那个地方，将汉奸消灭了。这对老百姓影响很大，他们相信我们了。

问：你记不记得冯家村的情况？

答：我记得有个孟德永，八路军住在他们家，他父亲被杀了。

问：有的人说是国民党杀死的，有的说是日本人杀死的？

答：我给他出证明，是被敌人杀害的，我记得是 1945 年日本投降后死的，是冬天。

问：为什么到他们家？

答：因为到他们家放心。

问：什么时候？

答：1944 年冬或 1945 年春。

问：冯家村周围的村庄，是不是最早联系的冯家村？

答：是冯家村。

问：那时他们有几个党员？

答：开始没有，后来发展孟德永、张桂珍。

问：有没有吴金城？

答：记不清了。

问：怎么联系？

答：单线秘密联系，你知道谁是党员也不能说。

问：抗战胜利有没有搞打汉奸运动？

答：没有。随有随打。

【与国民党斗争】

问：国民党来了怎么样？

答：我们同日本人是民族斗争；同国民党是阶级斗争，是你死我活的斗争。1946 年国民党搞了个二铺惨案。二铺在子牙河边，死伤 20 多人，其中有一个特派员。

我们同国民党军队打了四五个小时。

【与国民党斗争】

问：抗战胜利时，你们在这里有多少军队？

答：有一个独立营，也叫静大县独立营，有 300 多人，是本地人，营长叫郑素南，是安新县人。

问：下面的人都是本地人吗？

答：都是本地人。区里小队，一般 3 个班，30 多人，每区都有。抗战胜利时有 600 多人。

问：他们住在什么地方？

答：县住在子牙，区住在区政府，共 7 个区。

问：冯家村属第几区？

答：原属七区，后属四区。

问：区有什么组织？

答：区有抗联，包括妇联、农会、青联，还有武委会。

问：你在哪区？

答：我原在七区，后在四区。区长韩哲。

问：韩哲是什么地方人？

答：是肃宁人，河北省肃宁。他已死了。

问：他怎么死的？

答：被徐信高杀死的。他和徐是盟兄弟，徐投靠敌人，他对其没有警惕。

问：抗联是抗日本的还是对国民党的？

答：1944 年成立，抗联是对日本的。抗战胜利后内战就不存在了，妇女会、青联就分开了。

问：这个地方的农民党民比较多吗？

答：不算多，一个村一般 3 ~5 个人。

问：国民党在农村也搞组织吗？

答：他还没有来得及，农村就被共产党占领了。

问：村里有两面政权吗？

答：有，都有保甲制度。

问：共产党员做什么工作？

答：了解情况，制定对策，发展组织，发动群众，为人民办事，吃苦在前。在现在这些也是关键。我们和老百姓是鱼水之情呀！

问：那时有地窖吗？

答：有，我去过。

问：地下道多不多？

答：在民族战争时有大的用处，到国民党的时候，村里的地富会告密，发挥不了大的作用。民族斗争地主也抗日，和国民党的斗争地主就站在国民党一边。斗争就非常复杂，地道用处就不大了。

张树森

时　　间：1991 年 8 月 15 日下午

访 问 者：左志远　顾琳

场　　所：冯家村小学校

【家庭】

问：你多大岁数？

答：64 岁，1927 年生的。

问：你父亲叫什么名字？

答：我父亲叫张永发。

问：你母亲叫什么？

答：母亲姓王，叫张王氏。

问：她是什么地方人？

答：是李家洼子人，离这里 16 里。

问：你有兄弟吗？

答：有个兄弟。

问：叫什么名字？

答：叫张富茂，比我小两岁。

问：他到天津市了吗？

答：刚解放去天津市。

问：在天津市什么地方？

答：天津仪表厂。

问：你有姐姐吗？

答：大姐去世了，二姐在静海县城，三姐在独流镇。

【家庭生计】

问：你小时候家有多少土地？

答：三四亩土地。

问：那时你父亲有没有租人家的土地？

答：那时编席子，我 11 岁当徒弟。

问：原料从什么地方来的？

答：买来的，在抬头村。

问：一天能编多少？

答：编两张。

问：能挣多少钱？

答：能挣 2 元钱，到独流镇去卖。当时我父亲一次能挑十几张，我能挑 5 张。

问：有商人来买？

答：有从独流镇来的，有从天津市内来的，有从东北来的。

问：夏天、冬天都编吗？

答：是的，夏天、冬天都编。

问：解放后还是这样吗？

答：解放后还编席，到合作化时是集体编的。

问：当时怎么记工分？

答：相当于一个整劳力，一天记 10 分。

问：男、女都一样吗？

答：男女一样，按张计算。

问：过去编席是男的多、女的多？

答：有编的，有管账的，有管挑的，男、女都参加。

问：学编席学好要多长时间？

答：说不好。

问：你们村什么时候开始编席？

答：早着呢，说不准。

【日军、国民党军队和八路军】

问：抗战时日本人来你几岁？

答：我 9 岁。

问：第一次见到日本人的情况？

答：他们来了我们就跑了，害怕。

问：日本人对小孩怎么样？

答：不怎么样。

问：你家里人有受害的吗？

答：没有什么受害，吃了我们的鸡。

问：他们住过你们家吗？

答：记不太好。

问：你今年六十几？

答：我今年 64 岁。

问：抗战胜利时你才 17 岁？

答：是的。

问：日本人投降你知道吗？

答：知道。

问：你上过学？

答：上过私塾。

问：上过几年？

答：3 年。

问：在本村还是别村上的学？

答：在北面的村子跟王少朋，学的《百家姓》、《三字经》。

问：有没有算术？

答：没有，打算盘是后来学的。

问：你几岁上的学？

答：日本人来的那一年冬天。庙里当学校。

【日军投降】

问：日本投降你怎么知道的？

答：大家都说。

问：你们村有没有开庆祝会，有没有敲锣打鼓？

答：记得当时没有。

【八路军、国民党】

问：八路军的情况你知道吗？

答：八路军是黑夜来，白天国民党来。

问：你和他们有联系？

答：没有，听说在张希岭家开过会。

问：你记得会是哪一年？

答：记不好了。

问：国民党军队是经常来吗？

答：经常来，是保二团。

问：他们有没有找麻烦？

答：他们拿东西是家常便饭，住在独流镇。

问：国民党时你们村有什么组织？

答：有王玉亭、刘连祥、刘文光应付。

问：他们是保长还是甲长？

答：日本人时叫维持会，国民党时叫保、甲长。

问：国民党时有维持会吗？

答：没有。当时有保、甲长，刘连祥是伪保长。村里共两个保长，10个甲长。

问：刚解放时你们家有多少土地？

答：土地没有什么变化。

问：解放时村里有庆祝活动吗？

答：没有。刚开始村里有吹吹打打，后来认为是迷信，也就没有人搞了。

【婚姻、家庭】

问：你什么时候结婚？

答：就是日本人投降那年结婚。

问：你爱人叫什么名字？

答：叫李贵荣。

问：你们结婚时她多大？

答：15岁。

问：她是什么地方人？

答：她是西贾口人，离这里6里。

问：是介绍的还是恋爱？

答：是介绍，是姑姑介绍的。

问：你们生了几个孩子？

答：一个也没有，过继个侄子，在天津市内，他今年已41岁了。

问：侄子叫什么名字？

答：叫张俊亭。

问：他在什么工厂？

答：在天津家具三厂。

【土地改革】

问："土改"时怎么进行的？

答：开始将大家召到一起议论这件事。解放前三年后三年，凡不劳动的，有土地的，就是地主。

问：当时你们村谁是领导？

答：共产党在领导。

问：村里的负责人是谁？

答：是苟克兴，他是村长。

问："土改"时你家定的什么成分？

答：中农。

问：那时你家有几口人？

答：有9口人。

问：生活怎么样？

答：解放前不怎么样，种地花费大。当时的保长叫张宝和，好赌钱，输了就向大家摊派。"土改"时他不在本村。

问：张宝和是贫农，怎么当上保长？

答：他和保二团有联系。

【土匪活动】

问：解放前你们村有土匪流氓？

答：有，有本村也有外村的，来了绑架，绑架有钱的人。

问：你知道绑过谁？

答：有郝开顺的姐，张永福的二闺女，还有刘连弟、刘云新。

问：土匪窝在什么地方？

答：没有固定的地方，在芦苇荡里。

问：你们这里有“红枪会”组织？

答：在国民党时，日本人来之前。有八路军时就没有了，土匪也没有了。

问：日本人在的时候也搞土匪吗？

答：日本人也搞过，我记得搞过一个混名叫马猴子。

【土地改革、互助合作和“大跃进”】

问：土改时的情况可以说说吗？

答：我父亲参加，我没有。一家出一个人，我父亲去我就不去。中农也参加。

问：有没有开大会？

答：也开过。

问：谁讲话？

答：苟克兴、吴金城。

问：有外面来的人吗？

答：有工作组。

问：有工作组住在你们家吗？

答：没有。

问：“土改”时你们还是 30 亩地？

答：土地没有动，有一头牛，有一辆大车。

问：你住几间房？

答：6 间，也没有变化。

问：互助组你参加了吗？

答：刚成立时我参加了。

问：你们互助组有几户？

答：王万贵、张宝喜、张文秀，还有我，共 4 户。

问：你们是怎样联合在一起的？

答：自由结合的，有两头牛、两辆车，共有土地近 100 亩。

问：比个人干好吗？

答：比个人干强，可以互相帮助，帮助完了也就完了。

问：你参加初级社吗？

答：我第一个参加，郝开祥的照耀社。

问：当时怎么样？

答：当时干劲大。

问：你们一起到地里去劳动？

答：是的，有郝开祥、郝开顺、郝开发、孙玉常、孙玉良、王德永和我共 7 家。

【会计】

问：有没有当会计？领导是谁？

答：领导是郝开祥，是会计，也得参加劳动。

问：为什么郝开祥当领导？

答：因为他是发起人，大家选他了。

问：后来发展就快了？

答：1956 年“照耀”、“发展”、“永久”3 个社合到一起了。

问：那时有多少粮食，够吃吗？

答：够吃的。

问：1956 年领导人是谁？

答：吴金城。

问：是他很能干吗？

答：合并时选他当社长。

问：当时记工分？

答：是的。

问：会计麻烦吗？

答：也不麻烦。

问：按什么记工分？

答：每天晚上记，一家一个工分本。

问：男、女有区别吗？

答：男的最高 10 分，女的最高 7 分，小孩 3 分、4 分的。

问：工作有难干、有容易干的怎么办？

答：尽量加以区别。

问：不好好干的怎么办？

答：人家干完了，就可不干了。

问：1 工分有多少钱？

答：最高工分 1.36 元，也有 7 角的时候，也有 8 角的时候。

问：你当会计到县里去训练过？

答：1956 年在静海县里训练，除了我还有吴恩森，学了 56 天。

问：你什么时候当会计？

答：1956 年。1958 年在管理处当出纳。以后又回到村，还是当会计。

问：会计是很忙的？

答：是忙。

问：当会计给你工分吗？

答：有事就做会计工作，没有事就下地干活，我当会计也给工分，一天 10 分。后来与书记合不来，就不当会计了。

【“大跃进”、大食堂】

问：“大跃进”时怎么样？

答：深翻土地。

问：效果怎么样？

答：没有提高产量。不愿意翻也得翻。

问：你们有食堂？

答：1959 年建立食堂，1960 年春天食堂取消了。

问：食堂怎么样？

答：一天二两粮，只好瓜菜代替。

问：困难时期你走了吗？

答：没有。困难时期我们村有去东北的，共 20 多户。后来没有回来的只有两户。

问：有饿死的人吗？

答：有 10 多人。

【1963 年大水、农业变化】

问：1963 年发大水，村里的房子都倒了吧？

答：只有 20 多户没有倒，其余都倒了。我家房没有倒。

问：你们村到哪里去？

答：有找亲戚的，有政府统一安排的。

问：水走后你们盖房子用多少时间？

答：9 月份回来，恢复家园。先盖简易的房子，到过年的时候就盖好了。

问：麦子种子呢？

答：种的春麦子。

问：1964 年以后就没有闹大水了吧？

答：是的。

问：你们农业变化最大在什么时候？

答：初级社以后不行，人的积极性没有调动起来。那时分麦子一人最多 100 多斤。

问：什么时候够吃了？

答：改革开放以后好了，我两口人平均 2000 多斤粮食。现在 6 亩地。

问：6 亩地种什么？

答：3 亩小麦，3 亩大田，种的玉米和豆子。

问：种蔬菜吗？

答：种蔬菜供自己吃，我在厂里工作。现在粮食吃不完，吃的是大米和面粉，不吃窝窝头。唐山、宁河到我们这里用米换麦子。

问：去东北的人，走了留下来的人大多干什么？

答：得干活，不干活怎么行的。

问：留下来人少了，粮食由留下的人分吗？

答：种地的就分，不种地就不分。

问：国家有贷款吗？

答：有贷款，但解决不了问题。

问：贷款后来还了吗？

答：有能力还，没有偿还能力就算了。

问：现在有困难的家庭吗？

答：现在劳力少的有病的就差。

问：孩子多的呢？

答：现在孩子都长大了，也就没有困难了。

马荣华

时　　间：1991年8月16日上午

访 问 者：顾琳　孟坤

场　　所：冯家村小学校

【家庭成员和生活来源】

问：你今年多大？

答：62岁，是1929年出生的。

问：你一直在本村吗？

答：我一直在本村，没有出去过。

问：你父亲叫什么名字？

答：叫马富春。

问：你母亲姓什么？

答：那时没有名字，姓杜，叫马杜氏。

问：你小时候家有多少土地？

答：一亩园子地。一亩半粮食地。

问：你有兄弟吗？

答：就我一个人，姐、妹都没有。

问：你们家就是3口人？

答：是3口人，父亲、母亲和我。

问：2亩半土地种粮食够不够吃？

答：我们编席，够吃。一集编8张席。

问：一张席多少钱？

答：说不上，多则1元，少则7角、8角。

问：你也参加编席？

答：我也参加。

问：苇子从哪里来的？

答：抬头，解放后到黄骅去买。

问：卖席子和买原料是谁？

答：都是我。

问：有专门卖席的地方？

答：有专门商人收买。

问：商人是哪里来的？

答：唐山，什么地方都有。

问：他们给你们原料加工吗？

答：不，原料是自己去寻来的。

问：卖席子有专门地方？

答：有席市。

问：一个月赶几次集？

答：5天一次，三、八有集。

问：你几岁就卖席？

答：十几岁。

【上学·日军活动】

问：你上不上学？

答：上过学。

问：你从几岁上学？

答：8岁上到16岁。

问：是在本村上的吗？

答：在私塾念了2年，在天主教堂念了1年，后来又跟一位老师念，老师走了，又跟别的老师念。念3个月给老师一斗半粮食。

问：老师从什么地方来？

答：都从外地来。

问：你学过打算盘？

答：没有。

问：学过算术吗？

答：学过，加、减、乘、除。

问：念过《三字经》？

答：念过《三字经》、《论语》、《孟子》。

问：日本来后，村里有学校？

答：开始没有，后来恢复。

问：他们强压你们学日语吗？

答：没有。

问：你记得第一次见到日本人吗？

答：在我8岁的时候，在村里见到的。

问：你们见到日本人惊奇吗？

答：日本人来了，我们都跑了，跑到洼里去了。

问：有人被打死的吗？

答：被打死一个，叫冯振海。

问：他怎么被打死的？

答：我还小，弄不清，我们回来才知道的。

问：以后他们经常来吗？

答：日本兵常常来。刚来时还可以，后来就不行，他们分不清什么是兵和老百姓。

问：对小孩怎么样？

答：不怎样。

问：你知道八路军什么时候来？

答：我后来才知道，当时人家黑夜来、黑夜走。

问：你父母和你在一起吗？

答：在一起，我也没有媳妇。

问：抗战时，你们家的经济有没有变化？

答：日本人来8年，前两年还凑合，后6年就越来越不行了。

问：日本军人常常来要东西吗？

答：要鸡和鸡蛋。

问：1939年发大水你记得吗？

答：那时闹大水没有人管，现在闹水有人管，最差也得保证每人每天有8两粮。

问：本村有土匪吗？

答：我们这里不太厉害，主要是和外地来的勾勾搭搭。

【家计】

问：日本人在的时候，你们家粮食够吃吗？

答：头两年够吃，后6年不够吃。

问：那时你们吃的什么？

答：麦糠、豆饼。

问：你们买粮食在什么地方？

答：在独流镇，5天一集，每次买45斤，就够吃的了。

问：你们买的什么粮食？

答：买的高粱、发霉的小米。

问：有没有肉吃？

答：没有，过年吃得也很少。

【家庭成员】

问：你们姓马的在这个村多不多？

答：亲叔伯的两家。

问：你的爷叫什么名字？

答：记不清了。

问：他是老大老二？

答：他是老三，共哥四。我父亲就生我一个。

问：你父亲的兄弟还有吗？

答：现在都没有。我父亲的二哥，在抗战后死的。

问：你父亲的二哥有几个孩子？

答：有5个，在家里的只有一个，行三，叫马静明。

问：其他的还记得吗？

答：马静仁、马静义。他们在天津工作。第四个在大丰口，第五个在天津市王串场。

问：他们都是解放前去天津市的吗？

答：我的二哥是解放前到天津市的，其余是解放后去天津市的。

问：你自己有几个孩子？

答：4个闺女，2个儿子。

问：老大叫什么名字？

答：大小子叫马静文，现在29岁，在家种田；老二叫马静清，现在24岁，当劳务工，在天津市内；老三是大闺女，马静芝，现在35岁，结婚了，在夏全村；第四个叫马静兰，现在27岁，结婚了，在芦家村；第五个叫马静芹，21岁，还没有结婚，在静海县服装厂。

问：马静芹订婚了吗？

答：订婚了。

问：第六个叫什么名字？

答：叫马静萍，19岁，也当劳务工，在口子门。

问：你什么时候结的婚？

答：我26岁结婚。

问：你爱人叫什么名字？

答：刘凤江，她当时20岁。

问：是介绍的还是恋爱的？

答：旧社会哪有恋爱的，是介绍的。

问：谁给你介绍？

答：是村的人介绍，不是亲戚。

问：你爱人是什么村人？

答：良头乡辛庄子人。

问：那时结婚用什么方式？

答：没有坐轿子，也没有吹鼓手。

问：她带了什么东西？

答：没有带东西，我花了100多元钱。

问：你到她村去领她来的吗？

答：结婚前女方来过一趟，就成了。

问：你们请客了没有。

答：没有，吃顿饺子。

问："土改"时有多少土地？

答：国民党在时还是那几亩地，解放后我买了点土地。

问：你买了几亩地？

答：买了6亩。买的刘清山的。

【土地改革、民兵活动】

问：你为什么买土地？

答：因为要"土改"了。

问："土改"时你定的贫农，你也参加了决定谁是地、富吗？

答：没有。

问："土改"时怎么搞的，有没有开大会？

答：开过会，大家都知道。

问：有外地来的人？

答：有，宣传队，国家派来的干部。

问：宣传队有学生吗？

答：没有。

问：工作队住在老百姓家吗？

答：没有人住在我家，他们吃饭给钱。

问："土改"时你家有几间房？

答：3间。

问："土改"时你分到土地了吗？

答：没有，也没有分到牲口。

问：有8亩土地时生活怎么样？

答：生活条件强了。除了种地，还在编席、干杂活。

【民兵】

问：你参加农会吗？

答：没有。我就是参加民兵。

问：那时的民兵多不多？

答：不多，一个村就几个人，民兵连长、指导员、文书，我是文书。

问：文书干什么？

答：上级来了表，发表，做统计。

问：你参加民兵几年？

答：2年。

问：你们常常开会？

答：经常去静海开会，到静海县。

问：民兵干什么？

答：管村的治安、巡逻、搞联防。

问：解放时怎么样？

答：不错，毛主席领导，开着门也没有丢东西。

问：本村有人吵架，你们去调解吗？

答：由治保会负责，民兵不管，只管社会秩序。

问：当民兵的有谁？

答：郝开顺（指导员）、孟德永（连长）、吴金才、孙昌元、张茂元（班长）。

问：那时你们都是好朋友？

答：都是好朋友。

问：你们都是党员？

答：只有3个党员：郝开顺、孟德永、张文秀。我父母不让我入党。

【互助组、初级社、高级社】

问：互助组时参加了吗？

答：参加了。

问：记得和谁在一个组？

答：张文秀，共有6户。

问：那时你们刘家有多少地？

答：弄不清。

问：有没有牲口？

答：一家一个。

问：那时你家还编席？

答：还编席。

问：互助组比个人干活好吧？

答：当时还不错，互相帮助。

问：互助组干了几年？

答：一年多。

问：后采就是初级社吧？

答：是的。

问：你参加了初级社？

答：我参加了刘希岭的初级社。

问：什么人入社？

答：我们都是贫、下中农，另外一个是上中农，他们比较富裕。

问：工作怎么安排？

答：由社长派活。

问：刘希岭很会安排吗？

答：是的。

问：你们初级社有会计吗？

答：有。

问：初级社不长就到高级社？

答：1956年成立高级社，一个村一个社。

问：高级社领导是谁？

答：是吴金城。

问：牲口、农具都放在一起？

答：是的，都放在一起。

问：分粮食都是按劳分配？

答：是的。

问：那时攒钱的不多吧？

答：不多。主要精力种田，不让编席了，田荒了是大事，要顾集体。

问：高级社办了多长时间？

答：办了6年多，1962年下半年我当队长，共两个队。1978年才分为3个队。我是一队的队长。

问：怎么决定谁在哪一个队？

答：由大队来决定。

问：是不是按住地划分？

答：不是的，按户数来分。

问：不在一起不是麻烦吗？

答：干社会主义还能怕麻烦吗？

【深翻土地】

问：1958年你们深翻土地吧？

答：翻本村的我去，十里铺我就没有去，我送饭了。

问：翻地产量提高了吗？

答：由于下面对上面精神执行不好，也没有见到有什么好的变化。

问：有没有人反对？

答：谁敢反对？怎么说就怎么做。

问：多长时间？

答：不到一年。

问：土地受到影响吗？

答：土地变好了。

【食堂】

问：1958年、1959年有食堂吗？

答：有4个食堂，一个队一个食堂。

问：能吃饱吗？

答：能吃饱，当然也有苦，可没有苦怎么有甜呢！

问：1960 年时你们家怎么样？

答：我去东北，是秋天。共去两次，1960 年二三月去东北，住了 4 个月，回来分粮食，卖粮食，完了又去了 10 多天，再去人家不要了，国家又将我送回来。共花了 400 多元。在东北走了很多地方，第二次走了很多地方。

问：在东北吃粮国家给的吗？

答：国家给的，一个月 48 斤粮食。10 天吃完了，去找村大队长，给我开了个条子，又给了我粮食。1962 年我回来的。

【农村干部】

问：你 1962 年回到村，当队长干了多长时间？

答：当了两年队长。我当队长时，看大伙对我意见怎么样，有意见我就不干了，歇息了二三年。下任队长，将队里原先攒的财富都分了。分了以后群众有意见，我又当了队长。

问：你第二次当队长又干了几年？

答：又干了两年，前后我干了 8 年左右。

【“四清”运动、土地承包】

问：“四清”时？

答：“四清”时，我在（府君庙）一个多月，整我和孟德永的问题的材料。

问：“四清”时外地来人吗？

答：来人，是工作组，是农林局来的干部。后来将咱们的问题搞清了。

问：你们不在时，村里的活怎么安排？

答：我们不在，由别人管。

【大水灾】

问：1963 年发大水时你在不在村？

答：我带 110 多人，去廊坊抗洪，阴历八月十五日回到村的。

问：水退后，村里盖房是谁干的？

答：回来，还是咱们干，国家救济。后来搞“四清”，说我们吃救济吃得多了。

问：当队长比较苦呀？

答：为大家干事，得到大家信任，苦一点我不在乎。

【土地承包】

问：在改革开放后土地承包时你还当队长吗？

答：当生产队长，有工资时我就不干了。刚开始时，土地还没有分。

问：为什么不干？

答：因脑袋瓜不行的，年轻人比咱强。现在社会有点变化，咱老了，带头劳动也不行，能写的人吃香。毛主席时承认咱贫下中农。现在不讲成分了，倒是成分高的吃香。

问：你也承包土地吗？

答：包了 2 亩土地。

问：现在承包了好吗？

答：不好说，过去收粮食后除去公粮、口粮、饲料、种子、困难户外，现在谁收了是个人的，也没有饲料等。

问：哪个好？

答：哪个都不错，走哪一步算哪一步，好也得走，坏也得走！

问：愿意走集体？愿意承包？

答：怎么都行，现在累得多。过去轻松，但不产粮食。毛主席说一分为二嘛。

问：当领导最困难的是什么？

答：再困难也不要紧。

荀怀德

时　　间：1991年8月11日下午

访 问 者：内山雅生

翻　　译：祁建民

场　　所：冯家村小学校

【打短工】

问：你多大年纪啦？

答：今年77岁。

问：你上过学校，念过书吗？

答：上过学，念过书。

问：毕业后干什么？

答：那时候没有毕业，就去放牲口、种地、打草了。

问：你是种自己的地？还是给别人种地？

答：种自己的地不够种，然后给人家去打短工。

问：给谁干过短工？

答：上市场去找活干，几天换一次，没有固定的人家。

问：干一天短工挣多少钱？

答：一天三四毛钱，但管饭。

问：三顿饭都管吗？

答：都管。

问：你到外村去干活，住怎么办？

答：都在不远的村子，吃完饭就回来住。

问：你干活比较远的村子有多远？

答：也就是三五里地。

【日军暴行】

问：日本军到这个村时，你还记得吗？

答：记得。

问：你见过日本军吗？

答：见到过。

问：日本军来了干什么？

答：日本军进村就先抢东西，村内人都害怕逃跑了。

问：什么时候来的？

答：大约在1937年，阴历七八月间。

问：日本军当时在这住多长时间？

答：有的是路过的，有一次住一宿就走了。

问：日本军来时干过什么坏事？

答：有一次大批队伍来了，日本的营长我见过，他住我的房子，要东西，我写字给他看，我写这地方妇女很害怕，都跑了。他找妇女不说是找妇女，说是找鸡。

问：农民害怕日军吗？

答：农民都害怕，妇女听到日军来了都躲藏起来，有的躲在茅坑里。

问：日本军杀人、烧、抢这样的事你见过吗？

答：头一次来刚进村打死一个人，这人是农民，叫冯振海。

问：为什么要杀他？

答：他见了日军就跑，没有往家跑，日本军就开枪把他打死了，后来又把他肚肠子给掏出来，很惨！

问：日本军来过后，国民党军来过没有？

答：国民党29军来了一个连。

问：国民党到这个村子收税没有？

答：那时没有，后来国民党军都撤退了。

问：日本军还杀过其他人吗？

答：不记得了。

问：日本人统治时期，曾有日本人来这个村搞调查，你知道吗？

答：我不知道，也没听说过。

【八路军活动情况】

问：八路军什么时候来这个村子的？

答：日本投降以后，国民党来以后，才发现有八路军，大约在1945年。

问：八路军来到这个村都干什么？

答：刚进村时，都是黑天来，找穷人，了解情况。

问：当年跟八路军交谈的人是谁？你知道吗？

答：当时找的人有的不在了，找过孟德永。

问：为什么和孟德永有联系呢？

答：因为孟是穷人，八路军找穷人，不找有钱的人。

问：他当时入党没有？

答：没有。

问：他们说的事，你知道吗？

答：不知道。

问：这里什么时候解放的？

答：记不清了。

问：解放时期情况，你还记得吗？

答：当时区委来了十来个人，是三小队的，到这成立了 7 小队。

问：八路军到这首先干什么呢？

答：给后方部队准备粮食，帮助各村建立政权，办地方事情。

问：那时候你家有多少人？

答：有十几口人在一起过。

问：你是什么时候结婚的？

答：我是 19 岁时结的婚，今年 77 岁。

【“土改”】

问：八路军来了之后，马上就“土改”了吗？

答：没有，来了一年多才“土改”的。

问：当时“土改”情况你记得吗？

答：也记得一些。

问：当时村内有多少户划成地主的？

答：那时村内人少，只有六七十户人家，划成地主有两个，有 4 户富农。

问：谁家是地主？

答：有刘连祥和李景全。

问：富农 4 户是谁？

答：有郝开云、刘恩华、刘连奎，我就记得这 3 家是富农。

问：刘连祥当时有多少土地？

答：他土地不多，也就是七八十亩地，但在村内是拔尖的了。

问：李景全有多少地？

答：他没劳力，不干活，他才 12 亩地。

问：他这么点地，为什么也划成地主？

答：当时是根据剥削而定的，他剥削穷人。

问：他这些土地是出租，还是雇人种？

答：是雇人种地。

问：郝开云是怎么划成富农的？

答：他家有 67 亩土地，没有劳力。

问：刘恩华家有多少土地？

答：他家土地有八九十亩，但有劳力，不够地主。

问：他家雇人吗？

答：他也雇人，但他参加劳动，剥削量少。

问：刘连奎是怎么划为富农的？

答：他劳力多，土地有 100 多亩地。

问：地主和富农区别在哪？

答：剥削量大的自己不劳动就是地主；剥削量小，自己参加劳动就是富农。土改时咱村评成分，评了好几个月，评高、评低都得负责的，还得和别的村去比较，评成分是有条文的，很不简单的事。

问：同雇工人数多少有关系吗？

答：有关系，看他雇工情况，看雇多少？剥削量多大？再对照文件，差一点也不行。

问：你是什么成分？

答：我是下中农。

问：你当时家内有多少人？

答：有 12 口人。

问：土地和农具都在一起使用吗？

答：在一起使用。

问：当时分地主、富农财产，你分到土地和农具吗？

答：我没要，土地和农具都没要。

问：“土改”时你干什么工作？是干部吗？

答：不是干部，是农民代表。

问：这里斗争地主有诉苦的吗？

答：没有，咱村是和平解放，和平“土改”，把地主家的土地、粮食分给贫农就算完了。

问：当时村内“土改”时开会在哪开？

答：老教堂。

【教堂】

问：解放前教堂住人吗？有教徒住吗？

答：日本军没进来时，有个牧师住在教堂。

问：村里有庙吗？什么时候扒掉的？

答：有庙，在国民党修岗楼时，就把庙扒了。

问：为什么不扒教堂呢？

答：教堂是天主教会，不能扒。

问：解放后教堂干什么呢？

答：就闲着，先当字校，后又当大队办公室。

问：当时是大队，还是党支部？

答：村委会和党支部一回事。

【党员状况】

问：这村子最早的共产党员是哪几位呢？

答：老共产党是苟克兴、王万起、吴金城。

问：苟克兴和你有关系吗？

答：他和我们是一家，他是长辈，比我们高两辈。

问：“土改”时你是党员吗？

答：我不是党员，后来、现在都不是党员。

问：“土改”时村内有共产党员吗？

答：有党员，叫刘连成，现已死了，当时是他领导的。

问：你当时要求过入党吗？

答：没有。

【互助组、初级社、高级社】

问：这个村互助组是什么时候成立的？

答：1956 年，1958 年“大跃进”就成立了高级社。

问：从“土改”到互助组中间有合作社吗？

答：没有合作社，是村领导。

问：当时你参加互助组和谁一个组？

答：咱这个组有七八家，有郑宝明、郝开甲、苟怀春和我哥 4 个，当时我们家已分家。

问：这个互助组谁挑头搞起来的？

答：刚成立时，村内有一两个组，开始谁也不参加，也就郝开甲这个组搞得好，都愿意参加他这个组，后来就散了，又重新组织的。

问：初级社是什么时候建立？

答：哪年我记不清了。

问：高级社是哪一年？

答：哪年我也记不清了，反正初级社完了就成立高级社了。

问：当时这个村人民公社叫什么名字？

答：一个人民公社有 20 多个村。公社叫府君庙公社。

问：初级社有多少个村？

答：初级社就是本村，一个村一个社。

问：高级社有多少村？

答：高级社也是一个村一个。

问：当时从高级社改为人民公社，是上级的命令吗？

答：上级下的通知，高级社改公社，当时上级花不少钱。

【灾害】

问：建立公社以后，村内遭受自然灾害没有？

答：遭水灾了，1958 年闹一次水，静海地势比较低，下雨就有水。

问：建立公社后遭大灾没有？

答：1963 年遭大水灾。

【“四清”与“文化大革命”运动】

问：这村“四清”运动搞过没有？

答：搞过，主要是搞干部。

问：“四清”批斗了几个人？

答：“四清”没有批斗人，就是往回退东西，退出的东西是一些农具，详细记不清。

问：“文化大革命”这个村是怎么搞的？

答：批斗了不少人，有的斗干部，有的斗坏蛋？打得够戗，但没有死人。

问：你当时没事吧？

答：没事。

【看青】

问：解放前这村有看青的吗？

答：看青就是“排头”忙的时候雇一个人，当时“排头”叫苟云和，后来换马福森，在他前头也是姓马的，记不清了。

问：苟云和是个什么样的人？

答：他是村的“排头”，没有土地，在村内比较厉害，不厉害的人当不了“排头”。

问：他有武器吗？

答：他会打枪，黑了就拿红缨枪。

问：当时他的枪上有红色吗？

答：有。

问：苟云和这个人你见过吗？他是什么时候去世的？

答：见过，他在旧军阀时就死了。

问：后来为什么又叫姓马的干了？

答：他也没地，是扛活出身，村长看他可以。

问：看青的都是没土地，很厉害，还有别的原因吗？

答：厉害的人，村长就利用他。

问：“地方”这个词你知道吗？

答：“地方”比“排头”大。

问：附近村的“地方”是谁，你知道吗？

答：是五里庄叫董树德。

问：这个人是什么样的人？

答：村子的地好坏，他都知道，主要是庄稼收成怎样，这块地能收多少他都知道，但自己还说不行。

问：看青一直到什么时候才没有的？

答：解放以后，成立互助组，就不用他们了。

问：互助组时是大伙轮流看地吗？

答：开始各组轮流看，以后就由民兵看了。

问：各组轮流看是 3 个人一块看，还是一个人看一天？

答：3 个人分头看。

问：看青时是光秋天看还是整个一年都看？

答：立秋完了和麦季看，一年两季，收麦子时要看 20 天，秋天时间长要看两个月。

问：过去看青盖不盖小屋？

答：不盖屋，搭个铺，晚上有住的，也有不住的。

问：现在还有看青吗？

答：现在没有了。

问：我们坐车过来时看见有小屋是干什么的？

答：是看菜的，也有看瓜的，

问：“打更”这个词知道吗？

答：知道。在解放前村内有个老头是打更的，叫刘老万（他大伯叫刘德义）。

问：“看青”和“打更”的区别是什么？

答：看青的是到地里看庄稼，每年秋收时，按户收钱，或给粮食，当做报酬；打更的是在村内负责治安，防止小偷小摸，主要是在冬季3月，其报酬是到年节各户给他些食品，如馒头其他食品，也有给钱的。

问：“打更”与“看青”是否一个人？

答：不是，看青必须是年轻小伙子；打更的是老头子。

问：看青的，光看自己村的？别的村给看吗？

答：只看自己村，不看别的村。

【搭套】

问：“搭套”知道吗？

答：没有听说过，我们这里有搭伙的。

问：你以前搭过伙吗？解放前有这样的事吗？

答：没有搭过。但村里过去卖西瓜、菜时，一人干不了，就搭伙出去共同卖。解放前也是这样的。

【短工与长工】

问：解放前有人去天津干活？找什么活？

答：有，有的拉胶皮、当工人。在日伪时代，村里有人去天津修马路、修电线。

问：出去是自己找？还是有人介绍？

答：都是自己出去找活干。

问：日伪时期在天津市一天能挣多少工资？

答：一天5角5分钱。

问：你干过短工吗？是拿自己的工具吗？

答：干过两个多月，不拿工具。比如需要用镐就去领镐，不拿自己的工具。

问：你在村里打短工？拿自己的工具吗？

答：拿自己的农具，不拿农具没法干活。

问：是不是有的不用自己带工具？

答：扛月工的不带工具，短工是干一天活给一天钱，吃完饭就走要带工具。

问：是不是拿工具比不拿工具的短工，工资要高一些呢？

答：月工待遇高，短工待遇低。月工下雨、阴天也给钱，短工就不一样了。

问：你知道长工的事吗？长工是不是给地主订契约？

答：订约。干的活好，到阴历十二月三十日吃晚饭说好下年接着干。明年加20元，你干不干要说好，不干就找别人了。

问：连着干的有吗？

答：有，干的活好，也愿留他，干几年的都有，干活好给加钱，也有给送一袋子粮食。

问：长工多的时候，工资是不是就降下来了？

答：长工多的时候，降不下来，扛活不易地、挑水，刮风、下雨都有活干。

郝开顺

时　　间：1991年8月14日上下午

访 问 者：内山雅生

翻　　译：祁建民

场　　所：冯家村小学

【破除迷信与改造会道门运动】

问：“土改”时你担任什么职务？

答：担任民兵队长，枪支弹药都给我了，工作队刚进村时，说我成分高，雇过工，所以把枪支收回去了。但是我是1946年以前雇的工，按“土改”文件规定，不算，我定为上中农。

问：“土改”后，这村是不是搞过破除迷信运动？

答：搞过。

问：当时情况怎样？

答：主要是清理白莲教、二佛会、天主教。因在天主教堂里清理出一个条子，上面写着反动的话。当时对教徒不管，对外来人，给他们办一个学习班。是两个女的，也不算逮捕，只是办学习班。在静海县，办完学习班就放了。

问：两个人的名字叫什么？

答：贾玉珍，待一天就回来了。另一个叫宋老姑，是霸县杨峰岗的。

问：这村传教师和教徒有多少人？

答：传教师就是他们两个，教徒多了，有 100 多人。

问：这些人给她思想改造没有？

答：没有，就是开个大会，要大家今后别听她们反动宣传。

问：开几次大会？

答：就开一次。

问：召集她们开会的是你吗？

答：本村有会长，区里来的人，区公安员叫郝增友，我也参加了。

问：从那以后教堂还活动吗？

答：不念经了，也不活动了。

问：“文化大革命”时整这些人没有？

答：没有。现在又恢复多少年了，有三四户信徒，有一般教徒，信仰自由，也就不管他们了。

【白莲教】

问：白莲教有多少人？

答：有五六十人，十几户。

问：当时都有谁？你还记得吗？

答：有王玉如、马荣仁、刘恩华，都是全家，王玉如是个小头目。

问：他是什么样人？多少地？

答：是种地的，有 30 多亩地。

问：他的家属都还在吗？

答：家属儿子都小，不懂这个。

问：他几个儿子？

答：1 个儿子，死了。

问：孙子有几个？

答：家有 1 个，唐山有 1 个。

问：马荣仁有多少土地？

答：有 40 多亩地。

问：他是中农吧？

答：是富农。

问：刘恩华儿子是不是都在？

答：在，儿子、孙子都在这村。

问：白莲教在村里有什么活动？

答：就是宣传迷信，过阴了，上阴间去了，死去的爹娘、亲戚都来了，治病时也宣传迷信。

问：他们宣传是公开的还是秘密的？

答：是偷偷干的，关上门不让外人进去，也不让外人听见。

问：他们反对共产党吗？

答：没有，主要宣传迷信。

问：这 3 个人当时怎么处理的？

答：没处理，就在村里开会叫他们以后别再发展教友了。

问：有“一贯道”吗？

答：有一个在天津市，这村没有。

问：那个人叫什么名字？

答：王玉亭。

问：他家属在咱村吗？

答：没有，都在天津市。

问：现在这个人在天津市吗？

答：死了，家属在天津市，大儿子叫王树林。

问：他回过农村没有？

答：解放以后，有时回来看看。天津也取缔了，也就不活动了。

【一贯道】

问：一贯道是什么样宗教？你知道吗？

答：专门讲《大学》、讲《四书》、讲汉语等。

问：他们拿武器吗？

答：没有。

【三合会】

问：这村有“三合会”吗？

答：有几十人信教、跳大神的。

问：头是谁？

答：张荣发，他不跳神，就死人去吹打。其他都死了，就剩苟克发。

问：张荣发有多少土地。

答：中农，有20亩地。

问：对反动道门他们怎么办？

答：主要是教育，别信神了，死了人也不吹打了。

问：这些事同教会有关吗？

答：没有什么关系。

【合作化运动】

问：这村什么时候建立互助组的？

答：1953年建立互助组。

问：当时有多少个组？

答：有五六个组吧！

问：当时您参加互助组没？

答：参加了。

问：最早的那个互助组都有谁？叫什么名字？

答：记得，活着的有郝开甲，眼睛瞎了；刘连生还在，刘连元、张树森、孙玉良，还有我，最早的就6个人。

问：当时建互助组是自己联合的，还是上级来人给组织的？

答：上级来人开会说，建立互助组，换工，你给我干，我给你干，如果换不起拿钱找齐。

问：你们自己感到当时有必要吗？

答：有必要，像上中农，有剥削，没有劳力，没牲口，换不起，可拿钱找齐。

问：大部分是干部吗？

答：大都是干部，我是干部，不是共产党员。

问：解放前，这村换工的事有吗？

答：解放前那时不换工，互相借用，不要报酬。

问：当时管这种情况叫什么呢？

答：什么不叫，就是借用。

问：你们之后，又有别人建立互助组吗？

答：1954年扩大了，建立初级社，也有建立互助组的。

问：这是村最早的初级社吧，那两个什么时候建的呢？

答：是3个初级社，属我们这个社人最多，那两个是1954年，都是1954年建的规模较小。

问：什么时候建立人民公社的？

答：1956年转高级社了，就一个高级社。

问：当时转高级社时有几个初级社？

答：3个初级社，初级社时不要富农，贫下中农入社、退社自由，高级社时就都要了。

问：上中农是富农吗？

答：不是。

问：1958年建人民公社名字叫什么？

答：叫东风人民公社，有20多个村子，包括1个镇、3个乡。

问：这个村在“反右派”时搞了没有？

答：农村没“右派”，也就是开个会说说。

【“大跃进”与公共食堂】

问： 这个村“大跃进”情况你知道吗？

答： 公社开大会，开完大会回来再分片，上擂台比武，一亩地要收 1000 斤、2000 斤等。

问： 当时全村人都去独流镇开会吗？

答： 干部到独流镇，社员在本村，公社来人开大会，社员去代表。

问： 这村搞没搞土法炼铁吗？

答： 都去独流老车站炼铁，咱村没搞炉子。

问： 去多少人？

答： 去 4 ~ 5 个人，是全公社搞的，不下百人。

问： 去的时候他们带原料吗？

答： 不带材料，带被子，村里按户收废铁，家具上的铜，往公社送。

问： “大跃进”搞水利建设吗？

答： 改造东洼、杨庄河洼。

问： 这村附近挖什么水利没有？

答： 村没有，旱田都不让动。男女劳动力都住西庄子，栽稻子，改造洼地。

问： 1963 年这村发大水没有？

答： 发大水了。

问： 1958 年“大跃进”治水有作用没？

答： 根本就没有治水，而是改种稻田，不让种旱田，种棒子的改种稻田。

问： 谈谈公共食堂的情况？

答： 这个村原来有 4 个，1957 年就成立了，1958 年剩下 1 个。

问： 是怎么建立的？

答： 来人开会，不建食堂不行，不让户里烧火。一个队建一个，一个生产小队建一个食堂。

问： 生产队是按什么组织的？

答： 按片组织。

问： 食堂是新盖的房子，还是人家的地方？

答： 借的车屋，都是两间通的。

问： 做饭是轮流做吗？

答： 不，单独有做饭的，找两个妇女或者一个妇女、一个男的。

问： 是本村的人吗？

答： 本村人。

问： 做饭是谁？

答： 记得，我的老婆做过，姜西华也做过。

问： 当时在食堂吃饭还是打回去吃？

答： 开始都在食堂吃，后来打回家吃。

问： 食堂是什么时候解散的？

答： 1961 年春天解散的。

问： 停止原因是什么呢？

答： 粮食太少了，老百姓不干了，就解散了。

【1963 年水灾】

问： 1963 年发大水运村淹了没有？

答： 淹了，大部分房子都倒了，没剩几家。

问： 洪水之后，还是在原地盖房子吗？

答： 原地，都是盖的土坯房，和原来差不多。

【看青】

问： 看青您知道吗？

答： 知道。

问： 看青主要干什么？

答： 看青就是看庄稼。在解放以前，有“排头”，管抓小偷小摸，对大偷，多少亩地棒子也管不了。秋收给他粮食，地多的多给，地少的少给。

问： 这村当时“排头”是谁？

答： 马福森，1942 年到 1944 年的事。

问： 这个人是个什么样的人？

答：他就是老两口，没有孩子。

问：他解放都看青吗？

答：跟着“排头”，多闹一份粮食，看青的单给。

问：马福森自己有土地吗？

答：有4亩地。

问：他4亩地当时算多的吗？

答：算少的。

问：他除干“排头”外，还干别的活吗？

答：他干，没事也干农业活，种种地。

问：他雇短工吗？

答：不雇。

问：他当“排头”，给村里干事吗？

答：后来八路来了，他也给收点粮食，收点钱，叫叫人，帮村长干点事。

问：“排头”是通过老百姓选的，还是保长派的？

答：当“排头”是始终的，保长有时都换不了，是狗腿子，他乐意干，不是老百姓选的。

问：当时这村保长是谁？

答：刘文光、张希岭。

问：他怎么当的保长呢？

答：那是通过上面提名，不是选的，一般也还愿干，人口多的愿意干。给一石棒子，他们挣多少，没公开过。

问：保长任“排头”，是不是要跟别人商量？

答：也不用商量，“排头”是解放以后建立人民政权时，才取消掉。

问：听说“排头”要有力气的人？

答：不是，村和村不一样，当“排头”的人，要不怕得罪人。

问：保长在村里地位高了是不是就很厉害？

答：刘文光、张希岭没有这些，后来保长有过收钱同老百姓发态度的。

问：有没有不想当保长的？

答：有不想当的，刘文光、张希岭就不想当。后来叫马福起，又当“排头”又当保长，叫八路军枪毙了。没有不干的事，后来孟玉田又干。

问：他一直到解放吧？

答：不是，1947年国民党保二团给放在河里淹死了。

问：为什么要害死他？

答：因为孟玉田的儿子孟德永和八路军有联系，他为两边干事，给八路军干，也给国民党干。

问：他之后有谁呢？

答：马福森当“排头”，又当保长。

问：他是最后的吗？

答：最后还有一个郑宝和。

问：什么时候没有“排头”了？

答：解放。

问：解放后看青怎么办？

答：民兵护秋。

问：实际干活和看青是一样吗？

答：白天遛一趟，晚上遛一趟，民兵还得护路。

问：解放后附近还有小偷吗？

答：解放后，没有了，很安静。八路军来了，生活也不受压迫了，也没有小偷了。

问：什么时候又有了？

答：高级社，1957年、1958年、1959年、1960年，“大跃进”时，生活困难，又有小偷了。

问：那时高级社抓住小偷罚款吗？

答：罚钱，没有钱扣工分。

问：解放前抓住小偷怎么办？

答：小偷去打草时带几个棒子，大偷也抓不到。

问：解放前，这里来过土匪吗？

答：来过，绑票，抢东西，专绑有钱的。

问：这村谁被绑过？

答：刘连弟、郝广富。

问：他们有钱吗？

答：有钱。

问：绑票绑过保长没有？

答：没有。保长是给赎票的。

问：自然灾害完了，村里情况怎么样？

答：以后生活好转了，自己种旱田，种什么也没有人管，吃瓜、菜的时间很短。

【“四清”运动】

问：“四清”运动搞得怎么样？

答：“四清”运动我也上过楼，我那时是大队长。

问：“四清”运动是两次吗？

答：咱这就是一次，1964 年春天到 1965 年冬天。

问：那会村干部都有谁？

答：孟德荣是支书，我是大队长。

问：村长就是大队长吗？

答：没有村长。

问：大队长是村主任吗？

答：是村主任。

问：当时具体情况怎么样？

答：因为 1963 年闹大水，多吃点救济粮，以及财务账目不清的关系，多吃了，给退赔，账目要清理。

问：“四清”批判的干部是谁？

答：支书、大队长。

问：那时批判干部，村里是谁负责？

答：王海忠。

问：他那会做什么工作？

答：他是贫农协会主任，选的。

问：批判你俩之外还有别的干部被批判吗？

答：生产队长有的也有，两个队长也批判了，也退赔了。

问：批判时，上边来人没有？

答：县工作组叫胡万起。

问：开大会了吗？

答：开大会叫我们上去作检查，多吃多占的问题。

问：批判以后你俩怎么办？

答：退赔呀！

问：完了以后还让你们当书记、大队长吗？

答：我接着还当，孟德荣支书就算了。

问：接替孟德荣的是谁？

答：苟怀喜。

问：为什么选他当书记呢？

答：他那会当时是民兵连长，后来选他当书记。

问：他当多少年书记？

答：1965 年到 1970 年。

问：“文化大革命”开始时他还是书记吗？

答：是书记。

问：他为什么 1970 年不当书记了？

答：也没犯错，落选了。

问：当选的是哪一位？

答：吴金城。

问：他当到什么时间？

答：当到 1979 年，1980 年又改选是我当的。

问：你当到什么时候？

答：当到 1983 年。

问：你以后就是书记吧！

答：不是，是孙长香。

问：他当到什么时候？

答：到 1986 年。

问：他之后就是现在的书记吧！

答：是张宝山。

问：“文化大革命”时村里有什么大事吗？

答：没有什么，主要是孟德荣挨过斗。

问：为什么批判他呢？

答：还是老事情，多吃、多占问题。

问：“文化大革命”时，有外边来的人吗？

答：光是本村的，也有公社来的人。

【上坟】

问：咱村有几个大户？

答：姓孙的比较多，姓刘的比较多。

问：都是一家子吗？

答：是一家子。

问：刘家有多少户？

答：有十来户。

问：下边还有多的吗？

答：没多的，姓张的有十来户。

问：姓郝的呢？

答：姓郝的就4户。

问：同族的有一块活动吗？比方一起纪念祖先？

答：就是到年节，一个坟地，一起上坟去。结婚有老人的就一块去。

问：去坟地都拿什么东西？

答：拿白钱纸去烧，拿挂鞭，没有拿吃的。

问：白钱纸是不是叫纸钱？

答：是。

问：当时去的时候是全族人都去吗？

答：一个坟地的都去，一个姓有两个坟地的，各去各的，坟地分开了，就各家去各家的。

【民间信仰与迷信】

问：昨天我们在街上走看到墙上写着“太公在此”，什么意思？

答：主要冲着胡同，讲迷信，放上这个就没事了，我那胡同就有一个。

问：多吗？

答：有那么三四家，现在有写“太山石敢当的”。

问：这种迷信过去就有吗？

答：过去就有。

问：现在还有烧香的吗？

答：烧香的也少了，过年烧，不过年不烧。

问：解放前烧香在庙里还是在家里？

答：在家里烧，除天主教外，家家都供佛像，都烧香。

问：当时供的佛名字叫什么？

答：供哪的佛都有，老君门佛，有眼光娘娘佛等。

问：解放前你供的是哪个佛？

答：供的老君佛。

问：摆在哪呢？

答：摆在屋后墙上，放个桌子。家家灶后都供灶王爷。

问：为什么供他呢？

答：每年腊月二十三灶爷上天，对联写：上天言好事，回宫降吉祥。就是上天别说家里的坏事。上天是跟玉皇大帝汇报。

【土地承包】

问：这村三中全会以后马上实行承包了吗？

答：马上就实行了，联产承包。

问：公用的农具怎么办？

答：都分到户，折价，大型的牲口、车，多少口人分一件，多少地分一个，抽签，谁抽哪个拿哪个。

问：大型的农机器、拖拉机等怎么办了呢？

答：以后处理了，咱这就有两辆拖拉机，没有大型的。

问：三中全会以后，这村是否都富裕了？

答：通过一连串承包，个人施肥也多了，耕种也细了，加上科学种田都富了。

问：有了钱。老百姓最需要办的哪件事？

答：有了钱就是盖房子、结婚两件大事。

问：现在人们的房子大部分都是新盖的吗？

答：1980 年第一批分 20 户，1981 年开始盖。

问：住旧房子还有吗？

答：有，还有四五户。

问：是不是因为他们喜欢自己的旧房子呢？

答：不是。有的新盖房给儿子娶媳妇了。有的不是因为没钱，是因为地基不合适。

张宝森

时　　间：1991 年 8 月 15 日下午

访 问 者：内山雅生

翻　　译：祁建民

场　　所：冯家村小学校

【教育与医疗】

问：你哪一年上的学？是哪个小学？

答：我是 1965 年上的学，10 岁上学，是村里小学。

问：毕业了吗？后来上中学没有？

答：毕业后上中学了，也上高中了。1970 年上的初中，在乡中学上学，1973 年上高中，也是乡里农业高中，1974 年高中毕业的。

问：1965 年上小学时，“文化大革命”你还记得吗？

答：记得，但“文化大革命”干什么事都记不清了。

问：那时还上课吗？

答：那时批斗人时也跟去，不是总上课。

问：你读过毛主席语录吗？

答：那时数、理、化学的少，就是学语录，背语录。

问：当时农业中学还学习吗？

答：学的东西也很少，那时学习也不重视，把书也都学完了。

问：当时学什么课？

答：政治、语文、物理、化学都有。

问：您知道农业学大寨吗？

答：知道。

问：你进高中，学的农业知识比较多吧？

答：对，那时有农业的一本书。

问：高中毕业后干什么？

答：高中毕业就回村生产队干活，几个月后村里就叫我上王口乡学医去了。

【赤脚医生】

问：赤脚医生是干什么的？

答：赤脚医生是为村民服务的，不挣工资，医学知识是在王口公社卫生院学的，学习 4 个月。

问：你当时医疗技术达到什么水平？

答：村里平时发生的常见病都能处理，学的是西医，一般小孩病也能处理。

问：吃的药一般都有吗？

答：有。

问：药是上级给的，还是自己买的？

答：是从静海县药材公司批发部进来的。

问：你一直当赤脚医生吧？

答：1976 年又去天津市第二中心医院进修一年。

问：你是怎么去的，回来以后又干什么？

答：当时以进驻工作队的身份出现的，我是农民代表。以后回来，一面料理自己地，一面当赤脚医生，到现在还兼着给群众治病。

问：你什么时候当的村干部？

答：从 1986 年当上了副村长。

问：1976 年到 1986 年村里发生过什么

大事？

答：1976 年天安门事件，周总理死了，毛主席死了，这都是那几年的事，那年地震对咱村老房有影响，没有出现伤亡，有倒塌的。

问：村内为什么选你当赤脚医生呢？

答：这个村当时有高中文化的只有 3 人，以前没有高中生，其他两个比我高一届，因为他俩是高中生，都选送进大学，村里只有我是高中生，其余的都是初中生。

问：选送到哪所大学？

答：一个是天津体育学院，另一个是北京农大。

问：当时你自己是不是想当大夫呢？

答：也不想，村里让去自己也愿意去。

问：你从小学上到高中，学习难不难？

答：那时候我们一个班，小学 14 个学生，上初中 14 个，到初中毕业时，只剩 4 个，上高中时，还有两个。因为到初中时，家庭生活负担重或学习不好的，都退学了。

问：你们村有几个学医的？

答：学医就得文化高，我们村有两个学医的。他在初中毕业时，我们俩干了一个时期赤脚医生，我去天津市二中心医院回来，他也出去学习，是社来社去，回来后他也分配了，分配到县医院去了。

【村干部】

问：你 1986 年是怎么当的干部？

答：是大队党支部决定的。当时两个大队干部，他在厂里当干部上班，工资收入每月 300 多元。1986 年在村里当干部，一个月才 60～80 元，他养不了家。我在村里当干部又当医生，多少有点收入。大队培养我入党，看我年轻，我就当上干部了。

问：你入党是什么时候？

答：我是 1985 年入党，1986 年转正。

问：当时是自己申请的，还是上级要求你入的？

答：村里支部书记找我谈一次话，然后我写了入党申请书。

问：1986 年到现在有没有变动？

答：没有变动，始终是这些人。

【三中全会后村内变化】

问：三中全会以后村内有什么变化？

答：三中全会后，从大队到社员对分地都有害怕思想，开始不让分，那时牲口少，几家才分一头；过两个来月，人们就不害怕了。

问：队内分完后怎么办？

答：4 家分一头牲口，到使用时，都抢牲口犁地，当时牲口累得够戗，后来卖了，个人买个人的。

问：当时大队有多少犁？有多少牲口？有多少马车？

答：我们不使用犁，使用耠子，有 40 多头牲口，四五辆马车。一个队有三四个组，有的组分个牲口，有的组分个车，不是都有。

问：小的农具没有卖掉？

答：都是个人的，没有卖的。

问：有卖掉的东西吗？

答：大牲口都卖外边了，有的不卖，有的哥们多就不卖了；车也卖了，买小车用。

问：有没有几个朋友一块买的呢？

答：有。

问：都卖出以后，各家是不是都买小车用？

答：是的。

【牲畜】

问：昨天下午在街上看的车、马都很多，是哪几年买的？

答：都是换的？看见的是骡子，骡子比马吃得少，大部分是 1988 年左右买的。

问：现在村内有多少牲口？

答：马和驴、骡子，现在共有 100 多头，驴就有四五十头。

问：现在一匹马、骡子、驴价格多少？

答：小驴 400～600 元，骡子要 1000 元左右。马是 1000～2000 元。现在各村用骡子的多，骡子能干活，吃得少。骡子最低价格 700～800 元。

问：自己地用骡子干，公共的地用什么干？

答：没有公共地。

问：咱们全村土地有多少？有多少户？

答：有 1200 亩地，全村 170 户，人口 670 人。务农的没有多少，就是一些妇女，真正劳力都在外边厂子干活，没有在家里真正种地的。

问：务农的有多少人？

答：全村有个 200 多人吧！

问：都干什么活？

答：种麦子，种菜的，在厂子干活下班后回来也干农活。

【蔬菜生产】

问：这村种什么菜？

答：春季豆角、黄瓜、土豆，夏天种冬瓜、白菜、香菜、茴香、细菜，秋天种波菜、芹菜、圆白菜等。

问：这村菜怎么卖掉？

答：咱们村也就是冬瓜和白菜卖给蔬菜公司，其他细菜，用自行车驮到县里集市上去卖，每天都有市场。

问：早晨很早就去吗？只去一趟吗？

答：现在分两个时间：一般天凉快时出去卖，中午热没人出去。下午 4 点，工人下班时出去卖一会儿。有的早晨没卖完，中午接着卖，有的下午 3 点多拉点菜去卖掉。

问：卖菜是哥几个一起拉车去：还是骑自行车自己去？

答：一般都是自己用自行车驮着去，菜多时，就套车跟个人去。

【收入】

问：你当医生收入比别人高吗？

答：咱这村小，有时找不到我，就到外村找别人看病，我一个月也就是五六十元。

问：你当副村长后，收入是多少？

答：刚开始开 80 元，现在 150 元。

问：当时的干部都是 80 元吗？

答：村和村不一样，别村书记、主任、会计要高些。咱村都一样。

张汉忠

时　　间：1991 年 8 月 16 日上午

访 问 者：内山雅生

翻　　译：祁建民

场　　所：冯家村小学校

【家庭状况】

问：你多大年纪？

答：74 岁。

问：是哪年生的？

答：民国五年（1916 年）生的，属马的。

问：你父亲叫什么名字？

答：我父亲叫张锡林，早死了。

问：你母亲叫什么名字？

答：我母亲那会没有名，也姓张，称张张氏。

问：你父亲当时有多少土地？

答：在村里干几年，就不干了，有五六十亩地。

问：你知道爷爷的事吗？

答：不知道。

问：你兄弟几个？

答：我兄弟4个。

问：你是老大吗？

答：是老二。

问：老大叫什么名字？

答：已经死了，叫张汉成。

问：你大弟叫什么？

答：叫张汉义。最小的弟弟叫张汉清。

问：有妹妹吗？

答：有一个妹妹，名字不记得了，嫁给姓陈的家了。

问：你上过学吗？

答：没上过。

问：你几岁开始干活的？

答：我12岁时，就在庄稼地里放牛，打草。

问：你是本村生人吗？

答：是在这村生的。

问：什么时候开始干农活的？

答：十五六岁时就下地干活了。

问：你当时放牲口，是自己家的吗？

答：我不知道，有时放牛，有时放驴，有时放两个，有时放一个。

问：你家有五六十亩地，雇短工或长工吗？

答：用不着，我哥儿4个，还有父亲，有劳力，不用雇工。

问：十五六岁时干农活，都能干什么活？

答：什么都干，收割庄稼、耠地、拉车等。

问：你自己干过长工或者短工吗？

答：我没有给人家干过活。

【日军暴行】

问：日本军来时的情况你还记得吗？

答：记得，头一天来到独流车站上，这边有国民党的军队，在这个村打一会，又去河那边打的。

问：这个村有被日本军杀死的吗？

答：有一个，我没看见，被杀死的人叫冯振海。

问：就死一个人吗？

答：还有一个人，不是我们村的，这个人姓萧。

问：是哪个村的人？

答：是胡家庙村人，名字我弄不清了。

【国民党军、八路军】

问：日本军来后，国民党军又来过这个村子吗？

答：来过，日本军来过，国民党军也来过。

问：国民党来干什么？

答：国民党来要公粮，没有就找村里要。

问：那时村长叫什么名字？

答：我弄不清，村长老换。

问：你知道孟玉田这个人吗？当过保长吗？

答：有那个人，是我们村的，当过保长。

问：这个人是怎么样一个人？

答：以后叫国民党给弄死了。

问：为什么弄死了？

答：那时拉锯战争，一会国民党来，一会八路军来，他都要支差，帮助办事。

问：共产党和孟玉田有过联系吗？

答：有联系，谁来他就得应付。

问：日本人打败了是哪一年？

答：哪个年头，我弄不清了。

问：王雨晴你知道有这个人吗？

答：知道，这是我村的人。

问：这个人后来上哪儿去了？他的土地怎么办？

答：上天津去了，他的土地给大伙种了。

问：为什么给大伙种？

答：八路军政策，分土地给大伙种。

问：他什么时候去天津的？

答：八路军来以后，他就去天津了，人家有本事，不走在村内干啥！

问：他有多少土地？

答：咱不知道细情，有几十亩土地。

【老人会】

问：三合会“土改”时有活动吗？

答：没有活动。

问：为什么几年前三合会又开始活动了？

答：我们村叫“老人会”，那时候兴这个，到开大会时，总要吹吹喇叭。

问：还是这些人吗？

答：老的死了，新的又上来了。

问：喇叭、乐器，都是自己花钱买的？

答：是村里各户自愿拿的，你 4 元、我 5 元凑的。谁家死人了，“老人会”去帮忙，给的钱留着用。钱不够，工厂、大队也给 400 或 500 的。

问：开始“老人会”的东西是怎么置起来的？

答：靠大伙儿捐的，你捐多少钱，他捐多少钱。

问：过去的乐器还有吗？

答：还有一部分，鼓就是过去的。

问：大鼓是解放前的吗？

答：是解放前的，我记得是 1944 年、1945 年买的，还有一个老的，我就记不清时间了。

【土地改革】

问：“土改”有文件吗？

答：有“土改册子”，就像小日记本那么大。

问：是哪年制订的？

答：中央制订的，1947 年以前老区“土改”，新区“土改”没动。

问：当时农村里是不是中农最多呀？

答：中农最多。

问：大概这村中农占多少？

答：中农分上、中、下，上中农有十几户，中农有 20 多户，下中农有十几户。

问：你当时划的是中农吗？

答：上中农。

问：当时“土改”时，是不是把上中农都叫一起进行教育？

答：我是上中农，也有时叫一起，告诉别害怕。开会主要是中农、下中农、贫农参加评议，我是民兵队长，有枪、手榴弹。不好办的我就交给村内了。

王万起

时　　间：1991 年 8 月 15 日下午

访 问 者：佐藤宏

场　　所：冯家村小学校

【家庭成员状况】

问：请问你叫什么名字？

答：我叫王万起，今年 81 岁。

问：什么时间出生的？

答：属猪，1911 年。

问：老家在哪？父、母亲叫什么名？

答：在本村，父亲叫王玉德，母亲叫王李氏。我 10 岁时父亲就病死了。母亲活到 78 岁时病故。我母亲年轻时就守寡。

问：过去你父亲干什么活？

答：船工，搞运输的。

问：你有几个兄弟？都在哪儿？

答：哥儿 3 个。大哥叫王万奎，我是老二，弟弟叫王万山。大哥已死，是烈士，王万山已去东北。

【参加八路军】

问：你什么时候参加八路军？弟弟在东北什么地方？

答：我是 1944 年当八路军的，弟弟在东北肇东县，是困难时期 1960 年左右去东北的。当时去东北的人很多，为了混饭吃，后来又都回来了，有的结婚了就不回来了，我弟弟也没回来。

问：弟弟多大年岁？有姐姐妹妹吗？

答：弟弟比我小 3 岁，有个大姐已死，还有个老妹子。还有二姐在天津，比我大 3 岁。老妹子也 70 多岁了，在西村台黄山，属于文安县。

问：你母亲老家在哪？

答：在静海县城。

问：你上过学吗？

答：没有上过学。

问：你几岁工作的？解放前家有多少亩地？

答：我 1944 年工作，种过田，也当过民兵队长，家有 8 亩地，不够吃，就得靠划船挣钱过日子。

问：你什么时候结婚的？

答：20 岁时结的婚。

问：你同老伴是怎么认识的？有人介绍吗？老伴老家在什么地方？

答：是有人介绍的，老伴老家在静海县。

问：老伴父亲是干什么的？

答：是教员，在县里教书的。

问：你有几个孩子？都叫什么名字？

答：1 个小子，3 个女儿，共 4 个。儿子王永洪 42 岁，原在村里干活，现在县城粮库工作，是合同工。大女儿名字记不清了，嫁到府君庙村。二女儿是哑巴，嫁到刘家营。三女儿名字也记不清了，嫁到独流镇去了。

【日军暴行】

问：日本军到这里来过，你知道吗？这村有没有被日军杀害的？

答：都知道，烧了一间房，有个姓冯的被手榴弹炸死了。还有在府君庙西逃跑时被日本军打开的。那时，日军进村时，老乡都跑了。

【八路军】

问：八路军是什么时候来的？当时同八路军接头人是谁？

答：都是晚上来，接头的都死了，具体时间记不清了。

问：你参加过战斗吗？八路军开会你去过没有？

答：没有参加战斗，八路军开会我参加过，听听宣传。

【日军投降、国民党军】

问：你什么时候知道日本投降的？

答：是 1945 年以后知道的，消息是从外地传来的。

问：日本投降后，国民党军来过吗?。

答：来过。

【“土改”】

问：“土改”情况你还记得吗？什么时间搞的？

答：解放后搞的“土改”，我是贫下中农。

问：你分到多少地？分到房子了吗？

答：分到 13 亩地，没有分到房子。分到了一条渔船。

问：“土改”工作队知道吗？村内领导人是谁？

答：村内领导人是郝开甲。工作队是外村调来干部，不清楚了。

问：你“土改”时是积极分子吗？

答：很高兴，我当过村长，解放一两年，“土改”后当过，当了几个月，因我不识字，后来不干了。

问：你当村长是选的，还是上级派的？

答：是上级指定的。

问：你参加过互助组？当时村里有几个互助组？

答：“土改”后一两年后就组织了，10 家或 12 家为一组。全村有 3 个互助组。

问：你是组长吗？都有哪几家？

答：是组长，组员有王怀信、孙长贵、刘连玉，其他记不清。

问：什么时候成立初级社和高级社的。

答：是在互助组以后成立的，具体时间记不清了。

【人民公社与公共食堂】

问：人民公社在什么时间成立的？村里有公共食堂吗？

答：1958 年成立人民公社，在府君庙，当时村村都有食堂，大家都吃食堂，锅都收走了，也没有办法做饭了。

问：食堂是什么时候散伙的？

答：在 1960 年左右。

【1960 年逃荒】

问：1960 年逃荒去东北你还记得吗？你为什么没有去？

答：家里有老人，老伴也不让去。

问：解放前这个村有去东北干活的吗？

答：也不少。

问：去东北是否有亲戚帮忙？

答：没有，到那里就能解决吃饭问题。

【1963 年水灾】

问：1963 年闹水灾，你还记得吗？

答：房子都倒了，水很深，政府给粮、给钱，没有人饿死。

问：1960 年有饿死人的吗？

答：有三个两个的，大部分外出逃荒了。

问：解放初破除迷信，你知道吗？

答：不知道。

【生产队】

问：你当过生产队长和农会主任吗？

答：解放后就当干部了，当了 10 多年，农会主任没干过。

问：你的生产队有多少户？你是党员吗？

答：有 20 多户。1944 年入党，抗战时入党。

问：怎样加入的？有介绍人吗？

答：当时为了解放全人类，解放全中国而入党，介绍人都死了，叫刘连成和刘金成。

问：抗战时全村有几个党员？他们经常同八路军党的干部联系吗？

答：有 10 多个人，地方和军队党一体化，有联系，时写信时有人送。

问：抗战时本村有地道吗？

答：没有。

问：生产队长很辛苦吧！都干些什么工作？

答：领导生产，什么都干，带头干，如挑河、修水利、翻地等，队长都要带头干。

问：队长是否年年选举？

答：是投票选的。如果在任职期间搞不好，再选一次，如果搞好，就连任了。

问：“文化大革命”时你还当干部吗？

答：还当生产队长，还当了几个月的支部书记。

孙长贵

时　　间：1991 年 8 月 16 日上午

访 问 者：佐藤宏 江序
场 所：冯家村小学校

【家庭成员情况】

问：你多大年岁？

答：今年63岁。1928年生。

问：父、母亲叫什么名？都还在吗？

答：父孙玉和，母孙王氏，父亲是种地的，已于1972年左右去世；母亲死了也有八九年了。

问：母亲是什么地方人？你有几个兄弟姐妹？

答：母亲是独流镇的，我有兄弟3个，我是老大，大弟孙长香，57岁；二弟孙长瑞，51岁，都在村内种地。还有两个姐姐、两个妹妹，大姐69岁，二姐65岁，大妹60岁，小妹妹记不清了。

问：解放前，你父亲有多少土地？粮食够吃吗？

答：有10多亩。不闹水灾就够吃了。

【打短工】

问：你家有雇工吗？你父亲打过工吗？

答：没有，地不多，自己种。父亲没有当过长工，但打过短工，年头不好时就到外村打短工。静海县有短工市，哪儿要人干活，就到哪儿去打短工。

问：你打过短工吗？

答：打过，有的管吃，有的给钱，一天几毛钱。

问：短工市是怎么样的？

答：像市场一样，坐着等着，等人来叫。

问：解放前你赶过集吗？

答：赶过集，因为我会编席，要拿到集上卖。

问：你上过学？

答：没有上过学。

问：过去你家有牲口吗？

答：有一头牛。

【婚姻】

问：你是什么时候结婚的？

答：21岁时，是解放初期。

问：你们是怎样认识的？

答：亲戚介绍的。

问：你老伴叫什么名字？是哪个村的人？

答：叫祝香兰，是青县二十里屯村人。

问：娘家干什么工作？

答：也是种地的，那时是逃荒来的，住在我们村，经人介绍认识了。

问：你有几个孩子？都多大年岁？

答：有4个男孩子，2个女孩子。

问：都叫什么名字？

答：长子叫孙义清，40岁；二子孙义新，37岁；三子孙义之，28岁；四子孙义刚，24岁；大女儿30多岁；二女儿18岁。

问：都在什么地方工作？

答：长子在静海棉纺厂工作；二子在静海县城建局工作；三子在家种地；四子也在家种地；大女出嫁梁王庄，种地；二女在县鞋厂工作。

【日军暴行】

问：日军侵华时你还记得吗？

答：我才八九岁，记得一点。日军来时，村内人都跑到西乡去了。

【八路军】

问：你什么时候知道有八路军的？

答：日军来以后很长时间才知道。

问：日军在村内打死过人吗？日本投降的事你知道吗？

答：烧过两间房，打死过两个人，别的不记得了。日本投降时不知道，后来知道了。

【国民党军】

问：日本走了，国民党来过吗？

答：来过。国民党欺侮老百姓，后来八路军来了，打跑了国民党。

问：这里什么时候解放的？

答：是 1948 年底。

【"土改"】

问："土改"时，你记得吗，你家分到多少地？

答：没有分到地，成分是下中农，也没有分到房。当时家有 10 多亩地，土改时我还没有结婚，家有五六口人，有兄弟妹妹。

问："土改"时本村领导是谁？

答：有王万起、苟克兴、孙玉长、孟玉信等。

问：分地标准是什么？

答：记不清。

【互助组】

问：成立互助组时，你们组有哪些人？这村有几个互助组？

答：时间不记得，我们组有刘仲义、吴金城、王万起、刘希岭、吴金元、吴金才等，有 10 多户人家。村内有几个，不记得了。入互助组我们是自愿凑在一起的。

问：为什么这些人能凑在一起呢？

答：关系不错。所以在一起。

问：成立初级社时，有名字吗？

答：互助组过了两三年就成立初级社，本村有两个初级社，名字记不清了。

问：高级社时，牛、地、农具都合并在一起？叫什么名字？

答：都合并了，名字不记得了。

【公共食堂】

问：公共食堂情况怎样？

答：食堂开始有馒头，也有做米饭的时候，但吃不饱，后来就吃菜，也吃过野菜。后来上级下令不让开食堂，就散伙了，本村有两个食堂。

问：成立人民公社时领导人是谁？

答：吴金城、孙玉长。

问：你当过干部吗？

答：没有。

【逃荒】

问：困难时期你去过东北吗？

答：那时都去东北，我也去了，我那时 30 多岁，到了东北营口。

问：为什么去营口？在那儿干什么活？

答：听说那儿有饭吃，是坐火车去的，不到一年我又回了。在营口乡办工业厂子劳动，是一家煤矿厂子，在那干杂活。

问：要户口吗？

答：不要户口，只要是劳动力，工厂就留下。

问：住房问题怎么解决？

答：留用的单位就给解决房子，我们花房钱就可以。

问：在营口有亲戚吗？

答：有亲戚，三姑爷在营口。

问：为什么又回来？在那挣多少钱？

答：先去时能吃饱，后来营口也困难，也吃不饱。每月 45 元工资，养全家 5 口人。

【知青、"红卫兵"、土匪】

问：这村来过知识青年吗？住在哪？

答：有男有女，是天津市的，多少不知道，住在各户。

问："文化大革命"村里有"红卫兵"？

答：有，具体情况记不清。

问：解放前这一带有土匪吗？

答：没有。

【宗教信仰】

问：这个村家内都供佛像吗？

答：过去家家都供佛。

【生活变化】

问：现在收入多少？承包多少地？口粮田有多少？

答：承包地6亩，口粮田每人2亩多地，家内6口人，只有4口人有口粮田，儿媳妇和小孩子户口不在本村，所以没有口粮田。

问：化肥怎么买？有无平价的？

答：平价的很少，平价是上级供应的，有限。

问：你家有电视机吗？

答：有，买了好几年了。

问：新房什么时盖的？

答：已经10多年，原来住3间，去年又盖了3间。

问：盖新房需要多少钱？

答：需要1万元左右。

问：你在本村生活处于什么水平？

答：我在村内生活处于低下等，但比10年前好多了，从我记事起，现在生活水平是最好的。

苟怀德

时　　间：1991年8月13日下午

访 问 者：笠原十九司

翻　　译：王振锁

场　　所：冯家村小学校

【个人简历与家庭状况】

问：你叫什么名字？

答：苟怀德。

问：你今年多大岁数？

答：77岁。

问：出生在哪儿？

答：本村。

问：你父亲叫什么名字？

答：苟凤楼。

问：是农民吗？

答：农民。

问：他那时候有多少土地？

答：30亩地。

问：你母亲叫什么名字？

答：姓刘。

问：她是哪村人？

答：独流镇人。

问：你兄弟几个？叫什么名字？

答：4个。我是老大，老二叫怀宝，老三叫怀金，老四叫怀喜。一个妹妹在外边。

问：在哪儿？她叫什么名字？

答：在辽宁省鞍山市。她叫什么记不清了。

问：你上过学吗？

答：在本村上过3年私塾。9～12岁上学。

问：后来为什么不上学了？

答：当时家里生活困难，需要劳动。

问：上学的目的是什么？

答：够岁数就上学。给老师交钱，交钱多少根据上学的年限。

问：私塾在哪儿上？

答：私人的家里，他家也有学生。

问：多少学生？

答：十几个。

问：当时的老师叫什么名字？

答：姓刘，名字记不清了，他是刘家营村人。

问：在本村教了几年？

答：教了 3 年。

问：他多大岁数？

答：70 多岁，老先生。

问：为什么在私人住户上学？

答：他家有闲房，也有人上学。

问：他是什么成分？

答：当时富裕，“土改”时就不富了，成分不高。

【私塾与教堂】

问：私塾的经费哪里来？

答：从各户抽，本人负担，村里不出钱。

问：什么时候不用教堂了？

答：解放以后盖了新房，村里就不用它了。

问：教堂的房子还在吗？

答：有。

问：教堂什么时候没有人了？

答：解放以前，老人们不让孩子们到教堂读书，愿意让孩子们念私塾，这个村信洋教的少，所以先生们就不来了。

问：教堂也有学校吗？

答：有。交不起学费的孩子到里边去念书，因为他们不要钱，但是老人们又不让孩子们去，没有经费来交，教书先生就走了。

问：解放前信教的多吗？

答：有 5% 的人信教。

问：谁主持教堂的事？有外国人吗？

答：本村人，没有外国人。

问：私塾里都念什么书？

答：《百家姓》、《千字文》、《三字经》、《大学》、《中庸》（上、下）、《礼记》、《诗经》、《易经》。

问：一天上几堂课？

答：一天两堂，上午到 12 点，下午 12 点到天黑。那时候不分堂，先生教你写字、背书，会了就回家。

问：上学时还能帮助家里干活吗？

答：不能。

问：学珠算吗？

答：业余时间学。

问：小时候你最有兴趣的是什么事？

答：记不清了。

问：上完私塾以后你干什么？

答：种地。

问：不上学不是也可种地吗？

答：也可以种地。

问：你喜欢上学吗？

答：喜欢。

张晓华

时　　间：1991 年 8 月 13 日下午

访 问 者：笠原十九司

翻　　译：王振锁

场　　所：冯家村小学校

【张晓华个人简历和家庭情况】

问：你今年多大岁数？

答：32 岁。

问：你是在哪儿出生的？

答：府君庙村。

问：你父亲做什么工作？

答：做生意。

问：做什么生意？

答：静海县生产资料公司的会计。

问：你父亲叫什么名字？

答：张永昌。

问：你母亲叫什么名字？

答：柴桂珍。

问：你兄妹几人？

答：6 个，我是老三。

问：他们叫什么名字？做什么工作？

答：我大哥和二哥都在家务农，四弟在静海县生产公司上班，五弟在农村开汽车，妹妹上班，在大邱庄当饭店服务员。

问：你上过幼儿园吗？

答：没有。

问：你几岁上小学？

答：7 岁。

问：在哪村上学？

答：在府君庙村小学。

问：当时有多少学生？

答：70 ~ 80 人。

问：多少个班？

答：一年级至六年级，6 个班。我们村小，五年级至六年级是完小。

问：完小在哪个村？

答：也在府君庙村。

问：上完小用考试吗？

答：要考试。

问：有没有不上完小的？

答：有。

问：有没有不上学的人？

答：有，很少。

问：为什么不上学？

答：家里小孩多，需要帮家里干活。这些人可以上夜校，进行学习。

问：你父亲热心教育吗？

答：热心，他支持我上师范学校，毕业后当教师。我自己原来考的是商业学校。

问："文化大革命"的那年你多大岁数？

答：开始的那年，我 8 岁。小学二年级。

问：你参加运动了吗？

答：上半天课后跟着开会。

问：你们小学生也造老师的反吗？

答：高年级的学生造反。我还小。

问：现在小学生与你上学时的课程一样吗？

答：差不多，就那几门课程。

问：有你尊敬的小学老师吗？

答：有。艾新华老师很好。

问：她多大岁数？

答：30 多岁。

问：为什么尊敬她？

答：她对学生很耐心。"文化大革命"时，学生们不爱学习，可她还是用半天的时间为学生上课。

问：你上小学时，除上课外还有其他活动吗？

答：有。除上课外，还有课外劳动。

问：参加什么劳动？

答：学校有一块基地，在基地里劳动，种树苗、玉米、小麦、向日葵等。

问：劳动多少时间？

答：每周一次一下午。

问：在小学时，你印象最深的事情是什么？

答：小时候我就想当教师，所以课余的时间我们就跑上讲台，学老师的口气、动作，这件事到现在印象还很深。

问：你小的时候就想当老师吗？

答：是。到后来听有人说当老师不好，所以考的时候就又不想当老师了。因此，考了其他专业。

问：有代课的小老师吗？

答：老师有事儿不在的时候，学习好的学生可以帮助布置作业或讲点数学习题。

问：你干过这事吗？

答：我在班内学习一般。

问：你上小学时，最辛苦的是什么事？

答：劳动最辛苦。

问：劳动基地在哪儿？

答：在本村。

问：你上小学时帮助家里干什么活？

答：看弟弟、妹妹。

问：中午回家吗？

答：回家。

问：小学有运动会吗？

答：有。小学里有操场。

问：有什么运动项目？

答：田赛、径赛、球类。

问：你喜欢什么？

答：田赛。

问：你喜欢什么学习科目？

答：文科和音乐。

问：在哪儿上初中？

答：在府君庙农业中学。是人民公社办的农中。

问：课程与一般中学有什么不同？

答：没有不同。公社办的学校叫“农中”，普通中学是国立的。

问：学习几年？

答：农中学习两年，我那时学了两年半，后来农中也是 3 年了。

问：有多少学生？

答：200 多人，共 4 个班。

问：学习外语吗？

答：没有。

问：老师从哪儿来？

答：国家分配来的。

问：农中新开的什么课程？

答：化学、物理、生物、地理、算术、语文。

问：你喜欢什么课程？

答：化学、地理两科。

问：是男女合校吗？

答：是。

问：在中学时，有你尊敬的老师吗？

答：有。我尊敬教语文的孔繁斌老师（男）。

问：他哪儿好？

答：他上课生动，我爱听。

问：是在“文化大革命”期间上农中吗？

答：是。

问：你参加运动吗？

答：参加。

问：参加什么？

答：给老师提意见，贴大字报。

问：给什么老师提意见？

答：给班主任老师提意见，主要因为该管的事情他不管。

问：你后来不想当老师，是不是因为这个呀？

答：有那么一点。

问：你现在喜欢当老师了吗？

答：现在很喜欢。

问：你怎么看学生给老师贴大字报这件事？

答：学生们太无知了。

问：中学有劳动基地吗？

答：有。叫三场基地。

问：干什么活？

答：与小学差不多，劳动时间还是一周一次，只不过地方很大了，土地多了。

问：你在中学时有比较好的朋友吗？

答：有。

问：在中学里时，你印象最深的是什么事？

答：到中学以后，女主们就不爱体育活动了，为此老师很生气。

问：男女生在一起上课吗？体育课呢？

答：都在一起上课。

问：中学时，你感到辛苦的是什么事？

答：我不爱学物理课，要学好它很苦。

问：农中的学生是哪里来的？

答：全公社来的。

问：府君庙公社包括多少村？

答：14 个，与现在的乡一样大。

问：在哪儿上的高中？

答：在静海县上的高中。

问：农中里有多少学生升入高中了？

答：30～40 人。

问：高中一个班多少人？

答：一个班 50 人。

问：不上高中的原因？

答：有家庭困难的，也有考不上的。

问：高中有哪些课程？

答：除初中的课外，又增加了外语。

问：升高中不考外语吧？

答：是。现在考了，当时不考。

问：高中几年？

答：两年。

【静海县一中】

问：高中在哪儿？

答：在静海县城，现在是静海一中。

问：你家离高中所在地多远？

答：10 里地。

问：走读吗？

答：住校。5 里地以外的都住校。

问：一个宿舍住几个人？

答：16 个人。

问：你多大岁数时上高中？

答：15 岁。

问：你当时感到寂寞吗？

答：有同学，不寂寞。

问：住校交费吗？

答：交费。

问：交多少钱？

答：一学期交 8 元，是住宿费。

问：你是什么时候想当老师的？

答：高中时。

问：学什么外语？

答：英语。

问：有其他外语吗？

答：没有。

问：全校有多少高中生？

答：初中和高中在一起，有几千人。

问：当时静海县有几所高中？

答：两所。独流镇还有高中。

问：高中又增加了什么课？

答：增加了外语，还有学工。

问：学什么？

答：上机床，跟工人师傅一起干活。

问：你到什么工厂学工？

答：农机修理厂。

问：你是老师吧？

答：是。

问：村里有多少学生？

答：60 人。

问：你工资以外有补助吗？

答：没有。就拿国家给的工资，到年终时有 180 元的效益奖。

问：没有村办工厂工资高吧？

答：没有。

问：你喜欢英语吗？

答：喜欢。

问：你哪年高中毕业？

答：1976 年。毕业后在家种了 3 年地，1979 年考入中专。

【静海师范学校】

问：在师范上了几年？

答：两年。

问：在高中时都有什么运动？

答：学黄帅、罢课。

问：具体的怎么搞？给老师提意见吗？

答：提意见，贴大字报。

问：你高中毕业后为什么没有上大学？

答：那时候还没有恢复高考。

问：那几年在家干什么活？

答：种地。

问：家里有地吗？

答：没有地。是生产队的地。

问：在师范学什么课程？

答：有《儿童心理学》《教育学》。

问：报考师范时都有哪些课程？

答：数、理、化、语文、政治。

问：你为什么报考师范学校？

答：我报考的是会计学校，后来我爸爸又让我上师范。我当时的分数也够会计学校的分数线。

问：师范学校在哪儿？

答：在静海县城。

问：师范毕业以后有教中学的，也有教小学的吗？

答：没有。我们那一届全部教小学。

问：你进师范后就下决心当老师吗？

答：是。

问：学校有实习吗？

答：实习了半年。到下边去讲课。

问：在什么学校？

答：王口小学。

问：怎么实习？

答：我讲课，其他教师评议。

问：这几年你感到怎么样？

答：受到学生尊敬我很高兴。

问：你实习时教哪个年级？

答：教三年级。

问：你毕业后就分配到这儿了？

答：是。10 年了。

问：当老师前有面试吗？怎么分配的？

答：没有。是统一分配的。

问：为什么分配你到这儿？

答：离我家近，这里离我家只有 2 里地。

问：小学什么时候建的新房？

答：1982 年。

问：这个小学什么时候建完的？

答：我不知道。

问：为什么盖新房？

答：原来小学在教堂上课，但教堂坏了，不能再用，所以盖了新校舍。把村里两个地方的校舍统一到一起了。

问：当时有几个老师？

答：3 个。岁数与我差不多。

问：分配你们的是什么单位？

答：静海县教育局。

问：那时有多少学生？

答：50 ~ 60 人。

问：盖学校的钱是从哪里来的？

答：有国家给的，大队筹的，还有一部分个人捐款。

问：个人怎么捐款？

答：一位办个人工厂的人捐了 1000 元。

问：你参与建校的事了吗？

答：没有。另一位老师（是我现在的丈夫）和张书记参与了。

问：那时有校长吗？

答：当时不叫校长，叫负责人。

问：你丈夫多大了？

答：比我小一岁。

问：你们哪年结婚？

答：1985 年。

问：你们在一起工作吗？

答：现在不在一起，盖好房子后，他就调走了，现在是中心校的主任。

问：哪年走的？

答：1983 年。

问：中心学校在哪儿？是小学吗？

答：北五里村。是小学，在村里上到五年级以后就到中心学校学习去了。

问：是这个乡的学校吗？

答：是。

问：为什么调动？

答：工作关系。

问：这村的学校有几个年级？

答：4 个年级。每个年级十几人（四年级

17人，三年级12人，二年级13人，一年级16人）。

问：这个村的学生到五年级以后去哪个中心学校上学？

答：刘家营。

问：学校有几位老师？

答：4位。

问：你丈夫叫什么名字？

答：贾会成。他原来是小学的负责人，他调走后，我就干了。

问：请讲一下4位老师的名字。

答：段淑娟（女），今年23岁；马庆田（男），26岁；吴长江，45岁，他是从黑龙江调来的；还有我。另外还有育前班的一位老师，她叫刘建梅，23岁。

问：育前班是否类似幼儿班？

答：是。

问：你是学校的负责人吧？

答：对。

问：除教学外，你还有其他工作吗？

答：有。

问：还当班主任吗？

答：当。我是二年级的班主任，我们实行小循环，从一年级到四年级都是一个人管。

问：近10年来村里的教育有什么变化？

答：上级重视，老师权力大了，教师有积极性。

【教师待遇】

问：你现在多少工资？

答：173元。除基本工资83元外，还有其他补贴。我是小学一级教师。

问：最近工资长得快吧？

答：是。

问：负责人有补贴吗？

答：没有。讲奉献嘛！

问：新毕业的多少钱？

答：50多元。

问：小学分几级教师？

答：3级，有高级、一级、二级教师。

问：新毕业的有级吗？

答：工作一年以后才定呢。

问：定级与学历有关系吗？

答：有关。

问：这学校里有勤杂人员吗？

答：没有负责杂务的。由教师管理。

问：你们的工资哪里发？

答：教育局发到中心校，我们再去领取。

问：中心校的机构健全吧？

答：是。

问：村里的人们关心学校吗？

答：关心。去年村里给学校买了一套鼓号乐器，大队很支持教育，这座房子也是大队给盖的。

问：日本的学校里都有董事会，这里有吗？

答：没有。学校的事情村委会管。

【培养和提高教师的途径】

问：你们在提高教育方面有什么措施？

答：为提高教学质量，教育局设有教师奖励金。

问：怎么培养教师，提高他们的水平？

答：有教师进修制度，教师可以进夜大学习，以提高其水平。我们学校有两位教师在夜大学习。

问：是谁呀？

答：段老师和马老师。

问：到哪儿去学习？用什么时间学习？

答：业余时间。都是星期日到静海县城学习。

问：现在的小孩与你小时的小孩有什么不同？

答：现在的孩子们作业多，玩的时间少，相比之下没有过去的孩子顽皮。

问：升五年级考试吗？

答：考试只是一个手段，普及教育，都能升学。

问：你认为教育中存在的主要问题是什么？

答：教师的经济地位应提高。

问：当教师有哪些好处？

答：教师一年内有几次放假，这比别的工作要优越。另外自己教的学生能升入高一级的学校，自己很自豪，称自己为“老师”也感到荣幸。

孟淑贞

时　　间：1991 年 8 月 14 日上午

访 问 者：笠原十九司

翻　　译：王振锁

场　　所：冯家村小学校

【个人简历的家庭状况】

问：你的姓名？

答：孟淑贞。

问：你今年多大岁数？

答：71 岁。1921 年生。

问：你老家是哪儿的？

答：河北省安次县人，离这儿 100 多里。

问：你父亲叫什么名字？

答：孟广禄。

问：他做什么工作？

答：种地。

问：你家有多少地？

答：50 多亩地。

问：你母亲叫什么名字？

答：孟韩氏。

问：与你父亲是同村人吗？

答：不是。

问：什么村人？

答：从我记事时就搬到静海县城住了，不记得了。

问：你父亲家是什么村？

答：孟东庄。

问：这个村的人都姓孟吗？

答：不。大部分人家姓孟。

问：你兄妹几个？

答：姐妹 4 个，兄弟 2 个。

问：他们叫什么名字？

答：我最大，老二是妹妹，叫孟淑琴，三弟叫孟昭蔚，四弟叫孟昭需，五妹叫孟淑敏，六妹孟淑媛。

问：他们都做什么工作？

答：大弟种地，二妹在廊坊住，二弟在廊坊当建筑工人，三弟在家种地，五妹在乌鲁木齐，老妹在武清县城关。

问：你小时候印象最深的是什么事？

答：闹字潮。

问：几岁上小学？

答：8 岁。

问：在哪儿上？是私塾吗？

答：本村的学堂，不是私塾，是教会学校。

问：有多少学生？

答：100 多人。

问：什么教会？

答：基督教、耶稣教，不是天主教。

问：老师是中国人吗？

答：是。

问：有多少女生？

答：记不清了。

问：上了几年？

答：上到小学没有毕业，我母亲住协和医院我就不上了。大约有三四年。

问：你为什么上洋学堂？

答：我父亲思想开放，我的兄弟姐妹们都上过学。

问：学什么？

答：学文化知识，也学点《圣经》。

问：你还记得老师的事吗？

答：我还小，不知道他们的事。

问：你在家帮着干活多少年？

答：到我十八九岁。

问：你们那时女人都缠足吗？

答：是。我在家时，我父亲帮助我们学习。

问：你父亲识字？

答：是。我父亲上过私塾。

问：你19岁以后干什么？

【师范学校】

答：考入廊坊师范学校学习。

问：为什么去考师范学校？

答：同学们去考，我也就跟着去了，当时还有我的一位表妹也一同去考了。我想起来了，这之前，我还在北京的圣道学校学习了两年。是个教会学校。当时有日本人教课，教日语，女的教音乐（大约在30年代）。

问：在师范上了几年？

答：一年。毕业后分配去教书，这是解放前夕。

问：考试前有准备吗？

答：平时我父亲教我们识字，考前并没有准备。学师范想毕业后做点事。

问：你没有结婚之前为什么去上学？

答：在家就种地，我为了在外边工作，自己找对象。我父亲支持，一般的家庭不让妇女出门。

问：你父亲为什么那么开明？

答：有文化，他私塾的课程都学完了。

问：廊坊师范的校名叫什么？有多少学生？

答：廊坊简师。有二三百学生。

问：有多少女生？

答：二三十名女生，很少。

问：学习紧张吗？

答：不紧张，学校的学生常上街游行，我爱静，没有参加过。

问：有为政治游行的吗？

答：我记不清了，学生们有不顺心的事，就罢课。

问：你们实习吗？

答：实习，给铁路附小的学生讲课。实习不到一个月的时间。

【日军暴行】

问：你记得“七七事变”后的事情吗？

答：记得一些。

问：那时你多大岁数？

答：我十六七岁。经常向外逃，躲避日本人。

问：日军进攻中国时你在家吗？

答：可能在家，还没有去北京。我在北京时没有听说跟日本人打仗。我在北京上学时，吃不饱。吃的是混合面，学校的老师和校长吃得还比较好，学生们吃臭豆饼，因此学生们罢课，我就不在北京上学了，从此回到家。

问：是哪国办的学校？

答：美国办的。

问：你听说过日军干的事吗？

答：日军很坏，年轻妇女都怕。我们隔壁住着日本人办的“新民会”，小孩们不太怕他们，十几岁的女孩都怕。

问：村里有新民会吗？

答：村里没有，安次县城有。

问：你见过日本人吗？

答：见过。日本军白天到村里找八路军，打一阵就回安次县城了。

问：安次县有多少日本兵？

答：很多。人们到安次县里去赶集，日本人搜身，看着不顺眼的就打，有的被打死，所以人们害怕他们。

问：你听说过日本人的残暴行为吗？

答：到处都是，我听说到很多坏事，追赶年轻妇女。

问：附近村有吗？

答：有个大夫被日本兵打死了。

问：是你们村的人吗？

答：安次县城的人，不是我们村的。

【毕业后任教活动】

问：你师范毕业后就教书吗？

答：在我们村教书，后来因日军与八路军打仗，不太平，就不教了，解放以后才教书。

问：后来在本村教书吗？

答：不是。后来在廊坊附近大马房村教书，离我们村四五十里地。

问：解放了吗？

答：解放了。

问：孟东庄小学有多少学生？

答：二三十人。当时总打仗，后来逃散了。

问：学校受到什么影响了吗？

答：没有。

问：那个学校有几个年级？

答：一、二、三、四年级。一个人教两个班。

问：村里有不上小学的孩子吗？

答：当时农民生活困难，就不上学了。小孩们没有钱交学费。

问：他们是为帮助家里干活吗？

答：是。

问：你开始教学有困难吗？

答：小孩们不好管，有难处，后来就好了。

问：当时行政当局干预学校的事吗？

答：没有。

问：当时小学老师受尊重吗？

答：不如现在。过去什么也不如现在。过去不给钱，给粮食。

问：过去女教师多吗？受歧视吗？

答：不多。没有受到什么歧视。

问：你在大马房教多少年书？

答：大马房是完小，我在北尖塔教小学，常到大马房开会。在那儿一年后又调到北张务 3 年，后又调到杨柳青一小。一年后又调到独流镇完小，直到 1968 年 12 月。

问：在你本村教书时有多少工资？

答：不给钱，给粮食，每月 60 斤玉米。

问：谁给？

答：国家给。

问：够吃吗？

答：够不够就给这么多。

问：从什么时候才开始发工资？

答：从到杨柳青才开始发工资。

问：解放时，你高兴吗？

答：高兴。

问：解放前后的教育方法相同吗？

答：不太一样。也有变化，刚解放的时候政治运动多。

问：你参加过扫盲运动吗？

答：白天在学校教课，夜间到民校教书，没有礼拜天。

问：是义务的吧？

答：是。秋收、麦收、打草，学生们都去干，现在的学生们不干这些活了。

问：扫盲的效果好吗？

答：效果不大。

问：扫盲搞了几年？

答：很多年。

问：你什么时候结婚？

答：在张家务时，30 多岁才结婚。

问：你丈夫干什么？

答：原来在教育部门当助理，后调入杨柳青粮局工作。

问：他叫什么名字？

答：贾毅芝。已死多年。

问：你几个孩子？

答：5个。老大叫贾若梅（女儿），在武清县工作。老二叫贾若兰（女儿），在家，村副主任。老三贾会生（儿子），在独流大队农工商公司当经理。老四贾会成。老五贾若玲，在独流。

问：你为什么来到这里？

答：跟丈夫一起调来的。我丈夫调到独流粮局，我还当教师。

问：从什么开始上学的人多起来？

答：50年代上学的人多了。

问：在独流时你们学校有多少人？

答：很多人。每个班50人，每个年级有二三个班，共有6个年级。

问：有多少老师？

答：几十人。

问：女老师多吗？

答：多，比男老师多。

问：从什么时候开始女老师多起来？

答：解放以后就多了。

问：你教什么课？

答：语文、算术兼班主任。

问：解放后老师们参加社会主义教育运动吗？

答：参加过，什么运动老师们都参加了。

【"反右运动"和"大跃进"】

问：在独流时你遇到"反右派运动"了吗？

答：有"反右派运动"。

问：小学里有"右派"吗？

答：有。

问：有几个"右派"？

答：我记得有七八个。校长也是"右派"。

问：老师们参加"大跃进"吗？

答：都参加了，学校停了课。

问：学校也炼钢铁吗？

答：没有。

问：在人民公社期间也领着学生去劳动吗？

答：劳动。

问：你是哪年退休的？

答：1978年，已退休11年了。

问：哪年调到这儿？

答：1968年。

问：你在教堂教过书吗？

答：不。在另一个地方——河边的校舍。

问：你丈夫也在吗？

答：是。他从粮食局调到水利局。1963年发大水后，静海县里搞运动，后又调到供销社，没有正式安排工作，到冯家村小学代课。

问：1968年有多少学生？

答：50～60人。

问：你来的时候村里的小孩喜欢学习吗？

答：不如现在的学生们爱学习。

问：你认为中国的教育怎么样？

答：我选教育事业选对了。

问：你有不满意的吗？

答：过去不如现在好。现在教师生活有保障，过去不如现在。

郑宝明

时　　间：1991年8月14日下午至8月16日上午

访 问 者：笠原十九司

翻　　译：王振锁

场　　所：冯家村小学校

【个人经历与家庭情况】

问：你叫什么名字？

答：郑宝明。

问：多大年纪？

答：71岁。1921年出生。

问：你父亲叫什么名字？

答：郑大发。

问：你父亲做什么工作？

答：务农。

问：你是这村出生的吗？

答：是。

问：你父亲在时有多少土地？

答：30多亩地。

问：你兄弟几个？

答：4个兄弟，3个姐姐。

问：你母亲叫什么？

答：姓刘。

问：你母亲是哪村人？

答：五里庄。

问：你几个兄弟的名字？

答：我是老三，老大叫郑宝元，老二叫郑宝亭，老四叫郑宝生。有3个姐姐，大姐刘郑氏，二姐王郑氏，三姐叫郜郑氏，还在世。大哥、二哥都死了。活着的还有我弟弟、一个姐姐和我3个人。

问：你弟弟在哪儿？

答：在天津皮革行业当工人。

问：你小时候印象最深的是什么？你上过学吗？

答：上过私塾。

问：几岁上私塾？

答：八九岁。

问：在哪儿上的？

答：教堂那儿上了一年，还在私人住宅上过。

问：念过几年？

答：4年。

问：有多少人？

答：四五十人。

问：老师是哪儿的？

答：前后有3位老师，同期只有一个，张庄一个，王家营一个，刘家营一个。没有专职的。

问：你还记得他们的名字吗？

答：有一个叫张立书，有50来岁，还有一个叫王少朋，他有60多岁。

问：有女生吗？

答：没有。

问：村里念私塾的人占应上学孩子的多少？

答：60%。

问：你为什么上私塾？

答：没有别的学校，农村只有私塾。

问：你为什么上学？

答：为求学，认识字，不当文盲，想搞商业工作。

问：如务农就不用上学了吧？

答：是。那时候农业落后，没有文化也能种地，现在种地也得上学，没有知识不行了。

问：学习什么内容的书？

答：《百家姓》、《弟子规》、《孟子》等。啃书本，不联系实际。

问：怎么上课？

答：一天上3节课。学生背书，老师监督，会背了，就行。

问：你喜欢上学吗？

答：喜欢，特别喜欢。

问：交学费吗？

答：每年每人给老师150斤粮食。交玉米。

问：谁给买书？

答：自己买。

问：老师好吗？受人们尊敬吗？

答：很好，工作非常认真。当时大家都尊敬老师，是大家请来的教师嘛！

问：谁主持请老师？

答：上学的学生请的。

问：你念私塾以后干什么了？

答：务农。在14~16岁时去天津学买卖，在鲜货店。

问：种自己的地吗？

答：是。

问：你才14岁能干什么活？

答：旧社会与现在不同，现在的孩子20岁还上学，我8岁时就能干活，像拔草、放牲口等。

问：到天津学买卖有人介绍吗？

答：我表弟介绍的。

问：干什么？

答：干零活。有什么活干什么活。

问：很辛苦吗？

答：还可以。我当时还小。有70多人当学徒。

问：你记得“七七事变”的事吗？

答：知道一点。那年我17岁。

问：为什么不在天津干活了？

答：因为我弟弟又去天津学徒，家里需要人，所以我就回来种地了。

【日军暴行】

问：你说一说“七七事变”的事？

答：“七七事变”，日军打卢沟桥，接着又打天津的海光寺，国民党二十九路军撤退了！府君庙就是前线。

问：你看到过日本兵吗？

答：看到过。

问：看到日本兵时，你有什么感觉？

答：害怕。

问：听说过日军的残暴行为吗？

答：日军来时独流这段铁路坏了，日本人修，宋哲元的二十九路军就打，打了很久。宋哲元的司令部在石家庄。

问：石家庄离这儿多远？

答：很远。

问：具体的有什么？

答：1937年8月，日军打府君庙，二十九路军抽了51个人到府君庙挖战壕，我们51个人走到白云铺，看到二十九路军的一个班长被日本兵打伤了，见到我们就跑，被日军发现了，他们开枪就打，幸好还没有伤着。回到村后，我看到村里死了两个人：一个是冯振海，另一个是府君庙的，叫大木头（小名）。他们是被日兵的机枪和手榴弹打死的。大木头是这个村的姑爷。

问：还有什么？

答：烧了老贾家两间房，之后就逃走了。

问：这村有被强奸的吗？

答：不太了解。

问：日本时有“新民会”吗？

答：有这么个组织。不知道里面的具体事。

问：新民会在这村活动过吗？

答：没有。我在独流镇看到过新民会练习操。

问：投靠日本军的“警备队”到这村来过吗？

答：经常来。他们很坏！

问：警备队干过什么坏事？

答：抢、打人、吃饭不给钱。这种事很多。

问：八路军来吗？

答：听说过，没有来过。八路军在延安。

【保甲制】

问：这村搞过保甲制吗？

答：搞过保甲长制，各村都有。一个村一个保长，几个甲长。

问：他们都叫什么名字？

答：知道。孟玉芝、刘连祥、刘恩华、李金泉、孟玉田、张永富、王玉友都是甲长，刘连祥还在。

问：这些人都富吗？

答：上中等户，保长较富。

问：孙立祥是保长吗？

答：不对，他是甲长。

问：谁是保长？

答：张希岭。

【日本军投降】

问：日本投降的事你知道吗？

答：我看到日军投降时路过这儿，他们到天津去交枪。

问：你有什么感觉？

答：日本兵老实了，不敢再糟踏人了。

问：日本军走了以后，这村谁来了？

答：国民党军来了。白天有国民党军来，夜间有八路军来。

问：这村当时有国民党员吗？

答：没有听说过。

问：八路军正式过来是什么时候？

答：解放天津以前。

问：八路军与国民党在这村打过仗吗？

答：经常打仗。

【结婚】

问：你什么时候结婚？

答：1938年，我18岁时结婚。

问：你老伴是哪村人？

答：良头村人。他父母都住在天津。

问：是介绍的吗？

答：是。她的亲戚介绍的。

问：你老伴叫什么名字？

答：王桂荣。

问：结婚前您们见过面吗？

答：见过。

【家庭】

问：你有几个孩子？

答：4个儿子，2个女儿。

问：他们的名字？

答：大儿子叫郑良，村在北京电子管厂工作；二儿子叫郑庆吉，在工厂做工；三儿子叫郑庆荣，在静海县卫生局；四儿子叫郑庆和，在府君庙小学教书；大女儿在苟家营，叫郑素兰；二女儿叫郑素平，在独流镇下圈村。

问：你大儿子的名字为什么没有“庆”字？

答：他原来叫郑庆祥，“文化大革命”时改叫郑良。

【解放时的状况】

问：你记得解放这村时的情况吗？

答：解放天津时这个村也解放了，国民党军就跑了！

问：当时村里开庆祝会吗？

答：开呀！八路军帮助开庆祝会，敲锣打鼓很热闹！

问：解放前这村有共产党员吗？

答：有，是秘密的。

问：最早的党员有谁？

答：有吴金城、孙玉常、王万起。还有死的。

问：死了几个？

答：王英、李金祥死了。苟克兴、张文秀“土改”的时候被开除了！

问：为什么被开除？

答：党内的事，我不清楚。

【土地改革和互助合作运动】

问：哪年“土改”？

答：1950年或1951年。

问：“土改”时你干什么？

答：种地。

问：你有多少地？

答：40亩。我是上中农，团结对象。没有动我的土地，也不分给我土地。

问：斗地主吗？

答：斗地主。村里有2户地主，3户富农。刘连祥、李金泉是地主。富农有刘连德、郝开云、张宝善。

问：在哪儿斗地主？

答：在学校门口斗争地主。

问：谁是负责人？

答：刘连城、苟克兴，他们分别是村里的第一任书记和村长。

问：平分土地的标准是什么？

答：很复杂，李金泉没有多少土地，划他为破落地主。他解放前剥削过人，他只有4间房，分出去了1间。

问：刘连祥呢？

答：分了他部分土地，留给他不少。富农的土地都不动，因为是解放后搞的“土改”。

问：你参加互助组了吗？

答：参加了。我是第一个自愿参加互助组的人，10户为一组。

问：怎么组织起来的？

答：郝开甲是组长，还有他4个兄弟都在组里。

问：互助组有什么好处？

答：人多力量大。各家的牲口、土地仍归自己，可以互相使用牲畜、农具。

问：对地主怎么惩罚？

答：不许他乱说、乱动，他干什么事得向村里报告。

问：合作社是哪年成立的？

答：1954年成立初级社。

问：谁负责？

答：郝开甲和我是正副社长。

问：当时你们最辛苦的事是什么？

答：很操心，劳动得带头，真正的为人民服务，没有任何报酬。

【破除迷信、天主教堂】

问：解放后有破除迷信运动吗？

答：有。算命的、跳大神儿的都要干涉，不干涉宗教信仰。废除烧香、磕头迷信活动。

问：拆庙了吗？

答：拆了一部分。还保留古迹。“文化大革命”、“破四旧”时拆了很多的庙。

问：这村有基督教吗？

答：没有听说过。

问：这个村天主教徒多吗？

答：有七八户。

问：解放以后对信天主教的人有限制吗？

答：“文化大革命”时，他们自己很担心，实际上对他们没有触动。

问：教堂里的圣像什么时候没有了？

答：教堂里没有圣像，自己家里有，“文化大革命”时他们害怕，把像取掉了，“文化大革命”后又都贴上了。

问：天主教徒怎么做弥撒？

答：他们不在村里做，到天津教堂去做。解放前静海县有教堂，后来拆了。

问：现在还去吗？

答：去。

问：现在有几户？

答：还是那么多户，没有发展。

问：是公开地信天主教吗？

答：是。

问：你知道他们的名字吗？

答：郝开甲，王海忠，李金才，贾桂荣，贾广宝和他的 4 个儿子都是。

【扫盲运动】

问：你知道解放后的扫盲运动吗？

答：知道。解放初大家都很积极。解放军齐建华创造了速成识字法，后来在各地推广起来。

问：这个村在哪里搞？

答：我组织的。夜间上两个小时，男、女、老、少都参加。当时在教堂学习。

问：你在村属于比较高文化程度的人吧？

答：属一般文化水平。

问：有多少人参加扫盲？

答：100 多人。

问：每晚学习几小时？

答：2 个小时。对大家有好处，都有兴趣。如吴金才原来不认字，经过扫盲有了文化，后来当了乡长，所以他非常感激毛主席发动的扫盲运动。扫盲很有好处。

问：有书吗？

答：有。有语文、算术，国家给书，自己不花钱。

问：谁当老师？是小学的老师吗？

答：有文化的就可当老师，不是小学老师。

问：谁教？

答：主动教的就是我，其他人不固定。

问：参加扫盲班的男女比例多少？

答：男占 60%，女的占 40%。开始时到户动员参加扫盲班，后来就主动去了。

问：在扫盲运动中，你最大的困难是什么？

答：发动的时候，有人不了解其好处，不主动参加，工作中有一定困难。

问：几年？

答：二三年。

问：扫盲运动是在合作社以前还是以后？

答：以前。1955 年以前开展的。

问：你是共产党员吗？

答：不是。

问：你不是党员还做了这么多工作。

答：是呀！符合我的性格。

【农业合作社】

问：合作社叫什么名字？

答：照耀合作社。

问：你不信天主教吧？

答：我什么都不信，只管劳动吃饭。

问：一个社里有多少户？

答：50 多户，全村 100 多户。

问：另一个社叫什么名字？

答：永久合作社。

问：谁是社长？

答：吴金城，他是党员。这个社只有十几户人。

问：社长干什么工作？

答：劳动、买卖、安排农活等都管。带头劳动，还没有任何代价。

问：社长是选的吗？

答：社员选的。差一点都不能当。社长不要任何报酬。

问：农业社的生产有提高吗？

答：刚开始的时候有提高，人多力量大，劳动力也好安排、分工。

问：当时最难办的是什么事？

答：有个别社员不听从分配，最难办。总起来当时很好领导，大多数是从旧社会过来的，劳功积极。

问：用什么农具？

答：初级社和高级社时用拖拉机耕种。

问：从初级社到高级社规模有变化吗？

答：规模大了，两个社合并成一个社。

单干户也参加高级社了。全村人都是高级社的社员。

问：高级社有名字吗？

答：没有特别的名字，就叫冯家村高级社。

问：谁是高级社的社长？

答：我是。

【高级社与人民公社化】

问：这个村有几个党支部？

答：一个。

问：有多少户参加高级社？

答：全村一百零几户都参加了。

问：高级社以后你更忙了吧？

答：是。

问：高级社以后就有拖拉机了吧？

答：公社里有，本村没有。各村都可以用拖拉机耕种。

问：高级社到人民公社的过程，请你说一说。

答：实现高级社之后，就公布了总路线，实行人民公社，“大跃进”，叫“三面红旗”，1958 年搞人民公社。

问：一个公社有多少村？

答：一个公社有十几个村，规模很大，比现在的乡还大。人民公社代替了乡。

问：你所在的公社叫什么名字？

答：府君庙公社。

问：独流是公社吗？

答：后来几个公社合并成独流公社。独流公社由 4 个公社合并而成。

问：叫什么名字？

答：独流人民公社。后来又分成小社。

问：哪一年分开的？

答：1960 年。

问：分开以后还叫府君庙公社吗？

答：是。

【“反右”和“大跃进”】

问：村里搞过反“右派”运动吗？

答：村里没有“右派”，只是贴标语，学生喊叫。

问：是本村的学生吗？

答：本村的。

问：这个村是怎么搞“大跃进”的？

答：更上一层楼，大家多出工多出力。

问：当时你是负责人吗？

答：是。

问：这个村大炼钢铁吗？

答：到外地去搞的，村里有过一个小高炉，没有技术，搞不好。

问：原料怎么来？

答：到各处去找，国家供煤。铁是废铁炼的。

问：有矿石吗？

答：没有。都是用废铁炼成新铁。

问：搞过密植吗？

答：农业上搞合理密植，收成增加一倍。

问：有失败的例子吗？

答：有。不合理的、过于密植的收成就不好。合理密植需要肥料，光密植还不行。

【“四清”与“文化大革命”】

问：你记得“四清”运动吗？

答：村里搞过，只清理了账目，没有问题。这村没有“四清”对象。

问：你当了那么多年干部，受过批评吗？

答：没有。从初级社到高级社再到人民会社的生产队长，我都当过，没有受过批评。

问：你知道其他村是怎么搞“四清”运动的吗？

答：各村都搞，大多数村没有问题。城市里的“四清”可能有对象。村里的干部当时很纯洁，不会贪污。

问：“文化大革命”中，这村有受批评的吗？

答：有。孟德荣就受批评了。他是老党员，当时是支部书记。

问：有工作队吗？

答：有。

问：当时村里有造反派吗？

答：有形式，因为都是本村的乡亲，讲情面，没有搞什么，只是走了走形式。

问：“造反派”有领导吗？

答：有，没有头怎么行！王海忠、冯恩寿等人是。任何事都有带头的。

问：“文化大革命”时你受批判了吗？

答：没有。我没有做过错事，搞的是有错误的人。

问：你怎么没有加入党啊？

答：在农村干工作，不是党员也得干好。上级领导希望我参加党，可我想参加了党要求就更高了，工作还得再上一层楼，我怕自己的力量达不到，所以我没有要求入党。我的孩子们比我进步，我有4个儿子，3个是党员。大儿子是卫生局的党支部书记，二儿子也当干部。

问：你一生中工作最辛苦的是什么？

答：从搞互助组到生产队，工作很辛苦，动脑子最多，工作没有代价，只有工分。十一届三中全会以后，干部挣工资了，我就不干了。我承包土地，很好。

问：你是全心全意为人民服务的好干部。

李金海

时　　间：1991年8月15日下午

访 问 者：笠原十九司

翻　　译：王振锁

场　　所：冯家村小学校

【家庭状况及经济来源】

问：你叫什么名字？

答：李金海。

问：今年多大？

答：67岁。1925年出生。

问：是在本村出生的吗？

答：是。

问：你父亲的名字？

答：李德福。

问：他是农民吗？

答：是。

问：你家有多少土地？

答：3亩。

问：你母亲的名字？

答：李张氏。

问：你母亲是哪村人？

答：本村人。

问：你兄弟几人？

答：就我一个人。

问：你上过学吗？

答：没有。

问：你为什么不上学？

答：家庭贫困。

问：不上学的多吗？

答：多。

问：你几岁时帮助家里干活？

答：十来岁就打草、放牲口。

问：你们租别人的地吗？

答：不租地耕。除种地外，还编席卖。

问：与大人一起编席吗？

答：是。

问：能维持生活吗？

答：能。

问：你现在识字吗？

答：不识字。

问：你父亲什么时候去世？

答：日本侵略中国的第二年，我父亲去世了。

问：什么病死的？

答：饿死的。

问：你小时村里闹过大水吗？

答：闹过大水，我才十几岁。

问：你父亲死后，家里的活由你干吗？

答：是。

问：还缴农业税吗？

答：缴不多，我们地少。

问：缴给谁？

答：军队。

【日本军入侵】

问：你记得“七七事变”的事吗？

答：我还小。

问：你见过日本兵吗？

答：见过。这是“七七事变”以后的事。

问：你小时候受过日本兵迫害吗？

答：我还小，家里人不让出门，没有受迫害。

问：日本兵到过这个村吗？

答：来过。

问：他们来干什么？

答：要鸡吃。

问：你听说过日本兵干的坏事吗？

答：我不爱串门，什么都不知道。

【婚姻】

问：你多大结婚？

答：17 岁。

问：你老伴是哪个村的？

答：黄岔村。

问：离这儿多远？

答：20 里地。

问：你老伴多大岁数？

答：与我同岁。

问：是介绍的吗？

答：是娃娃亲。

问：通过什么关系？

答：她亲戚搬到这村来住，就联系上了。

问：你几个孩子？

答：3 个男孩，3 个女孩。

问：他们叫什么名字？

答：老大李建文，老二李建明，老三李建勇；大女儿李建荣，二女儿李建敏，三女儿李建凤。

问：他们都做什么？

答：种地。

问：闺女们都在本村吗？

答：李建荣在本村，李建敏在黄岔，李建凤在李家营。

问：3 个儿子都在工厂上班吗？

答：我在工厂上班，3 个儿子都种地。

问：你跟他们在一起生活吗？

答：我们老两口一起生活。

问：日本投降你知道吗？

答：知道日本投降，不知道是怎么投降的。

【内战时期】

问：八路军来过吗？

答：来过。晚上来我也不去看。

问：八路军为什么来这个村？

答：白天是国民党，夜里是八路军。

问：八路军来了干什么？

答：不知道。活很紧，我不爱管其他事。

问：你知道村里解放的事吗？

答：我只管种地，其他事一律不过问。

问：你的孩子们多大啦？

答：老大属龙，50 岁。老二属猴。其他不记得了。

【土地改革】

问：“土改”的时候你分地了吗？

答：分地了。我没有参加。

问：你分了多少地？

答：分了2亩地，当时土地少。现在的土地是后来新开的。

问：这个村有地主吗？

答：有。地主的土地也不多。刘连祥、李金泉是地主。李金泉20亩地。没有大地主。

问：为什么划他们为地主？

答：他不经常劳动，经常劳动的，地再多也不是地主。

问：有几户富农？

答：郝开云、刘连德是富农。

问：你是贫农吗？

答：是。

问：贫协主席是谁？

答：是刘连城吧，记不清了。

问：斗过地主吗？

答：斗地主也是走走形式。

问：在哪儿斗地主？

答：在本村开会，说一说。

问：分地主的农具吗？

答：分。

问：“土改”以后你生活好了吧？

答：逐渐好了。

问：你知道破除迷信运动吗？

答：知道。我不迷信，也不搞运动。

【扫盲与互助合作运动】

问：你参加扫盲运动了吗？

答：我知道上民校的事，但我没有参加过。为了维持生活，晚上也得劳动织苇席。

问：谁负责扫盲？

答：我不清楚。

【互助组、初高级社】

问：你参加互助组了吗？

答：参加了。

问：你参加哪个组？

答：参加到郝开甲那个组，是个大组，有40多户。之后参加初级社和高级社。

问：你认为互助组好吗？

答：好。参加互助组以后我就当饲养员。

问：你除当饲养员以外，还干别的吗？

答：不干其他活。

问：初级社叫什么名字？

答：一个村一个初级社。

问：初级社的负责人是谁？

答：郝开甲。

问：高级社时你还喂牲口吗？

答：喂牲口。一天10分工。

问：喂牲口累吗？

答：好汉不愿干，赖汉干不了，需要精心。

问：有多少头牲口？

答：40多头。

问：初级社和高级社规模一样吗？

答：一样。

问：你生活有变化吗？

答：一样。

问：村里搞过“三反”“五反”运动吗？

答：搞过。

问：这个村有“右派”吗？

答：没有。

【人民公社“大跃进”】

问：人民公社时你干什么？

答：管过几年学校，学校的桌椅板凳坏了，我找人修理，解决不了找大队，帮助老师解决问题。

问：有组织吗？

答：一个村一个人。

问：那时候学校在什么地方？

答：在上边，村里。到下边来了以后，我就不管了。

问：你管老师吗？

答：老师有困难，我向上反映，不管其他事。

问：管学校给多少工分？

答：一天 10 分工，与干活的工分一样。管学校也干活。

问：干什么农活？

答：下地劳动。

问：人民公社时有食堂吗？

答：有。在郝开顺家里办食堂。

问：一个村的人都到那里吃饭吗？

答：是。一天吃两顿。领三顿的饭。

问：是到那里吃呢，还是领到家去吃？

答：开始时全家人到食堂去吃，后来天冷了就把饭领到家里去吃。

问：食堂吃什么饭？

答：大米面、玉米面都有，后来粮食不够了也吃一些菜。

问：人民公社的负责人是谁？

答：公社的负责人我不知道，大队的负责人可能是苟怀喜。

问：“大跃进”的时候你干什么？

答：还是喂牲口。

问：你不是管理学校吗？

答：那是后来的事，也只有二三年。

问：人民公社时有多少牲口？

答：比高级社的时候少了。因为闹雨水，老牲口就死了。

问：“大跃进”的时候有多少牲口？

答：30 多头。

问：60 年代初的生活怎么样？

答：我没有过过好日子，就是现在好。

【除“四害”、“四清”和“文化大革命”】

问：你记得除“四害”吗？

答：知道。把麻雀赶得都累死了。

问：有效果吗？

答：有效果。

问：困难时期有饿死的吗？

答：有。有病的人再加上吃不饱，时间久了就饿死了。

问：你 6 个孩子生活怎么样？

答：不太好。但没有闹病。

问：村里搞过“四清”运动吗？

答：搞过，具体的我不知道。

问：有挨批评的吗？

答：个别的人挨了批评。

问：谁负责搞“四清”？

答：不知道。

问：“文化大革命”村里谁负责？

答：不知道。我除干活以外。什么都不过问。

问：你是贫农，“文化大革命”中是骨干吗？起了很大作用吗？

答：什么作用呀，我生活困难，只有干活才能生活好。

问：“文化大革命”以后你干什么？

答：种地。承包土地以后就不喂牲口了。

问：你一生中生活最苦的时候是哪年？

答：小的时候最苦。我父亲死的时候，我还小。

问：解放以后最苦的时候是哪年？

答：不劳动就苦，什么时候都得劳动。

问：你的生活是什么时候好起来的？

答：儿女们长大了，成家立业了，我的负担轻了，生活就好了！

刘捷梅

时　　间：1991 年 8 月 15 日下午
访 问 者：笠原十九司
翻　　译：王振锁

【育前班教育】

问：你上班之前受过培训吗？

答：培训过。我是在乡里受训的。

问：你教什么课？

答：音乐、舞蹈、语文、算术，什么都教。

问：有课本吗？

答：有。

问：几点到几点上班？

答：跟小学生们上课一样。

问：孩子们自己来吗？

答：是。

问：小孩们愿意上课吗？

答：愿意。

问：你管孩子们的生活事吗？

答：管。

问：你是怎么来的？

答：大队推荐，乡里批准的。

问：你有多少工资？

答：110 元。

问：你准备长期当老师吗？

答：还准备考师大。

问：你多大岁数？

答：23 岁。

问：你们与小学教师之间相互交流经验吗？

答：交流。

问：弱智或顽皮的孩子在学校受歧视吗？

答：不。

问：学校有乐器吗？

答：现在没有，大队准备买。府君庙小学有。

问：教小孩什么歌？

答：课本上的和流行歌曲。

问：你最喜欢教什么课程？

答：算术课。

问：家长教自己的孩子吗？

答：有文化的也教。

问：适龄的儿童都来上学吗？

答：是，乡里规定，不上育前班的不让上小学。

刘连弟

时　　间：1991 年 8 月 13 日
访 问 者：中生胜美
翻　　译：王键
场　　所：刘连弟家

【刘氏家族及分支】

问：这个村有多少姓刘的？

答：两部分。不同宗、同祖。

问：同宗、同祖的有多少户？

答：十几户。

问：谁辈数最大？

答：“连”字辈，最大。

问：你有几个兄弟？

答：刘连奎是老大，老二刘连元，我是老三，老四刘连升，共 4 个。

问：你父亲叫什么名字？

答：刘恩光。

问：你父亲有几个兄弟？

答：哥儿仨。

问：他们叫什么名字？

答：刘恩光、刘恩华、刘恩荣。

问：再上一辈呢？

答：刘宝山。

问：老祖宗叫什么？

答：刘永合。

问：刘恩华的孩子叫什么名字？

答：叫刘连德，他就这一个孩子。

问：刘恩荣的孩子呢？

答：叫刘连祥，他也是哥一个。

问：刘连奎有几个孩子？

答：5个儿子。分别叫刘云海、刘云森、刘云江、刘云顺、刘云才。

问：刘连元有几个孩子？

答：两个。他们叫刘云新、刘云起。

问：你有几个孩子？

答：一个。叫刘云江（过继的）。

问：刘连升有几个孩子？

答：两个。一个叫刘云通，另一个叫刘云泉。

问：刘连祥有几个？

答：3个。叫刘云宽、刘云生、刘云发。

问：刘云海几个孩子？

答：一个女儿，叫刘荣。

问：刘云森呢？

答：4个。刘建和、刘建立、刘建勇、刘建军。

问：刘云新呢？

答：有6个女儿。

问：刘云起呢？

答：一个孩子，叫刘建伟。

问：刘云通呢？

答：一个。叫刘建设。

问：刘云宽几个孩子？

答：两个女儿。

问：刘云生几个孩子？

答：孩子还小，没有起大名呢。

问：刘云发呢？

答：一个女儿。

问：还有下一代吗？

答：有。

问：刘建和有吗？

答：他还没有。

问：刘建立有吗？

答：一个女儿。

问：刘建勇呢？

答：他还没有。

问：刘建军呢？

答：一个男孩，叫刘奇。

问：下边还有吗？

答：下边的都没有小孩。

问：下一代没有考虑辈名吗？

答：没有，就一个字。

问：有家谱吗？

答：没有。

问：你家有祖宗牌吗？

答：没有。

问：你们姓刘的一直住此地吗？

答：几辈之前迁来的。

问：同宗、同祖的能结婚吗？

答：不行。

问：同姓、不同祖的能结婚吗？

答：可以。但同姓的人结婚的很少。

问：你多大岁数？

答：81岁。民国一年出生。

问：上过学吗？

答：上过私塾。十一二岁时上了3年。念《百家姓》、《弟子规》。

问：那时你家有多少人？有兄弟姐妹吗？

答：有兄弟，没有姐妹。

问：你不上学后干什么？

答：种地。

问：你家有多少土地？

答：60亩地。

问：你与兄弟什么时候分家？

答：解放以后，“土改”以前分的家。

问：种什么？

答：小麦、玉米、黄豆、高粱。

问：种多少小麦？

答：20多亩。

问：有牲口吗？

答：有头驴，两头牛，一匹马。

【日军暴行】

问：你第一次见到日本人是哪年？杀了几个人？

答：杀了两个人。

【家庭情况】

问：你几岁结婚？

答：20岁。

问：你老伴现在多大岁数？

答：74岁。

问：你的大孩子哪年出生？

答：我没有孩子。现在这个孩子，是过继的（刘连奎的儿子，刘云江）。

问：什么时候过继的？

答：解放以后。

问：你解放前当过保甲长吗？

答：没有。

问：解放以前你家团结吗？

答：团结，没有分家，过年过节都在一起。平常不在一起。

问：有排祖宗牌位的习惯吗？

答：有。“文化大革命”以后就没有了。

【八路军】

问：日本人在的时候村里发生了什么事？

答：不记得。

问：日本人在的时候，有八路军吗？

答：没有。国民党的时候才来到这儿。

问：这个村有参加八路军的吗？

答：有。王文辉参加了八路军，已死了。

问：有参加国民党军的吗？

答：没有。

【土匪活动】

问：解放前有土匪吗？抢过你们村的东西吗？

答：这个村没有土匪，西乡有。有绑票的，我20岁时被土匪抓走了。后来给了他们100包（150斤）稻子和麦子才把我赎回来。

问：这类事经常发生吗？

答：经常发生。抢小孩，然后家长再去赎，刘连元的孩子就被绑票的抱走过。

问：用多少钱赎回来？

答：300斤麦子，300斤稻子。

问：什么时候？

答：国民党统治的时候多。

【国民党统治下的税收】

问：国民党统治的时候税多吗？

答：多！那时候一个月一敛，都是杂牌军，谁来了谁敛。没有正式规定。

【八路军】

问：这里哪年解放？

答：1949年10月1日。

问：八路军在这儿有地下党吗？

答：有，都是晚上来村里，来了就找我们。

问：他们带粮食来吗？

答：不带粮食，他们给吃饭钱，当时是给票。

问：八路军来时你们害怕吗？

答：不害怕，他们不打人、不骂人。

【民间信仰】

问：这个村有教堂吗？

答：有。

问：你去过吗？

答：大家都在教。但真正信的不多。

问：有佛教吗？

答：没有，外地有。

问：有土地庙吗？

答：每村都有土地庙。

问：有灶王爷吗？

答：有。家家都有，腊月二十三灶王爷上天。

【风水先生】

问：解放前这村有风水先生吗？

答：没有。

问：到哪儿去找风水先生？

答：到外村，或找老人自己看风水。

问：你们这房子是哪年盖的？

答：1985 年。

问：盖房子时看风水吗？

答：没有。

问：坟墓讲风水吗？有家族的坟地吗？

答：家族有坟地。

问：有多大？

答：多大的都有。

【土地改革】

问：你参加过"土改"吗？你家有当干部的吗？

答：没有。有写土地证的人，刘连元写过。

问：还有土地证吗？

答：没有了。

问：集体有土地证吗？

答：没有。

【分家】

问：你们为什么分家？

答：按习惯，兄弟长大了，结了婚，就要分家。

问：分家的时候找中间人吗？

答：找舅舅和村干部，不找邻居。

问：解放前保、甲长管分家的事吗？

答：管。家庭和睦的，老人做主分家。

问：分什么东西？

答：房屋、农具，所有东西都得分。

问：分灶王爷吗？

答：每家都有新灶王爷像。

问：有没有养老地？

答：原来有。现在没有了。

【土地改革】

问："土改"前多少亩地？

答：60 亩。

问："土改"后多少地？

答：没有变化。我们是中农。

问："土改"时你们的牲口呢？

答：牲口还归我们自己，合作社的时候都入社了。

【互助组、人民公社、公共食堂】

问：哪年成立人民公社？

答：1958 年成立人民公社，这之前是合作社、互助组。

问：你参加互助组了吗？有几户？

答：参加了。我们组有好几户。

问：是同姓人吗？

答：不一定。

问：最大的组有几户？

答：五六户。

问：这个村几个初级社？

答：4 个。

问：社名叫什么？

答：记不清了。

问：公社叫什么名字？

答：府君社。就是现在的乡，自然村是生产大队。

问：你们姓刘的当过生产队的干部吗？

答：那时候干部经常换，我没有当过。

问：一个生产队多少户？

答：最小的时候 20 户，最大的时候 60 户。

问：工分最高的是哪个队？

答：差不多。

问：吃过食堂吗？

答：吃过。1958 年麦收后就吃食堂，到 1960 年下半年。

问：大炼钢铁吗？

答：1958～1959 年大炼钢铁。

问：这个村有多少人参加？

答：10 个人。

【水灾】

问：解放后，你生活最差的是哪一年？

答：1959～1960 年，闹大水的那年。

问：死人了吗？

答：死人了。

问：死了几个人？

答：记不清了，刘连元就是那年死的。

【家庭情况】

问：你住的房子很好哇！

答：人们有钱就盖房。

问：每人几亩地？

答：平均每人 2 亩半。收一季粮食够吃两年，家家都有粮食，都吃不完。

问：现在你家几口人？

答：两个男孩，一个闺女，两房儿媳，两个孙子，共 10 口人。

问：你家有什么农业机器？

答：一头骡，一头驴，大块地用机器耕种，小块地用牲口种，一般户里没有机器，集体有。

问：什么时候买的驴？

答：两年了。

问：多少钱？

答：骡子 1300 元，驴 600 元。

问：在哪儿买的？

答：在静海县集上。

【集市贸易】

问：有集市吗？

答：有。5 天一个集。附近村集很多，我们吃、用都不用买，很少赶集。

问：你们赶集是买菜还是卖菜？

答：卖菜。

问：最贵的是什么菜？

答：黄瓜、豆角。

问：有卖鸡蛋的吗？

答：有。2.1 元一斤。

问：这村有个体经商的吗？

答：有。

问：谁推荐你当村长？

答：村里选举的。

李金泉

时　　间：1991 年 8 月 13 日

访 问 者：中生胜美

场　　所：李金泉家

【家庭情况】

问：你今年多大岁数？

答：75 岁。

问：这个村姓李的有几家？

答：四五家。

问：你父亲叫什么名字？

答：李德忠。

问：你父亲有几个兄弟？

答：6 个。都不在世了。

问：你有几个兄弟？

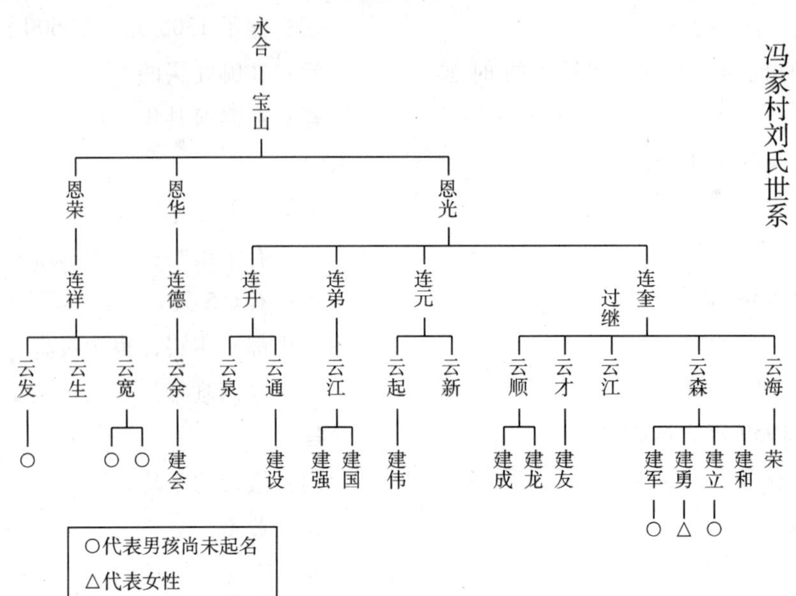

答：我有一个妹妹，没有哥、弟。

问：你有几个孩子？

答：只有一个儿子。

问：解放的时候你有多少地？

答：10 亩。

问：你给别人扛长活吗？

答：不。

【保、甲长】

问：解放前你当过保、甲长吗？

答：当过保长的“先生”，就是保长的秘书。

问：谁是保长？

答：张保和。

问：你当时多大岁数？

答：30 多岁。张保和也是 30 多岁。

问：你为什么当张保和的秘书？

答：那时候粮食不够吃，他雇用我。

问：给你多少工资？

答：没有工资。给一石玉米。

问：你多大岁数结婚？

答：19 岁，1936 年。结婚以后日本人就来了。

问：你哪年出生？

答：1916 年。

问：解放前保长的工作是什么？

答：种地。

问：保长有多少地？

答：1 亩多地。

问：土地多的有当保长的吗？

答：没有。

问：保、甲长的任务是什么？

答：没有任务。为全村老百姓干事，日本人来了，国民党来了，八路军来了都找保长。

问：你第一次见到八路军是哪年？

答：日本军来时就见到了。

问：八路军来了找你和保长吗？

答：是，找我们问情况。

问：问你们什么？

答：当时有保二团，八路军来了，就问他们的去向。

问：保长的工作辛苦吗？

答：不辛苦，哪方人来了就应付哪方人。

问：八路军和国民党来时先通知你们吗？解放后你当过干部吗？

答：没有。

【土地改革】

问：哪年开始“土改”？

答：解放后开始的。

问：有“土改”工作队吗？

答：有。很多人。

问：“土改”时谁是农会负责人，还在吗？

答：马富顺是农会干部，已不在世了。

问：“土改”时谁是干部？

答：刘连坤当会计，没有妇女干部，也没有民兵队长。

问：“土改”以后你家多少地？

答：没有土地了，“土改”以后就成立互助组了。

问：“土改”时你是贫农吗？

答：不是。我是破产地主。

问：“土改”时分到土地了吗？

答：没有。

【雇工】

问：“土改”前你卖过土地吧？

答：我原有40多亩地，后来只剩下10亩。

问：解放前你参加劳动吗？

答：劳动。我也雇人了。

问：用过多少长工？

答：一个长工。

问：长工是哪里人？

答：都是亲戚，有一个外甥。

问：雇了几年？

答：3年。在日本人走之前雇的。

【阶级划分】

问：这个村还有谁是地主吗？

答：刘连祥也是地主。

问：地方与富农有什么区别？

答：富农的土地不一定比地主少，但是富农参加劳动。

问：中农与贫农有什么区别？

答：是按地的多少，生活的好坏区分的。

【互助组】

问：你参加互助组吗？有几户？

答：参加了。共十几户。

问：互助组按姓参加吗？

答：与姓没有关系，一般是关系比较好的。

问：你还记得有谁吗？

答：记不清了。

问：你去天津市内看你妹妹吗？

答：去看过。

【土地买卖】

问：为什么卖土地呀？

答：我劳动差，不够吃就卖地，卖地花钱。

问：卖地有中介人吗？谁当中介人？

答：有。本村的人，一般的是有文化的人。刘连奎写字据。

问：你家有卖地的地契吗？

答：没有了。

问：每次卖地都是一个人介绍吗？

答：不一定，谁的时候都有。

问：卖给本村人，还是外村的人？

答：本村人买了。本族的人要买地，先卖给他，本族的人不买，再给别人。

问：是结婚以后卖的地吗？

答：是。

问：那时候你父亲还在吗？谁当家？

答：我父亲还在，父亲当家。

问：每次卖多少地？要丈量吗？

答：每次一块地。要丈量。

问：最多的一次卖多少？

答：一次卖 10 亩时最多。

问：你儿子出生以后卖过地吗？

答：卖过。我先借钱，还不了债就得卖地。

问：是典当吗？

答：不是。

刘润森

时　　间：1991 年 8 月 14 日
访 问 者：中生胜美
场　　所：刘润森家

【分家】

问：你今年多大岁数？

答：58 岁。1933 年出生。

问："土改"时你家多少亩地？

答：我祖父活着的时候，没有分家。1960 年去世，解放前老哥儿四个在一起生活，解放后分了家。

问：什么时候分了家？

答：1949 年分了家，每家分了 24 亩地。

问：为什么分家？

答：孩子们都成家立业了，所以分了家。

问：有纠纷吗？

答：没有。小哥儿们也没有纠纷。

【过继】

问：刘润江是你的亲兄弟吧？

答：是亲兄弟。我三叔没有儿子，过继给他了。

问：有什么文书吗？

答：有过继书。

问：谁写的？

答：我父亲他们老哥儿四个做主。

问：是怎么选过继人的？

答：我叔叔自己选的。我叔叔要了老三。

问：你弟弟多大岁数过继过去的？

答：十五六岁的时候。

问：一般在什么时候过继？婚前还是婚后？

答：结婚前。没有结婚后过继的。

问：没有分家前如已病重，自己又没有儿子，需要过继给他孩子吗？

答：要。如果快死了他必须要儿子，死后好给他打幡。

问：如果两个兄弟只有一个男孩，还要过继吧？

答：需要。有的给这个男孩娶两房媳妇，天津市就有。

问：没有儿子的除过继外，还有别的办法吗？

答：有。

【家族辈分】

问：怎么排亲疏辈数？

答：有亲兄弟、亲叔伯兄弟、堂叔伯兄弟往下排，没有出五服就是近门，出五服就是远门了。我们刘家还没有出五服呢。

问：你们还都在五服之内吗？

答：是。在五服，还没有出五服。

问：姓刘的有家谱吗？

答：没有家谱。

问：怎么排的？

答：我们是大排行，到下代就不排了。

【外出做工】

问："土改"的时候你父亲他们兄弟 4 个都在吗？

答：都在。土改后三四年就合作化了。

问：你与谁一个社？

答：我在天津市内学徒，1950～1962 年在天津工厂，叫俊凤厂，做马鞍。1956 年公私合营后是天津市第五日用厂，后改为天津制锁厂。1962 年因精简回乡。我回来之前小哥几个分了家。

【生产队】

问：你回来后干什么？当村干部了吗？

答：种地。没有当干部。

问：你回来时几个生产队？

答：两个。1963 年闹洪水后分为 4 个队。

问：这村公社的名称？

答：东公社。3 个乡为一个社。后来又叫府君庙公社东公村大队。

【灾荒】

问：1962 年生活好吧？

答：饿死了一些人，到 1962 年就好了。1960 年、1961 年逃荒的人多。到东北的多，这个村有十几户到东北去了。

问：1962～1963 年一个工分多少钱？

答：10 分工 8 角钱。1976 年是最好的一年，达到 1.2 元钱，够吃了。

问：你大孩子上过学吗？

答：上完小学后就干活了，老二初中毕业，老三考到铁路学校，现在天津工作。

问：1976 年以前有义务工吗？

答：有。修河、修水库都是义务。

问：1963 年发大水时你干什么？

答：当电工，在本村，村里已有电了。

问：村里人都撤到哪儿去了？

答：跟国家走的都好了，没有走的就坏了。

【“四清”运动】

问：这个村哪年搞“四清”？

答：1964 年。

问：“四清”时批判地主了吗？

答：批判了，连我都挨批了，因为我爷爷过去是“先生”，也就是有保长的时候，我爷爷当过会计。

【知青下乡】

问：这个村有知识青年吗？

答：有。都是投亲靠友的，其他人少。这里地虽少，但离天津市近，地多的村去的多。

【乡镇企业】

问：你什么时候开始管企业？

答：1983 年村里找我承包厂，头一年收入都交齐了。

问：以前有厂吗？

答：有，但不景气。1983 年时只有 1000 元资产，我天津有个朋友，在内燃厂当厂长，解放前在我村教过 3 个月的书，我是他的学生。1951 年抗美援朝，复员后分配到天津市内，因为这种关系我找他帮忙，就这样把我村的齿轮厂搞起来了。

问：怎么与陈俊生联系上的？（陈即内燃厂副厂长）

答：经我师兄弟介绍联系上的。

问：这个厂帮了你大忙吗？

答：给了两年的活。后来天津第二维修齿轮厂、天津汽车齿轮厂与我们又挂上了钩，从此，业务不断扩大。1989 年二维修厂向我村投资 3 万元，为他们搞了分厂。这个厂欠我厂 20 万元。我们又投资 20 万元自己搞了新齿轮厂，搞出口，日本的 130 汽车，1 号、2 号、3 号的零件都是我厂做的。

问：你们厂是国营的吗？

答：不是。是乡镇企业。

问：开始时你们厂多少人？

答：共 8 个人。

问：你们怎么扩大生产？是在这个厂的基础上吗？

答：不是。汽车齿轮厂是基础，这个厂搞了规划？明年纯加工 100 万元。

问：厂里有工程师吗？

答：有，自己培养的，锻件由我大儿子管。

问：有财务人员吗？

答：有一位妇女当会计，开工资我拿平均数。

问：地址在哪？

答：那边。

问：能参观吗？

答：能。

问：有两个工厂呢？你大儿子管什么？

答：是。我大儿子管锻件厂，20 多个工人。机加工 40 多工人，共 60 多工人。老二当采购员。

问：是你一家人管企业吗？

答：不是。会计就是孟家的媳妇。

问：有副厂长吗？

答：没有，管理人员少。

问：工厂里男、女工人的比例是多少？

答：锻件厂都是男的，车工有 3 个女工。

问：有外村人吗？

答：只有一个人，是技术员。

问：厂里有废品吗？

答：我要求严格，谁出了废品就罚谁，扣工资，我们的工资高。这样就没有废品，我们是质量第一，节约办厂。锻件产品受到天津市有关厂家的好评。

【婚姻】

问：你老伴是哪个村人？

答：府君庙村人。1953 年结婚，父母包办。她是我们村最后一个坐花轿的人。

问：从那年就没有花轿了？

答：1953 年。我们村有老人会，荀怀喜负责，可以找找他，下午就可以组织人吹吹。参观工厂去吧！

荀怀喜

时　　间：1991 年 8 月 14 日

访 问 者：中生胜美

场　　所：荀怀喜家

【老人会】

问：你今年多大岁数？

答：61 岁。

问：姓荀的有多少户？

答：十几户。

问：你是老人会的负责人吗？

答：是。

问：老人会有多少人？

答：22 人。

问：老人会在什么时候活动？

答：正月十五、七月十五、十月十五这 3 个节日。

问：有妇女参加吗？

答：没有，都是男人。20 岁至 75 岁之间的人都可以参加。

问：老人会有几种乐器？

答：有笙、管、笛、十加锣、钗。

问：村里的红、白喜事老人会都管吗？

答：主要是白事，红事不管。

问：这 3 个节日怎么活动？

答：正月十五放灯、放花，七月十五放河花灯，表示庆丰收，十月十五也是庆丰收，这时候全年的庄稼都收完了，大家庆贺一下。

问：正月十五是闹元宵吧？白天还是夜间活动？

答：是。白天敲锣打鼓围村转，夜间放花，放鞭炮。

问：七月十五放河灯是怎么回事？

答：在河里的船上放灯。有船用船，没有船自己做。这就是用红纸做成小灯，下边用西瓜皮拖着，连成串，放在河里。

问：什么时候做？几天时间？

答：快做了。一天就做成了。

问：能不能给我们看看是怎么做的？

答：可以。但是小棉子得到天津市去买，村里没有。

问：用什么油？

答：什么油都行。

问：老人会的名单有吗？

答：有。（附冯家村老人会名单）

【冯家村老人会名单（年龄）】

李小三（20 岁）　苟怀宝（73 岁）

孙长祥（？）　苟怀喜（61 岁，会首）

孙长喜（45 岁）　张书声（63 岁）

苟克兴（72 岁）　苟凤亭（45 岁）

苟凤吾（40 岁）　李金泉（75 岁）

苟怀德（76 岁）　王如常（60 岁）

孟德勇（72 岁）　孙长宝（25 岁）

孙全浩（22 岁）　马荣华（62 岁）

王宝泉（21 岁）　孟继奎（35 岁）

苟怀金（65 岁）　孙长令（58 岁）

孙长贵（62 岁）　孙长瑞（42 岁）

问：解放前就有老人会吗？

答：有。已有几辈了。

问：是自愿参加吗？

答：是，自觉自愿。

问：什么时候开始练习？

答：从十月十五到正月十五都是学习的时间。

问：十月十五有什么活动？

答：插路灯。用纸捻插在墙上，非常好看。晚上插在街上，前边吹打，后边插灯。

问：老人死了插灯吗？

答：不，只是吹打。

问：老人死了以后有什么习惯？

答：当年不拜年，不贴对联。第二年就可以了。

问：闹几天？

答：几天都行，是自己商量的时间。

问：老人会的乐器谁买？

答：村工厂投资。

问：刚才吹的什么歌曲？

答：《思潮曲》。

问：今天演了几个曲子？

答：就一个。

问：还有什么曲子？

答：还有《小人凡》、《鹅蜡儿》、《大干子》、《前四头》、《后四头》、《金子菜》、《陶金令》、《刘路全》、《二遍曲》、《走马》、《清吹》。还有新歌，如：《十二月》、《东方红》、《送情郎》、《绣金匾》、《月牙弯弯》、《苏武牧羊》、《小开门》、《金拉锁》、《斗蟋蟀》等。

问：白事吹什么曲子？

答：《吹思潮》、《小人凡》、《大干子》。

问：正月十五吹什么曲？

答：吹新歌。其他歌曲都能吹，新歌就是流行歌曲。

问：什么时间学习？

答：晚上学习，以后要盖新房，进行活动，现在私人家练习。

问：有白事请你吗？给你们报酬吗？

答：是请我。有给的，有不给的，给多了，我们不要。

问：外村里请你们吗？

答：请。人死后就去，叫送路，不是送葬。入棺后请我们去。

【丧葬】

问：老人死了，第一件事做什么？

答：做菜喝酒。

问：买寿衣吗？

答：有买的、有做的。

问：一套寿衣多少钱？

答：一般的几十元。

问：老人的寿衣是死前买，还是死后买？

答：什么时候买的都有。

问：死人放在哪儿？头朝哪儿？

答：放在外屋。头朝门口。

问：为什么头朝门口？

答：迷信，为的是好走道，人死了还想着家。

问：外间屋有牌位吗？

答：过去有祖先牌。

问：人死了以后，儿子们守灵吗？

答：是。

问：人死之后，什么时候穿寿衣？

答：人死之后马上就穿。

问：是儿媳妇给穿吗？

答：是。

问：谁给老人擦身？

答：儿媳或女儿。男人死了理发，女人死了梳头，都是自己请人。

问：村里有专门料理丧事的人吗？

答：没有专人，也不固定人，一般是懂礼节的人。

问：料理丧事的人与风水先生是一回事吗？

答：不是一回事。

问：女人死了，她娘家来人吗？

答：一定得来，有人去报丧。

问：人死之后村里人和亲友都来吗？

答：都来。

问：外村的亲戚什么时候来？

答：亲家必须是死人入棺材后才能来，其他亲戚什么时候来都行。

问：死人什么时候入棺材？

答：男的在上午 12 点以前，女的 12 点以后。

问：谁把死人放入棺材？

答：儿媳抱着婆婆的头，儿子抱父亲的头，其他人抱腿将死人放入棺材。

问：是长子吗？

答：是。

问：老人死后写祖先牌吗？

答：写，但我不会写。

问：牌子有多大？

答：（画样子，略）。

问：这是什么牌？

答：灵牌，埋葬的时候烧掉灵牌。放在棺材前边用的，不是长期用的。棺材放在院子里，头朝门口，为了好走路。

问：什么时候送路？

答：死人入棺材后的晚上送路，“老人”会去送路。一直送到十字路口，家属都跟着。

问：为什么送到路口？

答：习惯。送路时带看陪葬品，女的送牛，男的送马，都是用纸做的，当时就烧了。

问：谁做的？

答：有请人做的，也有到寿衣店买的。

问：哪天送路？送路时有人哭吗？

答：人死之后的第二天。去的时候不哭，送路回来家里人哭。

问：辈数大的不参加吧？

答：是。人死后第二天才埋，一般都在上午进行。

问：埋棺材叫什么？

答：下葬出殡。

问：吹什么曲子？

答：就吹这些。

问：怎么排队？

答：孝子打头，妇女在棺材后跟着，长子打幡。花圈在棺材前带看。

问：灵牌放在哪儿？

答：在怀里抱着。

问：老人会在哪儿？

答：送灵的时候老人会在后边，送路时在前边。

问：到坟墓以后有仪式吗？

答：没有。下葬和起灵时放炮。意思是让死人的灵魂快走，实际都是迷信、习惯。

问：谁埋第一锨土哇？

答：帮忙的。第三天烧花圈，圆坟的时候烧。

问：怎么回来？有仪式吗？

答：没有仪式。从坟上回来，晚辈就脱下了孝衣。

问：第三天圆坟时带供品吗？

答：带供品，有苹果等，还要烧纸。

问：以后还去吗？

答：35 天后去烧纸，叫“五七”。

问：以后什么时候上坟？

答：七月十五、十月十五、清明、过年的时候都去上坟，放鞭炮。

问：死后一周年上坟吗？

答：上坟。忌日都上坟。

【春节习俗】

问：你们过年是从十二月二十三送灶王爷开始吗？

答：是。

问：什么时候请灶王爷？

答：腊月三十日早晨贴灶王爷像。

问：送灶王爷放灶糖吗？谁管？

答：放灶糖，放在锅台上，妇女管，烧纸。

问：烧的时候说话吗？

答：说：“灶王爷上天别学舌，好、坏担当着。”

问：什么时候准备过年的菜呀？

答：早准备啦！

问：什么时候吃饺子？

答：三十晚上和初一早晨吃饺子。

问：三十上坟后干什么？

答：三十晚上上完坟后回家吃饭。

问：谁去上坟？

答：男的去。

问：带东西吗？

答：不带。烧完纸就行了。以后什么事都没有。

问：守岁吗？

答：不守岁。

问：什么时候制造木牌位呀？

答：人死之后就做祖先牌。

问：花钱吗？每家都有祖先牌吗？

答：花不了多少钱，没有的多，有条件的人家有。

问：有高跷吗？

答：有。

【家庭情况】

问：你今年 61 岁吗？

答：是。1931 年 8 月 5 日出生。

问：你父亲叫什么名字？

答：荀凤楼。

问：你母亲叫什么？

答：荀刘氏。

问：你父亲有多少地？

答：30 多亩吧。

问：你父亲哪年去世？

答：1965 年。

问：你有几个兄弟？

答：兄弟 4 个，有一个姐姐。

问：他们叫什么名字？

答：苟怀德、苟怀宝、苟怀金分别是老大、老二、老三。苟惠明是我姐姐。她在东北鞍山市。1960年到东北安了家。

问：你大哥多大岁数？老二和老三呢？

答：大哥76岁，二哥73岁，三哥65岁。

问：你姐姐多大？

答：63岁。

问：你最小吗？

答：是。

问：你上过学吗？多长时间？在哪儿上的？

答：在本村，8岁时上过私塾两年。在教堂上过3个月。

问：两年以后干什么？

答：种地。

问：那时你家共多少人？

答：十五六口人。

问：你父亲有几个兄弟？

答：就他一个，没有亲兄弟。

问：你祖父叫什么名字？

答：苟可旺。

问：苟可旺有几个兄弟？

答：兄弟两个。

问：他弟弟叫什么名字？

答：苟可友。

问：他上辈呢？

答：我不清楚。

问：可友家有几口人？

答：不清楚。

问：他的后代是谁？

答：苟怀春。他是我叔伯二哥。

问：苟怀春有几个兄弟？

答：两个。他是老大，老二苟怀忠在天津市内。

问：做什么工作？

答：棉纺一厂。

问：怀春有几个孩子？

答：（见723页对苟怀春的访谈）

问：你大哥有几个孩子？

答：两个儿子，一个女儿。

问：你大哥也在农村吗？

答：是。

问：他大儿子叫什么名字？

答：苟金龙。

问：老二呢？

答：苟战文，女儿叫苟玉红。

问：怀宝家几口人？

答：一个儿子，一个女儿。

问：他们叫什么名字？

答：儿子叫苟战荣，女儿叫苟玉芝。

问：怀金有几个孩子？

答：两个女儿。

问：叫什么名字？

答：大女儿叫苟玉芬，二女儿叫苟玉英。

问：你何时结婚？

答：1951年正月。

问：分家以后你们有多少地？

答：10亩。

问：你结婚时分家了吗？

答：没有。

问：你老伴叫什么名字？

答：孙宝坤。

问：她是哪个村的？

答：西五里庄。

【土地改革】

问：你参加过“土改”吗？

答：解放后我当过兵，是20岁时，在天津市。1952年参军，1957年复员。

问：你老伴在家吗？

答：在家种地。

问：你听说过地下党的事吗？

答：听说过，因我年岁小，不清楚。

问：你家是什么成分？

答：下中农。

问：“土改”时你干什么？

答：当民兵。

问：哪年解放？

答：1949年。

问：你是在家乡入党的吗？

答：在家时是团员，后在部队入了党。

问：解放前您与八路军接触过吗？

答：没有。

问：孟德荣的父亲被谁打死了？

答：保二团，地方杂牌军。

问：哪一年？

答：1947年春天。

问：还打死别人了吗？

答：没有。

问：你家有被害的吗？

答：没有。

问：“土改”工作队是谁？

答：不知道。

问：谁是民兵队长？

答：孟德荣。

【“土改”、民兵】

问：民兵队有多少人？

答：村里的年轻人都是。

问：年轻人都参加了吗？

答：对。

问：你是什么干部？

答：民兵副队长。

问：任务是什么？

答：护秋、联防、治安。

问：这个村有打更的吗？

答：联防就是打更。

问：村里有多少打更的人？

答：解放前保、甲长轮流着干。

问：按人还是按地分配？

答：按人。成年人参加。

问：在夜间吗？多长时间？

答：是。一宿，晚上天黑了以后开始。

问：你干过没有？

答：我没有干过。主要是成年人，我岁数小。

问：一天晚上几个人参加？

答：8～10人。

问：什么时候护秋？

答：麦收和秋收，这两个时间。6月和10月。

问：民兵有多少武器？

答：4杆枪。

问：谁给的？

答：区武装部。

问：还有其他武器吗？

答：没有。

问：民兵工作中最辛苦的是什么？

答：护秋工作最苦，没有报酬，白天、晚上都干。整宿不睡觉。

问：都参加吗？

答：主要是班以上干部。

问：有几个民兵干部？

答：有正、副队长和指导员。

问：谁是指导员？

答：张文秀。

问：他多大岁数？

答：60多岁。

问：还有谁是民兵干部？

答：郝开顺也是民兵队长。

问：“土改”是哪年？

答：1951年春天开始。

问：有工作队吗？

答：区里派来了工作队，当时叫一区。

问：你参加“土改”了吗？

答：我还小，没有参加。

问：领导“土改”的人还在吗？

答：早死了，刘连城是党支部书记。

问：斗地主了吗？

答：没斗，分了点东西。

问：分的什么东西？

答：农具。

问：李金泉是地主吗？

答：是。他是破落地主。

问：为什么定他为地主？

答：他吃、喝、玩、乐，不参加劳动，他地不多。

问：改造他了吗？

答：被改造了。

问：“土改”用了多长时间？

答：几个月。和平“土改”，很快。

问：有几个人与你一起去当兵？

答：有王海东。

问：分给你土地了吗？

答：分了2亩地，一个小花袄和车棚子。

【参军】

问：你是自愿当兵吗？

答：自愿。

问：检查身体吗？

答：检查。合格了才能去。

问：对参加军队的人数有要求吗？

答：没有。

问：报名的人多吗？

答：不多。

问：有多少人报名？

答：这个村4人。

问：在哪儿当兵？

答：先在杨柳青，后转到塘沽，不到一年就转业到天津建造兵营。

问：你没有到朝鲜去吗？

答：没有。

问：当兵期间回过家吗？

答：回过一次家。

【入党】

问：你哪年入党？

答：1956年。

问：有人介绍吗？

答：有人帮助。

【公社干部】

问：你哪年回家？回家后干什么？

答：1957年3月回家。当副社长。（高级社）

问：你管什么？

答：管生产。

问：正社长是谁？

答：吴金城。

问：有多少社员？

答：全村人都是社员。

问：与你同时参军的都回来了吗？

答：都回来了。武金田、王如江因没有家属就被分配到邯郸工作去了，现在邯郸洗煤厂当干部。

问：你回来的时候村里有多少党员？

答：不知道。吴金城是支部书记。

【整风运动】

问：他受过批评吗？

答：1957年受过批评。那年整风有点多吃多占，财务不清，撤了他的干部职务。

问：整风是在“大跃进”以前吗？

答：是。“大跃进”时说我右倾，受了批评，因为好地不种，去开荒，我不同意。后又给我平了反。“浮夸风”我也不同意，因此受了批评。

问：谁批评你？

答：管理区来的人。

问：还有谁受批评？

答：乡里的副乡长也挨批了。

【公共食堂】

问：吃食堂时有几个食堂？

答：4 个。当时我不在家，到杨柳青建闸去了。

问：去了多久？

答：一年。回来后当食堂管理员，我管发饭。

问：关系好的多给吗？

答：那是私心，不能那么干。

【60 年代灾荒】

问：60 年代困难时期死了多少人？

答：我们村死了几个，大约 10 个 8 个人。

问：那时村里走的人多吗？

答：多。大都去东北了。

问：解放前走的人多吗？

答：没有，主要是困难时期。

问：你姐姐在东北有亲戚吗？

答：没有。

问：东北要户口吗？

答：不要。

问：后来怎么上的户口？

答：她在那儿结了婚，就上户口了。

问：困难时期冯家村走了几户？

答：有几十户。除两户外都回来了。那两户转非农业户口了。郑伯明、孙长林、马荣长等都外出过。

问：当管理员后你干什么？

答：当民兵连长，从 1961 年到 1965 年。1965 年到 1971 年当支书。

【家庭情况】

问：你几个孩子？

答：6 个女儿，1 个儿子。

问：他们叫什么名字？

答：大女儿叫苟玉芹，二女儿叫苟玉玲，三女儿叫苟玉娥，四女儿叫苟玉梅，五女儿叫苟玉霞，六女儿叫苟玉彦。儿子叫苟战全。

问：你儿子多大？

答：15 岁。

问：最大的多大？

答：38 岁。

问：老二？

答：35 岁。

问：玉娥多大？

答：29 岁。

问：玉霞？

答：24 岁。梅梅 25 岁，最小的 20 岁。

问：都出嫁了吗？

答：是。都出嫁了。

问：儿子干什么？

答：上小学六年级。

问：不当干部以后你干什么？

答：当农民。

问：你当干部时有工资吗？

答：没有工资，有工分。

问：一个月多少工分钱？

答：好的时候一天合八九角，差的时候才几角钱。

问：从什么时候生活好了？

答：从土地包产到户以后，生活好了。

苟怀春

时　　间：1991 年 8 月 16 日

访 问 者：中生胜美

场　　所：冯家村小学校

【家庭情况】

问：你今年多大年纪？

答：63 岁。

问：你父亲叫什么名字？

答：苟凤先。

问：你父亲有几个兄弟？

答：就我父亲一个。

问：你祖父叫荀可友吗？

答：对。

问：再上一辈呢？叫什么名字？

答：荀云庆。

问：他有几个弟弟？

答：两个。

问：叫什么名字？

答：荀可旺。

问：荀可旺与荀可友不是哥俩吗？

答：是。

问：那云庆的兄弟叫什么名字？

答：荀云庆是我大爷。

问：你有没有姐妹呀？

答：有。她们都在天津市。

问：几个姐妹？

答：大沽路2号有一个姐。两个妹妹死了一个，活着的住大直沽。她们都在天津市内。

问：你哥哥也在天津市吗？他什么时候去天津的？

答：是在天津。他是闹日本的时候去天津市的。你们日本特务警察弄去的。

问：他一直在天津吗？

答：是。解放前回来过，那时国民党在这儿。

问：回来多长时间？

答：有一年。

问：日本投降以后回来的吗？他没有工作吗？

答：是。没有工作。

问：他回来干什么？

答：种地。

【土地改革】

问："土地改革"时你们有多少亩地？

答：40亩。

问："土改"时你父亲还在吗？

答：不在了。

问：荀怀忠和你什么时候分的家？

答：没有分家，解放后他又到天津去了，我在家种地。

问：他什么时候又去天津了？

答：解放以后。

问："土地改革"了吗？

答：还没有"土改"。

问：他经常回来吗？

答：我母亲去世时回来了一趟。

问：你母亲什么时候去世的？

答：86岁时，才一个多月。

问：是病故吧？

答：是。

【日军暴行】

问：日本进攻中国时，你们生活很辛苦吧？

答：辛苦。你们日本人没有给我们中国留好处，实行烧光、杀光、抢光。

问：你父亲什么时候死的？怎么死的？

答：中华民国二十八年，病死。你们日本人来中国以后，处处要钱。

问：你第一次见到日本人是什么时候？

答：记不清了。

问：日本人在这个村打死了两个人吧？

答：是。

问：日本军经常来吗？

答：经常来讨伐。

问：坐船来过吗？住在哪儿？

答：来过。住在大庙里。

问：日本军走后，国民党来过吗？

答：来过。国民党更坏，如果各国反动派再侵略我们，我还可以出去抵抗！我听党中央和党的话！

【保、甲长】

问：你当过甲长或保长吗？

答：当过甲长。

问：什么时候？

答：日本人在中国的时候。10户为一甲。

问：当过几年？

答：解放以后就不当了。

问：解放后，你当过干部吗？

答：没有。我没有文化。

问：你上过学吗？

答：没有，不会写字。

问：当甲长，有什么工作？

答：日本和国民党有的事让我做。

问：给你工资吗？

答：没有工资。

问：你当甲长时，最辛苦的工作是什么？

答：我给日本人干过活儿。

问：日本人来时这里有新民会吗？

答：静海县有，这个村没有。

问：除看过日本军以外，还见过他们的其他人吗？

答：没有。

【婚姻及家庭】

问：你什么时候结婚？

答：1949年。

问：你老伴叫什么名字？

答：李桂英。

问：她多大岁数时结婚？是父母包办吧？

答：16岁。是包办婚姻。

问：你老伴是哪个村的人？

答：贾口村，离这村6华里。

问：你有几个孩子？

答：2个男孩，3个女儿。

问：叫什么名字？

答：大儿子叫苟战成，属龙的；老二苟战歧，属小龙。大女儿叫苟战花，属狗；二女儿的名字我忘了；三女儿叫苟玉萍，属羊，25岁。

问：你有孙子吗？

答：有孙子和孙女各一个。

问：你孙子叫什么？

答：他姓母亲的姓，姓张。

问：苟战成的夫人叫什么名字？在哪儿工作？

答：叫张玉华，在府君庙公社卫生所。

问：她是赤脚医生吗？

答：不是。是正式职工。

问：你孙子叫什么名字？

答：张小辉，今年17岁。

问：苟战歧的对象叫什么名字？

答：孙秀玲。

问：他们有孩子吗？叫什么名字？

答：他女儿叫娟娟。

【人名】

问：谁给她起的名字？

答：她母亲。

问：一般来说，都有小名吗？

答：上学以后有学名，上学以前小孩有乳名。

问：年岁大的人有号吗？

答：这地方的人都没有号，就是名字。

问：人死了以后，另有别名吗？

答：没有。

问：你们为什么起小名？

答：中国人的习惯。

问：你的“怀”字是辈分吗？

答：是。

问：辈分有固定的字吗？

答：有。随家谱起名字。

问：谁决定下一代的笔名？

答：谁为大、随谁叫，没有人决定。

问：你同辈中谁最大？

答：苟怀德最大。

问：生他的时候起的名吗？

答：不知道。

问：下一辈谁最大？

答：苟战元最大。

【土地改革、八路军】

问：解放后的“土改”，你参加了吗？

答：没有。

问：分给你东西了吗？

答：没有，我是中农。

问：八路军什么时候到这儿来的？

答：夜间来，日本人在的时候已有八路军了。

问：他们来了以后找谁？找过你吗？

答：没有找我。我还小。

问：他们找保长吗？你当甲长的时候，谁当保长？

答：保长叫刘文光、张希岭。开始是马福森。

问：八路军找他们吗？

答：也找。

问：八路军来后问你们什么？

答：我不知道，我还小。

问：村里有地下党吗？

答：有。孟德荣就是地下党员。

问：孟德荣的父亲被国民党保二团打死了吧？

答：是。在牛家营被打死了。

问：什么原因？

答：他与八路军通信。

问：共有多少地下党员？

答：没有多少。孟德荣的父亲跟共产党和国民党两边都联系。

问：国民党给他钱吗？

答：没有工资。

【互助组、初级社】

问：你参加互助组吗？

答：参加了，我们组有十几户。

问：“土改”时你家有牲口吗？

答：有一头牛。

问：当时你家有多少人？

答：6 口人。

问：几个劳动力？

答：就我一个劳动力。

问：互助组里还有谁？

答：记不清了。

问：负责人是谁？

答：记不清了。

问：你参加哪个初级社？

答：我是第一批参加社的。

【灾荒及逃荒】

问：解放以后生活最不好的是哪年？

答：解放的那年，大概是 1950 年。

问：什么原因？

答：闹水灾，日本人和国民党在的时候都发大水，解放以后，根治了海河，我们这儿才不闹水了。

问：1963 年发大水了吧？

答：是。

问：“土改”以前生活不好吧？

答：对，现在好了。

问：1959～1960 年你去东北了吗？

答：去了，我一个人去的，春天去的。

问：在东北的哪个地方？

答：辽宁省泰山县种地。

问：有人介绍吗？

答：没有。

问：离开公社非法吗？

答：非法。

问：坐什么车？

答：火车。

问：拿着多少钱？

答：没有钱。

问：从哪个站坐火车？

答：独流站。

问：你没有钱怎么坐火车？

答：搭车走的。

问：先到哪儿？

答：营口，辽宁省的营口市。

问：你怎么找工作？

答：分配，干部们分配的。

问：跟其他人商量了吗？

答：没有。

问：哪个部门分配的？

答：他们是外省人，我不认识。

问：有很多外地人吗？

答：都是外地人。

问：在那儿住了多少时间？

答：半年。

问：拿了多少工资或粮食？

答：没有，在集体食堂吃饭。

问：你家里人怎么过的？

答：没有跟我去。

问：你从东北带回什么东西？

答：什么也没有，干了半年不好就回来了。

问：你去的时候是不是想挣些钱？

答：不为挣钱，为吃饭。

问：你的户口在哪儿？

答：还在家。

问：那边有多少外地人？

答：不知道。

问：那个村有几个大食堂？

答：一个。

问：你从辽宁回来后，村干部批评你了吗？

答：没有。

问：你去过天津市、北京市吗？

答：没有，那里没有亲友。

问：去过静海县城吗？

答：去过。我不会骑自行车，不经常去。

【生活状况】

问：你现在干什么工作？

答：种地。

问：种几亩地？

答：6 亩。

问：现在你家几口人？

答：两口，我和老伴。

问：地里种什么？

答：玉米、麦子、白菜、大豆。

问：够吃的吗？

答：吃不完，贡献给国家。

问：国家给你多少钱？

答：按国家牌价，具体不知道了。

问：你家有电视机吗？

答：有。

问：哪年买的？在什么地方买的？

答：去年买的黑白电视机，国产的。在静海县城买的，很清晰。

问：多少钱买的？

答：400 元。

问：还有什么电器？

答：没有，我们只有老两口。

问：谁给你买的？

答：自己。

问：你儿子给你钱吗？

答：不用他们的钱。

问：你有多少房子？

答：3 间。

问：哪年盖的？

答：已有三四年。

问：需多少钱？

答：3000 元，我自己的钱。

问：谁管钱？

答：我们都管。种地的费用我管，买菜和衣服老伴管，余钱合着用。

问：你们吃肉吧？喜欢吃什么肉？

答：吃。喜欢吃猪肉。

问：你家养猪吗？

答：没有，过去也没养过。

问：这个村有养猪的吗？

答：有。

问：在哪儿买猪肉？

答：在府君庙那儿买，村里没有卖的。

问：一次买几斤？

答：2 斤。

问：喜欢喝酒吗？

答：喝。每天喝 2 两，不多喝。

问：一瓶酒多少钱？

答：2 元。

问：你喝酒老伴有意见吗？

答：没意见，她支持我喝酒。

问：每天吃饭多少钱？

答：自己的菜，不用花钱。

刘清芬

时　　间：1991 年 8 月 16 日上午

访 问 者：中生胜美

场　　所：冯家村小学校

【婚姻礼俗】

问：你贵姓，今年多大年纪？

答：叫刘清芳，今年 42 岁，现在是会计。从 1980 年任生产会计，1984 年任村办工厂会计到现在。

问：你爱人叫什么名字？你是本村的吗？

答：我是外村的，是良王庄的，离这 10 里。我爱人叫孟君起，在乡政府工作。

问：你什么时候来这村的？你同你爱人是怎样认识的？

答：我是 1973 年来到本村，是农业户口，初中毕业，我和爱人是同学，不用人介绍。

问：这个村结婚风俗怎样？是自由恋爱，还是介绍的？

答：一般是介绍的多。

问：有媒人？都是什么人当媒人？

答：媒人，有亲戚，有朋友，也有自己的哥哥、姐姐、嫂嫂等，都可能是媒人。一般当媒人都是父亲的朋友多。

问：解放前婚姻问题由谁决定？

答：都是由父母包办的。

问：这里有订婚手续吗？

答：有，要吃订婚饭，我丈夫在部队，也要回来吃订婚饭的。

问：订婚要送礼吗？

答：要给见面礼，男方给女方，前几年一般给 200 元就行了，现在要多些。

问：那时有见面礼吗？

答：也有，1973 年那时还很困难，只给 40 元。

问：男方给了见面礼，还要给女方什么钱？

答：各村情况不一样，结婚前还要给钱。

问：吃订婚饭在哪儿吃？

答：在女方家里吃，不在饭馆吃。

问：吃订婚饭需要有几样菜？

答：有 20 多样菜。

问：见面礼是男方直接交给女方，还是由媒人给的？

答：一般是由公公、婆婆直接给女方的。大伙给的见面礼，是来的亲戚朋友给的，那 200 元钱由公公、婆婆给，媒人不直接给。

问：订婚时媒人来吗？男方来吗？

答：媒人来，订婚时，有亲戚就来，没有亲戚就不来，男方不来。

问：当媒人的是男的多，还是女的多？

答：女的多。

问：订婚有没有固定时间？

答：没有，什么时间都行。

问：过年不行吧？

答：正月不说媒，那是迷信。

问：订婚时吃饭，男女双方的父母都来吗？

答：有的来，有的父母不来，哥哥、嫂嫂来。

问：女方呢？

答：女方也是这样。

问：弟弟、妹妹来吗？

答：也有来的。

问：订婚以后到结婚需要多长时间？

答：一般一年左右，也有两年的。

问：你订婚后多长时间结婚的？

答：一年。

问：这中间有没有来往？是男方来，还是女方去？

答：男女双方互相都有来往。

问：是过年、过节来往吗？

答：一般都是过年来往。正月初二来往的多。

问：来时带些东西吧？

答：一般有水果、糕点等。

问：糕点是自己做的吗？

答：是买的。

问：是不是都送一样东西？

答：有酒，也有不一样的。

【结婚】

问：什么时候决定结婚？选什么时间的比较多？

答：这由男女双方商定，一般春、秋两季结婚的多。

问：都是几月到几月？

答：阴历一月至三月的多，全年都有结婚的，哪个月都有。

问：结婚的日子怎样选定？

答：一般都是双日子，初二、初六、初八、十二、十六、十八等都可以。

问：年轻人现在看不看八字？

答：也有看的。

问：什么时间看八字？

答：在订婚以前看。

问：谁来看？

答：有男方也有女方，找懂八字的人来看。

问：你结婚时看了没看？

答：不知道。

问：看八字找谁呢？

答：一般由外边请来的算命先生给看，都不认识。

问：你认不认识看八字的？

答：不认识。

问：你知道怎么看八字？

答：不知道，没看见过。

问：是不是看自己出生年、月、日、时间？

答：我没看过。

问：决定结婚时，男方需要准备什么东西？

答：男方要有房子、家具。

问：有没有自行车？

答：女方用的由女方准备，男方用的男方自己准备。

问：盖一处房子要多少钱？

答：要 5000 元左右。

问：没有房子就不能结婚吗？

答：没有房子也可以结婚，结婚后再盖。一般是盖好房子才结婚。

问：你是结婚盖的房子吗？

答：我结婚时盖了房，结婚后又盖房，现已有 6 间房。

问：家具都需要什么东西？

答：有组合柜、沙发、床。

问：女方准备什么？

答：女方是准备家用电器和所有的生活用品，男方没有组合柜，女方也可准备，由男女双方商定。

问：一般结婚，女方要花多少钱？

答：生活用品、家用电器，至少花 5000 元左右。

问：女方父母准备，还是由自己准备？

答：父母也有准备的，个人也有准备的。

问：多大年龄才能结婚？

答：男的 24 岁，女的 22 岁。

问：找对象女人比男人小的多，还是同岁的多？

答：同岁的少，一般女的比男的小的多；女的比男的大的也有，有的就是差一两岁，我就是差一岁。

问：找对象时，考虑不考虑对方成分？

答：不考虑，现在已没有成分了。

问：以前考虑吗？

答：以前是考虑的。

问：什么时候不考虑？你结婚时考虑没有？

答：“文化大革命”以后就不考虑了，也就是 1977 年时就没有成分了。

问：以前时地主成分的子女找对象怎么办？

答：不好找，困难些。

问：结婚前，女方需准备些什么东西？

答：女方不准备，主要由男方准备。

问：你们是骑自行车过来的，还是坐汽车过来？

答：有坐火车的，也有坐拖拉机的，现在都坐汽车了。

问：汽车什么时候准备？

答：结婚头一天。

问：有没有过嫁妆这一说？

答：一般早晨 8 点由女方送，弟弟、妹妹送去，新娘不去，新郎在家接。

问：结婚时亲戚、朋友什么时候送礼物？

答：一般的吃完早饭后给送礼，也有在饭桌子上给的。

问：新娘什么时候过门？

答：早晨 8 点左右，男方去车接。

问：有没有迎亲？

答：有，男方在自己家门口迎亲，还有男方家里的人。

问：新娘过门时，谁去接新娘？

答：新郎在家等着，一般由大嫂子去接新娘。

问：汽车由谁准备？

答：由男方准备。

问：是大嫂或者姐姐去接亲吗？

答：对。

问：新娘接来时，女方有没有客人跟来？

答：有，有女方的哥哥、嫂嫂、姐妹等。

问：有没有长辈？

答：没有哥嫂的，也有长辈送来的，父母也可以。

问：长辈一起来时，有没有带东西的，如饺子等物品？

答：没有，咱这边不兴这些。

问：有没有送枣、栗子的？

答：男方准备，都是在做新被的被角里头放着。

问：新娘来到门口时，放鞭炮吗？

答：一般典礼时放鞭炮。

问：新娘进院后谁接？

答：由新郎接新娘进屋。

问：过去是这样吗？

答：过去我闹不清。

问：新娘进门口有没有仪式？

答：进院后就举行结婚典礼。

问：放鞭炮后新娘进屋，进新房叫什么？

答：叫洞房。

问：有布帘吗？

答：有红色的门帘，挂红窗帘。是男方准备的红色窗帘。

问：典礼以后在外边吃饭还是在屋里吃饭？

答：典礼后咱们习惯吃饺子。

问：吃饺子有什么讲究？

答：吃饺子时先给新娘吃一个，问是生的，还是熟的？新娘回答是生的，标志要生孩子。

问：亲戚、朋友来吃饭吗？

答：等新娘吃完，剩下的给大伙吃。

问：新郎、新娘是同大伙吃饭，还是分开吃？

答：过去，12点以前有一桌饭是新郎、新娘俩人吃，现在没有了。现在是新娘跟送来的女方人一起吃，男方先不吃。

问：请客人时男方分开吃吗？

答：男方分开。

问：房子不够用怎么办？

答：借人家的。

问：现在一个桌坐多少人？

答：8个人。

问：客人坐哪？

答：从大门口算，门口朝东的，坐西朝东为上，门口朝西，就坐东朝西为上。

问：你们结婚有没有拜天地？

答：结婚典礼就代表了。

问：你们结婚是不是还要向毛主席的像鞠躬？

答：过去是，现在没有了。

问：现在呢？

答：现在是给老人鞠躬。

问：结婚当天晚上有闹洞房的吗？

答：有。

问：都是怎么闹法？

答：都是比男方辈分小的人去闹。

问：邻居中如果辈分大，岁数小的人有去闹的吗？

答：也有，不多。

张桂兰　刘清芬

时　　间：1991年8月13日下午

访 问 者：浜口允子　末次玲子

翻　　译：吴爱莲　齐秀茹

场　　所：冯家村小学校

【家庭基本情况】

问：你叫什么名字？（问张桂兰）

答：张桂兰。

问：多大年纪？

答：75岁，1916年出生的。

问：你是在本村出生的吗？

答：是在村里出生的。

问：你丈夫叫什么名字？

答：老伴叫苟克智。

问：你老伴身体好吗？

答：好。

问：多大年岁？

答：和我一般大。

问：上过学吗？

答：没有。

问：你父亲是这村的吗？

答：是，在村里种地。

问：你家有多少地？

答：四五亩地。

问：能吃上吗？

答：不够吃。

问：还干别的活吗？

答：有什么活都干。

问：有没有出去打短工的？

答：有，给人家扛活去。

问：有没有租人家地种的？

答：没有。

问：你父亲的名字叫什么？

答：张宝和。

问：你妈妈名字呢？

答：姓于，叫张于氏。

问：当时你妈妈下地干活吗？

答：在家里干活，也下地干活，两头都干。

【家庭手工业及家庭劳动分工】

问：你怎么学会编席子的？

答：自己学着编，用苇子作原料。

问：什么时候是集日？

答：每月6次。农历初四、九、十四、十九、二十四、二十九。

问：编完席子以后，是谁拿集市去卖？

答：老爹去卖，姐妹也去。

问：卖完席子的钱，给家里过日子吗？

答：给家里过日子用。

问：是自己用吗？

答：不是自己用。

问：一张席子能卖多少钱？

答：7毛钱。

问：你没出嫁前，除干家务活，还干什么活？

答：没干过其他活。

问：你没出嫁前，是否也扛锄下地？

答：也扛锄。

问：当时妇女和男人一样扛锄、拔草吗？

答：都一样扛锄、拔草。

问：妇女和姑娘也拿桶去挑水吗？

答：不挑，男的去运河挑水，女的不挑。

问：从你家到运河边有多远？

答：有半里地。

问：解放前一直挑水吃吗？什么时候不挑了？

答：从1976年、1977年，有了井水吃，就不挑运河水了。

问：运河水是浑水，怎么弄清的？

答：挑回水后，倒在缸里，沉淀沉淀。

问：当时家里人穿的衣服，布从哪来？

答：布是买来的，自己做，不买衣服穿。

问：你做姑娘时也这样吗？

答：也这样。

问：你们村养蚕吗？

答：不养。

【做鞋】

问：穿的鞋是自己做的吗？

答：是打夹。

问：什么打夹？

答：用糨糊粘四层布，晾干了就纳鞋底。

问：纳鞋底很费劲吗？

答：很费劲，累得很。

问：现在年轻人纳过鞋底吗？

答：没纳过。

问：什么时候不纳了？

答：解放以后有卖鞋的，有鞋穿就不纳鞋底了。自己做的鞋，好穿，不烧脚。

问：下雨时穿做的鞋容易破吧？

答：破了再做。

问：一年要纳几双鞋？

答：一个男人一年要穿3双鞋，平均一年要做10多双鞋，有些孩子，也要给做鞋，这些鞋都是晚上做的。鞋面是买的，鞋帮子要铺三层，铺一层面，再铺一层里子。

问：鞋帮还要纳吗？

答：也纳，不纳不结实。

问：纳完鞋底、纳完鞋帮，多长时候才能作出一双鞋？

答：半宿纳一只帮，鞋底两天纳一只。

问：做一双鞋用晚上时间，一个礼拜能做一双吗？

答：能。

问：妇女一天够累吧？

答：累得很。

问：晚上没电灯怎么纳鞋？

答：用煤油灯。

【婚姻】

问：你多大时结的婚？

答：20岁。

问：这村都是20多岁出嫁？

答：不是，我那时候，我爹没有儿子，家里需要人做活。

问：你姐妹几个？

答：姐妹3个，我是大的，二妹18岁就结婚了，小妹23岁才结婚的。

问：为什么不招女婿？

答：人家谁能招啊！

问：结婚有人说闲话？

答：没有。

问：姓苟的，这村多吗？

答：这一门3家，不多，有一家哥儿3个，有一家哥儿4个。

问：结婚时坐轿吗？有什么手续？

答：坐轿了，结婚，那时叫做媳妇去了，家里人问："你愿意吗？"我说："这么大了，愿意娶就娶吧！"做几件衣服，首饰是银的。男方来轿抬过去，有吹吹打打的。

问：娘家陪嫁什么？

答：娘家给陪的被子和褥子。

问：是否有规矩？陪嫁的东西跟在后面走？

答：有。

问：你头上盖红布吗？

答：一坐轿就盖红布，有人扶着下轿。到坐帐时男的给去掉，放在怀里。以前看到过男人（指未婚夫），不敢说话，要躲着走。

问：你父母告诉过，有这样的规矩，不准同男人说话？

答：是有这样的规矩，那时比较封建。

问：你记得什么时候日本人打进来？

答：是结婚以后，7月份打进来，20岁结婚，25岁生的孩子。日本人来了，人们都往洼地里跑。

【缠足】

问：女的都缠足吗？

答：都是裹脚，不裹脚，人家就笑了。

问：干活怎样干？裹多长时间？

答：一样干活，还要推磨。裹一辈子，是一个长布带。我出嫁了就不裹了，因累，又疼，所以不裹了。

【家庭】

问：嫁给男方他家有几个人？

答：有2个女儿，3个儿子，我嫁的是老二。有公公婆婆，嫁过去时，老大已结婚，已有两个孩子，他家10多口人，没有分家，他25岁生孩子，39岁时才分家。分家时，我已有2个小子。分家仍住在一起，因为没有房子。还有老姑没有出嫁。

问：婆家有几间房，你住的是哪间房？

答：有5间房，我住的是其中一间。

问：你们住在一起19年，有矛盾吗？

答：没有。

问：为什么分家，是不是因为吵架？

答：老人说人多，分家过吧，就分了。

问：婆婆家有多少地？

答：有10亩多地。

问：出嫁后就不编席子了吧？

答：还编，不编吃什么？花什么？

问：家里儿媳、姑姑都会编吗？不是你一个人编？

答：女的都会编，婆婆老了就不编了。

问：公公卖席子钱给你们吗？

答：不给。

问：一点钱也不给，你手头没有钱，孩子要买点东西怎么办？

答：我没钱怎么买？由他们（指公公婆婆）给买。

【日军暴行】

问：日军在村里破坏情况你知道吗？

答：有些妇女被日军奸辱，当时没有敢出门的。

问：日军来时，你的亲身体验是什么？怎么个怕法讲出来。

答：日本人来时，我们都往西边跑，他们来的是船，船来了大家就喊。而且还得准备好鸡、鸡蛋等东西，以便应付他们，好让他们走。

问：那个时候带着小孩子怎么跑？

答：带着跑、拉着跑、抱着跑的都有。

问：日本军来了，你的席子还能搞吗？

答：当时日本军没进院，跳上墙走了。

问：日本军给中国人带来很多灾难，我们虽然那个时候是小孩，没有参与，但觉得日本人很对不起中国人。日本军进来的 8 年，生活和以前一样，还是更苦？

答：更苦。有一本 8 年受苦难的书。

问：日本打败以后，抗战胜利了，大家心情怎样？

答：都很高兴。

问：当时生活怎样？

答：当时没有吃的，只好吃糠。

问：后来怎样？

答：后来好了。

【家庭与婚姻】

问：你现在家庭情况怎样？

答：4 个儿子，6 个孙子，2 个孙子考上了学校。一个考上大学，一个考上中专，大学的在东北已毕业了，上中专的才 18 岁，还没走呢。

问：上大学的孙子多大？

答：现在 28 岁。

问：就在这个学校上的小学吗？

答：老大是在外头招工走的，上学也在外边。

问：你现在跟哪个儿子过？

答：家有 3 个儿子，从这家吃到那家。

问：儿子都在这村吗？

答：府君庙村有一个。

【婚姻法】

问：解放后公布《婚姻法》，你是怎么想的？

答：《婚姻法》出来了，妇女拥护，不执行不行。

问：你的孩子有没有在《婚姻法》以后，谈恋爱的？

答：有一个老三，是自己找的对象，女方是府君庙的。

问：你给儿子找的媳妇都是村里的吗？

答：不是，都是外头的。

问：儿子、媳妇都对你好吧？

答：都不错，都挺好。

问：你最喜欢哪个媳妇？

答：都差不多，对我都好。

问：你很幸福。

答：谢谢！

问：《婚姻法》公布以后，当时的妇女主任叫什么名字？

答：叫王英，是个老党员。

问：你参加这些宣传活动吗？

答：我什么也不参加，就给家里干活，孩子多，没工夫出去活动。

问：妇女主任那时候受欢迎吗？

答：没有不高兴的，也没出什么问题。

问：《婚姻法》公布后你们最清楚的是什么？

答：婚姻不能包办，规定了结婚年龄多大，就这两事，没别的事。

问：解放前后妇女地位变化怎样？

答：妇女没有什么突出的变化，妇女出去参加工作，也要照顾家庭。

【生育与家庭】

问：你是小学教师吗？在这教书吗？（问刘桂芬）

答：是，教学前班的。

问：学前班儿童多吗？

答：有 20 多个，女孩子比男孩子多三四个。

问：你贵姓，怎么称呼？（问另一人）

答：刘清芬。

问：多大年纪？

答：42 岁。

问：独生子女多吗？有二胎的吗？

答：独生子女多，二胎的也就一两个。

问：是不是都可以生两个？

答：不是。哥们多的，一家有 3 个儿子，头一个都是女孩子，其中一个可以生二胎。

问：是不是要交 3000 元钱就可以？

答：不可以。

问：你几个孩子？

答：两个，一样一个。大的不上学了，没考上高中，小的上初中三年级。

问：老大工作了吗？

答：没有，刚毕业。

问：以后怎么办？

答：等等找工作吧！我初中毕业后参加 6 年劳动，到这个村来的，我不是本村人。

问：你是嫁这来的？

答：我是嫁过来的，原是良王庄的。

问：你爱人名字叫什么？

答：孟振起。

问：有父母吗？

答：有。

问：你兄弟几个？

答：哥 6 个。

问：你从外村嫁过来，刚来时习惯吗？

答：不太习惯。

问：常回娘家吗？

答：我不会骑车，没人送就去不了，不常回家。

问：同公婆在一起过吗？

答：跟公婆一块过，我婆婆今年 82 岁。

问：婆婆在家看孩子吗？

答：婆婆看家，有时做早饭，都上班，家里没人不行。

问：你哪年工作的？

答：我是 1985 年当会计的，原来干生产小队会计，后来又到工厂当会计。生产队时挣工分，自从包产到户，就没有生队了。

【吃水问题】

问：你嫁过来时，这个村已经有自来水吗？

答：喝河水，后来喝的人工井水，以后才打机井。

问：你是哪年结婚的？那时还挑水吗？

答：我是 1974 年结婚，还挑水。

问：人工井什么时候有的？

答：没有解放时就有。

【家庭与婚姻】

问：奶奶帮做饭吗？爱人洗衣服吗？

答：奶奶干，我也干，孩子也干，大孩子是女的，谁有工夫谁洗衣服，爱人在乡里上班，没有空。

问：他给家里修修补补吗？

答：房子漏了他修理。

问：爱人在哪工作？

答：在独流中学。

问：妇女的活动是什么？

答：没有什么活动，就是宣传计划生育。

问：不许生二胎，生了怎么办？

答：也没有生的。

问：夫妇吵架管不管？

答：也管。找妇女主任会就管，不找就不管。

问：这村治安情况怎样？有没有抢劫的？

答：没有，咱村路灯亮，一般有什么事都能看得见。

问：姑娘想嫁外村，还是想嫁本村？

答：都愿意嫁到外村去。

问：别的村都这样吗？

答：都这样，嫁本村的也有，少。

寇世芳

时　　间：1991 年 8 月 14 日上午

访 问 者：末次玲子

翻　　译：吴爱莲

场　　所：冯家村小学校

【家庭情况】

问：你叫什么名字？

答：寇世芳。

问：今年多大年纪？

答：74 岁。

问：什么地方生人？

答：静海县城生人。

问：你父亲的名字呢？

答：寇万才。

问：母亲姓什么？

答：姓李。

问：你父亲过去做什么工作？

答：在家种地。

问：家里有多少地？

答：我小时父亲就去世了，母亲改嫁，我是奶奶带大的，有多少地我也说不清，家里什么也没有。

问：你奶奶就带你一个孙女？

答：是的。

问：你奶奶靠什么养活你？

答：奶奶靠卖鞋挣点钱养活我。

问：你什么时候出嫁的？

答：18 岁那年。

问：做一双鞋需要多长时间？

答：5 天时间，我和奶奶可以做两双。

问：一双鞋能卖多少钱？

答：七八毛钱。

问：这些钱能买多少粮食？

答：当时能买一斗杂粮。

问：你上过学吗？

答：不识字，家里困难，没法上学。

问：穿衣服怎么办？

答：我穿得省，奶奶有点家底，找几件旧衣服改改就行。我 15 岁时，就穿婆婆的衣服了。

【缠足】

问：你裹脚什么时候开始的？

答：七八岁就开始裹，但是到外边玩时我就把它拆了。

问：有人说裹脚要用碎碗碴子包在里面，你是这样的吗？

答：我没有，当时有这样裹的，非常疼。

问：当时的小女孩都要裹吗？

答：都是这样的。

问：你小时候可以和小孩一起出去玩吗？

答：小的时候可以，十二三岁就不让出

去玩了，旧社会家里管得严。

问：你出嫁是哪一年？

答：1934 年。

问：你出嫁还裹不裹脚？

答：我在出嫁前四五年就不裹脚了。

【婚姻礼仪】

问：你老伴怎么称呼？

答：孙玉山。

问：他身体好吗？

答：在 1962 年就去世了。

问：你嫁到这村是媒人介绍的吗？

答：是媒人介绍的。

问：这门亲事是怎么谈成的？

答：我姥姥家是独流镇的，媒人也是这个镇上的。那年我 15 岁，婆婆来独流镇上串门提起要给儿子找媳妇，经媒人介绍，找到我舅舅，后来同我奶奶一商量就同意了。我们谁也没有见过谁，结了婚才看见，比我大 9 岁，长得不好看。

问：结婚是坐车来的，还是坐轿来的？

答：头一天用车拉来，在别人家住一夜；第二天再用轿抬过来。

问：从静海县坐什么车来的？

答：大马车。

问：头上是蒙红布吗？

答：是的，从轿上下来，自己才掀开。

问：新娘进门以后做什么？

答：新郎和新娘坐在一条板凳上，男的要坐在女方的衣服角上。坐一会就吃饺子，新娘咬一口，外边就有人喊，“生的”、“熟的”？新娘就说：生的。咬一口，不能吃，就吐在门后头，然后就上坑坐着，要坐一天，盘腿。第二天不盘腿，但要坐在坑边，腿可以放下，不准下地，也不吃什么东西，只吃熟鸡蛋。第三天才可以下地出门。

问：吃饺子新郎吃不吃？

答：新郎吃，女的不吃。

问：坐衣服角是什么意思？

答：不怕老婆。

问：坐一天能忍受得住吗？

答：不好受，也得坐，就是这个习惯。

问：你坐在坑上有没有人来看你？

答：有人来看，新媳妇不能说话，都是邻居小孩多。

问：你丈夫干什么去了？

答：干活去了。

问：有没有闹洞房？

答：没有，他辈大，没人闹，不敢逗，平辈人才能闹。

问：同辈的结婚怎么闹洞房？

答：我那时候不出去，没看见过。

【家务与集市贸易】

问：你嫁到老孙家，他家地多吗？哥几个？

答：哥俩。我嫁给老大，共 4 口人，我不清楚多少地。

问：你到他家都干什么活？

答：做三顿饭，做家务，织席子。

问：织完席子去哪卖？谁拿去卖？

答：公公拿到静海县、独流镇两个集市上去卖，集日为初二、初八，5 天一集。

问：静海的集是上午吗？

答：初一、初六，是一天。

问：家里就你一个人织席吧？

答：男的也织。

问：家里活都你一个人干吗？

答：就我一个人干。

【日军暴行】

问：日本进村抢走了什么东西？

答：日本军进院，我给了一个毯子，其他老百姓都跑了。小孩爸爸挑西瓜去卖，见到日军就跑，跑到高粱地里，然后跑回来躲起来。后来邻居说，日本人走了，我们才敢开门出来。当时大儿子才10多月。有一次日军电船就在运河里。那时8月棒子下来的时候，二嫂、五嫂弄棒子来了，我抱孩子在这儿，日本兵拿刺刀来了，说着话就进院子了，我抱孩子在炕上，就看见进院要抓鸡。

问：有几个日本兵？

答：有三四个。

问：你丈夫呢？

答：没在家。

问：五嫂子呢？

答：出去叫来了王玉田。

问：日军进来后，打死过人没有？

答：打死了，打死村里冯振海。

问：他们下村来，找花姑娘没有？

答：花姑娘都跑了，跑不了的就不行了。

问：当时有被强奸的吗？

答：有被强奸的，咱邻居他二姐串门来，跑没跑了，把腿摔坏了，日本兵拉进屋去就强奸了，现在这个人已经死了。

问：日本在这个村烧过房子吗？

答：烧过。村南边有一家一间房子烧了。

问：日本人在这里破坏最凶是哪年的事？

答：在中国待8年，头一年最凶，以后稳定了，就不下船了。

【“土改”】

问：“土改”时的情况还记得吗？

答：“土改”时，咱村地主少，比如刘连祥他是地主，地不多，就一个人，雇工多。咱家没分到地也没分到房子。

问：“土改”那会儿老大、老二分家没有？

答：有公公、丈夫、小叔子都在一起过。

问：“土改”时你有几个小孩？

答：那时候两个孩子。

问：你现在几个孩子？

答：6个孩子，其中2个姑娘，小儿子38岁。

问：“土改”时什么都没分到？

答：没有。

【婚姻】

问：《婚姻法》的情况你知道吗？

答：婚姻自由，父母不能包办；个人看好就行，当然比我那时强，我那时结婚看他不好看，怪别扭的。

问：当时你已有孩子了，女孩子婚姻是介绍的吗？

答：我的孩子也是媒人介绍的，他们自己先看。他们都同意我们也就同意了。

问：女儿是怎么出嫁的？

答：也是介绍的，本人同意，我也同意。

【公共食堂、逃荒】

问：你嫁来后就不下地干活了，解放后下地干活？

答：吃食堂时，不做活，不给饭吃，不劳动，不得食，那时候跟着他们去有一年吧！

问：解放后也织席子卖吗？

答：老头死了就不织了，当时是1962年。

问：原来有一段不让搞副业了，你织席子拿到哪去卖？

答：1962年就不织了。

问：1962年你丈夫去世后，孩子还小，庄稼活谁干呢？

答：1962年我领孩子去东北了，因为东北地多，哪个村都用人。

问：到那儿以后怎么过日子？

答：到那儿人家给地种。

问：东北哪个地方？

答：热河。

问：那个地方有亲戚朋友吗？

答：没有。

问：去多长时间？

答：去 4 年。当时村里一天每人给 3 两粮，不够吃，才走的，那年饿死不少人。

问：当时食堂 3 两粮给什么呢？

答：刚开始是麦子，后来用野菜搅在一起摊饽饽，就吃那个；把稻子皮推了，摊饽饽。

问：去了 4 年怎么又回来了？

答：他们怕我死在那儿，太冷，出去抱劈柴，还得戴皮帽子。

问：你丈夫死了以后，他们帮助你吗？

答：谁帮谁呀，谁也顾不了谁。

【家庭】

问：你孩子的名字？

答：老大孙长余，今年 55 岁；老二孙长明，52 岁；老三孙长喜，46 岁；大女儿孙长英，45 岁；二女儿孙长容，41 岁；老儿子孙长发。

问：现在享福了吧？

答：3 个孙子，4 个孙女。

问：你跟谁过？

答：一家待一个月，轮流住，对我都挺好。

问：你女儿上过学吗？

答：那时候 15 岁就出去挣分。

问：解放前纳鞋底，什么时候开始买鞋穿了？

答：有十来年买鞋穿了。

王海忠（1937 年生，信奉天主教）

时　　间：1991 年 8 月 14 日上午

访 问 者：末次玲子　江沛

翻　　译：吴家莲

场　　所：冯家村小学校

【宗教信仰】

问：这个村有教会吗？

答：有。

问：附近的村也都有教堂吗？

答：罗堂有，离这 9 里路，城里有一个大教堂，静海县里是总堂。

问：你母亲老家是什么地方？

答：老家是交河县，离这 200 里地。

问：你母亲是嫁到这以后入的教？

答：对，在这入的教。

问：天主教一般教徒一年当中有什么活动？

答：我们没有什么节日，就是过礼拜日，礼拜日经常念经，上午、下午都有念经的。

问：全年有什么节日？

答：有圣诞节、圣母升天、耶稣复活、耶稣赞礼节。

问：这天干吗？

答：念经。

问：教堂里管事的叫什么？

答：叫神甫。

问：是中国人吗？

答：当时有外国人，有荷兰人、法国人，是从静海县里来的。

问：他们经常来吗？

答：这是小教堂，一年也就来两三回。

问：你们礼拜日在哪儿？

答：我们都上城里去。

问：这个村里教堂没有一个固定的神甫？

答：没有。

问：谁管教堂呢？

答：是会长。

问：这个村里有多少教徒？

答：1937 年那时候，村里 80% 信天主教，是教徒。

问：会长叫什么？

答：郝开甲。

问：加上教会学校的学生，是否信教的要多于 80%？

答：大体差不多。

问：天主教同基督教是什么关系？

答：都信圣主。基督教是从天主教中分出来的。

问：天主教信什么？

答：信圣母、圣父。

问：本村教徒中姓什么的多？

答：姓马的多，姓刘的也不少，也有姓李的，姓郝的就一家。

问：姓马的名字叫什么？姓刘的是谁？

答：叫马福森、马福晨、刘连奎、刘云川、刘云江等。

问：什么原因信教的？

答：过去困难时，教堂开粥厂，给饭吃，生活困难的，为了喝粥，所以信教了。现在是诚心诚意地信仰，同过去不同。

问：日本人来了以后，天主教徒是多了，还是少了？

答：日本人不管信教，教徒是多了，不是少了，天主教势力很大。

问：日本人进来时，你多大？

答：我刚出生。

问：教徒什么时少了？

答：国民党来时少了，因为没有粥喝了，老百姓也不信了，教徒减少了。

问：信教和不信教人之间有无矛盾？生活有无区别？

答：没有，不信的也可以看去。生活上没有区别。

问：你父辈时这里有教会吗？

答：不知道，我只知道本村教堂是 1937 年盖的。

问：教堂有无规矩？

答：不许打闹，骂街，要学好，别的没有规定。

问：你父亲有多少地？

答：家穷，一亩地也没有，租了郝开甲家 6 亩地。

问：租钱多少？

答：记不清了，只知道给钱、给粮都行。平时父亲外出打短工。母亲在家编席。

问：你到教堂学校交钱吗？

答：每年交一斗棒子、一斗麦子，比上私塾便宜。

问：你哥哥也在教会学校学习吗？

答：也学过。学习国语、数学、体育。

问：信教有什么好处？

答：不偷不摸，不打不骂，不做坏事。

问：信教的有赌博的吗？

答：没有。

问：如果教徒犯戒了怎么办？

答：罚他念经。

问：教堂烧粥的米是从哪里来的？

答：是教堂的米，请村里人烧粥，一敲钟就来领粥，每天两次，早晚各一次。

问：粥厂存在多少年？什么人都给吗？

答：解放前一直有，闹灾时才开粥厂，不是每年都开粥厂，给粥时不分信教和不信教。

问：除了有天主教外，本村有庙吗？有活动吗？

答：有庙，只有“老人会”活动。

问：你家供奉什么？

答：供耶稣像。饭前饭后都要念经。

问：《圣经》从哪里来的？你会念吗？

答：是天津教会发下来的。会念八段经，大家都得会。这是最起码的。

问：请你念一段经好吗？

答：可以。(开始念一段经文，略)。

问：你哥哥、嫂子是教徒吗？

答：哥哥是，嫂子不是。我爱人叫王老金，也不是教徒，她说她什么也不信。

问：你爱人是什么地方人？

答：太公庄人。

问：洗礼到什么地方？

答：到天津市内西开教堂。

问：你有几个子女？

答：4 个。大儿叫王守银，26 岁；二儿子叫王守金，22 岁；大女儿叫王守勤，28 岁；二女儿叫王守云，25 岁。

问：他们是教徒吗？

答：都不是教徒。

问：上过学吗？现在干什么？

答：大女儿初中没毕业，二女儿高中没毕业，大儿、小儿在县内建筑公司工作。

问：都结婚了吗？

答：都结婚了。

问：能不能去看看旧教堂？

答：可以，不远。

孙桂兰

时　　间：1991 年 8 月 15 日下午

访 问 者：末次玲子

翻　　译：吴爱莲

场　　所：冯家村小学校

(与会者有党支部书记张宝善)

【家庭情况】

问：你是什么村的人？老家在哪？

答：黄岗村人，在台头乡，离这 30 多里地。

问：你丈夫叫什么名字？多大年纪？

答：叫李金海，今年 61 岁，李村人。

问：你丈夫做什么工作？

答：在本村种地。

问：你什么时候嫁到这村的？当时婆家有多少人口？都住在一起吗？

答：我是 17 岁嫁来的，来时，公公已没有了，有婆婆，有丈夫，没有其他人，都住在一起。

问：李家有多少土地？

答：只有 3 亩地，丈夫出外扛活。

【家庭副业】

问：你会织席吗？

答：会。

问：织完席到哪儿去卖？

答：到静海县、独流镇等地去卖，哪儿给好价钱，就到哪儿去卖。

问：丈夫卖完席的钱干什么用？是否给你一些零花钱呢？

答：买吃的、买烧的，过日子用，没有零花钱。

问：一张席多少钱？

答：忘了，不记得。

问：当时村里有商店吗？

答：府君庙村有，油、盐、酱、醋都到那儿去买。

问：鞋是否是自己做的？什么叫夹板？

答：鞋自己做，自己纳底，自己做帮子。做鞋底要用夹板才结实，夹板主要是夹鞋底用的。

【家庭生活】

问：你丈夫扛活是否天天回家？

答：在外村扛活都不远，天天回家住，早出晚归。

问：你是否去东家干过活？

答：也干过，有时去帮助做饭、洗衣服；我主要在家干农活。

问：你有几个孩子？都多大岁数？

答：有6个。老大是女儿，二的也是女儿，三的是男孩子，老四、老五又是男孩子，最小的是女儿。

问：说说3个男孩子的情况。

答：大儿李建文，39岁，生两个姑娘。二儿李建明，36岁，有两个女儿，一个男孩子。三儿李建勇，33岁，有一个女儿。

问：你女儿的情况呢？

答：大女儿李建容，有一个小子；二女儿李建民，儿女各一个；三女李建凤，生一个小子。

问：都出嫁了。还常来看看你老吗？

答：都自己过日子，很少来。

问：儿子、女儿给你钱吗？

答：每个儿子每月给10元。

问：有几个孩子在村内干活？

答：老大在村内干活，老二当木匠，老三也在村里干活。

问：你老伴种多少地？

答：就种口粮田。

问：解放以后生几个孩子？

答：大女儿是解放前生的，其他都是解放后生的。

问：解放时你在哪？

答：在黄义村。

问：到黄义村老伴跟去没有？

答：没有去。那时生活有困难，所以我回娘家住一个时期。

问（张书记）：你怎么对他家情况这样清楚？

（张）答：她是我的姨，我母亲也是黄义村的，同她是姐妹称呼，不是亲姐妹，我母亲姓郝。

【婚姻法】

问：你回村时，“土改”没有？

答：还没有“土改”。

问：你对“土改”印象怎样？

答：不记得。

问：《婚姻法》宣传你记得吗？好不好？

答：记得，《婚姻法》好，保护妇女。

问：你是包办的？嫁来前看见过老伴？

答：是包办的，没有见过面。

张崇芳

时　　间：1991年8月16日上午

访 问 者：末次玲子

翻　　译：吴爱莲

场　　所：冯家村小学校

（与会者有村党支部书记张宝善）

【家庭基本情况】

问：您告诉我，您姓什么，叫什么？

答：姓张，叫崇芳，崇高的崇。

问：您是嫁到这来的，还是原来就在这个村？

答：是嫁过来的。

问：原来是哪个村的？

答：原来是河北省霸县。

问：这么远，从霸县嫁到这，为什么？

答：这地方好。

问：是媒人给找的吗？

答：是媒人给说的，这地方好，旱涝保收。

问：您是什么时候出生的？

答：我可记不清了，我今年43岁。

问：您听您爱人说过您婆婆王英的事吗？

答：没听说过，过去的事，俺们也挺忙，没提过那事，她死的年头也不短了。

问：孩子爷爷不在家吗？

答：孩子爷爷没在家，出门了。

问：您什么时候嫁过来的？

答：19岁来的。

问：您上学了吗？

答：没上学。

问：一天也没上？

答：上过一年。

问：娘家在霸县哪个村？

答：大王庄公社。晋赛铺村。

问：您父亲也是务农的？

答：都是农民。

【灾荒】

问：在您老家，没过门以前的事，都还记得吗？

答：那时老闹洪水，十年九涝。现在不涝了，又旱了。

问：涝了以后怎么办？庄稼都收不了了？

答：收不了，就捕鱼，编席子。

问：生活很苦吧？

答：很苦，会捕鱼的就捕鱼为生，不会捕鱼的，就编席子。

问：是解放前的事吗？

答：不是，我记事那年已经解放了，可能是生我前后那年解放的，从我记事，就记着闹水。现在修海河，挖海河，都好了，不闹水了。

【公共食堂】

问：那时候已经是人民公社了吧？

答：已经人民公社了，“大跃进”。

问：那时候办大食堂了吗？

答：办大食堂了，多少年的事我不记得了，但我记得吃过食堂。

问：吃了多长时间？

答：记不清了。

问：那么说不用做饭，你们一定很高兴吧？

答：也不是高兴，反正人家怎么做，咱也怎么做。那时还小，不记事。

【家庭成员】

问：您有几个孩子？

答：4个。

问：是这4个名字吧，李刚、李虎、李春霞、李春梅？

答：是。

问：都有孙子了，多有福气。

答：20岁就生老大了。

问：您能告诉我他（指他孙子）爸爸多大年纪吗？

答：他爸24岁。

问：老二李虎呢？

答：李虎是个小子，老三，18岁。

问：李春霞呢？

答：李春霞是老丫头，16岁。

问：长女李春梅呢？

答：22岁。

问：是不是所有的农活女的都可以干，是吗？

答：是，都可以干。

问：您还记得来此之前，村里情况怎样？

答：从我记事以后，不涝水，收成就好了。现在比那时更好了。

问：您知道公公的名字吗？

答：李长海。

【妇女干部】

问：王英是哪年死的？

答：1985年。

问：您跟她一起过很久吗？

答：一年。

问：分家后也在一个村吗？

答：是的。

问：那您嫁过来时，家够大的，不容易吧？

答：够热闹的。

问：是立刻下地劳动的吗？

答：也劳动，还在家看孩子。

问：王英参加村里活动？

答：管妇女工作。

问：您还记得当时妇女工作是什么样的吗？

答：她没说过，我看孩子也很忙，孩子都挨肩儿，两年一个。

问：分家以后，婆家谁管？

答：分家以后，婆婆还管妇女工作。

问：那他家里事谁管？

答：小姑都没出门，她们管，后来，她们出门了，就我管。

【家庭情况】

问：把婆婆都接来了？

答：是的，都接来了，后来就有病了。

问：公公是十来年以前死的？

答：是的，大概死了14年了。

问：您能告诉我刚过门时院子是什么样子？

答：房子有3间。

问：分家后呢？

答：盖了3间。

问：那公公家呢？老人都去了，姑娘出门了，还有个儿子吧？

答：那个儿子上静海县了。

问：那3间老房子呢？

答：还闲着呢。

问：那您自己又加了几间？

答：2间。

问：那您现在有6间房？

答：6间可多。这3间正房，东西向偏房他们住的3间，这房子多了，现在日子好了，粮食有的是，吃穿不愁。

问：那时给您一间房是吗？

答：和婆婆一起住，后来，都是我自己盖的。

问：公公死时，婆婆跟谁住？

答：跟老三，老三是最小的。后来，病了才过来住，老三念书，地包产到户了，包了我们种，收完给他们。

问：老三结婚后呢？

答：婆婆死后，老三才结婚。

问：他们家是5个姑娘，老伯叫什么？(问张宝善)

答：李树发，我来时，我们老伯还不会走呢！跟我们儿子差4岁，都是腊月生的。

问：你的儿子房子那么多，为什么那么阔？

答：这些年日子好了，干点木匠活儿。

问：上哪干呢？

答：在家干，谁来找，就给谁干。

问：不是出去干？

答：不出去。

问：人家买料，或是自己买？

答：都可以。不乐意让孩子们出去，不放心。我们大丫头裁衣服。

问：小儿子也干木匠吗？

答：小儿子刚毕业，惦着让他继续读书。

问：初中毕业吗？

答：嗯，今年没考高中。他爸让他开车，我害怕，现在车祸多，去学开车我不放心，老丫头还上中学呢！

问：李春梅学裁缝，她结婚了吗？

答：没有。

问：盖房子需要地，给地吗？

答：给。

问：您说您需要6间，他也给您地？

答：到春天或秋后给划，这片可以盖房，

抽签，抽上哪是哪儿吧！要的不是多嘛！对了，我想起来了，现在都阔了，都惦记着盖房，都为孩子们盖房。抽签嘛，抓哪是哪。

问：那就不一定离家近了？

答：不一定近了。

【婚姻】

问：您结婚的时候也是包办吧？过门以后才认识的老头？

答：嗯。

问：以前不认识，没见过？

答：嗯。离着远。

问：看相片了吗？

答：看了。

问：人没看见吗？

答：介绍看照片了，以前也见过面，不太熟的。

问：比您大多少？

答：大6岁。

问：当时家里和您说的时候，您没反对，您也同意？

答：嗯。

问：那儿媳妇是您先给介绍的，还是他们先认识的？

答：介绍人先给介绍的，我同意了，来了再看看，我就同意了。

问：孩子们交往一段？

答：走了一段，处了一年。

问：给您说儿媳妇的时候，拿相片来了吗？

答：没有，介绍人介绍了一下，看了看，看好了，处一段，定下亲就行了。

问：要是不乐意呢？

答：不乐意就算了。

【妇女主任】

问：生几个孩子好？

答：两个好，多了有什么用。

问：村里夫妻吵架谁管？

答：村里有调解委员会管，妇女主任也管。

【以下张宝善答】

问：王英一直是妇女主任吗？

答：老党员，一辈子当妇女主任，能干。

问：王英是本地人？

答：是青县的，没有上过学，是嫁到这村来的。

问：什么时候入党的？

答：是1945年。

问：王英参加革命，老伴干涉吗？

答：老伴老实，什么也不管，支持她的活动。

问：王英有哪些活动？

答：给妇女开会宣传，宣传共产党的政策，都是到户内秘密宣传，提高妇女觉悟。

问：“土改”时他的活动是什么？

答：发动妇女，参加“土改”，她很有威信。

问：她怎样宣传《婚姻法》？

答：王英经常召开妇女会，宣传婚姻自主，不要包办，一条一条地给妇女讲，还宣传不要彩礼，号召妇女翻身，新事新办。她还组织妇女秧歌队，在八路军时，她就很活跃。

问：以后婚姻还包办吗？

答：大部分都婚姻自主了，也有旧思想的。

问：那时因包办，有离婚的吗？

答：那时有离婚的，也有退婚的。

问：王英参加文化教育吗？

答：王英组织妇女参加扫盲运动，让妇女识字。老师是夜校的。学校学生都分工，包几个妇女，学会识字。现在还在扫，有盲就扫，一天教会一两个字。

问：这村妇女什么时候不缠足？

答：70岁以上妇女都缠足，70岁以下就少了。日本进攻中国时，很多妇女不缠了。

问：过去妇女有名字吗？

答：以前妇女没有名字，嫁前有小名，嫁后称某某氏，把婆家姓和自己的姓加在一起。解放后，妇女才起名。

问：名字由谁起？

答：一般由学校老师起名。

问：您爱人有名？

答：叫苟志贞。

问：什么时候宣传男女都一样，男的办的事女的也能办到？

答：解放初期就宣传了，那时妇女也提高地位，男女平等，主要指妇女也参加地里劳动、政治活动等。

问：男的做家务活吗？

答：忙时也做。从高级社以来，男女都下地干活了，男的有时也要担负家内活了。

（二）1993年3月

孙玉常（73岁）（妻朱香凤参加）

时　　间：1993年3月26日上午

访 问 者：三谷孝

翻　　译：俞辛焞

场　　所：孙玉常家

【土地改革】

问：你的身体怎样？

答：很好。怕阴天，阴天难受，吃药顶着。胃癌18年了。

问：那次来，得到你很多帮助，了解了不少农村情况，这次来想了解一些其他问题，请多关照。

答：互相帮助，需要什么，问吧！

问：“土改”时分得土地的人是什么条件？

答：1951年土改，大概春天。村里地主2户，富农3户，分上、下中、中农、贫农几种成分。还有雇农，什么东西也没有，只是一个人。分得土地的是贫农和少数中农，雇农也分得了土地。

贫农是有少数土地，主要为别人扛长工和打短工，村里30多户贫农，本村没有雇农，40户中农。

问：新中国成立后从外地来的人分得土地了吗？

答：给他们留下了土地。讨饭人回来后也能分地。这叫逃亡户。他们回来给地，也给牲口。

问：地、富的后代在村吗？地主还有吗？

答：后代在村，地主也有。

问：你的名字是哪个字？

答：“常”。

问：这是你的孙女？

答：不是。我孙女在静海县上高中。今年20岁。

问：从书上看，你祖孙三代都是本村的人，“土改”时有只有三代都是本村人才能分得土地的规定吗？

答：没有。户口在本村的人都能分地。

问：“土改”时有从外地来的人，这都是从哪儿来的？

答：有从天津来的工作队员，清华大学来的本村人，也有区里的干部配合搞。

逃亡户有谁，时间太久记不清了。有一本土改时的书，已交国家了。

问：大娘“土改”时在本村吗？

答：是。我娘家有逃亡户，“土改”时土地、房屋都有。

问：你是本村人吗？

答：我娘家是青县，青县的二十里村。不是本村人。

问：“土改”以后有外村搬到本村的吗？

答：这个村没有这种人。

问：“土改”后外出的人有吗？为什么离开的？

答：有。不是全家人都走。1960 年瓜菜代替粮食生活苦，到东北去的人不少，以后又回来了。

“土改”以后到东北去的有两户，至今未归。

【水灾】

问：1963 年发大水以后逃到附近县的，没有回来的人有吗？

答：都回来了。

问：1963 年几月发水？

答：8 月，旧历七月初一，水势很猛。

问：你一家逃难了吧？

答：逃了！有国家工作队带领集体逃难，国家发粮食、煤。

问：几个月？

答：45 天。水都是红的，铁道也淹了。房屋都倒了。

问：有到亲戚家的吗？

答：我们跟着国家工作队走了！吃、喝都管。到亲戚家就没人管了。

问：1963 年水灾是解放以来最大的水灾？

答：是。

问：洪水后什么时候兴修水利？

答：中华人民共和国成立以后就搞水利，1964 年、1966 年都修水利，修独流下水河，用炸药炸开东边的大堤，水才排出去。

问：修独流河，村里的人都参加吗？

答：是。全村有 20 多人参加。

问：出工有报酬吗？

答：管吃、管零花钱，其他没有，义务工。1966 年挖水渠都是全村人参加，义务劳动。

问：你从哪年到哪年当支书？

答：3 次当支书，当副书记 15 年（大队长），在刘家营乡当了 5 年支书，以后回家。

问：修独流河，村里去了 20 个人都是年轻的吗？

答：是。

【农村“文化大革命”】

问：“文化大革命”时你当本村的副书记？

答：是。

问：“文化大革命”时有红卫兵吗？

答：本村有红卫兵，没有外来的。

问：“文化大革命”时村里发生了什么事？

答：批斗人，批斗牛鬼蛇神，搞迷信的。

问：哪些人是牛鬼蛇神？

答：跳大神的巫婆，说坏话的。

问：地主、富农有挨斗的吗？

答：也有，把他们批倒批臭，永不翻身。

问：村里的干部挨斗吗？

答：也挨斗。

问：你是当权派？

答：是，也挨斗。没有打，也没有斗，没有上过台，只挨批判。这是 1967 年的事，有好几个月，干部写反省。

问：开批判大会有固定地方？

答：没有固定地方，临时找地方。

问：当时谁管生产？

答：生产队长。有新的，也有旧的生产队长。

问：村里什么人当红卫兵？

答：贫下中农的子弟。

问：有年岁大的造反派吗？

答：红卫兵也是造反派，没有区分开。

问：为什么批判干部？

答：干部作风不正派，走资本主义路线。

问：批你批哪些问题？

答：资产阶级思想。主要表现是多弄点，多吃点，资产阶级思想包括得广了！道路不明，道路不对，走资本主义道路等都是资产阶级思想。他说你有这些问题，我说没有，没有就斗你！

【农村家庭生活】

问：你家里有几个孩子？

答：都没在家，12点才回来。

问：你多大年纪？

答：73岁。

问：人民公社时一口人一年分多少粮食？

答：没有准，看收获。

问：现在吃什么粮食？

答：白米、白面为主，玉米面很少吃。

问：这里产大米吗？

答：山东、唐山地区的人来换的，吃肉、吃鱼、菜很多。

问：生产的粮食都卖得出去吗？有打白条的吗？

答：能卖出去，没有打白条的。我当了一辈子干部，没有多占多吃一点东西，不贪便宜。

问：现在家里的地谁种？

答：儿子。

问：一个人责任田是多少？

答：园田二分，地两亩半，工人不愿要地，每月挣几百元。

问：几个孩子？

答：一个儿子，两个闺女。两个孙女，一个孙子，大孙女在静海县。

问：一年收入多少？

答：几千元。人家也有一二万元的。比瓜菜代粮食的时候好多了。

问：你女儿出嫁了？

答：大女儿26岁出嫁，二女儿28岁出嫁。

问：为什么这么晚？

答：我有3个孩子，愿意让他们多在家住几年，他们上班去多挣些钱，好做陪嫁。老闺女前年结婚，陪送花了8000多元。有录音机、洗衣机、组合柜等，多了。大女儿有4个孩子：大的上高中，二的上初中，三的上小学五年级，老四上育红班，都要花钱，没有文化哪行！

【乡、村干部】

问：用什么方法选村长？

答：发动群众讨论、选举，或投票或举手表决。这个村是先让群众讨论，成熟了选举，投票。

问：几个候选人？

答：二三人。基本上讨论成熟了才选。

问：任期几年？

答：干得好继续干，干得不好随时换。

问：上次来时是刘村长，这次来是张村长，为什么换了？

答：刘村长是工人，带着一批人做工，当村长只挂名，不搞农业光搞副业不行，所以换了。

问：刘村长在哪搞副业？

答：带20人在乡里搞副业，按月开工资。

问：比村里的收入多吗？

答：不一定，看搞得好坏。刘村长为什么不在村里搞呢？主要是由于包村厂子的事。他在墙上贴了广告：10万元可承包村工厂。一姓孙和姓张的两家揭榜承包了，刘没有办法在村干了，就到乡办厂。

问：村工厂生产什么产品？

答：还没有生产。有机床、电锤。

问：姓张、姓孙的是本村人？

答：是。电锤现在没有办法用，天津的厂子只承认刘村长，不承认姓孙和姓张的。

问：村办厂有多少人？

答：20人，还没有开工资。

问：他们的名字？

答：一个叫孙长喜，一个叫张建中。

问：他们哪来的那么多钱？

答：谁没有几万元！不够借点，凑一凑就够了。

问：村委会有几个委员？

答：这个村两个人。一个拿月工资，一个人没有月薪。村主任是张宝善，还有一个委员。人少开支小，人多开支就多了！为了省钱，这个村只有两个委员。

问：会计？

答：一个人。也是拿月薪的。

问：村里的事村长说了算吧？

答：是。他说的必须符合群众的需要，不符合群众的需要，他说了也不管事。

问：什么时间开村民大会？

答：有大事开，没有大事用喇叭广播，就不开大会了。

问：还有生产队长吗？

答：早没有了，村长管村里的事。

问：村长很忙吗？

答：不忙。修水利工程，收麦、打麦、耕地，他管这些事。

问：他管工厂吗？

答：不管。只管农业。工厂有大问题他也管。

问：本村村委会一直是两个人吗？

答：人民公社时人多，最少3人，当时4个小队长。那时是贫下中农的村委会。

问：你算退休了，还有没有指导工作的机会？

答：有。哪项工作不对，可提出自己的意见。我是老干部、党员，有权利提问题，不合理的地方可以批评。

问：有退休金吗？

答：公社给点。

问：当几年干部可享受退休金？

答：解放以前当支书的，解放以后5年当支书的可领退休金。比如我当了5年支部书记，15年副书记，在乡里还当了5年正书记，就可享受了。

问：村长变了，党支部书记怎么选？

答：按规定村支书3年，乡5年换一次，如果干得好可连任。有干十几年的。如果干得不好，一年也会换掉。选举的方法是：上级看着你领导的不行就换，这得经过党员讨论，总结他任职期间的工作，说明他不胜任职务的原因，本人也同意了就可换掉，向群众公布。如果是支书被开除了，还得报上级批准。

问：乡是党委？党委书记是专职的？

答：对。

问：选支书时党员的意见和乡党委的意见各占多大比重？

答：主要是经上级批准后才能任职。

问：这个村有多少党员？

答：16人。最老的75岁。年轻人占1/2多。

问：有青年团？

答：有组织，没书记，已没人管了。武装队长也没有。

问：有妇联吗？

答：有妇女主任。

问：妇女主任叫什么名字？

答：苟凤珍。

问：村的计划生育工作如何？

答：只生一个，按国家政策办。支部书记和妇联管这项工作。

问：还有什么组织？每月给干部多少钱？

答：有治安主任，只有一个人。村里给他每月200多元，与支书、副书记、村长、妇女主任、会计都一样。年终另发些钱。

问：这种钱从哪儿来？

答：工厂提成，每万元提成1000元。

问：农民交钱吗？

答：不缴。农民缴粮食税的钱大队要了。这部分钱一是给干部开工资；还有用于水利建设。

问：每户多少？

答：全村8000元。村里还有地，他们出租，200多亩，出租的钱归大队。

问：租地者是本村人吗？

答：是。

问：地能买卖吗？

答：不能买卖。

问：小学经费谁给？

答：国家给。

问：自己承包的地可以出租吗？

答：可以。比如承包10元，出租或转让还是10元。

【家庭经济】

问：前年你家有一头牛？

答：有。还有一头小牛。

问：主要用于耕地？

答：是。

问：可以借给别人使用？

答：可以。亲戚、朋友借用。耕地都是机耕，从耕到收庄稼都是使用机器。

问：10亩地一年可纯收入多少？

答：没有什么收入，粮食不行，蔬菜能赚钱。

问：你家是种粮食还是蔬菜？

答：都有。

问：种什么菜？

答：韭菜、白菜、茴香、香菜、豆角，很多种。

问：去卖菜吗？

答：菜多时向外运，北京、东北都有车来村收购。如果菜少，自己到天津或集市去卖。

问：村里有车到外地卖吗？

答：有到静海、天津去卖的。这是我儿子，从静海回来。

问：你有没有到外边打工的想法？

答：没有时间去。

问：种蔬菜地几亩？

答：2亩多地。用塑料棚。

问：一年收入多少？

答：二三千元。

问：你单独过？

答：不住在一起，吃饭也分着，粮食在一起，孙女们都跟着我们睡觉。

冯恩寿

时　　间：1993年3月26日下午

访 问 者：三谷孝

翻　　译：俞辛焞

场　　所：冯恩寿家

【土地改革】

问：今天想了解“土改”和“土改”以后的情况，可以吗？

答：可以。

问：你“土改”时分多少地？

答：2亩多地，我是贫农。

问：地有等级吗？

答：有，分一等、二等。

问：怎么分一等、二等地？

答：“土改”委员会经大家同意分配。一等田好一点，二等田次点，搭配着给。中农、下中农都不给分地，分得土地的都是贫农。

问：有些“土改”前在外地打工，“土改”时回来了，分给土地吗？

答：我父亲在天津市内拉洋车，“土改”时回来分得了土地。

问：是因为你父亲长在这个村吗？

答：对。

问：有没有从外边来的户？

答：不知道。

【水利建设】

问：这个地方过去经常涝，解放后什么时候开始修水利？

答：成立初级社，高级社时水利建设开展起来了，修坝、电力都是那时干的。当时要求水利化、电力化。

问：大规模的水利工程何时开始？

答：1963 年以前就修沟、修闸，1963 年闹过洪水后修闸，安水泵，开始大规模修水利了！

问：“文化大革命”时修水利吗？

答：没有修。

问：后来又修了？

答：八几年（指 80 年代，整理者注）水利就修好了。水路、公路、电路都有了。

【水灾】

问：1963 年大水时你家走了吗？

答：国家都救济，走了！我没有走，在家看家。

问：你为什么不走？

答：我的儿子和闺女身体有残，走不了。

问：吃的怎么解决？

答：在大堤上凑合着做点吃，一天吃不上三顿饭，做一顿饭吃三天，有时亲戚给送点吃，有大船和小船。

问：新房是怎么盖的？

答：一方面国家给补助，另一方面自己拿点，重建家园。

问：你什么时候盖的房？

答：1963 年以后用土坯盖的，冬天住上了！现在住的房子不是那时候的，这房是 10 多年前盖的。1963 年的房子还有。

问：我们去看看。大水灾以后谁是支部书记？

答：第一个姓孟，第二个姓郭。

【“四清”运动】

问：1964 年以后这个村搞过“四清”吧？

答：搞过。村里没有什么事，主要是干部作风问题，有工作组住了几天，没听说过什么问题。

问：生产队长有问题吗？

答：自己村里总换生产队长。“四清”时没有换过。

问：工作作风指什么？

答：记不清了。干部中生产队长自己不干活，让别人干，贪小便宜，群众为此不满，给他提意见，实在不行了就换，村里就有权撤换队长。

【“文化大革命”】

问：“文化大革命”时这个村有什么大事？

答：斗争多。村支书张宝善挨过一次斗。当时为什么斗他，我记不清了。

问：村里有“红卫兵”吗？

答：有。

问：有外村的“红卫兵”来吗？

答：没有。村小，问题不大，当时只有七八十户。

问：你参加过活动吗？

答：开过会，讲过话，学习党的政策，因为我是贫民。

问：你当过村干部吗？

答：没有。

【家族】

问：大的村里有家族，一个大的家族掌握实权。

答：这个村没有。冯家村姓冯的不少，但不掌实权，因为都比较困难，走的走，逃的逃，去谋生，现在只有3户。

问：这个村最大的姓是什么？

答：刘、张、孙姓人多，比较团结。

问：一个家族的人分家后过年、过节在一起吃饭吗？

答：现在没有了，各吃各的。父子都分家了，儿子结婚后就自己过了。

问：你先祖什么时候来的？

答：记不起来了。姓冯的建的这个村。

问：是山东省来的吗？

答：不知道。听说当时是占山，姓冯的占了这个地方，可不知道从哪儿来的。

【农村副业、家庭收入】

问：你一直务农？干过副业吗？

答：是。过去编过苇席。

问：一张席多少钱？

答：卖了席买粮食吃，多少钱记不清了。

问："文化大革命"时也是这样？

答：对。

问：从什么时候不编了？

答：不到"文化大革命"就不编了，因为土地都归集体了，水利建设后粮食也产得多些，就不编苇席了。

问：苇子从哪儿来？

答：从外地买的。

问：你种地还是种菜？

答：都种。种菜是园子地，自己种菜自己吃。

问：现在种多少地？

答：一口人3亩半地，我一共15亩地。种5亩小麦，余地种玉米、高粱、豆子。

问：一家6口都是谁？

答：老伴，一个儿子，儿媳，两个孙女。

问：用什么工具种地？

答：用大队的机器，小活用驴、马种地。

问：一年纯收入多少钱？

答：收入不一样，有多有少，卖粮钱有多有少。我家的麦子不卖。玉米、黄豆卖些，买化肥，交机耕费，剩不多。我老伴残废，不能干活，我自己干活，能自给自足。

问：这个村有很多户盖的房子很好，钱是从哪里来的？

答：静海的货场、工厂比较多，需要临时工，每天挣10元，一个月几百元，家里有粮食吃，钱就盖房了。

问：你共有多少孩子？

答：7个女儿，2个儿子。

问：女儿出嫁在本村吗？

答：都出嫁了。老儿子在府君庙乡，大儿子在乡政府。大儿子是哑巴，结婚了，他在乡福利厂，他生了两个闺女，跟着我们住。女儿嫁到外村，本村没有。

【村干部选举及责任】

问：村长是怎样选的？

答：由乡掌握，召开村民大会，投票。票多的当选为村长。不简单呀！

问：竞争得厉害吗？

答：不厉害。没有贪污的事了。

问：前年是刘村长，现在是张村长？

答：没有换，张村长是副的。我没听说换。

问：村长干预种什么吗？

答：不干预，由自己决定种什么庄稼。

问：村长的责任是什么？

答：乡里给村长任务。如两人打架找他，他管，不找也不管，平时他没事。

【婚姻礼俗】

问：到哪里去买日用品？

答：静海县，独流镇、府君庙赶集去买，村里也有卖东西的。

问：用驴车吗？

答：买小商品自行车就行了！如买煤就用驴车了。再大的事用小汽车，花钱就行了！如结婚。

问：你女儿不少，他们结婚花不少钱吧？

答：花钱不多，那几年还不兴大办婚事，人们钱也少。他们双方同意就结婚，我没有钱。

问：亲家送点彩礼？

答：彩礼也不多，那时人们钱少，东西也没现在这么全，做两床被子、两件衣服就行了。我大女儿快 50 岁了，最小的快 30 岁了，已结婚多年了。

【杂枪会】

问：你给我们说村里过去有杂枪会，那是什么时候？

答：国民党在的时候。日本人走了之后。那时有共产党，也有国民党，国民党沿铁路线过，我们离铁路线近，国民党为防共产党，成立了杂枪队，都是本村青年参加，杂枪队站岗放哨，共产党夜里来，防止共产党。

问：国民党给钱吗？

答：不给钱，国民党还要钱呢！

【天主教】

问：村里有天主教？

答：有。现在还有，我不是教徒，不了解情况。有好几户。

问：是一个家庭的人吗？

答：不是。

问：有多少户？

答：五六户。

问：参加会道门的事你知道吗？

答：不知道。

问：解放前村里有白莲教，你知道吗？

答：不知道。

【迷信活动】

问：村里有什么迷信活动？

答：现在什么都没有。我小的时候有，供佛，有佛堂，还烧香，解放后不信了。过去村里有圣会，现在叫音乐会，敲敲打打的，搞娱乐活动。

问：盖房有风水先生看吉日吗？

答：有看的，讲迷信，让人看门口朝哪开，什么时候盖好。也有不看的。

【火葬】

问：人死之后火葬还是土葬？

答：火葬。骨灰放在自己家里，不愿放在家埋在地里，不占地方。

问：从什么时候开始火葬？

答：年头不少了。“文化大革命”以后开始火葬。听说天津火葬完了骨灰盒存在集中的地方。村里放在自己家里，由个人决定放在什么地方。

王汝香（1933 年生）

时　　间：1993 年 3 月 27 日上午

访 问 者：三谷孝

翻　　译：俞辛焞

场　　所：王汝香家

【家庭介绍】

问：你是革命烈士子弟？

答：是。

问：当八路军之前是本村农民？

答：是。闹革命才出去。

问：你父亲当农民时有多少地？

答：没有地，只有1亩园子。

问：王大爷兄弟几个？

答：兄弟俩，开小卖部的那位是我哥，我没有姐妹。

问：你哥哥的名字？

答：王汝桐。

问：原籍是本村吗？

答：我祖宗就是本村。

问：你兄弟俩1亩园子不够吃外出打工吗？

答：是，我给人家扛活、赶车。

问：在地主家干过活吗？

答：没有。解放前我不在本村，和我母亲在子牙镇，住了20年，成了家，落了户，本村给了十来亩地解放后才回来。

问："土改"时你父亲还在吗？

答：不在了。当时有母亲、哥哥、嫂子和我4口人。

问：你小时有什么学校？

答：有小学。几个年级不知道。

问：你上过学吗？

答：我走了，不在家。

问：你哥哥上过学？

答：上过。

【日军进村】

问：抗战时期，日本来过这里吗？你记得有什么事？

答：我那时还小，记不清。

问：你见过日本兵？

答：见过。

问：铁路在日本人手中？

答：我那时小，也不记得。我那时也就两周岁，母亲抱着我向那边跑，其他我都记不得。

问：当时日本兵来村干过坏事你听说过吗？

答：没听说过。

【国民党军】

问：日本走后国民党兵来了之后怎么样？

答：那时我就了解了，国民党的杂牌军来后，杀人，抢东西。当时我没在家，在子牙公社，国民党杂牌军吃喝第一，到村后，要钱，要粮，要吃的。当官的来了他们也不敢要。

【天主教】

问：你在子牙公社有亲戚吗？

答：流浪。子牙当时是个镇，村比较大，没有亲戚朋友。

问：你全家都去了吧？

答：是。我们全家人少，我和我母亲走了，堂兄弟们分家另过。开小卖部的那人也参加过抗日战争。

问：你是搞"土改"的那年来的？

答：是。记不清是1949年还是1950年。

问：你知道解放前这个村有天主教、白莲教吗？

答：村里有天主教，有教堂。

问：有多少户？

答：当时闹不清，现在还有四五户。

问：教会里有什么活动？

答：闹不清，人家是秘密的。

问：信教的与一般人有什么不一样？

答：清明节他们不上坟，信大教的去上坟、烧纸。

问：他们的人品怎样？

答：没有怪人。

问：还有其他教吗？

答：没有。有信佛的，解放初期有到庙里烧香的，不是道门，自愿烧香。

【风水先生】

问：村里有风水先生吗？

答：没有。没听说过有什么迷信活动。

问：“文化大革命”时扫“四旧”有吗？

答：闹不清。

问：过去盖房请人看风水吗？

答：我盖过两次房，都没有请过，自己感觉怎么顺就怎么盖，我不信那个，没有用。

问：其他人有看的吗？

答：有。

【合作化】

问：你回到本村后就干农业了？

答：是。那时我十四五岁。

问：分地以后有什么感觉？

答：就十来亩地，不分好地、坏地。

问：互助组一个组有多少人？

答：5 个劳力，后来又成立了高级社，一个村 3 个社。

问：高级社比单干有什么区别？

答：没有多大区别。高级社时吃粗粮多，细粮少，单干比高级社时好点。

【火葬、上坟】

问：你母亲还在世？

答：已死十来年了。

问：这个村从什么时候火葬的？

答：从十几年前开始火葬。我母亲是土葬。

问：现在的坟平了？

答：没有平，我父亲是烈士。

问：你父亲的坟地在附近？

答：是。

问：你舅舅家在哪里？

答：我舅舅家没人了。我母亲是独流人。

问：你母亲的名字？

答：不记得，姓李。

问：一年给你父母扫几次坟？

答：我去两次，十月一日和清明节。小学生也去扫墓。

问：本村有几户烈士？

答：两户。刘锡英的二哥也是，解放前去世。

【婚姻和家庭】

问：你多大岁结婚？

答：我 25 岁时。老伴是李家院村人。她叫陈素芬。

问：大娘与你差几岁？当时结婚困难吗？

答：差 4 岁。我 1958 年结婚时，母亲与介绍人说三五句话就成了，我们没有见过面，领了结婚证就成了。当时还不要东西，我没花多少钱。

问：你母亲与介绍人认识？与你老伴的母亲认识吗？

答：介绍人家也有参加革命的，也是邻居，他们都认识。与我老伴的母亲不认识。

问：给介绍人送礼吗？

答：没有。

问：结婚前没见过面，结婚后关系很好？

答：关系很好。

问：你们几个孩子？

答：一个女儿，两个儿子，女儿已结婚。

【家庭生计】

问：两个儿子在本村？

答：是。一个在本村砖瓦厂，一个务农。我下午 6 点到府君庙副食店值班，住一宿，第二天早晨回来。上班的只有 3 个人，晚上值班就我一个人。

问：给你多少钱？

答：值一宿班 2 元，放一天羊 5 元，100 多只羊，每月共 210 元。

问：孩子们工作，你也工作，家庭生活很好吧？

答：我孩子在家，我农忙时不在家，店里乐意要老人。

【破除迷信】

问：反迷信有运动吗？

答：没有什么运动，灶王爷之类的神也就没了！

问：过去厨房里有神像之类的东西吗？

答：有。破除迷信时就没有了，“大跃进”以后，“文化大革命”以前就没有了。

问：打破迷信有运动吗？

答：讲破除迷信就破除了！没有运动。

【人民公社】

问：公社时生活怎样？

答：吃得也不错。干部们不劳动，“大跃进”以后生活就困难了。

问：“大跃进”搞水利建设你去了吗？

答：因体格关系，我没有去，干别的工作了，村里去了不少人。

问：人民公社为什么生产上不去？

答：我没有当过干部，不知道什么原因。

【水灾】

问：1963年闹洪水你知道吗？

答：知道。我29岁。我们都到天津去了，我大哥在天津市内。住了40多天。

问：房子都塌了？

答：都倒了。

问：现在的房什么时候盖的？

答：国家救济盖的。现在的房还是当年盖的坯房。计划明年盖房。

问：你大哥在天津干什么？

答：为住户送煤。

【“四清”运动、“文化大革命”】

问：本村有“四清”吧？

答：发水以后工作队来搞“四清”。搞了几个月，没有搞出什么！说干部有贪污，也没搞出来。

问：“文化大革命”你记得本村有什么情况？

答：搞四类分子，斗了几次人，不知道为什么挨斗。

问：本村有“红卫兵”？

答：有“红卫兵”、“造反派”。我没当过，我不识字，不了解村里的情况。

问：“文化大革命”时的生活？

答：1亩地产粮300斤，每天有吃8两的时候，3个月八九十斤小麦，其余是杂粮，杂粮多。

问：一个工分多少钱？

答：不统一，搞得好的分得多。我村一天搞好了八九角钱。我家5口人，秋季分六七十元。现在吃杂粮少了，多吃白面。

【生活感受】

问：爱喝酒吗？

答：爱喝，每天有酒，现在有气管炎。生活好了，一个是吃，一个是喝。

问：你大哥在天津工作着，你母亲由你供养吗？

答：两头跑。

问：你生活最高兴些是什么时候？

答：要吃有吃，要喝有喝，就高兴了！农村现在拿粗粮当细粮。村里盖了很多房，富了就盖房。

问：1976年毛主席去世有什么想法？

答：毛主席带来了幸福，他活着好，感觉这个人死了可惜！感觉他岁数不大，再活几年更好。

问：人民公社时生活怎样？

答：深挖土地的那年，开始的生活还行，后来就不行了！

【土地承包后生活】

问：土地承包哪年开始？

答：已十来年。我 4 口人，8 亩地，每人 2 亩地，我没有菜地，我女儿种了。

问：卖给国家多少粮？

答：收 1200 斤小麦。我不卖，都吃了，家里还有牲口。

问：机耕、肥料钱哪来？

答：我自已挣的钱投入农业一部分，不卖粮食，我大儿子赚的存起来买东西。

问：你家有什么牲口？

答：一头驴，还有农具。大队有播种机。

问：你大孩子多大？

答：25 岁。小的 23 岁。

问：给你儿子找媳妇了吗？

答：正找呢！

问：想抱孙子？

答：有孙子就坏了，喊的不是爷，是喊的钱。有钱就有孙子。

问：怎么找自已的对象？

答：自已看上了对方，还得找介绍人。自由恋爱不花钱。

问：村里的天主教徒们“土改”时的成分？

答：不知道。有贫农、中农。

【生活经历】

问：你除去天津子牙外，还去过什么地方？

答：去过（音不清），因我父亲参加革命工作，我和母亲生活不下去了，就到那里，解放后回来的。

问：避难？

答：是。我母亲被国民党抓起来过。在独流车站买票准备到天津去，有人问她到哪儿去，她告诉他们说去天津大姑姐家串亲，国民党说去通情报被抓起来，关押了两个月。这是国民党的杂牌军干的。

问：你在百忙中告诉我们许多事情，对我们很有帮助。

刘连德（1927 年生）

时　　间：1993 年 3 月 27 日下午

访 问 者：三谷孝

翻　　译：俞辛焞

场　　所：刘连德家

【刘氏家族】

问：你今年多大？叫什么名字？

答：67 岁。叫刘连德。

问：大娘多大年纪？

答：69 岁。叫李凤兰。

问：祖辈从哪来？

答：燕王扫北时来此地的。到此十三四辈。

问：你一直住在这个村？这个村有多久了？

答：是。这个村是明朝弘治二年始建的。

问：这个村姓刘的有多少户？

答：十五六户，不到 100 口人。

问：刘家有什么活动？

答：有急事互相帮忙。

问：你父亲的名字？

答：刘恩华。已不在世，活了 88 岁，我老伴照顾得好。

问：你是老大？

答：就我一个儿子。两个妹妹、一个姐姐。

问：你父亲哪年去世？

答：1900 年生人，已去世 6 年。

问：你一直在本村吗？

答：是。去过天津，南边到唐各屯。

问：你父亲在村里做过什么事？

答：种地。

【“土改”时成分】

问：“土改”的你家的成分？

答：富农。

问：有多少亩地？

答：80多亩。

问：自己种还是雇工？

答：以前雇过一个长工，后来雇短工。不出租。忙时雇二三人。

问：有多少牲口？

答：一头牛，一头驴。

问：自己干吗？

答：耕、耩、锄、刨都是自己干。没有其他副业。

问：你母亲何时去世？

答：我51岁时母亲去世。

【日军进村】

问：你记得“七七事变”时日本兵来中国的情况吗？你见过日本人来这个村干过什么事吗？

答：我那年10岁，记得一些事情。我在南运河玩，日本兵开过小船来给我们几块糖。我长大后日本兵打枪我记得。

问：这里有日本兵的岗哨？

答：没有。他们只是路过这个村。

问：日本兵进村打过人吗？

答：就是抓鸡吃，不是见人就打，兵对兵时对打，日本兵来过这个村。

【八路军、国民党】

问：日本兵在时，八路军有根据地，你知道吗？

答：不知道。

问：八路军什么时候来的？

答：日本快投降时他们才来。有武工队，1945年日本投降那年八路军就多了。

问：村政权是谁的？

答：国民党的。

问：日本投降后国民党来了，这个村当时怎样？

答：正式国军没什么，就是地方军，向老百姓要钱，打人。

问：国民党回来后在农村实行“二五减租”，国民党做了什么事？

答：这个地方没有。八路军来后国民党就崩溃了。

【杂枪队、联庄会与自卫队】

问：日本投降后，这里有个民团性质的杂枪队吗？

答：有。这是国民党成立的杂枪队，防备八路军。如八路军来后，到静海向国民党报信。

问：你听说过“红枪会”的事吗？

答：不知道。

问：你听说过联庄会吗？

答：有杂枪队的时候就有联庄会，一个村一个点，村与村之间互通情报。

问：杂枪队和联庄会谁成立得早？

答：同时成立的。

问：杂枪队的队长是谁？

答：村里用粮食雇的，如每户出二三百斤玉米等。是本村人当队长。

问：队长有军事素养吗？

答：只是一个名，普通百姓。没有枪，只有杂枪。

问：国民党在时有土匪吗？

答：没有。日本兵来的第二年特别乱，以后就好些了。

问：乱的那年村里成立了自卫队吗？

答：没有。

问：那时有村长吗？

答：有，不管事。

【医疗】

问：解放前村里人病了到哪儿看病？

答：农民医生，看中医，没有西药。

问：当时这个村当中医的人的名字？

答：张锡麟。我父亲病的时候让他看好了。

【宗教】

问：解放前村里有什么宗教？

答：有天主教，多少户不知道，我下生时就盖有教堂，听老人说。

问：你小时候见到他们念经吗？

答：我上小学时跟着天主教的老师念过经，这个天主教老师姓石。这个小学是天主教成立的。

问：去本村的教堂吧？

答：是。

问：圣诞节有什么活动？

答：礼拜、念经。

问：村里有多少奉教的？

答：估计有七八户。不是天主教徒也可上这个小学。

问：有学费吗？

答：不记得要钱。

问：几年制？

答：四年制。上了二三年，没有毕业。

问：村有“三佛会”？

答：现在还有，叫娱乐会，那时叫“三佛会”。

问：“三佛会”有个“佛”字，是不是与信佛有关？

答：那时信佛，现在不信了。解放后不信佛了，现在有娱乐性。

【婚丧礼俗】

问：结婚、丧礼娱乐会吹打吗？

答：结婚不用，老人去世时吹打，认为老人一生不易，死后娱乐娱乐！

问：本村有祭天地的活动吗？

答：没有。现在写对联还这么写：“敬天地人才两旺，孝父母福寿双全。”

问：参加娱乐会有条件吗？

答：没有，自愿参加。

问：一年中他们有固定活动时间吗？

答：正月十五，十月十五，春节。正月十五庆元宵，十月十五庆丰收。

问：有过白莲教吗？

答：没有。

【“土改”】

问：“土改”时家里几口人？你大姐出嫁了吗？

答：8 口人。我已结婚并有孩子了。

问：分你家的地了？

答：没有动我家的地，没出也没进，合作化时定的富农。

问：“土改”时你家 80 亩地，分家了？

答：没分家。“土改”时自己种。当时我们这儿的政策是斗争地主，中立中农，以贫下中农为骨干。这与西边不同。富农的地、财产都不动，西边就动了。

问：这个村有多少地主、富农？

答：两家地主，3 家富农。他们地少，剥削量大，五六十亩的、四五十亩的，不如我们地多。

问：“土改”后还能雇短工吗？

答：可以。

问：互助组几家？

答：地主、富农都不要，初级社时我们也不能参加，到后来都入社了才要的，也就是高级社时才入社。

问："土改"时发土地证，你还有吗？

答：入社时都收回去了。

【婚姻】

问：你与大娘多大岁数结婚？

答：我17岁，她19岁结婚。

问：大娘是哪个村人？

答：静海口子门。

问：当时坐轿吗？

答：坐轿。头一天用大车拉来，第二天用轿抬过来。

问：你们怎么认识的？

答：我们以前都认识，经父母同意后订婚，然后就结婚了，在静海县外国语小学时，日本人给我们上过课，上到四年级就回来了。

问：先在这里上了二三年，后又在静海县外国语小学上了4年？

答：是。在静海的宣抚班上，日本人做宣传。

问：当时有"新民会"吗？

答：村里没有，县里有。

问：你上过中学吗？

答：静海有英海中学，我没有上过。

【破除迷信】

问：解放后有破除迷信运动吗？

答：有宣传，没运动。

问：有哪些迷信活动？

答："三佛会"念经取乐，除此之外没有其他迷信活动。

【互助组、人民公社】

问：单干、互助组、合作社这几个阶段生活的变化？

答：1958年以前生活还可以，以后生活就差了，1960年生活困难，分了自留地以后，生活就凑合了。

问：一口人多少自留地？

答：（音不清）。

问：人民公社的几年，1亩地打多少粮食？

答：与现在比，打得不多。

问：你父亲在时1亩地打多少粮食？

答：那时不行，好的1亩产二百来斤。

问："土改"后呢？

答：差不多。

问：高级社时呢？

答：更不行。

问：人民公社呢？

答：二百来斤。

问：亩产麦子没有多大变化？

答：是。变化最大的是政策开放后，现在亩产麦子250~300公斤（500~600市斤）。

问：产这么多粮食的原因？

答：子种好，肥、水投资多，积极性也高，这个村年产40万斤粮。

问：人民公社时一天分给多少口粮？

答：一斤原粮，不是面粉，一年360斤，有的地方还少。

问：吃大食堂？

答：一个村一个大食堂，14个小队。吃了一两年食堂。

【家庭生活】

问：1963年发大水你疏散出去了？

答：我们一家没有走。当时共产党照顾得很好。

问：住这房吗？

答：在上边，这是现盖的。这是儿子的车马店，我给他看着，现在每顿饭都是米、面，经常吃鱼、吃肉，不断喝点酒，我对生活很知足。知足者常乐嘛！我父亲那时80亩地也舍不得吃舍不得喝，我很满足。

问：你大儿子多大？

答：48 岁。1 个孙子，3 个孙女。

问：你儿子叫什么？

答：刘润育，在县城做买卖，媳妇在家。

问：闺女出嫁了？

答：3 个闺女都出嫁了！他们的生活很好。

【“文化大革命”情况】

问：“文化大革命”时村里有事吗？

答：这个村“造反派”最轻，脑子都比较清醒。一个村的老乡，我还平静，工作组走后，还在一起住，与城市不一样。

【土地承包后情况】

问：哪年实行责任田？

答：八几年，一人 2 亩地，按人口分，我分得 20 多亩地。

问：盐碱地治理得怎样？

答：好。以前我村薄地多，现在都成良田了。

问：都是你自己耕种吧？

答：是。儿子到种的时候也回来。

问：机械化比过去好了？

答：是。

问：你的三辆车是自己买的吗？多少钱？

答：自己买的，共 4400 元。做小买卖用的。

问：什么时候买的？

答：去年。拉货去卖，快。

问：怎么用？

答：拉毛线、布头，到独流镇、静海县去卖，代替自行车。

问：卖杂货吗？

答：只卖两样。冬天从里县拉毛线，布头是从广州买来的。在本地卖。

问：是批发吗？

答：零售。

问：不卖土产和农产品？

答：是。

问：20 亩地一年收入多少钱？

答：5000 斤麦子，秋季 5000 斤玉米，4000 多元钱，纯收入 3000 元，投入 1000 元。

【村干部】

问：你上过学，有知识，头脑也清楚，在村里当过什么干部？

答：解放后至 1957 年当村文书，后因成分高，不干了。

问：前年我们来时是刘村长，现在是张村长，怎么变的？

答：民主选举变化的。

问：你也参加投票了？

答：是。

问：村里人都参加吧？

答：都参加了。

问：村主任是任命还是选举？

答：乡里任命，村里提名。是从选出的委员中任命的。

问：村长抓什么？

答：全面抓。管农业的耕、耩、种。

问：距北京近的地方又把土地集中起来耕种，抽出大量人力搞其他副业，你对这种做法如何看？

答：这是富裕的地区。

问：天津郊区也不分地，由几个人耕种，其他人搞副业挣钱大家分？

答：这地方富裕。

【生活感受】

问：你们老两口住在这个地方？

答：是。老夫老妻，互相关照，就很幸福了。这是咱俩最好的时期，想吃啥有啥，没病没灾。

问：你最苦难的时代是哪年？

答：困难时期。

问：这个村进来过工作队吗？

答：有：当时个人进天津都怕。现在郊区的农民比工人都强。

问：你去过北京吗？

答：没有。咱知足，出门受罪，一生偎在炕头上，这是老人的看法。时代变了，思想没变。

贾桂荣（1933 年生）

时　　间：1993 年 3 月 28 日上午

访 问 者：三谷孝

翻　　译：俞辛焞

场　　所：贾桂荣家

（与会者来人）

【家族】

问：你叫贾桂荣？多大岁数？

答：贾桂荣，61 岁。

问：你是这个村的人？

答：是。

问：姓贾的有几户？

答：3 户。现在小孩们分家过，户就多了。我有个哥哥，他有 4 个儿子，都分着过。还有一个侄子，他是一家。

问：你祖先是从哪里来的？

答：我祖父是山东省人，他这辈来到这个村。

问：你父亲叫什么名字？

答：贾德发。

问：你父亲何时去世？

答：距今六七年了。

问：你母亲还在世？

答：我 8 岁时母亲就去世了。

问：你就出生在本村？

答：本村生人。

问：你何时结婚？

答：31 岁时。

【教会小学】

问：你上过小学吗？

答：我在教堂那儿上，这个小学办的年头不久。

问：上过几年？

答：五六年。

问：整天上吗？

答：是。

问：教会小学学的什么课？

答：有修身、常识、国文、国语、算术。

问：先生是谁？

答：不是本村人，姓宋。

问：他信天主教？是牧师吗？

答：信教，不是牧师，都死了。

问：有外村的学生？

答：不管本村还是外村，都在这个学校上学。

问：多少学生？

答：三四十人。

问：男女生比例？

答：男女生在一起上课，男生比女生多。

【家庭成员】

问：你小学毕业后干什么？

答：在家务农。

问：你父亲有多少亩地？

答：20 多亩。

问：“土改”时你家的成分是中农？

答：下中农。

问：你兄、弟几人？

答：有一个哥哥。

问：你哥的名字？

答：贾广斌。

问：你哥哥在吗？

答：在。种地的农民。

问：你30岁结婚在哪儿？（张富元之妻，整理者注）

答：在天津上班时结婚。

问：你丈夫的名字？

答：张富元。他当时38岁。

问：你与你丈夫一起过？

答：他退休在家。

问：这是你的孙子？

答：是。这是他大舅家的侄媳。

问：你几个孩子？

答：4个。2个女儿，2个儿子。

问：他们都结婚了吗？

答：女儿没结婚，两个儿子都结婚了。

问：两个儿子在外吗？

答：大儿子在独流镇小学，二的在天津上班。

【“七七事变”印象】

问：你上学时发生了“七七事变”，你见过日本兵吗？

答：我记事时日本投降了。当时我见过日本兵。

问：在哪儿见到的？

答：静海。

问：日本兵到冯家村来干过什么坏事？

答：我还不记事。

问：抗战结束后国民党军又回来了，你还记得吗？

答：不记得。

【土地改革、互助组】

问：“土改”时下中农分得地了吗？

答：下中农不分地，贫雇农才分地，这个村的地较少。

问：互助组你们几家一个组？

答：自愿结合，10家、8家的都有。

问：互助组时的生活怎样？

答：凑合，当时年年发大水，庄稼不收。

【天主教徒】

问：你信过天主教？

答：是。现在还信。

问：什么时候开始信？

答：从小。我父亲也是教徒。

问：这里的教堂什么时候修建的？

答：我不记得，那时还小。

问：圣诞节有什么活动吗？

答：到天津去活动。

问：村里有教堂时圣诞节有什么活动？

答：都到静海县城去。

问：你们为什么全家奉教？

答：我不知道，我父亲奉教，我们就自小奉了。

问：你信教给你的生活带来什么好处？

答：没有什么，主要是信仰，天主教不让做坏事，要做好事。

问：你的孩子们也信教？

答：是。

问：日本也有不少天主教徒，家里放着《圣经》，你家也有《圣经》？经常读吧？

答：有经文。就是这些（指出），跟日本的经文一样？

问：天津教堂你一年去几次？

答：有时一次，有时两次。圣诞节、复活节去。

问：法国租界那儿的教堂吧？

答：是。圣诞节、复活节也有外国人去，人不少。

问：静海有教堂吗？

答：有，国家占着，解放以后就占了。

问：也能做弥撒吗？

答：对。现在没有神甫了，神甫都到天津市去了！

问：村里信教的几户在一起念经吗？

答：不。现在信教的只有三四家，多数不信了。自己在家念。

【人民公社、水灾】

问：人民公社的事你记得吗？

答：记不清了。

问：人民公社时的生活怎样？

答：人们吃食堂，低指标，国家没有东西，地里不收。

问：1963 年闹大水你在家吗？

答：我在天津。1961 年底结婚。

问：你父亲还在？

答：在。

问：你什么时候从天津市内又回到村里来了？

答：闹水去的。到冬天就回来了。秋天闹水。

【天主教徒的婚丧礼仪】

问：你父亲去世是火葬还是土葬？

答：火葬。把骨灰盒埋在地里了。

问：现在还扫墓吗？

答：天主教不信上坟，不烧纸、不扫墓。

问：信天主教的人与不信的人在生活上有什么区别？

答：除不扫墓外，不烧纸，不上供，不给死人叩头，别的都一样。

问：孩子们结婚有什么教理？

答：婚配按教理办，不拜天拜地。在家里办。外教的人有上坟一说。天主教徒结婚时到教堂让神甫做弥撒。别的没有。

问：娶儿媳也一样？

答：对。

【“文化大革命”】

问：解放后是不是有一个阶段不让在家挂圣像？

答：是。“文化大革命”时不让挂，“破四旧”、“立四新”人们领会错了。

问：什么时候重新挂了？

答：“文化大革命”后。

问：“文化大革命”时村里有“红卫兵”吗？

答：有。

问：亲戚中有当“红卫兵”的吗？

答：没有。

问：“红卫兵”、“造反派”有没有到家里来要这些东西？

答：没有。当时我住在天津。“文化大革命”后才回来。

【天主教徒的家庭生活】

问：你丈夫在天津做什么工作？（问张富元之妻）

答：灰堆纺纱厂。

问：你小孩在哪儿上班？

答：有个当小学教师的，还有一个全家在天津上班。

问：你们信教的有没有感到与不信教的有差别啊？

答：没有。我们互不干涉，信仰自由。

问：你一家早晨起来念经唱歌吗？

答：早晚念经，不唱歌，吃饭时念。

问：独流镇有教室吗？

答：没有。最近的是天津市内，大城那边也有。

问：你家承包了多少地？

答：八九亩，根据人口分的。

问：地里种的什么？

答：麦子，豆子，菜园子种菜吃。

问：有其他副业？

答：没有。

问：你家里两个姑娘做什么事？

答：一个有病，一个在针织厂上班。

问：谁种地？

答：主要我们老两口种，大秋、麦收时，大儿子放暑假。天津那个也来帮忙。

问：你几个孙子孙女？

答：一个儿子一个，共两个孙子。

问：你儿子在生活上帮不了你多少忙，教员工资低？

答：是。我老伴有劳保，有钱花，地里种的也够吃，他们一家 3 口人，生活不富裕，凑合着吃饭。

问：你大儿子月工资多少？

答：二百来元，教员的工资都不行。

问：你大儿子住在哪里？

答：在独流镇。今天礼拜回家了。儿媳没有工作。

问：地里一年收多少食粮？

答：麦子 1000 多斤，秋季 1000 多斤，共 2000 斤，缴公粮有限。

问：1 亩地产多少斤粮？

答：五六百斤，成本很高，种地不合算。化肥很贵。

问：耕地用什么？

答：大队有耕种机，每亩地几元钱。

问：在哪儿买化肥？

答：在本村买。

问：日用品在哪儿买？

答：除在村里买以外，到静海去买。

问：你爷爷也奉教？

答：从我父辈奉教。

问：你爷爷为什么到这儿来的？

答：山东生活不好，来此地了。

【村干部选举】

问：村长是怎么选出的？

答：现在是村主任、书记。

问：怎么选的？

答：原来是公社，现在叫乡，村里原是大队长、书记，现在叫村主任。大家选举，上边提名。

问：现在的村主任姓张？

答：张宝善是书记。张宝森是主任，我也参加选举了。

问：是通过广播叫到大队去选举吗？

答：是。一家给一张表，上边有人名，同意的划○，不同意的划 ×，谁票多，谁当选。

问：几个候选人？

答：有三四个人。

王海忠（56 岁天主教徒）

时　　间：1993 年 3 月 29 日上午

访 问 者：三谷孝

翻　　译：俞辛焞

场　　所：王海忠家

【天主教徒的习俗】

问：你叫什么？

答：王海忠。

问：你是在本村生的？

答：是。

问：你小时候的往事记得吗？

答：我小时生活苦，吃豆饼。我父亲为人家扛长工。也到外地拉大车。

问：你今年多大岁数？

答：56 周岁，属龙的。

问：你是本村生的，你爷爷是吗？

答：都是本村生的，我们是从刘家营迁来的，年头太久，记不清了。

问：你小时玩什么？

答：弹玻璃球，下围棋，没有其他玩的。

问：你小时有哪些朋友？

答：在一起玩的和上学的都是朋友，我们在天主教，在教堂念圣书、语文，天主教办的学校。当时上学有时间，中午吃中午饭，下学后打苇子，上、下午都上课。上了2年学，家里生活困难，我1952年当兵，参加了解放军。当了5年兵，在66军198师193团，分别驻军于天津市东局子、北京南口（看照片），我在坦克团。这照片不一样，在杨柳青还穿便服，后来换成军装。

问：解放前得了病怎么治？

答：得了病，治不起，我有好几个兄弟生麻疹死了。

问：天津你家里有几个兄弟姐妹？

答：南开区有个哥哥，两个妹妹，共4人。我母亲生了八九个，最后只有我们4人活下来。

问：这是谁？

答：我的第二个儿子。

问：是没有药看不起病，还是由于迷信？

答：因为没有钱，治不了，只有吃饭钱，没有钱治病！

问：中国农村供着神，治病？

答：我家没有。我们不烧纸、不烧香。

问：你信教从你父亲开始吧？

答：是。

问：他为什么信耶稣？

答：信教当时有好处，教堂里有豆饼吃，有粥喝，就为这个。

问：这个教堂什么时候修的？

答：很早，有几十年了！1949年解放后取消了。

问：一天吃一顿饭？

答：是。

问：奉教的人都是困难户吗？

答：这个村30%的人都奉教。

问：上小学念《圣经》？

答：一年一斗玉米、一斗麦子，共30斤，这是学费。

问：对你有什么影响？

答：一方面念了《圣经》，另一方面学了国语，上了教会学校就信任耶稣了。

问：学了《圣经》对以后的人生有影响吗？

答：天主教堂静海县过去有，每个礼拜都做礼拜去。

问：传教士是从哪儿来的？

答：从天津来的。

问：你小时候几点起来，起来干什么？

答：我小时候6点起床，起来后就剥苇子，再轧好，吃完饭除上学外，还干家务，大人、小孩都得劳动，不劳动吃不上饭。

问：芦苇是本地产的吗？

答：是。距这儿30里地的地方产。

问：席子是自己用吗？

答：到独流镇换粮食吃，也有卖钱的。5天一个集。

问：谁织席？

答：我母亲织，父亲备料。

问：当时买卖都去独流镇？

答：有时也到静海县城。

问：织这么大的席用多长时间？

答：我们家两天织一张。快的一天织一张。

问：你也跟着父亲备料吗？

答：是。

问：用人力还是畜力拉？

答：别人家有牲口，我们穷，没有，借别人的牲口用。

问：当时独流镇有什么特殊的商品？

答：卖玉米、高粱，主要是吃的。还有

酒，独流醋、鱼、豆腐。

问：有治病的药吗？

答：没有。有草药。

问：小孩玩的弹球是独流镇买的？

答：对。

问：过节时大人给小孩红包，这里有吗？

答：也有。没有钱什么也不给。

问：解放前你们到其他地方住过吗？

答：日本兵来的时候，我父亲到天津住了几年。后来回家种地，当时我还小，刚生下我不久。

问：日本投降时你多大？

答：七八岁。

问：你母亲的娘家是哪儿？

答：沧州。小时候去过姥姥家。常住半个月或一个月的。

问：你母亲也信天主教？

答：是。

问：你母亲原来信教吗？

答：结婚以后才奉教，原来不信。

问：除天主教外，这个村还有其他教吗？

答：有佛教，白莲教。

问：佛教与老人教一样吗？

答：白莲教不一样。

问：这个村有几户信白莲教？

答：十来户。大部分信佛教。

问：白莲教有哪些活动？

答：不知道，秘密的。

问：他们吃什么东西？

答：不知道。

问：其他村也有白莲教吗？

答：可能有，不清楚。

问：你小时候知道佛教会的事吗？

答：不偷别人的东西，遵守规矩，进教堂念经，别贪财。

问：这是天主教的事，佛教会你知道吗？

答：不知道。

问：你现在还信天主教吗？

答：只我一个人信，他们都不信。

问：一年你去天津市内几次？

答：有耶稣复活，四占礼，我都去。

问：你手里有《圣经》？可以看看吗？

答：有。可以看。

【“文化大革命”中的天主教徒】

问：文化大革命”时还有这些吗？

答：都烧了，现在又有了。

问：“文化大革命”时有限制吗？

答：没有限制，天津不限制，村里有限制。静海的教堂抓了。农村的教堂主要用于神甫来了下会，一年来两三次，平时不来。1950 年静海教堂取消后，我们到天津市内教堂去了。

问：《圣经》到哪里去买？

答：望海楼，西开教堂。

问：你大孩子结婚了吗？

答：结婚了！

问：结婚仪式与不信教的一样吗？

答：一样。拜天拜地，鞠躬，没有区别。我们都奉教，到天津教堂去婚配。

问：你父、母去世后怎么上坟？

答：清明节拿着铁锨给坟上培土，子弟们去上坟、烧纸，我不去，也不叩头。

问：你是信教的农民，与不信教的农民有何区别？

答：没有区别，不打击也不报复。生活上除不上坟、烧纸外，其他都一样。天主教不烧香、烧纸。

问：每天什么时候念经？

答：每天早、晚念经。

问：吃饭的时候呢？

答：吃饭请圣汤。

问：你一个人做吗？

答：是。天主教原来是意大利的，但中

国天主教独立。

问："文化大革命"让你烧圣书，心情怎样？

答：也收、也烧，自己烧的。"文化大革命"后恢复了信仰自由了，人们就又信了，大城、任邱的教徒都到静海县来。宝邸县、武清县都比我们强，"文化大革命"时《圣经》烧了，表面上不大高兴，共产党讲信仰自由，为什么不让我们信了呢？所以对共产党也不大相信。

问："文化大革命"中扫"四旧"，佛爷不让信了！迷信也不让搞了！这里有这事吗？

答：都砸得稀巴烂了！

问："文化大革命"中还发生过什么事吗？如武斗啦？

答：斗本村的当权派，如当书记、队长的挨批。主要是救济款和多吃多占这类问题，没有什么大问题。政府来了救济款该给的不给，干部们多吃多占，反正是国家的钱。

问：村里什么人当"红卫兵"？

答：敢说的，敢提意见的贫下中农。

问：小学的教员受到学生的批判吗？

答：没有。农村里就是因救济款争论不休，没有其他问题。

问：村里"文化大革命"最热闹的是哪年？

答：刚开始的 1966 年最热闹，后来就没事了。

问："文化大革命"中有工作队吗？

答：县里派来了工作组。

问：是什么人？

答：县里的干部。

问：工作组来后干什么？

答：如何进行，喊"要文斗不要武斗"的口号。村里也有大字报。

问：村里有武斗吗？

答：用手打一下，这类的事有。

问："文化大革命"后天津市的干部下放到这村里了吗？

答：有学生和拉练的到村里来过，没有干部。

问：有民兵吗？"文化大革命"中民兵有枪吗？

答：有。"文化大革命"中把枪都收上去了！当时是公社收的。

问：现在民兵有什么活动？

答：没有，团员也不活动，党员活动也不多。

问：工厂有经济警察？

答：村的工厂没有，国营厂才有。乡派出所有经济警察。

问：村里户与户之间发生冲突谁管？

答：村治保主任管。

【村干部的产生方式】

问：村长是怎么选的？

答：先提出候选人，如 5 个党员是候选人，写在纸上让大家民主选举。这 5 个候选人是在党员会上选出的。

问：张宝善当选时几个候选人？

答：不知道。同意的划 ○，不同意的划 ×。

问：乡与村长选举有什么关系？

答：党员先选出来，这是党的干部，咱没权。

问：治保主任怎么选的？

答：任命的。

问：你家有多少票？

答：年满 18 岁的都有选票。

问：在这里你们几口人？

答：只有我们老两口，孩子们另过。年轻人都自己过。

问：是无记名投票吧？

答：是。

问：不是党员的不能当村长吗？

答：是，闹不太清。

问：前年我们来时是刘瑞森当村长，今年是张宝善当村长。

答：是。刘瑞森不干了！

【改革开放后的天主教徒家庭生活】

问：你家承包了多少地？

答：一共14亩地。孩子上班去了，我管。

问：分责任田时你家几口人？

答：6口人。大人、小孩都可分地。

问：新结婚的媳妇和小孩有地吗？

答：得等机会，赶上分地时都有份。刚来时没有，大队调整地时就有了。

问：什么时候分的地？

答：十一届三中全会后，有十来年了。

问：有副业和种菜吗？

答：没有副业，种菜供自己吃，不卖。

问：每年打多少粮食？

答：麦子共4000斤，每亩地六七百斤，杂粮每亩地也打六七百斤，黄豆打300斤。每年收两季。

问：卖给国家吧？

答：我没有卖，还存着，怕歉收年没粮食吃。现在都吃米、面。

问：你两个孩子都工作？

答：都在建筑公司？当合同工。

问：在静海吗？

答：到天津去干，是为房地产公司盖房。

问：你一家的生活安定了？

答：是。现在是解放以来生活最好的了。过去不好好种地，大包轰。还是政策问题。

问：你不卖粮食，怎么投资地的生产？

答：靠他们在外挣钱。

问：一年共投入多少？

答：1000多元。

问：这是你儿媳？

答：对。

问：你们是什么时候结婚的？

答：去年4月20日。

问：你们结婚花了不少钱吧？

答：从订婚到结婚花了七八千元。盖房花8000多元，家具自己做的。

问：你儿媳妇是哪个村的？

答：府君庙。

问：你们是自由结婚的吗？

答：自由恋爱，我们是同学。

问：你什么学校毕业？

答：静海县高中毕业。

问：儿媳也工作？

答：静海总服装厂。

问：大儿子做什么？

答：在静海建筑公司，大儿媳在食堂做饭。

贾广斌（63岁）

时　　间：1993年3月29日下午

访 问 者：三谷孝

翻　　译：俞辛焞

场　　所：贾广斌家

【家族】

问：你的祖先什么时候来这里的？

答：从山东来的，为了生活来到这里。我父亲70多岁死的，我没见过老祖宗的面。我父亲生于此地，祖父是山东人。

问：你兄弟姐妹几人？

答：我有一个妹妹，只有我们二人。我母亲早去世了！

问：你上过教会学校？

答：小学毕业后，上了四五年教会学校，后因生活不好，就不去了。

问：不上学后种地吗？

答：是。以农为主，最远去过天津。解放那年我 19 岁。

【日军侵略】

问：你见过日本兵？

答：见过，在静海做活时见到的。

问：静海有日本兵住吗？

答：有。

问：日本兵来过这个村吗？

答：来过。

问：在村里做过什么不好的事情吗？拿走什么东西？抓工吗？

答：他们路过这个村。听说有个当“波衣”（服务生）的，给日本人办事，指挥中国人，日本人叫他波衣。

问：是本村的人吗？

答：在静海找的。

问：你听说过新民会？

答：听说过。

问：它干什么？

答：不了解。

问：本村有没有当“波衣”的？

答：没有，这时离得远。

【八路军】

问：你听说过八路军的事吗？

答：听说过，离这儿不远的地方有八路军，夜里来，白天走，打游击。八路军住的地方离这儿 6 里地，在贾村。

问：打过仗吗？

答：八路军与日本人打过，但在这里没有，离铁路 2 里地有日本兵，八路军白天不在这里住，他们之间离得远。

问：八路军来时在村有什么活动？

答：白天不在，夜里来了说日本人坏，八路军好。一般人见不到八路军，当官的能看到，怕暴露。

问：当村长的知道？

答：是。村长两方面应付，白天是日本兵，夜里是八路军。

问：这叫两面政权，日本投降你知道吗？

答：弄不清，我还小，不记事。日本 8 年，国民党 4 年，我当时还不记事。

【国民党杂牌军】

问：日本走了以后国民党来了你知道吗？

答：知道。不是正规军，是杂牌兵，征兵，要东西，抢这个、抢那个，胡作非为。

问：听说这个村有个人被国民党杀害了，有这事吗？

答：没有。

【宗教信仰】

问：你信天主教吗？

答：信，我家都信天主教，自小就奉教。我父亲自小就信，现在的小孩也信，不如我们认真。

问：村里有教堂，有多少人信教？

答：这个村 80% 的人信教，教堂现在还有。

问：日本人来时还照常信教吗？

答：对。静海有教堂。

问：信教有什么好处？

答：外国人信教给东西，如毯子、褥子。认真信的不给东西也信，要东西的是假信。实际现在都不信了，生活困难，是这么信的。

问：你是真信的？

答：是。

问：你信教不容易，遇到过不少不愉快的事情，你为什么这样认真地信教？

答：教有很多种，都让人们学好，没有让人学坏的，哪有让杀人的?!

问：姓贾的有多少户？

答：两家，还没有出五服。他们不信天主教，信佛教。

问：你妹妹信教，你们有集会吗？

答：静海县没有教堂，我们到天津望海楼，在村里合着念经的时候少，个人念个人的时候多。

【婚姻】

问：你多大岁数结婚？

答：1949年19岁结婚。

问：你有几个孩子？

答：4个儿子，1个女儿。都结婚了，4个儿子，4房媳妇，4个孙子，2个孙女，一个儿子一个男孩。女儿在天津，快40岁了。

问：家里只有两口吗？

答：老伴死了。我跟着二儿子在一起生活。

问：你老伴的名字？

答：王桂珍，是南皮县冯口镇人，已死两年了！今年66岁，比我大3岁。

问：你老伴也信天主教吗？

答：原先在老家信佛教，来到这里我们劝她也奉教了！

问：你们怎么结婚的？

答：介绍的。见见面，后来自己来往。要东西时介绍人来回搭桥，结婚以后介绍人就不管了。

问：你结婚时坐轿？

答：有坐的，也有不坐的，坐轿有点过时了！原来是花轿，穿街过巷。

【土地改革】

问：已“土改”了吗？

答：1949年腊月解放，1950年“土改”。

问：八路军打天津城的时候？

答：西站的八路军都是从河间过来的？杨柳青是前防，这些地方搭的桥，有担架队，一个月时间。

问：解放后参加八路军的有吗？

答：有。我们村有两个，都死了。

问：“土改”时你家是下中农？

答：是。地自己够种，没有分得地。贫农才分地。

【互助组、人民公社】

问：互助组你知道吗？

答：互助组后成立初级社，初级社后又成立高级社，互助组很多。我这个组有五六家，关系都不错的附近几户。

问：听你妹妹说她31岁结婚，农村算晚的了，这与有文化有关吗？

答：愿意帮助家里干活的结婚晚，我妹妹解放后在信贷社当会计。所以自愿晚结婚。

问：人民公社时的情况？

答：高级社后成立人民公社，“大跃进”，国家穷，深挖土地，生活困难嘛！又有外债，日子就更难了。

问：高级社与单干一样吗？

答：初级社比高级社强，初级社时人们干活心齐，高级社时大家在一起，你干他不干，都不好好干，所以生活差了。

问：人民公社时瓜菜代粮食，农村有吗？

答：没有粮食，用菜代粮，把肚子灌满就行了！1963年闹洪水，庄稼淹了，国家救济，国家管吃、管喝，我到天津我表姐家，也管吃、管喝。

问：你表姐是谁家的孩子？

答：我二姑家的姑娘。

【“文化大革命”情况】

问：“文化大革命”时你在村里吗？

答：在。

问：扫“四旧”时？你家的十字架、圣像受损失了吧？

答：自己藏起来了，也就不管了。我存放起来了。

问：那时你念经吗？

答：自己不出声念，出声别人就知道了。

问：现在你家挂着十字架，有圣像、《圣经》？

答：是。现在是明的了！不是偷着挂，圣像、《圣经》都有，一年一挂，新的像挂历一样。

问：什么时候开始挂？

答："文化大革命"以后，国家允许了。

问：你一年去几次天津？

答：到天津市内办事，顺便进进教堂，忙了少去，闲了多去。

问：孩子们去吗？

答：他们有空就去，没空不去。我一个人在腊月去过一次。

【农副业收入】

问：现在你家有多少地？

答：6口人，12亩地。

问：种什么粮食？

答：好地种小麦，其他地种黄豆、玉米。有种菜的地，每人一份地。

问：家里有副业吗？

答：青年人干什么的都有。我的二儿子在静海建筑队，家里的地我帮助种。

问：一年打多少粮食？

答：麦子3000斤，玉米五六千斤，麦子都吃不完，玉米面换口时才吃。

问：卖给国家多少斤粮食？

答：1000斤玉米不到300元钱，小麦4角一斤，黄豆一斤9角多，红小豆贵，1斤一元六七。但种得不多。

问：一年农业收入很少？

答：粮食价很低，村里的壮劳力都到外边做工，建筑业一年收入1200元，这是师傅。小工每天10元，泥瓦匠每天十四五元或二十来元，每月好几百。农村里没有能力的只好在农村。地里是旱涝都不收。

问：一年投入多少？

答：每年500多元。包括浇地、买化肥。

问：你全家一年收入多少元？包括你儿子在外的收入？

答：儿子一年收入三四千元，农业收入有限。

问：你孙子上学了？

答：大孙子10岁，上小学。

问：你的房子呢？

答：上边有两处坯房，下边有两处砖房。我住的砖房，几处房几个儿子住着，三儿子是师傅每年收入近万元。

问：几十年来这几年生活最好吧？

答：我父亲他们省吃俭用，我自小没有受多大委屈，没有断过顿，不像有的人家有时吃不上饭。我现在比过去吃得好了。油、白面吃得多了。过去有好东西不知道怎么吃。

郑宝明

时　　间：1993年3月26日
访 问 者：浜口允子
翻　　译：齐秀茹
场　　所：郑宝明家

【合作化运动】

问：今天我想问一下关于合作社的情况？你是最早的互助组的负责人？

答：对。

问：为什么要组织互助组呢？

答：那会儿，不是组织起来力量大嘛。耕种，等等的。

问：是你自己的想法吗？

答：一方面是自己的想法；一方面是上

级的号召。

问：你不是党员，那么是谁让你这样做的呢？

答：国家号召的。

问：最早要在这个村建立互助组的事和谁商量了吗？

答：对。土改以后，上级号召。在这以前，咱中国农民都是散漫的个体户，谁也不管谁。走集体化道路，我村成立了3个合作社。咱这是最大的。

问：不是合作社，是互助组？

答：互助组我也是一个。互助组是自愿的，互助组没有限制，3家也行，5家也行，10家8家也行。组织起来，共同耕种，咱国家不是农业国家吗？你有牲口，他有农具，共同劳动，几家在一起，也可以施肥，干什么的都有。一家就不行。

问：成立互助组事先和谁商量？

答：同村民会商量，负责人可能是苟克兴。解放以后他是村委会的主任。上级号召后，他在开会时告诉人们成立互助组。大家团结起来力量大。

问：听说开始是10户，名字还记得吗？

答：一开始是10户，有我和我哥哥、郝开甲、孙玉章、孙玉堂、张树生、张连起、王金胜、张汉中、苟会德和我家女儿一家，这是一个互助组。

问：什么时间成立？

答：我记得是在一个春天。

问：从有这个想法到成立有多长时间？

答：没多长时间。

问：这10家为什么会走到一块呢？

答：这10家是朋友，关系不错。一商量大家都同意，选我当组长，就成立了。那时不用会计，主要是一起劳动。就是正、副组长。副组长也就是个名称，我不在家，他领头干个活。不用别的。

问：该干什么活儿，都是怎么定的？

答：大伙儿一块干，男的、女的都在一块干。有活就干，也种园子、种地。有时候收工了，上集市出售，谁可以买点、卖点的，派人拉着车就去了。

问：有多少地？

答：有五六十亩地。

问：有多少人？

答：有20多口。哥儿4个，老爹、老妈，有25口左右吧。农具都是旧农具，有了双铧犁。有马、骡子。我们家也有骡子。

问：10户都有牲口吗？

答：都有，品种不一样。有马、骡子、驴、牛，大概有10头吧，每家一头。

问：都在一块劳动吗？

答：对，干得特别有劲。大家都心齐。

问：劳动怎么安排？

答：每晚到我家商量第二天干什么活，谁去干，等等。

问：成立互助组时，有没有让参加却不参加的？成立以后还收过别人没有？

答：组织以后就没接收别人。时间很短，可能最多是两年。那时我们村一共是3个组，其他人都在组外。

问：互助组成立后，收获量增加了吗？

答：收入大了。地多了，人也多了。

问：后来怎么发展的？

答：不到半年时间就成立初级社了，本村成立3个，一是“照耀社”，一是“永久社”，还有一个叫“发展社”。我参加了“照耀社”，我们社最大，其他两个社各10多户人家，全村其他户都参加到我们社。

问：为什么呢？

答：因为我们社搞得好，群众收入大。我社大约有450口人，大约有80户（刚成立就有40户）。高级社时，我们仍叫“照耀社”。其他人还有单干的，到高级社时，单干的都参加到我社来了。互助组时是10户，后来成立初级社时，单干的也参加到我们组来了，增加到了40户了。当时的政策允许你瞅一瞅、看一看。是单干好，是入组织好。一看“照耀”搞得好，比单干收入大，所以就都进来了。

问：比单干的收入富多少？

答：当时合作社的亩产达到300多斤，单干的最多达150多斤，粮食最少也差不多100斤。所以单干户也要求加入合作社。其他两个社，各10户，力量小，产量也不如我社高。我社农具全有，牲口也足，资金多，所以单干都跑到我们这边来了。如种瓜，我社可以种10亩，收入可达1万元，其他社种不了那么多。也种不了，也没那么多钱投资。力量小就干不了。所以我们几十户比较富裕。没有什么工具就买什么工具。整个100户除了他们那20户，都到我们这来了。当时政府允许单干户看一看，什么时候参加都行。但是单干力量小，没有资金，很多就申请入社了。

问：如申请入社不同意怎么办？

答：不会的，只要申请，就得要，这是政府政策。

问：懒人要入社，也要吗？

答：要，这是政策。要衡量国家政策，不能衡量他，也不能衡量自己。他本人懒惰，又没牲畜，又没土地，种地的工具也没有，还在外面单干，这种人觉悟了，就得要他了。因为咱比他觉悟高。收获时他有吃的，过了那一阵就没吃的了。入了高级社，生活就有法解决了。当时高级社有饭吃，有地种，有钱花，都说好。

问：高级社时谁是领导？

答：我是社长，郝开甲是副社长，这人已经死了。

问：其他还有什么职务吗？

答：会计李金华，现金张民会。

问：初级社时谁是领导？

答：我是社长。下面有组长，主要领导干活。别的没有，会计什么的全没有。到高级社都有了。会计也有了。还有保管员，管粮食、棉花、豆子等，买肥料了，搁在库里，他看着。比如说，进了100袋，出去10袋，他那儿有条子，给社员一公布，到年底一算账。有仓库，因为生产多了，组织机构就健全了。正副社长、会计、出纳、保管都有了。

问：土地什么时候合在一起的？

答：我们从互助组时就合在一起了。

问：分红怎么办？

答：挣工分，土地不分红了。到年终，按劳力分粮、分钱。没有劳力的，分配时也照顾一下，按平均数来说，如果不够再补。让他吃饱。

问：这个村里有多少户这样的没劳力的家庭？

答：不太多。也就一户两户的。

问：有五保户吗？

答：（音不清）。

问：合作社时，你爱人也干活吗？

答：也挣7分，一等工。

【家族】

问：你老伴多大年纪？有几个孩子？

答：74岁，我今年73岁。我有6个孩子，2女4男。北京1个，静海1个，乡内1个。大的在北京电子管厂工作。二儿在家种地。三孩在静海县卫生局当科长。四儿子教学，是师范学校毕业，他妻子也是。我是18岁结的婚。大孙子25岁，在北京当技术员。我家很幸福。我爱人年轻时，是一等劳力，也下地干活。

问：你们家以前在哪儿？

答：一直在这儿。

【水灾】

问：1963 年闹大水时怎么办的？

答：房子都倒了。全家去廊坊。

问：那时土地怎么样？

答：土地都淹没了。那时已是生产队了。一个大队，分几个小队。我对农业有经验，4 个小队就我队收入高。我是小队队长，我懂得农业生产技术。

【高级社】

问：高级社收入最高的数哪户？

答：是我，劳力多，也属我家。

问：用什么方法定工分？

答：男劳力最高 10 分，女劳力最高 7 分，全县标准一样。也有挣多的，有 11 分、12 分的。比如我是组长，带一帮人去干活，操心太大，这就多给 1 分。比如晚上加班干活，干一小时给 1 分。这次让这几个人干，下次让那几个人干，轮着。在当时工分安排是合理的，累活、脏活，晚上加班等都加工分，有限，但有所区别。我当社长是义务的，不加 1 分，所以群众拥护。

问：对工分有不满的吗？

答：有，少数，通过工作，自己公认自己值多少分。比如扛麻袋，200 斤，别人一扛就走，他扛不动。分就低。工分一年评一次，男社员和女社员分别坐在一起讨论。谁多少分？由大家采评，最后由社长决定。如去年 9 分，工作表现好，大家就评 10 分了。也有去年 10 分，表现不好，降为 9 分、8 分的也有。

问：在哪儿开会？

答：在社里的办公室。

问：在什么地方？

答：就在咱们村，在西边，现在已经拆了。分给几家了。那时办公室、仓库、饲养室都在一块，有专门的饲养员、木匠。

问：还有什么专业人员？

答：保管员 1 人，木匠 2 人，饲养员（牲口）4 人，养猪的饲养员 2 人（女）。还有 4 个车把式。有客人来时还有一个专门做饭的（女），叫祁云秀。

问：高级社都有什么人？

答：有办公室、仓库，几十头牲口一起喂，有饲养员、保管员、修理农具的木工等（木匠 2 人）。有猪圈，喂了几十头猪，有两个喂猪的，养猪为了积肥。还有做饭的，是女的，叫祁云秀。下地干活，有男队长，也有女队长。

问：那么你是男队长，女队长是谁？

答：好几个呢。

问：女组长呢？

答：祁云秀也是。来客人时她做饭，走了就下地。

问：有几个女组长？

答：两个。

我有一个愿望，晚年想去日本旅游，到你家做客，欢迎吗？（浜口：当然欢迎。）吃我们中国“狗不理”的包子。我年轻时，去过上海、杭州、广州、青岛和东北各地，有旅游习惯。去各地也是做买卖，我年轻时在天津东北角五合商店工作了 8 年，1949 年解放时回农村种地。我老伴是天津人，住南开花园附近。我兄弟 4 个，我是老三；大哥、老弟都在天津。家里有个二哥。

【土地改革】

问：“土改”时你在家吗？

答：“土改”我家有四五十亩地，不许雇工，雇工是剥削人。为了不雇工，所以回家帮我哥哥种地了。

问：“土改”你们家分到地了吗？

答：没有，因为我家有地。“土改”时，我是上中农。一推就是富农，一拉就是中农，我对革命有贡献，全家都劳动，不属于剥削人。是贫农的朋友，这是党的政策，所以定我上中农。

问：“土改”时，外地来人也能分到土地吗？

答：“土改”时是本村走的，不是地主、资本家，可以分到土地；不是本村人，如果在本村有亲戚、朋友，无依无靠，老家也去不了，不是资本家也不是奸商的人，有人证明担保，要在本村落户的也可以分到土地。如果有什么事，担保人得负责。如李树元，山东省人，这里有个表兄弟，愿在这里落户，表兄弟是王万起。所以本村收下来了。

苟凤珍（50岁）

时　　间：1993年2月26日下午

访 问 者：浜口允子

翻　　译：齐秀茹

场　　所：苟凤珍家

【妇女主任、妇女会】

问：过去你当过妇女主任，我想问一问本村的妇女情况，可以吗？什么时候当的？

答：可以。我38岁就当妇女主任，可能是60年代，在以前，妇女主任是老党员，姓王的，叫王英，已经去世了。王英调到县内工作，她是计划生育小分队。调走了。我就接替她当妇女主任。

问：你是怎样选上来的？

答：上面先推荐。村内选的，乡内通过任命。其他干部也是这样推选。开会举手通过。那时有妇女代表，有事一起商量。代表有6个人。

问：代表怎样选的？

答：也是由生产队推荐的，代表：白君玉、王光金、朱香瑞、我，还有王英。那时代表开会，大队给工分。现在为了节省开支，就剩我一个人了。

问：以前有妇女会吗？

答：有。

问：现在呢？

答：就给我一个人开支了，别人不管。其实没有正式的妇女会这个组织。

问：妇女会开会什么人参加？

答：妇女都有权利，从18岁到50多岁都是。

问：妇女会搞什么活动？

答：那时主要搞生产。家庭有纠纷，我就去管，调解。现在我也爱管。调解婆媳关系，反对男的虐待妇女。遇上这种情况，别人可以看着，我得管。这不是我的职责，但我爱管。

问：其他干部管调解吗？

答：村内有调解委员也管。

问：主要调解什么呢？

答：看他们打架为什么？比如对婆婆不好，得批评妇女；男的虐待妇女，就得批评男的。

问：妇女会还管什么工作？

答：管计划生育，搞好宣传，养男、养女都一样了。人们都觉悟高了，工作好做了。以前群众中都希望多生几个，到时好有人扶养。那时工作不好搞，农民有“多子多福”的思想。没有男孩，千方百计地想生个男孩。现在男女平等了，养儿、养女都一样了。女儿结婚后，说话男人也听，可以回家孝顺老人。

问：违反政策多生、超生怎么办？

答：主要是教育，罚款。

问：罚多少钱？

答：去年超生的有罚几千元的。

问：本村有外出工作的吗？

答：有，主要在本县范围内工作。有多少说不清。地少的人，都出去干活。

问：女的有出去工作再回来的吗？

答：不太清楚。

【妇女地位】

问：妇女结婚后还工作吗？有没有回家的？

答：结婚后一般有了孩子，在家里的多，家里活也很多。这样的都是临时工，不是正式工。

问：男女都平等了，女的为什么不工作了？

答：在农村，女的主要在家干农活，干家务。

问：男女平等？妇女干活也一样参加吗？

答：男女平等，大家都劳动，家里有孩子，就多干些家务。

问：村内有托儿所吗？

答：没有，孩子大点，小学里有育红班，这是为了上一年级做准备，5 岁到 6 岁间。5 岁以前是家内自己带，除了母亲带，还有爷爷、奶奶带。

问：家务活，由谁负担？

答：女的负担多，男的下地的多。

问：你也干农活？多大年纪？

答：虚岁 50 岁，地里轻活干些，现在儿子、儿媳干农活，我在家做做饭，带带孩子。在合作化时，我下地干活也少，结婚后有了孩子，下地也少。结婚以前，我还上学呢。

问：人民公社时你不干农活吗？

答：那时，我刚退学。在大队搞团的工作，也没干过什么活。20 岁就做了媳妇了，10 年间我就弄孩子，也没下地。

问：1958 年你 16 岁左右吧？

答：那时我还上学呢！

【结婚】

问：你什么时候结的婚？丈夫是谁？

答：1963 年闹大水那年，20 岁结的婚。

问：你娘家在哪个村？

答：在本村。我丈夫叫孙长兴。

问：你爱人干什么活？

答：在村内干农活。

问：恋爱结婚吗？

答：不是，别人介绍的，那时我父亲没有儿子，跟着我。

问：谁介绍的？

答：我婶子给说的，说可以照顾我爸。

【婚前经历】

问：结婚以前你做过什么活？

答：在家内织席。

问：你什么时候出生的？

答：我属猴的，1944 年生。

问：你父亲是谁？母亲叫什么？

答：荀克信。

问：你是荀克信的女儿？我很想见他。

答：他在外边呢！

问：是解放后的村长吗？

答：是的。现在已 82 岁了。母亲名字不知道，我 8 岁时，母亲就去世了。有个弟弟，10 岁时掉河里淹死了。还有个姐姐，在外村。小时，生活很苦。我命很苦。

问：什么时候上的学？

答：我 14 岁才上学，17 岁年龄大了，就不上了。

问：你小时就织席吗？

答：从小织席，一天很快就织一张席。

问：50 年代贯彻《婚姻法》还记得不？

答：我脑子有病，有甲亢，记忆力减退，过去的事都忘了。前天的事今天就忘了。

问：你为什么 14 岁才上学？

答：家内穷，先织席，后来国家号召要

学文化，就上学了。

问：班里有多少人？

答：四五十人吧！那时上学一二年级不分开，全校都不分开。一个班有一至四年级，到了五年级就是高小了。

问：是这个村的学校吗？

答：是，就是教堂那儿。

问：谁教你们？

答：张长兴。

问：他还活着？

答：跳河死了。

问：什么时候？

答：已有二十四五年了。

问：读的什么书？

答：语文、算术，内容不记得了。

问：你喜欢学习吗？

答：喜欢，我就是文化浅点，否则我早就出去了。

【“文化文革命”】

问：“文化大革命”时你干什么？

答：参加了红卫兵，给了个红袖子。

问：“红卫兵”不是学生吗？

旁人答：村里也有“红卫兵”。

荀答：那时人们都傻。

问：有多少“红卫兵”？领导是谁？

答：领导是荀怀石，不知有多少？那时贫下中农不是吃香吗？

问：“红卫兵”里女的有多少？

答：不记得。

【妇女婚后生活】

问旁人：你从什么地方来？

答：从黑龙江来，3000多里地呢！

问：你为什么到这儿来了呢？

答：我姐姐、姐夫在这里。（荀：她姐夫是我的侄儿，我兄弟媳妇带着上东北了，以后回原籍了。她投奔她姐姐，就这么来了。1960年困难时期，我侄去东北逃荒，后来就住东北了。）

问：你1963年结婚后干什么活？

答：织席，干些家务，做衣服、做鞋、带孩子。一双鞋要做三四天，主要是纳底子费时间。一年必须要两双鞋。棉衣都是个人做。

问：现在呢？

答：别人裁，自己缝制。

【村办工厂】

问黑龙江来的客人：叫什么名字，多大年岁？干什么工作？

答：叫姚国方，26岁。

问：有孩子吗？

答：有，一个。

问：你叫什么名字？（另外一个人）

答：刘建英。

问：多大了？

答：19岁，去年初中毕业，在村办袜厂工作。

问：一个星期工作几天？

答：每天工作。

问：那现在呢？

答：已经下班了。现在厂子没有活，没有原料。（问：平均一个月工作多少天？答：20多天。）工作时间从早6点到下午2点，另一班下午2点到晚上10点，两班倒。一个月收入400元左右。计件工资，多干多给。

问：这些钱都干什么用？

答：存着结婚用。

问：目标是存多少？

答：还没想到。

问：结婚需要多少钱？

答：有的要花1万多，有钱多陪送些，没钱少陪送些。有的还给存折。

问：给家里钱吗？

答：个人挣钱，个人花，每月交几十元就行了。有的家庭不要。

【婚姻、财产分割】

问：你丈夫干家务活吗？

答：也干，太忙了帮着干，不忙用不着他干。他干建筑活呢！现在在家还没出去呢！

问：在家时一块干吗？

答：一块干。

问：你们如果结婚，对未来的丈夫有什么希望？

答：多干活，也干点家务活。其实现在男的都跟着干。平等了。

又问旁人：你几个孩子？

答：一个男孩。

问：够了吗？

答：够了，国家号召计划生育。

问：如果没有计划生育，是不是想要 2 个、3 个？

答：一个就够了。

问：想生男孩还是女孩？

答：都一样。

问：分家时，财产怎么分？

答：女孩不分财产。

问：以后分家时是否女孩也应分财产？

答：女孩出嫁时。陪嫁妆就行了。这里结婚，男方负责盖房子，女方陪嫁妆，也需要很多钱，实际上也分到了财产。

问：你是妇女主任，在分家产上是否认为应男女平等？

答：按国家法律应男女平等。

旁人：女儿结婚走了以后，老人病了就由儿子们负担了。女儿可以不负担了。

荀：女儿也可以要财产。但是结婚走了以后都有房子了，一般就不要了。老人死了以后，儿子发丧，但女儿也不少花钱。

孙义争

时　　间：1993 年 3 月 27 日上午

访 问 者：浜口允子

翻　　译：齐秀茹

场　　所：孙义争家

【生产队长】

问：听说你是生产队长，什么时候担任的？

答：1966 年当的。

问：1966 年以前你干什么了？

答：在生产队里。

问：那时不是队长？

答：那时不是。以前在社内管副业，如织席子、跑席子。

问：那时大队有几个生产队？

答：有 4 个。另几个生产队长是吴金元、郑宝明、马荣华。大队长是张宝善。就是现在的书记。

问：那时的书记是谁？

答：村支书是吴金城。

问：生产队长是怎样选出的？

答：大伙投票选出来的。

问：选票是写在一张小纸上吗？

答：是。先选出 10 个、8 个候选人，从中选正、副队长。

问：是一个生产队选出 10 个候选人呢，还是 4 个生产队一共选出 10 个呢？

答：一个队。各队选各队的，一个队选两个人。

问：副队长是谁？

答：王万贵。

问：为什么选你们 3 个？生产队长干哪些工作？

答：能干，脑子好，懂生产。各管各摊，有管农业的，有管副业的，有掌握全盘的。

问：掌握全盘的，都指哪些？

答：我那时负责全面的，比如在哪里种什么东西。

【生产队】

问：你生产队有多少户？多少土地？

答：有 40 多户，400 多亩地。

问：都种什么作物？

答：种的玉米、高粱、小麦、大豆、谷子，另外还种菜。

问：种什么菜？

答：白菜、萝卜、青菜类。

问：种得最多的是什么菜？

答：白菜。粮食以玉米为主。

问：劳动都是什么时间？

答：进入阴历二月份，到十一月止。

问：每个月都干什么？

答：二月就开始弄小麦了。阴历每年三月，开始耕地，四月开苗，五月、六月收割小麦，七月除草，八月开始收大秋作物，九月、十月份种冬小麦，同时翻地，十一月农活完，搞副业，织席、积肥，年年如此。

问：你是每天安排农活呢？

答：每天一碰头，安排大家干什么活。队长与副队长碰头，计划。

问：和其他队长商量吗？

答：不。因为以队为单位，本单位一商量就行。

问：生产队的土地是怎么分配来的？

答：全村两个队平均分（后来才分成 4 个队）。按土地质量好坏搭配着分配。不能直接分成两半。后来分成 4 个队，在两个队的基础上，一个队分成两队，就变成 4 个队了。

问：你们队的地在村子什么地方？

答：我队的土地主要是村西。

问：有几块地？

答：有好几块呢，没有一块的。就是东边没有，东边是河，没有地。南部和北部都有地。

问：同其他队的地怎么区分？

答：有明显的田埌（即界限）。

问：最大的地块和最小的地块各多少？

答：大的有 40 多亩，小的有 10 亩、8 亩。

问：你队和别的队种什么庄稼都商量吗？

答：不商量。

问：这些地种什么庄稼，大队布置吗？

答：大队布置任务，提出每个生产队要种多少地的粮食、玉米、豆子等。但在哪块地种什么，大队不管，由生产队具体安排。

问：每天生产任务，队长和副队长之间商量，还同社员商量吗？都什么时候安排活？

答：不用商量，队长们就决定了。每天早晨，由队长派工，然后社员几人一伙就到指定的地里干活了。派活的地方在队部（即现在的村委会）。

问：社员们早晨都去吗？

答：都来。队长心中有数，哪块地里的活需要几个人做，一天就能做完。所有男、女社员早晨都来，一共 80 多人，男女各 40 多人。

问：有不来上班的吗？

答：也有不来的，家里有事。

问：自由吗？

答：对。自由。

问：你队的社员是怎么分来的呢？是按住的地方的远、近吗？

答：不，大队上已经分来了。不分远近，由大队决定，比如两家不合，就不给分在一个队。根据情况来分。

问：生产队的社员一直是固定的还是有变动？

答：也有变动，变动很少，极个别，尽量不动。人口得平均。吃食堂时，更不能变动。我在食堂当了几年管理员。

问：合作社时你在哪个社？干什么呢？

答：在“照耀社”，干农活。村内还有“东风社”“永久社”。

问：你为什么到“照耀社”？

答：个人选择，信任哪个社的领导，就到哪个社干活。

问：那你对“东风”“永久”两社的领导不信任了？

答：差一点。

问：“照耀社”有什么地方好呢？

答：不是好不好，我信任他，就去了他那儿。

问：进“照耀社”的人，后来都是你生产队的吗？

答：不是，又重新组合的。

问：队长、副队长开碰头会都在什么时间？

答：一般在收工的时候，商量一下明天干什么活。有时一个小时，有时半个小时就行。

【公共食堂】

问：我想了解一下你在食堂时的工作情况？

答：我是食堂管理员，管理粮食、做饭、发东西。还要组织人推石磨磨粉。

问：那时候还没有电器？

答：没有。没有电磨。

问：什么时候有食堂的？

答：大约在 1959 年、1960 年、1961 年。那时一个队一个食堂，刚成立时是 2 个，后来分成 4 个队时，就成立了 4 个食堂。我是二队食堂，就在郝开顺家。这个村共有 90 多户。我队开始有 40 多户吃食堂。分成 4 个队时只有 20 多户。

问：做饭的有多少？

答：男的 2 个，女的 4 个。

问：都做什么饭吃？

答：蒸窝窝头，一天两顿窝窝头，还做些菜汤。

问：够吃吗？

答：不够吃。

问：是困难时期吧？

答：对，有困难。

问：那时候有什么自然灾害？

答：地里收不起庄稼，产量太低，没有发水灾。有苏联的外债。

问：食堂粮食从哪儿来的？

答：各人生产归到一块去，食堂再去领，有定量一个人多少，按人口和定量分给食堂粮食。困难时期我都赶上了。

【1960 年困难时期】

问：农村生活最苦的时候是哪一年？

答：是 1960 年。

问：什么原因？

答：粮食国家收购太多，个人口粮不足。另外，苏联要外债，国家也穷。社员生活苦，地里也不长庄稼，没有肥料，科学不进步。麦子亩产才 100 多斤。现在多好，亩产六七百斤。

问：问题在哪？

答：与领导得不好有关系。具体情况不知道。各级领导都有责任，国家领导的责任很重。老百姓都是随风倒。

问：你认为毛泽东有责任吗？

答：我不敢肯定。有时上面政策好，下面执行时就走样了，变了。

【“文化大革命”】

问：你1966年当队长后干什么呢？这个村里“文化大革命”有哪些事？

答：斗争当权派和地主、富农。

问：有戴帽子游街吗？

答：戴帽子有伪保长刘仲奎，还有刘连祥。

问：有吴金城吗？

答：他那时是支部书记。

问：造反派是谁呢？

答：经常换，我也当过（一天就下台了）。

问：你参加什么运动了？

答：我什么都干过。解放以来我一直跟着搞。

问：造反派时当过什么？

答：当过一天“文化大革命”委员。

【农业学大寨】

问：农业学大寨是怎么搞的？

答：学习大干精神，种好地，学习大寨的艰苦奋斗精神。

问：那时你们劳动时间多长？

答：我们劳动也是从早到黑。

问：学大寨前和以后有什么变化呢？

答：前后变化不大。人的能力是有限的，累的干不了就行了。那时只是熬时间。学大寨学不出名堂来，就那么一回事。“大跃进”时，也是加班干，把土抬高，1亩地当成2亩地。但庄稼还是不收，没有用。瞎学，那时不能这样说，否则马上把你逮起来了。老是治人，不好好干活。所以随风倒就行了。搞好农业，要因地制宜，学别人的，有时没有用。提出“因地制宜”的人是能人。中国面积太大了，都学一个地方不行。日本也一样。

问：这是县内提出的吗？

答：这是中央文件提出，根据这个精神，生产就搞好了。像日本也有农地，但高低不平，不可能搞大型农庄。中国也一样，高的地方种适旱的作物，低的地方种适涝的作物，这就是“因地制宜”。

问：县里布置“因地制宜”起作用了吗？

答：好掌握了。

问：过去公社化，现在搞承包，你看哪种办法好？

答：还是现在好，有责任心，收东西个人要了，劲头就足了。要归集体谁愿意干？精心搞好自己地的农业活。过去公社大，管不好，思想不统一。一户的思想好统一，也有干劲。过去我当队长时，有时生产也上去了，但社员吃不饱，不好好干，也没有办法继续搞好。

【合作化】

问：“组织起来”，从互助组到合作社，到人民公社，一步步走向集体化，不是很好吗？

答：我虽然是农民脑瓜，但不是一般的，打一开始，我认为那样搞就不行。在30年前，我就估计到早晚要走到现在这一步。但是那时讲真理，不行，吃不开。那时人们来参观，专看地头，就那儿好。另一方面，这儿、那儿都是稻子，过两天就都死了。都是个人骗个人。

问：那时不搞合作化，农民生活有保障吗？

答：那时是个体劳动，估计生活不会太低。但是那时生产工具落后，也没有化肥，不会像现在这样富裕。主要看国家，让你发展就发展，不让你发展就发展不了。

【近年来农业产量】

问：以后农业要发展需要什么呢？

答：要有肥料、优良品种。

问： 你承包多少地？收多少粮食？

答： 一人 2 亩地左右。我家 11 口人，承包 20 多亩地，现在收的粮食吃不了。玉米、豆子全卖了。去年麦子共收五六千斤。十五六亩地种麦子。好地亩产达七八百斤，差些六七百斤。需卖出 2000 余斤。还有大田作物（即秋季的玉米等）。

问： 收入主要靠农业？

答： 不行，还有做买卖的收入。我一个儿子做工人，两个男孩做买卖。

问： 在哪儿工作？

答： 纺织厂。

问： 做什么买卖？

答： 卖鲜货。

问： 在哪儿卖？

答： 在天津市内买，到静海县卖。自己有车，每天能挣五六十元。其他人在家种地，还有副业压面（压制面条）。

问： 谁干农业活？

答： 我和二儿子、三儿子的媳妇。

郝开顺（1924 年生，村支部副书记）

时　　间：1993 年 3 月 27 日下午

访 问 者：浜口允子

翻　　译：齐秀茹

场　　所：郝开顺家

【村干部与村党组织】

问： 请你介绍一下解放后大队干部和村里党组织的情况？

答： 解放后，村里有村长、财粮（管收公粮的）、主任、妇女会主任、民兵队长、管文教的、治安主任，这是民主建政时的组织，1949 年。村长是苟克兴，妇女主任王英（已死），民兵队长是我，财粮是郝开甲（我的哥哥），管文教的是孙玉昌，治安是吴金城。

问： 是怎样选出来的？

答： 是区里推荐，大家选出来，公开宣布的。那是开全村会通过的。

问： 党组织呢？

答： 刚解放，党组织还没有公开。苟克兴、吴金城还都是“地下党员”，我当时还不是党员。通过 1950 年整党，党组织才公开。

问： 后来村里机构是怎样改变的？

答： 整党后，苟克兴开除党籍，村长也免去了。换了苟怀宝为村长，其他人不变。党组织是这样的；没有公开时，苟克兴为临时支部书记，公开以后选的刘连城为支部书记（早死了）。还有支部委员一二个，委员有孟德永。他是副支书，那时是支书和副支书，还没设委员。

问： 支书和村长是什么关系？

答： 在工作上还是以村长为主。重要事情决定，由村长、支书商量，然后给大伙一说。

问： 几天开一次会？

答： 几个人每天开会，经常在一起。

问： 开会内容是不是有关土地改革？

答： 不是，土地改革是 1951 年的事。开会主要讨论限期征收公粮问题，修公路、修堤。生产问题，号召搞好生产。当时的副业就是编席，没有其他的。

问： “土改”时村干部有变化吗？

答： 成立贫农团，也叫贫农协会，主任是王汝桐。

问： 怎么组织起来的？

答： 由全村贫农开会推选的。由县上面派来的工作队，帮助组织。协会里有贫农和下中农。有 40 多户。

问： 一户来一个参加会吗？

答： 户主来参加会，妇女不参加贫协会。

开大会时也有去的，也有不去的，如“土改”了！有的也去听听。一般男的就代表了。

问：党支部、村长、贫农协会三者的关系怎样？

答：都属党支部领导。

问：村党支部同上级党怎么联系？

答：上级有区党委会领导。

【土地改革】

问：“土地改革”是怎样进行的？

答：富农不动。分地主的土地，给地主留一部分，多余的分给贫、下中农。

问：那时开了几次会呢？

答：天天开会，定成分。分几个组，评谁是中农、地主，由贫协会大伙来评。评出要经三次会，三榜定案，最后由区上级批准。

问：为什么要三榜定案？

答：怕划错成分，县工作队掌握相当严格。上级批准了，谁是地主，才能分他的地。

问：定成分怎么定的？

答：上级有文件，后来收回去了。我还记得几条：地主，是不劳动的；富农，是部分劳动的。另外也根据雇工情况，雇几个长工、几个短工。雇短工120天，算一个长工。劳动方面，如耩地，赶脚也算劳动，这是附带劳动。不是主要劳动，有一定的规定。

问：三榜定案群众有意见吗？

答：有意见可以提，谁是地主、谁是富农、谁是上中农，如有不同意见，就在会上提出讨论，工作队也参加，最后区、县内批准了，回来就不动了，不讨论了。有一位工商业兼地主，在天津市内开买卖，家里地完全出租，所以贫协会就把他的地分掉了。村里分的还有林兴泉、刘来香，拿出一部分土地来分给人们了，其他都没动。工商业兼地主的全分了，因为他的地完全出租。地主呢，也要给他剩一部分地，一小部分。

问：划定成分需要多少时间？

答：需要一个多月，也有一个发动阶段，村干部还要到县内开会、学习，拿文件给大家学。等到回村再有20多天，就把成分定下来了。

问：定完成分就可以分地吗？

答：先公布，让地主把土地都交出来，按手印同意后才能分掉。

问：是把全村地一起拿来分吗？

答：不是，就分地主的地，共3户地主，有110多亩地。

问：分地主的地和东西，有矛盾？有争论吗？

答：有争论不大，你的好了，他的坏了，大伙还得评。

问：车分给谁了？

答：车分给四五户，共同使用。

问：两处房子分给谁了？

答：房屋分给刘连城和张根仙。这两户现在在村里都没人了，房子都卖了。张根仙的男人是派出所所长，到北京了。另一户死绝了。张也没儿子。

问：“土改”以后1952年干什么呢？

答：查田定产，发土地证，使分到土地的农民安心。

问：谁发的土地证？

答：全区组织会写毛笔字的，一个村一块地地写。

问：土地的质量好坏，产量多少是由村干部定的吗？

答：也是大伙评的，好地产多少，薄地产多少。以村干部为主。由选举的代表来评议。

问：“土改”时你参加贫协吗？

答：没有，我是上中农成分，列席参加会议，因为我是民兵队长，领着民兵搞好保卫工作，防止地主破坏。

问：发生过事件吗？

答：没有。夜间出去转转，大伙在一起睡觉。评议会我参加，发土地证由财粮主任村所先生（估计指的是学校的教师，整理者注）组织。

【村干部与村政机构演革】

问：村长、支书、贫农协会一直干到什么时候？

答：贫协主任在土地改革后参加别的工作了。贫协会在发土地证后，就没有活动了。村长、支书没有变化，一直到初级社、高级社时才变化，后来政社合一了。在初级社时，村政府领导初级社，社有社长。村内开会也叫社长参加，如制订生产计划，缴多少公粮等。当时上级号召，村干部带头组织合作社，所以有些村干部就是社的领导。初级社时，村长仍是苟怀宝。到高级社时，支书就是社长，吴金城是正的社长。郑宝明、郝怀里、张文秀都是副社长，我是民兵队长兼会计。支书公开职务就是社长。

问：人民公社时，是否又变了？

答：没有变，只是改了名称，还是高级社那帮人，政社合一了。高级社时没有村政府。人民公社时，乡内变化大，乡已经不存在了，变成了公社。村里是大队。

问：大队行政机构是怎样的？

答：还是设有支书、大队长、副队长等。有的村支书兼大队长，这个村不是，书记是孙玉常，大队长是张文秀。其他的干部还都有，妇女主任、民兵队长等。

问：你还是民兵队长？

答：我不是了。还有治保主任。大队长正的是郑宝明，副的是张文秀。民兵队长改了。会计是张树生、刘连德。设立管委会，一共 8 个人。党组织有书记、委员。委员有孙玉常、我、王维山、王英。我 1954 年入党。

问：你怎样入党的？条件是什么？

答：我一解放就是民兵队长，1953 年成立乡政府时，我是乡内民兵队长。原来没有乡，是区里领导。因乡民兵队长，必须是党员，在乡内入的党。

问：管委会是什么时候改变的？

答：1961 年又划小了，又改为生产大队，不说人民公社了。说是倒退了，组织原来过于集中，不是受了损失了嘛！一个村不是管委会了，一个乡才有管委会。以后就是人民公社，生产大队，我们村是生产大队。属庙乡人民公社，叫冯村大队。

问：行政机构改了吗？

答：名称改了，属乡领导。

问：新的名称怎样？

答：那会儿是管委会。叫庙乡管委会。

问：那会儿还是书记、大队长？

答：人民公社就不是了。权力由乡里统一调配，这个村的乡长、社长去那个村当。1961 年以前干部大调动，生产的粮食，也互相平调，这个村的粮食拉到那个村吃。影响生产积极性。

问：以后什么时候改的？

答：1961 年以后就不调了，各村东西归各村，生产搞坏了，东西也不多，困难时期到了。

问：1966 年以后，改变组织了吗？

答：1966 年改为革命委员会，人没有变，名称改了，公章（印鉴）也换了。

问：“文化大革命”时期村的最高领导是谁？

答：还是支书、大队长、生产队长。当时一个大队，两个生产小队。干部还有会计、妇女主任、治保主任、民兵连长，我那个时期管副业当厂长兼大队会计。还有贫协主任。

问：干部是怎么选上来的？

答：由乡里提名，社员选出来的，是经过生产队讨论的。

问：如果乡内提名，生产队讨论通不过怎么办？

答：生产队不同意，还是当不成。

问：有这样的例子吗？

答：如孙长兴当过一段大队长，由于生产队大家反对，后来撤换了。反对的理由是孙的工作能力太差，对农业不太懂，所以撤换了。

问：什么样的人能当队长？

答：要有群众基础，生产上也要有一套，不自私，有领导能力，这是最起码的条件。

问：有没有通过关系上来的？

答：这一点免不了，但生产队反对还是当不了。提名不是一个人，可以从中挑选，少数服从多数。

问：具体选举办法是什么？

答：乡内提名，大队讨论通过，然后报乡内批准。

问：村里想干什么时，也是先通过讨论然后决定吗？生产队种什么庄稼，是由谁决定的？

答：乡里分配，比如种小麦，论亩数，一队一半。是有计划的生产，乡决定种多少小麦，然后两个生产小队一分就行了。

问：“文化大革命”时领导机构变了吗？

答：“文化大革命”期间，孙长兴是“造反派”。

问：本村“造反派”多吗？

答：有王海忠、孙长兴等，下面都是“红卫兵”？也不少。王、孙是造反派队长和副队长。

问：你是“红卫兵”吗？

答：我不是，我当时是大队会计，兼管大队的副业。反正开会还参加，也帮助写写大字报。

问：这个村“文化大革命”什么时候结束了？

答：大约在1967年秋天就结束了。

问：结束以后这个组织怎么样了呢？

答：组织没变化，就是换人。造反派还有，头头换了。

问：行政机构什么时候发生变化的？

答：大约在1981年到1982年，生产队解体，土地大包干，村内有支书、村长、会计、治保、妇女主任等。村长兼民兵队长，会计兼治保主任，这是为了精简机构，减少开支。

问：1982年以后一直是这样吗？

答：去年又单独设治保主任。重要事还是村长、支书决定。

问：重要事情都找哪些人商量？

答：就是村委会那几个干部，我也经常参加。我是支部委员，是党的组织，村长也是支部委员。一个支书，两个委员，这就是支部。如果村内要浇地，村长找几个代表一商量就解决了。

问：生产上的事还找过去的队长商量吗？

答：不找了，因为生产队已经解体，也没有队长了。

问：村干部现在有6人，几天开一次会？

答：每天都有事，因挣工资，每天到大队上班。有事就分头去办，没事也可以回家干活，下地干活。

问：你天天上班吗？几点到几点？

答：没有点，天天来，没事就下地。我看机井浇水时比较多。

问：每月工资多少？

答：170元，村长、支书、会计都一样，就是妇女主任少，给80元钱。妇女主任光管计划生育，耽误工少，一个月只有三四天就行。过去工资低，开始60元，后来80元，100元，150元，从去年长到170元。

问：为什么工资这样少？

答：主要根据村内的经济水平，不高于社员生活水平。要提高工资，就要发展副业收入，不能增加社员负担。

问：我昨天访问时，一个 19 岁的女青年在工厂劳动，每月可得三四百元工资，你们是干部，挣的工资才 170 元。不觉得少吗？

答：这种情况有，但是本村干部工资也不少了，我年老了还拿这么多工资；像年轻的张宝森、吴玉祥等拿这点工资是不满意的，不过，到年终还给些奖励。

问：你挣这点工资家内生活困难吗？

答：不困难，这不能根据工资说，得根据收入来说，副业赚得多了，还可能提高点。但不能让社员摊。主要不指望工资，还要种地，依靠农业。

问：你家农活谁干？

答：儿子、儿媳、两个孙子都能干活，我也下地干活。

【村内党员】

问：现在村内有多少党员？

答：有 14 名党员，有 70 多岁的，最年轻的是吴玉祥，20 多岁；张宝森 36 岁。四五十岁的党员最多。

70 岁以上两人。

60 岁以上的有我、王汝长、张宝善。

50 岁以上荀凤珍、荀凤信（萍）、张福元（文）。

其他是 40 岁上下的。

现在正培养年轻的，要后继有人嘛！如培养厂长孙长喜，副厂长刘建国等。他们都二三十岁。

问：本村最多时党员有多少？

答：最多时 19 名党员。加上调走的，上乡内当干部，最多时达 23 名。有名老党员王万起去年去世了。有 4 名党员转到乡内了。

【毛泽东著作学习】

问：你念过毛泽东的文章吗？如“组织起来”？

答：没有念过，但开会都知道。当时上级号召党员带头组织互助组、合作社。那时提出“全党办社”。本村干部办了 3 个初级社，那时地归自己，有土地分红。到高级社时，就没有分红。读毛主席的书，就是读《为人民服务》的老三篇，也学过《正确处理人民内部矛盾》。那时看过了就忘。

问：看过毛主席语录？

答：学过毛主席语录。每天读，必须读，上班就得读。

问：你怎么样想呢？

答：也是不读不行，实际上是太烦琐了。那时少先队在马路上站岗，拦住你念毛主席语录，答上就放你过去，答不上再念几篇。那时不敢说不学。那是个运动高潮，谁敢说不学，不学就说你是现行反革命。

问：毛主席对干部的一些指示，学习了遵守吗？

答：毛主席说的是对人民有利的，学毛主席语录有积极分子，背得熟的，学得好的，选两个到县里参加会去。但我们工作忙，学习少。工厂不生产不行，订了合同了，不完成不行。

【“双百”方针】

问：1957 年有个“双百”运动，叫“百花齐放，百家争鸣”，你知道吗？

答：开会说说，是指文艺界的。村内没有写作的没有搞。那时正是高级社，也有人提意见。那时有人说共产主义是“楼上楼下，电灯电话”，那时人们穿得很破。有人讽刺是“上衣裤子露上露下”，表示不信。是对社会不满的话，那时粮食少了，拿土豆当粮食分，5 斤土豆顶一斤粮。也有讽刺高级社的，说

"高级高，拿了土豆当面包"。

问：有没有打成"右派"？

答：村内没有搞"反右"，散布这种言论的，也就教育、教育就完了。在机关干部和知识分子中划"右派"，在农民中没有划"右派"。

【"四清"运动】

问：1965年村内搞"四清"，你知道吗？

答：搞"四清"时，干部都"上楼"做检查，不给记工分。检查好的就"下楼"，没有问题的，继续当干部。有问题的就"挂起来了"，不作结论，也不当干部，同社员一起下地劳动。

问：谁"上楼"作检查？

答：有我、荀怀信、孟德永、张宝环、尚金海，都是大队干部，都"上楼"了。

问：难过吗？

答：也是别扭。那时，1963年闹大水，我带着人到天津去干临时工，年三十回家过年，初二就"上楼"。这时又有了贫协会，贫协会吃香了。贫协会主任，那时有王海忠、孙长兴。电话安在他们家，工作组住在他们家。

问："上楼"多少天？

答：10多天，以后农忙了，就挂起来，参加生产了。正赶上过年前后，过年那几天放假，过完年接着"上楼"。

【"批林批孔运动"】

问：70年代本村有"批林批孔运动"吗？

答：开开会，念念文件，干部也不清楚要批什么？听说"批林"、"批孔"、"批水浒"，我村支书吴金城不识字，把"水浒"当成地里长的"水葫芦"，就向县内汇报说："是该批，家家养鸡、养鸭，把地里的'水葫芦'都吃光了。"在群众中留下了大笑话。

【解放后的运动】

问：解放以来，最大的运动是哪些？

答："土改"，"镇反"（镇压反革命）在"土改"以前，1950年左右。"合作化""四清""文化大革命"。

问：哪些运动搞得比较好些？

答："四清"搞得好些，虽然整了一些干部，但目的是整顿干部作风，那时是低指标。有些干部不顾群众影响，大吃大喝，不整不行。"四清"对干部还是起教育作用。下次再做事时就得想一想，又得退赔，又寒碜。还得受处分。

问：为什么整你？

答：困难时期我吃了救济，"四清"时说，"上中农不应该吃救济"，要我退赔，也就是吃了100多元钱的救济，干部问题，大部分是多吃救济。

吴金元（1929年生）

时　　间：1993年3月28日上午

访 问 者：浜口允子

翻　　译：齐秀茹

场　　所：吴金元家

【生产队长】

问：您多大年岁？哪年当的生产队长？

答：64岁，1929年生，当队长不是1960年，就是1961年。干了13年，中间有两年没干。

问：那时大队有几个生产队？队长是谁？

答：开始是2个，后来分成4个。1960年2个队时，有我和王万起；4个队时，当队长的经常换，我始终没有换。一队张茂元，三队孙长喜，我是二队，四队张茂洪。

问：怎么选出来的？

答：是群众投票选举出来的。

问：多少年选一次？怎么投票？

答：有时年年投票，我队年年选我。别的队经常更换领导。有的不愿干了，有的群众反对，所以年年改选。

问：投票时是在纸上写吗？

答：写条。

问：投票是各家的家长吗？

答：投票时全家人都去，我队有七八十人投票。

问：你得了多少票呢？

答：一投就四五十张，有时全部是我的票。投票前，大家先讨论，由大队派人来组织选举。

问：有候选人吗？

答：没有。票上写上自己想选的人。

问：为什么总是选你？

答：我办事公正，带头干活，不贪污，不吃请，哪儿累我去哪儿干，所以大伙拥护我。有时，也有口头选举，大家赞成谁，就举手通过。

问：女的行吗？

答：也行。有些队长在队内乱拿，群众有意见，我什么也不摸，规规矩矩。

问：生产队长干些什么事？

答：领着社员干活，耕地、出河工，哪儿累往哪儿去，那时干队长没有报酬。

问：怎么派工？

答：一般前一天晚上，队长们碰碰头，安排好第二天的活，第二天一早社员集合，我就派工下地。

问：派活要跟别人商量吗？

答：跟队长碰头，也跟社员商量，第二天好派活。

问：副队长是谁？

答：苟怀宝。（夫人：干两天就不干了）王万起也和我在过一个队，当过副队长，他是党员，分 4 个队时，他调到别的队当队长了。

问：4 个队之间商量吗？

答：不商量。分 4 个队时，各队生产效益不一样，有好、有差，关键是队长领导好坏，群众干活是否认真细致。

问：为什么你队搞得好呢？

答：也要看种什么，有的作物能多收，有的就不行。各队想种什么就种什么。（夫人：地里不荒就能多收，人们都不愿意干活。地都荒了，都长草了）

【生产队】

问：分 4 个队时，你们队生产搞得怎样？

答：上中等水平。4 个队的土地都一样，肥料也一样。

问：4 个队在一起商量着干，比如一起买肥料，不好吗？

答：队里给分配，平均分，不像现在自由买卖。那时不能自由买卖。

问：平均分，为什么有的队好，有的队坏呢？

夫人答：还是看领导，队长不领着你干去。

吴答：勤奋就收益好。1963 年闹洪水，没有收，否则能多收 5 倍。生产搞得好的还是原来两个队，有基础。

问：4 个队的土地是怎么分的？

答：由大队统一安排，把各种类型的土地分成 4 块，然后由 4 个生产队"抽签"，抽到哪块地就归哪个生产队，公平合理，社员也都同意。哪块地都列土地名，指出范围，这都是大队安排的。

问："抽签"这个办法过去有吗？

答：解放前就有，解放后社员中一直用这个办法，这是个老习惯。比如有两双鞋，决定谁要哪双时，就抽签。

问：你小时候就有这个习惯吗？

答：有，咱这分苇子时，有很多淀，就抽签决定谁要哪个淀。

问：你认为这个方法公平吗？

答：这个办法比较好，是公平的。（夫人：有好的，有坏的，不抽哪行）现在土地承包后，生产队解散，也是采取这个办法，土地分成一、二、三等，三类地又分成若干块，谁抽到哪块地，就承包哪块地，三类地，分别“抽签”，这样各户好、坏地都有，大家没有意见。

问：有没有比“抽签”的方法更好的？有没有抽到较差的地？

答：这样分地比较散，因为有麦地、园子（菜地）等，一家要分到很多块，一口人的话，分两块中等的，两口人就得抽签，分几块地。（夫人：我现在连自己家的地都不认识。现在看来没有比这个方法更好。抽完了不满意的也没有，因为好、坏地是分开“抽签”，家家都有好地，也都有较差的地）

问：土地承包的地是在生产队内“抽签”吗？

答：生产队已经解散，各户都到大队去抽，各户向大队承包土地，没有生产队的事了。

问：在4个生产队时，分土地时是大队统一分呢？是队长代表去抽签吗？

答：基本上是。

问：如果没抽上好地，社员生气吗？

答：社员埋怨。然后一队、二队分一队的地，二队、四队分二队的地。

问：生产队分地“抽签”是否有抽到不好的地？

答：那种情况也有，但也没有办法。（夫人：谁也不埋怨，多放点肥料就行了。）地还在种嘛！好地、差地不是绝对的，关键在于农业管理，精耕细作。如去年大旱，有些好地，收成不好；较差的地同样收成很好，说明人家管理得好。差的地分到农户手里，种几年也就成了好地。

问：过去不是学习农业先进经验，从哪儿学来的呢？

答：过去学习不解决问题，学完了，地里也不投入肥料，也不精耕细作，所以还是不长庄稼。我现在13口人，现在有3个没户口的，有10口人的地，分地几年一变，生了人也好，娶了媳妇也好，先吃空头粮。5年一变，再有3年才分地，现在没分地的人得等到3年后。不用学旁人的，农民都会种地，现在一搞生产承包，个人都积极想办法多种庄稼。多打粮食。现在粮食吃不了，玉米面都没有人吃。

问：生产队时粮食生产总是很低吗？

答：有时高，有时低。最多的一年，生产队粮食收了18万斤，家家吃麦子。总的说，要看年景，风调雨顺时，多收粮食，也还是年年有所增加。现在光收麦子一季就收好几十万斤，顶生产队时好多倍。

【生产队长】

问：队长对每个社员的劳动情况都了解吗？

答：都了解，谁干得好，谁技术高都清楚。派工时，对老老实实，干活有能力的就派他单独去干，肯定能干好，队内比较放心。对那些比较懒的、比较滑的社员，就派他同别的社员一起干，有人领着干，督促他把活干好。如果派懒的去单独干活，他就不干了，这些事，我心里都清楚。

问：队内农户有家庭纠纷或打架的事，队长管不管？

答：这些事，队长不管，由大队妇女主任调解主任去管。我就管生产。

问：分配粮食管不管？

答：这个事同大队一起管，秋收后上缴多少公粮、留多少种子、分到各户多少粮食，生产队会计都有计算。每个队平均负担公粮，剩下的社员分，队里也留一部分。一年一总结，社员按工分多少分粮食和钱。劳动多，多分粮食和钱。劳力少、出工少，虽能分到粮食，都还要向队上交钱。

问：工分少的，分粮钱少的是否有意见？

答：有的是有意见的，但工分是事先大家评好的，另外工分少，还有个出工少的问题，所以分配少，有意见也没有用。一般的没有意见。

问：工分拿得多的是什么人？

答：喂牲口的、会计等工分比一般社员要多些，因为他们天天出工，也比较辛苦。

问：队长是否多拿工分？

答：队长不多拿，每天出工也记工分，同社员一样。

问：定工分 10 分、8 分的标准是什么？

答：主要看能干什么活，劳力好，什么农活都能干的一般定 10 分；有的年龄大了，重活干不了，也有些年轻的体力好，但技术跟不上，也有定 8 分的，总之由社员大家讨论定的。定好了就不能变了。也有人的分低，后来活儿做好了，可以再往上提。

问：当队长时你认为困难的事是什么？

答：派出河工最困难，挖河工最累，很多年轻人都顶不住，派人最困难。上河工能顶下来的，回来就给记个整工（10 分），如果还没去 10 天就回来了，这就不能给记整工。（夫人：我们老大到海河出河工，才给 9 分。）

问：每年什么时候开始？

答：不一定。

问：一年要多少时间？

答：一年有四五次，开春、秋后一定有两次，其他也有。

问：一次去多少天？

答：最少 20 天，一个月。有 49 天，2 个月的。

问：每天回家吗？

答：不，住在那儿。在村内干活，都能跟上，挖河工就累了，所以都不愿去。那几年，年年都有水利工程，挖河沟是春天一次，秋天一次，各队都要去人。

问：每次干多少天？

答：最少 20 天，有时一个月，都是年轻的，有男有女。要得多了，家里媳妇都去。

问：这是什么时候？

答：这种情况 1958 年（“大跃进”）时最厉害，从现在往前数 10 多年都有河工。

问：出河工的地点远吗？

答：有 100 多里路的，也有五六十里路的，修通水库的河，每年从水库放水浇小麦，今年还没放水呢！河工都住在工地，吃在工地。

问：静海县内给钱吗？

答：这是义务工，县内不给钱，由生产队记工分，管吃的。国家补助粮食，静海县内不给。

问：派河工不去可以拿钱顶河工吗？

答：不行，派上就得去，也没有不去的。一是义务工，人人都有，队长也不例外；二是出河工同样记工分，也是社员的收入。如果河工出了本县，或是国家下来的大工程。国家给钱，还给吃。钱下来，有时队内留一半，给出河工的一半；也有全给社员的。

问：有其他义务劳动吗？

答：没有了。

【生产队副业】

问：生产队有副业吗？

答：只有编席。收入不多，后来都不干了。那时不能随便买卖，所以离了生产队活不了。

问：一直是编席吗？

答：对。分了生产队以后就不搞了。现在生活好了，不织了，怕扎手。

问：编席在什么时间编？下地干活吗？

答：主要是晚上编。现在副业多了，收入也多了，都不编了。编席当时户内有任务，完成任务就可以下地，完不成的就不下地。交国家给点钱，"买"、"卖"不行。

问：编席的也下地吗？

答：完成了就下地。

问：刚才说的你家 3 个人没分到地，是谁呢？

答：1 个儿媳妇，2 个孙子（夫人：儿子当兵回来刚结婚）。

问：儿子娶媳妇，给分地吗？

答：给分，到调剂的时候才分呢！

问：外地人到本村住几年才分地？

答：外村人在本村没有户口不给地。

问：外村人来投亲靠友，能上户口吗？

答：不能上户口。如果是外村的"过继"到这个村的，可以上户口，也可以分地。媳妇给上户口，探亲的不能上户口。

问：如果你的亲戚从外地来，能上户口分地吗？

答：不行。（夫人：外地都是来赚钱的，在这个村结婚了，才能上户口。）

孙玉常（1920 年生）

时　　间：1993 年 3 月 29 日上午

访 问 者：浜口允子

翻　　译：齐秀茹

场　　所：孙玉常家

【村干部与村党组织】

问：50 年代你在村内当副书记，请谈谈那时村子的情况。你什么年代入的党？

答：1948 年入党，解放后 1951 年先当副书记，后当的村长。当了一年村长，后来就参加了农会。不久，村里成立了互助组，我也参加了。那时，土地、牲口、农具都一起并入了互助组，叫土地入股。

问：你在互助组搞哪些工作？

答：搞农业生产。

问：书记和副书记有哪些分工？

答：书记抓组织工作，掌握政策，以及党的全面工作。副书记抓生产，抓副业生产，搞织席。当副书记当了 10 多年，到党校学习过。（夫人：刚解放时，他给大家买苇子去，然后分给大伙。那时是副书记，一直干了 15 年副书记。后来得了病就不行了。胃切除了一部分，食道也切除了一部分。）我得过病，动过手术。

问：刚解放时党组织是地下的吗？党的领导人是谁？

答：有 13 名党员，党的负责人是吴金城。1953 年才公开的。开会也是你叫我，我叫他，不公开。

问：整党你知道吗？

答：从解放到现在已 20 多次了。先是 1951 年春天整党，区内来两个人整党。先学习马列主义、毛泽东思想、党章和党的历史。学习完了，党员检查工作中有什么问题。那时土改还没有开始，苟克兴检查卖了地主的大车和房梁，还有其他党员也有这样的事。搞了 40 天，整党结果，苟克兴被开除了，其他党员认识好，没有处分。

问：和其他村的党员有关系吗？

答：没有。

问：整党在什么地方整的？

答：在刘连祥家。

【整党整风运动】

问：参加整党有多少党员？都是怎么整的？

答：13 名党员，和区内来的人。

问：其他几次是在什么时间？

答：有时一年一搞，就是学习，有时也叫整党。别人不愿去，我就去。

问：还有大规模的整党吗？

答：村里只有 1 次。其他就在静海县。真正的整党就是 1951 年那次。后来也有批判会的，主要是全体党员学习。还有一次整党整风，群众提意见，让党员做检查，有不好的思想，大家批判。（夫人：那年他天天去开会整党整风，我有病，差点儿就死了，所以记得非常清楚）

问：整党整风都有哪些内容？

答：（夫人：那一年天天去学习，回来就说："要学习老黄牛精神，革命不松套"）。整风、整党内不正之风，党员思想作风符合不符合毛主席的革命路线。

问：整党整风村内有何变化？

答：批判了不正确的思想，没有典型人。没有贪污钱的，没有出现大的问题。群众提出了很多意见。开除了张维修，他有不正之风，说有男女问题。报告乡里，乡里进行了解，就是爱调戏妇女。调查清以后，在乡里开了个干部会，开除了。整党时还是吴金城当书记。

问：吴金城一直当书记吗？

答：也换了好几回了。1957 年前一直是他。1957 年后是我。吴下去，我当正书记。

【"反右派"、"土地改革"】

问：1957 年村内"反右派"吗？什么时候搞土改的？

答：农村没有"右派"，城市中、机关中有"右派"。1952 年搞了"土地改革"，天津某个大学还派了两个学生和县内来的工作组一起搞土改，村内组织"土改"领导小组。村里有地主 2 户、富农 3 户，依靠贫农和中农。群众先学习、讨论，然后划阶级成分。经过发动群众，搞"土改"。把地主多余地拿出来，分给贫下中农。

问：开了多少次会？

答：多了，分 10 个组、8 个组进行讨论。"土改"时，全村人都参加。每家出代表。我是"土改"小组的。

问：小组还有谁？

答：有王汝桐、王英（女），加上我。

问：怎样发言？

答：每个人发言，学习土地政策，哪是地主、富农，都规定好了。

问：怎么定的成分？

答：根据上级文件和政策，按地主劳动不劳动，一年劳动 4 个月就可以。

问：谁来定呢？

答：讨论以后，"土改"小组一锤定音。

问：地主、富农都参加吗？

答：不参加，最后才叫他们。

问：中农、上中农呢？

答：参加。

问：谁参加、不参加会，谁来定？

答："土改"小组。一分析，他过去劳动怎样就分析出来了。讨论成熟了，让地主、富农也学习。"土改"小组告诉他们是什么成分，他们承认了就定下来了。不承认还学习讨论。一个个叫来给他们核定成分，让他们自己承认。成分有地主、富农、上中农、中农、下中农、贫农等几个类型，然后发动群众讨论，谁够那一类的人。确定以后定案张榜公布。对分地主的土地和东西，有些群众认识到，有些不认识，所以要反复学习。师范大学学生和工作队，主要宣传党的方针政策。参加群众会，地主、富农不参加，其他人都参加。地主、富农另外组织学习，让他了解精神，承认自己是地主、富农。

问：地主、富农都住在这村吗？

答：都在村里。有个王玉亭的地主，国民党时早搬到静海县里去了。他的地已给了他的亲戚张宝善（划为富农）。

【入党】

问：张宝善不是党员吗？

答：那时还不是。那时入党很严格，成分高的不要。现在政策变了，入党不看成分。张宝善入党还没10年。入党主要看“三个清白”：一是自己清白；二是父母清白；三是亲戚清白。是贫下中农。要自己志愿，写申请书，才能发展为党员。

问：解放前入党还是这三条吗？

答：解放前入党也是这三条，但冒着生命危险；另外还要考验一个阶段，看你够不够党员条件。考验你立场是否坚定。八路军来了，是否接待得好。自己有什么问题还要向党组织汇报。

【宗教、信仰】

问：本村有什么教会吗？

答：有天主教，过去信天主教的有40多户，本村有教堂。有些教徒到天津教堂去做礼拜。（夫人：他们念经念得可好了，结婚和我们一样，死了人扛着十字架。40多户信教的占到全村1/3。邻居王海中也信教，但家人不信。其余都是全家信。）

问：听说王文祥的父亲是白莲教，是吗？

答：王晚香。

问：怎么知道谁是白莲教呢？

答：开会都在王晚香家，他是头。那都是黑夜开。信白莲教有七八户，他们不公开，天主教是公开的。

问：有三合会吗？

答：有20多户，是群众的组织，也叫老人会，人死了他们给吹吹打打，念经。也叫音乐会。这个会同教会不是一回事。

问：参加会有什么条件？

答：没有条件。但得会音乐。

问：结婚时他们也去吗？

答：结婚不用他们。还有过年时，正月十五放花。前天的鼓乐队就是他们。现在叫音乐会，不叫三合会了。过年和正月十五，老人会就活动，有时户内有白事，就去帮忙，不收费用。愿意给就给。只要有死人他们就去。

【村干部演革】

问：你1957～1958年当书记，谁当副书记？

答：先是吴金城，后是苟怀喜。1959年吴金城又接替我当书记。我又当副书记。1960年孟德永当过书记。但我也当过书记，有半年就换了孟德永了。

问：你什么时候不当书记了？

答：村内进工作队时，我不当了。那时有个大坑，收入4000多斤藕，工作队的人都偷着吃，社员得不着，工作队去开会时，我就把藕分给社员了，他们回来后一看藕没有了，就让我当副书记了。孟德永当书记了。

问：什么地方的工作队？

答：静海县工作队。（夫人：他净讲直理，有问题就当面给人家说。）我干了18年干部，辛辛苦苦。（夫人：谁家穷，他就去救济谁去。他一辈子当干部，他当干部咱受罪，都知道，什么事管不了。）那时社员没吃的，库内有粮食，喂牲口的社员要分粮食，就分了。（夫人：他睡觉呢！村里有20多人在外面叫他，他起来就去公社给人们求粮食去。）困难时期上东北去了。（夫人：一个人3尺布票，他连个小褂子也没有，让他到会计那领3尺布票去，他说什么也不去。不占公家便宜。褂子露着肩膀子，我给他缝缝，就走了。邻居家人病得快死了，没钱，他下着雨到公社去了好几次，求了30块钱。那家的孩子吃了药好了，现在还说他的好。）1951～1956年，我在乡内还当过书记。（夫人：半脱产，给一半工资。）

问：这个村的书记还当吗？

答：不当。1957年回村当正书记。5年这一阶段不在村。

问：副书记是谁？

答：不是吴金城，可能是苟怀信，记不清楚。王万山干过一段，他是书记。1959年以后我在大队当调解主任。

问：那时谁是副书记？

答：还是孟德永。我是副书记，不太清楚了。

问："四清"运动时你读过毛主席的著作吗？

答：读过4卷。学习"老三篇"。（夫人：那时都学，家家读，学不会不行。还搞扫盲运动，5年内要把文盲扫清。）

赵义香

时　　间：1993年3月29日上午

访 问 者：浜口允子

翻　　译：齐秀茹

场　　所：村营工厂事务室

【加入党组织】

问：你是哪年入党的？

答：1979年入党。

问：为什么要入党？

答：为了把农业搞上去，为了人民生活搞上去，吃饭没问题，在各方面起模范带头作用。

问：通过什么手续入党？

答：首先写志愿书。我原来当生产小队长，后来到大队管生产，老支书和老党员找我谈话，就加入组织了。我因为没有文化，求别人写的入党志愿书，后来乡里批下来就算正式入党了。

问：你什么时候想入党的？

答：在小队时还没想入党，到大队以后才想入党。

问：哪年当的生产小队长？

答：我是1960年当生产小队长，一直当有10多年。那时是4个小队。一个队有两个小队长，其中有一个队长兼政治队长，管党员学习。生产队长抓生产，都有分工。是党员的队长兼政治队长，不是党员的光管生产。都不是党员的话，正队长兼政治队长。

【救灾与抗灾】

问：说说自然灾害情况？

答：1963年闹大水最大。

问：怎么解决的？

答：国家给一部分救济物资，上级给我们安排在河北省廊坊，当时我带着100头牛到廊坊。国家给安排在户里，找的房子住下。

问：回来后呢？

答：回来后重建家园，房子倒了，国家给一部分料盖房子。村领导干部、支部、村长、主任队长一户一户调查，缺什么料，给补一部分物资。没衣服穿，也给一部分。当时国家给的救济物资有限，比方一个公社给1万元钱东西。14个大队分，按大、小队人口平均分。粮食和旧衣服，城市里支援来的。实在穿不上的才给点儿。拿我们村来说，我们村有500多口人，具体到户才能分多少！

问：盖房子时都给什么东西？

答：给木料、苇子。

问：救济款怎么往下分？

答：比方上级下来救济款300元，给最困难户30元或20元，给到户里，不是普遍都给。有的能出去干活去，有的是小孩、老婆不能出去干活，救济这些困难的。

问：你家给多少？

答：我家是下中农，没得多少，在最困难时给过10元。那时唯成分论，我家房子没倒，七八口人住1间半房。住不开找人家两间房住，哥们多，四五个人。

问：怎么没倒呢？

答：因为在坡上，地势高没倒。

问：村里有几户没倒的？

答：这个村有100多户，有一半没倒的，约有50户。

问：怎么重建的？

答：有的房子塌了，有的倒了，但房木没流走。有的就再用那些木材又盖上了。

问：你们生产队有多少户倒了？

答：那时候我带牲口走了，一个小队里一个饲养员一个队长，4个小队，8个人带着牲口走了。队里的生活，都属于村里书记、大队长安排。

问：有倒房子的，有没倒的，怎么盖？

答：大伙互相帮助，你帮我盖，我帮你盖。

问：没房子的住哪儿？

答：谁家房子没倒，就住谁那，有的住亲戚家，没亲戚的，邻村房子没倒的，由大队安排住在邻村。

问：你家房子没倒，谁住你家？

答：我家8口人住1间半，自己都住不开。

问：那时盖房子怎么盖？

答：自己找人帮助，一般都是找邻居，队里不管。那时盖房子都是在自己老地基上盖。

问：现在盖房子和那时一样吗？

答：那时都是坯房，现在盖房子都是砖房。

问：你现在还住在没倒的房子那儿吗？

答：我的老房子分给大哥了，后来因分家住不开，找大队要了块地基，也住下坡了。

问：下坡为什么这么整齐？这是大队统一掌握的地基，从什么时候开始变得这样整齐？

答：下边新建村已有十四五年了。

问：原来也这么齐？

答：原来就是这样，老区没变。

问：新房子的面积都一样吗？

答：一样。

问：各生产队土地怎样分的？按什么分的？

答：原来按集体划，各生产队种各生产队的地。现在虽说没有大队和小队了，也属于集体承包，也不是单干，大水以后，以大队为核心，地按片分，每个片4个小队都有一块地。当时是拿纸写上地块，各队抽到哪块算哪块。

问：大水以后，地是否又重分了？

答：没分，还是按原来的地。

问：大水过后，地的界限没有了，要重新测量土地，谁来决定的？

答：队长就可以决定。

问：大队长起什么作用？

答：下指示、开会，告诉大家不要闹纠纷。

问：发生了什么事怎么办？

答：由大队负责处理。

【毛泽东著作学习】

问：毛泽东著作你学过没有？

答：我没文化，小学没毕业。仅认识几个字，别人念，我听过毛主席语录、老三篇等。我不愿干队长就是因为没文化。人们都不愿当这个家，都是干二三年就不干了。

问：党员应该怎么做？

答：应该遵守法律、遵守政策，上边下来什么精神，想办法干好。起党员的作用，不能和一般群众比。

问：对毛主席怎样评价？

答：新中国成立以来，毛主席领导国家，给人民创造这么多财富，毛主席去世，没有不掉泪的。

问：毛主席有没有错误？

答：有，也就是 60 年代“瓜菜代”时，感到毛主席管得紧些，其他我们老百姓也就是听上边的。

问：你对“文化大革命”是怎么看的？

答：有错，也不是他一个人的事。都是下边的人弄坏了。

张宝森（1930 年生）

时　　间：1993 年 3 月 26 日上午

访 问 者：顾琳　张利民

场　　所：张宝森家

【村级组织】

问：我们曾经有人访问过你有关赤脚医生的情况，今天我们要访问的多半是你们冯家村的情况和村长的工作是怎么样的人。

答：好，好！

问：我们先问一下，你从什么时候开始当村长？

答：从 1986 年当副村长。

问：你现在是正村长吗？

答：从今年开始是正村长。

问：你们是如何选举村长的？

答：村民选举。

问：用什么样的方式来进行这种选举？

答：按照上面的规定交接给代表。找几个代表讨论上面推荐的人选，代表同意就可以了。

问：代表是什么样的人？

答：一般都是在生产队当过队长的、在生产队里比较爱说话的人，大伙认为办事情比较公正的人。

问：现在有几个代表？定了没有？

答：没有定。过去有 4 个生产队，一般是一个生产队选 2 个代表，就是每个了人的正、副队长，共 8 个。

问：多半是比较年纪大的吗？

答：不一定。有年纪大的，也有年轻的。年轻的也有 40 多岁了。因为生产队解散许多年了，过去当队长时 20 多岁，现在也都 40 多岁了。

问：一般来讲，人们愿不愿意当村长？

答：村长这个职位，党员可以当，群众也可以当。作为党员来讲，上面推荐你为村长，如果拒绝，就不好了；但群众没有关系。如果嫌工资低，愿意到外面挣大钱，上面也没有办法。我从 1986 年入党以来，上面就推荐我当副村长，始终没下去。

问：你们农村有没有全体村民共同选举村委会和村长？

答：现在的村委会一般是有主任、副主任、妇女主任、治保主任和村会计 5 人。

问：他们是由过去的大队负责人民商量决定的吗？

答：一般是在工作时大伙一商量就这么决定了。那些党内的事，由党支部研究。

问：村委会的人多半是党员吗？

答：也不见得。我们村主任、副主任、妇女主任是党员，会计是群众。治保主任是新上任的，刚从部队复员回来，是党员。

问：你可以告诉我们村委会主任和副主任的名字吗？

答：主任名叫刘润森，他现在调到乡里了，退出村委会了。我原来是副主任。

问：你现在是主任？

答：对。

问：那现在副主任是谁？

答：副主任还没有。

问：你们打算找一个吗？

答：现在还没有提呢。

问：大队会计叫什么名字？

答：叫冯文志。

问：妇女主任的名字？

答：苟凤珍。

问：治保主任的名字？

答：吴玉祥。

问：村委会没有副主任办事没什么问题吧？

答：没有问题。

【村官职责】

问：村长负责管理什么样的事情呢？

答：现在按上面的说法是党政分家。党务的事由党支部负责。制订某项工作某项事业，直接干的还是由村委会负责。到了下面村里，还是书记说了算。别说村里，即使到了乡里，有事情还是要请求书记。大事要通过书记，小事由乡长和村长处理。

问：你可以具体地说说哪些事是要你来做的？

答：总的来讲就是为社员服务。比如说灌溉、浇麦、安泵、找杂工看泵，到时张罗人们浇地等。再比如各项摊款、教育基金等，来了任务就得安排人，盯着会计收缴。还有麦收后收公粮，张罗每户收多少斤等，都属于为社员服务。

问：可以再具体地说某一件事吗？

答：拿浇地来说吧。麦地需要上水，大队、村委会、党支部的人共同研究，村长最后拍板决定地怎么样浇？从哪里浇？麦地和麦地不同，有好的，有不好的。浇地时先浇好的还是不好的？从哪头儿浇？村委会必须先商量好一个方案，然后用喇叭广播出来，告诉大家今天具体怎样浇地，浇哪个等级的地，至于先浇哪一家的，大队不作决定，让村民来自己抓阄，这样可以避免闹矛盾。

问：每天做这样的方案广播吗？

答：春天浇麦子时，浇一次后得等几天再浇下一次，再浇下一次时再制订方案，从哪里浇起还是让村民自己抓阄决定。然后再用喇叭广播方案。

问：抽水机是村里的还是个人的？

答：所用的工具都是村委会的，村委会的也就是村里村民的，是集体的东西，平时归村委会保管，用时为大伙服务！拖拉机也是。

问：社员使用拖拉机需要付费吗？

答：要付费。但村和村不一样，村里条件好一些的，就向社员们少要一些钱；条件差的就多要一些钱；更差的村子根本没有拖拉机。我们村子条件不差，用拖拉机耕一亩地，向社员要 3 元钱，而村里条件不好的则要六七元。浇地也一样，我们村浇一亩地要 3 元钱，而有的村要 8 元钱。

问：收上来的钱村委会怎么用？

答：收上来的钱用于拖拉机的用油钱和抽水机的用电钱。但收上来的钱远远不够，大队每年要从副业厂拿出几万元来补贴这个费用。

问：一般一年要浇几次地？

答：这个没有准。种麦子的地一年浇两次就可以；要是种园田就没准了，有时几天就得浇一次，不然就都死了。

问：如果种菜的话也用这个办法收费吗？

答：种菜的地一般比较少，不是整亩地，因此按时间收费，浇一小时 5 元钱。

问：种菜地的耕、耪等活是村民自己干吗？

答：是他们自己干，因为菜地面积小，拖拉机无法进去，拐不了弯。

问：哪块地种什么东西是他们自己决定吗？

答：过去没开放时，哪块地种什么由村里统一计划。现在开放了，则由村民自己决定。没有计划，什么多卖钱就种什么。

问：没有计划，如果都种菜怎么办？

答：人们一般按自己地的土质条件和离机井的远近来决定种什么。比如离机井远的地浇水用的时间长，费用高，种菜就不合算，所以一般就不会种菜，而种其他东西。

问：农药都是村里给办吗？

答：大批使用的由村里统一买来分给大家；用量比较小品种不是大众化的由个人自己购买，自己办不到的村里也可以帮着办。

问：肥料是个人办吗？

答：乡里有一个蔬菜服务站，有种子、化肥等，并有一辆车。如果村民需要肥料等东西，这个服务站则告诉村民每个品种多少钱，规格怎样，由村委会在村中统一统计并负责统一敛钱，然后村委会把钱送到服务站，第二天服务站便把村民所需的东西用车送来，队里再分给大家。大队出力不出钱。

问：村民以这种方式买到的东西是否比较便宜？

答：是的，但乡里蔬菜服务站也从中得点利。

问：你们的菜地占全部土地的百分比是多少？

答：我们村有土地 1200 多亩，菜地有 200 多亩。

问：那么种麦地和棒子的地呢？

答：麦地有七百来亩，大豆和棒子有五百来亩（即不到 500 亩）。

问：种麦子的，等麦子收获后还再种大豆或棒子吗？

答：种麦子的地一般是两茬，收完麦子后一般还要种玉米和豆子，因此各种地加起来超过 1200 亩。

问：除去这些，村委会还为村民做哪些服务呢？

答：为剩余的劳动力寻找副业。

【村办企业】

问：你们现在有什么样的副业呢？

答：有锻件厂、机器加工厂和镀锌厂 3 个厂。

问：每个厂都分别有多少工人呢？

答：3 个厂共有 40 多个人。锻件厂有 20 多人，机器加工厂 20 多人，镀锌厂的活不是总有，谁都能干，活儿很简单，厂也小。就是一个水槽，把锌加热化成水，把铁器在里面浸过就不再生锈了，也美观。所以 3 个厂加起来有 40 多人。

问：他们都是本村人吗？

答：大多数是本村人，只有 4 个人是外村的。

问：是邻村的吗？

答：是本乡的。是 4 位技术工人，开车床。

问：建厂时村委会投资了吗？

答：厂里设备等所有资产都是村委会的。是村办企业包给个人，一年向大队交一定的利润，再多了他们自己分。

问：他们去年交给村委会多少钱？

答：1992 年交给村委会 6 万多元钱。今年实行招标，先交钱后开活，今年交 10 万元。

问：他们都一样是承包人吗？

答：由一个法人代表来交钱。

问：他是谁？

答：孙长喜。

问：他一直是法人代表吗？

答：不是的，他原来是我们村长。今年当了厂长，年初时向村里交10万元钱，将来剩多少钱就归他了。

问：所以你们也提高了收入？

答：对。我们村长（指刘润森）走的原因就是今年他没有承包上工厂，因此去乡里干了。

问：这些厂从原来一开始就搞承包吗？

答：厂子经营的形式是跟着国家的形势走。这些厂从生产队时期就有，那时是不实行承包，而是记工分；后来就实行集体承包，就是工人们集体承包，由一个人做代表。从今年开始则实行个人承包。

问：私人承包赚了钱以后，他们分多少钱？你们管不管他们怎样分？比如说：他们除了交村里10万元后还剩多少钱？是否要分给工人呢？

答：他们除去交村里10万元，再给工人开完工资，剩下的才是利润，由厂长来支配。

问：有没有限制他们拿多少？

答：没有，我们也管不了他们。

问：你们村里的收入增加了4万元，你们打算用它来干什么？

答：10万元钱我们现在已经花了7万元了。买了3台气锤。

问：这样的扩大再生产的投资应是村里出，而不是承包人出吗？

答：一般都是村里投资的。厂长跟村委会商量要不要增加固定资产，经村委会研究决定：今年增加了设备，明年厂里交村委会就多于10万元，因为村里又为厂子投资了，按固定资产的多少来上缴村里利润。像工厂的厂房、机器设备等都属于村委会，没有私人的。

问：你估计孙厂长明年还要承包吗？

答：那要看他今年的情况怎么样！如果活儿多，赚钱多，他明年就会承包；如果活儿少，赔钱，明年就很难说了！

问：你们有没有计划要开其他的工厂？

答：现在市场开放了，竞争非常激烈，上个项目不简单，争取搞合资，村里没有名气也没有来投资的，在静海县，日本、加拿大投资得多。你们如来我们这里投点资多好。

问：你们这里交通不太方便，是吗？

答：不光交通，主要是没有人际关系，没有外国亲戚，很多人说想通过你们搭桥，让日本商界到我们村来投资。

问：你们的工厂男工多吗？

答：男工多，如锻件厂活重，需要男的；机加工厂女的就多了。

问：这里加工业多吗？

答：咱这里没有，其他地方有服装加工业，我妹妹就在独流镇合资服装加工厂上班。

问：你们村到外地工厂工作的多吗？

答：有二三十人，比较多，早晨去，晚上归。

问：你们收他们的钱吗？

答：现在不要了，生产队时必须向生产队交钱，队里给记工分，现在大队不管。

【宅基地管理】

问：如有人盖新房，你们怎么决定给房基地？

答：村与村不同，如咱村的房基地不要钱，主要根据人口，孩子多的，又长大了，需要盖房，好娶媳妇。

问：有的孩子很小就盖房了，是吗？

答：咱村控制不严，孩子不够结婚年龄的也给了房基地；如村大地少就不行了，孩子必须到一定的年龄才给。

问：村里有统一规划吗？

答：都有规划，没有规划就乱了。房子盖在什么地方，盖多高都有统一要求，避免盖房纠纷。

问：地和院子的大小根据人口吗？

答：是。有房子的，就不给了，现在也不能随便要地，够住就行了。城镇房多了可以向外租，农村不同。

问：盖房大队给东西吗？

答：给房基地，其他自筹。

问：盖楼行吗？

答：经济富裕的地区行，咱们村达不到，有两户想盖两层楼房，村委会不允许，因为楼房影响后排房的阳光。

【电费管理】

问：电费谁付？

答：每户都有电表，用户半年交一次费。穷村一个月查一次表，月月交费，我们村还有点钱，提前垫付了。这是我的电费，从 2 月到 7 月收我 20 元电费，1 度电 0.3 元。

问：村里统一付款的底还有吗？

答：有底，不存着，都丢了。

【医疗保健及福利事业】

问：医疗费怎么办？

答：过去搞过合作医疗，大队拿 2000 元买药，社员花 0.05 元的挂号费，自费取药。现在合作医疗已没了，还是自费看病。

问：如果药费超出了他个人的收入怎么办？

答：农民的医疗没有保证，如果病很重，个人支付药费又困难的，也有大家资助的，但很少。一般社员个人能支付。

问：村里有很困难的人吗？

答：过去多，承包以后吃饭没有问题，零花钱少，或看病有困难的有，像这样的户上级给点钱，乡里的民政局在春节时每户给几十元钱。

问：没有孩子的老人有吗？

答：乡里有养老院，本村没有。乡里养老院有十几位老人。

【村级教育】

问：谁办的小学？

答：国家办的，村里也拿部分钱支持教育，小学一个月有 15 元的办公费，共 4 个年级。

问：是给老师的工资吗？

答：不是。老师的工资国家管，这是用于买办公用品的。

问：是民办教师吗？

答：过去有，现在不是，有些正式教师都下来了，现在实行教师招聘制，按教学的成绩来聘。

问：普通农民的孩子上学拿钱吗？

答：拿钱。现在拿钱多了，一个学期一名学生 25 元，包括学费和书本费。

问：在这个村上 4 年学，以后到哪儿去上？是义务教育吗？

答：在村里上 4 年学后到乡里上，是九年义务教育，到初中毕业。

问：上中学给补贴吗？

答：乡里统一管理，如每位农民负担 10 元，咱村共 6000 元，送到乡政府办公室，由他们解决修房、改建房屋。

问：谁收费？

答：村委会决定，为社员服务，由专人到各户去敛钱，再交乡里。

【村民义务】

问：有特别收费吗？

答：有。如国家要求献血，全村人必须负担献血者的营养费，每 5 年义务献一次血。

问：现在还有义务工？

答：有，每年 13 个义务工。如通河道必须由每个劳力负担，按土地的多少而定。

问：多大岁数的有义务？

答：成年人 18 ~60 岁的人有义务。

问：是不是每个劳力每年都有 13 个义务工？

答：不一样，任务多的时候多，任务少的时候少。

问：你们有没有摊派钱？

答：村里没有，所有摊派都是上边给的。村里没有摊派任务，如电线杆和机井坏了，需要社员自己花钱办。咱们村有些钱，一般小事由村里办，近来没有摊派。挖河时机械工由县里统一使用，村里不用派人，出点钱。

问：每年都有吗？

答：每年都有，不多，每人五六元。

问：有不愿交的吗？

答：有这样的人，大部分人愿意交：不愿交的也不行，你在这个村住就得交，凡种地的人，都受益河水，除非你不种地，也就不要水浇了。非农业人口交教育基金，不交河工钱。

【土地承包及其管理办法】

问：哪年承包的地？

答：三中全会以后，十几年了。

问：十几年来有变化吗？

答：有变化，已动过一次了，近年还要变动，承包土地有年限，到年限了就重新承包，有合同。

问：几年的合同？

答：5 年。在此期间，家庭人口可能有增减，所以承包的土地也得变动，随人口变化而变化。

问：是部分动吗？

答：整个都动。

问：你们怎么决定谁承包什么地呢？

答：由村委会研究决定，有社员代表参加，按人口重新划分土地。土地是按好坏搭配的，每户的地不连在一起，是分散的，土地划分好后抽签，抽到什么地算什么地。

问：有几等地？

答：麦地分 3 等，一般的地为两等。菜地都一样。

问：每产承包几等地？

答：每户都有一、二、三等地。

问：如不满意能换吗？

答：个人之间可调剂。

问：可以出租土地吗？

答：咱们村少，因为地少，一个人才两亩地，在厂上班的，下了班还可以种地，就不出租地了。有的村土地多，有五六亩，自己种不完，就让别人种了，谁种地、谁纳税。

问：分地时有纠纷吗？

答：有，什么事没有啊！为了减少纠纷我们让社员代表参加分地，由他们做签，社员本人来抽，村干部们由家属抽，好、坏地由代表们搭配。

问：社员代表是固定的吗？

答：一般都是老队长参加，基本固定。

问：他们的名字？

答：吴金元、孙义字、孙常香、张茂红（他到天津打工去了）。

问：各家族有头吗？

答：没有。

问：代表中有妇女吗？

答：只有妇女主任参加。

问：年轻人愿意当支委吗？

答：他们不愿干，因为村里干部们工资低，去年一个人一个月 170 元。

问：每天上班吗？

答：有事要商量，得开会，有些杂工我们去找，每天给他们 4 ~5 元，除此就到地里干活了。一天中有半天办村里的事。

【计划生育】

问：村里对不良行为罚款吗？

答：罚款。毛主席在的时候罚款严重，现在主要是计划生育罚款。过去随便砍树、小偷小摸都罚款，现在这种事很少了。那时东北的木材过不来，盖房要木料，只好砍村里的树。

问：计划生育罚多少款？

答：第二胎罚 8000 元，第三胎罚 1 万元。

问：有被罚的吗？

答：有，现在少多了，刚实行计划生育时挨罚的很多。

问：谁管？

答：乡计划生育办公室管罚款，村里不管。村里管通知等，妇女主任负责检查，动员计划外者做人工流产。

问：这项工作很不容易吗？

答：现在好做多了！前几年刚实行时很难，农村要依靠劳动力干活、挣钱，如果生了女孩，他一定还要生个男孩，矛盾很多。现在好多了，生了一个女孩的，到 35 岁以后还可以生第二胎，第一胎是男孩的就不让生了！

【村民处理办法】

问：村民之间有矛盾，你们管吗？

答：生产队时村里有调解委员会，他们管。现在没有了，有了矛盾治保主任和我帮助调解，实在调解不了的，乡里有组织管，乡还管不了的，由法庭解决。

问：你们村有到法庭解决的吗？

答：离婚的有，打官司的没有。村里不能办离婚手续，必须由乡以上的司法部门办。

问：新生儿和死亡者的户口谁办？

答：村会计办。报派出所，户籍警办。

问：收费吗？

答：不收费。乡以上单位收费，生小孩时接生员个人收费。

问：外出介绍信由你写吗？

答：现在已不要介绍信了，用身份证。土地承包以后生产队散了，以后就不要介绍信了！

问：你一天的工作安排？

答：早晨排浇地的顺序，然后把浇地户的名字交给会计，会计按名单收费。吃完饭谁负责什么工作，都各顶各的摊。比如说你们要来这村，我就得安排，安排好了，打扫打扫屋子，这一天就完了！

【乡、村行政关系及村际关系】

问：你一个月去几次乡政府？

答：一个礼拜去一两次，开会有通知。春节前开会多，乡干部更换我们也去开会，开会就得去。

问：到县里去开会吗？

答：过去开得多，如教育工作会议、农村工作会议等，都在县里开，住宾馆，花很多钱，现在不去开会了，国家要求少开会，吃份饭。现在开电话会议多，在乡里听，听完就地讨论，用不着到县里花钱了。

问：与周围村的村长们有来往吗？

答：有。开会在一起，有些事情需要互相帮忙，村长之间有联系。

问：你们与哪个村联系多？

答：与府君庙村关系不错，用车、抽水机等，经常互相帮助，与其他村也有来往。

问：你们村与府君庙村之间有亲戚的人多吗？

答：多，婚姻关系多。

问：女孩子结婚你们村委员会帮忙吗？

答：村委会不管，有些女同志愿意当介绍人，他们帮忙。

问：乡里有什么事情找村里办？

答：各负其责，如植树有任务时，乡干部就得找村办。

问：乡里来人给他们饭吃吗？

答：村与村不同，有的村干部爱喝酒，就招待他们喝酒，一般村不招待吃饭。乡干部来了交代完事就走，也不吃饭。

问：你现在还给大家看病吗？

答：忙了就不看了！

问：你承包土地了吗？

答：承包了，只有我一个人的地，我太太在县鞋厂上班，她是非农业户口。

问：她是哪儿的人？

答：她是石家庄市人，她父母在这里，她出生于此地。她父亲当兵复员到这里来工作，在县里工作，都是非农业户口。

孙长喜（1945年生）

时　　间：1993年3月26日下午

访 问 者：顾琳　张利民

场　　所：村办工厂

【承包人情况】

问：你多大岁数？

答：49岁。我是属鸡的，1945年生人。

问：你是本村人吗？孙长贵是你什么人？

答：是。孙长贵是我哥哥。

问：你来工厂之前搞什么？

答：搞热挂锌——在静海县师范学校校办工厂。

问：你在本村上过学？

答：是。我上了8年学，初中毕业后务农。1978年开始做工厂工作。

问：为什么要做这项工作？

答：我们村人口多，土地少，有门路的都到外地工作。我是一个偶然的机会到厂里去从事这项工作的。另外，我弟弟是办公室主任，他主持这项工作，我凭这一关系，到那里去了。我弟弟叫孙长发，现在还在那里。

问：到那里去之前当过工人吗？

答：没有。我是在那儿学的技术，干了10年。

问：你户口在哪儿？住在那里吗？

答：在本村。我不住在那里，早出晚归，每天回来。

问：当过学徒工吗？

答：当过一年的学徒工。

问：那个工厂生产的产品与你现在厂的产品一样吗？

答：由于人口往城市里流动，当时没有人住的地方建了工厂，现在厂周围都盖上房由居民住了，搞那种产品要熬锌，污染很严重，继续在那儿办厂已不适应，所以把工厂迁移到我们村了。现在刚开始与锻件厂在一起，将来要另盖厂房。

问：原来工厂的名字？

答：静海师范学校热挂锌厂。

问：你从什么时候来这里？

答：1993年1月接收这个工厂，刚起步。

问：为什么原来的厂长不承包了？

答：他不愿意干了。

问：谁决定迁移工厂？

答：名义上我承包，实际上是大队请我和工人们来这里，不然我也不会回来。厂里原来的副厂长张建国请我们来的，原因也很复杂。

问：厂里的办事人员是原来的吗？

答：我们重新组织的，包括工人在内都是重新组织的，有几位老技术工人。

问：迁移中有没有停业？

答：没有。

问：承包条件？

答：每年交 10 万元，先交钱后干活，把钱交给村。如纳税、设备折旧、留成、维修、福利、教育基金都得拿钱。

【企业资金及合同管理】

问：工厂有多少固定资金？

答：40 万元。以后我们又投了一二十万元。40 万元是村里投的，20 万元是我们自己投的，流动资金有 30 万 ~40 万元。

问：村里投的 40 万元是集体的吗？

答：是。

问：你们投的 20 万元是从哪里来的？

答：我们集资的。工人、干部集资，除工资外，年终按投资多少分红。

问：投资的方法是股份吗？

答：也有股份之说。按投资多少分红，也算股份。工厂亏本了，由我这个法人代表负责，工人们不负责。成功了是大伙的。

问：由多少人集资 20 万元？

答：30 多人。他们都是本村厂里的工人。

问：不投资也能当工人吗？

答：也可以当工人，但年终分红没有，只是挣工资。投资最多二三万元，最少的 2000 元。

问：一个普通工人投资二三万元，钱是怎么来的？

答：大部分是他们自己存的，也有少量是从亲戚那儿借的。

问：有没有合伙的办法？

答：没有这种情况，都是个人身份参加。

问：有分红的合同吗？

答：有手续。都是口头的，因为忙还没有文字合同。在大会上号召大家集资，多少不限，几万元可以，几十万也可以，几百、几千都可以，开完会后大家陆续把钱拿来了。分红的事也讲了，投资越多，分红越多，投资少分红少。不投也不分，工资照发，我们订的工资在 300 元左右。年终赢利大家分，亏损由我负责，大家干着放心。

问：假如说你赚了 5 万元怎么分？

答：按入股人分，按投资多少分。公积金等都除外了！

问：你自己投了多少？

答：我投了 10 万元，目前看有赚钱的可能，形势很好。

问：现在的工人与原来的工人一样吗？

答：差不多，有干过的，也有没干过的，都是本村人。

问：集资时做广告了吗？

答：没有，在工人大会上讲的。

问：原来的厂长不干了，有没有给一部分钱？

答：没有。我们厂是集体所有制，个人承包，你不干了把手续移交给别人，都不给钱。

问：村长告诉我们，在 40 万元以外，村里又投了 10 万元吗？

答：那是空气锤厂。去年定的 10 万元是过去固定资产 40 万元的数，今年估计也得给，给 1/4，25000 元。

问：流动资金是自己的吗？

答：那是个人的钱，没有银行贷款。信用社催我们贷款。我们不贷，免得拿利息。

【企业效益】

问：3 个月来的生产情况？

答：还不大理想，但还可以，3 个月毛利润 15 万元，一年可能得 80 万 ~ 100 万元毛利。

问：1992 年赚了多少钱？

答：不知道。工厂工人的工资情况我也不了解。

问：承包前你也算过账吗？

答：有个粗略想法，没有详细计划，前厂长把资料带走了。

问：村办企业应由大队管账簿？

答：现在正在给大队办交接，与我们无关。我们重新立账，重新组建。

【企业产销情况】

问：你们生产什么？

答：北京汽车齿轮等配件。1992 年生产的汽车传动轴方面的配件；1993 年生产的是齿轮。

问：为什么生产齿轮？

答：我有这方面的渠道，1992 年以前的厂长有轴这方面的业务渠道，所以换了产品。

问：是订货吗？

答：我们给北京汽车齿轮厂加工。通过亲戚、朋友联系上的。

问：什么关系？

答：我有一位朋友在北京汽车齿轮厂负责这方面的工作。

问：他与原来静海厂有关系吗？

答：没有，他不做热挂锌业务。

问：原料谁供？

答：甲方。他给我们加工费，按吨计算，一吨 1000 元左右。

问：一个月生产多少？

答：40 吨左右。

问：有多少工人？

答：45 人。这是 3 个厂的总数。

问：另两个厂做什么？

答：两个厂做齿轮，一个厂做热挂锌。挂锌就是像电线杆上的横担、铁梁都是镀的。给电力局加工。

问：多少加工费？

答：一吨 1300 ~ 1400 元，一个月 14 ~ 15 吨。

问：有歇工的时候吗？

答：目前没有，常年有活干。

【工人权益】

问：有休息吗？

答：没有礼拜日，没有公休，干完活后干地里的活，或是活不太忙时，请假干地里的活。

问：每天工作多少时间？

答：早晨 7 点。下午 2 点或 3 点。在厂里吃早、午饭各 1 个小时，共干 8 小时工作。

问：工资按什么计算？

答：基本工资加超额奖。基本工资 210 元，加超额奖 300 元左右。

问：有医疗费吗？

答：有劳保费？我们上了保险，医疗费由保险公司报销。工厂上保险，每个工人一年上 60 元保险费，保 1 万元的医疗费，工伤由厂福利费开支。

问：生病不上班还给工资吗？

答：有奖金，没有工资。

问：怎么发奖金？

答：有超额奖和年终奖，分完之后还有剩余时，按技术好坏，出勤率高低计算。

问：估计年终有多少奖金？

答：估计不出来，因刚刚 3 个月。

问：过年和夏天发什么吗？

答：夏季发糖、茶叶，过年发肉和水果、鱼之类的福利品。

问：1993 年发了什么东西？

答：1993 年过年发的鱼、肉、水果，一个人 100 元左右。

问：技术工人也是本村的吗？

答：都是本村人，因为搞工厂年头多了，大部分是村和乡办企业培养出来的。

【企业缘起及与其他同类企业间关系】

问：这个厂最早是大队的吗？

答：最早是锻件厂，已 30 多年了；“文化大革命”以前就有，1964年这个村就搞工厂，当时做木锉。

问：原来的厂长到府君庙去了？

答：到乡办企业去了！他姓刘。原来乡里有工厂，他带去了部分业务，有些老业务关系。我也带来了部分业务关系，办起了这个厂。

问：他为什么走？

答：中国有一句古话：“佛受一炷香，人争一口气。”人事关系很复杂，处理不好就走了！

问：他原来的关系客户，不是一个管理人员吗？

答：人生几十年，什么事都会遇到，一言难尽。

问：运输呢？

答：我们自己解决。我们有燕牌汽车、拖拉机。

问：经常去北京拉、送货吗？

答：经常去。这汽车是大队新买的，属大队的固定资产。

问：你们是不是还想找到另外的甲方？

答：我们是还想找到更理想的加工业务。

问：找到了你们的厂是不是扩大？

答：扩大，只要找到了加工活，没有技术人员，可以高薪聘请，只要赚钱就行，资金不足可以贷款。不过现在业务不好找，与外国朋友做买卖也很难找到理想的客户，有机会你们可以帮助我们找客户，你们不行，还可以找你们的朋友，我们也可以上别的项目。

问：与你们产品相同的工厂府君庙有吗？

答：有。乡办的和村办的都有。

问：对你们的利润有影响吗？

答：有，竞争嘛！

问：这个厂一个月有多少加工能力？

答：40吨左右。再有订货就得增加设备，增加人力。

问：现在找到了项目马上就能生产吗？

答：行。有钱就可以办，我们有存款，也可以贷款。我们还没有贷过款不贷款的企业很少。

【村企主管部门】

问：直接管理你们厂的是什么单位？

答：乡经济委员会。

问：他们怎么管？

答：在财务上或出现什么重大问题帮助协调，因我们与他们接触得少，以我观察他们还没有起多大作用。

问：多久向他们汇报一次？

答：一个月汇报一次，会计报表每月都报，还要报年终报表，年终也汇报。月产值、年产值等表格很多，我们都是新上任的，正在学习当中。

【村企社会公益投入】

问：税收如何？

答：因为我们是新开张，争取免税一年。经委还没有完全同意，我们得走后门，说一说问题不大。

问：你们出教育基金吗？

答：都出，占总产值的1.5%。

【企业职工教育及流程管理】

问：你姓名叫什么？

答：孟继泉。厂出教育基金为总产值的1.5%，其中提供给上级部门70%，30%留作本厂用于培训工人，目的是提高工人的素质。

问：交过款没有？培训过吗？

答：还没有。会计是新手，将来厂里要让他参加培训班，让他去学习，学习的钱就是厂里留的那30%。

问：学习了吗？

答：现在自学，如乡里办班，有机会就

去学了!

问：你们厂的账是怎么建立的?

答：工业企业与乡镇企业会计科目不一样，但供销、购买原材料、购买设备，生产的过程都一样。

问：每天都统计生产过程吗?

答：每个月报一次厂里供产销的过程表，每天有收支明细账。

问：工人上下班的考勤呢?

答：由带班的车间管，会计不管。由统计报到会计处，再核算。

问：全厂46名工人，其中管理人员多少?

答：一个车间一个人，共3个车间，由副厂长兼车间主任。另外还有厂长、会计、出纳各一人，还有业务员、司机各一人。

问：管理人员的工资怎么算?

答：拿工人的最高工资。

问：管理人员都有投资吗?

答：有。到年底都可分红。

【村企统计管理】

问：有月报表的内容和上级的要求吗?

答：我可以拿给你看一下。就是这样的，热挂锌厂厂长是村教师张小华，他是法人代表，可以长期不纳税。别的厂不行，一年之后就纳税；教育资金很少；挂教师的名工厂可以不纳税，老师不拿工厂的工资，我们从免税的金额中抽出一部分支援学校教育。

问：你给他们多少钱?

答：按比例给，如赢利10万元，司给他们2万~3万元。

问：是张小华给你们帮忙?还是彼此协商?

答：彼此协商。

问：他有投资吗?

答：没有投资，仅仅是挂名。

问：你估计能赚多少钱?

答：估计毛利27万~28万元。毛利包括用人、工钱、料钱，把人、工、料钱除去后的利润叫纯利。我们给教育的钱是纯利。

问：工资也在毛利之中吗?

答：算毛利部分，是生产费用的一部分。

问：这都算收入。工资、福利、利息支出等都算毛利，实际是总产值吧?

答：对。是年总产值。

问：可以看月报表吗?

答：可以。看我们这个表中只有10万元，报的数字小，这样申请执照可以少出钱，对我们贷款则不利。

问：用了多少起照费?

答：300元，占资金的3‰。

问：查你们的资金吗?

答：一般情况下不查。

(照相)

郝开顺（1924年生）

时　　间：1993年3月27日上午

访 问 者：顾琳　张利民

场　　所：郝开顺家

【人民公社时期社员入股情况】

问：你是村里的老人，改革开放以后村里工作的变化情况和会计工作，想请你谈谈。

答：可以。初级社、高级社时我是民兵连长兼会计，到1958年才不当民兵连长了!说我是文化人不敢当，我上过小学，在杨柳青学了20天会计，当初级社的会计，高级社时是全村的会计。我们好几个人当会计，他们文化程度比我高；账目主要依靠他们。张树森当高级社会计，李金华是财务管理，评价牲口价格，评农具折价入社，作为股份基金。股份基金有两种：一种是公有化的股份基金；一种是生产费股份。公有化的基金包括农具、牲口、车；生产费是指子种、肥料。生产费股份基金到一定年限还给社员，我们村的固定资产（公有化基金部分）基金因为账号遗失没有返还给社员。

问：怎么还？

答：入高级社时农具等折价归社，高级社如数按价还给社员，社员就没有股份了。

问：谁决定的价格？

答：由户代表评议价格，有评议委员会。

问：当代表有什么条件？

答：办事公道，懂牲畜、农具价格，有威信的人。

问：没有选举吗？

答：是选出来的社员。几户选一个人，牲口及其饲料都作价入社。牲口作价入社，贫下中农没有牲口的，用国家贷款买，然后作价入社。因为没有牲口的户要受歧视，所以国家给部分无息贷款购买。专款专用，不得挪用。这就是折价入股的部分。

【工分管理及劳力测算】

问：你们怎么决定给谁多少工分？

答：按劳力的强弱分。

问：不管他思想好坏吗？

答：全凭体力，不看其他的。由记工员记分。

问：早上集中吗？

答：晚上集中，组长告诉谁干什么活和干了多少。自己不干得请假。

问：怎么知道一个人一年干多少活？

答：有记工本，每天的分都记在上面。一年挣多少分都在上面记着，年终按工分分报酬。分粮食、柴草。

问：干活由队长领着去吗？

答：是。一件活 10 分，一个人一天就干完了，记 10 个工分。

问：一年一个强劳力挣多少分？

答：不歇工的一个月挣 300 分，一年按 10 个月计算得 3000 个工分。

问：当时分什么东西？

答：分粮食、菜、柴，没有其他福利，年终结算时有的队分点钱，有的队连钱也分不到。

【村民自留地】

问：有自留地吗？

答：自留地已分过几次了。“文化大革命”前有，“文化大革命”中收回了！后来又分下来了，已三起三落了。自留地社员可以种点菜，也可种点其他作物，可是不行，认为种自留地耽误了大队的农活，就收回去了。

问：那时不分钱吗？

答：好的队分点钱，不好的队分不到钱。最好的 10 个工分合八九角钱，一天一个整劳力挣 10 个工分，粮食、蔬菜都折合成钱，实际上分不到现金。

【社员医疗费】

问：社员的医疗费怎么办？

答：由社员自己负担，社员可以卖些菜，劳力多的年终分点钱，最多的 100 元左右。

问：国家如何扶持你们？

答：有点贷款，买肥料。

【公粮缴纳及口粮比重】

问：缴公粮时给钱吗？

答：缴完之后给钱。

问：你们村交多少公粮？

答：1 万多斤麦子，3 万斤玉米，与现在一样。

问：社员的口粮多少？

答：一个人一年 360 斤，最高 420 斤。超交公粮的可以多些，交不够的少吃，有的一年300斤或320斤，缺粮多的国家给返销粮。

问：公粮占总产量的多少？

答：当时分一、二、三类村。产量高的村是一类村，最差的是三类村。受灾不收时，国家按每人每天7两粮供应口粮。

问：1958年以后你们村哪些年缺粮？

答：1959~1961年缺粮。由国家供给。

问：以后还还给国家吗？

答：不还。

问：什么时候缺粮？

答：1958年丰收，1959~1961年缺粮，后来又闹水灾，吃返销粮，不够又吃代食品，吃豆腐渣、豆饼等，什么都吃过。

问：一般年景公粮能占总产量的多少？

答：不绝对，除去人均口粮360斤，其余就交公粮。

问：那时亩产多少？

答：最高240~250斤，一般200多斤。杂交玉米最高收1000斤左右。

【“文化大革命”时期粮食产量、救灾款及工分管理】

问：“文化大革命”对粮产量有何影响？

答：我们村的粮食没有损失。1960年低指标时，以瓜、菜代替粮食。从东北运来代食品，分给社员吃。

问：1963年大水以后，国家怎么安排村民生活，是贷款吗？

答：国家给一些席子、苇子盖房，没有给钱，有救济款。

问：这个村得到了多少救济款？

答：一口人7元钱买口粮，不是盖房钱。

问：“文化大革命”时还是记工分吗？

答：是。挨批判斗争的人放在大队里，不给记工分。

问：那他们怎么分配呀？

答：不是长期的，办班让他们交代问题，白天挨批判，晚上参加学习班的时间不记工分。干活给记工分。

问：有的地方“文化大革命”时不记工分，是吗？

答：这里都记工分，没有变化，晚上搞义务劳动不记分，其他都记。

【会计职能及医疗保障】

问：会计的工作除统计工分，搞分配以外还干什么？

答：下地干活。

问：“文化大革命”中社员们看病的费用还自己拿吗？

答：村里有医疗室，现在的村长就是当时的大夫，看病不要钱，大病村里治不了到外边治的，药费报不了？大队没有钱？大队报销过两次，后来就不能报了！

问：村里一直没有医疗保险吗？

答：没有。去年办了一次，一口人缴1~3元，交到县里。住院的给报百分之几十。今年又不参加了，现在还是个人拿钱治病。

问：改革以后大队会计的工作怎样？

答：没有村委会时，大队会计一个月挣25元，村里有事就出来管管，组织浇浇地。其他时间干自己的活。村委会干部每月挣25~60元，现在170元。

【村办企业历史及小学性质】

问：大队什么时候办的工厂？

答：很早就办了！1983年解体，个人承包，一年交承包费5000元到9000元不等。1963年就办工厂，人工打铁，打道钉、螺丝。我也打过。

问：投资多少钱？

答：很少。买大锤吹风机为别人加工。在厂工作的记工分，每天10个工，一年给两身工作服。开始我领导工厂，一年赚三四千元。

问：大队怎么用这笔钱？

答：买化肥，也参加一点分配。

问：村里的小学是公办还是村办？

答：国家办学校。

【大队农用设施及种植计划】

问：大队的钱也分给社员还是买拖拉机？

答：买拖拉机、农机具，国家贷款给大队打机井。

问：大队买什么东西上级下指标吗？

答：没有。我们自己决定。生产队、大队干部商量，买什么有计划，但也不能实现，供销社不能满足大队化肥的需要，政府分配化肥，供销社进货，供应各村。除他们卖化肥外，再没有地方卖。政府根据各村土地多少分配。现在才可以到处买到了。

问：种植什么是按下达的计划吗？

答：对。那时种什么都是有计划的，只能超计划，不能少于它。

问：小麦赚钱才多种吗？

答：现在玉米面只吃新鲜，一般都吃白面，所以愿意多种麦子，麦子产量高。还有一个原因就是我们这地方夏季发大水多，种麦子保证有收成。现在没有这种现象了。现在玉米亩产 1000 斤，小麦亩产五六百斤。种了小麦还可以种豆子等秋季作物，可收两季。

【干部职能的变迁】

问：干部们比过去事多还是少？

答：现在村干部主要是服务。如浇地，干部们得组织，安排时间，登记浇地的亩数、用电的时间，跟着浇地。收教育基金。

【承包制的运作】

问：大队由集体到承包的过程是怎么样的？

答：1983 年实行包产到户？认识不一，有人不愿大包干，认为是单干；有的认为大包干就是除交国家和大队的以外，都是自己的。当时有个顺口溜；“交够国家的，留足集体的，剩下都是自己的。”

问：土地都分了吗？

答：1983 年实行了一年联产计酬，还是调动不起社员的劳动积极性来，因为有交集体的部分，不行了。1984 年实行了大包干。

问：那对以前种的麦子怎么办？

答：当时规定一亩地麦子交给国家 20 斤，交给大队 200 斤，超产了才归自己。有的到麦收时还收不到这个数，交不上，大队白赔钱，浇水用不少钱，肥料、耕地都是大队管，这种方法不行。

问：口粮怎么办？

答：按人分，大队管，每人 360 斤。

问：刚开始时你们愿意改吗？

答：愿意。大队干部和社员都愿意实行现在的大包干，可乡里当时不许可同意先试验。

问：你们村是试点吗？

答：不是。我们村是乡里联产计酬的试点村。结果不太好。社员和大队干部都不愿意，大队赔钱。

问：赔了多少钱？

答：忘了！当时我是支书，其他村还都是集体呢！没有办法弄了！牲口锁在屋里，没人管，没有喂，所以后来实行大包干，21 头牲口都分下去了！

问：大包干是 1984 年吗？

答：1983 年。联产计酬是 1982 年。开始实行大包干时人、劳都参加分配。人分一部分土地，劳动力分一部分土地。实行了一年，大包干完全按人口分土地了！

问：人、劳比例是多少？

答：人口和劳力各一半，我家分了十七八亩地。大包干以后分了 14 亩地，一口人一亩大田地，一亩麦地。

问：按人劳比例分配土地有什么不好？

答：计算方法烦琐是一个方面，另一方面因为有劳动力在里边还是调动不起人们的积极性。现在大包干一个人 2 亩地，完全按人。

【承包制时期大队的情况】

问：大包干时还有大队吗？

答：有。每个干部 25 元的月工资。

问：刚开始大队还管浇地吗？

答：管，机井不能分呀！乡里有拖拉机站，给社员们耕地，大队统一收费。

问：那时交费与现在差不多吧？

答：是。一亩地多少钱，户里拿。现在大部分干部的事比过去不少，得有两个人看机井，有人组织机耕，浇水，比过去服务多了！过去每人每月 25 元，现在工资也高了！

问：比大队时少了吗？

答：也不少，过去有事没事得顶班，在大队里坐着。现在有事去，没事不去。

问：过去大队作生产计划，现在没了吗？

答：是。现在平价化肥都卖不出去，存在张宝森家。49 元一吨（袋），半议价。家家都存有化肥。

问：当时的书记是谁？

答：过去的书记叫吴金城，病了！话都说不出了！

问：1976～1981 年在这里？

答：对。

【队办工厂】

问：那时的药厂在哪里？

答：乡办厂。我是副书记。建厂时花了 80 多万元。

问：制什么药？

答：制砖厂，是窑，不是药。

问：赚钱吗？

答：赚钱。头一年地震赔了。天津投资，与我们合办。我村现在在哪儿工作的只有一两个人，光给十七八元的生活费，大队记工分。

问：你在那里工作在村分口粮吗？

答：在大队分口粮。

问：工作很苦、很热吧？

答：我们作管理的不热，社员们热。管理跑料，推土机，挖土机。

问：烧砖的土是订的吗？

答：是。共 400 亩。现在基本上没有土可挖了，再买地也买不起了！当时村里也不太会计算，只给村里几十万砖，地就给乡了！

问：10 年、8 年以后还换地方吗？

答：推土机从这儿把土推到那儿。

问：不能随便挖地吗？

答：不能，生产队不同意。

问：烧完砖以后这土地不能用了，这种地方多吗？

答：本地人烧砖的不多，只是管理人员，安徽的人多，那种活比较累，搬坯、上窑、出窑，都比较累。人少的时候我也拉过。

问：你在厂一直到 1986 年吗？

答：一直到 1976 年走的。我当时是厂长，赚了钱，副业收入 4 万多元，超过了农业收入，这是 1974 年。

问：大队用这笔钱干什么？

答：参加社员分配 3.7 万元，那年一个工分才值 9 角多钱。

问：一个整劳力挣多少？

答：最多一家拿三四百元。

问：你为什么离开厂？

答：与正书记搞不好关系，争权夺势，工厂的事厂长应说了算，但书记不同意，也办不成，必须书记决定。

问：销路好吗？

答：都是给天津齿轮厂、机动车修造厂加工。

问：怎么与天津两个厂联系的？

答：刘润森联系的。刘世歧也联系过。

问：刘润森也在那里工作吗？

答：1963 ~ 1992 年一直是他管业务。我是厂长。

问：厂长管什么？

答：分配活，管理。

问：你 1976 年走后他还在里干吗？

答：他还是业务。我走之后郑宝明当厂长，到 1980 年。他走之后张宝春也干过，他干到 1983 年。1988 年管统计报表什么的。刘润森当了厂长兼管业务。

问：他儿子搞业务？

答：电死了！是他二儿子，1991 年秋后电死的。

【承包制及承包办法】

问：1983 年承包农村有什么好处？

答：一年才交 5000 元，厂子也快倒闭了！一年才赚 1 万元。1985 ~ 1987 年逐渐好起来，最好的年景交 6 万元，也有交 1 万、2 万、3 万元的时候。

问：为什么换承包人？

答：去年他要求现金承包，每年交 10 万元的承包费，一次交清，如果别人在两天内能交 10 万元，就让别人包，他不承包后张榜公布了！榜公布出去以后，别人要承包了，把他顶了！可他不承认自己写过条，后来他就到乡里去干了！

问：他用这种办法是生气吗？

答：现在实行现金承包。

问：1991 年不是交给大队 6 万元吗？那是怎么算的？

答：毛收入的 10% 交给大队。

问：他估计每年交 10 万元有把握吧？

答：可能吧！每月电费五六千元，如果毛收入达不到 100 万元，就向大队交不了 10 万元，农村用电 1 度是 0.40 元。

问：一个普通农民马上拿得出 10 万元？

答：集资，股份制，他弟弟在师范学校有钱，他弟弟开来 6 万元的支票，家里凑些钱，交给大队 10 万元。刘润森想多给些钱包，人家不同意，当时他没有写上谁给钱多谁承包呀！所以刘润森不好办，只好走了！

问：对村里没有什么关系吧？

答：也不好办。他也没有签合同，3 年可能没问题，每年交给大队 10 万元，还得按毛利的 15% 递增，明年得交 11 万元。第三年还按 11.5 万元的 15% 算。

问：检查他们的账吗？

答：就交这些钱，其他不管。

问：村长提供的数字是 10 万元，到底用了多少？

答：他投了 3 万元，我们投了 7 万元。

问：刘厂长也是你们的村长？

答：他当厂长后就不干村长的事了！现在村长是张宝森，张宝森原来是副的，管农业。

问：厂是村里的，村长有权管吗？

答：在人事、制度方面，村长可以向厂里提建议，厂长有自主权。

问：财务呢？

答：不参与财务工作，但亏了不行。

问：工人之间有矛盾，村里管吗？

答：也得解决。

问：过去有吗？

答：没有。

刘润森（1933年生）

时　　间：1993年3月27日下午

访 问 者：顾森　张利民

场　　所：刘润森家

【企业承包人情况】

问：前年来时对你的一些情况了解了，这次想了解你在工厂的生产和家庭情况，还想了解你在村里时管理工厂和村的情况，谢谢了！

答：1983年大队的厂子散了！让我承包。我包之后，头一年利润还不错，挣钱多时可得3000元（一年），形势好了，又归大队了！干了两个月赔了2000元，从1985年开始又让我承包，要求交毛利润的10%给大队，亏了由我负责，大队不管，从1985年开始，一年比一年强，到1992年多交大队十几万元，即除正常交纳承包费用外，还多交十几万元。

问：每年交多少？

答：具体数字记不清了，大概数是多交十几万元。1993年开始重新承包。我离开厂子时，外边欠工厂债加上流动资金共70万元左右，按合同这笔钱应归承包户，但我走后，账交乡管，与现在的承包户无关：究竟这些钱分给工厂多少，给大队多少，给我多少，还没有决定怎么分。乡里规定每年是三三四分成，即承包人分三成，厂积累四成，上交三成。现在乡里的意见是：70万元归大队一半。另一半的70%分给工人，30%给我，这个意见还没有兑现。我已到乡了，想尽快把乡里的企业办起来，乡里拿了这么多钱，又添厂房，又添设备。1993年这么一个小厂，月毛利10万元左右。

问：这个厂叫什么名字？

答：五金综合厂。我办的这个厂子还没有搬过去，叫“津南汽车齿轮厂”。

问：为什么不继续在这里承包？

答：这里的厂谁包都可以，有人包，我就让了。

问：你愿意在这里干吗？

答：在哪儿干都行，在村里干也不是我自己的厂。按合同办……我给你拿合同看。

问：他们去年来时访问过你？这次你不在这个厂了，听了很难过。

答：这是1988年1月8日订的合同，这是“承包合同补充条款”。现在不好说，我不要钱，还有人告我，我不怕，我没有多占，钱没多拿。

[合同规定：每年的毛利的12%交村委会，甲方（即村委会）提取12%的二成返还给厂，年终找齐。按纯加工计算，乙方（承包人）如出现工伤，药费在300元以内的由乙方自己负担，300元以上的……] 就按这条规定，赔了由承包人负责，赚了也应由承包人处理。可赚的这钱，我没要。厂子的赔赚是乡经委、村委会和承包人之间的关系，与其他人无关。

问：能抄一份合同吗？

答：我给你们一份。

问：合同样本有吗？

答：没有。自己订的。这与原文一样。

问：1992年厂里交给村委会6万元的事有吗？

答：有。一年加工60万元，交6万元。

问：1992年底你还想承包吗？

答：那怎么说。

问：你交给村6万元，自己留多少？

答：没有。我只挣工资，一直是只挣工资。别人告我，我不怕，我不承包以后，账目交给了乡，由乡出人管会计，他们对账，查对，对平以后，钱就在这里了！究竟怎么处理，咱就不管了。

问：你分红了吗？

答：不光我分，大伙都分了！按工分分。

刚承包的那年，每人挣 2000 ~ 3000 元（一年），1992 年每人 6000 ~ 7000 元。中国有个人调节税，每月平均四百元以上的得交税，再分多了还得纳税。我也不多拿，赚的钱只好存着，好扩大再生产。在我不承包这个厂钱应该结清。我走时把钱和账都交给乡里了！乡经委查的账，账目属实。现在问我外边欠厂多少钱，我不是会计，详细数不清，大概 60 万元，还有家底共 70 万元。我交乡里后就不管了！但是这还有人告我。也有人请律师，我不怕，我有合同。按合同条文我不答复你也应该，国家有政策，承包人有协议。分钱，我也没打算三三四分成，但我要求分一部分。我要打算要钱，到法院或到经济法庭都行。我走的时候与村有点矛盾，他们划完圈子以后，托我把厂子承包出去了！乡里了解后，把我调到乡里办厂去了！我去的这个厂子已经不景气了！让我救活了，生产也上去了！

【企业经营办法】

问：怎么经营厂子？

答：办厂首先是讲信誉，如“汽齿”外边有 20 多个加工点，夏利车的齿轮明年全部给我。

问：新办的厂子与村办厂一样吗？

答：新办的厂子添了 4 种产品，有新产品，外单位来加工的。我给它干这活用 1.8 斤的料，别人给它干用 2 斤料。我给它节约了原材料。天津大学一位工程师住在这儿，看究竟省多少料。今天已拿回去两种，一个省半斤的料，一斤料 2.5 元，一个省了 2 两料。

问：一件需多少料？

答：他们给 9.85 斤。我们才用 9.3 斤。

问：这个厂是个人办的吗？

答：乡办的。

问：请你介绍一下资金的来源。

答：信用社贷款 10.5 万元，乡干部集资 36 万元，共 46.5 万元，我自己买了一台设备 1.2 万元，属于垫支。

问：原来的厂子还有吗？

答：原来的厂子倒闭了！连续 3 年亏损。

问：原来是什么厂？

答：锻件加工厂？

问：是你承包吗？

答：原来有厂长，厂长承包，我是书记。

问：他是什么地方的人？

答：这个乡的。他是原来的老厂长，乡里的意见是让我承包当厂长，我不干，不合适，老厂长怎么办？咱不能那样干。

问：新建的厂你承包吗？

答：我现在的厂是原来的老厂，将来盖的新厂加工夏利车的零件，准备上流水线，从“锻到车”到“磨”，比现在成本节 80 多元。

新厂要建了，下半年开工。我说的集资情况，就是说的新厂。

问：有合同吗？

答：现在贷款不容易，大家集资的钱比银行利息高，每年拿 1 分的利息给集资人，比银行的 9 厘要高。

问：他们算股份吗？

答：不是股东。厂子是乡政府的，等于大家帮助乡政府办厂。

问：这个新厂你做承包人吗？

答：谁承包都行，我可以承包，别人也可承包。

问：如果你为这个厂赚了很多钱，但是别人要求承包，行吗？

答：中国的风俗情况很难说，这种情况有，比如说：你给 10 万元，我给 11 万元，包给谁不一定。

问：在外国，谁给钱多包给谁。

答：中国也有这种情况，如老厂子，大队干部有股份，人家还承包给我吗？我在家一天也没有闲过，12 月 20 号离开厂，12 月 21 号乡里就把我调走了。我来以后书记就要求薪水低的干部们集资。限一周时间交齐，没有钱的借也要投。我也投了！压力很大，我每天早晨 5 时 30 分上班，晚上 6 时 30 分到 7 时下班。现在厂里 60 多人，每月开支 2 万元，按计件付工资，最高的每月 600 ~ 700 元，一般的都 400 多元。我刚过这个厂来时没钱发工资，过年每人借了 200 元，办到 3 个月之后，毛利得 26 万元。十几年的老贷款还欠着 13 万元，3 个月内还了 2 万多元，现在没有流动资金，只花加工费。

问：你用什么经营方法救这个厂的？

答：我们商量，改过去的大包工为计件工资制，过去月工资 50 元，因为没有正式产品。

问：你办企业成功的思想方法？

答：我办工厂不大吃大喝；赚钱是为大伙，不为自己；我工作带头，工人上 3 个小时的班，我得上 10 个小时的班。原来我 3 个儿子在厂子里干活，现在还有两个，我两个弟弟、4 个侄子、两个侄女都在厂，他们都得去干活，好带动下边的人干。

我办厂一靠计件工资，第二靠节约，节约原材料，别人干一件活用 10 斤煤，我用 9 斤。

问：这里的厂子有部分工人到乡办工厂了吗？

答：去了 33 人，只剩下 8 个人在这个厂。跟我去的工人认为我赚了钱，有我份，也有他们的份，过去了两个月每月都挣 400 ~ 500 元。从 3 月 26 日开始按工作效率计酬，一个人一天多挣 2 元钱。

【家族共同经营与计件工资】

问：你家里有很多人在你工厂做工，有什么好处吗？

答：咱这孩子们拼命地干其他人不干行吗？

问：收入与其他人相同吗？

答：我的大儿子是综合厂的副厂长，他只拿锻件厂的平均工资数。我也是拿平均工资。

问：年底分红吗？

答：不分红，但有个对比，比如说一年赚 12 万元，交乡 6 万元，还余 6 万元，这 6 万元就三三四分成了：三成交乡，三成归厂积累，四成归厂；这四成中的四成归厂长，六成分给职工。如果赚不了钱，厂长、职工都分不到钱。

问：你管理的办法一是计件工资制，二是节约原材料，三是严格管理？

答：是。不能出废品。我管厂就是大家关心的事情要公开，如请吃喝，应公开。再有就是自己的亲属必须遵守劳动纪律，不能干公活时回家做私事。再有就是教育工人，在技术上给予指导。还有把质量关，我的大孩子管这一块，他 1 个人比 3 个人的工作量都大。

问：工人出了废品怎么办？

答：以教育为主，现在还没有罚。

问：质量管理是不是大问题？

答：看检验员了！

问：原来的厂子也是计件吗？

答：也是计件。一个村的人差得多了也不好办，都很熟，我也搞平均。到这边以后就那么办了。

问：这个厂在 1983 年以前记工分时，你也在厂里吗？

答：我也在。

问：那时为什么工厂不赚钱？

答：管理不行。

问：那时大队领导是谁？

答：有孙常香，还是这些人。

问：1983 年你承包时赚钱，1984 年又交大队了吗？

答：我自己不干了。大队又派去了新厂长、会计，几个月又赔了。

问：你 1984 年在哪儿？

答：还在这个厂，只是不当厂长了，跑外边的业务。

问：派来的厂长、会计不懂业务吗？

答：他们不勤快，不带头干。过了几个月我又承包了！

问：承包有年限吗？

答：没有，一年一个，一年换一次合同。

【村长管理工厂】

问：你哪年当村长？

答：1988 年或 1989 年。

问：怎么选你当村长的？

答：没有选，我自己不愿干，公社找，村里找。

问：你当村长之前谁是村长？

答：张宝善是村长，孙常香是书记。后来我当了村长，张当了书记。

问：你当时最重要的工作是什么？

答：我当村长之后厂子也由我管理。1988 年厂子最景气了！

问：村长与书记怎样分工？

答：我管厂子，他管农业。

问：你考虑没考虑建其他厂？

答：考虑，1992 年我离开前 3 个月还考虑呢！

问：你在当厂长期间投入固定资产多少钱？

答：3 万来元，1985 年时。到 1992 年 40 多万元了！

问：你们村女同志不工作的多，你考虑过建纺织厂或服装厂吗？

答：我曾考虑建服装厂。我还想自己建个厂呢！

问：这个村与邻村比收入多还是少？

答：收入少。但厂里没有贷款，这在乡里属第一流的，其他村有大厂，但有欠款。

问：你认为贷款不好吗？

答：银行希望我贷款，但贷款得付利息。厂扩大了也得贷款。村里有规划，往西边盖厂子，想搞成品，不想光搞加工了！

问：村里像这样懂技术会管理的人多吗？

答：没有在外边当过工人的。有在外工作没有回来的，我在外工作好多年，是 1962 年精简下来的，外边熟人多。现在制锁公司的两个经理，制盒厂的厂长、书记，天津打火机、表带厂都认识，我找到他们，他们都帮忙。

问：你想扩大厂吗？

答：没有资金，有几个企业找我，天津市有一个私方公司，这个人叫贾佩政，是个工程师，由内燃机厂调动到奥地斯电梯厂，他搞了个天津市新时代研究所，他一个人 4 个工厂，有一个饮料厂，有一个暖气炉厂。他找我，他投资一部分资金，我投部分资金，还有国外人投资，准备办一个固体饮料厂。现在厂房和原料都有，可我没有钱，乡里也没有钱。天津农机研究所准备搞人造金钢石，天津大学设计厂房。我与他们商量，我投厂房，由他们投资，也没有资金。

问：老厂赚的 6 万元钱呢？

答：我不清楚。这些钱得支持农业，买水泵、电机、拖拉机都得用，给厂子增设备。

问：你当村长时给村买了什么？

答：拖拉机 1990 年买的，打麦机也是那时买的。

问：拖拉机多少钱？

答：2 万多元。村里有两台拖拉机，共用去 4 万多元。

问：那时你们考虑扩大再生产吗？

答：也考虑了！为什么多交给大队十几万元呀！村里的厂子固定资产由3万元上升到40万元，也是厂里扩大的。那时候大队与村的关系搞得很好。现在村办厂怎么样我不清楚了！

问：你当村长时农业收入与工厂收入哪个多？

答：农业收入是社员自己要，工厂10%交大队，从副业收入中补农业。大队的开支和干部的工资都从厂子收入中支取。

【土地调配】

问：是1983年分配的土地吗？

答：对。

问：开始是联产计酬，后来是大包干吧？

答：对。合同5年。根据国家的政策和人口的变化，没有到5年又变动了一次。

问：第二次分地是哪年？

答：1985年调的。地调整后，又调了一次自留地。

问：你当村长时调过吗？

答：没有。调了一次自留地。

问：1985年后人口有增减怎么办？

答：去年调了一次，人死了或出嫁了，只剩一口人的包给原承包者，两口人的调出一口人的地，以补充给增加人口的户。不是大调。

问：以后还调吗？

答：看国家的政策了。按国家的政策应该国家光给口粮地，其他地实行大包干。咱们这村小，地少还不能实行国家的上述政策。

问：这个村有这样的地吗？

答：有。西洼地就是这种办法，有200亩，村民自由包。

问：谁包的？

答：20多户呢，记不清了。这是每人承包两亩以外的地。

【园子地、口粮地的耕种】

问：园子地算口粮地吗？

答：是。

问：你承包了吗？

答：我大儿子包了！其他人没有包，地种不过来。

问：口粮地自己种吗？

答：自己种，共十几亩地。我们下了班种地。

问：这个村有雇人的吗？

答：没有，村里人都勤劳。

【乡办企业】

问：乡办企业怎么样？

答：府君庙乡办企业今年比去年好多了，我在的那个厂连续3年亏损，现在活了，有的厂去年不行，今年也行了！最好的一个厂是福利厂，都是残疾人，过去不行，今年也好了。

问：这个厂生产什么？

答：加工塑料件。有几十名工人，在乡开发小区扩大厂房。

问：都是本地人吗？

答：工人都是本乡的。

问：他们都挣多少钱？

答：最高的挣500元，200元、300元不等。

问：什么时候建的这个厂？

答：1990年建的。乡里有五金、金锻、阀门、铝压锅、塑料、轧铸、铜厂，这些厂，今年都行，乡里还有两个砖厂，大队最好的厂子是荀家营、北五里、白杨树、府君庙村的厂。

问：冯家村的厂是最好的吗？

答：一般。荀家营村的厂子属于集体，其他村的厂都是个人承包。白杨树有一个大队的厂，这个村的打包机厂利润最高。

【大队管理企业的特点】

问：大队收回的厂子多吗？

答：苟家营大队的厂子原来是集体的，后来承包给个人，收入归个人，大队收入很少，现在大队收回了这个厂，工人的工资也增加了，直接受大队领导，增添设备也好管理了！个人承包，设备上能减少，不易增加。北五里营村的厂子也由大队直接领导，工人工资不高，但很稳定，而且就业的人也多。

问：大队管理的厂是国营的吗？

答：北五里营的厂子是与天津电线厂合资的。

问：大队管理与个人承包的管理方法有何不同？

答：不一样，工资、奖励与国营的相同。按劳分配。以我的看法不论哪种方法办厂，都得实干，我们县下马的厂不少，上马的厂也不少，关键是干部的领导作风。个人承包的也有好的，也有差的。如开饭馆的，同样是饭馆，有的薄利多销，多受累就收益大，有的饭馆对顾客恨不得一杆子打死人家，就搞不好。

问：过去的厂子一个工人一年多少工资？

答：去年平均 6000 多元，苟家营和我们的厂去年工资最高。

问：工资占毛利的多少？

答：去年挣毛利 60 万元，工资 20 万元。前年平均 5000 元，天津大学锻造系的张教授来了两天，让我的大儿子制造了两种模具带回去了，我的大儿子是土内行，张教授有数据，两者相结合。张教授研究轴承时，天津锻件厂没有研制出来，来到我们村解决了，天津拖拉机厂负责人也来了，如焊接，细头超过 1 厘米（没听清）400 的长度，要缩成 200，200 的长墩要缩成 60，不好做，张教授跑遍天津市没有成功，他与我和我老大一同研制成功了，得了天津市三等奖，张教授这次又来了。

冯文智（1955 年生）

时　　间：1993 年 3 月 28 日上午

访 问 者：顾琳　张利民

场　　所：冯文智家

【家庭成员及社会关系】

问：你今年多大？

答：1955 年生，今年 38 周岁。

问：哪里生人？

答：天津市生人。

问：你父亲在天津市做什么？

答：在天津市程林庄木材厂工作，锅炉工，原籍是这儿，有爷爷、奶奶。1958 年动员我们回乡，我 4 岁时回乡。

问：你在这里上小学吗？

答：由村小学到府君庙中学。我这婴儿瘫病是在农村得的。

问：你什么时候当会计？

答：1972 年中学毕业，1975 年当会计。由小队到大队有十七八年当会计。生产队解体到大队干了！1983 年分田到户我就在大队当会计，直到现在。

问：在这里结婚的吗？

答：是。原来跟天津郊区的一妇女结婚，因感情不好离婚了！后又与东北一妇女结婚，已 4 年了！现有一个男孩一个女孩。

问：能生两个孩子吗？

答：她带来的，已绝育了！

问：你爱人叫什么名字？

答：姚国云，是正常人。她开了一个小卖部。

【村民劳力及生产资料】

问：请你谈谈你们村的基本情况。

答：我们每年都同派出所报年表，如出生几人，男、女各几人，迁出、迁入人口数，男、女各几人。

整半劳力计算方法是：女 16～55 岁为整劳力，男 20～60 岁为整劳力。55 岁或 60 岁时，体力好的有一定技术的男的挣 10 工分；妇女给 5.5 分、6 分，最高 7 分，0.5 分为一个等级。这是生产队时的计算方法，残疾人如我只能挣 7 分。

问：1983 年都是农业人口吗？有没有工人？

答：我这报表上有，在工厂工作的有三十几人，都是男的。村干部都是整劳力。1983 年农村刚开放，生产队很乱，什么都分。

1983 年：

全村劳力为 205 人，其中农业劳力 175 人，副业 30 人（大队企业 4 人，社办厂 10 人，建筑 5 人，饮食 2 人，文教 2 人，社外劳力 12 人，我也包括在内了）。

土地向上报 1295 亩，实际 1500 多亩，不敢报实数，报得多纳税多，有 300 亩左右没有报。

其中可浇地 625 亩，旱地是总数，社员自留地 64 亩，菜地 80 多亩。

农业机械：3 台柴油机，扬场机 2 台，脱粒机 1 台，电动机 14 台，排灌设备 17 台。

村办企业电动机 12 台，857 马力，副业用 2 台，水泵 14 台，磨面机 4 台，碾米机 2 台，榨油机 1 台，饲料粉碎机 1 台，胶皮大车 12 辆，手推车 60 辆，小拉车 60 辆，单轮车 40 辆，机井 6 口。

果木树 1.5 亩（葡萄），林木 4 亩。

大骡马 64 头：马 18 匹，骡子 12 头，驴 16 头，牛 18 头。

家畜：猪 140 头，羊 225 只。

副业：社员家庭副业产值 16000 元，牲口饲草 6000 元，建筑劳务 18000 元，商业 600 元。

社员生活用品拥有量：手表 125 户中有 150 块，座钟 125 台，小表 125 台，自行车 130 户中有 211 辆，收音机 120 台，电视机 6 台，缝纫机 80 台，录音机 1 台，电冰箱 1 台，洗衣机 1 台，电风扇 3 台，大衣柜 60 个，摩托车 1 辆。

交售粮食：24 万斤（全年产量），其中交公粮 26000 斤，人均占有 309 斤。

1984 年：

全村户数 151 户，其中农业 149 户，非农业 2 户。

年底人口 657 人：男 315 人，女 342 人。

整劳力 156 人：男 81 人，女 75 人。

半劳力 93 人：男 43 人，女 50 人。

合计：295 人。

工业：95 人，农业 180 人，建筑 3 人，文教 2 人，饮食 2 人，社管 3 人，赴外地工作 12 人。

土地：1295 亩，可浇地 650 亩，自留地 64 亩，菜园 80 亩，果木 2 亩，林木 4 亩，大农具 3 台，机井 14 口，大车 15 辆，其他未变。

骡马家畜：骡 15 头，马 15 匹，驴 45 头，猪 150 头，羊 300 只。

家庭工业：总产值 12 万元。牲口饲料 7300 元，商业 1200 元。

社员消费：手表 400 块，钟表 103 块，自行车 350 辆，收音机 180 台，电视机 35 台，缝纫机 120 台，录音机 1 台，冰箱 1 台，洗衣机 1 台，电风扇 15 台，大衣柜 130 个，社员住房砖房 550 间，新建 20 间。

粮食产销量：总产量 28 万斤。

1984 年国家收益分配表：

总收入：373185元，乡办企业66000元。

总支出：87355元，乡办企业24520元，国家税金8143元，乡办企业税收6830元。

提留：42200元（公益金、公积金），社员所得235487元（包括村干部开支和各种费用在内），社员人均收入375元，村干部（7人）收入1750元。

1985年：

全村户数158户，其中农业158户。

年底人口653人：男315人，女338人。

整劳力150人：男80人，女70人。

半劳力90人：男40人，女50人。

农业劳力72人，工业135人，建筑3人，饮食2人，文教2人，社管3人，外地10人，总数240人。

土地：1295亩，水浇地550亩，自留地64亩，菜园190亩，果木2亩，林木4亩。

大农具：拖拉机75台，机井14口。

骡马牲畜：马21匹，骡12头，驴34头，牛7头，猪136头，羊225只。

家庭工业：总产值13万元，饲料8200元。

1986年：

全村户数158户，总人口647人。

人口：男311人，女336人。男整劳力80人，女67人。男半劳力38人，女50人，总数235人。

农业92人，工副业95人，建筑15人，文教1人，赴外地工作42人，饮食3人，乡管2人。

土地：总数1295亩，水浇地550亩，自留地64亩，菜园285亩，果树2亩，林业4亩。

大农具：拖拉机75台。

大牲口：马21头，骡15头，驴40头，牛11头。

家畜：猪125头，羊225只。

家庭工业：总产值15万元（指农民个体织席，绑笤帚产值），饲料收入1万元，建筑1.8万元，装卸1.5万元，商业500元。

村办企业总收入18.5万元（纯利润）。

社员消费：手表450块，钟表108块，自行车360辆，收音机165台，电视机60台，缝纫机135台，冰箱1台，录音机4台，洗衣机5台，电风扇30台，大衣柜140个，摩托车4辆，新建住房20间。

粮食：总产值38.5万斤。

1987年：

人口：男311人，女329人，总数640人。

户数169户。

整劳力：男36人，女62人。

半劳力：男42人，女14人。

合计：234人。

农业103人，工业72人，建筑25人，商业2人，文教1人，乡管1人，外地工作无。

土地：1295亩，水浇地550亩，自留地64亩，菜园350亩，果树2亩，林业4亩。

拖拉机无，机井8口。

马骡家畜：马12匹，骡29头，驴43头，牛19头，猪25头，羊201只。

家庭工业：总产值7.7万元，饲料8000元，建筑3万元，商业4000元。

社员消费：手表455块，钟表110块，自行车349辆，收音机160台，电视机65台，缝纫机128台，录音机6台，冰箱2台，洗衣机8台，电风扇60台，新盖房10间。

粮食购买：没有。现在政策好，人们生活提高了，大包干的时候，吃馒头难，夏季麦子分给3个月的，玉米、大豆分9个月的。现在一年365天，天天吃白面，政策是好政策，但社会治安太乱了！政策好，颁布者不愧为英明的领导。

冯文智

时　　间：1993 年 3 月 28 日上午

访 问 者：顾琳　张利民

场　　所：冯文智家

问：你村的固定财产总值指什么？

答：指社员的大农具，不包括房屋。

问：社员所得包括吗？

答：不包括，这是个体现数，估计数。是社员个人的。大队穷，社员有钱，这个村在府君庙存款 80 多万元。个别户还是穷，有些社员在天津市有存款。

问：这个村不是有钱就盖很大的房子吗？

答：够住就行了。人们考虑存款的目的一是给儿子盖房娶媳妇，二是老两口老了手里有积蓄。

问：1983 ~ 1987 年化肥用得多吗？有多少大车、拖拉机？

答：化肥按吨计算（见表 1）。

年　份	1983	1984	1985	1986	1987
化肥：其中氮肥（吨）	13	25	26	26	34
磷肥（吨）	10	5	6	8	20
拖拉机	0	0	1	1	0
大车			15	15	17

问：1988 年的基本情况？

答：人口：男 304 人，女 322 人，总人口 626 人。

户数：167 户。

整劳力：男 75 人，女 35 人（此数不甚准确）。

半劳力：男 48 人，女 35 人，总数 193 人。

扶持农业 87 人，工业 58 人，建筑 40 人，商业 2 人，文教 1 人，交通运输业 5 人，乡管 2 人，外出加到建筑业中。

土地：1295 亩，水浇地 750 亩，自留地 64 亩，菜园 350 亩，果树 2 亩，林业 4 亩。

粮食总产量：75 万斤，公粮同前。

大牲畜：马 10 匹，骡子 30 头，驴 42 头，11 头猪，羊 199 只。

化肥：氮肥 40 吨，磷肥 21 吨，机井 8 口，大车 35 辆，拖拉机没有新购的。

社员消费品：手表 410 块，座钟 125 台，自行车 560 辆，电视机 8 台（彩电），缝纫机 130 台，录音机 10 台，冰箱 3 台，洗衣机 30 台，电风扇 62 台，大衣柜 150，新盖住房 13 间。

问：去年（1992 年）总产量？

答：91 万斤粮食。

问：用拖拉机、化肥是多少？

答：氮肥 75 吨，磷肥 55 吨，车 60 辆，拖拉机两台，打麦机 1989 年 8 台，机井没有电动的；牲口 84：马 9 匹，骡 28 头，驴 33 头，牛 14 头；猪 5 头，羊 125 只。

消费品：自行车 600 辆，摩托车 5 辆，缝纫机 140 台，电风扇 150 台，洗衣机 110 台，冰箱 35 台，录音机 150 台，电视机——彩电 60 台、黑白 150 台，煤气炉 80 个，录像机 1 台，照相机 2 部，去年没有盖房，户里料已备好，等宅地基。

问：1988 年粮总产量 75 万斤，去年为什么一下增到 91 万斤？

答：粮食每年都增产，但向上边报还是不增产，最后瞒不住了，才讲了实话。所以粮食一下就上去了，过去国家是多产、多征，下边就不敢报实际产量了。

问：现在还这样吗？

答：现在不了！今年产的粮食国家不准收了！粮食太多。

【村民消费及收入】

问：现在一人一年吃多少粮食？

答：副食吃得好了，像猪肉、鸡蛋吃得多了！粮食也就吃得少了，我过去玉米饼吃两个，现在馒头吃一块，村里有一户办小卖部过去一天卖三四十元，我家也办了个小卖部。村里还有一家，共 3 户办小卖部，可村里还是 600 口人。现在一天一个小卖部就卖百十来元钱，可见人们生活水平提高了。邓小平的功劳是伟大的。

问：村里社员的收入差别大吗？

答：大！过去村里有 5 个生产小队，全年 2 万元。现在有的一户就收入 2 万元，村主任家收入 2 万元还多。集体收入少了，庙穷和尚富了，社员钞票大大的有了！

郝开顺

时　　间：1993 年 3 月 26 日上午

访 问 者：内山雅生

翻　　译：祁建民

场　　所：大队办公室

【农业生产技术】

问：上次访问学到很多东西。今天请你谈一下农业技术的历史变化过程。对盐碱地的治理。

答：主要是挖条田治碱，比方说，十几亩地为一条，成条成方改治，我们这里东西为一条，南北为一条，灌水。

问：台田你知道吗？

答：台田咱这儿没有，台田是在沟地、边地、坡地上垫土，咱这儿是条地，不用垫土，没有台田。

问：50 年代互助组前后，那时的农业技术和施肥技术请介绍一下。

答：初级社时，用马拉犁耕地，也没有什么灌水工具。进高级社时才有土式的柴油机。

问：犁耙还用不用？

答：小块地还是用犁耙，耠子也用，有的地用一个牲口拉，有的也用两个牲口拉。

问：除此以外还用什么农具呢？

答：还用镐、锄头。

问：互助合作后全村牛、马、驴一共有多少呢？

答：那时候牲口少，全村也就 30 多头，40 来头。一般的买不起。

问：那时候你家有多少马、驴？

答：只有一头牛。

问：当时拉犁是用一匹马、一头牛吧？

答：当时是搭套。

问：当时你家就一头牛，怎么搭套？

答：那时候我和马荣仁家搭套，他家有一头牛，我家有一头牛，两家搭套犁地。

问：那时候买一头牛多少钱？

答：一般不固定，用粮食要 4 ~5 石玉米，合成市斤 700 多斤。

问：当时你家买牛是两家各出一半钱吗？

答：是个人买个人的，一家买一头。

问：当时用的什么肥料？

答：主要用人粪、草粪、炕土、炕基土，也用化肥，是很少一部分，也用豆饼。

问：土炕用什么土？

答：一般土，脱坯盘炕，四五年扒一次炕。

问：用动物粪吗？如牛、马粪？

答：用动物粪，也用草肥、杂肥，主要以草、粪为主。

问：豆饼是咱这产的还是从外边买的？

答：从外边买来的，从独流镇买的，离这十来里地。

问：价钱怎样？

答：用豆子换，也有的卖了豆子换豆饼的，都差不多。

问：豆饼主要什么作物使用？

答：主要是白菜、萝卜。

问：你种大豆吗？

答：种大豆。白菜自己吃，也卖，去天津市卖。

问：你去卖过吗？

答：卖过，不每天去，有时用车拉去卖两趟，隔两天去一趟，卖三趟五趟就完了。像做买卖似的。

问：乡里统一收购价格是不是低呢？

答：价钱也不低，自己卖也卖不上多少钱，现在城市人们生活提高了，吃不了多少白菜。

问：初级社、高级社农业上用的车，有什么变化没有？

答：有推车，牲口拉的推车，有柴油机。

问：用水车浇地吗？

答：不是浇地，而是浇菜园子。

问：柴油机是否也可以耕地、浇地？

答：耕地没有用过，浇过一次地。

问：柴油机是从哪儿买的？

答：从杨柳青买的，按人民币计算，那时候花1000多元。那时社员也没钱投，是国家贷款。

问：买柴油机是初级社时，还是高级社时？

答：是高级社时买的。

问：初级社时有没有水车？

答：有。

问：到高级社时自己可以搭套吗？

答：那时就是集体化了。

问：初级社时，牛、马、驴这些牲畜是不是都有？

答：都有，都归初级社统一使用。

问：那时村里有几个初级社？

答：那时这个村有3个初级社，每个社最大的40多户，也有十几户的。

问：有多少牲口？

答：十三四头牲口。

问：初级社和高级社用肥料有变化吗？

答：没有变化。

问：那时候有什么肥料？

答：有一种叫“尤拉”的，肥料很少。

问：从哪儿买的？

答：是进口化肥。国家供销社分配的，也可以买一部分。合作社卖，独流镇那里也有卖的，谁都可以用。

问：合作社时可以到独流镇买豆饼吗？

答：那时候没有卖的。

问：就不用豆饼了？

答：也用。少了，当时主要的牲口料是豆饼。

问：到人民公社时，牲口有什么变化？

答：到1975年就有小型拖拉机了，1973年附近乡有拖拉机站。

问：人民公社时粮食产量是不是增加了？

答：也没增加多少，比以前单干时候增加了。

问：人民公社时种什么？

答：主要是种小麦、玉米、大豆。

问：什么品种产量最高？

答：玉米最高。

问：1963年发大水以后农田水利有什么改良？

答：主要是根治海河。

问：发水时有倒房子的吗？

答：房子一般都倒了，地也淹了，开口子的地就冲了，没开口的地冲不了。

问：这村是不是地势高呢？水从哪儿过来的？

答：地势不高，水是从容城过来的。

问：1964年这村改为台田，还是条田？

答：1974~1975年改的。

问：互助组时是台田，还是条田？

答：从改造以后才长庄稼。1976 年到现在没有改变。

问：人民公社以后的农业情况怎么样？

答：人民公社大队种稻子，不种棒子，产量也可以，旱田种高粱，劳力统一调配。

问：这里灾荒原因是什么？

答：一是闹大水，1963 年、1964 年闹大水。

问：种水稻是政府命令吗？

答：是公社大队决定的。

【治安联防】

问：你当民兵连长时，主要任务是什么？是护秋、看青吗？

答：治安联防。

问：联防要多少民兵？

答：护秋抽几个人，有基干民兵（青年）18 ~ 25 岁，有普通民兵 25 ~ 45 岁。基干民兵分带枪和不带枪的。一般的民兵有团员、贫农，这是有枪的，贫农也有没有枪的，拿枪的 5 ~ 6 人，不拿枪的二十几个人。

问：村里人是不是都参加民兵？

答：基干的都参加，地主、富农不要。

【护秋】

问：护秋情况怎样？

答：护秋的人不干活，一般有 3 ~ 4 人，白天、晚上转转。

问：人民公社时是不是全村人都看青？

答：都看。

问：民兵组织现在还有吗？

答：有。没有什么活动，“文化大革命”以后，老闹事，1978 年枪就归乡里了。

问：民兵组织什么时候开始的？

答：刚解放就有民兵组织。

问：上次来时，看到地里瓜地、菜地都有小房子，是什么时候出现的？

答：是看瓜，护地的房子。

问：有给全村看的吗？

答：没有。

问：菜地都集中于一块，是不是为了看地方便？

答：都是自留地，水源充足，自己给自己看地。

【水灾】

问：1963 年发大水的情况请介绍一下。

答：发水前从天津专区来了工作组，给开会，让大伙快走。支书孟德永带几个人先走，在后晌。见水时就都从静海坐车走了，去廊坊。水来得特别快，两天屋里、炕上都是水。一家就剩一两个人看家。干部和生产队长都留下。

问：回来后都干活吗？

答：盖房子，种麦子。

问：发水是在 1963 年几月？

答：1963 年 8 月。

问：种麦子是几月？

答：种麦子是 9 月，第二年收麦子。

问：没发大水时是几月种麦子？

答：也是 9 月。

问：种麦子时是否也提供些肥料？

答：没有，就是谁家盖房子，给解决点房檩。

问：政府给材料要钱吗？

答：不要钱，是救济。

刘锡领

时　　间：1993 年 3 月 26 日下午

访 问 者：内山雅生

翻　　译：祁建民

场　　所：村委会办公室

问：你叫刘希岭？两年前访问过你，现在你再说说瓜棚的事。

答：瓜棚是临时搭的，中午在里边饮水、乘凉。

问：别人有人去你那儿访问过没有？

答：没有。

问：上次来时间太短，今天再和你谈谈。你是哪年出生的？

答：我66岁，父亲叫刘发有，母亲叫郭立祥，我兄弟两个，哥哥叫刘希波。姐姐20岁时去世的，父亲早已去世，都是病死的。

问：你念过书吗？

答：念过3个月书，10岁时上的学。

问：你父亲那时有多少土地？

答：有10亩地，细算有11亩地，都在咱村。

问：当时你家11亩地，是你父亲一个人种吗？

答：就一个人种。

问：你念3个月书以后干什么了？

答：在家里干活，也给人家干，后来父亲死时卖了3亩地。

问：你给人家干活，是长工还是短工？

答：是短工，给人家打草混碗饭吃。到15岁就给人家干长工去了。

问：当时你给哪些家干活？

答：开始在村里给刘来祥家干活，到15岁时就去独流镇干长工，给卖米、面的人家推磨。

问：那时工资怎么样？

答：那时钱毛，日本时期一年能赚二三千元。我想不干了，又叫回去了，说少给，给三四千。到年底他买卖不好。赚钱时，就奖励我1万元。当时的面粉都是往天津运。

问：你哪年结的婚？

答：1949年结的婚。

问：你们是怎么认识的？

答：是别人介绍的，母亲托别人提的亲，她是东窑村人，名叫蔡桂英。

问：你们第一次见面有什么想法？

答：没见过面，谁也没见过谁，结婚时坐花轿子来的。

【护秋】

问：你知道解放前看青的情况吗？

答：看青由“排头”和村长按每家的地轮流看青。当时“排头”的名字叫马福森，村长刘文光、张希岭。他们召集百姓开会，告诉大家护好青。

问：当时“排头”带头吗？

答：那时候，抓住不少，一般的都是“排头”抓。

问：你现在自己的地里丢东西吗？

答：大批的不丢，丢也就丢10个、20个棒子。

问：刘大爷看青时抓住过偷西瓜的吗？

答：没有。看见小孩摘西瓜，就说拿走吧。不给祸害就行。

问：解放前“排头”主要看什么地呢？

答：那时候都是大偷，一次10亩、8亩的东西都叫人偷跑了。粮食能吃到立秋就不错了。我看见过，没有抓住。

问：那时候的小偷一般从哪儿来的？

答：都是本村比较困难的户。

问：小偷偷地有区别吗？

答：没有区别，也许偷本村的，也许偷外边的。

问：解放前和解放后本村或外村的偷东西的，有没有区别？

答：解放后成亩地的偷没有了。本村的小偷小摸的有，外村的就不偷了。

问：偷东西的人是从外边迁来的，还是

一直就住本村的人？

答：一直住本村的人，有的也和外村人合偷。

问：本村人是不是祖祖辈辈住这个村子？

答：一直住这村，不管是什么东西，要成熟了，他就想法偷点。

问：解放前咱村有没有外地来做工的？

答：没有做工的，有山东来要饭的。

问：解放后有吗？

答：没有。

问：再谈谈看西瓜的情况。

答：谁种谁自己看。

问：两家种葡萄园的名字是谁？

答：刘连声和王万贵。

问：种西瓜的叫什么名字？

答：种西瓜的不固定，今年种，明年就不种了。因为连续种，地也不行，葡萄可以连种。

问：西瓜隔四五年才能种。这中间种什么？有讲究吗？

答：有个说法，种地要改茬，一年一换茬。

问：有看青的房子，是不是还有小偷？

答：摘几个西瓜，摘几个葡萄拿回家给孩子吃，这样情况有。像过去偷了拿去卖的现象没有了。

问：来时看到公路两旁的小房子，是不是防过路的？

答：是防过路的抓鱼、偷鱼的，因为每斤鱼 6 元钱。

问：你当民兵队长看青抓过小偷吗？

答：没有。因为粮食都便宜了，没有人偷。

问：民兵如果碰到小偷，有什么办法？

答：知道东西丢了也没有什么办法。

问：解放前村长还具体管吗？

答：他告诉完就没事，他不管，愿意看就看，反正告诉了。

问：村长有什么事通过“排头”告诉吗？

答：是。

问：你当过“排头”吗？

答：没有。

问：“排头”看地时怎么看呢？

答：他不看。

问：来过小偷呢？

答：抓不住，都是黑了才偷呢！

问：你两年前搭的小棚看自己的瓜？

答：看自己的瓜和桃，别人的不管。

问：你的桃和西瓜让别人偷过吗？

答：偷是有的，不给大批祸害就行了。

问：你盖上小房是不是就好多了。

答：晚上得待到 11 点多钟，没有人了才能睡觉，白天整天在小屋里。

问：那时晚上有去偷的没有？

答：没有。

问：你那儿附近有葡萄园吗？

答：南边有个葡萄园，也有个小房子，长期有人。

问：看葡萄的人和看菜的人不在时，你帮看吗？

答：一块儿帮助看看呗。

问：你不在时有小偷没？

答：有小偷，有一次我累了，回家喝点水，也喝点酒，回去时，小房上的新塑料布丢了两块，一块 100 元。

问：从哪来的小偷你知道不？

答：弄不清，到现在也不知道哪来的，估计不是这个村的，平时我不得罪他们，一般没人偷我的。

问：发生这个事你找村长、书记了没有？

答：他们知道也不管。

问：现在搞承包了，偷东西的人是不是多了？

答：偷粮食的少了，偷菜和水果的多了。

问：除此以外，偷得厉害的，还有别的事吗？

答：偷马车的、偷牲畜的也有，咱村没有。西乡村东家口丢了头骡子，咱村丢过马车，出去拉脚，白天不让卖，夜间走，连青县的两辆马车都丢了。后来车找回来，牲口没了，车是在静海下坡地方找到的。

问：你们结婚时分地没有？

答：没有。就靠自己的几亩地生活。

问：什么时候分的地？

答：1951 年“土改”时分的地。

问：你“土改”时定的什么成分？

答：定的贫农。

问：分给你土地没有？

答：分给两亩半地。

问：“土改”时咱村地主、富农是不是批斗了？

答：没批斗，是和平解决的。

【互助组、“四清”、“文化大革命”】

问：建互助组时，你参加没有？

答：参加了。当时我就是组长，7 家一个组。一年以后，初级社我又当社长。后来又成立了高级社，就入大帮了。

问：高级社你干什么活？

答：搞副业编席子，我管买料。

问：织好了上哪儿卖？

答：去天津卖。

问：高级社收入多吗？

答：那时候个人也不算多，记工分，搞副业，队里收入多点。

问：建立人民公社后，你干什么活？

答：当了 6 年大队长。

问：“四清”时你干什么呢？

答：“四清”时也当大队长，被整了一个多月，弄到独流镇大公社去。

问：是再教育，还是到学习班？

答：就是问多问少？有问题没？贪污多少？多吃多少粮食？村里闹洪水闹得没有钱，国家一人给补 3～5 元。我因哥哥牺牲了算是烈属，按村最困难户一个月补助 5 元。当干部，他就认为你多吃多占了，退赔了两根房檩。

问：你是党员不？

答：不是。

问：“文化大革命”时你挨整了没有。

答：没有。“四清”后我就离村了，去乡里厂子跑业务，厂名叫五金厂，我在厂里待 21 年。

问：“文化大革命”时工厂有什么运动吗？

答：也有运动，我二三个月回家一次，有时有外调的找我，找不到。

问：1988 年你退职了吧，工资还在那领？

答：不干就走了，什么也没有，现在就自留地种点儿西瓜。

郑宝明

时　　间：1993 年 3 月 27 日上午

访 问 者：内山雅生

翻　　译：祁建民

场　　所：郑宝明家

【农具改良】

问：你以前当过干部，想请你介绍解放前、解放后有关农业方面的情况，先谈谈解放后农业发展有什么变化？

答：解放后比解放前有很大的发展。解放前用的都是旧农具，像耠子、犁、耙都是旧式的农具，解放后首先就是双轮双铧犁，是两个犁头。

问：双铧犁是什么样子的？

答：是两个犁头，两个牲口拉套。解放前是一个牲口拉套。

问：两个牲口拉套是用什么牲口？

答：主要是两匹马拉套，双犁耕地，耕得深，过去耠子耕地，有埂子。解放后用双铧犁耕地，耕得深，没有埂子。

问：什么时候开始用双铧犁耕地的？

答：解放不久，1949年就有了。

问：是谁买的呢？

答：有的是自己买的，有的是街坊搭伙买的。

问：自己买的，都叫什么名字？

答：我买了，刘连奎也买了。

问：你当时土地比较多吧？

答：我有五六十亩地。

问：建社时你当最大的合作社副社长是不？

答：对。

问：合作社买过什么样的农具？

答：建社时双铧犁普遍都有了，社里有拖拉机。

问：是村里买的吗？

答：是乡里买的拖拉机。

问：建社后农具和以前有什么区别？

答：农具的变化一般都是新式农具。

问：解放前和解放后用的肥料有什么区别？

答：解放前用的肥料，仅是一部分，很少。人们对肥料（化肥）不很信任，都愿用土肥。

问：什么是土肥？

答：土肥就是人们每天排出的粪和杂肥称为土肥。

问：人粪肥去哪里买到？

答：去天津市内买，人粪装车买回来，卸车后到河边上用运河水沤上。天津市有大粪厂。

问：人粪当时什么价钱？

答：那时候价钱，合现在100斤粮食能买半吨。

问：当时是用粮食换的吗？

答：就是用粮食换。

问：解放后用的肥料有什么变化？

答：那时一方面用土肥，另一方面用化肥，化肥就是国产的“民化胺”，下边还有尿素。

问：尿素和“民化胺”用法一样吗？

答：用法一样，数量不一样，尿素用100斤，“民化胺”就得用200斤，量大。

问：化学肥料是自己买的，还是分配的？

答：那时候国家也分配，自己也买。国家分配的，就是价钱便宜些，自己买价钱贵点，分配得多点。

问：当时买是合作社买，还是自己去买？

答：合作社集体买。

问：去哪儿买？

答：去天津，也去静海，都可以买到。

【农作物】

问：农作物，解放前、后有什么区别？

答：更有区别了。解放前种地，品种多，比方说粮食问题，那时候种高粱、谷子、棒子（玉米）、大豆、黑豆、绿豆、麦子、芝麻、棉花、花生、向日葵等。

问：解放后和建社后，种东西有什么区别？

答：种类还是这些，可是产量不行。

问：经济作物和大田作物是不是有的种得多？有的种得少？有没有区别？

答：也有区别，因为解放后进入高级社，变化特别大，比如小麦，解放前每亩地最高的产量100公斤，高级社至现在每亩产量达到400公斤或500公斤，解放前亩产量100公斤小麦都危险，因为那时候麦子长得高，下雨麦子就倒了，受不了了！连30公斤都收不了。解放后高级社为什么产量高呢？因为优质品种，达到四五百斤，公社麦子才长这么高。

问：本村种台田吗？

答：不种台田，种条田和坑田。

问：坑田是什么样的？

答：坑田是我发明的，我自己挖的，开始时全都到我这来参观。坑田就是把地挖一铁锹深（约一尺深），直径一尺半圆形，土挖出来不动，一个挨一个把人粪和圈粪再挖上土拍到一起混合，留一半然后一起往上送。

问：这里盐碱地主要种什么？

答：一部分是盐碱地，不是全部。主要是种玉米，种法不一样，一个坑种3棵，种3棵比种1棵长得还要好。

问：3棵以上行不行？

答：不行，这3棵就达到密植。起初碱地可种两棵，有个土名，种两棵叫"姐俩好"，种3棵叫"姐仨好"，实际这叫坑种。

问：种小麦要想高产当时有什么办法？

答：我说这个办法，玉米坑田能达到500公斤。小麦亩产也能达到500公斤。

问：小麦是否也用坑田？

答：不行，小麦是用密植，主要是最适合播种机，一棵接一棵，棵之间最远的，也就是2寸宽就好。当初密植调一个畦，5尺长就算一个弓，5尺宽放一个背，就是能挡水25尺算5弓，算一个畦。把地1亩或2亩、3亩都调成这样畦。两个畦中间的沟留灌水，水完了到上粪，用工具搅拌后，拿垄，有个棍往沟里撒麦种，这个办法均匀，生产量最高。

问：畦里是否施肥？

答：畦里已经施肥了，等麦子长这么高（半尺以下）再加肥，也就是苗肥、追肥。

问：组织合作社后你还是领导吗？

答：也是领导。

问：人民公社后农具、肥料、种法有什么变化？

答：大有改进，密植办法就不行了，这个办法用机器播种就不行了，2尺远一个沟，以前1尺2寸的垄，后来先进了，到8寸了，8寸也不行，现在又2寸了。

问：种的农作物种类变化没有？

答：品种没变，方法形式变了，比如高粱穗，过去叫"大反马"，耷拉着，现在的高粱叫多穗高粱，产量高。

问：多穗高粱是从哪引来的？

答：有的从静海县种子站买的，也有从村种子站买的，种子站也有计划，买他自己配的种就要高出3倍价钱，比如一般的3角一斤，买配的种就要花9角一斤。

【农村治安联防】

问：解放前看青的"排头"是怎么回事？

答：一个村选一个"排头"。

问：干什么的？

答：他的职责是维护治安，一个村一个大队，他在村里干一些杂事，村长叫干什么就干什么，当时的"排头"叫马福起、苟克法。

问：解放以后"排头"没有了，看青谁负责？

答：大队派人，主要是派民兵。

问：当时民兵主要干什么？

答：民兵是维护治安。

问：民兵看青是怎么看？

答：黑天到天亮，值一宿，白天一个人，民兵轮流，当时民兵都拿枪。

问：民兵看青到什么时候没有的？

答：从三中全会以后就没了。

问：头两年来时，看到地里有看葡萄和看西瓜的小房子，像这样的小房子多吗？

答：是个人承包自己看自己的，小房子还有。

问：都是什么人偷？

答：主要是小孩多。那时候有一部分小孩，也有大人偷。

问：当时大人为什么偷东西？

答：那时候性质不一样，那时候归集体，自己什么都没有，他缺哪个东西就顺手拿些。三中全会以后，为什么说大人不多，小孩多呢！各户各家都有，都种了，都有东西了。

问：民兵抓住小偷的情况你看过没有？

答：也见过，抓的人有本村的，也有外村的。

问：主要都是什么人？

答：就是穷人。

问：抓住小偷后，民兵打他吗？

答：不打，都是本村人，不好意思打，严重的带到大队说一说，教育教育。下次犯了怎么办？以教育为主。外村的，也都认识，吓唬吓唬就算了。

问：解放前这里有没有打更的？

答：打更的，“排头”也负责打更，他可委托别人，委托和“排头”关系不错的。那时候打更是维护治安，两个人，一个人拿棒子，一个人拿锣。

问：有什么说法呢？

答：刚一起更，在晚 8 点、9 点钟打一下，这是“一更天”，10 点、11 点打两下，这是“二更天”，12 点打三下，这是“三更天”，1 点、3 点是“四更天”，4 点、5 点为“五更天”，告诉人们天亮了。

问：“排头”打更时，是每天都是他一个人打更吗？

答：他没有工作，一般都是他，以他为主。

问：解放后“排头”干什么？

答：解放后就没有“排头”了，也没有人打更了，大家都有钟表了，也就不需要了。

问：解放后你家从什么时候有钟表的？

答：我家解放前就有大的钟表，大多数人没有。

问：解放后大多数人在什么时候有钟表？

答：解放后四五年，多数人都有表了。那时天津市五一手表厂大量出表，解放前没有表厂，都是进口表，价钱高，人们买不起。

问：解放后打更治安方面的任务是不是由民兵负责？

答：是由民兵负责，一个村有一个治安员，治安员是个称呼，民兵有民兵连长，治安员能指挥民兵。

问：治安员现在还有吗？

答：有，现在治安员叫吴玉祥。

问：民兵的年龄从多大开始？

答：年满 18 岁至 40 岁。

问：当时的民兵是怎么训练的？

答：和部队一样，也做操，每周集中两次。

问：有带枪的民兵吗？

答：武器不少，得有一半有武器，完全是真枪，练习时有时静海县教导员也来，专门查民兵。

问：以前村工厂的刘瑞怎么没见？

答：他到乡工厂去了，因为他有问题。现在个人承包，他那时是集体承包，钱自己装了，现在还没有算清呢！今年 1 月份搞个人承包时开始发现的。

问：现在的村长是叫张宝森吗？

答：是，以前他是副村长，现在是正村长。以前村长刘瑞森，下边欺骗工人，从中捞了一把，大队的钱他不交，主要是应该交大队的“公益金”，他没有交，就私下分掉了，他从中得点好处是可以的，但是“公益金”不交是不行的。

苟怀喜

时　　间：1993 年 3 月 27 日下午
访 问 者：内山雅生
翻　　译：祁建民
场　　所：苟怀喜家

【民兵看青】

问：上次笠原先生已经访问过你了，再请你谈谈农业方面的问题，关于看青这方面多谈谈，民兵看青是怎么看的？

答：民兵主要是晚上看青，每晚上有 4～5 人带枪，不光看青，什么都管。

问：是全村的地都转一圈吗？

答：对。

问：解放前的“排头”看青和解放后的民兵看青一样吗？

答：不一样。“排头”看青村里都得给东西。

问：马福起当“排头”时，全村怎么给他钱？

答：我不知道，我只知道大伙给凑过钱。

问：解放后民兵看青，是轮流看吗？

答：那时民兵少，不像现在够年龄就是民兵。那时民兵不够岁数，民兵干部就有六七个人，民兵干部一个人一支大枪，村干部没有枪，其他民兵也没有枪。

问：为什么光民兵干部看青呢？

答：支书让他们干什么就干什么。

问：当初本村是属哪个区管？

答：当时是一区，静海县的第一区。

问：当时静海县有几个区？

答：我弄不清，我就知咱们是一区。

问：每年立秋以前是不是区里就组织民兵看青？

答：每天晚上民兵都到村武装部去。

问：本村武装部在哪？

答：在原来的老教室。

问：村委员会在哪？

答：记不清。

问：当时民兵干部看青给工资吗？

答：什么也不给。

问：民兵干部看青什么也没有，是否有怨气？

答：那时情绪都很高，没有意见。

问：你看见过民兵抓住小偷没有？

答：没有抓住，那时偷东西的也少。

问：那时候是没有小偷，还是知道民兵来了，小偷就绕过去了？

答：也许有这个事，没抓住，那时很少有小偷。

问：你知道打更吗？

答：打更和看青两码事。旧社会打更全村轮班，那时候我还小，就知道轮班和同族、同姓没关系。

问：派活是村长还是“排头”呢？

答：那时候是村长组织，村长说了算。

问：解放后，“排头”、打更和民兵是不是一回事呢？

答：对，不一样。

问：农业搭套的事情谈谈。

答：有双套，双套拉犁耕地就要两头牲口，用耠子一般是一头就行。

问：你干农活时，是否用双套？

答：我干农活时没用双套，用耠子当时用双套的很少，有的拉车用双套。

【乡村干部】

问：解放后你是不是当过干部？

答：解放后开始时当民兵指导员、连长，后来就参军了，我参军在天津。1952 年底到 1957 年当兵，转业回来是副社长。“反右”时挨批以后又当民兵连长。

问：当时为什么批你？

答：因为“大跃进”开始，公社让我去

东洼挖地，我没去，就挨批了。我认为太远，不愿去。1958年春天，开除了我的党籍，支委也撤销了。

问：开除多长时间？

答：开除一年多，毛主席下政策，1959年又给我平反了。当民兵连长到1965年又当支部书记。到1971年斗、批、改时，我就不干了。

【“文化大革命”】

问：你当书记时，“四清”都赶上了吧？都批谁了？

答：“文化大革命”时批地、富、反、坏、右，当时地主有两家。

问：主要这方面的人叫什么名字？

答：地主李金泉、富农刘恩华。定为反革命的有4个：刘连义、隋玉杰、刘中奎，还有一个记不清了。“右派”没有。

问：你前边书记是谁？

答：孟德永。

问：批斗坏分子时你参加了吧？

答：参加了。

问：村中有“造反派”没有？

答：有。头头是冯文寿、王海忠，有多少人记不清。

问：他们怎么当上“造反派”的？

答：是公社组织的，公社也有头头。

问：“造反派”和“红卫兵”是一回事吗？

答：是。“红卫兵”都是咱村的，头头是公社来的。

问：“红卫兵”的名字是怎么来的，你还记得吗？

答：弄不清。

问：“红卫兵”都是年轻的吗？

答：有年轻的，也有老的。

问：年龄大的也叫“红卫兵”吗？

答：不叫，叫“造反派”。

问：我在北京听人说“造反派”都是“四清”中挨整的人，是批判的，在“文化大革命”中又成了“造反派”了，这里是不是也是这样？

答：不是。

问：王海忠是天主教徒吗？

答：是的。

问：王海忠是天主教，怎么参加“造反派”了？

答：那时没人问，他参加“造反派”同宗教没关系。

问：王海忠在“红卫兵”里是比较好的，还是比较厉害的？

答：他是头，“文化大革命”的领导。

问：冯文寿是教徒吗？

答：不是。

问：后来“造反派”被批判过没有？

答：以后公社来人，就都害怕了，不承认了，这是1972年斗、批、改时。

问：斗、批、改时你有事吗？

答：我是支部书记，我受过批判，是公社来的人。

问：1966年“破四旧”运动记得吗？

答：当时收旧家具，旧东西，收来的东西有的送公社，有的砸了。

问：“破四旧”时砸教堂没有？

答：没有教堂。已没有什么东西了。

问：王海忠当时参加哪里的教会？是参加天津的，还是参加静海县的？

答：当时参加静海县的。

问：你不当书记后，又是谁当了？

答：因我有病不愿干了。就让吴金城当书记了。因为没人干，就让吴干了。

问：别人都不喜欢干，为什么姓吴的喜欢干？

答：他喜欢干。

问：你当书记时，农业情况怎样说一说？

答：“文化大革命”时农业生产也影响。因为白天总开会。

问：那时每天开几次会？

答：没准。公社有时白天开，也有时晚上开。

问：一般白天开社员大会开多长时间？

答：白天开会，有时吃完饭 6～8 点开，也有时开到 12 点，也有时下午开。不一样。

问：当时咱村生产粮食是不是少了？

答：少了。少多少弄不清。

问：够吃不？你够不够？

答：按定量吃就够了，不按定量就不够。我够，总有点余粮。

问：“文化大革命”时每家都稍有点余粮是不是？

答：户里没余粮，按定量 1 斤或是 8 两给。

问：口粮不够吃怎么办？

答：偷着买点。

问：是不是没送公社之前，大伙偷偷买点或偷留点？

答：咱村没有。

问：你当书记时，是不是都不够吃？

答：都一样。

问：那时小麦是否改品种？蔬菜多种些什么？

答：那几年多种点菜。

问：“文化大革命”时这边的菜往外卖吗？

答：吃不了卖点，一般都交国家。

【农业发展】

问：解放后本村农业技术、农具上都有什么变化？请介绍一下。

答：解放后主要是从 1960 年用拖拉机耕地，其他没什么变化，1960 年前没有拖拉机。

问：这村有台田没有？

答：没有台田，咱这都是平地。

问：本村盐碱地厉害吗？

答：厉害。咱这出村都是盐碱地。

问：西边的盐碱地，是不是一直那样？

答：一直那样，从 1967 年开始改良，现在都收粮食了。

【条田、开渠】

问：当时是怎么改良的？

答：挖土，挖沟，改条田。

问：当时造条田是静海县里推广的，还是公社推广的？

答：静海县里根据地质情况推广的。

问：那时已开始“文化大革命”了，是不是很累？

答：很累呀！

问：是不是开完会，就去造条田？

答：“文化大革命”时就已经造完条田了。

问：当时造条田群众有意见没有？

答：群众有意见怎么办！有意见也得听上级的。你不干就不拿工分，不干去哪拿工分去？

问：从现在看，当时造条田对不对？

答：对。

问：这里的毛渠、干渠、支渠是什么时候造的？

答：有年头了，才配套的，开造条田，挖大沟有 10 年就都配套了。

【蔬菜生产】

问：今年本村种的菜价钱怎么样？贵吗？

答：不贵。

问：今年农民收入是否少了？

答：也不一定少。

问：这里种菜，是不是也要动些脑筋？

答：有的搭大棚，搭的也不灵。

问： 我两年前来时，看有小房子看青的，是干什么的？

答： 小棚子，是保护自己种的作物，防偷的。

问： 大人为什么要偷呢？

答： 偷了去卖钱。

问： 偷了好多菜或偷好多西瓜的有吗？

答： 有。听说种上菜，都让人家拔走了。

问： 农民是不是每天都要看看自己的地？

答： 也不都看，种太多的看看，一般的就不用看了。

问： 有没有自己没工夫看，给别人钱让别人给看？

答： 没有。

问： 种地多的人家，每天看也够累的？

答： 种地多的，也没事，主要是看菜。

王万山

时　　间：1993 年 3 月 29 日上午

访 问 者：内山雅生

翻　　译：祁建民

场　　所：村委会办公室

【个人经历】

问： 因为事先没和你联系，今天突然找你，对不起。我叫内山雅生。你什么时候从东北回来的，是 3 月 12 日吗？听说你哥哥去世了，两年前我来时见过他，介绍了一些情况，非常感谢！我听说你解放前后一直当村干部，想和你谈淡！你是哪年出生的？

答： 我今年 79 岁。

问： 你父亲和母亲的名字叫什么？

答： 父亲王义德，母亲姓李。

问： 你兄弟几人？

答： 3 个兄弟，大哥叫王万奎，二哥王万起；大姐、二姐都没名字，现在在世的还有一位，住黄果村，是台头乡的。

问： 你念过书吗？从小干什么活呢？

答： 没有念过书。最早是划船的，后来在天津，我父亲也是划船的。

问： 你父亲有多少土地？

答： 那时土地多，有 70 多亩地。

问： 你 6 岁时父亲去世了，土地谁种？

答： 我大哥、二哥种地。

问： 划船你干了几年？

答： 记不住了，后来就去天津了。

问： 你在这儿时，有些打仗的事还记得吗？

答： 解放前我在天津看见过，蒋介石和八路军打仗；打天津市时，我就回家了。

问： 你哪年结婚的？

答： 25 岁那年结的婚。老伴儿叫李桂荣。有 4 个男孩，2 个女孩。男孩名字叫王如意、王如和、王如新、王如海；女孩名字叫王会珍、王会敏。

问： 你的孩子都干什么呢？

答： 都在黑龙江。

问： 孩子都多大岁数？

答： 老大不会说话，49 岁（王如意），老二 47 岁（王如和），老三 45 岁（王如新），老四 34 岁（王如海），大女孩 36 岁（王会珍），二女孩 31 岁（王会敏）。孩子都在黑龙江住，这次回来，就我一人。

问： 你这次回来，还回黑龙江吗？

答： 我已经去信不回去了，也没准，想回去就回去。

问： 你老伴儿和孩子还准备回这来住吗？

答： 老伴可能回来，孩子不易回来，都有工作。

问： 你是因为哥哥去世才回来的吗？

答： 我哥哥去世了，我想尽可能回来。

问： 以前你哥哥在世时常联系吗？常通

信吗？

答：一年通三四次信，经常联系。

【日本侵略】

问：日本侵略中国的事，你还记得吗？

答：日本人来时把冯振海，还有一个外号叫大木头的人，给炸死了。

问：是怎么炸死的？

答：因为躲避逃跑，被日本人用手榴弹给打死了。这是刚开始时的事。

问：日本人刚进村时是不是都拿着枪打人？

答：打人，把老姜家房子给烧了。

问：后来日本人来村都干什么事？

答：后来我就去天津了。

问：日本人来村几次，你知道吗？

答：以后总来。

问：你在天津干什么？

答：我在天津金刚桥六纬路津华洋行被服厂干活，这个厂主要是给日本人做棉被。乱七八糟的事。我给日本人打扫院子，一天给6角钱。

问：你在那儿干了多长时间？

答：干了5年。

问：回来后干什么了？

答：回村干农活种地。

【八路军】

问：八路军来村的事，你知道吗？

答：八路军来时不拿枪，是县游击队，打日本军的。

问：八路军来时，老百姓是不是支持八路军呢？

答：村内白天是汉奸活动，黑天是八路军活动。那时交公粮，给汉奸一份，也给八路军一份。

问：这村当时汉奸是谁呢？

答：汉奸多了！有马福森、孟玉田。

问：那时八路军来村时，有没有地下共产党员。

答：我大哥叫王万奎，当时不是党员，以后他是做地下工作的，以后就有枪了，在岗楼搞到的。

问：日本人是什么时候投降的？

答：我忘了。

【土地改革】

问：土改时的事你还记得吗？刚解放村里有什么大事？

答：没有什么大事。……（录音不清）

问：土改时你家定的什么成分？

答：贫农。

问：当时分给你土地没有？

答：没有。

问：你自己有多少土地？

答：我那时有21亩地。

问：你父亲去世后，你去天津市了，当时家里的船给谁了？

答：船分家时分给我二哥王万起了。

问：土改时村里支部书记、村长是谁？

答：村长刘连城和我，以后有吴金城。

问：当时你是干什么的？

答：我是民兵队长。

【民兵队】

问：民兵队是什么时候建立的？

答：解放前是由区秘密建立的，我刚从天津市内回来，就当民兵队长了。

问：你什么时候加入的共产党？

答：解放前我去两次天津，入党是在天津入的。

问：你为什么要入党？

答：是挨打打出来的。第二次，是日本投降后去的天津。

问：那会儿你哥哥是不是已经是共产党员了？

答：两个哥哥都是共产党员。

问：解放以后你当过民兵队长，主要任务是什么？

答：保卫治安，给八路军送信等。

问：你当民兵队长时，看青的事有吗？

答：有看青的。

【合作化】

问：建立互助组和合作社的事知道吗？

答：知道。

问：你当时参加哪个互助组？

答：村里有两个互助组，我是副组长。

问：初级社时你干什么？

答：村里有两个初级社。

问：你在社里任职没有？

答：没当过。

【移居东北】

问：你怎么去的东北，是哪年去的？

答：我 1961 年去的黑龙江，在肇东县渔场工作。

问：现在你们家人是不是都在肇东县住呢？

答：家人都在这个县的劳州乡。

问：当时你去黑龙江是人家介绍你去的？

答：不是，是自己去的，因为村里吃不饱，村里去了 10 多家，有的去辽宁省。我们去黑龙江，没人介绍也没亲戚，都是自己找的。到哈尔滨下火车后，人家就给领到大院去了，以后人家就用车给接去了。

问：你们到哈尔滨是不是看到广告了？

答：没有。

问：你去东北时是一个人，还是全家？

答：全家 7 口人一起去的，走道冻死一个女孩，下火车在哈尔滨死的，也没去医院，因为没有钱。

问：你到东北后有钱了，还给家寄点儿吗？

答：给我娘寄点儿，因为当工人有钱了。

问：你给哥哥寄钱没有？

答：没有。

问：当时你两个哥哥为什么没去东北呢？

答：我去时是黑天偷跑的，买火车票买不到，当时我二哥王万起知道，别人都不知道，还有刘希岭知道。

问：为什么只告诉他们两人呢？

答：因为我和他们好，当时我哥哥哭了，不让走，公社书记给我粮票 10 斤，15 元钱，他也哭了。

问：你为什么偷偷走，还让干部知道呢？

答：那会儿在一起工作，是战友，都很好。

问：公社干部叫什么名字？

答：我忘了，姓阎。

问：当时咱村还有十几家去辽宁的吗？他们是一块儿去的，还是一家一家去的？

答：都不是一块儿去的。

问：去辽宁的人到那儿后和村里有联系吗？

答：咱不知道。

问：他们互相间有联系没有？

答：没有联系，因为都到农业社了。

问：你再讲讲在渔场干活的事吧！

答：我是在哈尔滨被渔场招工招去的，当工人，在渔场打鱼，养鱼，厂里当时有 60 多人，后来扩大了，有 200 多人。

问：渔场叫什么名字？

答：叫哈尔滨劳动渔场。

问：现在你也是工人吗？

答：我不干了，退休 10 多年了。

问：你现在回村和谁住在一起？

答：跟我二哥的儿子住在一起，是王万

起的儿子，叫王如红。

问：你当时在渔场干什么工作？

答：打鱼，也去满洲里打过鱼。

问：你刚到渔场时工资多少？

答：每月 42 元工资，还有 3 元钱补贴，也不够用。

问：当时你母亲和谁住在一起？

答：和王万起住一起，给我母亲寄钱寄到天津我姐姐家。

问：你姐姐现在在哪儿？

答：姐姐已经死了。

问：你去东北以后，这是第一次回来吗？

答：这次是第五次。

问：你第一次回村里，看到有什么变化？

答：回来住一两天就走了，不知道情况，我回来后就去上海了，乘飞机去的。

问：你到上海干什么？

答：去上海弄鱼苗，回去产卵。

问：你在渔场时还干过别的工作吗？

答：没有干别的工作，就去过上海几趟，弄鱼苗。

问：上次回村是哪年？看到村里有变化吗？

答：看到村里都很好。

问：现在村里生活和东北比怎么样？

答：现在村里生活比东北强，东北生活不行。

问：你是不是就不回东北了，在这住下了？

答：我还得回去，接老伴儿去。

张宝善 （村支部书记）

时　　间：1993 年 3 月 26 日上午

访 问 者：佐藤宏　张洪祥

场　　所：张宝善家

【村民委员会】

问：张宝森是什么时候当的村长？

答：他是今年 2 月选进支部的，原村长刘仁生调走了，张宝森由副村长转为村长了。现在没有副村长了。现在提倡一人多兼，干部要少些。

问：现在村民委员会还有什么干部？

答：有治保主任吴玉祥，会计冯文治，副书记郝开顺，妇女主任苟凤珍。张宝森兼民兵连长。郝开顺今年 68 岁，曾当正书记、厂长。当副书记有七八年了。妇女主任有 50 岁。

问：请介绍本村领导班子分工的情况，有没有管理经济的班子？

答：会计不管钱，郝开顺负责保管，还管出纳。农业方面，支部、村委会干部一起干，分工不分人，大家都管农业。具体说，村委会管农业。村办企业由我管。文教卫生由张宝森管。

【土地承包】

问：土地承包合同是怎么回事？

答：我村是乡内第一个搞土地承包的，合同在大队会计处保管。土地承包的有口粮地，园田地，承包时间为 5 年。从 1982 年开始承包。如果人口增、减，5 年后调整一次。

问：其他村，承包后都不调整，怕有矛盾，你们村怎么搞？

答：因为每年人口都有增、减，减了人口，土地就交给村内，然后分给人口增加的。统一承包后，村里统一把土地分成三大片，即麦田、大田、园田，一人一亩麦田、一亩大田、半亩园田。都由村里统一搞好，原小队不起作用了。大队统一安排，好处多。现在谁管理好，谁种得多，谁收得多。

问：3 块土地是怎么分配的？

答：从1985年开始分配的，固定一个时间，按人口分配，一人约2亩半地。小麦田、大田每人各1亩，园田每人只有2分半。1985年以前我村有4个生产小队，小队分地时，麦田、大田、园田不好分。现在统一了，都有麦田和园田了。现在是一人1亩麦田，一人1亩承包田。园田照顾社员。

问：麦田怎么分配？

答：麦田分成3类：好坏家家都有，一类、二类地各半为口粮田，每人有1亩口粮田，余下的地搞承包，每人也是1亩。

问：这种土地分配和承包，上级有具体方案吗？是自己决定的吗？

答：乡里是因地制宜，根据各村情况决定的。现在的做法，原则是要合理，合理就行得通。

问：土地承包合同内容是什么？各项费用是多少？

答：各项开支，如水利费、排灌费、农业税、军属补助费等，这几项费用每年各需1000元。这些费用，每年秋季征公粮时扣除，是平均摊派的。我村是按人口摊派的。学校费用由上级拨款，老师工资由国家开支。学校烧煤和其他开支、修理房子等，由村委会负责开支。

问：有民办教师吗？

答：没有民办教师，都是国家教师。

【村办工厂承包】

问：村内收入的来源是什么？

答：主要靠村办工厂上缴的利润。用工厂赚的钱来支农、买汽车、买农机等。我们工厂一个厂分三段（实际是3个小厂）：一个是锻造，一个是汽车齿轮加工，一个是电镀。

问：工厂是怎么承包的呢？

答：根据邓小平同志“南方谈话”的精神，我们把工厂承包办法作了改革，采取先交钱，后承包，谁交村内10万元，谁承包。其中两个厂负责10万元，电镀厂归学校管，解决小学的经费问题，改善教师生活。如果厂子要扩大，厂子和村里协商，扩大费各出一半。如厂子要买空气锤，就各出一半。

问：承包合同是一年的吗？

答：承包3年，今年10万元，明年11万元，后年为12万元。过去的办法，毛收入的10%归村里，90%归工厂自己，工人工资和一切开支由工厂负责。10万元是根据前3年的利润推算出来的。原来厂子赚了多少钱村里不知道，稀里糊涂。现在政策宽了，交了上级10万元，生产多了赚钱多了归工厂自己，可以提高工厂的积极性。也给工厂制定了规定。像我们这样的承包，其他村没有。

问：现在谁承包了这个工厂？

答：孙长喜，49岁，过去是搞电镀的，现在是厂长，是技术负责人。原来是农民。

问：他有管理能力吗？

答：他依靠技术人员和各段负责人，靠他一人不行。孙长喜上过中学有些文化，没有当过兵。

问：没有管理经验，怎么敢承包呢？

答：因为厂子里几个负责人都有经验，他只是厂长。另外，他已有热挂锌的经验。

问：承包人是怎样决定的呢？

答：招标决定。开始由村委会写出布告，公布承包条件，谁给10万元，谁承包。也有竞争，主要有两个人。最后决定在3天中，谁先拿钱，谁先承包。这个价钱是原厂长刘仁生开的价。最后孙长喜拿钱承包了。

【村干部误工补贴】

问：本村干部误工补贴是怎么解决的？

答：村干部每月工资170元，享受的有支书、副支书、村长、治保主任、会计5人，妇女主任享受一半。我村工资不算高，别的村都比我们高，外村多的有350元的。我村收入虽高，但主要用于扩大再生产，买农机，为农民服务。有两台拖拉机，归大队。水利设施齐全，水泵有十二三个。有两眼深水机井。所以农民受到了实惠。

【农机队】

问：本村有农机队吗？怎样为农业服务的？

答：拖拉机归村委会，雇一个开车司机，每月工资300元，由大队负担。给农民耕地。耕一亩3元，播一亩1元，共4元钱。叫有偿服务。给农民灌溉地，每亩收水费3元，用机井水，一小时5元。购买种子、化肥由村里统一办理。

【化肥供应】

问：化肥供应情况怎样？农药怎样解决？

答：化肥一般由大队统一购买，分发给农民，质量不错，有苏联的、日本的、波兰的，也有当地的化肥。价钱有平价的、议价的，一年总是不断有化肥。平价优惠化肥，主要是供口粮田、蔬菜等。防治病虫害，也是由大队统一去购买农药，由农民自己去打药。

【蔬菜销售】

问：蔬菜怎样销售的？

答：由外地甚至东北开车来买菜，销售没有问题。

问：麦田有多少？有无优惠？

答：麦田有1100多亩，主要供给一些平价化肥，有限。

张宝善（第二次访问）

时　　间：1993年3月27日

【蔬菜大棚】

问：想了解一下本村种蔬菜的一些情况？

答：发展农业，关键要把农民组织起来。园地分到各户后，谁种蔬菜栽培大队都欢迎。现在是家家种蔬菜，有大棚的，只有20多家，算是蔬菜专业户吧！村委会主要在供水上、化肥上给予照顾，因为种菜没有水不行。

问：对专业户有些什么特殊的措施？

答：分园地一人一份，地已分下去后，如果盖大棚地不够，占了别人地，可以拿自己的地去交换，只要双方愿意，村委会没有意见。现在家家都种菜，大蒜种上了，土豆种上了，另外还要种上豆角、黄瓜。

问：一个大棚投资需要多少钱？

答：投资不少，需要投资7000～10000元。面积45米长，10多米宽，前面要留出阳光的地方，后面要留出地照顾别人家。

问：投资费用是怎样解决的？

答：全部是自己解决，如钱不够，可以向农业银行贷款。这钱好贷，因为上级鼓励种菜，利息也很低，只有6厘6毫。

问：大棚户同大队有什么合同条件？大队给予哪些帮助？

答：大棚一般在秋天建起来，先种上一期芹菜，目前正是蔬菜销售的时候。仅府君庙一地，每天5辆汽车来拉菜，也要一个多月才能拉完。销售渠道，有河北来的，东北来的车很多，也有用村里的车送去的。如果汽车来拉菜，各户都争着要售，就采取“抓阄”的办法，谁抓上，谁先装菜，比较合理。现在芹菜一斤4角钱左右。如果菜多了，就压了价，一般压到2角6分到3角2分，油菜卖到5角，油菜一般卖到天津去。现在开始种香菜。

问：大棚的投资多长时间可收回？

答：搞好了一年就收回了。根据前几年的情况。一个大棚一年收入 12000 元没有问题。现在光芹菜就可以收回七八千元，如果再种黄瓜、西红柿，长大了又收回一笔钱。黄瓜也可以卖三四角钱一斤。

问：卖菜时国家上税吗？

答：卖菜不上税，国家优惠。

问：大棚需要多少劳力？要雇人吗？

答：一个整劳力只能搞半亩地，不需要雇人，出菜时忙一阵，各大棚户之间互相帮助就可以了，不用报酬。

问：如果需要帮助，找什么人？

答：亲戚、朋友都可以。本村人很团结，谁家有事都会去帮忙的。

问：大棚需要多少水费？化肥支出多少？

答：是用深水井，每小时只收 5 元钱，一个大棚只需要一刻钟的水就行。收费有限。实际上一小时要花费 8 元，只收 5 元，大队补贴 3 元。如果是一亩大棚，一年水费 40 ~ 50 元就行。大棚一般不用化肥，主要用养鸡场的粪肥，一车粪有 70 ~ 80 元就行了。一个大棚，每年花费 400 ~ 500 元就行。

问：大棚用农药吗？

答：一般不用农药，对人体有害。只有韭菜容易生蛆，要用农药打才行，可是打了农药，大棚中进不去人，所以一般不种韭菜，而种芹菜，这样不长虫子。

问：一亩大棚每年净收入多少？

答：7000 ~ 8000 元左右。最好的时候可以达到 2 万元。1990 年、1991 年、1992 年 3 年最好。

【农村生活水平】

问：本村生活水平同其他村比较怎样？

答：本村生活水平是上中等，没有外债，而且还扩大兴建。周围很多村，赶不上本村，如西五里村已贷款七八十万元，每年收回，都要还债。现在厂内设备也多了。农业上有脱粒机 8 台，白天收割多少，晚上就脱多少，很方便。农业机械化程度是其他村达不到的。

【村干部与群众】

问：你希望大队怎么发展？

答：企业要发展，农业要大上，多为社员谋福利，准备多建厂，准备建个缝纫厂，解决家庭妇女劳力问题。根据邓小平同志指示精神，要快上，快抓。只要看准、看稳，就抓紧干。大队干部要以身作则，带头干，带领大家一起干，处处为大家服务，提供方便。如解决水的问题，使农民早种 1 天，秋后早收 10 天。

现在当领导不好当，过去生产队时领导叫你去干什么，你不敢不去，不去不给你记工分。现在不行了，那是“压”的办法，现在“压”没有人听，所以干部要改变作风，搞好群众关系，自己带头干，要有奉献精神。

问：现在的干部同群众关系和过去有哪些不同？

答：现在不一样，只有秉公办事，才能得到拥护，自己带头，公正，在群众中就有威信。另外，干部不能搞特殊。

问：现在还有义务工吗？

答：如修公路、挖河现在都是机械化，乡往下摊钱，交些费用就行了。现在义务工主要为本村水利、种树、修路服务。

吴玉祥（30 岁，治保主任）

时　　间：1993 年 3 月 26 日下午

访 问 者：佐藤宏　张洪祥

场　　所：村委会办公室

【家族】

问：你是本地人吧？你父亲是谁？

答：本地人，父亲叫吴金元，母亲叫赵恩玲。

问：母亲是什么地方人？

答：本县王家园人。

问：你哪年出生？家有几口人？都干什么工作？

答：1963 年生，有两个哥哥，两个姐姐。大哥吴玉生，39 岁，在府君庙锻件厂劳动。1985 年进厂的，住在本村。二哥叫吴玉山，27 岁，在独流镇化工厂厂建筑队工作，在厂内工作有七八年了。两个姐姐都出嫁了，大姐在西郊区，务农。二姐在王家营，也务农。

问：你结婚了吗？你爱人叫什么名字？

答：已结婚，爱人叫杨宝萍，是去年正月结婚的。

问：怎么认识的？

答：是我二姐介绍的，我爱人是王虎庄的。有一个男孩，刚生下不久。

问：你什么时候上的学？

答：9 岁上学，本村小学。然后在府君庙乡上中学，毕业后去参军当兵了。当兵一共 3 年。

问：怎么去当兵的？

答：在北京军区保定驻军当兵。当警卫连战士。

问：每年本村都有当兵的吗？

答：每年都有 1 ~2 人当兵。

问：当兵需要什么条件？

答：到县里首先检查身体，合格后才能批准。

问：当兵回村后干什么工作？承包多少地？

答：回村当农民，爱人也务农。3 口人的地，有麦田、大田、园田。园田有 2 亩多地。

【农村副业、村办企业】

问：本村有多少人搞副业、村办企业？

答：不算少。有 300 多人，年轻人都上班去了。留下的就是老的和小的。

问：干个体的专业户有多少？

答：有 3 个小铺。有司机 7 人，但都是给别村的开车，村办厂工人有 45 人，到乡办企业上班的有 30 多人。

问：有没有到外地打工的？干什么工作？

答：大概有几十人，主要在本县，主要是干建筑的。

问：我们昨天参观县的一个纺织厂，有很多打工妹，有河南的、河北的、四川的。为什么要招外地人？本县劳动力不够吗？

答：因为招外地人，工资低，本县人工资低不干。

问：你愿意到乡镇企业工作吗？

答：要去并不困难。

问：村办工厂都是什么时候招工？

答：去年 6 月招一次工，因原有工人都调到乡里工厂去了，所以需要重新招工。

问：招工办法怎样？同厂长没有关系能进工厂吗？

答：都是自己联系，村子不大，一联系就行。没有关系也可以进厂。如果同厂长有关系才能进厂，厂长就招不了多少人了。

问：你为什么没有进厂？是嫌工资低吗？

答：厂子工资是高的，但大队工作需要我，走不开。

问：工人同厂长有合同吗？

答：有合同，规定工伤事故时，轻伤多少钱，重伤多少钱。

【农业生产】

问：你去年农业收入多少？

答：3000 元左右，是毛收入。

问：去年小麦收成怎样？

答：因干旱只收了 600 多斤。大田（指杂粮——整理者注）收了 700 到 800 斤。

问：种田的怎么卖出去？有收购站吗？

答：都是山东、河北、东北等地来车拉走。本地也有蔬菜站。平时收购少，秋季大量收购。也有自己拉到市场去卖的。我种了一块地的豆角。卖了 200 多元。

问：去年、今年粮食有定购任务吗？

答：没有，但村民拉粮食去，随时都收购。今年也没有定购任务。因为粮食放开了。有的外地人来买粮。卖给国家和私人，比例是私人 80%，卖给公家的只占 20%。

问：去年市场粮价多少？

答：公价一公斤 8 角钱。到市场可以卖到 4 毛 2 分一市斤。

问：化肥价格每年需要多少钱？

答：尿素 55 元一袋，去年我买下两袋。一年需用五六百元化肥，农药每年需 100 元，水费每亩 3 元钱。

问：机耕费多少？

答：一亩地共 5 元整，有 4.5 亩需要机耕。今年小豆卖到 2 块多钱一斤，每年主要花费在化肥和农药上。化肥平价 49 元一袋，高价的 55 元一袋，平价买不到。蔬菜有优惠化肥，但量很少。

问：你有大棚吗？

答：没有，没有劳力，也没有资金，因为刚结婚。

【村治安工作】

问：你现在做治保工作，任务是什么？乡有什么机构管治安？

答：维护本村治安，乡有派出所，有 7 个工作人员。

问：治保主任是怎样选出的？有提名的吗？

答：村委会开村民大会选举出来的。有提名，按票多的当选。户口由会计管理。

问：本村治安怎样？

答：没有什么问题。平时给外地人，东北回来的人上临时户口或办理身份证等。

问：村里有纠纷问题怎样解决？

答：一般找大队，由治保、村主任共同解决。工厂准备成立治保小组。

村内没有大事，容易解决。有时有家庭矛盾时，我和村书记去解决。一般分家也找大队。最多争议问题是土地问题，你家多了，我家少了等。有时耕地过线了，发生后大队就去丈量纠正。

土地调整，5 年小调一次，10 年大调一次。

问：农民对调整有意见，不愿调，本村怎样？

答：也是一样，不愿意调整，所以在小范围内进行，如盖大棚，就需调整一下，也是在两家之间进行。

问：村内有赌博吗？

答：本家打麻将不管，有赌博就抓，县内有规定。

问：治保主任有任期吗？

答：没有任期，除非自己愿退出。原治保是会计兼的，我当兵回村后，就选了我。

问：你很愿干吗？工作怎样？

答：我愿意干，不干也不行。一月去乡内学习一次，学法令法规，对本村具体规定。本村治安是不错的。

问：我去年在外省调查，有人不愿在本村工作，说太熟，不好处理关系，你看怎样？

答：本村虽熟，但要秉公办事。如果本村农业、副业好，还是愿意在本村干，到外地工作生活上会有一定困难。

【农村生活水平及状况】

问：你喜欢干什么工作？愿到外地吗？

答：农民辛苦，都想干轻松的。在大队干比较轻松些。我不愿到外地，其中一个原因是家里有地，我爱人一个人种不了地。光靠一个人的工资是不够生活的。自己在村内，粮、菜自给自足，工资可省下来了。每年我收入约2000元，另外一个月工资还有170元。我去年盖了3间房，花了1万多元，家具是媳妇带来的，洗衣机、彩电等。因我当兵，1万元都是哥哥、姐姐支援的。

问：你的生活水平怎样？村内生活水平怎样？

答：我还需要盖个南房，盖围墙，还需积蓄钱。村内170多户，有80多人在厂子工作，生活水平较好。上等的约占70%，中等的20%，较差的只占10%左右。

问：厂内工人工资如何？

答：今年刚开始，没有工资，只发生活费；去年厂内工人工资，每月约400元。

问：村内有银行吗？

答：有农业银行代办所。

问：本村生活水平在乡内占什么地位？

答：占上等水平。主要原因是有工厂，有副业，另外土地比较好，农民精耕细作，水利条件也比较好。本村买的化肥，比10个村的化肥还要多，农业投资足。

问：本村农民收入差别怎样？有困难户吗？

答：大多数差别不大，上等同上等的差别大些。差的主要是劳力不足，不善于种地，管理太差。有五保户，就是困难户，只有四五户，每年大队都给补助。五保户自己都有房子，有口粮田，由亲戚们照管。

问：自己承包地，可不可以转承包于他人？如有，承包费用怎样解决的？

答：这种情况有，往往是家里人外出干活去了，种不了，转包给自己的亲戚，没有承包费的问题，回来后，地仍归自己耕种。

问：如果长期在外，是否调整时，会取消土地承包？

答：不能取消。只要户口还在村内，所承包的土地就不能动。

问：你对你的孩子将来希望他做什么工作？

答：太远了，没有想过。一般说，都希望孩子长大，能考上大学，以后在国营单位里工作。

问：在农村劳动和外地工作，哪样工作更辛苦些？

答：农村劳动要辛苦些，除白天劳动外，早、晚还要下地干活。在城市工作，8小时工作以后；下班后就没有事了。另外城市人不愁盖房子，农村人最大困难是盖房子。

问：农村户口可以转为非农业户口吗？

答：很少，当教师30年后可以转入非农业户口。

问：当兵后都回来种地吗？

答：大部分都回来干活，只有少数人继续留下当兵。

冯恩寿（74岁）

时　　间：1993年3月27日下午

访 问 者：佐藤宏　张洪祥

场　　所：冯恩寿家

【农业生产】

问：你今年多大年纪？你老伴叫什么？多大年纪？

答：74岁。老伴叫李清春，今年69岁。

问：前年我访问过你，打扰你了！

答：记得！那年是夏天，你们来了。

问： 你家有几口人？

答： 现在同住的有 6 口人。有儿子、儿媳、两个孙女。儿子今年 50 岁，在乡福利厂工作，因为他是残废人（哑巴），媳妇脑子也不灵。

问： 今天我想了解一下农业情况？

答： 我一直干农业，我年岁大，干些轻活，地里活儿子下班回来干。为什么说是一家子呢，有活大家干，互相帮助些。

问： 你家有多少土地？

答： 有 15 亩地，小麦地 5 亩，大田有 8 亩，园田 2 亩。

问： 有没有搞大棚？

答： 没有大棚，一是费钱，我没有资金；二是我老了，干不了，儿子又上班，所以没盖大棚。

问： 两个孙女多大了？

答： 一个 18 岁，一个 16 岁。现在下地干活，不上学了。

问： 小麦地，1 月、2 月份地里有活吗？都是怎么安排农活的？

答： 没有。3 月份地里才有活，地里需浇水，浇完了可以不管了，等到四五月份下地锄草。三四月份园地有活干，可以整地种菜。4 月份大田就需要耕地、耩地。这以后，就要忙着收割小麦，大田要锄地。收割完了，就种晚作物，种玉米、豆子和其他杂粮。

阴历八月，早玉米就收割了，还有高粱、大豆。我去年种的玉米、大豆各一半。高粱不多，需要些秫秸，才种些。

问： 大田收割完，还有什么农活？

答： 准备收晚棒子，不到一个月，大田已没有活了。收割杂粮。每年 9 月份要种下小麦。

【解放前农活安排】

问： 解放前农活是怎样安排的？

答： 那时没有统一的，各家种各家的，如何安排不好说。我是贫农，土地少，没有农具，没有牲口。刚解放时，我家也没有劳力，就是我。

中农家、富农家的农活也是像现在这样安排，用水靠水车，从运河拉水。但土质不一样，生产量低。

【雇短工】

问： 农忙时，你们家请人帮忙吗？

答： 我有 7 个女儿，两个小儿子。小儿子在乡里干活。农忙时，7 个女婿就把活干完了。不需要找邻居帮忙。有些家缺劳力，就找亲戚帮忙，也有少数人家花钱雇人的，也只是麦收那几天。

问： 短工从哪来的？

答： 多是从山东、河南来的。我村雇人的不多。我家平时农活，老两口、大儿子就干了。麦收时，女婿就主动来帮忙，都很近。

问： 如果要雇短工，怎么去找？管饭吗？

答： 有主动来的，也有人介绍，很好雇的。有管饭的，也有不管吃的。工资也不一样，管吃的工资每天 3～4 元，不管吃的 6～7 元。作息时间，不到天黑就收工。

【合作化时农业生产】

问： 合作化时，农活安排也这样吗？

答： 也是一样。但种的品种有变化，往往种子两年一换，先由国家培育良种。我的麦子每亩能收到 600～800 斤；合作化时每亩只有 200 斤。

问： 什么原因？

答： 合作化时集体干，没有积极性，一起干，管理也不好。另外，种子也不行。大田的棒子过去每亩 300 斤左右，现在达到 800 斤以上。少数人家搞好了每亩达 1000 斤，我家处于中等以上水平。

【粮食】

问：收到的小麦多了怎么办？

答：多是口粮，吃不了也可以卖一部分。每斤只卖4角。但我不卖，家里还存2000多斤，以防万一。大豆也不卖，可以换大米，换豆油。1斤大豆换唐山大米1斤4两。2斤半豆子换1斤油。大豆价格9角一斤。

问：不卖粮，化肥怎么解决？

答：我收了玉米不卖，喂了两口猪，猪长大，卖了，就有钱了，再买化肥和解决零花钱。大猪200多斤时，一斤合1元5角，一口猪300多元。我卖出两口猪，共600多元。

【土地调配】

问：本村土地是否5年一调整？你怎么看的？

答：还没有调整过。去年社员不同意，村委会商量后，也就不动了，因为社员希望安定，另外，土地承包后，土地质量不一样了，好坏有了差别。如果人口增减的话，也可以临时调配。

问：你现在家庭生活怎样？

答：有很大变化。我二儿子，我供到他大学毕业，在天津市内上的大学，毕业后分在乡里工作。结婚了，都在乡里工作。老女儿在乡里中学教书。大儿子国家照顾，上了福利工厂，也有了工作，生活也有着落。

问：如果在本村没有土地，住在这里，算本村人吗？

答：没有土地，就没有户口，没有户口不算本村人。

问：冯家是本村老户吗？

答：冯家村嘛！当然冯家是老户。现在冯家人不多了，主要是过去经常闹灾，逃亡在外的多。

问：从本村走的人，后来回来后，是否还能有土地？

答：解放前从本村走的，后来又回来了。愿意定居本村，自然会分到土地。

王汝桐（个体小商业者）

时　　间：1993年3月27日下午

访 问 者：左藤宏　张洪祥

场　　所：村小卖部

【家族】

问：你家有几口人？

答：现在个人过的就是我老两口。有6个男孩，两个女孩，都分家另过了。

问：你父亲叫什么名字？做什么工作？

答：叫王万奎，干农业活。母亲老家在独流镇。

问：你老伴叫什么名字？哪儿的人？

答：叫张芝学，静海县人。是1945年秋结婚的，她父亲在县内开过酱坊，干商业的。

问：结婚时谁介绍的？

答：是媒人介绍的。

问：孩子都工作了吗？

答：都在农村干活。女孩儿都嫁到外村去了，大女儿嫁到李家园，二女儿嫁到独流镇。

【商店与开业】

问：什么时候开的商店？

答：1980年左右，开业已有12年了。合作化时本村没有商店，都到乡里合作社去买。我这是村里第一家小商店。

问：开业时资金怎么解决的？

答：自己筹资，到农业银行贷款。共投资1600元。

问：什么时候还清的贷款？

答：一年后就还清了。

问：你为什么想开店？有文化吗？

答：村里需要有商店。我上过小学和私塾。不会打算盘，靠笔记。

问：现在村里有 3 个小商店，竞争是否厉害？

答：都有地，主要依靠种地，小商店卖不出多少钱，竞争不严重。

问：去年商店毛收入有多少？税收情况怎样？

答：2 万元左右。（录音不清）税收每月 4 元，到乡税务所缴，是固定的，每月基本上一样。房子是自己的，用的电，开销不大。纯收入有限。主要靠农业收入。

问：去年卖小麦了吗？

答：没有卖，留下来当口粮。

问：货物从哪儿进的？是否到天津去购？

答：在静海县里批发站买来的，用自行车驮来的。从来不去天津采购，因为县里方便，价钱差不多。

问：本村办事要买烟、酒，都到哪儿买？

答：买零售的，都到我的店买；办婚、丧、喜事的都到静海县内大店买。

问：有赊账的吗？

答：基本上没有，偶尔有，很快就还清了。

问：现在如果有人要开店，怎样才能拿到营业执照？

答：现在不行了，因为村小，购买力有限。

问：还向银行贷款吗？

答：不用贷款。

问：卫生部门来检查吗？

答：来检查，而且我每年要去静海县里检查一次身体，合格才能允许营业。

问：目前村里收入比较高的是什么职业？

答：办厂子的收入高。

问：你的商店还准备扩大营业范围吗？

答：不需要扩大，村子小，不在公路边，顾客很少。

问：开商店耽误农活吗？

答：我早、晚干农业活，不耽误。老两口地少。收麦子时，农忙，子女帮忙，就忙完了。

问：进货时，价格有浮动吗？

答：到批发站买，价格没有浮动。好烟也可以进，但卖不动，所以只进些低档烟。

李树元（51 岁，个体专业户）

时　　间：1993 年 3 月 28 日上午

访 问 者：佐藤宏　张洪祥

场　　所：李树元家

【家族】

李：我叫李树元，欢迎来访问。

问：多大岁数，你家几口人？

答：51 岁。全家 8 口人。大小子分开住。大女儿、小女儿上学。

问：做什么活？

答：给工学院做壁柜，包工活。我是个体专业户，同大队没有关系。什么活都干，做木器、家具。有工商局的执照，还有税务局的执照。

问：二儿子干什么活？

答：开汽车，雁牌双排车，1 吨半的，主要拉木料，为自家干活。

问：谈谈你的经历？

答：当过小队长和小队会计。上过初中一年级（在独流镇），小学在李家园上了 2 年，本村上了 4 年。1958 年小学毕业，后来就“大跃进”了。

【闯关东】

问：毕业后干农业吗？

答：后来“闯关东”，到了营口。先自己去的，后全家都去。干过车工、钳工，在工厂干活。是技术活。

问：什么厂？是国营的吗？

答：是农业机械厂。

问：怎么找到工厂的？

答：拿着学生证就办成了。

问：找工作人比较多，困难吗？

答：不困难，本地接待站，安排职业不困难，很容易。后来一直没有回来。后来回来接老伴。我是1959年去的，1968年回来一次。

问：工资多少？

答：一个月45元，很满足，那时东西便宜。除自己花销，余钱还要邮到家。那时父母也到营口郊区，搞农业。归营口市管。

问：东北农村生活也困难，为什么能接纳你们？

答：当地支援灾民，去就接待，去了基本上能解决温饱，1968年回来的。

问：营口有亲戚吗？

答：没有，那时只要去，找接待站就行，会什么活，安排什么活。

问：你父母搞农业工分和当地一样吗？

答：一样的。那时吃食堂，待遇都一样。我住在厂内。

问：为什么1968年回来？

答：中国有句古话——“故土难离”，外面再好，也比不上家乡，从小就在这地方，熟人多，另外那时家里条件也好多了，只要条件平均，就要回来了。

那时还是人民公社，开始干了两年队长，两年会计，赶了3年马车。

问：生活怎样？

答：那时生活都一样，收入也一样。现在不一样了，现在有本事可挣1万元，差的只能挣1000元，差9倍，自己生活也不一样了。社会变了，思想也变了，合作化时人们思想好些。现在有差别，有富的，也有差些的。

【与个体户】

问：什么时候干个体的？

答：开始只有200元，1986年搞起来。

问：土地多少？资金怎么办？

答：一点点滚起来的。

问：技术怎么学？

答：干起来学，边干、边学，没有什么。一开始搞门窗搞起来。开始打好门窗就拿到市场去卖。忙时找几个帮手。后来到天津市去包批活干。又干外地活。现在哪个活多，挣钱多，干哪个。同天津市内有合同。找帮手，要找四级工以上的，我主要会经营，没有固定帮工。忙时，活多了，就临时雇几个活完了，就回去了，不用了。

问：去年忙时雇几个？

答：雇几个不好说，也许忙几天就不雇了，因养不起。去天津市内包活，一般公司先付50%的钱，活干完了再结账（看公司订的合同）。天津三建在红桥区。

问：你爱人是本村人吗？

答：老伴是霸县胜芳人。

【做包工活】

问：谈谈你是怎样搞包工活的？

答：我当过车工、钳工，当过队长、会计，赶过马车，现在干木匠活，全了，都干过。

问：雇的人是什么地方人？

答：河北省沧县的，也有本地人。沧县人是相识的。

问：怎么相识的？

答：通过干活认识的，写封信，就认

识了。

问：工资多少？

答：一般日工资10元，一个月300元，如果包工活，要高于这个数字。

问：有工厂吗？

答：有，在自己家干。我家有几间旧房子，儿子新房也在工厂，雇工有住处。

问：去年收入怎样？

答：收入不好计算，没有统计，因为收入后需进料，扩大生产。每年上税2500元，大队不要钱，给些电费。工商税加上3000多元，到市场卖，还要上些税，有限，要拿市场管理费，工商管理费2%，100元上2元。乡村道路修筑、教育、卫生费要拿。主要是营业税，工商税少。花销大的是汽车要养路费、汽油费等。

问：木材从哪里买？买车多少钱？

答：买的旧车，花了6000元（新车需3万多元），现在好买。老二学车，也花了钱。我大女儿，在静海县上班做服装，以后我想再搞个服装厂。有缝纫机，女儿会剪裁。

问：谁干农业呢？

答：我们一家子人都能干农业。农活忙时都下地，平时早、晚下地。有麦田10亩、大田10亩、园地2亩。粮食自给有余，去年小麦5000斤、6000斤，大田1万多斤。不影响农业，我投资多，别人每亩投肥50元，我投80元，所以收成多。农业不雇工，我家劳力多，有机器耕地、脱粒，忙几天就行。

问：口粮多少？小麦卖吗？

答：小麦不卖，主要自己吃。杂粮也不卖，换大米、换油，余下喂牲口，喂养了马。

问：同建筑公司是怎么联系的？

答：机遇巧合谈成生意，就认识了。搞业务的，要有灵活、机灵性，要去了解信息。

问：有没有其他单位？

答：有，但一批干完再干，给静海县木器厂做家具。给天津市做包装箱，什么活都做。主要做大门，利益较高。要使甲方满意，活做好送去，保质保量，不好的会退回，要送好的去。

问：会误期吗？

答：不会误，计划好，按工期提前完成。

问：有联系的单位有多少？

答：上半年接一批活，下半年接一批活。全家人都能干活，除妈妈、小女儿、孙子吃闲饭外，家里没有闲人。

【雇工及工资】

问：雇人时雇多长时间？

答：最长的2个月，最短的一两天。

问：工资怎么算？

答：短工，本村人一天20元，雇工时，我叫你来就来，叫走就走，没有埋怨，很自然的。就需要有这样的规定。

问：外地人工资有区别吗？

答：本村人不管吃，在当地低了找不到，外地人工资有差别。当地人关系不错，帮个忙，所以日工资20元。外地人来的路远，干几天不行，不够车钱，所以最少干个把月。用外地人方便，没有别的事，10天的活，10天就能完。用当地人计划10天的活，但家内有些有事时，盖房呀，娶亲呀，出门呀，就耽误事了，影响工期。

我雇工做活有计划，有合同，按计划完成，如打10多个桌子，多少工，算完钱走人。如果再有活，打个电话给他，明天不来，后天准来。但是活要保证质量，我要求很严，检查不合格的，再重新干。当时错了，当时就要改，不要等活做完，送厂里不合格就完了。要“打预防针”。

【义务工】

问：你出义务工吗？是否每年20天？你

承担吗？

答：我参加，每次挖河、修路义务工我都参加。在农村应和大家生活在一起，不能搞特殊，大家关系好，远亲不如近邻。我有钱，也雇得起人，但义务工我从来不雇人。钱不是万能的。要团结，要民富国强嘛！

孩子们高中毕业的，也要他们参加劳动，我父亲早死，我当家早。有哥俩，5个妹妹，都出嫁了，孙女6岁。

问：有些地方，用钱顶义务工，你是否也顶过？

答：我没有。那样就特殊化了，应和大家打成一片。一年很少在一起干活，搞义务工在一起，大家在一起是好机会。我不同意用钱顶工，不能脱离群众。

高学胜（1955年生，乡总校校长）

时　　间：1993年3月26日上午

访 问 者：笠原十九司

翻　　译：宋志勇

场　　所：冯家村小校

农村小学教学案例

授课教师：王平

教学内容：口算

老师：咱们进行口算题，看谁算得又对又快。下面为老师问，学生答。计算题：235－156＝？

15－6＝？刘荣回答，等于9。

9＋8＝？王冬回答，等于17。

20－8＝？贾董飞回答，等于12。

13＋8＝？张振生回答，等于21。

15＋7＝？张红回答，等于22。

22－8＝？贾维秀回答，等于14。

老师：咱们口算就到这里，下面我们看一个题，同学和老师一起看，应该怎样算。先找同学来说一下，减法的法则是什么？

第一要干什么？

同学：先将相同的数位对齐。

老师：然后呢？

同学：从个位减起。

老师：我们看一看5－6，够减吗？

同学：不够减。

老师：对，不够减，我们向前一位怎么样？

同学：退一作10。

老师：然后再和……

同学：和本位数加起来再减。

老师：好。个位数不够减就要退1作10，再和本位数加起来，再减，我们看一下5－6怎样？

同学：不够。

老师：我们就要向前退一位。

同学：退1作10。

老师：退1作10，和本位数加起来。

同学：等于15。

老师：15－6＝？谁来算一下，张振生回答：15－6＝9。我们就在个位上写上9。10位退走了一个，还有几？

同学：还有2。

老师：2－5，够减吗？

同学：不够。

老师：我们还要向前怎么样？

同学：退1作10。

老师：12－5＝？贾董飞回答：12－5＝7。在10位上怎么样？在10位写上7。百位上2，去掉1个，还有几？

同学：还有1。

老师：1－1＝？

同学：等于0。

老师：零怎么样？

同学：就不要写了。

老师：结果等于多少？

同学：等于 79。

老师：今天我们学了一个继续退位的什么法？

同学：继续退位减法。

老师：下面我们做两道题，看同学们掌握了没有。

刘荣做第一道。

王丹做第二道。

没写完的同学快一点！好，都做完了。

下面我们对这两位同学看一看，他们做得对不对，看看这一个：8432 – 645，2 – 5 怎么样？

同学：不够减。

老师：怎么样。

同学：前一位退作 10。

老师：12 怎么样？

同学：12 – 5 = 7

老师：3 – 1 = ?

同学：还有 2。

老师：12 – 4 = ?

同学：12 – 4 = 8。

老师：这个 4 退走 1 还有几？

同学：还有 3。

老师：3 – 6，够减吗？

同学：不够。

老师：个位数怎么样？

同学：退 1。

老师：13 – 6 = ?

同学：13 – 6 = 7。

老师：这是 14 还是 13 呀？

同学：13。

老师：8 退走 1 还有几？

同学：还有 7。

老师：对，7787。

再看一看这位同学：

老师：贾董飞你上来给他看一下，像我刚才做的那样。贾董飞同学你开始说。

8342 – 6345 = ?

贾董飞：个位上 2 不够减，2 要向前移位，退 1 作 10，12 – 5 = 7。10 位上退走 1 还余 3，要向前移位，退 1 作 10，13 – 4 = 9。2 – 3 不够减，要前退 1 作 10，12 – 3 = 9。千位上借走了一个，7 – 6 = 1。应是 1997。

老师：他做对了吗？

同学：做对了。

老师：同学们，贾董飞说得好不好？

同学：好。（同学们给他鼓掌）

老师：下面咱们分成两组，南面算一组，这一面算二组。看哪一组做得又对又快。现在开始做。

——二组有同学已做完了。

——同学之间可互对一下。

——刘荣给一组同学看一看，你们做完交刘荣同学。

——二组同学做完给冯同明同学看一看。

——看完了坐好。

——一组有两个同学做对了。

——二组看完了吗？怎么还没有看完。

——做完了同学将手背到后面。

——二组同学有 4 人做对了，2 人做错了。

——二组同学胜了，一组同学要努力。

下面打开书的 46 页第三题，将这个表填上，做完的同学交换一下，互相进行检查。检查完坐好。没做完的同学也不要着急。

二年级有好几个同学做完了，做完的同学举手，都做完了，下面找一位同学念一下，王丹同学你念一下。

王丹同学念：

被减数是 459，减数是 263，差 196。

众同学答：对。

王丹：被减数是 7450，减数是 679，差 6771，

众同学答：对。

王丹：被减数是 5213，减数是 2764，差 2449。

众同学答：对。

老师：现在出现 2 个答案，我们看一看谁正确。3 - 4，不够，要从十位退 1，加上本位是 13 - 4 = 9，十位上退走 1 个，还有几个？

同学：还有 6 个，不够减向前一位退 1，10 - 6 = 4。

老师：2 退走 1 等于几？

同学：等于 1。

老师：1 够减吗？

同学：不够，向前一位退 1，等于 11。11 - 7 = 4。

老师：5 退走 1 还有几？

同学：还有 4。

老师：4 - 2 = 2，正确数应该是 2449。凡是 2449 的同学举手，就是彤彤一个人做错了。

接着念。

王丹：被减数是 9563，减数是 8804，差 759。

同学众答：对。

老师：这几个题都做对的同学站起来我看看。一共有 7 个同学，我们给他们一人戴上一个小红花。

其他没有做对的同学，也不要灰心，要向这几位同学学习。现在你们打开书，留下作业……

回家后，做一下练习 16 的第二题。一年级同学都做完了吗？

学生回答：做完了。

老师：全对的同学站起来，我看一下。

基本还可以。

今天课就上到这里，下课。

同学：起立，老师好！

老师：同学们好！下课。

【小学管理机构设置】

问：最近这几年华北农村的教育发生了很大变化。想确定一下教育的体系？

答：乡是教育委员会，即府君庙乡教育委员会。

问：乡教育委员会设一个总校长，下面呢？

答：今天看的这个学校，由中心校管，中心校是个大学校，管各村的小学，天津九郊五县全是这样管理的。

我们实行三级办学分级管理。三级即县、乡、村，县里只办高中，乡里办乡中，村里负责小学。

问：一般村里小学是一至四年级？

答：不一样，就近入学，一年级的学生不能走远了，不像城市没有事，要就近办学。

问：乡里有几所中学？

答：乡里一所（初中），是普教九年义务教育，由乡里办。

问：中心小学有几所？

答：中心小学有 3 所。

问：这个中学在什么地方？

答：就离这不远。

问：我们看过了。这个中学叫什么中学？

答：叫津运中学。有 45 名教职工，学生 470 人。

问：3 所小学？

答：有 1154 名学生，教师共有 98 人。

问：小学五六年级到什么地方上？

答：到中心小学，那里设备好。

问：这附近中心小学在什么地方？

答：在乡政府对门，叫府君庙乡中心小学，还有北五里中心小学，刘家营中心小学。

问：你们工作主要干什么？

答：实行校长负责制，我刚来 4 个月，我是独流镇人。

问：责任制（负责制）包括什么内容？

答：核定教师定员，规定 30 人，配一点退休老师，国家按核定人员拨款。

问：30 人由谁定的？

答：按教学大纲，市教育局定的。

【教师工资】

问：教师的工资国家负担多少？

答：负责 100%，另外乡每人每年加 200 元，即效益奖。别的乡 180 元，我们乡党委开会决定给 200 元。

问：比别的乡高，什么理由？

答：我是国办中学校长，调来以后对管理这一块抓得比较好，和乡里的关系挺好，乡长特别重视。

【乡教委】

问：乡里的教委有几个人？

答：有 5 个人，中心校长、教务主任、政教主任、总务主任、生产主任。他们都是兼职，工作特别忙，幼教、扫盲都由他们兼着呢！还有农民业余教育。农民业余教育也有一个校长，他是和我平级的，属天津市第二教育局管，我属第一教育局管。

【农民业余教育】

问：现在乡里农民业余教育搞得比较好吗？

答：是燎原（指国家星火燎原项目）项目的示范乡。

问：一般搞些什么项目？

答：主要是科技，在冬天农闲时，到有关地方拍个录像片子，主要是蔬菜方面，教给农民技术。

【校办工厂】

问：生产主任搞什么？

答：学校的第三产业——校办工厂，取照，搞创收。

问：乡里有些什么校办工厂？

答：现在我们有四五个，主要设在村里和农民连着，没有集中盖厂房，国家对校办工厂有税收政策，向学校倾斜，派法人、会计，给学校一部分收入。

问：现在工厂主要搞什么？

答：主要是工业，为市里加工仪表零件，还有汽缸片。

问：学校办工厂可以得到一部分利润？

答：是的，解决经费不足的问题。

问：这样很不容易，还得经营工厂？

答：是很难的。我们国办中学好搞，资金比较雄厚，全部由国家拨款。我们校办厂刚刚建立十几年，我来了就搞，得到乡里的支持。

【教师任用】

问：你们录用教师是不是由教委决定？

答：校长负责制，是我任命，经过教职工代表大会，选乡里的 4 位校长。我是局里派来的，是政府派来的，可直接聘用校长。

问：你的权力很大呀！

答：是吧！

问：你是局里派来的？

答：是县教育局派来的。

【村级学校管理委员会】

问：村里有没有教委？

答：村里有学校管理委员会。

问：教育管理委员会，由谁组成？

答：由村委会管教育的人任主任，社会名流，热心教育的人参加。

问：村教育管理委员会由几人组成？

答：3～5 人组成。村大小不一样。有的成立了学校董事会。

问：这个董事会主要干什么？

答：乡里的主要领导人任董事长。我就是副董事长，负责管理这一块，关键工作是筹建教育资金，改善办学条件支持教育。

问：任命教师时，是否也举行考试？

答：乡与乡不一样，要看上5个学期的德、才情况。我刚来，对情况不了解，主要根据一些乡里档案，对教师进行测评，测评后，知道我们乡是严重超编，超编25人。我要将这25人安排到第三产业，所以很不容易。

问：教师超编是否由于学生少而造成的？

答：由于计划生育，学生少了，同时我们一直充实师资力量，这种做法也符合新陈代谢，能者上岗，差的去干别的。

【县级教育部门】

问：现在县里是教委还是教育局？

答：是教育局。

问：天津是第一教育局？

答：是的，天津市教育局，就是第一教育局。

问：从教育管理权来讲市有教育局，县有教育局，乡有教委，你们乡的权力能占多大比重？

答：不一样，静海县和四郊五县全部实行校长负责制，乡里我是主任，又是中心校长，人权、财权、物权、经费权、支配权都有。

问：这样好，工作就顺利多了？

答：我们设的部门在乡政府里面，还有好多配合乡里的工作。

问：现在学校使用的教科书是怎样分配的？

答：按照教委的普及教材，是统一的。

问：你觉得你工作最难办的是什么？

答：我来的时间很短，加强教师的思想工作，提高教育教学质量；今天开乡人代会，主要讨论经费问题。我们原来突出问题是经费问题，我来4个月和他们处得很好，经费问题不大了。乡里今天开会完了给我们6000元。

【农村教师培训】

问：提高教师的教学质量，有没有组织教师进修？

答：是的，我们要求教师必须达标，小学教师必须是中师以上，初中教师必须是大专以上。组织他们到师院。上大本（专接本）。中学必须试教一年。如果原来学历不够，上函大，自学，经费由教育局报销。

问：在日本是利用学生放假期间，将老师集中起来研讨教学问题，你们乡里是否也有这样的活动？

答：我们每年暑假，县里集中搞，根据年级不同，主要是毕业班，发的试验教材，要进行研究，在县里统一食宿。

【农村小学校长素质】

问：高校长，今年多大岁数？

答：属羊的，38周岁。

问：请你介绍一下你的简历。你是独流镇人？

答：是的。

问：你起的名字有什么意义？

答：名字没有什么，因为我们家祖祖辈辈都爱学习。

问：你父亲做什么？

答：在静海县交通局当干部。

问：你上学的情况？

答：从小学一直到高中，都是在独流镇上的。后来当民办老师，我是1974年参加工作的。后来边教学边学习，取得了大专学历。

问：你当民办教师在什么地方教书？

答：在独流镇，教了10年。

问：你教什么课？

答：教语文，小学语文。

问： 你是怎么取得学历的？

答： 我是自学，很难考的，特别严。教龄 20 年，教了 10 年，在独流镇教委，又是 10 年，共 20 年。

问： 干了 10 年教务主任？

答： 不是，干了 1 年教委主任，后来由于独流二小很乱，管理不好，领导非派我去，在那里干了两年，是校长。后又在静海县二堡乡小学当总校长，乡长是主任，我是副主任兼总校长，当了 4 个年头。后来又调到独流中学，回家了，在那干了 3 年。从 1992 年 11 月 16 日调到府君庙来。

问： 你在独流镇还讲课吗？

答： 还讲课。是初三的语文。

问： 你在教育上干了 20 年。你看中国农村的教育变化怎么样？

答： 在 20 年中，我接触很多老教师，我住在教师的大院内，通过向老前辈了解，我深感农村教育变化最大的是随着改革开放，人们尊师重教，在教育经费上解决得比较好，教学质量提高，校舍改进，与原来相比可以说相当好。

【农村教师待遇】

问： 原来认为教师待遇比较低，最近你看教师的待遇是不是有所改善？

答： 我刚在乡里开人代会，和一个村的书记比，农民的收入是低，现在我们的收入比农民要高好多，我们 3 口人中两人是干教育的，一年收入最少 6000 元。农民的收入我们全乡平均人收入为 700 元，一个大队的书记还没有我们收入高，确实感到很知足了，干劲更大了。这个县，乡里面的机关工作人员，财经局要扣 10% 工资，咱们县对教师没有扣。

问： 日本从明治时代开始，政府也非常重视教育，教师的待遇也是很高的，社会地位比较高。现在中国比较重视教育，对此你有什么想法？

答： 中国的教育，在人代会上喊得很响，咱们靠近大城市郊县好得多。总的说来，静海县提出乡财政收入大部分用于教育，现在你看通过我们有能力的校长能搞点钱，没有能力的就挤不出多少钱，这样教师收入就相当低，只要你能把将教学质量提上去，乡里和老百姓不怕花钱。但是，从国家来讲教育投入还不是很多，所以代表们普遍有这样的呼声。

【教育观念】

问： 过去农民对孩子的教育不重视，现在农民对此有什么变化？

答： 有变化。现在一家一个孩子，在教育投资上也很大。

郑兆会　（冯家村小学校学前班教学）

时　　间：1993 年 3 月 26 日下午

访 问 者：笠原十九司

翻　　译：宋志勇

【教学案例】

老师： 老师问什么，我们就答什么，好不好？

儿童： 好。

老师： 我是小猫，我是小猫？

儿童： 喵、喵……

老师： 下面该是什么？我爱我的小狗，小狗怎样叫？

儿童： 汪、汪……

老师： 我爱我的小牛，小牛怎样叫？

儿童： 哞、哞……

老师：我爱我的小鸡，小鸡怎样叫？

儿童：叽、叽……

老师：我爱我的小猫，小猫怎样叫？

儿童：喵、喵……

老师：我爱我的小羊，小羊怎样叫？

儿童：咩、咩……

老师：我爱我的小兔，小兔怎样跳？

儿童：（儿童做动作）。

老师：我爱青蛙，青蛙怎样叫？

儿童：呱、呱……

老师：咱们还学过一首，国旗、国旗真美丽，现在咱们将这首歌复习一下。好不好？

儿童：好。

老师：唱：国旗、国旗，一、二唱。

儿童：国旗、国旗，多美丽……

老师：今天咱们学一首新歌，这首歌的名字叫"人人夸我好儿童"。下面老师唱一遍。青菜青，绿莹莹，辣椒红，像灯笼，妈种菜，我提水，爸种菜，我捉虫，好孩子，爱劳动，人人夸我好儿童。好听吗？

儿童：好听。

老师：这首歌唱的是谁？

儿童：唱的儿童。

老师：对，唱的爱劳动的好儿童。下面老师再唱一遍。

儿童：老师再唱一遍。

老师：你们听这唱的谁？告诉老师。

儿童：唱的我。

老师：贾明说说。

贾明：提水捉虫。

老师：给谁提水？

贾明：给妈妈。

老师：对，帮妈妈提水，帮谁捉虫？

儿童：帮爸爸捉虫。

老师：好，坐下。这小孩真能干，又帮妈妈做事，又帮爸爸做事。

儿童：是。

老师：第一句唱的什么？青菜青。

儿童：绿莹莹。

老师：辣椒红，像什么呀？

儿童：像灯笼。

老师：对，像灯笼。记住喔！看老师拍着唱一遍。（老师唱了一遍）

现在小朋友听，老师唱一句，你们唱一句，青菜青，绿莹莹，唱。

儿童：（唱）。

老师：辣椒红，像灯笼，唱。

儿童：辣椒红，像灯笼。

老师：妈种菜，我提水，唱。

儿童：妈种菜，我提水。

老师：爸种菜，我捉虫，唱。

儿童：爸种菜，我捉虫。

老师：好孩子，爱劳动，唱。

儿童：好孩子，爱劳动。

老师：人人夸我好儿童，唱。

儿童：人人夸我好儿童。

老师：唱得很好，下面老师一句一句教你们，每句唱的是什么，记住了吗？

儿童：记住了。

老师：开始（唱歌词一遍）。

（儿童跟着老师唱）。

唱得都这么好听，下面老师唱两句，你们跟着唱。

（老师唱两句，儿童跟着唱两句）。

现在孙老师从头至尾将歌词念一遍，你们好好听。

（老师念了一遍）。

（老师念一句，孩子们跟着念一句）。

小朋友愿意不愿意做好儿童？

儿童：愿意。

老师：那我就要看你们的行动了，是不是帮助爸爸、妈妈干活，以后我要看你们行动了，好不好。

儿童：好。

老师：现在我们接着唱歌，不要大声喊，看谁唱得最好听，咱们放慢速度。

（下面老师和儿童一起唱）。

咱们再唱一遍，没有动嘴的小朋友，跟咱们一起唱，好不好？

儿童：好。

老师：一、二（儿童齐唱："青菜青……人人夸我好儿童。"）

现在老师不跟你们唱，你们自己唱。

儿童：（一起唱，老师拍着手）。

老师：我听你们唱得不太好听，音不太准，不像唱歌，好像念歌。是不是？

儿童：（有点乱）。

老师：我听得出来，吴英五，还有张莉，高歌，都没有唱好。可能是孙老师没有教好，孙老师再教你们一遍，行不行？

儿童：行。

老师：咱们一句一句学，不要着急，孙老师一句一句教，坐正了。

（孙老师一句一句教）。

你们将手放下，看老师怎么唱，你们可拍手唱。

（儿童拍手唱）。

你们都听老师唱呢吗？

儿童：听了。

老师：孙老师再教唱一遍，两句两句。

（孙老师唱两句，儿童唱两句）。

老师最后教你们一遍了，听清楚了没有。

（孙老师又唱一遍，儿童跟着唱）。

现在小朋友再跟老师唱一遍。

（老师、儿童一起唱）。

最后听你们谁唱得好。一、二。

（老师、儿童一起唱）。

有些小朋友声音太小，老师不让你大声喊，不是不要你们唱（小朋友插话：像说话的一样？）。是像说话，听得见吗？要大声唱，开始。

（老师、儿童一起唱）。

这回要慢慢唱，不要唱错了，开始。

（老师、儿童一起唱）。

这回自己唱一遍，老师听对不对。

（儿童唱）。

最后一句唱得不对（儿童又唱一遍）。

现在再来一遍。

（儿童唱）。

还有唱得不对的。现在老师和你们一起唱，开始。

再来一遍，一、二。

（老师、儿童一起唱）。

这回你们自己唱，一、二。

（儿童唱一遍）。

比刚才唱得好一点。马龙、王温莉、贾明，你们几个小朋友唱一唱，好不好？

儿童：好。

老师：预备，一、二。

（马龙等小朋友唱）。

最后一句唱得不对，再来一遍。

王文胜、王欢、刘关、张莉，别人将手放下，你们 4 个人立着唱。

（王文胜等小朋友唱）。

下面小朋友一起唱一遍，大声唱，唱特别特别好听，预备——一、二。

（儿童一起唱）。

唱得真好。

今天唱到这里，明天来看你们会不会，人人争做一个爱劳动的好儿童。记住了吗？

儿童：记住了。

老师：休息一下。

【农村中学成分构成】

问：请介绍一下这个学校的老师和学生人数？

答：我们府君庙中学，现在教职工 41 人，其中一名职工，40 名教师。有 4 名女学生，

12 个教学班。按学校规模、上级的要求，我们领导机构设立校长，下面有 3 个职能部门：教务处，政教处，后勤处。在 41 名教职工当中有共产党员，设一名校长，设一名副校长。

问：有没有设支部书记？

答：咱们乡办中学还不具备设支部的条件。如果少于 10 个教学班，只设一名校长，一个处。12 个教学班就可设一名校长，一名副校长，3 个处。

问：老师有 40 名，其中女老师有多少？

答：14 名女老师。80% 的教师已达到国家要求的学历标准，余下的 20% 的教师正在创造条件为达标而努力。

问：老师年龄结构？

答：80% 是中青年教师。

【校长负责制成效】

问：请说一说校长负责制情况？

答：从本学期开始，按照市教育局、县教育局的要求实行了校长负责制，这是学校内部的一项重大改革。学校的教职工由校长聘任上岗，并实行教职工全员聘任制。根据学校的需要和人员素质情况，教职工由校长聘任，期限一年半，实行双向选择，以校长聘任为主。聘任教职工，在聘任期间，如不能履行自己的职责，校长可以辞聘。教师从而增加了危机感和紧迫感。学校引进了竞争机制。

实行校长负责制的定义，在于使广大教师有紧迫感和危机感，干好的可留下，干不好的就要淘汰，这样做到了淘、留，解决了多干多得、少干少得、不干不得的问题，调动了广大教师的积极性。

问：这个学期从几月份开始？

答：从 2 月份开始。实行校长负责制，一是实行全聘任制，打破了旧的工资发放的办法，做到了多劳多得。目前来讲，我们学校虽然没有经济实力进行投入，但是一部分教师的收入获得了提高。

在工作上我们一律实行岗位目标负责制，不管是干部、教师、职工一律实行了“六定”：定岗位、定职责、定工作量、定目标、定考核、定奖惩。一上岗就实行这“六定”。校长由乡教委考核，副校长、三处主任及全体教职工由校长负责考核。考核的结果与干部教师的经济收入挂起钩来。也就是说工作干得好的，干部也好，教职工也好，他的收入要高一些。同时学校也设立特殊贡献奖，在一学期教学工作中，取得优异成绩的，校长有权奖励这部分同志。

通过实行校长负责制，从最近一两个月情况来看，确实效果比较突出。也就是说，实行校长负责制，给我们学校带来了希望与活力。凡是上岗的干部和教师，都向自己岗位目标积极地去努力工作。我们认为实行校长负责制，在目前教育加速发展的形势下，还是完全必要的。他对于提高农村教学质量还是有一定的促进作用。当然，实行校长负责制还必须进一步深化，有些地方尚待进一步完善，不断地总结，不断地改进，不断地提高。

当然，实行校长负责制还存在着一定问题，例如资金还不足，实行校长负责制，必须有雄厚的经济基础，教师多劳多得，需要投入大量的钱。乡办工业应该由乡里拿，但乡里穷，有心有余而力不足之感。教师来此干一天，干八九个小时，辛辛苦苦，但得到的收入毕竟有限，上级就发这么多钱。由于办学经费比较紧张，在某种程度上来讲改善办学条件的工作还受到一定的限制。这样一来对于提高教学质量困难还很多。

【校长产生程序、教师考校与工资】

问：刚才讲校长负责制，校长由哪里任命？

答：校长由乡教委任命。

问：你什么时候担任校长的？

答：我是 1992 年 11 月份由教育局直接派来的。

问：你来之前在哪里工作？

答：在本县胡连庄乡，负责教务工作。对基层工作比较熟悉。

问：你今年多大岁数？

答：39 岁。比高校长大。

问：像你这样年龄当校长有多少？

答：占 50% 左右。现在国家提倡，干部要年轻化。

问：你改革后多劳多得，国家经费是不是按人头给？

答：按人头给。

问：这样有人收入比工资高，有人收入比工资低？

答：是。具体地讲，校长负责制实行工作量工资，打破旧的工资办法，从固定工资收入当中，每人拿出 50 元作为工作量，解决多劳多得问题。每月拿出 50 元，到月底根据自己的任课情况，有的人拿到 100 多元，有的人只能拿到 30 多元，体现了多劳多得。但是，鼓励了大部分人的积极性，也打击了一小部分人的积极性。如果学校有收入，可以多投入一些，使每个人多拿点，而学校没有钱，只能如此。

问：你对教师、干部的考核一般采取什么方式？

答：按照教师，干部的职责进行考核。不是“六定”嘛！拿这些职责逐条进行考核。

【高中入学率及男女学生比例】

问：这个中学是否集中了乡里就有初中学生在这儿？

答：是的，所有都集中在这儿，就这么一所。

问：上高中到什么地方？

答：按照县教育局规定，附近有国办中学，北面有独流中学，这都是国办中学，他们都有高中，到那里去上。乡办中学，只完成国家规定的九年义务教育。升入高中的毕竟是少数。

问：升高中的大约占多大比例？

答：30% ~40%，60% ~70% 的学生要回到家乡。

问：学生的男、女比例？

答：女生比例不小，几乎是 50%。

【中学生管理对策】

问：日本学校最近一个时期，有些学生入学以后受欺负，思想有障碍，就在家不上学，有些学生对老师不礼貌，厉害的还有学生对老师实行暴力。咱们这儿有没有这样的情况？

答：有些，但不十分明显。

问：你是校长，你看你的学生有什么特点？

答：农村的孩子比较顽皮，我们这儿离静海县城比较近，我们这儿的学生是土不土、洋不洋，在管理上确实有些困难。虽然我们对学生的思想教育采取了一些措施，进行正面教育，最近开展学雷锋活动，并且积极落实中学生守则和行为规范，但是毕竟还有极少数中学生很顽皮。

问：家长对孩子上学的态度如何？

答：绝大多数家长对孩子的上学是支持的，学校实行三结合（学校、社会、家长）的教学方法。重视自己孩子的学习。

问：是不是也有些男生的家长不让上学，回家去干活？

答：有，在我们这个地区这个问题比较突出，上面要求学生的巩固率达到 97% 以上，可是目前我们这个地区还达不到这个指标。有些学校经常出现流失的现象，原因是多方面的，主要是学生的家长不太重视，认为也考不上大学，也考不上中专，成不了才，不如回来找个厂上个班，自己能种个地，干点什么就完了，不要耽误了。还有一种学生自己学习基础比较差，产生了畏难情绪，也有中途退学的。总之，我们教育部门还是想尽一切办法，做学生再回校的工作，力求完成国家规定的九年义务教育。

【家长会】

问：有的学校有家长会的这种形式，你们有家长会吗？

答：我们有，有家长教育委员会，最近我们学校，成立了中学教育董事会。

问：刚才说的家长教育委员会有多少成员？

答：学校有这个组织，定期召集他们来开会，请他们参政议政，帮助学校，搞好教育。成员有学校的教师，各级干部，家长。

问：家长教育委员会的主要任务？

答：为学校出谋划策，共同管理好自己的孩子。

学校介绍：我们的校舍大部分是学生掏的腰包，自己的学校自己办。

这是一个毕业班，在复习，我们农村的孩子比较朴素。

郑忠强　闫建良

时　　间：1993 年 3 月 27 日
访 问 者：笠原十九司　左志远
翻　　译：宋志勇
场　　所：刘家营中心小学

【小学校长资历现状】

问：校长先生的姓名是？

答：郑志强。

问：多大岁数？

答：今年 38 岁。

问：什么时候你在这儿担任校长？

答：现在我正式任免还没有下来，我在这里临时代理，我是 2 月 1 日过来的，现在乱得很，制度都是刚刚建立。因为这个学校 1990 年撤了，条件比较差些，我过来以后，和我们闫建良主任一块正在操持办理。

问：你来之前在什么地方工作？

答：在完小（指乡里小学，六年制——整理者注）担任教导主任。

【学生来源及构成】

问：现在的学生从什么地方来的？

答：一至四年级的生源都是这个村的，五至六年级生源是这个村、王家营村、荀家营村 3 个村来的，现在学生有 117 人。尚不够标准，校舍很次，我曾在这个地方干过一期主任，这是我们原来的校长。

问：班级有多少？

答：6 个班级，一个年级一个班。

问：一年级至四年级学生是本村，而五至六年级学生还有从另 3 个村来的，这样划分，五至六年级学生是不是比较拥挤一些？

答：按学生算，还不算太拥挤，我们 6 个班，每班能剩下 25 人，王家营和荀家营村都很小，往年荀家营等村到了四年级只剩 21 ~ 25 人。这样我们配教师就困难了，配 1 个人，一至四年组又是“大户”，教师不够用，配 2 人，又多了，按道理应是 1∶18，非常难，要是砍掉一个村的小学，孩子们到另一村去上学，每天要走 4.5 里路，不方便。

【学校人员录用】

问：老师的定员配备由谁决定的？

答：由县教育局人事科决定的。实际比例是 30∶1.7（包括中心）。

【校长负责制成效】

问：校长负责制从什么时候开始的？

答：正式是从这个学期开始的，8 月 11 日开始。

问：你对责任制感觉怎么样？

答：我们感觉校长负责制优点还是比较多，我想，每件事物都是弊利同存。校长负责制首先对提高教师的积极性有好处，学校主要目的是传道授业，所以说通过校长负责制能够提高教师的教学积极性这个目的能达到。不过，我们刚刚开始，对于具体问题还没有觉察出来，8 月 11 日开学以来，刚刚建立起必要的管理制度，在这几周的教学当中，教师普遍反映，现在的工作量比原先大了，人们感到担子重了，但精神面貌确实好。

【校史】

问：请你简单介绍一下这个学校的历史？

答：这个学校的历史，由于我很年轻，尤其是任职时间比较短，知道的不太多。从新中国成立后就在这里建校，只是地点不在这个地方。（下面闫主任回答）这个学校，建校于 1983 年，原先在村的中央，原来的校舍还存在，就是那小破房，可去看看，现在的校舍虽然简陋，但比过去还是改善了很多。

问：冯家村的学生过去在这儿上的学，在什么时候？

答：1990 年以后他们就开始上完小了，1990 年以前成立中心小学以后就在这里上学。1983 年至 1990 年，共 7 年，实行五年一贯制，他那里完全可以容纳这些学生，也是一个完小，改了学制以后，他那里校舍不够，将五年级、六年级集中在一起，全乡都是这样。

这里的教育经过几起几落，“文化大革命”以前，这个地方闹大水，1963 年发大水后，学校、村庄都没了，在以前府君庙这个地方是完小，发大水后，村民都迁到外面去，又在那边上课。“文化大革命”期间，大办教育，特别多了，都在本村解决上小学的问题，一年级至五年级都在本村，中学到乡中上。

问：上小学一般一至四年级在本村，五、六年级在中心小学上，离开本村到大的学校上，是不是与教师的定员（编制）有关？

答：不是，因为到高年级以后，人数少，学校大一点，教育质量就肯定会好一些。还有一个人教两个班，怎么拆。

【教师现状】

问：你们学校一共有几个老师？

答：我们一共 10 个人。其中普教教师 9 人，还有一个学前班。

问：学校老师中的男、女比例？

答：3 个女老师，7 个男老师。

问：一般情况学校里女老师多一些？

答：咱们这里一直是男老师多。咱们乡 3 个中心小学，北五里中心小学女老师多，他们那里就是一个男主任，一个男后勤，其他都是女老师，15 个女同志，2 个男的。这里比较偏僻，离县越远，比较艰苦。

问：是不是可以这样理解，离县城近，男的找工作比较方便，所以离县城远的地方，女老师多？

答：不是，因为都是从师范学校毕业以后从事这个工作，所以离县城比较远，还是男的单身比较方便。但是这儿教师的家属多是农村的，在附近可以帮助家里做点事、种点地。

【校长个人经历】

问：请谈谈你的简历？

答：我是1972年高中毕业，府君庙村人，高中毕业后，当时在农业学大寨高潮当中，在原籍干活，高中我是在静海县上的“一中”，原来叫河北静海中学。在村里参加劳动，当过团支部书记，到1978年，学校严重缺编，到社会上招考，在农村中有知识的青年，我报考，被录用，录用为民办教师。

问：你们参加考试，采取什么方式？

答：由县里统一试教，我们报考者统一答卷，答卷以后，择优录取。

问：那时你为什么想当老师？

答：因为我比较爱这一行，这是关键的因素。当时，我在村里搞团的工作，始终和青年人没有分开，这是我干这个工作的主要因素。考上后任教，到1985年2月，经天津统一考试转公，我由民办转成正式的（公办）（考试是1984年12月举行的）。到1985年9月，当时闫同志是校长，我是他的副手，当教导主任（府君庙小学），同时于1985年9月，我考取静海县教师进修学校专师函授班，我在那学了4年，学的是小学教育的内容。

【教师资格】

问：有了中师学历就可取得教师的资格？

答：不是，教师的资格决定于转公考试，我进修是为了进一步掌握普教的内容，为教学服务，为工作服务。高中学历和中师学历，按我们规定是平等的，在小学教育当中，按上面要求，高中毕业也符合小学教师的条件，中师毕业也符合小学教师的学历。我之所以去进修，因为中等师范教育与教学更直接。“文化大革命”期间高中毕业，必须学习教育学和心理学才能算合格教师，才能评职称。

问：你是否觉得在师范学校学习对教学有很大帮助？

答：对，确实有很大帮助，因为过去尤其是“文化大革命”时期知识不太扎实，就是扎实我想对专业性的东西普通高中也根本没学，所以帮助很大。

问：你上函授，一面教学一面学习，学校有没有什么优惠？

答：在学校里就是将学习的时间也算工作，工资照发。

问：以后的情况呢？

答：干教导主任以后，除教导主任工作和本校的任职，到今年的2月1日正式被聘为中心校的校长，来操持这一摊的工作，我1985年到今年2月1日，始终是教导主任。

【教导主任职能】

问：你当教导主任是不是也教学？

答：对，是教课，一般在10节课左右，有的时候，还要代课，如今天的情况，我就是要到冯家村去代课，因为现在人员更紧张了，今天我们一位教师是人大代表，他要去开会，这样我也好主任也好，就得下去顶课去。因为下午我们有教学活动，我们没有安排好，我就回来问问闫主任，我一会儿还得回去。今天去了以后，最起码得讲讲课，不能叫孩子们玩。

问：你现在课已上完了？

答：对。

问：太对不起了。

问：再问一问可以吗？

答：可以。

【校长及教师的工资待遇】

问：学校的校长和老师的工资收入怎么样？

答：工资收入还是可以的。现在老师挺知足的，像我和我们的闫主任是小学一级，基本工资是88元，基本工资虽低，还有其他的补贴，算起来咱们每个人可拿到 230、240 元。别的老师如果也是一级的话，和我们的工资也差不多。比如我和闫主任都是小学一级，但我比他高 1 元，由于我早参加一年工作，就比他多 1 元钱；他有独生子女费，我又比他低 1 元。因此，凡是同一级的都差不多。

问：日本一般校长管理工作有一定的补贴。

答：咱们也有，这个补贴市、县不管，由乡负责，例如我们的老校长他是行政级，为 96 元，我还没有纳入正轨，我们是教师级。

【敬业精神】

问：你一直担负这工作，你是不是喜欢这工作？

答：可以这么说，我想我有这么一个感觉，现在我的性格是五尺男子汉，但是我对孩子，包括我自己的孩子发不起脾气来。因为我也是从顽皮孩子过来的，我想要做好教育工作，我首先对孩子们要持之以爱，和老师们谈的时候，开会的时候，这是我的主导思想。咱们教育孩子首先要始于爱，才能和他交朋友，而后才是和他们处好关系。只有这样，否则总是与他们过不去，那就坏了！

问：现在像日本，其他国家都重视教育。在中国从目前的情况看，无论是国家还是社会对教师的待遇好像比较低，教育经费也比较少，你对这有什么看法？

答：对这方面的问题，我觉得平时忙于教务，这方面我们考虑得还比较少些，这个我们还说不好。习惯了。

现在我们这个地方的教育经费，一部分是上级发的，一部分是本地乡里征集的。今年开始征集。这个地方一个农民 8 元 5 角，共征集 10 万多元。

【育子意识的变化】

问：现在加强对孩子们的教育和过去相比有没有什么变化？

答：有变化。现在相当重视，尤其是我现在任职校长，感到压力非常大，由于我本身的能力不太强，有时也睡不好觉，而对这样的现实，怎样提高教学质量，教育好孩子，从知识方面给个指导。来自家长们的压力比较大，有些家长三天一问两天一问，有时我们也请家长来，帮助学校，互相交流一下，沟通一下思想。最近我们打算第 9 周周末将优等生和学习比较差的学生的家长请来，向他们汇报一下，好，好在哪里；差，差在哪里。想搞这么一次活动。

问：现在家庭对孩子的教育很重视，主要的理由是什么？

答：主要是他们看清了当前的形势，都说只有有文化，才能掌握一定的知识，有知识才有将来生存的必要条件，他们也看清这一点。比如说，咱们这个地方种园田，如果不懂得农业知识的话，从种到管理，用什么农药，什么样的配比（比例）都不好做。现在的人们，用中国的一句老话说，就是“望子成龙”心切。

问：非常感谢，听了你的介绍，非常感动，一定是个非常优秀的校长。

答：谢谢！

【小学教务主任】

下面访问闫主任（闫建良）。

问：你的主任正式名称叫什么？

答：是中心校教导主任。

问：你主要分管的工作是什么？

答：主要是学校的教学管理工作。

问：今年多大岁数？

答：今年 31 周岁。

问：你是哪个村的人？

答：我就是本村人。

问：请你简单谈谈你的简历？

答：我是1978年高中毕业，1979年2月在这个学校任民办教师。

问：就是这个学校吗？

答：就是这个学校。

问：你高中在什么地方？

答：在府君庙乡的中学，这是我的班主任老师。1985年转公办教师。

问：你干老师的原因是什么？

答：我当时由大队革命委员会推荐，当时找我谈，我很高兴，因为我刚出学校的门；从我本身来说，我热爱学校。

问：你教哪门课得心应手？

答：作为一个小学教师来说，教各门课程的能力都要具备，从我本人来讲，教数学比较擅长些。

问：你一直在这个小学任教吗？

答：我是1985年到十里堡小学，教了两年，在那里是学校的负责人。后来回到这个小学校继续当老师，到了1989年，到府君庙小学教书，1990年又回到这个学校。

问：你现在是不是也教课呀？

答：现在乡安排我是二、三年级基础教育的辅导员，不再担任课。

问：你现在通过什么形式进行辅导？

答：这个辅导是全国性的基础教育，我是到静海县辅导学校听辅导，回来再根据听讲的辅导内容进行辅导。

问：你比较年轻，你辅导的对象有些是不是年龄要比你大些？

答：是的。

问：你教这些老师，是不是不太好教，有什么感受？

答：和他们一起对我本身来说也是一次学习，时间不长，只是带着大家一起学习。

问：农村学校教育和城市小学教育比较起来你有什么感想？

答：这方面各有特点，农村和城市相比条件要差些。

问：农村教育比较好的方面是什么？

答：在农村的孩子见识多，自我能力比较强，他能见到小动物，城市里是社会见识比较多。农村孩子可直接参加生产劳动；城市里的孩子就没有这样条件。

问：你当了多年教师，你感到最难办的是什么？

答：主要是提高学生的教学质量，如果上不去感到是最困难的。

问：你对这项工作还是比较满意吧！

答：是的，我从学校毕业，后来又进这个校门，始终没有离开这个学校。

问：我通过访问，了解到你们在农村教育战线上是艰苦地努力奋斗，非常感动！教育为培养人才是非常伟大的作业，也是很光荣的事业。

答：谢谢！

问：想在校园里走一走，不到教室内打扰了。可以吗？

答：可以，可以。

问：我们想照照相。

答：可以，可以。

孟继泉（1963年生）

时　　间：1993年2月27日下午
访 问 者：笠原十九司　左志远
翻　　译：宋志勇
场　　所：冯家村村委会

【革命家庭】

问：你今年多大年纪？

答：我今年30周岁。

问： 你从什么时候到什么时候在这小学教书？

答： 我是 1985 年 6 月到 1990 年 9 月份。

问： 就是刚才这所小学？

答： 是的。

问： 你是不是和张老师在一起？

答： 是的，我在他手下工作。

问： 你是哪年生的？

答： 我是 1963 年生的，是三年自然灾害，咱们这里闹大水时。

问： 是洪水前还是洪水后？

答： 可能是在洪水以后，旧历八月以后。

问： 你父亲叫什么名字？

答： 孟德永。

问： 他现在身体还好吗？

答： 刚才我们见到的老大爷，他背已驼了。他从抗日战争到解放战争，一直到新中国成立后社会主义建设阶段为国家作出了贡献。在“文化大革命”当中，也受过许多挫折。他现在在家里。我的爷爷在解放战争时期，让国民党 82 团杀害了。我们家是这个村的“堡垒户”。是革命可靠的力量。

问： 你爷爷叫什么名字？

答： 叫孟玉田。

问： 你父亲的情况访问团有没有人访问过？

答： 采访过，就是去年（应是前年——整理者注）。按过去来说，我们是革命的家庭，我是在红旗下长大的，对我们党充满信心，特别是我的父辈，我的前辈给我很大的教育。

问： 你母亲叫什么名字？

答： 叫吴金兰。

问： 你兄弟几个？

答： 我兄弟 6 个，姐妹还有 2 个，共 8 个。

问： 你老大是哥哥还是姐姐？

答： 是大哥。

问： 请你写下你兄弟姐妹几个人的名字？你大哥（孟继文）现在干什么？

答： 在静海县运输公司客运站。

问： 你大姐（孟继芬）呢？

答： 嫁出去了。在天津西郊区，现在改成西青区。

问： 你二哥（孟继武）呢？

答： 是海员，在天津。

问： 你三哥？

答： 在府君庙乡砂轮厂。

问： 你的弟弟（孟继江）？

答： 现在还没有找到工作，原先在焊条厂工作，他一看这个厂钱来得不好，现在不是讲钱嘛，他辞掉了工作。

还有六弟（孟继军），在府君庙有个五金综合厂，去年你们来访问过（应为前年）承包组里工作。

问： 怎么跟厂长（刘润森）到那个地方去的？

答： 他已成年，人各有志，他愿意到那边去，我们无权干涉，个人自愿嘛！他在那边比这里拿钱多。

问： 听说厂长去了那里带去了 20 多个人？

答： 大部分都走了，原先在村里厂内的大部分去了。

问： 现在厂里的人呢？

答： 现在厂里有原先一部分，也有新去的。我就是新去的。

问： 你的小妹？

答： 她明天要结婚。

问： 嫁到什么地方？

答： 在本乡普堤洼。

【婚俗】

问： 明天有结婚仪式了？

答： 一般咱们这儿指女方不搞，他们那边（指男方）搞。他们明天早早来，恐怕你们赶不到，这是我们这里的规矩。

问：一般男方来迎亲是早上7点吗？

答：咱们这儿根据属相，有的太阳未出来就走了，说明双方的属相不怎么对劲，如果不是这样，可来得晚些。

问：明天大约什么时候？

答：我也说不好，主要我几个哥哥和我父亲商量。我不干预这个。

问：在结婚方面好像有些迷信的说法，现在是否还信这个？

答：在我们农村还有一些。

【水灾】

问：你出生时正在发大水，村里房子被毁了？

答：当时全村没有保留几户人家。

问：你的家呢？

答：我家房也塌了。

问：你到什么地方出生呢？

答：是在廊坊，由国家关怀，虽然遭受特大灾害，对住处做了及时的安排。另外，食品，有飞机空投。是不是到廊坊也不清楚，但大部分人都去那儿了。

【小学经历】

问：你小学在什么地方上的？

答：在本村。当时我们小学在东面。

问：现在那小学还有吗？

答：没有了。那地方已盖房子了。

问：那个校舍什么时候不存在的？

答：具体说不好，大约在1980年代。

问：当时小学的名字也叫冯家村小学？

答：是的。

问：当时小学从几年级到几年级？

答：从一年级到五年级。

问：你班上有多少人？

答：十几个人，上到五年级只有7个人。

问：到五年级还剩下七八人，其余的是退学了，还是别的什么原因？

答：别的同学是由于成绩关系，降级了。

问：那时老师有几个人？

答：两位教师。就一个教室，是二年级和三年级，或四年级和五年级，都在一个屋里，当然受影响。

问：老师叫什么名字？

答：王金成、贾宏瑞。

问：老师的年龄？

答：王老师50多岁（当时30多岁），贾老师当时20多岁，已去世了！

问：王老师的身体很好？

答：是的，他在县教育局工作。

问：王老师是这个村的人吗？

答：不是，他是静海县人。

问：王老师是男老师？

答：是的。

问：你上学时最喜欢上什么课？

答：第一位是数学，其次是语文，还有图画、唱歌都比较喜欢，如唱歌，日本的“北国之春”，我特别喜欢。

问：当时唱歌一般怎么上课？

答：也没有谱，就是老师将比较革命的歌教给学生，如“东方红”、“国际歌”，到后来，是教几个样板戏。

问：你对两位老师有什么印象？

答：他们对工作都很负责，对培养学生有极大的兴趣。

问：你在小学时印象最深的是什么？

答：我印象最深的是当时知识比较浅，好学，印象最深还是爱国主义呀，英雄主义呀！那时人的思想比较单纯，经济上考虑得比较少。如果放着一块钱，一本《毛泽东选集》。让大家去取，首先选择《毛泽东选集》。

【“文化大革命”运动、批斗会】

问：你对“文化大革命”还有记忆？

答：有记忆，我是从“十年浩劫”中过来的。

问：说一下怎么受迫害呀？

答：在当时环境下，一些人利用大背景发泄对我父亲的不满。根本的原因是我父亲忠实执行了党的政策，听上级的话。当时的背景是在“十年动乱”中，咱这儿经济比较困难，有些的要求被拒绝了，所以他们嫉恨在心，借用这个人背景出来报复。

问：“文化大革命”时对你父亲、爷爷有过贡献的人进行迫害，是很悲愤的事情。

答：对，当然在林彪“九一三”事件以后，他死在温都尔汗，以后中央陆续平了一部分反，彻底平反还是在粉碎“四人帮”以后。林彪垮台以后，他还背一些莫须有的罪名，还在坚持为党工作，因为那时村领导人比较少，仍坚持在生产队里做政治工作。

问：这个村斗争是不是很激烈呀？

答：是很激烈，抄家。

问：“造反派”很厉害？

答：对，挨骂、被罚跪，然后用铁丝把牌子挂在脖子上。

问：像戴高帽子呀？

答：是“走资本主义道路当权派”嘛！

问：能不能问一下“造反派”人的名字？

答：由于以后还在这个村里工作和生活，很抱歉，不便谈名字。“造反派”他们也在村里生活。

问：你小学毕业以后？

答：在乡的初级中学读书。

问：是不是现在这所中学？

答：不是这个，是现搬过来的。

问：哪个学校在什么地方？

答：在乡的对过，现在盖的。

我插一句，关于造反派事，正是由于在大背景下，所以我们的心胸比较开阔，如果没有大背景，他们也不敢做那样的事。

问：“文化大革命”给人们带来很大的灾难，这个教训应该吸取，不应该再发生？

答：对，不应该再发生。

问：他过去为革命作过很大贡献，结果受到迫害！

【中学经历】

问：初中是 3 年吗？

答：是两年，我们上的时候，说是两年，后来改成了 3 年。

问：你是哪一年上的初中？

答：是 1979 年。

问：你上初中时有几个班？

答：有 4 个班。

问：乡里所有上中学的人都集中在这个学校吗？

答：是的。

问：一班有多少人？

答：一个班 40 人左右。

问：那时老师有多少？

答：那时老师的数字记不清，不过那时课程比较齐全，数、理、化、体育、音乐……

问：这个村学生的学习成绩比别的村怎么样？

答：不清楚。

问：高中在什么地方上的？

答：在独流镇。

问：叫独流中学？

答：是的，相当现在的两个大。

问：你们初中毕业有多少人能升高中？

答：大约百分之十几。

问：这个比例不是太大？

答：（录音不清）。

问：除了上这个中学，是不是还有到静

海县城上的？

答：咱们府君庙乡向北的村都到独流镇上中学。例如西五里、北五里村的都到独流上。

问：你在独流上学是住在学校还是骑车呢？

答：是骑自行车上学。

问：骑自行车需要多长时间？

答：半个小时，9～10 里地。

问：你小学的同学有多少升到初中？

答：小学全去。

问：去独流镇的有多少？

答：只有一少部分人能去。

问：除了你以外，小学五年级只剩七八个人了，都进了初中，你们村里升高中的有几个人？

答：有五六个人，有一个半路不上了。

问：高中毕业以后呢？

答：我考的成绩比较高，但由于家里兄弟多，经济困难，想自立，设法去弄钱，曾在铁道上干了一年活。

问：铁路上干什么？

答：维修。

问：在什么地方？

答：杨柳青。

【民办教师经历】

问：干了一年以后怎么办？

答：一年以后又上学了。当时的老师大多不是正式职工，是从知识青年中挑选一部分充实师资力量。

问：那时（1985 年）学校就在这个地方吗？

答：是的。

问：那个学校什么时候组建？

答：不是 1984 年就是 1985 年。随着经济条件的变化，这个学校也发生了变化。

问：你来时，有多少老师？

答：4 名。

问：你来时教几年级？

答：我来时顶的那位老师也是民办教师，是个女同志，岁数大了，教五年级。

问：小学最高几年级？

答：那时是一至四年级，还没有设五年级、六年级，没有完小。可能在“文化大革命”之前完小存在过。

问：那时还不像现在这样吧？

答：那时是 5 个年级。

问：从什么时改成现在这个样子？

答：从 1986 年。现在刘家营是完小。我们的小学集中于运河以西。

问：你上来就教五年级，感到吃力吗？

答：是吃力，因为万事开头难嘛！

问：那时还很年轻，有多大岁数？

答：那时 23 岁。

问：那时老师 4 人，还有 3 个人的名字？

答：张晓华（女），段淑甲（女）。

问：4 个老师，是两男两女？

答：是的。

问：段老师有多大岁数？

答：23 岁或 24 岁。

问：尚老师有多大岁数？

答：45 岁或 46 岁。

问：现在他们都不在这个村？

答：是的。

问：他们是哪里人？

答：是北五里、板桥村人。

问：你刚来时小学有多少学生？

答：60 多人。

问：你开始教古典文学，以后怎么教？

答：由于咱们这儿师资有限，再说农村教育底子差，一年级学生不好教，哄孩子嘛！先哄他不要哭。别人都不愿意教，他们都是正式的，我是先上去的。

问：日本一般年轻老师教三、四年级，一年级不好教，都是年纪比较大的。

答：因为我比较重视，我是生在红旗下，我曾多次提醒，小孩进来以后，先教他知识他根本听不进去，所以我教一年级，后来将育红班添进去，受到村民的欢迎。因为孩子比较难带，打架呀！要叫家长放心。

问：现在的育红班？

答：我是从这儿开始的一直到现在。

问：育红班从哪一年开始的？

答：从 1986 年开始，是育红班的雏形，虽然放在一起，但当时力量有限。

问：教育红班不好受？

答：是不好受。如果小孩睡着了，首先得将他抱起来，孩子拉屎、撒尿我得将他弄到厕所里。

问：你教了一年课以后，又教育红班，共几年？

答：我带了 3 个育红班，一共 4 年。

问：你那时的工资有多少？

答：45 元，我实际 37 元，但我为了奖励小孩，经常要拿出奖品，如买糖果等，我是土办法。

【结婚】

问：你已结婚了吧？

答：结婚了。

问：你什么时候结的婚？

答：我是 1985 年结的婚。

问：正好是你当老师的时候？

答：是的。

问：你对象是什么地方人？

答：是本乡黄家园村人。

问：你对象叫什么名字？

答：叫赵恩琳。

问：现在干什么？

答：务农，她是文盲呀。

问：你说文盲指的什么？

答：她上到小学五年级，相当文盲。

【辞教经商】

问：你从学校出来以后干什么工作？

答：我又干了两年（音不清），拿钱比较少。

问：在什么地方？

答：给私人干，在独流。

问：当时你辞职不干是什么原因？

答：当时是超编，工资有限，提高不了教师的积极性。

问：今天上午在刘家营听老师说 1985 年有民办教师改为公办教师，经过考试。

答：在 1984 年以前，我没有赶上。1985 年转批文下来。

问：你当教师这么多年有什么想法吗？

答：我比较喜欢。当教师，又是正式职工，虽然村里人比较拥护，但决定是从上面下来的，被辞掉只来一个简单的通知，比较粗鲁。

问：你工作得很好，一开始就受到单位的冷遇，很遗憾！

答：很遗憾！当然，我现在不想那个了。

问：你现在厂里做会计工作？

答：我是边学习会计，边干活，我穿的衣服都湿透了。

问：你是党员吗？

答：我不是党员。

问：我入过团吗？

答：入过团，在县里。

问：你为什么没有入党？

答：信心不足，不过我坚信共产主义事业。

问：刚才来的是你家里人吗？

答：不是。这里人特别多，是工厂。

我现在补充一下，拿极少的钱买糖鼓励

小孩，以后，学校也按照我的办法做，由学校拿钱。

问：你干了一段教师工作是不是很满意？

答：我干教师工作，对我未来的工作也有帮助，我挺满意。

问：你做出这么大的成绩，离开教师岗位太遗憾了！

答：工作需要，主要是我没有学历。

问：教师和老师当然需要学历，但更重要的是对教育事业的重视。

答：对，对。你是教授，你知道如果对教师工作不忠诚，那也不行。

刘润兰（1956 年生）

时　　间：1993 年 3 月 28 日上午

访 问 者：笠原十九司

翻　　译：宋志勇

场　　所：刘润兰家

【个人简历】

问：可能问得比较具体，要耽误你的时间。

答：没事。

问：你今年多大数？

答：我虚岁 38 岁。

问：哪一年生的？

答：是 1956 年出生。

问：你父亲叫什么名字？做什么工作？

答：叫刘连升。

问：你母亲叫什么名字？

答：梁秀珍。

问：你兄弟姐妹几个？

答：我只有两个哥哥。

问：你是最小？

答：我是最小。

问：你父亲过去做什么？

答：农民，种地。

问：你大哥呢？

答：大哥原在大连工务局工作，因工伤事故已去世了。

问：二哥呢？

答：二哥就在家里种地。

问：你母亲是哪里人？

答：是白杨树村人。

【学历及受业老师】

问：你小学在什么地方上的？

答：在本村上的。

问：校舍在什么地方？

答：校舍在运河大堤西边，现在已盖上房了。

问：你上小学时同年级有多少人？

答：同年级有 10 多个人。

问：是六年制吗？

答：是五年制。

问：老师有几位？

答：只有 1 人，全村只有两位老师。

问：两位老师的名字？

答：一位叫王金成，一位叫贾宏瑞。

问：你印象中老师是什么样？

答：是值得尊敬的老师。

问：你上学时王老师多大岁数？

答：30 多岁。

问：王老师是什么地方人？

答：老家是西村人，现在在县城二街住。

问：对贾老师的印象？

答：他不教我们，他也是顶好的，思想非常要求进步。

问：你小学 5 年都是王老师教的吗？

答：除王老师外还有其他老师，“文化大革命”时是他上的，以前还有张老师。

问：张老师叫什么？

答：张常兴。

问：这个老师当时的年龄？

答：他岁数大，有 40 多岁。

问：张老师是什么地方人？

答：是西五里人。

【母校教学管理回忆】

问：你上学时老师怎么教？

答：我们原是一位老师教，是多式教法，一年级到四年级就是一位老师。五至六年级就出村了。

问：是在一个教室里上课？

答：是的。

问：一年级到四年级共有多少学生？

答：这说不好，反正有 40 多人。

问：一年级到四年级一位老师教，那教起来很麻烦了？

答：老师给一年级讲完，学生写作业，再给二年级上课，二年级写作业，再给三年级上课，就是这么讲。

问：你上学交学费吗？

答：不交学费，买书要花钱。

问：你同龄人有没有不上学的？

答：都上，在一个村谁不了解。

问：一般上了小学是不是都读完小学？

答：我记得都读完小学。

问：你上小学最喜欢的课是什么课？

答：我觉得是数学。

问：你上小学时最美好的印象是什么？

答：和同学们一起上学读书，下课后一起玩，回忆起来觉得顶幸福的，过五一节都去开庆祝会，印象很深。

问：有没有什么运动会？

答：有。

问：你也参加过运动会吗？

答：我参加过运动会，小学时是小型的，由老师组织，喜欢跑和体操。

问：学校有运动场吗？

答：没有，到场上去（指打麦场）那里顶宽敞的。

问：小学毕业后到什么地方？

答：到府君庙上中学去。

问：你上了 5 年小学？

答：上了 5 年，后上中学。

问：上中学是哪一年？

答：是 1972 年。

问：是“文化大革命”的后期，对“文化大革命”有什么印象？

答：这儿开会，那儿开会，具体的说不清，我还小呢！

问：对造反派有没有印象？

答：没有，还小呢！

问：府君庙上学 3 年？

答：当时改革是两年，由于学制改变，我们延长了半年，共上了两年半。

问：你上中学同年级有多少人？

答：共 80 多人。

问：学校有多少老师？

答：我们学校有 30 多位老师。

问：中学时的课程哪些是小学没有上过的？

答：中学的课程都是小学没有上过的课程。有化学、物理、农技，基本就是这个意思。在小学的音乐、体育类，到中学还有音、体类。

问：有没有外语？

答：我们上学时没有外语。

问：有没有班主任？

答：有。

问：你还记得班主任老师的名字吗？

答：记得。一年级是尚警文，二年级是孔繁彬。

问：“文化大革命”时学生批判老师在你上的学校里发生过吗？

答：没有，到咱们的时候基本上稳定了。

问：你乡中学毕业以后干什么？

答：上高中，在静海一中。

【高中入学率及高中受教情况】

问：你毕业时有多大比例上高中？

答：一半多。

问：升学率还比较高？

答：是的。

问：上高中你们村有多少人？

答：同年级有 4 个人。

问：上高中时是每天往返，还是住校？

答：住校。

问：升高中有没有到独流镇去上的？

答：没有。

问：高中上了几年？

答：两年。

【高中毕业后执教情况】

问：高中毕业后干什么？

答：高中毕业后在家住了几天就教学。1976 年地震，也没有干活，也没有上正式学校，就教学了。

问：一开始在什么学校教书？

答：就在我的家这个村，是 1976 年。

问：当时有没有正式的老师？

答：正式老师就是王警文。

问：在小学时有一个王老师，还有你，还有别的老师吗？

答：其他老师没有了，还有一个孟老师，名字说不好。

问：也是这个村吗？

答：是的。

问：还在世吗？

答：还在世，和张老师是一家，是孩子的奶奶。

问：我见过。你当时想当老师，为什么愿意当老师？

答：根据需要，大队叫我去干我就去干，根据村里的需要，当时也没有想到要当老师。

问：你一块上学有好几个人，要你当老师，是不是你学习好呀？

答：根据村里的需要，叫去就去了。

问：当时你当老师是什么感觉？

答：当时顶高兴的，后来也有一段波动，觉得和孩子打交道没劲，但干来干去和孩子们干出感情来了。

问：你刚教书教几年级？

答：教二年级。

问：你那时小学是一至四年级吗？

答：一至五年级，还没有六年制呢。

问：那时小学在什么地方？

答：还在那老地方。

问：小学搬迁到新的地方是什么原因？

答：一是学校的原校舍太简陋了；二是村里的发展变化，有条件盖这样新的学校。

问：你教了多长时间？

答：教了 3 年，1976 年、1977 年、1978 年。

问：你教时学生有多少人？

答：也就有七八人。这个村小。

问：你一毕业就教书是不是有不适应的地方？

答：是，不适应，也不知道怎么教，不知道用什么方法，光着急。

问：教学方法，有没有老教师给予帮助？

答：一开始问老教师，后来一点一滴干，也有了点经验。

问：有没有参加过培训？

答：没有，到了师范最近这几年参加培训，最近上了 4 年中专，现在还在培训着呢！继续学师范也是 4 年，再有一年就毕业了，还有一门课没有考，上个礼拜考的数学。

问：昨天考试在什么地方？

答： 静海三小。

问： 那比较累呀！

答： 教学要照常进行是不简单呀！有辅导教师，由学校负责。

问： 你学几年。

答： 中专学了 4 年。

问： 肯定会学得不错！

答： 每次考后都没有补考过，每一次都是一次结业，考得不坏，4 年结业证换了个毕业证。

问： 你现在是几级教师？

答： 我是一级教师。

问： 你中专毕业后，是不是级还要向上升？

答： 和这没有关系，就是培养教师的素质，进一步提高教师的文化素质，好像是个工作证，和升级没有关系，升级有具体的文件。

问： 这是很难呀！一面教学、一面进修，而且和晋级又没有关系。

答： 是没有关系，不是说学完了以后就会升级。

问： 这个新小学是什么时候建立的？

答： 1981 年以后，超不过 1983 年。

问： 你那时已不在这个学校？

答： 我已到北五里中心小学了，和西五里对着。

问： 你开始教二年级，后来有没有教过别的年级？

答： 教过三年级。

问： 你当时对村里学生有什么评价？

答： 当时小孩上学都不错。

问： 1978 年北五里学校到什么时候？

答： 在那里到 1985 年，后到十里堡。

问： 你转到北五里，不在那个小学了？

答： 当时是代课，出去为了转工，当时有合同工，民办转成合同工，合同工以后我就不在村里了。

问： 代课教师和民办教师是一回事吗？

答： 不是，民办国家要给一点钱，是民办公助，出去后就不记分了，一个月算起来 50 多元，由国家给的。

问： 你转成合同制是通过什么形式转的？

答： 是由上面分配下来的指标转的。

问： 北五里小学有六年级吗？

答： 开始没有，后来改六年制就有了。

问： 从这里到北五里有多远？

答： 有 5 里地。

问： 对每天骑车往返？

答： 是的。

【结婚】

问： 你什么时候结婚的？

答： 结婚时 30 岁，转成公办教师才结婚。结婚晚。

问： 当时转公办教师怎么考试？

答： 考语文、数学、政治，可能是市里出题，统一考试。考完后根据分数线，取一部分就转一部分。

问： 你和爱人是通过什么形式认识的？

答： 我们俩从小在一起上学，不过在结婚时通过介绍人。

问： 你爱人也是这个村人吗？

答： 是西五里村人。

问： 结婚后到这个村里来？

答： 他是休息礼拜，在天津消防队工作，在那里已有 16 年，一到礼拜就回来。

问： 现在还在那里吗？

答： 是的，他昨天晚上回来的。

问： 是他休息礼拜，打扰你们很抱歉。你两个小学都教过，你比较一下，哪个村的水平高？

答： 我觉得北五里的学生高，在那里干的时间长了，对他们的感情深。对这个村的感情差点。

问： 从北五里小学转到这里来？

答： 不是，从北五里到十里堡，干了8年，从去年夏调到刘家营。由于那个学校边有一个玻璃工厂有毒气，眼睛熏得受不了，所以找学校校长要求调一调，这样从十里堡调到这个村来的。

问： 也是个小学？

答： 是小学。

问： 十里堡离这里有多远？

答： 4里地（华里）。

【工作调动】

问： 转校工作一般经过什么手续？

答： 乡之内调动找学校的校长就可以，要想出乡就得经过教育局，根据工作的需要，经校长批准。

问： 你从北五里到十里堡？

答： 是正常调动，根据工作的需要。北五里靠县城近，教师比较多，这样调一调也就靠家近，对领导也方便，对我们也没有害处。

问： 十里堡和这个学校比较怎么样？

答： 总的说来，有时赶上这一班好，也可能下一次赶上的班差些。十里堡与北五里基本上都是这个意思。

问： 从十里堡到刘家营是你要求？

答： 是我要求，那个工厂出来的气体熏得受不了，咱们有3个人都出来了，他们都到医院开证明，我虽然身体比他们好，但也吃不消，这样一块出来3个人。

问： 你转到刘家营村后这个村五年级、六年级已不在这个村上？

答： 在那上，刘家营是个中心校，我在那教四年级。这个村五年级、六年级不是到刘家营，即乡大院对过。在刘家营附近，这是统一划分。

【教育现状】

问： 你现在教几年级？

答： 教四年级。

问： 你班有多少学生？

答： 18名。

问： 昨天在办公室见到校长，闫教导主任，印象很好，看起来顶能干的。校长顶热情教育事业。学校校园不太好。学生上体育课有困难。

答： 是的，上体育课得到外面去上。

问： 你小孩子几岁？

答： 6岁。

问： 现在有没有入学前班？

答： 还没有去呢！

问： 学前班几岁可以？

答： 5周岁，我的孩子过年刚5岁，还得等招生。

问： 今年夏天就可以？

答： 是的。

【产假等待遇】

问： 你学校产期多长？

答： 3个月。

问： 产前、产后各有多少？

答： 不管你产前、产后，反正3个月。

问： 你自己扶养小孩，还得教书，爱人又不在身边，生活一定很累？

答： 是的。

问： 你一般很少出差吧？

答： 一般不出去，在学校里上课，出不去呀！只是听课到外地去，到天津听课，但去不了，再往后基本上没有问题，前几年孩子小。当老师也没有什么出差的，只是到外地听听课。

问： 现在学校几点钟上课？

答： 现在是8点半上课，下午到5点多。

问：你上学时小孩怎么办？

答：由我的母亲。

问：刚才说住医院是谁？

答：就是我母亲，过了年，她病了，在医院住了一个多月才出来，渐渐恢复。

问：那是很难了，小孩姥姥病了。

答：恢复一段好了，我再上课，基本上也就差不多了。

问：从什么时候你请假？

答：放了假（指上学期终了）以后，我就没有上班，还没有来得及上课她就病了，因为后来厉害就住院了，家里没有人照顾，我就休息了。她是半身瘫痪，离开人不行，现在治得可以走了，还得恢复恢复。

问：你照顾病人请假，学校还给工资吗？

答：给。

问：你休假期间的课？

答：有人代课，由学校安排。

问：现在在教学上有没有压力呀？

答：没有压力，我干了 18 年，基本上课没有问题嘛！

问：你现在每月工资收入多少？

答：基本工资 88 元，全部算起来 200 多元。

问：你现在的工资够生活的吗？

答：工资生活没有问题，3 个人。

问：你干这么多年教师，怎么看待教师工作？

答：我觉得顶不错的吧！培养人才，我觉得当教师顶光荣的。

问：女同志又要管家务、又要培养孩子、又要讲课，从这方面看，教师是否适合女性做？

答：反正考虑这个问题，不能站在个人的立场。我觉得干这项工作顶好，女老师看孩子、管理家务，可是不论你干什么工作，你都得料理家务、看孩子，现在孩子大了，没有什么问题。

【家长与教师关系】

问：你作为一位老师，学校难办的事是什么？

答：学生的思想工作，和家长的关系有时比较难，与个别家长关系不好处理。其他像教课、人际关系没有问题，个别的家长也很少，绝大多数家长好相处。

问：个别家长是什么样的情况，是不是与老师不配合呀？

答：比如老师管学生，当两个孩子打起来，在处理问题时，要是通情达理的家长，深点、浅点就过去了，遇到个别家长没完没了，在这个问题上纠缠不清。你像这种事很难做，你说怨谁？一般说对孩子批评教育就完了。有时家长去了，先批人家孩子，你批了一顿，另一个家长来了，就不好说了，难度就在这里。如果你去了不要掺和，当老师的解决还好解决，如果光指责别人的孩子，说话很不文明，这样就不好处理。其他也没有什么。

问：学校也有家长会吗？

答：有家长会。

问：教师和家长会之间有无特别关系的？

答：说我个人吧，还是够好的。家长见了面，总是顶客气的，反正当面讲不错。

【教育进步表现】

问：在日本教师的地位很高，普遍受到社会尊重，可在中国，教师很努力，但相对来说，教师的待遇和地位低，和教师的努力不太符合，你对这个问题是怎么看的？

答：最近这几年，对这些问题转过来了，“文化大革命”期间不行。现在教师的地位也够高的了，工资也不低，待遇也不低，总的说来还不错。

问：你在村上小学和你现在教小学，对教育的方法、方针有什么变化？

答：我上小学的时候，比不上现在，现在学校条件优越，当时社会的发展也不行，条件不如现在。现在社会向前发展，学校的设备进步，基本上也健全了。当时体育器材、配备教师、课程设置，比现在都不行。现在基本上图书室、体育器材、实验室都配备齐了，教师都有，课程也开足了。当时我上小学时不行。

问：今天突然打扰，很抱歉，你这么忙，对教育事业发展很重要。

答：对中国教育事业的关心嘛。

张晓华

时　　间：1993 年 3 月 29 日上午
访 问 者：笠原十九司
翻　　译：宋志勇
场　　所：冯家村小学教职员室

【民办学校缘起】

问：前天来听课时，男生比较少，是什么原因？

答：反正学生都入学了，他这个村生的男孩少，我担任的班男孩就多了，女生才 4 名。

问：不是因为别的小学条件好，他们到那里去？

答：不是，他必须在这里上一年级到四年级，五年级才上外校。

问：这学校有没有从建校以来的记录？

答：那个没有，只有往年的成绩，从我进这个学校，就负责保管，其他特别资料没有。

问：我想了解从建校每个时期有多少老师，想了解整个学校的历史？

答：我听说：（原来我婆婆孟淑贞在这儿教学）“文化大革命”以前，开始一个老师教，教 5 个年级。后来，我婆婆的爸爸和妈妈一块下放，这个村就这么两位老师。后来，又调来一位，最高峰他们 3 位老师。3 位老师以后退休的调走的，又换了一批新的。我了解我孩子的爸爸就到这儿来了，他是地震以后顶他妈妈的。调来以后，当时他们是 4 位，有一位知青，是郑老师，还有他 4 个人。他们教了有 4 年多，我师范毕业后就来了。

问：“文化大革命”前只一位教师？

答：是一位。

问：一开始你婆婆一个人，以后增加到两个人？

答：是的。

问：在什么时候？

答：在“文化大革命”时，老师被斗了，1969 年，有两个。

问：那个老师的名字还记得吗？

答：他叫张常兴。

问：他是北五里村人？

答：是西五里。

问：以后呢？

答：“文化大革命”以后他不干了。后来有知青，有民办教师，共 3 个人。

问：那个时候知青还不是民办？

答：是民办，他不错，是县里推荐的。

问：再往后呢？

答：他（指被访者爱人）上来了，就 4 个人，我奶奶还干着，还有姓毛的知青，还有一个刘润兰，还有一个姓孟，还有一个代课的姓霍的。

问：大约是什么时候？

答：他们被斗了以后，知青一直上着，后来根据学生人数，要找一位，其实这个姓霍的是代课上来的。

【代课教师】

问：代课老师和民办老师有什么区别？

答：有。代课是日工资，干一天记一天工分。

问：这个工分一般是每月算，还是年底算？

答：是年底算总分，每天记工分。

问：不是每个月给钱了？

答：不给。他和民办有这样的区别，民办国家给钱。

问：这工分是村里给的？

答：是的。

问：年终是给钱还是给什么？

答：给钱，按每分多少钱合起来。

问：这个孟老师？

答：就是我婆婆。

问：毛老师的名字还记得吗？

答：想不起来，因为我那时不熟。可问问张宝森。

问：毛老师是知青？

答：是知青，他是天津人。

问：郝老师是什么地方人？

答：郝老师是我们村的人。原是静海县后来搬到这儿来的？

问：毛老师是男、是女？

答：是男的。

问：“文化大革命”以后？

答：他只代一段课，后来来了一位姓王的，他在这儿年头最长，从那以后一直到我来了一年以后，他才调到静海电大工作站去。

问：是不是王景成？

答：是的。

问：王老师从哪一年开始？

答：从“文化大革命”，大约 1969 年，因为这是暂时的，他下来以后一直到 1982 年。

问：王老师就是“文化大革命”时候来的？

答：是“文化大革命”时候，他分下来的，当时他还年轻，刚毕业。

问：王老师现在在县教育局？

答：王老师现在是电大辅导站站长。

问：这个电大在什么地方？

答：在静海县县城，咱们这儿上电大都得到那里。

问：是不是在县政府里？

答：在教育局里。

问：教育局是不是在县政府内？

答：不是，在一中身后。

问：如果和王老师联系，到电大站就可找到？

答：是的。

【教师的更替】

问：你来时老师是谁？

答：有贾会成、贾宏杰、刘建英。贾会成是我丈夫。

问：除你的爱人外都是女的。这些老师有多大岁数？

答：都这么大，贾宏杰 23 岁，我 22 岁，我爱人比我小一岁，刘建英 20 岁。

问：你爱人比你早来这个学校？

答：是的，他比我早来，他干了好几年，他妈有病，退了。

问：以后村老师的变化？

答：我来了两年贾会成就调到中心小学去了，她走了以后，贾宏杰不久因岁数大，结婚就走了。

问：后来刘建英？

答：刘建英 1989 年结婚转到西小屯她婆婆处。此时她转公了。

问：这些老师出去，以后进来的情况？

答：贾会成走了，来了个姓王的，和我一起在师范毕业的，他叫王志桐。

问：王志桐什么时候离开这个学校的？

答：他教了两年就回老家，他家是武清县人。

问：王老师是男是女？

答：是男老师。

问：贾宏杰走了？

答：她走了孟继泉顶她，王志桐走了，来了个尚先甲。

问：她当时是代课的老师？

答：当时她是代课的。

问：尚老师是男老师？

答：是男的。

问：刘建英老师走后？

答：刘老师走后是段淑娟，都是师范毕业。

问：段老师是不是两年前在这里？

答：是的。

问：尚老师走后？

答：可能是 1989 年，他走了我接替，当负责人。

问：他原来是这里负责人？

答：是负责人，原来是贾会成，他走后王志桐，然后是尚先甲。

问：尚老师走后谁接替？

答：是我。

问：没有再补充？

答：没有。

问：马庆田呢？

答：是后来，孟继泉走了，马庆田他们就来了。

问：马老师是正式老师？

答：是正式老师，也是师范毕业，这以后都是师范毕业没有代办的，代课的。

问：马老师现在什么地方？

答：在十里堡呢！在这里教了一年。

问：他什么时候去十里堡？

答：前年去的。

问：吴长江呢？

答：马庆田走后，他待了一个学期，他从黑龙江调过来的。他一来，马庆田就调走了，不就是一年嘛！吴长江不是替马庆田，而是替于淑芬。这个村特别重视教育，有老师教得不太好，就要求换，所以有代课的多一些。

问：吴淑芬是什么时候代课的？

答：她是 1990 年，他们两个人才教了一学年。

问：王平老师是什么时候来的？

答：1992 年刚开学，2 月份来的，他也是师范学校毕业。

问：她今年多大岁数？

答：才 22 岁。

问：她是哪个村？

答：她是子牙村人。

问：我前年来这儿，好像是 4 个老师？

答：从 4 个老师以后，一直是 4 个老师。今年实行聘任制，就剩下我们两个人，编制是两个人，根据学生人数来的。

问：编制少，是不是由于学生少了？

答：是根据学生，一个教学班 35 人给一名教师编制。

问：学前班是什么时候开始的？

答：是 1990 年。开始是刘建梅。

问：孙忆嵘和她什么时候交替？

答：去年暑假她毕业了分下来，刘建梅是民办的。

问：孙老师是什么村人？

答：就是这个村人，我来时还教过她。

问：他今年多大？

答：可能 20 岁。我教她是在三年级。

【校长负责制】

问：你们老师都有学历，学校的教学质量一定有所提高？

答：有所提高，每年分数都上升几个百分点。上学期咱们在全县考第一。

问：很好！很好！什么样的考试？

答：期末由县里出卷子统一考试。

问：你的职务是冯家村小学校长。校长的工作是什么？

答：每周干什么都由校长负责，学校一切制度都得健全，如升旗制度等。

问：你是不是对老师要进行考核？

答：一般都是中心校长，咱们是下面，是村小学负责人，老师由中心校长考查，每周互相听课，工作该怎么办就怎么办。

问：你的工作在考核方面也要受中心小学校长的审查吧？

答：对，都有制度，定了校长责任制以后，校长岗位责任制什么都有，都定了。

问：校长岗位责任制以后，你们学校有什么变化？

答：主要是充分调动老师的积极性，一般的课老师都特别认真，因为涉及期末考试，有名次问题，老师们的积极性特别高。

问：实行校长负责制后，校长的压力大了？

答：担子重了，我们这儿还好，上面中心校长的任务特别重，咱们下面主要是教课，根据上面布置的任务。

【成绩手册】

问：学期考试有成绩本？

答：都有小红本，从一年级到六年级，都有。

问：现在你这儿有没有样本？

答：学生都带着，由中心校统一管理。

问：评定完了都要给家长看？

答：是的。

问：家长看后要不要签字？

答：有的有。（看小红本）有的家长附一张纸，写给老师的信，家长的意见附在上面，有的直接写在本上。

问：现在用的教科书？

答：我们学校有一套，有一个图书室。

问：图书室在什么地方？

答：就在学校里。

问：上完课去看看？

答：可以。

【教师政治面貌】

问：你是党员吗？

答：不是。

问：是团员？

答：团员，已退团，现在正在积极争取入党。

问：你很有成绩怎么没有入党？

答：从今年才开始写入党申请书，因为觉得自己做的还离得特别远。

问：你什么时候被选为人民代表？

答：我是第12届，1991年出席先进教师，表彰会今年又被选为人大代表，乡第12届人大代表。

问：人民代表是怎么选出来的？

答：是人民投票选出来的。

问：你怎么被选为代表？

答：通过教学，我们的奖状没有贴，每年我们的学生文艺队都获奖，还有学生五好队，我们的教学成绩历年被评为全乡的第一，然后评选先进教师，人大代表必须是先进教师，从先进教师中产生。

问：这个村有几位人大代表？

答：两个吧，张宝善和冯文智。

问：你是工厂的法人代表？

答：1987年办的校办农场，需要学校，负责人，从而当上法人代表。

【行政兼职】

问：除了法人，在那里还有没有具体工作？

答：我还兼会计。事情太多，照顾不过来，还教着两个班。

问：农场的利润是不是归学校？

答：是的，全年上交3000元，给教师提一部分，买一些校用的东西，录音机、复印机。今年要求视听教育进课堂，电化教学，向这方面发展。

问：农场多挣钱，那就更好了？

答：是的，咱们合同上写着，多的话还可以提成。

问：你这么忙，打扰你，很过意不去，得到了很好的资料。

边福臣（静海县教育局副局长）

时　　间：1993年3月28日下午

访 问 者：笠原十九司

翻　　译：宋志勇

场　　所：静海宾馆

【全县非义务教育培训机构】

问：有一座中等专业职业学校，主要为乡村企业培养干部。另外还有一所成人中专，主要为乡县农业培养技术和管理人员，再一所是教师进修学校，主要是教师在职进修。

【培训教师专门机构】

问：有教师进修学院？

答：是教师进修学校，进修学院是天津市的，这里是学院的分校，主要培养教师继续提高中层次和大专层次的教师。和教师进修学院是一码事。

问：天津市教师进修学院的直接领导机关是市教育局？

答：他直属天津市教育卫生委员会管，它属大学层次。

问：中专管辖权是归县里？

答：这几所中专学校，都在县里管。中医学校，天津市卫生局管，咱县里也管，粮食学校属粮食局，商业学校属商业局管，其他都归县里管，我说的是县的情况。

问：学校的规模如何？

答：现在一般是4个班。这个学校主要是对教师已达到中专程度的进修大专，到大专的，以后去进修大本（大学本科）。

问：刚才说的4个班，是师范毕业马上就来学习？

答：不是，都是在职教师。一边工作，一边进修。

问：师范毕业不能马上进修？

答：是的，师范毕业以后要经过一段的教学，然后到这里继续教育。

【高中中专与初中中专】

问：高中毕业以后考师范？

答：现在是初中毕业班，师范学校毕业叫中师毕业。

问：现在师范学校和教师进行学校不是一码事？

答：是的，不是一码事。说的4个班是教师进修学校。

问：他要是再来学习，就要带工资来？

答：是的。

问：4个班有多少学生？

答：120人。

问：咱们的师范学校的正规名称叫什么？

答：叫天津市静海县教师师范进修学校。

问：这个学校在什么地方？

答：在静海县城里。

问：这个学校的学生都是本县的学生？

答：后来招收一部分郊区县，现在都是本县的。

问：考师范学校都是初中毕业来考，有没有高中毕业后来考的？

答：没有，1982 年以前，有高中毕业生考师范的，现在这几年都是初中毕业生，并且是他们中的优秀生。

问：师范学校的规模？

答：以前是 12 个班，现在是 6 个班，由于教师队伍需要量每年减少。

问：原来高中毕业考师范，现在初中毕业考师范，是基于什么原因。

答：当初高中毕业考师范，是为了发展初中教育的需要，后来初中教师的学历层次要求高了，即大专毕业生，因此招初中毕业生，增加初中教师的数量。时间说明，中师学校招高中毕业生是浪费，因为高中毕业生相当于中专。

【初中教师资格】

问：现在什么学校毕业才能当初中的老师？

答：需要大专毕业生。国家教委和天津市教育局要求，初中的教师必须大专，否则没有资格当初中教师。教高中的要达到专科毕业。

问：一般我们所说的大专是在什么地方？

答：天津师专、天津师范的大学的专科系。还有教师进修学校，他有专科进修班。

问：一般学几年？

答：一般学 3 年。

【教师资质级别评定及其标准】

问：现在小学教师也分级？

答：小学教师分：小学高级、一级、二级、三级，共 4 级。

问：划分有什么标准？

答：工作年限，本人业务能力。特别是小学高级，相当中学的一级，这个必须要相当强的能力。

问：要达到高级，一般需要多长时间？

答：有的 14 年、15 年就可以，有的 30 年也评不上。

问：有没有这样规定，当小学校长必须是高级教师？

答：这个有要求，一般当校长要达到中师毕业，对于他的职称，一般来讲能达到小学高级职称。

问：初中也是这样分吗？

答：初中分：高级、一级、二级、三级，也分 4 级。初中的高级教师相当于大学的副教授。

问：小学有 4 级，工资是否也依据等级发？

答：是的。小学一级、二级、三级相差两级工资。小学高级比小学一级高 3 ~4 级。

问：一级大约有多少钱？

答：一级大体上 8 元，小学高级教师和中学高级教师他们的工资比教育局局长高。我现在是教龄 35 年，有的小学高级教师才 15 年，15 年比我 35 年的工资还高。

问：你现在工资多少钱？

答：我现在都加在一起 295 元，但小学高级教师超过 300 元，而且当教师的还有别的收入。例如乡发给他津贴、教学奖。

【一线教师待遇】

问：是不是有意识地提高教学第一线教师的待遇？

答：是的，不光国家提高。乡、村都有津贴，提高比较富裕的村。有的村高级教师每月能拿到 400 多元。县委和县委书记，一共也不过 400 多元。

问：南开大学的教授一般工资 300 元左右，比南开大学教授工资还要高。

【学校级别审批权】

问：小学的级别决定权在哪里？

答：决定权，天津市有个职称改革办公室，县里也有。小学由县里负责，中学要经天津市职称改革办公室批准。批准后国家才予以承认。

问：办公室是不是属教育局管？

答：属静海县政府管。县政府有一个人事司，在郊区叫人事局。评定由教育局评定，评定完要经人事司（人事局）批准。

【县教育局机构设置及职能】

问：静海县教育局内部有什么机构？

答：局内分科、室。

问：分哪些科？

答：审计科，纪律检查科，老干部科（离退休干部都由这个科管），托幼办公室，管学前教育，工会，教育科学研究室，电化教育中心，校办工业，校办农业。

问：教育局最高领导人？

答：局长。

问：下面的科、室负责人由谁任命？

答：由政府人事局任命。局长由县长任命。

问：农村教育分县、乡、村三级管理，县和乡的权限是怎么分配的？

答：县主要管中专教育，高中教育，乡、镇管初中教育，村管小学教育。这叫分级办学，分级管理。

问：任用教师的权限是不是在县里？

答：都在静海县教育局和政府人事局。

【任用教师选拔办法】

问：在任用新教师时有没有考试？

答：主要是专业学校毕业，分配来的，有一年试用期，不合格不能当教师。

【教育预算及教育经费】

问：教育预算也是分三级？

答：基本上也是分三级来做，拨款主要渠道是国库经费，县就是县政府财政。

问：现在县的教育经费一年有多少？

答：一年大约 3100 万元（静海县政府拨）。

问：这个预算占全县总的预算多少？

答：静海县的财政与全国不一样，有些县是财政补贴县，咱算上交，属财政贡献县，占财政留存部分的 45% ~50%，几乎接近一半。

问：比例还是很高的。

答：除此之外，还有 4 条渠道解决教育经费。

第一，征收教育附加费，附加每年 200 万元。

问：附加费由县里征收？

答：是的，具体由税务部负责征收。

第二，征收人民教育资金，每年约 400 万元。

第三，发动人民社会集资，每年约 700 万~1000 万元。

第四，学校、搞勤工俭学，即校办企业，每年大约可收入 300 万元。

4 条渠道，学校的一切教育经费、办公用费得到妥善解决。

【国家关于教师津贴】

问：国家不再给教师发津贴？

答：津贴归津贴，除此以外还有 4 条渠道。

问：国家给教师什么？

答：一是基本工资，二是照教委规定增加 10%，三是书报费，四是洗理费，五是津贴，六是季度奖，每年教师 360 元，亦叫岗位津贴，大约是 8 条路，称八路进财。县、乡必须保证，除此外还设有教学质量奖。

【校办工厂】

问：校办工厂的形式是从什么时候开始的？

答：1958 年就有，那时为数少，真正兴起是十一届三中全会以后。校办工厂大致有两种：一是学校自己办；二是学校和乡、村联办。

问：校办工厂在税上有优惠吗？

答：免税。相当福利厂（残疾人厂）。

问：现在县里都有些什么校办工厂？

答：品种相当多。一般加工业比较多，有化工、针织、服装，除了校办厂外，还有校办农场，全县校办农场的面积是 2500 亩。

问：校办农场一般经费情况还比较好？

答：一般经营情况比较好，因为采取了承包制，实行校、企分开，跟学校行政分开，搞校办企业的人事任免权和企业的经营权一律交给场（厂）长，由厂长承包。校办企业奖金采取上不封顶，下不保底，奖金按量、按质进行分配，一切都由场（厂）长来负责，但要通过教职工代表大会批准。

【职代会】

问：教职工大会是起监督还是领导作用？

答：是起监督作用。企业内部是厂长负责制，学校是校长负责制。校长也是多劳多得，内部财产竞争机制，教学上也竞争，企业上也竞争，都有竞争意识。

【地方政府投资教育及教育经费投入点】

问：预算中乡村是不是也要负担一部分？

答：他们也要负担，按国务院文件规定，乡的财经收入，按现实来讲，主要用于教育，企业和农业。静海县的学校，新建的学校占总数 83%，一般是越是重视企业的地方，越是重视办教育。我们这儿静海建校投资了 1000 万元（3 年之内），包括小学、初中、幼儿园和中专。

问：教育经费使用一般用于教师？还是校舍？还是设备？

答：它包括两个方面，一是校舍；二是设备、仪器和图书。

问：村里是否也负担一部分教育经费？

答：村里也负担一部分，他主要负责着校舍，校办公费和教师的奖励。像你们在冯家村就是贫困村。

问：校舍和设施方面一般别的学校要比这个学校要好些？

答：是好，静海县按照天津市的标准算，基本上普及了九年义务教育（小学 6 年，初中 3 年），到 1992 年底，是全市第一批已经基本普及九年义务教育的县。

【全县小学布局】

问：冯家村的小学一年级到四年级在村里上，五年级、六年级到中心小学，这种情况是不是在别的村也是这样？

答：在别的地方也是，冯家村的学校在全县还不算最小的学校，最小的学校是两个年级在一个班，也就二三十人，我们称之为微型学校。今后的发展趋势是合办，调整部局，扩大学校规模，将微型学校合并成较大的学校。

【教育职能部门调研情况】

问：你去过冯家村吗？

答：我前几年去过。

问：你觉得冯家村小学在全县小学来讲算一所什么样的小学？

答：它算第三个层次的学校。我去时都是老房子，是一个叫刘思奇的人捐资盖的。这个村庄主要靠农业。

【社会力量捐资助学】

问：刘思奇是本村人吗?

答：是本村人。

问：捐了多少钱?

答：大约是5000元，那时盖一间房也就是不到200元，当然不光他个人捐，村里也拿一些。这件事可能是8年前的事，一提冯家村，我就想起刘思奇捐资办学。

问：刘思奇这个人你还了解他的具体情况吗?

答：具体不清楚了，他可能不在本村，到外面去搞企业去了。

问：你对冯家村小学还有什么评价?

答：我去的时候不多，几年前去过，现在没有去过。

【教育经费的变化】

问：你在县里工作多年，关于这10年县里的教育经费有没有什么变化?

答：逐年有比较大幅度的上升，每年都上升。

问：大约什么时候开始教育经费在增长?

答：大致从1986年到现在是逐年上升。

【教育质量提高的措施】

问：现在在冯家村调查，对中、小学教育采取什么特别的措施?

答：这个主要靠三大支持点：第一支持是立法；第二是经费；第三是建设队伍。这三大支柱是我们培养人才，提高教育质量的三大措施。

问：三大支柱从什么时候开始?

答：主要是从1986年开始，这一年国家颁布了义务教育法，各级人民政府强调行政执法，由政府执法。主要掌握三点：①保证适龄儿童少年全部入学；②各级政府要保证学校的基本办学条件；③政府保证教师和学校的合法权益。提高质量首先要考虑法，行政执法。第二个支柱是经费，保证学校可靠的经费来源，刚才讲的三条渠道，我们讲三个轮子一齐转，国家一个轮子，附加一个轮子，集资一个轮子，三个轮子一齐转，来解决学校的经费问题。

第三个支柱是加强教师队伍的建设，执行一项希望工程，培养10个拔尖人才，他应有一定的论著，而且教学方法有独特的风格。另外培养100名的学科带头人，作为老师的老师，再培养1000名骨干教师，他们要成为全县600名骨干教师的带头人。每年县、乡、村三级表彰一次有贡献和有突出贡献的教师。对于有突出贡献的教师可以破格晋升职称。除抓好三大支柱外，更新教学设备。更新教学手段主要采取三项措施：①大量增添图书资料；②普及实验教学；③普及电化教学，提倡双机（录音、投影）进课堂，有条件可搞微机教堂，像静海一中是重点中学，实行闭路电视教学，全校30个教学班，都要闭路电视教学。

提高教学质量，除了提高文化教育以外，特别要加强劳动和音、体、美教育。除了搞好课堂教学之外，强调课外活动。根据中国的社会制度，特别加强社会主义和爱国主义教育。另外，办学特别强调社会参与，搞好社区教育，规模较大的学校要建立董事会制度。普遍地开办家长学校，每年受教的家长达到20万人次。家长学校主要向家长讲授简单心理学，教育学和教学改革状况。

问：家长学校是不是采取像夜校的形式?

答：对，夜校形式，大致在晚上7～8点，一个小时。参加家长学校的非常踊跃，学生通知以后，有叫必到，到得齐，多大的官都到，比召开别的会议去得及时、踊跃。实行学校和家长教育相结合。

问：这种教育方法在日本还没有达到！

答：家庭的良好教育和学校教育双方形成一个很好的循环机制。

【教师构成现状】

问：现在全县小学老师有多少？

答：全县有 3500 多人。

问：初中和高中教师？

答：大致 3000 人。加上职工，全县约 6700 人。

问：现在民办教师和代课教师没有了。

答：现在民办教师全县还有 198 人，很少了。

问：代课教师呢？

答：代课教师极少了，边远村还有几十人。大多是国家发工资的教师。

问：现在学前教育是不是幼师毕业者担负？

答：每年都增加，因为天津市师范大学有幼儿专业，每年从幼儿教师中招生，每年可回来一批，因此幼师毕业来担任教师的越来越多。

问：现在教师中选各级人大代表，通过什么形式？

答：都在乡里面选，由乡推荐。先由各村推荐，到乡里参加选举，选举完再到县里选举，县里再选举出席市的代表。

问：教师代表是在教师圈内直接选，还是和村民一起选？

答：和村民一起选，主要由村推荐到乡，由乡推荐到县。

【普遍推行校长负责制的原因】

问：现在普遍实行校长负责制，这是什么原因？

答：理由有三条：①为了解决干多、干少一个样的问题；②建立一个平等竞争的环境；③为了尽快多出人才、出好人才。

校长负责制，我们共实行五种制度：

①校长选聘制，选举和聘任相结合；选聘制可由教职工代表大会选举产生，也可由上级机关任命。

②教师聘任制，聘任最优秀的教师到教学岗位上来，可实行多劳多得；教学不能胜任可以到后勤和校办企业去。

③教师结构工资制，上好课，多上课多得。

④教师岗位责任制。

⑤教育经费包干制，直拨到乡，由乡总校长包干使用，结余归己。

【校长负责制】

问：校长责任制从什么时候开始？

答：从 1988 年开始，到 1992 年全县普及了校长负责制，是天津市第一个普及校长负责制的县。

问：访问几个小学和一所中学，他们介绍校长负责制起到了很好的独立效果，在全县都是这样吗？

答：全县基本上产生了四大效益：

第一，培养一批管理教育干部。

第二，教师队伍当中勇于奉献精神的人多了。

第三，学校出现了良好的校纪，校风和校貌。

第四，四科教育（学前、基础、职业、成人）协调发展。

问：校长责任制根据中央什么时候的精神实行的？

答：主要根据 1986 年中共中央关于教育体制改革的决定。外部体制改革，分级办学、分级管理；内部体制改革重要项之一，是实行校长负责制。内部体制改革主要讲到了优效机制；校长负责制，它算优效机制的重要形式，但不是唯一形式。

问：在府君庙乡教委和几个小学看了一下，总校长和主任差不多都是30多岁人？

答：是的，年轻，府君庙乡属于全县教育基础薄弱乡，它是通过实行校长负责制后，现在有了变化，他们校长都比较年轻，而且都有一定的理论水平，特别是总校长，新校长见到了吧！（答，见到了。）那是我们新派去选拔出的这么一个年轻人，支援那个乡。

问：别的地方的校长，一般年龄也是这样？

答：大致是30岁左右，为校长的基本骨干力量。也有年龄大的和更年轻的。

【教材管理】

问：小学教科书都是全县统一的？

答：是全国统一的。

问：中学也是这样？

答：也是全国统一的。

问：高中呢？

答：高中也是全国统一，但是地方有地方教材。

问：地方教材增加些什么内容？

答：思想品德课、地理课、历史课，像这些都是地方教材。

【全县办学特色】

这个县办学的特点概括起来四句话：政府统筹，社会参与，教师做主，校长负责。现在办教育政府不统筹不行，各级人民政府必须保证学校的基本条件、权益；社会必须参与，办学就有了密度、经费问题，都好解决。

问：这么长时间，你一定很累了。你对县的教育情况非常熟悉，所谈内容，对我们有很大帮助。现在想请你介绍一下自己的简历。

【个人经历】

问：你是哪一年生的？

答：我是1941年10月24日出生。周岁52岁，学历大专。

问：你在什么地方上的学校？

答：在本村上的小学，在东南乡中旺镇中旺中学上的中学，后来在青县中等师范学校，在职进修大专，第一批自学考试毕业生。

问：最早什么时候参加工作？

答：在河北省青县。

问：是在学校？

答：在学校，到过好多学校，最后在青县大杜庄中学。

问：从参加工作到这个中学工作多少年？

答：10年，从1959年到1969年。

问：以后呢？

答：从1969年到1975年，在我们村侍儿庄中学任教。当时有初中和高中，长期任初、高中语文课。

问：好多老师在“文化大革命”中受到迫害，你有没有受到迫害？

答：在运动初期，教师都受到迫害。从1976年到现在在县教育局工作，先后任过教育科长，教学研究室主任，教育局办公室主任，从1986年任副局长至今。

问：从中学调到县教育局是什么原因？

答：当时叫提拔。我一来当教育科副科长。在侍儿庄中学是校长。

问：中学包括不包括高中？

答：包括高中，从小学—初中—高中，是一条龙的学校。

【从教感想】

问：你在教育界干了这么多年，有什么感受、感想？

答：感受最重要的一条，干教育工作光荣，这是最重要的。因为教育工作，他教授了一批学生，这些学生成才以后，最尊重老师。所以老师职业比较崇高，任何部门都好，有些部门，人家崇拜是临时的，对老师的崇拜是一辈子。第二点，他为全社会输送了各种各样的人才，因为教育部门是人才的摇篮。例如静海县的县长一共 7 位，教师出身的县长有 5 位，正县长就是老师出身。因此，这些人当了县长以后，他们非常重视教育。当教师光荣的第三点，对学校来说，他是文明的摇篮，社会文明的摇篮。所以，社会上认为教师是最文明的人，我们教育局也算文明单位，挂着文明单位的牌子。我们这个县受到国家教委表彰的共有 6 个光荣称号：①基础教育先进县；②教育先进县；③扫盲工作先进县；④德育工作先进单位；⑤幼儿教育先进县；⑥电化教育先进县。而且还是全国 115 个综合改革试验县之一。

孟玉信（89 岁）

时　　间：1993 年 3 月 26 日上午

访 问 者：中生胜美

场　　所：孟玉信家

【个人经历】

问：前年我来过，是不是你参加过老人会？

答：没有。

问：我们第二次采访你们村，上次你们见过我们吧？日本的代表团来这里采访。

答：我呀！我耳朵有点聋，给我带上助听器。

问：你今年多大岁数？

答：89 岁。

问：你什么时候来冯家村？

答：我是冯家村出生。

问：你有几个兄弟？

答：哥哥都死了，就我一人。

问：你有几个孩子？

答：6 个儿子，1 个女儿。

问：你父亲叫什么名字？

答：我父亲叫孟柯成。

问：这里的孟姓很少呀？

答：（没有回答）。

问：你父亲孟柯成早就来这里了吧？

答：他早死了。

问：你几岁他死的？

答：死那会儿，我是 60 岁。

问：就是 29 年前。你母亲叫什么名字？

答：我母亲娘家姓陈。

问：娘家在什么地方？

答：在顾家庄。

问：那边也有亲戚吗？

答：没有亲戚了。

问：你有几个兄弟？

答：我没有兄弟，有两个哥哥都死了，咱都分家过。

问：大哥叫什么名字？

答：孟俊仁。

问：你哥哥比你大几岁？

答：说不清了。我哥哥属猴，我属龙。

问：你二哥叫什么名字？

答：叫孟玉山，他属牛。

问：他上过学吗？

答：没有上过学，那时庄稼地（指农村）没有学校。

问：这边有基督教的学校吧？

答：新中国成立后才有学校。

问：有没有私塾？

答：也没有。

问：你几岁干活？

答：我 10 多岁就干活。

问：你种地吗？

答：就都是种地。

问：种高粱什么的？

答：种棒子、豆子，什么都有。

问：你家当时有多少土地？

答：60 亩土地。

问：一共有几个人干活？

答：大人都干活，没请人帮忙，我行四。

【家族】

问：你什么时候成家？

答：21 岁。

问：你娘家是什么地方？（问孟玉信的配偶）

答：就是本村。

问：贵姓？

答：姓李，我的名字叫李静凤。我 4 岁就没有妈了。妈死了，奶奶也死了。

问：你有几个孩子，老大？

答：老大 60 多岁。

问：老大住什么地方？干什么？

答：住独流镇，他在工厂上班，这个厂是花筒厂。

问：老二呢？

答：老二在天津。

问：在天津干什么？

答：在红星工厂，生产打字机，计算机。

问：老大叫什么名字？

答：叫孟俊仁。

问：老二叫什么名字？

答：老二叫孟俊义。

问：还有孩子吗？

答：还有 4 个孩子。

问：老三叫什么？

答：叫孟俊礼。

问：他在哪里？

答：在天津市内，在天津钢厂。

问：老四叫什么？

答：叫孟俊智。他在本村种地。

问：老五叫什么？

答：叫孟俊生。在府君庙乡开车，现在不开车，当调度。

问：老六呢？

答：老六在天津开车，在八里台开车。

问：老六叫什么？

答：老六叫孟俊琦。

问：除老四外都在外工作呀？

答：是的。

问：在外工作，有的时候回家吧？

答：他们不经常来，过年、过节来。

问：今年过年回来没有？

答：回来了，给我点钱，老二管饭。

问：老六今年多大？

答：他 40 岁。

问：孩子们没有上过学的吗？

答：有上学的。现在都上班了。

问：他们去外边找工作，老二到天津工作是什么时候？

答：打一解放，他当兵去了，回来结的婚。

问：他什么时候到天津的？

答：那时他才 14 岁，到天津当学徒，解放时他跟着南下，后又回来的，入了红星工厂。

问：老三去钢厂是什么时候？

答：解放前到天津当学徒，解放时回来。后又托人到天津找工作，这样进了工厂。

问：老六在天津开车，什么时候到的天津？

答：也是新中国成立以后，国家要兵，

他当兵时开车，不当兵回来到天津开车（八里台）。

【水灾】

问：1963年大洪水时孩子们呢？

答：孩子都出去了。

问：大洪水，你们孩子不在，你们跑到什么地方去？

答：跑到北面去，在运河大堤上，我没有走，在运河堤上看东西，就我一个人留下来，老太太也没有走，也在大堤上。

问：当时没有粮食吃怎么办？

答：没有，当时照顾不过来，往静海县城去。

问：1963年是几月份发的洪水？

答：1963年八九月。

问：洪水有多长时间？

答：20多天，房子都塌了。

问：秋天水就下去了？

答：20多天就下去了，有一个大口子，向东流去了。在独流碱河炸开一个大口子，向团泊洼流，为了保卫天津。

问：政府说明为了保卫天津？

答：我们搬走，就是为了保卫天津。当时是保卫天津，保卫津浦线。

问：你们有意见吗？

答：我们有啥意见，保卫天津，保卫静海，有什么意见。

问：你的房子没有了？

答：我这个房子没有了，以后靠国家包下来的钱，有当兵的来帮助。我家是军属，地方政府要帮助我盖房子。

问：6个儿子，有姑娘吗？

答：有一个姑娘。

问：她住在哪儿？

答：在独流镇。

问：姑娘今年多大岁数？

答：姑娘属猴的。

问：她几岁结婚？

答：18岁结婚。

问：洪水以前结的婚吧？

答：是洪水以前。

问：她结婚有没有坐花轿？

答：咱一分钱也没有给，没有坐花轿。

问：你（指老伴）坐过花轿吗？

答：我坐过，新中国成立后就没有了。

问：你姑娘叫什么名字？

答：她叫孟俊灵。

【接待解放军】

问：你是村里什么干部？

答：解放天津时，我们有5个人负责接待解放军，解决吃的、烧的。

问：你是村干部，还是保长、甲长？

答：是区里，打没有解放的时候，区里就找了咱们5个人，部队来了要吃饭，就找咱们5人负责。八路军一个连，他们要多少就给多少。

问：他们住冯家村多长时间？

答：一个多月时间。

问：他们付了房费没有？

答：就是由区小队带来，他们来了我们支付，他们就给粮票。

问：5个人中，其余的人呢？

答：郝开甲（死）、刘润源（死）、荀可志、郑宝明，这4个人加上我共5个人。

荀可志（77岁）

时　　间：1993年3月26日下午

访 问 者：中生胜美　左志远

场　　所：荀可志家

【个人经历】

问：苟可志先生，今年多大岁数？

答：77岁。

问：这个冯家村有不少姓苟的吧！

答：就一家。

问：你们有没有“家谱”？

答：没有。

问：我想做你们的“家谱”，请告诉我你亲兄弟有多少？

答：3个。

问：叫什么名字？

答：叫苟可义（老大），我是老二，老三叫可信。

问：他们都还在吗？

答：都在这个村里。

问：你父母叫什么名字？

答：我父亲叫苟云太。

问：你父亲有多少亲兄弟？

答：3个，我父亲最大，都不在了。

问：你父亲的弟弟叫什么名字？

答：叫苟云会，老三叫苟云升。

问：除苟凤林去了天津以外都住本村？

答：早就走了，小的时候走的，当学徒去的。

问：他们什么时候到天津去的？

答：新中国成立前就去了。

问：去外地工作的人比较少，去静海县城、去天津找工作是比较难吧？

答：也有，姓苟的少。在静海县城找工作有几个。

问：新中国成立前到天津找工作比较容易吧？

答：我是新中国成立那一年回来的。

问：你以前在天津工作？

答：是的。

问：你几岁上学？

答：8岁，在本村上学。

问：上几年？

答：那个时候都是私塾，上个七八年，也上也不上。

问：什么时候开始工作？

答：20岁。20岁以前在本村种地。

问：当时你家有多少亩土地？

答：30多亩土地。

问：那时有几口人？

答：10多口人。

问：10多口人，30多亩地，不够吃的吧？

答：还可以，够吃。

【天津学徒】

问：20岁你到天津干什么工作？

答：海货店。

问：有人给你介绍？

答：有人介绍。

问：谁给你介绍？

答：做小买卖的。

问：你们几个人去天津？

答：就我一个人。

问：去天津时日本人在吗？

答：我去的第二年，我21岁那年日本人来的。

问：你在天津蹲了多久？

答：不到20年。

问：那你40岁回来？

答：30多岁回来的。

问：在天津什么地方工作？

答：在北门外海货店工作，经常和日本人打交道，我卖的那东西全是日本国出的。

问：你是回家娶媳妇的吧？

答：是的。

问：什么时候结婚？

答：21岁。

问：你的爱人叫什么名字？

答：她叫张桂兰。

问：现在还在？

答：还在，77 岁，同年龄。

问：娘家在什么地方？

答：在府君庙。

问：你在天津工作，大约一年回来多少次？

答：一年回来两次，平时回来，过年不能回来。

问：你二十几岁生老大？

答：他属龙，50 多岁了。

问：结婚后几年才生的？

答：结婚五六年才生的老大。

问：你新中国成立时在天津吗？

答：新中国成立时我回村来了，后来我又去的，干了几年才回村来。

问：新中国成立时你在天津海货店工作吗？

答：打起仗来，就回来了。

问：新中国成立后去天津？

答：去了好儿趟海货店，1956 年公私合营，我回来了。

问：回来后你种地吧？

答：不是，开铁铺。

问：是本村还是外地？

答：在外地。

问：在什么地方？

答：天津西门外恒集子（音）。

问：开了多长时间？

答：四五年。

问：“大跃进”时还干着？

答：到合营就散了，1955 年、1956 年。

【公共食堂管理】

问：村里吃食堂时你在这儿？

答：在。

问：你干什么工作？

答：我干管理员工作。管理粮食、推磨。该干什么，要掌握，那时发饭票，要有人掌握，如你吃几个窝窝头，要收票。

问：当时你感到工作中最困难的是什么？

答：困难就是吃菜，吃野菜、杂菜，放在棒子面里头蒸窝窝头，不好吃，没法吃。

问：你觉得当管理员工作里头最困难是什么？

答：困难也没有什么困难。

问：你的亲戚朋友来找你怎么办？

答：没有，该给多少给多少，个人的小孩也不能给。要是你给了个人的孩子，那么社员的孩子你给不给？那一阵人们都饿，都着盯着。个人的孩子，饿得哭呀！哭也不行。

【水灾及国家补偿】

问：大洪水的时候，你们去哪里？

答：去了廊坊。

问：去了多久？

答：顶八月份回来，是阴历八月。在那儿没过中秋节就回来了。六月份到来年（第二年）八月回来的。

问：你在廊坊有饭吃？

答：国家管吃，一切供应全是国家。

问：所有的村民都到廊坊去？

答：是的。廊坊镇王寨村，一个村对一个村，否则就乱了。

问：从廊坊回来都新盖房子。

答：原来房子都倒了，重建家园。重建家园，也是国家支援，国家给一部分，个人筹一部分，对非常困难的国家全部给，富的家庭给一部分。

问：那时你们盖房子要多少钱？

答：不要钱，个人盖个人的，大家帮助，都是脱的坯，不是用砖。

问：以后国家有没有补贴？

答：有救济粮，救济粮也是首先考虑困难户。非常困难的，你个人能支持的就少给一点，一点也支持不了的，就多救济点。

问：国家给你粮食吗？

答：给。不按月，给你一部分，实在不行，上级给你贷款。

问：你家贷款了吗？

答：贷，都得贷，贷多少记不清了。

问：还贷款要多长时间？

答：到后来都没有还。

问：贷款主要是盖房子？还是买粮食用？

答：买粮食，盖房子那时国家已支持完了，到了夏天个人再种上地，吃粮就接上了，贷款很长时间也还不了，后来也就算了。

【“文化大革命”】

问：这边“文化大革命”有什么运动？

答：有运动，就是地、富、反、坏，就是折腾他们嘛！

问：你们这儿也有地主？

答：地主也有，富农也有。

问：外面来工作队？

答：有，来的“红卫兵”。

问：从哪里来？

答：都是从公社和静海县城里来的。

问：村里学校有没有“红卫兵”？

答：没有。

问：这有下放干部吗？

答：下放干部有，在这儿蹲了一个时期，都是天津的。

问：一共有多少人？

答：可弄不清，反正哪个村都有。是“文化大革命”以后，叫他们下来锻炼，看看农民吃的、喝的怎么样！

问：是“文化大革命”以后吗？

答：是“文化大革命”后期。他们是来锻炼的，从天津家里捎来的东西也不让吃。

问：“文化大革命”以后你干什么？

答：在家里种地。

【义务工】

问：这里有义务工？修理运河等？

答：我是经常干那事。

问：一般在冬天干吧？

答：防汛，有时也出河工，修理洼渠，开渠，挖沟，独流碱河我还去过。

问：70年代辛苦的是河工吗？

答：是的。

问：一年出河工有多少天？

答：春天一次，秋天一次，加在一起有两个月，农闲时去。

问：什么时候开始搞河工的？

答：在洪水前，洪水后都有。

问：现在还有吗？

答：现在要钱了。

问：每个村都要求合同规定的人数吗？

答：按照劳力，分配人数。

问：有没有不去的拿钱顶的呢？

答：有，去不了，有的1家，有的3家包一个工。用不了这么多人，去的人就可包那些去不了的人的活，但要拿钱。

问：有没有算工分？

答：有，那时不花钱，先去人，国家管吃，划成土方，最后给你算钱。

问：这个钱是国家给的吗？

答：是国家给，主要是兴修水利。

问：男女是不一样工分吧？

答：男女不一样，男劳力算10分，女的算7分，男劳力弱一点的算8分、9分，最强的算10分。

问：你也去出过河工吧？

答：我去是当管理员。

问：管理员的工分多少？

答：一样，不过比他们轻松点，脑力劳动。当管理员，国家管吃，管钱花，买菜不是要钱嘛！国家成立施工所，县里来的，你要用钱到他那里领去，用吃的喝的都是到那里去领。乡有施工所，村里由我负责。

问：当时是摊派吧？

答：是摊派。

问：是不是一个生产队出几个义务工？

答：是的。

问：以生产大队还是以小队为单位？

答：以大队为一个单位。

问：这个村有几个大队？

答：就一个。一个大队 4 个小队。

【土地承包】

问：80 年代土地承包是什么时候开始？

答：1981 年生产队就散了。

问：你们每户承包多少土地？

答：咱们不承包，大队按人口分配土地，将口粮地分下去，剩下来的土地，你不愿意承包也可以。

问：不承包的土地谁来种？

答：有人承包，有不愿意，也有愿意的。

问：你家有多少口粮地？

答：每人 2 亩多土地。

问：你（指老伴）来时有几口人？

答：有公公、婆婆。

【建设房屋】

问：你这房什么时候盖的？

答：1992 年盖的东西房，1990 年盖的正房，共盖了 3 年。

问：花多少钱盖成？

答：1.5 万元（材料、工钱）。

问：厢房要多少钱？

答：4000 ~ 5000，一块砖 1 毛（1 角）多钱。

问：砖是你们村自己烧的，还是到外面去买？

答：到府君庙去买，府君庙乡有两个窑地。

问：门口这房子呢？

答：现在还没有装修。

问：没有装修已花了多少钱？

答：花 5000 多元。共用 3 万多元。

问：你们盖房钱的来源？

答：是劳动得来的。

问：你们家有谁在外工作？

答：是咱这孩子的爸爸，原在大队工厂，现在调府君庙工厂去了。

问：叫什么名字？

答：叫荀丰武（音）。

问：除这儿外就是靠种地？

答：是的。

问：不简单呀！

答：老头子还放几只羊。

【丧葬习俗】

问：你对白事有知识吗？即丧葬仪式？

答：死了人，由老人会吹吹敲敲，送送路。有荀怀喜、荀怀德、荀怀金，这是咱二舅，这是咱爹。

问：这是什么时候照的？

答：前年。

问：人死之前干什么事？

答：穿衣服。

问：活着时穿，还是死了穿？

答：有气时穿，不能死在炕上。在外屋搭三块板。

问：老人身体不好时，他的儿女都来吧？

答：都来，守着。

问：什么时候由炕上移到床板上？

答：眼看快完，还有气，衣已穿上，外衣放在床板上，将人抬上去再穿上外衣。

问：是不是买棺材？

答：早就准备好了。眼看病得太重了，就准备了。

问：这里有没有这样的风俗，周岁生日买棺材？

答：现在没有，以前在旧社会有。

问：在多大岁数时买？

答：60 多岁，叫寿材。在棺材里放个假娃娃，你压他，将他压倒，手一放他又站起来，为的是死不了，压不倒。

问：是本村有，还是天津市内有？

答：哪个村都有。天津也有，都是大家族，穷人买不起。

问：这个仪式叫什么名字？

答：叫寿木。

问：在旧社会，有钱人提前买好棺材，没有钱的到人死之前买棺材？

答：有的没有钱买不起，只好要薄板钉起的一个匣子，再没有钱就只能用席子卷了。

问：人死时，头放的方向？

答：朝南，脚朝北。向阳，向正南方。

问：这样做是不是表示吉利？

答：是的。

问：人死了以后，由谁抬出去？

答：儿子、儿媳妇、孙子、女儿，直系亲属。

问：棺材放在什么地方？

答：放在院子里。人快死时，在炕上先穿好外衣放在屋堂的两块板上，将人抬到三块板上再穿上外衣，头向南，脚向北，棺材放在院子里，到真死了还要等到第二天再放进棺材里去。放进去后，村里的老乡亲们去吊孝。

问：什么时候梳头？

答：活着的时候。

问：老人还要洗脸？

答：要洗脸、洗脚，身上还要擦一擦。

问：谁擦？

答：是亲生的儿女。儿媳妇也可以。

问：没有结婚的女儿也可以擦吗？

答：没过门的女婿不来。死了以后来吊孝、陪陪灵。

问：什么时候报丧？

答：死了就报丧。

问：有没有报丧的信，在门口贴什么东西？

答：在门口挂着白钱，一条条扎起来挂在门口，我们这里没有这个。人一死，儿子们就到庙上去“极庙”上西天。从前咱村有个小土地庙，打毛主席一来，土地庙没有了。现在“报庙”就是朝西看。

问：什么时候没有土地庙？

答：“文化大革命”时。

问：老人死了马上去土地庙？

答：是的。

问：上庙时有没有带些东西？

答：就是带的纸去烧，表示告诉土地爷，人上西天去了。最后，送葬的人一路送去，还得扎纸牛、纸轿、纸马等到那儿去烧，完事，将香炉移动一下。

问：为什么？

答：迷信说，死人的魂在香炉底下压着呢！香炉移动，他不就走了嘛！现在没有了。

问：我以前没有听过。还有没有其他的仪式？

答：第一天就没有了。

问：第二天早晨？

答：有什么仪式，只是有些亲属来吊孝、奔丧。入殓男的不超过 12 点，女的要过 12 点。

问：女的为什么要过 12 点？

答：不是要等娘家人嘛！

问：什么时候抬到棺材里去？

答：刚才讲的，男的不超过 12 点，女的过 12 点。

问：亲戚是舅舅一定要来的吧？

答：舅舅呀！妹子呀！兄弟呀！都来

看看。

问：要是女的话，娘家一定要来人？

答：是的，来看看料理得好不好，女的要等娘家人来看，满意了，才入棺。

问：第二天还有什么仪式？

答：没有了。

问：吹喇叭呢？

答：入棺后，快送路，本村亲戚不错的，先行完礼，这时敲的、吹的就来了。

问：吹吹就是村里的老人会，他们到这儿来？

答：是的。

问：吹的时候是不是准备抬棺材了？

答：不抬。

问：第三天早上有什么特别的仪式？

答：要是埋去，送两班儿（指两批——整理者注）。

问：什么时候去埋？

答：亲戚到这儿来烧纸、吊孝！本村的人（好朋友）行完礼，这是在第二天下午。第三天就去埋了，即起灵，吹吹打打，送走了。

问：写不写灵牌？

答：写完了，写上多大岁数，姓什么，叫什么，什么时候生的，什么时候死的。送灵时由儿子和儿媳妇抱着。到时，家里人和亲戚们行礼，沾亲带故的喝了酒，将灵牌，扎的牛、轿子，一起烧了。

问：灵牌用纸做的吗？

答：是的。

问：是自己做，还是外面买的？

答：买的，也有做的。灵牌个人做的，找人写的字。

问：现在也是这样吗？

答：是的。

问：还有扎的纸马、纸轿子？

答：除了纸马、纸轿之外，现在还有纸扎成的电冰箱、洗衣机、电视机。生时看电视，死了以后也使他生活过得好些。

男的死了是烧纸马，女的死了烧的是一头牛和纸轿子。轿子表示女的坐着走，牛得替他喝水，因为女的生前用水太多，男的烧马，是为了使他骑着马儿走。

问：现在还是这样吗？

答：还是这样。

问：人死后的仪式，是不是到此就完了？

答：三天后还要去圆坟，将坟培好了，拍好土。开始是悬葬，墓是长形，到一年后就正式埋葬，坟墓是圆形。如果老两口，一个人先死了，后来死的也埋葬到一起去。

问：你们荀家有祖坟吗？有多大？

答：有祖坟，多大说不定。“文化大革命”都平了，深埋了，现在看不见了。

问：坟墓分辨得很清楚吗？

答：分得清楚，因为一个人一个坟墓。也有光棍的，没有儿女的，都将他们埋到一起，叫杂坟。刚才说的，是一个人家从祖父、父亲、儿子、孙子，依次排下去，因此分得清。

问：小孩子死了，有什么仪式？

答：没有仪式。

问：20 岁左右的人呢？

答：也没有，凡是没有结过婚的，没有后代，就没有仪式。

【阴亲】

问：没有结过婚的男女，死后有没有阴亲？

答：有是有，但都是有钱的人家，我的姨家有一个小子，年轻时死了，有一个年轻女的没有结婚，也死了，两家人认为不错，就将他们结为阴亲。这是新中国成立前，新中国成立后没有了。

问：他们两家交往像亲戚一样吗？

答：一样，关系很好的。

问：过去阴亲，是男家主动还是女家主动？

答：两家同意，不错，结了阴亲，就入了自家坟地，不再是孤坟了。要花钱，和娶媳妇差不多。

【过继】

问：有两个兄弟，大哥死了，有没有过继的？

答：有。

问：是不是结婚后才能过继？

答：是，兄弟两个都没有死，有一个没有孩子，可以过继一个，死了以后，就没有过继。

问：你们家族里有没有过继的？

答：没有。

问：村里有吧？

答：有。

问：如果兄弟俩，他弟弟只有一个男孩，会不会过继？

答：那就不好过继。也有兄弟俩，弟弟有两个女儿，哥哥没有结婚，哥哥就跟弟弟一起生活。

【财产继承及辈分关系】

问：兄弟两个，有一个没有孩子，他的财产是不是被有孩子的继承？

答：是的，由其继承。

问：你们村有吗？

答：有，死的这个人叫刘会仁，他只有一个女儿，他有 3 间房，正继给他亲叔伯弟弟。弟弟叫刘西岭，刘会仁也叫刘西山，刘会仁是他的号。

问：中国比较重视辈分，你们姓荀的辈分很清楚吧！姓张的辈分和你们是什么关系？

答：没有关系，姓荀的是一个辈分，姓张的是一个辈分，荀姓与张姓之间没有关系。只是有了亲戚关系，才有辈分。

问：隔壁的人姓什么？

答：姓孙。

问：他和你们有没有关系？

答：是间接的关系。

问：没有亲戚关系的有没有辈分？

答：没有关系，也有叫伯伯、哥哥，是按照年龄大小来称呼的，没有血缘关系，是一种习惯。

问：有没有岁数小的属爷爷辈？

答：有，荀怀春、荀怀德，他们管我的小子叫爷爷。而荀怀春 70 岁。他虽然岁数大，但辈分小，这只是在同姓中有。

问：一般你们村里人都认识吧？

答：都认识。

问：村里人打招呼，很少说“您好！”这一类用词？

答：是的，一见面“你吃饭了吗？”“你做啥去？”“你从哪里来？”“你到哪里去？”……

问：比如同姓中，一个人的叔叔当上了支部书记，他们见面，叫叔叔，还是叫书记？

答：叫叔叔。我们这里的人很犟。你们日本人很讲礼貌，我当年在天津海货店时，三井洋行日本株式会社，买日本货，海参、鱼翅、海带，日本妇女很礼貌，有叫石分、长崎两个日本人，在收对虾，我在深大公司，也在收虾米，我和他在一起有几个月，他说汉语。

【经商】

问：你在天津卖日本货？还是买日本货？

答：买日本货。

问：主要的产品是什么？

答：海参、鱼翅、鱼肚、红菜、海带……

问：是大规模的吗？

答：是大货店。

问：货店有多少人？

答：70 余人。有客房，从山西、云南等地来。日本是从海里运来的。我们海货店叫富复成海货店。

问：海货店里除了你以外，还有冯家村的人吗？

答：没有，就我一人。

问：有没有青海的？

答：没有。主要是来自山西、河北、天津。

问：现在你和他们有没有联系？

答：我这么大岁数，没有联系，有的都死了。

问：货店负责人是中国人还是日本人？

答：中国人。

问：你主要的工作？

答：主要买货去。

问：工作时间？

答：晚上到 12 点才关门，早上天一亮就开门，管吃、管住。

问：那时你一个月的工资多少钱？

答：有 30 元，20 元，十几元，是联合币，还有几块的时候，30 元算高的。

问：那时一袋面多少钱？

答：4 元一袋。

问：你的薪水百分之多少送给你老伴？

答：到年终看买卖的情况，赚钱多的就多给，少就少给，不赚钱就不给。当时有在股的按股分红，不在股的就根据买卖情况酌情给钱。

问：你记得工资最高（指 30 元）大约在什么时候？

答：日军在的时候，1939 ~ 1941 年。刚去的 3 年内，每月只给 1 元钱，管吃管住。

王庆祥

时　　间：1993 年 3 月 27 日上午

访 问 者：中生胜美

场　　所：王庆祥家

【家庭成员】

问：你兄弟姐妹几人？

答：我就有一个兄弟。

问：是哥哥还是弟弟？

答：去世的是我弟弟，没有姐妹。

问：弟弟叫什么名字？

答：弟弟叫王庆华。

问：在本村？

答：是的。

问：你父亲叫什么名字？

答：他叫王孝良。

问：你父亲兄弟几个？

答：两个，我父亲是老大。

问：老二叫什么名字？

答：忘了，我都没有见过他。

问：你祖父叫什么名字？

答：记不得了。

问：你叔有没有孩子？

答：有孩子，他们在东北。

问：你叔叔以前在东北工作，他什么时候去东北的？

答：记不得了，他也过去了（即去世了），一直没有给我来信，有几个孩子也不知道。

问：你弟弟有几个孩子。

答：有两个小子。小名叫王孙子，名字记不得。

问：王路香（音）和你们是一家子，是什么关系？

答：是一家子，出五服了。

问：母亲姓什么？

答：姓孙，称王孙氏。

问：你母亲娘家在什么地方？

答：在山东省威长县烟头府（音）。

问：你父亲种田吗？

答：种田。

问：你小的时候家里有多少土地？

答：4 亩地。

问：你上过学吗？

答：没有，穷人哪能上学呀！现在也不识字。

【集市贸易】

问：你几岁开始工作？

答：十二三岁就开始种地，当时老娘编席，我就压苇子，是编席的辅助人。

问：原料从什么地方来的？

答：在外面买，从独流镇，我们这里没有。人是从河北省胜芳和黄村弄来原料，是有人从那里弄到独流镇，我们从独流镇弄来，为他们加工。

问：席子编成以后，是专门有人来收，还是你们自己去卖？

答：到独流镇去卖，卖给收的地方。当时的席 3 尺多宽，4 尺多长，到集上去卖，当时有划价的，划后交到收的地方。

问：独流镇什么时候赶集？

答：5 天一个集，逢二、八有集。

问：三、九哪里有集？

答：静海县，我们只到独流镇，不到别的地方去。

问：赶集什么时候出发？

答：5 点来钟走人，什么时候将席卖完就结束了。下午打捆，买席的人就走了。最忙的时候是上午，下午他们就上船了，从运河走，由独流到杨柳青，再到天津。

问：当时你们去天津是坐船去吗？

答：走着去，没有钱呀！

问：有钱的人呢？

答：有钱的人乘火车，或者坐船，坐船 2 角钱，乘火车 5 毛钱。

问：一张席卖多少钱？

答：贵的时候 8 角，贱的时候 6 ~ 7 角。

问：编一张席需用多长时间？

答：需要一天。

问：男、女都编席吗？

答：女的编，男的帮忙，将苇子压一下，先去掉皮，再放到水里泡一下，然后才压。

问：你帮忙时还有你弟弟，他比你小多少？

答：我属龙的，他比我小几岁。当时我们就 4 口人。

问：你叔往黑龙江什么地方去了？

答：说不好。前几年来信，说婶子死了，他是日本人来的第二年（1938 年）就去东北了。

问：他走的时候有小孩吗？

答：有一个小孩。

问：日本人来的第二年有洪水？

答：咱们这个洼一年闹一次水。过去上面没有水库，一下雨下面就要闹水灾。

问：你们 4 亩地不够吃吧？

答：是的，不过还编席子嘛，卖了席子买高粱、玉米。卖一张席能买 30 多斤棒子面，这样就够吃了。

问：是分家以前四亩地，还是分家以后 4 亩地？

答：叔叔去黑龙江，他的土地卖了，由王万起买去了。

问：一般卖土地，先找准呀？

答：有个中间人，帮助说说，给他点好处。

问：你叔叔走时，有没有和你父亲说他们要卖土地？

答：我那时还小，说不清。

【日本军队】

问：日本军来，你还有印象吗？

答：我那时小，记不清。日本军来，没有住我们家。

问：见日本军害怕吧？

答：害怕。

问：你见过日本军？

答：见过，他们坐船来，在村后面见到，人们到大堤上去看。

问：日本在静海县城还是在独流镇？

答：都有。

问：你们这里有新民会吗？

答：没有。

问：你们附近有没有土匪？

答：他们向有钱人要钱，穷人没有钱，他们要什么？

【宗教信仰】

问：以前这儿有基督教吗？

答：有。

问：你去看过他们基督教的仪式？

答：没有，我没有参加过。

问：你参加过白莲教吗？

答：我信。

问：白莲教有没有特别的仪式？

答：这儿都完了，当时八路军找这个，老人不愿意。

问：你父母信不信仰白莲教？

答：信。

问：家里有没有白莲教的东西，有没有念经？

答：穷人没有念经，因为念经要花钱，穷人没有钱。

问：你几岁父亲去世？

答：28 岁时，日本人还在时就去世了。他是有病，是肚子病。

问：母亲在你多大时去世的？

答：在我 35 岁时去世，是新中国成立后。

问：新中国成立前当过保长？

答：咱没有干过。

问：解放军来时你干什么？

答：种地。

【八路军】

问：八路军刚来时，你们的印象怎样？

答：也有些害怕，对他们不了解。

问：打天津以前，有许多八路军住在这儿，你和他们接触吗？

答：接触，也谈过话。

问：他们从什么地方来？

答：从什么地方来的都有。

问：有没有住在你们家？

答：没有，他们住在（听不清）地区。

问：八路军来住了一个多月，你们做饭给他们吃吧？

答：他们黑夜来，天亮就走，他不走不行，独流镇有国民党军队。

【国民党军】

问：你们害怕国民党军队，还是害怕八路军？

答：当时国民党军来，知道你这村有八路军，见到谁就打谁，打完了用火烧。八路军不打人不骂人，所以我们慢慢相信八路军。

问：打仗时独流镇没有集，你们编席怎么买？

答：不编，没法编。

问：那吃饭怎么解决？

答：凑合着吃。

问：日本军在这儿时辛苦，还是国民党军和八路军打仗时辛苦？

答：八路军刚来后，把地主都消灭了，穷人们都有地了。

问：4 口人 4 亩地够吃的吧？大约 4 亩地

可养活几个人？

答：当时不行，产量低，现在就行了，一亩地收麦子2000多斤，收棒子2000斤，吃不完了。八路军来治了水患，水不来就好了。

【土地改革、农会】

问：1948年土地改革，你家有3口人，分给你们多少土地？

答：一个人2亩地，共6亩地，在原来土地上加2亩地。

问：你参加了“土地改革”，你是贫下中农。

答：参加了。

问：农会的主任是王万起。

答：是一家，是一辈。

问：王万启是什么样的人？

答：他傻，什么也不懂。

问：这里姓王的比较多吧？

答：也不太多，几户。

问：他是什么原因当上农会主任？

答：他是八路军，参军回来的。

问：他什么时候参军的？

答：这说不好。

问：他什么时候回来？

答：新中国成立就回来了。

问：他当兵多长时间？

答：三四年。

问：当兵之前在本村吗？

答：当兵之前在本村。

问：这个村有其他革命英雄吗？

答：还有孟德永。

问：他当兵回来，所以当上农会主任？

答：是的，他比较懂共产党的政策。

问：土改时按什么标准决定地主、富农？

答：说不清。

问：你分了土地发了土地证吧？

答：发了土地证。

问：你还记得发土地证的日子？

答：那记不清了。

问：50年代编席，也是在独流镇卖，和解放前一样？

答：是一样。

问：你们这儿有庙会吗？

答：过去有庙会，这会儿哪还有庙会，哪儿也没有。

问：庙会时可卖席吗？

答：可以卖。

问：旧社会庙会在静海县城？还是在独流镇？

答：在独流镇。现在庙没有了，都搞掉了。

【互助组】

问：你参加互助组？

答：有，参加互助组，后是合作社，再到公社。

问：你当了干部吗？

答：当过几年队长。

问：互助组的时候？

答：是的。

问：你的组一共有多少人？

答：开始20多人。

问：20多人，姓王的比较多吧！有其他姓的吗？

答：姓王的比较多。不到一年就成合作社了。

问：合作社时，你是社长吧？

答：是的。

问：那时社里共有多少人？

答：那说不好。

问：有会计吗？

答：有，会计是李健华。

问：你当时30多岁，就当社长，会计多大？

答：会计 50 多岁。

问：你当干部时最困难的是什么？

答：管下地，收庄稼，别的也不让咱管。

【义务工】

问：有没有义务工？河工？

答：有，一年两次，秋天一回，春天一回。

问：挖河是比较辛苦的工作，你们谁愿意去？

答：有定量，吃饭的钱家里给，花钱村里给，完全是义务劳动。我去过，没有给钱。

问：一般一次出多少人，多长时间？

答：一两个月。一次出多少人没有准，多时两个伙房，一个伙房管十来个人。

问："大跃进"，人民公社时你当过生产队长？

答：我当过二队队长。一队队长孙玉琛。当时两个队，后来成立 4 个队，三队队长记不清，四队队长是苟新。成立大食堂前 4 个队，吃大食堂时就变成两个队了。

【"大跃进"及三年困难时期】

问："大跃进"时你做什么？

答："大跃进"就是去出工，搞台地。没有大炼钢铁。

问：1959 ~ 1961 年困难时期，你们粮食怎么样？

答：困难时期吃过 3 两粮食。

问：你们新中国成立前编席，50 年代也编席，吃大食堂时有没有编席？

答：编。生产队买苇子，交给各户，各户编了算 2 分交生产队。

问：还是在独流镇买原料？

答：不，买原料可远了，到天津和天津以北去买。

问：苇子是不是在大水以后你们这儿就没有了？

答：是的。另外也有将苇地种粮食的，苇地破坏了，"以粮为纲"嘛！

问：不编席，你们还有什么副业？

答：没有了。

【"文化大革命"时期集市、副业】

问："文化大革命"中到独流镇赶集还有吗？

答：没有东西了，还赶什么集！

问：你们除了种粮还有什么副业？

答："文化大革命"时还到天津小站卖苇子，还有做笤帚，原料是高粱，种菜自己吃。

问：1963 年闹洪水你到廊坊去了吗？

答：我没有去，就住这里的大堤上，即运河大堤上。

问：这里有很多人都去廊坊，留下来还有多少人？

答：也就 10 多人，主要是看东西。

问：他们回来以后，盖房子，那时你只有弟弟，你的弟弟成家了吧？

答：成家了。

问：你弟弟什么时候娶的媳妇？

答：1949 年结婚。

问：他有两个儿子叫什么名字？

答：一个叫王小清，一个叫王小顺。

问：你弟弟什么时候去天津的？

答：他在锻件铁工厂，新中国成立前就去当工人，后来到家结的婚。婚后媳妇跟他到了天津，在天津生了两个孩子。

问：他们回来吗？

答：回来，逢年过节回来看看。

问：他们住在天津什么地方？

答：住在王串场。

问："文化大革命"你时在这儿吗？什么时候不当队长？

答：在。我到塘沽盖房子，就不当队长，

当了一年建筑工人。一天1元钱，管饭，再开支就交大队。回来在生产队一直务农，现在还劳动，种两亩地。现在就我一个人。

问：到独流镇赶集吧？

答：独流天天有集，逢二、八人更多。

问：过年有什么特别习惯？

答：没有。

【上坟、平坟】

问：过年上坟吗？

答：上坟，给父母上坟。弟弟的坟墓由孩子上，孩子还在天津。

问：祖父母的坟也上吗？

答：上，到坟地培培土，烧点纸，不带吃的东西。

问：清明这那天都得去扫墓吧？

答：过了清明这一天的也有，清明这一天去的多些。

问：你们这里妇女有打秋千的吗？

答：没有，学校里也没有。

问：上坟，除过年、清明，还有什么时间？

答：还有七月十五日，八月十五日上。

问：七月十五日叫什么节？

答：七月十五日鬼要钱，给他烧点纸吧！还有忌日，即死的那一天。

问：这边有基督教的教徒，他们上坟吗？

答：他们不上坟，清明也不上，有坟墓也不上。

问：他们不上坟你们奇怪吗？

答：不奇怪。

问：你们这儿信天主教的人多吗？

答：不多，主要是老人。

问：你的祖父母的坟在一起吧？

答：在一起。

问：你弟弟的坟？

答：他是单独的，只有他的妻子死了后同他葬在一起。

问：你承包了土地，坟是不是在你承包的土地内？

答：不是，坟地不分，有老坟地到老坟地葬，没有老坟地给你分一块坟地，由村里安排。

问：是不是姓王的在一起？

答：不是，哪里都有，姓都穿插了。

问：有深埋，将坟平了的吗，是哪一年？

答：在大水之前，我当队长就平了。平坟在“土改”以后。

问：平坟老人都不愿意吧？

答：上级命令，你不愿意也得愿意。

问：当时怎么说的？

答：平坟为了增加耕地。

问：平坟以后的土地一般不愿意去种吧？

答：不愿意也没有法。

问：平坟的土地，原来是姓王的，是不是还由姓王的种？

答：那不一定，坟地是抽签，否则都想要好地，坏地怎么办？我也抽过。

问：平坟后，还知道原来坟地在什么地方吗？

答：不知道，都平了，看不出来，哪记得那么清。一般老祖坟都没有了，现在有找爹妈的不知到哪里去找？

问：最近有死人的吗？

答：王万起去年死了。

问：他的坟墓在什么地方？

答：在西边，远了。

问：为什么葬这么远呢？

答：分给他一块坟地嘛！

问：分坟地是自己提出要求，还是上面决定的？

答：有的是死者家里提出的。

张宝善

时　　间：1993 年 3 月 27 日下午
访 问 者：中生胜美
翻　　译：王键
场　　所：张宝善家

【上坟】

问：快到清明了，清明上坟、添坟吧？

答：是的。

问：你们是各家一起去上坟吗？

答：原来是一起去的，现在是个人。“文化大革命”时，将老坟都平了，“文化大革命”前没有平过坟，坟平了没有了怎么办，只好个人去立坟地。现在只知道当初祖坟的大概情况。过去上老坟都是一起去，平了以后就不再一起去了。

问：去上坟，是磕头吗？

答：是，烧纸、磕头。

【子女过继及分家】

问：你们这里有没有过继的情况？

答：我们原来是三房，前面太爷哥俩，后面老（录音不清）没有儿子。张宝森的爷爷就是过继的。原来那一房是单传，后来没有人就完了。

问：旧社会对过继很重视吧？

答：要写字据，画押，本家族老人证明。

问：张宝森爷爷过继，是由谁写的字据？

答：张宝森的爷爷是哥俩，由他俩立字据，找个证明人，签个字，画个押，由上一辈人签字才有效。动产、不动产都得写清楚，有财产继承权，有扶养老人的义务。过继后就继承。

问：过继人很有钱吗？

答：有一个规定：大儿过继给老大，二儿过继给老二。张宝森的爷爷张成安是过继的，他是老二，老大是张成立，张成安解放初死的，当时已 80 多岁。爷爷、老祖是老大哥，我父亲不是老大哥，我大伯是老大哥。我们是长门，我儿子、孙子都是老大。我住的房子还是老祖宗住的房子。

问：什么时候分家？

答：我父辈分家到现在已七八十年，我和兄弟分家是 1960 年前。

问：为什么分家？

答：1960 年由于困难而分家的。

问：你的子女也分家了吧？

答：我是这样，大的结了婚，就让他分出去；二的结了婚，也同样让他分出去。老大在“文化大革命”后期结的婚，老二是 1979 年结婚。

【婚嫁】

问：老二结婚盖房花多少钱？

答：六七千元。

问：钱由你负担吗？

答：我给他们的是土房，后来他们又翻盖成砖房。老三盖的是砖房。

问：老三盖房花了多少钱？

答：也是六七千元。当时砖 0.02 元一块，现在 0.10 元一块，涨了 4 倍。老三盖房砖是 0.02 元一块。大女儿排行老二，是 1975 年结婚的。

问：女儿结婚时你给了嫁妆吗？

答：那时穷，只给了个被套，一张桌子，带点衣服。

问：花了多少钱？

答：一共四五百元，那时干一天活才 6 角钱。

问：老五结婚？

答：1980 年结婚。当时生产队里都不行，她和其他人差不多，也是四五百元。

【农村干部】

问：你1979年当干部？

答：是1979年，现在还是支部书记。

问：土地发生纠纷谁管？

答：村委会管。我什么都管，他们管不了的我来管，土地是村委会管，他们弄不了我得去处理。

问：你当干部期间，感到最头痛的是什么？

答：1982年、1983年承包时最难，小队长不干了，他不管，我是大队长，什么事都交给我了，牲口没有吃的也找我，没有粮也找我，那时穷。全村除了教堂外没有砖房，都是土房。

问：土地承包是按生产队承包？

答：生产队承包3年，我一看不行，到乡里打招呼，将4个生产队的地都收回来归大队所有，然后抽签，抽到什么地方就是什么地方，按片抽好，用木头牌插在地里，再用大红纸写好，公布全村，150多户都认完了。

问：好坏土地都得抽吗？

答：我们将土地划成5片，分一、二、三等地，分一等地大伙都分一等，分二等地大伙分二等，分三等地大伙分三等。

问：你女儿现在住在什么地方？

答：大女儿住在良头乡辛庄子，小女儿住良头乡东河头。

问：她们经常到你家来？

答：经常来，来时捎来好的鱼、肉、海货，别看不给钱，但花钱也不少。过年初二来，初六走。

问：初二来是不是她们的丈夫一起来？

答：一起来，带着孩子。都来有好几十口人。

【过年习俗】

问：过年的习惯，是不是腊月二十三日灶王爷上天就开始了吧？

答：腊月二十三日灶王爷上天，用糖瓜果祭灶，用意是用糖瓜粘住灶王爷的嘴，上天不要讲人间的坏话，现在已没有了，“文化大革命”前有灶王爷。

问：什么时间买灶王爷的像？

答：过年前，每家一张，上面印有灶王爷和灶王奶奶的像。

问：在哪里买的？

答：在集市上。

问：谁买？

答：老年人买，我们是我父亲买，我没有买过。我父亲才去世5年。

问：能说买吗？是不是“请”灶王爷？

答：对，是“请”。

问：什么时候有灶王爷？

答：腊月二十三就有了，像月份牌一样，一年一换。

问：是糖粘灶王爷的嘴吗？

答：买的糖稀，做成糖瓜，二十三那天用糖瓜粘上水，往灶王爷嘴边抹抹，就给孩子们吃了。

问：什么时间做这些？

答：二十三那天下午吃晚饭时。灶王爷上天时准备一把草，一把料，2角钱，一块烧了，烧的人嘴里还说着：“灶王爷骑着马上天吧！好话多说，坏话少说，干草细料把马喂好。”烧完之后叩头。

问：腊月二十三以后怎么办？

答：二十三以后家家编炕席，过年时铺新席。初三、十三、二十三到独流镇赶集卖席，再卖到天津。

问：过年做年糕吗？

答：二十三蒸年糕。二十八、二十九蒸馒头，穷人三十日才蒸。三十这天家家上供，上供后就不再串门了，三十这天下午就不再串门了。上完供以后上坟去，上坟回来吃饭，有鱼肉，炒几个菜。男的串，女的不串，年初一就解供，女的就可以串门，现在没有了。

问：灶王爷什么时候回来？

答：贴上新的，老灶王爷不回来。

问：屋里要打扫吧？

答：要打扫，腊月二十六、二十七，用笤帚绑上杆子，扫房子，将尘土扫了。

问：什么时候贴对联？

答：打扫后，二十九日下午贴对联。按规定腊月二十三日以前，先把笤帚绑在杆子上，表示二十三前已扫了，这样二十三以后还可以扫。

问：一般老人死后家不能过年吗？

答：老人死了可以过年，但不能贴对联。房子也不打扫，也不放鞭炮，孝子不外出拜年，别人可来家拜年。

问：初一上午有没有举行宗教仪式？

答：没有。初一上午男人拜年，下午女人可以拜年。初二女儿回娘家，儿子、儿媳也回娘家，初六又回来，儿子一般初二去当天就回来。

【老人会活动】

问：老人会在春节时吹打吗？

答：三十日下午吹一回，初一上午拜完年吹一回。

问：初六到元宵节有没有特别的节日？

答：没有活动，到十五、十六，老人会活动，买 1000 多元烟火放，各家凑的钱，大队拿 1000 多元，户里集资 700 多元。

问：有没有高跷、旱船？

答：我们没有高跷，李集园有高跷，但他们没有老人会。旱船也没有。

问：正月十五、十六两天有老人会活动？

答：在下午到黑天进行活动。

问：正月还有什么特别的仪式吗？

答：到元宵节年就过完了。

问：二月份有什么活动？

答：二月二（日），烙饼、煎焖子。

问：吃这些东西有什么意义？

答：过去老传统说法，二月二日龙抬头，虫子要出来活动，这样就有烙饼、煎焖子，将虫都爆死了，即烤死了，这样就有一个好年成，不受虫害。正月二十五，还要填仓，在院子里用石灰画圈，弄点粮食用石头压在中间，也有压钱的，一大早起来就搞，也叫打屯子。天亮后，鸡出窝，就将粮食吃了，钱拿起来。表示一年吉庆，又有粮食、又有钱。

问：二月二（日）以后还有什么仪式。

答：以后就是清明。

【上坟祭祖】

问：上坟要准备些什么？

答：到清明上坟，老坟弄的纸就烧完了。清明前添土，清明这一天，也可以添土。清明这天弄的鲜货、肉、鱼等摆一摆。

问：清明上坟是哪一天？

答：我们农村一般就是清明这一天。

问：这里有没有寒食？

答：有，“寒食”就是清明（寒食，相传起于晋文公悼念介子推事，以介子推抱木焚死，就定于是日禁火寒食。后来将清明前一天叫寒食，也有一说是清明前两天——整理者注）。我们这里寒食前 10 天，寒食后 10 天，上坟均可以。

问：添坟是在烧纸前还是在烧纸后。

答：添坟是男的一起去，添后女的去上坟。

问：女的是儿媳妇去上坟？

答：儿媳妇，晚辈都得去。

问：回娘家上坟的有没有？

答：女儿上坟在爹娘死后前 3 年上坟，过

3年就不上了，近的还有来的，远的就不来了。

【节日习俗】

问：以后还有什么节？

答：四月份没有了！五月有端午节，吃粽子。自己包的粽子，江米、小枣用苇叶包起来蒸。

问：这里的土地庙什么时候祭？

答：没有祭的。

问：以后呢？

答：六月就没有什么。

问：夏至呢？

答：夏至没有什么仪式，但在初伏，女儿要到娘家吃初伏面（初伏即入伏，不闰月在五月，闰月在六月），其目的在于好息一伏。

问：回娘家住几天？

答：愿意住几天就住几天。

问：七月十五日？

答：阴历七月十五日是鬼节。我们老人会吹吹打打，在过去下午有讲堂，家家户户进供，敲着接供去。进供就是当会上吹打来了，我准备好饭菜，到时候放到桌上抬走了，到村北，再烧纸，这样就是说死的人有吃有喝，还有钱。吃的东西都洒了。

在农村有七月十五日定旱、涝，一说还有如果旱、涝就不吹不打，年成好了就吹吹打打，七月十五日也上坟，去坟上烧纸。

阴历八月十五日中秋节，亲朋送月饼，吃喝。到月圆吃月饼。俗话说“八月十五日云遮月，正月十五雪打灯”，但今年没有应验。八月十五日，就是吃好的，包饺子。

问：有没有兔儿爷？

答：月亮最圆是八月十六日，兔儿爷不清楚。

十月十五日要敬地母，表示感谢这一年收成好，老人会吹吹打打。一般的村不过，这一天没有上坟。上坟是十月初一，神鬼要寒衣，到坟上烧纸做成的衣服。

问：十一月，冬至？

答：冬至没有仪式。

问：十二月？

答：“腊八”，吃腊八粥，放五谷杂粮：大米、小米、花生、枣子、黍子、栗子、粟……

问：除上面说的回娘家外，还有什么回娘家日子？

答：没有了。

问：有困难向娘家借钱？

答：互相帮助，有来有往。

问：你女儿有没有向你借钱？

答：我女儿比我都强，还借什么钱呀！现在我光吃她们，没有向我借钱。

问：你有没有向你老伴的娘家借过钱？

答：老伴娘家在天津，在困难时期将孩子送到天津。城市总比农村好些。

【婚俗】

问：听说村里明天有举办婚事的，是谁家？

答：张茂红家娶媳妇，是另外一支姓张的，住在下坡新村。新娘早晨6点就来了。出嫁的也在一早。

问：为什么这么早？

答：结婚不是要喝酒、吃饭嘛！送走了再招待来宾，大家要上班，经介绍的，人家要送钱，如果走晚了，大家吃过饭都走了，就不好收钱了，所以要搞早点。

白金玉

时　　间：1993年3月28日上午

访 问 者：中生胜美

场　　所：白金玉家

【殡葬习俗】

问：王万起逝世时，姓王的都来了吧？

答：都来了，各亲戚花了不到 5000 元（请客、穿白色孝衣），他身体本没有病，患的是突发脑溢血，没有上医院就死了，是急病而死，没有折腾人。他爱喝酒，一天三顿酒，两天一瓶酒。

问：儿子多大？

答：23 岁，他的孙子 1 周岁了。

问：送礼的有没有单子？

答：有。

问：我以前访问他，今天再想访问他，可他死了。

答：送礼的名单，由于他为人好，村里人都来了。这些都是街坊、朋友。亲戚在另一本上。这是王万起儿子的同事。送礼有小礼和大礼，在 20 元、30 元、50 元、80 元、100 元不等。

问：有没有外村人？

答：都是本村的。送礼的本子要留好，将来好报答人家。

问：送礼的标准是什么？

答：根据关系的程度，深的多送，一般的少送。

问：买棺材没有，多少钱？

答：买了，五六百元，个人买的木头，自己做。

问：木头从什么地方买来的？

答：从木材公司买来的。

问：是火葬吗？

答：是火葬。

问：到什么地方火葬？

答：到静海县城。

问：花 5000 元，除去棺材钱外，其余怎么花的？

答：白布花 1700 元，亲戚都穿了，吃花了 1500 元；穿的衣服（寿衣）、帽子、鞋一身，什么都有。到火葬场烧了将骨灰带回来。

问：到火葬场去多少人？

答：都去了，坐的汽车，大队负责，不收钱。

问：街坊不去吧？

答：街坊不去。

问：干部呢？

答：干部去。有死亡证，烧完了回来销户口，单位给销。他到了工龄，一月给 10 元钱的药费，一次付完以后就不给了。

问：生产队给钱了吗？

答：大队给了 100 元，由于他是干部，当了一辈子干部。

问：还有 1000 元怎么花？

答：还有酒钱、烟钱，1000 元很快就花了。

问：有帮忙的吗？

答：有，都是街坊邻居。帮忙的 50 多人，工厂停了两天工。

问：你的娘家在什么地方？

答：在静海县，靠近你们住的宾馆旁边。

问：你父母和兄弟都来了吧？

答：都来了。

问：要是妇女死了，娘家一定要来人吧？

答：要来人，要交代，否则娘家翻脸怎么办。

问：姓王的有几户？

答：姓王的十几户，他们都来，没有出五服。

问：也有从山东来的？姓王不是一家族的吧？

答：都是本地的。

问：王万起有多少兄弟？

答：一个哥哥，一个弟弟。哥哥叫王万奎。

问：王如玲的亲戚都来了吗？

答：都来了（指参加王万起的葬礼）。

问：住在什么地方？

答：住府君庙。

问：她的丈夫叫什么名字？

答：叫尹连，他送 100 元，是最多的。

问：二姑的对象叫什么名字？

答：叫王四要（求），住在刘家营，她生活不好，没有送礼。

问：大姑的丈夫干什么工作？

答：在水利局工作。

问：小姑的丈夫叫什么名字？

答：叫张富顺，住在独流九十里铺。

问：他干什么工作？

答：（没听清楚），葬礼他没有来，给 60 元钱。王四要（求）没有来，二姑来了，来了两个人。小姑、婆婆和兄弟媳妇都来了，是正亲。

问：你有多少兄弟姐妹？

答：姐妹 5 个，兄弟 3 个。我是老四，老大叫白金英，老二叫白金芳，三姐叫白金玲，妹妹叫白金香，哥哥叫白金生，二哥哥叫白金元，三哥叫白金贵。

问：他们都来了吧？

答：有来的，有没有来的（被访者指名单说谁来谁没有来）。

问：大哥哥干什么工作？

答：他在面粉厂，已退休了。

问：白金英、白金芳拿多少钱？

答：白金英拿 20 元，白金芳也拿 20 元。

问：白金元呢？

答：都拿 40 元（两个人）。他大儿开汽车，二儿在静海皮鞋厂，都是工人。

问：三哥拿多少？

答：拿 40 元，他在农业社，他们都是非农业了。

问：大哥在哪里？

答：都是一个村。

【修路】

问：你在县政府里干什么工作？

答：管理公路。

问：政府哪一个部门？

答：联社的。

问：我看最近路修得非常好呀？

答：是国家投资，老百姓也拿钱。

问：你们修路一人拿多少钱？

答：今年一人拿 25 元钱。

问：小孩也要拿钱吗？

答：是的。

问：你们府君庙乡一共要拿多少钱？

答：光公路 30 万元。

问：每人 25 元，是年初还是年底付钱？

答：人均摊。乡投资十几万元。

问：你们有多少人？

答：工作人员有 10 多人，修路的人员是包出去的，由公路处包。

问：包一年还是两年？

答：大约两个月。按照工程的量来决定。

问：你们现在修的是哪一条路？

答：是由白杨树到静海段。

问：乡政府投资多少钱？

答：大约十几万元。

问：这项工作是什么时候开始的？

答：现在已开始，大约 6 月份结束。

问：包出去，不好是不是要罚款？

答：这和承包没有关系，一公里 10 多万元。

问：工人的一天工资多少钱？

答：工资不等，我们将活包给他们，工资由他们定。

问：修河是不是与修公路一个办法？

答：咱不管修河。

问：你是在学校学的技术，还是在工作中学的？

答：在工作中学的。

问：你什么时候到乡政府工作？

答：二三年了。

问：你是上学后就工作的吗？当过兵吗？

答：没有当过兵，我上了 8 年学。

【打工】

问：你初中毕业后干什么？

答：劳动，我哪里都去过，到过东北黑河，干了两年。

问：你干什么？

答：（音不清楚）。

问：新中国成立以前去黑龙江的吧？

答：结婚 12 年。

问：外面工作可以赚钱吧？

答：比种地好，有出路。

问：当时去外面的劳工比较多吗？冯家村有多少人外出当劳工？

答：我是一个人去的，到农场报名参加的。

问：外出辛苦呀！一般不愿意干？

答：吃、住都不错。有工资，工资都寄回家了。

问：中国一般的习惯，孩子工作赚钱给父母吧？

答：结婚后就不给了，不结婚给，结婚后就单过了，给也是给的零用钱。

问：如果有两个孩子，老人是要两个孩子分担负责吧？

答：结婚后我单过了，老人可以看孩子。

【婚姻礼俗】

问：结婚是经过介绍的吧？

答：他们是表哥、表妹，没有结婚就认识了。咱们俩兴是爹娘包办的。

问：现在同表妹结婚的很少吧？

答：一般没有。

问：你们结婚时，要向毛主席鞠躬了？

答：是的，还要唱毛主席语录歌。那时不戴花，不坐汽车，不兴排场，就给一个被子、一个褥子，那时还是很困难。我结婚时就是一身条绒衣服，也没有的确良，生活困难，不讲排场。现在结婚可讲排场了，冰箱、洗衣机、电视机、戒指……

问：结婚要花多少钱？

答：大约 8000 元（中生：我们结婚一般要花 3 年的工资）。一个月才 120 多元钱。承包厂的就有钱，光靠工资不行，现在富的真富，穷的真穷。

问：你说毛泽东时代好？还是现在好？

答：现在不好，心都变坏了！人说：现在好，吃得好。

【看风水】

问：做坟墓也要看风水吗？

答：盖房要看风水，做坟墓也要看风水。

问：西务里离这儿多远？

答：3 里地。

问：算命的叫什么名字？

答：姓严的，是瞎子，靠算卦吃饭。

【丧葬礼仪】

问：什么时候承包的？

答：1983 年以后承包的。

问：什么亲戚死了？

答：是亲戚，花了不到 5000 元钱。得的是冠心病、脑溢血，送医院就死了。平时什么病都没有，就是爱喝酒。天天喝，一天三遍。

问：过去村内送礼有单子吗？

答：有单子。为人好，公社和村里人都来送礼了。很多人是街坊邻居送的。有送小礼的，也有送大礼的，送大礼的有100的，50的，都是亲戚送大礼的。这是农村的风俗习惯。

问：送礼分辈分吗？

答：都是同辈送得多。

问：棺材木头多少钱？从哪儿买来的？

答：从县里买来的，六七百元。买白布花了1700多元。

问：大队给钱吗？

答：他当过干部，大队给了100元钱，一般社员死了大队不给钱。

问：送葬来了多少人？

答：五六十人。（吃饭怎么办？）由办丧事的家拿1000元，由大队组织人帮助做饭。

问：有兄弟吗？

答：有，叫王文奎，开小铺的。

问：王文香有几个小孩？

答：有两个小子，一个女儿。（看图）

问：你叫什么名字？

答：叫白金玉。（有几个孩子？）有3个。老大王金刚，老二王月。王文启是我们一家子的。

问：王文启有几个孩子？

答：有3个女儿、1个小子。大的叫王会玲，二的叫王会香，三的叫王玉林。（会玲住在哪村？）住在府君庙，男的叫任来元，给了100元。二姑住在刘家营，生活不行，没有给钱。有一个亲戚干建筑的，给了100元。

问：来了多少亲戚？

答：娘家、婆家亲戚都来了。

问：你兄弟姐妹都叫什么名字？

答：有3个姐姐，1个妹子。大姐叫白金英，二姐白金凤，三姐白金玲，妹妹白金香。还有三个哥哥，大哥白金生，今年60岁了。二哥白金元，三哥白金贵。我今年46岁，妹妹41岁。他们大部分都来了，有送20元的，有送40元的。

问：旧社会有丧事怎么办？

答：旧社会的事咱们不知道，旧社会穷人没有钱只能简单办，新社会有了钱，才办得大一点。

【工厂承包】

问：（男方）你承包工厂会投资多少钱？

答：已投资10多万，总共需要40万，已雇了10多个工人。

问：你在厂内干什么活？上过几年学？

答：当技术员，上过8年学。初中毕业后就参加劳动，哪儿都去的。去过东北、黑河。

问：在外做工挣钱是自己留着，还是给父母？

答：结婚以前给父母，结婚以后就不给了。父母也不要钱了，留着自己过日子。

【婚姻】

问：你爱人是介绍的呢，还是自己认识的？

答：是表亲，表姐妹，过去就认识。

问：表亲结婚的多吗？

答：有，不多。

问：那时结婚，坐轿吗？

答：不坐轿，就坐大车就来了，也没有家具，就是两床被就结婚。过去结婚有个60～70元就行，现在得花8000～10000多元。现在是有本事的，富的真富；没有本事的，穷的是真穷。

问：现在生活怎样？

答：现在生活好了，吃得好了。

问：现在我们去参加一家婚礼，谢谢你们！

孟德永

时　　间：1993年3月29日

访 问 者：中生胜美

场　　所：孟德永家

【家族来源】

问：冯家村姓孟的比较少吧？

答：姓孟的不少。

问：姓孟的从山东过来的吧？

答：是从山东过来的。孔、孟、颜、孙是一家。

问：你们姓孟的在中国是很古老的？孟家以前有没有“家谱”？

答：没有。

问：辈数你们都清楚吧？

答：远的弄不清楚了，近的我父亲辈能弄清，祖父就弄不清了。

问：孔、孟的辈分是一样的吗？

答：我说不好。

问：你们过去有家庙吗？

答：有。有城隍庙，在静海县城。过去讲妇女要贞洁。如果你结了婚后又结婚，有两个男人，等你死后，就要用锯子将你锯成两半，因为你有两个丈夫。

【婚姻】

问：昨天出嫁的小女儿多大岁数了？

答：今年23岁。

问：你们家准备嫁妆了吧？要多少钱？

答：8000元。

问：钱由谁负责？

答：我的6个儿子，加上女儿自己节余下来的钱。我女儿在烧砖的窑地、染织厂，还在纺纱厂干过，她在静海县城，她在县城工厂干了5年了。她的姐姐在静海县郊区。她自己准备3000元，几个哥哥给他准备了5000元。

问：男方给不给你们钱？

答：男方给彩礼2000元。这2000元也在那8000元内，因为除嫁妆外，还有请客吃饭。我们老两口哪有钱？现在每月儿子给10元，靠儿子养着。我父亲是烈士，每月给我32元。

【烈士待遇】

问：你父亲什么时候牺牲的？

答：1945年日本人投降后，我父亲被保二团杀害。不对，是1948年阴历正月初六，被国民党保二团杀害。国民党给我父亲上刑罚，国民党可厉害。毛主席时不管，邓主席时管了（指32元补贴）。

问：你父亲是八路军时的村长，为什么不管呢？

答：1983年才发给了我们烈士证。邓主席是英明。

问：这个村有烈士证的还有别人吗？

答：有，还有两户，他们是刘西林和王如桐。

问：你们现在享受32元。

答：按规定：我在18周岁以内，没有工作，由国家负责，现在不享受，但有荣誉。由于我是堡垒户，掩护过共产党，在战争年代有功劳，现在给12元（每月），党龄10元，共22元。我当干部不到20年，又给10元，共32元，现在还享受。

【旧社会婚嫁风俗】

问：旧社会出嫁的风俗是怎样的？

答：一般是包办，有媒人，是女的多，现在叫介绍人。媒人和介绍人是一个意思。

问：你女儿的介绍人是谁？

答：是亲家婆，即儿媳妇的母亲介绍的。

问：过去的介绍人，一般是亲戚还是街坊？

答：一般是好朋友。

问：有没有专门做媒人的？

答：没有。

问：旧社会是不是要给媒人钱？要考虑门当户对吧！以什么标准？

答：过去信这个门当户对。按土地和钱，从经济上考虑，穷对穷，富对富，这就叫门当户对。

问：过去你们这儿有信仰基督教的吗？

答：一般天主教与天主教的结婚，但也有不是天主教的和信天主教家结婚的。

问：是不是过年时不能说媒吧？

答：过了正月才能谈媒的事，正月说媒，媒人就会死。现在还是这样的风俗。

问：订婚有什么习俗？

答：约定一个日期，男方到女方家，看看合适不合适，如果行，就定一个好日子，摆酒席，男方母亲给未来的媳妇见面礼。彩礼就是见面礼，给多少钱，互相商量。

问：你结婚时的见面礼多少？

答：我哪有钱，大约30元银元。30元银元可买玉米4~5石。还是现在好，在"四人帮"时，困难时期，没有吃的。现在我家有洗衣机、电冰箱，这些都是出国的儿子给的，当时（指困难时），他病得厉害，我都打算不要他了，但我又舍不得，又将他弄回来，又活了。

【"文化大革命"中的批斗会】

问：当时死了不少人吧？

答：主要是饿死的。这个是孪生，属猴的，十来岁时，二的不要饭去，我拿出笤帚打着他，逼他出去要饭吃。不是搞运动嘛！我当5年支书，脖子上挂砖呀、跪板凳（"文化大革命"时），膝盖都跪破了，我想自杀（妻子插话：我说你不要死，你要死这一帮子怎么弄呀？我说你就熬着吧。他在街上被打，打得死去活来，一会儿打得噼里啪啦）。叫我坐老虎凳，我的心眼可好，害人我不会。邓主席要不上台，没有生的（意思即活不下去——整理者注）。（妻子插话：把咱家的棉被也弄出去了，棉袄也抱出去）5口人盖的被子，是用口袋布缝起来的，大伙盖。他不出去干活行吗？拿什么吃饭。我弄个麻袋给他做个棉袄。这个村坏人多。由于我跟毛主席跟得紧，有些人过去的父亲是当土匪的，他们斗我可厉害了。

问：还有几个人被斗？

答：我们村被斗的还有马万华、张茂原（队长）。

问：斗争你们的会在什么地方？

答：在当街上（在胡同口）。

问：那时你们觉得不合理吧？

答：不合理。让学习雷锋，还有焦裕禄，提出向他们学习。而干部上了楼（指停职检查——整理者注）但下不了楼。学习焦裕禄没有用，没有人听，当时，"对"也打"不对"也打，用刑罚。（妻子插话：他说国民党也受过刑罚，共产党他也受过刑罚）"四清"时带去1800多人，当干部活不了，"四人帮"讲什么"革命"。

【"文化大革命"与农业生产】

问：搞运动你们粮食产量受到影响了吧？

答：打多少粮食都给拿走了，给社员每人每天7两4钱，活不了。给7两4钱，到时候群众不去偷去吗？

问：那时有没有想到外面去？你被斗有没有想全家到东北去？

答：没有跑的，"看"起来，关在学校里，（妻子插话：我整天送饭去，他不吃。）邓主席和江主席上来那一套不行啦！这些东西们再说"革命"谁听呀，搞得好，多挣钱。搞不好少挣钱，江泽民主席，邓小平主席不错，这是我说，我说不错，有的还不同意我的看法。我们必须以经济建设为中心。

【婚姻礼俗、童养媳】

问：这些肉是你姑爷买的吗？

答：不是，是我自己买的，后天他们就来了。回来是女儿和姑爷俩人，是第四天回娘家。

问：订婚的日子，昨天是初六，是比较好的日子，找这个日子有没有找算卦的人？

答：没有。一般是一个月的上半月，不是下半月。

问：订婚以后多长时间就结婚？

答：需要达到年龄，必须女到23岁，男必须到24岁，才能结婚。

问：过去（旧社会）很年轻就结婚了吧？

答：有13岁的，也有14岁的就结婚了，旧社会不好。

问：这个村旧社会有没有童养媳？

答：这个村就有一户，都死了。

问：童养媳和婆婆的关系怎么样？

答：一般都是父母死得早，招来童养媳，到后来男的多数大了才结婚，过去女的十七八岁就算人家的了，我们就是16岁结婚的。

问：结婚日子决定后，需要准备嫁妆，旧社会你带来什么东西？

答：没有，娘家当时是要饭的，哪有什么东西？

问：被子呢？

答：没有。

问：前天，你女儿带的什么东西？

答：过去地主、富农带的东西多。现在彩电、录音机、冰箱、缝纫机、收音机、电风扇都有。

问：还有沙发、棉被等？

答：4床被子，两床褥子，1个毛毯。我们的老姑娘够意思的（即好得很——整理者注）。他婆婆家订婚加结婚共花了3600元，电器需要多少钱！

问：现在是姑娘出嫁花钱多呀？

答：对。炸果子、做豆腐……

问：你们老大送你的姑娘什么东西？

答：送的录音机和洗衣机，老二给了个缝纫机，老三给200元，老四给1500元（老四在工厂当会计），老五给1000元（在焊条厂工作，现在又学开汽车），老六给1000元（在府君庙工厂工作）。

问：家具是结婚前一天送到吧？

答：是头一天，即初五送的。

问：男方来这里拿，还是你们送去？

答：是个人送，车子是我们找来，开车是我的干儿子，叫袁少发。

问：昨天你的姑娘是几点钟到男方去？

答：早7点半。是男方来接的，一共两辆轿车。有姐姐和姐夫跟着送去，父母不去。是她哥哥和小妹妹送去的。

问：姑娘到男方后有什么仪式？

答：有典礼，放鞭炮，贴上红喜字。女方到时，男方到车前鞠躬，不鞠躬女方不下车。下车后到新房。男女双方要向贴的吉祥纸行礼。旧社会时要拜天地，女的头上要蒙红布（红冠，上面绣的花），当时是从府君庙租来的，现在没有了。男的用秤的钩子将红冠钩下来，看到了新娘的脸。

问：府君庙出租新娘的衣服叫什么名字？

答：除红冠外还有用袍子的，有玉带。

问：这边是一抬轿，还是两抬轿？

答：一抬轿。

问：男方过来时里面有没有男孩子？

答：有压轿子，是童子。童子领着女方上轿，孩子下来新娘进轿。

问：坐轿子时，是不是带饺子？

答：没有。下轿小两口到房里，咬一口饺子，面对炕，问“生”、“不生”，答

“生”。

问：从娘家带来枣子、花生、栗子吧？

答：带栗子、枣子、棉花套、花生。这些东西放在家具里，由男方放。结婚后就拿出来。这些东西表示要早立子（枣、栗子）。

问：女方到时要放鞭炮，男方出来迎接要鞠躬，地上要铺红毡？

答：现在没有了，旧社会有，叫倒红毡。

问：在院子里拜天地，还是在什么地方？

答：院子里。

问：这个屋子叫什么名称？

答：叫中堂，洞房是新郎、新娘的住房。

问：到洞房，新娘要吃饺子吧？

答：有饺子，还有小花卷、糖馒头，放在一个盘子里。

问：现在还有没有？

答：现在没有了，光吃饺子。

问：新娘进洞房以后坐在炕上？

答：坐炕上，三天不能下炕。因为三天不准下炕，吃点娘家带来的煮鸡蛋，鸡蛋没有水分。

问：为了不上厕所，新娘出嫁之前就不吃饭了吧？

答：上轿前不吃稀饭，在出嫁之前什么东西都吃。

问：白天拜天地，还是晚上拜天地？

答：下轿就拜天地。我们这儿女的进洞房在怀里揣个瓶子和小镜子（铜镜子），意思是“保平安”，然后进洞房，吃饺子，然后上炕，两天不下炕。新娘下轿前早已准备好一种铁管子两个绑在一齐，放上火药和引信，下轿时点火，连响三声，由帮忙的人放。还带来一张弓、三支箭。下轿时有人叫（司仪）三鞠躬。

问：拜天、地后什么时候取下红冠？

答：进了屋就将其钩下来，就是新娘坐到炕上就钩下来。

【婚姻礼俗】

问：闹洞房是些什么人去？

答：最近的人们，兄弟呀！叔伯兄、弟呀！姑姑，大爷的孩子们。

问：闹洞房一般长辈人不去吧？

答：长辈不去，同辈可以去，街坊不错的朋友去，下一辈的也可以去。上一辈人去了，人家就不尊重咱了。

问：这里的闹洞房讲不讲礼貌？

答：闹洞房时，要新郎新娘拿出10元钱，去买糖，买烟。

问：闹洞房是男的，女的也有吗？

答：女的也有，男、女都可以闹洞房。女的去了要说吉庆的话，给你买饼子去。

问：闹洞房是第一天，第二、三天还有吗？

答：就是第一天，当天午后闹。

问：第二天有什么仪式？

答：没有什么仪式。

问：新娘什么时候拜见新郎的父母？

答：第一天就拜过新郎的父母。

问：男方的亲戚也送钱吧？

答：男方的爸爸、妈妈掏钱，男方的姑姑、爷爷，叔叔、大爷都要给钱。给多少咱不知道。新娘给爸爸、妈妈、大伯等人，钱是斟酒时大伯、姑姑、舅舅给的。

问：一般送礼是钱多还是东西多？

答：送挂帐的比较多，还有被面。

问：第二天、第三天没有什么仪式吗？

答：没有。第三天男方要到爷奶坟上去上坟，祭祖去，吃过早饭走，由大哥、大嫂带他们去认祖，烧纸、鞠躬。第四天就回娘家，我打了两瓶香油，准备给男方。

问：回娘家是你女儿和女婿一起来吧，还有别的人吗？

答：就是他们俩人，不要接，他们骑自行车来。

问：你们送的嫁妆中有自行车吗？

答：有，在静海买的，一辆320元带锁，过去不好买，现在好买。

问：新婚夫妇回娘家，他们第四天什么时候回婆婆家？

答：是8天的限，应早点走，她婆婆眼瞎。

问：你的老二参加了没有？

答：他没有休假，没有参加，出国了。一年回来一趟，要到明年这个时候才能回来。他在天津，38岁了。

这是我干儿子。

【认干亲】

问：你的干儿什么时候认的？

答：我儿子当兵去，他们俩认了个盟兄弟，20多年了，回来以后，他看我这个品格，就认我为干爹。

问：是因为他们俩很好的关系，是义兄弟？

答：是因为他品行好，没有坏心眼，他爱说，我也爱说。

问：这个村有没有认义兄弟、干亲这个习惯？

答：有，盟兄弟有，干亲也有。

问：什么时候找干爷？

答：生孩子时叫干爷爷。

问：男孩、女孩都有干爷吗？

答：有的拜有的不拜。我6个女儿，3个男孩，他非认不行，看他脾气好，我脾气也好。

问：你干儿现住在什么地方？

答：在子牙公社，离这里50华里。

问：你还有干儿吗？

答：没有，就是一个。

问：有没有迷信性的干儿？

答：有，认干儿干娘要，“回报血汗”吧！我这儿女多，要认干爸吧，干娘得把他收入大裆裤，在裤裆处弄个大口子，放在里面钻出去，这样干娘就拜了。

问：干儿干女过年时也得拜年吧？

答：是的，和自己的孩子一样。过年时，一箱苹果，二斤鸡蛋，四瓶酒还有点心。我们也不白吃人家，给他猪肉、豆子、60斤米、一箱酒，叫我儿子在日本捎奶粉、油。

问：他在工厂开车？

答：他开的出租汽车，起先在工厂开车。

【老人会】

问：荀怀喜通知了没有，今天下午4时半老人会在小学表演。

答：我不去，我生气。

问：你身体不太好呀？

答：不，我病了不去。去那干吗？不就100多元，我准备自己买笙在屋里玩玩。

问：活动时音乐很好吧？

答：吹笙，老头打十几（即10多岁——整理者注）就吹笙。这儿不行，由大屯排演的，有唢呐。获奖励700元，这是个技术，他们反对我。府君庙，修理的也有，有打拍子的，有导演，起先演节目都是人家那里，这儿不行。

问：老人会，在旧社会也有老人会吧？

答：新中国成立以前就有，以前叫音乐会，即娱乐会。

问：也有叫赛火会吧？（是赛火会还是三合会——整理者注）

答：有叫赛火会，他们供像片、磕头、烧香，那就叫三合，会就叫这三合会。这是两个名称。

问：两个名称不是一回事吧？

答：三合会名曰磕头烧香这个会，三合会嘛！

【白莲教、天主教】

问：三合会和白莲教有没有关系？

答：白莲教我也蹲过，一贯道我也入过，天主教也信。我给人家拉船，那是进门弟子。白莲教我母亲也在过。

问：白莲教是不是要特别念经？

答：不念，就是一种气功，不能喘气，用舌头抵住上腭，像闭气似的。

问：白莲教有没有特别的团体？

答：有头，是一般的人。这个村也有，他教我们。天主教是跪着。

问：白莲教是一种养身？

答：我也弄不清。

问：你母亲为什么在白莲教？

答：那是修好教，咱要福禄寿行好，不用屠刀，天主堂念经，不要贫人家财物（以下听不清）。

问：入白莲教要不要付钱？

答：那叫做供奉。

问：你家当时很穷，没法供奉？

答：给 5 毛，有给 1 元的，也有给 10 元的。

问：一般的农民都想进白莲教？

答：也少，天主堂多。我是十几岁入天主教的。

孙宝坤（荀怀喜之妻）

时　　间：1993 年 3 月 29 日下午

访 问 者：中生胜美

场　　所：荀怀喜家

【婚姻礼仪】

问：你们是？

答：咱是亲妯娌俩，她是荀怀宝的妻子，荀怀宝和荀怀喜是亲兄弟。老大是荀怀喜，下面是荀怀东、荀怀西、荀怀宝，咱是老四。这是咱们姑，荀怀喜的姐是大姐。二姐是荀怀今，在府君庙住，这是三姐，这是四姐，这是三姐的女儿。

问：你有几个孩子？（荀怀喜的妻子）

答：我多，6 个女儿和老小子。老大叫荀玉顺，老二叫荀玉玲，老三叫荀玉娥，老四叫荀玉梅，老五叫荀玉霞，老六叫荀玉，都出嫁了。

问：你的儿子？

答：我的儿子在东北呢。

问：你的儿子什么时候结婚的？

答：他还没有结婚，他今年才 17 岁。

问：我想问问你们结婚仪式问题，新娘来了要拜天地吧？

答：女的到了，男的要迎上去鞠躬，女的才出来。旧社会坐轿子也是一样。

问：旧社会你们坐轿吧？

答：现在坐车。新中国成立后不坐轿，坐大车。

问：下了轿子以后？

答：下了轿子以后拜天地。

问：在院子里有没有牌位？

答：院子里没有什么！有行鞠躬礼的，现在也有。

问：你从娘家带来什么东西？

答：带来嫁妆。

问：你儿子结婚花了多少钱？

答：还没有结婚。

问：他结婚时需要多少钱？

答：盖 3 间房。按人口分土地，结婚以后迁户口。

问：你哥哥什么时候去东北？

答：1963 年，去鞍山。这是我的侄子。

张桂兰

时　　间：1993年3月26日上午

访 问 者：末次玲子

翻　　译：童晓薇

场　　所：苟凤武家

与会者齐秀云（四子苟凤武之妻）、贾若兰、陆红爱等人。

【家庭、家族】

问：你很健康吗？

答：很好。

问：你现在还干农活吗？

答：不干啦！我干不了啦！

问：刚才遇到到的是你丈夫吗？

答：是。

问：你做的门帘特别好看，什么时候做的？

答：好看？去年做的。

问：你几个儿子？

答：4个儿子，这是老儿子的房子。

问：你家庭成员孩子的名字？

答：长子叫苟凤奇，二儿子叫苟凤平，三儿子叫苟凤清，四子叫苟凤武。

问：他们的职业？

答：大儿子在大兴安岭林业局，53岁；二儿子在家种地，45岁；三儿子在供销社，43岁；老儿子在工厂即锻件厂工作。

问：除大儿子外，都在本地吗？

答：两个在外工作，两个在本地。

问：他们都结婚了吗？

答：大儿媳是四川人，叫唐素芬，在东北当工人。他们有4个孩子，两儿两女；二儿媳白杨树人，叫杨秀芬，有两个孩子，一儿一女，儿媳种地；三儿媳44岁，是府君庙人，叫李玉兰，有两个儿子；四儿媳叫齐秀云，37岁，种地，有一个男孩，独流镇人。

【婚姻法】

问：你们村原妇女运动的领导人叫王英是吗？

答：是，她已死了。

问：王英在时正是《婚姻法》颁布的时候，她都做了哪些工作？

答：工作一般。不好也不坏。她管计划生育不错。

问：她遇到什么困难与你们商量吗？

答：商量。

问：都商量什么事情？

答：计划生育，谁家超生了的事情。

问：怎么商量？

答：超生的要罚，怎么罚法。

问：怀孕了是计划以外的是不是要求做流产？

答：是。

问：颁布《婚姻法》以后村里离婚的多吗？

答：没有。

问：怎么宣传《婚姻法》的内容，你们还记得吗？

答：记得。岁数不足的不许结婚，结了婚的挨罚。

问：是十五六岁就可以结婚吗？没有颁布《婚姻法》以前？

答：当时十八九岁结婚，没有十五六岁的。

问：听说过去女孩子很早就结婚，是吗？

答：我还20岁结婚呢！没有太早的。

问：男、女孩结婚的年龄有区别吗？

答：过去因家庭生活有困难，男的比女的大十几岁的也有，以前也有大一旬的。

问：你还记得扫盲吗？

答：八路军来了以后，不分男女老少都

学识字，还有老三篇。

问：多少年啦?

答：1948 年还是 1958 年。

问：你们也学吗?

答：年轻人学后再教我们认字。

问：你认字吗?

答：认的字不多，自己的名字认得，复杂的字不认识。

问：日本与中国一样孩子不多。

答：我的几个孩子都实行计划生育。这还这么多呢，我有 9 个孙子、孙女。我重孙子都有啦，四世同堂。

问：你在你的儿子们家住，各家多少时间?

答：每家住 5 天，轮流住。实际是跟着两个儿子住，另两个儿子不在家住。孩子们都好。

【妇女的劳动】

问：颁布《婚姻法》后，让女的去干活，你还记得吗?

答：男女平等啦！都得出去做活。

问：你编席吗?

答：编席，织了一辈子席，女的编席，男的干活。在座的这些人都不是一家人。

问：合作社时的情况有什么变化?

答：女的在家编席，男的从地里回来也得帮助劈苇子。织完席卖后买粮食吃。

问：合作社做什么?

答：合作社是做买卖的。那时还吃大食堂，一个村的人在一个地方吃饭。

问：合作社时你们也编席吗?

答：也编席。给合作社编，记工分，一分合 5 分钱，编一领席挣 3 角 5 分钱。

问：合作社与什么人结合在一起?

答：大部分是贫下中农。社里有社长，队里有队长。

问：他们的姓名你还记得吗?

答：不记得。合作社是买卖东西的，就像天津市的商店。

问：是女的编席吗?

答：是。男的种地，除编席外还绑扫帚。

问：当时大食堂在哪儿?

答：在村里的老郝家的大院里。当时吃野菜。

问：那是困难时期吧?食堂的饭谁做?

答：有做饭的人。

问：你做过吗?

答：没有，老头当过食堂管理员。谁做饭记不清啦!

问：你在食堂干了多久?

答：一年多。在中间干的，前、后别人干。

问：大食堂是到 1961 年结束的吗?

答：不到 1961 年，结束得还早。

问：自然灾害的时候吧?

答：有人说自然灾害的时候，人们没有粮食吃，是因为毛主席还苏联的债把粮食都还走了，不知是真是假，所以饿死不少人。

问：那时村里死了 20 多人是真的吗?

答：比 20 人多，老人经不住饿，3 年没有吃到油，老人死得多。

问：自然灾害时很多人都到东北去了，你去了吗?

答：我没有去，我大儿子去了，直到现在还没有回来。

问：1962 年编席时想干别的吗?

答：没有，没有别的活。

问：是挣工分吗?

答：是。

问：女的还干别的活吗?

答：干，农忙的时候干农活。

问：你会干农活?

答：会，什么都会。

问：你缠过足吗？

答：缠过，后来放开啦！

问：那你还会干农活吗？

答：干，小脚人也得去干。

问："文化大革命"的时候毛主席说男人能干的事情女人也能干，你听说过这个吗？

答：听说过，男女平等。

问：当时村里有什么号召？

答：当时很穷，没有什么号召，国家让怎么干就怎么干。不干活没有饭吃。

问：那时你们还干农活吗？

答：干。我干到53岁。

问：上边说的毛主席的话你有什么想法？

答：国家怎么着咱怎么着，跟着国家干，哪个国家都一样。

问：你认为男女都好吗？

答：都好，你看现在多自由哇！有吃、有喝，要什么有什么。

问：有了钱是想怎么用就怎么用吗？

答：是，盖房，娶媳妇。

问：干活挣钱很高兴吧？

答：高兴。

问：拿着席子去卖吧？

答：集市上有人收购。

问：你小时候卖了席钱交给大人还是自己花？

答：交给大人，自己不能花。

问：新中国成立以后自己能花吧？

答：新中国成立以后自己成家有了孩子，自己就花自己的钱了。

问：你知道"破四旧"吗？

答：知道。不就是老的东西不让要嘛，像这个也不让戴。桌子上摆的笔筒，茶壶茶碗都收到大队去，剪成革命头，这就是"破四旧"。

问：当时你们有什么想法？

答：农民有什么想法。

问：有不满的吗？

答：没有不满的，上级要求这么做。

问：王英知道吗？

答：知道。

【其他与会妇女的经历】

问：想问问你们的名字。你叫什么？

答：我叫贾若兰。

问：你是在这里出生吗？

答：我是独流镇的。是当年当家庭妇女光荣时来到这村的。叫做不在城里吃闲饭。母亲是教师。

问：你母亲叫什么名字？

答：孟淑珍。

问：你母亲是基督教学校毕业的吧？

答：是。

问：你结婚了吗？

答：已结婚。丈夫叫张宝森。

问：村长啊！你叫什么名字？

答：陆红爱。

问：你丈夫叫什么名字？

答：张宝善。

问：你们是妯娌吗？

答：是。

问：你有几个孩子？

答：一个。男孩。

问：你干什么工作？

答：种地。

问：你母亲干什么？

答：家庭妇女。

问：你干什么？

答：上班去啦！今天休息。

问：你在哪个厂上班？

答：静海鞋厂。

问：几个孩子？

答：两个，一男一女。

问：你叫什么名字？

答：刘继、刘影。

问：还没有结婚吧？今年多大？

答：没有。19 岁。

问：你爸爸叫什么名字？

答：刘运新。

问：你现在干什么？

答：在大队工厂上班。

问：是生产零件的吗？是工人吗？

答：是。

问：你叫什么名字？

答：祝祥凤。

问：你丈夫叫什么？

答：孙玉常。

问：你还干家务活吗？

答：什么也不干，光享福了。

问：你在家干什么？

答：干家务，忙时拾草什么的。

问：与你儿媳同住吗？

答：不是，自己做自己的饭吃，粮食放在一起，因住得远。

问：你儿子和儿媳在哪儿上班？

答：都在家种地。

【齐秀云的经历】

问：你父亲干什么？

答：在公社乡镇企业当厂长。

问：你小时候你爸爸干什么？

答：在府君庙当过书记。

问：你父亲叫什么名字？

答：齐国才。

问：你有几个兄弟姐妹？

答：1 个哥哥，1 个弟弟，5 个姐妹。

问：你排行第几？

答：老四。

问：你上过几年学？

答：小学三年级。

问：你在小学时喜欢什么？

答：凑合着，喜欢语文，算术不行！

问：你哥和弟上过什么学校？

答：哥哥初中毕业，后来参军，弟弟也初中毕业，姐姐也是上到三年级。下边的 3 个妹妹文化都比我高，四姨初中没有毕业，最小的姨高中毕业。

问：你与你丈夫是怎么认识的？

答：我大哥当兵我丈夫也当兵，是这样认识的。

问：他是你最喜欢的人吗？

答：是。

问：你结婚时也穿特别好的衣服吗？

答：穿平常的衣服。1980 年结婚。

问：你结婚时坐花轿还是骑自行车？

答：那天正下大雨，坐的汽车。

问：那时用汽车接是不是很稀奇？

答：是！

问：你结婚用什么方式？

答：鞠躬，向大家鞠躬，没有别的礼节。

问：你结婚以前上班吗？

答：上班。从 13 岁开始上班，到结婚前的头一天才不上班了。只歇了一天。

问：你在什么厂上班？

答：制拉链厂。

问：现在还干吗？

答：不干啦！

问：干到哪年？

答：结婚后就不干了。

问：是独流镇的厂吗？

答：独流大队的厂子。

问：种地吗？

答：是。

【男女平等】

问：现在干农活的都是女的，是吗？

答：是。男的都外出干活了。

问：收获的农作物是自己吃，还是卖？

答：除了吃以外，余下的就卖掉。

问：攒了钱自己花吗？

答：自己用，剩下的钱买项链、戒指、耳环。乐意买什么就买什么。

问：如果买电器，如电冰箱什么的谁决定？

答：商量。不商量哪行！

问：孩子们的教育怎么办？

答：商量着办。

问：买农药也商量吗？

答：是。

问：他有什么事也是商量吗？

答：是。

问：《婚姻法》颁布后，男女平等啦！那财产怎么办？

答：平等对待，闺女出嫁后，如果父、母病了，闺女买点东西给父、母吃，但是老人死了，还得儿子管，没有闺女的事，男、女区别就在这儿。还得靠儿子。

【计划生育】

问：在中国现在生了女孩没有继承人，只有生了男孩才算有继承人，你们这儿是这样的吗？

答：现在农村一般还是这样认识。怎么不重男轻女呢，如果第一胎是男孩，就不准生第二胎了，如果第一胎是女孩，还允许生第二胎，连国家就都这样规定，下边就更是这样了。有儿就传宗接代了。

问：如果只生了一个女孩，将来农耕怎么办？

答：有女婿帮助干。有些年轻人生了一个女孩，还不死心，还要生第二胎。

问：有只有女孩的家庭吗？

答：有。这个村只有一户。村里照顾他们，女儿生了两个儿子。计划生育要求少生，如果只生了一个女孩，国家还允许生第二胎。

贾若兰

时　　间：1993 年 3 月 26 日下午

访 问 者：末次玲子

翻　　译：童晓薇

场　　所：贾若兰家

与会者张建新、王洪敏等。

【女工家族学历学业】

问：1991 年笠原先生来访，询问了你很多问题，我很感兴趣，也想问你一些问题，你父亲叫什么名字？

答：叫贾毅之。我父亲是河北省东鹿县人，这里是我姥姥家。

问：你有 5 个兄弟姐妹？

答：是。我有一个姐姐、两个弟弟、一个妹妹。

问：你妈妈是哪儿人？

答：这个村的。

问：你是在哪儿生的？

答：在独流镇生的，1954 年生。

问：你妈妈在学校任教？

答：是。早退休了。

问：你小时在学校是怎样学习的？

答：我上小学时正是“文化大革命”，到三年级到这个村来了。在这个村上到五年级就不上了，家庭条件不好。

问：你几岁就不上学了？

答：18 岁。我上的完小。上完完小以后直接升初中。

问：完小在什么地方？

答：独流镇。我在独流镇上到三年级。

问：你平时学习吗？

答：我没有上学之前就学习了，我姐姐在上学，我的弟、妹们小，家庭经济条件不好，所以我在家看孩子，到 12 岁才上小学。我父母的工资供养不起我们，我上到五年级也就不上了，开始在家干活挣工分。

问：你 1966 年上学的吧？

答：是。

问：你边干家务、边学习？

答：是。我识字不少，就是不会写。

问：你姐姐上的什么学？还健康吗？

答：初中。健康，还继续工作。

问：你弟弟、妹妹都在工作吗？

答：弟弟、妹妹都是初中毕业，弟弟毕业以后，参军啦！复员后在独流镇，二弟当老师。妹妹已结婚，在独流镇。

问：你父亲干什么工作？

答：当干部。1976 年去世啦！19 岁当八路军。

问：你毕业后一直在制鞋厂工作吗？

答：不是，原来务农，从去年开始在制鞋厂。

问：你上学之前一直在家吗？

答：是。照顾两个弟弟。

问：你多大结婚？

答：26 岁。这之前在家干活。

问：是在人民公社时结婚吧？你是什么公社？

答：府君庙公社。

问：男、女都做一样的农活吗？

答：是。

问：早晨几点开始下地？

答：早 7 点开始干，到 9 点回家吃饭，然后再下地到 12 点钟下班。下午 2 点到 4 点。女的干活回来还得做饭，整理屋子，照顾孩子，比男的负担重。

问：你丈夫帮忙吗？

答：帮忙，开炉子，烧火，打扫院子他都干。

问：村里有保育员吗？

答：没有，城里有。

【“文化大革命”及“下放”】

问：你还记得“破四旧”吗？

答：死了人不许烧纸，不许埋，要求火化。家里有老东西不让摆，都收走。这是“文化大革命”时的事。

问：这个运动有好的地方吗？

答：老一辈传下来的东西都收走了，不乐意也不行，是全国的运动。

问：你妈妈在运动中怎样？

答：挨整。我父亲成分高。我父亲没有事，因为早退职了。

问：谁让你母亲写检查？

答：独流镇的单位。那时我还小，不懂事，我母亲人很老实，但是因为家里是地主。

问：“文化大革命”结束你们都高兴吧？

答：“文化大革命”从知识分子开刀，说什么人人都有两只手，不在城里吃闲饭，我们就开始下乡，到了这个村，这是 1968 年的事。

【婚姻】

问：你是在这个村与你丈夫认识的吗？

答：是。

问：结婚以前你们认识吗？

答：认识，都是一个村的。

问：这个村与本村人结婚的多吗？

答：不少。我结婚那一年有好几个。

问：你们是恋爱结婚的吗？

答：是介绍的，不是恋爱。

问：是真的吗？

答：是真的。

问：张宝森是你公公吗？

答：张文中是我公公。

问：与父母亲在一起过吗？

答：现在我们老两口自己过，一般家庭都是结婚后自己过。

问：你结婚时你丈夫家都住在一起吗？

答：都在一起。

问：妯娌们住在一起有矛盾吗？

答：有。现在自己都有院就好了。

问：你丈夫也是搞农业吗？

答：什么都干。

问：你什么时候生小孩。

答：1980 年 11 月生了一个，1982 年生第二个孩子。

问：那时有计划生育吗？

答：有。生老二时挨罚了。

问：你大儿子上初中吗？

答：儿子是老二，上二年级。女儿是老大，上六年级。

问：你在鞋厂上班几点到几点？

答：早晨 7∶30 ～ 11∶30，下午 1∶30 ～ 5∶00。

问：你为什么到工厂工作？

答：我是知识青年，转为非农业人口，当了工人。

问：是去年转的吗？

答：1990 年由农转非，1992 年劳动局给指标当了工人。

问：工作很有意思吧？

答：一天很忙，赶得慌。还不如干农活好玩。农民承包了土地，自己愿意怎么干就怎么干。有钟点限制不自由。

问：收入上哪种活多？

答：差不多，当工人有一个好处就是有劳保，可报销医疗费。工厂实行计件制，多劳多得，不劳不得。

问：医疗费能都报销吗？

答：按工龄计算，工龄长的报得多，有报 70% 的、80% 的、95% 的不等。

问：你的朋友们是不是都很羡慕你呀？

答：羡慕什么？他们没有工作多好，玩的时间长。我们是企业单位，干一天给一天的钱，不干不给钱，不像事业单位。

问：在工厂生小孩休息多久？

答：半年。

问：女人生了小孩是否可以请长假？

答：可以，小孩没有人带，自己看孩子，厂里发给 60% 的工资。

问：社会上对生小孩的妇女有保障制度，你知道吗？

答：不知道。

问：妇女生了小孩，可以休息 2 年，然后再上班，这叫产假你知道吗？（问贾若兰）

答：没听说这种制度。有的休息一两年，这是正式工，合同工就解雇了。

问：生育保障制度你知道吗？

答：不知道，只给百分之多少的工资，产假期不扣工资，过了产假期就扣了，工厂与工厂也不一样。

问：你再说一遍休长假的事？

答：妇女生了小孩可以休息，这是正式工人。

问：你在哪里工作？（张建新）

答：在家干农活，在村西边住。

问：你还在国营厂工作吗？

答：不上啦！

问：你结婚了吗？

答：没有，才 19 岁。

问：为什么不工作？

答：太累，在纺织厂织布。

问：你不喜欢？

答：工作 8 小时太累。

【工会】

问：工厂有工会吗？

答：有。

问：工会搞什么？

答：组织职工运动会、打乒乓球等。

问：大家都参加吗？

答：城里人吃完饭没有事，我离家远不参加。

【农村男女分工】

问：村里男的去上班，女的干农活，是吗？

答：是。一般男的都不在家，有在村工厂上班的，有在建筑队的。

问：为什么会形成这种局面？

答：村里没有副业，男的必须外出挣钱。

问：家庭收入基本上靠男的挣钱吗？

答：是。

问：男、女收入比例多少？

答：女的收入很少，男的挣一二百元，多的挣300元。

问：你的收入与你丈夫的收入谁多？

答：我比他少。

问：与日本差不多。有没有只干家务，不干农活的？

答：没有。上岁数的人干不了农活，在家看孙子。

问：一般多大岁数？

答：60岁以上。

问：1960～1970年代号召女的外出工作，而现在很多女的又不出去工作，你对这种现象怎么看？

答：妇女出去工作确实有困难，男的出去上班，女的必须在家里照管孩子、干家务。

问：你辞了国营工厂的工作不可惜吗？

答：在家干活离家近。

问：结婚后不去工厂工作？你愿意做自己喜欢的工作吧？

答：对。

问：你喜欢做什么工作？

答：在村里做车床工。

问：你是与这个村的人谈对象吗？

答：还没有谈呢？

问：你叫什么名字？

答：张建新。

问：你叫什么名字？（祁秀云）

答：祁秀云。

问：你的名字谁取的？

答：长辈，如父母。

问：多大啦？

答：36岁。

问：你怀孕了？

答：是。

问：喜欢男孩还是女孩？

答：男女都行。

问：30多岁生孩子有危险吗？

答：现在有保障，可以剖腹，没有危险。

【财产继承】

问：贵姓？叫什么名字？

答：张玉荣。

问：你有男孩和女孩，将来的财产归谁？怎么分？

答：给儿子，现在的旧观念一时还转变不过来。给儿子和女儿各一半，社会舆论也不好。认为女儿出嫁就属别家的人了。

问：儿子和女儿结婚各给多少？

答：女儿结婚只给点嫁妆，儿子结婚就得多了，请朋友宾客吃饭，房里的家具都得有。

问：给男孩、女孩的补贴各是多少比例？

答：一般女孩不用帮助。女孩上班不给家交钱，到时候还给她东西！

问：在日本男、女都有继承权。

答：继承权男、女不可能平等。拿计划生育来说，生了个女儿还可生第二胎，生了个儿子就不能生第二胎，男的有继承权，女的没有继承权，这就是农村的当今社会。

问：作为女人，你们想不想改变现状？

答：我们改变不了，怎么不想改变现状呢！不允许改变。

问：如果从你们这一代开始，儿子、女儿都给予继承权，这样不就渐渐地平等了吗？

答：我们一个小市民能怎样！

问：你们村的干部几乎都是男的吗？

答：男的多，妇女主任是女的。

问：你们想改变什么状况，怎么告诉村民？（以下多为王洪敏答）

答：想也没有用，没有人理会。我乐意上班去，行吗？

问：你们也集合在一起商量事情吗？

答：有商量的时候，如地里种什么庄稼？

种玉米、种高粱。只能议论这些，家庭妇女又没有班上。

问：你们想上班吗？

答：想。谁不想挣钱。想好事，没有条件。

一位妇女说，也只是这么说说，上了班谁给做饭吃？

另一妇女说：如果能上班，就有办法吃饭，家庭妇女没有上班自由，我就希望上班。

问：你没有进过工厂吗？

答：没有。

问：与 10 年前比你们干家务活的负担是不是减少了？

答：少多了，洗衣机省事多了。

问：你是不是大部分时间下地？

答：是，种地，种园子等。

【入赘】

问：有男方到女方落户的吗？

答：有。我们叫招女婿，倒插门。

问：有几个？

答：男家儿子多，女家没有儿子，男方就可以到女方家落户，这种情况女方是有继承权的。

问：孩子姓谁家的姓？

答：姓男的姓。

问：有姓女方姓的吗？

答：有。如果岳父母让姓女方姓，就得随女方。姓什么只是代号，没有关系。

问：你们村有个叫苟占成的，他妻子叫张玉花，他儿子叫张小辉，随他妈的姓是吗？

答：是。孩子随妈姓。两个孩子都随他妈姓。是真的。

问：还有这种例子吗？

答：没有。村子大的这种事多，我们村小。

王广金

时　　间：1993 年 3 月 27 日上午

访 问 者：末次玲子

翻　　译：童晓薇

场　　所：王广金家

（其夫王海忠与会）

【个人家庭、婚姻】

问：你身体挺好吧？

答：好。

问：你出生于小王庄吗？

答：是。

问：你父母的名字？

答：父亲叫王砚斋。母亲叫宋金荣。

问：你兄妹几人？

答：有两个哥哥，女孩就我一个人。

问：你多大岁数结婚？

答：19 岁。

问：你上了几年学？

答：初中没有毕业。

问：上过中学的女孩多吗？

答：多。

问：哪年生？

答：1942 年。

问：小王庄是镇还是村？上中学的女孩有吗？

答：村子。有上中学的女孩。

问：你缠足了吗？

答：没有。

问：你哥哥上过什么学？

答：我大哥是文盲，二哥上了 3 年学，每年只上 3 个月。

问：为什么是这样的？

答：我哥哥比我大好多岁，他们小时家庭困难上不起学，我上学时已解放了，生活好了。

问：你中学毕业后干什么？

答：在家里闲着，没干什么工作，也下地干活。

问：那时有人民公社吗？

答：有。

问：妇女都干活吗？

答：是。

问：你父母都干什么？

答：都是农民。我也干了十几年农活。

问：你与王海忠结婚是怎么认识的？

答：经别人介绍的。

问：你是这个村的人吗？（问王海忠）

答：是。

问：你们的村相离几十里是怎么认识的？

答：当时我在静海县收容所工作，静海县公安局刑警股长给我介绍的。

问：结婚是谁决定的？结婚前见过几次？

答：父母决定。我们见了几次面，觉得不错就结婚了。

问：给女方钱吗？

答：不给。

问：你拿来了什么嫁妆？（问王广金）

答：被子，鞋。没有什么东西。

问：你怎么来这个村的？

答：没有在这个村结婚，在静海县机关办的。

问：结婚后你们住在县里吗？

答：是。一年以后搬到村了。

问：王海忠先生你父母还在吗？

答：现在都不在了。

问：结婚以后与父母住在一块吗？

答：不在一起住。

【宗教信仰与生活】

问：结婚时你知道王海忠是天主教徒吗？

答：不知道。

问：天主教徒的生活与一般人一样吗？

答：一样。我们只是做礼拜。

问：结婚时在教堂吗？

答：没有教堂了。礼拜也不做了。

问：你一直都不知道他是教徒吗？

答：后来看他们念经就知道了，一年多的时间就知道了。

问：哪年结婚？

答：1961 年。

问：你到这村后与父母住一起吗？

答：是。

问：你父母也是忠实的天主教徒吗？（问王海忠）

答：是。早晚都念经。

问：1951 年也念吗？

答：当时取消了，也没有教友了。1951 年就取消了，到天津市去做礼拜。“文化大革命”时天津市也取消做礼拜。

问：你与天主教徒生活在一起习惯吗？

答：习惯，信与不信自由。我也不反对。

问：你不想加入吗？

答：不想，加入学好，不加入也学好。

问：现在的生活与别人一样吗？

答：一样。中等生活。

问：信教的有祭祀祖宗的活动吗？

答：没有。

问：那清明节怎么办？

答：我去烧纸，因为我不信教。（王广金答）

问：王海忠的父母的坟墓你也去吗？

答：去。

问：你们一直是这样吗？

答：是。

问：别的村有吗？

答：府君庙，刘家营有。

问：基督教会长郝开甲也是他夫人去上坟吗？

答：他全家都信教。

问：这个村还有其他家这样由夫人上坟吗？

答：没有。只有我一家。

问：你到你娘家上坟吗？

答：去。这几年不到老家去了，就在道口烧纸。

问：其他妇女也这样吗？

答：一般都回娘家去，我因为路远，不去了。

问：哪年生的孩子？

答：1962 年生的老大，叫王小琴，32 岁。

问：两个女孩怎么干活？

答：我不下地干活，自己带孩子，婆婆在天津住，给他儿子看孩子。

【“文化大革命”与宗教信仰】

问：“文化大革命”时你烧了圣书怎么看？（问王海忠）

答：改革开放以后又恢复了。“文化大革命”时“破四旧”烧了书，共产党不信教。天主教是意大利传来的。后来中国是独立办教。

问：你劝过你丈夫不信教吗？（问王广金）

答：我劝过：信什么不干活也吃不上饭。

问：你听你夫人的话吗？（问王海忠）

答：不听。我们互不干涉。

问：你担心吗？“文化大革命”时不是一切外来的东西都反对？

答：不担心。当时什么事情都没有。

问：你听说过“造反派”吗？

答：我们村有“造反派”，把圣书交出去就行了。

问：你自己没有受冲击吗？

答：没有。

问：你们村的“造反派”不激烈吗？

答：激烈。但是宗教在村里影响不大也就不管了。

问：谁是“造反派”的头？

答：记不清了。“文化大革命”时组织的，没有选领导。

问：当时提出男女平等的口号你知道吗？

答：知道。就是抓革命促生产。

问：王英是个什么样的人？

答：妇女代表，老党员。妇女会主任。

问：有问题你们找她吗？

答：找。有打架的她调解。她已去世。

问：你们是亲戚吗？

答：是。不太近，是邻居。

问：现在的妇女主任让你们做什么？

答：抓计划生育，地都承包了。王英那时有生产队，她带领妇女下地干活。

问：“文化大革命”后又恢复了宗教活动，你怎么想？

答：由他自己决定信不信教，我没有想法。

问：你对孩子们劝教吗？（问王海忠）

答：不劝，由他们自己决定。

问：吃饭时信教的有活动，其他人怎么办？（问王广金）

答：照常吃饭，别人不管他。

问：王先生在对孩子的教育上与其他人有什么不同？

答：他教育孩子不要迷信，不干违法的事，有了病找医院，不要找巫婆。

问：是希望孩子们精神世界很丰富的人吗？

答：我要求孩子们艰苦朴素，不要铺张浪费。他们都能这样做。

问：你俩不吵架吗？

答：有时也吵。

问：为什么事吵？

答：没有正事。

问：你们一起干农活？（问王海忠）

答：地少，我一个人干，其他人就不干了。

【妇女与劳动】

问：妇女有什么组织吗？

答：没有。个人交往多。

问：是亲戚还是有共同兴趣？

答：邻居之间互相帮助。

问：你们共同旅游吗？

答：村里没有。

问：妇女集体干的事还有吗？

答：没有。

问：妇女目前最大的困难是什么？

答：没有困难，有吃、有钱花，生活很满足。

问：日本的妇女在家干家务，男的出去工作，你们没有想法吗？

答：年轻人有想法，我们都50多岁了，就不想了。

问：想出去工作的妇女是想提高地位吗？

答：外出也为了挣点钱生活再提高些，也有提高地位的事。

问：妇女外出工作是好事吗？

答：是，减轻家里的负担。

问：你的儿子、儿媳们都工作吗？

答：大儿媳王守，大儿子营李玉，初中毕业，都上班，有个男孩，叫王瑞。

问：王瑞进学前班了吗？

答：没有。才5岁。

问：李玉蓉在哪儿工作？

答：在建筑队当临时工。早6点到晚8点上班。

问：她拿多少工资？

答：200多元。

问：你大儿子在哪儿工作？

答：在二建工作，盖房子。

问：你二儿媳叫什么名字？

答：曹玉梅。她在静海县总服装厂，现在是预产期。

问：王守军在哪儿工作？

答：也在建筑公司。

问：两个女儿上班吗？

答：二女儿在本村车床厂工作。

问：长女在哪儿？

答：在家劳动。

问：家里的钱谁给？（问王海忠）

答：两个儿子供养我老两口。我是志愿兵，每月也有十几元钱收入。

问：女儿们给钱吗？

答：给。主要靠儿子，女儿不给也不要。

问：计划生育只生一个孩子，如果只生一个女儿，你们怎么想？

答：现在男女一样。

问：依靠女儿可以吗？

答：完全可以，养父母嘛。农村里规定第一胎生了女儿，等女的三十七八岁时还可以生第二胎。

问：有的生了女孩，父母虐待女儿，这个村有吗？

答：没有听到说过，男孩、女孩都一样。

问：你只有一个孙子？

答：是。

问：你干家务活吗？

答：不干，男的不会干女的活。

问：你又干家务又干地里活很辛苦，人民公社时，你也不干家务？

答：我不干。大家都辛苦。我干了一阵给飞机上油的工作。

问：结婚的费用变化很大，你们怎么想的？

答：现在双方的礼物太贵了，洗衣机、电冰箱都是娘家给。有的向男方要，不一样。

问：你是？

答：我们那时候什么都不要，现在生活水平提高了，有条件了买也可以，有的结婚花 1 万元钱。娘家还要花几千元，过去没钱想买也买不了。

问：你儿子花了钱吗？

答：没有姑娘带来的东西多，我也花了一些钱。

问：你女儿结婚的时候呢？

答：也一样的给东西，没有那么多，条件不允许。

问：中国的结婚仪式发展变化了，你怎么想的？

答：跟着形势走，若没有条件想给嫁妆也没有。有条件的都使劲地买。

问：儿子结婚分开过的多？

答：是。结婚前房子已盖好了。

【葬仪】

问：你公公死时葬礼怎么办的？

答：他正赶上天主教不行的时候，什么仪式也没有。

问：现在葬礼是不是特别讲究？

答：农村不讲究，城市讲究。

问：人葬时是不是全村人都来？

答：全村人来吊孝。

问：没有亲戚关系，也称呼孙子或爷爷吗？

答：是。

苟凤珍　姚国芳（婆媳关系）

时　　间：1993 年 3 月 27 日下午
访 问 者：末次玲子
翻　　译：童晓薇
场　　所：苟凤珍家

（苟之长女孙义霞与会）

【妇女婚姻生育】

问：你当妇女主任多少年了？

答：十几年了。王英没有去世我就当干部了。我当时在计划生育宣传队。

问：大概有多长时间？

答：我 32 岁接的，今年 50 岁。

问：你父亲是这个村的人吗？

答：是。

问：妇女运动在你当主任以前就开始啦？如《婚姻法》。

答：《婚姻法》早。

问：你上学了吗？

答：14 岁开始上到 17 岁，上了两年小学。我姐姐没有读书。

问：她是文盲吗？

答：对。

问：你结婚是哪年？

答：20 岁。1963 年。

问：你丈夫的姓名是？是这儿的人吗？

答：叫孙长兴，是本村人。

问：你们从小就认识吗？

答：不是，他是从东北来的，小时候不认识。

问：怎么从东北来的？

答：他小时没有了父亲，随母亲住外婆家，25岁时他舅舅家生活也不好，就到东北去啦！30岁时他回到老家，就是这个村，这样我们才认识了。1962年他才回来。

问：你丈夫多大？

答：60岁，比我大10岁。

问：在东北干农活吗？

答：工厂，1962年下放回家，因为精简机构。

问：回这村后是干农业吧？

答：对。

问：你回来后是在"人民公社"干活吗？你们是自己认识的吗？（问孙长兴）

答：是。经人介绍结婚的。我父亲没儿才找了他。（荀凤珍答）

问：男到女家是最好的。政府提倡吧？

答：那时很少男到女家的。

问：你们结婚的方式很先进，是男到女家啦！

答：我们不是男到女家，是我到男方家里去了。那时不兴男到女家。

问：你婆婆当时在这儿吗？

答：在这儿。

问：你女儿叫什么名字？

答：叫孙义霞。二儿媳叫姚国芳，26岁。娘家在黑龙江。

问：这是你什么人？

答：外孙，叫孙鹏。

问：为什么从东北来？（问姚国芳）

答：我姐姐在这儿。我姐夫的爸爸因这里生活不好去了东北。后来又回来没有走，我姐姐是荀凤珍的侄媳，我经人介绍来到这里。

问：你们都一起住吗？（问荀凤珍）

答：分家住。都住在附近。我女儿离这里30里，骑自行车回家。

问：你们当初结婚的仪式怎样？（问姚国芳）

答：走着去的，很近。

问：你丈夫给过你钱吗？

答：一共花了300元。秋后才买了一身衣服。

问：男的结婚花钱多吗？

答：也不多，随着形势有变化，根据条件花钱。

问：勤俭办婚事的有吗？

答：根据条件。

问：你有几个兄弟？（问孙玉霞）

答：两个哥哥。大哥叫孙玉武，二哥叫孙文武。

问：你大哥多大？在哪儿住？

答：30岁，在岳父家住，即口子门村。

问：你现在干什么？（问荀凤珍）

答：妇女主任，不干农活。

问：你丈夫干农活吗？

答：干。

问：人民公社时男、女都下地干活，你丈夫帮助干家务吗？

答：一般都干家务。除下地的时间。

问：不干家务的多吧？

答：一般都干。现在男女平等啦！大家一起干。

【家庭分工男工女耕】

问：你小时候和你父母在一起干活有什么感觉？（问孙义霞）

答：感到农民不易，风吹日晒。

问：你帮助吗？

答：帮忙，什么都干，做饭，洗衣。

问：你哥哥干活吗？

答：干。

问：生活很苦吧？

答：苦。

问：从哪年开始生活好啦？

答：大约从 1985 年开始好了，承包责任田以后好起来了。

问：农村都土地承包了吗？（问苟凤珍）

答：是。

问：有大集体农业的地方，你们怎么想？

答：机械化比承包给个人好。村里也算集体化。

问：农活轻松了吧？

答：是。

问：妇女干什么农活？

答：拔草，种菜园。

问：听说农业活都是妇女和老年人干，是真的吗？

答：是。年轻男人上班。

问：妇女为什么不外出干活？（问姚国芳）

答：有孩子抽不身来，所以不能外出，实际都愿出去挣钱。

问：你也愿出去干活吗？

答：愿意。

问：你希望做买卖？

答：是。我们倒卖过衣服，现在什么都愿干。

【计划生育】

问：你是 1978 年当妇女主任的吗？（问苟凤珍）

答：当时还没有改革开放。

问：当妇女主任后先干的什么？

答：抓计划生育。也比较严格。

问：你怎么指导计划生育的？

答：先搞宣传，当妇女主任，刚开始我不愿干，因为乡里决定只好干了。

问：你会接生？

答：会接生。

问：宣传计划生育的内容吗？

答：是。刚开始计划生育大家接受不了，现在人们都接受了，生多了自己受累。

问：这个村有没有生了女孩受虐待的？

答：没有。生儿、生女都一样，我向他们解释。

问：10 岁以下的小孩男、女比例平衡吗？

答：基本平衡。

【男女就业差别】

问：本村工人男、女所占比例？

答：得算。

问：女的少吗？

答：当工人的男的多，女的少，女的占 30%。

问：做买卖的多吗？男、女比例？

答：有 3 家夫妇做买卖。

问：当农民的妇女多些？

答：是。

【子女就学】

问：对儿女的教育一样吗？

答：大的、二的初中毕业，女儿小学没毕业。

问：你女儿小学毕业后干什么？

答：在家闲半年后外出上班，在阀门厂工作，当车工。公社办的厂，干了两年，后来结婚了。

【择婿】

问：你是怎样为女儿选择对象的？

答：经介绍人，女儿同意就行了。

问：如果女儿看着好，你感觉不好怎么办？

答：我们看着也好，是亲上加亲。

问：这种做法在村里很普遍吧？

答：是。

问：你是东北出生吗？还记得吗？（问姚国芳）

答：出生于黑龙江，有些事还记得。

问：结婚前你们都与父母住一起吗？

答：是。结婚后一年就分开啦！一般是婚后即分家。

【脱离农业的愿望】

问：你一直干农业？想做买卖吗？

答：一直干农业，做买卖动脑子，想当工人。

问：为什么除农业活外，还想出去干别的事？

答：想出去挣点钱。

问：你有当工人的机会吗？

答：有。

问：是这个村的工厂吗？

答：静海县的工厂，不是这个村的。

问：当工人很容易吗？

答：容易进工厂。

问：你是农业户口吗？

答：是。

问：由农业户口转为非农业户口容易吗？

答：不容易。我想当临时工。

问：临时工没有保险金等，你也愿意？

答：愿意。干活挣工资。

问：你拿到工资怎么花？

答：用于家庭开支。

问：哪些工作能挣钱？

答：得干活，不干活没人给钱。

问：拿到钱后用于什么地方？

答：用于自己的生活和对孩子的教育。

问：老了以后怎么办？

答：看管下一代。

问：你的儿子将来干什么？

答：我希望他成才，成不了才也没有办法，望子成龙！

问：谁给你孩子取名叫孙龙？

答：因为他属龙，就叫孙龙了。

【家庭】

问：你丈夫帮你干家务吗？

答：帮助，大家都帮助干。

问：帮你干什么？

答：我需要他干他就干，不需要的也不干。

问：你们如果买冰箱或电视机，谁决定？

答：共同商量。

问：买衣服你自己决定吗？

答：是。

问：（孩子的教育）卖东西谁决定？

答：商量。

问：不吵架吗？

答：不吵架。

问：你娘家在东北，你来这里寂寞吗？

答：不想家。我爸在这儿。

问：你爸在这儿？

答：就在一个村。爸和一个姐姐都在这儿当临时工。

问：你父母都健在？

答：母亲已不在了。

问：你照顾你爸爸？

答：我姐和妹照顾。她们都在这儿。我们都照顾。

问：你们姐妹之间都互相照顾吧？

答：是。

问：你生的第一胎是男孩？

答：是。

问：只生一个，你怎么想？

答：现在国家要求优生优育，有一个孩子很好，条件也好了。

问：你有独生子女证吗？

答：没有。不想再生，一个孩子很好。

问：你为什么不领独生子女证？

答：现在都没有。过去领证给 100 元钱，现在没有能力发，农村承包了嘛。

问：还有其他优惠吧？

答：农村达不到国家的要求。

张建新

时　　间：1993 年 3 月 28 日

访 问 者：末次玲子

翻　　译：童晓薇

场　　所：张宝春家

【家庭成员】

问：你叫什么名字？多大？

答：张建新，19 岁。

问：你父亲叫什么？

答：张宝春，今年 49 岁。

问：你们是这个村的人吗？

答：是。

问：张宝春是张宝森的亲戚吗？

答：是。是没有出五服的本家，关系很近。

问：你母亲叫什么名字？多大岁数？

答：李秀云，今年 44 岁。

问：她是这个村的吗？

答：不是，她家在盐山县。

问：家里还有别人吗？

答：有两个哥哥，大哥叫张建华，二哥叫张建成，大哥 25 岁，二哥 23 岁。

问：他们都结婚了吗？

答：大哥已婚，二哥未婚。

问：他们上过学吗？

答：初中毕业。

问：有姐妹吗？

答：没有。就我一个。

问：你小学和中学都在哪里上的？

答：在本村上小学，在府君庙上初中。

【纺织女工】

问：初中毕业后干什么？

答：在静海县纺织厂工作，1991 年入厂，到 1992 年。

问：在工厂干什么？

答：纺纱。

问：你毕业后是分配的还是别人介绍？

答：别人介绍，我已考取高中，没有去。

问：为什么不去？

答：愿意上班。

问：能赚钱吧？

答：是。在初中时我体育好，为学校争名誉，如果上高中还得练体育，很苦，我不愿意。

问：你什么项目好？

答：跑步，到天津市内比赛竞走，我体育好，取得过成绩。

问：你是静海县的代表吗？

答：是。

问：你不想干体育是吗？

答：是，很苦。

问：你不喜欢学习？

答：喜欢。

问：上初中住校吗？

答：不住校，骑自行车。

问：你们搞体育集训吗？

答：有。在一起很好。

问：介绍你去工厂的是谁？

答：我的亲戚。

问：你是什么户口？

答：农业户口。

问：每月多少工资？

答：180 多元。

问：一天几个小时？

答：8 小时。三班倒，早晨 6 点到下午 2 点，这是早班，中班下午 2 点到晚 10 点，晚班是晚 10 点到第二天早晨 6 点。

问：中间有轮换吗？

答：没有。每班 8 小时。

问：换班吗？

答：三天一倒班，即三天早班，三天中班，三天晚班。

【劳动条件·福利】

问：你身体行吗？

答：行。

问：月经休息吗？

答：不。照常上班。没有休息的制度。

问：星期天休息吗？

答：正常班的星期天不休息，三班倒的不休星期日。我们干 6 天休息两天。

问：生小孩的有保障制度吗？

答：生孩子后休长假，没有听说过这种制度。

问：有休长假的吗？

答：一般厂子休 1～2 年。非业户口可以休长假，农业户口的不行。

问：休息时工资怎么发？

答：发 60% 的工资。

问：休息后上不去班的多吗？

答：农业户口的多，休息时间长了厂里不要了。

问：纺织厂是国营的吗？

答：是。

问：临时工生育后因休息时间长不再上班的多吗？

答：多。有的生了小孩，因家里没有照看，自己就不上班。

问：工厂有托儿所吗？

答：有。

问：临时工把孩子放在托儿所行吗？

答：行。不多。

问：有不能入托的吗？

答：没有，托儿所保姆多，分好多班。

问：你嫂子是这个厂的吗？

答：不是，她是塑料厂的。

问：她的小孩怎么办？送托儿所吗？

答：不送，她从去年开始进厂，我哥哥是农业户口。

问：她是谁介绍进厂的？

答：她是劳动局分配去的。

问：挣了钱是你自己花吗？

答：家里不要，我自己花，花不完的存起来将来买嫁妆。

问：临时工有奖金吗？

答：有。如 180 元中奖金 50 元，与正式工一样，只是工资不一样。

问：差多少钱？

答：差 20 元。

问：工厂有工会吗？

答：有。

问：你参加什么活动？

答：体育活动。

问：工会提出过改善工人工资和劳动条件的要求吗？

答：没有。

问：参加工会是自愿的吗？

答：是。比赛时要我去我就得去。

问：有会费吗？

答：工人不需要缴会费。

问：工会主席是谁？

答：不知道。

问：工会有哪些活动？

答：都是体育活动，乒乓球，演电影，有电影院。

问：工厂有多少人？

答：3000 多人。

问：男、女比例多少？

答：女的多，具体的不知道。

问：厂里织布吗？

答：纺纱也织布。

问：织布的都是女的吗？

答：是。

问：是不是有 2500 人是女的？

答：大约 2000 人。

问：男的干什么工作？

答：保全工，即修车、电工。

问：有打包的吗？

答：有，都是男的打包。

问：男、女干一样活的有吗？

答：没有。

问：你的上司都是女的吗？

答：男、女都有。

答：男、女工人的工资一样吗？

答：工资不一样，其他一样。

问：你工作中感到最痛苦的是什么？

答：特别累，所以不愿干啦！进工厂一个多月后就有这种感觉了，夏天特别热。

问：有尘埃吗？

答：没有。有棉絮。

问：有口罩吗？

答：有，一般不愿戴，特别热。

问：声音特别大吧？

答：是。

问：干 8 个小时中间休息吗？

答：不休息，没有吃饭时间，有的车间有 15 分钟的吃饭时间，我们车间不吃。

问：到食堂去吃吗？

答：从食堂打来，在车间吃，因为时间特别紧。

问：你在工厂最高兴的是什么事。

答：与朋友在一起，很高兴，特别是同学之间更好。

问：这个村还有在工厂工作的吗？

答：有六七个人。

问：工作条件好的工种是什么？

答：落纱最好。

问：这个村在工厂中当临时工的有多少？

答：很多。搞建筑的很多。

问：你拿到辞职金了吗？

答：没有，正式工有，临时工没有。

问：临时工有医疗费吗？

答：时间长的有，二三年的有，时间短的没有。

问：这些情况是从别人那里听来的吗？

答：有的是听来的，有的是自己的亲身经历。

问：1992 年几月你不干了？

答：1992 年 8 月不干了。

【村办工厂女工】

问：你现在干活吗？

答：在村工厂干车床，厂长是孙常喜，车床车间主任是我爸爸。

问：是做铁活吗？

答：由铁活做成成品。

问：以前是刘厂长吗？

答：是，他后来不干了。

问：是北京某厂的分厂吗？

答：不是，我们为其他厂加工挣加工费。我们是锻件厂，为北京的厂子加工。

问：这工作很危险，你干什么？

答：也干这活？

问：是热铁吗？

答：凉铁，加工以后发热。

问：女孩干男孩的事吗？

答：对。

问：进入这个厂是什么时间？

答：1992 年 12 月。

问：这车间男、女各多少？

答：女的 4 人，男的 10 人。

问：这个工厂生产只用车床吗？

答：是。

问：还有其他活吗？

答：还有锻件车间？

问：每月多少工资？

答：男的500多元，女的300多元。

问：为什么男、女不一样？

答：男的干活多，干的活也不一样。

问：锻件多少工资？

答：日工资7元，每月210元。

问：锻件有多少人？

答：40多人，没有女的。

问：你们有奖金吗？干多长时间？

答：没有奖金。从早上7点到下午3点30分。

问：回家吃饭吗？

答：吃饭半小时。

问：星期日休息吗？

答：不休息。以后准备休息，改成两班倒。早晨3点到晚11点干活。

问：晚上干活挺危险的吧？

答：是。一般没有事。

问：现在的工作与从前比你喜欢哪个？

答：喜欢现在的工作，离家近。

问：你疲劳吗？

答：不。

问：是你父亲介绍的吗？

答：是。

问：另外3名女工的名字？

答：刘建影、张学敏，闫凤琴已结婚。

问：你有对象吗？

答：没有。

问：你有喜欢的人吗？

答：没有。

问：你理想中的对象是什么样的？

答：潇洒大方、漂亮能干的人。

问：这个村有这样的人吗？

答：有。

【女工的理想】

问：你想住在城市吗？

答：想，城市干净，农村太乱。

问：你最想做什么事情？

答：经商。倒卖点衣服什么的。

问：在哪干？

答：去静海县。

问：那儿开小店难吗？

答：难，得花钱买地，价钱很高。

问：这个村有干这个的吗？

答：有小本生意，在村里买衣服的很少。

问：你想多大岁数结婚？

答：23岁。

【妇女权利】

问：你找你喜欢的人结婚，也不怕你父亲反对吗？

答：对。

问：你知道1992年颁布的《妇女权益保障法》吗？

答：不知道。

问：妇女主任不宣传吗？

答：不宣传。

问：村里没有多少人搞妇女运动？

答：是。

问：妇女运动只是宣传计划生育吗？

答：是。

问：你们村是怎样选妇女主任的？

答：通过大队乡里选的。

问：在美国和日本都是投票选举，这个村是吗？

答：也有过投票选举。

问：选谁？是选妇女主任吗？

答：对妇女工作比较了解的能当选。大多数是干部们投票选举，家庭不参加。

问：你选了吗？

答：没有。

问：你认为村里男女平等吗？

答：平等。

问：从哪些方面看平等？

答：我也说不好。

问：在家里你父母的地位都一样吗？

答：一样。

问：在继承权问题上男女平等吗？

答：不是。男的有继承权，女的出嫁后就没有权继承了。

问：法律上规定平等，在继承权上又是这样，你认为平等吗？

答：平等。

问：为什么？

答：我有两个哥哥都是父母生的，我认为一样。

问：照顾父母的是男孩吗？

答：是。

问：如果没有男孩，只有一个女孩，父母是由女孩养吗？

答：是。

问：女孩结婚时父母给东西吗？

答：给。

问：是不是孩子多的才给？

答：孩子多的不给女的，只给男的。如果只有一个女孩没男孩的，就给女孩了。

问：你们承包了土地呀？

答：有，每人 2 亩。

问：你有吧？

答：是。结婚以后村里重新分地时就没有我的了。

问：家里娶了媳妇给地吗？

答：给。

问：你知道的很多，好像村长一样。你知道“妇女回家干家务”的口号吗？

答：知道。

问：你认为这种口号好吗？

答：不好。女的为什么不能出去谋生呢？

问：你父亲帮家里干活吗？

答：帮助家里种地。不打扫房间，在村里男的都不干这种活。

问：你认为他们应该干吗？

答：应该干，光让女的干多累呀！

王洪敏

时　　间：1993 年 3 月 29 日上午

访 问 者：末次玲子

翻　　译：童晓薇

场　　所：王洪敏家

【家族】

问：你今年多大岁数？

答：36 岁。

问：你是这个村的人吗？

答：不是，我是霸县人。

问：霸县离这儿很远吗？

答：我离这儿 50 里地，处于霸县和静海县之间，是河北省霸县一个村的人。

问：什么村？

答：新长村人。

问：你父亲叫什么名字？

答：王景鹏。

问：今年多大岁数？

答：69 岁，已去世啦！那年 64 岁。

问：母亲叫什么名字，多大岁数？

答：叫李凤勤，59 岁。

问：你父母都是霸县人吗？

答：母亲是静海县人，父亲是霸县新长村人。

问：是农民吗？

答：是。

问：你上过学吗？

答：我上了五六年小学，到现在连我的名字都不会写。我不记事，但不傻。小学上了十来年，五年级上了好几年，总不及格，因此后来就不上了。

问：你做买卖很好哇？

答：做买卖谁也骗不了我，看我的样子不像不识字的。

问：你有几个兄弟？

答：一个弟弟，两个哥哥，两个妹妹。

问：他们都上过学吗？

答：大哥没有上过学，二哥和弟弟高中毕业。大妹妹也是高中毕业。二妹因得过脑膜炎，没有上过学。

问：大哥为什么没上学？

答：生活困难，到处要饭吃，没有钱上学。

问：你是1960年代上小学吧？

答：6岁进学校，到14岁就回姥姥家了，后来母亲又让我上学。在五年级和六年级之间转，学习不好，后来就不上了。

问：你上小学时最喜欢什么课？

答：喜欢语文。这几年脑子像坏死了似的，一般的书我过去都能看，现在都不识字了。口袋里有20元钱，再花几元，就不知道口袋里还有多少钱了。

问：能看不能写？

答：是。过去很厚的书都能看完，电影剧本，文学著作也能看，现在连我的名字都不会写了。我的脑子不好是由于生活困难造成的，连日子都不好过，哪还有心思学习。

【“文化大革命”、退学】

问：你上小学时印象最深的是什么？

答：当时是“文化大革命”，不念书，就是玩。

问：你还记得吗？

答：记得。跳绳、体育，有时抄家、批斗，游行都是课，这就是上学。

问：新长公社也有抄家的？

答：有。我们家就被抄过。

问：为什么？

答：我爸爸会看相，信佛，是佛门弟子。

问：你们拜的是观音吗？

答：拜南海观音菩萨。

问：你上小学时也参加过抄家吗？

答：参加过，当时不念书，抄了这家抄那家。

问：老师呢？

答：老师领着。有罪过大的给挂上牌子，戴上帽子游街。

问：你小学毕业后干农活吗？

答：那时都是生产队，干农活，没有进工厂的，现在才承包了。

问：干什么？

答：种玉米、麦子，什么活都干，还种大豆、花生、山芋。

问：有工厂吗？人民公社时。

答：没有工厂。

问：自己做鞋吗？

答：做。买的鞋过年和走亲戚才穿，家庭富裕的买鞋穿，没有的自己做。

问：怎么做鞋？

答：用面糊把四五层布粘在一起，扎起来，用鞋样剪好，缝起来。

问：现在还做吗？

答：不做了。

问：有几层？

答：底子用夹织开5层的底子，也就是用4层厚的夹织开5层合起来，共20层，用线绳纳底子。

问：帮子几层？

答：鞋帮用两层布粘起来，再挂上面和里。底子6~7层，用布摞起来。现在做不了。

我吐血，到医院去看还没有病。

问：你小学毕业后还干什么啦？

答：没干别的。

【婚姻】

问：后来结婚啦，哪年结婚的？

答：21 岁时才结婚的。

问：你们怎么认识的？

答：经别人介绍的。

问：怎么介绍的？

答：我是新长村的，有位姑太太给我介绍的，要不，能这么远吗？我当时不知道什么是找对象。我到这里看了看，同意后就成了。我当时很傻，像这会儿就不到这里来了。自己在当地找对象。

问：你丈夫叫什么名字？

答：张建国。他是村老书记的二儿子。

问：你是张宝善的儿媳？

答：是。张宝善是我公公。

问：张宝善的爱人还在吗？叫什么名字？

答：姓周，名字不知道。可能是随她妹妹的名字叫周国琴；姐妹俩叫一个名字。

问：你结婚时的仪式是怎样的？

答：没有什么仪式，坐拖车来的。这个大队有个拖拉机，用它接来。

问：你丈夫干什么工作？

答：在村锻件厂工作。

问：对你的生活满足吗？

答：可以，农村不都是这样吗，他挣了钱给我，我存起来，不乱花钱。

问：是模范丈夫？

答：他不是模范，想打我，就打我。

问：你也打他？

答：打仗吧！互相打。

问：经常打吗？

答：不经常打，一年也不一定打一次。

问：你孩子叫什么名字？

答：张运胜。

问：今年多大啦？

答：13 岁。

问：上什么学校？

答：五年级，小学。

问：是上本村小学吗？

答：府君庙小学，完小。

问：你为什么信这个？

答：不信不行，活不了，就得信。

问：你结婚以后一直干农活吗？

答：是。进了两次厂子。

问：在什么地方，干什么？

答：在本村车床厂。

问：去了几年？

答：1981 ~ 1982 年两年，后来承包给个人，又干了近两年，前后不到 4 年。

问：一天干几个小时？

答：不计时，分配给多少活干多少活，计数。

问：一个月多少钱？

答：多劳多得，少劳少得，有时挣 80 多元，当时看来就很多了。

问：那是你第一次挣工资吗？

答：是，长了这么大，第一次自己挣钱。

问：你感觉怎样？

答：自己挣了钱很高兴。

问：你为什么不干啦？

答：工厂倒闭。

问：如有可能你还想去工作吗？

答：都是男人干的活，女的干不了。

问：你想干你能干的活吗？

答：想，就是没有。

【农业】

问：你干农活怎么样？

答：种园子，园子里有各种菜，种地、收麦子，种玉米，什么活都有。

问：有多少亩地。

答：23 亩地。

问：农业活一个人干吗？

答：我丈夫有时间帮助我干，他没有时间我自己干。

问：农忙季节在何时？

答：阴历四月到五月是麦收农忙季节，秋季农忙到立秋就闲了。

问：每天干多少小时？

答：不累多干，累了少干。一般一天干十几个小时。

问：是用机器种地，还是手工？

答：大部分是手工，耕地时用牲口。

问：都有什么农作物？

答：玉米、小麦、花生、大豆、芝麻等杂粮都有。

问：拿去卖吗？

答：卖。自己吃不完，除吃粮外，余者都去卖。

问：怎么卖？

答：国家收购。

问：一年收入多少钱？

答：好收成时三四千元。除丈夫的工资以外。

问：谁管钱？

答：放在一起，两个人当家，钱多了存银行。

问：你对你的生活满足吗？

答：满足。有吃的，有花的，就满足了。

问：现在的生活比过去的生活好多吧？

答：好多啦！好好多倍。我们分家时一分钱也没有分到，现在什么都有，很满足了。

问：你丈夫有兄弟吧？

答：有一个弟弟，一个哥哥，都在工厂。

问：你公婆很幸福哇？

答：行啊，爷爷也挣钱，我们也有，生活条件够好的。

问：除了钱以外，其他方面你们是怎样供养公婆的？

答：米、面随便吃。

问：与你们一起吃饭吗？

答：他们自己做饭吃。米、面由几个儿子轮流给。兄弟三个都分家自己过。

问：你结婚不是自己决定的，那么你孩子们结婚时你想让他们自己决定吗？

答：时代不同了，让年轻人自己决定。老人不干涉。

贾桂荣 张复元

时　　间：1993 年 3 月 29 日下午

访 问 者：末次玲子

翻　　译：童晓薇

场　　所：贾桂荣家

（与会者长女张红林、次女张红梅）

【天主教徒·家族】

问：你今年 61 岁，山东省人吗？

答：是

问：你是山东省什么地方人？

答：我不知道，我爷爷那辈到这儿来的，我出生在这个村。

问：你爷爷也是天主教徒吗？

答：是。我爷爷在静海入教。

问：你知道你爷爷信奉基督教的理由吗？

答：不知道，当时还没有我。我们这里不叫基督教，叫天主教。

问：这个村信天主教的人多吗？

答：很多。现在都不信了。

问：有天主教教堂吗？

答：有。在村里边。“文化大革命”时就没有了。

问：你奶奶也信天主教吗？

答：信。

问：你父亲这辈也是吗？你知道你父亲的名字吗？

答：是。我父亲叫贾德发。已去世了。

问：你母亲的名字？

答：早死啦。

问：你有几个兄弟？

答：一个哥哥。

问：现在还在吗？

答：在。

问：在这个村吗？

答：是。

问：叫什么名字？

答：贾广斌。

问：你父亲希望你成为什么样的人？

答：没有。

问：你父亲是天主教徒，给了你什么教育吗？

答：没有什么教育，只是信教。

【教会学校】

问：你上过 5 年小学？是教会学校吗？

答：上过小学五年级。当时念国文、算术、修身、常识，写大、小楷。

问：老师是外国人吗？叫什么名字？

答：老师是中国人，叫宋代英。已死了。

问：是这个村的人吗？

答：不是这个村的，是杨风岗村人。

问：你对他印象如何？

答：只是跟着他上学，印象不深。

问：当时你们上学与现在一样吗？

答：一样，也是一课一课地讲。

问：男、女生多少？

答：男生比女生多，当时不让女孩上学。

问：别的村不让女孩上学，你们村是教会学校让女孩上，你们班有多少人？

答：一个班三十来人。也没有班，几个年级在一起上课。

问：男、女生都学一样的课吗？

答：一样。

问：男、女分开坐吗？

答：与现在一样，分开坐。

问：你学习《圣经》吗？

答：没有《圣经》课。下课时念《圣经》的。

问：你哥哥也在这个学校？他上过中学吗？

答：是。没有上过中学，当时村里还没有中学。

问：你上小学时是中日战争时期吧？

答：日本人来了，我不记得，岁数还小。

问：请你随便说，不要有顾虑。

答：是。不知道的我不能说。

问：你与你哥哥之间是不是受教育不同？

答：没有不同。

问：你们家很平等吧？

答：是。

问：从小学毕业到结婚，都干什么啦？

答：在村干活。

问：你很小母亲就死了，你是不是地里和家里的活都干？

答：是。

【土地改革·婚姻法】

问：你什么成分？

答：下中农。

问：属于贫农吗？

答：就是贫下中农。

问：解放后村里的事你记得吗？你结婚时 19 岁，还记得土地改革的事吗？

答：不太清楚。老人们清楚。

问：你们得到土地了吗？

答：没有。自己的土地够用。

问："土改"以后你的生活与以前有什么变化？

答：没有什么变化。因为这时自然灾害很多。

问：《婚姻法》你知道吗？

答：以前包办婚姻，《婚姻法》颁布后就自由了。

问：谁宣传《婚姻法》？

答：有县和区的干部、村干部和妇女主任宣传。

问：你参加过妇女运动吗？

答：没有参加过。

问：妇女主任是怎么向你们宣传的？

答：召集全村人开大会，传达文件。

问：你是不是感到这样做很新鲜呀？

答：刚解放时感到新奇，时间长了就不新奇了。

问：法律规定婚姻自主，实际上自主吗？

答：实际上也很自主。

问：你们是怎么认识的？结婚仪式呢？

答：经介绍人介绍的。当时没有什么仪式。

问：是在这个村举行的吗？

答：在天津市举行的，丈夫在天津市工作。

问：老西开教堂还有吗？

答：还有。天津市有两个，劝业场旁边就有一个。

问：你们是在教堂举行的婚礼吗？

答：不是，在家里。

问：天主教是从西方传来的，不知道农村是怎么吸收的？

答：由神甫来中国传入的。

问：女性在教会学校里受天主教教育，以后自然就成了信徒，想问你一些问题。

答：基督教与天主教是两个教。

问：天主教在提高女性地位方面起了很大作用，你喜欢基督教吗？

答：我不信基督教，信天主教。

问：你刚才讲你的婚姻是自主的，但有人介绍，这两者什么关系？

答：自主就不是包办，现在的婚姻不是也有人介绍吗？介绍认识后自己认为好就行了，不是父母包办。

问：是与同教的人结婚吗？

答：是。不是同教的人结婚得说些话方可结婚，不然不允许结婚。

问：昨天去王海忠家，他也信天主教，他爱人不信。

答：是。他爱人和孩子们都不信，只有他自己信。

问：你结婚以后，还干农活吗？

答：我住在天津，丈夫在天津上班。

问：你在天津干什么？（问张复元）

答：搞建筑。

问：这房是你自己盖的吗？

答：在我的指导下，他们盖的，雇人盖的。

问：你丈夫叫什么名字？（问贾桂荣）

答：张复元。

问：多大啦？

答：68岁。

问：有几个孩子？

答：4个。男女各两个。

问：孩子的名字？

答：大的叫张国林，30岁；二的叫张国英，28岁；大女儿叫张红玲，24岁；二女儿叫张红梅，19岁。

问：与你们住在一起吗？

答：不在一起，大儿子在天津教书，二儿子在天津工厂上班。

问：他们都是与教徒结婚吗？

答：大的不是，老二是。他们都信教。

问：你也去天津做礼拜吗？

答：也去过。

问：这村里除你们以外，还有信教的女性吗？

答：从前信教，现在不信了，可以说没有。

问：男的有吗？

答：有，王海忠就是。

【返乡原因】

问：你们什么时候从天津回来的？（问张复元）

答：“文化大革命”以后。

问：为什么回到村里来？

答：因为户口在村里？

问：你是辞职吗？

答：不是，我是退休。

问：你与孩子们一起回来的吗？

答：是。因为没有户口，得花钱买议价粮，很贵，因此回来了。

问：你这地方有很多亲戚吗？

答：这儿是我的家，我哥哥在这里。

问：你回来后与你哥哥住在一起吗？

答：刚回来时住在一起，后来就分开住了。

【宗教认识】

问：你哥哥还是天主教徒吗？

答：是。

问：“文化大革命”时政府不太赞成天主教，你是怎么认识的？

答：共产党是无神论，天主教是唯心的。我们依然信教，你愿意说什么就说是什么，现在国家有宗教自由政策。

问：与教徒们经常在一起吗？

答：圣诞节时我们去天津，本村的教徒们不常在一起。原来静海县里有教堂，后来没了！就去天津。

问：“文化大革命”时你们一家人的信仰生活怎样？

答：在家念经，早、晚都念经。

问：是一家人在一起吗？

答：有时在一起，有时不在一起。大家都在家就在一起念。

问：“文化大革命”期间都坚持吗？

答：是。

问：“文化大革命”时这样坚持很难吧？

答：很难，这地方信教的人少。那时间打我们也是坚持信教，斗也奉敬，后来也就算了。

【天主教、人生观】

问：你为什么信教？

答：因为家里人信教，我生下来也就信教了。奉教的有这么个理，信天主教的人家生下来的小孩自然是教徒。小孩生下来第三天就代洗礼。会说话之后，每天早、晚教他念《圣经》。

问：在日本也有信教的，小孩生下来之后大人代他洗礼，但孩子长大之后，如他自己不愿意奉教，大人也允许。孩子们奉教，你愿意吗？你高兴吧？

答：那当然高兴啦！人活着干吗？就是要信天主，死了也信，不信天主的话，天主不要你。他们不信我还得说他们。

问：信教不是发自内心的事吗，他不信为什么还说他们？

答：不是强迫的，道理知道了他自然要信，他不信就得教给他，问他有父母没有？他说：“有”。那么父母的话你都不听，还听谁的？这样他们就明白了。因此奉教也就成了他们自愿的事。

问：天主教有什么好处？

答：现在的政策不是很好吗，天主教与现在的政策一样。

问：特别让你信仰的地方在哪里？

答：人活着就要办好事，行善，死后人的灵魂到好地方去，天主教的教义中有灵魂不死、不灭，肉体有死、有活。信就有，不信也就算了！

问：还信别的教吗？

答：不信别的教，我就信天主教。一般的人信佛教，信佛教的人多。

问：中国的天主教火葬的有吗？

答：实行什么葬礼随着国家形势走，我父亲就是火葬。回民有一定规矩，国家的政策要求什么，天主教就实行什么。

问：你想成为一个什么样的人？

答：信天主教的人没有想成为什么人的，只有成为天主的儿女，做公道的人。

问：你想到工厂去工作吗？（问张红梅）

答：现在在工厂上班。

问：在哪个工厂？

答：三达针织厂，今天停电没有上班。

问：工作很愉快吧？

答：是。

问：天主教敬仰玛丽亚吧？

答：玛丽亚就好比自己的母亲一样，是人类的母亲。

问：父亲是谁？

答：大圣约瑟。

问：基督教不信大圣约瑟吗？

答：基督教不信圣父圣母，只信耶稣一个人。基督教不信耶稣的父母，就从天主教中分裂出去了，它的时间最短，还不如其他会教门。

问：天主教承认耶稣的圣父圣母，很符合中国人的家庭观念，所以信的人多，是吗？

答：是。

问：你们都是耶稣的孩子？

答：我们都是天主的孩子。

三

冯家村相关资料

（一）住宅配置图

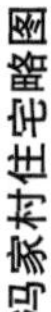

冯家村住宅略图

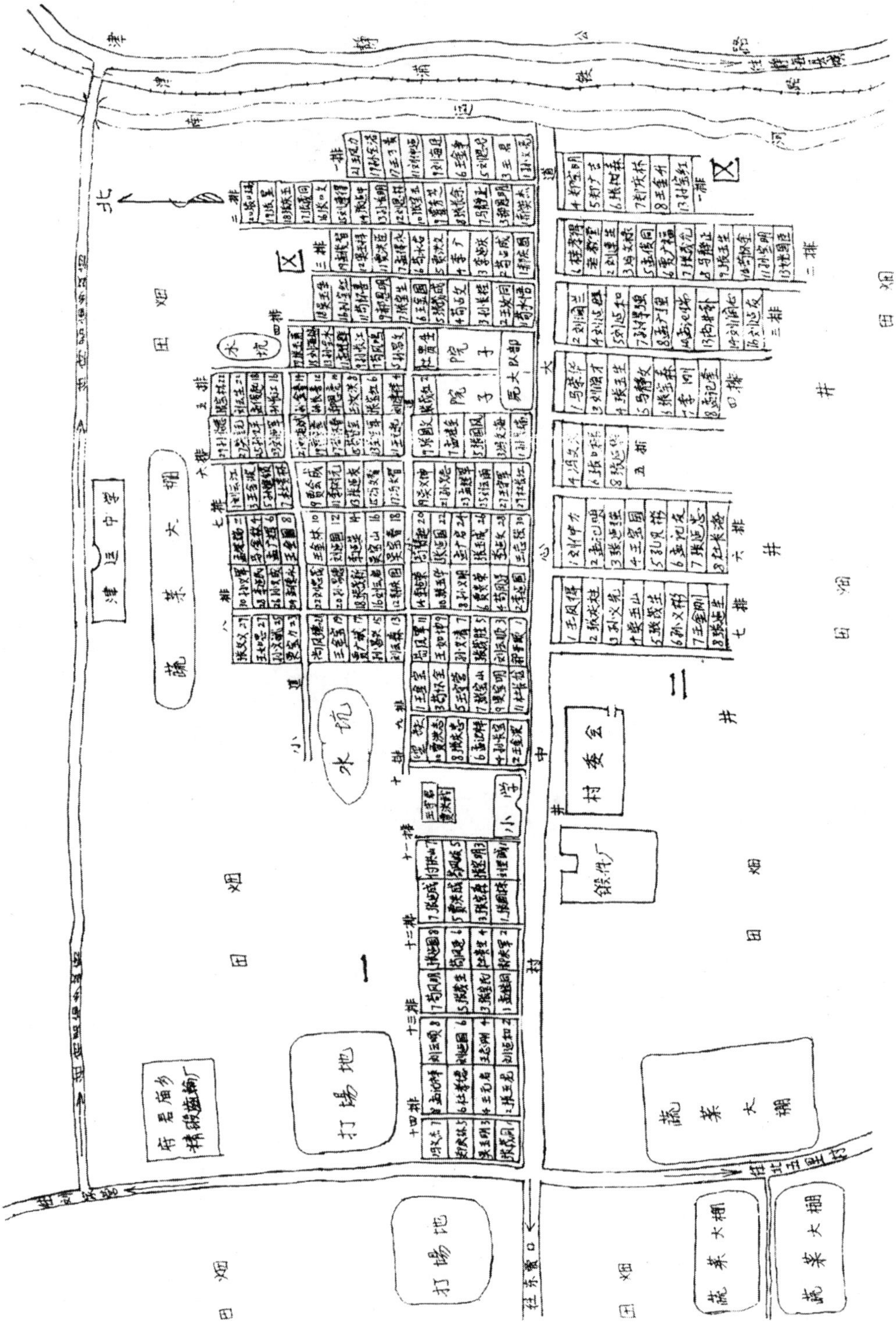

（二）冯家村家庭成员调查表的统计结果

1. 家庭

（1）家庭构成表

家庭人数（人）	1	2	3	4	5	6	7	8
家庭数	18	16	35	36	26	11	4	3

（2）家庭形态表

形态	单身	夫妇	夫妇和孩子	夫妇、孩子和父母	夫妇、孩子以及其配偶	其他
家庭数	18	12	88	7	21	3

2. 婚姻状况

（1）结婚年龄表

年　龄	男　性	女　性
14	—	1
15	—	5
16	—	1
17	3	8
18	3	14
19	9	10
20	7	13
21	21	18
22	17	14
23	21	21
24	16	15
25	20	11
26	10	8
27	5	3
28	4	4
29	1	1
30	2	1
31 ~ 35	8	2
36 ~ 40	2	3
41 ~ 45	1	1
46 ~ 50	1	—

（2）夫妇年龄差表

调查表以丈夫岁数为基数，妻子年龄大的标记为 -。

年龄差	-4	-3	-2	-1	0	1	2	3	4	5	6	7	8	9	10	11	12
人数	1	1	6	20	27	11	13	9	9	10	6	5	2	4	3	4	1

※注：从家庭调查表中看不出是初婚还是再婚，冯家村的 30 多岁到 40 多岁结婚的男子，夫妇的年龄多数有年龄差，这一般是因贫穷不能结婚的男子，随着近年经济状况好转才能结婚的，再婚的比较少。另外，从夫妇年龄差表可以看出，丈夫年长的婚姻 77 对，妻子年长的 28 对，同岁的 27 对，可见丈夫年长的夫妇占多数。

（3）通婚圈

冯家村附近（参照地图）

冯家村（16）、独流（10）、白杨树（10）、王家院（9）、梁头（9）、刘家营（8）、府君庙（6）、李家院（6）、北五里（5）、西贾口（3）、东贾口（2）、西五里（2）、孟庄子（2）、小未庄（2）、东窑（1）、十一堡（1）、李家窑（1）、罗堂（1）、李家湾子（1）、十里堡（1）、刘官庄（1）、谷庄子（1）、高庄子（1）、辛庄子（1）、菩提洼（1）、口子门（1）

场所未确认

城关（11）、台头（3）、蔡公庄（2）、顺小王（2）、二重里屯（2）、盐山（2）、友好大队（2）、余家村（2）、良王庄（1）、董庆科（1）、李窑村（1）、南朝村（1）、大郝村（1）、王善屯（1）、义和大队（1）、东西庄（1）、胜芳（1）、中旺（1）、团泊（1）、阳城庄（1）

县外

黑龟江（3）、山东（2）、河北（1）、青县（1）、霸县（1）、随凌县（1）

※这个村的婚姻基本上是嫁入的婚姻，从已婚女性的出生地就可以看出该村的通婚圈。

（4）冯家村附近示意图

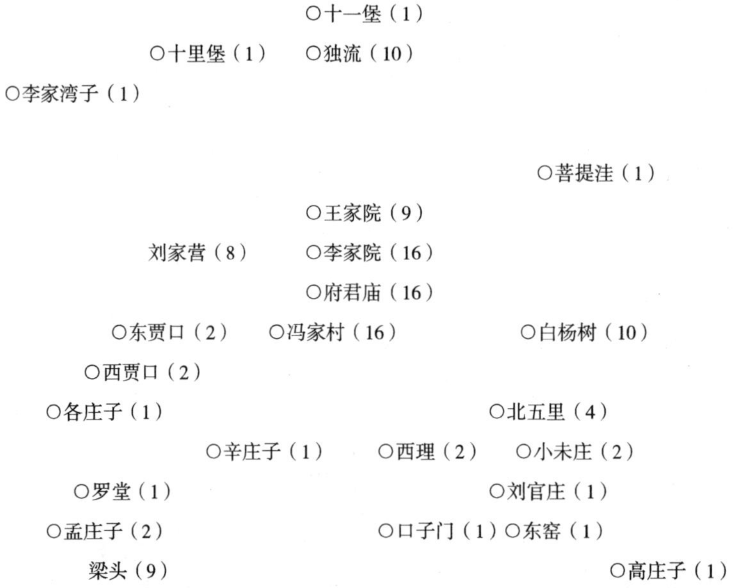

○十一堡（1）

○十里堡（1） ○独流（10）

○李家湾子（1）

○菩提洼（1）

○王家院（9）

刘家营（8） ○李家院（16）

○府君庙（16）

○东贾口（2） ○冯家村（16） ○白杨树（10）

○西贾口（2）

○各庄子（1） ○北五里（4）

○辛庄子（1） ○西理（2） ○小未庄（2）

○罗堂（1） ○刘官庄（1）

○孟庄子（2） ○口子门（1）○东窑（1）

梁头（9） ○高庄子（1）

3. 学历

	男	女
文　盲	24	94
小　学	75	53
初　中	57	24
高　中	8	1

注：有年轻人学历高的倾向，女性年龄越大文盲率越高。从整体来看，可以说女性学历低。

（三）有关女性生活和意识的问卷调查

调查时间：1993 年 3 ~4 月。

调查对象：天津市静海县府君庙乡冯家村的已婚妇女中，20 多岁、30 多岁……70 多岁每年龄段人员中各 6 人，共 36 人。

调查方法：发调查表逐项填写。调查人讲清楚要求的情况下，通过妇女主任等村干部选定调查对象，进行调查表的分发和收集。

已婚妇女的生活情况和意识统计表

单位：人

调查项目 \ 年龄段（岁）			70	60	50	40	30	20	合计
有关婚姻	婚约	有	6	6	6	6	6	6	36
		无							0
		没回答							0
	相识途径	别人介绍	6	6	6	6	6	5	35
		在学校						1	1
		在工作单位							0
		其他							0
		没回答							0
	由谁决定结婚	父母	6	6	6	3	4	5	30
		自己本人							0
		父母决定自己同意				3	2		5
		自己决定父母同意						1	1
	结婚后的住所	丈夫的父母家	6	5	6	6	6	6	35
		娘家		1					1
		独立							0
		没回答							0

续表

调查项目＼年龄段（岁）			70	60	50	40	30	20	合计
与嫁家的关系（可以两项以上）		不往来	3		1	1			5
		常往来	3	6	5	5	6	5	30
		经济援助							0
		接受经济援助						1	1
		支援劳力							0
		接受劳力支援							0
		没回答							0
生育	子女数（平均）		5.3	5.8	4.7	2.7	1.7	1	
	生产场所（可两项）	婆家	6	5	6	6	6	5	34
		娘家		1					1
		医院			6	6	6	5	23
		婆家和医院							0
	出生后父亲	马上来见	6	6	6	6	6	5	35
		半月～1个月后来见							0
		以前不能马上来，现在好							0
	出生后庆祝	男女一样			1	6	6	5	18
		男女有别	6	6	5				17
		以前有别，现在一样							0
祭祀	神龛的神	男人拜祭		1			2		3
		女人拜祭	4	4	5	6	3	5	27
		男女都拜祭							0
		谁也不拜祭	2	1	1		1	1	6
	祖先的牌位	男人拜祭							0
		女人拜祭						1	1
		男女都拜祭							0
		谁也不拜祭	6	6	6	6	6	5	35
	上坟	男人		1			1		2
		女人	4	4	5	6	3	5	27
		男女都							0
		谁也不	2	1	1		2	1	7
养老保障（可两项）		主要依靠儿子	1	1		2	3	1	8
		主要依靠女儿			1		1		2
		儿子和女儿	5	5	5	4	2	6	27
		依靠国家							0

续表

调查项目 \ 年龄段（岁）		70	60	50	40	30	20	合计
与妇联的关系	参加活动							0
	不关心		2					2
	有难办的事找妇联	6	4	6	6	6	6	34
	没回答							0

不同年龄层每天平均劳动时间统计表

单位：小时

调查项目 \ 年龄段（岁）		70	60	50	40	30	20
农忙期	农耕	0.8	1	3.2	9	9.3	7
	饲养家畜	0.3	0	2	1.8	0.7	0.5
	其他业务	0	0	0	1.7	0	0
	家务活	2.7	2.7	2.8	2.7	2.7	3
	育儿	1.3	1.5	3.8	0	1.3	2.7
农闲期	农耕	0	0	0	3.3	0	0.7
	饲养家畜	0	0	2	1.5	0.7	0.7
	其他业务	0	0	0	1.7	0.7	0
	家务活	2.7	2.7	2.8	2.7	2.7	3
	育儿	1	0.3	2.7	0	1.8	3

不同性别承担家务的情况

单位：人

担当者的性别 \ 分担的家务	做饭	收拾	扫除	洗衣	针线活	房屋修理	财务管理
女方	36	36	36	36	36	1	8
男方						35	3
双方							25
没回答							

（四）冯家村经济统计资料

冯家村

年	户数	人口	男	女	劳动力	男		女		劳动力：按行业分		农+副	工类	建筑	商业	文教	乡管单位	外出	交通	按行业合计
						整	半	整	半	农业	副业									
1983	152	639	317	332	205	81	43	75	40	175	0	175	30	2	.	2	3	12	.	224
1984	151	657	315	342	295	81	43	75	50	180	0	180	95	3	2	2	3	10	.	295
1985	158	653	315	338	240	80	40	70	50	72	135	207	45	3	2	2	3	10	.	272
1986	158	647	311	336	235	80	38	67	50	92	95	187	.	15	3	1	2	42	.	250
1987	169	640	311	329	234	86	42	62	44	103	0	103	72	25	2	1	1	.	.	204
1988	167	626	304	322	193	75	48	35	35	87	0	87	58	40	.	1	2	40	.	228
1989	172	610	303	307	193	68	50	35	40	86	2	88	50	37	2	1	1	5	.	184
1990	170	633	311	322	160	60	40	30	30	92	0	92	30	25	3	1	2	4	.	157
1991	170	635	308	327	150	85	15	45	20	93	0	93	30	25	3	1	0	9	.	161
1992	170	656	330	326	160	80	20	35	25	108	0	108	34	23	3	1	0	0	.	169

	劳动力：按行业分		农+副	构成 工业	建筑	商业	文教	乡管单位	外出	交通	
	农业	副业									
1983	78.1	0.0	78.1	13.4	0.9	0.0	0.9	1.3	5.4	0.0	100.0
1984	61.0	0.0	61.0	32.2	1.0	0.7	0.7	1.0	3.4	0.0	100.0
1985	26.5	49.6	76.1	16.5	1.1	0.7	0.7	1.1	3.7	0.0	100.0
1986	36.8	38.0	74.8	0.0	6.0	1.2	0.4	0.8	16.8	0.0	100.0
1987	50.5	0.0	50.5	35.3	12.3	1.0	0.5	0.5	0.0	0.0	100.0
1988	38.2	0.0	38.2	25.4	17.5	0.0	0.4	0.9	17.5	0.0	100.0
1989	46.7	1.1	47.8	27.2	20.1	1.1	0.5	0.5	2.7	0.0	100.0
1990	58.6	0.0	58.6	19.1	15.9	1.9	0.6	1.3	2.5	0.0	100.0
1991	57.8	0.0	57.8	18.6	15.5	1.9	0.6	0.0	5.6	0.0	100.0
1992	63.9	0.0	63.9	20.1	13.6	1.8	0.6	0.0	0.0	0.0	100.0

冯家村

	耕地面积	水浇地	自留地	菜园	果树	林地
1983	1295	625	64	80	1	4
1984	1295	650	64	80	2	4
1985	1295	550	64	190	2	4
1986	1295	550	64	285	2	4
1987	1295	550	64	350	2	4
1988	1295	750	64	350	2	4
1989	1295	750	64	350	1	5
1990	1295	750	—	350	1	5
1991	1295	750	—	350	1	5
1992	1295	750	—	350	1	5

	家庭副工业产值	饲料	建筑业	商业	村办企业
1983	16000	6000	18000	600	
1984	120000	7300	3500	1200	
1985	130000	8200	5500	4000	75000
1986	150000	10000	33000	5000	185000
1987	370000	8000	30000	4000	
1988					
1989					
1990	550000	70000			
1991					
1992					

	粮食产量	公粮	口粮
1983	240000	26000	309
1984	280000	26000	—
1985	347000	26000	—
1986	385000	26000	—
1987	400000	26000	—
1988	750000	26000	—
1989	800000	26000	—
1990	820000	26000	—
1991	850000	26000	—
1992	910000	26000	—

注：·代表统计缺失。

冯家村农村经济收入分配

年	1984	1985	1986	1988	1989	1990	1991	1992
总收入	373185	474215	599519	689200	977000	962300	1194680	1209500
农业	144500	186870	212319	397040	528400	387000	384800	225000
其中：粮	52500	88282	168600	306100	450600	325010	350500	155000
工业	66000	150000	251000	200000	400000	502500	720000	780000
副业	120200	75000	42500	16000	7000	—	8000	3000
建筑业	6500	0	30000	31400	8200	10000	17500	70000
交通运输	0	0	20000	0	0	0	0	0
	-35985	-62345	-43700	-44760	-33400	-62800	-64380	-131500
总支出	87355	220203	336110	374500	639500	555700	727000	765000
生产费	85020		111900	178200	281400	203900	150000	155500
管理费	135	5500	3400	5200	5600	6500	12000	21000
净收入		254012	263409	314700	337500	406600	467680	444500
国家税金	8143	7000	8600	12450	35200	66810	95000	62500
集体提留	2200	1050	6350	33150	42000	11500	52710	10000
其中：乡	—	—	—	—	—	1500	15700	—
社员所得	275487	245962	248459	269100	260300	323290	329970	368000
干部报酬	1750						11000	
每人平均	375	377	385	430	427	510	520	576
固定资产原值	68000	108000	132000	150000	125000	130000	250000	250000

1984 年	合计	村办企业	集体统一	（账内）	（账外）	社员自营	（专业户）	照合（列）
总收入	373185	66000	63185	6685	56500	244000	1500	373185
农业	144500	0	54500	0	54500	90000	—	144500
其中：粮	52500	0	52500	0	52500	0	—	52500
工业	66000	66000	0	0	0	0	—	66000
副业	120200	0	0	0	0	120200	—	120200
建筑业	6500	0	6500	6500	0	0	—	6500
交通运输	0	0	0	0	0	0	—	0
照合（行）	337200	66000	61000	6500	54500	210200	1500	-61000
总支出	87355	24520	18735	2285	16450	44100	—	87355
生产费	85020	24520	16450	2285	16450	44100	—	85070
管理费	135	50	85	85			—	135
净收入							—	135
国家税金	8143	6830	1313	1313			—	8143
集体提留	2200		2200	2200		40000	—	42200
其中：乡	—						—	0
社员所得	275487	29450	46137	24350	21787	159900	—	235487
干部报酬	1750			1750			—	0
每人平均	375	243						
固定资产原值	68000			10000		8000		8000

1985	合计	村办企业	集体统一	承包经营	新联合体	社员自营	（专业户）	照合（列）
总收入	474215	15000	19100	140870	0	164245	15000	474215
农业	186870	0	8000	140870	0	38000	15000	186870
其中：粮	88282	0	3000	85282	0	0	—	88282
工业	150000	150000	0	0	0	0	—	150000
副业	75000	0	5000	0	0	70000	—	75000
建筑业	0	0	0	0	0	0	—	0
交通运输	0	0	0	0	0	0	—	0
照合（行）	-62345	150000	13000	140870	0	108000	15000	411870
总支出	220203	100500	9030	76140	0	34533	—	220203
生产费	88140			76140	0	12000	—	88140
管理费	5500	500		5000	0		—	5500

净收入	254012	49500	10070	64730	0	129712	—	254012
（分配总计）	254012	29500	30070	64730	0	129712		254012
国家税金	7000	5000	2000		0		—	7000
集体提留	1050		1050		0		—	1050
其中：乡	—				0		—	0
社员所得	245962	24500	27020	64730	0	129712	—	245962
干部报酬					0		—	0
					0		—	0
每人平均	377	890		103	0	207		1290
固定资产原值	108000	18000	5000		0	40000		63000
1986 年	合计	村办企业	集体统一	承包经营	新联合体	社员自营	（专业户）	照合（列）
总收入	599519	185000	9619	185680	53000	166220		599519
农业	212319	0	3819	185500	0	23000		212319
其中：粮	168600	0	3600	165000	0	0		168600
工业	251000	185000	0	0	53000	13000		251000
副业	42500	0	2000	0	0	40500		42500
建筑业	30000	0	0	0	0	30000		30000
交通运输	20000	0	0	0	0	20000		20000
照合（行）	-62345	185000	5819	185500	53000	126500		555819
总支出	336110	130000	17860	96500	45000	46750		336110
生产费	111900		6900	96500		8500		111900
管理费	3400	2000	800			600		3400
净收入	263409	55000	-8241	89180	8000	119470		263409
（分配总计）	263409	32000	14759	89180	8000	119470		263409
国家税金	8600	6000	2600					8600
集体提留	6350	5000	850		500			6350
其中：乡	—							0
社员所得	248459	21000	11309	89180	7500	119470		248459
干部报酬								0
								0
每人平均	385	700		103				803
固定资产原值	132000	80000	52000					132000
1988 年	合计	村办企业	集体统一	承包经营	新联合体	社员自营	（专业户）	照合（列）
总收入	689200	200000	12150	375600		101450		689200
农业	397040	0	9800	375600		116400		501800
其中：粮	306100	0	7600	295000		3500		306100
工业	200000	200000	0	0				200000
副业	16000	0		0		16000		16000
建筑业	31400	0	0	0		31400		31400
交通运输		0	0	0				0
照合（行）	-62345	200000	9800	375600		163800		749200
总支出	374500	153000	8900	177200		35400		374500
生产费	178200			175000		3200		178200
管理费	5200		5200					5200
净收入	314700	47000	3250	198400		66050		314700
（分配总计）	314700	34650	15600	198400		66050		314700
国家税金	12450	10200	2250					12450
集体提留	33150	4800	13350	15000				33150
其中：乡	—							0
社员所得	269100	19650	0	183400		66050		269100
干部报酬								0
每人平均	430							0
固定资产原值	150000							0

1989 年	合计	村办企业	集体统一	承包经营	新联合体	社员自营	（专业户）	照合（列）
总收入	977000	400000	13800	504600		58600		977000
农业	528400	0	13800	504600		10000		528400
其中：粮	450600	0	11000	434600		5000		450000
工业	400000	400000	0	0				400000
副业	7000	0		0		7000		7000
建筑业	8200	0	0	0		8200		8200
交通运输		0	0	0				0
照合（行）	-62345	400000	13800	504600		25200		943600
总支出	639500	320000	13300	280000		26200		639500
生产费	281400			278000		3400		281400
管理费	5600		5600					5600
净收入	337500	80000	500	224600		32400		337500
（分配总计）	337500	62000	18500	224600		32400		337500
国家税金	35200	25000	2600	7600				35200
集体提留	42000	15000	13000	14000				42000
其中：乡								0
社员所得	260300	220000	2900	20300		32400		275600
干部报酬								0
每人平均	427							0
固定资产原值	125000							0

1990	合计	村办企业	集体统一	承包经营	新联合体	社员自营	（专业户）	照合（列）
总收入	962300	476000	25000	353500		87800		942300
农业	387000	0	21500	353500		12000		387000
其中：粮	325010	0	10500	310010		4500		325010
工业	502500	476000	0	0		6500		482500
副业		0		0				0
建筑业	10000	0	0			10000		10000
交通运输		0	0	0				0
照合（行）	-62345	476000	21500	353500		28500		879500
总支出	555700	303000	15500	170000		27200		515700
生产费	203900			190000		13900		203900
管理费	6500		6500					6500
净收入	406600	173000		163500		60600		397100
（分配总计）	406600							0
国家税金	66810	65000	1810					66810
集体提留	11500	10000	1500					11500
其中：乡	1500							0
社员所得	323290	98000	1190	163500		60600		323290
干部报酬								0
每人平均	510							0
固定资产原值	130000							0

1991 年	合计	村办企业	集体统一	承包经营	新联合体	社员自营	（专业户）	照合（列）
总收入	1194680	720000	39500			435180		1194680
农业	384800	0	31000			353800		384800
其中：粮	350500	0	10500			289500		300000
工业	720000	720000						720000
副业	8000	0				6180		6180
建筑业	17500	0				17500		17500
交通运输		0						0
照合（行）	-62345	720000	31000	0		377480		1128480
总支出	727000	535000	32000			160000		727000

生产费	150000		150000					150000
管理费	12000		12000					12000
净收入	467680							0
(分配总计)	467680							0
国家税金	95000							0
集体提留	52710							0
其中：乡	15710							0
社员所得	329970							0
干部报酬	11000							0
每人平均	520							0
固定资产原值	250000							0

1992 年	合计	村办企业	集体统一	承包经营	新联合体	社员自营	（专业户）	照合（列）
总收入	1209500	780000	825000	＊村办企业を		384500		1209500
农业	225000	0	30000	集体经营た包括		195000		225000
其中：粮	155000	0	2000			153000		155000
工业	780000	780000	780000					780000
副业	3000	0				3000		3000
建筑业	70000	0				70000		70000
交通运输		0						0
照合（行）	-62345	780000	810000			268000		1078000
总支出	765000	530000	602500			162500		765000
生产费	155500		5500			150000		155500
管理费	21000	5000	21000					21000
净收入	444500	210000	222500			222000		444500
(分配总计)	444500	170000	222500					222500
国家税金	62500	60000	62500					62500
集体提留	10000		10000					10500
其中：乡								0
社员所得	368000	106000	146000			222000		368000
干部报酬								0
每人平均	576	166	62			347		409
固定资产原值	250000							0

冯家村所有状况表

家畜所有状况

	马	骡	驴	牛	猪	羊
1983	18	12	16	18	140	225
1984	15	15	45	15	150	300
1985	21	12	34	7	136	225
1986	21	15	40	11	125	225
1987	12	29	43	19	25	201
1988	10	30	42	10	11	199
1989	12	31	30	10	19	143
1990	12	31	31	12	5	175
1991	10	27	32	12	22	150
1992	9	28	33	14	5	125

农业机械

	机械井户			拖拉机	脱谷机	车
	深井	中井	浅井			
1983	1	1	1	0		12
1984	2	4	1	0		15
1985	2	4	1	1		15
1986	2	4	1	1		15
1987	2	3	3	0		17
1988	2	3	3	0		25
1989	2	4	3	0	3	28
1990	2	4	3	0	5	40
1991	2	4	3	1	5	45
1992	2	4	3	2	8	60

化学肥料　　单位：吨

	尿素	磷
1983	18	10
1984	25	5
1985	26	6
1986	26	8
1987	34	20
1988	40	21
1989	60	21
1990	65	21
1991	70	35
1992	75	55

耐久耗材

年	手表	钟表	自行车	收音机	电视	彩电	缝纫机	收录机	冰箱	洗衣机	电风扇	大衣柜	摩托车	煤气炉	照相机	摄像机
1983	150	125	211	120	6		80	1	1	1	3	60	1			
1984	400	103	350	180	35		120	1	1	1	15	103				
1985	406	108	358	185	40	3	120	1	1	1	19	135	1			
1986	450	108	360	165	60	3	125	4	1	5	30	140	4			
1987	455	110	449	160	65	5	128	6	2	8	40	145	3			
1988	410	125	560	150	86	8	130	10	3	30	62	150	0			
1989	400	125	550	150	86	8	140	30	3	45	105	160	1			
1990	450	125	550	150	91	19	150	30	10	46	105	170	1			
1991			520		150	40	140	135	30	100	150		2	40	8	1
1992			600		150	60	140	150	35	110	150		5	80	20	1

（五）农村葬礼时的礼单

乡亲礼单（王万起葬礼的礼单，街坊部分）

⑤村民葬儀の際の香典帳

收小礼记录（王万起葬儀の香典　街坊の分のみ）

孙长喜	2	孟纪军	2	杜桂森	2	孙　义	2
孙民宝	2	吴宝昭	2	张宝红	5	刘仲茂	20
张国文	5	吴宝山	2	张法永	5	郑庆林	1
张国红	5	吴宝利	2	冯文海	2	刘仲建	20
张庆桂	5	吴宝元	5	刘建强	5	孟纪瑞	2
郝恩昭(旺)	5	贾会成	2	刘建国	5	张玉生	10
孙长忝	2	孟纪泉	2	刘建和	5	荀怀金	5
李建国	10	刘远才	5	尚五保	1	李建庆	10
张庆中	5	刘建成	5	刘海亭	2	贾宏武	10
荀风昭	10	刘建军	5	孙宝昭	10	贾宏臣	10
郑庆和	1	刘建永	5	李　广	2	尚中轩	5
孟纪群	10	孙义武	5	冯文义	4	冯文杰	1
郝芙杰	2	孙义文	5	孙长林	2	吴金泉	1
刘仲利	20	张茂新	5	孙长文	2	张宝生	2
荀占成	2	张茂同	2	孙金春	2	张玉来	2
李建昭	20	张宝山	2	孟纪奎	2	魏宝春	5
李建家	20	孙宝红	5	孙长红	2	张国栋	5
李建文	20	孟俊起	10	刘远生	5	吴玉山	5
孙金锁	2	刘远新	5	张茂胜	3	贾红奎	5
荀风武	2	张宝林	2	孟纪有	2	王宝权	5
荀风起	10	张金水	2	荀占起	1	刘恩林	2
张建有	5	郝恩亮	1	孙义成	2	郝开顺	5
张建华	5	孟纪昭	1	马静	2	向风军	10
张建中	5	孙义先	2	张宝玉	2		
孟纪祥	5	马静秋	2	张文杰	2	府君庙郑中华	20
郑庆吉	5	李　刚	5	马静文	2		
张宝森	2	杜长红	5	孙义传	10		
张建国	5	孙长德	2	荀怀江	2		

108户

544元

白金玉（王万起の息子の嫁）より聴

記録　小田

根据白金玉（王万起之子的媳妇）叙述小田则子整理

（六）冯家村村民土地房产所有状况

家族姓名	耕地（亩）	非耕地（亩）	房基地（亩）	房产数（间）
李金玉	7	1.7	0.196	
马福森、孟氏	13.621			
孙玉海、长林、老干、刘玉珍、梁玉梅	12.510	0.119		3
荀怀春、李贵英、张玉兰、李凤贵、荀大岑	30.500	4.870	0.316	7
孙玉宽、张长久、邓会珍	5.636		0.261	6
孙玉财	2.660			
郝开顺、大五、庆坤、秀玲	36.876	3.020	0.370	10
王金森、时秀芩、吕寿福	16.786	6.570		
张文喜、张宝明、吴玉珍	12.600	1.500		
张万成	2.983			
王学亮、王庆云、孙学珍、吕树华	8.870		0.203	3
孟玉泉、孟俊汝、阎阴珍、孟俊同	26.709	1.651	0.651	7
马福贵、徐挪起	7.205	6.169		
张凤岐	2.885	2.665		
张文会、魏秀英、成立、小百、大钱	18.923	5.257	0.390	6
王生有、王氏、大凌	10.702			
郑宝元、贾玉春、郑淑芳、郑淑芳	23.090		0.606	2.5
冯恩荣、张贵珍、文孝、文忠	8.175	0.609	0.305	3
荀怀喜、孙氏	7.818		0.107	1.5
王振有、王海中、占金荣、王老臣、王志俊	5.966	5.029	0.215	2.5
孙玉长、孙玉升、沈玉蓝、祝书风、孙玉洪	13.630	0.100	0.178	2.5
刘凤明	6.229			
荀凤祥、云州、云会	6.129	1.858	0.067	2
张茂云、郃玉琴、张大狗、福来	7.162	1.501	0.167	2.5
冯立山、韩顺起	16.683	2.118		
刘连升、梁秀珍、刘润泉、刘润通	23.660	2.169	0.290	5
荀可智、张大蜜、荀大猫、荀二旦、荀三旦、荀云太、荀小老、荀小旦	10.750	1.608	0.119	1
荀可信、赵桂英、荀云太、荀三香、荀小焕	10.169	1.611	0.166	1
孙玉璋、张玉兰、孙留栓、孙桂珍、孙小丫、孙老季	30.519			
贾德立、李玉兰、贾广绿、张淑敏	13.920	1.500	0.433	2
张连起、郃顺起	22.752	1.014	0.727	5
孟俊杰、薛桂珍	12.820	1.805	0.663	3
孙玉合、王少森、孙长贵、周秀兰、孙长香、孙长四、老海	10.815	1.033		

续表

家族姓名	耕地（亩）	非耕地（亩）	房基地（亩）	房产数（间）
张国清、刘玉珍、张大巧、张小二	10.000	1.220	0.095	2
孙继富、孙玉庆	6.674	10.190		
贾德发、刑淑贞	9.660		0.086	1
孙长友、孙义珍、孙义牛、孙白旦、万贵、德喜、大巧、小干、孙贵臣	16.667	3.830	0.153	5
孙玉山、冠梅花、孙大署、孙二署、孙大金、孙二金、孙小三	5.387	0.533	0.119	3
李金泉、吕桂珍、李建英、杜李氏	6.956	0.202	0.243	4
苟怀金、王云兰、苟小三、苟小	7.556		0.107	2.5
李德斌		3.320		
苟凤栖、刘桂珍	7.305	0.922	0.118	3
李金祥、董氏	5.971		0.125	2
张宝和、张小狗	11.318			
张树林、张贵珍	4.339	1.000		
吴国平、吴金山、吴金才、吴玉来、王玉荣、王桂英、张风兰、吴汝兰、吴宝珍	23.692	0.508		
吴俊荣、吴金元、吴金田、吴小旦、孙凤兰、赵枝荣、吴老胖	13.975		0.408	2
张永富	8.247		0.318	4
苟怀德、冠世珍、苟占元、苟占起	8.816		0.125	2.5
王宝元		4.150		
李金海、孙桂兰、李秀芩、李秀云	8.000	1.000	0.082	1
李金升、李建珍	5.653	0.930	0.179	2
刘思忠、思林、宫凤兰、曹祥明	14.890		0.404	7
刘锡山、刘春年	5.657	0.968	0.313	6
郝开甲、郝盛立、郝香勤、郝春勤、郝玉贵、倪瑞祥、丁桂杰	47.701	1.546	0.324	7
张成安、张文秀、张文义、宋清福、白玉兰、杜桂珍	20.560	6.920	0.613	8
郝开云、赵小云、李锡春、郝玉凤、郝玉秦	42.790	0.500	0.631	7
孟玉枝、李映宏	10.861		0.166	2
刘锡林、郭大田、郭立祥、郭秀英	9.450			
刘仲魁、李月英、刘思起、刘思升、车凤兰、刘思恭	14.261	5.615		
王汝桐、王二狗、王和平、王二旦、王李氏、王万奎、张志学	16.180	1.920	0.270	

续表

家族姓名	耕地（亩）	非耕地（亩）	房基地（亩）	房产数（间）
王万佳、王宝合、李世荣、王小兰、王秀兰	27.814	1.299		
吴金城、阎宝珍、董玉贵、吴玉兰、吴硕、吴二旦	11.343	0.829	0.184	4
刘连祥、靳宝安、梁玉敏、刘润宽、刘桂英、刘桂兰	10.728	5.451	0.245	5
张连廷、李大虎、李桂珍、李桂生	5.677	1.709	0.176	4
刘仲义、宫法云、刘思久、徐桂珍、徐桂兰、刘老肥、刘小老、刘小干	37.595	0.709	0.307	3
杜正德、杜和生、杜小三、杜小多、于桂珍	13.458		0.131	2
孟俊澜	5.630			
荀可兴、荀长明、荀祥云、荀三焕	6.401		0.350	1
荀可义、张贵兰、荀大香、荀三红、荀二香	11.770	1.100	0.135	1
张树元、林桂兰、张小红	4.959	1.400		
刘连元、孙桂珍、刘润鑫、刘小红	23.730	2.146	0.447	7
张汉臣、陈大生、张德双、张老虎	10.398	1.700	0.124	1.5
张汉宗、李洪田、张茂盛、张茂生、张小六、张小丫、张小九	19.351	3.070		
王义有、王秀蓝、王汝才、王二换、杨秀兰、王丫头、朱义起、卫万祥	45.147	5.000		
孙玉杰、孙傻子、杜桂珍、孙太平	5.612	0.314		
孟德永、刘起明、吴金蓝、孟快生、孟双兴	12.710	5.825	0.598	3
张国泉、李见英	1.649	1.300	0.261	2
郑宝明、郑大发、刘连润、王玉英、郑庆祥、郑庆吉、郑庆余、郑庆芬	34.860	0.973	0.186	3
王万兴、李桂珍、王汝清、王汝江、王大凤、王汝长、王老马、王秀亭	16.289	4.500		
马荣仁、董氏、王华昆、翟洪祥、张洪玉、马小虎、马领邦	50.836	1.393	0.768	7
冯恩寿、林墨卿、李庆春、冯玉起、冯玉香、冯玉玲	19.942	0.998	0.241	5
李长海、李树元、王英、李大富、李二富、李三富	6.431		0.173	3
王万山、李氏、王八九、王小二、王三歪、王李氏	10.040	2.320	0.416	
王万起、李桂兰、王铁环、王二春、王大委	14.371	3.570	0.553	

续表

家族姓名	耕地（亩）	非耕地（亩）	房基地（亩）	房产数（间）
黄德新	6.463			
李庚海	4.900			
郑宝亭、高海英、郑庆福、郑林、郑小丫、郑丫头	30.683		0.262	
孙玉明	10.659		0.250	
张文贵、张宝善、张宝春、郝玉金、周名顺、张宝珍、张铁锁	22.336	1.524	0.448	5
孙玉田、张树明、王贵清、孙宝树、孙大蜜、孙小老	11.161	2.000		
冯恩寿	9.216			
张永发、王荣祥、张树森、李桂澜、王桂荣、张俊清	15.118	8.119		
刘连策、刘恩光、刘澜江、李宴	24.451	2.169	0.191	4
张汉义、孙桂澜、张小挪、张老七、张立英	15.193	2.970	0.250	4
尚连堂、王贵年、尚中韩、王纳起	14.304	1.150	0.225	3
刘连城、刘连义、李贵江	63.946	15.785	0.141	3.5
张汉清、吴起顺、张西林、张凤文、张老八	16.170	2.970		
苟凤西	4.608			
马福顺、马荣华、杜贵起	11.041	0.490	0.392	
苟怀忠	4.608			
贾广斌、王玉珍、王永坤、王永生、王大洪	16.880	4.968	0.171	2
刘恩华、刘连德、刘书芬、刘淑芬、刘大留、刘大尊、刘小丫、刑玉春、李娜珍	72.484	4.112	0.619	8

说明：本资料是根据土地改革时村民的土地证整理的。

（七）冯家村工厂承包协定补充条款

静海县府君庙乡冯家村村民委员会

承包合同补充条款

合同书

经村委会与工厂协商研究，现将村锻件厂承包，以下简称村委会为：甲方，工厂为：乙方

甲乙双方协议如下：

1. 全年毛收入按百分之十二上缴村委会，甲方提取百分之十二的二成回返乙方，年终找齐，按纯加工计算。

2. 乙方出现公伤药费在300元以内，由乙方自负担，300～500元以内由甲方负担三分之一，乙方负担三分之二，500元以上由甲乙双方各负担百分之五十，白条不负报销。

3. 死亡者付给6000元。甲乙双方各负担百分之五十，丧失劳动能力者，掉一条腿、失去双目，必须经有医院医生诊断证明书，确实丧失劳动能力付受害者5000元，甲乙双方各负担百分之五十。

4. 失去一个手指付给受害者300元，两个手指付700元，三个手指付1500元，四至五个手指算失去一只手付给受害者3000元，甲乙双方各负担百分之五十。

5. 失去一只胳臂、失去一只眼睛、失去一只手，付给3000元，甲乙双方各负担百分之五十。

6. 从第一条至第五条已享受者，可以自愿离厂，离厂后再有问题，甲乙双方一律不负责任。

7. 出现公伤，不参加分红，工资照发。公伤病必须有医生诊断证明书，持证明经厂专管安全员批准，否则按休工处理。

8. 固定资产年终提取设备折旧，由乙方作为积累，如购置滑板、锤底座、蓬轮、修理电机等，包括房屋、焖火炉等修缮。

9. 甲乙双方满意，立据为证，互不反悔，此合同有效期为一年。

甲方：冯家村村委会（静海县府君庙乡冯家村村民委员会公章）

负责人　张宝善（手印）、张宝森（手印）

乙方：刘润森（刘润森印）

一九八八年一月八日立

（静海县府君庙乡乡镇企业经济委员会公章）

·附　　录·

附录一：调查参与者的研究报告

一

从沙井村的变化看中国农村现代化

魏宏运

近20年，世界各国都发生了一些影响人类文明的大事，其中之一就是中国农村的巨大变化。

中国人口占全世界总人口的1/5，其中80%都是农民；而可耕地面积仅近1亿公顷，约占全世界耕地的7%，以这样少的耕地养活如此多的人，的确是一个严重的问题，也是一件非常了不起的事情。这是许多研究中国问题的学者专家之所以关注此问题的原因。改革开放以来，中国的农业有了飞速发展。1984年的粮食总产量达到40731万吨，比解放前最高年产量的1936年增加了近1.7倍，比1952年增加了1.5倍；1992年粮食总产量达44266万吨，比1936年增加195.11%，比1984年增加8.68%。农村的乡镇企业迅速发展，已经成为中国工业的主要力量；农民收入大增，生活水平有很大的提高。同时农业发展又不平衡，粮食产量时常出现波折，历年需要进口大量粮食，农村大批的剩余劳动力涌入城市，耕地急剧减少，还有许多边远农村尚未解困。巨大的成绩和众多的问题强烈地吸引着国内外学者将注意力集中到中国的农村，研究农村经济结构的变化，探索农村社会风气的演变，寻求农村的发展方向和规律。我们在研究历史特别是中国近现代史的时候，也应当将触角伸向农村，研究中国农业生产力发展的水平、生产方式的延续和转变、政治和经济结构的演变、社会分层和习俗的变化等问题；不仅要研究历史，也要注重现在和将来，将理论研究更贴近现实。这是这篇文章的出发点。

（一）

中国历来是很重视农业发展的。50年代初土地改革完成后，开始实行农业集体化。先是初级社，随后是高级社，1958年又建立起人民公社；以村为单位组成生产大队，大队下分几个生产队。同时根据毛泽东所讲的农业的根本出路在于机械化，各公社都设立了拖拉机站，意在推行集体所有制下的机械化。在这种集体化为主导的形势下，广大农民共同劳动，平均分配，甚至还一度出现全村社员集体吃食堂、集中居住和劳动的状况。从形式上看，农村的生产方式发生了巨大的变化，改革了中国几千年来的一家一户的小农经济结构，建立起以集体所有制为基础的新型农业生产模式。但是，从长期的发展来看，并没有带来社会生产力水平持续稳定的提高，农业长期以来也没能得到较快的发展。农业生产完全由公社和大队统一安排调配，集体劳动，农民的劳动与收获没有直接的关系，无法调动人们的积极性和主动性，劳动效率低下。另外还有许多与此相关的政策，如农村商品和生产资料由供销社统一经营管理，限制市场上的商品流通；在“以粮为纲”的方针下，农村的集体企业因得不到政府的支持而发展缓慢，农民不能经商或从事手工业，甚至不准离开土地。50 年代初粮食生产尚可自给，“大跃进”以后加之 3 年自然灾害农业生产水平急剧下降，1962 年的粮食总产量仅为 16000 万吨，相当于 1949 年的水平；到 1966 年才达到 21400 万吨，比 1936 年仅增加 41%。生产力低下，农民的收入十分有限，1978 年全国农民人均年纯收入只有 133.57 元，全国约有 1/3 的农户年纯收入低于 100 元，人均年收入在 300 元以上的仅占农户总数的 2.4%。许多农村长期靠吃返销粮生活，8 亿农民困守在土地上，维持着极其低下的生活水平。

1978 年以后，中国农村迅速变化已经成为我国社会最主要的态势。首先，是生产方式的改革，即推行了联产承包责任制，把土地由集体化返回到家庭承包，国家与承包户签订合同，几十年不变，产品除了合同所定的上交国家外，完全由自己支配。在华北，联产承包责任制出现多种形式，有的地方将土地全部分给农户；有的地方分给农户口粮田，集体掌握一部分机动田；也有的地方将耕地包给几个种田能手，实行大面积机械化生产。尽管形式各异，结果都极大地调动了广大农民的积极性，解放了大量的农村社会生产力，粮食产量有了较大幅度的提高。1976 年全国粮食总产量为 28631 万吨，1980 年增加到 32056 万吨，1990 年达到了 44624 万吨，14 年间增加了 55.86%。其次，是农村的乡镇和个体企业飞速发展，成为我国工业经济的重要组成部分。从土地中解放出来的农民，发挥了自己的主观能动性，从手工业或加工业入手，大办各种工业，很快形成了冲击城市国有大中型企业的态势，也改变了农村单一农业的经济结构。1978 年全国共有乡镇企业 152.42 万个，2826.56 万人，总产值为 493.07 亿元；1984 年增加到 606.52 万个，5206 万人，1709.89 亿元；到了 1992 年，全国乡镇企业（包括个体企业）达到了 2079.2 万个，共有工人 10581.1 万人，总产值高达 17584 亿元，与 1984 年相比，分别增加了 242.8%、103.2%、928.3%。再次，农村各级市场十分活跃，促进了商品流通，成为有中国特色的市场经济的重要组成部分。“发展经济，搞活市场”这条国策在农村体现得格外显著，农村的集市贸易、城乡贸易等迅速发展，还出现了许多专业市场，缩小了城乡之间的差别，为更多的农民提供了施展才能的机会。这些变化给农民生活带来了新的面貌。农民的收入随着农村的发展逐年增加，1992 年全国农民人均年纯收入达到了 783.99 元，比 1978 年增加了 486.95%；农民的居住环境和生活条件也有了很大的改善，正在向现代化农村迈进。

（二）

近十几年来我和我的同事们经常到华北各地农村，意图是通过对农村的考察，具体且系统地了解华北农村的发展，特别是改革开放以来的变化，从而说明农村的转变是中国经济发展的关键。尽管这些村庄的发展速度各不相同，有的地处大城市附近，经济发展水平较高，有的是粮棉生产专业村，也有的土地贫瘠，经济发展水平较低，但是都发生了深刻而巨大的变化。这里仅就距北京 30 公里的顺义县沙井村的发展进行分析研究。

沙井村 1940 年日本满铁调查时有 60 多户近 400 人；耕地共 1400 多亩，多是砂土地，主要农作物是高粱、大豆、花生、粟、麦和薯类等；以几千年来沿用的锄犁和牛骡等进行耕种，亩产仅百余斤。全村除了几户地主住的是砖房外，其他都是土坯茅草屋。农民时常吃糠咽菜，青壮年在农闲时到北京城里做工以维持生计。

50 年后的今天，沙井村发生了剧烈的变化。1987 年全村人口有 213 户 635 人，到 1993 年增加至 252 户 780 人；50 年内人口增加了约一倍。该村邻近顺义县城，近些年县城迅速扩大，村界仅与县城界一路相隔，加之公路和工厂占地很多，致使该村耕地严重减少。到 1992 年仅有耕地 427 亩和园田 100 亩，全部使用机械化实行复种。生产方式从解放初期土改后的个人耕种，到农业合作化后的集体耕种。1978 年全国推行联产承包责任制，该县没有将耕地分田到户，而是在全县范围内实行农场形式的大承包，并将耕地全部改为管道喷灌，以充分利用土地。这显然继承了人民公社时期的一些传统，乡镇政权仍在发挥作用，各村的机械设备由镇政府资助 50%，大型机械由村镇政府统一调拨；种植农作物也由村镇政府统一安排；经营上的适度规模形成了集体与承包相结合的大农业生产的特点。沙井村 1986 年建立起农场，由 11 人承包全村所有的耕地，完全使用机械化耕种。1986 年粮食总产量达到 49.2 万斤，粮食总收入为 28.5 万元；到 1992 年粮食总产量增至 52 万斤，粮食总收入为 29.1 万元，亩产超过 1500 斤。从产量和收入看，增加并不很多，但是这只是 11 人的劳动成果，这些粮食除了按期上缴国家外，其余全部投入市场，其收入除了每年交给村委会约 2 万元和近 5000 元土地税外，留下购买化肥和农药、留存购置和修理机械设备的流动资金，其余分配，每人的年收入 6000～7000 元。

从农业中解放出来的劳动力，以极大的热情投入到工业、基建、市场和第三产业中去，给农村带来了巨大的活力。沙井村早在 1982 年就兴建了友谊服装厂，有工人 50 人。从 1987 年始该厂改为联营，由县里投资 24 万元，固定资产达到 50 余万元。1989 年该厂的产值为 350 万元，利润 78 万元，产品远销加拿大、意大利、法国、德国、瑞士、日本等国。工人增至 120 人，其中 90% 以上都是女工，60% 以上是高中毕业生，沙井村人占 1/5，工人的月收入约为 200 元。90 年代前后该厂并入顺义镇的顺美服装公司，与新加坡合作，是北京最早的服装合资企业，拥有 1500 名工人，年产 30 万套男西装和 10 万套女装，1994 年的产值达 1.8 亿元，利润 2280 万元，出口创汇 1600 万美元。沙井村还投资兴建了汽车配件厂和涂料厂等，仅 1990 年至 1994 年村委会就向工业投资 70 万～80 万元。除此之外，村里的大部分青壮年都在镇或北京工作，成为农民户口的工人。这样，村里近几年的经济收入，主要来自村办的企业。1986 年村办企业的工业总产值为 49.2 万元，1989 年为 59 万元，1990 年为 610 万元（因计算标准不同，故数字增加），1993 年达到了 1997.9 万元，比 1990 年增加了 2.3 倍。沙井村的人均年收入，1986 年为 660 元，1989 年增至 800 元，1990 年超过 1000 元，到了 1993 年达到 1600 元。

沙井村劳动生产率的提高、村镇和个体企业的发展以及村委会和农民收入的增加，也给村庄带来了全新的变化。首先改善了幼儿教育，村委会投资 60 多万元新建了幼儿园，招收本村和外村的儿童 80 余人，除了教师的工资和奖金外，每年还对幼儿投资 2 万多元。其次健全村里的基础设施，村委会全面地规划了村里房屋建设，建房或设厂都得按规划行事，兴修了 1000 米长的水泥混凝土街道，并投资 15 万元，改造了路灯、自来水管道和绿化。再次建立社会福利和卫生机制，每年用 3 万元对全村的老人（男 60 岁、女 55 岁）发放退休补助，年终还要挨门慰问；每年用 3 万元作为计划生育费用，限制多生多育。另外又新建了村委会办公楼。一走进村庄，街道整齐划一，汽车和摩托车不断；旧时的土坯房和茅草屋消失了，代之而起的是宽敞明亮的砖瓦房和两三层的小楼；除了一些老人外，看不到闲散的人，处处呈现了新式农村的气象。

村庄经济的发展，也改变了农民的观念、生活环境和习俗。第一，村委会十分重视科学技术和教育，在其规划中强调靠科技促发展，目前已经聘请了9名大专以上的工程师；村里对幼儿教育的投资也反映了人们越发意识到教育的重要性。第二，村委会已经不满足于小型企业，开始向大型化和综合化企业发展，村里建立了科工贸一体化的实体，着手提高企业的经济效益。第三，解放以来，中国的农民一直把改农业人口为非农业人口（即城市户口）作为追求的最高目标，现在农村经济条件改变，城乡差别缩小，农民们根本不在乎户口问题了；也就是说，他们开始感觉到农民已经不再是过去的农民，可以和城市的工人等相提并论了。第四，村里社会福利事业的逐步完善，也在一定程度上改变了农民生育观念，青年人养儿防老的传统观念淡薄，计划生育工作比较好做了。第五，传统的等级、尊卑、忠孝等思想已经很淡薄。族长的权威性已消失，宗族关系只是在婚丧嫁娶或建新住宅时有所表现，对人们的行为规范已没有多大的束缚力。家庭已由传统的父权、夫权转向互相平等，有些家庭年青一代的妇女掌管着家中的收支，故其地位显赫。同时几世同堂的大家庭已不多见，儿女结婚后分家另过成为趋势和时尚。第六，农民的信仰也发生了变化，早已不再摆放和信奉关公、菩萨、土地爷等传统的偶像，关心的是政策，注意的是信息，寻找的是致富机会。

（三）

实行改革开放以后，中国的农村确实有了非常大的发展，沙井村有一定的代表性。当然，中国地域广阔，农村的状况各不相同，其中由于地域、自然条件的差别、人文环境和传统习俗的差异，所以各有特色，发展速度也并不一致。大体上可分为三类：第一种类型是农业经济发达地区，如长江三角洲、珠江三角洲、沿海省份和大城市的周围，农业机械化程度高，乡镇企业林立，大量的农业人口从事非农业的工业和第三产业，人们生活水平有很大的提高，几乎没有城乡差别。第二种类型是距离大城市和交通线较远的地区，改革开放后实行了联产承包责任制，分田到户，过去的拖拉机和水利设施摒弃了，又回复到了古老的生产方式，但是农民的积极性被调动起来了，粮食产量迅速提高，人们的生活得到了保障，在努力寻找机会创办以土特产为主的乡镇企业，向小康水平迈进。第三种类型是山区和西南、西北等少数偏远地区，交通极为不便，自然条件恶劣，农业生产力提高速度不快，粮食产量仍然不能保证自给，农民的年收入较低，是国家的扶贫对象。上文所描述的沙井村是属于第一种类型的农村。

在历史的长河中，目前中国农村状况的改变还仅仅是开始，要赶上西方发达国家的水平，还要经过几代人的努力，要走很长一段路，急于求成或者目光短浅，往往适得其反。1958年我国曾提出15年赶超英美的那种美好愿望，既脱离了实际，也不符合国情，结果吃了苦头，受到历史的惩罚。今天在对待农村发展问题上既要避免重蹈覆辙，也要注意不能只顾眼前利益。

首先，要极度重视农业生产，注意耕地的总量减少。在有些经济比较发达的农村，乡镇企业发展速度很快，人们不太重视农业，认为农业费时费力，农产品收入低，还时常受天灾或市场的影响，所以对农业的投入较少，只用来保证口粮和上缴的征购粮，甚至任凭土地荒芜，依靠市场来完成其承包量。同时工业、市场等占用大量耕地，造成耕地面积骤减，影响了农业生产。如沙井村除了镇规划、修建公路和工厂占地外，近年又划地300亩新建了木材市场，目前该村耕地面积仅及解放前的1/3。在经济欠发达地区因为土地承包给农户，也不同程度地忽视了对耕地的治理和投入，尤其是许多地方长期缺乏水利灌溉的统一管理和修整，造成了比较严重的后果。

其次，要注意政策的长期性、一致性和连贯性。农民目前十分关心国家的政策，其中包括联产承包责任制、农业的税收、农业粮食作物和经济作物的收购价格及市场价格、对乡镇企业的管理和税收等等。因为市场经济以后，农民时刻想到其收入的多少，经济效益如何，政策的改变不仅影响到对农业的投入，也影响到种植的品种和乡镇企业的经营。如数年前，由于棉价问题造成全国的棉花产量下降；乡镇企业普遍存在着质量和税收等问题。

再次，必须严格控制人口的增长。人口过多一直是我国现代化进程的沉重包袱，尽管政府采取了多种措施，有些经济较发达的农村对计划生育的认识有所转变，但是受长期以来的传统观念和习俗的影响，广大农民仍然希望多子多孙。有些农民宁愿付出巨额罚款，甚至借钱交罚款也生第二个孩子，尤其希望有个男孩，以传宗接代和赡养老人。这样，在农村计划生育不能很好地落实，超生的现象仍十分普遍，直接影响农村经济发展的速度和农民素质的提高，也为全国的经济发展增加了长期的压力。

最后，大力扶植和引导乡镇企业，使其正规化、规范化，成为我国经济发展的生力军。在经济发达的地区，乡镇企业经过了几年的奋斗和摸索，已经注意到产品的质量和企业的形象，开始应用高科技，创名牌，与外资合作，进入国际市场，向集团化发展。但是还有相当多的企业仍处于初创的阶段，企业的经营和管理、产品的质量以及与国家集体的关系等仍存在着这样那样的问题，甚至出现以次充好、生产假冒伪劣产品的现象，冲击着国有大企业，也给市场带来混乱。这就需要各级机构利用各种办法提高农民企业家的素质，引导其成为既有经营意识，又有长远眼光的现代企业的经营者。对于边远偏僻的地区，在改善农业生产条件的同时，利用当地的资源和土特产品、由国家或集体投资创办一定规模的企业，并以此作为扶贫的重要手段。

当然，中国农村的发展仅经过短短的十几年时间，必然还存在着各种问题，仍需根据各地区的不同情况认真解决。然而，这十几年的巨变，改变了中国农村几千年来特别是近代以来贫困落后、停滞不前的局面，无疑是实行正确的方针政策的结果，也是为什么国外专家学者着力研究中国农村的原因所在。

二
寺庙和民间团体

三谷 孝

序言

华北平原上的农村外观看起来各村基本相同，偶尔来访的外国人很难想象其各村的社会、经济特征及其内部的实情。但是，各村内部在不时地发生着各种重要的变化，到某个时点可能会突然展现于外，令外部人也明显可见。改革开放时期再一次访问若干年前曾多次访问过的相同村庄，会发现非常明显而且令人吃惊的变化。下面仅举一例在寺北柴村的见闻来说明。

我 1986 年 8 月和 1988 年 5 月访问过该村，除了作为 20 世纪 40 年代《中国农村惯行调查》的调查对象外，没有什么特殊的地方，它是个连像样的副业也没有的比较贫穷的村庄。但是，相隔六年后 1994 年末严寒的冬天再次访问寺北柴村，小学旁的空地上重建起祭祀观音神的老母庙，并受到村里虔诚信奉的妇女们的精心守护。另外，第二年 2 月举办庙会，从河南省请来了豫剧团在村子广场上唱戏，很多人高兴地前来观看。根据《中国农村惯行调查》的记述，民国十年（1921 年）以前，该村也举办过庙会唱过戏，所以可以说村里断绝多年的唱戏活动相隔 70 年后又复活了。

旧中国的农村，民众自发组织起来的各种团体和互助组织等交织在一起、互相沟通，支撑着村民的生活，其村庄各种结合的中心就是村庄庙会。但是，中华人民共和国成立以后，华北地区各村的多数寺庙和神像都作为“迷信”的象征被捣毁，庙会也不举办了。另外，共产党的基层组织发展到农村，所有的村庄都组建了党支部和各种群众团体，因此，民国时期前的民众自发团体·结社几乎都解体了。

近年来随着改革开放政策的贯彻，中央限制松缓，村民也开始了自发性活动，同时，农民的精神、物质生活方面也有了很大的丰富。大概就是在这种背景下村民的活动也就丰富多彩起来，庙会也就复活了。那么，那种民国时期以前的庙会对村民的生活有什么意义呢？而且，村民自发组织的团体·结社是什么样的组织呢？它们发生了怎样变迁呢？本文对这些问题概括地谈一下自 40 年代以后大致 50 年间的动向。

（一）旧体制农村时的寺庙和民间结社

1. 村里的寺庙和祭祀活动

民国时期以前，华北地区每个村都有几个庙，并对村民的生活起着重要的作用。那些庙就是村民集会、祭祀、休息的场所，同时也是村自治组织活动的中心。可以说，村里的庙既是村民积聚一起交流信息加深感情的场所，也是村里议论公事的场所，成了村民社会活动的中心。《中国农村惯行调查》的当时所调查的各村也分别有以下各庙。

沙井村：观音寺（大庙）、五道庙（小庙、土地庙）

寺北柴村：观音老母庙、真武庙、五道庙、关帝庙

后夏寨村：真武庙、龙王庙、土地庙、白衣庙（菩萨庙）

吴店村：关帝庙、五道庙、七圣庙

冯家村：土地庙、菩萨庙

每座庙的规模根据各村情况不同大小各异，而且，一般在同一个寺庙里往往供奉着各种神和佛。例如：沙井村的观音寺（大庙），是由前殿、中殿、后殿三部分组成的大庙，主神是观音菩萨，前殿有关羽、药王，中殿有观音、文殊、普贤各菩萨和关羽、龙王、财神、青苗神、虫王、土地神、二郎神，后殿的三尊塑像中央是释迦牟尼，两侧是文殊、普贤泥塑。另外，寺北柴村的观音老母庙规模很小，是纵深有两间屋大小的三间房，里面摆放着很多的神像。

在庙里供奉的诸神分别被公认为能起以下作用，观音菩萨帮助有灾难的人平安度过，释迦牟尼给做好事的人送幸福，财神让祈求的人发财，龙王干旱时祈求降雨，青苗神保护庄稼茁壮成长免遭灾害，虫王保护庄稼免遭虫害，土地神保护村里人平安，引导亡人的魂灵顺利到达冥府，二郎神驱赶降伏妖怪，药王治疗疾病，送子娘娘授予祈求的人孩子等。而且，农民家里也供奉着所信仰的神灵，如灶王爷、观音、天地神、财神、关帝、娘娘等各种“家神”。

在村里春秋佳节时分，为了感谢神灵，举办庙会（“迎神赛会”），请来剧团唱戏。每逢这样的庙会积聚很多人，不仅本村的人，附近的农民、商人、艺人等也都来赶庙，形成欢乐气氛。可以为平常娱乐机会很少的村民们驱走日常生活中的郁闷，充分享受快乐，给农村生活增添季节性的节奏。正因为庙会是村民相互确认其同一性和乡亲意识的机会，所以，其费用由村民共同负担（摊款）。

但是，随着1910年代后期军阀战争不断发生，引起地方政治混乱，苛捐杂税增加，使人民的生活逐渐贫困起来。村里这样的疲惫状态对这些庙会也产生不利的影响。寺北柴村从民国十年（1912年）就没有再唱过戏，1940年是小规模的庙会，只请来了吹奏喇叭的乐队。在后夏寨村也是如此，以真武庙为中心的三三社庙会（3月3日），大约民国十五年（1926年）以前一直请济南的剧团来村演出，但后来就不唱戏了，1942年只是请了附近村的吹喇叭的乐队进行了演奏。请剧团一天需要200元，请吹喇叭的包括供品在内，只用15元就行了。这样一来，村里唱戏的活动就渐渐停了下来，村里的庙会也逐渐维持不下去而消失崩溃。

导致寺庙和庙会衰退的另一个原因是1927年成立的南京国民政府的“破除迷信运动”的影响。在1928年秋以后，国民党地方支部的年轻党员们，作为阻碍人民生活进步的“迷信”的象征，开展了砸烂寺庙和神像等的运动。

后夏寨村，在茫然不知所措的村民面前，龙王庙和真武庙的神像由国民党员教师和学生们捣毁。虽然村民们谁也不同意，但是，“被捣毁了也没有办法，谁也不想拿出钱来修”只好断念。因为龙王庙一直没有再修建而保留着废墟，所以1940年左右进行《中国农村惯行调查》时，只有旧址。另外，在顺义县1928年关帝像被破坏，冯家村也有农民证实，土地庙和菩萨庙

在国民党时期被破坏的情况。

2. 抗日战争时期的民间结社

（1）宗教性秘密结社

从1937年夏开始的中日全面战争，使华北的村落都陷入了战争之中，这场战争对于已经经历过重重内战的村民来说，更是一场破天荒的灾难。由于日本军队的侵略使原来的行政机构瓦解，战争带来的大量的伤残兵和土匪强盗的猖狂使治安恶化。各村处于日本军队的占领控制之下，追随日军的“汉奸”和从属日军的“伪军”飞扬跋扈。村里的领导层很为难，究竟遵从日军、国民军、八路军、杂牌军，哪家的命令才能使村庄不至于落入危险呢？村民们整天战战兢兢提心吊胆地过日子，担心失去自己和家人的生命和财产等。

在老百姓这种惶惶不安的心理状态下，宗教性秘密结社势力渗透到各村，不断扩大。

在沙井村。先天道发展了会员。先天道是1939年成立的组织，总会在北京，其宗旨是“防共救国，亲善友邦”。顺义县分会设在北河村。该团体向人们宣传，靠信仰和修炼就可以成为“刀枪不入”之身，逼迫村民们入会，发展成员，扩大组织。在沙井村据说村里的中心骨干有十几户参加了先天道。用黑布卷裹着身体，带着刀枪的会员得到其他村会员的应援展开示威，不参加的人受到监视感到威胁，所以当时村里大半数人参加了该道会，成了村里的最大势力，村里的大庙作为集会的场所。但是，该势力持续时间不长，由于他们杀害了八路军的侦察员，其北河村的本部受到八路军某队伍的攻击，组织崩溃，总会长王效三被枪决，在顺义县的活动就结束了。该团体宣传和日本的“亲善”，但实际上妨害日军活动，不遵守其命令，所以当时也受到了日军的攻击。担心镇压的沙井村的会员也从村里逃出来，多亏担任伪军中队长的村民向日军调停，才回到村里。该团体在沙井村的活动不过4~5个月。

另外，在吴店村有以“慈善会”的名义进行活动的九宫道，该团体的吴店村负责人“二路先锋”散布说：“今年夏天（1940年）的某月某日某时开始刮49天黑风，下49天黑雨，黑风、黑雨到来时谁也活不成，只有会员才能免遭这场灾难”。使受到战祸威胁的村民们更加不安，致使十多户村民入了会，还征收了入会金和香火钱等。“受骗”入会的村民们后来痛悔不已。

（2）武装自卫组织

1939年在日本宪兵队的指导下在石家庄组成佛教会（冀南天道会），该会在栾城县内设置了两个分会，伸向了农村。该会管辖下的村子里，18岁以上的年青人都要参加尽义务，穿上红色肚兜，手持武器保卫村子，并要确保“治安”。该团体一时在栾城县造成了很大的势力，据说在北五里铺村有十多名会员，但是，与北五里铺村相邻的寺北柴村不知什么原因没有该会会员。而且在寺北柴村也没有像其他村子里的武装自卫组织。问寺北柴村的村民为什么你们村没有佛教和红枪会那样的组织呐？村民的一种回答是：因为本村是一个没有什么值得抢的穷村子，所以匪贼也就不会来。据说红枪会那样的村自卫组织就是拥有一定财产的富有农民为主体组织起来的。但是，也有被土匪袭击当作人质的村民，故其理由没什么说服力。另一种回答是：村子靠近县城治安较好，因此不需要自卫组织。但是地理条件基本相同的北五里铺村就有会员，仅凭此也不是个能说服人的理由。再一种想法大概是：村里没有能引进那种担当起负责人发挥领导权力的人才，也没有在那种背景下能考虑全村共同利害关系的村领导班子。

在当时战争中治安恶化的情况下，其他村子也复活了这样的武装自卫组织。像《中国农村惯行调查》中提及的后夏寨村红枪会。

当时，后夏寨村红枪会是以保甲自卫团的形式得到日军公认的。从村民的回答“在村里不叫保甲自卫团，都叫红枪会”中可以想象，在村民的意识中红枪会、联庄会、保甲自卫团是一回事，只不过记住了印象深的红枪会这个名字。该村凡是健康而有体力的20岁到40岁的成年男子基本上全部入会，其经费由村里负担。该组织的主要领导是德平县的会长“老师”、邻村前夏寨村的“传师”和后夏寨村的指导官。而且，有强大的土匪扰乱时，一般是附近的4~5个村子联合起来对抗。

这种农民自发的武装自卫组织成立的主要原因，是具备一定条件的村子，例如具有一定组织能力的领导层，能掌握民间流传的武术、信仰传统等，一旦发生需要武装自卫的状况，可以立即开展活动。

在北京近郊距离顺义县城很近的沙井村也有“保甲自卫团”那样的自卫组织，村民夜间轮流站岗。

另外，冯家村也有叫作“杂枪队”的自卫组织，杂枪队是内战时期在国民党县政府指导下，为了防止共产党的渗透而成立的。当时约300口人（70户左右）的冯家村有80个村民参加了杂枪队。可以看出是村中能参加战斗的青壮年男子基本上都参加的全村性组织。村民们说：“杂枪队和联庄会是一回事”、“杂枪队就是红枪会”等，由此可以认为，该组织的母体就是像联庄会、红枪会等一样的自发性武装自卫织织。

（3）宗教团体

冯家村有进行独立宗教活动的村民。

该村里的白莲教，有10多户至20户（约50~60人）信仰，它不是有某种政治目的的反权力组织，而是追求为死亡的亲人招魂，能得以治病健身，祈求“福禄寿”的修身养性的团体。相同信仰的人集聚一起，默默地吃一些特殊的食物。由此可以认为该教会是在粮食危机时为了生存下去，成立起来的具有相互扶助性的组织。但是，村里入白莲教的人也有同时加入天主教和一贯道的，各个组织看不出严密的规则和排他性。

冯家村天主教徒，这是其他四个村子所没有的。1930年左右，洪水袭击了这个村子，村里人穷困的时候，天津教会进行救济活动，赈济粥和豆饼等，所以很多村民成了信徒。在村里建立了小规模的教会和小学，一时影响力很大。村民们处于自然灾害带来的饥饿和战争带来的生活困境中，为了生存下去，加入天主教会。从战后信徒大减可以认为，他们入会的强烈动机，与其说是“灵魂的救济”，倒不如说是能得到粮食这样的现实利益。

另外，该村有三佛会团体，主要是“葬礼时为了死去的人超度而吹笛，敲鼓”。而且，其中也有巫女和几十个信徒参加。该组织的详情不清楚，但从“信佛念经”看这是一个佛教性的宗教结社。

（4）相互扶助的组织、自制组织

在《惯行调查》的村子中处于最偏远地区的后夏寨村里，村民之间相互帮助的组织多种多样，比较盛行。

首先是乡社，它以“祭祀泰山老母确保全家平安的团体”为宗旨，有50户社友。每月一次活动，届时到该社头的家中参拜泰山老母的画像。各会员每月交10个钱会费，主要作为礼拜时的香火钱，剩余部分由社头负责管理，如若有人想借用，按三分利息贷出。因此，可以说它即是信仰的团体，又发挥着农村金融机构的作用。而且该会在本村各“甲”里都有会员，作为全村的横向组织与村行政关系密切。

其次是“碗社”，开始是七人左右出钱购入碗、碟、筷等餐具组建起来。餐具出租给在婚丧嫁娶等宴会时需要大量餐具的用户，按规定收取一定的使用费，损坏时给以赔偿。最初社友各出资5元钱，到新年作为分红，每人得到6元左右的馒头。该碗社可以按2分的利息向需要用钱的社友贷款，也担当着农村金融的机能。

还有馍馍社，这是每月积存两角钱，在小麦便宜时购入，到春节蒸成馍馍（馒头的一种）分发给社友的一种形式。大约40人左右的村民参加了。这是因为漫长的贫穷日子中也有连过年的馒头都买不起吃不上的时候，为了过年不为吃饭发愁而组织起来。据说在正月里社友们还四人一组，约六组左右集聚在社头家，黑天白日的连续玩牌（财博），赚的钱拿出一成作为“头钱”，交给社头作为社里的收入。

像乡社、碗社、馍馍社那种低利息向村民融资，过年向社友分发馒头的互助组，村里有多个，这大概是村民对贫穷和饥饿所采取的对策的经验积累。这种以各种形式组织起来的村民互助团体会使村民之间容易沟通思想，增强村庄的凝集力。

（二）毛泽东时代的村落社会

1. 镇压反革命运动

1949年秋中华人民共和国成立给各村带来了很大转机。长达八年的中日战争和之后的国共内战结束，村民们久久盼望的和平来临，新成立的共产党政权在各村实行土地改革，同时运动中选拔出了村干部，以村干部为中心各村设置了共产党支部，以便尽快扩展到基层农村，并清查出妨碍执行新政权的分子。

（1）反动会道门的解体

新政权首先把反对共产党与逃亡到台湾的国民党相互呼应进行反动活动的宗教秘密结社，定为“反动的会道门”，进行取缔。

在吴店村，1953天镇压了以“慈善会”为名对村民进行恐吓的九宫道的领导“二路先锋”。在朝鲜战争期间，该会道门制造谣言，进行颠覆铁道列车等破坏活动。当时，良乡县共处刑几十人。一般道徒和这些头目不同，不会受处分，把退会申请书交到政府就行了。但是，档案里如实记载其历史，所以，之后村里每次搞政治运动时，其前面的历史问题都会受到批判。例如：贫农出身的农会主任在土地改革中也很积极热心工作，但是，其双亲是九宫道徒，因此怎么也入不了党，而令其为难地痛哭。

（2）红枪会、杂枪队的解体

红枪会、杂枪队等武装自卫组织，由于治安恢复变好，就失去存在的必要，由村民兵取代了。

第二次大战后到解放初期，红枪会那样的自卫组织解体的原因主要有以下几点：①内战结束，共产党政权确立，威胁村庄的土匪等消灭了，民兵组建起来，红枪会、联庄会那样的自然形成的武装自卫组织也就不需要了。②党支部和各种群众团体组织起来，能管理基层村庄的共产党的领导机构形成，因此，那种自发性的组织就没有存在的必要了。③由于一系列的社会变革，传授秘密宗教和武术等的联络网的游民层也没有了。

红枪会那样的组织和传统的民间武术一样，从村民们的记忆中一年年淡漠，渐渐忘记了。即使在有强大自卫组织的后夏寨，传授民间武术的村民也越来越少了。

2. 破除迷信（破四旧）运动

破除迷信运动，从土地改革、人民公社、四清运动到“文化大革命”，波浪起伏地反复进行过多次。

（1）寺庙的拆除

各村的寺庙和佛作为“封建迷信”的象征被定为打倒对象，接连不断的被拆除了。沙井村的大庙是在人民公社时拆除的，有的村民说是在村民集会上宣传打破“四旧”，然后，拆除了泥塑的佛像和庙，用铁锹平了坟。当时拆除的是大庙的后殿和中殿，前殿仍留着作为人民公社的公共食堂，到1960年左右全部拆毁。当时拆除虽说是全村人参加了，当时即使对该行动有不满，也是“即使想反对也不敢反对”。

在吴店村，50年代前半期，进行“破除迷信”活动，寺庙里供奉的关羽、周仓、关平等塑像被破坏，关帝庙仍保留着，之后生产大队当作集会场地，人民公社时期当作公共食堂等。这座清朝初期建造的建筑，在1990年调查时还仍存留着，当作村里的仓库使用，在昏暗的室内墙壁上仍保留着色泽鲜艳的壁画。

寺北柴村的老母庙也是因“破除迷信运动”由村里的民兵拆毁的，用那些木材和砖瓦盖了马棚。对于年青人们进行的这种活动，默默不语的很多老人觉得“心中反对，但不能说”，“因为是国家法律，也没办法”。同时，农户家中祭祀的灶王爷等神像在1960年左右也几乎全部撤了。但是，即使在“破除迷信”运动达到峰顶的“文革”期间，也仍有偷偷烧香的村民。村民们表里不一，因为对按上级指示进行的行动并非是完全理解服从。

记载着世世代代继承下来的族谱，也被作为表示“封建的家族意识”的东西烧掉了。但是，同样村里也有人以这种那种借口，一直拖延，最后隐藏了下来。

（2）宗教活动的限制

在冯家村作为“破除迷信运动”的对象是宗教组织的白莲教、三佛会、天主教。该村天主教徒有两个尼僧、100多教徒，宣传“反共”的尼僧被送到了静海县的学习班进行“思想改造”。一般的教徒参加了一个月的学习，同时在大会上受教育为了“今后不再受尼僧骗”。在“文革”时期，也有的教徒受到红卫兵的批判烧毁圣经。但是，也有说自己烧了，而把十字架和圣像等藏起来一直保存着，默默祈祷偷偷继续信仰的。对只是“宣传迷信”的白莲教徒召开了批判会没给处分。另外，作为佛教性结社的三佛会，多次改名为娱乐会、音乐会或者老人会等与宗教没关系的团体一直存续至今，但其成员不断更新，现在成为22人组成的乐团，每年在三大节日和村中的葬礼时演奏。1993年去该村调查时特例为我们进行了演奏。据说宗教结社多数以体育和音乐等形式，按照严格的时代要求存续下来，三佛社也是其中之一。

（三）“改革开放”时代

1. 寺庙的再建和庙会的复活

1976年“文革”结束，从1979年推行改革开放政策，进入经济优先的时代，而且各种权限下放到下面的行政单位，以前一直限制农民的规定也逐渐放松。这样一来，作为民国时期村落社会综合标志的寺庙再次出现。

（1）寺北柴村老母庙的再建

在寺北柴村，1991年村民亲手重新修建了老母庙。这个庙的重建是由三位妇女发起的，她们觉得为村里人修庙是做善事，在得到村书记的同意下，由村里人募捐。据说当时既有不募捐的，也有募捐的。总共募集了400元，发起人的儿子是建筑队的，被叫回来担当了实际重建施工作业。寺庙墙壁上的神佛画像是花费了200多元钱请县城的画家画的，砖瓦花费了100元，饭食和烟等支出了100元。据说在修缮好的寺庙里举办了隆重的开光（开庙门）仪式，村里人都来参加并烧了香。1994年12月我们实际看到的庙是开间13米，纵深2米，高2米的小庙，墙壁上不仅有观音的画像，也有“二十八星宿”、“十八罗汉”等诸位神佛画像，画像色彩丰富。听说村里人来这里烧香祈祷健康、幸福、早日生子、病体康复等。现在也有人为能顺利考入大学祈求神灵保护的。当时村里还有一个真武庙，不过，那只是用几十块砖搭上瓦板，纵横高度只有六七十厘米的“庙”。

邻村北五里铺的老母庙规模也差不多大小，1990年左右重建起来。该村除了老母庙外，还有龙王庙、五道庙，规模都很小。但是给人留下很深印象的是龙王庙，那是村民个人为生病的孩子祈求早日痊愈建起来的。据说，解放前在那里曾经有龙王庙，但是被拆除了。该村民的家就盖在了原来龙王庙的遗址上，家里人受伤、孩子生病等不吉利的事不断发生，所以，家境富裕后做了这样的善事。

（2）寺北柴村庙会的复活

寺北柴村的老母庙重建后，每年在那里举办庙会，通过县演出公司联系河南安阳市豫剧团来演戏。短则演四天，长则半月左右。庙会时，村里家家户户都不断有亲戚带着土特产来往，加深感情。包括请剧团的酬金在内，举办庙会的经费由全村人和村委会负担。例如：1995年2月庙会花费的5000多元的支出，是按村里分得土地的人头每人两元，共收集2900多元，有副业收入的村民共捐款1870元，尚不足部分由村委会的提留金补充。开庙会的时候，在红布上写下捐款人的名字、副业名称、捐献金额等，并张贴公示。可以看出，副业收入多的人捐款较多，对村民来说能捐款多的人名誉好，积善也多。

1995年2月调查期间正好遇上该村的庙会，看到了庙会的实际情况。在唱戏的广场上集聚了数百人，也有附近村来的人，还有卖玩具、杂货、点心等露天市场，极其热闹。可以说寺庙的重建和庙会的复活充分显示了现在寺北柴村的发展状况。由于改革开放政策，村里的经济搞活了，村民生活富裕了，同时按照村民们的意志的活动也活跃了起来。这些事情可以说明状况有了变化：①尽管多次“破除迷信”，但民众心中朴素的信仰并没有完全消失，原有的寺庙和庙会仍残留在许多村民的记忆中。②政府对村落的政治和村民生活的限制放松了，随之而来附近的村庄也在纷纷重建庙。③村民们的生活不管物质还是精神方面都富裕起来，能担当所需要的费用了。

（3）家神的复活

各村里农民室内张贴的灶王爷、财神、土地神等画像，从四清运动、“文化大革命”时期被禁止了。但是，到大约 80 年代后期又有人开始祭拜。寺北柴村的一个农民说：“（因破除迷信）灶王爷等不让贴了，但是，屋里还偷偷地贴着关公、观音、老母等。“文革”一开始就不贴了，最近几年，就是贴上这样的画像也不害怕了”。北五里铺也有人说：“四清运动结束后，过了七八年以后就又贴起来了，祈求神的保护，也能保佑家庭的平安”。现在，寺北柴村几乎所有的农户都“复活”了这样的家神。春节一近，村民们就去县城的市场，请（购买）来这些神像，贴在门或者屋中显眼的地方。村里也有人从北京近郊的村子里趸来这种画像在市场或村里出售，作为农闲期的工作，一角趸来卖一角五分或者两角。

2. 宗教活动的再开展和旧民俗惯例的变化

（1）基督教

因为承认“信仰自由”了，所以冯家村的天主教徒也不担心被别人看见，可以进行宗教活动了。1993 年该村的天主教徒有好几家，他们没有一起祈祷，而是各家分别遵守信仰。他们与其他人家不同的是清明节不扫墓、不烧纸、不叩头等，但其他方面与村里人一样生活。父辈入教后达到三代人信教的家庭每天早晚读“圣教日课”这本圣经，在圣诞节和复活节去天津教堂做礼拜。

（2）家堂的修复

在后夏寨村很多人家都烧毁了家堂（家谱的一种），几乎各家现在又都在市场买来新家堂珍惜地保存着。根据记忆重新恢复了应该记入新家堂的列位先祖的名字。我忘记不了他们当时向先祖表示忏悔的神情，有的家庭就连“文革”当中也一直保存的旧家堂得意地拿出来给我们看。

（3）碗社的继承

现在后夏寨村蒸馒头出售的店铺仍继续经营着，但不是像馍馍社那样的互助组形式。不过，现在只有碗社在婚丧嫁娶等宴会时各家不能具备所需要的那么多餐具时继续发挥着借贷餐具的作用。但是碗社的经管已经移交给生产大队，具体经营是委托三个村民保管餐具，安排宴会时的服务事项。作为劳务津贴每人每年支付 100 元，其中两人是接替哥哥或父亲的碗社工作。据说餐具一次借贷是 2 元左右的使用费，每年约借贷 20 ~ 30 次。现在餐具的保管、烹饪、搬运菜肴到宴会场等工作由三人分担，如果这三人高龄退下来的话，会由更年轻的村民接替这一工作。不过，也许到那时该县的农村也会大大发生变化，出现专门提供婚丧嫁娶宴会的服务企业。

结束语

“改革开放”开始至今已经过了 20 个年头，很多的农民生活达到了“小康”水平。农村的经济发展是靠各种限制缓和后放开手脚的农民自发的积极性创造出来的。而且，依靠国家的政策，人为制造出来的人民公社那样的团体解体，各个村庄各自能控制的范围在扩大，村领导层和村民自己的意志会对村庄的将来担当起重要的作用。在这样的状况下，曾经作为凝聚村民的寺庙开始复活，村里的寺庙在中央政府的命令下拆除，现在村民们亲手再重建。但是，因为围绕它的诸条件不同，故不能认为是和民国时期完全相同事态的再现。这是战争混乱和农民生活穷困之中管理疏忽而荒废了的寺庙被拆除，在“小康”时代以新的意义重建。人民公社时代农民们即使仍然贫穷，可是享有平等的生活。在“先富起来”的口号下开展起来的农业承包制和副业等给人民带来的收入增加了，从整体上提高了村民的生活水平，但同时在村里各家庭之间经济方面也产生了差别。由于村民对提高生活水平和增加收入的欲望不同，村民的相互关心和集体感在淡化下去。在其发展过程中，重建村里的寺庙，举办庙会等富有的人担负更多的经费。可以认为在这些活动中村民们具有一致共同的目标，同时考虑到能创造出可以共同行动的时间和空间。而且在这些过程中，村民们不分男女老少加深乡亲间的情谊，和来看戏的附近的农民们增进友情，活跃交流往来。在此，可以看到新环境下的农村社会的共同性复活的尝试。

三

中日战争中的华北农村和农村惯行调查

笠原十九司

（一）前言

我们调查的华北五个村庄都处在中日战争（即抗日战争）时期被日本军占领的地区，也都是日军和日本当局认为占领、统治政策贯彻比较好，日方认为“治安良好”即“统治秩序稳定良好”的地区的农村。到中日战争后半期的1940～1944年期间，日本南满州铁路株式会社调查部（以下简称满铁调查部）进行了“中国农村惯行调查”（以下略称“惯行调查”），是因为那些村庄在当时被认为是“治安良好”的村庄。

但是，我们实际访问村子时，按照村民们回忆中日战争时代的体验，虽说各个村的历史不尽相同，但是每个村子都直接受到了日军侵略战争的影响，更真实感到战争中的各个村庄的情况。

本文将记述我们访问调查的各个村庄在中日战争时期被置于怎样的日军侵略和统治的状况下的，以我们调查听取的资料和《中国农村惯行调查》的记录为基础，进一步参照其他文献资料记述其历史概观。

而且，也阐明当时满铁调查部进行“惯行调查”的各村和村民是处于怎样的战争状况下回答他们的调查的，以及其历史时代社会背景。根据这些，可以研究、考察“惯行调查”的成果和当时受状况、条件等制约所产生的学问方面的局限性。

（二）日军占领、统治的农村

1937年7月7日发生了卢沟桥事件，在此之前一直想要分离统治华北的日本“支那驻屯军”，以此为契机开始了占领华北的总攻击。7月末占领天津的日军沿着从北京纵贯大陆的京汉线和北起天津的津浦线向南扩大战线。

我们访问的华北地区五个村庄中，北京附近的沙井村、吴店村、天津附近的冯家村首先被日军占领，相继寺北柴村和后夏寨村也进入了沿铁道南下的日军的统治下。

在日军占领区反抗日军侵占华北的最早八路军抗日根据地是晋察冀边区，1938年1月成立后，抗日根据地（解放区）向日军占领区不断扩展，于1941年8月成立晋冀鲁豫边区。

日军面对这样的抗日根据地和抗日武装力量的扩大，把华北地区划分为治安地区、准治安地区和未治安地区三个区域，分别采取不同的占领、统治政策。所谓治安地区是指日军部队驻扎的县城和村庄等，所谓准治安地区是指治安地区周围日本人可以一个人单独行动的地区，此外其他地区都为未治安地区。对于抗日根据地、抗日游击战地区这些未治安地区，日军全部采取彻底消灭、捣毁的军事扫荡作战策略。

企图统治整个中国的日本于1938年3月促使当时软弱政府成立了傀儡的中华民国维新政府，还进一步组织了汪精卫“南京国民政府”（1940年3月），并企图在这傀儡中央政府的管辖下组建治安地区的县政府。因此，形式上看起来是让中国人自己组织县政府，而实际上日军站在傀儡军前面，亲手操纵对中国民众的杀戮、残害。华北的五个村庄都属于治安地区，是处在日军统治机关直接或间接的统治下。

因此，一方面为切断来自抗日根据地、抗日游击区的影响，作为从军事、经济上封锁解放区的前线或者后方基地，为阻止八路军的工作，强制推行“保甲制”强化治安，企图从组织上加强统治村民；另一方面为防止解放区的“治安扫荡作战”，强制村民参加挖战壕等土木工程劳动，并强行种植棉花、强迫提供粮食等，还掠夺农产品。

日军的占领统治没法建立新殖民行政机构，企图用傀儡“南京国民政府”——县政府——村机构系统代替国家——县——村的传统社会行政机构，继承、维持进行以税收、劳役为中心的统治农民的秩序。另一方面为对付抗日根据地、游击区的扩大在华北农村强化“整顿治安”、“治安强化运动”等，通过强制实行保甲制和组织新民会（中华民国新民会的通称）等，渗透日军在占领地区行政中的主导作用。这样一来，战时华北五个村庄在日军占领、统治下，无可奈何改变了传统的村落系统结构。

日军以中国大陆的点（大城市）和线（铁路及公路干线）为中心，尽最大可能地占领、统治，所以，华北五个村庄由于与大城市及铁路相距的位置分别不同，日本占领统治的情况各异。由于其地理位置的不同造成的差异，结果对满铁调查部进行“惯行调查”产生了能取得一定成果或者短期无法进行调查的不同条件，也造成了抗日战争胜利后的共产党军队（人民解放军）和国民党之间的内战，甚至影响到共产党军队进行解放的时期以及土地改革的情况。

下面按照我们访问调查的村庄，分别整理、研究一下其具体的不同历史状况。

（三）“治安良好村”——能进行“惯行调查”的村庄

1. 顺义县沙井村

我们于1990年8月和1994年8月两次访问了北京市顺义县沙井村，并进行了调查。在我们调查的华北五个村庄中，该村是最早进入日军统治下、被行政占领的，被日本当局认为是“治安良好的村庄”。

1935年要在河北省建立第二个“满州国”的关东军和支那驻屯军强行分离华北，同年12月在河北省北部成立日本傀儡政权的冀东防共自治政府（殷汝耕任主席，政府所在地在通州）。包括顺义县在内的22个县属于其管辖之下，顺义县驻扎着支那驻屯军的1中队，组成了县政府，由日本人担当县顾问掌握实权。顺义县位于北京市东北约30公里，通往“满州国”的铁路上有顺义站，是日军占领、统治该地区的要冲。沙井村位于顺义县城西两公里，距顺义站1公里处。

1937年12月换成支那驻屯军编制为北支那方面军，在北京设立中华民国临时政府（王克敏任行政委员会长），冀东防共自治政府也合并进来，顺义县政府也纳入其行政管辖下。同时在北支那方面军特务部的指导下在北京怀仁堂举行了中华民国新民会（会长王克敏）成立会。成立新民会的目的是为了“致力于确立治安和扩充地方组织以便能立即与中华民国临时政府的基础确定相适应”。也就是日本想利用傀儡政府的行政机构，连最基层的农村也纳入占领地区行政管理中。

在顺义县，1938 年 5 月县新民会开始工作，积极扩充地方组织。沙井村一个青年加入顺义县新民青年团，去了声援训练所。沙井村小学教师刘月勤赞成新民会的思想，辞掉教员工作，从 1939 年成了顺义县新民会的职员。那时沙井村村长、会首等各村的领导几乎都是新民会员，都购买该会组织的消费合作社出售的面粉、石油、火柴、煤等。该会还搞了些关系到村民生活的活动，通过县政府的财务科进行春耕贷款（春天贷出农民购买农业耕作所需要的种子、肥料等资金），并在县城设立了新民会诊疗所，沙井村村民每月交纳 1 元都可以就诊等。

沙井村较早地进入了日军的统治下，中日全面战争开始后还有日军通过。不过，在附近没有战斗，作为北京近郊的治安地区，村内没有发生过日本兵掠夺、暴行的活动，所以村民们看见日军也不会逃跑隐藏。

华北五个村庄中，沙井村是最“治安良好”的村子。“惯行调查”从 1940 ~ 1942 年进行了三次。之后，旗田巍个人还进行过三次补充调查。战后汇总的《中国农村惯行调查》全 6 卷（岩波书店）的调查资料中，在沙井村的调查记录最丰富，汇总在第 1、2 卷中。

旗田巍在《中国农村惯行调查》第 1 卷“河北省顺义县沙井村概况”中写道：“我们选作调查对象的村庄中，对沙井村进行调查的次数最多。和村民的关系也极其亲密，曾在村小学校的院子里开运动会，不光孩子参加，连老人、年轻人也都出席参加，共同度过了愉快的一天；把我们一直送到车站的孩子们满含热泪依依惜别，并约定再会安慰他们。”

1940 年满铁调查员访问期间的沙井村大约有 70 户人家，400 口人，村子大小相当于华北地区一般村庄的规模。沙井村富农极少，中农也不多，大部分属于贫雇农。总体说来农民的生活很贫穷。但是，从当时中国农村看来沙井村的文化水准比较高，村里的男子多数能阅读文字，能写自己的名字。

2. 栾城县寺北柴村

我们于 1994 年 12 月和 1995 年 2 月访问了河北省栾城县寺北柴村，并进行了提问调查。两次都是冬季，亲身体验了严寒时的华北农村的寒冷。

栾城县位于石家庄市东南大约 25 公里处，寺北柴村在县城北面，大约 1.5 公里。石家庄是铁路交通的枢纽，京汉线经此南下，向东延伸是石德线（石家庄—德州），石太线（石家庄—太原）向西伸展。

1937 年 8 月末以前占领了北京、天津一带的北支那方面军派遣第 1 军沿京汉线南下，9 月下旬占领保定。10 月 9 日进军石家庄，两天后驱逐国民党军，占领栾城县。侵入的日军杀害了城内及附近四个村的 16 人，奸淫凌辱妇女 5 人，放火烧毁两个书院。占领的第二天日军指派成立了栾城县治安维持会。

抵抗日军攻打栾城县的队伍有国民党系和三个游击部队，其中两个投降日军，改编为日本的傀儡军——“皇协军”（协助皇军的军队，皇军即指天皇的军队）和剿共军（剿灭共产党军的部队），接受日军供给的军饷。另一支队伍则是接受晋察冀边区冀中军区的指示的马玉堂，杀死抗日土匪游击队头目后，带领下属士兵改编成抗日义勇军。该队伍在1938年1月末，攻击距寺北柴村东大约10公里处的南高村的日军，给以巨大打击。日军作为其报复杀害了村民30多人，烧毁了10多家农舍。

西有京汉线纵贯南北，北有石德线横贯东西的栾城县对于日军来说，是至关重要的占领位置，成了北支那方面军的直辖军区，第110师团长期驻扎直至1944年，县城里驻扎着数百人的大规模部队。1939年调进约有350人的“皇协军”补充加强日军的统治。占领地区的政治、经济的最高领导是设置在重要岗位的陆军特务机关。栾城县的占领军政置于石门（当时石家庄市称为石门）特务机关的管辖下，县政府顾问和新民会参事、指导员、宪兵分队员等都是由石门特务机关派遣。

石德线北侧驻扎着中国共产党抗日根据地的晋察冀边区冀北军区，南侧直达河南省晋冀鲁豫边区。于是，栾城县就成了被夹在两个根据地之间的日军的重要枢纽的治安地区。因此，栾城县处于以石家庄为中心的治安模范大地区，由石门特务机构派来各种人员和部队，实施占领区统治政策。

寺北柴村是仅次于沙井村的“治安良好村”，从1940年11月到1942年3月期间进行了四次“惯行调查”，其调查记录在前面提到的《中国农村惯行调查》第3卷中。在“河北省栾城县寺北柴村概况”中这样记述着：1942年满铁调查员访问调查时，寺北柴村有140户人家，710口人，村民生活极其贫苦，在栾城县内也是典型的贫穷村。生活贫穷的村民对受教育学文化的欲望非常低，因此，村民中能读会写的人很少，适合于当选既需要有能力又有财产，而且又德高望重的村长、副村长等干部的人选很少。

战后参加“惯行调查座谈会”的调查员们这样回忆当时栾城县寺北柴村的情况：

“我们最初去的时候（1940年11月）相当稳定平静，据说那之前曾有过治安相当不好的时期。”（安藤镇正）

“治安问题那时（1941年5月第2次调查时）也依然很好。后来一次（同年10～12月的第3次调查时）的队长是位态度非常好的人，那时曾多次来往。”（小昭正）

“仍然治安很好哇。栾城县……”（旗田巍）

安藤镇正所说的“相当稳定平静”，是指对华北一带的中共系抗日武装势力的扩大、对于日军来说的“治安恶化”地区加强警戒的北支那方面军，从1939～1940年为整顿抗日游击区展开大规模的扫荡，缩小华北抗日根据地、抗日游击区以后的状况。寺北柴村的“惯行调查”从1940年11、12月的第1次开始，到1942年2、3月的第4次都能重点进行调查，是因为当时对抗日根据地进行了大规模的“完全消灭扫荡作战（即中国所说的‘三光’政策）”，在栾城县及邻近各县实行封锁抗日武装力量的“强化治安作战”。

栾城县及寺北柴村属于日军划定的“治安地区”，日军当局严格管理日军对村民进行的掠夺、杀害、放火、凌辱妇女等不法行为，故我们对寺北柴村村民的采访中也基本没有听到在村内有人遭到日本兵残暴行为的情况。但是，听说过日本军来到寺北柴村抓鸡索蛋，甲长抓鸡送去等事。

在日军占领的寺北柴村中从1940年实施保甲制，全村为1保，分为14甲（1甲10户），赫国梁当保长（村长）。在日军、傀儡军领导下成立保甲自卫团，为防止抗日势力来村而进行“自卫”、“强化治安”，保长赫国梁任团长，全村18~40岁的青壮年30多人为团员，用土枪（手制猎枪）、长枪、木棒等进行武装。

栾城县新民会的活动是在县政府顾问三瓶良平的指导下开始的。我们进行访问的寺北柴村的老人中有几个还记得三瓶的名字，知道他几次来村访问工作。其中一人是张仲寅，他说三瓶他们任命其父张乐卿当栾城乡乡长。石门特务机关设立栾城县是以石门（石家庄）为中心的治安模范大区之一。全县分为5个区22个乡，一个乡下面有11个村，5个区里分别设有警察分署。寺北柴村的新民会员在1941年5月时有34人，赫国梁保长作会长，还有班长4人。进行金融借贷和物资流通的新民会合作社里4个村民成了社员。在县城建起了新民教育会馆，有专门演讲人员，在各乡、镇、村等进行巡回演讲，对农民进行为了使日本侵占统治正当化的通俗启蒙宣传活动。在寺北柴村该新民会的讲演每年也进行1、2次。该村也组织了新民青年团，15~20岁的青年为团员，所以，可以说正如治安模范大区的名字一样，新民会的活动比较广泛渗透到了各地。

寺北柴村以及栾城县原本就是盛产棉花的地区，中日战争中失掉市场的农民们陆续转种粮食作物。相反，需要棉花作为军需品的日本当局指定栾城县为“棉花措施重点县”，企图通过华北棉产改进会（1939年2月创立于北京）和新民会等改良棉花生产、靠增产进行强化夺取。华北棉产改进会也向寺北柴村派遣了日本技术员，把张仲寅作为棉花指导员，跑腿的农民作为“棉警”（主要进行分配化肥、杀虫剂、喷雾器等，巡回检查棉花是否生了虫子等），鼓励种植棉花。为挖掘灌溉用井贷款，免费供给砖瓦，免费发放农药、化肥等，种子也改良替换，供给棉花产量大的美国品种。

但是，寺北柴村农民开始进行棉花生产后，农药、肥料等的分配都换成了收费购买，为了防止棉花流入抗日根据地采取“经济封锁”，日军控制管理收集、出售，都集中到石家庄。最后造成农民们被强制种植棉花，还得廉价购买生产出的成果。

更使寺北柴村村民痛苦难言的是动员去“强化治安作战”和挖战壕。“强化治安作战”是在栾城县及紧邻各县为了封锁抗日武装势力而进行的活动，战壕是日本当局命名为“惠民壕”的隔离开抗日根据地的封锁壕。村民们利用同音字把“惠民壕”叫作“毁民壕”，即破坏人民的壕之意。从1941年春天开始到同年年底，日军指挥下，沿栾城县县境挖了深4米，宽5米，全长60公里的封锁壕。

栾城县担当与赵县和元氏县县境的战壕挖掘工作。据老人们说，为此寺北柴村村民被动员去参加无偿劳动，全村约有300个男人参加了20多天，带着饭去参加土木工程劳动。沿着战壕每两公里筑起一个碉堡，由当地村民负担其建设，而且那里配备日军和傀儡皇协军，企图达到阻止抗日武装势力的进入和经济封锁抗日根据地的目的。

（四）“治安不安定的村”——中断“惯行调查”的村

1. 平原县后夏寨村

我们于1993年3~4月及1994年8月两次访问山东省平原县后夏寨村，并进行了提问调查。平原县位于山东省西端，靠近与河北省的交界处，稍稍离开途径德州、济南的津浦铁路线。

日军于 1937 年 8 月占领北京、天津一带后，沿津浦线南下，1、2 月份占领济南。1938 年 3 月日军驻扎进恩县（“惯行调查”时后夏寨村属于恩县，现在属于平原县）。

仅仅统治中国大陆的城市和铁道的所谓的“点和线”就已竭尽全力的日军，再也没有余力去稍偏僻的恩县后夏寨村，因此，国民党溃退以后，就把“归顺”（投降）日军的土匪出身的杂牌军的头目王化三指派为县长，将他的部队作为“治安军”管辖恩县。因为在驻的日本人军事顾问、行政顾问是少数，所以可以说属于恩县的后夏寨村是日军占领统治力量很弱的一个村庄。后夏寨村距离恩县城西大约 2.5 公里。

对后夏寨村进行的“惯行调查”第 1 次是 1942 年 5～6 月期间，大约进行了 3 个月就停止了。因此，收录的调查资料也只不过占《中国农村惯行调查》第 4 卷的 1/3。

调查员访问时（即 1942 年 5 月左右）的后夏寨村大约有 300 户人家，约 700 口人，是以农业为主的贫困村庄。在《中国农村惯行调查》第 4 卷的“山东省恩县后寨村概况”中这样记载着：“为防止匪贼等的骚扰进行自卫，有一直就信仰的红枪会组织团体，至今仍有相当多的会员。由此看来这是从很早就存续下来的组织。有权威的实力者还建起了望楼。”

“惯行调查座谈会”上谈及该村调查中途停止的理由有以下几点。

“调查中途尚未到预定的时间期限，由于治安问题出现了事件，草草收尾就回来了。”（本田悦郎）

“恩县决定不再搞是……”（小昭正）

“实际是那天我们被八路军的便衣队（游击队）包围了，全然不知。看来有数名便衣队。县境是在蒋介石军队和八路军军队交叉管辖的地区，据说来村的是八路军。村长和村里有声望的干部们向便衣一个劲地道歉。说如果交出调查员，村里人会被日军杀头的等，拼命地请求，乞求饶命。像是对方提出要求交粮食、马饲料作为交换条件。那还是回到县城以后才知道的。我们只好退缩了。”（本田悦郎）

立于日军、傀儡军和八路军之间为了不使村民受到危害，将村里的钱款充当高额身价金交给“八路军”的村长，后来想得到部分补偿，特意到北京满铁事务所提出请求，但是，当局要秘密地处理该事件，对此感到完全没有希望，垂头丧气地空手回去了。

距离后夏寨村不太远的马颊河旁的村里，曾发生过这样的事件，一个农民家中妇女被日本兵凌辱了，他杀死了那个日本兵，因此，马颊河两岸三个村子遭到报复，被杀害 87 人，还烧毁村子。后夏寨村村长交高额身价金制止了八路军便衣要抓惯性调查员的事，大概也是听了这样的日军传言知道的。

恩县城的日军和日本人较少，而且“惯行调查”也短期就停止了，所以，我们即使问后夏寨村的老人，该村村长对有关日军情况的直接记忆也很少。

2. 静海县冯家村

我们于 1991 年 8 月和 1993 年 3 月两次访问调查了天津市静海县冯家村，静海县城坐落在距天津市中心西南 40 公里处，冯家村在县城正北大约 3 公里。

以卢沟桥事件为契机日军展开侵占华北总攻击，于 1937 年 7 月末，很快占领天津。8 月追赶南下的国民政府军在静海县一带展开了追击战。那时，在冯家村有人看到日军枪击杀害一个要逃跑的村民，附近也有很多村民被杀害的村子。占领静海县的日军派遣一个部队驻屯在县城，不久组织了新民会。因靠近天津，日本兵有时沿南运河乘船来调拨粮食，抢夺鸡、鸭、蛋等，见到妇女就强奸，放火烧农民的房子。

我们从冯家村采访时，听到很多这样的话，“日本兵端着带刺刀的枪抓鸡拿鸡蛋”。“日军队长来我家要东西……他什么也不说，找女人”。“日本兵强奸妇女，抢鸡、要鸡蛋，又打人又骂人”。“村里害怕日军暴行的妇女们在日军来之前赶快逃跑隐藏起来”。等等，其中听到很辛酸的具体被害事例，“村里被强奸的某个妇女还活着”。“我家附近的二女儿要逃跑，但因脚疼没跑成，被进来的日本兵强奸了。”

这样一来，冯家村的村民很害怕日军。把这样的冯家村选为“惯行调查”的对象，调查员于 1942 年 5 月进行了访问，但是没法进行像样的调查，于是中止。调查记录刊登在《中国农村惯行调查》第 5 卷中，只不过短短 6 页。记录了那时冯家村有大约 70 户，约 300 口人。“惯行调查座谈会”（前面已提到）上关于中止调查的情况有以下说明。

“静海县……听说治安没问题，就去了。但是，去那里后一看，觉得气氛有点不对劲，在日军守备队门前有人放炮要把人轰跑的状态。把村里人叫到城里宿舍问村里的情况，也明显是回避日本人的态度，一说想去他们村，是不想让去的口气。结果，去了一次村里，记得连杯茶也没端出来。在县里和新民会的日本人都说治安没问题，但是，实在是有点儿不安，觉得好像会发生什么大事件似的。而且，农民们的态度也很冷淡，因此，我们觉得即使勉强调查也不会成功。于是一起商量，决定就此中止。

“我记得那是开始调查的第二天或是第三天。”（旗田巍）

考虑到侵入冯家村的日军给村民带来的危害和村民对其产生的恐惧和排斥，就会明白，但是当时的调查员们没有认识到这一点。我们可以理解冯家村村民对“惯行调查”持拒绝态度的理由。

3. 房山区吴店村

我们于 1990 年 8 月访问了一次北京市房山区吴店村，进行了调查。吴店村在进行“惯行调查”时属于良乡县，现在改成了房山区。本文中仍使用旧行政名称良乡县。另外，调查记录没有编入三谷孝编的《中国农村变革と家族・村落・国家》第 1 卷、第 2 卷（汲古书院），收录在三谷孝编《农民が语る中国现代史》（内山书店 1993 年）。

1942 年 5 月因前述理由停止静海县冯家村的调查，返回北京的满铁调查班子，必须马上寻找替换的调查地点。因此，迅速决定去靠近北京的良乡县吴店村。吴店村位于北京西南大约 30 公里处的近郊。从京汉线上的良乡站向南步行大约 10 分钟，坐落在稍高丘陵上的周围 4 公里城墙的四方城就是良乡县城，县城东北约 2 公里处有个吴店村。

1942 年 5、6 月间在吴店村进行第一次调查，同年 10、11 月进行了第二次调查，和村民的关系也不太融洽，调查尚不充分就结束了，调查资料收录在《中国农村惯行调查》第 5 卷，只占第 5 卷的 2/5 左右。

调查状况在“惯行调查座谈会”（前面已提到）上旗田巍是这样介绍的：

“（1942 年 5 月）我和佐野（利一）两个人去了良乡一天，见到森岛（当时任良乡县政府顾问）了解治安状况，他说没问题，于是就决定了良乡……良乡在当时属于华北少有的大乡（被称为模范乡）……吴店村村长是巡查出身的刚满 20 岁的年轻人，也没有实力，看到后面就清楚了，而且在公款使用中也不受村民信任。因此，没法通过村长接触村民，而且感到该村很分散，没有找到得力人员，很难与村民进行接触……与其他村相比，给我印象最深的是很难与农民接触。”

“河北省良乡县吴店村概况”中这样记载着：1942 年调查员访问时，吴店村是一个仅有 70 户人家的小村庄，村民越来越贫穷，丢失了土地，几乎所有的农民都是租地种或者外出打工挣钱，辛苦度日。

良乡县在日军统治时被定为模范乡，但是从京汉线往西几十公里，就是与太行山脉相连的山村地带，也就是进入了晋察冀边区的北岳区（当时北京称为北平，其西边也叫平西根据地）的游击队活动区。担心解放区扩大的日军于 1940 年 3 月，对平西抗日根据地实行扫荡，从 1941 年春到 1942 年期间展开五次“整顿治安”作战，对抗日根据地和游击活动地区进行惨绝人寰的彻底消灭扫荡战，即中国称为“三光”的政策，令人恐惧。

吴店村西北大约 4 公里处有一个米粮屯，日军以通八路军为由杀害全村一百几十口人，村子被烧光。吴店村差一点也以同样的理由被烧。据说是村里的有势力的人找良乡县新民会的领导片冈要之助，拼命请求才没烧。但是，村里的妇女多人遭来村里进行“整顿治安”的日本兵凌辱，成了牺牲品。听村民说，被日本兵强奸的一个十四五岁的少女，被伤害得后来不能生育。

日军更进一步对解放区实行彻底的经济封锁，从良乡西南 20 公里的地方是周口店（北京猿人遗迹的有名地），从那里向西南方向到河北省易县大约长达 35 公里，挖掘了对抗北岳区抗日根据地的封锁壕沟（即隔断壕沟）。沟深 6 米，宽 5 米，每隔 1.5～2.5 公里建有监视岗楼，企图封锁游击队和八路军的活动，阻止向解放区运送粮食、物资。为了挖掘这条封锁沟，从 1939～1943 年春征集附近的农民参加劳动，吴店村村民老少也全部被动员参加，受奴役。

尚记得“惯行调查”的村民说，调查员是早晨跟随着傀儡县政府的兵来到村里，进行调查，傍晚回县城。调查也是在关帝庙或者往来中进行，个别访问调查不能充分。这与旗田巍所叙述的“与其他村相比，很难与农民接触”相符。

在吴店村，白天有驻扎在良乡县城的日本兵来村巡逻，夜间八路军战士进村工作。当时的调查员没有认识到。如果了解了当时村民的处境，就能理解吴店村村民不能随便接纳他们的理由了。

结束语

中日战争（抗日战争）期间，日军占领地区（中国称为沦陷区）的村落是怎样被侵略、被统治的状况呢？是如何被动员、被迫协助日军、日本当局的统治政策的呢？能明了记述这些情况的每个村庄文史资料以前除了特定事例外，可以说是没有的。在这一意义上看来，我们这次访问华北普通五个村庄，能多从经过抗日战争时代的村里的老人们听取一下战争时期的体验和见闻，并把这些口述史料收集起来，可以说在历史学上具有很大的意义。

进一步说，现在经历了抗日战争的一代人还活着，可以讲述自己的记忆，这是可以把那些历史记录下来的最后机会。我们采访的经历战争的老一辈在那之后接二连三地去世，在这层意义上可以说，能抓住最后机会进行采访、调查，整理那些记录资料的我们是幸运的。

我们访问调查的华北五个村庄都是日军当局控制着、日本兵侵略、加害行为的地区，尽管控制还发生了很多的屠杀、性暴力、掠夺、放火等行为。整个华北，乃至全中国存在的农民总数，像宇宙繁星那么多，如果考虑一下，在那些中国农村的各个村落中所发生的，本稿所揭示的那些日军侵略、迫害行为，令人不能不想到中日战争时中国农民所蒙受的人身方面、物质方面的损害是多么巨大。

四

现代经济

顾　琳

1994年3月底的一个寒冷的清晨，我们起得特别早，好在天亮以后早点赶到冯家村。那天离清明节只有几天了，人们喜欢在那几天娶媳妇。村子里有好几个女人准备在节日出嫁。人们正用大车把新娘的嫁妆送到新郎家。看热闹的老乡越来越多，新娘家的人把一箱一箱的嫁妆搬进新房，还有几辆自行车、一台缝纫机、一台彩色电视机、一台洗衣机、家具、衣服和被褥等。每个箱子都扎上了鲜艳的红丝带，整齐地装在大车上，好让看热闹的人们看清楚娘家祝贺女儿新婚的陪嫁有多多。人们不禁会想起来一二十年前那简朴的婚礼。那时，新娘能带的嫁妆只不过是一两套衣服和简单的被褥，再有就是印着毛主席语录的小小红宝书了。二十年来的经济改革在华北农村掀起了一场消费革命，结果不仅改变了千百年来的生产方式，而且也改变了乡下人的生活追求。这些新追求促进了经济发展，繁荣了1990年代中叶才在中国农村形成的市场。

虽然经济改革波及整个中国农村，但改革成果在各地也有大有小。在当代中国，有些地区、村庄和家庭先富起来了，而另一些就发展很慢。我们调查的5个村子在1980年代和1990年代就走了迥然不同的道路。

沙井村：沙井位于北京以北，离顺义县县城不远，是1940年代最穷的村子之一，产量很低，不足以刺激人们改良生产技术。1940年代村民们告诉满铁处调查员说，他们这辈子就没有改变过生产方法。村子里的土地占有差异很大，80%的农户都要靠副业多少补贴些家用。许多男劳力在冬天的几个月里到北京去做工，另一些人则外出当农工。

1990年代的沙井与50年前相比真是旧貌换了新颜。1990年代，这个村子成了效区小镇。该村的大部分耕地已经改建成了一个木材市场，剩下的耕地则由一个农业专家小组耕作。其他的村民都干非农业工作，早上出村去上班，晚上回家休息。村里有不少家庭已经成了新式“房东”，把村里自己的闲房租给外来打工的人。虽然收入还有一些差距，但公路、供水、工业和教育方面的公共投入资助了村里的贫困户并弥补了收入差距。

寺北柴村：寺北柴村的历史与华北棉花生产关系密切。至少从18世纪以来，栾城县的农民们就一直种棉花。不过，直到20世纪中国城市棉纺厂原棉需求日益增长而且出口市场促使农民把越来越多的土地改成棉田之时，棉花才成了主要商品作物。到1930年代栾城县已成为河北平原主要产棉中心之一，全县大约70%耕地都种棉花。在寺北柴村，种棉花拉大了村里的贫富差距。许多农户从自给自足耕作变成了佃农。这种变化的主要原因是棉花和棉花市场的变幻莫测。棉花丰收收入就丰厚，而棉花歉收往往迫使农户借贷度日。这类债务经常使农户慢慢失去土地而成为佃户。到了 1940 年代，这个村子有 2/3 的耕地都落到村外人手中。

寺北柴村的兴衰史与棉花生产关系如此之密切，以至于我们第一个夏天到村里发现，几乎所有的地里种的都是玉米，而且村里的大部分壮劳力干的都是非农业的活时，还真有点大吃一惊。寺北柴村离栾城镇不远，到石家庄开车也就一个小时。村民们便利用这个地理优势干点小买卖。虽然附近各个村庄都有村办工业。但寺北柴村人宁愿自己干自己的。那些心气高、能吃苦又运气好的人们挣钱比较多，而读书少、没有技术又没有后门的人就混得不好。这又导致贫富差距越来越大。这从他们住的房子，穿着打扮和开的车子就一目了然了。

冯家村：在我们调查的 5 个村子中，冯家村名气最小，因为日本调查员曾做过一次摸底调查，然后就决定不选这个村子进行进一步的详细调查了。因此，我们不得不通过访问把我们对 1940 年代冯家村了解的点滴情况汇总起来。这个村子位于大运河西岸，离著名的独流镇只有几公里。与天津以东和以南的整个地区一样，这个村子位于几百年来饱受土地贫瘠之苦和频繁自然灾害蹂躏的平坦盐碱平原之上。1930 年代和 1940 年代冯家村大部分家庭都得靠副业贴补家用。许多年轻的男劳力到天津打工，不是在码头扛大个，就是拉洋车。留在村里的男女老幼则在家里用芦苇编席子，拿到附近的集市上卖点现钱。调查的几个村子中，只有冯家村有一个活跃的地下党组织，准备好了在解放时接管村政权并领导了从土改到合作化的各项工作。

1950 年代初，冯家村搞得相当不错。但是，1963 年村子遭了大水灾。水灾后重建时，新村子严格按照规划建造，街道笔直，每一户的宅基地大小完全一样。如今，村子里砖铺的街道两边是大小一致的宅基地上样式相同的房子。虽然村子离静海县县城不远，离天津也很近，但其工业发展却很缓慢。由于静海县有个以小工业闻名全国的模范村大丘庄，冯家村没有工业真让人费解。冯家村有一半左右的劳力依然干农活，为城市市场输送蔬菜，另一半在村外干非农业工作。村里唯一的工厂是个简陋危险的五金工厂，雇了村里几个小伙子并且资助村里的学校。尽管收入差距已经渐渐拉开，但在村里还看不太出来。

后夏寨村：与沙井村和冯家村一样，后夏寨村也是华北典型的产粮村。该村位于长期受土地贫瘠和干旱缺水困扰的鲁西北地区。1930 年代和 1940 年代，有些村子的耕地产量太低了，甚至不值得耕种。虽然大部分老乡都很穷，但他们大部分都多少有点土地，因而得以靠农副业相兼糊口度日。鲁西北的活路不多，不过许多老乡可以靠编筐等手艺或做小买卖挣点零花钱。村里许多男人在附近集市上做小买卖或跑合儿，另一些男劳力则在地里打短工或当长工。按村里的习俗，拾落穗和各种提供小额借贷的村互助会可以帮助老乡们活命。

后夏寨村是我们调查的 5 个村子中唯一一个在 1990 年代大部分人口依然务农的村子，而且也是 5 个村子中最符合我们认为“村子”应当是什么样子的传统概念的村子。村里的生活依然是播种、收获和赶集的乡下节律。老乡们大都种水果或庄稼，少数人到村外做工，不过许多人都希望自己的孩子多念书，然后到城里找个工作。大部分老乡还住在比较简朴的平房中，前后院子里养着猪、牛、驴、鸡和鸭。在其他 3 个村子风行的消费革命并没有波及后夏寨的农户，他们依然用着老式家具并把买台黑白电视机当成生活水平的一个大提高。

吴店村：和沙井村差不多，吴店村位于北京地区，其变迁也与地理位置分不开。该村位于从良乡镇北至长辛店然后通往北京的主要公路边上。在 1911 年辛亥革命后地方军阀割据混战的华北政治动荡年代里，吴店村周围经常是军阀部队过兵之地。虽然在村子附近没有打过大仗，但老乡们经常被抓去给部队当挑夫。吴店村靠近北京，战前这个地区的政治动荡迫使村里人外出逃荒。许多壮劳力十几岁就到北京和天津去打工，留在村子里的亲属种地并靠在城里谋生的男人，父亲、丈夫或儿子寄回或捎回的钱度日。外出谋生的人中混得不好的人大都在附近的良乡县城谋生，多是在城里火车站扛大个或赶大车运贷。

1990 年代的吴店村与 1930 年代相比有了很大的变化。虽然大多数人依然住在村子里，但实际上是在外面干活。老人们继续在村里种那点地，供给自家吃的粮食和蔬菜，而大部分年轻人都到外边谋生去了。在我们采访的人中只有 19% 的人子女完全务农。其他子女都从事其他职业。有的在村办小企业干活，村里还有一个为公路过往车辆提供食宿和维修的汽车旅馆。有的在北京市或其所属的房山地区兴办的各类集体企业干活。还有的搞运输或自己干买卖。这种就业结果之一就是收入悬殊，最富的人家盖起了崭新的三层小楼，而最穷的依旧住在简陋的平房里。像所有郊区村子一样，由于靠近城市资源迅速改变了村子的面貌和老乡的生活。

（一）分道扬镳

20 世纪前半叶，这 5 个村子都很贫穷。与大部分华北农村一样，这个地区是旱田，经常遭受气候不稳定导致的周期性灾害，或雨水少造成的歉收，贫困的农民往往不得不卖地或外出打工。5 个村子中大多数农户土地不多，许多男劳力不得不打短工或当长工贴补家用。寺北柴村种棉花比较早，1940 年代全村就有 40% 左右的耕地种棉花。在其他村子中，小麦、小米和玉米是主要农作物。尽管棉花生产能得到诱人的现钱，但由于棉花产量受天气变化影响太大，收入并不十分可靠。结果，在灾年，许多寺北柴村农户不得不出卖或抵押土地。到 1940 年代，只有 7% 的农户拥有自己的土地；64% 的农户是完全或部分的佃农，而其余的 28% 农户完全失去了自己的土地，成为彻头彻尾的农业工人。大部分农户都成了佃户，而他们租佃或抵押土地的地主们却住在县城而不住在村子里。尽管租佃在寺北柴最多，但这个村子不一定就是这些村子中最穷的。虽然很难精确比较各个村子之间的差异，但冯家村人忙着编席子，后夏寨人喜欢贩卖牲口以及吴店村的老乡爱进城谋生等等，或许意味着在 1940 年代沙井村农民的收入最低。

这 5 个村子每个都有自己独特的社会生产力结构。尽管这 5 个村子都穷，但社会阶级差别在有些村子里比另一些村子里更大。1940 年代末至 1950 年代初的土改和随后的合作化消除了阶级差别。尽管在土地改革运动中较富裕的农户只要没有被划为地主富农就能保住自己的资金、农具和耕畜，但 1950 年代中叶的合作化浪潮，等贵贱均贫富，使农户都差不多了。从 1957 年至 1970 年代经济改革期间，劳动力投入是决定家庭收入的主要因素，因而在那种情况下家庭中劳力和非劳力的多少往往决定家庭生活水平是好是坏。在我们所调查的所有村子里，贫富的主要差别都消失了。在村内贫富差别缩小的同时，尽管这几个村子的经济结构和经济政策基本相同，但这些村子之间的差别却在逐渐增大。要想弄清楚这 5 个村子在这 50 年中经济发展如此不同的原因何在，我们必须从以下 4 个主要方面分析各村的情况——生态环境、地理位置、村领导班子和国家政策方针。头两项似乎属于自然条件的天时地利，而后两项则是可以人为控制的人和，但实际上所有四项都受天人之间错综复杂相互作用的强烈左右。人们在与自然交往中实际上不断在改造、创建并毁坏着对其家庭和群体命运有着重大影响的生态系统。

前两项和第四项体现了这些村子与其他地区和村子的差异，而第三项，村领导班子则体现了村里基层政治机构的具体构成。我们在考察贫富日益分化这个体现几个村子某些特点时，我们将发现不同的村子的领导班子的传统做法相当不同，而这些特点对收入分化有直接的影响。在沙井那样集体化传统强的村子里，公共投入多而且集体资源比重更大。村办企业的明确目的是为村民提供非农业就业。在其他村领导班子比较弱或公社传统不牢固的村子里，集体企业发展缓慢，而个人和家庭更愿意从事自己的小买卖和小企业。在这类村子里贫富分化最为明显。

下面，我们将分别从这四个方面进行分析，并探讨每一个方面对当代经济发展模式的影响。

（二）生态环境与经济发展

广袤的华北平原是一望无际的半干旱地区，农业千百年来都靠夏天季风期的雨水灌溉作物。有的年份季风期没有雨，结果便是大旱。有些年份暴雨成灾，雨水在排水不畅的农田里淹死庄稼，并把地下的碱带到地表导致土地减产。千百年来人们尝试了各种方法，如修水坝和水库防洪，旱年打井浇地，但都没有彻底结束人与自然之间的这场持久战。虽然华北平原大部分地区都如此，但有些地区和村子的情况还是好些。在本书中调查的 5 个村子中，鲁西北的后夏寨战天斗地的持久战最为漫长。在 1980 年，一项引黄河水灌溉的大型区域水利工程完工，此后后夏寨的农业产量持续增长。但在 1950～1980 年间，生态环境的天灾加之领导班子不利的人祸导致该村的生活水平甚至低于解放初期。人口增长停滞，这个地区的村子都靠国家的救济粮活命。为什么这个地区发展如此之差？要回答这个问题，必须注意到后夏寨的情况在所在那个地区具有相当的典型性。在 1970 年代末，平原县曾经是全中国 200 个贫困县中的一个。

彭慕兰在其著作《腹地的构建：华北内地的国家、社会与经济（1853—1917）》中认为，鲁西北的经济衰退开始于 19 世纪中叶。衰退的部分原因是生态环境危机。鲁西北位于黄河平原。对黄河防汛工程的忽视导致黄河下游更为频繁的涝灾。第二个因素是大运河重要性的下降。

生态环境和经济的恶化共同导致了我们可以在 1840 年代看到的情况。当时，后夏寨是一个穷村，农业几乎完全靠天吃饭。在雨量充足的年份，粮食增产。但在干旱或洪涝之年，产量便下跌。该村的阶级分化明显，地主很少，大部分是贫农。在许多年中，人们尝试用互助组等地方习俗和拾落穗等有组织的活动来救助赤贫农户。我们可以从为防止地里庄稼被盗而形成“看青”习俗中看到社会不安定的阴影。

土改后，后夏寨发生了哪些变化呢？根据县级统计数字，土改使贫农有了一个新起点。在 1958～1959 年推行合作化之前，经济发展相当不错。“大跃进”给后夏寨带来灾难。1960～1961 年饥荒蹂躏了这个村子，死于营养不良和瘟疫的病弱村民增加，使人口大量减少。村民们说，就是在这些年间，有的人家死了人都要等领了死者的定额口粮之后才报丧下葬。

“大跃进”及其余波极大地败坏了村子的风气以至于很难恢复：1957～1979 年间，只有两年（1966～1977）超过了 1949 年上报的人均产量。该村 1960～1979 年每年都靠国家救济粮度日。后夏寨情况的一部分原因是生态环境不好，另一部分原因则是国家以粮为纲的政策，要求全国的农村都把粮食生产作为中心。下面将进一步分析这些具体政策。

在分析后夏寨的问题和为什么花了那么长时间才从 1959～1961 年的天灾中恢复过来时，生态环境是一个重要因素。1950 年代末，农业专家第一次试图解决鲁西北地区的生态环境问题。1958 年，各村派劳力修建灌溉渠，从黄河水系引水灌溉。这些工程强调了灌溉却忽略了排水系统。结果，1961 年和 1964 年的暴雨淹泡了土地，导致土地碱性加重，土地状况恶化。在这种情况下，国家规划部门放弃了黄河灌溉系统，谭震林发誓说："我绝不再用黄河水了。"在平原县，1961、1962 和 1964 年暴雨成灾，大水淹地。1965 年，是放弃了黄河灌溉系统之后又出现的大旱之年。

这些试验的失败导致乡村贫困的恶性循环。产量低是因为农民收入太少以至集体根本无力投资农业。虽然多用化肥可以提高产量，但许多像后夏寨那样的村子买不起化肥。直到 1980 年，后夏寨农民的生活才开始有所改善。由于 1980 年是改革政策推广到山东省这个地区的年份，因而人们乐于把后夏寨的经济发展归功于实行生产责任制和市场经济。然而，原因并非如此简单，这些变化应当是三个因素相得益彰的产物：一是主体水利工程完工，二是政策变了，三是实行家庭责任制。

尽管引黄河水灌溉鲁西北的第一次尝试在 1960 年代以失败而告终，但当地的水利专家认为改良引黄灌溉系统能行，于是他们在 1960 年代和 1970 年代继续进行试验。1980 年，他们多年修建的水利工程终于完工了，引水灌溉了几乎全部后夏寨的土地。有了水，产量自然开始上升。农民收入增加后也有钱买化肥了。水和化肥一起促使亩产大幅度增长。

生态环境和经济增长之间的联系在后夏寨是最为紧密的，不过，我们在其他 3 个村子中也可以看到这种情况。位于大运河畔的冯家村数百年来饱尝洪涝之害。尽管此时大运河水可以用来灌溉菜地，但这条运河也曾是带来涝灾的罪魁祸首。大运河的河道高出周围耕地几公尺，因而暴雨过后，运河的各条分支就会把大水灌进低洼的耕地里。在 1963 年的大洪水中，为了使天津不被淹，天津地区的许多河流都不得不被掘堤放水，结果导致了当代最大的洪水，静海县绝大部分地区都被淹没。在冯家村，大水退后留下的只是一个残垣断壁的大土堆。

灾后的国家救济有助于村子重建并提供了重建的部分建筑材料。然而，农民还不得不自己解决大部分建筑材料和全部劳力的费用。结果，靠自己的力量，他们重建了村子，修复了田地，逐步建成了用水泵把水从大运河引到田里的灌溉系统。农产量缓慢但稳定地提高，到 1970 年代末大致相当于 1949 年的两倍。

对后夏寨和冯家村来说，正在进行的改造自然环境的斗争需要持续不断的财力和人力投入。虽然许多人通常认为改革开放前的合作化农业体制下那种集体制的无偿劳动已经消失了，但在这两个村子的某些地方，摊派的义务劳动依然以有点商业化的新形式而存在。由于水利排灌工程对这两个村子的生存和发展至关重要，每个农户都必须出劳力到地区水利工程干活。于是，两个村子的村委会负责招募到工地干活的劳力并从各户收钱去支付那些"义务工"。村内的水利河渠工程也是由无报酬的义务工完成，但村里每户都必须出劳力。村干部的一项重要工作就是制定用水计划并协调因此而产生的纠纷。

在后夏寨和冯家村之类的村子里，水利在近 50 年的发展中作用巨大。在这 50 年的前一半，没有解决水利问题导致贫困化，而水利问题的解决又为经济发展奠定了基础，从而积累了技术改造和其他生产活动投资的资本。

（三）比邻城市与经济发展

经济改革政策实施以来，乡村工业发展和农户进一步进入市场经济使中国农村有了长足发展。农作物现在已经专门为市场生产了，而且农户还可以靠在建筑业、商业或服务业兼职或全职工作挣些零用钱。一些村子在发展非农业事业方面非常成功，但有些村子就差些。造成这种差异的主要原因之一就是地理位置。靠近城市中心的村子一般容易发展工商业。而偏远村庄往往很难形成工商业发展所需的各种关系。

位于北京效区的沙井显然得益于其地理位置。沙井隶属中国发展最快的农业县之一——顺义县。1980 年代初开始的市场经济使沙井得以开发其地理优势来增加收入并促进集体积累和投资。在我们调查的 5 个村子中，沙井在兴办乡村工业上最为成功。沙井的第一个村办企业是在 1982 年建的服装厂。在 1987 年县里决定投资该厂创办县村合资企业时这家服装厂还很小，只有 50 个工人。该厂工人在 1990 年达到 200 人，1991 年 450 人，1994 年 500 人。该工厂几乎完全按照外国服装公司的定单生产出口外衣和其他产品。县投资有助于该厂获得外企定单并使该厂得以迅速发展起来。该厂每年都向村里上缴盈利，用于各种集体事业，如投资新产业，修建一所现代化幼儿园，建造一座带空调和豪华吊灯的村行政办公大楼，修建村里道路，铺设通往各家各户的自来水管道，安装村里的街道路灯，以及购置村行政车队的汽车。

沙井党委书记想方设法充分开发该村的地理优势，但收获有多有少。创办木材批发市场就折射了创业的艰辛。1990 年代初，村里用 40 亩地创办了一座小型木材批发市场。但不久，县政府宣布计划用该村 130 亩地在沙井西面建一座大型木材批发市场。县办市场的建立导致村办市场倒闭。由于沙井提供了市场用地，该村有权监管县市场并从县政府收取用地租金。虽然租金每年给村里带来 20 万元收入，但这显然远远低于村里直接经营市场所能获得的收益。其他村办企业也有好有坏。村财政投资 50 万元创办的包装机工厂在 1994 年停产了。

由于沙井毗邻发展迅速的顺义县县城，村民不难找到一份非农业工作。村里的孩子可以到县办学校上小学。这些学校肯定是全中国最好的乡村小学之一。大孩子们也可以上高中或大学。良好的教育和更好的就业使村里人们的收入迅速增加。

在调查的 5 个村子中，沙井是唯一一个村里投资于生产并从村办工厂、村办农场和出租土地办木材市场中获得收益的村子。这些财源使村里可以建造一座豪华的村办大楼，资助为村民兴办的幼儿园，并改善村里的各项基础设施。从这方面看，沙井与人均收入与其相差无几但几乎毫无集体资源的寺北柴村形成鲜明对照。在寺北柴村，村里没有正常办公的地方，村里学校的状况属全国最差之列。

（四）村集体与发展模式

各村及其农户做出经济选择和组织经济活动的方式受各村的具体情况和历史的影响。有些村集体创办了较强的集体企业，为村民提供了就业并增加集体的收入。另一些村子则决定让村民和农户自己干自己的，村里几乎不投资生产和公共福利。如果我们按集体投资和事业给这 5 个村子排个队的话，可能是沙井村最好，吴店村、冯家村和后夏寨居中，而寺北柴村最差。沙井村在生产和村基础设施中集体投入不小并兴办了能为许多村民提供就业的企业。吴店村也曾兴办了几家集体企业。冯家村只有一个集体企业。虽然后夏寨没有集体企业，但那是因为没有资金和机会而不是由于不愿意发展集体事业而导致集体企业弱小。尽管村里缺乏资金创办集体企业，但当村里的私人开始创办小企业时，他们经营的方式为集体企业的管理方式提供了借鉴。

例如，村里一对年轻夫妇开始从事产销代理工作，组织村里的青年妇女编篮子。他们从村里各家仔细挑选工人。他们的做法后来被一家织毯厂供用，该厂办在一家农户的院子里，雇佣了十多位村里的妇女。

迥然不同的是，寺北柴村民有意不投资集体企业。这种选择显然是为了平等对待临时到村子里来的人，每位去过中国农村的外国人都熟悉这类接待的礼节，如在村会议厅举行的招待会，参观在墙上展现村子成就的鲜艳图片和展览，村干部简要介绍当前村子的经济状况。寺北柴村不走这个俗套，因为根本就没有什么接待来访者的村会议厅，没有展览可看，也不说什么生产稳定发展之类的套话。实际上，村会计根本就没有统计账目，因而也无法提供哪怕是最近几年的经济发展情况。

当我们向现任和前任村干部了解村办企业情况时，我们对这个没有公共生活的村子的印象加深了。他们都说寺北柴村民都不愿意创办村办企业。村里几户办小企业时往往都在村外办而且绝不雇同村人为自己干活，因为他们认为雇乡亲就没法严格执行规章制度。这并不是说寺北柴村民不想挣钱，而只是说他们喜欢自己干或与几个信得过的朋友少数人一起干。这也不是说寺北柴人懒惰。实际上白天村里街道上冷冷清清，只有几个老人蹲在街拐角处晒太阳，聊天，打牌。几乎所有的壮劳力和许多妇女都在村外干小买卖或小企业。有的干运输，有的做小买卖，有的在石家庄办小企业，生产和销售服装。

无论这些村民干哪一行，其共同特点是：他们都是个人、家庭或两三个朋友合伙干，而且都不雇佣乡亲。一旦企业发展需要增加员工他们总是在亲戚和村子之外招聘。所以，买卖赚钱合伙人受益，但无助于集体积累也没有为乡亲提供就业。这种发展模式的结果之一就是村子里最富裕户和最贫困户之间的收入差距日益拉大。村里的新富们建起了豪华的两层小楼，满屋子电器和新家具，而贫困户依然住在陈旧破败的平房里靠粗茶淡饭糊口度日。

为什么寺北柴人难于在经济活动中合作似乎令人费解。1940 年代初对这个村子的调查表明寺北柴血缘关系很强，但这并没有发展为密切的村社凝聚力。在有些时期，村干部也曾多次试图创办集体企业，但最终都没有办成。尽管村民不愿说办不下去的原因，但不争的事实是集体企业倒闭导致干部和工人互相埋怨。在农业合作化时期，村里的大姓家族中有一族内部发生严重分歧，影响到生产队并迫使村里不得不重新划分生产队以免对立各派天天在一起干活。当然，很难弄清楚到底这些分歧是否是不愿一起干活的原因，还是在村里的社会关系中另有某种隐情导致分歧而不愿一起干活。无论原因如何，寺北柴的这个特点的确直接影响到村子的经济发展计划，决定了人们的选择。此外，这个特点也直接表现在村里对教育和公共事业投入微弱方面，而且无疑也是人们不愿在村里当干部的原因之一。

（五）国家政策与村经济发展

上面，我已经从各村的角度分析了这 5 个村子的经济发展并强调了地方积极性的作用。不过，中国的村庄只有庞大政府等级体系中最底层的行政单位，因而上级制定的政策决定直接影响村子的具体发展道路。这一点可以在我们调查的所有村子里看到。下面，让我们从 3 个实例来看国家和地区的政策决定如何直接影响了一个或几个村子的发展道路。

第一个实例要追溯到 1960 年代“大跃进”以后制定的决策。那次试图加快社会主义过渡试验失败的原因有许多。在所有我们调查的村子里，农民都告诉我们他们最初对“大跃进”如何热情百倍，如何为在最初的几个月里可以在村办大食堂里开肚皮大吃而欣喜若狂，以及如何坚信艰苦奋斗就能建成社会主义天堂。可不到一年，“大跃进”就出了问题。狂热的村干部受到纵容去虚报产量；由于浮夸的数字要一级一级上报，于是一级级层层加码，导致国家领导人根据这些胡吹乱夸的数字来决策。第二年的坏天气雪上加霜，使中国的农业开始下滑。正像我们在后夏寨看到的那样，饥荒接踵而至。中央领导人受到灾难日益蔓延的震惊之后，最终制定了著名的农业“以粮为纲”方针，要求所有地区努力实现粮食自给。尽管这个方针在1960年代初的中国有一定的道理，但在粮食危机和交通运力不足的情况下，该方针对许多地区的经济产生了极为严重的负面效应。

现在有必要记住我们调查的5个村子在1930年代和1940年代都是“混合”经济，农田和产量都满足不了日益增长的农村人口需求，因而大部分农户靠做小买卖、到城市打工或从事家庭手工业等非农业活动赚取部分收入。这些“混合”经济模式一直保持到1950年代初。此后，正是合作化时期国家才开始限制副业经营活动。“以粮为纲”方针又进一步强调国家制定农业生产规划并指令各村生产粮食，不许种任何其他经济作物。在寺北柴那样的村子，国家计划依然号召种棉花，但对后夏寨那样有赖副业和经济作物的贫困村，经济开始走下坡路，直到实行经济改革允许比较自由地选择种植品种后才最终完全得到恢复。后夏寨的新繁荣主要得益于用大量土地兴办可以赚钱的苹果园。

国家政策影响的第二个例子是国家确定了“规模农业”，直接影响沙井的发展。沙井位于北京市顺义县，不仅靠近国家权力中心而且恰好是经常被用来进行各种国家政策试点的地区。当中央政府决定解散人民公社并逐步发展家庭农业之后，沙井是顺义县最后一批执行这项政策的村子，直到1984年才不再搞集体农业。就是那时，该村实行的责任制依然保留了浓厚的集体制色彩：大伙一块播种和收获，只有日常田间管理由各户负责。不到两年后，顺义县成了“规模农业”的试点，这导致了土地的“二次合作化”。但是出现了更为符合经济改革精神的新形式。由于紧挨北京，这个县开始迅速发展。县里人不难找到非农业的工作，而这种情况促成了一种新型农业，即实际上只有少数“农民”在地里干活的较大规模农业。沙井的土地合并为一个农场，由11位农民负责耕种。其他的村民在工厂、贸易和其他小企业中干活。一旦县里决定发展大型规模农业，沙井的农民们马上执行命令。在这种情况下，这项新政策与这个村子一直比较习惯集体化农业的倾向不谋而合。一旦政府政策出台，大多数农民就不再想当地道的农民了，人们不得不去寻找其他工作。

在寺北柴，1984年县里的决策也迅速改造了那里的农业生产，解放了大批劳动力去从事其他行业。不过，在寺北柴这项政策并没有改变农业管理方式，而是改变了作物种植品种。19世纪末以来，寺北柴的农业一直与棉纺织业密切相关。这种情况一直持续到1984年县政府决定改种棉花为种玉米。大多数人一想到玉米就与牲口饲料联系起来，要么就是喂其他动物要么就是作为人们的粮食食用。但在栾城，玉米是工业原料，用于县里的主要工业——医药业。

1982年5月，中科院农业现代化研究委员会建议峦城县发展成为一个制药工业中心。到了年底这个决定已经落实，结果农业和工业政策都得到调整，在新的乡村体制下，农业和工业相得益彰。农业生产计划得到调整，这些村子不再需要种棉花了。两年内，棉花生产下降，而玉米种植大面积增加。农民并不是被迫将棉花改种玉米，而是一些因素促成了这种变化。首先，种棉花需要大量人手，而种玉米不用。其次，国家垄断了棉花收购而且国家收购价格勉强够收回生产成本。棉花没有自由市场，因而棉农不得不按国家定的低价出售。与此相反，玉米可以在自由市场上销售。随着当地制药厂数量和规模的增长，对玉米的需求也日益增长，导致收购价格的稳定增长，对生产者有利。

在村里，取消大量种植棉花的指标恰好与经济改革的深入同步。农业劳动从集体转向农户已经使大量农业劳动力转向其他行业。种棉花季节性劳力需求大，这限制了劳动力的利用。转而生产玉米解除了对劳动力的最后一道束缚。玉米种上之后在收之前就没有什么活要干了。大部分剩下的农活妇女就可以干了，男劳力可以自由到村外去工作。

不难看出，区域或国家政策都直接影响了这三个村子的发展道路。这些例子表明了国家在当代中国农村发展中的重要地位。尽管一些当代评论家认为经济改革推出了市场机制，使个人自由面对市场，但其程度相当有限。国家依然为农业地区制定计划，而地方政府必须确保农民按照国家计划种植作物。在当今，竞争激烈的市场在中国农业生产中作用日益增长的同时，国家计划体制残留依然与市场并行。因此，在中国农村，国家影响个人、农户和村庄种植计划的地方仍然是一个重要因素。

结　语

我们调查的5个村子的经济发展取决于自然和人为因素的合力，导致了迥然不同的结构和模式。后夏寨和冯家村两个村子在1990年代依然以农业为主。沙井、吴店村和寺北柴三个村子越来越成为主要在村外工作的村民的居住地。5个村了中有4个已经被日益席卷中国的消费文化浪潮所吞没，促使村民像城里人那样去购买自行车、家用电器和高档家具。毋庸置疑，用不了多久，消费革命也会波及后夏寨。现代大众传媒已经深入大部分华北农村，除最贫困户之外，大多数农户都有电视机。看电视已经成了男女老少的主要娱乐消遣，而电视节目和广告难免不把消费革命带进最贫困和最偏远的乡村和农户。

在1990年代，这5个村子都有自己独特的生活方式，这是因为诸如地理位置、村外就业机会多少、自然环境、各村男女组织生产的愿望以及他们如何安排个人和集体劳动等各种复杂因素合然而致。因而，虽然国家领导人决定的中国经济政策在全国产生了相似的机制和做法，但正如我们在这5个村子中所看到的那样，其结果往往迥然不同。

五

村庄和干部

浜口允子

我们访问的华北五个村庄都各有现在的干部和过去的干部。有的村子新老干部完全进行了换届，老干部都退出了第一线。但有的村子仍是老干部作为领导层的中坚担当着重任。

干部们分别具有不同的特点。也不是没有摆架子、顽固、靠不住的干部，但是，大多数干部都是不辞辛苦，特有的沉着诚实，而且在关键时刻是带有严肃表情的朴素感。

其中一人是冯家村的赫开顺（1924 年出生，村副书记、民兵队长）。我们访问时，他 68 岁，稍稍驼背之中带有一些稳重感，令人深感他具有坚强的意志，那容貌可以看出他年轻时一定是一位刚强能干的硬汉子。对该村新中国成立以后行政上的变化等问题，他都一边回顾着各个时代一边按时代进展顺序和周边社会的关系条理清晰地讲述村里的发展步伐。干部和一般农民最大的不同就在于是否能把自己的村子作为整体掌握，而且，在迷茫中具有俯瞰全村状况的一双明亮的眼睛，这才是干部所应具有的素质。他就是这样的优秀干部之一。

另一位是沙井村的张树德（1931 年生，历任书记、大队长、生产队长等职务，我们访问时担任治保主任），也是一位进入老年仍然担任工作干部。他“四清”时担任书记，“文化大革命”时是大队长。但是，到 70 年代生产队长缺少人手的时候，请他担当了生产队长，而且为提高生产，据说为了把水引进比水渠地势高的灌溉沟里，他只身一人用长把舀子打水几十万次。这样不辞劳苦的工作，全心全意提高生产队的产量和收益的队长深受农民们欢迎，所以一年又一年地选举他当队长。但是，两年后他实在累得不行了辞去队长职务。群众异口同声地说，所有的农村干部中在人民公社时期的生产队队长是最辛苦的，那是因为农村干部首先必须具有实干的特质，必须比别人能干，带领大家劳动，起表率作用。搞集体化，必须埋头于共同工作中，激励滋生安逸的人们，应付华北严酷的大自然，而且，这一点给建国以后的农村基层干部形象一个启示。以前的基层干部大多认为是“群众运动的中坚推动力量”，那是建国前的群众运动中的干部形象。那时看到的干部形象是运动的组织者，但是很清楚那个时代已经过去，已经进入了中华人民共和国时代，这样，在农村的工作是日常存在的，最基层干部的基本素质不能缺少在生产第一线身体力行进行劳动这一要素。张树德正是那种村干部的典型形象的人物。但是，张树德的感想讲述了那是如何辛苦的经过。

后夏寨村的王维宝（从造反派红卫兵到改革开放时的村民委员会主任）是位典型的农民气质的具有坚定信念的村长。该村自 1978 年以来，为了从黄河支流引水进行灌溉农田，村里每年必须组织挖河泥的义务劳动。因此，秋收一完，从 11 月到冬天整个严冬他作为村长和民兵队长一起带领每年从村里轮流选出的约140个壮年男劳力，要去离村70～80里的工地参加劳动。而且，在工地上搭起没有任何取暖设备的小屋作为临时宿舍，从事挖河泥的劳动。农民们很讨厌这种辛苦的义务劳动，因此，书记必须做思想工作。但是，王维宝每年担当这一任务也不喊苦。该村的书记对他不怕苦的表现称赞道："他正是从工作的需要出发主动承担的，像他这样的人很少，别无他人。"在农村不管时代如何变化，只要进行农业生产，都有必须共同开展的工作，水利灌溉工作就是其重要的一环。为了达到各个地势和自然条件所需求的农业基础设施，那里就需要领导。就是说农村就要有根据农村需要产生出来的干部。

还有一个人是访问调查中遇到的一位新干部，就是寺北柴村"文化大革命"期间的书记徐春梅（现在任栾城县粮食局业务主任）。她就任时才20岁，由于"四清"运动时其他干部被批判而免职，于是她被选举为书记。一担任书记，就组织夜校，在街上安扩音器，砌砖盖小学，安电灯等，在村里形成了新风气，改善村民的生活。之后她被提拔当了几个公社的干部，我们访问时她到县里当了干部。尽管如此，可能是经常看望住在村里的父亲，熟悉村里的情况，所以她对村干部的情况这么说："作为村里的干部必须克服好人主义。"她认为，就是全村什么事都天天问成果，暖昧圆滑、八方讨好的好人主义也是不行的。必要的时候要果断大胆地号召群众一起奋斗，这样强有力的领导作风才是最重要的。的确，在五个村的全体干部中她也是头脑清晰的杰出干部。

不管在什么时代——尤其是在现在改革开放时代——村干部情况的好坏左右着村子的发展，村干部的重要性怎么强调也不为过。因此，下面围绕着调查时所遇到的村里人们谈论的近50年的历史情况，从中可以清楚地看出各个时期的干部形象。

（一）土地改革时期的村庄和干部

距今50年前，中华人民共和国成立前后进行的土地改革最及时地打破了旧农村的体制结构，建立了与以前不同的农村社会体制。在中国用"翻身"这个词充分恰当地表示了这一点。"翻身"本来是睡觉时把身体翻过来的意思，但是，在近现代史中它有了新的意义，是指贫苦农民们在革命运动中，尤其是围绕土地所有权的运动中，"被解放而站了起来"的含义。也就是把农民们通过土地改革，从以前的受雇于人的佃农地位一下子变成为独立的土地主人的形象的比喻说法。那么，这些村子的新政权会由什么样的人来担当呢？通过土地改革，村和村里的领导班子改变了还是没变化？土地改革使农村社会面貌发生了很大变化，那么土地改革时期的村干部和以前的干部完全不同吗？

1. 新旧领导间的"隔断"情况

以后夏寨村为例，该村土地改革以后的干部，根据调查时听说有吴志端、刘长贵、李景堂、刘长富、马万峰、马常、马万年、王官之、李圣堂、王正德、王庆英、王金庆、马会祥、李新亭、孟兆生、张洪烈、王化远、王维章等。那么，他们为什么当了干部呢？根据反映土地改革以前村内状况的《中国农村惯行调查》的记载，从其性格可以看出以下特征。

首先，这些干部共通的情况来看，他们都曾是贫苦的农民。从《惯行调查》看，他们土地改革前每个人的土地面积，最多的马万祥才有7亩，接下来是吴志端有5.5亩，其他人都只有零星土地。尤其是贫农组长马兆生家只不过有 0.8 亩地，因为贫穷没法分家，一直和 44 岁的兄长一起度日。而且可以看出，一些人从《惯行调查》那个时期到土地改革期间越发走向贫穷化。从这点看来可以说他们是以盼望有土地的积极性最高的贫农层为中心的。这样看来，在阶级性方面土地改革时期的干部层转移到了与土地改革前完全不同的阶层。就这一点来说，寺北柴村也和其他村一样，明显是和旧的领导层“隔断”的。寺北柴村的情况，曾经当保长的赫国梁据说是一个稳重受人信赖的人，攻打县城时为八路军调配粮食、车辆等，但是，解放后到 1995 年 60 多岁去世以前没有当干部。

这样的状况完全可以说是“隔断”态。从这一点也可以说土地改革使其干部形象在阶级归属方面与以前完全不同。

但是，回顾一下中国社会明清以来一贯是被称为“乡绅”的人们在地方社会中从事水利、道路等公共设施的建设和管理等，发挥着当地的教育和教化等作用，并且，为了使村民们能过上安稳的日子分担着慈善和防卫等工作，成为当地社会的中心。而且，他们虽然的确是通过科举选拔出的具有一定学位作为必要条件的，但不管怎么说当时的社会基础是土地所有，在这种意义上地主是实质上的领导中心。这么看来，土地改革既然是否定其地主的存在而进行的，那么，地方社会以什么为条件推举新的领导呢？而且，新领导们又依靠什么将人们团结在一起呢？

2. 新旧领导间的“接续”情况

对于上面的疑问，再看一下各村的土地改革后的干部们在《惯行调查》时的基本情况。从中明显看出以下各点：以后夏寨村为例，前面列出的新干部们，解放前确实贫穷，但在村里担当着一定的差事和或者有“威望”的人不少。例如，马万年是甲长，同时也是拥有 91 名社友的该村传统互助组织“乡社”的头目；刘长贵、李圣堂也是甲长，马常是“碗社”的头目，马万峰是学校管理员，王化远是村里秀才王葆钧的儿子。从中可以看出，从他们的历史上可见在村里所处的地位和名声带来的影响力，只要不违反大原则，解放后也能继续发挥作用。同时，另一方面也可以看出作为他们干部的立场，和从解放前存在下来的村里的社会纽带网关系密切。换句话说，土地改革以后实际上从以前发展下来的纽带也仍然还起着作用。看一下《惯行调查》中后夏寨村的“民国 30 年度收支一览表”可以清楚地了解，前面所提到的互助组织“乡社”的参加人员，17 名新干部中 9 名是乡社的成员，4 名的父辈是乡社成员。而且，1941 年时的乡社是横跨全村的组织，其成员遍及全村的所有 13 个甲。

从以上实例可以说，土地改革后管理村庄的干部，即使在革命的激流中也是以村庄这一社会基础本身固有的为维持秩序的各种机能为背景，根据背景全面平衡选举出来的。也就是说，支撑诞生新体制的土地改革这一运动的干部们可以认为是，以建立在该基础上的夹杂着原来保甲制的“社”集体和传统村社会的网络为基础而存在着。这不就是原来社会的“继续”吗？

（二）建国时期新干部层的淘汰和形成

那么，土地改革时的干部们就原班人马成为新中国成立后的村干部吗？仅就五个村子的情况看来，好像是进一步进行淘汰和整理之后，然后才形成了有特征的干部层。下面以寺北柴村为例看一看该情况。

在寺北柴村，1947 年在工作队的指导下，以进行土地改革为主要任务，形成了“第一任”的最初干部层。其成员特征是翻了身的贫雇农，而且有武力的（武委会和民兵队长等）备受重用，那方面的担当者较多。当时还是民兵实际持枪警戒护村，武力是有实际意义的。但是，这样重视武力延续到 1949 年结束，之后是由工作队选出“第二任”的八位干部，分别就任为党的负责人、村长、副村长、会计、民兵队长等职，担负着新中国成立后的村庄再建的任务。不过，根据调查时的村民回忆，那期间干部变换频繁。由于当时全国农村正处于开展各种运动（植树运动、一碗米一斤菜运动、扫文盲运动、反迷信运动、宣传婚姻法、整党运动、抗美援朝等）期间，干部们应该站在领导开展相应运动的立场，但是，他们并不是全能胜任。那是因为那些运动对于村民们也包括干部在内，是完全没有经历过的新东西，而且，是包括他们连想都没敢想过的惊天动地的价值观的变动。但是，通过那些运动，他们好像掌握了新的经验，脱掉不适应因素，有了国家意识的觉悟，有了对于新社会的认识。

该时期最突出的特征，全国农村可见的明显倾向是重视提高生产力了。在后夏寨村展开了爱国种棉运动（爱国增产运动）、打井运动等。在寺北柴村，靠国家的援助引进大大小小的水车。此外，还开展了消灭苍蝇、蚊子、老鼠、麻雀等爱国卫生运动。而且，以上的各种运动都是全村共同进行，因此在村里干部们必须迅速了解现在应该干什么，怎么干好，并且马上实行。从这点可以说 50 年代初期开展的各种运动起到了选拔干部、筛选、培育干部的作用。再有，这个时期明显的特征是干部中从解放军部队复员的很突出。他们多数是党员，能够理解发展进程中的新政策，而且，通过在部队时的关系，和上级组织有联系，并且习惯组织性活动等优势，具备基层干部所要求的条件。而且，他们能与国家同步，按国家的要求努力工作，不能否认他们更浓厚地具有一种民族主义精神。同时，那个时期值得注意的是村内入党、入团的干部不断增加。

（三）集体化推进过程中以及人民公社时期的村庄和干部

新中国成立后的 30 年间，中国农村的特征是以社会主义为目标进行的集体化政策和由此产生的人民公社体制。在这期间的 50 年代后半期，干部方面也是形成转折点的时候。一个是在彻底地实现农民们不一定希望的高级社前，完善党的领导体制、组织，另一个是在其过程中确立了由上面直至村一级的书记的领导性。而且，这个时期的干部们总的来说都处于壮年期，因此也成为以后人民公社时代的干部储备。虽然个别看来，之后在“四清”运动、“文化大革命”等运动中，干部们也几经沉浮，但是整体看来，多数干部在运动后还长时间担任着村里的工作。村庄这个小社会里干部层原本就是出色人物的汇集，不管发生什么事情，全部取代是不可能的。可以说这就是时代变动中也能保持村政一贯性的重要原因之一。

接下来的是人民公社时代，1958～1984 年的很长时期，仅就农村的动向看也是一个激荡的时代。那么，在这期间公社和干部的情况是怎样的呢？

1. 大跃进运动和自然灾害的时候

大跃进时期简单地说就是一切都过热的时期。那是在中苏关系恶化的背景下，提倡社会主义建设，在全国范围开展大炼钢铁、大增产等运动的时期。在农村为了实现目的，流行大社化，推行组织军事化。在各村农民们分别组织“黄忠队”、“五虎队”、“花木兰队”、“敢死队”、“穆桂英队”等，并像军队野营一样一时间大地上架起了小屋，露宿在田野，几乎不休不眠地劳动。那种狂热运动到后来产生了大队之间的竞争，农村在钢铁产量和粮食产量等方面广泛出现浮夸预报的“虚报”风。据说“也知道了虚报是损失，但是不虚报上级不答应”。也就是说，上级干部给相互竞争的大队干部施加压力，进一步激发其竞争欲，使他们预报荒唐之极的高产量，结果要承担不符合实际的上缴义务。另一方面，担负任务的大队干部们回到村里，强迫生产队承受不符现实产量的过高负担。这样一来，则害苦了承受过重付出的农民们，使人们干劲松懈，生产力减退。开展树典型运动，响应上级各种要求的村庄，其忠实地执行所带来的后果令人不堪满意，这样一来，劳动积极性迅速降低，再加上连年自然灾害，陷入了严重的饥荒中。最基层的干部们一律按照上级的要求进行工作，比按照自己的生产和生活现况进行工作，反而更加大了不幸时期的灾难程度。

因此，从 1961 年开始调整政策，实行将公社分化管理的“小社化”，改为以生产队为核算单位，执行反映各地区实质收益的分配政策，稍稍“提高了社员的积极性”。这个时期所调查的村中有的村分配了若干口粮田，允许家庭饲养家禽家畜，或者分配荒地等。那是领导性的发挥，说是解救社员的饥饿。但是那样的领导班子在以后的“四清”运动中受到了批判，罚了款。于是干部们的创意劲头严重受到压制，加强了统一领导。

2. “四清”运动和“文化大革命”时期

所谓“四清”运动开始是公社和各生产队清点经营账目、库存物品、财产、劳动工分四方面的运动。但是，不久在调整政策中作为批判修正主义萌芽，清算农村政治、经济、组织、思想的运动在全国展开，整体看来，是“文化大革命”的影响波及到的农村。特别是其进行过程中对干部们的不良作风和浪费等的揭发、赔偿和返还要求等方面的严厉批评和追究，对建国后的干部们是初次考验，是一次大的冲击。其最终结果只是大多数的书记和大队长进行了更迭，其他干部基本继续留用。据说是实行“边纠正边改进”的方针，正如前所述有的干部没有更换也是事实。另外，在此次运动中成立的贫协委员会（贫农协会），一直存续到 1980 年，在 1977 ~ 1978 年的整风运动时和学大寨运动中想让他们再次反映意见。不过，只看一看那之后的村政，看来没有起多大作用。这一点可以看出，在村内没有基础，只靠上级指派的组织能否在村里成长起来，还是一个值得研究的问题。要抓住领导权，说什么也必须有村内实质性的支持。但是，“四清”运动经过反复学习和集会等政治活动，在村民间慢慢地渗透了阶级观念和批评精神等。这可以说是“文化大革命”带来的效应。

农村的“文化大革命”整体看来，不像城市里那么激烈而漫长。例如沙井村，在村里的“文化大革命”包括红卫兵运动在内也是较平稳而且只限于在村内进行活动的。其留下的影响也只是从那时产生出的干部一直到现在担任的村领导。从革命到建国时期担任村干部的人们因高龄和在 60 年代的政治激流中退位后，以“文化大革命”为转机，年轻干部有所增强。而且，由于该村处于近郊，尤其是 20 世纪 80 年代以后年轻人们想在外面寻求就业机会，不想当村干部，结果“文化大革命”以来的干部们到现在一直担任着领导。另外，其他村庄的运动情况和程度虽各有所不同，但比较起来，也基本是平稳的，不像城市里那么“动乱”。进入 70 年代以后的批林批孔运动也几乎只是走走形式。因此，70 年代以后的干部们在村里是如何执行搞活经济的政策，如何推行当时令人头痛的独生子女政策呢？这是值得关注的问题。

那么，如上所述的人民公社时代的干部们是怎样的呢？下面说明一下。

3. 人民公社的干部

在人民公社时期，分为公社、大队、生产队三级单位，分别由各级干部掌管各级范围。首先，公社干部以党的书记和副书记为中心，他们负责全公社，并与上级县政府联系，此外负责召开三级干部的会议——“三干会”，贯彻从上级下达的要求和指示。而且平常屡屡和其他干部分别去各大队，直接指导、谈心。一般公社干部们的基本情况各时期有所不同，但与其说是在一定的场所发号施令，倒不如说是流动在各大队之间了解全体动态进行具体指导。特别是 70 年代学大寨运动时，根据“劳动时间一二三制度”，公社干部一年中必须进行现场劳动 200 天。而且那时按照“三同制”，规定干部必须和社员同吃、同住、同劳动，因此调查时也屡屡能听到工作队长时间住在村里指导生产等，这也反映了当时这些干部的情况。下面看一看应该叫村干部的生产大队和生产队的干部：大队的干部是指支部书记、副书记、大队长（后来的村长）、会计（出纳）、民兵队长（治保主任）、妇女主任，青年团书记等，前五名是主要干部，即村里的行政和生产的负责人。在其领导下有各生产队长，负责生产队的生产。因此，直接指挥每天生产的是生产队长，书记和大队长的任务主要是指导各队、综合情况、与公社联系等。从这点看，书记、大队长等的存在对于社员可以说是还隔着一层吧。因此，社员的不满意和意见直接指向生产队长，生产队长才是处于最前线的最辛苦的位置上。可以说调查时听到的下面那些话正好道出了生产队长的辛苦：

“大队长只要指挥生产队长和群众就行了，但是生产队长每天必须和群众一起劳动。例如，工作中有脏活和干净活，有轻活和重活之分。因此分配工作时，就发生冲突。”“队长必须说服那样的人，这些不好做，往往伤人，造成争端，被人怀恨。而且，为人民服务，勤劳诚实地劳动，即使真心正直地为生产队踏实地干也很难提高生产增加收入。”

回顾一下，建国以来到开始改革开发政策之前，即以人民公社时代为中心的 30 年期间，正是中国人口从 5.4 亿人增加到 9.8 亿人的时期。而且增加那么多人，吃饭是怎样维持过来的，可以说正是这些最基层干部们的辛苦所在吧。

（四）改革开放时期的村庄和干部

进入 80 年代，伴随着国家体制的变革，1984 年 3 月全国范围内人民公社体制解体，公社改为乡政府，大队改为村。村里成立村民委员会，在此基础上大队长成了村民委员会主任（村长），其他干部的职务名称没有太大变更，只是小队成了小组，其领导就成了小组长。不过，变化也是调任的形式进行，所以，在那期间干部层多数没有特别变化。因此，之后村里的改革与发展仍是在不变的系统下进行。但是，不管其他条件，仅就干部素质来看，虽说是同一系统，根据掌握领导权的干部在不同发展阶段对中央政策的理解及实际运行情况不同，各村的情况也就产生了区别。也就是进入改革开放时期以后，各村农业发展的步伐，和以前一律都是人民公社的时代不同，出现了不同的状况。

即使仅就所调查的村子也可以看出正在向若干种形态分化，除了个别农户进行承包的典型个体承包制外，还有以队或组等一定单位承包土地以及经营的形式，或者曾一度被分开的土地再集中起来农场化，仅由少数专业者使用机械经营的形式等。并且后两种形式基本是村内的劳动力离开农业到附近的企业去从事非农业性的工作，以后这样的倾向逐年发展。而且，可以说其程度是同步于各地区的布局条件的城市化和随之而来的多样化就业机会的程度。这些状况可以说与村子的团结、村政的情况、领导班子的情况关系很大。那么，下面分别以仍带有浓厚的农村色彩的后夏寨村和在大城市近郊明显脱离农业的沙井村为例，看一下这种状况的特征。

后夏寨村是进入 90 年代还仍旧维持着以农业为中心的产业形态的村子。因此，干部们的主要工作是生产管理、优良品种的选择、技术的推广、农药和肥料等的购入、烈属的照顾等，虽说成立了个体经营中心，但还很好地维持着各组的统一。整个村子以书记为中心进行统一生产管理，另外还要组织缴纳公粮、计划生育、挖河修渠工程的义务劳动等，80 年代后期以来村庄整体感意识浓厚，具有稳定的村政。但是，这期间在其他地区已经无法组织义务劳动，多数改为交钱代替。确实全国经济持续发展，城市和农村的区别消失，村庄也向外开放了，离开农业的人口也开始增多。这种形势下村里怎么能调动仅用于进行农业所需要的水利工程的劳动力，这是今后该村政和领导班子要解决的关键问题，后夏寨村今后这方面的情况值得关注。该村的另一特点是核心的干部层比较稳定，有一个团结的村政府，其主要原因，第一是村民们具有共同的价值观——就是重视经济。为了富裕，1979 年迅速把队里土地分配到各户实行了个体承包制，干部们带领村民引来黄河水，联系来农药，改良新品种等，采取各种措施，这些业绩巩固了村政的实权。第二个主要原因是干部得人心，而且选干部班子时适当地考虑了各宗族间的平衡。当然领导班子中考虑宗族因素只是一个方面，并不是必须过分重视的条件。不用说不管什么时候干部的个人素质和能力等都是必须的。但是，与其他村相比，这个村的宗族意识是难以否定的。本人认为在今后改革开放政策的迅速前进中将会怎样发展变化，这是值得关注的问题点。

以上是后夏寨村情况，与其完全不同的是沙井村，在改革开放政策推行以来取得了很大的改观。在 1995 年进行调查时，该地区就已经不把农业作为主要产业，该村也曾一度分地，进行承包到户，但是，村民不喜欢这种形式，而且甚至还引起了为了个体耕种想多生孩子当劳动力的风波。因此，1987 年又把土地集中起来农场化了。而且，农场经营人员由开始的 11 人减少到 8 人，那 8 人使用机械耕种 300 亩地，其他村民都在村办企业或县办企业里工作或者自己经商。其中流动性还很强，可以自由转移到工资多的单位去工作。也就是在该村里，已经不要求农业共同化，这就要求干部们为领导好原来没有的全新的多种形式的工作而奔忙，例如，如何使村子顺利步入市场经济体制，如何兴办企业使村子富裕起来，根据村民提出的更高要求整顿完善生活环境、教育、福利等，怎样处理安置好多数外来人等。这样一来，改革开放时期进入 90 年代，对于书记等干部们来说，曾经令人最操心的政治工作减少了，随之而来的最大任务就是如何发展村里的经济问题。现在看来其动向在越来越增强。

（补记）作为佐证，调查之后的第十年即 2004 年夏天，我们再次访问沙井村时，该村已经规划为顺义区的城市化街区，从事农业的农村的影子已经消失。

看了新的“沙井村”，更加感到 20 世纪 90 年代前半期进行农村调查的重要意义，我们在最适时宜的时间进行了调查，从以下三点可以说明。

（1）1990 年开始调查时，好不容易能遇上对满铁调查及其以后情况系统了解的农民，他们都已经高龄，但还能想起满铁调查人员的名字。现在他们多数已经不在了。

（2）我们的调查正处于农民和农村发生激烈变化的前夕，各村仍还残留着一些原来的农村容貌。沙井村也能看到该村的原来风景，至今脑海里还能浮现出当时的样子。

（3）由于当时国家的改革开放政策，我们从县、乡和村里都能得到友好的协助，我认为这正是能进行这次有意义的调查的主要原因。

在此对县、乡、村里的有关人员、接受我们采访的农民们，还有南开大学的诸位老师、同学们衷心表示感谢。

六

农村变革和农业旧习俗

内山雅生

前言

在中国旅行的时候，往往会看到沿路两边的田野里建有简易小屋。笔者第一次见到那样的小屋是1986年夏天，去参观万里长城时，从前往八达岭的公共汽车中看到的。自那以后，就开始注意观察田野里的小屋，只要有机会，就隔着列车或汽车的窗户准备好摄像机拍摄。

小屋都是在地头用几根棍子支起，用席子搭顶，或者再在上面蒙上塑料布等极其简陋的棚子。那是干什么的小屋？同行的伙伴们大概是受到社会主义中国不会有小偷想法的影响，猜测会不会是干活的农民用来睡午觉什么的，或者是放农具的地方。但是，一问农民，说那种小屋是为了“防止孩子们摘苹果等”、“防止其他人偷值钱的蔬菜等”。听到这些，头脑中不由得闪现出中华民国时期华北农村的“看青”。

所谓“看青”就是为防止农作物被盗而进行监视的制度。旗田巍在《中国村落》（岩波书店1970年）中这样指出：该“看青”的发展过程根据《中国农村惯行调查》（岩波书店1952～1956年）进行了详细叙述。当初，“看青”是指田地拥有者或者耕种者在贫穷人中雇佣有能力的强壮人为私人进行看守。他们中大多是被称为“光棍”或“土棍”的当地混混儿，可以说应该是让村中看来最容易偷盗的人进行防盗的监视工作。但是，雇佣手段高的人看守，一方面会带来防卫其他坏蛋不敢靠近的效果，另一方面雇佣他们的农户也不太放心，担心他们是否能真正进行看守。

因此，从全村立场出发产生了成立“看青”组织的动向。很多村创办了“青苗会”组织，在称作“会首”或者“香头”领导的主持下开展活动。根据旗田巍叙述可以解释为，农民间的个别制度不仅扩大到了整个村子的生活空间，也发展成为“团体协作事业”，而且，在以“会道”为村领导中心的村庄活动中，也就占有一定位置。因而可以说，旗田氏开始的“看青”研究，可以从农村内部来研究华北农村社会构造。

笔者受到旗田氏研究的影响，为了清楚了解华北农村社会构造，以《中国农村惯行调查》为中心的实态调查资料为依据，分析“看青”，还有居住区看守村庄的“打更”，以及多个农户间相互扶助协作关系的“换工”“搭套”“合具”等农业习俗。但是多数分析资料是依据几十年前的调查报告进行的，所以，我曾认为“看青”等旧的习俗，在1950年代人民公社成立的农业集体化过程中完全消失了。

从 1990 年参加了再次调查满铁调查员们曾经调查过的农村的日中共同研究，从村里老人们的介绍证明，“看青”、“打更”等旧习俗在新中国仍以新的不同形式继续存在着，而且“搭套”、“合具”等与农业生产有关的习俗对互助组的结合发挥了很大的作用。

特别是听到，在“改革开放”经济政策的影响下，现代中国农村社会不安定因素蔓延的时候，又再生的“看青”，人民公社时期也作为生产队的任务之一实施过，可以重新考虑农业集体化的机构。

（一）农村变革和继续活跃着的旧习俗

1. “看青”

1993 年 4 月和 1994 年 8 月在山东省平原县（旧恩县）后夏寨村进行调查中，解放后的村干部马会祥给我进行了以下说明：

“看青”在解放后叫做“护秋”，每年秋季生产队干部和民兵几个人一起看护庄稼。“看青”一般是从八月末到十月中旬，而“护秋”是从八月末到九月末一个月。因为生产队人多了，到九月末就可以收获庄稼。

到了以社会主义建设为宗旨的新中国，为什么还需要看护庄稼收获的“看青”呢？对我的提问，他做了如下回答：

“民国时期的看青一般是村民看守。新中国以后一段时期消失了，合作社时期又多起来。这时的‘看青’和解放前不同，是村干部也就是村里的党员干部进行看护。干部有为人民服务的义务，作为干部的津贴中也包含着看护人民财产的报酬。对村民来说干部比一般村民进行看护更值得信任。小偷知道是干部在看护着，也就害怕不敢来了。”

从他的回答说明，解放后的社会状况变化中，“看青”制度变成了村里党员干部为中心的机能而存续了。

研究一下进行社会主义建设的新中国的农业政策与旧习俗处于什么关系，农民怎样理解其关系是很重要的。

从马会祥先生的回答中，可以理解为农业集体化的变革过程中旧习俗“看青”被作为生产队的任务对待了。

同样的事例在北京市顺义县沙井村也可以看到。沙井村是旗田氏“看青”研究中的中心地区。

笔者也具体研究了曾经担当过“看青夫”的李注源，考虑他不仅是有工夫的贫农，而且是代代出“会首”的李家一员，从当“看青夫”的经验中熟悉了解村民的土地状况等，就明白了他担当“村公会”，即“会首”进行村庄活动的基干部分。

因此，正像旗田氏指出的那样，“看青夫”首先是贫苦人，第二是在“看青夫”原有条件上还需要吵架时也能理论的年轻人，第三条，虽然是在“会首”领导之下，但并不是只作为一个使用人分担工作，而且还有支持“会首”在村里的统帅地位的一面。

笔者于是推想中华人民共和国成立后，原来当“看青夫”的李注源可以说作为原来统治组织中的左膀右臂角色的人物一定会被批判，从村行政中剔除的吧。

但是，1994 年 8 月调查时，村干部张树德介绍说：“看青”在沙井村也是从 1949 年改叫

“护秋”，解放前就当“看青夫”的李注源照样继续担任。从1955年开始第一生产队“护秋”是李注源，第二生产队“护秋”是李广德，都一直担当到1966年，1966年两个人都因年岁已高而换为别人，“护秋”一直持续到1984年实行生产责任制为止。

因此可见，实际上“看青”机制在新中国也一直存续下来，只是改了名称。从社会主义平等角度看来，容易理解为集体成员等分担任务，实际并非单纯的轮流制，或者考虑解放前的经验，或者分配成干部的任务操作。

承受社会主义建设的农民，为了将可能出现在农村社会中的矛盾压缩在最小限度，进行圆满的体制转换，于是在原来的农业旧习俗的延长线上推行农业政策。

2. “打更”

出现在《中国农村惯行调查》中的“打更”，和“看青”一样，存在两种形态，一是村民共同轮流进行，一是受村民委托的“打更夫”看守人警备全村。

“看青”主要是以田地等耕地为主，在收获期进行看守，而“打更”是以农民的居住区为中心，主要是收获完后，预防财物被盗窃。

“打更”一词顾名思义，原来夜间看守保护居住区，同时也兼有报明时间的功能。

后夏寨村的马会祥对民国时期的“打更”情况进行了如下介绍：

“解放前的打更，根据村民的土地面积确定值班打更的天数，村长根据打更册派村民轮流去值班。到冬天按村长的命令，打更夫去通知日落后值班的各家。每个晚上十人左右分成两组进行巡逻，每隔两个小时在村内巡逻一遍。我自己也当过打更夫。”

“打更夫”是农民轮流制，还是雇佣制，不管采取哪种形态，在日本占领时期，多数都被组建成县政府指挥下负责地方治安的“保甲自卫团”。

那么，中华人民共和国成立后“打更”怎么样了呢？

后夏寨村的民兵负责人介绍说：“这个村的基干民兵五十多人，从四个班里各选出二三个人，平时十几人进行活动，春天在乡里接受军事训练，春季和秋季修理道路，冬天进行保卫。冬季保卫与过去打更一样，从九月末或十月初开始到第二年春节后。每晚五个人，分为两班警戒值班，第一班从晚上八点到十二点，第二班接着值班到第二天五点。因为是民兵的任务，没有另外报酬。”

有关民兵代替“打更”的职务内容情况，在沙井村也同样。张树德这样说：“旧历十二月三十到正月十五进行春节保卫，每晚四人分两组，两个人一组各值班五个小时，总共值班保卫十个小时。”而且李广明解释：“解放后的打更，是由民兵进行巡逻。自己是治安员，所以参加过。这个村有20人左右，晚饭后在大队办公室集合，四人一组出去巡逻到早晨。我记得没规定时间，有狗叫什么的时候，就出去巡逻。这是民兵的任务，所以没有报酬。本村的民兵没有武器，拿着二三尺长的棍棒。”

由以上情况可以理解，民国时期的“打更”，解放后改叫“保卫”，不过包括值勤方法在内都是沿袭同一种组织形式，由民兵组织承担。

另一方面，从共产党的基层干部看来，当自然存在的农村社会发生变革的时候，希望多数的农民参加，为了防止内部矛盾的冲突，不得不采取原来农民所需要的社会空间即农村社会中的变革的手段。那样的社会状况便使传统形态的习俗存续下来，已经成为传统的习惯也就开辟出农村社会本身能适应新状况的局面。因此，从以前延续下来的习俗也就有了新的价值，而不单纯的是过去形态的继续。

（二）农业集体化和旧习俗

毛泽东指导的社会主义建设中曾一度附以其代名词的就是“人民公社”。农业集体化的政策被否定，改为农业责任制的“改革开放”经济下，“人民公社”成为过去，但是重新考虑一下，为什么农民们会响应共产党号召的农业集体化呢?

众所周知，50年代在中国全国范围实行的农业集体化分为几个阶段。原来的研究中指出，首先是农民自发组织起来的互助组，不久发展为初级合作社。然后，土地改革分配给每个农民的土地汇为集体所有的高级合作社，接着在“大跃进”的号召下，短期间内很快发展成为“人民公社”。

从“人民公社”解体的现实看来，大概农业集体化完全是由中国共产党这一新政治权威单方面从上面实施下来的。因此，从采访农民互助组为什么成立、为什么农民必须走农业集体化的道路等问题中阐述一下农民们理解的农业集体化。

关于沙井村的情况，张树德如下说明：“1953年这个村成立了两个互助组，南边十几户组织了一个互助组，北边十几户也组织了互助组，不久全村参加了互助组。1953年到1954年发展了两个初级社，第一社20多户，第二社也20多户。到1955年成立了高级社。本来在这里收割时进行帮忙，称为‘互相帮助’。互助组成立后‘互相帮助’没有了。因有互助组协作，所以就不需要了。对于农民来说，‘互相帮助’和互助组没有什么区别。可以认为‘帮忙’的想法发展成为互助组。互助组的成立范围比‘互相帮助’的范围大。农民们都知道大家互相帮助的意义，认识到劳动力越多产量也越多。在‘帮忙’关系时，一旦吵架，分开就行了；可是，在互助组和合作社内个别人之间发生矛盾时，由村治保会解决，如果是有关生产的问题，由队长负责解决。”

张树德的回答中还提到其他事情，首先相互使用牲畜等生产工具叫“搭套”，“搭套”促成了互助组。其次是“搭套”中相互扶助的范围，互助组一成立就扩大了。

根据后夏寨村马凤来的回答知道，结合互助组时，结合人之间心气相通合得来是很重要的。现在的社会生活中也一样，这点很重要。其次，互助组是以贫农为中心结合成立的，贫农结合的原因也各种各样，既有要改善自己家生产条件为目的的农户，也有为解决因当干部劳动时间减少的矛盾而采取对策的农户。还有，富裕中农作为落后分子后来不得不参加了已经结成的互助组，不过，其骨干是当干部的贫农农户。

此外也有20多户没参加互助组，其中多数是中农，还有富裕中农那样阶级成分高的，被认为是不受欢迎的人，也有自己家各种生产条件都好不需要参加互助组的农户。

另外，在“改革开放”经济中，李志祥是最早栽培苹果树的农户，并指导全村。从采访他的情况可以理解为，第一反映了当时贫农参加互助组是由于劳动力不足，需要别人帮忙的经营状态，认识到了集体化的好处。第二是互助组结合时，相互间的人际关系优先于合作者的阶级成分。第三，尽管有以上契机，政治指导乃至思想教育也很重要。

在此整理一下后夏寨的互助组和农业生产相关的旧习俗。首先，解放前的“搭套”根据多人的回答可以确认是这几个村中共有的习俗，但它不是“搭套”语句，而是“借用”或者“使用工具”的意思。这在后夏寨不是限定在交换牲畜使用上的“共同关系”，而是指如过去的井、现在的抽水机等共同使用一样，整个农业生产过程中，兄弟、亲戚、同宗族以及朋友关系等为纽带广泛地相互扶助关系。

而且，形成“搭套”组时的各农户组员或者是投缘合得来的或者是近邻关系。也有像李志祥那样，重视人际关系更胜过阶级关系的。当然不能否定那时的人际关系是形成互助组的重要原因之一。围绕共同出资购买家畜问题，也有人回答说使用方便，饲养麻烦，发生过纠纷，互助组的结合是在“低生产力阶段的共同化”中存在的，中农等生产条件完备的农户目标是个体经营，事实上从农民的生产力设想看，农业集体化完全是手段，并不是目的。

（三）改革开放和旧习俗

“改革开放”经济下的现在，像以前那样的共同劳动怎么样了呢？正如开头介绍的那样，向“改革开放”体制下的个体经营转换，反而使看青小屋存在于中国各地。

例如，静海县冯家村的刘锡岭对现在的“看青”做了如下回答：“（看青小屋）是自己看守用的小屋。为了防止小偷偷西瓜、桃子等，不能托付别人。（看守别人的田地）只帮过一次忙。（遭遇过小偷的被害）有一次口渴就回家了，喝了点儿酒就睡着了。睡到三点醒来，慌忙去地里小屋，结果两卷盖地的新尼龙膜被偷了，一卷值100元。”“这个村子西边的东家口村，骡马和马车都被盗了。这个村也被偷盗过。本来是白天不用，想着等晚上再用。马车在静海县找到弄了回来，骡马没找回来。”

农业生产转型为个体经营，而且农业技术发展由裸露地面种植到尼龙膜栽培，在这发展过程中，个体农户的现金收入也扩大，反而农村社会生活中治安恶化倒有所蔓延吧。

后夏寨村马会祥关于果树园的看管这样说：“现在大多是自己的田地自己看管。今年夏天热，苹果长势不好。这个村的果树园又不大，都自己建了小屋。到夜里在那里睡觉，同时看守着果树园。白天孩子们看守，上到小屋乘凉。现在的‘看青’主要是果树园，都是自己看守着。”“雇人看守时也必须交看守费，效果不可信。而且别人看守不严格。”他强调了个体经营情况下单独农户进行看守，以前那样集体看守不存在了。

但是，他接着说明了现在后夏寨村还共同使用抽水泵，同时指出由于劳动力、生产工具的不足，还有相互协作关系，不组织共同看守与相互协作关系的存在可以理解为不同问题。

因此，从特定的社会条件考察农业生产中的旧习俗应有的状态，对于遇到“改革开放”这一社会变革的农民来说，可以理解为是把旧习俗灵活应对于新情况。不用说，那种应对能力是通过土地改革、农业集体化集体解体等一系列中国现代史的全过程而形成，并发挥作用的。

那么沙井村情况如何呢？只从1990年8月和1994年8月两次的调查进行判断，其农村社会的环境，发生了超出预想的城市近郊农村面貌的彻底改变。可以说由于改革开放经济的进展，沙井村甚至发挥了北京市住宅区的作用。

在沙井村农业生产方面的变化，第一是农场的成立及组织化。改革开放经济使农村地区建立了很多乡镇企业。多数农民就业的乡镇企业大多属于工业或商业部门，其结果农民依靠农业外所得收入进行生活的比例也增大，农业专业户减少。因此，顺义县政府为了粮食确保自给自足，决定采用机械化确立依靠老人及妇女劳动力的农业生产体制，与以前人民公社搞的“农业集体化”不同，建立了限于经济体制的完全新型的“农业集体化”农场。

1990 年在模范农村木材乡参观的大型拖拉机和收割机，在 1994 年已经置于沙井村农场的农机具存放场地。可是，参加农场的农户不光是老人及妇女，也有不愿意转行到其他产业去的男壮劳力。农业劳动机械化以及共同化，乍一看像是把壮劳力安置在农业外的劳动中的结果，而实现的农业机械化，这也可以理解为是农村城市化过程中的变化。不过，从包括男壮劳力看来，研究有关中国农村的“共同化”的机构的构造特征是需要的。

第二变化是，对于去北京以及顺义县工作的劳动力来说，沙井村起着某种住宅村，也就好似为城市劳动力解决居住区的作用。

大城市近郊农村毫无例外都如此，沙井村农民也将以前的住宅和新盖的住宅出借给从其他地区来的居住者。在调查过程中提供给我们的沙井村村民委员会搞的“对借房居民的管理规定”中明确记载着以下内容：

（1）搬来沙井村的借房者，必须五日以内将借房申请交到“治保会”，交 50 元定金，按规定纳税。

（2）借房人不是使用出借房主的电和水，而是向村民委员会申请，使用电和水。

（3）借房人必须遵守国家规定的“计划生育”，也就是必须遵守生育子女的限制，违反者征收 500 元罚款（以下略）。

村民委员会中设有维持治安的机构“治保会”，是为了把握从其他地区搬来的居住者的情况。这说明依靠去乡镇企业就业转化到依靠农业外收入度日的农民，依存不动产获得的收入的扩大，越来越加速远离农业。其结果，担心外来人员造成治安恶化，由于搬来居住者以及暂时居住的人们的出现，原来村民为中心的农村社会面貌在发生巨大变化。

沙井村农业生产条件变化的问题说明，研究原来村民间的“共同劳动”以及“共同组织”在与村里生活的关系中可能发生如何结构上的质变，将是今后研究的重要课题之一。

结束语——农村变革和“共同体”

与“人民公社”的成立和解体这一现代的中国农业集体化的问题联系起来，再考虑“共同体”的话，不能否定“看青”、“打更”、“搭套”这些农业习俗对新中国的农民组织化是重要因素。其中从“人民公社”这一农民的农业经营规模看来，巨大组织出现的过程与其说是农业再生产过程中的扩大化这一经济条件下诞生，倒不如理解为是在符合毛泽东指导的中国国情的社会主义社会建设这一政治口号下形成的热火朝天的政治气候中产生的。

“人民公社”化中的水利建设等共同作业，即使是半强制性的义务劳动，对农村社会的改造而且对参加劳动的农民都具有很大的意义。

但是，对于“人民公社”的社员来说，庞大的组织使共同化的范围扩大的同时，也迫使原来存在着的“每个共同体”的共同存在方式和性质上进行改编。不久，在农民中不断编织了围绕着血缘关系不断扩大到邻居、熟人等的人际关系网。

也就是中国共产党领导下形成的“共同体”——“人民公社”也是对农民形成的“共同

体”意识的扩大，其实际状态只不过是受着以前生活空间限定的“各个共同体”的集聚。

以“看青”、“搭套”等农业习俗的存在为线索，探讨农村社会内在的“共同体”实态的笔者，于1999年9月得到再次访问曾经访问过的各村的机会。仅仅数年间，在“改革开放”经济政策的影响下，使华北各村产生了各种变化，由于市场经济化、农业机械化的促进，保持了历史传统性的习俗也发生了巨大变化。

所调查的村中，被认为保持传统性最好的后夏寨村也变化很大，李志祥的苹果园消失了，他的两个儿子在村子前面的公路旁经营着食堂和蜂窝煤厂。很多农户也停止果树栽培，在院子前建起间屋子经营着木材加工或者家具组装，希望从农业中转化出来。由于个体户所有的拖拉机、收割机、卡车等不断增加，看来农业上的共同劳动也减少了。恰似北京郊区的沙井村的变化。

但是，另一方面，石家庄市近郊农村寺北柴村，果树栽培依然在村内农业方面发挥重要作用，看守果树的小屋依然存在。这样看来，村内的“共同体”使农民心底残存着“共同意识”，并根据各地的实际情况形成各种形态，有时表现出来，或者沉积下去。我们中日两国研究人员的共同研究已经阐明这样的农村社会实情。

七

妇女生活和男女地位关系

末次玲子

20 世纪 40 年代初期在华北农村进行的调查记录中，记载着日本研究者和男性农民交流时的一段对话：“‘我们去中国农民家中，女人既不递烟、茶，也不打招呼，那是什么原因呢?’‘中国女人除了烧饭以外，连话也不会说，所以，不和别人接触。那些事都是男人干’”。实际上当时对数百人进行了调查，女人回答的不足十人。

现在，去农村时，不管经济方面还是政治方面都有女性活跃的身影。那么抗日战争后的革命中、社会主义建设等各项活动中，妇女们是怎样生活、活动的？在社会、经济、政治、文化等各方面男女两方面发生了什么变化？我们这次访问曾经进行过“满铁”调查的五个村子——沙井村、吴店村、寺北柴村、冯家村、后夏寨村，就这些方面直接调查了女性，可以从她们口中听一听其经历。本文就横跨 60 年间中国女性在村里的情况变化展开。

（一）40 年代初期的农村女性

1. 日军占领时期

经过半个世纪后的今天，战争时期日本军的性犯罪事实已经明了，我们所访问的村子里的妇女们有怎样的战争体验呢?

靠近天津的冯家村，开战那年受日军迫害最严重。那是收割玉米的时候 8 月份的一天，日军乘船沿着运河来到村里，寇世芳抱着出生后十个月的孩子在家，日本兵端着枪进了院子，抓了鸡，抢走了她结婚时的戒指。附近一家的姑娘脚受伤没来得及逃跑，被日本兵强奸了。从那以后，船一来，冯家村的妇女们就赶紧领着孩子逃跑。

在吴店村，屡屡有驻扎在良乡县城的日本兵来村里找花姑娘。妇女们钻进高粱地，为了不被发现，在脸上涂抹上泥。

初战期间日军严重的性犯罪受到了国际上的指责，并激发了中国人民的抗日意识，因此，之后日军当局严令禁止在“治安地区（即占领地区）”对女性强暴。五个村庄都属于“治安地区”，和长期遭受残忍的性暴力的所谓“非治安区”情况不同。只是考虑女性本人的名誉，村民们多数不说被日军强奸的被害情况。冯家村的张桂兰对我们说，战争胜利的时候，“最高兴的是已经可以不担惊害怕了”。对于女性们来说，日本战败也是从这种性蹂躏的恐惧中解放出来。

2. 从出生就开始的性别带来的差别

从这次的所闻可以补充当时的调查情况，来说明40年代初期华北农村妇女的生活和男女地位关系。

性别带来的差别在出生时就开始了。这在寺北柴村最甚，男孩子一出生，在12天时全村人来祝贺，可是，女孩出生就不祝贺。在沙井村给产婆的报酬也不同，长子1元，次子是0.5～0.7元，女孩只0.5元。在吴店村男孩出生称为大喜，女孩为小喜，不过祝贺方面没有太大区别。

民国时期，大城市逐渐废除缠足的习俗，但是在华北农村（满族除外）1912～1928年期间北京政府时代，还仍然给女孩子缠足。冯家村张桂兰1916年出生，她8岁缠足，缠到1938年结婚后。同时期在静海县城出生的寇世芳也是七八岁缠足。在县城，1930年左右“也可以不缠足了”。在日军侵略时期都想逃离日军的暴行威胁，加速了放足，但成年女性在新中国成立后还缠着的人也很多。

吴店村本来是常年出外做工的人很多的村子，所以，男子的就学率和当时的农村相比较高，女子也有两个人上了学。在冯家村，1940年村里的天主教学校推行男女共学（分开座位）。在沙井村女孩子上学的极其稀少；寺北柴村、后夏寨村调查时也同样没有。不过，后两个村子，在这次的调查中说中日战争以前有女学生。据说在寺北柴村1936、1937年开办了免收学费的学校，也有一些女学生。卢沟桥事变后学了“可恶的日本兵像野兽”的歌曲，日军占领后，学校被关闭。可以看出由于平民教育运动和新生活运动的开展，在农村，女子进学堂也慢慢有了进步，但是日本的侵略影响了它的发展。

3. 婚姻・家族制度

国民政府于1931年颁布了民法，有亲属、继承两编，主要是删除祭祀祖先的规定，规定财产继承上男女平等等，彻底改变传统的父系、父权家族的根本理念。结婚问题上要尊重结婚本人的意志，在后来的刑法修改条例中规定纳妾是违法的。中国共产党也在1931年的中华苏维埃婚姻条例中规定了更彻底的家族制度改革。

但是，村里的实际状态与法律的规定是有一定距离的。决定结婚对象时，在北京郊区的吴店村除了也和姑娘商量外，不能完全顾及姑娘本人的意志。冯家村的寇世芳出生在静海县城，但仍然说“没有和丈夫见过面就结婚了，结婚后才见了第一面。比我大九岁，其貌不扬，所以我挺生气”。马凤英1923年出生，11岁时成了马家的童养媳，和大人们一起割草、拾柴等，若说不会干就挨打。

在哪个村里，都是只有男孩平分家庭财产，对姑娘只考虑结婚费用，妻子的财产以前归于强有力的夫权下。

但是，村里的传统家族制度也并非总是安泰平安。在寺北柴村1941年曾发生过这样一件事，未婚女子提出继承权，到县公所诉讼了亡父的兄长。结果，由于村长的调解伯父写分家证书，给了侄女相当于1000元的钱物。按这次的调查，据说给侄女出主意的是国民党系抗日游击队的一位男干部，支持伯父的是傀儡派“皇协军”的小队长。这是在当时抗日势力和日军统治交错的形势下的一个事件，不过，国民政府的法律——规定遗产继承权男女平等，总之在农村发挥了效力。

4. 根据性别分工

女人即使缠了脚也做一些辅助性的农活，如锄草、间苗、收割。在北京近郊的吴店村，男人们长期在外做工挣钱，否则就不能再生产，所以，总是女人干农活，也帮助播种、施肥。在该村由女人管理金钱和地契等，村里相互谈论时也说男人不在就女人出面。

与此相反，把棉花作为经济作物的寺北柴村，男耕女织的性别分工特别明显，摘棉花的活计只是女人干，此外的其他农活几乎不由女的干。当然，村里的会议等妇女不参加。在冯家村妇女主要是从事编席副业。

家务、育儿等，在哪个村都是由女性分担。不过在复杂的大家庭里，妻子必须分担自己该做的一份家务工作。例如，寺北柴村的赵丑德家是一个复合家庭，做饭是由亡兄之妻负责分派，五个妯娌共同分担；衣服用料是由家长赵丑德分派，把自己家收获的棉花按人头分给每个成员各两斤，五位妻子各自进行加工，给自己的丈夫、孩子等做衣服。家务事是个要求熟练、花费时间的劳动。做一双布鞋加夜班抓紧做需要 7 天。做鞋底时，首先需要把旧布抹糨糊叠在一起制成“硬被儿”，等它晒干后，根据鞋底的大小剪好，重叠六层，再用麻绳纳结实。

一般祭祀同宗祖先的机会女性不出席。在寺北柴村去丈夫家的坟地只有两次：“嫁到婆家的时候和丈夫死的时候”。但是，在吴店村可能是因为男人经常在外面做工挣钱的缘故，祭祀祖先的事主要是女人的分工。连清明节扫墓也说：“按我们这的习惯，只女的去，若男的去很丢面子。”

如上所述，40 年代初五个村的妇女的生活和男女地位关系都是很传统的，但根据经济方面的再生产结构、政治环境、地理条件不同而各有异。例如，吴店村固定的分工不明显，相反寺北柴村很明显，主要由经济方面的影响；寺北柴村的女人继承权的要求、几个村的女子教育等问题的兴衰和政治环境方面有很大关系；从地理条件方面看来，五个村中最偏僻的后夏寨村当然受现代化的影响最少，可是与儒教理念的偏离也不小。在这个村里土地买卖、典当、租赁等方面的契约经常是由女性出面的，信仰佛教、道教较盛行，女性从事宗教活动明显。而且，过年时家庭或者朋友等集会，也有只有女性参加的出钱玩纸牌、双六等游戏，意想不到的是华北内陆农村的女性生活非常富有社会性。不用说传统社会中女性的存在意义绝不是可以忽视的。而且，虽然有时从外部受到历史的冲击，但是迎来村中传统的男女地位关系转变的日子已经不远了。

（二）从革命到“文化大革命”时期——毛泽东时代的农村女性

抗日战争胜利了，但是村民没有饭吃，生活仍旧很苦。全国人民和平建设国家的愿望也落空，不久“内战”开始，村里的妇女们也卷进了新民主主义革命的涡流中。

1. 建国初期

五个村中女性参加革命运动最早的是冯家村，从 1944 年冬天到 1945 年期间村里建立了共产党地下组织。当时入党的王英到 1976 年去世之前一直担任村里的女干部而发挥作用。1953 年贯彻婚姻法运动中，解放军的男女战士跳秧歌，妇女们搞副业编席子，同时谈论废除包办婚姻，提高结婚年龄等。

后夏寨村是1946年土地革命时女性开始参加政治活动，马凤英带领妇女们去参加斗争恩县地主的活动。在支援解放军做军鞋等活动中，老人们担心反革命势力卷土重来而反对，她们背着老人们参加。老人们对新婚姻法也不满，质问“胡说什么?”反对马凤英的活动。但是，她还是偷偷溜出去参加。作为童养媳很苦的马凤英尽最大努力积极活动，但是，奇怪的是她在村干部和其他妇女的口风中名声不高。可能马凤英的积极活动没有得到村民的支持。

寺北柴村是1947年解放，贯彻婚姻法时从县里来了宣传队，表演秧歌和“小二黑结婚”，村里妇女们的反应不积极。

北京近郊的吴店村是1948年末解放，贫农出身的李凤琴第二年四月率先入了党，她一岁时就被满族李家要来，长到八岁就开始卖山楂。土地改革时带领妇女们从富农家拿出多余的衣服、被褥等分给贫苦农民。贯彻婚姻法时召开会议，组织讨论，宣传改变旧的习惯，减少聘礼，停止在结婚仪式上叩头等活动。

在沙井村，妇女们开始参加运动是新中国成立以后。在1953年贯彻婚姻法运动中，妇女们听到婚姻自主的宣传很欢迎，但参加运动不积极，跳秧歌也只有男人们。妇女们倒是参加了识字运动，进行了反对迷信的活动。

在共产党的领导下，农村的妇女们参加活动了，在该阶段，革命前村里的男女地位关系状态对于干部们对妇女运动的积极性、女性的主体性影响很大。而且对性别不平等的批判方面哪个村也不积极。这也是受中央指示精神的影响，在贯彻婚姻法运动中，改变男女关系、家族关系等作为人民内部思想问题，主要是宣传、教育，防止运动扩大、激化。

2. 集体化时期

在向社会主义过渡时期进行集体化的过程中，从上级要求妇女组织化，成立由妇女主任、妇女队长领导的体制。中央妇女运动指导方针指出，妇女参加社会性生产是推进革命和妇女解放的关键，因此，农村妇女们参加农业劳动从互助组时期逐渐增加。不过，忙于家务、育儿，担当着副业生产的妇女们大规模参加农业劳动还是从高级合作社阶段开始。那时只靠工分进行分配，妇女们没有拒绝都下地劳动了。冯家村的妇女们也停下了为家计不可缺少的编席副业。性别分工也变成了“男耕—女耕·家务·育儿”，各村妇女的负担更重了，连纺纱织布都必须自己完成的寺北柴村和后夏寨村的女人们就更加超负荷了。

这个时期，不需要孩子们帮助做农活了，所以，男女孩子，尤其是女孩的就学率大幅度上升。这对女性的发展起了很大的积极作用。

1958年大跃进和成立人民公社时期，除了农田耕种以外，妇女们也参加修渠建坝、兴修水利等工程劳动，各村也建立了托儿所、大食堂等。

在后夏寨村，以前搞织布副业的刘玉仙、协助丈夫做买卖的王魏氏也都参加了集体劳动。单身、尚未生孩子的年轻妇女加入花木兰队，住在一起参加劳动，怀孕的妇女在小队里做社员的鞋、衣服等，进行了家务事社会化的尝试。当时，一天的劳动工分是5~6分。托儿所也建了两个，两位妇女分别照顾20个左右的孩子，由大队出工，每人每天7~8分。可以说这个村包括家务、育儿在内，都进行了模范的“大跃进”。

但是，在1959~1961年天灾人祸接踵而来的重大灾难打击下，最早在后夏寨村于1959年停办了大食堂、托儿所，持续最长的吴店村大食堂也于1960年关闭。

大跃进时期的家务、育儿的社会化尝试以失败告终，“男耕—女耕·家务·育儿”的性别分工沿续了下来。不过，这个时期开始了电气化，吴店村、沙井村从1958年建起了电动面粉厂，寺北柴村于1962年建成了人民公社纺纱·织布工厂，一般不再自织小粗布。

3. 新的女干部登场

20世纪60年代的“四清”运动中，原来的干部受批判下台，妇女干部也同样进行了新旧交替。由于50年代的教育水平的提高，换上了中学毕业的有能力的党员干部。在沙井村，于1969年结婚来到沙井村的史庆芬，按上级指示担任了大队会计兼任妇女主任。从其他村嫁过来的女人马上当了干部不是那么容易开展工作的。她的婆婆“是个积极接受先进的新生事物的人”，所以，工作开展顺利。史庆芬本人在工作中也很注意“辛苦事自己冲在前面干，有利益的事让别人在前”。她1974年当上了党支部书记，之后一直领导村里的工作。

在吴店村，李凤琴在“四清”运动中受到批判，一直到1970年前都离开了干部岗位。接替她的是同村出身的初中毕业生杨秀明。她是党员，“文化大革命”中没受批判，当了红卫兵的领导，1974年以前就任村党支部副书记。1979年再次当选副书记，从1982年开始又当上了村长。

在寺北柴村，1965年徐春梅因家里情况从县高中退学回了村，1966年为青年、女子开办了夜校，从一月开始大约半年时间一百多人参加了学习，深受好评。在“四清”运动中积极主动，1966年五六月份左右当上了党支部书记，当时是全公社唯一的女党支部书记。干了两年半，村民的衣、食、住、家庭等所有生活中一切有关难题都要解决。这期间建了小学，推进了男女同工同酬，提倡家务事共同分担，村里拉上电网引进了电等，为改善女性生活和两性地位关系方面采取了有利措施。“四清”、“文化大革命”期间女性参与政治活动方面有所发展，在优秀的女干部参加了村领导班子的村里，尽管之后的政策有些转换，至今女性参与村政领导方面还是比较积极的。

4. 农村女性的“文化大革命”

在小小的村里展开的“文化大革命”期间的斗争，表面上不明显，实际上村民间至今还残留着深深的隔阂。吴店村当年的“文化大革命”相当激烈，现任村长的杨秀明认为“破四旧树四新”运动很痛快，她说“四清”开始以后，妇女地位提高了。从那时起女的也可以和男的同样地位，不受男的欺压了。过去的大男子主义消失了”。

另一方面，该村最早入党的李凤琴和丈夫都被打成了“当权派”。被定为地主、富农或者反动派家庭的妇女整天过着恐慌、忍辱的日子。

但是，不能说杨秀明所说的这个时期妇女地位提高了只是她自圆其说。在这个时期农村两性地位关系的变革方面具有明显特色。如前所述，在沙井村、吴店村、寺北柴村从该时期起女性当了村政领导。而且在批林批孔运动时期，寺北柴村妇女主任张淑芝带头主张“同工同酬”并进行了争论。质问为何男女同样一天用铁锹掘五个畦，男的10分，女的却8分呢？要求用手推车搬运东西也应该实行男女同工同酬。从1974年开始男女终于同工同酬了，而且促进了男女共同分担家务、育儿等。徐春梅说现在男的在外面工作回家后照顾孩子了，这是“文化大革命”时期“男女同工同酬”带来的最大影响。沙井村也召开粮食搬运竞赛大会，最后以女性胜利告终，其结果女劳力的工分从8分涨到9分，后来变为10分。

践踏了很多男女人权和生命的“文化大革命”是不能逃脱罪责的，但是，动摇了一直被置之不理的农村男性优越地位的状况，令妇女们真正感到了“这才是我们翻身”的事实也是不应忽视的。

5. 婚姻、家庭的变化

经过新婚姻法、集体化、“文化大革命”后，村里的婚姻、家庭方面发生了怎样变化呢？

首先就婚姻自主决定权问题，一般越靠近大城市影响越大，改革越快。根据问卷调查可以清楚地看出，在沙井村、吴店村50年代以后婚姻自主；冯家村、寺北柴村到了“文化大革命”期间还有很多“父母决定”乃至“父母决定，本人同意”的情况。

其次结婚仪式简化。沙井村史庆芬是1968年结婚的，没有礼金、嫁妆，连新郎家的迎娶队伍都没有，骑自行车来到沙井村，结婚仪式是在毛主席像前给毛主席鞠躬，“文化大革命”期间各村都是这种形式进行结婚仪式的。

再次阴亲（即未婚男女死者的婚姻）习俗根深蒂固。在冯家村革命后不久就消失了，但是，在寺北柴村、后夏寨村“文化大革命”期间还继续着这种习俗。

最后，家族关系发生了很大变化。婚姻法限制了父权、夫权、母权，集体化缩小了家族的机能，还改变了婆媳关系。一般媳妇下地干活或者上班挣工分，毋庸置疑婆婆把家务、看孩子全担当起来了。正如杨秀明所说，批林批孔运动使大男子主义消失了，而且公社开办了敬老院等，使无依无靠的老人有了集体保障。

不过，在农村基本上从外村嫁入的父系家族集居社会的性质没有变化。革命后反而由于户口制度严格控制了城市和农村间的移动，使农村的这种情况更进一步加强了，这对维持父权家族极其不利。

（三）改革开放政策以后的农村女性

1987年以后实行了改革开放政策，在中国的农村家庭作为经营单位发挥了机能，同时家庭成员除了从事各自的农业外，同时还从事或者兼职进行工、商、运输、建筑等工作。政策给农村男女带来的影响是不同的，男女分工全国性的形成了“男工（非农业）——女耕·家务·育儿”的新趋势。1981年颁发了新婚姻法，严格规定了计划生育和抚养老人的义务。独生子女政策和恢复家族机能碰到一起，农村重男轻女的风气更强了，发生多起为要男孩子而抛弃女婴的事件。而且以企业合理化为由高喊“妇女回家”。与这些问题绞在一起，村里的妇女运动和组织，实际上随着生产队的消失已经解体。

妇女联合会一方面在经济发展、计划生育的大方针前提下为了妇女利益，积极开展保护妇女合法权利的运动，从法律上进一步健全妇女权利保护法；另一方面在农村号召“双学双比”，提高女性的素质，尤其是提高劳动技能。

近年来，电视的普及、人口的流动等，给农村带来了价值观等多方面影响；其另一方面，为了家庭、社会的稳定，重新倡导的儒家道德伦理观念及政策很明显有加强的倾向。下面看一看五个村的情况是怎样的。

1. 农业集体化带来的“解放”和性别的分工

北京近郊的沙井村1994年从事农业的女劳动力只不过17%，80%是工厂等的工人，2%多人员经商，看不出男工女耕的性别分工倾向。而且女性参与村政领导的机会也较大。但是女性担当家务、育儿的意识很浓，妇女们对此意见比较大（见后叙）。

北京近郊的吴店村也同样有相当多的女性从事工厂劳动、商业、服务业。1990年调查时，实行农业包产到户责任制，主要是由已婚女性和老人担当，共同分担家务的倾向比其他村大，特别是在金钱管理方面大体上完全由女性担当，这方面继续了该村的传统（如前所述）。

寺北柴村男的搞运输、建筑，女的搞农业、管家务、带孩子，这种分工形式在农村比较普遍。但是近年来养猪等副业户、搞服装业、制鞋的妇女们也活跃起来了。聂秋芝与丈夫、朋友夫妻俩一起开始了服装业。采购材料、裁剪、雇人缝纫，然后，把成品衣物运到石家庄商店出售。还有从单身时就在石家庄国棉四厂工作的王世新把女儿交给婆婆照看，平日住在石家庄的宿舍里。从外村来的妇女们给村里带来了经济机会，同时也在改变着生活和性别的传统分工。

在冯家村，从村里的统计可以看出女劳动力的人数明显减少了，1983年整劳动力是男81人，女75人，可是1992年男80人，女35人。该村“男工——女耕·家务·育儿”的性别分工模式明显，妇女们很不满，“也想孩子能离开手后，去外面挣钱”，但是没有机会。

后夏寨村离开村出外打工的人男女都很少，妇女除了做农活外，从70年代开始搞柳编副业。但是，1994年后柳编销售不景气，村里不再搞柳编，出现了织地毯的个体经营。设置了厂房，每五间一台机器，雇女工编织。夏天从早晨六点至十二点，下午三点半至九点长时间劳动。

2. “女性运动消失了”?

改革开放时期妇女运动情况发生了变化，后夏寨村的马凤英说“承包责任制以后，妇女运动没有了，只剩计划生育了。”在该村现任妇女主任没有进入村民委员会，计划生育、家庭纠纷等也是由男委员负责处理。1990年进行了“好婆婆”“好媳妇”的评比表彰，是村民委员会挑选候补人选，现任妇女主任没有参与。在大跃进时期后夏寨村在动员妇女，搞家务、育儿社会化方面很出色，但是，政治上一贯是男人起主导作用。

在吴店村“四清”时受到批判的李凤琴于1970年恢复妇女主任职务，到1990年我们调查时还一直连任，但只是负责计划生育、被调解家庭纠纷工作，现在连开会也不参加了。

在沙井村，1994年参与调查的10名村干部中，半数是女性，党支部副书记史庆芬曾长时间担任妇女主任，可以说该村对妇女问题给予了极大关心。按照县妇联的指示精神，大力宣传妇女权益保障法，抓计划生育、儿童家庭教育等工作，也宣传过1995年的世界妇女大会。一年一度的“五好家庭”“好婆婆”“好媳妇”的评选过程中，该村也评选“好丈夫”，以支持妇女工作，分担家务等为基准，提倡改变根深蒂固的男女分工意识。

3. 计划生育

如前所述，独生子政策引起父系父权家族观念抬头，产生了尖锐矛盾，在农村发生过抛弃女婴的情况。不过，沙井村在这方面是典范，从 1980 年～1990 年期间出生的 125 人中，从性别人数比看，男女性别比是 76：100，没有发生过抛弃女婴的情况。按照北京地区的严格规定，不许第二胎出生，1990 年以后，达到了“三无”（即无计划外生育，无第二胎，无超过 6 个月流产）。

在吴店村，与沙井村同样属于北京地区，可是 1990 年调查时，该村规定生第二胎罚款 3000 元，决不允许后第三胎，也许从那以后更严格。从 1980 年～1988 年期间出生的 133 个孩子，男女性别比是 83：100，明显不平衡，显示出抛弃女婴的可能性。

在寺北柴村、冯家村、后夏寨村，人口控制政策和重男轻女思想间难于适应。在后夏寨村近来贯彻计划生育政策严格，不用说第三胎，第二胎也基本上没有。

控制人口问题不仅是中国也是关系到人类未来的大问题，从女性立场有很多必须解决的课题，如人权侵害、对女性健康的影响、将来出现的老人抚养问题等等。

4. 就学

教育水平提高，90 年代中期沙井村、吴店村、寺北柴村初级中学的入学率达到 100%，其他村的孩子也全部上了小学，后夏寨村有两个女学生分别在上大学、大专。

5. 信仰的恢复和妇女的娱乐

改革开放政策以后，允许信仰自由，冯家村的天主教也重新恢复，据说“文革”期间也有一家“不管被打还是被斗”，一直遵守自己的信仰。孩子随着父母步入信仰生活，即使“文革”风暴中其家族的纽带也支持着他们的信仰。

据说在附近村子，作为迷信被取缔的信奉观音的“看香”（靠神灵治病消灾）也复活了。看香的女人口称“为人消除迷难”，从外村去请求她的人也很多。

父权家族主义观念发展，祭祀时的性别分工习俗也恢复了。在后夏寨村、寺北柴村扫墓上坟和革命前一样只有男人去参加。阴亲习俗在两个村子也未间断过。在寺北柴村，由 54 岁妇女重建了老母庙，年轻人去那里祈祷考学如愿、保佑生男孩。

政治上管束放松，经济上有所富裕的村庄，妇女们如何渡过闲暇时间呢？

在后夏寨村，乡放映队每月一次来村里放映电影，深受村民欢迎。但是，该村对年轻男女交际的阻力很大。年轻人也说“男女一起看电影会被人笑话，不好，很丢面子”。妇女们一起编着柳筐聊天也是一种乐趣，年前年后农闲时伙伴们一起打牌或者看电影等。共产主义青年团有六七个男团员，三四个女团员，每月集会唱歌、打扑克等，女团员都是高中毕业生，村里的女孩子对她们敬而远之，不经常在一起。

在寺北柴村，农闲的时候妇女们下午抽空互相叫到一起打麻将，有时花费十五六元。老太太们也玩麻将、扑克等作为娱乐。按老太太们的提议重建的老母庙，每年举办一次庙会，庙时还演戏，成为村里的一大娱乐活动。

6. 婚姻·家庭

恢复家庭经营权和发展市场经济，使父权、夫权意识有所抬头，但是沙井村的妇女们很有干劲。1994年进行的问卷调查（10多岁到60多岁的女性31人、男性28人）中，认为自己在家庭中地位高的女性占65%，男性57%。财产继承方面女性回答者中32%认为男女均分；16%的人因只有女儿，回答女儿继承；回答“最好不要女性”的，占48%；没有回答“不应该继承”的。与其他农村相比，该村的权利意识较强。

在冯家村的问卷调查（回答者是已婚女性36人）中，结婚对象在近年也是多数由父母决定。在财产继承权方面，连妇女主任也说当然“财产不分给女孩，让她带嫁妆”。不过，问及初中毕业、高中毕业后参加工作的六位未婚女青年时，50%的人答自己的收入不交给家长，而是自己保管。100%人认为结婚后妻子的工资属于妻子所有，主体权利意识增强了。

结婚仪式方面，毛泽东时代的简朴“新仪式”不再流行，逐年铺张起来。1973年结婚礼金在冯家村，订婚约的“见面礼”为40元左右，可是80年代中叶增至200元，1993年时“彩礼”达2000元。不过，在吴店村1990年订婚约时100元，没有礼金。床铺、家具等嫁妆也一年更比一年豪华。

结婚仪式往往是现代和传统相结合。在冯家村，新娘由新郎家派出高级轿车迎娶到新郎家。没有了拜天地等仪式，但还保留着生孩子特别是祈祷生男孩的礼仪，如让新娘包饺子，问她“生不生?”，让她回答“生”，把枣、栗子等放入洞房的被褥中等。

结束语

新中国成立50年来5个村的女性史大致分为两个阶段，分析如下。

首先毛泽东理论指导下的社会主义体制建设时期，改变男女地位关系、家长父权制（以家庭为基础，男性和上一代掌握权利控制分配的社会体制），最具有影响力的是中央政策。靠婚姻法、集体化带来的父权家族的改革、妇女组织化、妇女参与政治、就业、就学等是全国统一步调，靠政权起主导作用的。

同处于北京近郊农村这一条件下，半个世纪前沙井村比较好地保存着儒教式的家长父权制的性格，当时性别分工倾向最弱；而吴店村在“文革”期间女性与男性同等参与政治活动，之后在村里实行了男女同工同酬，曾经儒教家长父权意识很浓的寺北柴村，革命后对男女地位的变更也不积极，但在“文革”期间女性登上了村政领导第一把手的宝座，村面貌发生改观，5个村子中最早实现了男女同工同酬。在冯家村，女性领先于其他村子参与了政治，但缺少男女不平等差别的批判，最终以教化动员式运动结束。5个村子中受现代化影响最少的后夏寨村在大跃进期间成了家务、育儿等社会化的典范。

中国共产党为什么重视这个问题呢？在封建王朝之后的民国时期，把改革儒家思想中的家长制和解放妇女课题放在了政治改革的重要位置上。接下来是中国共产党时期，并且马克思主义比较重视这个问题。

这样的改革一直渗透到农村，每个村都一定程度地取得了成果，这正说明了政权主导的作用。以政策为背景积极主动进行男女差别变更的妇女们也活跃起来了。另一方面，政权主导的妇女解放是把“革命”和“发展生产力”等放在首位，存在着缺少批判男女性别地位差异、家长父权制的不足。而且，政策变化使成果很容易动摇。户口制度也加大了城市和农村女性间的差别。

中央政策向农村渗透过程中，县、人民公社等上级政治指导也给农村妇女们很大的影响。在人事方面，例如沙井村的史庆芬、寺北柴村的徐春梅的选拔录用和提拔，也是由上级的抉择发挥着作用。

政策在村里的贯彻实施是靠村干部和村民的抉择起着作用。在农村父系家族集居的社会，这一生命维持机构所维系的儒教家长父权制原理在“文革”中也保持着活力，也会与“革命”、“生产力发展”紧紧粘连在一起抑制女性的发展。其中像徐春梅、史庆芬那样站在妇女立场上领导村政的有能力女干部的存在不用说是很重要的。

1978 年改革开放政策后，经济发展成为最优先课题，妇女解放、家族改革等远远放在了后面。家长父权制、男女地位差别改变的最大原因是政治的时代已经结束，取而代之的是村里的经济再生结构、地理环境。

农业集体化带来妇女解放，妇女们抓着机会能够尝试工厂劳动、个人经营、搞副业等各种经济活动。商品经济的发展，做家务的时间缩短了，现代化使育儿劳动减轻了。生活一般都富裕起来，产生了娱乐时间。在中国现在男女都想从贫穷地区到富裕地区寻找工作，可是，5 个村子的妇女们没有那种必要。

但是，从改革男女两性关系和家长父权制方面看来，5 个村子之间差距很大，需要研究的课题很多。在冯家村形成了新的性别分工，在后夏寨村村政机构的民主化事实上是男性家长制间的民主化。思想和文化的开放对女性的发展应该受欢迎，但是很多农村反而促进了父权家族主义的兴隆，“家务、育儿是女人的天职”的想法尚很普遍。从女性角度如何控制人口的问题是值得每个村研究的重大课题。

原来全国统一的教化动员型的妇女运动消失了踪影，但农村里的妇女们主体运动尚未培育起来。妇女们本身积极参与村里的经济活动、政治民主化、文化活动等，希望从中追求女性发展。同时，历史告诉我们，农村妇女运动需要站在农村妇女立场给予政策、法律的保证，妇联和城市妇女运动的支援等。

访问这些村子已经过了 10 多年，也许其中有的村子发生了笔者想象不到的变化。在此所述的中日战争以后大约 60 年期间的女性史，希望能对理解农村女性现状起到一点作用。

八

访问华北平原乡村小学教育纪实与思考

左志远

20 世纪 90 年代初，南开大学和日本国一桥大学等校对华北五个村庄进行联合访问。

在访问期间，我作为中日联合访问成员，有幸与日本国宇都宫大学教育学部笠原十九司教授，侧重考察过上述地区的农村小学教育的状况。被访问者中，既有县、乡、村主管教育的基层干部，又有公办和民办小学教师，共约 80 余人，从中获取不少有益的口碑和文字材料，使我们有可能对华北平原乡村小学教育有了一个比较全面的认识，亦颇有感受。

众所周知，新中国建立之初，人民政府对农村教育事业就极为关注。当时内战仍在进行的情况下，华北各级人民政府就已抓紧了农村小学教育的恢复工作。后来，随着历次运动的开展，特别是在大跃进和人民公社化的年代，农村教育在逐步恢复的基础上，数量有了相当大的发展。但是，直至 70 年代末由于种种人为和客观因素的制约，华北农村小学教育就其整体而言仍然处于落后的状态，与国民经济发展的形势要求是很不相适应的。只是进入 80 年代改革开放以后，农村小学教育办学条件才有了较大的改善。现就我们访问的情况，作一简要的透视。

第一，在我们走访的这些村庄，小学大都盖起了新的校舍，基本上满足了教学所需，只有极少数乡村小学仍在使用旧有的校舍。例如栾城县孟董乡共有 12 所小学，除寺北柴村外均盖起了新的校舍，其中二层教学楼占 66%，平房占 34%。

据了解，在我们访问后，寺北柴村于 1996 年也盖起了新的校舍，其经费包括访问团捐助的资金。

第二，我们访问的乡村小学校，均实行分级办学和分级管理体制。即在乡政府内设有教育委员会，统一领导全乡的教育事宜。他们的办公室设在中心学区，教学业务由中心区具体贯彻实施。所谓中心区，指的是一个区域，并非一级行政单位，它受教育局和乡政府的双重领导。中心学区在乡教委的授权下，负责人事调动、师生思想教育、党的组织建设、改善办学条件和协调校际之间关系等项工作。如孟董乡有 12 个自然村，它们是圪塔头、北十里铺、何庄、赵村、岗头、康家庄、乔李庄、北五里铺、寺北柴村、东牛、北长和孟董庄。每个自然村设有一所小学，其中完小 7 所（一至六年级），占 58%，初小 5 所（一至四年级），占 42%。这个数字表明，孟董乡所辖 12 个自然村，尚有 5 个自然村的儿童，上五、六年级时还须要到其就近村庄的完小去读书。

第三，中心学区为了提高小学教育的质量，考核其是否达到了纲要的要求，他们采取定期检查的办法。通常每学期在全区举办全部或部分课程的考核，最终经过阅卷评比，选出先进名次，给予精神与物质奖励。

小学和初中属于义务教育，因此，一般小学毕业后均能升入初中上学，但初中毕业后的学生不能全部升入高中。在我们访问的上述村落，一般能进入高中学习的约占毕业生总数的 70～80%。这个比例，包括普通高中、职中、农中和中师等学校。

第四，小学设有语文、数学、自然、历史、地理、美术和音乐等课程，其中除美术、音乐外，均有统编教材与专职教师授课。美术和音乐两课既缺少专职教师，又极少具有相应的教学器材。

第五，各地教育管理部门，对小学教师的学历和实际能力的提高比较重视，并为他们创造进修业务的条件。在我们所到的村庄，小学老师中虽直接由中师、中专分配来的尚属少数，但他们当中凡未达到中师和中专水平者，经过在职和脱产到教师进修学校培训后，多数已经或将要取得中师毕业证书。

他们在引进新的教师时，也必须通过考核和面试（主要指的是民办与代课老师）合格后，仍须经过一年的试用期，才能由中心学区批准正式录用。至于从中师和中专应届毕业生分配到校任教的老师，则免于考核和试用期，因为他们已受过正规师范教育，已达到对从事小学教育老师关于学历和基本教学法的要求。

从新世纪开始，对农村中小学教师的管理工作，改由县级教育行政部门依法履行资格认定、招聘录用、职务评聘、培养培训、调配交流和考核等管理职能。对不具备教师资格的人员应及时调整出教师队伍，吸收具备条件的人员到农村任教。农村中小学校长的选拔、任用和考核交流等，也由县级教育行政部门归口管理，乡（镇）村无权聘用农村中小学教职工。如此，则有效的保证了在农村从事中小学教育者的质量。

第六，我们访问期间，农村小学教育的经费来源，主要靠统筹，即以村为主，以乡为辅。所谓统筹，不是由国家财政支付，而是由乡政府按国家规定向老百姓统筹。按规定统筹量不得超过当地农民人均生活水平的 5%（实际情况要高于这个数字），而教育经费约占统筹中的 1.5%。在我们访问中，许多主管教育的干部，他们对教育经费所占比例，或由于不便讲明，或由于心中无数，往往不予回答。因此，乡统筹数中教育经费究竟占多大比例，作者也难以说清。不过，从群众反应的情绪观察，有两点是值得我们思考的。一是各地乡政府为了解决其经费问题，往往以办教育的的名义，向农民收取高出国家规定的 5% 标准，这是农民负担加重的一个重要因素；二是乡政府又通常以压低教育经费来解决其经费不足。因此，教育经费在乡统筹中所占比例往往低于 1.5%。

上述问题，已引起国务院的高度重视，并于 2001 年 4 月下发了第 28 号文件，其中明确规定，农村义务教育实行“国务院领导下，由地方政府负责、分级管理、以县为主”的体制。这样就从体制上确保既能减轻农民的负担，又能使乡村教育经费得以按时按数到位。并由此提出了一系列新的举措，例如：凡已经实行农村税费改革的地方，不再附加征收农村义务教育费，不再进行教育集资，由此而形成的教育经费缺口要从增加的农业税收入和上级转移支付资金中解决；尚未实行农村税费改革的地方，按国家有关规定征收农村义务教育费附加和集资，但必须用于中小学校舍的建设、维修和危改，不得以任何理由挤占挪用；严格按照标准实行“一费制”，不得超标收取，如由此形成公用经费缺口，应按省级人民政府核定的定额，由上级人民政府的转移资金中解决。

由此可见，新体制的核心是实现两个重大转变：一是把农村义务教育的责任由农民承担转到主要由政府承担；二是把政府对农村义务教育的责任从以乡镇为主转到以县为主。这两个转变，表明政府真正承担起发展农村义务教育的责任。

第七，农村小学教师有公办、民办和代理区分，我们访问期间后两种在教师中所占比例还相当大，如栾城县孟董乡共有小学教师 122 人，其中公办教师 57 人，占 46.7%，民办教师 41 人，占 33.6%，代课教师 24 人，占 19.6%，民办和代课教师共占 53.2%。他们的工资分别由县教育局和乡政府负责。即公办教师的工资来源于国家财政，由县教育局财政下拨，民办和代课老师的工资由乡政府统筹中解决，实为广大农民之负担。

关于农村小学教师的工资水平，据我们了解在 20 世纪 90 年代中期，公办老师的工资大体上相差不大，一般依据教令和教学业绩状况，每月少则 300 余元，多则 500 元左右。而民办、代理老师的工资依据各地区的经济情况有所差异，不过总的说来是相当低下的。民办教师每月工资在 200 元以下，代课老师每月只有 100 多元，并且假期不发工资，也无医疗保证。他们都拥有一份责任田，课余还要投入到自己的土地上去耕种，以解决家庭所需的粮食和蔬菜。

第八，在访问中，我们有感于小学教师在乡里一般虽受尊敬，但这一行并不为人们所羡慕，其原因就在于这一行工作辛苦，且又工资收入低下，难以激发人们的向往。当然，我们也曾遇到这样的情况：即每当谈起他们的生活状况时，亦被其热爱教育事业，以苦为乐的思想所感动！栾城县北五里村小学校长，1969 年从事小学教育工作至今（指 1995 年），尚未摘掉民办教师的“帽子”，每月工资不足 200 元，同时承包土地一亩三分。提起他的生活情况时，他深有感慨的说：从事小学教育工作已 26 年了，如今不干吧已经搞了几十年了，干吧，工资太低，说实在的，干别的怎么也比我现在强，但又不能，因为我热爱自己的这一行，尤其是看到孩子们的成长，我就什么都不想了，就是怕影响他们的学习。

与此同时，我们还同主管教育的干部和小学老师们探讨了如何进一步解决与提高农村小学的教育质量问题。根据我个人的体会，只少有以下几点须要我们深入思考的。

一是要真正树立教育是立国之本的思想。我国是农业大国，农村小学教育是启蒙义务教育，应视为本中之本。这个问题，我们在访问中所见所闻，应该说在道理上似乎人人皆知，但在解决实际问题时，又不是那么清醒，往往冲掉了这个“本”。因此，我们除了大讲教育是立国之本外，还必须完善义务教育法，强化监督机构，以便有效的保证各项法规的贯彻执行，消除人为因素的影响。例如对拖欠农村中小学教职工工资和违规收费问题，在国务院 28 号文件中提出了有效的监督措施。即省人民政府应定期向社会公布各级农村中小学教职工工资发放情况；财政部、教育部每年年底向社会公布各省、自治区、直辖市农村中小学教职工工资发放情况；省、地（市）、县级人民政府有关部门要设立并公布举报电话，接受社会各界的举报与监督；凡违规者均要追究领导和直接管理者的责任。

二是小学教育的质量有赖教师的业务水平。目前，农村小学教师一部分是中师和中专毕业分配来的，为数不多。相当大的一部分或是高、初中毕业未能升学在乡的知识青年，或是由其他行业转来的。对于他们必须有一个规范化的要求，并要为他们创造必要的条件，使其在规定时间内通过进修、培训等渠道，达到规范化的要求水平，不合格者要予以解聘，否则，小学教育质量的提高就无从谈起。

三是要相对稳定教师的队伍。在农村小学教师的调动是比较频繁的，有的调动比例高达60%以上。流动的原因是多方面的，有当兵走了，有的女教师因出嫁而去它村，有的因改行干别的行业，有的考上大专院校而离岗。凡此种种均是主观因素，同时也还有客观因素，由上级决定调离本村到别村任教的。这是由于民办老师都有一份承包土地，恐其回家搞承包土地的农活及家务劳动，从而影响教学。为了解决这个问题，主管教育部门确立了一个原则，即一般老师不要在本村小学任教，而要到外村小学去教书。这个规定是有强制性的，并非自愿。采取这个原则，虽亦或有点作用，但归根结底它只不过是一种消极的权宜之计，从根本上说，还是要解决民办教师的“帽子”问题，使他们获得生活保障，专心为普及义务教育投入全部心身和力量。如今可以告慰的是，许多地方（包括我们访问过的农村）已经摘掉了民办教师的“帽子”。

四是要增加图书和教学器材。在我们所访问的各地小学，在硬件方面如校舍已有了大的改观，但在软件方面诸如图书、器材急待增添和完善，有条件的还应建立室内外活动场所，为儿童们德智体全面发展创造一个基本条件。

五是修好通往小学的道路。道路不单单是行走的问题，它还直接影响到能否留人与引进教师的问题。一位主管乡村教育的干部对我们说：农村教育质量的提高，关键在于老师的素质。一个好的教师能否留住和引进来，其因素很多，例如通往小学的道路好坏就是一个很重要的因素。我们孟董乡的乡中到乡政府不是公路，下起雨来走路很困难，而农村教师上下班主要靠自行车，所以我们要设法尽快将路修好。因为有些公办教师不是本乡人，由于路不好走，他也就不愿意来，这样就很难吸引质量好的人才。一些小学老师也深有感受的对我们讲：他们宁愿到离家远的通上公路的小学去任教，而不愿到离家近的无公路小学去教书。这说明在乡村能否将道路修好，也直接关系到农村教育质量提高的大问题，不可忽视。

六是计划生育与乡村小学。由于计划生育有效的执行，农村人口出生率普遍下降，有些地区一个村的入学儿童已不能满足入学人数所须，因此出现小学合并的趋势。例如天津市静海县府君庙乡的冯家村小学，自1998年以后，该村小学已合并到刘家营村小学就读，本村小学已停办。这个问题，仍有扩大的趋势，须要在小学布局上予以总体规划。

以上所述，确切地说只能反映华北平原靠近大中城市、交通比较发达和人口稠密地区农村小学教育的一般情况，至于山区，我们足迹尚未触接，因此并不能说明那里的情况。

九

1942年日本满铁调查部在静海县的活动

张洪祥

1942年5月间，抗日战争正处在紧张、激烈的相持阶段。当时，静海县城及津浦铁路和南运河沿线的主要集镇和据点，已被日本侵略军占领达5年之久；而南运河以西和铁路以东的广大农村，则在八路军和冀中抗日民主政权的领导下，开展全民抗日战争，有力的打击日本侵略军。就在这个时候，日本重要的情报机构——满铁调查部，派出了一支“华北农村惯行调查班”来静海县活动，调查了上口子门、下口子门和冯家庄（现府君庙乡冯家村）等村的社会概况。5月12日到达县城，15日结束调查，前后共4天时间。县内负责接待和协助调查的单位，是伪县公署和伪新民会组织，日本“调查员”食宿就在县城“新民会宿舍”（即招待所）。伪公署还指派了王英杰、金英杰、潘镇亭、孙希中、刘峻山等人充当日语翻译。有关这次调查的内幕情况，现披露如下：

“满铁”是日本“南满铁路株式会社”的简称，成立于1906年，总部开始设在东京，后来迁往中国大连。众所周知，在三四十年代，“满铁”是日本帝国主义侵华主要工具之一，它打着“经营铁路”的幌子，事实上，从一开始，这个特殊机构就执行日本政府全面侵华政策，对中国政治、经济、军事、文化、教育等方面实行全面侵略。被日本政府誉为对外扩张的“智囊团”和“国策机构”。该公司拥有35000多员工，全是“文装武备”，以适应侵略战争的需要，在天津、北京、上海、青岛、济南、沈阳、长春、哈尔滨、太原、武汉等地都设立了它的“地方事务所”。在天津，叫“满铁北支那事务所”，到静海活动的调查班，是由这家事务所直接派遣的。在“满铁”中，还设有一个庞大而复杂的情报机构——“满铁调查部”，在其编制的调查成员和其他特工人员多达2000余人。其主要任务是对中国各方面的情况进行广泛的调查，为日本有关方面提供情报资料，作为日本政界、军界、财界以及各经济、文化部门制订侵华政策的依据。所以这个机构的重要作用，是日本统治集团最为重视和赏识的。

“满铁”调查部成员的情况，也是十分复杂的，其中有极力主张侵华的死硬分子和专门受过情报部门训练的特工人员，这些人员同当时日本政界和军界的要员来往密切，承担着潜伏在中国各地刺探情报的任务，对中国人民犯下了滔天罪行。最近日本右翼势力在大阪集会，公然否认当年日军制造南京大屠杀的罪行。其中右翼头目之一，叫丸山进（现年87岁），就是当年“满铁”的老牌特务分子。丸山进，1936年左右，在天津满铁事务所工作，在冀东搞过调查。1937年任“满铁”上海事务所调查科科员。日军制造南京大屠杀的暴行时，他正在南京搞“调查”，负有“特殊的使命”。当年如果说他没有直接参与暴行的话，也是耳闻目睹日军暴行的重要人员。时至今日，他公然跳出来用谎言篡改历史，用唾沫掩盖鲜血，这就不能不引起中国人民和世界爱好和平人民的强烈愤慨和谴责。

总之，在满铁中，这样一批为侵略战争卖命的日本法西斯分子也是不少的；但经过那场侵略战争活下来的日本老人中，像丸山进这样死抱着日本军国主义阴魂不放之人也是少数的极右翼分子。在当年“满铁”调查部成员中，还有那样一批人，是持有不同政见的大学教授、学者、律师等社会地位较高的文化人，其中包括反战人员和赞成马克思主义观点的人，“满铁”雇佣这批人是日本政府授命同意的，其目的：①减少日本国内敌对势力的活动，以便军国主义分子在日本国内掀起对外侵略战争的狂热；②利用这批人的文化专长和学者的“身份”，派遣到中国各沦陷区（即日军占领地区）进行“学术考察”和广泛的社会调查，以便从“调查资料”中，搜集他们所需要的情报，同时也起到掩盖“满铁调查部”狰狞面目的作用。来静海县调查的人员中，有些是属于这批人员。

当年来静海县搞“社会调查的”“满铁”调查员，一共是 5 人，他们是杉之原舜一、旗田巍、盐见金五郎、早川保和佐野利一。杉之原舜一，原日本东京帝国大学法学部著名教授，“七七”事变时，因持有马克思主义观点，被日本政府逮捕入狱，其罪名是违反日本“治安维持法”，被判决服役三年。出狱后不久，被“满铁”调查部聘为“调查员”来中国。1942 年到静海县调查，由于他学术地位较高，出任调查班的负责人，有关调查内容和详细纲目都是他亲手制定的。旗田巍，日本人，出身在朝鲜庆尚南道马山府，小学、中学都是在朝鲜上的。1931 年从日本东京帝国大学文学部东洋史学科毕业，在“东洋史研究室”当研究员。1933 年，也因违反日本“治安维持法”，被解聘归宅。不久，又到东京东方文化学院任研究员，专攻“朝鲜史”研究。1940 年应杉之原舜一教授邀请，一同赴中国参加满铁调查部工作，担任调查员。到静海县调查，他是杉之原教授的副手。其他三名成员，也是多次在华北各地调查的满铁“老调查员”。

1942 年满铁调查部到静海县调查的目的和性质是什么？根据史料记载和当时调查情况分析：

（1）通过调查研究，整理一部比较有份量、“学术价值”较高的《中国农村惯行调查全书》，供进一步研究中国农村历史、文化、经济等方面状况作参考。早在 30 年代初，满铁调查部已派出大批“调查员”，深入到华北各地搞“实态调查”，包括各县的人口、土地、物产、风俗、商业、金融、教育等方面的综合资料，侧重于搜集中国政治、经济和文化等方面的情报资料，整理出版的“资料书”已达数百种。但一般认为学术价值不高，却颇受日本政界、军界和经济界的赏识。而 1942 年调查活动所不同的是：一开始就打出“纯学术性调查”的旗号；在体制上也作了变动，调查班行政上受制于满铁调查部；在学术上，直接归日本东亚研究所第六调查委员会学术部委员会领导，取得了“合法的学术调查”通行证，却被日本军部视为“很难对付的危险分子”。

（2）调查地点的选择上，不是按满铁调查部“业务”上需要而指定的；而是根据“惯行调查”的“学术需要”，并经过“学者们”讨论、比较而确定的。最初，调查班确定的调查点（指华北农村）有：河北省顺义县沙井村（现属北京市辖）、河北省良乡县吴店村（现属北京市辖）、河北省栾城县寺北柴村、河北省昌黎县侯家营村、山东省历城县冷水沟村、山东省恩县后夏寨村（现属山东省平原县辖）等 6 个典型村庄，并没有把静海县的村庄列入在内。为什么后来又加上静海县的三个村庄？当年满铁“调查班”并没有说明此原因。据现有史料分析，以下三种情况可参考：①1942 年 5 月间，日本满铁“调查班”原计划去山东恩县后夏寨村调查，因当时这一地区是八路军和敌后武工队经常出没的地方，是抗日游击战争最活跃的地区之一。满铁“调查班”为“安全保障”考虑，故临时变动计划，先到日军完全控制的静海县城“调查”，所列的三个村庄，也都在县城附近（上口子门村、下口子门村离县城仅 1 公里，冯家庄离县城也只有 3 公里）。整个“调查”活动，是在县城伪新民会宿舍中进行的，是把三个村的保甲长叫到县内，按事先拟好的“调查提纲”，逐个问答，然后整理成系统资料。所以，当时村内老百姓都不知道满铁“调查班”搞过调查。②满铁“调查班”原确定的六个典型村庄，有三个是大城市城郊的农村（即北京附近的沙井村、吴店村，济南附近的冷冰沟村），农村商品经济比较发达；三个是远离大城市、经济比较落后的平原地区的农村（即昌黎侯家营村、栾城寺北柴村和恩县后夏寨村）。这些村庄虽然有一定的“典型性”，但从“学术意义”上讲，还不能代表整个华北农村的面貌。这一次把静海县三个村庄列入了调查计划，考虑到这三个村庄，是中国最古老的南运河畔的农村，村庄建立是在明代永乐初年，村民们祖先又都是从山西洪洞县移民过来的，从“学术上”看是有“典型”意义的，调查班成员认为是对中国农村惯行调查的重要补充。③当时，日军正大规模的对南运河、子牙河、大清河等河网地区的村庄，实行“重点讨伐”，所以“调查班”提出到南运河农村调查，是很容易得到满铁总部和日本军部的同意和支持的。

满铁“调查班”对三个村庄调查的基本内容是：村落的形成情况，家族的形成及族长的权利，保甲制度和农村治安情况，村内“共同体”组织情况，如“青苗会”、“看青”人员的选派、活动范围及其报酬等；还调查了村内的租额、税捐、土地卖买、宗教信仰等情况。总之，是农村社会的综合性调查，最后还调查伪县公署的财政收入及支出的状况。整个调查资料约 1 万字左右，发表在当年满铁调查专辑《华北农村惯行调查资料》第 77 辑上。50 年代初，日本已公开出版了《中国农村惯行调查》六大本，有关静海县调查资料，已全部收录在该书的第五册中。不管当年组织者、调查者背景如何？动机怎样？客观上，这六大本资料，却留下了中国华北农村社会的大量资料，至今对我们编写地方史志和研究华北农村的政治、经济、文化等有关方面的情况，仍有着重要的参考价值。

附带说明，1944 年，满铁内部又进行了一次大整肃、大清洗运动，重点是清洗其中的日共分子和持有马克思主义观点的学者等，参加农村惯行调查的一部分人，同样又受到了一次冲击和清洗。这部分人，在日本投降以后，很多加入了日中友好协会各团体，为积极推动中日友好活动做了大量工作。在抗日战争时期，日本满铁派人来静海调查，是一个很特殊的“历史事件”，应该引起学术界的重视。现在，静海县的上口子门、冯家村在日本学术界仍有很高的知名度，改革开往以来，国内外很多学术团体也专程到这里考察访问，是受到《中国农村惯行调查》一书的影响，都要亲自看看经过半个世纪以来，这些村庄又发生了哪些重大变化，为静海县对外开放，扩大旅游业又增添了一个新的景点——人文科学学术考察点。

十

从惯行调查的村落看中国农村的社会关系

中生胜美

（一）序言

为了理解中国农村的社会关系，先介绍一个调查时听到的插曲。调查团1995年2月下旬访问寺北柴时，偶然遇到了一个年轻人。在日本调查者看来，那个年轻人的经历，以及他建立人际关系的方法，都是“中国式”的，这引起了调查团极大的兴趣。调查是在旧历1月25日进行的。那一天正是石家庄一带“闹天仓”——祭奠粮仓之神的日子。调查团到了农村，照例向老人们询问了族谱、家族关系和旧社会红白喜事的习惯等等。在事先安排好的那个老人家里进行调查时，竟然有个20几岁的年轻人认真在旁边听。我们听老人讲的差不多了，就听那年轻人说。他是老人的儿子，平时在县城工作，因为那天是祭祀活动才请假回家的。他初中毕业，在村里算是知识分子了。

直到两年前，他都在县城经营四川餐馆。我以为他是去外地打工积攒了些本钱才开店的。可是让我意外的是他既没外出打工，也没有本钱、作菜的技能和经营的经验。他只是一时兴起，对朋友说“开餐馆挺不错的”，然后就靠朋友的“人际关系”开了店。他有六个很要好的初中同学，都是“结拜兄弟”。听说他想开餐馆，那些朋友就把资金和开店的工具都给他备齐了。个人开餐馆要取得经营许可是很难的。不过，一个朋友的叔叔是工商局的干部，还有一个朋友的亲属是卫生局的干部，所以他的营业许可证很容易就搞到手了。厨师是用高薪从石家庄的四川饭店请来的。辣味十足的四川菜在全国都很受欢迎，所以很多四川菜的厨师都是靠着手艺走遍全国的。厨师还带来了两个四川女孩做服务员。给厨师的钱里也包括那两个女孩的工资。

那是栾城县最早的四川餐馆，所以非常红火。我问他那你发财了吧，他便回答说“忙死了”。可是我还是很奇怪，餐馆那么红火为什么却不赚钱。他回答道“因为不付账的客人太多了”。开业的时候，好友们送了他1000～10000万元不等的红包。这个金额，如果按这附近的平均收入来算，大概相当于几年的收入。日本人也有送朋友红包的习惯，但金额很小。这么高额的红包让我大吃一惊。但是，在其他村子做调查的时候，也遇到过兄弟结婚时把几年的收入包个红包送出去的事情，这在中国大概不算稀奇吧。他从好友那拿到的钱，并没有明确地讲是借来作为开店的本钱的，所以想还就还，不想还也可以不还。因此朋友的钱是“投资”还是“恭喜开店”，并不明确。他并不精心地记每月的账，至于资产负债表啦损益计算等，更是一窍不通，经营得马马虎虎。因为正宗的四川菜颇受好评，那些朋友们就带来其他的朋友来店里吃喝，有时付钱，有时不付。所以虽然店很红火，但不付钱的客人太多，简直就像是在为朋友们辛苦工作一样。他干了两年，实在疲惫不堪，就把经营权转让给了别人，即转让给了叔叔是工商局干部、帮他申请营业许可的那个朋友。我问他“营业权卖了多少钱”，他回答说“没要钱，都是朋友”。这也许就是干部子弟利用朋友先搞餐馆，等经营上了轨道以后再趁机抢店吧。不过，好像对方也没有此等“恶意”，营业权转让以后，他们仍是要好的朋友。

同样在寺北柴，我们还听到一个农民在县城经营宾馆的事。那个宾馆有三层，一层租出去作餐厅，只有二层用于旅客住宿，三层租给公安局作“监狱”。在县城我们还有时间，就到那个宾馆去看了看。果然3楼镶着铁窗，一个男人隔着铁窗在向外看。据说靠旅客赚钱，经营太不稳定，才通过一个熟识的公安局干部，租作“监狱”的。

我们这次调查的目的是为了再次调查《中国农村惯行调查》中曾经调查过的那些村落。访问的村子，经济上不一定很富裕，与实行农业政策的典型村子也有所不同。即便是城市里的知识分子也觉得四川餐馆和宾馆的故事不足为奇，“在农村也没什么好奇怪的”。不知道这里举的例子在中国农村有多大的普遍性。但是，至少可以说在中国社会，所谓的“关系”即那种通过伸缩自如、弹性的关系网建立起来的人际关系，在人们的生活中起着重要的作用。

前面举的例子，主要是靠“朋友”这种极其软性的人际关系。接下来我要以宗族、家族、地缘关系为中心介绍一下这种看不见的“关系网”在中国农村的社会生活中是如何展开的。

（二）宗族

在我们调查的村子中，根据40年代的《中国农村惯性调查》材料，寺北柴村似乎是一个宗族团结力量很强、很有组织的村子。那时，村子里会以宗族或宗族的分支为单位，在清明节时举行仪式，祭祀祖先；买卖土地时，同一宗族的人有优先购买权；一族之间如果有纠纷要在族内调停；村行政官员即“干部”是由宗族内部的人们共同商量选出的。《惯行调查》描述的寺北柴村好像就是这样一个宗族秩序井然的村子。

可是，当我们调查寺北柴村时，却觉得这个村子依靠血缘关系联合的力量并不强，相反人们之间都是分散开的，没有什么统一性。为了理解《惯行调查》的记录和我们再次调查时的差异，我们作了两点假说：第一，宗族本身在50年代发生了变化；第二，《惯行调查》中对宗族的理解有问题，过分强调了宗族关系。

确实在寺北柴村，土地改革以前人们是把从宗族共同所有的土地中收获的粮食充当经费祭祀祖先的。可是，一族通过祭祀祖先集合起来，这种联合并不一定与作为社会性、政治性联合的“组织原理”直接相关。并且，新中国成立以后，社会发生变化，有的农民认为“1957年生产队的重组去除了宗族结合的弊病”。人民公社化以后干农活和生活的基础都被转移到了生产队，即“生产队”有的是共有一口井的人家组建成一个“组”，就作为社会结合的单位发挥着实际的作用。在社会生活方面，大家不再通过宗族结合起来，而是由“组”来承担这种责任，宗族的组织有可能因此而涣散。但是，本来宗族在社会生活中发生的作用，除了祭祀祖先以外，也只是在进行着分家调停、红白喜事的往来而已。也就是说，在寺北柴村，宗族在社会生活中，原本就不是作为政治和经济活动的基础单位发挥作用的。

我们调查的村子中，在宗族结合方面给我们留下很深印象的是后夏寨。《惯行调查》这样写道：村落中有三条南北向的路。被隔开的三个居住空间是最小的行政单位，排长是其行政官员。排由几个宗族形成，排长在 1929 年以前是由东、中、西排的宗族商谈决定，然后由宗族的代表通知“庄长”的。

1993 年调查时，75 岁的马会祥回忆道，1945 年以前东排的排长不是马姓的族长，而是在村行政中处于末位的保长。马姓族长好像并没有特别的权力，只是名义上的族长。而且也不是族长就可以作排长的。马会祥认为村地方自治组织“排”就是保甲制。所谓的保甲制就是一种最低的行政组织，10 户人家为 1 甲，10 甲再组成 1 保。他说，“保长干的活就相当于现在的村长，比如为种棉花的农家分发政府配给的肥料，再干些村行政方面的杂事”。马会祥的回忆并没错。《惯行调查》表明，族长不兼任排长，排长是宗族协商推荐的，未必一定就是由族长担任。族长是根据辈份和年龄决定的，但也要由宗族的代表按照行政能力等进行选拔。《惯行调查》的记录和马会祥的记忆也许并不矛盾。

现在的村干部是各生产队推选的，宗族的势力看来好像获得了平衡。那么，这种结构是如何形成的呢？农业集体化与此密切相关。农业的集体化，不一定是有意识地以宗族为单位结合。譬如，农业集体化的第一阶段是互助组，一般是一些意气相投的人组成互助组，结果不同宗族的人们可能组成一个互助组。但此后的初级社、高级社，在农业集体化逐渐推进的过程中，虽然是以互助组为中心的，但并不是意气相投的人们在一起，而是按照他们的居住区域组建生产队。因为同一宗族本来住的就比较近，所以按居住区域组建的生产队，结果还是以宗族为单位组建起来的。

调查的时候，我们询问过现在的干部人数是否和宗族势力有关，他们都笑着否定了。大概他们都认为现在村里的政治机构与传统的宗族组织完全不同吧。也就是说，只有红白喜事上的往来，近亲间的合作关系才会让他们意识到“一族”的存在，而干部的起用凭借的是个人能力和人际关系。而所谓的人际关系，却是指一个干部退任后会考虑自己的族中是否有可以胜任的人选。在这个意义上，血缘关系对村里的政治还是有一定影响力的。后夏寨村的大半数的干部，都否定了党员和宗族的关系。只有村支书答道，“干部的数量会在宗族间协调”。他不把族当作红白喜事的单位，而是认为村里政治权力的分配可以以宗族为单位进行解释。如果有一个明确的组织是以宗族为单位以族长作为中心的，再由每个宗族选出代表来管理村里的政治的话，即便是普通的农民也会意识到干部和宗族势力之间的关系吧。最了解村里整个政治体制的村支书虽然意识到了是考虑宗族势力选拔干部的，但对一般农民来说，宗族只是红白喜事上的往来。

同时，在我们调查的村落里，不管是谁都很明确血缘关系的界限。譬如，同姓不婚的界限是同姓不同宗可以结婚，但同宗的话就应该避免结婚。这种想法现在也还根深蒂固。同姓不婚，并不很严格，老年夫妇里也有同姓的情况。并且，现在施行的婚姻法，只要三代以内没有共通的血缘关系就可以结婚。所以，近几年来，吴店村的禹姓、后夏寨的马姓里同姓同宗的男女也有结婚的。不管是哪个村子，革命以前这种婚姻都是无法想像的，但现在婚姻自由了，他们也都能合法地结婚了。

另外，同姓同宗的意识里还包括辈名。可是，从宗谱看来，人们并不是一直保持着这个习惯。辈名变化显著的是吴店村的赵姓。在吴店村禹姓最多，其次是赵姓，还有贾、裴、刘、杨等几族。土地改革的时候，一个姓赵的人被提拔作了干部。一族的人都希望他能为本族谋些利益。但他是个廉正的好干部，没有为本族提供方便，就和本族人的关系非常紧张。这一族的老人虽然没和他吵架，但路上遇到了也不讲话。感情上的对立，使他采取孩子不用共同的辈名的方式断绝了和本族的往来。

宗族的交往是以红白喜事为中心的。特别是服丧时，有五服之分。丧葬仪式的服装主要是孝衣和孝帽。革命以后，服丧的服装慢慢简化了，但在我们调查的村子里，现在也还保留着服丧期间亲属要穿孝服的习惯。譬如在后夏寨，从死者入棺到下葬，死者的儿子要穿孝服，即用白布作成的丧服。死者的女儿和儿媳要穿一种叫礼头布的丧服。为死者服丧的包括五服以内的宗族。但是，实际上服丧的顶多只是有同一个祖父的堂兄弟。实际上，服丧、穿孝服也就是在父母和祖父母葬礼上。

葬制在新中国成立以后发生了变化。但只是孝衣简单化了，城市里带丧章的习惯渗透到了农村，而服丧的范围没什么变化。一般来说，在中国古代葬制的基础上建立的服丧制是通过读书人的文献知识影响到农村的。吴店村在北京郊外，冷水沟在济南郊外，但后夏寨却在山东省和河北省交界的偏僻地区，一直很贫困，也没什么读书人。这可以看做是后夏寨服丧制度不明确的一个原因。

此外，生孩子摆酒和举行结婚仪式时，宗族也会被邀请来。但给孩子摆满月酒的时候，主要请孩子母亲的娘家人，宗族的人是不来的。借钱等牵扯到金钱关系的时候，不是宗族，而是“亲属”起着重要的作用。并且，宗族之间有时反而会因为有利害关系而有所避讳。后夏寨冬天取暖用的炕在每年旧历三月都会扒开取出炕灰。据说这个工作一定要让“一家子”来做。人民公社的时代，炕灰作为肥料上交可以换工分，是可贵的临时收入。现在使用化学肥料了，炕灰没用了，但春天时同族的人互相帮忙取出炕灰的工作还是必不可少的。但是一起养家畜了，共用大型农具了，却都是在关系较好的人家之间进行，不牵扯到宗族的兄弟。

我们调查的时候发觉，有人认为宗族就是“血族”，宗族并没有“组织化”。《惯行调查》记录了在后夏寨和寺北柴有寒食会和清明会等集会。这些村子都是因为土地改革时宗族的共同财产被分掉了，无法负担祭祀祖先时宴会的费用，所以新中国成立后祭祀祖先的仪式也消亡了。

还有个人制定宗谱的情况，这并非族谱。譬如后夏寨的马姓里，有一个已经去世的老人就为全族作了族谱。马姓是放弃了伊斯兰教从隔壁县的小和庄迁过来的。最初定居在后夏寨的那人有三个儿子，这一族就有了三个分支。一般情况下，虽然了解自己这一分支的谱系，但对其他分支的情况就一无所知了。即便是同一分支，如果人数众多的话，谱系也会变得混乱。许多马姓的人都知道那老人在作族谱，但没人见过。这不是记录了一族的男性以及他们的配偶，显示宗族团结力量的传统的族谱，只不过是个人的笔记。在后夏寨还有把故去的人的名字写进祖庙，制作家堂的习惯。那是一幅巨大的挂轴，新年前后要挂在位于房屋中央的正厅里，招引祖先的魂灵，与祖先共度新年。如果参照这个图表的话，一定能够复原全族族谱。

沙井村，还有一个制作了与传统族谱完全不同的宗谱的人。高中物理教师看了美国电视连续剧《始祖》后，也想了解自己的祖先，就走访了族中的老人，制作了宗谱。他给我们看了那个宗谱。那和传统的宗谱完全不同。但是看了电视剧就打算制作宗谱的想法似乎表明了中国人内心深处的谱系意识，这让我们很感兴趣。

春节和清明节扫墓时，寺北柴的郝姓和后夏寨的马姓这种组织严密的宗族会用宗族共有土地的收益办宴会。这是个例外。在华北农村，宗族一般只认可在五服以内的人。

（三）家庭

中国是实行独生子女政策的。本文想介绍一下中国家庭形态的变化，以及随之而来的社会生活的变化。

在传统的中国农村家庭里，孩子结婚后也要和父母共同居住，过大家族的生活。这在社会学和人类学上叫作“扩大家族”（extended family）或“结合家族”（joint family），是已婚的兄弟或已婚的孩子们共同居住的一种家族形态。1930年前后的人口统计表明，中国北部家族构成中包括旁系亲属的比例要比南部高。《惯行调查》中显示了家族构成情况的有寺北柴和后夏寨两个村子。根据1940年前后的户口簿计算一下，这两个村里旁系亲属的比例都接近20%，算是比较高的。30%以上的家族都是“扩大家族”。扩大家族周期性出现，是因为夫妻俩的儿子们长大结婚后也会共同居住。尽管儿子们都结婚了，那也要尽可能地不要分家，于是就周期性地产生了扩大了的家族。

现在儿子一结婚就要独立生活了，所以扩大家族很少，绝大多数都是夫妇和孩子组成的小家庭。此外，尽管孩子结婚后分家另过了，但父母老了的话，还是会和儿子夫妇共同居住。这时，父母不是一定要和长子生活在一起。一种观念认为，兄弟们继承财产时是完全平等的，那么兄弟们对父母也应当共同承担责任。我们依据户口进行了家族成员的调查，主要是调查单身和小家庭的家庭形态，很少考虑扩大家族和直系家族。这是因为户口这种公家的记录和实际的家庭生活多少会有些差异。户口上是独立生活的，但实际上是和儿子夫妇共同生活的情况也很多。但也有很多老人因为儿子结婚另过了，就有了“分家”的意识，于是就从儿子那拿赡养费，偶尔由孙子们来照顾自己的日常生活。

家族形态变化的主要原因是结婚导致分家的时期发生了变化。从前为了避免土地的细分，有尽量拖延分家的时期，或父母健在时不分财产不分家的习惯。但是，农业集体化导致农业用地归集体所有了，农业用地的私人所有制被否定了，可分的财产只限于动产和宅地，这样分家就容易多了。如果新婚夫妇需要宅地的话，也可以向村委会提出申请。所以，宅地所有权的相对价值减弱，结婚的同时分家也成为可能。有的村子，宅地的分配是不定期的，有时申请后也要等上几年。在冯家村，有人以宅地分配不定期为由，给正上小学的儿子都盖好了婚房。

另外，如果没有土地的私人所有权，那就意味着家族财产只限于经济价值较低的动产。解放以前，农村分家时人们最关心的就是财产的均分，有时还会产生家族纠纷，所以一定要委托一个中间人，制定财产目录，平均分割财产，再用抽签等方式公平分配，以免兄弟产生不满。最终分割的财产，要写进“分家单”，由兄弟们保管。

在寺北柴也有重新制定“分家单”的。新的“分家单”和从前的不同，完全没有关于财产分割的记录，而是明确记录了儿子们为了平等地赡养父母，每月应支付的食品和现金的数量。总之，家族的财产只限于动产，那么分家时分割遗产的意义减轻，赡养父母的义务反而成了重点。分家单就成了兄弟们平等分担扶养责任的誓约书。经济制度和惯行调查的时代相比，已经发生了根本的变化，所以分家的意义，也从分割财产转移到了赡养老人。

《惯行调查》记录的寺北柴的户口簿里，有很多家庭都标记了“因为家穷，长子结不了婚”。

这样的家庭里，会把哥哥干活积攒的钱用于弟弟结婚。在寺北柴调查时，听说如果复原宗谱的话，会有很多男子未婚未留下子息就去世了。据说是因为无法支付女方父母要求的“聘礼”才结不成婚的。所以，为了避免因为贫穷而成不了家，每个村子都有“童养媳”的风俗，也就是要一个年幼的女孩，等她长大了，再作媳妇。可是，这种婚姻是穷人家才有的，而且是因为无法支付“财礼”才会这样做的，所以让人觉得很不好意思。在沙井村，我们询问哪个村子里有童养媳的习惯时，那对老夫妇面面相觑，小声说道，“其实我们自己就是”。看到他们的反应，我们才意识到即便是现在这种非正规的婚姻仍让人感到害羞。

现在强行索要财礼是违反婚姻法的，会被党员干部劝说制止的。童养媳也被禁止，解放后就不复存在了。而且生活水平提高了，嫁妆越来越多，婚礼越来越盛大，传统的结婚风俗也极大的改变了。家族形态变化的原因很多，有通过人民公社进行的农业集体化，女性参加劳动等，但在分家那一部分提到过的婚姻形式的变化是最重要的。

传统的婚姻是“父母之命，媒妁之言”，由父母决定结婚对象，结婚的男女在婚礼前都没见过面。在北京附近的沙井村，从30年代起这种习惯就开始变化了。父母找来结婚对象，但事前会征询儿女是否愿意。但在远离城市的寺北柴和后夏寨，这种习惯一直延续到50年代初期，在此之前双方还是在婚礼上才初次面见。这个变化与50年代初开始的贯彻婚姻法运动，1964年的“四清”运动，和之后开始的“文化大革命”中对封建迷信的批判都直接相关。但解放之后为了实现男女平等，农村女性地位得到提高，女性也参加农业劳动，在人民公社的集团劳动中还可以挣工分，这使得女性也成为重要的劳动力，在家庭内部女性的地位也得到了很大的改善。这比政治运动更间接地影响了婚姻的形态。

以前女性是“大门不出，二门不到”的，女性只在家里做家务，带孩子。而且一般的女性都是缠足的，脚畸形无法干农活。在沙井村这样离城市较近的农村，在政府颁布禁令前的30年代开始，缠足的习惯就渐渐被废除了。但在后夏寨这种偏远地域，50年代以后才禁止缠足，此后女性也能从事农业活动了。每个村子都是妇女联合会率先让从未干过农活的妇女们从事农业活动。人民公社的工分制，使女性也成为重要的劳动力，这也改变了女性要顺从父母的价值观念。沙井村可以说是女性地位得到极大提高的村子了。男女平等的意识得到贯彻，有人甚至认为“只要有能力，女人也能当家”。即便女性外出工作了，家务劳动仍然还是以女性为中心的，这种沉重的负担，提高了女性在家庭内部的发言权。并且夫妇和未婚的孩子组成的小家庭成为普通的家族形态，这也反映了女性地位的变化。

（四）地缘关系

在华北农村，有同一地域的人按血亲关系排定辈份的独特习惯。尽管没有血缘和姻戚关系，但是住在同一个村子，就好像一族人一样。参加《惯行调查》的旗田巍，在沙井村调查时曾注意到那里有不同的宗族一起排辈份的习惯，于是这成了《惯行调查》的一个调查项目。《惯行调查》确定这在当时调查过的华北平原的农村，是一种极其普遍的情况。

笔者在现场与当地农民接触时，觉得他们比起年龄来要更重视“辈份儿”。哪怕年龄有差异，但只要是同辈还是可以平等对话的。即使对方年纪很小，但下一辈人的态度还是要很客气。辈份关系不仅限于宗族，同一地域的人也会像血亲、姻亲那样排辈，是华北平原农村的一个特色。

这种特殊关系在沙井村叫作“街坊辈”，在寺北柴叫“乡亲辈”，地域不同叫法各异。有的村子尽管没有特别的名称，但还是承认“街坊”之间排定的辈份。在此，我想把这种习惯称作辈份序，对这一习惯加以说明。通常在华北农村，只有单一宗族单一姓氏的村子非常的少，大部分都是几个宗族在一个村子里生活。没有血缘关系的几个宗族形成一个村落，华北平原的村落之间有一定的距离，各个村子的凝聚力较强，都是形成这一习惯的社会背景。

辈份序的特点在于日常人们打招呼时会使用亲族之间的称呼方法。譬如，即使是不同的宗族，只要是同村的人，对比自己年纪小的人也有称呼“叔叔”、“大婶”。调查时我们觉得，亲族称呼就好像日常寒暄语一样使用。在辈份排序中排在下一辈的人叫上一辈人时要使用亲族称呼，反之则叫名字。所谓寒暄，就是社会地位低的人对社会地位高的人的称呼。村民们在路上遇到，绝对不会问候“你好”，而是用亲族称呼打招呼。同一辈的人如何称呼，可以以自己的年龄为基准，对上一辈的人如何称呼，可以根据父亲的年龄决定。女性可以根据父亲或丈夫的辈份来决定如何称呼。

同村人的辈份序，在社会生活的方方面面都被人们意识到了。在做了调查的村子里，共通的是“拜年”时对辈份的认识。新年时，同一宗族里的小辈要给长辈拜年、“磕头”。决定拜年的顺序时，要优先考虑父系血缘的辈份关系。同理，住在一个村子里的邻居，也会按照辈份序给邻居中的长辈拜年。

可是，宗族的辈份和地缘的辈份多少还是有些差异的。在笔者调查的冷水沟，一句俗话就表明了这种差异——“宗族辈是死的，街坊辈是活的”。在有辈份序习惯的村落里，一个共同的现象是通婚会改变辈份的排序。沙井村的老人讲，不同辈份的男女结婚时，根据妻子的辈份改变称呼是那里的“礼节”。也就是说，男女结婚后如果辈份排序有了变化，要优先考虑姻戚的辈份，结果丈夫就会按照妻子的辈份改变辈份排序，他们的子孙也会这样顺延下去。中国是父系制社会，但辈份的变更却是以女性为基准，这让我很感兴趣。

那么，在华北农村辈份序是如何形成的呢？我们在每个村子都问了这个问题，但答案都是一样——“一直以来的习惯”。可是，在后夏寨也有农民说，“那是从前的亲戚，自己也不认识”，辈份序的变更也暗示了它的形成。结婚后“亲戚”就会增加，亲子、夫妇这种关系都会确定上下辈份。但随着作为媒介的女性的去世，亲属关系也会慢慢疏远。其他村子里的“亲属”被忘却了，而住在同一村子里的邻人虽然不是“亲属”却继续往来着。住在一个村子里的“街坊”之间被认可的辈份关系，会通过父子关系得到继承。我们共同的研究者李恩民曾谈起过他在家乡山西农村的经历，这可以作为辈份序如何被继承下去的一个参考。他小时候会根据年龄称呼同村人“叔叔”、“大爷”，但从上小学时起，爸爸就告诉他，“我是这么称呼的，你就必须随着我叫”。于是他“慢慢地不再以年龄，而是用辈份序来称呼别人了”。

先前提到过结婚形成了“亲戚”的关系网，也许辈份序就是这样形成的。根据这一假说，可以预测同村里的“亲属”增加，就说明同村男女结婚结为夫妇的情况也增多了。可是，在传统的华北农村社会，一般倾向于从外村娶来媳妇。因为婆家和娘家之间会有些微妙的忌避关系，所以同村男女结婚的很少。看一下《惯行调查》里户口簿上记载的寺北柴，就会发现村内结婚的比率只有9%。根据我们制定的家族成员调查表统计，每个村子村内结婚的比率大体上有30%

左右。前面曾说过婚姻习俗发生了变化，结婚不再由父母作主，自己也可以决定自己的婚事了，慢慢地同村男女结婚的情况也增多了，这使得村内结婚比例与《惯行调查》时相比有所提高。

可是尽管村内结婚率较低，但通婚的范围也只限于方圆五公里之内，结婚的对象也都是邻村的，一些“亲戚”关系也会隐含在其中。沙井村有这样一个例子。一个女人是从邻近其他村子嫁来时，有人问她村里是否有她的“亲戚”，这才发现她和某人原来是“亲戚”，此后就作为“亲戚”不断往来。红白喜事的时候，“亲戚”还会带来自己的“亲戚”，这叫作“联亲戚”。亲戚就这样不断扩展，成为华北农村主要的社会关系。只要是“亲戚”，就会对亲子、婚姻关系有所认识，以此来判定辈份。

辈份序的习惯，不同的村子也会有些差异。笼统地说，分为重视辈份序和轻视辈份序两种。前者倾向于尽量避免辈份序的变动，后者则容忍辈份序的变更。可是，这两种类型的差异只是相对的。因为，村内辈份序不同的男女结婚了，称呼发生变化的范围并不明确。结婚的男女的父母、父亲的兄弟姐妹、他们自己的兄弟姐妹必须改变称呼，但表兄弟们却不是那么严格。并且，原则上祖父母和祖父的兄弟姐妹们的辈份也会发生变化，但是如果有人不喜欢改变称呼降低辈份，那也可以按原来的辈份称呼。一般来说，上下辈份不只是称呼的问题，还关系着社会地位和威信。所以有人会觉得改变称呼辈份降低是很没面子的事。特别是老人，因为孙子结婚，自己辈份降低，不能按以前那样称呼，这让他们感到屈辱，这时他们往往不改变称呼。

再试着考虑一下辈份序的社会意义。在村子里采访时，我们经常会感到很惊讶，只要是同村的人，包含姻戚关系在内，甚至是一些个人的情况，村民都非常了解。村民之间对亲戚关系十分清楚，谁和谁在辈份上是什么关系，自己和同村人是什么关系，还有配偶的亲戚关系，辈份序不同的男女结婚后称呼发生了怎样的变化，哪个老人拒绝改变称呼，包括一些个人情况都了如指掌。相互之间了解情况是成为“本村人”的条件。

在调查的村子里，唯一没有辈份序的是天津市静海县的冯家村。这个村子里是以相对的年龄差来决定称呼的。这个村子从前不断遭受洪水灾害，村民常去附近的县城和天津市，甚至遥远的东北流浪，等洪水退去再返回来。在不断的聚散离合的过程中，有些人没能返乡，也有些人定居在别处了。从这个意义上说，村民的资格并不严格，整个村子也没有统一性。这个村没有其他村子的辈份序的习惯，是因为这里的地缘关系很松散。

同时，即便是以前辈份序意识非常强的寺北柴，革命以后的变动使得村子的一体感慢慢丧失，辈份序的意识也渐渐淡薄。寺北柴村一直以来都是被两条马路分割开，整个村子也三分成北街、中街、南街。近年来，明确的“乡亲辈”只限定在同一条“街”，即使是同村，村民也不清楚邻街的“乡亲辈”，只能像外村人那样根据相对的年龄差来称呼。特别是年轻人都不太清楚按辈份序该如何称呼。这给我们留下了寺北柴村不是很团结的印象。如果把辈份序的形成看作是村子凝聚力的结果的话，那么村子缺乏统一性也就和辈份序意识低下密切相关了。

（五）结论：华北农村的社会特质

《惯行调查》里的资料是在 1940 年代记录下来的。而我们的调查与此相隔了半个世纪，这期间的变化非常大。

政治原因带来的社会变化，是看得见的，变化的时期也是特定的。重要的是因经济基础的变化导致的无意识的社会变化。这种变化的时期不特定，条件不同的村子情况也是多种多样，但其变化的方向还是有普遍性的。也就是说，生活基础的变化，诸如人民公社带来的农业集体化，土地私有权的废止，女性参加劳动，社会主义思想教育，计划经济等都会间接地引起社会的变化，而这些又都是国家的统一政策。不同的地域也会有相似的现象发生。

接下来我们看一下社会结合的连续性。中国社会结合的特质也可称为是“关系”的扩展，以个人为起点建立起的关系网的聚集现在依然存在。观察一下以个人为起点的血缘的联合，以及在血缘和姻戚关系交错的地域建立起的上下辈份关系，就会发现王崧兴提出的“有关系，无组织”的模式，在形容华北农村社会性质时是最恰当不过了。当然，在华北农村也有有组织的血缘集团和信仰团体。可是这样的“组织”直接受到国家农业政策和政治运动的影响而解体了。或者农业集体化使国家介入私人生活，人民公社这种组织在日常生活中占据了很大的比重。民间的“组织”逐渐弱化，被共产党和生产队这种公家的组织取而代之。社会的“组织”消亡，被公家的“组织”吸纳，“关系”、血缘、姻戚、地缘、朋友等，各种各样的关系网交织重合的人际关系，在社会生活的方方面面发挥着重要的作用。

十一

1990年代后期华北农村的变化与发展

李恩民

从1990年夏天到1995年秋天的6年间，日本的“中国农村惯行调查研究会”以抗日战争时期“中国农村惯行调查”（通称“满铁调查”）的调查村为对象，进行了多次的追踪调查。这是对从20世纪40年代以来半个世纪华北农村的历史进行全面而立体式解剖的大型的社会调查，其成果后来主要结集为《农民口述的中国现代史》（东京：内山书店1993年出版）、《中国农村的变革与家族·村落·国家》（东京：汲古书院1999年出版）及其姊妹篇《中国农村的变革与家族·村落·国家》第二卷（汲古书院2000年出版）。

自1995年秋离开调查村后，“中国农村惯行调查研究会”的成员为整理调查资料，不断地在上智大学定期开会。期间，大家谈论最多的话题就是调查村和村民们。追踪调查结束已经好几年了，这些调查村又有了什么变化呢？变化最大的是什么？又是怎样变化的呢？那些曾给我们的调查提供过帮助或者接受过我们采访的农民们现在生活得怎么样呢？重访这些调查村、亲眼看一看那里的发展和变化，已成为研究会全体成员的热切希望。

带着这一热望，1999年9月2日，在被称之为十几年来未曾有过的酷暑之中，我与内山雅生教授开始了我们的重访之旅。在此之后的两个星期，我们重新走访了北京市顺义县（现顺义区）沙井村、河北省栾城县寺北柴村、山东省平原县后夏寨村和天津市静海县冯家村，对我们的追踪调查结束以来即20世纪90年代后半期这些村庄发展变化的轨迹进行了探寻。

（一）逐渐城镇化的沙井村

这次首先访问的是位于北京近郊的沙井村。9月3日早晨我们与因出席学术会议提前到达中国的滨口允子教授和顾琳教授在前门饭店相聚，包了一辆车后向沙井村驶去。我们与事先通过书信取得联系的沙井村党支部书记刘振海和十里铺中学的教师杨庆忠老师进行了会谈，他们从不同的角度详细介绍了沙井村的近况。会谈期间，杜江村长、史庆芬副书记加入其中，他们对我们的问题都做了非常认真的解答。之后，杨庆忠老师带我们参观了沙井村的街道、住房、商店、木材工厂和村民的墓地等等。为时仅一天的采访非常充实，当我们从沙井村回到宾馆时已是晚上八点半了。

“中国农村惯行调查研究会”成员对沙井村所进行的追种踪调查共有两次，即1990年8月和1994年8月。从1994年夏天至1999年夏天的五年间，沙井村的最大的变化用一个词来说就是“城镇化”。

从行政所属来看，沙井村以前是北京市顺义县沙井村，现在变成了北京市顺义区仁和镇沙井村。1995年村里修整了北面的大路，在沿路建起了北京市比较大的“石门农贸批发市场”，批发从南方运来的蔬菜、水果和小商品，另外还开设了“木材批发市场”。“石门农贸批发市场”的规模很大，仅西瓜一天就卖200万斤，每天有1000台左右的大卡车在跑运输。许多外来人口为了挣钱，都集中在这两个大的批发市场。这给沙井村带来了很大的经济效益。

沙井村的常住人口是200多户，外来人口最高达300～400人，这无形中给老百姓创造了利益。如出租一间房，最低一个月也有50元左右的房租收入，沿路边的是100～200元，这样一年就能得到几千元的房租收入。

居住在沙井村的外来人口具有流动性，他们农忙时回老家，农闲时再回到沙井村来。来自全国十几个省市的外来人口，主要在两大批发市场做买卖。他们属于暂住人口，不属于沙井村村民。

现在，沙井村的村民有800多人，300户，每个家庭几乎都是三口之家。这个村连续十几年没有生育第二胎的，全县400多个村中选出的10个优秀村里就有沙井村。另外，对外来人口管理也是县里的典型，外来人口多了，就容易引发治安问题，为此村里加强了对外来人口的管理体制。想在沙井村居住的外来人口必须拿身份证到村民委员会办暂住证，同时还必须提示雇工证、经商证、同居者还要有结婚证。到目前为止外来人口与沙井村村民还没有发生过矛盾的对立冲突。村民委员会经常查看他们的证件，征收水电费和卫生费，起着保护全村安全的作用。

与不断扩大的两个批发市场相比，村农场的规模越来越小，现在的可耕种土地只有300亩，有八九个人就够了。种有玉米和小麦，一年收入在40万元左右。除发放工资外，剩余无几。一年能纯收入2～3万元就是好的了。近几年，玉米和小麦都不好卖，光靠粮食，农民的收入只有越来越低。因此，县、乡政府要求调整产业结构。1999年，沙井村不断遭受自然灾害，先下冰雹后又干旱，好几天气温超过了40度，降雨量比常年减少了50%，影响了农作物的生长。有的农民说，这样下去农业会越来越不安定。1994年我们对沙井村进行再调查的时候，在农场干活的人的收入比其他人的收入稍高一些，现在却比其他人稍低一些，年轻人不愿意干。这几年，光种地收益很小，村民们都不依赖农业收入。

沙井村的财政收入也不依赖土地，每年村里都从相关企业中征收70～80万元。现在村里把木材工厂出租给了县工商部门并与其合作，每年仅租金收入就有20多万元。全村主要的支出是以下几个方面。（1）给有关人员每人每月发放十几元的老保费，全年共计2万多元；计划生育费近2万，用于新生儿父母加入养老保险，对育龄妇女进行体检，发现怀孕妇女立即劝其采取措施。（2）支付村党政干部、幼儿园老师、清洁工的工资，约20多万元。（3）每年春节举办全村性的大型娱乐活动，支出几万元。村里有秧歌队，届时他们自己演出，有时也请外面的来村里演出。另外还有意想不到的开支，比如1998年换了两个大变压器，花了20多万元。原来的变压器是100千瓦的，随着发展，空调等电器用品增多了，超过了负荷，只好换成200千瓦的了。

沙井村的企业经营得不太好。近几年，搞农业不合算，第一产业没有前途，第二产业受技术和资金的限制，同时也没有高级技术管理人员，要想发展是很困难的。因此，刘振海书记介绍说，沙井村不计划投资工业，而是采取将村里现有的工厂的经营权以“出租”的方式租给承包者的方针。村里原有的工厂如汽车配件涂料厂、小豆冰棒厂、汽车修理厂都租给了本村或外村的人，服装厂是与县里合办的，以前的养鸡厂关闭了。村里最大的工厂还是木材厂，由福建人在这里经营。

沙井村的木材厂比1994年的时候扩大了许多，从经营的角度来说这是求之不得的好事，但诚如杨庆忠老师所说的那样，从1998年南方和东北地区所发生的水灾来看，也不完全是一件好事。因为，无计划的砍伐山林树木就是对资源的破坏。的确，沙井村没有森林。要说树木，也只是1980年在道路两旁种的杨树，除此以外的树现在都被砍伐了。沙井村木材厂的木材都是从大兴安岭和南方运来的，工厂只是将南方和北方的木材运集到这里，然后再卖出去。尽管如此，再次扩大工厂的规模已是确定无疑的了。海南岛的一个投资商准备以此木材市场为基础，在这里建一个北京地区的大型建材批发市场，经营装饰、板材、木材、钢材等，投资总额为5000～6000万元。数年之后，沙井村的木材厂，就有可能由一个单一的木材市场变为全方位的建筑材料市场。此批发市场占地面积250～260亩，沙井村以出租的形式把地租给投资商，投资商每年给沙井村80万元左右。刘振海书记说，这笔收入准备用于集体福利事业，如作为生活补贴，给男60岁，女55岁的老人每月30元，干部和老党员多给一点。

现在沙井村的劳动力大部分都在外面，一部分在乡镇企业工作，另一部分是经营个体企业，有经营蔬菜、服装、水果的，也有搞运输的。作为第三产业的运输业是沙井村的基础产业，1999年，村里有80～90辆出租车，主要是大发和夏利。大发一辆5～6万元，夏利一般是6～7万元，最高级的是10万元左右。村里有200人有驾驶执照，但搞货运的只有2～3个人。其他的人都是经营出租。这个村至少有40%的人的生活来源是靠运输。妇女主要在服装厂工作，还有卖青菜的。现在村里有二个女孩在日本的服装厂干活，她们一般是2～3年的合同工。

我们这次重访沙井村的时候，村北正在盖5栋住宅大楼，那是沙井村和石门村等共同开发的将来被称之为“石门小区”的住宅楼。5栋楼内有1栋半是为拆迁户提供的，其他的都作为商品房，以每平方米1600元出售。

环绕北京的国家级高速公路“外环路”，估计今后2～3年内可以开通，它将从沙井村木材市场的边上通过，连接大兴黄村。这样过境车就可以不进北京市区，借以缓解北京市内的交通压力。北京市内的交通压力虽然缓解了，但沙井村的耕地面积却被减少了。这一高速公路开通后，沙井村就只剩下高速公路以西的120亩地了，村里不再计划种农作物，而是考虑种葡萄之类的经济作物，让一个人或几个人承包。随着土地的减少，直接从事农业的人也越来越少，沙井村的这一农村特征也正在消失。

沙井村村民的生活水平确实比前几年提高了许多。每天喝北京三元牛奶公司牛奶的就有几十家。80%的人家都安上了电话，也有买电脑的。结婚仪式也比过去豪华多了，同时有关费用也贵了许多。电冰箱、洗衣机、沙发、摩托车等都是结婚的必备之品。另一方面，贫富差距的扩大也是现实。沙井村村民最起码的年收入在2000元以上，也有5000～6000元、上万元的，数万元的也不少。

沙井村的幼儿园面向社会，4名老师管着90个孩子，其中70个孩子是暂住人口或左右邻村的，本村的孩子不超过20人，他们每人每月的保育费是30元，但暂住人口、左右邻村的孩子每人每月却要交90元。

随着耕地的减少也出现了墓地不足的问题。在沙井村，虽然已经完全没有土葬的习惯而都改成火化了，但由于土地减少，村民既无埋葬骨灰的土地，又无公共墓地。现在，人们就把村外河流与木材厂之间的一块杂草丛生的闲置地作为墓地使用。但这块空地将来有可能被作为公路的一部分，所以，村委会考虑要建一个骨灰堂。

现在人们一齐干活的机会少了，再加上大部分村民白天在村外工作，只有晚上才回来，一天也见不着面，所以人与人之间的关系变得疏远了。村里一年有两次村民代表会，第一次是 7 月 18 日，第二次是 1 月 18 日。主要是公布村里的财务账目，把前一年的收支情况例如举办了什么大型活动、支出多少、剩余多少，由干部向村民说明并回答村民所提出的问题。之后，村委会还要把账目贴在公开栏里，征求村民的意见。产生村民代表的方法，一是在各个片指定有威望的人，二是指定平时爱提意见的人，各种方法都没有比例限定。被指定的人因上班不能参加的情况也是常有的，现在基本上就是谁想参加就参加，人数多时 50 人，少时也有 30 多人。

（二）1995 年秋以后的栾城县

结束了对北京近郊沙井村的访问之后，我们乘火车直奔河北省栾城县。9 月 5 日和 6 日我们除重访目的地寺北柴村外，还对栾城县第五中学、栾城中学、栾城职业教育中心进行了调查。此前在东京认识的中共栾城县委书记郑雪碧、主管文教和城建的栾城县副县长陈建国以及外事旅游侨务办公室负责人韩颖、柳林屯乡副乡长王清素、教育局长彭秀山等对我们的调查都给予了大力的支持和帮助。

1994 年 12 月、1995 年 2 月和 9 月，“中国农村惯行调查研究会”的成员曾三次访问过栾城县。从那以后，栾城县发生了翻天覆地的变化。1999 年 9 月的栾城县共有 5 个镇、13 个乡、194 个行政村，总面积为 379 平方公里，人口有 35.6 万人，比 1994 年的统计多了两个镇、一个村，并增加了 1 万 6 千多人。下面从以下几个方面介绍其发展和变化。

近几年，从播种到收获都实现了农业机械化，产量不断提高。以人均向国家交售商品粮为例，栾城县连续 17 年名列全省第一。畜牧业建立起了以瘦肉型猪为主的肉、蛋、菜、奶副食品生产基地，每年向石家庄和京、津等其他城市提供大量的副产品。同时也大力调整了农业结构，与粮食加工、肉类生产、动禽养殖等农业相关联的新产业也逐渐形成。

工业生产发展迅猛。现有工业企业 3000 余家，由医药、化学工业、纺织、机械、建材、铸造所构成的六大产业是栾城县的基础产业。投资 12 亿、占地 107 公顷的县城医药工业基地已形成规模，在全国有较大的影响力。其中石家庄神威药业集团公司已跨入全国中成药 50 强行列。位于京广铁路附近的窦妪工业区也初具规模。

与五年前相比最大的变化是商品的贸易流通。1999 年栾城县已形成粮食、禽蛋、蔬菜、木材、钢材、摩托车等专业市场 40 多个，商业网点遍布城乡。其中投资一个多亿的中国北方摩托车商城，吸引了全国摩托生产厂家和经营商家 120 多个，年产 15 万辆摩托车生产线已在这里建成。

栾城县的交通状况也得到了大幅度改善。1994 年 12 月第一次访问栾城县的时候，在弥漫的浓雾中，我们乘坐一辆面包车行走在未被修整的狭窄的道路上的情景至今仍记忆犹新。这次，京深高速公路从县中部穿过，并在栾城设有出入口，从县城到石家庄只需要二十分钟。贯穿县城南北、东西的大道已完工，其他的六条主要干道也被拓宽。宽阔的道路、明亮的街灯使栾城县城容貌焕然一新。在建设道路的同时，又开展了大规模的绿化、美化活动，形成了以栾城县标志“稷香园”为首的9个各具特设的大中型绿地、9条绿化带和23个街头绿地景点，县城的外观确实是比前几年漂亮了许多。

栾城县是河北省第一个实现农村电气化的县。现在已经有35000伏特和110000伏特的变电所10个，每年要卖出三亿千瓦的电力。县城新建了电力、通信大楼，建成的三万门程控电话可直拨世界各地，开通了栾城县有线电视台，创办了《栾城报》。1995年以后新建的县医院门诊大楼、图书馆、体育馆、第五中学都早已投入使用，栾城宾馆也将在建国五十周年的国庆节时正式对外营业。

栾城的对外开放也不断扩大，对外交往日益频繁，先后与美国、法国、日本、新加坡等国家和港、台地区进行了多样式、多渠道的经济技术合作。中外合资企业已发展到11家，华北制药集团、河北银河集团、河北圣雪集团、石家庄制药集团等省市优秀企业集团都在栾城落户并开始生产。栾城对外开放的前沿阵地——方村经贸区除建有大型摩托车商城外，还建有学校、医院、宾馆等设施，还有“卓达别墅区”、“华闻新村”等豪华别墅区。

文化方面，栾城县修复了同县出身的唐朝宰相、文学家苏味道之墓及清明桥等历史遗址，准备筹建苏东坡祖籍纪念馆，前期资料准备工作已基本完成。

到1994年为止普及了九年制义务教育的栾城县，现在又全力推广十二年素质教育。这次，我们重访了1995年9月访问过的栾城中学，并访问了栾城县第五中学、栾城职业教育中心。在访问栾城中学时，我们会见了校长兼县教育局副局长范保林、副校长朱英祥、段忠义、刘纪波和校工会主席韩代芳，他们详细介绍了这几年学校的发展情况。该校建于1951年，是河北省重点中学之一，现有36个教学班，学生2015人，教职工219人。在157名专任教师中，高级教师7人，一级教师23人，有本科学历者71人。学生毕业率达100%。

在栾城县第五中学，我们听取了刘胜利校长、赵为乐副校长、吉秀霞主任、陈立振副主任的介绍。该校是1996年县政府为缓解县城子女入学难问题所设立的一所中学。学校于1998年9月1日正式投入使用。目前有十六个教学班，在校学生800人，教职工65人，学生的来源为县城商品粮干部职工子女。学校二期工程虽尚未起步，但目前已拥有物理、化学、生物实验室、仪器室各一个，图书馆、阅览室、微机室各一个，办学条件已达一类办学标准。学校一期工程占地13415平方米，教学楼建筑面积4200平方米，总投资约500万元。建设完成后，该校可容纳30个班级1500名学生。第二期工程占地面积为33285平方米，将建办公楼、实验室楼各一个（建筑面积4000平方米）和标准400米跑道操场一个。

位于县城东侧一公里处的栾城职业教育中心，是1994年12月成立的以培养实用型专业技术人才为主的综合性“省级重点职业学校”。访问该校时，我们在听取了冯玉山常务副校长、张书声党支部书记、魏生海副校长的介绍后，对物理、音乐、舞蹈、英语等课进行了教学参观，之后又参观了教学楼、实验室和学生宿舍。该校占地140亩，建筑面积近3万平方米，投资总额2000余万元。教学楼、办公楼、实验楼、综合艺术楼、男女学生宿舍楼、教工宿舍楼整齐划一。实验楼里设有舞蹈、微机、财会、电子电工、语音、钳工、物理、化学、烹饪、手工、绘画等16个实验实习室，又投资80万元建成了乐器、舞蹈、美术、书法、手工、烹饪、微机等多个学生特长活动室。此外，学校还有30亩农林实习基地。1999年9月我们访问时，该校有教职工

242人，在校学生2100多人，毕业生除部分升入大学（1999年升学率为58.7%）外，其余均为企事业单位录用或回乡生产成为科技示范带头人。

（三）迈进“宽裕型小康”的寺北柴村

我们是在村党支部书记郝元增、前任书记郝同顺的陪同下于9月5日重访了寺北柴村。当我们乘车进村后，以前印象很深的泥土路已不见了踪影，映入眼帘的是宽阔的水泥路。另外，又黑又旧的小学校也没了，取而代之的是二层楼的新校舍。在郝元增书记介绍了村里近年的概况后，我们缓慢地巡视了村内和一些农家，并走到学校的教室听了部分语文和数学课，之后我们又非常高兴地与1994年、1995年采访过的张仲寅、郭宗路小学校长等老朋友进行了会谈。虽然只有四年的时间，寺北柴村就发生了如此大的变化。

以前隶属于孟董庄乡的寺北柴村现属柳林屯乡。全村有370户人家，比1994年12月调查时的352户增加了18户，但人口还保持着1409人，没有增减。近年，村里的农业连年高产丰收，亩产量达2000斤，农业生产全部实现了机械化。村民人均纯收入已达小康水平（1200元），村民的大部分除从事农业外，都经营着商业、建筑、运输、服装加工业等，他们中还出现了一批特色专业户，如养殖专业户、蔬菜专业户、果树专业户等，全村有个体副业户20多家。解决了衣、食、住、行的村民们，对生活有了更高的要求。五年前拥有二层小楼房的人家只有二三家，1999年，村里的小楼房已经是一行行、一排排的了。另外，到1995年为止一台电话都没有的该村，这时78户的农家安装了电话。全村有汽车12辆，大、中、小型拖拉机260多辆，村里还购置了8台55马力拖拉机和2台大型联合收割机，农民的生活水平在不断提高。过去的“楼上楼下，电灯电话”已不是梦想，而是活生生的现实。

随着农民的增收和富裕，全村更加重视对后代的培养和教育。1996年经寺北柴村党支部和村委会研究决定，建筑了一栋总面积640平方米的教学楼，极大地改善了学校的环境。实行了国家规定的九年义务教育，适龄儿童入学率达100%，1999年9月学校共有6个教学班，在校学生240人，教职工10人。

为了加快村里经济建设和改善农民生活环境，1997年寺北柴村党支部根据村里的总规划，打通了村内东西主干街一条，南北次干街两条，并对街道两旁进行绿化美化。1998年，寺北柴村村民人均收入、人均居住面积、街道硬化、环保美化等方面均已达到省市标准，一次性通过小康村验收。现在全村又以“宽裕型小康”为目标制定了今后的主要工作，即打通与县新建八十八米大街接壤的两条道路及路面硬化；土地调整后，重点做好招商引资工作，大力发展集体企业，富村强民；调整种植结构，在八十八米大街两旁发展蔬菜基地、养殖小区，全面规划，统筹安排。

（四）1994年以来的后夏寨村和十里铺乡

9月7日，完成了对栾城县的调查访问后，我和内山雅生教授乘列车奔赴山东省平原县。因为事先没有和平原县政府联系，在我们刚刚住进平原宾馆之后，国家安全局的人就来检查，我们在忐忑不安中开始了对平原县的访问。当我们详细说明了访问目的之后，以县人民政府副县长张化琴老朋友为首，肖春县人民政府办公室副主任、滕俊平县外事办公室主任及李英才、宋延国等外事办公室成员先后来宾馆看望我们，并在当天晚上为我们举行了欢迎宴会，这时我们悬着的心才落了下来。

第二天，在肖春的带领下，我们重访了后夏寨村，对马德昌党支部书记、王维宝村长、村民李志详进行了采访。

“中国农村惯行调查研究会”对后夏寨村的追踪调查，是1993年3～4月和1994年8月进行的。此后几年间，后夏寨村的人口没有大的变化，1999年9月全村有222户、810人。农业上最大的变化就是大多数农民不种植棉花了。因为从1999年开始县政府改变了以往的棉花政策，即政府不再征购棉花，棉花价格要根据市场的变化而浮动，因此，农民种棉花已不如种玉米和小麦了。玉米和小麦仍是后夏寨村主要的农产品，不过操作方法改变了许多，过去多是体力劳动，现在大多是机械化。例如收割小麦，以前都是用手割，现在全部用联合收割机。一般来说，农用机械多是个人购买，拖拉机几乎是家家有，像过去关系好的几家合买一台水泵，大家轮流用的办法现在也没有了。与此相适应，没有买联合收割机的人可向拥有联合收割机的人借用并交付一定的使用费。可以说，受市场经济的冲击，农民的“商品”意识也越来越强。

1993年，后夏寨村有200亩苹果园，它是农民的主要收入来源之一。可1999年村里的苹果园完全消失了，与看护苹果园相随的看青也就没有了。与农业相关，为了修水堤，后夏寨村每年都要以义务劳动的形式派遣劳动力，现在也是如此，只是有一些小的变化，那就是只要出相应的钱，就可以不去参加义务劳动，这叫“以资代劳”。村委会的任务之一就是到不去参加义务劳动的农民家收钱，然后交给乡政府。

农业以外，后夏寨村村民主要从事两种产业，一种是木工，另一种是柳编。木工在村里很走红，小型的家具厂有十几或二十个人干活，大型的有四十多人干活。到了冬天，干活的人更多，大型木工厂雇用六七十个人也是常事。雇用的人中，大部分是本村的，也有外村的，还有从很远的地方来的，如有一个人是从江苏来，在这儿已经住了好几年了。做出来的家具，主要卖到恩城、平原以及外省。贩卖方法有两种，一种是把家具送到家具店，让其代卖，货卖出后付钱，另一种是家具贩卖店的人到村里来购货。

村里从事柳编的农家有60多户，占村民的30%。产品的出售方法是，首先编个样品，送给客户，质量和样式如果都合格的话，客户定货。包括后夏寨村在内的平原县的柳产品都是外贸产品，出口给日本、西欧等国家。村里外出挣钱的年轻人不多，大部分年轻人都在本村的家具厂或蜂窝煤厂干活。

我们正在谈论村里的蜂窝煤厂的时候，该厂的经营者李志祥抽空过来了，他总是走在村里商品经济浪潮的最前头。几年前他经营了一个苹果园，后来当苹果卖不动的时候，他就从经营苹果改为经营饭店和蜂窝煤，在临近国道的村边开了一个饭店，并在其旁边开了一个蜂窝煤厂。现在，蜂窝煤厂交给大儿子去干，饭店交给二儿子去干了。大儿子经营蜂窝煤厂，年收入最少2万元，这在这个村属于中上游水平。蜂窝煤厂比木工厂用的资金少，比较好干，现在雇有7个人，他们大部分是本村的，也有外村的，都是自愿的。他们的工资按件计算，一天大概10元左右，有时也有20元。蜂窝煤的原料来自山西，产品卖到附近各县。这个村附近有专门从事贩卖蜂窝煤的人，经过他们再卖给各个需要户。

就在即将结束对李志祥的采访时，后夏寨村所属的十里铺乡的李洪恩乡长来了。他给我们介绍了最近五、六年该乡的发展情况。

十里铺乡共 47 个村庄，25000 人。近几年，按县政府的要求实行三增方针，即增加乡财政收入，增加集体收入，增加农民收入。现在乡里有三大基础产业。第一是柳编，从事人员达 6000 人，每人每天纯收入 20 元，产品销售到澳大利亚、新加坡等地。第二是养鸡业，全乡养鸡总量 300 万只，养鸡大户 1000 多户，每只鸡的收入约 20 元，鸡蛋销往上海、广州。第三是蔬菜，种菜面积有 4000 亩左右，其中冬暖式的蔬菜大棚比较多，黄瓜、西红柿和一些其他蔬菜主要销往京津地区。全乡农民年纯收入达 3000 元以上，基本安上了电话，电视等家电产品已基本普及，农民生活日益提高。交通业也方便了，农民出门办事，多骑摩托车。干农活时有机动三轮车，生产基本实现了机械化。水利建设方面实行双配套，一是引用黄河水、马家河水灌田，二是乡里投资打井，全乡现有水井 600 个。井水和河水双配套，河里有水用河水，河里没水用井水，这样就彻底解决了农田用水问题。

结束了对各方面的采访调查后，我们拜访了被称为木工王的李春和的家。之后又参观了村里的大型家具厂和小学校。在小学校，我们发现学校的学生很少，向老师询问后才得知，现在，在该校上学的只有幼儿园和一年级的学生，二年级以上的学生都去别的学校了。

（五）与后夏寨村不同的王打卦乡和花园村

与不种苹果的后夏寨村相反，王打卦乡的花园村正在不断扩展果树地，成为种植苹果的专业村。为了调查这些情况，我们又访问了花园村，与王朝军村支部书记、王打卦乡乡长孙传华、王打卦乡支部书记崔良田进行了会谈。

花园村共有 750 亩果树地，其中包括 150 亩梨树，年总产量 300 多万斤。村里有许多冷藏库，其中三个用于储存苹果，其他的用于储存蒜台。冷藏库本来是用于存放水果的，因为这几年水果效益不好，其它村的产量也比较低，空出来许多，所以把它用于存放蒜台。这些冷藏库都是出租性质的，通过征收保存费来运转经营。当然，花园村附近根本不产蒜台，好多外地人在蒜台旺季时买下蒜台，存放在这里，到了淡季时再卖出去。

到 1998 年为止，花园村附近的苹果都是运到龙口去卖，那里聚集了从全国各地来的收购者。但从那以后他们就没有来，1999 年主要是湖南、湖北人来此收购。1999 年 9 月，我们访问时，苹果的价格比较便宜，平均一斤 4 毛钱，小苹果 2 毛钱，大的如 85 公分的也只有 8 毛钱。苹果的主要品种是红星（70%）和红富士。

花园村是苹果专业村，家家户户都有果树。这个村平均每人有 7 分地，基本上都种着果树。果树小的时候，人们在果树地里种植玉米和小麦。1999 年全村的小麦地最多也只有 100 亩。因为果树已长大，从明年（2000 年）开始，这个村就不种粮食了。

花园村种植水果特别是种梨已有 100 多年的历史了，种植苹果开始于人民公社时期的 1963 年，全村一窝蜂式地种植红星和红富士是在 1986 年。1983 年政策开放，从河北、南方来了许多收购水果的客商，苹果和梨的价格一直上升，一斤高达 1.4～1.5 元。这样，有果树的村的效益就明显好。在这种情况下，县、乡政府就号召大家种植苹果树。从那以后十几年，全国各地种植苹果的越来越多，各个省都有自己的果园，南方的也渐渐不来买了，水果多得卖不出去了。这样，以前种植水果没有一定基础的村子就把果树砍掉了。花园村在这种情况能坚持下来，是因为苹果的品种好，如金帅、青香蕉、红玉等老牌子。大的红星苹果基本上都用于出口。现在有一个新加坡商人在龙口开设了“复发中基投资公司”，专门经营收购苹果并出口海外的买卖。

苹果园现在没人看护了。因为在苹果集中的地区，大家都有苹果，不用担心别人来偷。再说，人们生活水平提高了，没有人在乎被偷，也没有人去偷了。过路的人想吃了摘几个吃也没有关系，他们也不会去偷的。

种植苹果需要技术。由于前几年县、乡政府给大家进行技术培训，现在每个家庭至少有一个人已经掌握了栽培技术。县、乡的林业部门和科技部门，有时专门给农民讲些课。王打卦乡设有专管技术的副乡长、副书记，什么时候应该防止虫害、什么时候应该喷药，都通过广播通知给大家。在引进新品种、新技术方面，因成本能不能收回来，农民们有顾虑，这样乡政府就出面投资。如去年（1998 年），乡里投资 5 万元，用于试用新农药。

王打卦乡离河很近，每年需要修补堤防。十里铺乡和后夏寨村采取的是以资代劳，王打卦乡和花园村也是如此。而且王打卦乡在经营乡镇企业和私营企业方面比十里铺乡更发展，有对农业进行大投资的能力。因此，这个乡在出资改善农业基本条件方面投的资金很大。例如去年一年（1998 年），王打卦乡大幅度改善了水利条件，但没收群众一分钱。浇水时，虽然电费由农民自己支付，但基础设施建设费，如打井费用、开辟水渠的费用都是乡里支付的。将来的目标就是想把王打卦乡打造成全国水利建设的试点。

（六）近五年平原县的变化

9 月 9 日上午，我们参观了平原县县城、县图书馆以及座落在王风楼镇的山东德州农业科技创新园，听取了有关农业技术研究及普及的讲解。下午，张化琴副县长就近五年来平原县的发展情况给我们作了一个详细介绍。

平原县现有 18 个乡镇，43 万人。1998 年的国民生产总值增加到了 21 亿 8400 万元（1995 年是 14 亿），同年的财政收入是 1 亿 200 万元（1995 年是 2758 万元），农民的年纯收入是 2350 元（1995 年是 1576 元）。

平原县是典型的农业县，主要农作物是小麦和玉米，原来还有棉花，现在棉花也没有人种了。这几年农民种粮食收益比较少，所以必须调整农业产业结构。调整的方法有两个方面，一个是发展蔬菜业，另一个是发展畜牧业。现在，全县大型的蔬菜棚有 5 万多个，今年会再增加一万多个，县里的目标是 1999 年实现 7 万个蔬菜大棚。不用说，中小型的蔬菜棚就更多了。畜牧业方面主要是养鸡。平原县是个养鸡大县，纯养鸡量 1000 多万只，还有黄牛、猪各 30 万头。这几年农民收入的增加主要是靠蔬菜业和畜牧业。在农业方面，现正在逐步打破一家一户的小规模式经营，向有一定经营规模方式的方向发展。农民种什么地方政府都不干涉，只对其进行宏观控制。

与 1995 年相比，平原县的工业发展比较迅速。现在，工业的主导产业有机械、化工、造纸、纺织、食品加工、建材、酿酒这几个方面。其中有三个企业，从 1999 年到 2000 年将形成县重点骨干企业。第一是沪平永发造纸，这是与香港合资的企业，主要产品是包装纸，原来有 3 万吨的生产能力，现在又增加了 2 万吨，到年底又能增加到 8 万吨。此外，照东方纸业集团已经加入人民日报集团，一次投资为 3 亿元以上，现在已经签订了合同。第二是德齐龙化工厂，该厂原年产 6 万吨合成氨，这几年又新上了一个年产 10 万吨的尿素。第三是青岛啤酒公司平原分公司。此外还有征宇机械厂，主要生产弹簧、机床附件，80% 以上出口给美国、德国。这几个项目发展势头很好，是平原财政收入的骨干。

在商业贸易流通方面，现有 8420 家商贸网点，专业型、综合型的市场有 40 多处，商业、副业发展都较快。县里有商业大厦、供销大厦和刚竣工的东方大厦。

县里的金融规模也不断扩大。城乡居民储蓄达 15 个亿，贷款数额为 14.5 亿。储蓄和贷款支撑着这一地区经济的发展。1994 年以来，平原县私营经济发展迅速。到 1988 年底，有个体业户 14500 户，注册资金 8340 万元。私营企业 185 家，注册资金 1 亿 3000 万元。1999 年 1 ~ 6 月，私营企业在 185 家的基础上又新增加了 122 家，新增加的个体工商户也有 1828 家，完成资金投入 1 亿 1200 万元。

县的对外贸易是弱项。1988 年完成出口商品供货值 3 个亿，私营企业的出口额 430 万美元，实际利用外资 335 万美元，劳务输出 9500 多人。1999 年 1 ~ 6 月，实际利用外资是 102 万美元。私营企业的出口额已达到 320 万美元。出口商品供货值是 1 亿 9000 万元。出口产品主要有弹簧、人造牛黄、化工原料、青岛啤酒、柳编、农副产品以及农副产品的加工产品等，销往亚洲、欧美 20 多个国家和地区。

随着经济的发展，社会事业也不断发展，现在平原县有 8 个科学研究机构，科技人员达 1400 人。1997 年，被国家授与“科技先进县”称号。

教育方面，县里有师范学校一所（隶属德州），职业中专一所，高中二所，初中 20 个。1997 年，通过了全省九年制义务教育验收。

在文化卫生方面，最近几年县政府修建了“文化艺术中心”，并向广播电视台投资数千万元供其建设。医疗卫生条件也不断改善，通过了省里的初级卫生保健验收。

县政府对城市建设也投入了很大的资金，从 1997 到 1999 年的三年内，累计投资近 2 亿元，财政投入也有 6 ~7 千万元。县内的交通既有公路也有铁路，京福（北京—福州）高速公路、京沪（北京—上海）铁路，004、008、045 省道和 105 国道穿越平原县，交通非常方便。

通讯方面，现在平原县的电话装备容量已达 3.4 万台，手机也有 3900 部。县的电力也很充足，有 11 万伏的变电站 3 座，22 万伏的 1 座，还有一个 3 万千瓦的水电厂。

为了使平原县发展得更快一些，县里制定了引进外资的优惠政策。其中最主要的是有偿出让土地使用权。即对工业项目投资的有偿出让土地使用权是 50 年，对商业、旅游、娱乐等项目的投资是 40 年。并且保护外商的人身安全和权利，尊重他们的生活习惯。县里设有“外商保税区”，进入该区的外国企业，免征城市配套费等。另外，对投资 500 万元以上的外资企业免征 5 年的土地使用费。

今后县里的经济工作重点主要集中在发展县城工业、农业产业化和个体经营经济三个方面。他们的目标是，成为全国的农业强县，全省的工业大县和财政富县。

（七）1993 年以来的冯家村

9 月 10 日，在顺利完成了对平原县的访问之后，我们乘火车经过德州前往天津，与南开大学历史系魏宏运教授等协议共同研究的一些课题。9 月 11 日，在静海县政府的允许下，我们与历史系左志远、张洪祥两教授一起访问了冯家村，并参观了改革开放后以特殊的优惠政策为背景发展成为现代化农村典型的大邱庄。在冯家村，我们一行听取了原村长张宝森、村干部郝开顺的介绍，参观了村里的主要街道、作为历史遗址的天主教堂、旧运河和蔬菜大棚。

“中国农村惯行调查研究会”在1991年8月和1993年3月对冯家村进行了两次追踪调查。现在村里的二层小楼比较少，村里所有的住宅分别分布在两个住宅区里。这两个住宅区一排又一排、整齐划一并且编有门牌号码。另外，村里的大路都铺上了砖。1993年以来，冯家村新建了村民委员会办公室，旧办公室现在是作为杂货店，供村民利用。

1991年，“中国农村惯行调查研究会”的成员首次对冯家村进行追踪调查的时候，村里的锻造厂正值繁荣期，当时工厂拥有50万元资金，年产值达数百万元。但是，从那以后，受全国工业不景气的影响，经营不振，财政出现了赤字，最后不得不停产。1999年9月我们重访该村时，工厂仍然关闭着。

在农业方面，冯家村的农民一般都致力于栽培蔬菜。认识到只生产粮食不能致富的农民们，在农田里架起了几十个蔬菜大棚并种植其他农作物，他们好像只有依靠大棚蔬菜才能生活。从别的村的村民中得知，冯家村的各个家庭中70%以上的收入都是靠卖大棚菜而得的。

冯家村厉行计划生育十数年，其结果是，与全国大部分的农村一样，该村的儿童也在不断减少。1993年3月以后，冯家村小学因学生人数不足，被迫与三华里以外的刘家营村小学合并。1999年我们访问该村时，冯家村小学已经被关闭，学生们每天去刘家营村小学上学。

在冯家村的调查访问结束之后，我们原定的重访华北四大调查村的任务就基本完成了。9月15日，我和内山雅生教授离开了北京的首都机场向成田的新东京国际机场飞去。

小 结

这次重访华北四大调查村期间，我们听得最多的话就是“达到了小康”、“迈向宽裕型小康”。这其实是中国政府提出的到2000年末基本消除贫困现象、人民生活达到小康水平的一个目标。在二十世纪即将结束的1999年夏天，也许各地的县、乡、村负责人都在极力向外界展示，说明“我们这里已经达标了”。除此之外，我们还经常听到“农业产业化”、“调整农业结构”之类的新词语，这就是说要减少种植粮食作物，增加果树、蔬菜等经济作物的栽培。我在想，如果这种做法在全国范围内加以普及和推广的话，那么几十年后中国会不会失去粮食自给能力呢？深刻的粮食不足的问题、甚至像西方国家所宣称的那样“由谁来养活中国”之类的问题也许有一天真的会出现在我们面前。如何在确保粮食的同时增加农民的收入，这将是中国各级政府面临的一个紧迫的课题。

十二

近代华北的村落与国家

祁建民

对于中国国家与社会的相互关系，以往的研究大多仅仅限于县级以上，对于县级以下地域范围之内，国家是如何行使统治权力、地域社会又是如何接受的，研究者们分别从乡绅的地位与作用、宗族组织的机能等国家与社会的“中间领域”(1)、“中介”(2)、“缓冲器”(3)等方面着眼，或者是从“文化国家”(4)、“同心圆”(5)观念等意识形态统治的角度进行思考。还有研究者从与这样的专制国家体制相对应的社会构造的方面进行考察，在这方面的研究也已经取得许多进展。(6)不过，时至今日已有越来越多的研究者提出，研究中国的传统国家与社会的关系，不能照搬欧美诸国与日本的国家与社会关系的模式及其理论，必须从中国的历史实际出发，运用比较的方法，阐明中国式的传统国家与社会的关系及其在近代的转型。(7)本文拟从学术史的考察入手，结合近年对华北农村的现地调查，对于近现代中国政治社会中国家与社会相互关系的特点进行一些探讨。

（一）对于以往研究成果的总结

关于中国传统国家中国家与村落的关系问题，学界已经有相当的学术积累，并不是仅在20世纪90年代关于市民社会研究兴盛之后才引起人们重视的。只不过是与现在的研究在观察角度和学术理论背景上有所不同。但是，以往的许多重要成果值得我们重视和借鉴，否则就不会有真正的创新和突破。

围绕中国的国家与村落的关系，学界（主要是历史学与社会学、文化人类学）是从静态和动态两个方面着手的。在静态研究上，包括对于“编户齐民”政策、“保甲”、“里甲”制度的研究和对于中国社会中人的社会结合特质的研究。在动态研究上，是按照古代国家与社会相分裂，近代国家权力向社会伸长，由国家机构吞并社会组织，国家与社会走向一体化的过程进行研究的。

就中国传统国家的基层政治组织而言，自周朝以后，本来意义上的封建制度作为国家结构的主体已经不复存在。实行的是中央专制集权下的乡官制和职役制以及乡地制。但长期以来，对于中国政治制度史的研究侧重于对县以上机构特别是中央集权体制的研究，对于县以下行政组织的研究极为薄弱。但是自20世纪初开始，也就是在清末新政以后，伴随着近代国家的建设，国家要加强对基层社会的控制，进行广泛的社会动员。学界也开始了对于基层政治组织的研究。1935年闻钧天出版了《中国保甲制度》一书，该书总结了历朝对农村社会的统治制度，提出在民国时代也要积极吸收，加以借鉴。其后又有董修甲的《中国地方自治问题》以及黄强、江士杰、吴晗、王亚南的论著出版。[(8)]1939 年，在日本出版了和田清的《中国地方自治发达史》一书，他认为在中国的县以下是一种自生的自治互助协同组织，但其内部是由士绅长老统治的，并不是近代意义的“自治”。1949 年以来，在古代史研究上曾有一些相关重要成果发表，例如王毓铨、蔡美彪、梁方仲、杨宽以及近年王日根、魏光奇的研究。[(9)]近年，张厚安、李守经、徐勇等从政治学的角度研究了中国农村基层建制的历史和现状。[(10)]在战后的日本则有清水盛光、栗林宣夫和松本善海的成果发表。[(11)]对于传统村落社会的自律与自治的研究，松本善海提出了一个重要的命题，即“问题的关键是要找出隐藏在自然村的自律性和协同性的面纱之下的本来的东西”。[(12)]我认为这是指村落的社会构造问题。对此，就要提到对于静态研究的另一方面，即关于中国社会中人的社会结合特质的研究。

对于中国社会中人的社会结合关系的研究，在中国属于原创性的是费孝通的“差序格局”论与梁漱溟的“伦理本位，职业分途”说。费孝通认为中国社会中都是以个人为中心编织成网络，没有一个网络所罩住的人是相同的。人与人的联系不像团体中的分子一般大家立在一个平面上的，而像石子投入水中所掀起的波纹一样，一圈圈推出去，愈推愈远，也愈推愈薄。[(13)]梁漱溟的“伦理本位”说与费孝通的“差序格局”论相近，是指“中国既没有团体，也反映不出个人，所有的就是家庭”，由此“便产生中国的伦理”。而“职业分途”则是说在中国社会中士农工商自由流动，没有形成固定的阶级对立的局面。[(14)]

在日本学界，从日中比较的观点也有颇为相似的看法。增渊龙夫从对秦汉时期的任侠现象的研究得出，当时没有统一的非人格的客观的社会秩序，是以各个家族为中心的并以其外延连接起来的人际关系。[(15)]中根千枝经过对日中家族的比较提出“场”与“类”的理论。日本的家族是家名、家业、家产三位一体，家族成员共有一个“场”。而中国的家族是以个人为出发点的，以“父系血缘”这一共同的“类”为媒介连接起来。[(16)]柏祐贤则提出“包的秩序”说，认为由于缺乏公共权力秩序保障，个人为了保障个人的经济生活活动，就要组织家族以及会馆、行会等组织，建立高度封闭的相互扶助、自卫团体。人们之间的经济交往，并不是按照物质本身计价，而是根据中间人的关系来确定。[(17)]滋贺秀三从法制史的角度提出，中国的社会特质是社会阶层没有封闭性，相互间可以自由流动。没有严格的身份界限。[(18)]岸本美绪关于乡绅产生的社会背景的研究把中国社会的个人自由与社会集团两大特征并存的现象统一起来解释，她认为，乡绅产生的社会背景是在明末时期，当狭小、安定的生活圈解体，便形成由自由的个人构成的竞争的社会，为了社会生存，按照个人自由选择而结成的社会关系便构成了乡绅社会的基础。[(19)]

关于动态方面的研究，是从近代国民国家形成的角度考察的。近代西欧的国民国家形成过程是由国家与社会分离转变为二者相互融合，国家与国民之间既对立又统一，结成法律的契约关系。在这一过程中，传统的自发的家族组织、地域共同体、宗教信仰集团和相互扶助关系等由国家改造、重编，产生于传统社会的国家之外的人的结合关系以及权力，或者为国家所吸收，或者被消除，实现了国家内部的“均质化”。研究者也按照这种思路，对于中国的国家近代化过程进行考察，结果，围绕中国的国家体制近代化过程是否已经完成这一课题，学界的认识存在着明显的不同。

1949 年新中国建立以后，实行土地改革，集体化和人民公社制度，国家在县以下建立了人民公社以及后来的乡、镇政府，共产党的基层支部建立在村落之中，加上民兵、共产主义青年团和妇女联合会等群众组织在基层的建立，国家权力深入到村落之中。对此，许多学者认为在现代中国，国家权力已经深入到基层村落，传统的社会结合关系以及非国家的权力已经被完全排除。仁井田升就认为，由于新中国的建立，原来的宗族集团统治机构，小集团利己主义等均已经成为过去，革命改变了原来的生产关系基础。[20]今堀诚二提出，由于家父长制家族的解体，男女平等，亚细亚共同体已经不复存在。[21]王沪宁提出，社会主义的新政治完全改造了旧的政治基础，完全按照现代的政治和行政原则对乡村社会进行组织。[22]毛丹认为，在人民公社体制下，村落已经变成"强势国家下的单位变体"。[23]费正清也说，共产党的政府深入到社会内部，这是过去未曾有的。[24]杜赞奇即明确地表明，新中国完成了民国时期未能完成的"国家政权建设"的任务。[25]

但是，在人民公社体制解体之后的80年代，能够重新到中国农村实地调查的人们却发现，在现代农村社会中传统的人际关系、习俗依然顽强地存在着。对此现象，有人认为是在人民公社解体之后，国家对乡村的控制缓和，同时农户在个体经营的情况下需要利用传统的社会关系进行合作。也就是说，这种传统的人际关系、习俗是再生的，或者是恢复性质的。但是，更多的人则是通过对这种现象的分析，对人民公社体制下传统社会关系已经不复存在的以往观点提出疑问，经过追溯性调查，进而对中国传统社会关系的特质进行重新思考。石田浩根据对华南农村的调查认为，解放前的同族组织在以后的社会主义改造和建设过程中，并没有解体或改变，而是在来自上边的压力越来越强的情况下仅仅在表面上消失，潜入社会底层，在近年又浮出表面。[26]杨善华和刘小京提出，即使是在国家对基层社会严格控制的20世经60～70年代，家族作为一种社会集团依然是农村社会的基础。[27]中生胜美指出，在解放后的政治运动中，宗族原理这种潜在的集团理念由于来自外部的政治斗争，变化成为了获得政治权力的一种战略手段。[28]赵力涛也提出，人们为了适应国家权力的反复变化，要依赖传统社会关系，这样人们对家族的依赖反而加强了。[29]内山雅生通过对华北村落习惯的考察指出，"看青"、"打更"等旧习惯在新中国只是通过变换形式而依旧存在下来，而"搭套"、"合具"等生产方面的惯习则在互助组结成时发挥了重要作用。[30]对于人民公社体制下家族的特质，唐军提出一种有力的解释，他认为在1949～1979年间，正式的家族组织虽然被消灭，但是就家族集团最重要的部分即血缘关系和亲族共居而言，前者不可能被消灭，后者在无意中得到强化，因为农民能够利用的生存资源仅仅是家族关系。唐军进而提出，当代华北村落家族生长的理性化，即仪式性的削减与事件性的加强，不仅表现在价值理性层面，也表现在工具理性的层面。[31]

从对以上先行研究的总结可以看出，虽然静态研究与动态研究已经取得长足的进展，但二者一直是平行进行、互不交叉的。没有将两种研究综合起来。这可能是受到学科之间研究对象和方法不同的限制。历史学和政治学长于大处着眼，多从国家的角度思考。而社会学、文化人类学善于精细的分析，多以一个社区、地域或家族为对象。这就造成了静态研究限定于某一地域或时期，忽视了人的社会结合关系在历史上的变化因素。而动态研究主要重视国家权力与社会相互间关系的演变，对于构成这种演变的社会基础即社会结合关系的变化涉及不多。这里的最大问题是，对于县以下的国家权力与社会关系的结合点没有能从国家权力和社会结合的两方面互动的角度进行综合的考察与解释，或者是强调国家对村落编户齐民政策的极其有效性，或者是仅注意村落人际社会结合的特点，不重视这种社会结合与国家权力的相互联系与作用。因而对于在村落水平上与国家权力相对应的社会结合构造的研究亦不全面。依然无法对于在村落地域中国家权力的表现和国家行政末端的运行机制进行清晰的描述。

到目前为止关于帝制以来中国的国家与社会两者之间关系的解释，概括起来，大体可以分为两种观点，一种是共同体理论，另一种是散沙论。

运用共同体理论对于中国的研究曾经盛极一时。值得注意的是共同体理论的学术源流来自欧洲和日本这样的有共同体历史背景的学者，例如马克思、魏特夫、内藤湖南、清水盛光、平野义太郎等。他们是以西方或日本的历史发展为坐标观察、衡量中国社会历史，试图在中国社会中寻找和论证共同体的依然存在，以此来解释中国历史发展滞后的原因。但是，根据东京大学和满铁调查部1940年代对中国的实地调查和战后众多学者的研究，已经证明在中国传统社会中并不存在西方或日本那样的共同体。

在近代，马克思主要根据印度的资料提出了“亚细亚生产方式”的假设。(32)与这一思路相近，内藤湖南、清水盛光、平野义太郎把对中国社会的“自治”、“自律”问题的研究锁定在“会”这一村落传统组织上。(33)清水盛光认为，一个个村落是孤立的小共同体，由此构成了专制国家的客观基础。平野义太郎则认为，“会”即是村落共同体的表现。由此，共同体理论成为有关中国村落社会性质研究中长期争论不休的问题。(34)直到中日战争期间，日本调查人员经过对中国村落的实地考察才确认在这里没有所谓的共同体存在。戒能通孝指出，在中国的村落没有日本那样的严格的村界，村落是由许多个人构成的，村长只不过是个单纯的支配者。(35)旗田巍、福武直根据调查资料也指出了中国村落的集团性十分微弱。(36)

与欧洲和日本的历史不同，中国的氏族血缘关系在春秋战国时代以后就已经瓦解了，人与人的关系突破了家族界限，转变为以个别的人为中心。到唐宋时期，政府与个人的关系已经强于家族内部的关系。(37)由于平均继承家产的习惯，家族中个人的权利非常明确。在华北村落内，会首集团与村民之间存在断层，一般村民并不关心村政活动，没有所谓的“全员一致”的习惯与约束。村落并不是一种封闭的、固定的、有强大的共同约束力的共同体，而是开放的、人员和土地不断流动的、共同约束力十分薄弱的生活聚落。在民俗宗教中，没有以村落整体利益为目的的宗教信仰活动。村落的互助、自卫行为亦是个别的、不稳固的，并且常有国家权力的管理与介入。

当然，我们也并不能否认村落中的一些共同活动。个体小农在农业生产和日常生活中，离不开一些最低限度的互助合作。特别是近代以来，国家权力出现分裂，对村落的掠夺加强，社会不安定，村落成员为了自我保护而形成协同防卫关系，以此共同应付外界的压力，即使是在人民公社时期为了抵抗上级的过度征收，也有“瞒产私分”等现象。但是，这种共同活动是为了个人利益而再造的，是外部压力的结果，是一种被动的、消极的共同关系。我们可以看到，关于中国有共同体存在的研究结论大多是以清代中后期以来的社会为对象所得出的，而这个时期正是社会动荡不安的转变时期。

以散沙论为代表的强调中国社会是由独立的个人、自由行动、缺乏协同性的观点则主要出自中国的政治家和学者，如孙文、梁漱溟、费孝通等，这是他们切身感受到的。从文化历史角度来观察，中国的传统思想文化主要是基于个人的。儒教思想的核心所在，就是强调“伦理”，即是个人与个人之间秩序协调问题。“为人由己”强调了个人的主观方面。当然，儒家的“个人”是要嵌入进各种“关系”中的个人。在这里，虽然是以个人为中心，但个人与个人之间仍然有各种的关系，只不过这种关系是以个人为中心的，不是由身份、血缘等因素先天固定下来的。正如梁漱溟所指出的，是“伦理本位，职业分途”。值得注意的是日本学者戒能通孝、岸本美绪、中兼和津次等通过对个人法律身份与经济活动行为的研究，充分证明中国社会中有明显的个人权利及其意识行为的存在。[38]

（二）近代华北村落社会的构造与国家

进入帝制时期以后，国家虽然拥有庞大的官僚体系，但是在一个幅员辽阔、通讯和交通不发达的前近代社会，国家依然没有能力建立起完全对每个个人进行控制的完备体制。在专制国家对个人实行行政统治（例如保甲制等）的时候，还需要利用一个空间，国家与个人的关系主要是通过这个空间连接起来的，当然这个空间一般是与行政系统混合、交叉起来的。这个空间就是社会结合，专制国家的统治要借用这个空间，日常社会秩序的维持也需要这个空间。在最下层的农村，这种社会结合就其主要内容说来，包括宗族结合（父系血缘）、村落结合（地缘）、信仰结合（信仰缘）和互助结合（业缘）。为了探明中国社会结合的特质，本稿根据1940年代的“惯行调查”资料[39]以及1990年代对于上述村落的日中联合再调查的资料，[40]通过对20世纪后半期华北农村四种社会结合构造的分析，试图从中国社会构造特质的角度对国家与社会的关系问题进行一些新的思考。

近代以来被调查村落周边环境和村落自身的变化，可以说明帝制以来中国专制国家的直接统治并不限定在县级以上，对于县级以下的村落和个人，国家依然保持有强大的统治能力。近年对于中国历史的一些研究成果也证明了这一点。[41]清末以来，这种统治发生了变化，一方面国家对村落的征收加强，另一方面村民的国家意识却淡化。但是，村民国家意识的淡化并不能说明村落与国家关系的疏远和中国村落有自治的传统。而是在近代国家权力分裂、社会动荡的环境下，在村落形成的被迫、消极的共同性有所加强。村政的复杂化和赋税的大量增加说明了国家征收的强化。

与国家权力对应的社会结合也发生变化，华北村落社会结合日益松散，以个人为中心，村落秩序的维持常常需要国家权力的介入。宗族关系与村政结合，但是，并不是像杜赞奇所指出的那样，保护型村落精英完全退出村政，[42]而是在国家推行自治和对村落加强掠夺时，作为村落代表的村长发生变化，但是在村长后面，协助村长施政真正拥有实权的会首（这时变为甲长、牌长等）集团却变化很小。[43]这种村落精英的连续性现象又说明国家统治也需要利用社会结合的力量。

1949年以后，土地改革和集体化对村落社会结合构造发生很大影响，一方面国家权力是对村落社会构造再编的主导力量，同时，原有的社会结合亦在阶级成分划定和互助组结成时，发生作用。在“四清”运动和“文化大革命”时国家权力与村落社会结合的相互作用，国家发动的政治运动在村落实行时要发生变形。宗族、村落关系渗透到运动之中，使运动并不能完全按照上级设定的计划进行。“四清”运动时不是阶级斗争而是干部的贪污问题成为运动的中心，“文化大革命”时派性与宗族矛盾交织在一起。通过对于1990年代的社会结合实态进行考察，与1940年代的社会结合相比较，可以进一步认识中国社会结合的特质，即国家权力与社会关系相互混同、交织。虽然国家不断加强对村落的统治，对宗族结合等进行压制，原有的互助关系多被集体吸收。但是，原有的社会结合并未消失，有的反而强化，例如宗族的结合与村落结合。

基于以上研究，从与国家权力相对应的角度，对于中国社会结合构造的特质，初步归纳如下。

1. 由个人关系为基础构成的社会结合

中国的宗族结合是再造的，是为了个人的利益而相互结合的。在宗族内部，虽然有族产，但在兄弟完全平均分家的习惯中，个人的财产范围和意识分明，出卖土地时“同族优先”等约束力极弱。族长的权威十分有限，并不能控制个人的行为，宗族结合只不过是人们社会关系的一个方面。村落的共同行动和规则仅限于维持村落最基本秩序的水平，对个人限制极少。土地自由出售。民俗宗教活动亦是自由参加，宗教信仰的内容只是神对个人行为的赏罚。村民的互助完全是个人之间算计的、自愿的、不固定的。在社会问题的解决上，首先也是通过个人关系解决。例如1940年代，沙井村保护香火地，吴店村避免了日军的烧杀，都是通过疏通个人关系实现的。[(44)]在人民公社体制下，个人之间的互助依然存在，村干部也要依靠个人的宗族关系。

2. 社会结合的组织及其首领的位置不稳定

族长只是按照辈份和年龄机械地排出，真正代表宗族的是族内有能力的人。村落的指导者没有由固定的家族独占，由于经济状况的变化而变动。民俗宗教的组织者（香头）由抽签决定，或轮流担任。互助的对象完全是根据个人意愿自由组合的。互助结合并不限于同家族、同村落等。这种社会结合自身无法产生稳固的“委托—庇护”关系以及强力的能与国家权力对抗的权力与权威。即使在人民公社时期，村落中虽然出现过一些抵抗国家过度征收、偏向村落利益的干部，但上级可以轻易地将其罢免，没有见到村民的团结反抗。[(45)]

3. 国家权力是社会结合关系的核心

在宗族结合中族长的权威远远低于村落行政官员，在官府任职或担任村落行政职务的同族人才最有权威。宗族的机能行为主要是围绕村落权力展开的。地域社会结合不完善，自律能力低下，其社会秩序的维护离不开国家权力的介入。民俗宗教信仰中帝制国家的观念被深深渗透。一部分村落互助行为由国家管理，或由国家行政行为所吸收。国家权力具有对社会再编的绝对力量，从保甲制、乡里制、乡地制到集体化、人民公社体制，国家权力对村落进行的再编，由对人的控制，到对地域的控制，再到对人们生产、生活的控制，国家权力深入渗透到社会之中。解放以后实行集体化，主要是上级命令的结果。[(46)]即使在人民公社体制崩坏以后，村民的宗教复兴活动也离不开干部的默认和支持。

4. 社会结合的强弱依据形势而变化

中国的宗族并不是由血缘氏族直接发展过来的，而是根据形势再建的，并且不是随着时间的推移而一定弱化，而是根据形势的变化时强时弱，例如在人民公社时期宗族结合与1940年代相比不是弱化，反而增强了。在解放以后残酷的政治运动中，宗族关系被激活。[47]另外村落结合由于近代国家权力分裂、社会治安恶化也有增强的趋势。宗教信仰在1980年代得到复兴。互助结合在人民公社瓦解之后也逐渐恢复。

与一般的社会人类学调查不同，在中国，考察这种社会结合时，最核心的问题是在有国家的情况下，要注意地域范围内社会秩序的维持与国家权力之间的关系。在中国，国家权力与社会结合的关系并不是仅由社会结合顶层的代表与国家接触（即国家权力不直接涉及个人），而是国家权力关系已经渗透到相互交错的社会结合之中，同时，社会结合也离不开国家权力的介入。作为个人要利用包括国家权力关系在内的所有社会关系构造以个人为中心的关系网。国家也是要利用一切社会关系加强自己的统治，对此，夫马进关于善堂善会与国家权力关系的研究已经得到证明。[48]国家权力与社会结合由个人之间的相互关系交错起来，社会结合围绕国家权力而展开，国家权力在所有社会关系之中是最强有力的。正如上田信比喻的那样，村落成员好像是铁砂，附着在各种权力关系的导线上，而国家权力这根导线的电流最强。以研究中国农民革命运动而著名的法国学者毕仰高就指出，农民起义的斗争矛头都是直接指向国家官吏的，而不是地主，说明了国家才是农民感受到的主要统治者。[49]

但是，在这种国家权力通过社会结合强力地对社会进行统治的同时，由于要借助于各种社会结合关系，这样国家意志和政策在社会结合中就必然会发生变形，出现国家与社会的不整合。即国家权力表面上无所不能，无处不在，但其政策在实施时却不能完全按照其本意百分之百地贯彻，社会方面对于国家的政策有灵活的选择。作为个人可以利用各种关系避免国家政策给自己带来不利。例如土地改革时依据“剥削率”划定成分，并不是按照可以公平计算的占有土地的面积。按照“剥削率”计算，有很大的主观成分，人际关系有很大影响。“四清”运动本来是一场阶级斗争，但在农村实际成为一场批判干部贪污腐化的运动。[50]

帝制时代以后，国家实现了对村落的直接统治，这种统治是通过以个人为中心、依靠个人关系连接起来的松散的、不稳定的社会结合来实现的。国家权力虽然强大，但在实施时却常会变形，国家对社会并未实现完全整合。这一特点在现代中国也依然存在。

另一方面，因为国家权力全面介入社会，社会方面则要通过各种个人关系向国家权力靠拢，建立关系，以此获得特殊的庇护与关照。所以中国的各种社会利益集团或阶层并不会选择加强自身组织，独立于国家权力、与其对抗、达成契约来维护自己利益的西方社会政治模式。而是通过个人与国家权力建立特殊关系来谋求私利（非集团或阶层的）。同时国家或者一些官员也希望用手中的权力换取来自社会的特殊回报。

总　结

近代华北农村的社会结合与国家权力的关系并不是一种截然分开、彼此对立的关系，而是一种相互交错的关系。在这里，国家权力并不是以一种外在的、与社会相对立的力量存在的，而是与村落社会结合交织在一起。由于宗族组织的弱体化以及与村政的交错、村民与会首的脱离，民俗意识中国家观念的强烈存在和互助合作的松散且一部分为国家行政所吸收等原因，村落的社会结合与国家权力是无法分开的。在这里国家权力成为社会结合的核心，社会结合关系以国家权力为依托向社会延伸。西方与日本社会那样的国家与社会明显区别、相互抗衡的情况并不存在。

国家与社会内在的混同，没有西方社会的那种国家与社会按照契约关系的对立，这不仅表现为在村落社会结合中国家权力与人们结合关系的交织，还表现在国家权力与社会结合的相互依存上。近代国家为了加强社会动员，要不断将其权力触角向社会下层伸张。但是，在近代的华北由于内忧外患，以及技术和资金的限制，国家在其推行地方自治时，不得不依靠传统的民间社会结合势力，例如会首制、宗族组织等。同时，村落社会的维持由于自身的自律、自治机能低下，也同样离不开国家权力的介入。国家权力和社会结合的任何一方都呈现出控制能力的不足，任何一方都不能单独维持村落社会的秩序。

近代华北农村国家权力与社会的关系在势力的强弱对比上也并不是此强彼弱或彼弱此强的消长对立关系，而是双方都呈现出弱势的状态。近代国家权力没有完全建立起一整套强大的行政系统，其统治要借助于村落的自律或自治。同时，村落的自律、自治是薄弱的、涣散的，村落内部没有强大的权威力量存在。

在近代西方，伴随着近代国民国家的建立，国家统治能力日益强化，逐渐由国家权力机关代替传统的社会组织，国家的一体化增强，其内部呈现为均一化。而在近代中国，国家与社会双方都呈现弱化的状态，并且相互混同、交错。这就要求中国的近代国家建设，必须完成国家与社会两方面的重组与强化，在国家权力不断加强对社会进行控制的同时，在社会方面也要强化其组织能力，完善其自律、自治机能，从国家与社会的“双弱”转变为“双强”。由此，才能形成一种国家与社会既关联又区别，既合作又对立，各自的职能划分明确，相互促进的良性互动关系。

作为今后的课题，本稿在研究国家政权末端与基层社会的接点时，主要研究了基层社会结合的构造方面，对于国家政权的末端即在县以下的“区”、“乡”、“公社”一级机构的活动以及解放后国家工作队的作用和活动等只是在必要的时候，最小限度地涉及，所以对于“区”、“乡”、“公社”一级政权的具体运作状况还有待于进一步探讨。同时在20世纪末期中国开始推行村务自治，这给乡村带来了新的变化，也需要从国家与村落的关系以及村落社会结合变化的角度继续考察，例如在村民自治中由于缺乏内部自律的传统，出现村落内部自治资源不足、村民对自治关心程度低下等现象值得进一步研究。

参考资料

（1）黄宗智：《国家与社会之间的第三领域》，《社会主义：后冷战时代的思索》，（香港）牛津大学出版社，1995。

（2）孔斐力：《地方政府的发展》，费正清等主编《剑桥中华民国史》，上海人民出版社，1992。

（3）内山雅生：《中国华北农村经济研究序说》，金泽大学经济学部，1990。

（4）陈其南：《传统中国的国家形态与民间社会》，沟口雄三等编《从亚洲思考4：社会与国家》，东京大学出版会，1994。

（5）沟口雄三：《中国与日本“公私”观念之比较》，《二十一世纪》1994年2月号。

（6）参见田原史起《现代中国农村的权力与支配》，亚洲政经学会，1999；足立启二：《专制国家史论——

从中国史向世界史》，柏书房，1998；佐佐木卫：《中国民众的社会和秩序》，东方书店，1993。

(7) 参见张静编《国家与社会》，浙江人民出版社，1998。

(8) 黄强：《中国保甲试验》，正中书局，1936；江士杰：《里甲制度考略》，重庆商务，1944；吴晗：《皇权与绅权》，上海观察社，1948；王亚南：《中国官僚政治研究》，中国社会科学出版社，1981。

(9) 王毓铨：《汉代“亭”与“乡”“里”不同性质不同行政系统说》，《历史研究》1954 年第 2 期；蔡美彪：《汉代亭的性质及其行政系统》，《光明日报》1954 年 12 月 23 日；梁方仲：《明代粮长制度》，上海人民出版社，1957；杨宽：《试论中国古代的井田制度和村社组织》，《古史新探》，中华书局，1965；王日根：《明清基层社会管理组织系统论纲》，《清史研究》1997 年第 2 期；魏光奇：《清代直隶的里社与乡地》，《中国史研究》2000 年第 1 期。

(10) 张厚安、白益华主编《中国农村基层建制的历史演变》，四川人民出版社，1992；李守经、邱馨主编《中国农村基层社会组织体系研究》，中国农业出版社，1994；徐勇：《中国农村村民自治》，华中师范大学出版社，1997。

(11) 清水盛光：《中国乡村社会论》，岩波书店，1951；栗林宣夫：《里甲制的研究》，文理书院，1971；松本善海：《中国村落制度史研究》，岩波书店，1977。

(12) 松本善海：《中国村落制度史研究》，岩波书店，1977，第 195 页。

(13) 费孝通：《乡土中国　生育制度》，北京大学出版社，1998。

(14) 中国文化书院学术委员会编《梁漱溟全集》，山东人民出版社，1992。

(15) 增渊龙夫：《新版中国古代的国家和社会》，岩波书店，1996。

(16) 中根千枝：《社会人类学——亚洲诸社会的考察》，东京大学出版会，1987。

(17)《柏祐贤著作集》第四卷，京都产业大学出版会，1986。

(18) 滋贺秀三：《中国家族法原理》，创文社，1967。

(19) 岸本美绪：《明清时代的乡绅》，《系列世界史 7：权威和权力》，岩波书店，1990。

(20) 仁井田升：《中国的法与社会和历史》，岩波书店，1967。

(21) 今堀诚二：《中国近代史研究序说》，劲草书房，1991。

(22) 王沪宁：《当代中国村落家族文化——对中国社会现代化的一项探索》，上海人民出版社，1991。

(23) 毛丹：《一个村落共同体的变迁——关于尖下村的单位化的观察与阐释》，学林出版社，2000。

(24) 费正清：《中国的统一》，费正清、罗德里克·麦克法夸尔主编《剑桥中华人民共和国史 1949—1965》，上海人民出版社，1990。

(25) 杜赞奇著，王福明译《文化、权力与国家——1900—1942 年的华北农村》，江苏人民出版社，1996。

(26) 石田浩：《中国同族村落的社会经济构造——福建传统农村和同族网络》，关西大学出版部，1996。

(27) 杨善华、刘小京：《近期中国农村家族研究的若干理论问题》，《中国社会科学》2000 年第 5 期。

(28) 中生胜美：《中国村落的权力构造和社会变化》，亚洲政经学会，1990。

(29) 赵力涛：《家族与村庄政治 1950—1970》，《二十一世纪》1999 年 10 月号。

(30) 内山雅生：《农村变革和农业旧习惯》，三谷孝等编《从村落读中国》，青木书店，2000。

(31) 唐军：《仪式性削减与事件性的加强——当代华北村落家族生长的理论化》，《中国社会科学》2000 年第 6 期。

(32) 马克思：《中国、印度论》（《马克思恩格斯全集》第 8 卷），参见魏特夫著、亚洲经济研究所译，《东方的专制主义》，1961。

(33) 内藤湖南：《支那论》，《内藤湖南全集》第五卷，筑摩书房，1972；清水盛光：《支那社会的研究》，岩波书店，1939；平野义太郎：《大亚细亚主义的历史基础》，河出书房，1945。

（34）参见旗田巍《中国村落和共同体理论》，岩波书店，1973。

（35）戒能通孝：《法律社会的诸问题》，日本评论社，1943。

（36）旗田巍：《中国村落和共同体理论》，岩波书店，1973；福武直：《中国农村社会的构造》，大雅堂，1946。

（37）大泽正昭：《“笞”、“仆”、“家族关系”——从“太平广记”、“夷坚志”看唐宋变革时期的人间关系》，中国史研究会编《中国专制国家和社会统合——中国史像的再构成》，文理阁，1990。

（38）岸本美绪：《明清交替和江南社会——17世纪中国的秩序问题》，东京大学出版会，1999；中兼和津次：《旧满洲农村社会经济构造分析》，亚洲政经学会，1982。

（39）中国农村惯行调查刊行会编《中国农村惯行调查》（全6卷），岩波书店，1952～1957。中国农村惯行调查是在40年代，由日本东亚研究所组织东京大学法学部的民法研究者和满铁调查部的调查员合作进行的。在1940～1944年间，依据法社会学的理论在现在对村落进行访问调查，其目的是“解明中国社会中民众的生活与法的意识”。作为一项基础性调查原来计划要用十年以上时间，但受战局的影响，只进行到1944年便终止了。其后共整理出《华北农村惯行调查资料》123册，战后在1952～1958年间以《中国农村惯行调查》为名由岩波书店分为6卷出版。

（40）三谷孝编《中国农村变革和家族·村落·国家——华北农村调查的记录》（全2卷），汲古书院，1999～2000。此次是在1990～1995年间，由中日联合考察团（中方代表：南开大学教授魏宏运；日方代表：一桥大学教授三谷孝）对相同5村实施再调查，5年间共访问了511人次。笔者作为调查团成员之一也参加了调查和资料整理过程。其调查的成果为《中国农村变革和家族·村落·国家》（共2卷，汲古书院，1999，2000）和《农民述说的中国现代史》（内山书店，1993）。这两次调查主要调查的村落是现在的北京市顺义区沙井村、房山县吴店村，天津市静海县冯家村，山东省平原县后夏寨村和河北省滦城县寺北柴村。关于这些村落的详细介绍请参见三谷孝等编《从村落读中国》一书，恕在此从略。

（41）Helen Siu，*Agents and Victims in Soutn China*，Yale University Press，1989；小田则子：《清代华北农村的公议——顺天府宝坻县的事例》，《名古屋大学东洋史研究报告》2001年第25号；秦晖：《“大共同体”与传统中国社会》上、中、下，《社会学研究》1998年第5期、1999年第3、4期。

（42）杜赞奇著，王福明译《文化、权力与国家——1900—1942年的华北农村》，江苏人民出版社，1996。

（43）根据对《中国农村惯行调查》中沙井村、后夏寨等村的调查统计，虽然村长变化较大，但是村长之下的会首的构成变化却很小。

（44）沙井村香火地事件，是该村会首们通过来村调查的满铁调查员与县日本人顾问联系，说明情况，决定将香火地判给沙井村。在吴店村是由于八路军通过该村时，该村没有及时向日军报告，日军要烧毁吴店村，村民通过与日军有关系并在良乡学堂担任校长的本村人赵全找到日军说情，避免了日军烧杀。

（45）例如，山东省北五里铺村党支部书记ZJD在困难时期自行决定将荒地和家畜分给社员，让大家渡荒。到“四清”运动时被工作队批判，社员也听工作队的。ZJD被撤职。

（46）在5个调查村的农民都说集体化是上级强制命令的结果，不愿意也没有办法。

（47）北京在吴店村造反派与宗族组织直接相关。山东的后夏寨村任命干部必须考虑到宗族关系。

（48）夫马进：《中国善会善堂史研究》，同朋舍出版，1997。

（49）毕仰高：《农民运动》，费正清主编、章建刚等译《剑桥中华民国史》第二部，上海人民出版社，1992。

（50）在调查时，农民都认为“四清”运动就是搞干部多吃多占的，至于阶级斗争问题几乎无人提及。参见《中国农村变革和家族·村落·国家——华北农村调查的记录》的各村“四清”条目部分。

十三

改革开放时期的农民们

小田则子

前言

从20世纪70年代末期中国农村进入了一个新的社会建设时代。1978年12月召开了第十一届三中全会，以此会的决议为起点，贯彻经济体制改革和开放政策，揭开了改革开放的序幕。农村改革在流通领域、工厂企业以及各项改革之前首先开始，发挥了带动整个改革的重要作用。农村改革的中心内容是人民公社体制崩溃的过程。70年代前人民公社是综合统一农村政治和生产的社会组织，具备多方面机能，开办地区的学校、医疗以及民兵的组建等。人民公社的解体给村里农民带来很大影响。

第一是农民周围经济环境的变化。公社·生产大队·生产队编制的地区生产组织被解体，推行以农户为经营、核算单位的方式。随着农村中的市场的形成和流通领域的扩大，或者农户搞个体经营，或者地区组织（乡、村等为单位）开办集体企业等活动繁荣起来了。80年代农民们增加收入的机会多样化了。第二是农村的政治方面的变化。代替公社机制的行政机构，设立了乡、镇政府，实行“政社分离”。不过，村、乡等的干部有一定的连续性，农村里的权利机构并没有急剧变化。但是，重视经济的政策先行，原来的阶级划分、政治思想的影响力有所减弱。第三是推动农村社会组织的变化。如前所述，随着生产和行政机构的变化，重新摸索农民社会生活的结合、组织方式。和传统的“村”所不同的新农村社会组织可能会形成，80年代的集体和个人的关系受到人关注。

（一）追求稳定和富裕

80年代，生活明显富裕起来。在冯家村1983年只有6台电视，而1992年村里87%农户有了电视。自行车和手表也一样在十年间都增加了两倍，一户家庭平均有三辆自行车。到90年代，5个村中农民收入最低的后夏寨村也变化很大，1980年以后村中统计数字项目中，增加了电视、收录机、摩托车、电风扇（以前的统计项目是缝纫机、收音机、手表、挂钟）。这个时期，很多农户开始有电子产品，开始“追求”消费生活的富裕。80年代对于农民来说是“生活转好”的时期。农民解决了“温饱问题”，不用担心饿肚子了。下面通过后夏寨村的事例，介绍一下80年代的一些侧面。

公社时代的后夏寨村是一个多年来处于低生产力的村庄。到70年代末期粮食还不能自给，一直依靠国家的返销粮度日。从解放后直至90年代村里的人口只增加到原来的1.2倍。

国家返销粮，是农民可以将卖给国家的一部分粮食买回来的政策。

在后夏寨村1979年开始进行生产责任制，可以说是还没等上级政策下来，就自发开始了。1979年春天，春耕要开始时，该村第三生产队队长王维宝把农用地分配到农户，引入了以户为经营单位的生产方式。据说是以前他就看到社员在自留地干得好，于是决定采用了这种形式。当然队长王维宝和生产队的干部们当时受到大队和公社的严厉批评。批判王维宝是“乱弹琴出风头”。但是，那年秋天，取得了粮食产量增产25%，棉花增产50%的好收成，于是上级的评价有了转变，第三生产队在那年业绩的基础上，第二年即1980年进一步把农具、家畜、仓库等生产资材统统分配到农户。这样，同一年后夏寨村的其他生产队也同样把农地分配给社员，全村都转换成以农户为单位的生产方式。这在全县内也是相当早的实行生产责任制的事例。对于该村来说，放弃集体经营是村子奔向稳定的第一步。

80年代农村改革的潮流带给了后夏寨村若干有利条件。其中之一是副业自由了。后夏寨村的副业与后面要谈到的寺北柴村的情况不同。解放前，农民大多数是自耕农，在村里搞编筐（柳编）、养牛、做买卖等副业很盛行。家庭自耕地与利用农闲期的剩余劳动力进行家庭副业或者出外打工挣钱密切结合在一起，支撑着农民的经济收入。但是，这样的传统生产系统在集体化中被打破，副业多次被称为“资本主义的尾巴”割掉。

一方面引入生产责任制，在村里搞起了柳编、织毛毯、养鸡、养牛、栽培果树、搞运输、建筑等副业。尤其是柳编是村里70%的家庭都参加的主要副业，据说熟练的柳编工一年可以挣1000元（农民的平均纯收入1992年590元）。近年来，栽培果树的也多起来。农户有效地分配家庭劳力搞责任田和副业，使收入不断增加。

另一方面是，这个时期水利等农业技术条件的改善也给村里带来了方便。山东省德州周围地区的灌溉水渠的修建工程，于1971年又重新开始，在80年代初，河水能流到整个平原县。农民们冬季进行严酷的挖河义务劳动，虽然很辛苦，但仍然继续挖掘修建水渠，终于1980年“黄河水来到”后夏寨村。多亏利用河水进行灌溉，粮食产量稳步提高，不接受国家的救济粮了。村子摘掉了不好的名声，农民们炫耀“完成了向国家交公粮的义务”，并获得了自信。扩大棉花种植也成为了可能。80年代前半期，棉花收购可以得到比粮食还有利的价格。

后夏寨村农民们的努力从80年代中期就逐渐有了成效。1986年春投资10万元建立了村里的小学，当时各户集资100元，负担了一部分经费。旧房子逐渐换成了新瓦房，有收录机、电风扇的农户也不断增加。另一方面，村里很多的农户一直继续着大年三十摆出家族的分支族谱、迎接祖先，大年初一给同族的长辈拜年的习惯。尊敬老人，家庭、夫妇和睦生活的传统道德观念按照家庭秩序平稳接受下来。后夏寨村集体企业还未成功，专业户也没有成长。但是，农民的生活稳定而有节度，维持着农村的旋律。

（二）揭掉政治标签

80年代也是农村的政治差别斗争停止的时期。解放后划分阶级、公社时代反复进行的政治运动，在农村形成对“黑五类”出身人产生了压力和攻击的结构。1978年“阶级斗争结束了”的宣言，才使这样的五类分子可以得到“平反”（恢复名誉）的机会。在栾城县1956年3965人被审查，并定为四类分子，1962 年的第二次审查中 4540 人被定为四类分子。其中，1979 年给予 2436 人“平反”。在平原县，全县 3097 人四类分子中 1979 年第一次审查中有 2451 人摘帽，1984 年全体恢复了名誉。

作为背负着阶级出身包袱的事例，这里可以举出寺北柴村的张仲寅、张文英父子，张家是清朝时候获得过科举资格的家庭，解放前，最多拥有 120 亩地，雇长工和短工进行耕种。张仲寅的父亲张乐卿通晓古典知识，解放前当过村长，是很有名望的人。在土地改革中张家被划定为“富农”，平分时只给留下部分房屋和 20 亩地。张家不能进入互助组，后来的“四清”、“文革”等运动中，每次有批斗大会，他们都和其他几个“黑五类”一起成为斗争对象。70 年代末期张仲寅被摘掉“富农帽子”重新划分为上中农。80 年代张家依靠责任田的农业收入生活，虽然不富裕，但是，注重孩子们的教育，过上了稳定的日子。

另有沙井村的周永兴也同样从 50 年代末大约 20 年间强忍苦难度过来的。他解放后作为沙井村以及邻村的小学教师教孩子们读书。但是 1958 年的反右斗争中被定为右派，被开除教师职务。在村生产队给他的工作是“起大粪”的脏活，常被派给没有劳动工分的义务劳动，所以与其他社员相比分粮食也少。在“文革”期间和其他的黑五类一起站在批判大会的台上，清扫道路等劳动改造是日常性的工作。1979 年周永兴恢复了名誉，恢复了教师之职。一直到 1988 年他退休，一直做小学教师工作，退休后领取退休金，兼任着村里的治安巡逻员，度过晚年生活。

公社时期经济方面搞完全彻底的平等主义，另一方面又根据阶级划分和思想立场造成明显的不平等。长期受蔑视和攻击压力的人和施加压力的人事实上本是同村近邻或者同宗同族。对于因阶级出身而受压迫的农民和其家族来说，80 年代是终于到来的稳定时代。

（三）抓住机会者

人民公社时期农民攀登社会阶梯向上的机会受到限制。在公社和大队等当干部，取得党员资格，参军入伍等提高政治威信是机会很少的有力手段。但是 80 年代，不仅是那样的名誉和威信，经济上富裕起来的方法手段也使提高社会地位成为可能。生产责任制中，完成农产品的上缴任务，交纳集体公积金后，剩余的农产品可以自由买卖。而且随着农村市场的扩大，增加栽培蔬菜、果树等带来利益农作物的农户也更多了。也可以搞小买卖、运输等个体经营业，或者兼营建筑队、出外打工、养鸡、养猪等。农民在这个时期有了增加收入的多种机会。

前面提到的后夏寨村，出现了栽种 30 亩果树园，一年获得 7000 多元的纯收入的农户。80 年代初期其他农民还对承包果树园不积极的时候，他很快投资栽种了果树，现在，到了收获季节，从外村雇来几个人帮忙，还养了在农村明显很大的三只狗看护果园，防止被人破坏盗窃。

在冯家村，从 80 年代中期蔬菜的栽培就有了长足发展，陆续出现蔬菜专业户。冯家村生产队于 1982 年在公社的指导下实行生产责任制，从 1985 年大队（村）将全村的耕地统一管理。农民每人可以承包 0.5 亩蔬菜园地，靠种植蔬菜获取的收入补贴家用。其中也有专门生产蔬菜的农户（专业户）建起几排塑料大棚种植蔬菜。据说一排塑料大棚一年能获得 7000 ~ 8000 元纯收入（1990 年农民年人均纯收入 530 元），村里进行这种大棚栽培技术的农户已经有 20 户。冯家村这样的蔬菜栽培是按照县里的政策进行的，不是村里独自搞的事业，静海县着力抓供应天津的蔬菜和出口蔬菜的栽培。静海县内沿南运河区域水源丰富，具备栽培蔬菜的良好条件，冯家村所属的府君庙乡就是该县四个蔬菜基地之一。农民们抓住的机会与上级政策关系密切。

人民公社时期农民只不过是在生产队指示下进行劳动的工作者。而这个时期是作为自己计划生产的经营者了。下面以寺北柴村为例介绍一下农村的情况。

寺北柴村从人民公社时期就已经具备了相当丰厚的有利的生产条件。村里的八成耕地从解放前就能进行井水灌溉，1958 年~1960 年左右引进拖拉机，60 年代前半期就开始使用电动抽水机。该村一直到 70 年代一贯重视经济作物——棉花的生产。另外在公社时期该村围绕生产队规模的变更问题，曾屡屡不符合上级指示精神。因此，农民们对实施生产责任制态度不明朗，也有不少人感到“集体化气顺”。尽管如此，1981 年按照县里的通知精神，该村的生产队开始了生产责任制，1983 年转化为以农户为单位管理耕地的方式。寺北柴村的个体经营和后夏寨村不同，公社的引导起着很大作用。重视农户的经营自主权，包括副业推行多种经营方式的方针，完全按照县里的指示精神。

在栾城县，1984 年因棉花的收购价格下调，造成亏损，从第二年开始村里棉花生产大幅度减少。农民注重副业和自营业就是从这时期开始的。责任田主要由妇女和老人耕种，完成上缴任务和自己消费的粮食，种植不太需要管理的小麦和玉米，家庭主要劳动力从事副业、自营业，多增加收入的形式。

该村的副业、自营业主要有小买卖或批发的商业、运输业、经营饮食的服务业、生产蜂窝煤、服饰加工、生产灰浆、建筑队等制造业、养鸡或养猪等饲养业。既有在家里仔细加工的零散经营，也有二三人共同出资，再雇佣几个人的经营，其规模各式各样。因为该村靠近栾城县城，也是石家庄市的近郊，所以，也有在县城经营加工业的、在县城有店铺经营商业的、在石家庄市自由市场进行服装批发的。村里有几家电器修理店，但有专门技术和学历的人还很少。因为管理家畜的专业知识少，养鸡、养猪户也有因家禽家畜生病而失败的。

下面介绍其中比较成功的事例。沿村北的公路，经营饮食店的赫秀玉是位 44 岁的壮劳力，稍胖身材的爽快人。他初中毕业后，在公社的商业部门（供销社）当售货员，1985 年开始和姨夫一起经营批发服装的买卖，在上海、常熟、石狮等地进货，在石家庄的自由市场批发给河北省、东北方面来的中间商。据说搞一次进货和卖出就能活动数千元到两万元。但是，为了照顾上了年纪的老母亲，回了村，现在全家经营饮食店。另一人是生产蜂窝煤的刘玉合，48 岁，小个子身材，深谋远虑的目光给人留下很深刻的印象。70 年代他在生产队和大队当干部，从 1986 年和朋友两个人共同投资搞起了运输业，但是因经营不顺利而失败了，从 1991 年和另一个朋友一起经营生产蜂窝煤。经营一年就有了纯收益，从第二年作为个人企业和两个儿子一起经营。现在正计划扩大生产，要雇佣外村的两个人，购入新机器设备。

不过，有成功的农民，相反也有家里没有劳动力，又缺乏生产资材，连责任田都没法耕种的贫穷户。而且，将追求社会地位的农民们置身于互相竞争的涡流之中。

（四）浑沌之中

使 80 年代农村发生变化的重大原因之一是乡镇企业的出现。农村的工业部门从 80 年代后半期以县城和镇为中心急速扩大，县城和镇的集体企业给农村劳动力带来了比从事农业更好的收入的机会。村办和镇办企业不仅给农民提供了就业场所，对于村庄这样最基层的农村组织来说，也是获得扎实财源的手段。调查的各个村子中，位于大都市近郊的冯家村、吴店村、沙井村在这一时期与集体企业有了密切关系，企业的存在使农民的生活形式发生了变化，也使农村本身向着与自身原来不同的空间变化发展。

冯家村的情况，正如前面所介绍蔬菜栽培发展活跃，农户基本上在自己的责任田从事着农业。但是有劳动力去静海县城或府君庙镇的企业上班的家庭在增加，还有大约有40名村里人在村里的企业上班。村里这一企业是在1963年左右建立的社队企业基础上发展起来的，1983年改为村办企业。分为铸造、汽车零部件加工、电镀三个部门，主要生产供应天津、湖北等国内产品。该村办企业于1985年实行承包经营模式，之后生产有所扩大。1990年的产量达到350万元，每年向村里支付10万元承包费，成为村办学校的巨大财源。

在吴店村80年代个体户、副业、村办企业等迅速兴起。该村处于从河北省中部通向北京去的公路旁，从事与运输业有关的企业和买卖的人不少。村里办起了食堂、汽车修理所、司机的休息设施等小规模的村办企业。而且，邻近的房山县地区的集体企业需求很多的雇佣劳动力，吸引着农民，现已经有很多农民离开农业。

最能显示这种大都市近郊农村改变面貌的情况的是沙井村，在沙井村80年代已经完全消失了“农村景象”。

80年代初期的沙井村和其他村庄一样开始启动，进入80年代，村里以生产队为单位实行生产责任制，1984年变为个体经营。但是，农民不欢迎以农户为单位种植管理土地。因为从70年代后期村里生产队已经有了养猪、运输等副业，社员生活有所好转。而且到80年代中期，到村办、县办企业就业的人也逐渐增加，农民已经讨厌农活的繁重工作了。沙井村的情况，向个体经营转变只不过是招来了生产资材的分散和农户的小规模化。

这种动向不只在沙井村出现，80年代前半期在顺义县和北京市近郊地区也如此，产生了共通的问题。由于农户的劳动力向急速发展的县和地区的工业部门移动，因此造成早期兼营化发展，农业部门的生产率下降。在顺义县的解决方案是于1986～1987年以后，采取各村建立集体农场，或者培养少数大规模经营农户的方针。1987年村里根据县和乡的指导建立了一个300亩的农场。从那以后除了几户蔬菜专业户和农场工作人员（12人）外，村里的劳动力都到村办、县城的企业就业了。于是“耕种土地的农民”姿态从沙井村里消失了。

再有使村庄景观大变样的是企业和工厂。大队从可以自由经营副业的1978年开始建立了小规模的工厂，1983年成立了服装工厂。这个工厂是村里最成功的企业，现在有500名工作人员的规模，主要是本村人。另外，1986年创办了涂料工厂（村办企业，从业人员20人）。1990年创办了汽车零部件工厂（个体企业，从业人员10人）。涂料工厂由创办者之一的外村人承包，后者个体企业是外村人经营的。村里1993年还开办了鸡肉加工厂，该厂一年就出现了大额亏损，以失败告终。1994年县工商局从村里要了130亩地创办、经营木材批发市场。村里的大部分农地变为工厂占地和木材批发市场用地，种植农作物的农地目前只剩下农场。

另一个事例是90年代的沙井村增加了新的风景。暂住沙井村的外来户急增。1993年村里的户口是780口人，此外临时寄住在村里的外来人有250～270人之多。外来者中在顺义县有户口的只不过60多人，几乎都是外县和更远的外地人。该村靠近县城，所以，原来在城关镇企业上班的、为做买卖方便寄住在亲戚家的、从邻县携家带口来的就比较多。从1993年左右从四川、安徽、福建来的工人逐渐增多，特别是几人租借一间屋居住的单身工人们的生活很贫穷、又不卫生，村里人多数不与他们来往。

不管怎样，90 年代，沙井村的农民人均年纯收入（1600 元/1993 年）是同时期后夏寨村的约2.5 倍，村里大约三分之一的学生升入县城高级中学。每年从村办企业和木材批发市场收到承包费和土地出租等费用几十万元，本村人都可以享受幼儿园教育、退休年金等丰厚的福利待遇。清明节同族人集聚的传统习惯已经过时，以夫妇为中心的生活比尊敬老人的风气更浓。村里仍存在着村办企业经营不得当、众多外来人员的管理等矛盾，现在村里呈现着冲走这些矛盾的繁荣景象。

（五）集体和个人

1980 年前后，开始以生产队进行生产责任制的时候，五个村子都是公社的最末端组织，都依靠农业生存。但是，经过 80 年代的过程，各村的经济发展和村级组织的作用产生了很大的差异。

五个村所属的各个县里，乡、镇人民政府都是于 1983～1984 年期间建立，村民委员会 1986 年前组建。各个村大致都是 80 年代中叶刚过，公社就转入乡・镇人民政府——村民委员会——村民小组的制度中。公社时期、农村的编制是公社・大队・生产队，村级编入执行上级的方针、指标的系统中。在乡・村・组编制中，村和小组已经没有生产组织的作用，同时村子原来对农民具有的凝集力也失去了。从农民看来，农户对农业和副业等生产的可处理范围扩大了，也可以不用夜里拖着疲惫的身体参加政治学习、村集会等活动。

那么，80 年代农民远离集体，村级组织的作用缩小了吗？不一定是那样。第一，为了各农户顺利进行生产，调整农户间相互协作关系、利害等还是很必要的。

在后夏寨村和冯家村，责任田的管理上村子起着很大的作用。后夏寨村有五个村民小组，各组分别有 20～30 亩机动田（作为调整用的农地）。各小组每五年调整一次，按照农户的人数增减情况调整责任田，考虑农户的劳动力和农地的平衡。另外，村里很注重果树栽培，1979 年以来开辟了 300 亩果树园。希望承包该果树园的农户可以通过小组进行承包，几乎所有农户都承包 1～2 亩。冯家村将全村的农地统一管理，照例每五年调整一次责任田。冯家村的责任田分为园田、麦田、大田三大类，地势好的园田和麦田按照农户的人数变化均等分配调整，尤其是适合栽培蔬菜的园田的调整是不可缺少的。

灌溉的安排，两个村子都是村里负责，水渠上安设抽水机，决定各户顺序分别通知。另外村里担负着与乡农业机关联络的任务。购买农药、肥料等（后夏寨村），栽培蔬菜的农药的购买、各户需要的种子和肥料的订购（冯家村）等都是村里负责。在冯家村有两台拖拉机，为农户耕地、播种服务，每亩地收 4 元费用。村级组织对于个别农户来说担当着整备生产基础条件的作用。

第二，80 年代企业的发展使村庄具有了公社时期所没有的作用。正如前所述，冯家村、吴店村、沙井村都有村办企业，规模分别不同，但成了村里的大财源。企业的经营由村里负责，运营的条件、承包人的选定、承包额等都是经村干部决定。

拥有村办企业的典型事例是沙井村。包括现在停业中的在内，沙井村有四个企业。鸡肉加工工厂的失败显示了村办企业经营的难度和重要性。另外，现在服装工厂和县服装公司合作经营，木材批发市场是由村出租土地。因此，运营这些企业和批发市场中，与外部机关和上级的交涉也成为需要进行的重要工作。而且，如前所述近年来，外来人员急速增加，管理那些人员例如清楚登记暂住人口，并抓好他们的计划生育工作等也成为村干部的工作。近年来村里饲养看家狗的农户增多，这是因为外来人口增多担心治安不好的缘故，村里对这些事态的处理也迫在眉睫。在沙井村的情况，经济发展并不是减少了村级组织的作用，而是产生了新的职能。

第三，村级组织在农民生活中作为最贴近的农村组织，发挥着提供福利和方便等作用。教育和医疗等由乡级政府管辖，村办小学和村办诊所的管理工作由村级负责。农民可以享受的福利多少受村财源的影响。前面已经提到，村里生活环境和福利最充实的是沙井村，本村人用电、用水都免费使用，可以让子女享受幼儿教育。村里铺设了平坦的街道，并装有街灯。

相反为农民的这种服务尚停滞不前的是寺北柴村，村里自1977年以来，就一直想规划成贯通东西、南北的宽阔的街道，按新区规模整理解放前的老房屋。但是，90年代我们访问调查时，尚未完成该计划，村中街道被尚未拆除的农户房屋影响，仍处于非常不方便的状态。另外村小学仍使用60年代建造的破旧房屋。寺北柴村规划整理迟迟进展不前的原因，首先是村里没有村办企业，财源不充足所至。但也不尽然，据村长徐玉身讲，作为街道整备的经费以前提出过农民每户负担100元的方案，但是都反对。这与同样没有企业最贫穷的后夏寨村，靠村里经费和农民集资于1986年新建小学的情况相比较，问题可以归结为，如何处理好每个农户与村里的关系，即农户和农民每个个人利害与超越它的全村集体利害的关系问题。

80年代的变化之一是每个农民的看法和农户的收入有很大的差别，像公社时期把全村统一到同一行动或志向上来是多么不容易。有的村干部感叹“即使晚上招呼农民们开会，也还是看电视，不来参加会”。像寺北柴村农民或农户要离开村子或者集体的动向，虽程度各异，但在各村都有发生，这就需要摸索推动农村的新社会组织。迎接2000年的现在，农村正在从公社解体后的再编过程向更进一步的新局面迈进。农村要想随时代潮流富裕起来，重新建立起能从下汲取农民和农户意志的村级组织是何等重要。

结束语

我们进行农村调查是90年代前半期，那时正是出现80年代市场化和伴随它产生的政治向心力减弱，思想观念和道德观念再形成的时期。我们用直接访问调查农民的方法把握、理解那个时期的农村。如果把国家和其政策作为宏观看，我们的方法不外乎是从农民和农户这一微观上，或者村级和农民组织等的中间眺望农村。这种方法的优点在哪儿呢？就在于能够认识到将这个时期的中国农村作为传统和现代社会的复合体进行理解的必要性。我进行的家谱图的访问调查中，很多的老人夸耀地向我们讲述了一族的族谱和礼仪。同时，稍稍回忆了年轻时在生产队当干部的经历。他们自豪中充满慈爱，耐心而又有惊人的记忆力。另外，年轻一代谈及发展势头良好的买卖、婚姻、子女等情况。深感他们充满着人生生活的动力，具有一副挑战富强的欲望和命运的姿态。

立于农民·农户这一微观视点进行访问调查，中国的漫长历史和传统、经济上的合理行动和现代的感觉、国家政策和社会主义制度共同存在于一个农民身上。改革开放的时代，容易强调现代化、经济的合理性这一侧面，但是，仅就某一个侧面理解农民是不对的。他们是复合体，即使对村庄或农村等更宽的范围这样的看法也不适用。我们必须准备理解那样农村的理论和方法，而且其操作全部寄托于中国和日本的研究人员。

参考文献

①山东省平原县县志编纂委员会编:《平原县志》，齐鲁书社，1993。
②静海县志编纂委员会编:《静海县志》，天津社会科学院出版社，1995。
③河北省栾城县地方志编纂委员会编:《栾城县志》，新华出版社，1995。
④中国农村惯行调查刊行会编:《中国农村惯行调查》第1卷~第6卷，岩波书店，1952~1957。
⑤三谷孝编:《农民が语る中国现代史》，内山书店，1993。
⑥加藤弘之编:《中国の农村发展と市场化》，世界思想社，1995。
⑦小林弘二:“人民公社の解体と农村の再编成”（《アジア经济》第31卷第九·十号1990年）。
⑧田岛俊雄:“华北大规模农作经营の存立条件”（《アジア经济》第34卷第六·七号1990年）。

执笔者介绍

魏宏运（中国南开大学历史学院教授）
三谷孝（日本一桥大学大学院社会学研究科教授）
笠原十九司（日本都留文化大学教授）
顾琳（Linda Grove，日本上智大学国际教养学部教授）
浜口允子（日本放送大学教授）
内山雅生（日本宇都宫大学国际学部教授）
末次玲子（日本中央大学人文科学研究所客座研究员）
左志远（中国南开大学历史学院教授）
张洪祥（中国南开大学历史学院教授）
中生胜美（日本东洋英和女学院大学国际社会学部教授）
佐藤宏（日本一桥大学大学院经济学研究科教授）
李恩民（日本樱美林大学教授）
祁建民（日本长崎县立大学国际学部教授）
张利民（中国天津社会科学院历史研究所研究员）
小田则子（日本爱知学院大学非常勤讲师）

附录二

调查村参观记（1988年4~6月）

三谷 孝

1988年4月~6月在南开大学停留期间，得到该大学历史系和外事处的帮助，参观访问了《中国农村惯性调查》的村庄，将当时的访问记录整理为农村参观记。这些村子的参观从整个调查看来，是有计划的。现在看来是粗枝大叶、走马观花的，为介绍当时的概况故作为资料揭示如下。

（一）河北省秦皇岛市昌黎县侯家营

调查时间：1988年4月17日10点40分~12点40分。

参加人员：泥井镇镇长陆洪占、副镇长孙敏证、秘书秦振年、侯家营村长侯百顺、侯永志（63岁）、侯振海（56岁）。

1. 泥井镇

该镇总共7000户人家，总人口27352人，总面积77平方公里，下属36个自然村。耕地面积77000亩（其中48000亩水田），小麦收割后种植水稻，一年收获两季，亩产632斤，粮食产量达4000万斤，上缴500万斤。拖拉机约4000台，其中3000台归个人所有，1000台归集体所有；大牲畜4051头。今年3月份3个乡合并，成立了泥井镇。农民每人的年收入432元（1987年），从1973年开始种水稻，果树园2000亩。从解放前一直逢农历二、六日为集市，现在（1986年）全面考虑与周围其他集市的关系，改为农历四、九日为集市。副业有养猪、养兔、养鸡、谷物加工、服装制作、手工艺品（柳条编织等）等。新中国成立前70%的土地在地主手中，只有30%是自耕地。

2. 昌黎县泥井镇侯家营

现在该村220户人家，人口853人，（1942年是117户，704人），妇女人口较多，劳动力占全部人口的40%~50%，耕地面积2640亩，每人年收入520元。全村有2台拖拉机，170辆马车。农作物主要是小麦、高粱、稻谷等，亩产740斤，粮食总产量140万斤。还有3000棵苹果树、桃树等果树园。平均每户3000斤余粮，有16户兼搞冰棍、修车、小麦加工、木材加工、榨油等副业，53户饲养鸡、兔、猪、貂等家禽，全村的副业总收入34.2万元（纯收入22.82万元），农业总收入33万元（纯收入17.96万元），合计67.2万元。由于修路、修排水沟、造防风林等，现在的耕地面积比《中国农村惯行调查》的记载减少了。现在村民仍是从以前就一直住在这里的人们，侯姓约 200 户，占全村人口的 90%，是从山东省迁来的兄弟 3 人，分家为 3 支：大一门、大二门、大三门。人民公社时期，全村共有 6 个小队，按住宅远近分队，不按亲戚家族组成。自从允许个体经营、集体经营以后，现在由于共同经营，使亲戚之间的关系倒加深了（有联谊会）。

日军侵略时期，该村虽没有遭日军迫害，但是，当时禁止种植高秆农作物。而且，抗日战争时没有中国共产党员。有去边区做买卖的，但为数不多。土地改革的领导人是农会主席侯大安，刚解放时的村支书是侯永志，没有妇女干部。现任村长侯百顺（兼党支书）从 1982 年开始连任 6 年，村委会由 5 个委员组成。1949 年冬土地改革时被定为地主的是刘子新、侯善庭 2 人，富农有 4 人。原来的村子里的住房有 3 排，在唐山地震时都已倒塌，现在盖起了 16 排。村子里有 2 个日军的岗楼。当年的保长在战后也没有受什么处分（据说因为“保护村民的安全是村长的工作，后来没有复仇的活动”），现在都去世了。没有听说过“红枪会”一类的组织。宗教、迷信等活动现在完全没有了，以前五道庙的宅地上已经盖成了小学校。现在去世的人都改为火葬了。

（二）河北省栾城县寺北柴村

1. 栾城县概况（栾城县办公室主任郝卜五）

总面积占地 379 平方公里，耕地面积 47.2 万亩，下属 13 个乡，3 个镇，192 个自然村。年平均气温 12.2℃，降水量 537 毫米，自然环境很好。全县人口 30 万人（其中农民 28 万人，工人 1.16 万人，干部 1000 人，教师 3000 人）。1987 年的工农业总产值 38716 万元，其中工业产值 26239 万元，是解放前的 12 倍；农业产值 12477 万元，是解放前的 4.37 倍。粮食产量每亩 614 公斤，每人年纯收入 574 元。平均每 100 户有 249 辆自行车、212 台缝纫机、66 台电视机、23 台洗衣机、33 台电风扇。全县农业相关电动机械 8307 台，各种拖拉机 4406 台，卡车 346 辆。工业方面，全民所有制企业 22 个，集体所有制企业 11 个，乡镇企业 102 个，个体经营企业 2887 个，出口产品有花生、药品、兔、牛、蘑菇等。3203 户经营商业，零售额达 9121 万元。铺设了 170 公里的柏油马路，有 211 所小学、1 所中等专科学校、1 所技校、32 所中学、2 所农业学校，学生总数 5439 人。全县年度收入 1184 万元，出口贸易获取外汇 289 万美元。饲养牛、马等大牲畜 2 万头，猪 14 万头，鸡 114 万只。

2. 孟董庄乡寺北柴村

调查时间：1988 年 5 月 11 日 9 点 30 分 ~12 点。

参加人员：书记郝同顺（46 岁）、村长郝小六（33 岁）、孟董庄乡干部李文彩（38 岁）、寺北柴村村民赵球子（60 岁）、张仲寅（75 岁）、前村书记徐孟祥（62 岁）、栾城县外事办公室主任冯金柱（52 岁）。

该村现有 303 户，1290 口人，耕地面积 2079 亩，农作物主要是小麦、玉米、谷子、棉花等。近年来耕种面积的 10% 种棉花，90% 种小麦（以前 2/3 种小麦，1/3 种棉花），小麦收割后种玉米、谷子等。承包时将土地分为上、中、下三等土地，抽签分配，土地所有权属于村里，农户拥有使用权。村委会和农民签订合同，直到2000年土地使用权不调整。因为靠近石家庄等城市，种了很多蔬菜（西瓜、甜瓜等），但不种果木树。现在正在计划将公路两侧的50亩土地栽培苹果树。村里有数十人去城市打工挣钱。前村长兼书记的徐孟祥因年龄及健康关系而辞职，现任郝书记从1987年上任。

解放前，寺北柴村100多户人家，600人，耕地面积700亩（村里的自耕农计数为682亩），其他多为典当地，是县里数得着的贫穷村，农民靠打长工、短工维持生活。由于无法生活，也有很多人被迫背井离乡，出外乞讨。周围村的人都知道该村贫穷，编顺口溜："吃不饱肚用水充，从井里打水很艰辛"等。连饱饭都吃不上，连媳妇都娶不上，所以单身汉很多。抗日战争期间虽没有被日军杀害的人，但曾有征收劳动力、以军饷名义强制性地购买粮食等物资的情况。因为本村贫穷，故不需要联庄会一类的自卫组织（联庄会是以地主为中心保护财产而联合起来的组织）。过去有一个小庙，现在已经没有了，成了宅基地。

该村是1947年2月解放的，1948年建立起共产党的组织，1955年成立互助组，1956年春天成立初级合作社，1956年秋天成立高级合作社，1958年成立人民公社。人民公社有利于集体化、机械化，但是，不利于发挥个人的劳动主动性、积极性。购置了1台拖拉机、6台小型耕地机、15台马达，2台磨面机、1台碾米机、6台脱粒机等，农业机械化、半机械化有所发展。那时每人每年的纯收入200元左右（1958～1977年）。文化、教育、卫生方面也得到很大发展。解放前村里没有小学，现在，建有4个年级的小学，200个儿童就学，入学率达到100%。有90人在乡、县里的初中、高中就读，5人考上了专科学校，11人升入了大学。其中一个姓徐的学生，北京大学毕业后，去了美国留学。村里建立了医疗诊所，小病不出村就能治疗，病重时可以去乡或县医院。平均寿命也长了，解放前平均寿命30岁左右，现在平均寿命已达到60岁，也有像张仲寅那样70岁以上的长寿老人。

十一届三中全会以后，大力发展生产，每亩产量达到1350斤，向国家缴纳粮食50万斤，棉花9万斤。每人年纯收入达到400元（1987年以后），95%的农户有了存款（全村40万元），粮食有了剩余。1982年以后，零售业、运输业等副业收入有所增加，在衣食住生活方面有了很大提高。村里的年轻人的服装和城市里的人们没有两样。到了春节，村里的人们穿上新式服装，杀猪宰羊做很多丰盛的菜肴过节。1986年、1987年包括两层楼在内，100户建造了新房（400间），平均每户4间。建一幢房需要1000元。村里有两辆卡车，25台小型拖拉机，5辆机动三轮车，也用于运输业等。各家基本都有电视机、电风扇、收录机。1987年每人的纯收入约600元。

（三）山东省平原县后夏寨村

1. 山东省德州地区平原县概况（办公室副主任杨在生）

该县占地面积105平方公里，耕地面积85万亩，人口42.8万人，下属有4个镇、15个乡、917个自然村。刚解放时，工农业总产值7000万元，农业产量7000万公斤，1978年以前基本这样，没有超过这个数字，1974年每人纯收入平均31.3元，是全国260个贫困村之一。黄河水引进后，农产量有所提高，1987年的农业总产值26000万元，工业总产值23000万元，每人纯收入达到620元。

2. 平原县十里铺乡后夏寨村

调查时间：1988 年 5 月 3 日（星期二）14 点 30 分 ~17 点。

参加人员：乡长孙廷友，村主任马德昌，副主任王维宝，村民马会祥（70 岁）、王金兰（66 岁），平原县外事办公室主任展成德。

十里铺乡在该县内处于中等偏下的经济发展水平，后夏寨村是该乡里属于中等平均水平的村子。现在有 202 户，人口 810 人，耕地面积 1900 亩，农作物主要有小麦、玉米、棉花等，小麦亩产 650 斤，玉米亩产 670 斤，棉花亩产 500 斤。有灌溉用的柴油机 100 台、马达 14 台、72 马力的拖拉机 6 台、抽水机 100 台、大牲畜 200 头、脱粒机 15 台、联合收割机 2 台、播种机 17 台、农药喷洒机 8 台、电视 70 台、收录机 20 台、收音机 200 台、摩托车 4 台。1987 年每人年收入 1240 元（纯收入），工业、副业的总产值 100.6425 万元，农业总产值 75.3 万元（其中粮食 27.8 万元，棉花 47.5 万元）。工业（副业）方面：有 56 户共 180 人从事柳条编织手工艺副业，年收入 20 万元，纯收入 7 万元；3 户共 9 人销售柳条编织产品，年收入 20 万元，纯收入 1.8 万元。有 6 户共 6 人从事家具副业，年收入 6 万元，纯收入 1.2 万元；有 3 户共 3 人搞木材加工业，年收入 1.2 万元，纯收入 5000 元。5 户 6 人修理电视、收音机，纯收入 7000 元。4 户 8 人搞豆腐、食油、棉花加工，纯收入 8000 元。4 户 8 人经营杂货铺，纯收入 1.2 万元。6 户 6 人经营米面加工，纯收入 6000 元。饲养猪、羊、鸭子等收入 82425 元。

1978 年是粮食产量 20 万斤，棉花五六万斤。1979 年引进黄河水后，粮食增收，能收获 40 万斤。从 1989 年 3 月开始实行农业生产责任制，将一个生产队分成 3 ~5 个组进行承包，到 1982 年开始个别农户可以承包。

抗日战争时期，没有被日本军杀害的村民。20 人左右的日本军骑兵队曾经通过该村，5 个日本兵抓走 4 只鸡；八路军也时常来，有 1 个连的兵力曾驻扎近 1 个月；恩城有“红枪会”的组织，也来该村军事演习过。18 ~40 岁的普通农民参加，该村有会员 80 人左右。村里的负责人当“红枪会”的领导，是为了保护自己的财产和村庄组织起来的临时性组织，没有进行实战。阴历三月三日在真武庙有庙会，主要是女性在那里焚烧用纸做的神舆等，给神上供一些饺子等好吃的东西祈求平安无事，在龙王庙求雨。春节期间从正月初一到十五人们敲着直径 1 米左右的大鼓，跳高跷。

解放前的经济概况：该村有 140 户人家，580 人，1900 亩土地，47 头牲畜（其中骡马 6 头），30 头猪，35 辆大车，12 辆自行车。农业为主，兼有点副业，副业只不过有 10 户轧花，2 户蒸馒头，3 户搞油坊。农作物有玉米、谷子、花生、少量的棉花和小麦，不过产量很低，小麦收成 60 斤，棉花 70 斤，玉米 120 斤。村民的生活很贫穷，6 户村民生活无保障，出外乞讨。该村的阶级成分构成：贫雇农 42 户，190 口人，总共有 380 亩土地；中农 93 户，368 人，1170 亩土地；富农 5 户，32 人，340 亩土地，富农都雇有长工，并拥有 2 头以上的牲畜和大车。

1947 年有两名共产党员，一名是李景堂，是李玉庭（农产编号 71）之子，另一名是吴序爵，是吴玉林（农产编号 123）之孙，吴炳坤之子。日本战败后，1945 年 8 月该村解放，1946 年进行“土地改革”，农会组长马会祥，农会会长吴志瑞为领导，妇女解放会主任马麻氏也参加了。该村没有地主，有 5 户富农：王廷西，一家 6 口人，70 亩地；李新廷（农产编号 70），一家4口人，80亩地；马万化，12口人，80亩地；魏家某（农产编号61），4口人，60亩地；李振都（农产编号50），6口人，50亩地。“土改”时每人分得4亩地。马凤山担任共产党书记。1954年成立互助组，1955年成立初级合作社，1956年成立高级合作社，1958年成立人民公社。十里铺乡的47个村和恩城镇的50个村组成一个人民公社，也就是十里铺乡和恩城镇的97个自然村构成一个人民公社。生产队按居住区域划分，生产队分为3~5个小组，小组按个人意愿组成，所以，关系较好的农户组成一个小组。

（四）山东省济南市历城县冷水沟庄

调查时间：1988年6月3日（星期五）9点10分~12点。

参加人员：书记任延亭、村主任副书记程克兴、民兵连长任宗海、腐肥厂长谢京亮（60岁）、老书记张兆德（68岁）、济南外事办公室孙健朴。

该村有3600口人，4400亩耕地，主要种植小麦、玉米、水稻。村里有62名共产党员，108名共青团员，村党支部由4个委员组成，村委会由5人组成。该村分为4个生产行政单位，分别有片长领导。乡镇企业有腐肥工厂、猪毛加工厂、牛奶厂，工人400人。个体经营的企业，有20家经营小卖店，100户以上用拖拉机或骡马等搞运输业。有约500人去济南做临时工、合同工。1987年总收入630.187万元，其中农业收入91.512万元，工、副业538.675万元，总费用333.8343万元，每人平均年收入830元，农作物的产量492万斤。1988年目标是748万元，500万斤，每人年纯收入872元。解放前，基本上是水田，1946年、1947年左右稻子的产量也不错，但是，因为近年来工业用水较多，减少了水田耕作面积。4400亩中有4000亩种植小麦，收割小麦后种植玉米，水田仅剩400亩，还有40亩果木园。自己家的活计忙不过来缺劳力的时候，也请别人帮忙，但不是用钱作为回报。因为一般都是亲戚或朋友间的互相帮助，给钱就有点“见外”了。

抗日战争期间被日本军杀害的村民有3人，重伤的2人，通过保长强行征收过鸡、鸡蛋等。也有被带走做苦力的，据说也有的途中从汽车上往下跳摔死的。战争期间也曾有过很多日本兵进入该村短暂休息。1946~1947年，国民党军队经常来该村，让村民拿出粮食，还经常殴打村民，地方杂牌军出售“荣户券”。八路军最早来村里是1948年，最早的党员是李文才，1950年12月“土地改革”时他担任农会主席。“红枪会”是1928~1929年的组织，在抗日战争期间没有组织。解放战争期间组织了“自卫队”（正式队员10多人）。以前有关帝庙、老子庙、玉皇庙，现在已经没有了。卧牛山的庙会是农历三月三日，前佛山的庙会是农历九月九日，每逢庙会人们早晨很早起来步行去赶庙会，可以购买食品、生活用品、农具等。日用品在附近的集市上购买，辛庄逢农历四、九是集市，王舍村逢农历二、七是集市，坝子村逢农历一、六是集市。娱乐方面有戏曲（京戏、山东地方戏）、相声、放风筝等很多种活动。

附录三：部分被采访者肖像

王金兰

王泽远

王会远

王金见

李令义

李福堂

马会祥

魏德善

贾学文

张良臣　马凤山　王维章

王维宝　王子绪

马天祥

王成和

李海彬

王志远

孔令芝

王会彬

王维臣（右）和刘金莲（左）

王崇栋

陈红静

孟庆凯

王会青

张秀琴

李志祥

马德成

李春华

李令春（右）

柴风寅

王廷贵（中央）

李绪民

王会忠

马长祥

马德昌

王崇河

马光福

王鸣凤

王玉仙

孟宪武

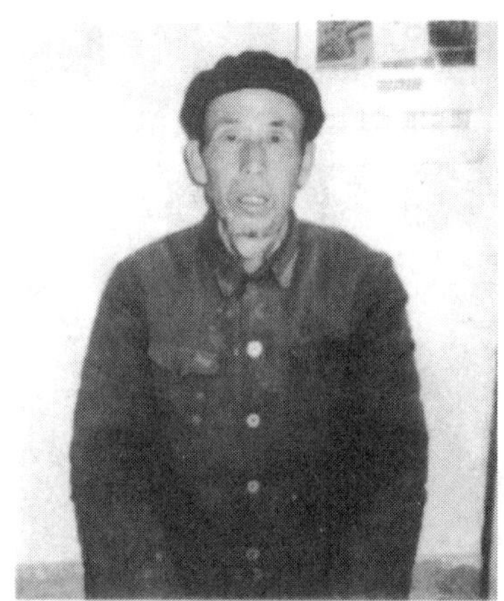
李令富

马长德

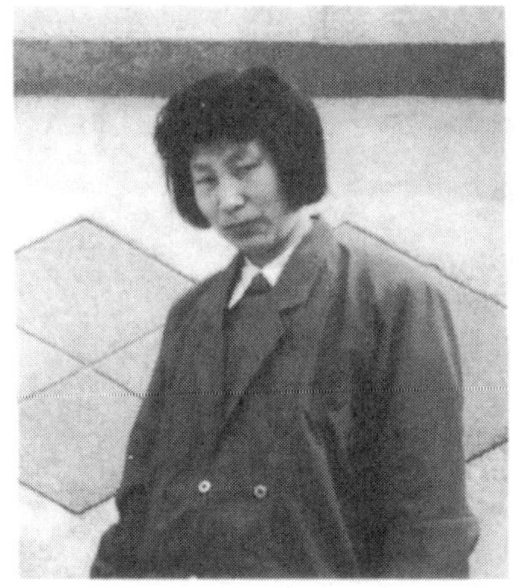
马金菊

王金莲

王廷章

王鸣銮（前左）一家

魏清晨和妻

马金山

马荣才

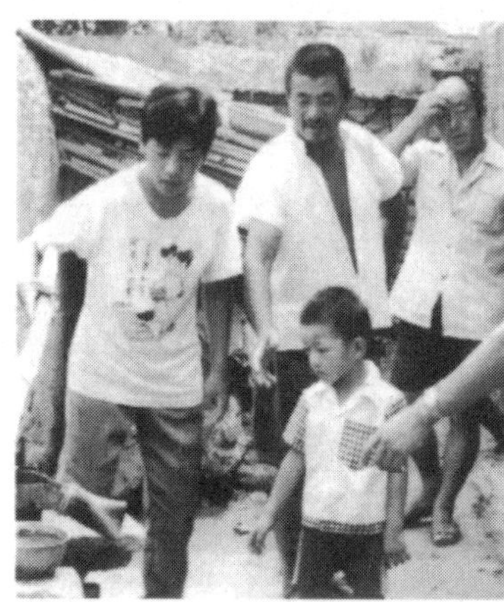

马凤来（后中）

邢佩菊（右）和耿秀云（左）

朱爱香（左）

刘玉仙（左）

高素琴

郭素云

马凤英

王子甲

杨秀英

王会荣（左）和王魏氏（右）

马振基

吴光宗

吴志喜

展成德

王金山

王维东和妻

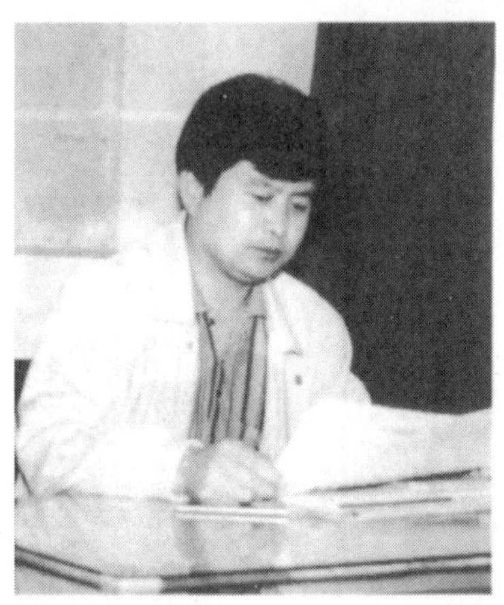

崔良田

王会民

马德中

柴绍利（右）和贾士民（左）

王金法（右）

魏玉祥

王吉祥

姚惠森

宋庆泽

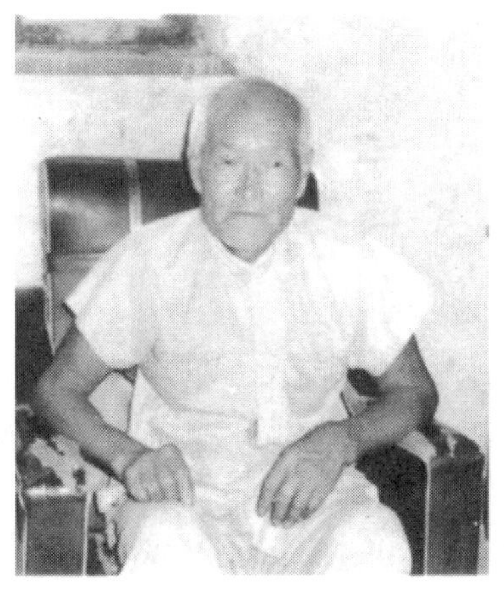

王汉章

魏洪臣

冯恩寿

孟玉信

刘连祥

张宝喜

孟德永

孙玉常

吴金城

郝开顺

刘锡领（左）

马荣华

张树森

王炳乾

孙长喜

张宝森

苟怀德

郑宝明

孟淑贞

张晓华

刘润森

刘建梅

李金海

刘清芬

苟怀春

苟怀喜

王海忠

寇世芳（左）

张桂兰

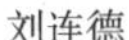

刘连德

王汝香

孙桂兰

荀凤珍

贾广斌

贾桂荣和孙子

赵义香

吴金元

孙义争

吴玉祥

王万山（右）

冯文智

郑兆会

高学胜

王汝桐

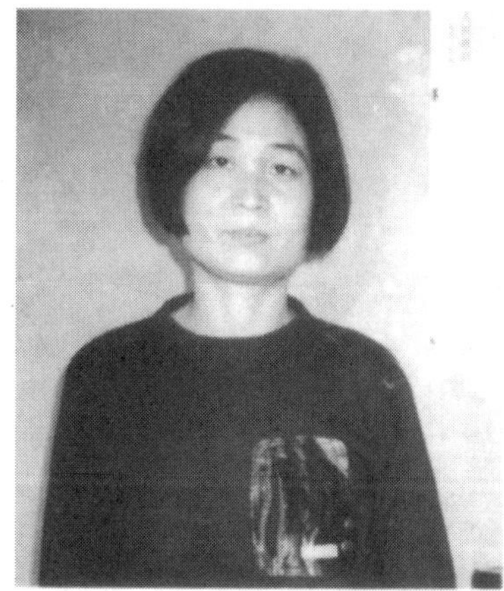

刘润兰

孟继泉

郑忠强（右）和阎建良（中）

王庆祥

苟可志

边福臣

贾若兰

孙宝坤

白金玉

张建新

姚国芳（右端）

王广金（左）

张复元

王洪敏

编 后 记

长达6年的华北农村调查结束后，又过了4年半。在整理校对调查资料时，在脑海中时常回忆起接受我们采访的村民们的容貌，笼统地一提华北农民，就会令人浮现起正直、勤劳、顽强的形象。在实际访问中，可以遇到各种类型的人物形象，清楚了解村庄历史和人际关系的博识的老干部；期待子女成才而默默了却余生的憨厚老农民；为了村里的儿童教育事业，虽待遇不公平仍能无私奉献的教师；深受村民信赖的干部；历经国共内战和抗美援朝的老战士；具有机敏头脑的企业家；过着朴素生活的虔诚基督教徒等等，320多位各种类型的人物的问答调查，构成了这两册调查记录的主要内容。法国的著名记者曾经把中国民众比喻为“穿着同一种兰色服装的蚂蚁”，但是，我们想从基层村庄站在村民生活的角度，考虑近50年中国的政治、经济、社会，由此形成能够浮现出每一位村民的容貌的村庄历史。虽然是在有限的时间内对局部地区的调查成果，但是也可以反映出，经过不平坦的50年风浪的农民们的一些想法。

本书收录的后夏寨村的第一次调查正值清明节，但是，村民委员会各委员全力以赴进行安排，给予我们很大的帮助。据去年秋天访问该村的内山雅生、李恩民说：当年以博识及清楚的记忆使我们吃惊，还给我们表演了武术的马介祥老人已经离开了人间，令人思念。另外，无论惯行调查期间还是我们这次的调查都认为仍保留“典型农村”形象的后夏寨村据说也发生了变化，现在沿公路建起了餐馆，开办了家具工厂等。看来农村改革的春风吹到了内地，使内地的农村在逐渐改变。

天津近郊的冯家村，我们是酷暑中在该村小学教室里进行的访问。只坐在那里提问就已经不断流汗，工作热心的乡长一直坐在旁边耐心地听、认真地答，那更是汗流浃背，这情景至今仍不能忘怀。50年前惯行调查班所感觉到的那种“可怕的气氛”当然已不复存在，不过，我们中的一个人在大街上，也被孩子叫作“东洋鬼”，可以想象战争残留下的伤痕之深。

战前进行惯行调查的旗田巍、安藤镇正两位先生，20世纪80年代中期一直期望再度访问调查过的村子，想亲身确认一下年轻时候满腔热忱调查的村子究竟发生了什么变化。但是，由于当时的形势不宜，没能如愿。不过，1990年调查后，我们告诉他们沙井村的农民生活稳定，与惯行调查班有过交往的村民仍健在的消息时，他们非常高兴。令我们也不由得满怀希望地想象，也许10年后还会有访问这些村子的研究人员。

参加这次调查的成员执笔的、记述有关村庄历史的《从村庄角度看中国——华北农村五十年史》一书和本书同时由青木书店发行，期望寄予关心的读者一并阅读。

1990年开始实地调查以来已有10个年头，进行了6次访问调查，同时发行包括本书在内共三册调查记录和前面提到的《从村庄角度看中国——华北农村五十年史》，已经按计划渐次完成，将要告一段落。本来，实地调查中还有很多值得重新考虑的，想再去村里进一步确认的，以及忘了问的问题等，尚感遗憾。但是，暂且将这10年间，若从研究会开始算起已经20多年的工作先画上一个句号吧。

这次访问调查计划能取得这样的成果多亏了帮助联系、安排的南开大学历史系以及国际学术交流处的诸位先生的大力协作和帮助。对直接参加这个共同计划的魏宏运、左志远、张洪祥三位教授以及该大学诸位老师的协助深表谢意。另外，南开大学历史研究所的俞辛淳教授自调查计划的开始就给予了很多的参考意见，在此衷心祝愿疗养中的俞先生早日康复。

在后夏寨村的访问计划实施中，受到了平原县及十里铺乡人民政府的诸位、马德昌村书记、王维宝村长等村干部们的诸多关照；在冯家村的访问期间，蒙受静海县及府君庙乡人民政府的诸位、张宝善村书记、刘云森前书记、张宝森村长等村干部的大力协助。在此，对以上诸位以及接待我们采访的后夏寨村、前夏寨村、冯家村的村民们表示衷心感谢。收入本卷末的被采访者的照片也是两村干部的大力协助下收集的，在此一并深表谢忱。

本书出版发行过程中，得到坂本健彦顾问、饭美和子以及汲古书院的诸位工作人员的很多关照，接受这种大部头、形式多样的书稿，编辑操作都会花费很多心血和时间，从出版社角度是很划不来的。但是，岂止接受出版，细微之处都关怀备至，在此深表谢意。

二〇〇〇年一月二十六日

编者代表　三谷 孝

跋

几经周折，这部前三卷本调查记录的稿件终于可以付印了，我也算是完成了近年来一直纠结于心的愿望。

1990 年 8 月至 1995 年 9 月间进行的“中日联合华北农村调查”活动，持续 5 年之久，我与日本一桥大学社会学部的三谷孝教授合作，分头协调并共同主持中日双方的调查活动。这一调查记录的日文版已经在日本出版，而中文版直至今天方才付梓。其中原因颇多，尚须赘言几句。

出版此书中文版，是参与调查的中日学者的共同心愿。日文版出版后，我曾请博士生李晓晨、渠桂萍对中文稿件进行了分段拟写小标题的准备工作。2005 年启动中文版编辑事宜时，因刘泽华和张国刚、李治安的力争，此书被纳入南开大学“211”工程项目，出版经费方得以解决。由于此书编辑工作开始于调查访问活动完成后的第十年，重新回忆整理相关记录，难度之大，可以想见。一则当年访问时的录音质量欠佳，个别的甚至完全失音，录音整理成文字时有的字迹潦草难认；再则被访问者往往地方口音浓重，地名、人名的确定时有困难；加之我们一开始只注意农民的学名、忽略了农村日常生活中彼此多唤乳名的习惯，于是当发现调查记录中出现了乳名（甚至绰号）、学名交错情况时，已难以补救。幸好，每遇难题尚可请左志远、张洪祥教授回忆，缺失者请日方学者寄回原稿，或者由日文稿再转译，三谷孝、浜口允子、顾琳等教授均尽力协助，使此书减少了缺失。此书与日文版的不同之处，属于视角不同的取舍。

这部书的出版，可以说是参与调查活动的中日学者、南开诸同仁和在校博士生共同合作的结晶，没有这些乐此不疲、甘于奉献的学者，后果难以想象。当然我还要感谢内子王黎，她在半年之内几乎没有出家门，全力以赴协助我完成初校稿。更应特别提出来感谢的是江沛教授，在纷繁的行政与教学工作中，为此书编辑也付出了大量时间和精力，对繁杂且尚有不少错误的全部书稿做最后的审核与校订。我感谢他勇于并主动担当这一艰难的任务。感谢南开大学历史学院的硕士生邹灿女士（现为日本大阪大学法学科博士研究生），在最后的编辑过程中，为本书翻译了第 2 卷“吴店村编”附录的部分日文资料。感谢江沛教授指导的研究生（万妮娜、张学见、王玲、张道亮、史莉、郑月阳、张云飞），他们集体为本书全文进行了最后的文字校对工作。

我已年届耄耋，一生都在从事中国近现代史的研究与教学工作。如这部调查记录的出版，能再为学界增砖添瓦，吾愿足矣。

魏宏运

2012 年初春于南开园锲斋

图书在版编目（CIP）数据

二十世纪华北农村调查记录：全4卷/魏宏运，（日）三谷孝，张思主编.
—北京：社会科学文献出版社，2012.2
ISBN 978-7-5097-3103-1

Ⅰ.①二… Ⅱ.①魏…②三…③张… Ⅲ.①农村经济-经济体制改革-调查研究-华北地区-20世纪 Ⅳ.①F327.2

中国版本图书馆CIP数据核字（2011）第282393号

二十世纪华北农村调查记录（第三卷）

主　　编／魏宏运
〔日〕三谷 孝

出 版 人／谢寿光
出 版 者／社会科学文献出版社
地　　址／北京市西城区北三环中路甲29号院3号楼华龙大厦
邮政编码／100029

责任部门／人文分社（010）59367215
电子信箱／renwen@ ssap. cn
项目统筹／宋月华
责任编辑／段景民　侯培岭　等
责任校对／刘兴静　宁　雪　单远举　高建春　王静连　南秋燕
责任印制／岳　阳
总 经 销／社会科学文献出版社发行部（010）59367081　59367089
读者服务／读者服务中心（010）59367028

印　　装／北京盛通印刷股份有限公司
开　　本／787mm×1092mm　1/16
本卷印张／78.5
版　　次／2012年2月第1版
本卷字数／1936千字
印　　次／2012年2月第1次印刷
书　　号／ISBN 978-7-5097-3103-1
定　　价／1980.00元（共四卷）